Como a obra pode auxiliar no seu aprendizado?

Direito Digital é referência na matéria, reunindo conteúdo atualizado e confiável a respeito dos mais diversos aspectos do Direito Digital.

Até por isso, é um livro indicado não apenas para a graduação, mas também para concursos e profissionais que precisam se manter atualizados.

O que o livro oferece?

Esta obra proporciona maior proximidade com seu autor. O leitor encontrará *link* para acesso a vídeos da autora que complementam o estudo do Direito Digital.

Este livro oferece materiais digitais exclusivos para você.

Para isso:

- Acesse o *link* https://somos.in/DD007 ou use seu celular para ler o *QR Code* abaixo.

- Faça seu cadastro:
    - Clique em "Não tem conta? Cadastre-se."
    - Preencha as informações – insira um *e-mail* que você costuma usar, ok?
    - Crie sua senha e finalize seu cadastro.

Pronto! Agora é só aproveitar o conteúdo digital desta obra.

OBS.: Se você já tem uma conta conosco, basta entrar com seu login e sua senha já criados.

Qualquer dúvida, não deixe de entrar em contato pelo *e-mail* suportedigital@saraivaconecta.com.br

Acesse o *QR Code* abaixo ou o *link* https://somos.in/LFGDDI e confira o curso ministrado pela autora Patricia Peck Pinheiro na LFG:

Patricia Peck Pinheiro

#DIREITODIGITAL

7ª edição
revista, ampliada e atualizada
6ª tiragem
2023

Av. Paulista, 901, 4º andar
Bela Vista – São Paulo – SP – CEP: 01311-100

SAC | sac.sets@saraivaeducacao.com.br

Direção executiva	Flávia Alves Bravin
Direção editorial	Renata Pascual Müller
Gerência de projetos e produção editorial	Fernando Penteado
Planejamento	Josiane de Araujo Rodrigues
Novos projetos	Sérgio Lopes de Carvalho
	Dalila Costa de Oliveira
Gerência editorial	Isabella Sánchez de Souza
Edição	Daniel Pavani Naveira
Produção editorial	Daniele Debora de Souza (coord.)
	Luciana Cordeiro Shirakawa
	Verônica Pivisan Reis
Arte e digital	Mônica Landi (coord.)
	Camilla Felix Cianelli Chaves
	Claudirene de Moura Santos Silva
	Deborah Mattos
	Guilherme H. M. Salvador
	Tiago Dela Rosa
Projetos e serviços editoriais	Daniela Maria Chaves Carvalho
	Kelli Priscila Pinto
	Marília Cordeiro
	Nicoly Wasconcelos Razuk
Diagramação	Desígnios Editoriais
Revisão	Caio Cobucci Leite
	Silvana Cobucci
Capa	Vinicius Asevedo Vieira
Produção gráfica	Marli Rampim
	Sergio Luiz Pereira Lopes
Impressão e acabamento	Edições Loyola

DADOS INTERNACIONAIS DE CATALOGAÇÃO NA PUBLICAÇÃO (CIP)
ELABORADO POR VAGNER RODOLFO DA SILVA – CRB-8/9410

P654d   Pinheiro, Patricia Peck
   Direito digital / Patricia Peck Pinheiro. – 7. ed. – São Paulo: Saraiva Educação, 2021.
   760 p.

ISBN: 978-65-5559-478-2

1. Direito. 2. Direito digital. I. Título.

2020-3082
CDD 340.0285
CDU 34:004

Índices para catálogo sistemático:

1. Direito digital   340.0285
2. Direito digital   34:004

Data de fechamento da edição: 5-2-2021

Dúvidas? Acesse www.editorasaraiva.com.br/direito

Nenhuma parte desta publicação poderá ser reproduzida por qualquer meio ou forma sem a prévia autorização da Saraiva Educação. A violação dos direitos autorais é crime estabelecido na Lei n. 9.610/98 e punido pelo art. 184 do Código Penal.

CL 606821   CAE 753021

Já são mais de 21 anos desde os meus primeiros casos de Direito Digital no Brasil. Desde então, só cresceu a exigência por um estudo permanente da matéria, pois é um tema em contínua evolução e que tem toda uma característica multidisciplinar. Por isso agradeço ao meu marido, que é meu grande companheiro de jornada, *Romulo Pinheiro*, por todo seu apoio e inspiração, suas inúmeras sugestões de leitura e *insights*, bem como por me permitir momentos de isolamento, para que eu pudesse continuar pesquisando, escrevendo, publicando, mantendo a obra atualizada, o que requer sempre muito tempo e dedicação.

Agradecimentos

Esta 7ª edição consolida o avanço do Direito Digital como sendo a própria união do Direito com a Tecnologia, e o seu aprofundamento nos institutos mais fundamentais que passaram a ter uma necessidade de releitura para se adaptarem a uma sociedade em constante mudança, em que os impactos das inovações técnicas afetam o comportamento e trazem modelos disruptivos do ambiente econômico, social e político.

Por isso, o estudo e a atualização desta obra exigiram uma imersão que está marcada pela revisitação de conceitos como de privacidade, liberdade, soberania devido aos novos paradigmas trazidos pelas discussões relacionadas às *fake news*, inteligência artificial, proteção de dados pessoais, entre outras.

Sendo assim, considerando a visão de Joseph Schumpeter, profeta da destruição criativa, que previu os ciclos de evolução em ondas temporais, deixamos para trás o ano de 2020, que ficou marcado pelo término da quinta onda que praticamente representou os últimos trinta anos de nossa realidade, totalmente baseada na Internet, na indústria do *software*, e estamos adentrando a sexta onda, em que ainda vamos vivenciar os efeitos das relações mais interligadas com o uso dos robôs e todos os desafios éticos e regulatórios que isso nos trará.

Faço aqui um agradecimento especial ao Senador Esperidião Amin, a quem tenho muito apreço. Fiquei muito honrada por ele ter aceitado prefaciar a obra. Também gostaria de agradecer a minha assistente Larissa Lotufo, por todo o seu apoio na realização da pesquisa que permitiu a atualização desta edição; a Priscilla Haikal, que tem sempre me apoiado com sua visão jornalística e brilhante capacidade de trazer um olhar de revisora diferenciado para que a obra sempre tenha uma grande proximidade para melhor compreensão por todo público; e a Marcella Pamela da Costa Silva, editora jurídica superexperiente, que me ajudou para que a obra pudesse alcançar a melhor revisão técnica merecida após estes vinte anos de contínua evolução do tema.

Aproveito para agradecer a todos os colegas advogados e professores que sempre contribuíram muito com o meu aprendizado, com a troca de ideias, para que pudéssemos juntos avançar mais no pensamento jurídico, aproveitando para nomear alguns aqui, mas já aproveitando para homenagear todos aqueles que atualmente ministram aulas e publicam obras que permitem a toda a comunidade se manter informada e em compasso com as transformações pelas quais o direito vem passando: ao Alexandre Zavaglia Coelho, à Ana Paula Canto de Lima, ao Antonio Oliveira, ao Bruno Bioni, à Caroline Teófilo, à Cintia Falcão, à Cristina Sleiman, ao Danilo Doneda, ao Dario Moura Vicente, ao Davide Parrilli, à Denise Frankoski, ao Eduardo Faria de Oliveira Campos, à Ellen Gonçalves, ao Fabricio Mota, ao Felipe Palhares, ao Henrique Rocha, à Inês Brosso, ao Joshua Walker, ao Juliano Maranhão, à Laura Schertel Mendes, ao Leandro Bissoli, à Lorena Botelho, ao Marcelo Crespo, à Maria Lúcia Pizzotti, à Miriam Wimmer, ao Renato Leite, ao Rodrigo Vieira, à Sandra Tomazi, à Silmara Chinellato, ao Spencer Toth Sydow, ao Virgilio Almeida e a tantos outros.

Obrigada,

Dra. Patricia Peck Pinheiro, PhD

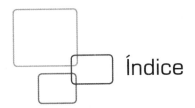
Índice

Agradecimentos 7

Prefácio à 7ª Edição 13

Prefácio à 6ª Edição 17

Prefácio à 5ª Edição 19

Prefácio à 4ª Edição 23

Prefácio à 3ª Edição 27

Prefácio à 2ª Edição 33

Prefácio à 1ª Edição 37

Nota da Autora — O Direito Digital na era da Inteligência Artificial e da Proteção de Dados Pessoais 39

1. Introdução 41

2. Da Invenção do Rádio à Convergência de Mídias: Os Reflexos Comportamentais das Mudanças Tecnológicas 45

3. Os Conceitos que Constituem a Estrutura Fundamental do Pensamento Jurídico 49

4. Rumo à Sociedade Digital 53

5. Sociedade Digital.. 61

6. A Evolução do Direito... 67

7. Direito Digital 71
   7.1. O elemento tempo 77
   7.2. Territorialidade 78
   7.3. Direito à informação e à liberdade de pensamento 83
   7.4. Privacidade e anonimato.. 88
   7.5. Identidade digital.. 102
   7.6. Direito comunitário e direito individual 109
   7.7. Conciliação e enfrentamento 116
   7.8. Autorregulamentação.. 121
   7.9. Princípios do Direito Internacional aplicáveis ao Direito
        Digital... 122

8. Novos Institutos Jurídicos de Direito Digital 127
   8.1. Empresas digitais e tendências da nova economia 127
   8.2. Provedores de acesso, de serviços e de conteúdos.................... 136
   8.3. Comércio eletrônico e *e-Business*... 142
   8.4. Consumidor *online* e o CDC à luz do Direito Digital.............. 153
   8.5. O *e-Business* para as Classes C e D — baixa renda 163
   8.6. O Social-SAC nas redes sociais 168
   8.7. Propriedade intelectual nas mídias digitais 171
   8.8. A marca na Era Digital.. 183
   8.9. Domínios... 186
   8.10. Proteção de conteúdos, *websites* e outros direitos autorais digitais 200
   8.11. Aspectos legais do *software* 206
   8.12. As ferramentas de trabalho tecnológicas — correio eletrônico e
         outros 216
   8.13. Segurança da Informação e as ISOs 27002, 18044, 27001 e 27701 222
   8.14. Aspectos legais do monitoramento 239
   8.15. Aspectos legais do BYOD e a mudança da CLT 249
   8.16. Documentos eletrônicos.. 256
   8.17. Prova eletrônica.. 261
   8.18. Assinatura digital e certificação digital 268

8.19. Aspectos legais da biometria 273

8.20. Computação forense e a perícia digital 279

8.21. Leilão virtual 284

8.22. Pregão eletrônico 290

8.23. Importação paralela na Internet 291

8.24. Finanças virtuais e o *Internet Banking* 295

8.25. Aspectos legais do *Home Broker* 302

8.26. Do banco digital aos pagamentos instantâneos 306

8.27. *Bitcoins* e moeda digital 317

8.28. Arranjos de pagamento 321

8.29. Aspectos legais da terceirização em TI (*Outsourcing*) 326

8.30. Aspectos legais do *cloud computing* 329

8.31. As novas regulamentações — Sarbanes-Oxley e Basileia II 334

8.32. Tributos 338

8.33. Fisco digital — do SPED à Nota Fiscal eletrônica 349

8.34. *E-Government* e a Administração Pública na Era das Redes Sociais 351

8.35. Justiça digital — Processo eletrônico 365

8.36. Saúde digital — Prontuário eletrônico à telemedicina 370

8.37. *E-Learning* 377

8.38. Aspectos legais do EAD 381

8.39. A Era dos Aplicativos 383

8.40. Crimes eletrônicos 387

8.41. A fraude eletrônica e os perfis falsos 403

8.42. A *Deep Web* 415

8.43. A legítima defesa na Internet 418

8.44. Publicidade *online* 421

8.45. A questão do *spam* e do *e-mail marketing* 428

8.46. Acessibilidade 434

8.47. Comunidades *online*, *blogs* e *YouTube* 440

8.48. Internet móvel 448

8.49. TV Interativa e TV Digital 450

8.50. VoIP 454

8.51. Mídias sociais e seus impactos 457

8.52. Monitoramento da Marca na Internet 469

8.53. E-Política — aspectos legais das eleições na Internet 472

8.54. Espionagem eletrônica 487

8.55. Proteção de dados pessoais 494

8.56. Direito ao esquecimento 503

8.57. *Paperless* e Gestão Eletrônica de Documentos — GED 507

8.58. Seguro de risco cibernético 514

8.59. Segurança Pública Digital 518

9.   Responsabilidade Civil e Dano Moral no Direito Digital 527

10. Ética e Educação Digital 541

11. Os Principais Tipos de Usuários de Tecnologia e seus Impactos no Direito 547

11.1. É preciso falar sobre *fake news* 550

12. Contratos na Era Digital e os Contratos Específicos de TI 553

12.1. Contratos no Direito Digital 553

12.2. Contratos de TI 560

13. Boas Práticas para SLA — *Service Level Agreement* 567

14. Arbitragem 575

15. O Novo Profissional do Direito 581

Referências 589

Glossário 613

FAQ — Perguntas e respostas sobre Direito Digital 633

Modelos de Documentos 651

Jurisprudência relacionada ao Direito Digital 681

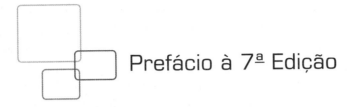

Prefácio à 7ª Edição

Há 54 anos, meu Professor de Introdução à Ciência do Direito, o ínclito Desembargador Marcílio João da Silva Medeiros, me apresentou à obra *A luta pelo Direito* (*Der Kampf ums Recht*, 1872), Rudolf von Jhering, em que o célebre jurista alemão afirmava: "a batalha necessária para as leis existirem não é uma maldição, mas uma bênção"! Ele rejeitava a tese, cara à escola historicista de Savigny, de que a formação dos institutos do Direito se daria de forma orgânica, espontânea, indolor, como desdobramento natural dos costumes. Afirmava que "todas as grandes conquistas que a história da lei registrou — a abolição da escravidão, da servidão pessoal, a liberdade da propriedade predial, da indústria, da consciência etc. — tiveram de ser feitas, em primeira instância, por meio de batalhas violentas". Batalhas contra o poder e contra a resistência de interesses a quem aproveitavam as lacunas normativas. Batalhas pela justiça que fizeram ampliar cada vez mais o sentimento do Direito e que se tornaram, para cada um de seus povos, momentos cruciais da construção da identidade nacional e instrumentos de coesão social.

A ideia de que a lei é produto do conflito me surge por ocasião desta 7ª edição do já clássico *Direito Digital*, de Patrícia Peck Pinheiro. Esta nova edição — revista, ampliada e atualizada — é prova viva do quanto a lei e o processo legislativo são um trabalho sem fim.

Acredito que poucas áreas do Direito passaram — e têm passado, e precisarão ainda passar — por transformações tão expressivas quanto as que regulam o uso das tecnologias que configuram a sociedade da informação. A aprovação, pelo Congresso Nacional, do Marco Civil da Internet, em 2014, e da Lei Geral de Proteção de Dados, em 2018, Lei das Assinaturas Eletrônicas, em 2020, representou apenas o primeiro movimento de uma luta que apenas começou.

E Patrícia Peck Pinheiro, que há mais de 20 anos se debruça sobre o tema, é hoje uma das testemunhas mais autorizadas e uma das pesquisadoras mais capacitadas a recolher e a sistematizar a crescente variedade de normas e decisões judiciais que o desenvolvimento e a disseminação de novas tecnologias reivindicam.

Em sua obra acompanhamos, desde a 1ª edição, o surgimento de institutos que vão hoje formando toda uma nova constelação jurídica. Estão lá, já em 2002, os problemas relativos à regulação dos provedores de acesso, de serviços e de conteúdos; do comércio eletrônico e do correio eletrônico; da propriedade intelectual nas mídias digitais; dos aspectos legais do *software*; do *Internet Banking*.

Surgem, em seguida, as demandas normativas derivadas da adoção das tecnologias digitais pelo Poder Público: da validade dos documentos eletrônicos, da assinatura e da certificação digital ICP-Brasil, do ensino a distância, dos leilões virtuais e pregões eletrônicos, do processo judicial eletrônico, da nota fiscal eletrônica, da prática da telemedicina.

As transformações das próprias plataformas impõem novos desafios: a regulação da Internet móvel, da TV interativa e da TV digital, do VoIP, da Web 2.0.

A cada nova edição deste livro, novos institutos, novos temas, porque é da essência da tecnologia a transformação permanente: dos *blogs* e comunidades *online* às mídias sociais; das finanças virtuais ao *bitcoin* e às moedas digitais; do *e-Banking* aos pagamentos instantâneos PIX; da criptografia à biometria; da Internet à *Deep Web*; do *e-Business* ao *e-Government* e à e-política; do HD ao *cloud computing*; do *software* de sistema à era dos aplicativos; do *spam* e do *e-mail marketing* às *fake news*.

Em cada movimento, um novo problema, uma nova questão: a gestão eletrônica de documentos, a proteção dos dados pessoais e a segurança da informação, a fraude eletrônica e os crimes cibernéticos, o arcabouço da defesa cibernética, o direito ao esquecimento.

Nada escapa ao radar de Patrícia Peck Pinheiro.

A autora não se limita a catalogar os institutos do Direito Digital e a recuperar sua posição relativa no ordenamento jurídico; discute suas implicações para a responsabilidade civil e penal; analisa a especificidade dos contratos eletrônicos; trata da ética e da educação digital.

Mas, sobretudo, com a clareza e a profundidade que lhe são peculiares, a autora evidencia que essas novas práticas são verdadeiramente novas: instalam um novo paradigma social diante do qual o direito posto é hoje insuficiente, e reclamam uma regulação específica, um novo *framework* legal, de inflexão transnacional, que deveria ser obrigação de todos, como Estado e como povo.

E este é o grande mérito desta obra, que não se cala sobre o que ainda calam as leis: *Big Data*, *Machine Learning*, Inteligência Artificial, Internet das Coisas, drones, carros autodirigíveis, robôs industriais, de hotelaria, de saúde e de entretenimento.

Patrícia Peck Pinheiro está sempre um passo à frente.

Por tudo isso, tenho certeza de que o leitor encontrará, no que se segue — mais do que uma obra de referência, mais do que uma análise cuidadosa e competente, mais do que uma sistematização atualizada e abrangente —, um convite para a reflexão e, sobretudo, um estímulo para a luta, corajosa e constante, por um Direito Digital.

Que tenham todos, pois, uma excelente leitura.

Senador Esperidião Amin

Doutor em engenharia e gestão do conhecimento

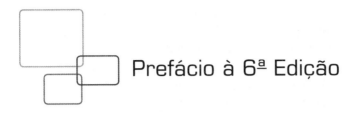

Prefácio à 6ª Edição

Este livro de Patricia Peck Pinheiro, agora em sua 6ª edição, faz parte do cenário jurídico nacional como uma peça fundamental na construção do arcabouço teórico, prático e transdisciplinar do Direito Digital, ou Direito afeto às Novas Tecnologias, com enorme repercussão sobre temas relevantes e atuais, tais como: a liberdade de expressão, a privacidade, a proteção do conteúdo, a era dos aplicativos, as marcas, os *bitcoins* e a moeda digital. Demais, a proteção dos dados pessoais, o direito ao esquecimento, a propriedade intelectual e os novos institutos e princípios de direito internacional aplicáveis ao Direito Digital são tratados com valentia e enorme desenvoltura — aquelas de quem navega com autoridade do argumento.

Esta 6ª edição vem revista, atualizada e ampliada de acordo com a Lei n. 12.965/2014, também conhecida como Marco Civil da Internet, assim como pelas novas Leis n. 12.865 e 12.864, pelos Decretos n. 7.962 e 8.135 e pela Resolução n. 107, de 2013. Portanto, a nova regulamentação perpassa a análise, atualiza os conceitos e apresenta respostas às questões mais intricadas e complexas do dia a dia das operações, transações e contratações *online*.

Contribuição essencial é a dedicada aos contratos na Era Digital, com seus variados novos tipos e cláusulas.

O estudo extremamente cauteloso, raro de se encontrar em nossos escritos nacionais, é o relativo aos novos julgados de tribunais brasileiros, inclusive após a entrada em vigor do Marco Civil da Internet. Todos são examinados com profundidade e são objeto de comentários da Autora sobre seus acertos, equívocos e falta de tecnicismo.

Patricia Peck Pinheiro, com domínio dos instrumentos e das fontes do Direito afeto às Novas Tecnologias, interno e internacional, da jurisprudência e práticas comparadas, deixa clara a importância da matéria para o desenvolvimento e criação de novos produtos, serviços e tecnologias no Brasil. Sem falar do incentivo que deixa à inovação e ao empreendedorismo.

A partir deste livro, estudiosos do tema, advogados, empresários, informáticos, tribunais, agências administrativas e demais interessados terão a oportunidade de se deparar com inúmeros pressupostos legais, econômicos e empresariais fundamentais que, certamente, oportunizarão melhores decisões, escolhas estratégicas e assunção de responsabilidades.

Este livro, portanto, serve de balizador aos debates existentes hoje no Brasil. Além das sólidas interpretações propostas, Patricia Peck formula diretrizes que podem ser adotadas pelos países em desenvolvimento na implementação de políticas públicas eficazes para coibir condutas abusivas e ilegais relacionadas ao uso (indevido ou imaturo) de instrumentos informáticos e tecnológicos.

Sem dúvida, a escolha do tema enfrentado aqui foi extremamente feliz, diante da carência de estudos e da falta de conhecimentos, especialmente após a entrada em vigor da nova legislação, aliada à ausência de jurisprudência consolidada capaz de definir a visão e a orientação das autoridades brasileiras sobre a questão.

Patricia Peck é uma especialista completa. Arguta pesquisadora do Direito. Talentosa advogada. Vocacionada professora e colega exemplar.

Ao terminar de ler este livro (ou parte dele), o leitor terá certeza de que eu, aqui, não elogiei a Autora e seu texto suficientemente — pelas qualidades que ambos têm.

Boa leitura a todos...

Maristela Basso

Professora de Direito Internacional da Faculdade de Direito da USP.

*Doutora em Direito Internacional pela USP (PhD)
e Livre-Docente (Pós-Doutora e Post-PhD).*

Árbitra para solução de controvérsias do Mercosul, CAM/CCBC.

Painelista especialista em propriedade intelectual da OMC.

Condecorada com a Golden Medal do American Biographical Institute.

*Professora da Academia de Propriedade Intelectual da OMty,
Competition and Tax Law, MuPI-WIPO Genebra.*

*Membro Maior da Inter American Bar Association, The American
Society of International Law, Instituto de Direito Comparado
Luso-Brasileiro, International Law Association e Cambridge Blue Book.*

*Referência citada na publicação Outstanding Intellectuals
of the 21st Century e no Cambridge Blue Book.*

*Especialista em Estudos da Integração Europeia com título conferido
pela Comissão Europeia e Colégio do México. Professora-visitante
convidada em universidades na Itália, nos Estados Unidos, no México
e no Max Planck Institute for Intellectual Property.*

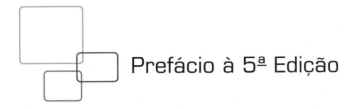

Prefácio à 5ª Edição

Mais uma vez Patricia Peck Pinheiro brinda o leitor com uma obra primorosa e instigante a respeito da rápida e ao mesmo tempo preocupante evolução do mundo digital. São inovações e tendências tecnológicas e sociais que a autora apresenta sob o enfoque jurídico, favorecendo a compreensão dos novos cenários e das relações pessoais e comerciais decorrentes das transformações digitais. Com uma linguagem dinâmica, leve e descontraída, a advogada-escritora procura trazer à reflexão temas atuais e conjunturais e assuntos do cotidiano do homem comum. Com profundidade e naturalidade, são tratadas questões como o uso da informação, a espionagem e fraude eletrônica, os aspectos legais das eleições na *internet* — *e*-política —, o comércio eletrônico, os direitos do consumidor *online*, a educação digital, entre outras.

Desde o seu lançamento, há dez anos, *Direito Digital* tem se tornado referência e leitura imprescindível para profissionais de diversificadas áreas. Agora, nesta 5ª edição, o livro se atualiza e se amplia, adequando-se ao novo contexto social e normativo, nacional e internacional. Traz reflexões sobre o forte crescimento das redes sociais e seu impacto nas relações entre indivíduos e empresas, acarretando riscos e oportunidades e favorecendo o surgimento de políticas de uso mais claras e objetivas.

Outro aspecto evidenciado é a necessidade de adaptação estratégica das organizações para lidar com a chamada "Geração Y" e com suas formas de se relacionar com a tecnologia, o meio ambiente e as causas sociais. A autora ressalta a revolução tecnológica representada pela mobilidade, que é capaz de atingir o dia a dia das pessoas, modificando suas rotinas e formas de tomar decisões, refletindo-se, até mesmo, nas relações de trabalho. Essas tecnologias também afetam as corporações que, cada vez mais, necessitam ter acesso, em tempo real, às informações que lhes permitam decisões oportunas e objetivas.

E não para por aí. O livro apresenta novas nuanças sobre os temas relacionados à Privacidade, às Redes Sociais, ao Comércio Eletrônico e *e-Business*, ao Consumidor *Online*, à Propriedade Intelectual, aos Domínios, às Ferramentas Tecnológicas de Trabalho, à Segurança da Informação, à Prova Eletrônica e às Finanças Virtuais. A necessidade diária que as pessoas têm de otimizar o tempo e de realizar tarefas de modo rápido e eficiente faz com que, cada vez mais, indivíduos e organizações realizem transações financeiras por meio de dispositivos móveis como *Internet Banking, Mobile Banking* e *Social Banking*. A autora, com base em aspectos técnicos e legais, enfatiza a importância da adoção de cuidados e de medidas de segurança na utilização desses serviços.

A obra aborda, ainda, os aspectos legais da *Cloud Computing*, do *e-Government* e da Administração Pública na Era Digital. Patricia Peck alerta sobre o crescimento e a evolução das atividades *online* relacionadas ao governo, sobre os ataques de negação de serviço sofridos e sobre as formas de prevenção e de superação das vulnerabilidades, com base nos recursos de segurança da informação.

A respeito do tema Justiça Digital — Processo Eletrônico, Crimes Eletrônicos, Comunidades *Online, Blogs e Fotologs*, Web 2.0 — são abordadas a pirataria, a publicação descontrolada de conteúdos na *web* e a Lei de Direitos Autorais. As preocupações, nesse caso, são com a proteção de conhecimentos e inovações; com a garantia da segurança jurídica, em meio a um mundo digital sem fronteiras; com a necessidade de regras, autorregulamentação e leis que viabilizem soluções técnicas e jurídicas; e com a preservação da imagem, da privacidade e da reputação, pois são direitos difíceis de serem assegurados diante desta era de exposição, transparência e falta de controle.

Direito Digital, nesta edição especial, surpreenderá o leitor com um capítulo dedicado à Segurança Pública Digital e à Guerra Cibernética, alertando para a necessidade de vigilância contínua para proteger sistemas críticos, em um contexto em que o controle do ciberespaço é disputado a todo custo. Esta 5ª edição inova, ainda, ao incluir um capítulo com um FAQ — *Frequently Asked Questions* —, possibilitando ao leitor um meio rápido de obter respostas às suas dúvidas e seus problemas.

Outra novidade é um capítulo que compendia doze anos de jurisprudências consolidadas pelo Judiciário Brasileiro, relacionadas ao tema Direito

Digital. Há um novo capítulo com um enfoque mais prático, que apresenta modelos de cláusulas para contratos de tecnologia, cessão de direitos de imagem, contratação eletrônica, cessão de direitos autorais, entre outros. Igualmente, foram tratadas com maior profundidade as questões da Responsabilidade Civil na Internet e da situação do profissional do Direito, em um momento em que se discute, no BRASIL e no mundo, um marco regulatório para a utilização da Internet.

O sucesso desta edição é fruto de conhecimento, competência e larga experiência acumulada ao longo de uma vida dedicada ao Direito e às implicações da Tecnologia nas relações humanas. Desde a adolescência, Patricia Peck Pinheiro já dava sinais de sua incomum capacidade e vocação, quando, aos treze anos, começou a estudar tecnologia, e foi programadora de jogos para computador, tendo tido como seu primeiro videogame um Atari. Iniciava-se, assim, uma carreira brilhante de relevantes contribuições para a sociedade.

Patricia Peck Pinheiro é advogada formada pela Universidade de São Paulo, com especialização em negócios pela Harvard Business School, MBA em *marketing* pela Madia Marketing School e com capacitação em inteligência e contrainteligência pela Escola de Inteligência Militar do Exército. Possui especialização em Gestão de Riscos pela Fundação Dom Cabral. Foi condecorada pelo Exército Brasileiro com as medalhas do Pacificador e Ordem do Mérito Militar. Pela Marinha do Brasil, foi agraciada com a Medalha Mérito Tamandaré. Recebeu os prêmios "Advogada mais Admirada em Propriedade Intelectual no Brasil" (2011 e 2012), "A Nata dos Profissionais de Segurança da Informação" (2006 e 2008) e "Excelência Acadêmica — Melhor Docente — FIT Impacta SP" (2009 e 2010). É autora do livro *Direito Digital* e coautora da obra coletiva *Direito Digital Aplicado*, bem como do audiolivro e do *pocket book Direito Digital no Dia a Dia, Direito Digital Corporativo* e *e-Eleições*, além de participação nos livros *Direito e Internet II, e-Dicas* e *Internet Legal*. É colunista do *Conta Corrente*, da Globonews, do *IDG Now* e articulista do *Valor Econômico, Revista Visão Jurídica, Revista Partner Sales*, entre outras. Possui experiência internacional nos EUA, Portugal, Coreia. É conferencista do Centro de Inteligência do Exército (Brasília-DF) e da Escola de Inteligência Militar do Exército (Brasília-DF). Já capacitou, em doze anos, mais de cento e cinquenta mil profissionais nos temas relacionados à Conscientização de Segurança da Informação e Boas Práticas de Direito Digital. Ministrou cursos em diversos órgãos da administração pública, dentre os quais, STF, STJ, STM, TST, TCU, Câmara dos Deputados, Ministério da Defesa, INCRA, ELETROBRAS, PETROBRAS, BNDES, CNI, SEBRAE, SENAI, FIESP e SENAC. Já ministrou aulas na pós-graduação do SENAC-SP, Impacta, IBTA,

Fatec-SP, LFG, ESPM, USP-ECA, assim como realiza treinamentos *in company* para diversas empresas.

Principal referência em Direito Digital no país, a advogada é a vencedora do Prêmio "Security Leaders" de 2012, na categoria "Campanhas para Conscientização sobre Segurança da Informação", por conta das ações desenvolvidas e pelo Movimento Família Mais Segura na Internet, projeto idealizado pela profissional.

É sócia-fundadora do Escritório Patricia Peck Pinheiro Advogados, especializado em Direito Digital, com matriz localizada em São Paulo. Seus profissionais são especializados em Gestão de Risco, Segurança da Informação, Contratos, Direitos Autorais, Contencioso Corporativo, Análise de *e-Business* (Portais, *Sites*, Mobilidade, entre outros), Comunicação e Promoção, Capacitação e Treinamentos. Atende mais de cento e trinta clientes na América Latina (como o Brasil), nos EUA e em alguns países da Europa.

Esse magnífico currículo não esgota todas as suas capacitações, funções exercidas, trabalhos realizados e reconhecimentos auferidos.

Exultante, mas não surpreso, tendo em vista a qualidade de seus trabalhos, cumprimento a autora pela excelência e pelo primor na concepção desta obra, e agradeço pelos ensinamentos e pela forma amigável com que traduz temas, aparentemente complexos, em assuntos palpáveis e contextualizados com a realidade que circunda o cotidiano de todos nós, sejamos ou não profissionais do Direito.

Boa leitura a todos!

General de Divisão Edson Leal Pujol

Chefe do Centro de Inteligência do Exército

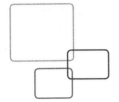# Prefácio à 4ª Edição

"Quanto mais compreendemos sobre o mundo, quanto mais profundo nosso conhecimento, mais específico, consciente e articulado será nosso conhecimento do que ignoramos — o conhecimento da nossa ignorância. Essa, de fato, é a principal fonte da nossa ignorância: o fato de que o nosso conhecimento só pode ser finito, mas nossa ignorância deve necessariamente ser infinita."

Karl Raimund Popper[1]

É sempre útil relembrarmos as memoráveis lições do mais famoso filósofo austríaco do século XX: Karl Raimund Popper. Com a propriedade que lhe é peculiar, Popper ressalta que quanto mais aprendemos sobre o mundo, melhor compreendemos o quão infinita é a nossa ignorância.

E para muitos o Direito Digital ainda é um mistério a ser desvendado.

Há alguns anos venho acompanhando o trabalho inovador e pioneiro da Dra. Patricia Peck nesse novo ramo do Direito, o Direito Digital ou Direito Virtual. Sinto-me, pois, especialmente honrado em prefaciar esta 4ª edição, apenas alguns meses após o lançamento da 3ª edição.

---

1. *Conjecturas e refutações*, tradução de Sérgio Bath, 5. ed., Brasília: Editora Universidade de Brasília, 2008, p. 57.

O estudo do Direito sempre é enriquecido quando nos deparamos com obras como esta, sendo um grande privilégio lançar essas palavras preambulares.

Uma vez iniciada a leitura desta obra, o leitor logo perceberá que se trata de um trabalho denso e percuciente, repleto de informações e reflexões que somente um especialista na área do Direito Digital poderia conceber.

E nessa abordagem precisa sobre o Direito Virtual, a autora navega com desenvoltura e propriedade por diversas outras áreas, como o Direito Penal, o Direito Administrativo, o Direito Tributário, entre outras.

Demonstra a ilustre autora intimidade com particularidades afetas a diversas transações e negócios praticados nos Mercados Financeiro e Bursátil, o que torna a presente obra uma leitura indispensável para aqueles que militam nas áreas financeira e de mercado de capitais.

Merece destaque, ainda, a abordagem preciosa que a autora faz sobre a fraude eletrônica e os crimes eletrônicos, tópicos esses revistos e atualizados nesta nova edição, com destaque para a indicação do vácuo legislativo sancionador existente no Brasil para esses crimes.

Como bem lembra a Dra. Patricia Peck no Capítulo 8, item 28, nosso País é conhecido e reconhecido como o maior exportador de crimes eletrônicos do mundo.

Recente matéria publicada no Jornal *Folha de S.Paulo*[2] corrobora essa informação. Nela, menciona-se que o Brasil também é o campeão mundial de *spams*, "tendo sido a origem de 14% do lixo virtual que entupiu caixas de *e-mails* pelo mundo nos dois primeiros meses do ano", seguido da Índia com 11%. E, de acordo com a matéria, a fraude bancária é o principal foco.

O enquadramento das condutas delituosas praticadas na Era Digital, nos tipos penais descritos no Código Penal de 1940, consubstancia uma tarefa extremamente árdua para os aplicadores do Direito, para dizer o mínimo. É absolutamente imperativo que o Congresso Nacional cumpra o seu dever constitucional e legisle sobre essa matéria, de forma a suprir essa lacuna normativa, haja vista que os índices acima apontados e a impunidade nos envergonham perante a comunidade internacional.

Não bastassem esses pontos brilhantemente expostos na 3ª edição, a autora adiciona na 4ª edição nove novos temas de grande interesse, dentre os quais destacamos: a "Identidade Digital", o "*e-Business* para as Classes C e D — Baixa

---

2. Edição de 25-3-2010, matéria de Luciana Coelho, de Genebra.

Renda", o "Fisco Digital — *Sped* e Nota Fiscal Eletrônica" e o "Judiciário Digital — O Processo Eletrônico".

Cabe ressaltar, por derradeiro, que são raras as boas obras sobre o Direito Digital no Brasil, o que valoriza ainda mais o livro da Dra. Patricia Peck, cuja qualidade e profundidade são latentes.

Em face dessas e de outras qualidades que o observador mais atento certamente encontrará na presente obra, cabe-me recomendar com muita segurança a leitura desta quarta edição.

Saúdo e parabenizo a ilustre autora.

São Paulo, abril de 2010.

Antonio Carlos de Toledo Negrão

Diretor Jurídico da Federação Brasileira de Bancos — FEBRABAN.

Mestrado em Direito Econômico e Financeiro pela Faculdade de Direito da Universidade de São Paulo.

Especialista em Direito da Empresa e da Economia pela Fundação Getulio Vargas.

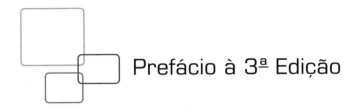

Prefácio à 3ª Edição

Há tempos venho me permitindo criticar, de forma até certo ponto áspera, os prefácios dos livros que tenho lido — e, por mais incrível que possa parecer, também daqueles que tenho escrito —, convencido que estou da função absolutamente secundária (ou quase mesmo anódina...) que esses textos exercem no espírito dos leitores.

Na grande maioria dos casos, com efeito, eles se limitam a apresentar o autor como se se tratasse de um "atestado de bons antecedentes intelectuais" deste, subscrito por uma pessoa supostamente mais conhecida do público, no caso, o prefaciador...

O caráter meramente laudatório desses prefácios, feitos sob encomenda, torna sua leitura quase sempre sensaborona e de pouca serventia — ou mesmo nenhuma — ao leitor. O próprio apresentador, cônscio de que se trata de algo indisfarçavelmente inócuo, acaba se perdendo em parcas justificativas desse seu tosco papel de "mestre de cerimônia com voz enrouquecida" e lança esparsamente dados biográficos do autor com o propósito de dar àquela tarefa algum tipo de utilidade, seja para que o leitor extraia possíveis paralelismos entre o autor e sua obra produzida, seja para que a demonstração de proximidade com a vida do apresentado sirva para justificar a razão de ter sido ele o escolhido para prefaciar o livro... Tudo muito grotesco, afinal de contas, para dizer-se o mínimo...

Escuso-me de pormenorizar aqui os critérios pessoais dos quais tenho me servido para aceitar o encargo de fazer alguns poucos prefácios e de recusar numerosos outros. E o faço pela simples e boa razão de não me compadecer com os discursos *pro domo* que um certo tipo de pedanteria didática se esforça por institucionalizar no meio acadêmico. De resto, é preciso dizer que muitas de minhas recusas não decorreram de eventuais deficiências da obra a ser apresentada. Ocorreram, na verdade, por limitações exclusivamente minhas... Não é fácil — para quem luta, desesperada e perdidamente, contra a insuficiência de tempo para dar conta de todas as responsabilidades assumidas — aceitar novos encargos, especialmente quando se sabe, de antemão, que deles não poderemos nos desincumbir com um mínimo de grandeza, como aliás ocorre, lamentavelmente, no presente prefácio...

Acresce existir, no meu caso, o cansaço natural de quem já é obrigado a viver julgando o tempo todo, seja como magistrado, seja como professor. E escolher o que se vai prefaciar e o que não se vai é mais um exercício de julgar do que de qualquer outra coisa. Julgar, em última análise, significa *cortar*, parecendo ser mais atividade de médico-cirurgião — profissão que jamais abraçaria pelo pavor que sempre tive de dilacerar alguém, ainda que fosse apenas para causar-lhe o bem — do que, propriamente, de juiz...

Em relação a esta 3ª edição do livro da Dra. Patricia Peck, porém, não se aplicam tão amargas considerações. Em primeiro lugar, porque o sucesso das edições anteriores já falam por si e dispensam todo e qualquer tipo de apresentação da autora, já sobejamente conhecida entre os estudiosos do tema... Em segundo lugar, porque o *Direito na sociedade da informação* ou *Direito virtual* ou *Direito do espaço virtual* ou *Direito da Internet* ou, ainda, como a autora prefere designar, *Direito digital*, entre tantas designações possíveis[1], constitui um novo e extraordinário campo de reflexão para o jurista contemporâneo, dele exigindo a *sofisticação teórica*, tão justa e oportunamente reivindicada pelo eminente Prof. Ricardo Luís Lorenzetti[2], uma das maiores autoridades do nosso continente sobre a matéria, conforme se vê do seguinte trecho, o qual, muito amiúde, apraz-me reproduzir[3]:

---

1. *Cyberlaw* ou *Cyberspace Law*, nos Estados Unidos; *Cyberdroit*, na França; *Diritto dell'internet*, na Itália; *Derecho del espacio virtual*, na Espanha e em outros países de língua castelhana.

2. Cf. *Tratado de los contratos*, Rubinzal-Culzoni Editores, Santa Fé, Argentina, abril de 2000, Tomo III, Capítulo LXVVII, *Informática, Cyberlaw, E-Commerce*, p. 833 e, posteriormente, republicado em *Direito & Internet — Aspectos jurídicos relevantes*, obra coletiva, Newton De Lucca e Adalberto Simão Filho (coordenadores), 2. ed., São Paulo: Quartier Latin, 2005, p. 465 e s.

3. Não só em palestras proferidas sobre o tema como em vários artigos a respeito do mesmo, sendo de destacar-se, como um dos últimos deles, o prefácio à obra da Profª Cláudia Lima Marques, intitulada *Confiança no comércio eletrônico e a proteção do consumidor (um estudo dos negócios jurídicos de consumo no comércio eletrônico)*, São Paulo: Revista dos Tribunais, 2004.

"O surgimento da era digital tem suscitado a necessidade de repensar importantes aspectos relativos à organização social, à democracia, à tecnologia, à privacidade, à liberdade e observa-se que muitos enfoques não apresentam a sofisticação teórica que semelhantes problemas requerem; esterilizam-se obnubilados pela retórica, pela ideologia e pela ingenuidade".

Já tive a ocasião de assinalar, em oportunidade anterior[4], o paralelismo que se pode traçar entre o papel desempenhado pelas estradas de ferro, no decorrer do século XIX — sem dúvida, as principais responsáveis pelo extraordinário desenvolvimento dos países que as fizeram construir em seus territórios —, e aquele que será exercido pelas *estradas da comunicação digital.* Deverão ser estas, doravante, as grandes geradoras de ganhos, de ordem qualitativa e quantitativa, para as economias nacionais que se beneficiarão da dinamização da cadeia de fornecedores e da expressiva diminuição de custos e das margens de estoque.

Ninguém porá em dúvida que a transição que vivemos é evidente. Assim como a Revolução Industrial modificou, no passado, as feições do mundo moderno, a ainda incipiente Revolução *Digital* já está transformando as faces do mundo pós-moderno. A diferença entre uma e outra — se é que se tenha segurança, hoje, para tentar estabelecer uma relação ontológica entre ambas — situa-se na velocidade surpreendentemente maior com que as referidas transformações irão ocorrer durante a segunda.

Enquanto na sociedade industrializada era a quantidade de trabalho investida nos produtos e serviços que servia de paradigma de valor, na sociedade *digitalizada* será a quantidade de informação e conhecimento que tais produtos e serviços conseguirem agregar que determinará a formação do paradigma.

O palco onde ocorrerá o *topos* dessa agregação é o chamado *ciberespaço*[5], no qual ocorre, segundo o filósofo Pierre Lévy, uma *"globalização de significados"*, *in verbis*:

---

4. *Direito do consumidor — Teoria geral da relação jurídica de consumo*, 2. ed., São Paulo: Quartier Latin, 2008, p. 440 e 441.

5. Contra uma expressiva maioria, continuo a preferir a expressão *espaço cibernético* a *ciberespaço*, conforme já me manifestara em Títulos e contratos eletrônicos — o advento da Informática e seu impacto no mundo jurídico, in *Internet e direito — Aspectos jurídicos relevantes*, obra coletiva, São Paulo: Edipro, 2000, p. 28, nota de rodapé n. 18. Sem embargo da ampla discussão possível no plano filológico, o fato é que a palavra *ciberespaço* não era encontrada, até bem pouco tempo, em nossos dicionários, constituindo-se num evidente barbarismo. Já em inglês, *cyber* possui sentido específico. Dizer-se que *ciber* poderia ser usado pelo fato de já existir, como prefixo de *Cibernética*, não aproveita em nada, porquanto esta última palavra deriva do grego, *Kubernetes*, ou *piloto*, a mesma palavra grega da qual tenha sido derivada, talvez, a palavra *governador.* Diz Norbert Wiener (*Cibernética e sociedade, o uso humano de seres humanos*, tradução de José Paulo

"O ciberespaço dissolve a pragmática da comunicação que, desde a invenção da escrita, havia conjugado o universal e a totalidade. Ele nos reconduz, de fato, à situação anterior à escrita — mas numa outra escala e numa outra órbita —, na medida em que a interconexão e o dinamismo em tempo real das memórias em rede faz com que o mesmo contexto, o imenso hipertexto vivo, seja compartilhado pelos integrantes da comunicação"[6].

Por ocasião da 2ª edição do presente livro, tive a oportunidade de assinalar que a autora era não apenas uma escritora de vanguarda, mas, principalmente, de uma vanguarda séria, que sabe distinguir, com a prudência de que falavam os romanos, inspirada na frônesis grega, o que deve ser tido por bom e por justo.

Verifico, com satisfação ainda maior, o caráter *in fieri* desta obra da Dra. Patricia, pois os acréscimos havidos nesta 3ª edição revelam a preocupação da autora em fazer com que a dinâmica inerente ao mundo virtual não empalideça a atualidade de sua pesquisa jurídica.

Assim é que novos temas como os da espionagem eletrônica; da Gestão Eletrônica de Documentos (GED), monitoramento da marca na Internet; aspectos legais das eleições na Internet (ePolítica); seguro de risco eletrônico; VoIP; Web 2.0 e boas práticas para *Service Level Agreement* (SLA) — todos consistentes no que se poderia chamar *de vanguarda* — foram oportunamente agregados à edição que ora se dá à estampa, igualmente atualizada com a indispensável referência a julgados de 2007 e 2008, à legislação vigente e a Projetos de Lei em andamento, além de nova doutrina a respeito da matéria.

Não tenho dúvidas em afirmar, portanto, que a Dra. Patricia Peck Pinheiro fornece a todos os que militam na área da advocacia empresarial — e,

---

Paes, São Paulo: Cultrix, s/d, p. 15) ter descoberto *"casualmente, mais tarde, que a palavra já havia sido usada por Ampère com referência à ciência política e que fora inserida em outro contexto por um cientista polonês; ambos os usos datavam dos primórdios do século XIX"*. Não obstante esta minha preferência, porém, estar-me-ei utilizando, no decorrer do trabalho e em eventuais traduções, da palavra *ciberespaço*.

6. Cf. A globalização de significados, *Folha de S. Paulo*, Caderno Mais, edição de 7 de dezembro de 1997. O mesmo Pierre Lévy, em outro artigo (Cultura traz intelectuais de olho no futuro, *O Estado de S. Paulo*, edição de 24 de dezembro de 2000, Caderno telejornal, p. T6), destaca que a comunicação do saber é a chave do futuro, sendo necessária uma democracia conveniente à sociedade da *comunicação rápida* — segundo sua expressão — *"que nos faça ver a vitalidade da invenção e do pensamento coletivo"*.

em especial, no âmbito mais específico do Direito *Digital* — um utilíssimo instrumento de trabalho.

São Paulo, junho de 2008.

Newton De Lucca

Professor do programa de educação continuada e especialização em Direito GVlaw.

Mestre, Doutor, Livre-Docente e Adjunto pela Faculdade de Direito da Universidade de São Paulo, onde leciona nos Cursos de Graduação e Pós-Graduação.

Coordenador Acadêmico e Científico do Mestrado Europeu em Direito Empresarial da Escola Paulista de Direito em convênio com a Universidade Lusófona de Lisboa.

Professor do Corpo Permanente da Pós-Graduação Stricto Sensu da Faculdade Autônoma de Direito — FADISP.

Desembargador Federal do TRF da 3ª Região.

Membro da Academia Paulista de Magistrados.

Membro da Academia Paulista de Direito.

Presidente da Comissão de Proteção ao Consumidor no âmbito do comércio eletrônico do Ministério da Justiça.

Diretor-Presidente da Escola dos Magistrados da Justiça Federal da 3ª Região.

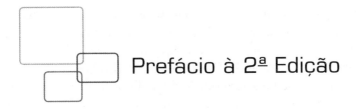# Prefácio à 2ª Edição

Recebemos com muita satisfação o convite formulado pela autora para que prefaciássemos a 2ª edição deste livro. Tal entusiasmo deve-se a motivação dupla. Em primeiro lugar, a Dra. Patricia tem sido permanente, incansável e eficaz colaboradora do Gabinete de Segurança Institucional da Presidência da República (GSI) em nossos constantes esforços para a implantação da Política de Segurança da Informação na Administração Pública Federal. Essa política foi definida pelo Decreto n. 3.505, de 13 de junho de 2000, e, para implantá-la, o decreto em seu art. 6º criou o Comitê Gestor da Segurança da Informação com a atribuição de assessorar o GSI. Esse comitê é atualmente composto por 16 ministérios e representa o braço político dessa implantação. Entretanto, logo ficou patente que carecíamos de um órgão operacional com dedicação exclusiva que pudesse tratar no âmbito de nosso gabinete e no cotidiano as diversas atividades concernentes a essa complexa tarefa. Criamos então no interior de nossa estrutura orgânica, há mais de um ano, o Departamento de Segurança da Informação e Comunicações. É especialmente com esse departamento e outras organizações parceiras que a autora tem colaborado nas ações de conscientização e capacitação dos membros do governo nos assuntos relativos à Segurança da Informação e Comunicações.

A segunda razão de nosso contentamento deve-se à natureza do presente livro, que, além de ser uma revisão e alargamento do anterior, acrescenta diversos capítulos novos que tangenciam mais veementemente nossas atividades. Enquanto em seu livro anterior a Dra. Patricia deu maior ênfase às reflexões sobre a Sociedade Digital e o papel do Direito na regulação das novas modalidades dos relacionamentos pessoais e jurídicos, no atual ela detalha os aspectos legais da Segurança da Informação, abordando institutos como o da Legítima Defesa na Internet, a necessidade da Conscientização dos Usuários, certas tendências como a de uso de uma Identidade Digital Obrigatória, a questão da guarda adequada da Prova Eletrônica e as boas práticas para terceirização em TI, entre outros. Assim, além das brilhantes palestras e aulas que a autora costuma ministrar em nossos eventos, agora contaremos com o presente livro como um repositório mais detalhado de suas ideias.

No cotidiano da atual era da informação que estamos vivenciando, assistimos estarrecidos às constantes modificações nas bases estruturais de nossa sociedade, que não só afetam, mas também tendem a homogeneizar, sem que nos apercebamos, as próprias culturas e tradições que por tanto tempo cultivamos. Abrangem desde inovações tecnológicas que nos envolvem e fascinam no nível individual às poderosas ferramentas voltadas para a automação de processos de desenvolvimento, fabricação e gestão, utilizadas por pequenas e grandes empresas ou mesmo Estados nacionais. Com a crescente disseminação da banda larga até os últimos confins do Planeta, pessoas, grupos ou mesmo comunidades inteiras localizadas em quaisquer regiões da Terra podem trabalhar, discutir e conversar como se estivessem frente a frente. Hoje as interfaces são as minúsculas câmeras de TV e as telas dos monitores, a cada dia com maior definição, com imagens cada vez mais nítidas. Num amanhã não muito distante estaremos — a parcela da humanidade que estiver inclusa digitalmente — imersos numa realidade virtual holográfica, acompanhados de seres reais, existentes em outro lugar do Planeta, ou mesmo hipotéticos, criados por algum programador alhures. Os germens dessas coisas já existem nos *videogames* de hoje. O desenvolvimento vertiginoso das tecnologias de informação e comunicações não está apenas transformando a nossa realidade. Está criando uma nova realidade, um novo universo onde as dimensões do espaço são suprimidas e as leis da física são substituídas pelas leis da computabilidade. Estamos a meio caminho do "Matrix".

É nesse contexto complexo e composto de eventos ocorrendo em dois tipos de realidade que o Direito Digital se deve inserir. É aí que a filosofia do direito deve buscar as bases de seu estabelecimento, os critérios de validação de suas leis. Muito apropriadamente, em seu livro anterior a autora acrescenta o elemento Tempo à fórmula tridimensional e tradicional do direito: fato, valor e norma. Deveras, as normas devem ser estabelecidas entre os fatos e os valores, entre a realidade e a moral, entre o que é e o que deveria ser. Assim, se por um lado a moral permanece estável, por outro os fatos estão se modificando com tal rapidez que foi necessária a introdução no Direito Digital da dimensão Tempo.

Considerando que poucos advogados têm plena habilitação em Direito Digital, o presente livro pode servir como referência não apenas para as grades curriculares dos cursos de direito, mas também para que os demais tomem conhecimento das sutilezas, particularidades e minúcias da moderna advocacia.

Jorge Armando Felix

Ministro de Estado
Chefe do Gabinete de Segurança Institucional
da Presidência da República

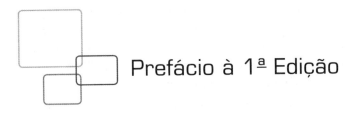

Prefácio à 1ª Edição

O Direito reflete, evidentemente, as mudanças culturais e comportamentais da sociedade. A teoria tridimensional o considera como fato, valor e norma, o que expressa bem a exigência da evolução da ciência jurídica em consonância com a realidade social. Dessa capacidade de adequação decorre, aliás, a própria segurança do ordenamento jurídico, projetado por meio de normas válidas e eficazes.

Na dinâmica da era de informação atual não é fácil para o legislador acompanhar as novas formas de conduta, de relações. Talvez escape à natureza humana a possibilidade de prever as múltiplas transformações tecnológicas que se sucedem num mundo denso, caracterizado, sobretudo, pela velocidade da transmissão da informação agora, também, digital. A mesma dificuldade encontra o aplicador do Direito diante da ausência de norma regulamentadora do assunto, técnico e aparentemente dissociado do cotidiano.

Com o objetivo de abordar a matéria e apontar soluções para as questões jurídicas surgidas, nesse novo campo, a Dra. Patricia Peck lança o presente livro, *Direito Digital*, cuja ideia central "é mostrar uma nova visão sobre o papel do profissional do Direito na sociedade digital, onde ele deve deixar de ser um burocrata para se tornar um estrategista...". Os temas tratados na publicação estão colocados de modo a mostrar a necessidade da "reengenharia do universo jurídico". A partir da Introdução, analisa a autora, em capítulos coordenados, os seguintes temas: "Da invenção do rádio à convergência de mídias"; "Conceitos que constituem a estrutura fundamental do pensamento jurídico"; "Rumo à sociedade digital"; "Sociedade digital"; "A evolução do Direito", culminando com a análise do "Direito Digital"; seus institutos jurídicos; e mais a "Responsabilidade civil e dano moral no Direito Digital"; "Ética e educação digital"; "Contratos"; "Arbitragem"; "O novo profissional do Direito"; "A gestão do risco eletrônico"; "Minutas" e Glossário sobre a matéria.

Apresenta a Dra. Patricia, como se observa da transcrição supramencionada, um alentado estudo sobre o Direito Digital, que responde aos presentes desafios e consiste "na evolução do Direito, abrangendo todos os princípios fundamentais e institutos que estão vigentes e são aplicados até hoje, assim como introduzindo novos institutos e elementos para o pensamento jurídico, em todas as suas áreas".

Aponta a autora, ainda, as características do Direito Digital: a celeridade, o dinamismo, a autorregulamentação, poucas leis, base legal na prática costumeira, o uso da analogia e solução por arbitragem. Considera, aliás, a mediação e a arbitragem como vias únicas sustentáveis dentro da dinâmica imposta pela velocidade das mudanças para a solução dos conflitos, invocando a Lei n. 9.307, de 1996, que se origina de Projeto, de minha autoria, apresentado na qualidade de Senador da República, e permite a inclusão de cláusulas arbitrais em contratos (art. 4º, § 4º). O tempo, por conseguinte, é fundamental para o deslinde das questões, tanto que a Dra. Patricia Peck acrescenta que o Direito Digital é a aplicação da fórmula tridimensional do Direito, adicionada de um quarto elemento, o tempo.

O livro *Direito Digital*, que tenho a satisfação de prefaciar, reveste-se, portanto, de importância não somente pelo seu conteúdo fundamentado, e pelas teses defendidas com inteligência, clareza e objetividade pela autora, mas, também, pela atualidade do tema na época globalizada e, de certa forma, digital em que vivemos.

Marco Maciel
Vice-Presidente da República
(Governo FHC — 2002)

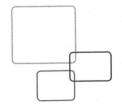

Nota da Autora — O Direito Digital na era da Inteligência Artificial e da Proteção de Dados Pessoais

Inovações e adequações caminham lado a lado na realidade da transformação digital. Trata-se de uma mudança cultural que envolve a necessidade de proteger os bens mais valiosos na nova configuração da sociedade, e que deve vir por meio do investimento em capacitação e aprimoramento legal e técnico. Ter profissionais preparados para interpretar e aplicar as leis de proteção de dados e privacidade, de forma adequada e ponderada, visando à melhoria da governança de dados pessoais.

É um trabalho que envolve a forma com que empresas, governos e pessoas lidam com a gestão da informação e como está a blindagem da propriedade intelectual diante da realidade 5G, onde cada vez mais avançam os Big Data, Machine Learning, Inteligência Artificial (IA) e a Internet of Things (IoT). Por isso a necessidade de analisar e traçar os possíveis desdobramentos nos mais diversos setores da sociedade, tanto para identificar como para apontar os impactos socioeconômicos e os métodos para estar em conformidade com as regras.

A digitalização das atividades vem sendo aplicada por diversos setores, em diferentes processos e com finalidades distintas, especialmente com o objetivo de melhorar indicadores de eficiência e produtividade. Contudo, esse novo paradigma tecnológico requer reflexão profunda sobre fronteiras e princípios direcionadores da sua aplicação, e exige a ampliação do leque de competências necessárias para uma harmoniosa colaboração humano-tecnológica.

Assim, começam a surgir propostas de regulamentação em todo o mundo para que se crie um quadro jurídico mais robusto (*framework legal*), visto que já convivemos com muitos robôs de assistência médica e de sistemas de vigilância. Surge da necessidade de se estabelecer regras que considerem o impacto ético e social dessas novas tecnologias, afinal, a próxima geração de robôs é muito mais autônoma e tem capacidade de aprendizagem com coleta de dados.

As leis devem alcançar drones, robôs industriais, carros autodirigíveis, robôs de hotelaria, saúde e entretenimento. Há ainda a possibilidade de aplicar impostos sobre o trabalho realizado pelos robôs, para serem utilizados para fomentar recursos na realocação de novos trabalhos para os humanos.

Existem outras dúvidas sobre questões importantes e fundamentais de serem debatidas, tais como: a quem cabe a responsabilidade de fazer o registro e o apagamento dos dados; quais os métodos mais eficazes e seguros para o registro dos dados (padrões) e quais as melhores estratégias para evitar o acesso não autorizado aos dados.

Nesses temas de inovação tecnológica, pensando um mundo conectado e globalizado, a capacidade de criar regulamentações mais internacionais e uniformes é extremamente importante para a segurança jurídica dos indivíduos e das instituições. Como um código de ética a ser seguido por fabricantes e desenvolvedores de máquinas com inteligência artificial, de forma a garantir que novos robôs sigam padrões de privacidade e respeitem valores de dignidade humana. Um estatuto legal único, padronizado, que possa já vir direto de fábrica e que determine direitos, obrigações e responsabilidades.

Vamos rumo a uma nova era para o Direito Digital, que é o das Cidades Inteligentes e da Inteligência Artificial, em uma sociedade de Robôs e Pessoas, onde ética, transparência, segurança e privacidade estarão sendo discutidas como nunca, assim como a necessidade de encontrarmos soluções que atendam em nível global, com necessidade de maior colaboração internacional entre os países, pois as fronteiras são muito mais fluidas na Internet.

Dra. Patricia Peck Pinheiro

1 Introdução

Ao final dos anos 1950, a Internet não passava de um projeto embrionário, o termo "globalização" não havia sido cunhado e a transmissão de dados por fibra óptica não existia. Informação era um item caro, pouco acessível e centralizado. O cotidiano do mundo jurídico resumia-se a papéis, burocracia e prazos. Com as mudanças ocorridas desde então, ingressamos na era do tempo real, do deslocamento virtual dos negócios, da quebra de paradigmas. Essa nova era traz transformações em vários segmentos da sociedade — não apenas transformações tecnológicas, mas mudanças de conceitos, métodos de trabalho e estruturas. O Direito também é influenciado por essa nova realidade. A dinâmica da era da informação exige uma mudança mais profunda na própria forma como o Direito é exercido e pensado em sua prática cotidiana.

É importante compreender que vivemos um momento único, tanto no aspecto tecnológico como no econômico e social. O profissional de qualquer área, em especial o do Direito, tem a obrigação de estar em sintonia com as transformações que ocorrem na sociedade. Sabemos que o nascimento da Internet é um dos grandes fatores responsáveis por esse momento, mas o que é fundamental, antes de tudo, é entender que esses avanços não são fruto de uma realidade fria, exclusivamente tecnológica, dissociada do mundo cotidiano.

A Internet é mais que um simples meio de comunicação eletrônica, formada não apenas por uma rede mundial de computadores, mas, principalmente, por uma rede mundial de Indivíduos. Indivíduos com letra maiúscula, porque estão inseridos em um conceito mais amplo, que abrange uma individualização não só de pessoas físicas como também de empresas, instituições e governos. A Internet elimina definitivamente o conceito de corporação unidimensional, impessoal e massificada. Isso significa profunda mudança na forma como o Direito deve encarar as relações entre esses Indivíduos.

É diante de tal conjuntura que entendemos oportuna esta reflexão sobre a evolução do Direito para atender à sociedade digital. Nossa abordagem irá mostrar os princípios que deram origem ao Direito, sua aplicação na realidade prática atual, as lacunas que devem ainda ser preenchidas. Nossa proposta é desenvolver o tema de Direito Digital trazendo soluções que possam atender às lacunas do Direito hoje e sobreviver ao futuro que está por vir.

Dois fatos históricos foram essenciais para o amadurecimento de várias questões jurídicas que serão apresentadas no âmbito da sociedade brasileira: 1990, ano da criação do primeiro Código Brasileiro de Defesa do Consumidor, e 1995, quando o Ministério das Comunicações publicou a Norma 004[1], que regula o uso de meios de rede pública de telecomunicações para o provimento e a utilização de serviços de conexão à Internet, marcando o nascimento comercial do sistema no País. Esses dois fatos colocam o Brasil em plenas condições de acompanhar as transformações mundiais no mesmo passo que as nações de ponta. Significam que a sociedade brasileira está plenamente inserida numa rede global de Indivíduos e, ao mesmo tempo, que estes adquirem capacidade de resposta cada vez maior, jurídica e cultural, às suas demandas.

A criação de uma consciência do consumidor e a entrada da Internet nas residências foram essenciais para que pudéssemos construir um pensamento jurídico sustentável, com base em padrões de conduta vivenciados na experiência de problemas práticos e de soluções que já vêm sendo aplicadas, algumas boas e outras a serem ainda aperfeiçoadas.

A proposta deste livro é provocar discussão, pois a discussão leva ao descobrimento da verdade, ao entendimento, sendo este um princípio de inteligência. Vamos estudar o que está além da tecnologia, do mundo digital e da informação, visto que o Direito é a soma de tudo isso, é a magnífica harmonia entre linguagem e comportamento. A ideia é mostrar o novo papel do profissional do Direito na sociedade digital, em que ele deve deixar de ser um mero burocrata para se tornar um estrategista, comunicando-se com as demais áreas dessa sociedade. Os temas estão estruturados de modo bem objetivo para podermos enxergar melhor esta reengenharia do universo jurídico.

---

1. Aprovada pela Portaria n. 148, de 31 de maio de 1995.

Pretendemos mostrar que o Direito já não é resultado do pensamento solitário de um jurista, mas sim uma solução prática de planejamento e estratégia que só pode ser feita em equipe, num contato direto com as demandas e a própria evolução da sociedade. Essa solução deve ser capaz de adaptar-se a transformações cada vez mais rápidas e mudar também quando necessário.

Toda mudança tecnológica é uma mudança social, comportamental, portanto jurídica. Após realizar várias palestras, percebi que já era o momento de disponibilizar esse conhecimento adquirido em casos práticos, acertos, erros, dúvidas, curiosidade, criatividade, audácia, inovação. Estes termos não nos são ensinados nas Faculdades de Direito e hoje são os diferenciais competitivos para um profissional que não só estuda as leis, como estuda o Homem, o comportamento e o equilíbrio das forças que regem a sociedade.

O Direito não é nem deve ser complexo. Deve ser simples e com alto grau de compreensão das relações sociais, estas sim complexas. Quando a sociedade muda, deve o Direito também mudar, evoluir. Convido todos a um novo olhar, um novo pensamento, a perceber as transformações que o Direito está vivendo e aceitar o desafio de começar uma nova era, a era do Direito Digital. A ideia por trás desse convite é demarcar um novo território, abordando as mudanças profundas que ocorrem na sociedade contemporânea para, a partir disso, dotar os estudantes e profissionais do Direito dos instrumentos necessários para atuar neste novo mercado. Por isso, peço licença a meus colegas para dar soluções e não apenas apresentar questões jurídicas.

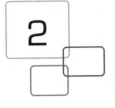

2 Da Invenção do Rádio à Convergência de Mídias: Os Reflexos Comportamentais das Mudanças Tecnológicas

Já na década de 1970, Alvin Tofler apontou o surgimento de uma sociedade derivada da informação, de maneira que a "sociedade da informação" seria conduzida por dois relógios, sendo um relógio analógico e outro digital. A diferença entre ambos está no "espaço-tempo" pelo qual eles se direcionam: enquanto o relógio analógico é regido pelo "tempo físico" – que corresponde às 24 horas do dia e 7 dias por semana e ao nosso cotidiano usual –, o relógio virtual é regido pelo "tempo virtual", ou seja, é um tempo que pode ser relativizado, podendo exceder os limites usuais de um dia, já que as ações podem se acumular e se realizar de forma simultânea nesse espaço-tempo.

Sendo assim, a sociedade da informação, que vive no mundo físico e no mundo digital, exige que, cada vez mais, seus participantes executem mais tarefas, acessem mais informações, rompendo os limites de fusos horários e distâncias físicas; ações que devem ser executadas num tempo paralelo, ou seja, digital.

Em termos práticos, Tofler apontou que, na sociedade da informação, o instrumento central de sobrevivência das organizações seria a velocidade da tomada de decisão, já que, com o desenvolvimento da tecnologia, esse processo poderia ser cada vez mais acelerado, de forma que aquela empresa que executa as decisões em melhor tempo hábil ficaria na frente.

Hoje, vivemos essa realidade. A agilidade imposta às empresas da economia digital exige um pensamento jurídico capaz de ultrapassar a barreira do tempo exigido pelas repartições públicas, pelos órgãos de registro, pelo Poder Judiciário, entre outros. Se a fórmula jurídica estiver errada, mesmo que se possa corrigi-la, o custo do tempo pode ser fatal.

A sociedade humana vive em constante mudança: mudamos da pedra talhada ao papel, da pena com tinta ao tipógrafo, do código Morse à localização por *Global Positioning System* (GPS), da carta ao *e-mail*, do telegrama à videoconferência. Se a velocidade com que as informações circulam hoje cresce cada vez mais, a velocidade com que os meios pelos quais essa informação circula e evolui também é espantosa.

A sociedade da informação citada por Tofler tem suas origens na expansão dos veículos de comunicação surgidos na primeira metade do século XX, agrupados genericamente sob o nome de meios de comunicação de massa. Essa definição é um reflexo do momento histórico em que tais veículos cresceram e, hoje, pode ser contestada pelo nascimento de uma sociedade convergente que tem como principal característica a diversidade.

Segundo Tofler, a evolução da humanidade poderia ser dividida em três ondas. A primeira delas teve início quando a espécie humana deixou o nomadismo e passou a cultivar a terra. Essa Era Agrícola tinha por base a propriedade da terra como instrumento de riqueza e poder. A Segunda Onda tem início com a Revolução Industrial, em que a riqueza passa a ser uma combinação de propriedade, trabalho e capital. Seu ápice se dá com a Segunda Guerra Mundial, em que o modelo de produção em massa mostra sua face mais aterradora: a morte em grande escala, causada pelo poderio industrial das nações envolvidas.

Como em toda transição, a chegada da Terceira Onda, a Era da Informação, começou a dar seus primeiros sinais ainda antes do apogeu da Segunda Onda, com a invenção dos grandes veículos de comunicação, como o telefone, o cinema, o rádio e a TV, num período de cinquenta anos entre o final do século XIX e início do século XX. Esses veículos, nos quais trafegam volumes crescentes de informação — a característica central da Terceira Onda —, conheceram sua expansão ainda a serviço do modelo de produção em grande escala, de massificação, centralização de poder e estandardização ditado pela Era Industrial.

É o surgimento da tecnologia digital, culminando na criação da Internet, que permite a consolidação da Terceira Onda, pela inclusão de dois novos elementos: a velocidade, cada vez maior na transmissão de informações, e a origem descentralizada destas.

Segundo o canadense Marshall McLuhan, um dos mais importantes teóricos das comunicações, havia uma contraposição entre a sociedade fortemente baseada na palavra escrita, surgida com o advento da Imprensa, pela invenção de Gutemberg no século XV, e uma sociedade eminentemente visual, em que cinema e TV desempenham o papel principal. À linearidade da primeira McLuhan opõe o caráter dinâmico dos segundos e prega sua universalidade: cinema e TV seriam os responsáveis pelo surgimento de uma Aldeia Global, onde toda a humanidade estaria interligada. O problema é que a teoria de McLuhan foi elaborada na primeira metade do século XX e trazia, implicitamente, uma questão terrível: os veículos definidos por ele como pontas de lança de uma nova era têm caráter essencialmente massificante.

McLuhan já previa uma "aldeia global", com um número cada vez maior de pessoas conectadas a uma única rede. Mas o que temos hoje, além de um universo conectado, é uma grande diversidade, causada pela individualização e pelo que Tofler chama de *overchoice* — um mundo em que as possibilidades de escolha são infinitas. Esse cenário transcende a previsão do teórico canadense. Ou seja, se para McLuhan o meio era a mensagem, hoje, a mensagem é o meio. Isso determina uma forma distinta de enxergar a própria aplicação do Direito.

Para Nicholas Negroponte, há um terceiro elemento que caracteriza a informação na Era Digital: seu caráter de riqueza inesgotável. No modelo industrial, cada bem de consumo produzido é indivisível e tem um fim único. Na indústria da informação, os bens[1] podem ser infinitamente duplicados por quem quer que seja: o exemplo básico é um *software*[2] — no momento em que um consumidor faz um *download* de um *software*, ele não o está tirando de uma fábrica ou uma loja e levando para sua casa: está simplesmente copiando o produto. E esse produto pode ser copiado tantas vezes quantas forem necessárias. Esta evolução das mídias traz desafios sucessivos para o universo jurídico.

Os desafios jurídicos do Direito Digital incluem a quebra de paradigmas, a descentralização, a dificuldade em definir limites territoriais e físicos, a velocidade com que as decisões devem ser tomadas e a crescente capacidade de resposta dos Indivíduos. A Internet gera uma infinidade de nações virtuais — pessoas, empresas e instituições de várias partes do mundo unidas por interesses os mais variados.

O grande desafio do Direito é enfrentar essa contradição entre globalização e individualização, que é a grande característica de nossa era — uma era de transição, em que convivem conceitos aparentemente tão díspares. Na nova ordem mundial, não é possível receitar um mesmo remédio para toda a economia. No caso brasileiro, esse desafio é ampliado por vivermos em uma sociedade que, durante tanto tempo, esteve sob regimes autoritários e, em sua cultura jurídica, guarda ainda muitos resquícios desse autoritarismo. Para enfrentar uma realidade tão difusa e complexa, é imprescindível que os profissionais do Direito revejam sua forma de atuação, aplicando os princípios fundamentais e desenvolvendo novas soluções para atender às demandas futuras.

---

1. O Código Civil de 2002, em seu art. 83, III, iguala os direitos pessoais de caráter patrimonial e respectivas ações a bens móveis, para efeitos legais.

2. A Lei n. 9.609/98 — Lei de Programa de Computador — substituiu a Lei n. 7.646/87 — Lei do *Software*, e em seu art. 1º assim o define: "Programa de computador é a expressão de um conjunto organizado de instruções em linguagem natural ou codificada, contida em suporte físico de qualquer natureza, de emprego necessário em máquinas automáticas de tratamento da informação, dispositivos, instrumentos ou equipamentos periféricos, baseados em técnica digital ou análoga, para fazê-los funcionar de modo e para fins determinados".

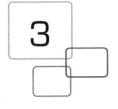

3 Os Conceitos que Constituem a Estrutura Fundamental do Pensamento Jurídico

Onde há normas jurídicas a conduta humana torna-se, em alguns sentidos, obrigatória e não optativa. O Estado de Direito tem como princípio fundamental a liberdade do homem, sendo seus estatutos concebidos para adequar, dentro do ordenamento jurídico-social, os conceitos basilares que limitam essa liberdade, conferindo ao cidadão um direito subjetivo e irrenunciável.

O Direito é uma pretensão garantida pela existência de um poder superior capaz de obrigar, de impor suas decisões. Sendo assim, caracteriza-se por ser um sentido de valor que está em permanente tensão com a realidade social. Por ser essencialmente comportamental — e porque o comportamento humano é, em sua essência, mutável e evolutivo —, há uma instabilidade inerente ao próprio Direito.

Para Hans Kelsen, o comportamento é normatizado pelo Direito, que lhe confere um atributo de valor e uma sanção, sem a qual não há como garantir a eficácia da norma. Dessa forma, a base da obrigação jurídica e moral de nossa sociedade está sustentada num sistema que envolve um conjunto de abstenções e concessões mútuas, chamado de sistema coercitivo.

A meta do ordenamento jurídico é ser uma organização centralizada do poder que teria como vantagens a adaptabilidade diante das mudanças, o que garantiria o seu grau de certeza e eficácia na sociedade. Há, então, a participação interativa da realidade no momento de concepção da norma, havendo uma adaptação valorativa desta ao contexto social.

A positivação do Direito nasceu de uma necessidade de limitar o poder dos governantes por meio da criação de normas impessoais, concebidas para efetivar a racionalização do poder. São normas voltadas para a estabilidade da sociedade, o que não impede haja a instabilidade intrínseca ao Direito, resultante da tensão permanente dos valores com a própria realidade.

Compete ao Sistema Legislativo fazer o filtro de todas as valorações e expectativas de comportamento da sociedade, mediante processos decisórios, para que elas possam adquirir validade jurídica. A capacidade da norma de refletir a realidade social determina o grau de eficácia jurídica de um ordenamento. Eficaz é aquilo que é capaz de efetivamente produzir efeitos, ou seja, o conceito de eficácia envolve aceitação e obediência.

Norma eficaz é aquela que é observada e cumprida pelos diversos grupos sociais. Implica o chamado "hábito geral de obediência", sendo a garantia de cumprimento da norma. Assim, a pressão social é que daria origem à obrigação vinculada pela norma que preestabeleceria os critérios de conduta a serem seguidos. A adaptação à mudança é uma exigência de sobrevivência da própria norma. Hoje, a problemática está na velocidade que a mudança vem adquirindo e na dificuldade do sistema jurídico em incorporá-la.

Um breve exemplo: Lawrence Lessig[1], um dos maiores especialistas mundiais em Direito Digital, afirma que os códigos de *software* podem ser comparados a leis, ou seja, o código-fonte dos *softwares*, assim como as leis, tem o efeito de controlar o comportamento de maneiras específicas. Por exemplo, você sabe que, quando quer usar os serviços de determinado provedor de acesso, precisa fornecer sua senha. É requisito imposto a você pelo código do Provedor de Acesso. Portanto, seria possível escrever uma lei dizendo que você precisa identificar-se adequadamente. Mas isso seria menos eficiente. Ambos são estruturas projetadas para controlar o comportamento. São diferentes de uma maneira importante: é mais fácil violar uma lei do que violar um código-fonte. Então certamente seria uma mudança se algumas leis sagradas fossem implementadas com tecnologia de *software*. Tal raciocínio mostra como as normas e a maneira clássica de pensar o Direito podem ser transformadas pelo surgimento de uma nova realidade social.

A capacidade de adaptação do Direito determina a própria segurança do ordenamento, no sentido de estabilidade do sistema jurídico por meio da atuação legítima do poder capaz de produzir normas válidas e eficazes. A seguran-

---

1. Para mais detalhes, visite o *site*: <http://www.lessig.org>.

ça das expectativas é vital para a sociedade, sendo hoje um dos maiores fatores impulsionadores para a elaboração de novas leis que normatizem as questões virtuais, principalmente a Internet.

Este sentimento de que se fazendo leis a sociedade se sente mais segura termina por provocar verdadeiras distorções jurídicas, uma vez que, como vimos, nem toda norma válida é eficaz. O Direito é responsável pelo equilíbrio da relação comportamento-poder, que só pode ser feita com a adequada interpretação da realidade social, criando normas que garantam a segurança das expectativas mediante sua eficácia e aceitabilidade, que compreendam e incorporem a mudança por meio de uma estrutura flexível que possa sustentá-la no tempo. Esta transformação nos leva ao Direito Digital.

4 Rumo à Sociedade Digital

Antes de nos aprofundarmos no conceito de Direito Digital, é importante entender outro conceito: o de Sociedade Convergente. Para isso, vamos traçar breve histórico da evolução tecnológica da qual essa sociedade é resultado.

A informática nasceu da busca da constante evolução e do auxílio às pessoas em seu trabalho cotidiano — por vezes repetitivo e cansativo. Dessa forma, a compreensão mais comumente adotada da informática é "a ciência que estuda o tratamento automático e racional da informação"[1].

Neste contexto, pode-se compreender que a informática é dotada de diversas funções, dentre as quais pode-se pontuar o desenvolvimento de máquinas novas, assim como a criação de metodologias de trabalho inovadoras e mais eficazes, ou mesmo a melhoria das que já existem, além da automatização das atividades. E o objeto ou elemento material que possibilita o tratamento dos dados/informações ali transmitidas é o computador[2].

O primeiro engenho concebido com essa finalidade seria o ábaco. Utilizado por mercadores há mais de 2.000 anos e filho direto das necessidades

---

1. KANAAN, João Carlos. *Informática global*. 2. ed. São Paulo: Pioneira, 1998. p. 23-31.

2. O computador é uma máquina composta de elementos físicos do tipo eletrônico, capaz de realizar grande variedade de trabalhos com alta velocidade e precisão, desde que receba as instruções adequadas.

dos mercantis, o ábaco faz-se com pedrinhas — *calculi* — que, ordenadas segundo a técnica desenvolvida pelos matemáticos de então, auxiliavam a elaboração de cálculos e tarefas de contabilidade que, de outra forma, tomariam muito tempo[3].

No século XVII, o escocês John Napier cria o mecanismo que chamou de "ossos de Napier", o qual, por permitir a execução de operações matemáticas mais complexas, desdobrar-se-ia nas até recentemente muito utilizadas réguas de cálculo.

O filósofo francês Blaise Pascal construiu em 1642 um engenho mecânico capaz de somar e subtrair números de oito algarismos. Também filósofo, o alemão Gottfried Leibniz constrói em 1677 sua máquina de calcular. Somente em 1830, porém, a tecnologia é industrializada e começam a ser fabricadas máquinas de calcular mecânicas na Europa.

Em 1834, o norte-americano Charles Babbage constrói complexa máquina capaz de executar uma sequência predeterminada de operações matemáticas. Embora nunca tivesse sido finalizada como desejava seu criador, a máquina e as próprias anotações de Babbage lançaram conceitos até hoje fundamentais na computação: a máquina que executa comandos predefinidos — o programa, a interface de entrada/saída e a memória dos cálculos realizados.

Em 1847, o matemático britânico George Boole idealiza em sua obra *The mathematical analysis of logic: being an essay towards a calculus of deductive reasoning* uma teoria que aproxima a lógica da matemática, por meio de operadores lógicos (E, OU e NÃO) e um sistema binário de numeração que se utiliza apenas dos algarismos 1 e 0. Tal teoria ficou posteriormente conhecida como Álgebra Booleana e viria a ser amplamente utilizada nos computadores, que ainda tardariam a surgir, pela facilidade em associar os operandos booleanos (1 e 0) a dois estados da corrente elétrica (ligado e desligado).

O norte-americano Herman Hollerith concebeu em 1890 uma máquina eletromecânica que lia uma série de dados gravados em cartões perfurados e fez com que o censo daquele ano nos Estados Unidos fosse processado em um terço do tempo do censo anterior. Hollerith mais tarde fundaria a empresa *Tabulating Machine Company*, que hoje é conhecida pelo nome de *International Business Machine* (IBM).

A utilização de máquinas calculadoras mecânicas e eletromecânicas proliferou no início do século XX. Nos anos 30, essas máquinas começaram a ser

---

3. História do computador. In: *Enciclopédia Britânica*. 1998. CD-ROM.

construídas com relés eletromagnéticos, porém somente em 1946 estaria finalizado o engenho que claramente se reputaria um passo além das calculadoras. Seu nome era ENIAC — *Eletric Numeric Integrator and Calculator* —, um computador baseado em circuitos eletrônicos. Operava com lógica binária, composto de 18.000 válvulas, e ocupava diversas salas da Universidade de Pensilvânia, onde foi concebido.

A ideia estava maturada e era viável. Em 1951 foi lançado o UNIVAC I, o primeiro computador a ser vendido comercialmente. Daí em diante a microeletrônica passa a balizar os avanços na área. O advento do transistor nos anos 60, substituindo a válvula, diminui o tamanho, o consumo de energia e aumenta a potência dos computadores. Ainda nos anos 70 surgem os circuitos integrados, que têm esse nome por reunirem grande número de transistores em uma única peça[4].

Os anos 1970 viram o advento do microprocessador, minúscula partícula de silício que centraliza o processamento em um computador e onde eram condensadas centenas de transistores, os elementos que faziam os computadores ocupar grandes espaços, consumir grande quantidade de energia e estar em constante manutenção. As centenas de transistores tornaram-se milhares, dezenas de milhares e, em nossa época, centenas de milhares, fazendo dos microcomputadores pessoais, que utilizamos em nossas casas e escritórios, engenhos com capacidade de processamento superior à das grandes universidades, laboratórios e empresas de trinta anos atrás.

Como podemos perceber, além do que ficou exposto acima, nas últimas décadas vários fatos contribuíram para uma profunda mudança na realidade social. Em 1964, Gordon Moore cria a Lei de Moore e revoluciona a produção dos *chips*. O primeiro computador com *mouse* e interface gráfica é lançado pela Xerox, em 1981; já no ano seguinte, a Intel produz o primeiro computador pessoal 286. Tim Bernes Lee, físico inglês, inventa a linguagem HTML (*HyperText Markup Language* ou, em português, Linguagem de Marcação de Hipertexto), criando seu pequeno projeto de World Wide Web (WWW), em 1989; Marc Andreessen cria o *browser Mosaic*, que permite fácil navegação na Internet, em 1993. Em 1996, Steve Jobs lança o iMac. No mesmo ano, dois estudantes americanos, Larry Page e Sergey Brin, em um projeto de doutorado da Universidade Stanford, criam o maior *site* de buscas da internet, o "Google". Em 1999, um ataque de *hackers* tira do ar *websites* como

---

4. WEBER, Kival; MELIM, Angela. *A sociedade da informação.* Rio de Janeiro: Ed. Rio, 1980. p. 67.

Yahoo e Amazon, entre outros. Em 15 de janeiro de 2001 é criada a "Wikipedia", a primeira enciclopédia *online* multilíngue livre colaborativa do mundo, que pode ser escrita por qualquer pessoa, de qualquer parte do globo, de forma voluntária. Em 23 de outubro de 2001, cerca de um mês depois dos atentados de 11 de setembro, é lançada pela Apple a primeira versão do iPod, de 5GB e tela monocromática, aparelho que revoluciona o mercado de música mundial ao permitir, segundo o seu, já falecido, criador Steve Jobs, o "armazenamento de até 1.000 músicas em seu bolso". Os exemplos são muitos.

Esses fatos são reflexo de um caminho rumo à chamada sociedade convergente que se vem desenvolvendo rapidamente desde a criação do telefone, considerada a primeira ferramenta de comunicação simultânea a revolucionar os comportamentos sociais. Na outra ponta deste movimento evolutivo, a Internet veio possibilitar não apenas o encurtamento das distâncias com maior eficiência de custos, mas, sobretudo, a multicomunicação, ou seja, transmissão de texto, voz e imagem. A multicomunicação, associada à capacidade de respostas cada vez mais ágeis, permite que a Internet se torne o mais novo veículo de comunicação a desafiar e transformar o modo como nos relacionamos.

A origem da Internet remonta ao ápice da "guerra fria", em meados dos anos 60, nos Estados Unidos, e foi pensada, originalmente, para fins militares.

Basicamente, tratava-se de um sistema de interligação de redes dos computadores militares norte-americanos, de forma descentralizada. À época, denominava-se "Arpanet". Esse método revolucionário permitiria que, em caso de ataque inimigo a alguma de suas bases militares, as informações lá existentes não se perderiam, uma vez que não existia uma central de informações propriamente dita.

Posteriormente, esse sistema passou a ser usado para fins civis, inicialmente em algumas universidades americanas, sendo utilizado pelos professores e alunos como um canal de divulgação, troca e propagação de conhecimento acadêmico-científico. Esse ambiente menos controlado possibilitou o desenvolvimento da internet nos moldes os quais a conhecemos atualmente.

Entretanto, o grande marco dessa tecnologia se deu em 1987, quando foi convencionada a possibilidade de sua utilização para fins comerciais, passando-se a denominar, então, "Internet".

Na década de 90, a Internet passou por um processo de expansão sem precedentes. Seu rápido crescimento deve-se a vários de seus recursos e facilidades de acesso e transmissão, que vão desde o correio eletrônico (*e-mail*) até o acesso a banco de dados e informações disponíveis na World Wide Web (WWW), seu espaço multimídia.

Tecnicamente, a Internet consiste na interligação de milhares de dispositivos do mundo inteiro, interconectados mediante protocolos (IP, abreviação de *Internet Protocol*). Ou seja, essa interligação é possível porque utiliza um mesmo padrão de transmissão de dados. A ligação é feita por meio de linhas telefônicas, fibra óptica, satélite, ondas de rádio ou infravermelho. A conexão do computador com a rede pode ser direta ou através de outro computador, conhecido como servidor. Este servidor pode ser próprio ou, no caso dos provedores de acesso, de terceiros. O usuário navega na Internet por meio de um *browser*, programa usado para visualizar páginas disponíveis na rede, que interpreta as informações do *website* indicado, exibindo na tela do usuário textos, sons e imagens. São *browsers* o MS Internet Explorer, da Microsoft, o Netscape Navigator, da Netscape, Mozilla, da The Mozilla Organization com cooperação da Netscape, entre outros.

Os servidores e provedores de acesso utilizam a estrutura do serviço de telecomunicação existente (no caso brasileiro, o *backbone* da Embratel), para viabilizar o acesso, armazenamento, movimentação e recuperação de informações do usuário à rede. O endereço IP é dado ao computador que se conecta à rede, e os subendereços são dados aos computadores conectados com os provedores. A tradução dos endereços IP, numéricos, para os seus correspondentes em palavras faz-se pelo protocolo DNS — *Domain Name System*. As terminações do endereço são feitas de acordo com os TLDs — *Top Level Domains* —, o primeiro grupo de caracteres após o último ponto de nome de domínio propriamente dito. Exemplos são o ".com", ".gov", ".net", ".org", ".tv". Outros TLDs indicam o país de origem do usuário. Os registros são feitos em órgãos especializados. No caso brasileiro, o atual responsável pelos registros é o Núcleo de Informação e Coordenação do Ponto BR (NIC.br)[5], através do *website* http://registro.br, o qual ficou legitimado no que antes era de responsabilidade da Fundação de Amparo à Pesquisa do Estado de São Paulo (FAPESP)[6].

A interligação física e a uniformização do sistema de transmissão de dados entre as redes, por meio dos protocolos, permitiu, portanto, que a Internet

---

5. Proposta aprovada na reunião realizada no dia 21 de outubro de 2005 pelo Comitê Gestor da Internet no Brasil (CGI.br), atendendo às atribuições que lhe confere o Decreto n. 4.829/2003. A Resolução CGI.br n. 001/2005, em seu inteiro teor, está publicada no endereço eletrônico do servidor *web* do CGI.br: <http://www.cgi.br.>.

6. *Site*: <http://www.fapesp.br>.

conquistasse maior amplitude no globo. Hoje, a comunicação pode dar-se com ou sem intervenção humana — no último caso está, por exemplo, o *Electronic Data Interchange* (EDI), em que há sistemas aplicativos previamente programados que enviam e recebem as informações. Esses sistemas são fundamentais para entendermos que o surgimento de uma sociedade convergente plena não se trata de uma abstração futurista, mas de uma realidade concreta.

Da transmissão de pacotes de dados simples, evoluímos para a transmissão de áudio e vídeo, ou seja, conteúdo multimídia. Esse foi o segundo passo a caminho da convergência. Para a transmissão multimídia, passou-se a exigir equipamentos mais capazes e redes de maior velocidade ou com maior largura de banda.

Assim, a velocidade dos recursos tecnológicos foi crescendo rapidamente, até chegar à Banda Larga (*broadband*), com conexões ADSL[7], cabo e satélite. Estamos seguindo para um mundo de transmissões em tempo real, por meio de tecnologia *streaming*, uma evolução do conceito de videoconferência e a inserção de redes multimídias digitais que possibilitem interatividade, como a desenvolvida com linguagem MPEG4.

O movimento de convergência, no entanto, vai além, saltando do computador para os aparelhos de TV, telefones celulares, *palm-tops* e outros dispositivos multimídia. Passa a abranger toda uma comunidade móvel, sendo manifestada em sua plenitude quando alcançamos a interatividade. Calcula-se que, atualmente, um lar de classe média contenha aproximadamente 200 *chips*, incluindo todos os aparelhos eletrônicos existentes. Esse cálculo inclui fornos micro-ondas, máquinas de lavar roupas, aparelhos de som e outros.

A convergência será total no momento em que todos esses *chips* passarem a conversar entre si. Pense no dia em que sua geladeira terá a capacidade de constatar a iminência de um defeito qualquer, jogar essa informação numa rede interna em sua casa e, automaticamente, enviar um *e-mail* para a empresa de assistência técnica, que poderá consertar o defeito remotamente, pela rede, sem precisar ir até sua casa.

Parece futurismo, mas esse tipo de tecnologia já existe, por exemplo, em equipamentos médicos de ponta, como aqueles utilizados para ressonância magnética.

A complexidade de tal sistema, do ponto de vista jurídico, está nas relações resultantes desta interação, principalmente as relações comerciais. Este ambiente de pessoas conectadas tornou-se extremamente propício para o comércio — aqui surge o conceito de *e-commerce*.

---

7. ADSL — *Asymmetric Digital Subscriber Line* — é uma tecnologia em que, por meio de uma linha de telefone, é possível transmitir dados em alta velocidade.

A grande vitrina virtual passa a atrair não apenas empresas, mas também profissionais liberais, *shopping centers*, consumidores, redes de ensino a distância, hospitais, laboratórios, bancos, corretoras e todo aquele interessado em obter uma informação, colocar um produto ou serviço à venda, ou simplesmente buscar entretenimento.

Surgem as comunidades virtuais, os portais horizontais, os portais verticais, os *websites* institucionais, as *homepages* pessoais, os *blogs*, os metamercados de consumidor-consumidor (C2C), empresa-consumidor (B2C), empresa-empresa (B2B), empresa-empresa-consumidor (B2B2C) — uma verdadeira rede de apatriados.

Todas essas relações entre pessoas e empresas passam a exigir novas regras, princípios, regulamentos, assim como possibilitam a aplicação de antigos princípios que continuam tão atuais para o Direito como o eram em sua origem.

Qual o próximo passo? Não sabemos, mas é importante compreender todo o mecanismo de funcionamento das novas tecnologias de comunicação, entre elas a Internet, bem como sua evolução no futuro cenário de convergência, uma vez que o Direito é resultado do conjunto comportamento e linguagem. Só com essa compreensão é que podemos fazer leis, aplicá-las e dar soluções ao caso concreto. É diante de toda esta velocidade de mudanças que nasce o Direito Digital.

5
Sociedade Digital

O avanço tecnológico na comunicação sempre perseguiu o objetivo de criar uma Aldeia Global, permitindo que todas as pessoas do mundo pudessem ter acesso a um fato de modo simultâneo. Este é o princípio que orienta a criação de redes mundiais de telejornalismo, como a CNN, além de toda uma rede Broadcast Digital para transmissões ao vivo e em tempo real, de qualquer lugar do mundo.

O mundo financeiro também persegue essa mesma facilidade de comunicação, investindo grandes somas na modernização dos equipamentos para permitir a criação de uma comunidade financeira mais dinâmica. Os chamados programas de *home-brokers* já são uma realidade.

Seguindo a necessidade de corte de gastos e controles maiores sobre as filiais, as empresas passam a investir em redes de comunicação interna, conectando todas as suas operações mundiais. Nesse estágio, os executivos experimentam plenamente as facilidades da comunicação rápida, economizando papel, pulsos telefônicos, viagens e tempo.

Este contato no trabalho passa a provocar uma necessidade de expandir tais benefícios para os lares. Assim começa o movimento para instalar um computador em cada casa. A convergência sai da esteira econômico-corporativa e passa a levar a tecnologia para dentro dos lares, interligando uma rede de consumidores ávidos por informação, serviços e produtos.

Essa convergência total possibilita novas economias para as empresas, principalmente de custos operacionais, logística, vendas e distribuição, além de instituir um canal de venda personalizada, com maior eficiência para a aplicação do princípio de estoque zero.

Já demonstramos a complexidade de um mundo em que todos estão conectados em uma única aldeia e, ao mesmo tempo, têm a possibilidade de agir, como nunca antes na história da humanidade, como indivíduos. Os mercados financeiros, como grandes precursores dessa era de convergência, foram os primeiros a sentir na pele as dificuldades desse universo. Se, por um lado, é muito bom estar conectado, por outro o comportamento irracional de mercado afeta a todos, onde quer que estejam, de maneira nunca antes experimentada.

A aludida complexidade é agravada pelo fator tempo, pela velocidade crescente com que os efeitos dessa rede de relações são sentidos em toda a parte. Desde o início da Era Mercantilista, os efeitos de uma crise local podiam ser sentidos em todo o mundo. Por exemplo, uma crise entre ingleses e chineses causada pelo comércio do chá no século XIX acarretava consequências na economia de todo o mundo, mas os efeitos dessa crise demoravam meses para chegar em todas as partes do Planeta. Hoje, com a velocidade de transmissão de informações, tais efeitos são imediatos tanto em Londres como em São Paulo, no Cairo como em Sydney.

Esse exemplo macroeconômico serve como alerta sobre a complexidade que enfrentamos em todos os setores da sociedade. A questão fica mais clara se refletirmos sobre um dos aspectos centrais da sociedade convergente: a interatividade, ou seja, a possibilidade de participação humana em um nível de inter-relação global. Vários avanços técnicos permitem que mais e mais pessoas atuem num mundo interativo: o movimento do *software* livre, da Internet grátis, do MP3, entre outros.

A interatividade exige que as empresas virtuais estejam preparadas para atender seus consumidores a qualquer tempo e em qualquer lugar. No mundo virtual e interativo, uma empresa sediada em Little Rock, Arkansas, vive com a possibilidade — e o risco — de interagir rapidamente com um consumidor de, digamos, Mendoza, Argentina, numa realidade impensável há pouquíssimo tempo. Uma pessoa no interior de Goiás pode comprar e vender ações de uma empresa sediada na China com capital aberto na Bolsa de Nova York, EUA.

Ter uma janela aberta para o mundo exige muito mais que apenas a seleção do público-alvo. Exige a criação de uma logística jurídica que reflita a diversidade cultural dos consumidores/clientes virtuais.

No aspecto do atendimento ao consumidor, por exemplo, parte das empresas inseridas na rede recorre à terceirização, contratando *contact-centers*[1]

---

1. *Contact-centers/call-centers/telemarketing* são as designações para centrais de atendimento destinadas ao contato com consumidores ou *prospects*, de forma ativa (ligação feita a partir da

especializados para atender a demandas de usuários de diferentes culturas e países. No aspecto jurídico, é preciso que os profissionais do Direito também estejam preparados para criar essa logística, sabendo que a todo momento terão de lidar com diferentes normas, culturas e legislações.

A Internet hoje tem mais de 800 mil *websites* e são criadas mais de mil *homepages* por dia. Estamos falando não apenas de uma comunidade virtual, mas de várias comunidades virtuais que se aglomeram em torno de objetivos comuns, várias tribos com participantes de vários pontos do Planeta, de diversas culturas, sujeitos cada um a princípios de valor e normas distintas.

A globalização da economia e da sociedade exige a globalização do pensamento jurídico, de modo a encontrar mecanismos de aplicação de normas que possam extrapolar os princípios da territorialidade, principalmente no tocante ao Direito Penal e ao Direito Comercial. Essa tendência de globalização do próprio Direito não é nova. O Direito Internacional Privado de algum modo já vem, por meio de Convenções[2] e Tratados Internacionais, tentando estabelecer critérios mais uniformes de análise jurídica entre os vários Estados nacionais.

Para o Direito Digital, porém, a questão vai além: devem ser criados novos princípios de relacionamento, ou seja, diretrizes gerais sobre alguns requisitos básicos que deveriam ser atendidos por todos os usuários da rede. A resolução dessas questões já possibilitaria segurança maior nas relações virtuais. O que é diferente de se criarem normas específicas cuja aplicação e eficácia ficariam muito limitadas no tempo e no espaço.

Outra consequência da sociedade convergente é o aumento da distância entre países desenvolvidos e em desenvolvimento, em razão do que se chama de analfabetismo digital — um problema político-social consistente em ter uma massa de trabalhadores não preparada para o uso das novas tecnologias. A preocupação não é apenas educacional: afeta a capacidade de aproveitamento de mão de obra, até mesmo de nível superior.

---

empresa para o cliente) ou receptiva (do cliente para a empresa), usando telefone ou outros canais de comunicação. O termo mais abrangente é *Contact Center*, que inclui o contato por *e-mail*, fax, *chat* e Voz sobre IP, por exemplo (Fonte: <http://www.calltocall.com.br/glossario.asp>).

2. Podemos citar: a) a "Lei Modelo da United Nations Commission on International Trade Law (Uncitral) para o comércio eletrônico com guia para aplicação", produzido pela primeira vez em 1996, atualizado em 1998. Esse documento é referência mundial e todos os países devem fundamentar-se nele ao regulamentar o comércio eletrônico em seu território. Disponível na íntegra em <www.uncitral.org>; b) a "Cartilha sobre Comércio Eletrônico e Propriedade Intelectual", publicada pela WIPO/OMPI (<http://www.wipo.int>), que aborda questões como jurisdição e legislação aplicável, entre outras, relativas ao comércio eletrônico.

O fenômeno de marginalização social se dá pela incapacidade dos Indivíduos de conhecer e dominar as novas tecnologias — não basta saber escrever, é preciso saber enviar um *e-mail*. Ao mesmo tempo que a Era Digital abre maiores possibilidades de inclusão, a exclusão torna-se mais cruel. Aqueles que não tiverem existência virtual dificilmente sobreviverão também no mundo real, e esse talvez seja um dos aspectos mais aterradores dos novos tempos.

Globalmente, a presença da tecnologia passa a ser um novo fator de análise de subdesenvolvimento, ao mesmo tempo que equipara países que ainda não resolveram problemas primários, como saneamento básico e saúde, a outros em que essas questões já estão satisfatoriamente resolvidas.

Por sermos todos visíveis, acessíveis, acabamos por concorrer pelas mesmas oportunidades de trabalho, negócios, produtos e ativos. Esse compartilhamento de territórios e entrada de novas peças no jogo mundial vai muito além, do ponto de vista jurídico, de operações de fusão e aquisição, alianças estratégicas, contratos de interconexão, entre outros. Significa uma rediscussão do conceito de soberania.

Atualmente, a maior parte dos *websites* da Internet está localizada nos Estados Unidos[3]. Porém, quem paga a maior parte da conta pelo uso dos *backbones* são os outros países, e o Brasil é um dos que vivem mais intensamente o problema. Isso porque, apesar de nossa febre pelo ciberespaço, a América Latina sofre a carência de "peering points" e vários de seus provedores ainda não fizeram a interconexão de suas redes.

A autoestrada da informação está para a economia digital assim como a energia elétrica e as estradas estavam para a economia industrial. A disputa por seu controle já está sendo travada. Informação é poder, como foi um dia a propriedade da terra. Seguindo esta linha de raciocínio, quem estaria autoriza-

---

3. Os Estados Unidos têm sido o administrador da Internet desde que a *web* foi criada como um projeto militar nos anos 60. Mas um grande número de países (como Brasil, China, Índia e, mais recentemente, a União Europeia) está contestando o controle norte-americano sobre a Internet. Eles argumentam que a Internet transformou-se em ferramenta global de comunicação e motor do crescimento econômico mundial e, por isso, não pode ser controlada pelos Estados Unidos. Em linguagem técnica, há uma batalha pela governança na Internet. Nos Estados Unidos estão localizados dez dos treze servidores-raiz (dois estão na Europa e um no Japão). Eles são o grande centro nevrálgico do acesso da *web*, pois sabem onde um computador tem de ir para achar o endereço de outra máquina. Em tese, os Estados Unidos têm o poder de tirar um país da Internet ou mesmo de decidir sobre o que é chamado de TLD (*top level domain*), como o .br. E não há nenhum organismo ao qual se possa reclamar das decisões ou vetos norte--americanos. Tal fato foi o tema principal durante a Cúpula Mundial da Sociedade da Informação (*World Summit on the Information Society*), que aconteceu em Túnis, na Tunísia, entre 16 e 18 de novembro de 2005 (Fonte: *IDG Now!*).

do a colocar pedágios nessa autoestrada de informação? Quem deveria ser responsável por sua segurança e conservação?

Se entendermos que a Internet é um lugar, então muitas questões do Direito devem ser redesenhadas, uma vez que o território ou jurisdição deveria ser a própria Internet. Se entendermos que a Internet é um meio, então voltamos a ter de resolver a questão da territorialidade para aplicação da norma, já havendo como referência a atuação do Direito Internacional.

Se a Internet é um meio, como é o rádio, a televisão, o fax, o telefone, então não há que falar em Direito de Internet, mas sim em um único Direito Digital cujo grande desafio é estar preparado para o desconhecido, seja aplicando antigas ou novas normas, mas com a capacidade de interpretar a realidade social e adequar a solução ao caso concreto na mesma velocidade das mudanças da sociedade.

6 A Evolução do Direito

Como defende o Dr. Samuel Huntington[1], o maior desafio da evolução humana é cultural. Podemos dizer o mesmo do Direito. Como instrumento de regulação de condutas, o Direito deve refletir a realidade da sociedade. Agora, quem adapta os legisladores e os aplicadores da lei à nova realidade social? Como fazer essa mudança cultural que está tão enraizada em todos nós?

Estamos tão acostumados a trabalhar o tempo, as palavras, a paciência que para nós é muito difícil ser "trabalhados pelo tempo", forçados a tomar decisões imediatas, mudar uma estratégia ou um posicionamento em questão de minutos, em virtude das mudanças no mercado, da concorrência, da variação das ações na bolsa, de um novo *business plan* etc.

Também passamos a assumir maiores responsabilidades, sem muito tempo para pensar, refletir, fazer consultas. Isso quando há fontes para serem consultadas. Entretanto, adaptar-se a essa nova realidade significa dar continuidade à vocação histórica do Direito, que sempre seguiu as transformações ocorridas na estrutura da sociedade.

Na Era Agrícola, como vimos, o instrumento de poder era a terra, cujo domínio, no mundo ocidental, estava fortemente centralizado pela Igreja. Assim, o Direito era canônico, baseado em forte hierarquia, sob a justificativa de manter o controle e a paz social.

---

1. *The Clash of Civilization*. Touchstone: Simon & Schuster, 1999.

Na Era Industrial, o instrumento de poder era o capital, que viabilizava os meios de produção. O domínio dele deveria ser do Estado, que deveria proteger suas reservas contra ataques de outros Estados, sob a justificativa da soberania. O Direito, portanto, torna-se estatal e normativo, dentro de um sistema de comando e controles sobre os conceitos de territorialidade e ordenamento, em que a burocracia jurídica se transforma em mecanismo para a diminuição dos erros jurídicos e de monopólio da força.

Na Era Digital, o instrumento de poder é a informação, não só recebida mas refletida. A liberdade individual e a soberania do Estado são hoje medidas pela capacidade de acesso à informação. Em vez de empresas, temos organizações moleculares, baseadas no Indivíduo. A mudança é constante e os avanços tecnológicos afetam diretamente as relações sociais. Sendo assim, o Direito Digital é, necessariamente, pragmático e costumeiro[2], baseado em estratégia jurídica e dinamismo.

O modelo de riqueza da Sociedade pós-Digital está baseado em ativos intangíveis, onde, do ponto de vista jurídico, crescem de importância as questões que envolvem a proteção da propriedade intelectual.

Sendo assim, podemos afirmar que houve uma transformação profunda nos alicerces de sustentação econômica dos países que após os anos 80 passaram a estar diretamente dependentes de inovação tecnológica e infraestrutura de telecomunicações e energia para viabilizar o modelo de Economia Criativa[3].

Para Don Tapscott[4], "em rede podemos mais que governos". Para ele, a Revolução Digital está baseada em quatro pilares fundamentais: transparência, colaboração, compartilhamento de conhecimento e mobilização. Portanto, estaria sendo gerado um verdadeiro "capital digital" que merece proteção.

Por isso, o modelo jurídico começa a se transformar para viabilizar o exercício de cidadania digital, seja através de ferramentas de peticionamento ou plebiscito *online*, ou ainda para garantir o direito de estar conectado à Internet como um novo direito essencial do Indivíduo.

---

2. O Direito Costumeiro, ou *Common Law*, é um Direito que utiliza o histórico de decisões de casos concretos como subsídio legal para uma ação judicial. Ou seja, ele cria um banco de dados de memória futura, tendo por referência os próprios costumes da sociedade. Este princípio deve reger o Direito Digital, de modo a imprimir um dinamismo que seja capaz de dar soluções rápidas aos conflitos.

3. Conforme o jornalista John Howkins, que é considerado o pai da *Economia Criativa* (Editora MBooks, 2012).

4. Don Tapscott é autor de vários livros como *The Digital Economy, Growing Up Digital* e *Digital Capital.*

Há, então, uma nova geração assumindo o poder e que é denominada "nativos digitais"[5]. Para esta geração ter acesso à Internet é requisito para se ter acesso à informação e ao conhecimento, assim como é o canal principal de diálogo e interação com demais pessoas, governos, empresas ou marcas. Em termos sociais, o pior analfabetismo passa a ser o digital.

Do ponto de vista da evolução do Direito Digital no Judiciário brasileiro temos visto que a questão da prova eletrônica passou a permear a grande maioria dos casos, sendo crucial para demonstrar e fundamentar direitos e obrigações entre as partes envolvidas. Os temas mais recorrentes envolvem de posturas e comportamentos em mídias sociais ao vazamento de informações confidenciais de empresas.

A tarefa do Magistrado tem sido a de enfrentar debates e conflitos em torno de assuntos que ainda não estão devidamente tratados em leis mais específicas, dando margem a gerar diversos tipos de interpretação por parte da Justiça, dentre eles, por exemplo, os limites relacionados ao uso e à proteção de dados pessoais considerando todo o poder do "Big Data", o direito ao esquecimento que permita a remoção de conteúdos sobre uma pessoa na Internet, a aplicação do direito de arrependimento em compras *online* quando o bem é um ativo intelectual ou mais intangível e a penalização sobre a infração de propriedade intelectual e como fica a análise do princípio da insignificância e do uso social.

Mas nada supera a dificuldade de se delimitar o limite entre a liberdade de expressão e o seu abuso que acaba por ocasionar o crescimento dos crimes contra a honra.

A autoridade policial em geral, dentro do dever de vigilância também da "rua digital", continua a ter dificuldade na tipificação de algumas condutas e na comprovação da autoria. Sob o aspecto da persecução penal ainda é polêmica a forma de se demonstrar uma identidade única e individual e vincular a ela uma conduta ilícita, já que logs e IPs não estão necessariamente associados a uma pessoa e prevalece o princípio *in dubio pro reo*.

De todo modo, já que as pessoas possuem endereços eletrônicos, em especial em mídias sociais e aplicativos, poderia a justiça utilizá-los para intimação de partes? Entendo que sim, e é o que já está ocorrendo[6].

---

5. Conforme analisado na obra *Nascidos na Era Digital* de John Palfrey e URS Gasser, Editora Artmed, 2011, e também tratado na obra *Being Digital*, de Nicholas Negroponte, mais antiga e que já apresentava os sinais de que estava sendo formada uma geração totalmente digital.

6. Juiz de Direito de Presidente Médici, em Rondônia, manda intimar pelo WhatsApp com o objetivo de usar um meio menos oneroso e rápido. Processo 1000137-07.2013.8.22.0006.

Desse modo, também tem sido um desafio para o Fisco a tributação e arrecadação sobre as operações comerciais-digitais que ocorrem na Internet, em especial ainda as praticadas em *sites* de leilão e mais recentemente em perfis e *fanpages* de mídias sociais, chamado *social commerce*, além da discussão sobre impostos aplicáveis em operações que vão da compra de um *e-book* ao uso de serviços de computação em nuvem estrangeiro (conhecido por *cloud computing*).

Logo, há por certo uma importante missão para o Legislativo, que tem diversos projetos de lei[7] em tramitação que versam sobre institutos e práticas do Direito Digital, de compreender melhor toda esta transformação social para elaborar leis que sejam mais aderentes à atual realidade e possam ser implementadas de modo mais eficaz.

O que é certo é que a sociedade digital está evoluindo muito rápido e o Direito deve acompanhar esta mudança, aprimorar-se, renovar seus institutos e criar novos capazes de continuar garantindo a segurança jurídica das relações sociais, sob pena de ficar obsoleto e isso estimular a prática da justiça com o próprio *mouse* e todas as mazelas associadas ao uso arbitrário das próprias razões e ao desequilíbrio que pode ser gerado pelo poder desmedido das grandes corporações que são proprietárias dos recursos que permitem a realização da vida digital.

Disponível em: <http://www.migalhas.com.br/Quentes/17,MI211261,71043-Juiz+manda+int imar+parte+pelo+WhatsApp>.

7. Entre 2013 e 2014 foram mais de 50 projetos de lei que versam sobre os mais variados assuntos envolvendo a vida digital (*vide* tabela detalhada no tópico sobre Justiça Digital e Processo Eletrônico do Judiciário).

7 Direito Digital

https://somos.in/DD007

O Direito Digital consiste na evolução do próprio Direito, abrangendo todos os princípios fundamentais e institutos que estão vigentes e são aplicados até hoje, assim como introduzindo novos institutos e elementos para o pensamento jurídico, em todas as suas áreas (Direito Civil, Direito Autoral, Direito Comercial, Direito Contratual, Direito Econômico, Direito Financeiro, Direito Tributário, Direito Penal, Direito Internacional etc.).

Quem não lembra da resistência ao videocassete? Agora temos o *Internet Banking*, DVD, MP3, HDTV — *High Definition Television*, TV Interativa, TV Digital, Banda Larga, WAP, VoIP. O que todas essas siglas significam para o mundo jurídico atual?

Significam que são os novos profissionais do Direito os responsáveis por garantir o direito à privacidade, a proteção do direito autoral, do direito de imagem, da propriedade intelectual, dos *royalties*, da segurança da informação, dos acordos e parcerias estratégicas, dos processos contra *hackers* e muito mais. Para isso, o Direito Digital deve ser entendido e estudado de modo a criar novos instrumentos capazes de atender a esses anseios.

Da criação do *chip* ao lançamento do primeiro computador com interface gráfica para utilização doméstica se passaram quase vinte anos. Depois, as mudanças não pararam mais, culminando na convergência — nada mais que a integração de várias tecnologias criando uma rede única de comunicação inteligente e interativa que utiliza vários meios para transmitir uma mesma mensagem, em voz, dados ou imagem.

É importante compreender que a ressaca tecnológica traz uma relação de dependência, atingindo pessoas, empresas, governos e instituições. As relações comerciais migram para a Internet. Nesta janela, a possibilidade de visibilidade do mundo atual traz também os riscos inerentes à acessibilidade, tais como segurança da informação, concorrência desleal, plágio, sabotagem por *hacker*, entre outros. Assim, na mesma velocidade da evolução da rede, em virtude do relativo anonimato proporcionado pela Internet, crescem os crimes, as reclamações devido a infrações ao Código de Defesa do Consumidor, as infrações à propriedade intelectual, marcas e patentes, entre outras.

Historicamente, todos os veículos de comunicação que compõem a sociedade convergente passaram a ter relevância jurídica a partir do momento em que se tornaram instrumentos de comunicação de massa, pois a massificação do comportamento exige que a conduta passe a ser abordada pelo Direito, sob pena de criar insegurança no ordenamento jurídico e na sociedade. Foi assim com a imprensa, o telefone, o rádio, a televisão e o fax. Cada um deles trouxe para o mundo jurídico particularidades e desafios: a questão dos direitos autorais, a liberdade de imprensa, as restrições à programação por ofensa a valores ou moral, as encomendas por fax, as compras por telefone, a licença do jocoso para não cair na calúnia e na difamação, a proteção das fontes, os contratos dos anunciantes, os seguros de transmissão, entre outros.

Com a Internet não há diferença: não existe um Direito da Internet, assim como não há um direito televisivo ou um direito radiofônico. Há peculiaridades do veículo que devem ser contempladas pelas várias áreas do Direito, mas não existe a necessidade da criação de um Direito específico.

O que propomos aqui, portanto, não é a criação de uma infinidade de leis próprias — como vimos, tal legislação seria limitada no tempo (vigência) e no espaço (territorialidade), dois conceitos que ganham outra dimensão em uma sociedade convergente. A proposta é que o Direito siga sua vocação de refletir as grandes mudanças culturais e comportamentais vividas pela sociedade.

No Direito Digital prevalecem os princípios em relação às regras, pois o ritmo de evolução tecnológica será sempre mais veloz que o da atividade legislativa. Por isso, a disciplina jurídica tende à autorregulamentação, pela qual o conjunto de regras é criado pelos próprios participantes diretos do assunto em questão com soluções práticas que atendem ao dinamismo que as relações de Direito Digital exigem.

No Direito Digital deve haver a publicação das "normas digitais" no formato de *disclaimers*, como já fazem os provedores, ou seja, estar publicada na página inicial a norma à qual se está submetido, sendo ela um princípio geral ou uma norma-padrão para determinada atuação.

Desse modo, a publicidade das regras possibilita maior conhecimento do público e consequentemente aumenta sua eficácia. Em nosso ordenamento jurídico ninguém pode alegar desconhecimento da lei[1], mas no caso do Direito Digital, em que a autorregulamentação deve prevalecer, faz-se necessário informar ao público os procedimentos e regras às quais está submetido, onde este ponto de contato com a norma se faz simultaneamente à situação de direito que ela deve proteger.

A velocidade das transformações é uma barreira à legislação sobre o assunto. Por isso qualquer lei que venha a tratar dos novos institutos jurídicos deve ser genérica o suficiente para sobreviver ao tempo e flexível para atender aos diversos formatos que podem surgir de um único assunto. Essa problemática legislativa, no entanto, não tem nada de novo para nós, uma vez que a obsolescência das leis sempre foi um fator de discussão em nosso meio.

A exigência de processos mais céleres também sempre foi um anseio da sociedade, não sendo resultado apenas da conjuntura atual. Como exemplo de caminho mais rápido para a solução de conflitos, citamos a arbitragem, que existe nos Estados Unidos há mais de oitenta anos e já é muito praticada, principalmente em questões internacionais e comerciais.

Tomando por base todas essas referências, o Direito Digital traz a oportunidade de aplicar dentro de uma lógica jurídica uniforme uma série de princípios e soluções que já vinham sendo aplicados de modo difuso — princípios e soluções que estão na base do chamado Direito Costumeiro.

Esta coesão de pensamento possibilita efetivamente alcançar resultados e preencher lacunas nunca antes resolvidas, tanto no âmbito real quanto no virtual, uma vez que é a manifestação de vontade humana em seus diversos formatos que une estes dois mundos no contexto jurídico. Logo, o Direito Digital estabelece um relacionamento entre o Direito Codificado e o Direito Costumeiro, aplicando os elementos que cada um tem de melhor para a solução das questões da Sociedade Digital.

No Direito Costumeiro, os elementos que estão a amparar o Direito Digital são: a generalidade, a uniformidade, a continuidade, a durabilidade e a notoriedade (ou publicidade).

Para que esses elementos se ajustem ao Direito Digital, deve-se levar em conta o fator tempo, elemento de fundamental importância para um mundo em que transformações tecnológicas cada vez mais aceleradas ditam, de modo mais intenso, as transformações no próprio funcionamento da sociedade,

---

1. Lei de Introdução às Normas do Direito Brasileiro (Dec.-Lei n. 4.657/42), art. 3º: "Ninguém se escusa de cumprir a lei, alegando que não a conhece".

determinando a importância de duas práticas jurídicas no Direito Digital: a analogia e a arbitragem.

Mesmo no caso brasileiro, em que o Direito Codificado é a base predominante, uma lei, ainda que não tenha sido revogada, perde validade se vários Indivíduos deixam de comportar-se segundo ela por longo período de tempo. Ainda assim, o Direito Codificado limita as decisões jurídicas que muitas vezes têm de ser tomadas em pouquíssimo espaço de tempo, sendo, portanto, o Direito Costumeiro mais flexível.

A generalidade, uma de suas características centrais, determina que certo comportamento deva ser repetido um razoável número de vezes para evidenciar a existência de uma regra. É a base da jurisprudência, um fenômeno do Direito Costumeiro.

No mundo digital, em muitos casos, não há tempo hábil para criar jurisprudência pela via tradicional dos Tribunais. Se a decisão envolve aspectos tecnológicos, cinco anos podem significar profundas mudanças na sociedade.

Mesmo assim, a generalidade pode ser aplicada aqui, amparada por novos processos de pensamento do Direito como um todo: a norma deve ser genérica, aplicada no caso concreto pelo uso da analogia e com o recurso à arbitragem, em que o árbitro seja uma parte necessariamente atualizada com os processos de transformação em curso.

Sua aplicação imediata cumpre outra característica introduzida pelo Direito Costumeiro: a uniformidade. Se um consumidor tem uma decisão favorável contra um *site* que lhe vendeu algo e não colocou claramente um contato direto para reclamações em suas páginas, então é recomendável que todos os outros *sites* com problemas semelhantes procurem adequar-se a tal posicionamento, a fim de que não sofram as mesmas sanções.

A morosidade causada pela não aplicação desses preceitos incentiva a elitização e o casuísmo, faz com que os mais fracos fiquem marginalizados perante a Justiça e não incentiva os consumidores a buscarem seus direitos. Por isso, a continuidade é importante, ou seja, essas decisões devem ser repetidas ininterruptamente, dentro de um princípio genérico e uniforme.

A durabilidade é responsável pela criação da crença no uso desses elementos. A segurança do próprio ordenamento jurídico depende disso, assim como depende a competitividade das empresas quanto à necessidade de respostas rápidas para atuar num cenário de negócios cada vez mais globalizado e digital.

Para completar o raciocínio, é importante entender outra característica assumida pelo Direito Digital: a notoriedade. As decisões arbitrais devem sempre ser tornadas públicas, para que sirvam de referência aos casos seguintes e diminuam a obsolescência de decisões tomadas exclusivamente no âmbito do

Judiciário — o que no Brasil significa tomar por base decisões de questões que começaram a ser discutidas há pelo menos cinco anos, um tempo que pode ser fatal em uma época de velozes transformações como essa em que vivemos.

A prova é outra questão importante para a correta aplicação do Direito no mundo digital. Há hipóteses de inversão do ônus da prova devido, principalmente, aos princípios já protegidos pelo Código de Defesa do Consumidor. Um exemplo são as empresas que montam banco de dados de seus usuários na Internet: se o banco de dados for utilizado de forma incorreta ou ilegal, não cabe ao usuário que se sentiu lesado provar tal fato, mas à empresa acusada provar que não agiu dessa forma.

É importante ressaltar que a prova em meios eletrônicos é mais facilmente averiguada do que no mundo real, uma vez que há como rastrear quase tudo o que acontece. Esta memória de dados e acontecimentos entre máquinas, equipamentos, *softwares* permite que peritos especializados possam localizar, por exemplo, um *hacker* criminoso em qualquer parte do mundo, assim como identificar se uma compra foi feita em certo horário, por determinado IP e em determinado endereço.

No Direito Digital, em razão de muitas questões estarem previstas apenas em contratos, o princípio do *pacta sunt servanda*[2] também é fundamental. Assim, os contratos fazem lei entre as partes, obrigando o cumprimento de seus termos, desde que estes estejam em conformidade com as regras e normas relacionadas[3]. Nesse ponto, destacamos a importância de todos os contratos que envolvam tecnologia possuírem cláusula de vigência, especialmente se pensarmos que a maioria dos *softwares* tem uma usabilidade muito curta, necessitando de constantes atualizações (*upgrades*) para continuar operando de forma adequada.

No caso de problemas específicos da Internet, o Direito Digital tem por base o princípio de que toda relação de protocolo hipertexto-multimídia, por ação humana ou por máquina, gera direitos, deveres, obrigações e responsabilidades. Logo, seja aplicando as leis atuais[4], seja recorrendo ao mecanismo da analogia, dos costumes e dos princípios gerais de direito[5], o Direito Digital tem o dever de regulamentar essas relações e intermediar os conflitos gerados por elas.

---

2. Princípio afirmativo de que os contratos existem para serem cumpridos, obrigando as partes nos limites da lei.

3. Código Civil, arts. 104 e 166, II.

4. Código Civil, arts. 107 e 112, que tratam da manifestação de vontade válida.

5. Lei de Introdução às Normas do Direito Brasileiro (Dec.-Lei n. 4.657/42), art. 4º "Quando a lei for omissa, o juiz decidirá o caso de acordo com a analogia, os costumes e os princípios gerais de direito".

Pelos motivos expostos acima, reiteramos que o Direito Digital não se limita à Internet, sendo a própria evolução do Direito onde a Internet é um novo recurso que deve ser juridicamente atendido, como todas as outras inovações que estejam por vir.

Em tal realidade, o maior compromisso dos operadores do Direito Digital é evitar qualquer tipo de arbitrariedade. Por isso, a discussão dos projetos de lei sobre temas que envolvem informática, Internet, *e-commerce*, crimes digitais deve ser promovida através de um diálogo direto com a sociedade civil, envolvendo empresas e organizações sociais, para não cometermos o erro de desmoralizar a lei ao construir leis que não pegam por não estarem fundamentadas nas premissas certas, desacreditando, assim, o próprio Direito, pois já vivemos uma grande crise de autoridade e de imagem das Instituições Públicas brasileiras.

As características do Direito Digital, portanto, são as seguintes: celeridade, dinamismo, autorregulamentação, poucas leis, base legal na prática costumeira, o uso da analogia e solução por arbitragem. Esses elementos o tornam muito semelhante à *Lex Mercatoria*[6], uma vez que ela não está especificamente disposta em um único ordenamento, tem alcance global e se adapta às leis internas de cada país de acordo com as regras gerais que regem as relações comerciais e com os princípios universais do Direito como a boa-fé, *suum cuique tribuere, neminem laedere* e *honeste vivere*[7].

Não devemos achar, portanto, que o Direito Digital é totalmente novo.

Ao contrário, tem ele sua guarida na maioria dos princípios do Direito atual, além de aproveitar a maior parte da legislação em vigor. A mudança está na postura de quem a interpreta e faz sua aplicação. É errado, portanto, pensar que a tecnologia cria um grande buraco negro, no qual a sociedade fica à margem do Direito, uma vez que as leis em vigor são aplicáveis à matéria, desde que com sua devida interpretação.

O Direito tem de partir do pressuposto de que já vivemos uma sociedade globalizada. Seu grande desafio é ter perfeita adequação em diferentes culturas, sendo necessário, por isso, criar flexibilidade de raciocínio, nunca as amarras de uma legislação codificada que pode ficar obsoleta rapidamente.

---

6. Conjunto de regras, princípios e costumes oriundos da prática comercial, sem vinculação a qualquer direito nacional.

7. Estas três expressões do latim traduzem três princípios basilares do Direito. *Suum cuique tribuere* significa "dar a cada um o que é seu"; *neminem laedere* significa "a ninguém lesar"; *honest vivere* significa "viver honestamente".

Aqui voltamos para a questão dos Indivíduos, entendidos não só como pessoas, mas como empresas e instituições. Como sabemos, Direito é a somatória de comportamento e linguagem e, hoje, esses dois elementos estão mais flexíveis do que nunca, fato que demonstra que um direito rígido não deverá ter uma aplicação eficaz.

7.1. O elemento tempo

A sociedade de direito institucionalizou o poder e deu ao ordenamento jurídico a tarefa de fazer a intermediação entre as atividades políticas e os valores morais, mediante uma fórmula tridimensional que consiste em Fato, Valor e Norma. O Direito Digital atua dentro destes conceitos, mas introduz um quarto elemento na equação: o Tempo. Torna-se, desse modo, um conjunto de estratégias que atendem a nossa sociedade digital e não mais apenas normas regulamentadoras.

Primeiramente, toda norma tem um elemento tempo determinado, que chamamos de vigência, ou seja, a duração dos efeitos de uma norma no ordenamento jurídico. No entanto, o elemento tempo no Direito Digital extrapola o conceito de vigência e abrange a capacidade de resposta jurídica a determinado fato. Ou seja, o conjunto "fato, valor e norma" necessita ter certa velocidade de resposta para que tenha validade dentro da sociedade digital. Esse tempo pode ter uma relação ativa, passiva ou reflexiva com o fato que ensejou sua aplicação, ou seja, com o caso concreto.

Consideramos como tempo ativo aquele em que a velocidade de resposta da norma pode implicar o próprio esvaziamento do direito subjetivo. Como exemplo, podemos citar o caso de uma empresa que necessita que um contrato de tecnologia seja cumprido e seja feito *upgrade* em seus equipamentos. Se ele não encontrar uma velocidade de aplicação, pode significar não só a obsolescência do que se está pleiteando como o seu esvaziamento.

Foi o que aconteceu à época do *bug* do milênio[8], em que a discussão de quem deveria ou não ser responsável pela modificação dos códigos não poderia ultrapassar a data da virada do ano, pois os efeitos seriam irremediáveis. Por sorte, nada de mais grave aconteceu, mas muitas empresas não conseguiram fazer valer seus contratos de tecnologia e arcaram com os custos sozinhas.

---

8. A respeito do *bug* do milênio podemos citar a Portaria n. 212, de 28 de maio de 1999, do Ministério da Justiça, sobre a responsabilidade dos desenvolvedores de *software* em reparar gratuitamente o *bug* do milênio.

Consideramos tempo passivo aquele que é explorado principalmente pelos agentes delituosos, acreditando que a morosidade jurídica irá desencorajar a parte lesada a fazer valer seus direitos. Isso ocorre especialmente nas questões de direito do consumidor. Temos como exemplo a questão da entrega de uma mercadoria comprada na Internet, em que o consumidor deixa de fazer a reclamação por saber que, na maioria dos casos, a demora de decisão e todo o tempo a ser gasto são mais caros que o próprio valor da mercadoria. Então, uma série de empresas, cientes disso, não têm interesse na solução dos problemas com o consumidor, sendo a pressão social e o uso da imprensa os únicos mecanismos que conferem algum poder de coerção sobre elas, pelo medo de criar uma imagem negativa na marca e não pelo temor de um ordenamento jurídico eficaz.

Consideramos como tempo reflexivo aquele que opera de modo ativo e de modo passivo, simultaneamente, provocando efeitos em cadeia e prejudicando outros que se encontrem conectados no espaço virtual. Um exemplo disso é a questão dos crimes na Internet — a pedofilia[9], a pirataria, a atuação de *hackers*, o jogo clandestino —, os quais, de algum modo, contaminam todos os que não necessariamente estariam praticando o delito.

A aplicação, portanto, da fórmula tridimensional do direito adicionada do elemento Tempo resulta do Direito Digital. Este quarto elemento é determinante para estabelecer obrigações e limites de responsabilidade entre as partes, quer seja no aspecto de contratos, serviços, direitos autorais, quer seja na proteção da própria credibilidade jurídica quanto à sua capacidade em dar solução a conflitos. Sendo assim, o advogado digital é um senhor do tempo, devendo saber manipular tal elemento em favor de seu cliente, pois um erro de estratégia jurídica pode ser fatal em uma sociedade em que a mudança é uma constante.

7.2. Territorialidade

Alguns outros princípios do Direito devem ser repensados dentro do escopo do Direito Digital, como o princípio da territorialidade. Onde fica a porta? Até onde um ordenamento jurídico tem alcance? O problema não está apenas no âmbito da Internet, mas em toda sociedade globalizada e convergente, na qual muitas vezes não é possível determinar qual o território em que

---

9. Vale destacar a situação de fotos pornográficas na rede da empresa ou no computador que podem signficar o crime descrito no art. 234 do Código Penal, o qual condena o seguinte ato em seu *caput*: "Fazer, importar, exportar, adquirir ou ter sob sua guarda, para fim de comércio, de distribuição ou de exposição pública, escrito, desenho, pintura, estampa ou qualquer objeto obsceno: Pena — detenção, de 6 (seis) meses a 2 (dois) anos, ou multa". Ainda pode ter uma circunstância agravante, quando ocorrer, por exemplo, nos termos do art. 61, II, *h*: "contra criança, maior de 60 (sessenta) anos, enfermo ou mulher grávida".

aconteceram as relações jurídicas[10], os fatos e seus efeitos, sendo difícil determinar que norma aplicar utilizando os parâmetros tradicionais.

No mundo tradicional, a questão da demarcação do território sempre foi definida por dois aspectos: os recursos físicos que esse território contém e o raio de abrangência de determinada cultura. A sociedade digital rompe essas duas barreiras: o mundo virtual constrói um novo território, dificilmente demarcável, no qual a própria riqueza assume um caráter diferente, baseada na informação, que, como vimos, é inesgotável e pode ser duplicada infinitamente.

A questão se complica se lembrarmos que, com a Internet, as diferentes culturas se comunicam o tempo todo. Não precisamos ir à Turquia para nos relacionarmos com alguém que vive no território geográfico da Turquia. Também, se pretendemos relacionar-nos culturalmente, por via do mundo virtual, com alguém desse território (aqui entendemos cultura no seu modo mais amplo, que inclui, por exemplo, a maneira como os Indivíduos encaram transações comerciais ou questões jurídicas), talvez seja preciso entendermos sua cultura de uma maneira mais profunda do que se nos deslocássemos fisicamente até lá. Em suma, no Direito Digital, temos de ter uma existência e um entendimento global.

A territorialidade é muito importante nesse aspecto. Que valores devemos proteger em relações de Indivíduos de origens distintas? O Direito sempre interfere nas relações humanas, seja em territórios distintos ou não, onde, de algum modo, deve-se proteger o que acontece nessas relações.

Para melhor esboçar a questão, vamos tomar como referência o Direito Internacional, pelo qual se estabeleceu que, para identificar a norma a ser aplicada, diante da extrapolação dos limites territoriais dos ordenamentos, deve-se averiguar a origem do ato e onde este tem ou teve seus efeitos, para que se possa aplicar o Direito do país que deu origem ou em que ocorreram os efeitos do ato.

Aqui entra um dilema importante, que não se aplica no mundo real: na Internet, muitas vezes não é possível reconhecer facilmente de onde o interlocutor está interagindo. Muitos *sites* têm terminação ".com", sem o sufixo de país (por exemplo, sem o ".br" em seguida) o que teoricamente significa que estão localizados nos Estados Unidos. Só que vários deles apenas estão registrados nos Estados Unidos e não têm nenhuma existência física nesse país. Uma tendência mundial é assumir definitivamente o endereço eletrônico como localização da origem ou efeito do ato. Assim, se uma empresa brasileira registra um *site*

---

10. Lei de Introdução às Normas do Direito Brasileiro (Dec.-Lei n. 4.657/42), art. 9º, § 2º: "A obrigação resultante do contrato reputa-se constituída no lugar em que residir o proponente". Código Civil, art. 435: "Reputar-se-á celebrado o contrato no lugar em que foi proposto".

como ".com", em vez de ".com.br", pode ter de se sujeitar às leis de diversos países no caso de questões jurídicas internacionais.

No caso da parte a ser protegida, um consenso é a busca da proteção ao lesado. Se, por exemplo, um consumidor chileno é lesado por um *site* brasileiro, serão aplicadas as leis de consumidor daquele país. Se esse *site* não quer responsabilizar-se por problemas que gere no Chile, deve deixar claro, de alguma forma, seu limite de atuação; deve informar quais os usuários que terá condições de atender e a que legislação está submetido[11], já que não necessariamente um *site* chileno tem empresa constituída no Chile, como o fato de um *site* brasileiro ter terminação ".com" não significa que tem empresa constituída nos Estados Unidos.

Ter presença virtual representa a responsabilidade de poder ser acessado por Indivíduos de qualquer parte do mundo. Portanto, o princípio de proteção na sociedade da informação é justamente a informação.

Para a sociedade digital, não é mais um acidente geográfico, como um rio, montanha ou baía, que determina a atuação do Estado sobre seus Indivíduos e a responsabilidade pelas consequências dos atos destes. A convergência, seja por Internet, seja por outro meio, elimina a barreira geográfica e cria um ambiente de relacionamento virtual paralelo no qual todos estão sujeitos aos mesmos efeitos, ações e reações.

É importante ressaltar, por último, que essa discussão sobre territorialidade não se esgota na necessidade de solucionar casos práticos, mas nos faz repensar o próprio conceito de soberania e, consequentemente, a concepção originária do próprio Estado de Direito.

Na questão da territorialidade, hoje se aplicam diversos princípios para determinar qual a lei aplicável ao caso. Há o princípio do endereço eletrônico, o do local em que a conduta se realizou ou exerceu seus efeitos, o do domicílio do consumidor, o da localidade do réu, o da eficácia na execução judicial.

---

11. Podemos facilmente verificar isso no portal Brasil Online (<www.bol.com.br>). Cumpre destacar que o BOL foi unificado ao UOL, permanecendo hoje os dois portais, mas com política unificada. O usuário deve aceitar os termos de um contrato em que são arrolados todos os direitos e obrigações de ambas as partes. Colhemos a seguinte cláusula para exemplificar o que acabamos de dizer:

"12. FORO

RESUMO

Em eventuais ações judiciais aplica-se a lei brasileira e o foro escolhido é o da Comarca de São Paulo, a não ser que a legislação determine foro específico.

O presente documento será interpretado segundo a legislação brasileira, sendo eleito o foro da cidade de São Paulo, a não ser que a legislação determine foro específico, para dirimir qualquer litígio ou controvérsia envolvendo o presente documento, salvo ressalva específica de competência pessoal, territorial ou funcional pela legislação aplicável".

Com a Lei n. 12.965/2014[12], trouxemos para o âmbito de nossa jurisdição as questões envolvendo empresas situadas fora do Brasil, mas que de algum modo interajam com dados de usuários ou internautas brasileiros, conforme previsto pelo art. 11[13].

Isso foi possível devido aos elementos de conexão, que permitem determinar qual direito (regra jurídica) deve ser aplicado ao caso concreto quando um fato ocorrido envolva mais de um país (ordenamento jurídico). No caso do Marco Civil, conforme leciona Lúcia Sirleni Crivelaro Fidelis, podemos considerar:

Lex damni	a lei aplicada será do lugar em que se manifestaram as consequências de um ato ilícito, para reger a devida obrigação de indenizar aquele que foi atingido pela conduta delitiva da outra parte numa relação jurídica internacional.
Lex domicilii	a norma jurídica a ser aplicada é a do domicílio dos envolvidos na relação jurídica que possui um componente essencial, como a capacidade da pessoa física, por exemplo.
Lex fori	a norma jurídica aplicada será a do foro no qual ocorre a demanda judicial entre as partes conflitantes.

---

12. Lei do Marco Civil da Internet em vigor no Brasil, segundo seu art. 32, após 60 dias de sua publicação, ou seja, desde 23 de junho de 2014, mas aplicável às empresas estrangeiras a partir de 23 de julho de 2014, conforme art. 1º, § 1º, da LINDB, pelo qual a lei brasileira só se aplica a Estados Estrangeiros após 3 (três) meses da data de sua publicação oficial.

13. Lei n. 12.965/2014, "Art. 11. Em qualquer operação de coleta, armazenamento, guarda e tratamento de registros, dados pessoais ou de comunicações por provedores de conexão e de aplicações de Internet em que pelo menos um desses atos ocorram em território nacional, deverá ser obrigatoriamente respeitada a legislação brasileira, os direitos à privacidade, à proteção dos dados pessoais e ao sigilo das comunicações privadas e dos registros.

§ 1º O disposto no *caput* se aplica aos dados coletados em território nacional e ao conteúdo das comunicações, nos quais pelo menos um dos terminais esteja localizado no Brasil.

§ 2º O disposto no *caput* se aplica mesmo que as atividades sejam realizadas por pessoa jurídica sediada no exterior, desde que oferte serviço ao público brasileiro ou pelo menos uma integrante do mesmo grupo econômico possua estabelecimento no Brasil.

§ 3º Os provedores de conexão e de aplicações de Internet deverão prestar, na forma da regulamentação, informações que permitam a verificação quanto ao cumprimento da legislação brasileira referente à coleta, guarda, armazenamento ou tratamento de dados, bem como quanto ao respeito à privacidade e ao sigilo de comunicações.

§ 4º Decreto regulamentará o procedimento para apuração de infrações ao disposto neste artigo".

Lex loci actus	a regra aplicada será a do local da realização do ato jurídico para reger seus requisitos e validade.
Lex loci contractus	a regra aplicada será a do local em que o contrato for firmado para reger o seu cumprimento e sua interpretação.
Lex loci delicti	para orientar a devida obrigação de indenizar os prejudicados no caso de prática de crime, a lei empregada será aquela do lugar em que o ato ilícito foi cometido.
Lex loci solutionis	a norma jurídica aplicada será a do local em que as obrigações devem ser cumpridas.
Lex monetae	a lei empregada será aquela do Estado em que cuja moeda a obrigação legal foi expressa.

Fonte: Material baseado em conteúdo ministrado em aula da Profª Lúcia Sirleni Crivelaro Fidelis.

Portanto, o Marco Civil da Internet destacou como premissa principal que deverá ser aplicada a lei brasileira se a atividade foi iniciada, originada ou de alguma forma parcialmente realizada a partir do território brasileiro quando houver algum ato de coleta de armazenamento, de guarda, de tratamento de dados pessoais ou de comunicação ou um dos terminais envolvidos na operação estiver no Brasil (por exemplo, o terminal do usuário domiciliado é aqui, mas ele acessa um serviço hospedado em um servidor nos EUA, como o Facebook ou o Youtube, ou ainda quando se desconheça o local específico em que o serviço ou os dados se encontram, como no uso de *cloud computing*).

Antes, se o provedor de aplicação não tivesse filial no Brasil, não era aplicada a lei brasileira[14]; no entanto, com a mudança, mesmo que a atividade seja exercida por pessoa jurídica no exterior será aplicada a lei brasileira.

Logo, como visto, dependendo do caso, pode ser aplicado mais de um ordenamento ou pode-se atrair a lei específica de um país.

Por último, especificamente no tocante ao crime eletrônico, que hoje não tem mais barreiras físicas, ocorre de todo lugar, em todo lugar, causando vítimas na Internet, o Código Penal brasileiro alcança a grande maioria das situações, por meio da aplicação de seus arts. 5º e 6º[15].

---

14. Conforme art. 9º, § 2º, da LINDB.

15. Art. 5º do Código Penal: "Aplica-se a lei brasileira, sem prejuízo de convenções, tratados e regras de direito internacional, ao crime cometido no território nacional".

7.3. Direito à informação e à liberdade de pensamento

A Sociedade Digital já não é uma sociedade de bens. É uma sociedade de serviços em que a posse da informação prevalece sobre a posse dos bens de produção. Essa característica faz com que a proteção do Direito à Informação seja um dos princípios basilares do Direito Digital, assim como a proteção de seu contradireito, ou seja, do Direito à não informação.

O direito à informação[16] está desmembrado em três categorias, de acordo com o sujeito de direito: a) direito de informar, que é um direito ativo; b) o direito de ser informado, que é um direito passivo; c) o direito de não receber informação, que é um direito ativo e passivo.

A questão da informação assume maior relevância no Direito Digital em razão de seus desdobramentos comerciais e de responsabilidade civil[17]. O acesso à informação constitui o maior valor de uma sociedade democrática, e a massificação da Internet como serviço de informação e informatização possibilita um aumento de competitividade global de comunidades antes marginalizadas.

Ao mesmo tempo, o direito à não informação traz um limite ao direito de informar no qual o valor protegido é a privacidade do indivíduo. Mas como equilibrar essas relações sem que a intervenção do Estado para imposição de limites venha a ferir o direito de liberdade de pensamento[18]? Até onde um *e-mail* é adequado ou vira um *spam*, vira uma "invasão de privacidade"?

A solução desta questão se dá muito mais pelo comportamento do próprio mercado consumidor de informação do que pelo Estado ou pelo Direito. A livre

---

Art. 6º do CP: "Considera-se praticado o crime no lugar em que ocorreu a ação ou omissão, no todo ou em parte, bem como onde se produziu ou deveria produzir-se o resultado".

16. Está previsto na Constituição Federal de 1988, arts. 5º, IV e IX, 220 e 221, IV; Recomendação n. 854 do Parlamento Europeu de 1979; Código de Honra das Nações Unidas de 1952.

17. Por exemplo, a publicação, em jornal, de fotografia, sem a autorização exigida pelas circunstâncias, constitui ofensa ao direito de imagem, não se confundindo com o direito de informação. Com esse entendimento, a 3ª Câmara de Direito Privado do Tribunal de Justiça de São Paulo condenou o jornal *Diário Popular* (hoje *Diário de São Paulo*) a pagar indenização equivalente a 100 salários mínimos a Valdik Leite Trigueiro. Vítima de tentativa de assalto, Trigueiro teve sua foto, ao lado de um irmão, publicada no jornal. Em seguida à publicação da foto, o irmão da vítima foi assassinado (Processo n. 583.00.2000.640691-8, 1ª Vara Cível, TJSP).

18. Um episódio interessante que demonstra como pode ser indesejável a intervenção do Estado ao tentar restringir o conteúdo da Internet: em 1997, a Suprema Corte Americana julgou inconstitucional o CDA — *Comunity Decency Act*, dando fim às aspirações do Congresso americano de controlar o conteúdo da Internet. Julgou a Suprema Corte que a lei infringia a Primeira Emenda da Constituição Americana, que garante a liberdade de expressão.

economia equilibra a relação de demanda e de oferta desde que haja transparência e competitividade, como acontece com as Bolsas e Mercados Financeiros.

A evolução da Internet do estágio quantitativo para o estágio qualitativo, como ocorre com todas as inovações tecnológicas, provoca uma transformação no direito à informação, pura e simplesmente, para o direito à informação de qualidade, ou seja, de informação autêntica com responsabilidade editorial pelo conteúdo.

Essa mudança qualitativa torna o próprio consumidor capaz de determinar as regras e normas a serem obedecidas pelo mercado em um ambiente de competição, uma das formas de livre regulação que encontra na Lei da Oferta e da Procura sua solução.

É fundamental fazer a ressalva no tocante ao direito de liberdade de expressão, que, com o advento dos mecanismos de comunicação e a sua disseminação, tem provocado certo conflito jurídico com outros direitos, como o da proteção da imagem e reputação do indivíduo.

Devemos observar que a Constituição Federal de 1988 protegeu a liberdade de expressão em seu art. 5º, IV, mas determinou que seja com "responsabilidade". Isso quer dizer que devemos interpretar a aplicação dela à luz do Código Civil, em seus arts. 186 e 187, que determina a responsabilidade por indenizar pelo dano causado, quer quando o ato ilícito tenha sido causado por ação ou omissão, quer quando é fruto do exercício legítimo de um direito no qual o indivíduo que o detém ultrapassou os limites da boa-fé e dos bons costumes.

Sendo assim, mesmo um consumidor que tem o direito de reclamação previsto no Código de Defesa do Consumidor pode vir a infringir a lei e ter de responder pelo dano causado por uma Comunidade *Online* criada cujo conteúdo seja difamatório.

Mas na sociedade na qual a moeda de troca passa a ser a informação, ou seja, em que os dados dos seus usuários passam a ter valor financeiro, cria-se um conflito natural entre o direito de acesso ao conteúdo e a própria proteção da privacidade. O que deve prevalecer? A proteção da intimidade ou o livre compartilhamento?

Devido à importância de se garantir o direito à informação e a proteção da liberdade de expressão, foi promulgada uma lei específica no Brasil para tratar de algumas destas questões chamada de Marco Civil da Internet[19].

A análise deste recente marco legal demonstra a difícil missão de legislar sobre a matéria. Com pouco mais de 30 artigos, tentou-se estabelecer uma

---

19. Lei n. 12.965/2014 (Marco Civil da Internet).

carta de princípios para uma Internet mais inclusiva e justa para os brasileiros. São eles: neutralidade, acesso à Internet como direito essencial para o exercício da cidadania, liberdade de expressão e permanência do conteúdo e sua remoção só em casos excepcionais e com ordem judicial, privacidade (com vedação para monitoração não acordada de forma prévia e expressa com o internauta), proteção dos dados pessoais, transparência com exigência de regras claras de provedores de conexão e de aplicações na *web*, segurança da rede, educação em ética digital, uso preferencial de códigos abertos e responsabilidade dos agentes.

Claro que a lei brasileira vem de encontro com toda esta tendência de abertura mundial, que demonstra justamente esta pressão dos usuários digitais em compartilhar e se expressar sem censura, mas traz consigo diversos efeitos legais diretos e indiretos para os negócios.

Mas será que estamos preparados no Brasil para assumir uma posição de tamanha liberdade? Ou isso pode trazer efeitos colaterais indesejados? Tais como o aumento de boatos sobre marcas, comentários ofensivos de consumidores, perfis falsos que podem ser usados por criminosos para aplicar golpes nos internautas, aumento de ilícitos pelo favorecimento do anonimato, entre outros.

Alguns segmentos de mercado são mais afetados que outros, especialmente no tocante à aplicação dos princípios da neutralidade, da liberdade de expressão e da privacidade dos dados dos internautas brasileiros. Entre eles temos: Telecomunicações, Provedores de Internet, Provedores de Aplicações em geral (seja do *Internet Banking* ao aplicativo de táxi), Portais de Conteúdo, Mídias Sociais, Empresas que fornecem serviços de *cloud computing*, empresas que fornecem serviços para monitoração da navegação do usuário e geração de métricas para *marketing* digital, empresas que fazem uso de Big Data para realizar enriquecimento de bases de dados.

Ou seja, de certo modo, a lei trouxe uma certa intervenção do Estado na economia e na livre-iniciativa quando passou a regrar inclusive situações em que a empresa que oferece um serviço via internet está em outro país (seu servidor está fora do Brasil), mas que de algum modo captura dados de cidadãos brasileiros, ou tem seu serviço acessado via uma aplicação em que o usuário interaja a partir de uma conexão de internet do Brasil.

Qualquer um que se enquadrar na condição prevista pelo art. 11, que diz que em qualquer operação de coleta, armazenamento, guarda e tratamento de registros, de dados pessoais ou de comunicações por provedores de conexão e aplicação de internet em que pelo menos um desses atos ocorra em território nacional (um dos terminais esteja no Brasil), está sujeito ao Marco Civil da Internet obrigatoriamente e demais leis brasileiras sobre proteção de dados pessoais e sigilo das comunicações privadas dos registros, incluindo a Lei Geral de Proteção de Dados Pessoais (LGPD)[20].

Sendo assim, está sujeito a ter que cumprir a lei brasileira sob pena de aplicação das seguintes penalidades do art. 12 caso venha a desatender as regras de privacidade e proteção dos dados quanto a guarda, disponibilização, armazenamento e tratamento dos registros e dados pessoais: (a) advertência, com indicação do prazo para adoção de medidas corretivas; (b) multa de até 10% (dez por cento) do faturamento do grupo econômico no Brasil no seu último exercício; (c) suspensão temporária das atividades que envolvam operação de coleta, armazenamento, guarda e tratamento de registros, de dados pessoais ou de comunicações; (d) proibição de exercício das atividades que envolvam operação de coleta, armazenamento, guarda e tratamento de registros, de dados pessoais ou de comunicações.

O ponto que mais pode afetar as marcas envolve a questão da liberdade de expressão, pois pela lei nova agora vale tudo, ou "quase tudo". Flexibilizamos a proteção constitucional da honra, imagem e reputação do indivíduo. Com a nova lei só dá para remover conteúdo de forma direta e imediata junto ao provedor da página se o mesmo envolver nu, cena de sexo, infração de direito autoral ou exposição de menor de idade. Fora isso, só com ordem judicial e sem nenhuma garantia de remoção completa (conforme limitações técnicas do serviço).

Mas será que a liberdade vem acima de todos os outros valores e direitos? Segundo o filósofo europeu John Gray, isso não é verdade, pelo menos, conforme mostra a história humana dos últimos 5 mil anos. Para ele, os modelos de sociedade cunhados ao longo do tempo mostram que por muitas vezes prevaleceram os direitos à segurança, à alimentação, à moradia, na frente da própria liberdade. O que justifica tantas vezes termos tido regimes ditatoriais, mesmo com todo o conhecimento que já adquirimos, e ainda termos em muitos países.

Conforme leciona Gray, o conhecimento adquirido ao longo do tempo, por si só, não produziu mais civilidade; é, na verdade, apenas uma ferramenta, que pode servir tanto à liberdade como à guerra ou à opressão. Para ele, a liberdade não é uma condição naturalmente humana, um padrão seguido por todos[21].

Ou seja, caberá à vítima dizer exatamente onde está o conteúdo que deseja remover e o juiz decidir com a mesma clareza e objetividade, senão não sai do ar. Quanto aos altos executivos das empresas, estes estão mais expostos, pois,

---

20. Lei n. 13.709, de 14 de agosto de 2018.

21. Discurso proferido por John Gray no ciclo de palestras "Fronteiras do Pensamento", realizado em 6 de julho de 2015, em São Paulo.

a não ser que apareça uma foto do presidente "peladinho", praticamente todo o resto dependerá de ordem judicial para ser removido da *web*.

Portanto, nosso maior desafio será educacional, já que haverá muito mais exposição de pessoas vítimas de conteúdos digitais ofensivos trazidos pelo excesso da própria liberdade sem responsabilidade, o que gera não apenas grande dano social mas também econômico, pois pode afetar valor das ações de empresas abertas em bolsa. Somados aos conteúdos que infringem direitos autorais, temos aí um grande impacto na Economia Digital.

Pelo visto, às avessas, o Marco Civil acabou por contribuir com um certo manto de impunidade que pode estimular o crescimento dos ilícitos baseados em dois tipos de comportamento: "sem noção" e "má-fé" devido a impunidade.

No tocante à responsabilidade, a nova lei diminui consideravelmente o risco de uma empresa ser responsabilizada por comentários de terceiros, ou seja, pelo conteúdo postado ou compartilhado no seu ambiente (desde que este terceiro não seja funcionário, pois aí recai a regra do art. 932 do CC).

Seja no Brasil ou em outros lugares, especialmente a Europa, o tema iniciado pelo Marco Civil da Internet tende a crescer e se fortalecer nos próximos anos, principalmente tendo em vista a entrada em vigor do Regulamento Europeu (GDPR) e a Lei Brasileira (LGPD). É fundamental se manter atualizado sobre esta matéria e acompanhar os seus desdobramentos!

Tabela-Resumo dos Principais efeitos legais do Marco Civil alinhados com a tendência mundial sociedade aberta[22]

Efeito	Previsão Legal
Extraterritorialidade	Art. 11, §§ 1º e 2º
Dever de Lei e Foro Brasileiro	Art. 7º, XIII, art. 8º, parágrafo único, II, art. 11, §§ 3º e 4º, art. 19, § 2º
Garantia da liberdade de expressão e não remoção de conteúdos	Arts. 3º, I, 18, 19, 20, 21
Proteção da Privacidade	Art. 3º, II, III, art. 7º, I, II, III, VII, VIII, *c*, IX, X, art. 8º, parágrafo único, I, art. 10, §§ 1º, 2º, 3º, 4º, art. 16, II, art. 23

---

22. A Lei n. 12.965/2014 (Marco Civil da Internet) foi alterada pela Lei n. 13.709/2018 (LGPD), tendo esta última sido atualizada pelas Leis n. 13.853/2019 e 14.010/2020.

Garantia da Neutralidade	Arts. 3º, IV, e 9º
Garantia da Qualidade de Conexão	Arts. 3º, VII, e 7º, VI, XI, XII
Garantia do Direito de Acesso a internet e inclusão digital	Arts. 4º, I, 7º, IV, V, 24, 25 e 28
Garantia do Uso de Software Livre (padrões abertos)	Arts. 4º, IV, e 24, V
Dever de guarda de provas eletrônicas	Arts. 13, 14, 15, 16 e 22
Dever de Proteção de Crianças e Adolescentes na Web	Arts. 21 e 29, *caput*
Dever de Educação	Arts. 26, 27 e 29, parágrafo único
Penalidades por descumprimento	Arts. 11, § 4º, e 12, I, II, III, IV

Por todo o exposto, podemos afirmar que na era da Informação, o poder está nas mãos do indivíduo, mas precisa ser utilizado de modo ético e legal, sob pena de, no exercício de alguns direitos, estar-se infringindo outros, e isso não é tolerável em um ordenamento jurídico equilibrado. Nesse sentido, a tecnologia pode ser sim a solução para harmonizar as diversas forças sociais, ou então se tornar seu principal inimigo, causando estragos irreparáveis, como o cachorro que, em vez de proteger, morde a mão do próprio dono.

7.4. Privacidade e anonimato

O Direito Digital tem o desafio de equilibrar a difícil relação existente entre interesse comercial, privacidade, responsabilidade e anonimato, gerada pelos novos veículos de comunicação. Esta equação só pode ser equilibrada se socialmente aceita e cobrada mediante procedimentos de vigilância e punibilidade que devem ser determinados pelo próprio Direito Digital.

Se, por um lado, cresce a cada dia o número de empresas que disputam os consumidores da Internet e, consequentemente, a publicidade virtual, com preenchimento de formulários e cadastros, por outro lado, cresce também o nível de conscientização dos consumidores quanto à possibilidade de aplicação do atual Código do Consumidor, que trata da matéria de utilização de informações de consumidores para fins comerciais, trazendo uma série de penalidades para quem as pratica[23].

Logo, não há lacuna jurídica no tocante à solução da privacidade[24] na Internet[25]. Há, sim, falta de entendimento quanto à aplicação de leis em vigor para questões relativamente novas, que exigem uma interpretação da norma e sua adequação ao caso concreto. Este é um princípio fundamental para a aplicação do Direito, o qual, consequentemente, deve ser adotado também no Direito Digital.

É evidente que o direito à privacidade constitui um limite natural ao direito à informação. No entanto, não há lesão a direito se houver consentimento, mesmo que implícito, na hipótese em que a pessoa demonstra de algum modo interesse em divulgar aspectos da própria vida. Assim como há limites naturais ao direito à privacidade quando atinge interesses coletivos. Neste caso, a predominância do interesse coletivo sobre o particular requer verificação caso a caso.

Todo Indivíduo deve ter direito a proteção de suas propriedades e de sua privacidade. Isso é indiscutível. No tocante à propriedade, há tanto bens tangíveis como bens intangíveis. Nesse sentido, suas informações, em última análise, são um ativo de sua propriedade e, portanto, merecem proteção. Mas será que a Sociedade Digital caminha nesse sentido, ou estamos indo para o lado oposto?

O grande paradigma não está no conceito ético ou mesmo filosófico se a privacidade deve ou não ser protegida (claro que deve ser), mas sim no modelo de negócios estabelecido, visto que a informação virou não apenas a riqueza do século XXI como também a moeda de pagamento.

Há hoje um novo tipo de profissional que estuda a ciência da análise de bancos de dados para determinar ou mesmo prever certos comportamentos. Conforme afirma Stephen Baker[26], os Numerati são uma elite global de cientistas da computação e matemáticos que analisam todos os nossos movimentos

---

23. Código de Defesa do Consumidor, arts. 22, 43, 44, 72 e 73.

24. A Constituição Federal do Brasil de 1988 resguarda a vida privada e a intimidade, assegurando sua inviolabilidade, conforme se lê no art. 5º, X: "são invioláveis a intimidade, a vida privada, a honra e a imagem das pessoas, assegurado o direito a indenização pelo dano material ou moral decorrente de sua violação".

25. A Lei Geral de Proteção de Dados 13.709/2018 faz pontuações diretas acerca da privacidade em seus arts. 1º; 2º, I, IV; 17; 50, § 2º, I, *d*. Ademais, o art. 55-C, II, estabelece a criação de um Conselho Nacional de Proteção de Dados Pessoais e da Privacidade, para propor e fiscalizar ações que envolvam o tratamento de dados com enfoque na proteção das informações pessoais e segurança da privacidade dos dados.

26. Stephen Baker é autor do livro *Numerati* (2008), bem como é atualmente escritor sênior da *Business Week*, cobrindo a área de tecnologia. É coautor do *Blogpotting.net*, que busca entender como a tecnologia está mudando os negócios. Já escreveu para os jornais *Wall Street Journal*, *Los Angeles Times* e *Boston Globe*.

através de uma imensa quantidade de dados. Dessa forma, é possível montar padrões de comportamento, prevendo, dentre outros, o que iremos comprar, em qual candidato votar e aptidões profissionais.

O poder dos Numerati está diretamente relacionado com a imensa quantidade de informações que cada indivíduo compartilha, seja de forma aberta nas Mídias Sociais ou mesmo de forma privada através de cadastros.

Já em 2008, Stephen Baker previu o surgimento do Big Data[27] e o que futuramente viria a ser o escândalo da NSA, revelado por Edward Snowden em 2013.

Afinal, qual seria o limite ético pelas empresas e autoridades públicas na obtenção e uso dessas informações pessoais dos usuários de serviços digitais? A lei brasileira do Marco Civil da Internet[28] esboça este limite, baseando-se na

---

27. O Big Data consiste em um conjunto de soluções tecnológicas capaz de analisar um grande volume de dados a velocidades surpreendentes, de formas que um ser humano não seria capaz. Um exemplo de aplicação prática foi realizado pela Polícia de Chicago, que desenvolveu um programa estilo "Minority Report" para criar uma lista com nomes de pessoas propensas a se envolver em crimes violentos totalmente baseada em informações coletadas sobre elas na Internet. No entanto, o projeto foi severamente criticado e considerado de certo modo racista. Fonte: <http://www.theverge.com/2014/2/19/5419854/the-minority-report-this-computer--predicts-crime-but-is-it-racista>. Acessado em 2 set. 2014, finalidade acadêmica.

Houve ainda nos Estados Unidos o caso do Cyber Intelligence Sharing and Protection Act — CISPA, que foi um projeto de lei nos Estados Unidos que permitiria o compartilhamento de dados do tráfego da Internet entre o governo americano e empresas de tecnologia. O objetivo do projeto de lei seria o governo investigar ciberameaças e garantir a segurança da rede contra ciberataques. A legislação não foi aprovada pelo Senado americano. No entanto, em julho de 2014, um projeto de lei similar (Cybersecurity Information Sharing Act — CISA) foi introduzido no Senado e está em tramitação.

28. O que prevê o Marco Civil da Internet: "Art. 7º O acesso à internet é essencial ao exercício da cidadania, e ao usuário são assegurados os seguintes direitos: (...)

VIII — informações claras e completas sobre coleta, uso, armazenamento, tratamento e proteção de seus dados pessoais, que somente poderão ser utilizados para finalidades que:

a) justifiquem sua coleta;

b) não sejam vedadas pela legislação; e

c) estejam especificadas nos contratos de prestação de serviços ou em termos de uso de aplicações de internet; (...)

Art. 22. A parte interessada poderá, com o propósito de formar conjunto probatório em processo judicial cível ou penal, em caráter incidental ou autônomo, requerer ao juiz que ordene ao responsável pela guarda o fornecimento de registros de conexão ou de registros de acesso a aplicações de internet.

Parágrafo único. Sem prejuízo dos demais requisitos legais, o requerimento deverá conter, sob pena de inadmissibilidade:

I — fundados indícios da ocorrência do ilícito;

II — justificativa motivada da utilidade dos registros solicitados para fins de investigação ou instrução probatória; e

III — período ao qual se referem os registros".

exigência de transparência e aviso prévio do usuário no tocante a que dados são coletados sobre ele e o que é feito com tais informações[29].

Atualmente, uma pessoa pode comprar coisas, trocar, usar serviços gratuitos, tudo isso pagando com sua informação. Mas será que ela está pagando mais do que devia? Qual o limite? Cabe ao Estado delimitar algumas regras para evitar abusos, mas será que ele é capaz de fato de garantir seu cumprimento, que depende de infraestrutura e recursos de terceiros, estes entes privados?

Um valor tão importante quanto a privacidade é o livre-arbítrio. Por isso, a liberdade de contratar entre as partes, a livre-iniciativa é fundamental para o modelo democrático-capitalista. Não existe mais o "hipossuficiente" na forma como era enxergado e tratado há 30 anos. Ao contrário, a geração mais nova, que já nasce digital, sabe muito bem buscar e baixar conteúdos pagando por suas informações. Mas será que cabe ao Estado proteger este indivíduo dele mesmo, como foi feito quando determinou a proteção da vida e proibiu que uma pessoa pudesse tirar a própria vida?

Em princípio, existem proteções legais para tratar a privacidade, com destaque para as definições trazidas recentemente pela *Lei Geral de Proteção de Dados Pessoais* (LGPD) e pelo *Marco Civil da Internet* (MCI). As normas abrangem diferentes quesitos voltados às relações digitais, como o limite para o uso dos dados de um cliente a partir do momento que se prevê o direito à exclusão da base de dados[30].

De acordo com o MCI, para evitar que uma solicitação resulte no apagamento de provas de autoria, mesmo após ser requisitada a exclusão, entende-se que deve ser feita a guarda de dados pelo prazo legal que seria de no mínimo 6 meses[31].

A lei exige que toda empresa que colete, armazene ou compartilhe dados de usuários brasileiros tenha que ter uma política de privacidade clara, apresentada previamente para ciência por parte do cliente[32]. Logo, um usuário tem o direito de não querer passar seus dados, bem como o de não querer que a empresa use sua informação; assim como a empresa tem o direito de não querer tê-lo como cliente. Se o usuário não der a ciência e sua livre concordância com os termos e políticas da empresa, não consegue seguir adiante.

---

29. A nova Lei Geral de Proteção de Dados Pessoais – Lei n. 13.709/2018 – é mais expressiva nessas delimitações. Ainda assim, deve-se notar o caráter bastante principiológico da regulamentação, que baseia suas considerações acerca da atuação das empresas e instituições públicas nos pilares da transparência, consentimento, finalidade, adequação, necessidade, dever legal e limites técnicos.

30. Lei n. 12.965/2014, arts. 7º, X, e 16.

31. Lei n. 12.965/2014, art. 15.

32. Lei n. 12.965/2014, arts. 10, 11, 12 e 13.

No caso da LGPD, que tem como foco instituir parâmetros e diretrizes de uso, coleta, armazenamento e compartilhamento dos dados, o texto é bastante taxativo ao apontar que o tratamento deve observar a boa-fé e os seguintes princípios: finalidade, adequação, necessidade, livre acesso, qualidade dos dados, transparência, segurança, prevenção, não discriminação, responsabilização e prestação de contas (art. 6º da Lei n. 13.709/2018).

São regimentos fundamentais para possibilitar mais equilíbrio nos direitos e garantias de segurança entre as partes. Antes do Marco Civil, se um usuário deixasse de ser cliente do serviço, seus dados podiam continuar com a empresa, de forma ilimitada, ou seja, para sempre, para uso com qualquer tipo de propósito.

Há penalidade prevista para quem não observa estas regras, cuja aplicação foi regulamentada pelo Decreto n. 8.771/2016. A pesquisa "Quem defende seus dados?", da Internet Lab, constatou que as empresas ainda falham muito em atender aos requisitos de segurança e privacidade dos dados pessoais. Não há indicativo de percentual claro, mas indica-se que há falhas[33].

Será que há uma tendência legislativa, não apenas nacional, mas de outros países, a limitar o poder do "Big Data"?

Por certo isso afetaria diretamente também o valor dos ativos e das ações das empresas que são precificadas com base justamente no potencial de informação acumulada em seus bancos de dados.

Por isso, qualquer lei sobre privacidade, assim como de proteção de dados, tem um impacto direto na economia digital e pode romper completamente com a forma como a Internet se desenvolveu.

Portanto, se há discussões sobre os limites éticos aplicáveis à atuação da iniciativa privada, em especial, dos novos negócios digitais, devemos rever o próprio modelo antes de aplicar uma lei mais rígida que possa ter dois efeitos: a) não ser cumprida (dificuldade de impô-la inclusive para empresas fora do ordenamento jurídico de origem dos dados) e b) gerar como retaliação o apagão digital de protesto (as empresas retirarem os serviços do ar, o que lhes é de direito, visto que não terá mais como se pagar, pois não poderão usar os dados dos seus usuários).

Proteger a privacidade tem um custo e gera também um ônus para o usuário final, até então, em geral, satisfeito com a possibilidade de "pagar" serviços gratuitos com seus próprios dados.

---

33. Fonte: INTERNETLAB. Quem defende seus dados? 2020. Disponível em: <http://quemdefendeseusdados.org.br/pt/>. Acesso em: 2 fev. 2021.

A privacidade dos usuários da Internet é um tema de extrema relevância para ser discutido não apenas em nível nacional, nas leis de cada país, mas principalmente em nível internacional, já que a natureza da Internet é global.

Em que pese a importância da LGPD e do Marco Civil da Internet, é difícil dar um adequado tratamento sobre privacidade apenas com leis nacionais, sem que seja estabelecido um compromisso internacional sobre a matéria.

Por certo, os princípios que foram encampados por ele são extremamente valiosos e importantes, como o da neutralidade, mas qual será a nossa capacidade de fazer cumprir o compromisso que foi estabelecido quando estamos tratando com atores desta arena digital que ficam na nuvem, ou melhor, em qualquer lugar do planeta ou em lugar nenhum, como verdadeiros entes apátridas e, portanto, não sujeitos a lei alguma. Estamos criando um grupo novo de empresas, conhecido como "os intocáveis da era digital".

Não podemos esquecer que o propósito inicial do Marco Civil foi o de garantir a privacidade de dados de consumidores e ter a guarda segura dos mesmos (igualando aos demais países do exterior), complementando o Texto Constitucional, o Código de Defesa do Consumidor e o Código Civil.

O texto final que foi promulgado está bem claro quanto à garantia de liberdade de expressão, todavia, deveria ter sido tratada melhor a questão da vedação ao anonimato prevista pela Constituição Federal de 1988[34].

Infelizmente, o anonimato associado à impunidade faz aumentar a agressividade e a violência entre as pessoas dentro da Internet, especialmente no que diz respeito aos crimes contra a honra.

Um dos pontos mais preocupantes da Lei do Marco Civil refere-se à identificação e guarda de *logs* de registro de conexão e de registro de acesso à aplicação. Da forma como ficou a lei, dependendo do caso, sob a égide de se proteger a privacidade, pode-se ter dificultado mais a investigação de autoria de alguns tipos de atos praticados na Internet.

A lei brasileira proíbe o anonimato indiscriminado por entender que ele pode gerar danos sociais. Sendo assim, pelas nossas regras, todos têm liberdade de expressão, mas estão sujeitos a responder por suas declarações. Por isso, devem se identificar. Logo, aqui, o anonimato é uma exceção, quando justificável, e apenas em canal apropriado para tanto.

Mas como lidar com ferramentas que permitem criação de perfis anônimos (*fakes*) como ocorre com o Facebook ou mesmo o compartilhamento de conteúdo sem identificação como no caso do Secret[35]? Será que o caminho é

---

34. Art. 5º, IV, da Constituição Federal de 1988.

35. Aplicativo de *posts* anônimos que teve as atividades encerradas em 2015.

proibir sua comercialização, bloquear seu acesso, ou seria educar e punir aqueles que não cumprem com as regras de conduta?

Do ponto de vista do princípio da inclusão digital como direito essencial para o exercício da cidadania, trazido pela Lei do Marco Civil da Internet em seu art. 7º, bem como a garantia da liberdade, o segundo caminho parece uma solução mais apropriada e sustentável.

No entanto, se a alternativa é permitir com orientação, vigilância e aplicando medidas disciplinares ou mesmo jurídicas a quem faz uso inadequado, antiético ou mesmo ilegal, como garantir o conhecimento sobre o que é o certo e o errado se todos dão OK nos Termos de Uso sem ler?

Desde os anos 80 a humanidade vem passando por uma grande mudança de comportamento, diretamente afetada pelas novas tecnologias. A vontade que as pessoas têm de se comunicar, de buscar conhecimento, de compartilhar a própria vida e intimidade com desconhecidos faz com que elas tenham maior capacidade de se manifestar com as ferramentas digitais que foram desenvolvidas pelo próprio homem. Será que estes novos fatos representam também uma profunda transformação dos próprios valores? Será que as leis atuais estão adequadas para atender a este novo modelo social?

Se, por um lado, surgem aplicativos como o Lulu, cuja promessa é divertir e entreter através da exposição da reputação alheia, por outro lado, também, crescem as tecnologias protetivas de privacidade, para aumentar a segurança digital das pessoas conectadas em rede.

Expandimos o horizonte do indivíduo para além de sua capacidade de visão, e isso faz com que ele, muitas vezes, não possa medir claramente as consequências de suas ações e os efeitos no tempo que estas causarão, o que gera não apenas a dor do arrependimento mas também a frustração da impossibilidade de remover totalmente um conteúdo que foi publicado na Internet.

Mas por que queremos usar um aplicativo como o Lulu, o Secret, o ASK, todos permitindo declarações anônimas que acabam semeando um ambiente propício para o *cyberbullying*?

Será que o criador desta inovação está apenas atendendo uma demanda latente do mercado ou o que ele desenvolveu é ilícito? A discussão da licitude de algo nasce primeiro na ética e termina na lei. Mas qual é a ética digital vigente?

Para Manuel Castells, aquele que decide se conectar aceita, mesmo que tacitamente, o resultado da "socialização dos seus dados", ou melhor, a perda do controle das suas próprias informações.

Logo, há um preço a pagar para se sentir inserido no mundo digital, para participar de mídias sociais, para ter o direito de usar uma imensidão de aplicativos viciantes que são oferecidos gratuitamente em um esquema muito bem elaborado que troca superficialidades e banalidades por dados da intimidade, vida e rotina das pessoas que aceitam participar.

Depois de escolher entrar pela porta dessa Internet colaborativa que promete mais transparência, mas que na verdade se traduziu em mais exposição, será que tem volta?

Hoje a maior parte dos termos de uso destes serviços deixa muito claro que, por mais que a pessoa deixe de ser usuária, o que ela compartilhou por ali fica lá e na galáxia da Internet para sempre, e que cabe apenas a ela a responsabilidade de refletir antes sobre qual legado de conteúdo quer deixar a seu respeito, já que tecnicamente ainda é bem difícil conseguir praticar o direito ao esquecimento.

Mas há um aspecto ainda mais cruel desta realidade interativa, que é justamente a possibilidade da construção de uma imagem digital gerada pelos demais, sem que a própria pessoa possa evitar ou interferir.

Não vivemos a era da liberdade de expressão individual, mas de todos, em um fenômeno coletivo-social que parece não ter limite. E é aí que entra a lei. Com a finalidade única e exclusiva de restringir até onde cada um pode ir sem ferir o outro.

Afinal, o ordenamento jurídico surge com o objetivo de equilibrar a relação entre os mais fracos e os mais fortes. Senão, voltaríamos ao estado de natureza e abandonaríamos tudo que foi construído de civilidade e urbidade.

Sendo assim, do ponto de vista dos valores, há uma percepção de que o direito à informação, à liberdade e à transparência total sobre cada um está vencendo. E, então, a privacidade está perdendo.

Mas as leis elaboradas no último século, em todo mundo, em especial após a 2ª Guerra Mundial, foram redigidas sob o manto da proteção a qualquer preço da privacidade do indivíduo, inclusive perante a arbitrariedade do Estado. Assim, nasceram muitas das Constituições Federais. Com artigos dedicados a proteger o indivíduo da própria coletividade. Direito à intimidade, direito à proteção da reputação e imagem, direito à proteção das informações pessoais e comunicações.

Então, o que significa esse duelo entre os aplicativos que permitem o anonimato e a necessidade de se proteger a honra dos indivíduos, entre os serviços ofertados de forma gratuita, mas que cobram como moeda o direito de usar os dados dos usuários e a privacidade?

É a demonstração prática da mudança da cultura. Onde rotular alguém, opinar sobre suas qualidades e defeitos, de forma pública e documentada, mesmo que isso possa gerar ridicularização, exposição perante terceiros, não seria mais considerado abusivo, como até hoje o foi, quando aplicamos o art. 5º da Constituição Federal de 1988, em seus incisos IV e X, os arts. 20, 21, 186, 187, 927 do Código Civil Brasileiro, e a própria aplicação dos crimes contra a honra previstos no Código Penal, do art. 138 ao 145.

Basta observar um único grupo de alunos ou de familiares no WhatsApp[36] para se verificar que há uma mudança profunda ocorrendo no comportamento e de certo modo isso irá afetar o Direito.

E este é o ponto crucial sob a ótica da discussão jurídica da matéria. Nos termos do art. 141 do Código Penal, será causa de aumento de pena se o crime contra a honra é cometido: na presença de várias pessoas (inciso III), ou cometido de forma a facilitar a divulgação da ofensa contra pessoa maior de 60 anos de idade ou portadora de deficiência (inciso IV), exceto no caso de injúria, mediante paga ou promessa de recompensa.

No entanto, o subjetivo do injusto, pelo entendimento dominante no Direito brasileiro, exige a existência de dolo específico de ofender. Desta forma, não será crime contra a honra se o agente desejava simplesmente fazer uma piada (*animus jocandi*), ou tinha vontade de repreender (*animus corrigendi*) ou qualquer outro desejo que não o de ofender.

Existem teorias mais modernas que caracterizam o crime contra a honra mesmo havendo apenas dolo genérico, na medida em que o indivíduo teria o direito de não se ver ofendido, seja por brincadeira, por motivo didático ou por qualquer outra finalidade.

Mas no Brasil, até por conta do nosso espírito jocoso nacional, predomina ainda a visão da imunidade de opinião, nos termos do art. 142, pelo qual a tipificação dos crimes de difamação e injúria (que são os mais comuns nas mídias sociais hoje) pode ter sua aplicação prejudicada, na medida em que estas justificariam a ação do agente.

Entre as "imunidades de opinião", que são a garantia de proteção contra medidas legais de retaliação ou punição, encontramos a imunidade judiciária, referente às acusações feitas em Juízo; a imunidade de crítica, referente às opiniões dadas em veículos de comunicação, sempre e quando estas não sejam excessivamente ofensivas; e a imunidade funcional, que engloba o funcionário público que por seu dever emite opiniões porventura desfavoráveis.

O que fica então desta análise: que há um conflito atual paradoxal entre a cultura digital e as leis em vigor. Quem vai ganhar? Pessoalmente, eu gostaria que fosse a privacidade.

Mas, para isso, deve haver uma imposição das autoridades para que toda e qualquer tecnologia permita o atendimento de algumas regras essenciais: o dever de identificação (visto que o anonimato é proibido no Brasil a não ser

---

36. Disponível em: <http://www.brasilpost.com.br/patricia-peck-pinheiro/familia--whatsapp_b_7045786.html>.

por casos de exceção de denúncia); funcionalidade para apagamento do conteúdo pelo ofendido; possibilidade de retirada (de ser excluído) do ambiente visível e exposto; dever de preservação de provas adequadas por parte do fornecedor da solução para viabilizar eventual medida judicial por um prazo mínimo que esteja alinhado com o tempo médio prescricional (ou seja, de 5 anos, se considerarmos o usuário um consumidor final do serviço, conforme previsto pelo Código de Defesa do Consumidor).

Só assim voltamos a gerar o tão necessário equilíbrio social por meio do Direito. Senão, para que o próprio Direito Digital? Tem um preço a ser pago se queremos harmonizar as relações, evitar os abusos e o regresso ao próprio "Estado de Natureza".

Quantos casos mais irão ocorrer em que a Autoridade se vê obrigada a emitir ordem para suspensão ou remoção de uma tecnologia ou serviço digital devido à má conduta dos usuários destes?

Será que isso é eficiente, ou gera também insegurança jurídica nas empresas privadas que podem recear ofertar um serviço para brasileiro devido aos efeitos que isso pode ocasionar[37]?

Ou seja, outro empreendedor inovador sofreu as consequências desta atitude nacional da "não informação", da ignorância às leis, da não leitura do que está nos contratos, de forma intencional, desejada e que leva a uma prática de insegurança jurídica generalizada, pois grande parcela dos descumprimentos às regras acontece pelo mero desconhecimento delas.

No caso do aplicativo Secret, seus Termos de Uso exigiam idade mínima de 13 anos e sua Política de Privacidade deixava claro que o anonimato é relativo e que poderia informar a identidade do usuário em caso de ordem judicial (https://www.secret.ly/privacy).

Como se não bastasse, o Secret tinha, ainda, um Código de Conduta chamado de "Guia da Comunidade" (https://www.secret.ly/community), que proibia atitudes que fossem ofensivas, agressivas ou discriminatórias e fornecia um canal de denúncia (legal@secret.ly) para remoção de conteúdos e punição de infratores que podiam ser banidos do serviço (perfil bloqueado ou excluído).

---

37. *Vide* os casos como "GoDaddy e o site Nomes Brasil que publicavam CPFs de brasileiros", caso "Uber" e o caso do Juiz que quis desligar a internet. Fontes: <http://olhardigital.uol. com.br/noticia/site-divulga-ilegalmente-cpfs-de-brasileiros-e-fere-o-marco-civil/48369>; <http://g1.globo.com/sao-paulo/noticia/2015/04/justica-de-sp-determina-suspensao-de-servicos-do-uber-no-brasil-20150429103004955070.html>; <http://tvuol.uol.com.br/video/se--quiser-juiz-pode-mandar-desligar-a-internet-no-brasil-04028D9C386CCCA15326>.

O mais curioso é que a própria interface do aplicativo trazia a seguinte afirmação: "diga algo gentil" e depois tinha o botão "postar". Ou seja, havia uma vacina legal escrita na tela para demonstrar qual o propósito de uso do recurso, mas, infelizmente, o gentil do brasileiro digital vinha sendo a ofensa.

Portanto, todas estas medidas não puderam proteger a empresa proprietária do Secret, que é estrangeira, de sofrer medidas legais por mau uso dos seus serviços por parte dos usuários brasileiros.

Mas será que apenas proibir educa? Imagine se tivéssemos que proibir então a presença de facas nas casas pelo fato de algum jovem poder usá-las para ferir outra pessoa?

Nesse sentido até um lápis que seria aparentemente inofensivo pode se tornar uma arma mortal, se enfiado no pescoço de outra pessoa. Nem por isso proibimos tudo só porque não conseguimos educar.

Com certeza o Ministério Público tem um papel fundamental, mas não se impede a prática do ilícito retirando empresas de operação, mas sim educando os usuários e punindo de forma exemplar quem age errado.

Muito pior que o anonimato é o efeito da certeza da impunidade no Brasil. De certo modo, neste sentido, o Marco Civil que devia ser o grande protetor da privacidade acabou garantindo a permanência do conteúdo na internet, atribuindo um peso maior à liberdade de expressão que a proteção da imagem e reputação de um indivíduo na medida em que se determina que um conteúdo só seja removido da internet, dentro das limitações técnicas do serviço, somente após ordem judicial[38].

Esta crise de autoridade, a falta do poder de polícia nos meios digitais está fazendo crescer uma geração de jovens brasileiros dentro de um cenário de "Lei de Talião Digital", onde o mais popular domina os demais pelo medo, pelo receio de qual conteúdo ele vai publicar do outro e faz justiça com o próprio celular, difamando os demais na Internet, via aplicativos e mídias sociais. A moda agora

---

38. Casos anteriores à entrada em vigor do MCI (cujo fato ocorreu em 23 de junho de 2014) ainda aplicam o princípio da remoção do conteúdo a partir da denúncia extrajudicial por parte da vítima. "Está presente a responsabilidade do demandado, devendo ser afastada a alegação de ato de 3º. A mensagem foi de autoria de terceiro, o agente causador direto. *Contudo, o réu poderia ter removido a mensagem a partir dos requerimentos enviados pela autora.* Na espécie, a mensagem é claramente abusiva e ofensiva, o que permitiria a sua exclusão desde logo. *Não é viável conceder o efeito retroativo à Lei n. 12.965/2014, considerando a posição afirmada na Corte Superior.* Na hipótese, penso que o valor de oito mil reais está adequado ao litígio analisado. Mantida a sentença no restante, incluindo a rejeição da preliminar de ilegitimidade passiva. Ante o exposto, dou parcial provimento ao recurso" (TJRS, Ap. 70060888575, rel. Des. Marcelo Cezar Müller, j. 28-8-2014). (grifos nossos)

é exigir que o outro envie uma foto pelado para ser aceito para entrar no grupo do WhatsApp da turma, imaginem onde vamos parar desse jeito?

Segundo estudo recente publicado pelo Portal Educacional da Positivo, intitulado "Este Jovem Brasileiro"[39], e realizado em conjunto com o Psiquiatra Dr. Jairo Bouer, 16% dos alunos que responderam o questionário *online*, de forma anônima, já sofreram *bullying* virtual dos colegas.

O estudo constatou ainda que 23% dos jovens já sofreram insultos ou outras formas de violência na *web*, 40% já sentiram medo por alguma situação que aconteceu na rede e 4% admitiram que evitaram ir à escola ou até sair de casa por causa de ameaças ou ofensas sofridas pela *web*.

A Internet é a hoje a terceira maior preocupação dos professores brasileiros em relação aos seus alunos — atrás apenas do rendimento escolar e das dificuldades emocionais. Estamos formando uma geração de traumatizados digitais.

Todo tipo de liberdade exige educação e um ambiente seguro para se manifestar. Nesse sentido, qualquer excesso é prejudicial, seja pela falta da liberdade ou pelo abuso dela. Ainda vamos todos sofrer as consequências desses excessos digitais.

Com toda certeza, uma coisa está clara, "não existe almoço grátis". Como já dizia a máxima popular, o modelo de negócios da Internet está totalmente baseado no uso de informações como moeda de troca, de pagamento. Conteúdo é essencial na sociedade do conhecimento, e as pessoas comuns, os usuários digitais se tornaram produtores e consumidores simultâneos de dados de forma frenética, em tempo real, globalizada. Mas será que deve haver um limite legal para estas relações ou negócios baseados em dados? Como um novo negócio na *web* pode usar as informações de seus clientes sem riscos legais?

Há uma expressão atual para retratar o modelo de riqueza da *web* que diz: se o serviço for gratuito, você não é o freguês, você é o produto! O Direito enfrenta sempre situações paradoxais, em que, por um lado, deve-se proteger a privacidade dos indivíduos, mas, por outro, deve-se permitir a livre-iniciativa e a liberdade de contratar, em que uma pessoa pode escolher pagar algo com as suas informações.

No entanto, é condição ética e legal do negócio que essa regra esteja clara e transparente no momento da contratação. Por isso crescem as discussões sobre a criação de leis que tratem de proteção de dados sensíveis, que delimitem o uso

---

39. Disponível em: <http://www.positivo.com.br/pt/noticia/280-projeto-este-jovem--brasileiro>.

das informações, e até mesmo que protejam mais a privacidade das pessoas na *web*. Mas isso é viável?

Há um elevado custo de infraestrutura para suportar tudo o que publicamos, acessamos e compartilhamos na Internet. Vivemos uma realidade extremamente dependente de três insumos fundamentais, que possuem seus respectivos custos de produção: Energia, Telecomunicações e Tecnologia. Logo, como dar o adequado tratamento à economia dos dados, sem que isso gere um colapso do próprio modelo mercadológico estabelecido?

Esta questão não se detém apenas na privacidade, vai além, e alcança até a discussão no tocante à remuneração por direitos autorais e por direitos de imagem na *web*, em que aquele que gera audiência publicando conteúdos de terceiros é remunerado, mas não há necessariamente um repasse ao autor legítimo. E, nesse quesito, há grande risco implícito de se estimular plágio e pirataria, o que torna o modelo não sustentável no longo prazo, já que, sem a proteção de quem cria, todos só vão querer copiar e em breve não haverá conteúdo de qualidade e com credibilidade nesta Internet do "tudo grátis".

Vivemos um momento crucial para reformatar o modelo, ajustá-lo e adaptá-lo com esse ganho de conhecimento dos últimos anos, mas sem repetir erros clássicos da indústria tradicional de conteúdo, em que o preço está amarrado a um modelo de distribuição concentrado e no qual o consumidor não adquire o conteúdo em si, mas apenas o suporte.

Quais seriam, então, as premissas necessárias para que a equação socioeconômico-jurídica consiga operar um crescimento sustentável e garantir inclusão digital, acesso à informação e a contínua oferta de informações relevantes na *web*? a) o conteúdo digital, depois de compartilhado, dificilmente consegue ser retirado totalmente da *web*; b) o mercado exige independência de suporte e liberdade de migração ou conversão de formato; c) aqueles que são os grandes beneficiados pelas audiências geradas pelos conteúdos de terceiros devem remunerar os autores (seja diretamente com uma porcentagem ou indiretamente pelo pagamento de uma taxa para uma entidade gestora de direitos autorais digitais globais); d) o pagamento por serviços gratuitos com uso de informações de indivíduos deve deixar claro para qual finalidade as informações serão usadas e por quanto tempo, afinal, não pode ser para sempre, como um cheque em branco, mesmo após o usuário já ter deixado de ser cliente do serviço.

Precisamos definir isso com urgência, seja por autorregulamentação de mercado, contratos, ou mesmo por meio de leis nacionais ou de tratados ou convenções internacionais, sendo estes últimos, provavelmente, os com mais possibilidade de se tornarem eficazes.

Independentemente dos próximos passos, todo negócio que está na Internet tem que ter uma política de privacidade atualizada, publicada, com conteúdo bem claro, para poder tomar proveito do mercado dos dados sem riscos legais.

Já evoluímos muito na construção de uma sociedade na qual o privado e o público andam de mãos dadas para fechar a equação financeira. Não há espaço para utopias. Há, sim, necessidade de se delimitarem algumas regras de conduta, que podem ocorrer até com autorregulamentação. E, antes de mais nada, há necessidade de transparência por parte das empresas, para que fique claro que dados serão usados, para qual finalidade, por quanto tempo.

Afinal, será que estamos dispostos a abrir mão de usar os serviços gratuitos, as redes sociais, em troca dos nossos dados? Acredito que não. Mas com certeza todos nós gostaríamos de sentir que temos controle sobre eles, que o Direito nos protege contra abusos, por mais que nós mesmos é que tenhamos, de livre e espontânea vontade, fornecido nossa informação a um terceiro, seja do tipo cadastral, seja do que publicamos na *web*.

Ganhará o mercado quem liderar a proteção da privacidade sustentável, com transparência. Qualquer outro formato, para um extremo do "libera geral" ou do extremo do "protege a pessoa dela mesma" está fadado ao fracasso. Até lá, por favor, vamos ler a regra do jogo que está no Termo de Uso dos serviços antes de dar OK.

DICAS PARA PROTEGER A PRIVACIDADE

✓ Leia os Termos e Políticas dos *sites* antes de se cadastrar.

✓ Veja se está claro para qual finalidade será usada sua informação e por quanto tempo.

✓ Se publicar informação mais pessoal nas redes sociais, faça-o de forma restrita, só para quem você autorizar poder ver e ter acesso.

✓ Evite publicar fotos (imagens) mais íntimas.

✓ Avalie sempre qual o preço que você está pagando por um serviço gratuito, seus dados têm valor.

✓ Quando cancelar um serviço, formalize por escrito (documento) que não quer mais que seus dados continuem a ser usados pela empresa.

✓ Faça uma lista de para quem você forneceu dados cadastrais.

✓ Oriente seus familiares para evitar publicar suas informações e fotos nas redes sociais sem sua autorização.

✓ Em caso de abuso, denuncie.

7.5. Identidade digital

A questão da prova de autoria desafia o Direito na era digital. Como saber quem está do outro lado da interface gráfica? A tecnologia tem nos ajudado a tentar determinar de forma mais inequívoca a identidade do indivíduo. No entanto, o ambiente de mobilidade da era digital faz com que se enxergue apenas a biometria como forma de se ter uma autenticação mais válida. Mas como operacionalizar isso no acesso à Internet, ainda mais com o crescimento dos *hot spots* de *wi-fi (wireless)*? Como deve ser o modelo de identidade em um mundo plano, com fronteiras informacionais, em que não perguntar quem está passando pela porta virtual pode estimular a prática de ilícitos?

Esta discussão atinge desde a forma como o Brasil melhorou o padrão do documento de passaporte, o uso de coleta de digitais pela Polícia Federal, inclusive na imigração em diversos países, bem como a entrada em vigor do RIC — Registro de Identidade Civil, trazido pela Lei n. 12.058/2009, anunciado pelo Governo Federal, para unificar os documentos de identidade.

Logo, o novo documento seria similar a um cartão de crédito com *chip*, que reúne dados da cédula de identidade atual, CPF e título de eleitor, podendo até ter informações de tipo sanguíneo e se a pessoa é doadora de órgãos. O mesmo será integrado ainda com sistema informatizado de identificação de impressões digitais, o *AFIS*.

O RIC foi concebido com objetivo de integrar todos os bancos de dados de identificação do Brasil, inclusive podendo receber uma camada de biometria, além de um certificado digital.

E isso já está em andamento, conforme pronunciamento do então Ministro Toffoli, fazendo o lançamento do RCN[40] (Registro Civil Nacional), que seria uma evolução do RIC, utilizando o banco de dados de biometria do Tribunal Superior Eleitoral (TSE).

A grande questão envolvendo a discussão de uma identidade digital obrigatória diz respeito à relação que a mesma tem com dois grandes impactos legais na Sociedade, um de ordem civil (afastar repúdio, especialmente no tocante à fraude de emissão, à fraude de uso e à autofraude) e outro de ordem criminal (combater o alto índice de impunidade devido à falta da prova de autoria inequívoca do crime pelo infrator quando este se encontra do outro lado de uma tela ou interface gráfica).

---

40. O Registro Civil Nacional (RCN) foi lançado no dia 28-5-2015 e é considerado um projeto prioritário de Estado.

Por causa da própria proibição constitucional do anonimato, tramita no Congresso o Projeto de Lei Federal do senador Gerson Camata (PMDB-ES) — PL n. 296/2008 (Senado) — PL n. 6.357/2009 (Câmara) — enviado para a Câmara dos Deputados em 5 de novembro de 2009, apensado ao PL n. 5.403/2001 — que buscava implementar em todo país a exigência de identificação de usuário em cibercafé, *lan house* e assemelhados, prevendo ainda prazo de guarda de 3 anos destas informações (nome completo, documento de identidade, identificação do terminal utilizado, data e hora de início e término da utilização). O mesmo previa multa de 10 mil a 100 mil reais dependendo da gravidade da conduta e reincidência, bem como cassação da licença de funcionamento do estabelecimento. O prazo para que as *lan houses* e cibercafés se adaptassem após a promulgação da lei seria de 120 dias. Importante destacar que o PL n. 5.403/2001 foi arquivado com a criação do PL n. 2.126/2011, que se converteu posteriormente na Lei n. 12.965/2014 (Marco Civil da Internet).

Definitivamente, um dos assuntos mais importantes a tratar no Direito é o tema da Identidade Digital obrigatória. Não adianta ter qualquer outra lei, se não pudermos gerar prova de autoria, seja para questões civis, criminais, trabalhistas, tributárias, entre outras. Isso tudo deve ser consolidado, unificado, senão cada vez que para no Judiciário corre-se o risco de o juiz ter um entendimento distinto. Há juiz que entende que senha é suficiente para provar identidade, outros aplicam isso apenas quando há o certificado digital da ICP-Brasil, e há ainda os que dizem que só com assinatura do papel (como se isso trouxesse uma garantia maior, sendo que, na verdade, o papel é cópia quando a relação original foi manifestada no ambiente digital primeiramente).

Legislação Estadual sobre *Lan House* no Brasil[40]		
Estado	**Legislação**	**Comentários**
Acre (AC)	Não existe.	
Alagoas (AL)	Lei n. 6.891, de 29 de novembro de 2007.	Essa Lei foi posteriormente revogada pela Lei n. 8.298/2020.

---

41. Esta tabela foi atualizada em 27 de maio de 2015. Além disso, em nível nacional, tramita o Projeto de Lei n. 4.361/2004 (último andamento aguardando apreciação pelo Senado Federal). Fonte: <http://www.camara.gov.br/proposicoesWeb/fichadetramitacao?idProposicao=268907>.

Amapá (AP)	Lei n. 1.047, de 9 de outubro de 2006.	Obriga as empresas que prestam serviços de aluguéis de computadores para acesso à Internet denominada (*lan house* e cibercafé) a adotarem medidas preventivas, na forma que especifica.
Amazonas (AM)	Lei n. 3.996, de 15 de janeiro de 2014	Dispõe sobre a proibição de colocação de películas, adesivos e outros objetos nas fachadas, portas e janelas das *lan houses*, cibercafés e similares, que impeçam a visualização do interior de suas dependências, no âmbito do estado do Amazonas, e dá outras providências.
	Lei Municipal de Manaus n. 1.796, de 18 de novembro de 2013.	Torna obrigatória, no âmbito do município de Manaus, a adaptação de computadores para utilização por pessoas portadoras de deficiência, e dá outras providências.
Bahia (BA)	Lei n. 11.608, de 7 de agosto de 2009.	Dispõe sobre os estabelecimentos comerciais, *lan houses*, que ofertam a locação de computadores para acesso à rede mundial de computadores — Internet, e dá outras providências.
Ceará (CE)	Lei n. 14.858, de 28 de dezembro de 2010.	Dispõe sobre a obrigatoriedade de todos os estabelecimentos voltados à comercialização do acesso à Internet, fazer o cadastramento completo de todos os usuários em todo o estado do Ceará.

Distrito Federal (DF)	Lei n. 3.437, de 9 de setembro de 2004.	Dispõe sobre o cadastro dos usuários das empresas ou instituições que locam ou cedem gratuitamente computadores e máquinas para acesso à Internet, no âmbito do Distrito Federal, conhecidas também como "cibercafés".
	Lei n. 4.139, de 5 de maio de 2008.	Dispõe sobre o oferecimento obrigatório de máquinas bloqueadas a *sites* pornográficos aos menores de 18 (dezoito) anos nos cibercafés do Distrito Federal e dá outras providências.
Espírito Santo (ES)	Lei n. 8.777, de 18 de dezembro de 2007.	Disciplina as atividades de "*lan houses*", "*cibercafés*", "*cyber offices*" e estabelecimentos congêneres.
Goiás (GO)	Não existe.	
Maranhão (MA)	Lei n. 9.018, de 2 de setembro de 2009.	Disciplina as atividades de *lan houses*, cibercafés, *cyber offices* e estabelecimentos congêneres no âmbito do estado do Maranhão, e dá outras providências.
Mato Grosso (MT)	Lei n. 8.502, de 9 de junho de 2006.	Disciplina as atividades de *lan houses*, cibercafés, *cyber offices* e estabelecimentos congêneres.
Mato Grosso do Sul (MS)	Lei n. 3.103, de 11 de novembro de 2005.	Disciplina as atividades de "*lan houses*", "cibercafés", "*cyber offices*" e estabelecimentos congêneres no âmbito do estado de Mato Grosso do Sul, e dá outras providências.
Minas Gerais (MG)	Portaria n. 003/2007, Juiz Cível da Vara da Infância	Disciplina a entrada e permanência de crianças e adolescentes em casas que

	(http://ftp.tjmg.jus.br/ jij/portarias/ portaria_03_2007.pdf).	exploram diversões eletrônicas e o acesso a obras audiovisuais em locadoras de vídeo e congêneres, assim como a autuação pela ocorrência de infrações administrativas nestes estabelecimentos.
Pará (PA)	Não existe.	
Paraíba (PB)	Lei n. 8.134, de 26 de dezembro de 2006.	Dispõe sobre os estabelecimentos comerciais que colocam a disposição, mediante locação, computadores e máquinas para acesso à Internet e dá outras providências.
	Decreto n. 32.991, de 29 de maio de 2012.	Regulamenta os arts. 6º e 7º da Lei n. 8.134, de 26 de dezembro de 2006, que dispõe sobre os estabelecimentos comerciais que colocam a disposição, mediante locação, computadores e máquinas para acesso à Internet e dá outras providências.
Paraná (PR)	Lei n. 16.241, de 6 outubro de 2009.	Estabelece a obrigatoriedade da adoção de sistema de monitoramento por câmeras e identificação de usuário em estabelecimento de acesso público a Internet.
Pernambuco (PE)	Lei n. 14.001, de 23 de dezembro de 2009.	Dispõe sobre as atividades dos estabelecimentos comerciais que colocam à disposição do público, mediante locação, computadores e máquinas para acesso à Internet, disciplina o acesso dos menores de idade a esses estabelecimentos, e dá outras providências.

Piauí (PI)	Lei Ordinária n. 5.747, de 7 de fevereiro de 2008.	Disciplina as atividades de *"lan houses"*, "cibercafés" e seus correlatos, e dá outras providências.
Rio de Janeiro (RJ)	Lei n. 5.132, de 14 de novembro de 2007.	Obriga as empresas de locação de terminais de computadores a manterem cadastro de seus usuários.
	Lei Municipal, Capital, Lei n. 4.996, de 24 de março de 2009.	Proíbe a localização de casas de jogos de computadores e similares do gênero *lan house* ou cibercafé a uma distância de trezentos metros das unidades de ensino público e privado no Município (art. 1º).
Rio Grande do Norte (RN)	Lei n. 9.701, de 25 de fevereiro de 2013.	Define os Centros de Inclusão Digital — CID (*lan houses*), reconhecendo-os como de especial interesse social para universalização do acesso à rede mundial de computadores — Internet, os define como entidades prestadoras de serviços multipropósitos e dá outras providências.
Rio Grande do Sul (RS)	Lei n. 12.698, de 4 de maio de 2007.	Dispõe sobre a proteção da saúde dos consumidores nos estabelecimentos comerciais que ofertam a locação e o respectivo acesso a jogos de computador em rede local, conhecidos como *"lan house"* — *"Local Area Network"* —, e seus correlatos, e dá outras providências, dentre as quais a exigência de cadastramento dos menores de 18 anos que frequentam o local.

Rondônia (RO)	Lei n. 1.763, de 31 de julho de 2007.	Dispõe sobre a proteção da saúde dos consumidores dos estabelecimentos comerciais que ofertam a locação de respectivo acesso a jogos de computador em rede local, conhecidos como *lan house* — local de área *network* —, e seus correlatos, e dá outras providências.
Roraima (RR)	Lei n. 744, de 22 de outubro de 2009.	Disciplina as atividades de *lan houses*, cibercafé, *cyber offices* e estabelecimentos congêneres, no âmbito do Estado de Roraima, e dá outras providências.
Santa Catarina (SC)	Lei n. 14.890, de 22 de outubro de 2009.	Disciplina o controle de usuários em estabelecimentos voltados a comercialização do acesso à internet no estado de Santa Catarina.
São Paulo (SP)	Lei n. 12.228, de 11 de janeiro de 2006.	Dispõe sobre os estabelecimentos comerciais que colocam a disposição, mediante locação, computadores e máquinas para acesso à internet e dá outras providências.
Sergipe (SE)	Lei n. 4.009, de 20 de janeiro de 2011.	Dispõe sobre acessibilidade aos cibercafés, *lan houses* no município de Aracajú, e dá outras providências.
Tocantins (TO)	Projeto de Lei n. 92/2011. Lei Municipal da Capital Palmas n. 1.636, de 23 de setembro de 2009.	Dispõe sobre a adaptação de computadores em *lan house*, cibercafés, para utilização por pessoas portadoras de necessidades visuais e dá outras providências.

7.6. Direito comunitário e direito individual

A natureza da sociedade digital é comunitária. Saímos de uma sociedade agrícola-comunitária para uma sociedade industrial-individualista e entramos em uma sociedade digital-comunitária. Este processo vem sendo sentido desde o início do fenômeno da globalização, que começou há mais ou menos 500 anos, com a descoberta das Américas e o intenso comércio criado para fornecer produtos, bens e serviços à nova terra.

A migração de pessoas, o avanço das comunicações e da tecnologia permitiram que o "Mundo Europa-Ásia" se transformasse em nossa atual Aldeia Global. A disputa pelos territórios geraram as guerras e criaram a geografia atual. Fenômeno semelhante está ocorrendo agora, só que no espaço virtual, no descobrimento e exploração da "Nova Terra Digital".

Sendo assim, o Direito Digital é um direito comunitário por natureza. Entretanto, não estamos mais acostumados a viver em comunidade, no sentido da preocupação e grau de dependência do indivíduo com relação ao grupo, que faz com que o interesse particular seja preterido em prol do interesse coletivo.

O homem mais primitivo, que vivia em uma sociedade de base agrícola, tinha muito mais consciência coletiva e espírito comunitário do que nós temos atualmente, até por uma questão de necessidade de sobrevivência, onde o grupo determinava e garantia a segurança de cada um de seus indivíduos.

Apesar deste desafio do mundo moderno, o conceito de comunidade em termos de aplicabilidade jurídica continua muito presente na Comunidade Europeia. Grande parte das inovações jurídicas em termos de Direito Digital tem referência em modelos adotados na Europa. Isso se deve ao fato de que a consciência de comunidade é fator determinante para se poder ter boas leis em Direito Digital, em que a convergência de várias culturas e sua interpretação precede a norma.

Os valores a serem protegidos são determinados dentro de um espaço social maior que os limites do território do Estado, o que exige uma flexibilidade da norma e uma dinâmica de equilíbrio com métodos de solução por autorregulamentação que são essenciais para o Direito Digital. Por isso estão tão avançados, em termos de Internet como um todo, com Diplomas Normativos Supranacionais e Diretrizes Gerais[42] que permitem legislar sem prejudicar a evolução da própria rede, dos negócios, do mercado e da sociedade.

---

42. Citamos como exemplos a Diretriz 2.000/31 da Comunidade Europeia que dispõe sobre comércio eletrônico (Directive 2.000/31/EC on electronic commerce adopted in 8 June 2000), o Relatório da Comunidade Europeia sobre comércio eletrônico de 28 de fevereiro de 2000 e o Relatório do Comitê da UE sobre Crimes na Internet (European Committee on Crime Problems), de 2 de outubro de 2000.

Sendo assim, o avanço tecnológico vivenciado pela humanidade no último século permitiu a construção da atual Sociedade Digital, baseada na eletrônica e nos ativos intangíveis, dependente dos insumos de energia, telecomunicações e tecnologia. Mas será que teríamos chegado até aqui sem um papel forte do Estado na vida das pessoas? Desde uma tribo indígena até as próprias redes sociais, os valores são codificados em regras coletivas impostas a cada participante daquela determinada comunidade.

O Direito, em linhas gerais, prioriza a vontade coletiva sobre a vontade particular, em especial no que tange à segurança social. A liberdade de expressão e a livre-iniciativa são princípios fundamentais, mas podem ser preteridos em favor de um bem maior, dentro do desafio de criar sustentabilidade e governança pública em um cenário cada vez mais competitivo e de recursos ambientais escassos. Sendo assim, será que vamos evoluir para um mundo com mais controles ou com mais liberdades?

No Brasil, o cidadão não tem o direito de tirar a própria vida, pois é um direito *erga omnes* (acima da vontade do homem). Há um paradoxo natural entre o livre-arbítrio e a proteção do Estado. As próximas gerações terão que fazer a difícil escolha entre ter mais privacidade ou mais segurança coletiva.

A Sociedade Digital é uma aldeia global conectada. O indivíduo de hoje por certo tem mais voz e opinião do que uma pessoa de 2 mil anos atrás. Vivenciamos um momento de maior transparência e de mais informação, em que o acesso democrático ao conhecimento[43] proporcionado pela Internet permite que façamos melhores escolhas.

No entanto, estamos em um planeta de recursos escassos, onde há necessidade de não apenas decidir sobre o momento presente, dentro de uma ótica individual, mas também, por uma questão de sobrevivência, desde sempre, planejar o futuro, investir em questões que possam garantir melhores condições de existência humana na Terra, de convivência social, tais como segurança, saúde, habitação, alimentação, trabalho e educação.

---

43. "O conhecimento tornou-se, hoje mais do que no passado, um dos principais fatores de superação de desigualdades, de agregação de valor, criação de emprego qualificado e de propagação do bem-estar. A nova situação tem reflexos no sistema econômico e político. A soberania e a autonomia dos países passam mundialmente por uma nova leitura, e sua manutenção — que é essencial — depende nitidamente do conhecimento, da educação e do desenvolvimento científico e tecnológico" (TAKAHASHI, Tadao (org.). *Sociedade da informação no Brasil*: livro verde. Brasília: Ministério da Ciência e Tecnologia, 2000. Disponível em: <http://www.mct.gov.br/index.php/content/view/18878.html>. Acesso em: 30 maio 2012).

Nesse sentido, podemos dizer que a realização individual depende diretamente das escolhas coletivas: o que é feito visando o todo permite que uma pessoa possa ter mais chances de garantir sua própria felicidade.

A necessidade de um Estado que possa proteger o indivíduo e permitir seu crescimento e desenvolvimento pessoal é antiga. De certo modo, a noção de Estado nasceu dentro do próprio conceito de família, quando ainda éramos nômades, muito antes da própria Revolução Agrícola.

A escolha de um líder e a obediência a ele ocorre inclusive com os outros animais, que criam modelos sociais para enfrentar a lei da selva, que é a lei do mais forte. Por isso, a Humanidade optou há muito tempo por construir um Estado de Direito[44], substituindo o Estado de Natureza, sustentado em regras de conduta.

Apesar da aparência de modelo ideal, o Estado pode se tornar ilegítimo, quando não representa mais a vontade da maioria de um povo, quando o poder que deveria proteger passa a ser utilizado para oprimir. O Estado Opressor já se apresentou diversas vezes na história, mais recentemente nas Ditaduras que ainda persistem em países da América Latina, China, Oriente Médio, África.

O Estado é apenas um meio, um mecanismo para criação e distribuição de riqueza, não pode e não deve nunca ser um fim em si mesmo. Quando isso ocorre, há uma ruptura. Por certo é mais fácil dominar quando há menos informação. Por isso, há uma tendência de cada vez mais ser questionado o papel do Estado. Principalmente com o crescimento do terceiro setor e da mobilização social, potencializada pelo poder da Internet, da manifestação e do protesto público digital.

Na busca de um equilíbrio que evitasse que a distorção do modelo pudesse criar um Estado tirano e arbitrário, muitos países implementaram o princípio tripartite de poderes: Executivo, Legislativo e Judiciário[45], cuja independência

---

44. "Estado é uma ordenação que tem por fim específico e essencial à regulamentação global das relações sociais entre os membros de uma dada população sobre um dado território, na qual a palavra ordenação expressa a ideia de poder soberano institucionalizado. O Estado, como se nota, constitui-se de quatro elementos essenciais: um poder soberano de um povo situado num território com certas finalidades. (...) Uma coletividade territorial, pois, só adquire a qualificação de Estado, quando conquista sua capacidade de autodeterminação, com a independência em relação a outros Estados" (SILVA, José Afonso da. *Curso de direito constitucional positivo*. 10. ed. rev. São Paulo: Malheiros, 1994, p. 100).

45. "O Estado, como estrutura social, carece de vontade real e própria. (...) Os órgãos do Estado são supremos (constitucionais) ou dependentes (administrativos). Aqueles são os a quem incumbe o exercício do poder político, cujo conjunto se denomina governo ou órgãos governamentais. Outros estão em plano hierárquico inferior, cujo conjunto forma a Administração Pública, considerados de natureza administrativa. (...) Vale dizer que o poder político, uno, indivisível, indelegável, se desdobra e se compõe de várias funções, fato que permite falar em

e autonomia são condições *sine qua non* para garantir a própria liberdade. Nesse sentido a própria imprensa se tornou essencial para coibir abusos de autoridades.

Por outro lado, diversos estudos mostram que o excesso da liberdade também gera consequências danosas ao indivíduo. Segundo Eduardo Benzati, "pela psicologia, quando há escolhas demais, as pessoas ficam infelizes. Em que medida liberdade em excesso não faz com que o indivíduo perca o chão?"[46].

Quais são as principais questões que demandam grande reflexão para evolução do formato atual da relação indivíduo-Estado, até então mais protecionista e paternalista, para outro que seja de maior liberdade individual?

A primeira questão envolve educação. Há necessidade de que uma pessoa tenha uma formação básica, rica em valores éticos, para que possa ter maior discernimento na tomada de decisões. Ou seja, o direito de escolha depende diretamente da capacidade de se desenvolver visão crítica, análise, diagnóstico, estudo de cenários, gestão de risco, opinião. Deixar alguém decidir, sozinho, com informações erradas ou incompletas, e tendo ainda dificuldade de raciocinar em cima de fatores complexos e ecléticos, em um cenário de mudanças constantes, é extremamente prejudicial.

Nesse sentido, o direito ao voto é o exercício máximo da liberdade e deveria ser levado muito mais a sério. Até porque, depois, em um Estado Democrático, o sufrágio é a forma de representação popular que vai determinar a condução de um povo, seja pelas leis, seja pelo governo.

Logo, sem uma boa educação, não somos capazes de fazer boas escolhas e o voto se transforma em uma ferramenta de manobra e manipulação. E este é o primeiro grande problema na relação Estado-cidadão, especialmente no Brasil.

Em seguida, considerando que há necessidade de estabelecer regras de convivência social, há temas que precisam ser profundamente estudados, são eles:

- ✓ Privacidade do Indivíduo x Segurança Pública Coletiva
- ✓ Liberdade de Expressão x Responsabilidade
- ✓ Identidade Obrigatória x Anonimato
- ✓ Proteção de Dados x Acesso a Informação
- ✓ Crimes Digitais (novos tipos penais)

---

distinção das funções, que fundamentalmente são três: a legislativa, a executiva e a jurisdicional" (SILVA, José Afonso da. *Curso...*, cit., p. 109).

46. BENZATTI, Eduardo. *A educação e os educadores do futuro*. Disponível em: <http://www.dominiopublico.gov.br/pesquisa/DetalheobraForm.do?select_action=&co_obra=105128>.

Estes são os grandes temas do Direito Digital, ou seja, do Direito aplicado a um modelo socioeconômico-político-jurídico de Sociedade que se manifesta de forma não presencial, por meio de testemunhas-máquinas, provas eletrônicas, e na qual o modelo de riqueza é a informação, sem fronteiras físicas ou temporais, em tempo real.

No tocante à privacidade, como veremos em capítulo próprio, a seguir, a Constituição Federal de 1988, em seu art. 5º, X, garantiu a proteção do indivíduo, em especial de sua vida privada, honra, imagem e reputação. Interessante que, em uma primeira análise, já se verifica o desafio desta garantia quando confrontada com o direito à liberdade de expressão. Mas isso ficou resolvido na mesma norma, em seu art. 5º, IV, que determina a livre manifestação de pensamento, mas proíbe o anonimato, assumindo a presunção de que todos podem falar o que pensam, porém respondendo pelo que dizem.

Portanto, em apenas dois artigos da Lei Magna de nosso ordenamento jurídico, há uma tentativa de se harmonizar a vontade do indivíduo (privacidade, liberdade, anonimato) com a necessidade de proteção dos demais, do coletivo (segurança, responsabilidade, identidade obrigatória).

Com a aprovação no Brasil da Lei de Acesso a Informação, ou LAI, Lei n. 12.527/2011, o princípio que passa a vigorar no tocante aos dados que estão na Administração Pública e nas empresas de Economia Mista é o da publicidade e transparência (art. 3º, I e IV), ou seja, toda informação nasce pública e só terá seu acesso protegido se estiver enquadrada nas hipóteses legais que justifiquem essa medida de segurança (previstas nos arts. 23 e 24 do mesmo diploma legal).

Isso demonstra a cobrança do próprio povo brasileiro para que o Poder Público cumpra com o dever de assegurar a gestão transparente da informação, propiciando amplo acesso a ela e sua divulgação. Apenas excepcionalmente as informações serão protegidas, em princípio, só nos casos em que estiverem arroladas como sigilosas, se representarem um risco à segurança ou à soberania nacional, ou se já estiverem protegidas por outra lei, como ocorre com o segredo de justiça e com o segredo industrial, este último previsto na Lei n. 9.279/96.

Do outro lado, tem crescido a discussão de projetos de lei de proteção de dados pessoais, sejam estes cadastrais ou sensíveis, de forma a complementar o próprio Código de Defesa do Consumidor, no que diz respeito ao uso dos dados dos indivíduos, por empresas privadas ou públicas. A tabela abaixo demonstra o crescimento de importância desta temática na América Latina:

PROTEÇÃO DE DADOS PESSOAIS — LATAM					
PAÍS	*STATUS* LEI OU PL	PAÍS	*STATUS* LEI OU PL	PAÍS	*STATUS* LEI OU PL
Argentina	Sim. 25.326 — 2000.	El Salvador	Nem em discussão.	Panamá	Sim. Desde 2016.
Barbados	Lei de Prot. de Dados — 2005.	Guiana Francesa	Sim. A que vigora na França. Lei de Processamento de Dados desde 1978.	Paraguai	Sim. 1.682 — 2001.
Belize	Nem em discussão.	Guatemala	Em discussão, n. 4090 — 2009.	Peru	Sim. 29.733 — 2011.
Brasil	Sim. 13.709 — 2018	Guiana	Nem em discussão.	Suriname	Nem em discussão.
Chile	19.628 — 1999.	Honduras	Nem em discussão.	Trinidad e Tobago	Em discussão desde janeiro 2011.
Colômbia	Sim. 1.581 — 2012	Jamaica	Nem em discussão.	Uruguai	Lei n. 18.331 — 2008.
Costa Rica	Lei n. 8.968 — 2011.	México[46]	Sim. Desde 2010.	Venezuela	Nem em discussão.
República Dominicana	Sim. 172 — 2013.	Nicarágua	Sim. Desde 2012.		

O debate em torno da Lei de Proteção de Dados Brasileira teve como norte a referência que o Ministério da Justiça[48] tinha no modelo praticado pela Comunidade Europeia. Houve muita polêmica, principalmente em torno da questão da necessidade do consentimento em diversos momentos do ciclo de vida dos dados (captura, tratamento, uso, enriquecimento, compartilhamento, descarte ou guarda) e da utilização de uma espécie de autoridade central[49].

---

47. Apesar de o México não entrar nesta análise de América Latina, é importante destacar que o país já possui legislação específica para proteção de dados pessoais desde 2010. Ver <http://dof.gob.mx/nota_detalle.php?codigo=5150631&fecha=05/07/2010>.

48. Debate realizado em São Paulo, promovido pela BRASSCON (Associação Brasileira de Empresas de Tecnologia da Informação e Comunicação), USP (Universidade de São Paulo) e CEST (Centro de Estudos Sociedade e Tecnologia), com a presença do SENACON/MJ (Ministério da Justiça). Disponível em: <http://www.prospectiva.com/pt-br/blog/prospectiva--comparece-evento-sobre-privacidade-de-dados-e-marco-civil-da-internet>.

49. O consenso veio com aprovação da LGPD (Lei n. 13.709) em agosto de 2018. A regulamentação, que foi inspirada nas normas europeias do General Data Protection Regulation (GDPR ou Regulamento Geral de Proteção de Dados), tem como objetivo proteger os direitos fundamentais de liberdade e de privacidade.

Bem, a existência no Brasil de uma lei que exige que as informações sejam tornadas públicas (Lei de Acesso a Informação), ao mesmo tempo que se debate um projeto de proteção de dados pessoais dos cidadãos, parece, em uma primeira análise, um pouco contraditório, mas não é.

Por um lado, há a transparência da informação nos Órgãos Públicos, e, por outro, a necessidade de proteger o cidadão de abusos no uso de seus dados. Isso porque há hoje uma grande oferta de serviços gratuitos, mas que na verdade são pagos com informações que depois são utilizadas muitas vezes para propósitos que o usuário nem imagina.

Mas isso não quer dizer que o servidor público não acabe correndo um risco de segurança da informação quando os dados como nome, CPF, holerite com valores são tornados públicos? Logo, mesmo o exercício da transparência pública exige uma certa cautela, para não gerar um efeito colateral de risco pessoal para todos os funcionários públicos.

Como viabilizar o direito ao protesto pacífico na Internet e ao mesmo tempo garantir a segurança dos internautas, coibindo ações que tiram do ar *websites* de serviços de utilidade pública prejudicando milhares de pessoas? Como exposto, há um limite bem sutil entre liberdade e abuso, e isso só consegue ficar mais bem definido com investimento em educação, que foi o primeiro ponto que apontamos como essencial para garantir a própria liberdade.

Pegando este gancho, entramos na discussão da necessidade de novas leis que tipifiquem os crimes digitais, que, em muitos casos, são apenas um novo *modus operandi* de um crime antigo, já previsto no Código Penal, mas, em algumas situações, trazem uma nova conduta, não tratada ainda como ilícita pelo Ordenamento Jurídico. Por exemplo, o crime de se criar um vírus ou o de disseminar um arquivo malicioso, ou mesmo o de invadir uma rede ou um computador, ou mesmo o celular de uma pessoa para obter dados.

Desde 1999 o Brasil discutia o Projeto de Lei de Crimes Eletrônicos[50], e nem os ataques das quadrilhas fizeram o projeto andar, como fez o efeito "Carolina Dieckmann", em que o vazamento de fotos íntimas de uma celebridade trouxe à tona novamente a importância de se aprovar uma lei como esta. Isso porque a liberdade de um vai até onde não fira o direito de outro.

Mas é bem difícil legislar sobre a matéria, pois é necessário conhecimento técnico. Além disso, o computador não consegue, como testemunha

---

50. Ver Lei n. 12.735 (Lei Azeredo) e Lei n. 12.737 (Lei Carolina Dieckmann), publicadas em 30 de novembro de 2012.

que é, diferenciar uma conduta dolosa (com intenção) de uma culposa (sem intenção), o que faz com que haja possibilidade de criminalizar condutas que em tese seriam de um inocente (ex.: mandar um vírus de computador para outra pessoa sem querer).

Precisamos aprender a usar a tecnologia de forma ética, segura e legal. A liberdade não pode tornar-se uma bandeira para proteção de criminosos. O anonimato, por si só, estimula prática de ilícitos. Há necessidade de que o Estado tenha uma atuação social forte, mas que garanta a livre-iniciativa com o mínimo de intervenção possível.

Concluindo, independentemente do modelo que se adote no futuro para melhor regular a relação entre o Estado e o indivíduo, sabemos que a perda da crença na própria Justiça pode criar uma próxima geração, herdeira da geração Y, que faz justiça com o próprio *mouse*. E aí teremos voltado para o Estado de Natureza, e isso será um grande retrocesso.

A informação tem que construir e não banalizar, deve estimular a evolução da humanidade cada vez mais solidária e comprometida. O excesso do individualismo nos torna mais animais. Como dizia Thomas Hobbes, "*o homem é o lobo do homem*". Daí a importância do estudo do Direito Digital para melhor interpretar a realidade em que vivemos.

7.7. Conciliação e enfrentamento

A solução amigável dos conflitos não é uma questão de alternativa jurídica no mundo digital; é uma das únicas vias sustentáveis dentro da dinâmica imposta pela velocidade de mudanças tecnológicas. A partir desse raciocínio, consideramos que a solução mais célere e eficiente para resolver questões de Direito Digital é a aplicação da mediação e arbitragem[51].

---

51. A arbitragem no Brasil é atualmente regulamentada pela Lei n. 13.129, de 26 de maio de 2015, que alterou a Lei n. 9.307, de 23 de setembro de 1996, para ampliar o âmbito de aplicação da arbitragem e dispor sobre a escolha dos árbitros quando as partes recorrem a órgão arbitral, a interrupção da prescrição pela instituição da arbitragem, a concessão de tutelas cautelares e de urgência nos casos de arbitragem, a carta arbitral e a sentença arbitral, revogando os arts. 22, § 4º, 25 e 32, V, da Lei n. 9.307, de 23 de setembro de 1996, que por sua vez trouxe à época benéficas alterações no instituto, anteriormente regulado pelo antigo Código Civil. Pela lei, não há diferenciação entre arbitragem nacional ou internacional, pois se submetem às mesmas regras. O atual Código Civil trata da matéria em três artigos, 850 a 852, e não difere substancialmente do que dizia o Código anterior, porém foi feliz o atual legislador, que, ao revisar o projeto, teve o cuidado de incluir no art. 853 dispositivo que prevê lei especial para a matéria. Portanto, o novo Código Civil não revogou a Lei n. 9.307, de 1996.

Para as questões em que não se puder aplicar a arbitragem, como as questões penais, encontramos guarida em um modelo misto que possa incluir uma jurisdição virtual, como a que já vem sendo aplicada por vários países.

O Direito Digital atua em ambiente global, num regime de alianças e parcerias, com uma estrutura de mercado de "coopetição", ou seja, competição mais cooperação. Portanto, a rivalidade que atinge as partes em lide deve ser sempre evitada, uma vez que a sociedade digital tem relações de dependência e efeitos em cascata muito maiores, pois estamos todos conectados.

O preço a ser pago pelo desgaste de uma ação judicial é muito alto, devido ao custo do tempo, da mudança e da competitividade. A arbitragem possibilita que as partes cheguem a um acordo, visto que uma disputa jurídica significa perda para ambas. É um processo rápido, sigiloso e com a participação de mediadores e árbitros que entendem do assunto em discussão.

A Lei de Arbitragem, Lei n. 9.307/96, alterada pela Lei n.13.129/2015, permite que sejam incluídas cláusulas arbitrais em contratos[52].

Conforme leciona a Profa. Selma Lemes, esta mudança na lei veio de encontro com a tendência cada vez maior do uso de arbitragem pela Administração Pública, de modo a afastar qualquer dúvida sobre a viabilidade de sua aplicação em contratos celebrados com esta[53].

Sendo assim, com base na nova lei, é possível trazer a fundamentação legal para uso de procedimento de arbitragem na Admintração Pública também para os tipos de contratações previstos pelas seguintes normas: Instrução Normativa SLTI/MP n. 4/2010 da Secretaria de Logística e TI do Ministério do Planejamento, Orçamento e Gestão, na Instrução Normativa MP/SLTI n. 4/2014, que dispõe sobre o processo de contratação de Soluções de Tecnologia da Informação pelos órgãos públicos, no Decreto n. 9.637/2018, que institui a Política Nacional de Segurança da Informação e dispõe sobre a governança da

---

52. Lei n. 9.307, de 1996, art. 4º, § 1º: "A cláusula compromissória deve ser estipulada por escrito, podendo estar inserta no próprio contrato ou em documento apartado que a ele se refira".

53. Com o advento da Lei n. 13.129/2015, a Lei n. 9.307/96 passou a prever claramente a possibilidade de aplicação da arbitragem na Administração Pública, nos seguintes artigos:

"Art. 1º (...) § 1º A administração pública direta e indireta poderá utilizar-se da arbitragem para dirimir conflitos relativos a direitos patrimoniais disponíveis. § 2º A autoridade ou o órgão competente da administração pública direta para a celebração de convenção de arbitragem é a mesma para a realização de acordos ou transações."

"Art. 2º (...) § 3º A arbitragem que envolva a administração pública será sempre de direito e respeitará o princípio da publicidade."

segurança da informação, e na Norma Complementar 14/IN01/DSIC/GSIPR, de 30 de janeiro de 2012, do Departamento de SI e Comunicação.

Tendo em vista, aproximadamente, vinte anos de existência da Lei de Arbitragem no Brasil, este procedimento já deveria ter se tornado muito mais comum ou frequente nos contratos classificados como empresariais[54], especialmente se tiverem como pauta temas mais técnicos, que exijam uma decisão célere, com aplicação de princípios como o da equidade, da atividade (em que a inércia pode gerar a supressão de direitos), da especificidade e o poder de império (que significa fazer valer a decisão arbitral).

Assim, ocorrendo um problema, as partes estariam aptas a eleger um árbitro para decidir a questão. As Câmaras de Comércio, assim como as associações de empresas de tecnologia e a própria Anatel[55], já contam com um rol de árbitros.

Por que isso ainda não ocorre? Por certo a arbitragem tem vários aspectos positivos, tais como:

- ✓ **Caráter vinculativo:** se o contrato estabelece que eventuais disputas deverão ser resolvidas por arbitragem, mesmo que o litígio seja submetido ao Judiciário, este último não receberá a demanda, alegando que o foro competente é o arbitral.

- ✓ **Força executiva:** decisões emanadas de uma câmara arbitral tem força de título executivo judicial.

- ✓ **Irrecorribilidade:** sentença arbitral possui o mesmo valor de uma sentença judicial transitada em julgado, logo não permite recurso.

- ✓ **Especialização:** possibilidade de escolher um árbitro com conhecimento específico.

- ✓ **Confidencialidade:** pode ser dita sigilosa em decorrência do dever de discrição do árbitro, previsto no § 6º do art. 13 da Lei n. 9.307/1996.

Mas devemos lembrar que a cláusula arbitral é considerada uma cláusula financeira nos contratos, ou seja, impacta o seu custo. Portanto, o valor de uma arbitragem profissional ainda é, talvez, uma das barreiras para sua maior aceitação e aplicação.

---

54. Diversos doutrinadores, como os Professores Fernando Scaff e Ruy Rosado, classificam os contratos em empresariais (entre empresas) e existenciais (ou não empresariais, quando envolvem pessoa física).

55. Algumas Câmaras de Arbitragem no Brasil: CAESP — Conselho Arbitral do Estado de São Paulo, Câmara da FGV de Conciliação e Arbitragem, CIAMTEC — Câmara Internacional de Arbitragem e Mediação em Tecnologia da Informação, E-commerce e Comunicação, Câmara de Arbitragem e Mediação do Sistema FIESP/CIESP e Centro de Arbitragem e Mediação AMCHAM.

Logo, há uma equação a ser verificada no estudo de viabilidade do uso da arbitragem em um caso concreto que está relacionada à análise entre o custo financeiro do procedimento e o custo do tempo de uma causa no Judiciário. Qual destes custos é maior[56]?

Outras inovações trazidas pela lei estão relacionadas à criação de conceitos como da carta arbitral, assim como a harmonização da questão prescricional, restando mais claro que, instituída a arbitragem, interrompe-se a prescrição[57]. Este foi um grande avanço na medida em que havia sempre uma preocupação quanto à contagem do prazo para ajuizamento de eventual medida judicial, caso a arbitragem não resultasse em uma solução do conflito entre as partes.

Ainda que a utilização de cláusula arbitral para relações de trabalho possua defensores, apesar da jurisprudência pacificada do TST em virtude da hipossuficiência do empregado, houve recente posicionamento do tribunal da Califórnia de que "The employee argued that he did not recall signing the arbitration agreement and that the employer failed to provide that the electronic signature was an 'act attributable' to the employee"[58] por si só traria

---

56. Além das vantagens enumeradas, o autor do projeto que redundou na Lei n. 9.307/96, o então Senador Marco Maciel, lembra-nos em seu texto *A arbitragem na solução de controvérsias* que o Juízo Arbitral é a solução mais justa e eficaz para dirimir conflitos entre empresas, firmas, fornecedores e consumidores de diversos países, em razão da sua capacidade de se amoldar aos diversos ordenamentos e sua validade não estar condicionada à territorialidade.

57. Lei n. 9.307/96 alterada pela Lei n. 13.129/2015, "Art. 19 (...), § 1º Instituída a arbitragem e entendendo o árbitro ou o tribunal arbitral que há necessidade de explicitar questão disposta na convenção de arbitragem, será elaborado, juntamente com as partes, adendo firmado por todos, que passará a fazer parte integrante da convenção de arbitragem. § 2º A instituição da arbitragem interrompe a prescrição, retroagindo à data do requerimento de sua instauração, ainda que extinta a arbitragem por ausência de jurisdição".

58. Matéria publicada no Blog "*Employment Law Worldview*", autoria de Gary M. Gansle e Nisha S. Patel, de 8 de janeiro de 2015, EUA. Título "*The dangers of obtaining electronic signatures for arbitration agreements*": "In an effort to go paperless, many employers send and obtain signatures for important employment documents electronically. A decision issued by the California Court of Appeal on December 23, 2014 highlights the dangers employers may face when relying on an entirely electronic system. In Ruiz v. Moss Bros. Auto Group, Inc. [pdf] (Case No. E057529), the Court refused to enforce an employer's arbitration agreement, finding that the employer did not present sufficient evidence that the electronic signature on the arbitration agreement was 'the act' of the employee. The employee filed a putative class action complaint alleging a variety of wage and hour violations including a failure to pay overtime and other wages for all hours worked and a failure to provide meal and rest breaks. The employer petitioned for an order to compel arbitration of the employee's individual claims based on an arbitration agreement that the employee had electronically signed. In support of its petition, the employer argued that under the signature and date section of the arbitration agreement, the phrases 'Ernesto Zamora Ruiz (Electronic Signature)' and '9/21/2011 11:47:27 AM' appeared. The employer also provided a declaration from its business manager asserting that the employee

preocupações quanto aos meios de autenticação na utilização da assinatura eletrônica nos EUA.

Ou seja, seria possível a adesão à cláusula arbitral[59] por meio de uma assinatura eletrônica?

Devemos destacar que há duas modalidades de cláusula arbitral: a) a cláusula compromissória cheia, que atende aos requisitos do art. 10 da Lei de Arbi-

---

electronically signed the agreement. While the Court admitted that an electronic signature has the same legal effect as a handwritten signature, it stated that any writing must still be authenticated. A proponent of an electronic signature may authenticate the signature by showing that 'the efficacy of any security procedure applied to determine the person to which the electronic record or electronic signature was attributable.' The employee argued that he did not recall signing the arbitration agreement and that the employer failed to provide that the electronic signature was an 'act attributable' to the employee. The Court agreed with the employee, finding that the employer's declaration did not provide details on how the employer verified that the employee electronically signed the agreement. While the employer explained that each employee is required to log into the HR system with a unique login ID and password in order to review and electronically sign the agreement, the Court found that the business manager did not explain how such an electronic signature could only be placed by the employee. The Ruiz v. Moss Bros. Auto Group, Inc. decision signals a new argument that Plaintiffs' counsel may use to invalidate arbitration agreements. As such, employers should evaluate the manner and means by which they obtain electronic signatures from employees and ensure that such signatures can be verified and attributable to the employee if questioned in Court".

59. Exemplo de cláusula arbitral firmada em contrato:

Todas as questões relativas à interpretação e ao descumprimento das obrigações previstas neste Contrato serão submetidas à arbitragem, de acordo com as regras de arbitragem para decisão definitiva da Câmara [**inserir nome**], em procedimento a ser administrado pela câmara eleita.

Parágrafo Primeiro: O Tribunal Arbitral será formado por 3 (três) árbitros, sendo um nomeado pela CONTRATADA, o outro pela CONTRATANTE, e o terceiro pelos dois árbitros indicados.

Parágrafo Segundo: Na hipótese dos árbitros indicados pelas Partes não chegarem a um consenso quanto ao terceiro árbitro no prazo de 10 (dez) dias, contado da data da nomeação do segundo árbitro, o terceiro árbitro será indicado pela câmara eleita, no prazo máximo de 10 (dez) dias da data em que se verificar o impasse.

Parágrafo Terceiro: A sentença arbitral a ser prolatada pelo Tribunal Arbitral poderá ser levada a qualquer tribunal competente para determinar a sua execução.

Parágrafo Quarto: Caso as regras procedimentais da Câmara [**inserir nome**] sejam silentes acerca de qualquer aspecto procedimental, tais regras serão suplementadas pelas disposições das Leis ns. 13.129/2015 e 9.307/1996.

Parágrafo Quinto: A arbitragem será realizada na Capital do Estado de São Paulo e o procedimento, assim como os documentos e as informações levados à arbitragem, estarão sujeitos ao sigilo. A sentença arbitral será considerada final e definitiva, obrigando as Partes, as quais renunciam expressamente a qualquer recurso. Não obstante, cada uma das partes se reserva o direito de recorrer ao Poder Judiciário com o objetivo de (i) assegurar a instituição da arbitragem, (ii) obter medidas cautelares de proteção de direitos previamente à instituição da arbitragem, sendo que qualquer procedimento neste sentido não será considerado como ato de renúncia à arbitragem como o único meio de solução de conflitos escolhido pelas Partes, e (iii) executar qualquer decisão do Tribunal Arbitral, inclusive, mas não exclusivamente, da sentença arbitral.

tragem, ou seja, já há indicação expressa da Câmara, matéria e local que deverá ser proferida a sentença; b) a cláusula compromissória vazia, que não atende a todos esses requisitos e dependerá do "compromisso arbitral", ou seja, um escrito particular, assinado por duas testemunhas ou por instrumento público, onde as partes manifestam seu interesse pelo procedimento arbitral como meio de solução e prestam as demais informações necessárias para que ele possa ser instaurado.

No nosso entendimento, no tocante à legislação brasileira, sim, seria possível o uso de uma assinatura digital, pois tudo é uma questão de prova de autoria. Se feito uso de um método em que não há questionamento da certeza da assinatura, seria plenamente válido e eficaz. É o que possibilita a MP n. 2.200/2001, especialmente em seu art. 10, que permite, inclusive, que esta assinatura possa ocorrer sem necessidade de utilizar o padrão ICP-Brasil.

7.8. Autorregulamentação

O Direito Digital tem como princípio normativo a Autorregulamentação, ou seja, o deslocamento do eixo legislativo para os participantes e interessados diretos na proteção de determinado direito e na solução de determinada controvérsia. Sendo assim, o Direito Digital possibilita uma via paralela que não a via legislativa para criar regras de conduta para a sociedade digital ditadas e determinadas pela própria sociedade.

A autorregulamentação parte do pressuposto de que ninguém melhor que o próprio interessado para saber quais são as lacunas que o Direito deve proteger, quais são as situações práticas do dia a dia que estão sem proteção jurídica e que caminhos de solução viável podem ser tomados. Um bom exemplo de autorregulamentação são os provedores de serviço de acesso à Internet, que têm contribuído e criado normas-padrão[60] a serem seguidas não apenas em nível local mas, principalmente, em nível global, no que tange às questões de privacidade e de crimes virtuais. A autorregulamentação já existe em nosso Direito há muito tempo. Uma série de categorias profissionais criam as suas próprias normas e diretrizes de trabalho, como a dos médicos, advogados e setores como o mercado publicitário e de telecomunicações.

O princípio que norteia a autorregulamentação é o de legislar sem muita burocracia, observando a Constituição e as leis vigentes. Isso permite maior adequação do direito à realidade social, assim como maior dinâmica e flexibilidade para que ele possa perdurar no tempo e manter-se eficaz. Tal tendência

---

60. Lei de Introdução às Normas do Direito Brasileiro, art. 9º, § 2º: "A obrigação resultante do contrato reputa-se constituída no lugar em que residir o proponente".

de autorregulamentação por meio do exercício da liberdade responsável e das práticas de mercado sem intervenção estatal é uma das soluções que mais atendem à necessidade de que o Direito Digital deve não apenas conhecer o fenômeno social para aplicar uma norma, mas ter uma dinâmica e uma flexibilidade que a sustentem na velocidade das mudanças da sociedade digital que serão sempre sentidas, primeiramente pela própria sociedade.

Veremos, em vários tópicos do livro, a aplicação da autorregulamentação como solução de várias situações de conflito, da mesma forma que há minutas que trazem o princípio da autorregulamentação inserido, como é o caso das minutas no formato de *disclaimers*.

7.9. Princípios do Direito Internacional aplicáveis ao Direito Digital

O Direito Digital nasceu como um ramo do Direito que estaria mais voltado para os estudos dos efeitos da tecnologia sobre a sociedade, o que na época era chamado de *computer law*. No entanto, nos últimos anos, seu campo de atuação foi sendo ampliado para alcançar todas as áreas do Direito, de forma horizontal[61] ou transversal, passando a adotar também vários princípios de Direito Internacional devido a sua natureza sem limitações geográficas.

Há uma integração entre o Direito Digital e o Direito Internacional Privado na medida em que este último é justamente constituído por regras colisionais que visam solucionar conflitos entre normas atemporais e interespaciais, pois tem como objeto a ciência dos conflitos (*Conflicts of Law*).

Isto porque o Direito Digital rotineiramente tem que enfrentar problemas relacionados a qual lei aplicar em um caso concreto que ocorre na Internet, qual é o Tribunal competente, como garantir a efetividade, qual o local mais relevante para produção dos efeitos, vínculos jurídicos, onde se estabelecem os laços fáticos? Pode-se afirmar que a sociedade atual passou a exigir um Direito com características de *transnational law*[62] através do ciberespaço, para que ele tenha efetividade.

---

61. Segundo a Teoria da Segmentação Horizontal dos Mercados e do próprio Direito, compartilhada por diversos doutrinadores nacionais e internacionais, incluindo o Prof. Dr. Marco Fábio Morsello, entre outros. Disponível em: <http://jus.com.br/artigos/29071/eficacia--horizontal-dos-direitos-fundamentais-o-particular-como-vilao-e-o-estado-como-guardiao>.

62. Termo criado por Philip Jessup para tratar das leis que devem extrapolar o limite geográfico de aplicação dos ordenamentos jurídicos.

Para encontrar solução a estas questões faz-se necessária a aplicação de vários conceitos fundamentais do próprio Direito Internacional que envolvem: uso de métodos de harmonização e uniformização, de regras de conexão e aproximação, de princípios de extraterritorialidade e de aplicação do Direito Estrangeiro, da Teoria dos Direitos Adquiridos, sobre a questão do *exequatur* e qual o valor dos pactos atributivos de jurisdição (acordos de eleição de foro), como fica o direito de acesso à justiça global e a proibição de denegação da justiça, bem como o uso de métodos alternativos para solução de conflitos, através de vias de cooperação jurídica internacional e de princípios de Direito Comparado como instrumento de preparação cultural para uma unidade jurídica digital.

Logo, poder-se-ia afirmar que o Direito Digital é na verdade um sobre-direito, quando deve decidir qual é o direito aplicável a uma relação na Internet. A Lei do Marco Civil da Internet já encampou esta visão quando passou a ter alcance extraterritorial no tocante ao previsto em seus arts. 8º, II, e 11[63].

Para a Profa. Dra. Maristela Basso[64], o direito nunca é fruto da criação exclusiva do Estado e a globalização exige a evolução histórica de seus institutos para resolução de conflitos mais complexos ligados a descontinuidade espacial dos ordenamentos jurídicos.

---

63. Lei n. 12.965/2014:

"Art. 8º A garantia do direito à privacidade e à liberdade de expressão nas comunicações é condição para o pleno exercício do direito de acesso à internet. Parágrafo único. São nulas de pleno direito as cláusulas contratuais que violem o disposto no *caput*, tais como aquelas que: I — impliquem ofensa à inviolabilidade e ao sigilo das comunicações privadas, pela internet; ou II — em contrato de adesão, não ofereçam como alternativa ao contratante a adoção do foro brasileiro para solução de controvérsias decorrentes de serviços prestados no Brasil".

"Art. 11. Em qualquer operação de coleta, armazenamento, guarda e tratamento de registros, de dados pessoais ou de comunicações por provedores de conexão e de aplicações de internet em que pelo menos um desses atos ocorra em território nacional, deverão ser obrigatoriamente respeitados a legislação brasileira e os direitos à privacidade, à proteção dos dados pessoais e ao sigilo das comunicações privadas e dos registros.

§ 1º O disposto no *caput* aplica-se aos dados coletados em território nacional e ao conteúdo das comunicações, desde que pelo menos um dos terminais esteja localizado no Brasil.

§ 2º O disposto no *caput* aplica-se mesmo que as atividades sejam realizadas por pessoa jurídica sediada no exterior, desde que oferte serviço ao público brasileiro ou pelo menos uma integrante do mesmo grupo econômico possua estabelecimento no Brasil.

§ 3º Os provedores de conexão e de aplicações de internet deverão prestar, na forma da regulamentação, informações que permitam a verificação quanto ao cumprimento da legislação brasileira referente à coleta, à guarda, ao armazenamento ou ao tratamento de dados, bem como quanto ao respeito à privacidade e ao sigilo de comunicações (...)".

64. Profa. Maristela Basso é autora dos livros *Curso de direito internacional privado* e *Propriedade intelectual e importação paralela*, entre outros.

Seguindo esta linha de pensamento, para se evitarem conflitos de aplicação de duas ou mais fórmulas do Direito Digital Internacional Privado seria natural concluir pela necessidade de ser cunhada uma convenção internacional, que pudesse estabelecer as regras de conexão aceitas pelos países signatários, gerando o efeito de lei, especialmente para tratar sobre: proteção de dados e privacidade, dever de identificação e comprovação de autoria em meios digitais, guarda de provas eletrônicas, responsabilidade civil sobre conteúdos compartilhados e a proteção de propriedade intelectual na internet.

A Internet atualmente provoca uma avaliação dos efeitos da globalização na prática. Nas palavras de José de Oliveira Ascenção[65], a realidade digital da sociedade trouxe consigo um ultraliberalismo que tem potencial para liquidar as economias mais fracas na competição sem fronteiras a que estão sujeitas. Afinal, quem domina a informação passa a ter poder de dominar o mundo.

A globalização teria, segundo o autor, a possibilidade de ser utilizada de duas formas: ou como ferramenta de cooperação ou como meio de dominação, visto que todos os meios de expressão de obras intelectuais são digitalizáveis e comunicáveis em rede, sem limites.

Como determinar a lei aplicável à disciplina de proteção de conteúdos da Internet, uma vez que estes podem ser colocados em contato praticamente com todas as ordens jurídicas mundiais de modo simultâneo e em tempo real?

A primeira ideia seria a de aplicar a lei do país de origem, mas, tendo em vista que um servidor de dados pode estar em qualquer lugar, isso poderia ser distorcido e haver um êxodo intelectual para o local onde fosse mais favorável ao titular. O que poderia prejudicar economias em desenvolvimento e aumentar sua dependência dos países dominantes em propriedade intelectual.

O Brasil adota amplamente a regra de conexão a partir do *lex fori*, a lei do Foro[66], com pouquíssimas exceções. Mas, para tanto, deve-se determinar onde seria este local.

Em um caso hipotético em que um brasileiro, que em viagem para a Itália, acessa a internet através da conexão do 3G de seu celular, cuja operadora está no Brasil, mas tem acordo operacional com uma empresa de telecomunicações europeia, e então faz uso do iCloud para colocar fotos da viagem neste serviço que é oferecido por uma empresa norte-americana, mas cujos dados ficam na "nuvem", não necessariamente localizados geograficamente em um servidor nos EUA, cujas regras do termo de uso determina a aplicação da lei

---

65. José de Oliveira Ascenção é professor catedrático da Universidade de Direito de Lisboa e coautor da obra *Propriedade intelectual & Internet*, coordenada por Marcos Wachovicz.

66. Arts. 8º e 9º da Lei de Introdução às Normas do Direito Brasileiro (LINDB).

de sua sede[67], que devido a recente lei do Marco Civil da Internet conflita com determinação de aplicação da lei brasileira, como seria resolvido?

A doutrina do estudo dos conflitos de lei aplica-se justamente a estas situações em que as relações humanas ficam ligadas a dois ou mais sistemas jurídicos que possuem autonomia legislativa. A partir do conflito de jurisdições aplicáveis, a solução para este e vários outros casos práticos trazidos pela Internet exigem que se extravasem os limites de uma soberania nacional única e acabem atraindo de certo modo a competência jurisdicional internacional.

Há tempos o estudo sobre o direito adquirido[68] no Direito Internacional Privado tem o objetivo justamente de avaliar a mobilidade das relações jurídicas, especialmente quando elas nascem em uma jurisdição e repercutem em outra, havendo um paralelismo *legem legis*.

Será que estamos avançando no sentido de ter que criar uma espécie de "Autoridade Central da Internet[69]" para apoiar a cooperação entre os países no tocante a questões de matéria civil, comercial, trabalhista e mesmo criminal que ocorrem no meio eletrônico?

O que se pode afirmar é que o uso da via da carta rogatória e o tempo que isso exige do ponto de vista prático tem se mostrado ineficaz para dar tratamento adequado aos conflitos digitais que envolvam mais de um ordenamento. O mesmo ocorre com o uso do recurso de homologação de sentença estrangeira.

Ou seja, as vias de cooperação tradicionais também necessitariam ser reformuladas para que se aumentasse a agilidade e a eficácia na resposta jurídica aos eventos que ocorrem na Internet, que exige muito mais o contato direto entre as diversas autoridades envolvidas e que precisam poder aplicar um mesmo padrão de regras para se garantir o princípio da interpretação consistente.

Por certo a OMC tem um papel fundamental a desempenhar na tentativa de equilibrar estas questões legais associadas à livre circulação da riqueza através do mundo digital. Há necessidade de o Direito evoluir para tratar destes novos paradigmas econômicos e sociais.

---

67. Em sendo um Termo de Uso um contrato, sobre a questão de qual lei deveria ser aplicável a esta contratação, caberia a análise também dos princípios de UNIDROIT.

68. A Teoria dos Direitos Adquiridos remonta ao início do século XX com Pillet, para o qual um direito que tenha sido regularmente adquirido em um país poderia ser invocado a produzir efeitos em outro. Esta Teoria foi recepcionada pelo Código de Bustamante em seu art. 8º, trazendo aos países assinantes eficácia extraterritorial, até o limite no qual não se oponha a regras de ordem pública. No Brasil está tratado pelo art. 17 da Lei de Introdução às Normas do Direito Brasileiro. No entanto, o direito norte-americano adota a Teoria *vested rights*, segundo a qual não seria aplicável a lei estrangeira com efeito extraterritorial, mas sim seria apenas reconhecida a situações que tenham sido consolidadas no exterior (o que significa que não haveria uma quebra de soberania).

69. Nesse sentido, o Brasil possui já a experiência do Protocolo de Las Leñas e o Protocolo de Ouro Preto, ambos firmados entre os países do Mercosul.

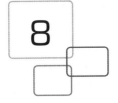

8 Novos Institutos Jurídicos de Direito Digital

https://somos.in/DD007

8.1. Empresas digitais e tendências da nova economia

Inicialmente, é importante ressaltar que Empresa Digital não é o mesmo que extensão virtual de empresa real. Enquanto esta se refere a empresas que efetivamente existem no mundo real, física e juridicamente, aquela muitas vezes não conta sequer com uma sede física. Então, a primeira questão que se coloca quando falamos de empresas digitais é definir sua existência jurídica[1].

Há empresas digitais que têm por base um modelo de negócio adaptado do mundo real: a livraria virtual é um bom exemplo. No entanto, se essa livraria tem sua extensão no mundo real, ou seja, já é uma livraria consagrada, com marca conhecida e estabelecimentos comerciais físicos, ela é na verdade apenas extensão virtual de uma empresa real, ou seja, está mais para um PDV — ponto de venda — *online* que para um negócio de Internet.

Por outro lado, no caso específico da Amazon, por exemplo, em que a livraria é um negócio digital, em que não há lojas físicas, ou seja, ela não poderia existir sem a Internet, a relevância do formato jurídico é outra. Inclusive,

---

1. Art. 45 do Código Civil: "Começa a existência legal das pessoas jurídicas de direito privado com a inscrição do ato constitutivo no respectivo registro, precedida, quando necessário, de autorização ou aprovação do Poder Executivo, averbando-se no registro todas as alterações por que passar o ato constitutivo".

muitas dessas empresas acabam prevendo em seu objeto social o desenvolvimento de *software*. É o que temos acompanhado ao ver novos serviços como a "nuvem" ou *cloud computing* sendo ofertados pela Amazon.

Por isso, tendo em vistas várias peculiaridades desses novos tipos de negócios, devem ser observadas estratégias jurídicas específicas, em alguns casos, feitas sob medida, não apenas para atender a suas necessidades, mas também para proteger os consumidores.

Claramente, depois de um tempo, o ordenamento jurídico passa a recepcionar melhor esses negócios, criando novos tipos de enquadramento legal. Foi o que ocorreu com os provedores de acesso ou conexão à Internet, que atualmente já conseguem se encaixar no CNAE 2.2. 6190-6/01, conforme tabela de códigos de FPAS[2] junto à Secretaria da Receita Federal.

Frise-se, por oportuno, que muitos *websites* nem sequer têm Cadastro de Contribuinte ou qualquer registro em Cartório[3], o que dificulta a sua localização física quando há problemas com os consumidores.

Essa ausência de registro pode inviabilizar uma série de realizações comerciais, principalmente com fornecedores, investidores e financiadores. Há empresas digitais que não conseguem assinar um contrato de locação de imóvel nem conseguem um seguro-fiança, pelo simples fato de não serem consideradas empresas tradicionais. Essas implicações levam a verdadeiras distorções e até a discriminação diante dos novos modelos de negócios que vêm surgindo. Foi o que ocorreu, por exemplo, com os *sites* de Compra Coletiva, assim como com as empresas de *Crowdsourcing* e *Crowdfunding*.

Também ocorrem situações em que o negócio evolui e gera desdobramentos com novas atividades que podem se tornar incompatíveis com o objeto social previsto. Isso vem acontecendo no segmento editorial, com as editoras de eBooks, que ofertam estes por meio de aplicativos em que a licença envolve o uso (ou seja, um serviço) e não uma compra e venda.

Para essas editoras totalmente digitais tem sido um desafio estabelecer qual sua relação jurídica com as livrarias (que são o varejo e estão acostumadas com o modelo tradicional de venda por consignação em pagamento). Dependendo da natureza jurídica da relação, pode-se incorrer até em bitributação, o que, em muitos casos, significa inviabilizar toda a operação.

---

2. Fonte: Secretaria da Receita Federal do Brasil (RFB), <http://www.receita.fazenda.gov.br/>, "Relação de Atividades Sujeitas a Enquadramentos Específicos".

3. O Registro Público de Empresas Mercantis e Atividades Afins é regido pela Lei n. 8.934, de 18 de novembro de 1994, regulamentada pelo Decreto n. 1.800, de 30 de janeiro de 1996.

É importante observar que o principal problema enfrentado é quanto ao correto enquadramento dessas empresas para fins de recolhimento de tributos, já que há distinções no caso de empresas de serviços, empresas comerciais ou empresas de tecnologia. Para fins tributários é essencial a determinação do tipo de empresa da melhor forma possível.

Independentemente do formato que a empresa digital venha a assumir, se o de empresa originalmente digital ou de extensão virtual de empresa tradicional, há problemas e desafios que se aplicam a qualquer empresa que se aventure na Internet.

O principal desafio é ter infraestrutura e logística preparadas para atender um cliente a qualquer tempo, em qualquer lugar, de qualquer cultura, dentro de qualquer legislação. Isso exige uma estratégia jurídico-comercial que ou atenda a toda a complexidade de se estar com a porta aberta para o mundo vinte e quatro horas por dia, ou delimite claramente as extensões de sua atuação e de sua responsabilidade jurídica.

A blindagem legal deve nascer junto com o negócio, para evitar riscos desnecessários. Uma simples política de privacidade e os Termos de Uso do Serviço são condições de conformidade, tendo em vista a Lei do Marco Civil da Internet. Da mesma forma, a previsão para cancelamento no mesmo meio/ambiente de contratação é exigência do Decreto n. 7.962/2013, que passou a exigir vários requisitos para as empresas de comércio eletrônico, entre eles a apresentação do sumário da contratação[4].

Convém ressaltar ser grande falácia assumir que todas as empresas que quiserem ser modernas devem ter uma existência virtual. Em alguns casos, a virtualidade, ou seja, a presença na Internet, é absolutamente desnecessária, se não inadequada e até comprometedora: por exemplo, se uma empresa trabalha vendendo artigos com sucesso para determinada vizinhança, dentro de uma estrutura pequena, abrir uma extensão virtual não significa aumentar sua clientela. No caso, os velhos panfletos distribuídos pela vizinhança têm muito mais valor, pois atingem diretamente os clientes que interessam. Colocar essa empresa na rede significaria atingir usuários do mundo todo a qualquer hora e, para isso, é preciso estar preparado para atendê-los, o que exige grande investimento, que não necessariamente será pago pela empresa dentro de um modelo de rentabilidade e lucro. Ou seja, a virtualidade pode até comprometer o

---

4. O caso do NuBank é um bom exemplo de atendimento aos requisitos do Decreto n. 7.962/2013, pois apresenta o resumo do contrato de forma simplificada, indicando claramente todas as tarifas para o consumidor, além dos seus dados para contato, conforme pode ser observado em seu *website* (NUBANK. Home. Finalidade comercial. Disponível em: <https://www.nubank.com.br/>. Acesso em: 13 nov. 2015).

modelo de negócios e levar a empresa à falência, o que realmente chegou a acontecer com muitas empresas de Internet que não souberam administrar o custo-benefício de ter presença digital-global e foram levadas à bancarrota com a queda do "Boom" das empresas de *web*.

Um dos principais pontos de preocupação para essas empresas, que dependem diretamente de uma cadeia de fornecedores, notadamente as empresas de *e-commerce*, é a questão do controle de estoque. Isso porque, além do fato de ter que apresentar a capacidade de atender aos pedidos, há distinções jurídicas quanto ao seu formato e responsabilidades específicas, no caso de elas optarem por trabalhar com estoque próprio ou de terceiros. Dependendo da estratégia tomada, caberá a responsabilidade direta, única e exclusiva, da empresa em garantir a existência de determinado produto a seus consumidores[5].

Por isso, de modo a diminuir os riscos de ações jurídicas movidas por consumidores, uma das principais medidas preventivas é manter os usuários-clientes sempre informados sobre a disponibilidade do produto e sobre o tempo necessário para a entrega, e sobre quem é o responsável pelo estoque, por seu gerenciamento e pela entrega da mercadoria. Assim, estando ciente o consumidor é mais fácil diminuir o grau de insatisfação, um dos motivos que mais levam a ações judiciais em matéria de Direito do Consumidor.

Outro desdobramento que merece destaque em termos de logística é a questão da estrutura para atender um consumidor a qualquer momento, em qualquer lugar. Grandes *sites* devem trabalhar com *call-center*, com atendimento a clientes vinte e quatro horas, e manter visível na tela um telefone para contato em caso de problemas com seus produtos ou com seu atendimento.

O fato é que, no mundo real, o atendimento vinte e quatro horas é um diferencial, como no caso das lojas de conveniência, que por isso podem até cobrar mais caro pelos produtos vendidos; no mundo digital, é um requisito de sobrevivência.

Essas empresas têm a responsabilidade jurídica e o compromisso comercial de estarem preparadas para dar conta das demandas de usuários de diferentes culturas. Se isso não for possível, uma solução recomendável é deixar bem claro e com destaque no *website* os limites geográficos de seu atendimento. Novamente, a base de um negócio digital bem-sucedido é a informação, quer seja sobre seus diferenciais de atendimento, quer seja sobre suas limitações comerciais e jurídicas.

Toda essa estrutura expõe outra falácia da rede: a de que montar um negócio digital é bem mais barato que montar um negócio tradicional. Em muitos casos, a logística para o negócio estar *online* é mais dispendiosa do que

---

5. Depreende-se tal princípio dos arts. 30 e seguintes da Lei n. 8.078, de 1990 — Código de Defesa do Consumidor.

montar uma pequena loja. Por isso já dissemos que muitas empresas jovens da *web* foram pegas de surpresa e fecharam por não estar bem assessoradas nesse sentido. No caso de empresas com existência tradicional (ou melhor, de origem analógica), o problema não é tão grande, pois normalmente elas já contam com sua rede de fornecedores e logística de atendimento e entrega montadas.

É claro que na categoria de empresas de serviços, que em geral não dependem tanto de fornecedores, a virtualidade pode realmente significar custos menores do que na modalidade de empresa tradicional. A adequada colocação jurídica do contrato social e o adequado registro são dois fatores muito importantes para uma empresa virtual poder estar corretamente constituída.

É importante destacar que várias delas, mesmo as que trabalharão exclusivamente com *e-commerce*, muitas vezes necessitam de excelente assessoria jurídica de negócios para atender à necessidade de criação de um novo conceito comercial, que possa enquadrar-se melhor em seu modelo de negócios, a criação de um novo formato jurídico e de cláusulas contratuais específicas que atendam às suas particularidades[6]. Por isso, a maioria dos casos em matéria societária e comercial em Direito Digital deve ser examinada individualmente, ou seja, a estratégia jurídica é determinada caso a caso, de acordo com as peculiaridades de cada negócio que se quer montar. A escolha errada do modelo legal, como vimos, pode ser fatal.

Uma consideração importante que devemos fazer quanto aos negócios digitais é que empresas que não dão nota fiscal, principalmente no caso de prestação de serviços, como tem ocorrido no ensino a distância, na venda através de mídias sociais (*social-commerce*), ou no fornecimento de serviços de "nuvem" (*cloud computing*), contribuem para criar uma imagem de marginalidade da *web*.

Os negócios digitais não devem ser tratados como se estivéssemos em um mundo marginal, de camelôs virtuais. Esse tipo de atitude não traz benefícios para a expansão da rede como instrumento de negócios. A inadequada constituição jurídica, a falta de registros específicos, a volatilidade do negócio onde não há muita distinção entre uma empresa virtual e uma empresa fantasma geram insegurança que por sua vez faz com que o grande potencial comercial da rede não consiga ser totalmente explorado. A exigência de padrões comerciais

---

6. Para exemplificar, valemo-nos da experiência societária do advogado Luiz Fernando Halembeck, que diz, no texto *Arranjos societários usuais em negócios de Internet*: "Em dez entre dez acordos societários em empresas de Internet os sócios acordam determinadas regras regulando a alienação de ações entre si ou a terceiros. As cláusulas mais frequentes envolvendo negócios de Internet são as cláusulas de direito de preferência, de aderir à venda de terceiros (*tag along, piggyback* ou *co-sale*) e de incluir na venda a terceiros as ações do outro sócio (*drag along*)".

deve ser cobrada, primeiro, pelas próprias empresas digitais que estão regulares, pois são elas que acabam por sofrer com a falta de segurança e credibilidade gerada pela condição clandestina de muitos negócios virtuais.

Outra questão importante que merece nossa atenção é que toda essa volatilidade faz com que seja difícil até mesmo determinar a falência de algumas empresas digitais. A maior parte do capital das empresas digitais é capital humano, intelectual, então é muito difícil fazer uma liquidação ou uma execução judicial. A grande maioria, por não ter nem sede física, faz com que questões como de execução sejam muito difíceis.

As empresas digitais têm capacidade de assumir grandes responsabilidades, mas muitas não têm bens suficientes para garantir e honrar os compromissos, o que faz muitos empreendedores destes negócios assumirem a responsabilidade colocando em garantia seus próprios bens (patrimônio pessoal) e não os da empresa.

Uma solução jurídica viável para minimizar o impacto da baixa credibilidade (natural dos novos negócios) seria a criação de cadastro *online* para consulta por todos aqueles que quiserem estabelecer um relacionamento comercial com a empresa digital.

Nesse sentido, poderia também ser criado um processo de certificação (acreditação) por meio de uma associação ou entidade que teria como escopo mostrar o grau de comprometimento da empresa digital com questões de segurança, fornecimento de mercadorias, regularidade fiscal, entre outros. Um exemplo é o Selo "CSI", criado pelo SESCON-SP[7], cujo objetivo é justamente atestar a implementação de melhores práticas de segurança da informação em seus associados.

A principal consequência disso seria um aumento de credibilidade comercial e, portanto, de vendas, propiciado pela maior confiança que esses tipos de procedimentos permitem. Movimentos isolados não resolvem. Infelizmente, o mundo do comércio, seja ele tradicional ou digital, é movido por condutas coletivas de mercado.

Por último, outra tendência é a da formação de associações comerciais específicas para o segmento de novos negócios digitais.

Em termos conceituais, todo esse conjunto de atitudes para incentivar o aumento de credibilidade das relações digitais se resumem no princípio da

---

7. Fonte: <http://csi.sescon.org.br/selo>.

"Transparência", que é essencial para o desenvolvimento sustentável dos mercados.

Para citar uma referência desse padrão de conduta, tem-se o mercado de capitais norte-americano, que é o grande propulsor do desenvolvimento daquele país justamente por trabalhar este conceito: quanto mais informações tenho sobre determinada empresa, mais segurança tenho para investir em suas ações (isso vale até para investir, mesmo que a empresa esteja em baixa).

Um dos fatores mais prejudiciais para o aumento dos negócios digitais é o excessivo grau de anonimato que a Internet propicia, o que provoca maior insegurança jurídica nas relações, visto o risco em se contratar sem a certeza da autoria de quem está do outro lado da tela (autenticidade).

Infelizmente, este desvio de conduta ocasionado pelo excessivo anonimato, praticado também por parte dos próprios empresários, quando estes querem ficar na clandestinidade, para fins de não pagamento de impostos, faz com que se forme uma espécie de "contracultura" comercial. Essa contracultura comercial, extremamente presente no Brasil, afasta investidores, consumidores e, principalmente, o *venture capital*, o capital de risco. O princípio do *venture capital* é não esperar resultados sempre, mas apostar em ideias — que são o princípio propulsor de uma economia sólida.

Nos Estados Unidos, o *venture capital* atua investindo em alunos das universidades — a semente, por exemplo, da Microsoft. Há grande interação entre iniciativa privada e mundo acadêmico. As incubadoras são formadas por empreendedores que querem executar suas ideias, muitas vezes dedicando anos de sua vida a elas.

É importante ressaltar que as incubadoras digitais trouxeram para o Brasil novo formato de negócios. No entanto, em virtude de condutas inadequadas de alguns empresários imediatistas e da expectativa de lucro fácil associada à questão da "contracultura" comercial que já citamos, formou-se no Brasil uma espécie de "Incubadora às Avessas", ou seja, de atravessadores de ideias, que não são empreendedores, mas comerciantes de ideias, que esperam receber dinheiro de investidores mas não têm nenhuma expectativa ou vontade de continuar no negócio a longo prazo.

Por isso, neste caso, por prevenção, recomendamos aos investidores que em seus contratos de investimento coloquem como condição de realização do negócio a permanência e continuidade do criador dele (seu fundador ou idealizador) até a sua consolidação ou por um prazo mínimo preestabelecido entre as partes. Esta é uma boa forma de farejar o quanto o autor daquela "ideia genial" quer empreender para levá-la adiante e o quanto ele quer passá-la para a frente.

Juridicamente, o problema pode ser resolvido nos contratos entre a incubadora e o detentor do capital de risco, prevendo-se a recompra de parte dos títulos dentro de determinado prazo, quer seja pela empreendedora, quer seja pela própria incubadora. Tal tipo de contrato amarra o detentor da ideia para que ele se empenhe em que ela seja bem-sucedida no longo prazo.

O papel do Direito na sociedade é trazer soluções, por isso exige um constante exercício para o aperfeiçoamento do clausulado necessário para a proteção sob medida dos novos tipos de negócios editoriais. Nem sempre leis trazem soluções, principalmente no âmbito digital, em que as características determinam que apresentem soluções específicas para cada caso concreto.

Devemos enxergar que o Direito Digital vem atender a uma nova sociedade, a Sociedade Digital. Que a mudança comportamental é plena, nos negócios, nas relações, nos próprios Indivíduos. As mudanças não são peculiares apenas às empresas digitais ou à Internet, mas sim a todo o ordenamento jurídico. Exemplo disso é a adoção cada vez mais frequente do "Regime de Coopetição" (cooperação mais competição). Esse novo regime de negócios reflete uma necessidade das empresas de cada vez mais buscar alternativas de sobrevivência em um mundo competitivo, globalizado e, principalmente, conectado. Empresas isoladas tendem a naufragar.

Em termos de Direito Digital, isso significa que fica muito difícil distinguir parcerias estratégicas de operações de *trust*, cartéis, *dumping* e monopolização de mercados. Até onde o formato de mercados B2B e metamercados verticais e horizontais atendem aos interesses dos consumidores também? São estas soluções meras ferramentas de sobrevivência inofensivas para os empresários que estão arriscando em montar suas empresas no mundo digital, ou comprometem os princípios econômicos que regem o capitalismo, tais como a livre-iniciativa e a concorrência leal?

Agora façamos uma análise estrutural da Internet. Sua configuração física como uma rede com um emaranhado de conexões, a grande velocidade do tráfego de informações, as constantes mudanças que lhe são características, sobretudo sua presença global, fazem com que a competição desenfreada se torne verdadeira carnificina virtual, o que, além de sair muito caro, chega até mesmo, muitas vezes, a prejudicar não só as empresas como os consumidores.

O fato de que o usuário da *web* tem de ser capaz de localizar o *site* da empresa entre tantas opções acaba provocando verdadeira disputa por visibilidade, uma Guerra de Comunicação. O volume absurdo de investimentos em publicidade gastos nessa batalha faz com que pouco sobre para investir em atendimento, melhoria de serviços, pesquisa, relacionamento. Nesse contexto, cooperar não significa deixar de disputar as fatias do mercado, mas sim não fazê-lo de forma predatória[8]. A postura predatória pode ser muito mais nociva no mundo virtual que no real.

É necessário frisar que, mesmo sendo uma rede com capacidade ilimitada, há certo limite no número de *players* que se estabelecerão com sucesso, como acontece em qualquer mercado. Quando há mais *players* do que o mercado pode absorver, podem ocorrer duas situações jurídicas distintas: falências generalizadas ou um grande número de fusões. Cada uma delas tem aspectos e particularidades jurídicas específicas, sobretudo no tocante às empresas que sejam puramente virtuais. O que se exige, como já vimos, são soluções medidas e estudadas caso a caso.

É importante deixar claro que, como em qualquer mercado, o segmento digital apresenta três estágios econômicos distintos: primeiro, a inovação, em que os pioneiros se estabelecem; depois, um inchaço, em que há uma multiplicidade de *players*. Finalmente, há a limpeza natural, em que só ficam os mais capacitados. Nada diferente de qualquer outro ciclo econômico do mundo capitalista. Por isso, ao contrário do que se pensa, a Internet não é um mercado do oportunismo, mas cumpre um ciclo comum no mundo capitalista. Estabelecida há muito pouco tempo, vive ainda uma etapa em que os três movimentos subsistem. Isto representa um emaranhado de problemáticas jurídicas para garantir direitos e obrigações dentro de um conjunto de participantes ainda não totalmente estabelecidos e definidos, que se relacionam e assumem compromissos e responsabilidades que nem sempre têm sustentação jurídica no tempo e no espaço.

A consequência disso é um processo doloroso, repleto de riscos, cuja tendência natural, porém, é encaminhar-se para um movimento de empreendedorismo, rejeitando o movimento puramente especulativo. Nesse caminho, as empresas jurídicas e estruturalmente bem resolvidas, dentro de padrões corretos que valem para o mundo real e o virtual, serão as que se consolidarão.

---

8. Parafraseando ainda o já mencionado texto de Luiz Fernando Halembeck, podemos dizer que são comuns nas associações de Internet estipulações de exclusividade e não concorrência. As primeiras se aplicam aos sócios que administram o negócio e, dependendo do poder de barganha deste, podem estender-se ao acionista que fornece o capital.

Já as obrigações de não concorrência são admitidas no Brasil quando tiverem prazo e território definidos. Os prazos em geral são de dois a cinco anos após o desligamento do acionista da administração ou do capital da empresa.

Isso se tem mostrado inclusive na mudança de método de avaliação dos negócios. Os ativos são cada vez mais intangíveis, como marca, *softwares*, bancos de dados, conteúdos, *know-how*. A expectativa de valor de uma empresa se dá por sua capacidade de aderência à realidade e, ao mesmo tempo, de inovação.

É o que se verifica, por exemplo, na compra de diversos negócios da nova economia, como foi o caso de o Google adquirir o YouTube. O que se está comprando de fato? Um grande laboratório capaz de gerar informação preciosa, qualitativa, sobre o que os consumidores querem. Capaz ainda de gerar conteúdo, por parte dos próprios internautas. Na verdade, o que se busca ao comprar uma empresa de *software* que é detentora de determinados códigos-fonte, ou melhor, de determinados "gênios da tecnologia"?

Para Christian Rudder[9], buscam-se dados, o valor de mercado dos negócios digitais está diretamente relacionado a sua capacidade de obter, armazenar, tratar, enriquecer, compartilhar informações sobre pessoas e comportamentos. Por isso que, conforme as regras sobre privacidade ficam mais rígidas, os negócios digitais tendem a sofrer desvalorização ou mesmo a ter dificuldade de alcançar o equilíbrio econômico (*break-even*) se estiverem baseados apenas no modelo de "serviço gratuito" (*freemium*).

Para fins de análise jurídica, realizada muitas vezes em processos de *due dilligence*, em que advogados das partes compradoras e vendedoras avaliam o negócio, seus ativos e seus riscos para determinar as condições de compra e venda, ou de fusão e aquisição, estas questões são fundamentais.

Por esse motivo, cada vez mais, investidores e empresas buscam a opinião de um advogado especialista em Direito Digital, capaz de analisar de modo profundo a realidade de um negócio da nova economia.

8.2. Provedores de acesso, de serviços e de conteúdos

O que é um Provedor de Acesso? Resumidamente, conforme a Lei do Marco Civil da Internet, art. 5º, IV, é o administrador de sistema autônomo, podendo ser tanto pessoa física ou jurídica, que administra blocos de endereço IP específicos e o respectivo sistema autônomo de roteamento, devidamente cadastrado no ente nacional responsável pelo registro e distribuição de endereços IP geograficamente referentes ao Brasil.

---

9. RUDDER, Christian. *Dataclisma*: quem somos. Rio de Janeiro: Best Seller, 2015.

Mas o que torna os provedores tão importantes em termos jurídicos? É que os provedores de acesso não são apenas empresas prestadoras de serviço. São os grandes aglutinadores do mundo digital, responsáveis pela abertura das portas de entrada dos usuários na rede. Isso significa que muitas das soluções jurídicas que poderiam ser desenhadas para aumentar a proteção de valores sociais e das relações interpessoais na rede têm seu início nos provedores e podem ser mais bem controladas por meio deles.

No entanto, o Marco Civil afastou completamente a responsabilidade civil dos provedores de conexão, no tocante ao conteúdo que trafega por eles, chegando ao ponto de proibir expressamente que estes realizem qualquer tipo de monitoramento sob o argumento de se estar ferindo a liberdade e a privacidade dos usuários. Portanto, qualquer vigilância que eles possam vir a exercer ocorrerá somente se houver ordem judicial[10].

---

10. A legislação brasileira estabelece quais são os direitos e os deveres dos provedores de conexão e aplicação da Internet, especialmente em relação à responsabilidade civil que advém da disponibilização de conteúdos enviados por terceiros pela Lei n. 12.965, de 2014, o Marco Civil da Internet, nos seguintes artigos:

"Art. 18. O provedor de conexão à internet não será responsabilizado civilmente por danos decorrentes de conteúdo gerado por terceiros.

Art. 19. Com o intuito de assegurar a liberdade de expressão e impedir a censura, o provedor de aplicações de internet somente poderá ser responsabilizado civilmente por danos decorrentes de conteúdo gerado por terceiros se, após ordem judicial específica, não tomar as providências para, no âmbito e nos limites técnicos do seu serviço e dentro do prazo assinalado, tornar indisponível o conteúdo apontado como infringente, ressalvadas as disposições legais em contrário.

§ 1º A ordem judicial de que trata o *caput* deverá conter, sob pena de nulidade, identificação clara e específica do conteúdo apontado como infringente, que permita a localização inequívoca do material.

§ 2º A aplicação do disposto neste artigo para infrações a direitos de autor ou a direitos conexos depende de previsão legal específica, que deverá respeitar a liberdade de expressão e demais garantias previstas no art. 5º da Constituição Federal.

§ 3º As causas que versem sobre ressarcimento por danos decorrentes de conteúdos disponibilizados na internet relacionados à honra, à reputação ou a direitos de personalidade, bem como sobre a indisponibilização desses conteúdos por provedores de aplicações de internet, poderão ser apresentadas perante os juizados especiais.

§ 4º O juiz, inclusive no procedimento previsto no § 3º, poderá antecipar, total ou parcialmente, os efeitos da tutela pretendida no pedido inicial, existindo prova inequívoca do fato e considerado o interesse da coletividade na disponibilização do conteúdo na internet, desde que presentes os requisitos de verossimilhança da alegação do autor e de fundado receio de dano irreparável ou de difícil reparação.

Art. 20. Sempre que tiver informações de contato do usuário diretamente responsável pelo conteúdo a que se refere o art. 19, caberá ao provedor de aplicações de internet comunicar-lhe os motivos e informações relativos à indisponibilização de conteúdo, com informações que

O Marco Civil da Internet reforçou a garantia dos seguintes direitos do usuário de internet no Brasil, acima de quaisquer outros, que só podem ter, então, sua força relativizada mediante uma ordem judicial emanada por autoridade competente para tanto:

✓ Inviolabilidade da intimidade e vida privada e proteção contra danos materiais e morais, sob pena de indenização;

✓ Inviolabilidade do fluxo de comunicações;

✓ Inviolabilidade das comunicações privadas;

✓ Não suspensão da conexão à Internet, salvo se por falta de pagamento;

✓ Manutenção da qualidade da conexão de internet;

✓ Informações claras e completas sobre o serviço de conexão à Internet e suas limitações, bem como proteção dos registros;

✓ Não fornecimento dos dados pessoais a terceiros sem autorização expressa (manifestação de sua livre concordância prévia em uma política de privacidade devidamente publicada pela empresa que irá capturar os dados do usuário;

✓ Informações claras e completas sobre o tratamento de dados pessoais (da relevância e pertinência), especificamente quando capturados na Internet (seja conexão ou aplicação) e exigência de consentimento em cláusula própria. Não alcança todos os dados pessoais fornecidos por outros meios ou de origem diversa da internet. Pois esta abrangência maior já seria de competência de lei específica sobre a matéria;

✓ Direito a solicitar a exclusão definitiva dos dados ao fim do serviço de conexão ou aplicação à internet (não é feito de forma automática e

---

permitam o contraditório e a ampla defesa em juízo, salvo expressa previsão legal ou expressa determinação judicial fundamentada em contrário.

Parágrafo único. Quando solicitado pelo usuário que disponibilizou o conteúdo tornado indisponível, o provedor de aplicações de internet que exerce essa atividade de forma organizada, profissionalmente e com fins econômicos substituirá o conteúdo tornado indisponível pela motivação ou pela ordem judicial que deu fundamento à indisponibilização.

Art. 21. O provedor de aplicações de internet que disponibilize conteúdo gerado por terceiros será responsabilizado subsidiariamente pela violação da intimidade decorrente da divulgação, sem autorização de seus participantes, de imagens, de vídeos ou de outros materiais contendo cenas de nudez ou de atos sexuais de caráter privado quando, após o recebimento de notificação pelo participante ou seu representante legal, deixar de promover, de forma diligente, no âmbito e nos limites técnicos do seu serviço, a indisponibilização desse conteúdo.

Parágrafo único. A notificação prevista no *caput* deverá conter, sob pena de nulidade, elementos que permitam a identificação específica do material apontado como violador da intimidade do participante e a verificação da legitimidade para apresentação do pedido".

pode ter que aguardar algum prazo legal específico de guarda aplicável sobre os dados, ou, na ausência deste, entende-se que ocorre após seis meses da solicitação devido ao prazo de guarda mínima dos *logs* de aplicação/navegação);

✓ Acessibilidade dos sites de Internet (além da previsão específica na Lei n. 10.098, de 2000, e o Decreto n. 5.296, de 2004;

✓ Aplicação das normas do direito do consumidor (complementando o art. 37 da Constituição Federal de 1988).

Primeiramente, devemos diferenciar provedores de conexão dos provedores de aplicação, visto que a responsabilidade jurídica de cada um é distinta[11].

As características dos serviços contratados dos provedores de conexão são custo, competência técnica, confiabilidade no plano de segurança, capacidade e quantidade de linhas disponíveis em relação ao número de usuários e ao número de endereços de IP disponíveis, o que significa que é uma modalidade de empresa relacionada com a área de telecomunicações[12], mas com características próprias e peculiares ao veículo de comunicação Internet.

É importante ressaltar que a Internet, como qualquer rede, é acessada. Todo o conteúdo que está na Internet é acessado, ou seja, não existe uma materialização física dele para transportar seus direitos, como ocorre com livro,

---

11. O entendimento norte-americano é de que enquanto o provedor atuar como mero conduto para o tráfego de informações, equipara-se às companhias telefônicas, não podendo ser responsabilizado por eventuais mensagens difamatórias transmitidas, já que não pode ser compelido a vistoriar o conteúdo de mensagens em cuja transmissão não tem participação nem possibilidade alguma de controle. No entanto, quando no caso concreto for possível detectar a presença de controle editorial, fica caracterizada a responsabilidade do provedor, à semelhança do que ocorre com o editor na mídia tradicional. Esta é a orientação dada pela Corte de Apelações do Estado de Nova York (*New York State Court of Appeals*) que se depreende de sua primeira manifestação sobre o assunto (em 2-12-1999). Já pelo Marco Civil da Internet, houve distinção de conceituação e tratamento entre provedor de conexão e provedor de aplicação, sendo apenas o último passível de responsabilidade civil pelo conteúdo.

12. Quando consultado pela Procuradoria-Geral da Fazenda Nacional (Parecer PGFN/CAT n. 1.093/97), questionando se a Internet é ou não serviço de comunicação, o Sr. Ministro de Estado das Comunicações subscreve o Aviso 173/MC informando: "com relação ao assunto, informo a Vossa Excelência que a comunicação via INTERNET constitui serviço de valor adicionado, não sendo considerada serviço de telecomunicações (§ 1º do art. 61 da Lei n. 472, de 16 de julho de 1977)". Também vale destacar que tal característica fez com que a Primeira Seção do Superior Tribunal de Justiça (STJ) decidisse que não incide Imposto sobre Circulação de Mercadorias e Serviços (ICMS) sobre os serviços prestados pelos provedores de acesso à Internet (EREsp 456.650). Ver a Súmula 334 do STJ, julgada em 13-12-2006 e publicada no *DJ* de 14-2-2007, p. 246, a qual versa em seu enunciado: "O ICMS não incide no serviço dos provedores de acesso à Internet".

filme, CD ou DVD. Não existe o pedido de uma identificação (como a cédula de identidade) para que se entre em uma área pornográfica ou de acesso restrito a maiores de idade, como ocorre nas casas noturnas e discotecas. Mas existe a tecnologia. A Internet funciona como uma rede orgânica em que os responsáveis pelas portas de entrada e saída têm como autorizar o acesso, restringi-lo, identificar o usuário em seu banco de dados, entre outras informações[13]. Essa capacidade deve ser usada cautelosamente, apenas para atender à exigência crescente de segurança da Internet, sem invadir a privacidade dos usuários[14].

---

13. Nesse sentido, é interessante observar como os projetos de lei relacionados a tal fato (Projeto de Lei n. 3.016, de 2000, do Deputado Antonio Carlos Pannunzio; Projeto de Lei n. 3.891, de 2000, do Sr. Julio Semeghini; Projeto de Lei n. 4.972/2001, do Sr. José Carlos Coutinho; Projeto de Lei n. 7.461/2002, do Sr. Eni Voltolini; Projeto de Lei n. 1.256/2003, do Sr. Takayama; Projeto de Lei n. 480/2003, do Sr. Pompeo de Mattos; Projeto de Lei n. 880/2011, do Sr. Jonas Donizete) tentam regulamentar a captação e o arquivamento de informações sobre os usuários, realizados pelos provedores de acesso, para que estas informações possam a qualquer momento ser solicitadas como meio de prova pela autoridade judicial. Destacamos que os projetos de lei aqui citados foram apensados a outros dois — Projeto de Lei n. 3.016/2000 em 25 de junho de 2003, e Projeto de Lei n. 5.403/2001 (originariamente PLS n. 151/2000), este último foi arquivado com a criação do PL n. 2.126/2011, que se converteu posteriormente na Lei n. 12.965/2014 (Marco Civil da Internet).

14. Ainda que a Constituição Federal e o Código Civil já protejam o direito à privacidade, o Marco Civil da Internet deixou de forma inquestionável que este é um dos direitos garantidos aos usuários de internet pelo estabelecido em seus arts. 3º e 7º:

"Art. 3º A disciplina do uso da internet no Brasil tem os seguintes princípios:

(...)

II — proteção da privacidade;

III — proteção dos dados pessoais, na forma da lei;

(...)

Art. 7º O acesso à internet é essencial ao exercício da cidadania, e ao usuário são assegurados os seguintes direitos:

I — inviolabilidade da intimidade e da vida privada, sua proteção e indenização pelo dano material ou moral decorrente de sua violação;

II — inviolabilidade e sigilo do fluxo de suas comunicações pela internet, salvo por ordem judicial, na forma da lei;

III — inviolabilidade e sigilo de suas comunicações privadas armazenadas, salvo por ordem judicial;

(...)

VI — informações claras e completas constantes dos contratos de prestação de serviços, com detalhamento sobre o regime de proteção aos registros de conexão e aos registros de acesso a aplicações de internet, bem como sobre práticas de gerenciamento da rede que possam afetar sua qualidade;

VII — não fornecimento a terceiros de seus dados pessoais, inclusive registros de conexão, e de acesso a aplicações de internet, salvo mediante consentimento livre, expresso e informado ou nas hipóteses previstas em lei;

Para o Direito Digital, uma parte da solução para combater crimes digitais, principalmente pirataria e pedofilia, está na colaboração dos Provedores de Conexão, especialmente no que tange à identificação de autoria e ao "flagrante *online*" (que é poder agir no momento em que a infração está em andamento)[15].

Por certo, isso precisa de todo um alinhamento e parceria em nível internacional, visto que a Internet não tem fronteiras físicas.

Na Inglaterra é possível fazer a denúncia de uma ocorrência digital ilícita para a polícia por meio de um "botão" no navegador *(browser)*. O aumento da segurança na Internet depende diretamente de um comportamento coletivo e cooperativo dos próprios internautas.

Além disso, acreditamos que a regulamentação das regras através do uso de *disclaimers* e sua adoção como formato-padrão de normatização digital é o caminho mais viável para documentar o que ficou combinado entre as partes através da interface gráfica. No entanto, assim como já quebramos o paradigma do papel, temos que inovar na forma de apresentar as cláusulas, tomando proveito da linguagem multimídia para aumentar a compreensão do usuário. De nada adianta tantos textos orientativos se as pessoas dão "OK" sem ler. Mas e se fosse um vídeo? Ou se fosse apresentado através de "memes" ou imagens, será que provocaria mais leitura?

Todo contrato tem dupla natureza: a primeira educativo-preventiva, afinal, é mais fácil cumprir com regras que se conhece; a segunda punitivo-restaurativa, que é justamente penalizar quem não pratica o combinado e ressarcir a parte lesada ou exigir a satisfação da obrigação (seu cumprimento ou adimplemento).

VIII — informações claras e completas sobre coleta, uso, armazenamento, tratamento e proteção de seus dados pessoais, que somente poderão ser utilizados para finalidades que:

a) justifiquem sua coleta;

b) não sejam vedadas pela legislação; e

c) estejam especificadas nos contratos de prestação de serviços ou em termos de uso de aplicações de internet;

IX — consentimento expresso sobre coleta, uso, armazenamento e tratamento de dados pessoais, que deverá ocorrer de forma destacada das demais cláusulas contratuais;

X — exclusão definitiva dos dados pessoais que tiver fornecido a determinada aplicação de Internet, a seu requerimento, ao término da relação entre as partes, ressalvadas as hipóteses de guarda obrigatória de registros previstas nesta Lei e na que dispõe sobre a proteção de dados pessoais".

15. A União Europeia (UE) possui uma diretiva que obriga os provedores e as companhias operadoras de redes de comunicação a reter os dados de tráfego de Internet e de chamadas telefônicas. A outra diretiva anterior, Diretiva 2002/58/EC de 2002, regulou especificamente a questão da privacidade no âmbito das comunicações eletrônicas. Disponível em: <http://jus2.uol.com.br/doutrina/texto.asp?id=8119 e http://jus.com.br/artigos/8119/a-diretiva-europeia-sobre-retencao-de-dados-das-comunicacoes-eletronicas>.

No entanto, os provedores de conexão à internet continuam sendo as grandes portas de entrada no mundo virtual, e sua posição é privilegiada. Ainda mais com o crescimento da mobilidade e da convergência com a TV digital.

8.3. Comércio eletrônico e *e-Business*

O comércio por via eletrônica já é muito antigo. Nesse sentido, é até pouco apropriado definir o comércio por operação via Internet como Comércio Eletrônico, que é uma terminologia mais abrangente — inclui meios eletrônicos como um todo, que vão do fax, *machine-machine*, ATM (caixa-eletrônico), entre outros. Mas, para fins didáticos, vamos utilizar o termo Comércio Eletrônico para definir as operações comerciais via Internet.

Para começar, muitas das questões atuais levantadas sobre operações de compra e venda na Internet e utilização de cartão de crédito são questões rotineiras que nos afligem quando usamos o cartão em lojas e restaurantes, quando fazemos compras por telefone ou catálogo. Tais questões, nada virtuais, ainda não têm solução e sua problemática, é claro, termina por estender-se às novas tecnologias e meios de comunicação, como a Internet.

As transações de comércio eletrônico não diferem das feitas por outros meios de comunicação remota ou não presencial, como a compra por telefone. Mas, se para muitas pessoas ainda é difícil dar um número de cartão de crédito por telefone, quer seja para comprar algo pelos sistemas de *telemarketing*, quer seja pelo *marketing* direto de algumas empresas, imagine qual não é a dificuldade de fazer o mesmo pela Internet — que, *grosso modo*, não passa de uma linha de telefone com interface gráfica[16].

A insegurança que ainda existe quanto ao meio é agravada pelo fato de ainda não ter sido estabelecido um padrão mais uniforme quanto à apresentação da prova digital da transação *online*, quando necessária, o que exige inclusive harmonização internacional, visto que quaisquer das partes podem estar em qualquer lugar do planeta quando se relacionam pela Internet[17].

---

16. Os primeiros acessos à Internet eram realizados por meio de conexão de dados via chamada telefônica, como evolução das chamadas via BBS (*Bulletin Board System*), em que a arquitetura via menu mediante acesso em servidores próprios era bastante difundida pela facilidade e desnecessidade de provedor de conexão, o que parecia, efetivamente, uma linha de telefone com interface gráfica.

17. A esse respeito, podemos citar a lei modelo da Uncitral — *United Nations Commission on International Trade Law* —, que serve de diretriz para todos os países a fim de que regulamentem o comércio eletrônico. A Uncitral determina que o uso de tecnologias de encriptação

A sociedade digital já assumiu o comércio eletrônico como um novo formato de negócios. Já existem o *e-commerce (via online tradicional)*, o *m-commerce (via mobile)*, *s-commerce (via mídia social)*, o *t-commerce (via tv digital ou interativa)* e, mais recentemente, o *thing commerce* (via internet das coisas). A tendência é que esse o comércio digital, que envolve toda uma convergência de mídias e que já está passando por mais um avanço com a "internet das coisas", amplie-se cada vez mais, conforme a tecnologia se torne mais acessível, a rede mais estável e as normas-padrão mais aplicáveis.

Uma das grandes mudanças trazidas pelas práticas comerciais via internet em geral foi a desmaterialização física do produto, ou seja, a perda do suporte, permitindo que este pudesse então circular livremente pelos meios digitais.

Além disso, ocorreu uma grande transformação de produtos em serviços, ou seja, em vez de se comprar um DVD, passou-se a assinar um banco de dados de filmes (como o Netflix). A mesma mudança se aplicou a outros produtos tradicionais como a música (mp3) e os livros (*e-books*). Ou seja, não é só o meio que está mudando, mas a própria forma de consumo de produtos.

Todo tipo de comércio depende de confiança. De certo modo, para o mundo digital, não há nada mais importante para se estabelecer segurança do que a transparência de informações.

O cumprimento do dever de informar faz com que não se caia na modalidade de culpa *in omittendo* do Direito Civil (Código Civil, art. 186), que responsabiliza por danos causados devido à omissão de informações relevantes, estando este princípio também previsto pelo Código de Defesa do Consumidor[18].

---

confere ao documento eletrônico o mesmo grau de segurança dos documentos escritos, fazendo jus então a igual tratamento no tocante ao valor probatório. Vários ordenamentos já adotaram o modelo da Uncitral, como o americano, o alemão, o francês, o argentino e o colombiano.

18. A omissão de informações ao consumidor é coibida por diversos artigos do Código de Defesa do Consumidor (CDC), como, por exemplo, os arts. 18 e 20, que estabelecem como vícios do produto e do serviço, respectivamente, a disparidade destes com a mensagem publicitária; o art. 30 determina que as informações ou publicidade veiculadas pelo fornecedor vinculam este ao consumidor e integram o contrato que vier a ser celebrado; mas o dever de informar está plenamente descrito no art. 31 que diz: "Art. 31. A oferta e apresentação de produtos ou serviços devem assegurar informações corretas, claras, precisas, ostensivas e em língua portuguesa sobre suas características, qualidades, quantidade, composição, preço, garantia, prazos de validade e origem, entre outros dados, bem como sobre os riscos que apresentam à saúde e segurança dos consumidores".

De forma complementar o Decreto n. 7.962, de 2013 (sobre o comércio eletrônico), impõe:

"Art. 2º Os sítios eletrônicos ou demais meios eletrônicos utilizados para oferta ou conclusão de contrato de consumo devem disponibilizar, em local de destaque e de fácil visualização, as seguintes informações:

Os deveres de informação e de aconselhamento são, acima de tudo, corolários da boa-fé que contribuem para a defesa da empresa que tiver algum problema com seu consumidor. Como se vê, o bom funcionamento do comércio eletrônico pode ser solucionado pela aplicação da legislação vigente e de algumas exigências de transparência e segurança que devem ser seguidas pelas empresas que operam nesse ambiente digital.

A questão nova paira sobre a necessidade de se garantir a segurança dos participantes e a capacidade de se confirmar suas identidades (autenticação) Fora isso, tudo mais já entra na seara dos contratos, devendo então seguir as orientações do Código de Defesa do Consumidor[19], quando se tratar de consumidor final, ou do Código Civil para os demais casos.

Com o aumento do comércio eletrônico e o aumento do acesso à Internet, outra modalidade começou a ganhar força: as compras coletivas, que nada mais são que um *site* que concentra ofertas diárias (por exemplo, um jantar em um restaurante cinco estrelas) com desconto bastante atrativo para conquistar clientes. As ofertas geralmente precisam de um número mínimo de participantes, bem como atender às condições básicas para passarem a valer. O baixo custo devido ao modelo de descontos conquistou logo diversos usuários da *web*.

Todavia, é necessário que o consumidor esteja atento às condições de uso das compras que fizer, por exemplo, verificar se o restaurante ou o estabelecimento comercial possui capacidade suficiente para atender diversos clientes, devendo o *site* de compras coletivas, por sua vez, ressarcir o usuário caso a oferta não seja alcançada por descumprimento ou incapacidade de seu parceiro

---

I — nome empresarial e número de inscrição do fornecedor, quando houver, no Cadastro Nacional de Pessoas Físicas ou no Cadastro Nacional de Pessoas Jurídicas do Ministério da Fazenda;

II — endereço físico e eletrônico, e demais informações necessárias para sua localização e contato;

III — características essenciais do produto ou do serviço, incluídos os riscos à saúde e à segurança dos consumidores;

IV — discriminação, no preço, de quaisquer despesas adicionais ou acessórias, tais como as de entrega ou seguros;

V — condições integrais da oferta, incluídas modalidades de pagamento, disponibilidade, forma e prazo da execução do serviço ou da entrega ou disponibilização do produto; e

VI — informações claras e ostensivas a respeito de quaisquer restrições à fruição da oferta".

19. De maneira mais completa, tramita reforma do Código de Defesa do Consumidor (antigo PL n. 281/2012, apensado ao PL n. 4.906/2001 e atual PL n. 3.514/2015) com vistas a atualizar as regras em vigor especificamente para o comércio eletrônico, indicando o que seria o *spam*, reafirmando o direito ao arrependimento e quais as consequências para quem descumprir os comandos legais. Além de seus regulamentos mais específicos e complementares, a exemplo da Lei n. 12.965, de 2014, e do Decreto n. 7.962, de 2013.

de negócios. Lembrando que neste caso poderia o estabelecimento, posteriormente, fazer uso do direito de regresso contra aquele que descumpriu a oferta ou prometeu o impossível. O ideal é que o consumidor guarde todos os documentos comprobatórios da sua compra no caso de precisar deles para fazer valer seus direitos.

A moda das compras coletivas surgiu no Brasil em 2009, mas foi só em 2012 que estes *sites* de comércio eletrônico ganharam popularidade. Isso porque nós, brasileiros, adoramos receber grandes ofertas, mas até que ponto podemos confiar nesses *sites*? Da mesma forma que realizamos compras em *sites* ou até mesmo em lojas físicas, é necessário estar atento na hora de realizar a compra.

A mecânica é bem simples: a oferta do produto ou serviço é lançada no *site* e, quando atingir um número mínimo de consumidores, começa a valer. Essas ofertas mudam diariamente, de acordo com a localização do consumidor, buscando fidelizar clientes.

O consumidor tem que estar atento, pois, no momento em que se adquire o cupom, é firmado um contrato entre as partes. E, em Direito, o princípio de que os contratos devem ser cumpridos também prevalece entre *sites* e consumidores. O serviço que foi ofertado deve ser bem atendido, assim como na aquisição de produtos.

Já as empresas também têm que estar preparadas nos casos em que houver reclamações dos consumidores, e estas tendem a crescer ainda mais em tempos de redes sociais e mobilidade. As reclamações surgem a partir de *e-mails* para o próprio *site* de compras coletivas, podendo-se usar até os *sites* de reclamação e dos órgãos de proteção ao consumidor e redes sociais. Por isso é importante investir também em atendimento ao consumidor.

Já há diversos julgados envolvendo compra coletiva no Brasil, e um projeto de lei[20], que prevê a regulamentação das compras coletivas, mas que terá

---

20. Projeto de Lei n.1.232/2011. Abaixo algumas decisões relacionadas à compra coletiva:

"Aquisição de produto em *site* de compras coletivas. Incidência das regras do Código de Defesa do Consumidor. Bem não entregue ao adquirente. Solicitação de restituição do valor pago não atendida. Empresa mantenedora do sítio eletrônico em que realizadas as transações que atua como intermediadora, recebendo comissão pelas vendas, e integrando, portanto, a cadeia de fornecedores. Resolução do contrato que impõe a devolução da quantia paga. Hipótese de excludente de responsabilidade por fato de terceiro não evidenciada. Dano moral reconhecido. Indenização devida. Valor arbitrado com adequação ao caso (R$ 5.000,00), estando em consonância, ademais, com os parâmetros adotados pela jurisprudência. Sentença correta, ora confirmada. Recurso desprovido" (TJSP, Ap 0002820-26.2012.8.26.0566, Rel. Des. Edgard Rosa, j. 27-3-2013).

dificuldade para prosperar, pois tal projeto é bastante restritivo, e poderia acabar por limitar de forma demasiada a inovação neste segmento e em outros que venham a surgir.

Devemos frisar que, em último caso, é a atitude dos consumidores que determina a conduta das empresas, quer no mundo real, quer no virtual. Por isso, é preciso que fique claro que, independentemente do meio em que a compra é realizada, aplicam-se as mesmas leis e princípios gerais do Direito[21].

Assim também é para os deveres das empresas prestadoras deste tipo de serviço: ela tem de informar em que território se localiza e como resolverá eventuais problemas com seus produtos nos territórios para os quais vende[22].

"Consumidor. Responsabilidade civil objetiva. *Site* de compra coletiva. Oferta de aparelho celular vinculado a plano de utilização da linha telefônica. Aquisição de cupom sem a respectiva entrega do produto. Falha na prestação do serviço. Dano moral configurado. Precedentes deste TJERJ. Responsabilidade solidária dos integrantes da cadeia de consumo. Verba reparatória fixada em conformidade com os princípios da proporcionalidade e da razoabilidade. Recursos a que se nega seguimento" (TJRJ, ApC 0001387-41.2011.8.19.0202, rel. Des. Marco Antonio Ibrahim, j. 12-9-2011).

"Apelação cível — Direito do consumidor — Compra de aparelho celular realizada pela internet — Solidariedade entre o *site* de compra *online* e a empresa prestadora de serviço de intermediação comercial por meio eletrônico quanto à finalização da transação — Não entrega do produto — Responsabilidade solidária de todos que integram a 'cadeia de fornecimento' — Risco do empreendimento — Circunstância em que o autor, até a presente data, não recebeu a restituição — Situação que desborda do mero descumprimento contratual, tornando inaplicável a Súmula 75 do TJRJ. Frustração da legítima expectativa do consumidor reforma parcial da sentença (...)" (TJRJ, 4ª Câmara Cível, ApC 2193188-70.2011.8.19.0021, rel. Des. Marcelo Lima Buhatem, j. 26-8-2011).

"Ação indenizatória. Compra realizada através de *site* na internet. Cancelamento unilateral. Produto divulgado. Caráter vinculativo. Princípio da confiança. Dano moral configurado. *Quantum* fixado em observância aos princípios da razoabilidade e proporcionalidade. Decisão monocrática com fulcro no art. 557, *caput*, do CPC, que nega seguimento aos recursos. A legislação consumerista vinculou o fornecedor àquilo que por ele é ofertado, protegendo, dessa forma, o consumidor. A ré deveria ter verificado o estoque ou a possibilidade de reposição do produto antes de oferecê-lo ao consumidor, o que não ocorreu na hipótese" (TJRJ, ApC 0151516-84.2008.8.19.0001, rel. Des. Vera Maria Soares Van Hombeeck, j. 6-4-2011).

21. De acordo com a redação publicada no Diário da Câmara dos Deputados de 27 de setembro de 2001, às p. 46310 a 46317, do Substitutivo ao Projeto de Lei n. 4.906, art. 30: "Aplicam-se ao comércio eletrônico as normas de defesa e proteção do consumidor vigentes no País".

22. No caso de relações comerciais entre fornecedor e consumidor de nacionalidades distintas, qual seria a legislação aplicável? A Lei de Introdução às Normas do Direito Brasileiro entende aplicável a lei do domicílio ou da sede do fornecedor, enquanto o Código de Defesa do Consumidor permite que se ingresse com ação judicial em seu foro de domicílio quando sofrer danos pela relação de consumo; todavia, é bem difícil alcançar sujeito de direito que não tenha estabelecimento no Brasil.

146

O ideal é que todo *site* tenha claramente informado um telefone de contato[23], quem são os seus representantes em outros territórios, um termo que preveja a possibilidade de arbitragem e, num ambiente em que os *links* e parcerias entre várias empresas são inúmeros, que conheça bem seus parceiros.

A segurança da transação virtual também depende de informações sobre o tipo de criptografia utilizada e sobre a existência ou não de seguro para a operação eletrônica.

No entanto, uma das questões mais importantes é a que envolve o pagamento. Na Internet existe a possibilidade técnica do envio de recibo de pagamento virtualmente — isso já acontece nos registros de domínio e no caso de pagamentos bancários via rede[24].

O pagamento de um lado e a apresentação da nota fiscal do outro[25], seja ela física ou eletrônica[26], é que permite a consumação da obrigação de compra e venda que requer o cumprimento da entrega da mercadoria no prazo e local estabelecidos entre as partes.

As responsabilidades pelo armazenamento adequado, transporte e entrega da mercadoria também devem funcionar como nas compras tradicionais, através de meios presenciais. Aquele que faz o contato direto com o consumidor final é sempre o responsável por resolver problemas com a mercadoria vendida, como entregas não feitas dentro do prazo, itens com defeito de fábrica ou causados por armazenamento incorreto.

---

23. Se for *site* cuja empresa esteja registrada no Brasil, é obrigação legal, imposta pelo art. 2º do Decreto n. 7.962/2013.

24. Obrigação legal imposta pelo Decreto n. 7.962, de 2013, e leis de entrega programada dos Estados/Municípios.

25. Questão importante a ser lembrada é a referente à nota fiscal. Algumas empresas sobretudo no que toca à prestação de serviços, não estão fornecendo as respectivas notas fiscais, situação esta que gera insegurança e inibe as possíveis compras de valores mais elevados. Se é verdade que a carga tributária no Brasil é muito elevada e pode inviabilizar a implantação do comércio eletrônico pelas pequenas empresas, também é verdade que a Internet não pode ser encarada como um caixa dois, abrigando atividades à margem da legalidade. Uma solução que incentivaria o comércio eletrônico e mesmo assim não desprotegeria o consumidor seria que o Governo tratasse a Internet como uma zona de livre comércio, concedendo isenções fiscais aos atos de comércio realizados em ambiente eletrônico para as empresas regularmente cadastradas de modo a fomentar as transações comerciais.

26. A emissão da nota em caso de compra e venda ou prestação de serviços já foi regulada pela resolução do Confaz e Lei n. 8.846, de 1994, além dos municípios. O uso da NF-e, inclusive, é obrigatório no Brasil desde 2012, prazo dado pelo Governo Federal como forma adequada de recolhimento de contribuições sociais. Porém, na grande maioria das vezes, nas compras *online*, o pagamento acaba sendo realizado antes da emissão da nota fiscal.

Aplicam-se aqui os princípios de corresponsabilidade[27] do vendedor, resguardados os direitos de regresso[28] deste contra os fabricantes, os responsáveis pelo estoque ou as transportadoras. Mais uma vez, a informação surge como item fundamental: deixar claro quem são os parceiros do estabelecimento traz credibilidade perante os consumidores e contribui para solucionar conflitos.

Entendemos que os contratos entre os participantes da cadeia de venda também devem prever algumas situações. Se uma empresa se compromete a fornecer equipamentos para serem vendidos por um *site* de *e-commerce*, precisa conhecer quais são os países para os quais esse *site* pretende vender seus produtos, para poder decidir se poderá dar assistência técnica[29] nesses territórios e então deixar isso claramente estabelecido.

Se o *site* não tiver uma política clara a respeito, é importante que seja definida contratualmente a não responsabilidade do fornecedor por problemas ocorridos em territórios que este não possa atender. O mesmo vale para empresas de transporte: elas têm de saber qual o período de entrega dos produtos que um *site* de vendas promete a seus consumidores, para saber até que ponto pode cumpri-los e quais os limites físicos de sua atuação. Assumir prazos de entrega de até vinte e quatro horas normalmente significa a exigência de estoque *in house* e de centro de distribuição próximo ao local do endereço do comprador para garantir o atendimento do prazo de entrega acordado.

Não podemos esquecer da modalidade de *Shopping* Virtual que nasceu com a Internet e representa o modelo existente no mundo real em que há uma multiplicidade de lojas em regime de condomínio para dar aos clientes mais comodidade, lazer e segurança.

Os *shopping centers* virtuais geram também situações interessantes. Nenhum consumidor vai procurar a administração de um *shopping center* do mundo real para reclamar de um produto adquirido em uma de suas lojas — ele irá direto na loja que efetuou a venda. Mas os *shopping centers* virtuais

---

27. A responsabilidade solidária do fornecedor em face do consumidor pelos vícios do objeto está presente em diversos artigos do Código de Defesa do Consumidor. Os principais são os arts. 12, 14, 18, 19 e 20.

28. O direito de regresso está assegurado no parágrafo único do art. 13 da Lei n. 8.078, de 1990, que dispõe sobre a proteção do consumidor e dá outras providências: "Parágrafo único. Aquele que efetivar o pagamento ao prejudicado poderá exercer o direito de regresso contra os demais responsáveis, segundo sua participação na causação do evento danoso". Além do já previsto pelos arts. 929 e 930 do Código Civil.

29. O dever de prestar assistência técnica está contido no art. 32 do Código de Defesa do Consumidor.

148

deslocam a atenção dos consumidores para a marca desse *shopping*, não para as outras marcas contidas nele, tornando-o o centro das reclamações e ações do consumidor.

Devemos ressaltar que há duas situações distintas que têm diferentes consequências em termos jurídicos: 1) Quando a loja está em um *link* com o *shopping* virtual e o internauta é levado ao espaço da loja quando clica no *link*. 2) Quando a loja é um espaço dentro do domínio virtual do *shopping* como no caso em que se abre um *pop-up* ou *hotsite*[30].

Nesta segunda hipótese, um *banner* não reporta à loja, mas mantém em um *pop-up* que segue a programação visual do provedor (no caso, o *shopping* virtual), que para este está gerando *page-views* e, portanto, torna-o responsável pela transação. Assim como aquele para quem se efetivamente realiza o pagamento direto, pois, dependendo do caso, pode ser para o *shopping* "virtual" ou para a loja.

Então, a arquitetura do *site* tem de ser pensada em conjunto com sua blindagem jurídica: se uma empresa vai utilizar-se dos mecanismos de *pop-up*, tem de deixar bem claro quem serão os responsáveis pelo que ocorre ali.

Em Direito, como sabemos, não existe um ato que não tenha um responsável — o sujeito só se exime de uma responsabilidade se outro a assumir. Portanto, dependendo da estratégia jurídica e da arquitetura do *site* para conquistar *page-views*, pode-se estar criando uma situação de corresponsabilidade desnecessária e até colocando em risco a imagem da marca junto ao consumidor.

Por isso, é essencial o conhecimento do Direito Digital, tanto sob o aspecto jurídico como principalmente sob o aspecto estratégico e tecnológico. Será cada vez mais recomendável trazer o advogado para o processo inicial de concepção do próprio *website*, para que a arquitetura esteja construída dentro de uma estratégia não só comercial como também jurídica.

Ademais, há outra modalidade de comércio eletrônico caracterizada por serem empresas ambas as partes e não haver consumidor final na transação comercial. Esse comércio entre empresas, o chamado *Business-to-Business*, ou

---

30. *Pop-up* e *Hotsite* são modalidades de interface gráfica elaboradas com fins e tecnologias distintas. O *Pop-up* costuma se apresentar como uma janela complementar ao *site* principal com o fim de apresentar informações, avisos e muitas vezes publicidade, enquanto o *Hotsite* nada mais é que um *site* de estrutura simplificada e de menor porte, normalmente desenvolvido para suportar uma campanha publicitária de produtos ou serviços tendo, portanto, um período de vida curto.

somente B2B, não se enquadra no Código de Defesa do Consumidor, que só se aplica ao consumidor final de um produto[31].

É nesse mercado B2B que se concentra o maior volume de transações da Internet: os metamercados, como são chamados os pontos de encontro virtuais entre empresas compradoras e fornecedoras, que acarretam grande redução de custos operacionais para seus participantes. Funcionam como pregões privados: muitas vezes o *site* pode ser equiparado à figura do corretor.

A questão fundamental que se coloca diz respeito à responsabilidade. Quem é responsável por problemas[32] ocorridos nesse âmbito? Depende da arquitetura do *website* e, na grande maioria das vezes, do que ficou previsto no contrato.

Os contratos entre os participantes do comércio B2B devem ter cláusulas especiais e específicas, no âmbito de mercado *online*, devendo observar: prazo, responsabilidade por etapa, citação dos parceiros terceirizados, seguro, empresa certificadora da operação, endereços eletrônicos de compra e venda autorizados (o fornecedor tem de saber qual a identidade digital envolvida). Na ponta da entrega, a empresa deve buscar minimizar os riscos de falha, com o consequente impacto negativo para a marca.

Os serviços de *call-center*, normalmente terceirizados, são uma parte importante na economia das empresas que operam virtualmente. Os contatos, nos casos de *call-centers* virtuais, serão sempre eletrônicos (seja por *e-mail*, *chat* ou *video streaming*); podem, portanto, ocorrer a qualquer momento e vir de qualquer parte do mundo. É importante informar claramente ao usuário o horário de funcionamento do *call-center*, seus meios de acesso e o tempo de retorno; enfim, toda a rotina-padrão de operações de atendimento ao consumidor.

---

31. No entanto, como exceção a esta regra, temos pessoas jurídicas sem fins lucrativos ou que tenham a natureza de hipossuficiência técnica comprovada, conforme teoria finalística aprofundada.

32. É interessante observar que, se, por um lado, o *site* B2B traz consigo a ideia de transparência, agilidade e eficiência nas informações, por outro lado, gera práticas tendentes à cartelização. No caso da Covisint, *joint venture* constituída pelas empresas Ford, General Motors, DaimlerChrysler e Renault/Nissan, acredita-se que, por meio de seu *site* B2B, criado para compra de peças e partes automotivas, a Covisint estaria forçando os fornecedores de peças a negociar apenas pelo *site* e que este procedimento proporcionaria a constituição de práticas comerciais uniformes ou concertadas entre os concorrentes. Mas, após, a Covisint foi aprovada pela Agência concorrencial alemã e da FTC dos EUA. Além disso, a Lei n. 8.884 foi revogada em 2012. Logo, a conclusão final foi a de que não existia favorecimento à cartelização somente pelo fato de se ter implementado uma plataforma única e integrada.

As companhias que estão aderindo ao comércio eletrônico têm encontrado dificuldades não somente em implantar novas tecnologias, mas também na integração entre as estruturas de retaguarda e as facilidades da *web*. Muitas vezes, a implementação de "estratégias de *e-commerce*" implica alterações profundas nas empresas. Todos os departamentos afetados devem estar envolvidos na operação. Especialistas em concorrência nos negócios *online* defendem a necessidade de táticas para auxiliar as companhias a sobreviverem com sucesso no futuro.

Para entender como colaborar e interoperar neste ambiente é importante ter, além de estratégia, a abordagem tática. Muito desta abordagem cabe aos advogados digitais na correta assistência dos negócios de seus clientes.

O Brasil vem legislando especificamente sobre comércio eletrônico nos últimos anos e neste sentido passamos a adotar regras sobre entrega programada[33], normas de conformidade legal do comércio eletrônico como as previstas pelo já citado Decreto n. 7.962/2013 e a própria Lei do Marco Civil da Internet.

Além disso, foi criado um ambiente para reunir reclamações do consumidor na internet chamado "Consumidor.gov.br" (que seria um substituto público do serviço do Reclame Aqui)[34].

A Lei em questão prevê que as empresas tenham o seguinte procedimento: na hora da compra, o consumidor deve receber um documento informando data, turno e identificação do estabelecimento, da qual conste a razão social, o nome de fantasia, o número de inscrição no Cadastro Nacional de Pessoas Jurídicas do Ministério da Fazenda (CNPJ/MF), endereço e número do telefone para contato.

---

33. Sobre entrega programada a mesma já era prevista em São Paulo desde 2009 pela Lei n. 13.747 e sofreu atualização pela também Lei Estadual n. 14.951/2013.

34. Consumidor.gov.br foi lançado em 27 de junho de 2014 e está em operação desde 1º de setembro de 2014. Este espaço foi criado pela Secretaria de Defesa do Consumidor e permite a intermediação de conflitos entre fornecedores e compradores. O usuário pode descrever sua reclamação num espaço de até 3 mil caracteres. A empresa tem um prazo de dez dias para responder à queixa. O usuário, então, dá uma nota de 1 a 5 para o atendimento. O diálogo ficará disponível para avaliação pública. O governo promete, por meio das informações do *site* consumidor.gov.br, aumentar a transparência e monitorar a postura das empresas e, se necessário, intervirá para garantir os direitos do consumidor. O projeto estabelece prazos para que todas as partes envolvidas na reclamação se posicionem.

Fontes: http://oglobo.globo.com/economia/defesa-do-consumidor/portal-consumidor-govbr-passa-receber-queixas-de-todo-pais-partir-de-hoje-13791801

http://www.correiobraziliense.com.br/app/noticia/economia/2014/08/12/internas_economia,441784/ministerio-da-justica-lanca-segunda-fase-do-projeto-consumidor-gov-br.shtml.

Existem empresas que estão tendo uma interpretação errada da Lei, achando que pode ter duas frentes de entrega, sendo uma agendada e outra não. Infelizmente, não é assim. A empresa só pode ter opções de entrega com agendamento ou formas melhores que esta.

Vale ressaltar que houve também atualização da lei de entrega programada no Estado de São Paulo (Lei Estadual n. 14.951/2013) para também afetar as pessoas jurídicas que trazem produtos para dentro do Estado e não somente as que aqui possuem sede, que era forma de burlar a aplicação da lei.

No descumprimento desta nova lei, o PROCON tem aplicado multa, que pode chegar até R$ 6,5 milhões, e a suspensão temporária das atividades.

Por último, estamos assistindo ao surgimento de uma nova modalidade de comércio através da Internet, que ocorre dentro das Mídias Sociais e já recebeu o nome de *"Social Commerce"* (*S-Commerce*). O princípio do *s-commerce* é semelhante, se não igual, à antiga descrição da propaganda boca a boca, onde um consumidor informa a outro sua opinião sobre o produto ou serviço.

Se antigamente o consumidor expressava sua opinião para apenas uma pessoa, ou no máximo um pequeno grupo de pessoas, hoje, com as mídias sociais, mais do que manifestar a sua reclamação, o consumidor é capaz de protestar publicamente e mobilizar outras pessoas com a sua indignação, o que gera um efeito muito maior e um grande impacto negativo para a marca da empresa. As mídias sociais têm o poder de documentar por escrito as manifestações e tornar público o conflito entre as partes, que, até então, era tratado em canais mais reservados.

Por conta disso, atualmente já é essencial para qualquer empresa monitorar o que ocorre nesses ambientes de mídias sociais e utilizar as mesmas como ferramentas para trazer um diálogo maior da marca com seus clientes, além de uma atitude mais transparente.

O *s-commerce*[35] torna-se ao lado do meio de comunicação, uma importante ferramenta de propaganda fazendo com que a empresa entre em contato com consumidores que não eram antes alcançados por outras mídias ou canais.

Pode-se dizer que as mídias sociais já assumiram um papel muito maior do que ser mais um canal de comunicação entre consumidores e empresas, já são um espaço de convivência intensa e em tempo real entre todos os partici-

---

35. Sigla *"s-commerce"* refere-se ao *"social commerce"*, ou seja, o comércio eletrônico dentro das mídias sociais.

pantes do mercado, e isso exige uma nova forma de pensar o relacionamento da marca nos meios digitais. Um pequeno deslize neste tipo de ambiente pode ter consequências catastróficas.

Com toda a certeza ainda veremos mais mudanças na forma que adquirimos produtos e serviços e por certo, junto com elas, também será maior o desafio do Fisco, no sentido da tributação e arrecadação da circulação de bens e serviços através destes novos canais. A máxima entre os economistas que diz *let de goods flow*[36] nunca foi tão atual.

8.4. Consumidor *online* e o CDC à luz do Direito Digital

O consumidor atual já é digital. De certo modo, mesmo não realizando a transação através da Internet, isso não quer dizer que a forma de coletar informações sobre bens e serviços já não ocorra de modo maciço pela *web*. Ou seja, desde o advento do Código de Defesa do Consumidor brasileiro (CDC), em 1990, estamos assistindo ao amadurecimento das relações de consumo e do próprio consumidor.

Logo, vemos que o consumidor mudou, está mais informado, utiliza ambientes remotos de relacionamento (telefone, celular, *messenger*, *chat*, comunidades, redes sociais, *e-mail*, internet, aplicativos sociais); tem mais conhecimento sobre seus direitos; quer tudo para ontem (síndrome da vida em tempo real); negocia seu poder de "clique" (o concorrente está a um clique de distância); quer atendimento personalizado, mas sem exageros na comunicação (invasão de privacidade).

Além disso, a própria Internet hoje serve não apenas como canal de informação, mas como de denúncia: <www.reclameaqui.com.br>, <www.ebit. com.br>, <www.idec.gov.br>, <www.portaldoconsumidor.gov.br>, <www.consumidor.gov.br>, entre outros.

As regras previstas pelo Código do Consumidor, Constituição Federal de 1988, Marco Civil da Internet e Decreto n. 7.962, de 2013, aplicam-se tanto às relações tradicionais e presenciais como às relações estabelecidas por meio da Internet ou via meios digitais[37].

---

36. No português: "deixe as mercadorias circularem".

37. O mesmo é válido para a Lei Geral de Proteção de Dados Pessoais (Lei n. 13.709/2018 e Lei n. 13.853/2019).

No ambiente eletrônico, porém, pelas partes estarem de modo não presencial, não haver manuseio de produto, ter a possibilidade de distorções de tamanho, cor e outras características no uso de imagens em *sites* de comércio eletrônico, este tipo de compra precisa ser realizado com mais cautela.

Há informações essenciais a que o consumidor precisa estar atento, para não ter problemas após ter efetivado a contratação. Entre elas, devemos destacar os dados corretos sobre o estabelecimento comercial, já que também na Internet há uma presença grande de lojas que não possuem registro legal, que estão atuando de modo irregular, e, pela promessa de oferta de preço mais barato, o consumidor acaba sendo atraído para a compra, mas corre o risco de não receber o produto e não saber nem para quem endereçar sua reclamação ou ajuizar a ação judicial[38].

Em análise geral, a Lei n. 8.078/90, que instituiu o Código de Proteção e Defesa do Consumidor, tem princípios e artigos válidos inclusive para as relações eletrônicas e não presenciais, seja na Internet, seja no celular, ou em qualquer outro meio que se invente:

a) O reconhecimento dos Direitos Difusos e Coletivos nas relações de Consumo.

b) A definição de Consumidor — art. 2º[39] (inclusive já há decisões demonstrando situações de compra de *software* por empresa, na qual ela configuraria

---

38. Com a introdução da LGPD, há a inauguração mais transparente e clara dos direitos dos titulares de dados pessoais, sendo estes direitos apontados no art. 18 da Lei:

Art. 18. O titular dos dados pessoais tem direito a obter do controlador, em relação aos dados do titular por ele tratados, a qualquer momento e mediante requisição:

I — confirmação da existência de tratamento;

II — acesso aos dados;

III — correção de dados incompletos, inexatos ou desatualizados;

IV — anonimização, bloqueio ou eliminação de dados desnecessários, excessivos ou tratados em desconformidade com o disposto nesta Lei;

V — portabilidade dos dados a outro fornecedor de serviço ou produto, mediante requisição expressa, de acordo com a regulamentação da autoridade nacional, observados os segredos comercial e industrial; (Redação dada pela Lei n. 13.853, de 2019) Vigência

VI — eliminação dos dados pessoais tratados com o consentimento do titular, exceto nas hipóteses previstas no art. 16 desta Lei;

VII — informação das entidades públicas e privadas com as quais o controlador realizou uso compartilhado de dados;

VIII — informação sobre a possibilidade de não fornecer consentimento e sobre as consequências da negativa;

IX — revogação do consentimento, nos termos do § 5º do art. 8º desta Lei.

39. CDC, art. 2º: "Consumidor é toda pessoa física ou jurídica que adquire ou utiliza produto ou serviço como destinatário final.

como consumidor final, portanto com todas as proteções e garantias dadas pelo CDC)[40].

c) Imputação da responsabilidade direta e de forma objetiva ao fornecedor independentemente do vínculo contratual. Antes do CDC havia dificuldade de imputação de responsabilidade ao fornecedor devido ao princípio do *pacta sunt servanda* (os contratos devem ser cumpridos), bem como dificuldade de prova de dano e de nexo causal — arts. 6º, 12 e outros[41].

Parágrafo único. Equipara-se a consumidor a coletividade de pessoas, ainda que indetermináveis, que haja intervindo nas relações de consumo".

40. Os casos em que existem a configuração de pessoa jurídica como participante de relação de consumo dizem respeito à hipossuficiência técnica, conforme melhor entendimento da teoria finalista aprofundada, assente no Superior Tribunal de Justiça:

Acórdão 1: "A jurisprudência desta Corte é no sentido de que o Código de Defesa do Consumidor não se aplica no caso em que o produto ou serviço é contratado para implementação de atividade econômica, já que não estaria configurado o destinatário final da relação de consumo, podendo no entanto ser mitigada a aplicação da teoria finalista quando ficar comprovada a condição de hipossuficiência técnica, jurídica ou econômica da pessoa jurídica" (STJ, EDcl no AREsp 265.845/SP, rel. Min. Marco Buzzi, j. 18-6-2013).

Acórdão 2: "AÇÃO DE INDENIZAÇÃO — AQUISIÇÃO DE PROGRAMA DE *SOFTWARE* — ESTABELECIMENTO DE ENSINO — RELAÇÃO DE CONSUMO — VÍCIO NO PRODUTO — DECADÊNCIA — RESTITUIÇÃO DO PREÇO PAGO — PERDAS E DANOS NÃO COMPROVADOS — INADMISSIBILIDADE — APELO ADESIVO — AUSÊNCIA DE SUCUMBÊNCIA RECÍPROCA — NÃO CONHECIMENTO. — A circunstância de ser pessoa jurídica não pode afastar a relação de consumo, uma vez que a instituição de ensino não é mera intermediária ou insumidora do programa de *software* adquirido, mas, sim, destinatária final que exaure a utilidade do bem. (...)" (TJMG, ApC 0399930, 2ª Câmara Cível, 2003).

Acórdão 3: "Da decisão em audiência (...), que acolheu a aplicação do código de defesa do consumidor, foi interposto agravo de instrumento pela apelante, o qual foi rejeitado pelo juízo *ad quem*, às fls. (...). Cuida-se de indenização por dano moral, porque a apelada, em data de 18 de maio de 2000, comprou um programa de computador da apelante, sendo que o mesmo em razão do funcionamento defeituoso causou uma série de transtornos, abalando a reputação da apelada diante de seus clientes. Da aplicação do CDC. Na espécie aplica-se o CDC, haja vista que além do agravo que discutira a matéria ter sido rejeitado, inegável a relação de consumo, dada a incidência dos artigos 2º e 3º, do referido diploma legal, bem como o produto comprado, se não fosse objeto de sérios problemas, seria utilizado pela apelada como destinatária final. (...) Presidiu o julgamento o Excelentíssimo Senhor Desembargador Tufi Maron Filho. Curitiba, 10 de Maio de 2007 A. I. Reinaldin — Relator Substituto de 2º Grau (...) (TJPR, ApC 0408404-8).

41. Art. 6º São direitos básicos do consumidor: (...) VIII — "a facilitação da defesa de seus direitos, inclusive com a inversão do ônus da prova, a seu favor, no processo civil, quando, a critério do juiz, for verossímil a alegação ou quando for ele hipossuficiente, segundo as regras ordinárias de experiências".

Art. 12 — "O fabricante, o produtor, o construtor, nacional ou estrangeiro, e o importador respondem, independentemente da existência de culpa, pela reparação dos danos causados aos consumidores por defeitos decorrentes de projeto, fabricação, construção, montagem, fórmulas, manipulação, apresentação ou acondicionamento de seus produtos, bem como por informações insuficientes ou inadequadas sobre sua utilização e riscos".

d) O fabricante, vendedor ou prestador de serviços tem o dever de informar ao consumidor todas as características do produto ou serviço oferecido no mercado.

e) A propaganda tem força vinculante, integra o contrato e obriga o anunciante ao cumprimento de todas as promessas anunciadas, inclusive quanto ao preço, se mencionado.

f) Se a oferta ou venda for por telefone ou reembolso postal, o consumidor terá sete dias para desistir da compra, com direito à devolução das quantias eventualmente pagas. Neste item, há situações em que na compra e venda *online*, pelo *e-commerce*, também se aplica a mesma regra.

g) Proteção contra práticas abusivas contra o consumidor — prevista pelo art. 39[42].

---

42. "Art. 39. É vedado ao fornecedor de produtos ou serviços, dentre outras práticas abusivas:

I — condicionar o fornecimento de produto ou de serviço ao fornecimento de outro produto ou serviço, bem como, sem justa causa, a limites quantitativos;

II — recusar atendimento às demandas dos consumidores, na exata medida de suas disponibilidades de estoque, e, ainda, de conformidade com os usos e costumes;

III — enviar ou entregar ao consumidor, sem solicitação prévia, qualquer produto, ou fornecer qualquer serviço;

IV — prevalecer-se da fraqueza ou ignorância do consumidor, tendo em vista sua idade, saúde, conhecimento ou condição social, para impingir-lhe seus produtos ou serviços;

V — exigir do consumidor vantagem manifestamente excessiva;

VI — executar serviços sem a prévia elaboração de orçamento e autorização expressa do consumidor, ressalvadas as decorrentes de práticas anteriores entre as partes;

VII — repassar informação depreciativa, referente a ato praticado pelo consumidor no exercício de seus direitos;

VIII — colocar, no mercado de consumo, qualquer produto ou serviço em desacordo com as normas expedidas pelos órgãos oficiais competentes, ou, se normas específicas não existirem, pela Associação Brasileira de Normas Técnicas ou outra entidade credenciada pelo Conselho Nacional de Metrologia, Normalização e Qualidade Industrial — CONMETRO;

IX — recusar a venda de bens ou a prestação de serviços, diretamente a quem se disponha a adquiri-los mediante pronto pagamento, ressalvados os casos de intermediação regulados em leis especiais;

X — elevar sem justa causa o preço de produtos ou serviços;

XI — (dispositivo incorporado pela MP n. 1.890-67/1999, transformado em inciso XIII, quando da conversão na Lei n. 9.870-1999);

XII — deixar de estipular prazo para o cumprimento de sua obrigação ou deixar a fixação de seu termo inicial a seu exclusivo critério;

XIII — aplicar fórmula ou índice de reajuste diverso do legal ou contratualmente estabelecido. (Acrescentado pela Lei n. 9.870/1999);

XIV – permitir o ingresso em estabelecimentos comerciais ou de serviços de um número maior de consumidores que o fixado pela autoridade administrativa como máximo".

h) Responder pelos danos patrimoniais e morais que causar. Esta proteção é de fundamental importância, especialmente na Internet, com a facilidade de usos de dados dos consumidores[43].

i) Permitir apenas maiores em seu estabelecimento se explorar comercialmente jogos ou apostas. Essa questão, junto com o Estatuto da Criança e do Adolescente, motivou a criação de algumas regras específicas para *Lan Houses*, como já previsto na Lei Estadual Paulista n. 12.228/2006[44], entre outras.

---

43. Julgados nesse sentido:

Acórdão 1: "CONTRATO DE IMPLANTAÇÃO DE SISTEMA DE *SOFTWARE*. INDENIZAÇÃO. PREJUÍZO DE EMPRESA ADQUIRENTE. DANOS MATERIAIS E MORAIS. CÓDIGO DE DEFESA DO CONSUMIDOR. APLICABILIDADE. VALOR FIXADO. LIMITE DA INICIAL. DANO MORAL INDEVIDO. MAJORAÇÃO PREJUDICADA. HONORÁRIOS ADVOCATÍCIOS. FIXAÇÃO ENTRE O MÍNIMO E O MÁXIMO PERMITIDO.

1. Presentes a adequação fática e a definição de consumidor e fornecedor dispostos na lei, aplicam-se ao contrato as regras do Código de Defesa do Consumidor.

2. 'Aquele que comercializar programa de computador, quer seja titular dos direitos do programa, quer seja titular dos direitos de comercialização, fica obrigado, no território nacional, durante o prazo de validade técnica da respectiva versão, a assegurar aos respectivos usuários a prestação de serviços técnicos complementares relativos ao adequado funcionamento do programa, consideradas as suas especificações' (art. 8º da Lei 9.609/98)" (TJPR, 9ª Câmara Cível).

Acórdão 2: (...) A instituição bancária/ré permitiu que terceiro, utilizando do convênio firmado entre ela e uma empresa do ramo musical, realizasse compras através de débito automático na conta corrente do autor. Note-se que, mesmo diante das facilidades existentes no mercado de consumo, como a aquisição de produtos via telefone ou INTERNET, não se pode olvidar das cautelas pertinentes, a fim de impedir que outra pessoa faça uso dos dados pessoais do correntista para ocasionar lesão patrimonial. Destarte, não é admissível que as empresas de grande porte, que devem se municiar contra fraudes, resolvam atribuir culpa a terceiros com o objetivo de deixar o dito pelo não dito. Assim, tais circunstâncias não podem ser consideradas meros aborrecimentos, em virtude do que faz jus o autor à indenização por danos morais, fixada no valor de R$ 12.000,00 (doze mil reais), corrigidos monetariamente e acrescido de juros de mora de 1% (um por cento) ao mês, a contar da citação, conforme a sentença, eis que reproduz a justa reparação do dano, atendendo os princípios da razoabilidade e proporcionalidade. Recurso conhecido e improvido" (TJRJ, ApC 2007.001.06788, 11ª Câmara Cível, rel. Des. Claudio de Mello Tavares, j. 16-5-2007).

44. Lei estadual n. 12.228/2006 — Estado de São Paulo — Cibercafés e *Lan houses*

Dispõe sobre os estabelecimentos comerciais que colocam à disposição, mediante locação, computadores e máquinas para acesso à Internet e dá outras providências.

O Governador do Estado de São Paulo:

Faço saber que a Assembleia Legislativa decreta e eu promulgo a seguinte lei:

Artigo 1º São regidos por esta lei os estabelecimentos comerciais instalados no Estado de São Paulo que ofertam a locação de computadores e máquinas para acesso à Internet, utilização de programas e de jogos eletrônicos, abrangendo os designados como *"lan houses"*, cibercafés e *"cyber offices"*, entre outros.

Artigo 2º Os estabelecimentos de que trata esta lei ficam obrigados a criar e manter cadastro atualizado de seus usuários, contendo:

I — nome completo;

II — data de nascimento;

III — endereço completo;

IV — telefone;

V — número de documento de identidade.

§ 1º O responsável pelo estabelecimento deverá exigir dos interessados a exibição de documento de identidade, no ato de seu cadastramento e sempre que forem fazer uso de computador ou máquina.

§ 2º O estabelecimento deverá registrar a hora inicial e final de cada acesso, com a identificação do usuário e do equipamento por ele utilizado.

§ 3º Os estabelecimentos não permitirão o uso dos computadores ou máquinas:

1. a pessoas que não fornecerem os dados previstos neste artigo, ou o fizerem de forma incompleta;

2. a pessoas que não portarem documento de identidade, ou se negarem a exibi-lo.

§ 4º As informações e o registro previstos neste artigo deverão ser mantidos por, no mínimo, 60 (sessenta) meses.

§ 5º Os dados poderão ser armazenados em meio eletrônico.

§ 6º O fornecimento dos dados cadastrais e demais informações de que trata este artigo só poderá ser feito mediante ordem ou autorização judicial.

§ 7º Excetuada a hipótese prevista no § 6º, é vedada a divulgação dos dados cadastrais e demais informações de que trata este artigo, salvo se houver expressa autorização do usuário.

Artigo 3º É vedado aos estabelecimentos de que trata esta lei:

I — permitir o ingresso de pessoas menores de 12 (doze) anos sem o acompanhamento de, pelo menos, um de seus pais ou de responsável legal devidamente identificado;

II — permitir a entrada de adolescentes de 12 (doze) a 16 (dezesseis) anos sem autorização por escrito de, pelo menos, um de seus pais ou de responsável legal;

III — permitir a permanência de menores de 18 (dezoito) anos após a meia-noite, salvo se com autorização por escrito de, pelo menos, um de seus pais ou de responsável legal.

Parágrafo único. Além dos dados previstos nos incisos I a V do artigo 2º, o usuário menor de 18 (dezoito) anos deverá informar os seguintes:

1. filiação;

2. nome da escola em que estuda e horário (turno) das aulas.

Artigo 4º Os estabelecimentos de que trata esta lei deverão:

I — expor em local visível lista de todos os serviços e jogos disponíveis, com um breve resumo sobre os mesmos e a respectiva classificação etária, observada a disciplina do Ministério da Justiça sobre a matéria;

II — ter ambiente saudável e iluminação adequada;

III — ser dotados de móveis e equipamentos ergonômicos e adaptáveis a todos os tipos físicos;

IV — ser adaptados para possibilitar acesso a portadores de deficiência física;

V — tomar as medidas necessárias a fim de impedir que menores de idade utilizem contínua e ininterruptamente os equipamentos por período superior a 3 (três) horas, devendo haver um intervalo mínimo de 30 (trinta) minutos entre os períodos de uso;

VI — regular o volume dos equipamentos de forma a se adequar às características peculiares e em desenvolvimento dos menores de idade.

j) Fazer orçamento nos termos do art. 40, §§ 1º a 3º.

k) Ampliação da responsabilidade solidária, com garantia de direito de regresso, o que na Internet ocorre com frequência, principalmente pelo grau de interdependência dos negócios — art. 13[45]. Sendo que em situações em que o fornecedor possa fazer prova da culpa exclusiva do consumidor ou de terceiro, então poderia afastar sua responsabilidade. A aplicação do art. 14 tem sido debatida no sentido de limites de responsabilidade, especialmente quando envolver danos causados por negligência do cliente, como em situações de uso indevido de senha no *Internet Banking*, entre outros[46].

Artigo 5º São proibidos:

I — a venda e o consumo de bebidas alcoólicas;

II — a venda e o consumo de cigarros e congêneres;

III — a utilização de jogos ou a promoção de campeonatos que envolvam prêmios em dinheiro.

Artigo 6º A inobservância do disposto nesta lei sujeitará o infrator às seguintes penalidades:

I — multa, no valor de R$ 3.000,00 (três mil reais) a R$ 10.000,00 (dez mil reais), de acordo com a gravidade da infração, conforme critérios a serem definidos em regulamento;

II — em caso de reincidência, cumulativamente com a multa, suspensão das atividades ou fechamento definitivo do estabelecimento, conforme a gravidade da infração.

§ 1º Na reincidência, a multa será aplicada em dobro.

§ 2º Os valores previstos no inciso I serão atualizados anualmente, pelos índices oficiais.

Artigo 7º O Poder Executivo regulamentará esta Lei, especialmente quanto à atribuição para fiscalizar seu cumprimento e impor as penalidades a que se refere o artigo 6º.

Artigo 8º Esta Lei entra em vigor após decorridos 30 (trinta) dias de sua publicação oficial.

Palácio dos Bandeirantes, aos 11 de janeiro de 2006.

GERALDO ALCKMIN

45. "Art. 13. O comerciante é igualmente responsável, nos termos do artigo anterior, quando:

I — o fabricante, o construtor, o produtor ou o importador não puderem ser identificados;

II — o produto for fornecido sem identificação clara do seu fabricante, produtor, construtor ou importador;

III — não conservar adequadamente os produtos perecíveis.

Parágrafo único. Aquele que efetivar o pagamento ao prejudicado poderá exercer o direito de regresso contra os demais responsáveis, segundo sua participação na causação do evento danoso."

46. Art. 14, § 3º, II, do CDC: "§ 3º O fornecedor de serviços só não será responsabilizado quando provar: (...) II — a culpa exclusiva do consumidor ou de terceiro". Este artigo foi reforçado pela Súmula n. 479 do STJ, que determina que "as instituições financeiras respondem objetivamente pelos danos gerados por fortuito interno relativo a fraudes e delitos praticados por terceiros no âmbito de operações bancárias". Mas, em muitos casos, a decisão judicial leva em consideração a culpa *incontinenti* do consumidor, havendo isenção da instituição financeira a despeito da indenização:

l) Possibilidade de cancelar serviços de prestação continuada, como já foi previsto pela Lei paulista n. 12.281/2006[47].

m) A proteção de bancos de dados de consumidores e a questão de privacidade, hoje muito discutida no âmbito da Internet, em que se aplicam os artigos do Código de Defesa do Consumidor[48], a Lei n. 12.414/2011 (Lei do Cadastro Positivo), a Lei do Marco Civil da Internet, bem como o art. 5º da Constituição Federal[49].

"APELAÇÃO CÍVEL. AÇÃO DE INDENIZAÇÃO. INSTITUIÇÃO FINANCEIRA. GOLPE E-MAIL. CULPA EXCLUSIVA CONSUMIDOR. AUSÊNCIA DE CAUTELA. Para que se tenha a obrigação de indenizar, é necessário que existam três elementos essenciais: a ofensa a uma norma preexistente ou um erro de conduta, um dano e o nexo de causalidade entre eles, conforme se verifica pelo art. 186 do Código Civil. Restando evidenciado nos autos que a movimentação bancária por terceiro estelionatário se deu por culpa do consumidor, que sem cautela acessou e-mail falso e forneceu seus dados pessoais, não há que se falar em responsabilização da instituição financeira por eventuais danos. Recurso provido" (TJMG, Ap 1.0687.13.004231-4/001, rel. Des. Amorim Siqueira, j. 15-10-2014).

47. Lei Paulista n. 12.281, de 2006:

As prestações de serviços continuadas — No dia 22 de fevereiro de 2006 entrou em vigor, no estado de São Paulo, a Lei n. 12.281. Os consumidores paulistas têm motivos para festejar a atenção que lhes deu o legislador com os direitos ali consagrados. É que, muito embora o Código de Defesa do Consumidor — Lei federal n. 8.078/90, já assegure ao consumidor que o fornecedor não poderá concluir, alterar ou rescindir o contrato de maneira unilateral, ou exigir obrigações consideradas iníquas, abusivas, ou que coloquem o consumidor em desvantagem exagerada (art. 51), *a lei paulista veio dar tratamento específico aos contratos de prestação de serviços contínuos.*

São aqueles contratos denominados pela Profa. Cláudia Lima Marques como contratos cativos de longa duração, já que envolvem prestações de trato sucessivo, que se prolongam no tempo. Característica: *assegurar aos consumidores a liberdade de solicitar o cancelamento do serviço pelos mesmos meios com que os contratou. Torna também obrigatório que o provedor de Internet facilite o cancelamento do serviço por telefone ou Correio.* O Código de Defesa do Consumidor considera tal prática abusiva, o que enseja aplicação de severa sanção, que vai de duzentas a três milhões de UFIRs. Da mesma forma, a Lei paulista n. 12.281/2006 determina que sejam aplicadas as sanções previstas no art. 56 do CDC. Mas, conforme orienta a Profa. Marques: *não existe na festejada lei paulista a renovação automática dos contratos que tenham prazo determinado.* Não foi essa a intenção do legislador paulista, *nem poderá o fornecedor transferir para o consumidor o ônus de cancelar, expressamente, os contratos que tenham prazo determinado.*

48. CDC, art. 43 (sobre bancos de dados):

(i) os *cadastros e dados de consumidores* devem ser objetivos, claros, verdadeiros e em linguagem de fácil compreensão;

(ii) a abertura de cadastro, ficha, registro e dados pessoais e de consumo deverá ser comunicada por escrito ao consumidor;

(iii) direito do consumidor de providenciar *correção de seus dados* (5 dias úteis para o arquivista comunicar a alteração).

49. Complementa-se ainda apontando a aplicação da Lei Geral de Proteção de Dados Pessoais.

n) Inversão do ônus da prova em favorecimento ao consumidor[50]. Esta situação gera uma preocupação cada vez maior dos fornecedores e lojas virtuais em fazer a guarda adequada das provas eletrônicas, uma vez que caberá a elas provar se determinado fato ocorreu ou não, inclusive se é situação até mesmo de autofraude. Esta guarda adequada é essencial para proteção legal da empresa em relações de consumo sujeitas ao Código de Defesa do Consumidor. Isso porque muitas vezes, sem preparar o terreno antecipadamente, a empresa pode ficar sem defesa!

Da mesma forma que o Código de Defesa ao Consumidor se aplica às compras *online*, também ocorre com o direito de arrependimento, nos termos do art. 49 do texto legal.

O direito de arrependimento nada mais é do que o direito do consumidor de desistir de uma compra, feita *online*, isto é, fora do estabelecimento comercial[51], podendo fazê-lo sem qualquer ônus e dentro do prazo de até sete dias[52].

Mas, conforme os bens digitais estão se tornando mais intangíveis, permitindo a satisfação imediata no ato de um simples acesso ou de um *download*, vai se tornando mais difícil a aplicação, inconteste, do direito de arrependimento, sem que isso acabe propiciando enriquecimento ilícito ou mesmo má-fé por parte do consumidor. Por exemplo, quando se contrata um vídeo *on demand* em serviços como o *"NOW"* da empresa NET. Como praticar o direito de desistência neste caso? Ou quando se baixa um *e-book*?

---

50. Art. 6º, VIII — "a facilitação da defesa de seus direitos, inclusive com a inversão do ônus da prova, a seu favor, no processo civil, quando, a critério do juiz, for verossímil a alegação ou quando for ele hipossuficiente, segundo as regras ordinárias de experiências".

51. BRUNO, Fabio de Barros. *E-Commerce e o Direito de Arrependimento*. Trabalho publicado nos Anais do XVIII Congresso Nacional do CONPEDI, realizado em SP nos dias 4 a 7 de novembro de 2009. Disponível em: <http://www.publicadireito.com.br/conpedi/manaus/arquivos/Anais/sao_paulo/2335.pdf>. Acesso em: 3 out. 2011.

52. O Decreto n. 7.962, de 2013, em seu art. 5º, reforça a necessidade de conformidade legal para exercício do direito por parte do consumidor:

"Art. 5º O fornecedor deve informar, de forma clara e ostensiva, os meios adequados e eficazes para o exercício do direito de arrependimento pelo consumidor.

§ 1º O consumidor poderá exercer seu direito de arrependimento pela mesma ferramenta utilizada para a contratação, sem prejuízo de outros meios disponibilizados.

§ 2º O exercício do direito de arrependimento implica a rescisão dos contratos acessórios, sem qualquer ônus para o consumidor.

§ 3º O exercício do direito de arrependimento será comunicado imediatamente pelo fornecedor à instituição financeira ou à administradora do cartão de crédito ou similar, para que:

I — a transação não seja lançada na fatura do consumidor; ou

II — seja efetivado o estorno do valor, caso o lançamento na fatura já tenha sido realizado.

§ 4º O fornecedor deve enviar ao consumidor confirmação imediata do recebimento da manifestação de arrependimento".

Os serviços financeiros são entendidos como sujeitos também ao Código de Defesa do Consumidor, conforme decisão proferida pelo Supremo Tribunal Federal. Essa matéria era objeto de certa polêmica no Brasil, e com a tendência da evolução dos serviços bancários, cada vez mais eletrônicos, ela se torna de fundamental importância[53].

O que antes era apenas uma boa prática de mercado, como a implementação de uma Política de Privacidade clara, publicada no no *website*, no momento da coleta dos dados, com barreira de navegação e guarda do "log" de ciência (para evitar que a empresa venha a ser questionada sobre a legitimidade de uso dos dados dos clientes) hoje já se tornou obrigação legal imposta pelo Decreto n. 7.962, de 2013, e pelo Marco Civil da Internet[54].

E isso vem ocorrendo com muita frequência quando se trata do Direito Digital, em que algo nasce como uma melhor prática e acaba se tornando uma exigência de lei. Qual o motivo? A natureza extremamente costumeira do Direito Digital, porque necessita de atualização rápida e contínua e isso se consegue mais facilmente absorvendo-se diretamente os melhores costumes sociais para cunhar as novas regras que devem reger as relações.

Esta estratégia permite aumentar a aderência e a legitimidade da lei junto ao mercado e à população. Ou seja, é quase uma geração espontânea de normas legais a partir da própria comunidade.

---

53. Nesse sentido ver a Ação Direta de Inconstitucionalidade n. 2.591, conforme abaixo: AÇÃO DIRETA DE INCONSTITUCIONALIDADE (Med. Liminar) 2.591 — 1

Requerente: CONFEDERAÇÃO NACIONAL DO SISTEMA FINANCEIRO — CONSIF (CF 103, 0IX). Requeridos: PRESIDENTE DA REPÚBLICA E CONGRESSO NACIONAL.

Dispositivo Legal Questionado:

Art. 3º, § 2º, da Lei n. 8.078, de 11 de setembro de 1990, na expressão "inclusive as de natureza bancária financeira de crédito e securitária". Lei n. 8.078, de 11 de setembro de 1990. Dispõe sobre a Proteção do Consumidor e dá outras providências. Art. 3º Fornecedor é toda pessoa física ou jurídica, pública ou privada, nacional ou estrangeira, bem como os entes despersonalizados, que desenvolvem atividades de produção, montagem, criação, construção, transformação, importação, exportação, distribuição ou comercialização de produtos ou prestação de serviços. (...) § 2º Serviço é qualquer atividade fornecida no mercado de consumo, mediante remuneração, inclusive as de natureza bancária, financeira, de crédito e securitária, salvo as decorrentes das relações de caráter trabalhista.

Resultado Final: Improcedente.

54. A LGPD estimula a adoção de padrões e boas práticas no tratamento de dados pessoais, dedicando um capítulo inteiro da norma para apontar disposições acerca de tais práticas, inclusive obrigando as empresas a publicar e atualizar periodicamente as regras de boas práticas e governança adotadas em âmbito organizacional (Lei n. 13.709/2018, art. 32; 46 a 51). O principal objetivo da lei é o estímulo à criação e disseminação de uma "cultura de proteção de dados", tanto entre as empresas, quanto em órgãos públicos.

Pelo exposto, um simples *e-mail* enviado ao SAC *online* da empresa, que não seja devidamente respondido, já pode evidenciar um comportamento omisso ou negligente e atrair responsabilidade jurídica. Por outro lado, uma reclamação abusiva e ofensiva publicada nas mídias sociais também pode ser utilizada como prova legal contra o consumidor.

Além disso, os contratos de TI e Telecom e seus respectivos Acordos de Nível de Serviço (SLAs) devem ser diferenciados para as lojas virtuais, já que a questão da indisponibilidade de serviços tem impacto diferente se tiver ocorrido em um dia qualquer ou às vésperas de um dia das mães, por exemplo, quando há um pico de venda e a loja não pode ficar fora do ar em hipótese alguma. Não pode uma loja virtual ter um contrato padrão aplicável a outro tipo de negócio que o fornecedor de TI e Telecom atende, pois há necessidades, riscos e responsabilidades específicos.

A guarda das provas eletrônicas é essencial; ter um servidor de *logs* e guardar os dados completos de acessos, inclusive números de IP, pode fazer toda diferença se houver uma demanda judicial. Deve ser feita uma política de gestão documental com uma tabela de temporalidade, em que os dados que vêm do *site* devem ser guardados no mínimo por doze meses[55]. Principalmente porque é comum haver inversão de ônus da prova em situações que envolvem consumidor final. Segurança técnica e jurídica da informação para uma loja virtual não é só uma questão de atender ou não as melhores práticas da ISO 27002; representa, na verdade, proteção do próprio negócio.

Portanto, os meios digitais têm exigido que tanto fornecedores como consumidores façam uso de seus direitos e obrigações de modo mais ético e responsável.

8.5. O *e-Business* para as Classes C e D — baixa renda

O varejo virtual continua com altos índices de crescimento. Quer seja pela falta de tempo, pela comodidade, pela oferta de melhores preços, comprar pela Internet está se tornando rotina dos brasileiros. Assim como crescem os consumidores *online*, também crescem os riscos relacionados a questões de

---

55. O Marco Civil da Internet estabelece como período mínimo de guarda de registros de acesso às aplicações o prazo de 6 (seis) meses, conforme seu art. 15. No entanto, deve-se observar qual o prazo previsto também em outras legislações, como proteção de dados de consumidor, civil, previdenciária e penal antes de se determinar o período exato para descarte dos arquivos e documentos digitais, visto que deverá prevalecer o maior prazo de guarda (quando houver prazos distintos previstos em cada uma).

segurança. Como ficam os limites jurídicos de responsabilidades e obrigações quando se trata de uma loja virtual?

Com a massificação de uso de meios eletrônicos nas operações de pagamento, bem como da Internet para transacionar junto ao banco ou à loja, o próximo desafio é a mobilidade, trazida por um novo perfil de usuário digital, que está nas Classes C e D. Afinal, apesar de muitos não terem computador em casa, nem banda larga, a maioria tem celular.

Logo, fica a questão: como gerar prova de autoria, de identidade, para aproveitar o potencial de negócios pela via eletrônica-móvel junto a este público que possui um volume expressivo?

Mesmo o varejo que está há anos na *web*, ou quem deixou para entrar só agora, deve refletir em como tirar proveito com o menor risco jurídico, uma vez que há uma tendência de a Justiça brasileira estabelecer a hipossuficiência compulsória, ou seja, se é consumidor, com baixo nível de escolaridade, com baixa renda, então não sabia o que estava fazendo, ainda mais quando se faz uso de recursos tecnológicos[56].

Neste cenário, como fica a questão do uso do certificado digital com a migração para mobilidade? Seria uma solução viável? O certificado digital da ICP-Brasil não apenas permite uma "assinatura digital" como deve ser tratado pela Justiça com o mesmo valor legal de uma assinatura com firma reconhecida.

Em todas as relações transacionais há sempre um ônus de prova de autoria por parte do contratado do serviço, do prestador, cabendo a ele a conferência desta identidade no momento da contratação. Isso já é vivido como um verdadeiro pandemônio jurídico-financeiro nas operações de cartão de crédito ou de débito com ausência do mesmo (via telefone e Internet), que elevam a probabilidade de repúdio.

Ou seja, quando a relação é presencial, é óbvio que, se o estabelecimento não faz conferência da identificação do contratante, assume o risco. Não apenas há o criminoso como também é muito comum no Brasil a situação do consumidor oportunista, que se aproveita da inversão do ônus da prova para tentar não pagar pelo que comprou[57].

---

56. O Marco Civil da Internet expõe em seus arts. 24, 25, 26, 27 e 28 a participação que Estado e iniciativa privada devem exercer para promover a educação digital e a conscientização dos usuários sobre os riscos e maneiras adequadas de se executarem operações de forma ética, segura e legal, buscando reduzir a incidência do analfabetismo digital em nosso país.

57. Usuários brasileiros do portal dos Estados Unidos da América Ebay sofreram sanções em suas contas em virtude do abuso de mecanismo de proteção ao comprador, quando merca-

Como saber quem de fato está do outro lado da interface gráfica? Em termos jurídicos, deve ser gerada uma presunção legal, que é o que ocorre quando se determina que a identificação do usuário será uma senha única, individual, sigilosa, e que, em tese, só o usuário deveria ter conhecimento. O mesmo que ocorre com a personalidade da Pessoa Jurídica, que é uma invenção legal para determinar uma identidade que possa assumir obrigações e responsabilidades, e que representou uma grande inovação em sua época de criação.

O certificado digital da ICP-Brasil só vai se tornar uma ferramenta de proteção jurídica de verdade quando passar a ser obrigatório para declaração de imposto de renda de pessoas físicas. Mas cabe a quem pagar esta conta? Em princípio, sempre recai para o cidadão, visto que o mesmo tem de pagar para ter um passaporte, por exemplo, para trafegar nas vias internacionais-presenciais.

Não podemos apenas dar um celular, um acesso à Internet. Temos de conseguir garantir segurança jurídica das relações que ocorrem pelo meio digital. Ou seja, garantir que tudo isso esteja em conformidade legal e que as partes cumprirão com o combinado. Isso gera segurança para os negócios, segurança social. Devemos sim dar o próximo passo da mobilidade, massificar o uso dos canais eletrônicos, com o máximo de proteção às informações em todas as pontas.

Do celular do cliente ao sistema da loja ou do banco, do computador do usuário ao provedor de acesso à Internet, da operadora de celular ao servidor de *mobile banking*, da área de TI da Empresa ao Fisco via SPED. Até quando vamos negar que a única coisa realmente importante é saber quem é quem dentro do ambiente eletrônico?

Afinal, a questão da segurança é considerada um risco do próprio negócio (art. 927 do Código Civil), ou uma parcela disso deve ser assumida pelo cliente (art. 14 do Código de Defesa do Consumidor)? E quando a questão envolve espionagem eletrônica, concorrência desleal, furto de bases de dados de clientes, como fazer? Nosso varejo virtual já está amadurecido com base nas melhores práticas de mercado e para atender ao Código de Defesa do Consumidor em vigor? Já podemos lançar voos mais altos com mobilidade total ou vamos repetir os mesmos erros da Internet no celular?

Não podem mais as empresas de varejo continuar a veicular informação de cliente por planilha de Excel, ou ter um *call-center* sem mínimos padrões de

---

dorias levam mais tempo que o previsto para chegarem até o destino e é solicitado o reembolso. Desta feita, os usuários reclamavam do não envio, recebiam a mercadoria e o dinheiro de volta. Fonte: <http://gps.pezquiza.com/tecnologia/ebay-toma-serias-medidas-contra-compradores--brasileiros-vergonha-para-o-brasil/>.

165

segurança. O *site* precisa ter um padrão aceitável de criptografia, bem como evitar que haja uma programação que facilite ataques do tipo *SQL Injection*, ou vulnerabilidade que permitam o *Cross-Site-Scripting*.

Muitas lojas virtuais ainda possuem vulnerabilidades bem básicas, que já deveriam ter sido sanadas e que podem ser exploradas por qualquer adolescente mal-intencionado ou mesmo por uma quadrilha interessada em pegar dados de cartão de crédito.

Segurança da Informação em loja virtual é uma necessidade de conformidade legal. Aplica-se tanto o Código de Defesa do Consumidor como o Código Civil, especialmente por causa da grande quantidade de parcerias operacionais que são estabelecidas com terceiros (fornecedores), sem os quais a loja virtual não funciona. Estão nesta categoria desde a empresa de hospedagem, de banco de dados, de entregas, para formalizar a transação com cartão de crédito, muitas vezes ainda uma financeira, pois há lojas que possuem cartão de crédito de marca própria, entre outros.

Periodicamente a loja deve fazer testes de vulnerabilidade para medir seu grau de segurança. Mas não adianta estar seguro para fora, e, dentro da loja, junto aos funcionários, ser comum um colaborador ou chefe passar a senha para outro.

A senha é como a chave que abre uma porta para o patrimônio mais importante dos indivíduos, que são os seus dados pessoais. Estes dados, nas lojas, representam tanto operações, ou seja, seu uso indevido pode provocar uma fraude, com impactos financeiros e de reputação, como também representam o comportamento de seus clientes.

Ocorrem casos desde a época do Orkut, de funcionários insatisfeitos tomarem proveito do conhecimento privilegiado que possuem sobre o cliente para o abordar este de forma ameaçadora, usando argumentos tais como *"eu sei onde você mora, seu endereço"*.

Toda loja virtual deve ter um termo de uso adequado, que trate inclusive de política de troca e devolução. É recomendável, ainda, o uso de um carimbo do tempo, para determinar a hora legal da operação, a exposição de um relógio com data, hora, minuto e segundo no *site*, bem como uma política clara de privacidade.

A loja virtual precisa ter informações claras e objetivas. Isso deve ser apresentado de forma fácil no *site*, com uso de termos e políticas, bem como por meio de um canal de contato eficiente (por *e-mail* ou telefone). Também é boa prática a apresentação de informações sobre número de CNPJ, endereço físico (não apenas o virtual), alvará de licença, quando aplicável (informações mínimas de que a loja de fato existe legalmente e não é nem ilegal nem fantasma, sendo esta última muito comum para dar golpes nos consumidores desavisados que vão atrás só da oferta de preço mais baixo e não se preocupam em verificar se de fato a loja existe).

Além disso, a maior parte dos contratos eletrônicos são do tipo "adesão" (art. 54 do CDC). Logo, é fundamental que esses contratos sejam objetivos, que tenham descrito claramente todas as condições essenciais do produto/serviço, com detalhamento técnico quando necessário, bem como também apresentem quais são as regras sobre cancelamento, troca, devolução, desistência, lembrando que o meio para cancelar a compra deve ser, no mínimo, o mesmo utilizado para celebrá-la (art. 49, *caput* e parágrafo único, do CDC e Decreto n. 7.962/2013).

Cabe à empresa prestar as informações de forma certa, com guarda de ciência (ex.: guardar o *log* da tela com barreira de navegação, fazer envio automático do contrato para o *e-mail* cadastrado do cliente), e, do outro lado, cabe ao cliente ler o mesmo. Não caberá ao consumidor alegar que "viu mas não leu". Deve-se ter muito cuidado com o uso de cláusulas que eximem responsabilidades (arts. 25, 28, 50, 51 do CDC).

Há situações corriqueiras em que não fica claro por parte da empresa como o cliente deve resolver o seu problema, tais como: a) um cliente que compra um produto e não sabe para onde mandar o mesmo para fazer a troca, pois a loja só tem domínio e *e-mail*, não tem endereço físico; b) o cliente que compra um *software*, faz *download*, e depois se o computador tem um problema de vírus e precisa reformatar o equipamento e não está claro na licença se ele pode receber novamente o *software* para mera reinstalação, já que não pode pegar do *backup*; c) ou ainda o estudante que contrata um curso a distância e durante a execução do mesmo adoece e quer saber se poderá fazer em outro momento ou receber o dinheiro de volta.

Em situação de dúvida, a lei vai proteger o consumidor, e interpretar que houve omissão ou má prestação de informação por parte do vendedor, o que faz com que assuma o risco e a responsabilidade pelo incidente (art. 47 do CDC). O consumidor deve ficar atento à questão da proteção dos seus dados (política de privacidade e uso de certificados de segurança são essenciais). Para as lojas, aquela que é mais segura, por certo não vai só vender mais, com *ticket* médio maior, mas também terá seu cliente voltando mais vezes, fidelizado[58].

---

58. Dicas para ter uma compra virtual com menos risco legal:

• verificar os dados cadastrais do domínio no *site* <www.registro.br> (para ver qual endereço, telefone, CNPJ e responsável que aparecem);

Concluindo, tanto para o varejo na Internet como para os negócios em mobilidade, que querem alcançar o cliente de qualquer lugar e em todo lugar, não será com uma mera senha de 4 dígitos (formato dos mais inseguros técnica e juridicamente falando) que vamos conseguir isso, combatendo a fraude e aumentando a adesão. Quanto mais gente, mais oportunidades, e mais riscos, pois vivemos em rede, em uma grande comunidade digital na qual o comportamento de um gera consequências para todos. Enquanto não resolvemos esta questão, o fraudador, o estelionatário e o espertinho ficam com a maior parte do lucro.

8.6. O Social-SAC nas redes sociais

Atualmente, verifica-se uma alta circulação de conteúdos, produtos e serviços na Internet. Mas o consumidor digital já prefere buscar informação sobre uma empresa ou sobre uma experiência de compra de outro consumidor diretamente, o que foi proporcionado pelas Redes Sociais. Sendo assim, o Social-SAC é o balcão de atendimento do cliente presente nesse novo ambiente.

Para uma empresa implementar um Social-SAC, deve levar em consideração alguns aspectos importantes para que se tenha proteção jurídica e não um risco para sua reputação.

- fazer uma rápida busca na Internet para ver se o *site* está com alguma denúncia no Procon, Reclame Aqui, Comunidades, outros. Analisar estas informações com cautela, pois muitas vezes o problema já foi resolvido mas continua publicado;
- verificar se o *site* apresenta dados de telefone e endereço físico, além de *e-mail*;
- verificar se o *site* possui algum certificado de segurança;
- verificar se o *site* possui termos e políticas claras (compra e venda, termo de uso, troca ou devolução, cancelamento, privacidade, segurança, direitos autorais);
- verificar se no preço está incluso o frete;
- verificar se o *site* apresenta informações claras e completas sobre o produto/serviço, se a foto (imagem) corresponde à realidade ou é meramente ilustrativa;
- verificar se o *site* possui *tracking* do pedido (e se o cliente recebe o número para acompanhar);
- verificar se o *site* apresenta lista de parceiros para assistência técnica (quando aplicável);
- recomenda-se testar o *site* antes mandando um *e-mail* de dúvida e pedindo confirmar algumas informações. Se não for respondido, imagina se fosse uma reclamação;
- quando possível optar por um pagamento após entrega (que ocorre quando se paga com cartão de crédito) ou por pagamento contraentrega, evitando depósito direto em conta antecipado;
- deve-se guardar algumas evidências eletrônicas para apoiar em eventual investigação ou ação judicial (ex.: print das telas, *e-mails* trocados);
- em havendo problema, deve-se formalizar o vendedor (ciência do fornecedor) por meio de *e-mail* de reclamação ou contato pelo SAC (isso evita a decadência do direito, art. 26, § 2º, I, do CDC).

O primeiro ponto a observar é: qual o objetivo que se quer com essa presença da marca em um local como o Facebook ou o Twitter? Há intenção de apenas delimitar o território, ou seja, criar um perfil oficial para evitar que outro se passe pela empresa, de prestar informações e esclarecimentos? Ou de fato a empresa está disposta a se relacionar e até mesmo a tirar dúvidas e ouvir reclamações neste canal? Este último caso, sim, configura então o Social-SAC.

Em seguida, a partir da proposta do canal, deve-se verificar: quem é o público-alvo e qual o hábito de navegação digital dele nas redes sociais? Se o público é jovem, já da geração Y, que costuma estar conectado após as 18 horas, então a empresa terá que se preparar para responder aos comentários também nesse horário, ou deve deixar muito claro em sua página (perfil ou *fanpage*) qual o período de atendimento. Deve ser criado um SLA (*Service Level Agreement*) que deixe claro qual o tempo de demora na resposta que será praticado, que pode ser categorizado inclusive pelo tipo de situação apresentada. Já há estudos que mostram que as empresas têm se preparado para responder em 30 minutos e até no máximo em duas horas uma provocação feita em seu perfil ou *fanpage* oficial.

Se há a intenção de construir mais relacionamento, a empresa, além do perfil, deve criar uma *fanpage*, ambiente mais adequado para divulgar ações promocionais e de comunicação. Pode ainda ser criado um aplicativo para cadastro de participantes, trazendo essas informações para a empresa. Mas, para tanto, deve haver publicação de uma política de privacidade.

A questão do uso dos dados dos consumidores é extremamente delicada e, quanto maior a transparência, mais clara fica a regra no momento da interação com o cliente, e mais protegida estará a empresa. Isso deve ser feito com a publicação de uma Política de Privacidade Digital atualizada com a Lei do Marco Civil da Internet, que passou a exigir a manifestação prévia de consentimento livre e expresso do usuário no tocante ao uso dos seus dados.

Determinados, então, objetivo, público-alvo, horário de funcionamento e tempo de resposta, deve-se deixar tudo isso claro com vacinas legais nas interfaces gráficas. Se o Social-SAC não for funcionar 24 horas por dia, é essencial publicar outro canal de contato que o cliente possa ser atendido em situação de urgência, que requeira uma resposta imediata (um número 0800, por exemplo).

Há dois grandes riscos para as empresas nessa nova realidade de redes sociais: a) não estar presente; b) deixar o cliente sem resposta. Já há muitas ações judiciais em que o cliente fez o seu protesto nas redes sociais e o conteúdo serviu para documentar a negligência e falta de atenção da empresa para com ele.

O próprio PROCON afirma que as redes sociais já geram mais prejuízo às marcas no sentido de imagem negativa (já que todos ficam sabendo, está publicado no mundo), do que as ações judiciais (que em geral ninguém fica sabendo). Essas duas situações geram um grande prejuízo à Marca Digital. Já há formas até de avaliar o valor da marca nas redes sociais, considerando o volume de conexões da mesma e a qualidade do conteúdo associado (*social digital brand value*).

Segundo Luciano Palma, o consumidor espera da página oficial da empresa nas redes sociais: a) transparência; b) estar apta para solucionar um problema imediatamente, com linguagem adequada, maturidade e consciência na resposta; c) ter cultura e estar a par de como funciona a interatividade das redes sociais, que é uma via de duas mãos, em que a empresa fala e há uma resposta e todos estão vendo.

Por certo, o novo *social consumer* vai preferir e escolher as marcas que já estejam atualizadas e presentes nas redes sociais. Pois ele não vai querer encostar a barriga no balcão, nem telefonar, nem mandar um *e-mail*. As empresas devem levar mais a sério essa mudança de comportamento, que é profunda, e atuar mais profissionalmente nas redes sociais, com um plano estruturado e não um "puxadinho digital". Isso pode fazer toda a diferença.

O diálogo e a própria presença são elementos que geram maior proteção reputacional. Há necessidade de monitorar o ambiente, em caso de incidente, abordar de forma educada. Às vezes, o envio de uma notificação extrajudicial já solicitando ao consumidor que pare de usar o nome da marca pode piorar o caso, pois, dependendo da abordagem, pode ser entendido como uma espécie de "censura" à reclamação legítima do cliente e então acabar gerando ainda mais evidência e notoriedade para o caso.

Por isso, deve-se ter muito cuidado com a redação deste tipo de notificação, por maior razão que a empresa tenha, é preciso escolher muito bem o tom e quais palavras utilizar, para que sempre atenda a um propósito educativo e mediativo, de solução amigável e não pareça uma ameaça.

O próprio jurídico deve agir de forma mais estratégica, mais amistosa, com um tom de comunicação que aproxime e não rivalize as partes. Um *post* simpático pode ser muito mais eficaz que uma ação judicial. Devemos educar o próprio cliente a fazer sua reclamação de forma ética, sem difamar, sem ofender, orientando o mesmo por meio da interface gráfica.

Essa atitude de responsabilidade social na era da transparência digital determina quem vai se tornar uma *pocket brand*, ou seja, uma marca de bolso, que todos querem ter a um toque de distância no seu celular, no seu *tablet*, no seu computador, na própria nuvem, convivendo, consumindo, relacionando-se, crescendo e criando um Brasil Digital sustentável.

8.7. Propriedade intelectual nas mídias digitais

No Direito brasileiro, uma das vertentes da propriedade intelectual é o direito autoral[59], que está protegido pela Constituição Federal de 1988, bem como por lei específica, com previsão inclusive de crime pelo Código Penal em vigor[60]. Faz-se necessário destacar que o direito autoral, em princípio, protege o titular do direito de autor. Parece algo simples e óbvio, mas, muitas vezes, este detalhe passa despercebido pelo usuário-consumidor do direito autoral, dos conteúdos em geral, bem como pelos concorrentes.

É importante frisar que o direito autoral tem dois aspectos[61]: um patrimonial[62], que significa a valorização do trabalho de inovação e sua remuneração adequada, e outro moral[63], que representa a proteção à integridade da obra. Com o avanço da tecnologia, a facilidade de se modificar obras é muito grande; no entanto, também existem *softwares* que permitem a criação de uma chave de proteção da obra original, assim como impressões digitais que identificam uma obra autêntica, ou seja, não alterada.

Além disso, o autor só pode ser pessoa física, já o titular do direito autoral pode ser pessoa física ou jurídica.

Dentro do Direito Digital, um fator determinante para o estudo do direito autoral está atrelado à desmaterialização de seu suporte físico. A obra não é mais distribuída em seu modelo tradicional, como, por exemplo, em livro ou CD, ela é acessada pelo usuário. O entendimento deste novo formato de distribuição é essencial para se criarem formas de proteção do direito de autor na era digital e também para compreender o motivo que leva a um comportamento coletivo crescente de "que se está publicado na Internet então é público, então pode pegar".

O Direito não protege a ideia pura, pois essa proteção se confere em um estágio inicial do pensamento, de forma prematura. Caso houvesse tal proteção, poderia gerar um prejuízo à intenção ou à própria inovação. A ideia é uma constatação de um fato observado com a visão crítica de um

---

59. Direito autoral no Brasil é protegido pela Lei n. 9.610/98, além de ser também um princípio constitucional explicitado no art. 5º, XXVII e XXVIII, da Constituição Federal, e no Código Penal, no art. 184.

60. Art. 2º da Lei n. 9.610/98.

61. Art. 22 da Lei n. 9.610/98: "Pertencem ao autor os direitos morais e patrimoniais sobre a obra que criou".

62. Arts. 28 a 45 da Lei n. 9.610/98.

63. Arts. 24, 25, 26 e 27 da Lei n. 9.610/98.

observador. No momento em que se torna implementável, torna-se protegida pelo Direito[64].

A intangibilidade trazida pela Sociedade Digital impõe um grande desafio para os operadores do Direito, já que provoca a necessidade de se repensar o próprio modelo econômico de exploração da propriedade intelectual[65]. Isso já vem ocorrendo há bastante tempo, mas com a facilidade de acesso e as tecnologias de reprodução, a situação de infração deixou de ser uma exceção, uma ocorrência pontual, para se tornar não apenas comum, mas também "socialmente aceita"[66]. Já ouvi frases como "mas se não é para copiar por que tem o gravador de CD/DVD"?

Não existindo exemplar material fica difícil identificar quando ocorre o "esgotamento da obra". E isso repercute diretamente na questão socioeconômica do direito autoral, já que a obra torna-se permanente. Há muitas pessoas que se sentem lesadas se, ao comprarem um *software* via Internet, instalarem tal *software* em seu computador, posteriormente sofrerem um problema com vírus que exija reformatar o equipamento, e com isso terem que comprar novamente o *software*, já que o pagamento foi para baixar o programa (*download*), e este não gera um direito por prazo indeterminado para consumir a obra.

---

64. "PROCESSUAL CIVIL. RECURSO ESPECIAL. AÇÃO REPARATÓRIA. LEI DE DIREITOS AUTORAIS INAPLICÁVEL À LIDE. ART. 8º DA LEI N. 9.610/1998. IDEIAS, MÉTODOS E PROJETOS NÃO SÃO PASSÍVEIS DE PROTEÇÃO AUTORAL. 1. Ação de reparação distribuída em 8-3-2002, da qual foi extraída o presente recurso especial, concluso ao Gabinete em 16-1-2014. 2. Cinge-se a controvérsia em saber se o projeto desenvolvido pela recorrente fora plágio daquele idealizado pelo recorrido. 3. O art. 8º da Lei n. 9.610/1998 veda, de forma taxativa, a proteção como direitos autorais de ideias, métodos, planos ou regras para realizar negócios. Nessa linha, o fato de uma ideia ser materializada não a torna automaticamente passível de proteção autoral. Um plano, estratégia, método de negócio, ainda que posto em prática, não é o que o direito do autor visa proteger. Assim, não merece proteção autoral ideias/métodos/planos para otimização de comercialização de títulos de capitalização destinados à aquisição de motos. 4. Admitir que a Lei ponha métodos, estilos ou técnicas dentre os bens protegidos seria tolher, em absoluto, a criatividade. 5. Recurso especial provido" (STJ, REsp 1418524 BA 2013/0380826-1, rel. Min. Nancy Andrighi, 3ª Turma, j. 8-5-2014, *DJe*, 15-5-2014).

65. O art. 2º da Convenção de Estocolmo de 1967, que estabeleceu a OMPI (Organização Mundial da Propriedade Intelectual), alterada em 1979, define que "a expressão Propriedade Intelectual abrange os direitos relativos às invenções em todos os campos da atividade humana, às descobertas científicas, aos desenhos e modelos industriais, às marcas industriais, de comércio e de serviço, aos nomes e denominações comerciais, à proteção contra a concorrência desleal, às obras literárias, artísticas e científicas, às interpretações dos artistas intérpretes, às execuções dos artistas executantes, aos fonogramas e às emissões de radiodifusão, bem como os demais direitos relativos à atividade intelectual no campo industrial, científico, literário e artístico".

66. Segundo relatório do Fórum Nacional contra a Pirataria e a Ilegalidade, em 2019, o Brasil perdeu cerca de R$ 291,4 bilhões por conta do comércio de produtos falsificados e ilegais. Esse montante abrange a soma das perdas registradas por 15 (quinze) setores da indústria e dos impostos que deixaram de ser arrecadados em razão do comércio ilegal. Disponível em: <http://www.fncp.org.br/forum/release/292>.

Como analogia, imagine que após comprar um livro a pessoa o perde, tem o mesmo furtado, queimado, e aí retorna na livraria com o recibo pleiteando um novo exemplar. Logo, o que está sendo comercializado de fato é um direito preso em um suporte, quando não há mais suporte surgem diversas situações de lacuna jurídica ou que o direito ainda não consegue endereçar uma resposta adequada.

Muitos contratos com editoras já trazem previsão de comercialização via Internet, por quantidade de acessos, além do que já preveem normalmente sobre tiragem, de modo a já estarem de acordo com os sistemas de distribuição tradicionais — Livro, e os sistemas de distribuição virtuais — acessos, *clicks* e *downloads*. Esta desmaterialização da obra termina por diminuir os limites temporais entre reprodução, difusão e circulação, que passam a ocorrer quase simultaneamente.

A complexidade autoral abrange não apenas obras escritas, mas, por analogia, a correspondência eletrônica, os programas de computador[67], os artigos e conteúdos transferidos nos servidores, os bancos de dados[68], as imagens criadas como as produzidas por algum equipamento ou máquina, que pode ir de uma câmera a um smartphone ou até um radar, desde que seja possível lhe atribuir alguma criação humana bem como elementos de originalidade para que possa receber a proteção jurídica autoral.

Destaque-se que o direito autoral surgiu justamente para proteger a inovação e ao mesmo tempo equilibrar a vontade do acesso público e coletivo da obra (que ocorre quando cai em domínio público) e a remuneração de seu criador para retornar o investimento feito em sua criação.

Não proteger o direito autoral na Sociedade do Conhecimento é o mesmo que estimular a paralisia de pensamento. Por que criar algo se copiar é mais fácil afinal?

Quando a discussão vai para a produção de conteúdos de entretenimento, verifica-se que o problema é muito mais de quebra de expectativas na relação de consumo (não enxergar o custo x benefício do original x pirata), devido ao fato de que, até então, a indústria não precisava se preocupar com o que o cliente queria, já que monopolizava o meio de acesso às obras produzidas. Nesse sentido, de certo modo, temos de concordar que a Internet democratizou o acesso aos conteúdos, revelando, inclusive, novos talentos, que pelo modelo tradicional da indústria jamais teriam tido a mesma oportunidade de se tornarem conhecidos e famosos.

---

67. A proteção ao programa de computador (*software*) é dada pela Lei n. 9.609/98.

68. Art. 7º, XIII, da Lei n. 9.610/98. Nesse sentido se manifesta também a Justiça britânica que decidiu pela ilegalidade da utilização de base de dados alheia, ainda que parcialmente, na apelação movida pelo Conselho Britânico de Corrida de Cavalos contra a Organização William Hill, um provedor de apostas à distância.

Tudo isso que expusemos é para dizer que a Lei ainda precisa de algumas melhorias, especialmente no tocante à questão de "uso justo" (do inglês *fair use*)[69], do "direito a uma cópia de manuseio", que, em verdade, na era digital, torna-se um direito a reprodução do original para finalidade particular limitada.

Na verdade, a Lei já diz que cabe ao autor determinar o que será permitido ou não fazer com sua obra. Sendo assim, de certo modo, os autores podem criar as regras a seu modo, no caso concreto, decidindo o que querem ceder ou não de seu direito. Por isso, muitos têm aderido ao uso da licença *Creative Commons*[70].

Não se pode permitir a formação de uma geração de plagiadores[71], de copiadores, de pessoas que dizem "*achei no Google*". O Direito deve proteger o autor para proteger a própria evolução da Sociedade.

No âmbito da Internet, quer seja o acesso via computador, TV, telefone celular, *tablet* ou outra via convergente, esta questão autoral toma maior relevância, pois trata-se de um meio de fácil divulgação e transmissão de informações, fácil acessibilidade e ausência de territorialidade, o que permite que se façam cópias do material que circula na rede com muito mais rapidez, propiciando um maior desrespeito aos direitos do criador e desafiando os métodos atuais de proteção intelectual. Há tecnologias protetivas, mas é preciso também investir em educação e gerar a punição dos infratores[72].

Assim como em uma guerra, é mais fácil quando se sabe quem é o adversário. No caso dos titulares dos direitos autorais, cada pessoa é um potencial infrator, em uma medida pequena, quando analisada em um contexto meramente de comportamento individual, mas com um poder devastador quando verificado em cenário mais macro, com a soma de todos os usuários-infratores.

É importante destacar que o acesso a dados lançados na rede não os torna de domínio público, não outorgando ao usuário o direito de dispor dos mesmos

---

69. O Projeto de Lei n. 3.133/2012 amplia o rol das limitações ao próprio direito autoral, trazendo, assim, mais previsões de situações legalizadas de *fair use* para o ordenamento jurídico brasileiro. Esse Projeto foi apensado ao PL n. 6.117/2009, o qual aguarda apreciação do plenário.

70. Fonte: http://www.creativecommons.org.br/o-que-e-o-cc/.

71. No Brasil, na época colonial, já havia a tipificação do crime de plágio no Código Criminal do Império, de 1830.

72. Neste sentido, destaca-se o conteúdo da Nota Técnica de n. 610/2019, de 26 de dezembro de 2019, em que a Coordenação de Consumo Seguro e Saúde da Senacon, vinculada ao Ministério da Justiça e Segurança Pública, sinalizou que os *marketplaces* devem ser responsabilizados, trazendo fundamentos jurídicos para que isso ocorra. Ainda na NT n. 610, a Coordenação sugeriu que os provedores, abarcando os *marketplaces* e as redes sociais, apresentassem suas políticas empresariais ou outros regulamentos que visam inibir a prática da comercialização de produtos falsificados, demonstrando grande avanço no combate à contrafação.

da forma que lhe aprouver. Estando ou não na forma digital[73], o Direito deve proteger a criação humana, o direito imaterial. Mas a falta de controle e coerção permite que aconteça na *web* o que já ocorre com relação a cópia de livros, só que em uma dimensão muito maior. Estas violações constantes prejudicam não só o autor como, principalmente, o próprio Direito que fica desmoralizado perante os infratores e toda a Sociedade. Toda conduta delituosa com alto grau de assiduidade leva ao descrédito da norma jurídica a que se refere.

Estas questões de direito de autor são tão relevantes que têm a adesão de vários países, sendo a Convenção para a Proteção de Obras Literárias e Artísticas de 1886, conhecida como Convenção de Berna, e a Convenção Universal sobre Direitos do Autor, de 1952, conhecida como Convenção de Genebra, as mais importantes. Frise-se que, por serem convenções internacionais, estamos menos sujeitos ao problema da escolha da lei aplicável à matéria, mas devemos conseguir definir em qual território ocorreu a ofensa ao direito de autor para poder lhe dar a jurisdição competente.

Não podemos deixar de considerar e avaliar a revolução causada pelo Napster[74], sistema que permite a troca de músicas em escala mundial com qualidade perfeita de áudio, que colocou em polvorosa as gigantes do mundo das gravadoras e trouxe a questão dos direitos autorais para o centro da discussão na Internet.

Historicamente, sabemos que o Direito Autoral passou a ser mais discutido a partir do surgimento das tecnologias de replicação de conteúdos. Antes da invenção da imprensa, não existiam grandes discussões sobre a matéria, pois se tratava de casos isolados. A valorização do autor trazida pelos movimentos intelectuais da era moderna e a expansão dos meios de reprodução das obras colocaram a questão no centro dos debates internacionais.

Sabemos que a Internet eleva as possibilidades de replicação de conteúdo à máxima potência. O Direito Autoral brasileiro considera qualquer cópia com fins lucrativos, sem a autorização expressa do autor[75], como uma violação dos

---

73. Art. 7º, *caput*, da Lei n. 9.610/98: "São obras intelectuais protegidas as criações do espírito, expressas por qualquer meio ou fixadas em qualquer suporte, tangível ou intangível, conhecido ou que se invente no futuro...".

74. Vale citar aqui que a 9ª Corte de Apelação de San Francisco em relação ao litígio entre a Associação Americana da Indústria Fonográfica (RIAA) e a empresa Napster Inc. determinou que a última excluísse de seu sistema as faixas sobre as quais a Associação Americana da Indústria Fonográfica detém direitos sobre os fonogramas correlatos.

75. Art. 29 da Lei n. 9.610/98: "Depende de autorização prévia e expressa do autor a utilização da obra, por quaisquer modalidades, tais como:

I — a reprodução parcial ou integral;

(...)

direitos autorais[76]. A questão fundamental então para a avaliação da matéria é: a violação do direito autoral tem de sempre vir em conjunto com a geração de uma receita para configurar lesão a direito[77]? E se todos fizerem sua própria cópia? E se o dono da máquina de copiar que cobra para fazer a cópia, que tem um ganho financeiro, este ganho poderia ser considerado então como geração de lucro em cima da cópia dos direitos autorais de terceiro? Estaria ele infringindo o direito autoral mesmo que a pessoa que tira a cópia, que contratou seus serviços de copiadora, não venha a comercializar o livro depois de copiado[78]?

Tecnologias como o eMule, BitTorrent, Ares Galaxy, que são a geração de ferramentas pós-Napster, disponibilizam uma grande quantidade de conteúdo de forma absolutamente gratuita. A mecânica utilizada por eles permite a busca,

---

X — quaisquer outras modalidades de utilização existentes ou que venham a ser inventadas".

76. "Direito Autoral. Reprodução Fraudulenta. Solidariedade do Vendedor — *A solidariedade do que vende ou expõe à venda obra reproduzida com fraude não prescinde da comprovação de culpa*" (STJ, RE 6.087-MG, rel. Min. Dias Trindade, 3ª Turma).

77. Art. 46, II, da Lei n. 9.610/98: "Não constitui ofensa aos direitos autorais:

(...)

II — a reprodução, em um só exemplar de pequenos trechos, para uso privado do copista, desde que feita por este, sem intuito de lucro".

78. TJSP. Apelação 0179673-03.2007.8.26.0100. Relator: Manoel Justino Bezerra Filho. Julgamento: 29 de abril 2014:

Ação civil pública Direito do Consumidor Prestação de serviços Portal *e-commerce* que atua sob a denominação MercadoLivre.Com Afastada alegação de falta de interesse de agir do Ministério Público, em razão dos termos de ajustamento de conduta firmados. Interesse presente, eis que o objeto dos termos de ajustamento de conduta não coincide com o objeto da ação civil pública ora sob exame, nada impedindo a apreciação pelo Judiciário, toda vez que houver violação ou ameaça a direito. — Legitimidade do Ministério Público para propositura da ação civil pública, na defesa dos direitos da coletividade de consumidores Adequação da via eleita Possibilidade da postulação de provimentos judiciais declaratórios e condenatórios pela via da ação civil pública No mérito, verificação de que o portal *e-commerce* mantido pela requerida apelante presta serviços de veiculação e intermediação de produtos e serviços na Internet, integrando a cadeia de fornecimento que chega até o consumidor final Relação de consumo caracterizada — Nulidade das cláusulas contratuais que exonerem ou limitem a responsabilidade da fornecedora, reconhecendo-se a responsabilidade civil, solidária e objetiva, por eventuais danos causados aos consumidores, nos termos do pedido inicial Fornecedora que deve se abster de incluir cláusulas que atenuem ou exonerem sua responsabilidade, sob pena de multa, exceto na situação a seguir analisada Possibilidade porém de excluir contratualmente a responsabilidade da apelante pelas características intrínsecas do bem, tais como estado de conservação, qualidade, funcionamento, defeitos, etc., vez que a apelante não tem qualquer acesso ao bem, que passa diretamente do "vendedor" para o "comprador", ressalvando-se porém que o dinheiro remetido à apelante ou participante para o pagamento, só pode ser liberado em favor do vendedor após expressa autorização do comprador, ressalva sem efeito em caso de pagamento direto do comprador ao vendedor. Recurso parcialmente provido.

reprodução e distribuição dos arquivos das obras armazenados nos computadores de usuários que estejam, naquele momento, conectados a determinado *site*.

A maioria desses serviços, que age na clandestinidade, no mercado paralelo da propriedade intelectual digital, usa a tecnologia *peer-to-peer*[79] para evitar o armazenamento do conteúdo ilícito, que infringe direitos autorais de terceiros, em servidores que estejam no nome de uma pessoa jurídica específica ou que sejam facilmente localizáveis.

No entanto, a problemática jurídica não reside no compartilhamento de arquivos via Internet, mas sim no fato de tais arquivos serem disponibilizados, na maioria das vezes, de forma gratuita e sem autorização dos autores das obras ou pagamento dos direitos. Pela lei atual, basta a reprodução não autorizada de uma obra para caracterizar violação do direito de autor. Então, respondemos às questões acima levantadas, mas, mesmo assim, a avaliação é dada caso a caso devido à complexidade desta matéria.

A questão que se coloca é até que ponto essa prática como a do Napster, que foi comprado pela Roxio, após inúmeras batalhas judiciais, só comercializa fonogramas que respeitam os direitos autorais[80]. Mas o que ele fazia, afinal, era realmente uma violação de direitos autorais? E o autor que tem seu próprio *website*, de certo modo permitindo a disponibilização do conteúdo intelectual na *web*, que tem por característica ser uma rede de compartilhamento de dados, estaria concedendo uma autorização tácita ou não[81]?

Esta é uma discussão bem atual, pois determina o futuro não apenas da Internet, mas a forma como consumimos conteúdos digitais. Surgem a cada dia novas ferramentas que tentam driblar os controles dos direitos autorais. Será que é chegado o momento de repensar o modelo de negócios desta indústria que reúne conhecimento, entretenimento, artes, cultura, lazer?

Por certo, devemos buscar modernizar as legislações de forma que o direito autoral possa ganhar um espectro maior de caráter utilitário, mas como

---

79. *Peer-to-Peer* – tipo de arquitetura de redes de computadores em que cada um dos pontos ou nós da rede funciona tanto como cliente quanto como servidor, permitindo compartilhamentos de serviços e dados sem a necessidade de um servidor central.

80. O Decreto n. 10.271, de 6 março de 2020, dispõe sobre a execução da Resolução do Grupo Mercado Comum (GMC) n. 37/2019, de 15 de julho de 2019, indicando as medidas de proteção dos consumidores nas operações de comércio eletrônico: *Art. 1º No comércio eletrônico, deve-se garantir aos consumidores, durante todo o processo da transação, o direito à informação clara, suficiente, verídica e de fácil acesso sobre o fornecedor, o produto e/ou serviço e a transação realizada.*

81. Depois de muitas tentativas de tirar o Pirate Bay do ar sem sucesso, a polícia sueca decidiu agir em face dos controladores de tráfego, mas com a saída do Pirate Bay do ar e a disponibilização de seu conteúdo, novos *sites* com o mesmo propósito surgiram, e a batalha continua.

fazer isso sem eliminar a possibilidade de ganho patrimonial do autor ou titular da obra? Cabe a quem assumir a responsabilidade desta conta?

Ao mesmo tempo que a indústria de conteúdo precisa de proteção, ela precisa também de visibilidade — e por isso muitos artistas independentes defendem o Napster, pois este trouxe uma visibilidade a suas criações que o sistema de grande indústria jamais permitiria, principalmente os artistas iniciantes que não têm muitas oportunidades de mostrar seu trabalho. Então, nesse sentido, esta tecnologia passa a ser uma ferramenta de Democracia e Liberdade de Expressão, princípios estes protegidos pela Constituição Federal de 1988.

Para aumentar nosso conhecimento há pesquisas que mostram que os consumidores tendem a adquirir determinado produto mais facilmente após tê-lo experimentado. É por isso que se tem uma indústria de sachês, que são colocados em revistas, jornais, PDVs, supermercados, entre outros. A tecnologia do Napster foi apenas uma entre muitas existentes ou a serem criadas para facilitar o acesso do consumidor ao produto e permitir sua experimentação, seu uso. Veremos mais adiante que é possível não cometer violação a direito autoral se for caso de "uso justo".

Esses avanços tecnológicos são enxergados como alavancadores de negócios pela própria indústria. No entanto, a diferença é que, no mundo virtual, ao contrário do mundo real, como vimos, os bens têm caráter inesgotável. A velocidade de replicação de conteúdos associada ao fato de muitos produtos virtuais não se esgotarem nem se exaurirem, faz com que o que poderia ser bom torne-se ruim, prejudicando e até afastando o momento tão desejado da compra do produto. Então, poderia haver um limite quantitativo ou temporal? Pode ser uma alternativa.

Além disso, é importante enxergar essa questão também sob a ótica do consumidor. A tecnologia multimídia associada a um canal de venda direto, chamado Internet, permite que os consumidores descubram por si mesmos os seus músicos favoritos — e que estes músicos podem não ser necessariamente aqueles que a empresa quer vender em determinada temporada. O poder está na mão deste consumidor informado, que quer adquirir um produto mais personalizado. A visibilidade da Internet quebra o protecionismo que o mercado criou em torno de si. A lição dada na indústria fonográfica foi do consumidor, muito mais que da própria tecnologia.

Com a alta circulação de conteúdos, produtos e serviços na Internet têm sua legalidade nem sempre atendida, pela falta de autorização ou licença dos seus proprietários ou detentores dos direitos de propriedade intelectual para divulgação, compartilhamento e outras formas de exposição. Por isso crescem as iniciativas de combate à pirataria e outras práticas ilícitas na Internet.

Um exemplo foi o projeto de lei norte-americano (SOPA — *Stop Online Piracy Act*), que visava combater atividades desde a distribuição, publicação ou transmissão não autorizada de conteúdo protegido (*copyrighted*), passando pelo comércio de serviços ou produtos perigosos aos americanos, e chegando até a ameaças para a economia americana vindas de fora dos Estados Unidos da América.

Esse projeto de lei foi tido como inovador, à época, pois previu a responsabilização não somente dos *sites* que oferecem os serviços de hospedagem de conteúdo, mas também dos serviços de busca na Internet, provedores de pagamento e *sites* de publicidade que estivessem envolvidos na cadeia produtiva (*supply chain*) de *sites* estrangeiros infratores. A estratégia consistia em fechar toda a cadeia que alimenta e sustenta os *sites* considerados infratores que, dentre outras condutas ilegais, hospedam, publicam ou permitem a distribuição do conteúdo ilícito.

Este projeto tinha a pretensão de ir além das fronteiras físicas norte-americanas, considerando como infratores os *sites* que também não estivessem nos Estados Unidos da América e que se enquadrassem nas condições vedadas. Nestas situações, a responsabilidade de bloqueio de acesso aos mesmos recairia sobre os provedores de aplicação, independentemente de notificação prévia, abrangendo serviços, busca na Internet, meios de pagamento e oferta de publicidade[82].

O principal desafio de qualquer lei de combate à pirataria é como garantir a sua eficácia em território digital, sendo que ela é global. Isso só ocorre se envolver os provedores de conexão e provedores de aplicação, que detêm páginas que permitem publicação de conteúdo por terceiros e empresas de hospedagem de *sites*. Caso contrário, apenas uma lei, por melhor que seja, ou uma ordem judicial, limitada a um ordenamento jurídico apenas, não conseguirão atingir o objetivo de garantir a proteção dos direitos autorais e combater a pirataria.

No Brasil, o Marco Civil da Internet também teve a pretensão de prever abrangência extraterritorial, alcançando empresas fora do País. Assim como eximiu completamente de responsabilidade civil os provedores de conexão pelo tráfico de conteúdo de terceiros, deixando a aplicação da responsabilidade subsidiária apenas para os provedores de aplicação — isso se estes, após ciência do fato, somente por ordem judicial, nada fizerem (responsabilidade por omissão, negligência, inércia ou conivência).

---

82. O projeto de lei SOPA não foi adiante, encontra-se suspenso, tendo em vista que enfrentou diversos protestos em todo o mundo. Atualmente, nos Estados Unidos, os provedores só são obrigados a remover um conteúdo após notificação. Muitos países têm adotado a prática *notice and takedown* (conforme previsto pelo *Digital Millennium Copyright Act*, de 1998, e pelo *Electronic Commerce Directive*, de 2000).

Vale lembrar que o Direito é reflexo do modelo socioeconômico estabelecido. Logo, antes de criar uma legislação melhor, é importante rever o modelo de negócios. Em princípio, aquele que lucra com conteúdo de terceiro é que deve remunerá-lo. Além disso, deve haver garantia ao acesso à informação pelos internautas e conscientizá-los da necessidade de cumprir com o uso ético e legal do serviço oferecido.

Qualquer lei da era digital sempre será envolta em polêmicas, pois vivemos um cenário de mudança, de quebra de paradigmas. Por isso, faz-se essencial sempre deixar claras as regras do jogo. As empresas da era da Internet que criam novos serviços devem prever os riscos e não podem lucrar com práticas ilícitas. O que é inquestionável é que o criador, inventor, precisa ser protegido, não podemos retroceder neste aspecto, sob pena de sabotarmos a própria Sociedade do Conhecimento.

A solução de Direito Digital deve atender não apenas conteúdos e formatos de negócio conhecidos, como é o caso da música. Deve atender novos produtos como o *e-book*[83] e o *video-on-demand*, onde os autores necessitam de proteção jurídica não apenas tradicional, em tiragem e publicações, mas também a previsão contratual da quantidade de *downloads* e *clicks* autorizados, como já mencionamos.

O Direito e a proteção jurídica são sempre os mesmos, o que muda na verdade são os meios e a tecnologia de acesso e reprodução que devem estar sempre citados e exemplificados nos contratos de direito autoral, para não dar margem a dúvidas.

A digitalização dos bens e a onipresença da Internet está fazendo com que cada vez mais produtos virem serviços. Segundo o Instituto Brasileiro de Planejamento e Tributação — IBPT, filmes em DVD possuem incidência de 44% de impostos em seu valor. Dessa forma, um filme de R$ 40,00 possui R$ 17,60 em tributos[84].

---

83. "Em decisão unânime, o Plenário do Supremo Tribunal Federal (STF) aprovou, em sessão virtual, a Proposta de Súmula Vinculante (PSV) 132, formulada pela Associação Brasileira das Empresas de Tecnologia da Informação e Comunicação (Brasscom), para fixar que a imunidade tributária dada pela Constituição Federal a papel, jornais, livros e periódicos se aplica também a livros digitais e seus componentes importados. (...) A redação aprovada para a Súmula Vinculante 57, nos termos do voto do relator, ministro Dias Toffoli, presidente do STF, foi a seguinte: 'A imunidade tributária constante do art. 150, VI, *d*, da CF/88 aplica-se à importação e comercialização, no mercado interno, do livro eletrônico (*e-book*) e dos suportes exclusivamente utilizados para fixá-los, como leitores de livros eletrônicos (*e-readers*), ainda que possuam funcionalidades acessórias'". Disponível em: <http://www.stf.jus.br/portal/cms/verNoticiaDetalhe.asp?idConteudo=441499&caixaBusca=N>.

84. Fonte: <https://www.ibpt.org.br/noticia/1157/Brasileiro-paga-mais-imposto-em-remedio-do-que-em-revista-e-filme-adultos-Compare>.

Sendo assim, podemos dizer que o próprio mercado vai se autorregular no sentido de que obras originais valem mais do que obras modificadas, e este critério de veracidade e originalidade é que vai conduzir as relações comerciais e indiretamente proteger o aspecto moral do direito de autor. A busca pela autenticidade da obra é que vai ser a maior proteção contra a lesão ao direito moral do autor. Até lá, caberá à justiça decidir os casos concretos[85].

"Recurso inominado. Direito autoral. Fotografia publicada em *site* privado e com proibição de cópia e divulgação. Utilização de fotografia, sem autorização do autor, embora com menção de autoria e de fonte, é indevida. Inteligência dos artigos 7º e 79, § 1º e § 2º da Lei n. 9.610/98. Dano moral reconhecido. Indenização. Fixação em R$ 2.000,00. Sentença reformada. Recurso parcialmente provido (Recurso Cível n. 71004895413, 4ª Turma Recursal Cível, Turmas Recursais, rel. Gisele Anne Vieira de Azambuja, j. 27-6-2014)" (TJRS, Recurso Cível 71004895413 RS, rel. Gisele Anne Vieira de Azambuja, j. 27-6-2014, 4ª Turma Recursal Cível, *DJ*, 3-7-2014).

"REPARAÇÃO DE DANOS. DIREITO AUTORAL. PLÁGIO. POEMA DE AUTORIA DO AUTOR UTILIZADO PELO RÉU EM PRODUÇÃO DE VÍDEO LOCUÇÃO *OFF*. APLICAÇÃO DO ARTIGO 24, INCISOS II E IV DA LEI N. 9.610/98. IMPOSSIBILIDADE DE CHAMAMENTO DA UCS AO FEITO. AUSÊNCIA DE PREVISÃO DE ASSISTÊNCIA NO SISTEMA DO JEC. 1. Inviabilidade de chamamento da Universidade ao processo, porquanto inexiste previsão de assistência do JEC. Desnecessário o chamamento da Universidade, tendo em vista que embora tenha dado publicidade ao vídeo produzido pelo réu, não participou deste. 2. Comprovada a usurpação do texto do autor..." (TJRS, Recurso Cível 71003325255-RS, rel. Marta Borges Ortiz, j. 24-5-2012, 1ª Turma Recursal Cível, *DJ* 28-5-2012).

"AÇÃO INDENIZATÓRIA. Autor que desenvolveu projeto de programa diferenciado, que não foi levado adiante, por desinterese da emissora-ré. Ciência pelo autor, posteriormente, de que a ré veiculou jornal com a mesma formatação e cenário por ele desenvolvidos. Irrecusável similitude entre o projeto idealizado pelo autor e o programa veiculado pela ré. Perícia que comprovou elaboração do projeto pelo autor. Ônus da prova acerca do recebimento das mensagens que era da ré. Utilização do projeto concebido pelo autor sem autorização e sem contraprestação. Cabimento da indenização por danos morais e materiais. Danos materiais que devem coresponder ao que o autor ganharia com a implementação do projeto, nos termos do documento anexado aos autos. Danos morais fixados na sentença, no valor de R$ 30.000,00, que devem ser mantidos. Sentença mantida por seus fundamentos. Apelos desprovidos" (TJSP, Ap. 0026239-15.2008.8.26.0405, rel. Ramon Mateo Júnior, j. 8-5-2013, publicado em 14-5-2013).

85. Casos na Justiça Brasileira:

— Processo movido por Archimedes Messina contra SBT — TV4, alegando ser compositor da música "Sílvio Santos Vem Aí" e que jamais teria sido remunerado por esta. O TJSP acolheu o pleito autoral, condenando o SBT ao pagamento de 500 salários mínimos e multa diária (TJSP, Processo n. 241.691-4/5).

— Em 2005 o SBT passou a exibir o *reality show* "O Grande Perdedor".

Imediatamente José Braz Lima entrou com ação de indenização, alegando que em 2002 ele havia idealizado tal programa, registrado sua ideia em cartório e enviado carta proposta para o SBT. De acordo com ele, o SBT teria se aproveitado indevidamente de sua criação. O SBT contestou alegando que havia adquirido o formato do programa da empresa norte-americana Reveille LLC e que não há proteção autoral no Brasil para as ideias genéricas. A justiça decidiu que "não obstante a identidade da ideia central dos programas, isso não traz consequências positivas para os autores,

Finalmente, em termos de competência para dirimir conflitos, novamente, devemos ter em mente que o Direito Digital é um direito comunitário, multicultural e dinâmico; portanto, a melhor solução é via mediação e arbitragem, podendo ser estabelecido a que legislação quer-se ter referência, se a do lugar de origem do fato danoso, se do lugar do resultado do fato danoso, se do lugar da origem da obra, ou se pelo conjunto normativo que possibilite chegar a um denominador comum, um acordo[86]. Com certeza o tema da propriedade intelectual exige atualização permanente, a própria legislação vigente deve receber melhorias[87] para atender melhor o contexto de mudança da sociedade e a transformação digital pela qual vem passando.

---

uma vez que as ideias não são objeto de proteção como direitos autorais". "O Direito Autoral não protege ideias simples, comuns, mas sim a sua exteriorização concreta original, artística e perceptível aos sentidos do homem" (Sentença, Processo n. 1560/05 da Comarca de Osasco).

— Em 1989, Hilton Acciola compôs o jingle "Lula Lá". Em 2002, o PSDB veiculou, durante a Campanha Presidencial de José Serra, a mesma música, mas mudando a letra para "Serra Lá". O Autor da Obra ajuizou ação alegando que lhe era devida indenização, uma vez que não havia autorizado tal uso da música. O PSDB contestou afirmando que se tratava de simples gozação, o que era comum e aceito no mercado publicitário. A justiça decidiu que "a situação criada não tinha nada de humorístico e, sim, muito pelo contrário, fazer a população desacreditar no candidato adversário, no caso o Lula. Em que pese toda a imaginação e criatividade do réu em utilizar, dessa forma, trechos da obra do autor, essa estratégia foi infeliz na medida em que não houve autorização por parte do autor, criador e titular dos direitos da obra. A própria testemunha Rui Sergio declarou que não sabia dizer o porquê de não terem consultado o autor" (Sentença, Processo n. 080.286/03 da Comarca de São Paulo).

— Processo movido por Luiz Eduardo Régnier Rodrigues contra Newcomm Bates Comunicação Integrada Ltda. e Cervejarias Kaiser Brasil Ltda., argumentando que havia criado a campanha e *slogan* usados pelas rés. O STJ decidiu que era devida indenização, mesmo que a obra do autor não tivesse sido divulgada (STJ, REsp 655.035, rel. Min. Humberto Gomes de Barros).

86. É a compreensão que temos acerca da regulação da inteligência artificial, por exemplo. Atualmente, destacam-se os PL n. 5.051/2019, 5.691/2019, o PL n. 21/2020 e o Requerimento da Comissão de Ciência, Tecnologia, Inovação, Comunicação e Informática n. 10, de 2020 sobre o tema. Ver também: <https://www.mctic.gov.br/mctic/export/sites/institucional/inovacao/paginas/politicasDigitais/assuntosCiberneticos/Inteligencia-Artificial-e-Regulacao-de-Algoritmos.pdf>. Além disso, o INPI publicou um estudo sobre o crescimento dos depósitos relacionados a inteligência artificial no Brasil, em: <https://www.gov.br/inpi/pt-br/central-de-conteudo/noticias/inpi-divulga-estudo-sobre-patentes-de-ia-depositadas-no-brasil/INPIRadarTecnologico20IA-Completo.pdf>. Não se pode deixar de mencionar também a tão esperada "Lei das *Fake News*". O PL n. 2.630/2020, que institui a Lei Brasileira de Liberdade, Responsabilidade e Transparência na Internet, visa normatizar a utilização das redes sociais e serviços de mensagens privadas, principalmente quanto à responsabilidade dos provedores pelo combate à desinformação. O PL foi remetido à Câmara dos Deputados e atualmente aguarda despacho do Presidente da Câmara.

87. Importante acompanhar a proposta da Estratégia Nacional de Propriedade Intelectual que expõe políticas que visam promover o desenvolvimento sustentável do mercado com base em uma maior proteção da propriedade intelectual, considerando novos desafios relacionados a temas como *Big Data*, Comércio Eletrônico, que passou por consulta pública em 2020. Disponível em: <https://www.gov.br/economia/pt-br/acesso-a-informacao/participacao-social/consultas-publicas/2020/estrategia-nacional-de-propriedade-intelectual>. Acesso em: 13 nov. 2020.

8.8. A marca na Era Digital

A Marca tem sido um dos ativos que mais cresceu de importância ao longo do tempo, em especial na Sociedade Digital, necessitando todo um novo arcabouço jurídico para sua proteção como um dos bens de propriedade intelectual.

Mais recentemente passou a ter outros desdobramentos como o de Marca Tridimensional, bem como a sua simbiose com o domínio, que é o endereço eletrônico na Internet onde se pode localizar algum conteúdo, produto ou serviço.

Para Landes e Posner[88], a marca é um bem móvel, que possui valor econômico e, por isso, está sujeito a poder ser transferido e circular como riqueza.

A Marca tem sido tratada como um signo, um sinal de origem, que pode ser livremente disponível e licenciada e que alcança inclusive a integridade e a reputação de uma empresa. Dentro das regras da semiologia, os sinais, ou as Marcas, devem se distinguir para fixar uma identidade única. Ou seja, pela lei brasileira[89], deve ser um sinal distintivo visualmente perceptível. Isso porque nossa lei não encampou a marca olfativa nem a sonora, que foram previstas em TRIPs[90].

Os bens intelectuais, como a Marca o é, passaram a ter um modelo único de proteção após 1967, quando a ONU criou a OMPI, confirmada pela OMC, onde se abandonou o modelo anterior dicotômico, que separava propriedade industrial de direitos autorais, para reunir tudo em um guarda-chuva de direitos de propriedade intelectual, dentro de TRIPs.

Segundo afirma Maristela Basso[91], haveria uma nova representação mais contemporânea da propriedade intelectual com a Marca em seu eixo central e os demais bens objeto de proteção orbitando ao redor dela, numa relação direta e complementar de parentesco entre estes direitos que seriam onipresentes. Isso ocorreria com o Desenho Industrial, a Indicação de Procedência, a Denominação de Origem, o Modelo de Utilidade e o Trade Dress, pois haveria uma linha muito tênue a separar todas estas figuras.

Nesse sentido, é considerado Desenho Industrial toda forma plástica de cunho expressivo, ou seja, toda inovação visual criada a partir de um *design*.

---

88. Landes e Posner afirmam o valor econômico da Marca em sua obra *The economic structure of intellectual property Law*.

89. Lei n. 9.279/96, arts. 125, 129 e 130. A lei brasileira prevê os seguintes tipos de Marca: Nominativa, Mista, Coletiva, de Certificação, de Alto Renome e Notória. O procedimento para a obtenção da Marca de Alto Renome foi tratado pela Resolução INPI n. 107/2013.

90. TRIPs, art. 15.

91. Conteúdo apresentado pela Profa. Dra. Maristela Basso em aula proferida na Escola Paulista de Magistratura em 8-10-2014, no curso de extensão em propriedade industrial.

De certo modo, há uma proximidade muito grande entre os institutos, seja da Marca, quando abrange uma logotipia no formato mista, seja do próprio Desenho Industrial.

Já o Modelo de Utilidade seria uma modalidade de patente que envolve a proteção de uma melhoria funcional. Por isso, muitas vezes, este também é confundido com a Marca.

E a proteção do *Trade Dress* é o que melhor representa esta fusão entre propriedade industrial e direitos autorais para compor de forma uníssona a propriedade intelectual. Onde o *Trade Dress* seria a proteção do conjunto de informações de um espaço ou estabelecimento que especifica e identifica uma marca.

Todos estes institutos são sinais de origem, indicações de uma procedência associada a uma única identidade, por isso, são igualmente importantes, não são excludentes. A Marca acaba sendo mais famosa devido a implicar uma proteção mais ampla. Logo, um mesmo bem intelectual pode receber as três proteções, de Marca, de Modelo de Utilidade e de Desenho Industrial.

Após os anos 70, as marcas passaram a receber um tratamento de patrimônio (*assets*) e aumentaram sua relevância dentro da plataforma econômica da propriedade intelectual. No entanto, ainda se vê muita dificuldade no tratamento das disputas entre marcas, o que sugere que este tipo de temática poderia ser melhor tratado pelo Judiciário Brasileiro se houvesse uma vara especializada em propriedade intelectual (como ocorre, por exemplo, nos EUA e no Japão). Esta necessidade de especialização na Magistratura é resultante da complexidade da sociedade pós-Internet.

No Brasil, em especial, além do requisito mais técnico para embasar decisões relacionadas a conflitos e/ou infrações de Marca, há ainda o problema de competência, visto que uma Ação de Nulidade de Registro deve ser ajuizada na Justiça Federal (art. 175 da Lei n. 9.279/96), já uma Ação para abster-se de fazer uso de uma marca, que é fundada em um direito pessoal e tem cunho indenizatório, seria de competência da Justiça Estadual (art. 46 do Código de Processo Civil).

Além disso, nos últimos anos o que mais tem gerado conflito são as questões relativas a eventuais disputas de mercado interno, em que uma marca de Alto Renome[92], que recebe maior proteção, em todos os ramos de atividade, acaba por gerar uma verdadeira guerra jurídica com diversas ações promovida

---

92. Marca de Alto Renome está prevista pelo art. 125 da Lei n. 9.279/96 e pela Resolução n. 107/2013 do INPI e é considerada uma exceção ao princípio da especificidade.

por seu titular para coibir o uso da marca por um estabelecimento já existente, mesmo que em ramo de atividade distinto, mesmo quando há presença do elemento anterioridade, o que, muitas vezes, tem como desfecho o fechamento do pequeno negócio familiar.

O mesmo ocorre com as situações que envolvem a Marca Notoriamente Reconhecida, cuja proteção, apesar de ocorrer apenas em seu ramo de atividade, é uma verdadeira exceção ao princípio da territorialidade, por não exigir registro da marca no País. Desse modo, um estabelecimento já existente no Brasil se vê compelido a deixar de usar uma Marca que nem sequer foi previamente protegida no País. Ainda há muita controvérsia em como se provar ou demonstrar quando uma Marca é de Alto Renome ou Notoriamente Reconhecida.

E quando esta pauta para na Internet, o assunto então recebe novos desdobramentos ainda mais sofisticados, pois chega a abranger até as situações de criação de perfis em mídias sociais ou de registro de domínios. A disputa no campo digital das Marcas envolve bastante discussão técnica e jurídica, já que nestes ambientes não há que se falar em divisões por ramos de atividade, pois o princípio do endereço eletrônico é único, muito menos em limitações geográficas, visto que é sem fronteiras.

Muitos dos casos acabam tendo que ser resolvidos aplicando-se uma fórmula jurisprudencial chamada de regra dos 2 passos, que leva em conta muito mais o que ocorre junto ao consumidor do que na disputa da propriedade da marca entre as partes envolvidas.

Segundo este teste, que vem sendo aplicado nos EUA desde 2008 e depois passou a ser adotado nos sistemas judiciais de vários outros países, há dois itens de verificação para identificar se há infração de marca: primeiro passo, o teste do olho do consumidor comum. Para ver se o mesmo consegue distinguir uma da outra. E o segundo passo, a existência de pelo menos um ponto de novidade suficientemente relevante para gerar distinção entre as marcas.

Além deste teste, há também a regra dos 3 passos[93], mais aplicada a direitos autorais para identificar se há contrafação e envolve: primeiro, o uso não pode causar confusão e tem que ser limitado, situação de caso especial. Segundo passo, o uso não pode causar dano econômico ou comercial injusto e por último o uso não pode gerar aproveitamento indevido.

Um dos assuntos que têm crescido de importância é o efeito da "diluição da marca na Internet", especialmente relacionado ao uso de marcas registradas e

---

93. O teste dos 3 passos foi adotado pelo art. 46, VIII, da Lei n. 9.610/98, e também está presente em TRIPs, art. 13, e na Convenção de Berna, seção 9.2.

conhecidas como palavras-chave em ferramentas de busca, tais como o serviço Google Ad Words, por outras empresas não concorrentes de mesmo mercado. Esse assunto vem tendo destaque desde 2006, com a nova lei norte-americana sobre o tema, mas ainda não está harmonizado. *Vide* tabela comparativa abaixo:

Visão norte-americana (EUA)	Visão europeia (CEE)
Federal Trade Mark Dilution Act (1995)	Diretiva 89/104/CEE
Trade Mark Dilution Revision Act (2006)	Regulation 40/94
Ampliou a aplicação da tese sobre "diluição de marca na internet".	Passou a tratar da "diluição de marca na internet", mas de forma limitada, apenas aplicável aos casos em que há prova clara de dano ou prejuízo à reputação e prestígio nacional de uma marca, ou enriquecimento ilícito com seu uso não autorizado por terceiro.
Deixou de exigir a apresentação de prova de dano e passou a tratar o assunto dentro da teoria do "conflito de interesses".	
Exige que a marca seja nacionalmente conhecida para aplicar o efeito da diluição.	Sua adoção é opcional pelos países-membros.
Busca aumentar a proteção de marca em face dos usos por terceiros que não tenham sido autorizados.	Busca harmonizar a proteção de marca, mas também limitar restrições excessivas quanto ao seu uso por terceiros.
É mais restritiva e tende a limitar a livre-iniciativa.	Exige que haja evidência de confusão junto ao consumidor e ao mercado para que se possa coibir o uso de uma marca.
Não requer necessariamente que haja confusão junto ao consumidor ou ao mercado.	

Pelo exposto, pode-se ver que o tema de proteção de marcas só tende a crescer de importância no Direito Digital, bem como o desafio de se garantir um modelo eficaz, considerando as novas questões trazidas pela Internet cujos conflitos, por mais que possam até ser levados para uma Câmara de Arbitragem Internacional, como ocorre com a disputa de domínios junto ao WIPO, ainda estão longe de chegar a um entendimento único e harmonizado.

8.9. Domínios

O estudo do tema de domínios é novo no Direito, tendo em vista que o nascimento deste conceito está totalmente atrelado ao surgimento da própria Internet. Diferentemente do registro de marca, o registro de domínio não está dividido em categorias por ramos de atividades. O que torna a sua disputa ainda mais acirrada[94].

---

94. No Brasil o registro de nomes de domínio é de competência do NIC.br, de acordo com as Resoluções n. 1 e 2, de 2005, e n. 1, de 2006, do Comitê Gestor da Internet no Brasil (CGI.br), sendo estas últimas revogadas pela Resolução n. 8, de 2008.

Devido à relevância atual da presença na Internet para muitas empresas, o domínio passou a ser muito mais que o representante virtual do ponto comercial. O que se quer dizer é que eles determinam a visibilidade da empresa e a capacidade de ela ser localizada; quando não imprimem também valor.

Apesar de o domínio se referir ao endereço virtual da empresa, este tem características distintas da concepção tradicional aplicada ao mundo físico, já que normalmente o endereço não necessariamente agrega valor a determinada empresa, da forma como o domínio o faz no mundo virtual. Isso porque uma empresa será mais facilmente localizada no emaranhado da rede quanto mais próximo o nome de seu domínio for de sua marca[95]. Com o crescimento vertiginoso da Internet, isso se torna quase que um requisito para "ser encontrado".

Para o Direito Digital, o domínio na Internet não é apenas um endereço eletrônico, mas sim a união entre localização (endereço) e valor de marca (capacidade de ser lembrado — *awareness*). Deter o nome de uma empresa na rede é deter-lhe o valor; é deter-lhe a capacidade de ser alcançada por seu público--alvo, o que pode representar um sério problema, especialmente no caso de marcas conhecidas do público em geral[96].

Por ser uma "nova terra", o espaço virtual atrai também aproveitadores, oportunistas, verdadeiros "grileiros" virtuais, indivíduos que registram como domínios os nomes de marcas conhecidas, com a finalidade de negociar estes domínios com os legítimos titulares das marcas.

---

95. No Brasil o registro de marcas e patentes é competência do INPI, de acordo com a Lei de Propriedade Industrial (Lei n. 9.279/96).

96. A Amazon, antes de vir para o Brasil, disputou o nome de domínio "amazon.com.br" com um provedor de serviços do Estado do Pará, perdendo, tendo em vista a legitimidade do uso anterior pelo provedor paraense. No entanto, o domínio é tão importante para a empresa de Seattle que eles fecharam um acordo recentemente com a vinda da Amazon para o Brasil. Fonte: http://bjc.uol.com.br/2012/08/15/e-chega-ao-fim-a-disputa-pelo-dominio-amazon-com-br/, acessado em 18-1-2015, às 20:05, horário de Brasília. Outra empresa que propôs muitas ações para proteger o nome de domínio foi a América Online (AOL), que litigou contra a empresa curitibana América On Line Telecomunicações Ltda. pelo domínio www.aol.com.br e só conseguiu atingir seus objetivos por meio de um acordo entre as partes que também ganhou as páginas dos jornais (*Jornal Valor*, p. E1, 25-9-2001) ao obter da Justiça Federal do Rio de Janeiro todos os efeitos pretendidos numa ação que foi indeferida por impossibilidade jurídica do pedido. A empresa pedia para que fossem registrados e declarados os nomes AOL e América Online como marcas notórias (o que não é mais possível desde 1997 com a Lei de Propriedade Industrial). Apesar disso, a Juíza Daniela Milanez expediu uma ordem judicial que obrigava o INPI a incluir a AOL na lista de marcas notórias da Fapesp, responsável por esse feito na época.

Há, ainda, a prática do *cybersquatting*[97], que consiste em registrar domínio igual ou semelhante à marca famosa visando ganhar dinheiro com isso, e a outra modalidade conhecida por *typosquatting*, que ocorre quando uma empresa registra domínio que remete à marca famosa com pequenos erros de digitação, como, por exemplo, netcsape.com. Ambas são ilegais por serem consideradas práticas extorsivas.

O problema multiplicou-se com a ampliação das opções de TLDs (*Top Level Domains*, as terminações de endereço eletrônico aceitas como padrão na rede), votada favoravelmente pelo ICANN (*Internet Corporation for Assigned Names and Numbers*, o órgão responsável) em junho de 2008. São utilizadas as terminações ".gov" (para os órgãos governamentais), ".edu" (para instituições de ensino), ".int" (para determinadas instituições), ".com", ".net" e ".org" (para os demais). Essas terminações já foram ampliadas[98].

Para alguns, tais terminações deveriam ser livres, o que tem gerado situações inusitadas: os dirigentes de um país como Tuvalu (uma ilhota do Pacífico Sul que tira seu sustento da venda de cocos e selos para colecionadores e detém a terminação ".tv", obviamente visada por empresas de comunicação de todo o

---

97. Neste sentido podemos citar o seguinte caso:

"REGISTRO DE DOMÍNIO NA INTERNET. Ação cominatória para abstenção de uso indevido de marca c.c. indenização. Marca titularizada pelas apelantes que não é notória, de modo que o registro do domínio 'rosettastone.com.br', por si só, não implica violação de direito. Princípio do *first come, first served*. Blog mantido pelo apelado que, todavia, não tem utilidade econômica ou intelectual para o seu titular, tampouco para os que venham a consultar a página. Ofensa à função social da propriedade. Finalidade exclusiva de obter lucro com a venda do domínio para as apelantes, que foi demonstrada, o que configura a ilícita prática de *cybersquatting*. Prejuízo material não demonstrado. Dano moral, todavia, que se verifica. Condenação do apelado a abster-se de usar o domínio, bem como de transferi-lo às apelantes, além do pagamento de indenização por danos morais no total de R$ 20.000,00. Sentença reformada. Recurso parcialmente provido" (TJSP, Ap. 0112427142012826010-SP 0112427-14.2012.8.26.0100, rel. Teixeira Leite, j. 14-8-2014, 1ª Câmara Reservada de Direito Empresarial, publicado em 19-8-2014).

98. O aumento das terminações de domínio é votado pela *Internet Corporation of Assigned Names and Numbers* (ICANN). A ICANN é uma corporação internacional sem fins lucrativos responsável pela alocação do espaço de endereços de Protocolos da Internet (IP), pela atribuição de identificadores de protocolo, pela administração do sistema de nomes de domínio de primeiro nível genéricos (gTLDs) e com códigos de países (ccTLDs) e pelas funções de gerenciamento do sistema de servidores-raiz. Como parceria público-privada, a ICANN se dedica a preservar a estabilidade operacional da Internet, promover a concorrência, obter a ampla representação das comunidades globais da Internet e desenvolver políticas adequadas à sua missão por intermédio de processos "de baixo para cima", baseados em consenso. A ICANN apoia a Declaração de Túnis adotada durante a segunda fase da Cúpula Mundial sobre a Sociedade da Informação (WSIS) em relação à atual coordenação técnica da Internet. *Site*: <www.icann.org>.

planeta) vendeu esta terminação para a companhia norte-americana *VeriSign*, o que efetivamente dobrou seu PIB anual[99]. Com a liberação geral das terminações, os grileiros voltaram a atacar com força total.

Tradicionalmente, em termos jurídicos e de legislação em vigor, a prioridade de registro é dada pela sua ordem, ou seja, o critério normal é a propriedade para aquele que solicita determinado registro em primeiro lugar, critério conhecido como *first to file*[100].

Mas o mau uso desses registros tem tido como solução de Direito Digital a concessão da propriedade do domínio prioritariamente ao detentor da marca no mundo real, em caso de disputa. Para solucionar possíveis conflitos em relação a determinado domínio na Internet, o requerente deve provar a disponibilidade do registro da marca no mundo real ou a sua propriedade relacionada ao serviço que explora, para então justificar sua utilização e registro no mundo virtual.

Assim, por exemplo, no caso de domínios cujos TLD estejam sujeitos à reclamação no Centro de Arbitragem e Mediação da OMPI, uma das primeiras instituições autorizadas pelo ICANN para fazer disputas relativas a nomes de domínios, esta pode ser feita mediante prova de três itens: que o nome de domínio é igual ou similar à marca registrada; que o reclamado não tem direitos legítimos sobre o nome de domínio; e que o uso do nome de domínio pelo reclamado é de má-fé.

Após juntadas ao processo todas as provas possíveis, é eleito um árbitro, denominado "panelista" (integrante de um *panel*), para analisar e julgar o caso, sendo aberto o prazo para contestação. Após o julgamento, a decisão é remetida às partes e ao órgão que efetuou o registro do domínio, a fim de que este cumpra a decisão[101].

Uma solução de planejamento estratégico que independe da existência de legislação específica de registros na rede e pode ser adotada pelas próprias empresas é a seguinte: efetuar o registro de domínios com várias combinações possíveis envolvendo os nomes de sua marca.

É cada vez mais comum nas empresas a prática de registrar domínios que contenham sua marca de forma depreciativa, para evitar seu uso por terceiros.

---

99. Fonte: <http://www1.folha.uol.com.br/folha/reuters/ult112u10352.shtml>.

100. Art. 1º, *caput*, da Resolução n. 002/2005 (revogada pela Resolução n. 8, de 2008) do Comitê Gestor da Internet (CGI.br).

101. Para saber mais sobre domínios, recomenda-se a leitura da Resolução CGI.br/RES/2008/008, Resolução CGI.br/RES/2010/003 e *Uniform Domain Name Dispute Resolution — UDRP*.

O aumento de TLDs existentes gerou uma corrida das grandes empresas para registrar domínios com todas as terminações possíveis. A única questão é quanto ao custo de ter de proceder a todos esses registros, o que torna esta solução um tanto onerosa, principalmente para micro e pequenas empresas.

Muitas vezes, uma atitude de bom senso no intuito de fazer uma rápida análise das possibilidades e implicações acerca do registro de determinado domínio poderia prevenir uma infinidade de litígios, às vezes de difícil solução, nos quais nem sempre o verdadeiro direito é alcançado.

Os nomes de domínio são constituídos por uma sequência de letras e dígitos que identificam o "endereço" de um computador na Internet, correspondendo as referidas letras e dígitos a uma sequência numérica única, permitindo que o referido endereço seja localizado na rede.

A utilização do nome de domínio no lugar de números se justifica devido à facilidade que a maioria dos usuários tem em memorizar nomes em vez de séries numerais. Sua atribuição foi um dos primeiros problemas que surgiram na rede em razão da ausência de autoridades imbuídas de poder para supervisionar a Internet como um todo, e em decorrência disso houve a necessidade de serem criados, em cada país, organismos controladores e incumbidos de registrar os endereços ou URL. Compete a estas instituições limitar e não permitir que dois endereços iguais possam ser distribuídos a diferentes usuários, a exemplo do direito de marcas.

Para que a implantação do sistema de distribuição de nomes de domínio ficasse organizada de modo centralizado, foi dada a uma entidade a atribuição para o ato, com o objetivo de evitar a duplicidade de nomes e o próprio controle dos registros. No Brasil a entidade encarregada dos registros atualmente chama-se NIC.br (Núcleo de Informação e Coordenação do Ponto BR).

Por todo o exposto, tem havido uma corrida para obtenção de registros, que se evidencia pelos dados fornecidos no *site* do NIC.br, indicando mais de 3 milhões de registros de nomes de domínio no País[102].

Devidamente exposto, portanto, em que exatamente consiste o nome de domínio e o campo de atuação em que ele se insere, bem como as suas características — e, ainda, a importância e atualidade da questão no Brasil —, essencial se faz, sem dúvida, em face das peculiaridades da matéria, explicitar alguns aspectos jurídicos envolvidos.

Entre as resoluções pelo "CGI.br", a Resolução n. 008/2008 regulamenta o registro de nomes de domínio no País. Conforme o art. 1º da mencionada resolução, o registro de um nome de domínio disponível será concedido ao

---

102. Fonte: <https://registro.br/estatisticas.html>, acessado em: 18 jan. 2015, às 20:30.

primeiro requerente que satisfizer, por ocasião do requerimento, as exigências para o registro, conforme as condições descritas nessa resolução. Assim, em tese, a primeira pessoa jurídica que requerer o registro de nome de domínio disponível, estando em conformidade com as regras formais para o seu registro, poderá obtê-lo, independentemente de qualquer exame de mérito pelo CGI. br ou pelo NIC.br.

Diante de tais dispositivos legais, conclui-se que, muito embora não exista um exame de mérito por parte dos órgãos responsáveis pelo registro dos nomes de domínio do Brasil, estes não podem infringir, entre outros, direitos de terceiros, o que é de responsabilidade exclusiva do requerente. Tal constatação afasta o argumento, por exemplo, de que, se não há direito ao registro de determinado nome de domínio, o NIC.br deveria barrar a pretensão. Existem alguns nomes de domínio aos quais o NIC.br, de ofício, barra o registro, mas tal listagem não é exaustiva ante as inúmeras marcas e direitos de terceiros existentes e que podem, efetivamente, ser violados com o registro de um nome de domínio.

Por falar de domínio, e estar este muitas vezes atrelado a marcas, é essencial tratar também da proteção jurídica delas em nosso Ordenamento.

As marcas são sinais distintivos visualmente perceptíveis, protegidos pela Constituição Federal, em seu art. 5º, XXIX, cuja proteção é regulamentada pela Lei n. 9.279/96. Equivocadas são as alegações de que o registro de um nome de domínio não pode infringir o direito à marca de terceiro, por se entender que são situações absolutamente diversas.

De fato, a marca e o nome de domínio são figuras jurídicas diversas, com proteções, amplitude e regulamentação distintas. Entretanto, a marca é um direito conferido a terceiro pelo Estado, o que se enquadrava na proibição contida no art. 1º, § 1º, da Resolução n. 002/2005 da CGI.br, agora substituída pela Resolução n. 008/2008, que contempla esse tema em seu art. 1º, parágrafo único.

Assim como nos registros dos nomes comerciais, das marcas, dos direitos autorais etc., há respeito recíproco, quando houver semelhança que puder trazer prejuízos aos titulares e a terceiros, a proteção do nome de domínio deve harmonizar-se com esses institutos e obedecer ao mesmo princípio.

"As marcas de alto renome e as notoriamente reconhecidas não podem ser registradas como nomes de domínios senão pelos próprios titulares das marcas ou por terceiros devidamente autorizados"[103].

---

103. CUSTÓDIO FILHO, Ubirajara. Os conflitos entre marcas e nomes de domínio da Internet no direito brasileiro. In: *Internet — o direito na era virtual*. Rio de Janeiro: Forense, 2001. p. 89-90.

Mais adiante acrescenta o mesmo autor: "Os nomes de domínios que contenham marcas registradas perante o INPI somente podem ser admitidos pelo NIC.br se requeridos pelos próprios titulares dessas marcas, salvo se restar descaracterizada a hipótese de concorrência desleal"[104].

Mesmo as marcas sem renome especial também não podem, em muitos casos, servir para domínio, sob o risco de configurar o crime de concorrência desleal.

Já há diversas decisões judiciais sobre este tema que relaciona a questão do conflito entre domínios e marcas[105].

---

104. Op. cit., p. 91.

105. INTERNET. PROPRIEDADE INDUSTRIAL. CONFLITO ENTRE NOME DE DOMÍNIO E MARCA. JUSTIÇA GRATUITA. CONDENAÇÃO NOS ÔNUS DE SUCUMBÊNCIA. 1 — O critério para registro de nome de domínio na internet é o da precedência. O direito ao nome de domínio compete àquele que primeiro o requerer, exceto quando os nomes possam induzir terceiros a erro, como no caso de nomes que representam marcas de alto renome ou notoriamente conhecidas, se não foram solicitadas pelo respectivo titular. 2 — Ainda que beneficiária da justiça gratuita, quando vencida, a parte se sujeita à condenação nas custas e honorários, ficando, contudo, suspensa a execução pelo prazo de cinco anos (Lei 1.060/50, Art. 12) 3 — Apelação não provida" (TJDF, ApC 20010110142503 DF, rel. Jair Soares, j. 28-3-2005, 6ª Turma Cível, *DJU*, 26-4-2005, p. 138).

"RECURSO ESPECIAL. AÇÃO DE ABSTENÇÃO DE USO. NOME EMPRESARIAL. MARCA. NOME DE DOMÍNIO NA INTERNET. REGISTRO. LEGITIMIDADE. CONTESTAÇÃO. AUSÊNCIA DE MÁ-FÉ. DIVERGÊNCIA JURISPRUDENCIAL NÃO DEMONSTRADA. AUSÊNCIA DE SIMILITUDE FÁTICA. 1. A anterioridade do registro no nome empresarial ou da marca nos órgãos competentes não assegura, por si só, ao seu titular o direito de exigir a abstenção de uso do nome de domínio na rede mundial de computadores (internet) registrado por estabelecimento empresarial que também ostenta direitos acerca do mesmo signo distintivo. 2. No Brasil, o registro de nomes de domínio é regido pelo princípio *First Come, First Served*, segundo o qual é concedido o domínio ao primeiro requerente que satisfizer as exigências para o registro. 3. A legitimidade do registro do nome do domínio obtido pelo primeiro requerente pode ser contestada pelo titular de signo distintivo similar ou idêntico anteriormente registrado — seja nome empresarial, seja marca. 4. Tal pleito, contudo, não pode prescindir da demonstração de má-fé, a ser aferida caso a caso, podendo, se configurada, ensejar inclusive o cancelamento ou a transferência do nome de domínio e a responsabilidade por eventuais prejuízos. 5. No caso dos autos, não é possível identificar nenhuma circunstância que constitua sequer indício de má-fé na utilização do nome pelo primeiro requerente do domínio. 6. A demonstração do dissídio jurisprudencial pressupõe a ocorrência de similitude fática entre o acórdão atacado e os paradigmas. 7. Recurso especial principal não provido e recurso especial adesivo prejudicado" (STJ, REsp 658789-RS 2004/0061527-8, rel. Min. Ricardo Villas Bôas Cueva, j. 5-9-2013, 3ª Turma, *DJe*, 12-9-2013).

"NOME DE DOMÍNIO. Uso indevido, no nome de domínio, de marca da autora, amplamente conhecida e posicionada no mercado de baterias. Manifesta intenção de usurpar o bom nome já conquistado pela requerente. Abuso de direito configurado. Nome de domínio que tem, cada vez mais, alcançado posição semelhante à dos bens imateriais. Pedido de transferência do nome de domínio para a autora extinto sem apreciação do mérito, sob o fundamento de que o registro fora efetivado pelo sócio, detentor de 99,9% das quotas e a demanda foi proposta em face da pessoa jurídica. Hipótese de aplicação da teoria da aparência e da função econômica e social da propriedade industrial, já que a providência foi efetivada justamente para exploração da expressão MOURA em prol da pessoa jurídica. Provimento do recurso para determinar a transferência do nome de domínio para a autora" (TJSP, Ap 00106452720128260564-SP 0010645-27.2012.8.26.0564, rel. Enio Zuliani, j. 1-8-2013, 1ª Câmara Reservada de Direito Empresarial, publicado em 9-8-2013).

Ementa n. 245.984

MARCAS E PATENTES — Agravo em ação cominatória — O registro de domínio na Internet não deve desconsiderar os direitos decorrentes do registro de marca junto ao INPI — A tutela antecipada, preenchidos os requisitos do artigo 273 do Código de Processo Civil, foi bem concedida — Agravo Improvido — AgI 202.504-4/8 — 2ª Câm. de Direito Privado — Rel.: Paulo Hungria — j. 26-6-2001 — v.u.

Ementa n. 254.906

PROPRIEDADE INDUSTRIAL — Nome de domínio — Endereço na Internet — Abstinência do uso — Tutela antecipada — Deferimento — Existência de marca com registro no INPI — Proteção estabelecida no artigo 5º, inciso XXIX, da Constituição da República — Prevalência, ademais, sobre as deliberações do Comitê Gestor da Internet no Brasil — Recurso não provido — *JTJ* 248/325.

Tribunal de Justiça do Rio Grande do Sul — Agravo de Instrumento: 599.132.826 — Agravante: Grendene S/A — Agravada: Riegel Imóveis e Construções Ltda. — www.rider.com. br — Concessão de liminar em sede de agravo, para vedar a utilização da marca RIDER, como nome de domínio e endereço eletrônico da Agravada.

7ª Vara Cível de Guarulhos/SP — Proc. 24.12/98 — Autor: Luk do Brasil Embalagens Ltda. — Réu: Pladis Ingeauto Ind., Com. e Imp. Ltda. — www.luk.com.br — Concessão de tutela antecipada para determinar a cessação do uso do domínio, sob *astreinte*, por caracterizar contrafação.

1ª Vara Cível de Patos de Minas/MG — Proc. 19.048 — Autor: Associação Comercial e Industrial de Patos de Minas — ACIPATOS — Réu: Net Shop Informática Ltda. — www. acipatos.com.br — Concessão de liminar para suspender o uso do nome de domínio, formado pelo nome de Autora, e autorizando esta a registrá-lo em seu nome.

7ª Vara de Fazenda Pública de SP — Proc. 143/99 — Autor: TV Globo Ltda. — Réus: ML Editora de Jornais e Revistas Ltda. — www.jornalnacional.com.br e www.globoesporte. com.br — Sentença cancelando os domínios, em vista das marcas registradas da Autora.

Tribunal de Justiça do Paraná — Ap 86.382-5 — Apelante: Laboratório de Aprendizagem Meu Cantinho Ltda. — Apelado: Ayrton Senna Promoções e Empreendimentos Ltda. www. ayrtonsenna.com.br — Acórdão determinando a abstenção de uso e a transferência do nome de domínio, por contrafação e infração ao direito da personalidade.

22ª Vara Federal/SP — Proc. 199.61.00.009988-8 — Autor: Carl Zeiss e Carl Zeiss do Brasil Ltda. — Réus: Quality Technologies Com. Imp. Exp. / Ltda. — www.zeiss.com.br — Tutela antecipada proibindo a utilização do nome e determinando a sua suspensão, em vista de registro de marca no INPI, para os mesmos produtos.

18ª Vara Cível de Belo Horizonte/MG — Proc. 02499129278-0 — Autora: Telemig Celular S/A — Réu: Paulo Roberto Gentil Alves — www.celularcard.com.br — Tutela antecipada determinando abstenção do uso do nome de domínio, em vista de marca registrada da Autora.

20ª Vara Cível de São Paulo/SP — Proc. 00.513789-6 — Autor: Bloomberg LP — Réu: Confecções New Top Ltda. — www.bloomberg.com.br — Tutela antecipada determinando abstenção do uso do nome de domínio, em vista de marca registrada da Autora.

É importante salientar, de outro lado, que a matéria, no âmbito jurisprudencial, além de escassa, é extremamente controvertida, apresentando, assim, entendimentos em ambos os sentidos, como a decisão abaixo:

"A marca e nome de domínio se apresentam como espécies de propriedade industrial, bens incorpóreos que compõem o fundo de comércio, por uma singela razão: a expressão 'ad', parte integrante do seu nome comercial, também registrada como marca perante o INPI, não preenche qualquer dos requisitos legais exigidos, ou seja, não constitui marca de alto renome ou notoriamente conhecida, hipóteses estas que — qualquer delas configurada — implicariam a procedência da demanda, 'mesmo havendo registro precedente na FAPESP' (Acórdão n. 70003677515 — TJRS). Necessidade de marca de alto renome ou notória para a transferência do domínio".

Outra decisão interessante ocorreu no Tribunal de Justiça do Estado de São Paulo, em processo movido pela Universo Online Ltda. — UOL e Brasil Online Ltda. — BOL contra terceiro que havia registrado domínio semelhante à marca das autoras. De acordo com o acórdão, "observa-se, portanto, que as coautoras estão sofrendo ameaça de violação ao direito de marca, cuja proteção está prevista na Constituição Federal [art. 5º, XXIX, da CF] e no art. 129, da Lei n. 9.279/96, bem como de nome empresarial. A corré pretende usar parte de marca alheia, somada a elemento de uso comum, confundindo as pessoas que procuraram endereço eletrônico como forma de conhecimento"[106].

Já na sentença publicada na decisão do Processo n. 1.306/2000 da 19ª Vara Cível de Curitiba, o magistrado asseverou que o princípio da especificidade já está pacificado pela jurisprudência do STJ, segundo o qual "o direito de exclusividade do uso da marca, decorrente de seu registro no INPI, é limitado à classe para a qual é deferido, não sendo possível a sua irradiação para outras classes de atividades". No caso dos autos, "não se vislumbra esteja a ré a aproveitar-se da marca que alega a autora haver construído no ramo mercadológico em que atua, tampouco há notícia de confusão entre as empresas litigantes junto ao público consumidor".

Entendemos que, pelo fato de o domínio desempenhar função identificadora dentro da Internet, seu núcleo, sim, poderá estar relacionado à marca de um produto ou serviço, dependendo da natureza da informação alojada no *site*, e, assim, especialmente, receber proteção nos preceitos da Lei de Propriedade Industrial. Esta distinção se faz essencial para entender por que em alguns casos, devido ao uso de palavras comuns, de baixo calão, ou nome tipificado

---

106. TJSP, Ap. 289.554.4/1-00.

como não registrável, ou até mesmo de marcas que possuem registros em diversas categorias distintas, e, por sua vez, em cada uma, passam a ser de propriedade de uma empresa distinta; também, muitas vezes, na Internet, o domínio que naturalmente seria considerado de determinada empresa está, no entanto, sob a posse de outra, sem que isso avilte qualquer direito ou configure crime de Concorrência Desleal.

Devido, em especial, ao crescimento vertiginoso da Internet, que já possui, de acordo com *sites* de monitoramento da rede mundial[107], mais de 1 bilhão de *websites*, considerados apenas os domínios de hospedagem principal, esses *websites* passaram a ser fundamentais para que empresas e usuários da Internet, potenciais clientes e consumidores de seus produtos e serviços, sejam capazes de localizar entre os bilhões de endereços disponibilizados aqueles que correspondem à sua empresa, geralmente associados à marca pela qual são reconhecidos.

A ICANN é a responsável pela coordenação global do sistema de identificadores exclusivos da Internet, como os nomes de domínio do tipo TLD (*Top-Level Domain*) e gTLD. Atualmente, uma pessoa ou uma empresa interessada em obter o registro de um nome de domínio deve solicitar ao "register" competente na área geográfica na qual tem interesse.

Esse órgão — que no Brasil é o NIC.br — checa junto à ICANN (*registry*) a viabilidade do nome. Se estiver disponível, o interessado pode ter seu registro efetivado. Interessante notar que a ICANN é a responsável por tornar o nome de domínio tecnicamente funcional, ou seja, atrelar o nome apresentado ao número de IP (*Internet Protocol*) correspondente. Nos casos em que há conflito, tem sido usado o registro de marca (no Brasil, o responsável é o INPI) para resolver quem tem preferência ou direito sobre o mesmo.

A Internet passou por mais uma transformação no que diz respeito ao universo mais corporativo. Com o novo programa para registro de domínios aprovado pela ICANN, que teve início em janeiro de 2012, muitas empresas se prepararam para um novo cenário de "Marca Digital Global". Agora é possível ter um novo grupo de gTLD, em que bastará o nome da marca como domínio "www.marca", o que permite maior proteção, internacionalização, massificação, bem como evitar situações recorrentes de registro de domínio com o nome da marca por terceiro não autorizado, diminuindo assim riscos legais e reputacionais.

Com o programa da ICANN para novos domínios, os interessados poderão criar e gerenciar um TLD de sua própria escolha, solicitando-o diretamente à ICANN e não mais ao órgão de registro, como o NIC.br. Nesse novo

---

107. Dados de setembro de 2014 — <http://www.internetlivestats.com/total-number-of--websites/>.

cenário, o detentor de um TLD faz suas próprias regras, ou seja, pode vender *second level names* como desejar — ou mesmo não vender —, hospedar serviços especializados, estipular que tipos de conteúdos poderão estar debaixo de seu TLD, entre outras infinitas possibilidades.

A ICANN recomenda que a empresa que optar por isso esteja amparada pelo conhecimento técnico de pessoas e escritórios especializados em nomes de domínio, visto que o investimento é significativo: apenas para dar entrada no pedido de um gTLD próprio, o interessado precisará desembolsar um valor considerável.

O processo de análise por parte da ICANN será bastante acurado, com vistas, por exemplo, a coibir a atuação de pessoas de má-fé que desejem obter um TLD com um nome de uma marca da qual não possuam propriedade, e deve levar cerca de um ano após a entrada do pedido. O lado positivo do valor mais elevado é que de certo modo evita um pouco a "grilagem digital", o "registro oportunístico".

Interessante ressaltar que uma empresa pode se opor contra terceiros que tentem obter um TLD com o nome de sua marca. Por isso, mesmo que haja a decisão de não pleitear um *top level domain* próprio, grandes marcas devem estar atentas à atuação de concorrentes e demais terceiros, acompanhar os procedimentos[108].

Por diversas vezes, os tribunais têm reconhecido a prioridade no direito de registro de domínio de Internet às empresas que já possuem o registro da expressão como marca, aplicando-se o princípio da anterioridade.

Além disso, tem crescido o uso de procedimentos alternativos de resolução de conflitos envolvendo domínios de internet, tanto no Brasil quanto nos EUA, como UDRP e SACI-ADM. No entanto, cabe ressaltar que tais procedimentos exigem a existência de marcas registradas ou nomes de empresas que sejam idênticos ou similares o suficiente para causar confusão com os domínios disputados, bem como a ausência de interesse legítimo no domínio (uso justo). Entendemos como não aplicáveis[109].

---

108. Os países que possuem a Floresta Amazônica em seu território estão em disputa com a empresa Americana Amazon, que pretende o gTLD ".amazon". Fonte: <http://economia.estadao.com.br/noticias/geral,amazon-briga-com-oito-paises-pelo-dominio-amazon--imp-,1030739>, acessado em 18 jan. 2014, às 20:59, horário de Brasília.

109. Os procedimentos alternativos de resolução de conflitos envolvendo domínios genéricos de nível superior ou domínios gTLDs (por exemplo, biz, .com .info, mobi, .name, net, org) ganham o nome de *Uniform Domain Name Dispute Resolution Policy (UDRP)*. Para iniciar estes procedimentos o requerente deve atender os seguintes critérios:

(i) Possuir marca registrada idêntica ou semelhante ao domínio a ser disputado;

(ii) O titular do domínio não possui interesse legítimo no domínio; e

(iii) Comprovar que o domínio foi registrado e está sendo utilizado de má-fé.

No Brasil, o procedimento alternativo segue o Regulamento do Sistema Administrativo de Conflitos de Internet Relativos a Nomes de Domínios Sob ".Br"— Denominado Saci-Adm. Mais amplo do que o UDRP, o SACI-ADM impõe como requisitos para sua utilização as razões pelas quais o nome de domínio foi registrado ou está sendo usado de má-fé, de modo a causar prejuízos ao solicitante, cumulado com a comprovação de existência de pelo menos um dos seguintes requisitos descritos nos itens "a", "b" ou "c" abaixo, em relação ao nome de domínio objeto do conflito:

a) o nome de domínio é idêntico ou similar o suficiente para criar confusão com uma marca de titularidade do Reclamante, depositada antes do registro do nome de domínio ou já registrada, junto ao Instituto Nacional da Propriedade Industrial — INPI; ou

b) o nome de domínio é idêntico ou similar o suficiente para criar confusão com uma marca de titularidade do Reclamante, que ainda não tenha sido depositada ou registrada no Brasil, mas que se caracterize como marca notoriamente conhecida em seu ramo de atividade para os fins do art. 126 da Lei n. 9.279/96 (Lei da Propriedade Industrial); ou

c) o nome de domínio é idêntico ou similar o suficiente para criar confusão com um título de estabelecimento, nome empresarial, nome civil, nome de família ou patronímico, pseudônimo ou apelido notoriamente conhecido, nome artístico singular ou coletivo, ou mesmo outro nome de domínio sobre o qual o Reclamante tenha anterioridade.

Para os fins de comprovação dos indícios de má-fé na utilização do nome de domínio objeto do procedimento do SACI-Adm deverá ser indicado:

(i) ter o Titular registrado o nome de domínio com o objetivo de vendê--lo, alugá-lo ou transferi-lo para o Reclamante ou para terceiros; ou

(ii) ter o Titular registrado o nome de domínio para impedir que o Reclamante o utilize como um nome do domínio correspondente; ou

(iii) ter o Titular registrado o nome de domínio com o objetivo de prejudicar a atividade comercial do Reclamante; ou

(iv) ao usar o nome de domínio, o Titular intencionalmente tente atrair, com objetivo de lucro, usuários da Internet para o seu sítio da rede eletrônica ou para qualquer outro endereço eletrônico, criando uma situação de provável confusão com o sinal distintivo do Reclamante.

Como dito, o princípio do *first come, first served* é adotado para o registro de domínios na Internet para determinar a anterioridade. Sua existência visa permitir que pessoas, tanto físicas quanto jurídicas, possam utilizar endereços da Internet (os domínios), considerando titular de um nome de domínio aquele que primeiro o registrar.

No entanto, o princípio tem como exceção a má-fé do titular no registro do domínio[110], sempre que visar ocasionar dano a um direito de terceiro ou enriquecimento próprio sem causa. Para coibir esse tipo de atuação existem algumas medidas administrativas, como as já apresentadas, e/ou judiciais, adotadas com o intuito de obter a transferência compulsória de domínios, comprovando a má-fé por parte do registrante do domínio que afaste o princípio do *first come, first served* e o uso justo do domínio.

Em um mundo globalizado e digital, o domínio, com seu efeito de fusão entre marca e endereço comercial, tende a crescer de importância, assim como a proteção da Marca e por isso deverá ser objeto cada vez mais de disputa e de conflitos.

E qual a próxima fronteira para os domínios de internet? Com o crescimento do uso do *smartphone* como dispositivo de conexão à Internet, está havendo uma migração cada vez maior do uso de palavras ("nomes") para o uso de ícones ou imagens.

Já é possível no Brasil, assim como em outros países, o registro de caracteres especiais. Sendo assim, pode-se registrar um domínio com uso do *Punycode*[111],

---

110. Conforme dispõem os Termos Universais de Contrato de Serviço do GODADDY e do REGISTRO.BR:

"12. REIVINDICAÇÕES DE MARCA REGISTRADA E/OU DIREITOS AUTORAIS

A GoDaddy suporta a proteção de propriedade intelectual. Se você gostaria de enviar (i) uma reivindicação de marca registrada para uma marca da qual você possui uma marca comercial ou de serviço registrada válida; ou (ii) uma reivindicação de direitos autorais para um material sobre o qual você possui direitos autorais de boa-fé, consulte a Política de violação de marca registrada e/ou direito autoral da GoDaddy' mencionada acima e disponível aqui" (Disponível em: https://br.godaddy.com/legal-agreements.aspx).

CLÁUSULA NONA: DO CANCELAMENTO DO REGISTRO DE DOMÍNIO DO registro.br

O registro de nome de domínio poderá ser cancelado nas seguintes hipóteses:

I. Por expressa solicitação do REQUERENTE, desde que atendidas as exigências e os procedimentos dispostos no *site* "http://www.registro.br/", para esse fim;

II. Por falta de pagamento da manutenção do domínio;

III. Por constatação, no ato do registro ou posteriormente, da utilização de CNPJ, CPF, razão social ou nome falso, inválido, incorreto ou desatualizado (Disponível em: https://registro.br/dominio/contrato.html).

B. Reivindicações de direitos autorais. Disponível em: https://br.godaddy.com/agreements/ShowDoc.aspx?pageid=trademark_copy#

111. *Punycode* é um protocolo de programação em que uma cadeia de caracteres Unicode pode ser traduzida para a codificação de caracteres mais limitada permitida para nomes de do-

que transforma uma sequência de Unicode (que são os "Emojis[112]"), em uma sequência de caracteres mais limitada, permitida para nomes de domínio. Como mostra a tabela exemplificativa abaixo:

Emoji	Punycode
💩	xn–ls8h
😃	xn–h28h
😂	xn–g28h

Segundo o Registro.br[113], o nome de domínio escolhido, para ser registrável no Brasil, deve respeitar as seguintes regras sintáticas (que viabilizam o uso do *Punycode*):

- Tamanho mínimo de 2 e máximo de 26 caracteres, não incluindo a categoria. Por exemplo: no domínio xxxx.com.br, esta limitação se refere ao xxxx;
- Caracteres válidos são letras de "a" a "z", números de "0" a "9", o hífen, e os seguintes caracteres acentuados: à, á, â, ã, é, ê, í, ó, ô, õ, ú, ü, ç;
- Não conter somente números;
- Não iniciar ou terminar por hífen.

---

mínio. Foi publicado na Internet através do RFC 3492. A codificação é usada como parte do IDNA, um sistema que permite o uso de nomes de domínio internacionais em todas as línguas suportadas pelo Unicode, de forma que a tradução é deixada sob a responsabilidade do utilizador (como um navegador).

112. A Apple define Emoji como "uma sequência predefinida de caracteres". Após setembro de 2014, a Apple converteu as imagens de seus Emojis em uma fonte nativa, chamada Apple Color Emoji.ttf em seus sistemas operacionais. Para saber mais, veja em <https://github.com/github/gemoji> e <http://www.apple.com/legal/intellectual-property/trademark/appletmlist.html>. Há ainda o Twitter Emoji (Twemoji), disponível em <http://twitter.github.io/twemoji/>, código licenciado sob a licença MIT: <http://opensource.org/licenses/MIT>, graphics licensed under *CC-BY* 4.0: <https://creativecommons.org/licenses/by/4.0/> (é necessário dar o crédito). Há também o do Android (Android Open Source Project), disponível em <https://source.android.com/>. Licença: <https://source.android.com/license.html> (que também exige dar o crédito) e o PhantomOpenEmoji, disponível em <https://github.com/Genshin/PhantomOpenEmoji>, com licença específica em <https://github.com/Genshin/PhantomOpenEmoji/blob/master/LICENSE.md>.

113. Fonte: Registro.br. Disponível em: <https://registro.br/dominio/regras.html> (acessado em 29 maio 2015).

Concluindo, a corrida agora entre as Marcas é por esta nova forma de presença digital. Tanto é que em fevereiro de 2015 a Coca-Cola acrescentou à URL do seu *site* um Emoji[114].

8.10. Proteção de conteúdos, *websites* e outros direitos autorais digitais

No Direito Digital, o conteúdo toma a forma de bem jurídico a ser tutelado. Esta crescente importância do conteúdo está em sintonia com o que para Don Tapscott é a sociedade digital: *"A Sociedade Digital é fruto da união dos 3Cs — Computação, Comunicação e Conteúdo"*[115]. Um dos grandes desafios não é a discussão do meio, da comunicação em si ou da tecnologia em si. É a questão do conteúdo, ou seja, da produção intelectual cada vez mais necessária para manter o interesse no uso do meio e na própria tecnologia. Esta produção implica, inclusive, a criação de produtos imateriais dispostos no meio e viabilizados pela tecnologia para serem consumidos, como é o caso do MP3, do *e-book* e do próprio mecanismo de *download*.

A necessidade de regular essas questões traz uma grande semelhança com problemas enfrentados pela propriedade intelectual no começo do século e pela questão das patentes até hoje, principalmente na área farmacêutica e de biotecnologia, visto que há sempre interesses macroeconômicos muito maiores do que apenas a determinação de conceitos jurídicos. Novamente, a relação computação, comunicação e conteúdo determina o monopólio do poder e a soberania dos Estados dentro da Era Digital e, diante de um mundo cada vez mais globalizado, os donos destas "pontes" podem vir a ditar as regras, cada vez mais.

No mundo virtual, o conteúdo tornou-se um objeto de negociação, um produto. A todo momento surge um novo *site* ou portal vendendo conteúdo como uma palavra mágica, um diferencial em relação à concorrência (só que a concorrência também vende conteúdo como um diferencial). O conteúdo na Internet não é gerado necessariamente para um comprador, mas torna-se cada vez mais uma mercadoria cuja posse agrega valor ao seu proprietário.

Sob a ótica do Direito Digital, é importante diferenciar conteúdo de informação. Em alguns casos, o conteúdo pode ser entendido como uma informação à qual se dá crédito (daí o movimento de inúmeros portais em contratar

---

114. Fonte: ADWEEK disponível em: <http://www.adweek.com/adfreak/coca-cola--spreads-happiness-online-first-emoji-web-addresses-163044> (acessado em 27 maio 2015).

115. TAPSCOTT, Don. *Wikonomics*. Rio de Janeiro: Nova Fronteira, 2007.

jornalistas de renome, cuja função primeira é transformar a informação disponível em conteúdo).

A maior problemática do conteúdo é a sua questão autoral, dado o efeito multiplicador que caracteriza a rede e as inúmeras possibilidades comerciais dela, assim como os novos modelos criados dentro do contexto de uma sociedade cada vez mais convergente.

Assim como nas emissoras de radiodifusão, o conteúdo é que motiva a audiência. No mundo da convergência, uma audiência motivada torna-se também um potencial público consumidor. É prática comum, na maioria dos *sites* e portais, unir conteúdo e comercialização de produtos em uma mesma página. O conteúdo ganha então sua função econômica.

Como vimos, a Internet é uma rede de indivíduos. Por isso, os conteúdos de massa raramente funcionam nesse veículo, que privilegia os conteúdos segmentados — e, consequentemente, é o conteúdo que se torna o *link* de contato imediato do consumidor com determinado produto inserido em um contexto e um ambiente que motive o impulso de compra, de um público altamente segmentado e direcionado (os *sites* de relacionamento são o exemplo extremo dessa situação: neles encontram-se desde informações para o mercado financeiro, voltadas para um público de empresários, até fotos de garotas em trajes sumários, buscando conquistar o público adolescente). Com tantos valores agregados, mais o fato de estar sendo disponibilizado em um meio altamente replicável, torna-se complexo estabelecer um valor real para o conteúdo na rede.

Sendo assim, há várias categorias de conteúdo, desde os de acesso restrito, ou seja, conteúdos exclusivos, até os de consumo imediato, como as notícias, cujo valor diminui com o passar do tempo e com a quantidade de acessos, além dos conteúdos qualitativos, elaborados para públicos direcionados e que permitem a alavancagem de *page-views* específicas. Caso a opção de conteúdo represente o sucesso comercial e a fidelização, em muitos casos, então a responsabilidade dos advogados que elaboram os contratos de conteúdo é muito grande. Em linhas gerais, os contratos de conteúdo devem prever não apenas o tipo específico de conteúdo a ser produzido ou que está sendo comprado, como seu valor fixo e variável de acordo com seu resultado de impacto de acesso, sua depreciação e o tempo de vigência. Além, é claro, do responsável editorial por ele.

Como sabemos, o efeito de um conteúdo mentiroso ou calunioso[116] na Internet pode ser muito mais devastador do que em qualquer outro veículo.

---

116. A proteção contra os danos advindos de calúnia, difamação e injúria está amplamente legislada, a começar pela Constituição Federal, art. 5º, X, pelo Código Penal, arts. 138 a 140, pelo Código Civil, art. 186, pelo Código de Defesa do Consumidor, art. 6º, VI.

Mesmo que uma notícia falsa possa ser rapidamente apagada de um *site*, por exemplo, ela já pode ter sido copiada inúmeras vezes e disponibilizada em muitas outras páginas.

Assim como é difícil valorar um conteúdo virtual, é igualmente difícil valorar o tamanho do dano causado por um conteúdo quando passa uma informação errada, calúnia, ou manifesto contra determinada empresa. Ou seja, é praticamente impossível mensurar a extensão do dano; não há controle de tiragem e nem se sabe quantas vezes esse conteúdo foi duplicado, a não ser que se programe o conteúdo para tanto. É possível fazer uma programação que permita rastrear o conteúdo clicado ou baixado, mas aí estaríamos entrando na seara do Direito à Privacidade daquele usuário que teve contato com o conteúdo.

Sendo assim, as empresas que trabalham com conteúdo na Internet devem ter cuidado redobrado com as informações que veiculam. Uma notícia errada de jornal pode ser consertada por uma errata publicada na próxima edição, que será aceita como a verdade daquele dia. Uma notícia falsa divulgada pela Internet será lida como verdadeira todas as vezes em que for acessada, mesmo que seja em *sites* diferentes daquele que a divulgou originalmente e ainda que aquele a tenha excluído de todas as suas páginas. Uma vez copiada, muito provavelmente esta notícia já se espalhou inevitavelmente pelo mundo virtual.

Seduzidos pela velocidade da rede, muitos provedores de conteúdo preferem soltar uma informação sem verificá-la suficientemente, o que ocorre também no mundo real, é claro; mas, como vimos, com efeitos muitas vezes menos devastadores. Quem estiver disposto a investir em informação veloz no mundo virtual, tem de estar preparado para investir em qualidade da informação.

Para evitar problemas de responsabilidade[117], no entanto, é importante que o provedor deixe claro em contrato que não se responsabiliza pelos conteúdos enviados por seus clientes. Isso tem de estar claro para todos os usuários, parceiros, fornecedores e todos aqueles que fazem parte das relações de conteúdo. Caso contrário, fazendo uma comparação simples, o provedor estará dando ao detentor de uma conta um cheque em branco com sua assinatura, sendo responsável por onde esse "cheque" venha a cair.

---

117. O art. 927 do Código Civil afirma: "Aquele que, por ato ilícito (arts. 186 e 187), causar dano a outrem, fica obrigado a repará-lo. Parágrafo único. Haverá obrigação de reparar o dano, independentemente de culpa, nos casos especificados em lei, ou quando a atividade normalmente desenvolvida pelo autor do dano implicar, por sua natureza, risco para os direitos de outrem".

A Lei n. 12.965/2014, o Marco Civil da Internet, excluiu a responsabilidade dos provedores de conexão por conteúdo de terceiro (art. 18) e também diminuiu a responsabilidade dos provedores de aplicação (art. 19).

No caso das empresas que comercializam conteúdos restritos, é importante atentar para o efeito multiplicador da Internet e prever, em contrato ou outro meio juridicamente legal e eficaz, que os limites de responsabilidade pelo que é divulgado valem apenas até o primeiro comprador de uma informação. O conteúdo vazado, além disso, já não será de responsabilidade da empresa, por não poder ter o controle editorial sobre ele caso venha a ser alterado por seu receptor antes de ser passado adiante novamente.

Como em qualquer relação, o nexo de causalidade da responsabilidade civil será mais claramente definido se as informações forem transparentes. Da mesma forma que ocorre no mundo real quando se publica uma biografia não autorizada — a advertência está claramente expressa na capa. Na questão do conteúdo em termos comerciais, é essencial que sempre haja um responsável editorial[118] por ele, como funciona com as empresas tradicionais.

Para os veículos de comunicação, vale destacar a atenção que deve haver quanto ao modo em que são publicadas as notícias pela imprensa na Internet, algo que deve ter abordagem respaldada em princípios legais e éticos. Na esfera legal, a Lei de Imprensa (Lei n. 5.250/67) tratava da responsabilidade do jornalista, regulamentando o direito de resposta, caracterizando os crimes de imprensa e estabelecendo as penalidades e indenizações cabíveis. Essa lei foi julgada inconstitucional pelo STF em 2009, por meio da ADPF 130. Sabemos que a verdadeira missão da imprensa é a de difundir conhecimentos, disseminar a cultura, iluminar as consciências, canalizar as aspirações populares. Contudo, em qualquer meio de divulgação de uma informação, inclusive a Internet, deve-se ter em mente que a liberdade de imprensa deve ser limitada pelos demais direitos fundamentais. Assim, na atividade jornalística deve haver responsabilidade por parte das empresas e profissionais da área, pois a ninguém é dada a prerrogativa de quebrar a harmonia social ou expor à desonra a vida moral de seus semelhantes.

Uma das soluções viáveis para a questão da infração autoral no teor do conteúdo ou na criação de conteúdos falsos, falaciosos, em nome de terceiros ou de entidades que tenham credibilidade no mercado, em termos de territorialidade,

---

118. O art. 50 da Lei n. 5.250/67 concedia às empresas que explorassem conteúdos uma ação de regresso contra o autor ou responsável editorial: "Art. 50. A empresa que explora o meio de informação ou divulgação terá ação regressiva para haver do autor do escrito, transmissão ou notícia, ou do responsável por sua divulgação, a indenização que pagar em virtude da responsabilidade prevista nesta Lei".

é a possibilidade de aplicação das regras gerais do direito internacional quanto ao ato ilegal: o fato será julgado no país em que se originou, ou, se acordado entre as partes, fica determinado um mediador que faça a subsunção das diversas normas dos vários ordenamentos ao caso concreto, de acordo com a Lei de Introdução às Normas do Direito Brasileiro.

Não há como falar de proteção de *websites* e conteúdos na internet sem tratar da questão do *Copyright*. Para tanto, devemos fazer a leitura do art. 2º do WCT: "A proteção de Copyright abrange expressões e não ideias, procedimentos, métodos de operação ou conceitos matemáticos em si".

O WCT (WIPO[119] *Copyright Treaty*) é um tratado adotado pela OMPI[120] em 20 de dezembro de 1996, cuja finalidade é a proteção do trabalho literário e artístico dos países signatários da Convenção de Berna.

Embora o Brasil seja signatário da Convenção de Berna, não adotou em seu ordenamento jurídico o tratado WCT, razão pela qual o instituto de *Copyright* não é aplicado no País.

Os países signatários do WCT totalizam 58 (cinquenta e oito), dentre os quais: Reino Unido, França, Holanda, Alemanha, Itália, Japão, Coreia, Espanha, Portugal, África do Sul, Suíça, Suécia, Estados Unidos, Canadá, México, Chile, Colômbia, Uruguai, Argentina, Bolívia, Paraguai, Peru e Venezuela.

No assunto de proteção de direitos autorais na Internet, é fundamental também a compreensão do que se entende por *copyleft*, que é um trocadilho para o termo *copyright* e significa justamente "deixar copiar". Devemos ressaltar que cabe ao titular do direito autoral, que pode ser o próprio autor ou um terceiro, como o distribuidor, definir as regras que irão reger os limites de uso e disposição dele. Isso é um direito do autor e não do consumidor do conteúdo.

Vale ainda a menção do *Creative Commons*, a mais famosa técnica de *copyleft*, que é um conjunto de licenças padronizadas de forma a permitir a fácil adoção pelos autores que querem disponibilizar o acesso às suas obras, com a expressa renúncia de parte ou de todos os seus direitos patrimoniais. A vantagem dessas licenças está na criação de padrões que permitem a fácil identificação dos limites de uso concedidos pelo autor.

Ou seja, verificamos que o direito autoral é uma das matérias jurídicas com maior quantidade de desafios para os profissionais e que devem harmonizar

---

119. WIPO — World Intellectual Property Organization.

120. OMPI — Organização Mundial da Propriedade Intelectual.

interesses muitas vezes conflitantes, modelos de negócio já ultrapassados e questionáveis da indústria tradicional, bem como novos modelos de negócios que desafiam os limites de responsabilidade. Entre estes, há a questão: em que momento o distribuidor de uma ferramenta multifuncional deve ser responsabilizado pelas ações ilegais de seus usuários? É o exemplo dos mecanismos *peer-to-peer* tais como Kazaa, Napster, Morpheus, eMule, Grokster etc.

No tocante aos *websites*, já é possível sua proteção legal como Obra, na Biblioteca Nacional[121]. Podem ser protegidos o seu aspecto gráfico geral, a sua programação, a sua base de dados eletrônica, o seu conteúdo e a sua estrutura.

O *website* tem sido entendido como uma obra coletiva (aquela realizada por diversas pessoas, sob a organização e coordenação de uma pessoa jurídica, que é a titular dos direitos patrimoniais da obra criada) quando envolve diversas partes. Se entendido como obra coletiva, cabe analisar quem é o organizador, ou seja, o titular dos direitos patrimoniais sobre o conjunto da obra.

Quando os *websites* são produzidos por somente uma pessoa (*webdesigner*), este é considerado o autor, com direitos morais inalienáveis e irrenunciáveis.

Como proteger um *webdesigner* que teve o projeto de um *site* publicado de forma ilegal na Internet por um terceiro que tinha interesse em contratá-lo para prestar tal serviço? Que medidas poderão ser tomadas? Qualquer prova legal é válida, inclusive: a) projeto de desenvolvimento do *site*; b) provas de publicação (que o *site* foi colocado no ar); c) testemunhas; d) *e-mails* trocados com o cliente/infrator; e) documento ou registro do servidor em que as páginas foram inicialmente hospedadas ou ainda continuam acessíveis; f) local em que o *site* está alocado (domínio); g) provedor de hospedagem (se for um terceiro); h) impressão (*print screen*) da tela do *site* publicado ilegalmente; i) ata notarial.

Considerando os parágrafos acima faz-se oportuna a apresentação do conceito de plágio que consiste em se publicar, como próprias, obras ou parte de obras produzidas por outrem. E conforme tipificado pelo art. 184 do Código Penal brasileiro: "violar direitos de autor e os que lhe são conexos. Pena — detenção, de 3 (três) meses a 1 (um) ano, ou multa".

Para que se configure o tipo penal, a melhor doutrina entende que devem ser comprovados os seguintes elementos, a saber: a) anterioridade da obra plagiada; b) a semelhança no tratamento do assunto; c) traços ainda que isolados de cópia literal; d) verificar se a obra podia ter sido elaborada sem a obra antecedente; e) prova de acesso à obra original. É comum realização de perícia para determinação da presença desses indícios.

---

121. Biblioteca Nacional — <www.bn.br>.

Com o advento das novas mídias, passou-se a fazer uso de uma série de ferramentas, que, dependendo como sejam aplicadas, podem gerar risco legal. Entre esses casos se encontra, por exemplo, o uso do *"Link Patrocinado"*, que pode gerar o risco de concorrência desleal, previsto pelo art. 195 da Lei n. 9.279/96[122]. Isso porque se ele fizer uso de marca de terceiro, devidamente registrada, pode representar um desvio de clientela. Por isso, a definição das palavras-chave e dos links patrocinados tem de ser feita com cautela.

Logo, para concluir, o tema só tende a crescer em termos de debate e interesse, já que o maior ativo da sociedade digital é o conhecimento, e, por sua vez, o Ordenamento Jurídico passa a ser demandado para sua proteção.

8.11. Aspectos legais do *software*

A ideia de coisa incorpórea não é recente, muito pelo contrário, ela nos remete às Instituições de Gaio. Entretanto, tal conceito deve ser estendido para atingir a complexidade da sociedade digital.

Segundo as Instituições, coisa corpórea é tudo aquilo que pode ser tocado, e coisa incorpórea é o que não pode ser tocado. Carnelutti adotou tal concepção e ampliou: *"res corporalis* é coisa de existência material; *res incorporalis* é um bem de existência abstrata"[123].

Dessa forma, *res corporalis* é o que existe no plano físico, mesmo que intangível, enquanto *res incorporalis* é o que existe no plano intelectual, mesmo que exteriorizada em um suporte físico.

O *software*[124] é coisa incorpórea, conforme vimos acima; entretanto, outras questões pairam sobre os programas de computador.

---

122. A Lei n. 9.279/96, em seu art. 195, trata dos crimes de concorrência desleal no âmbito da proteção à propriedade industrial, *in verbis*:

"Art. 195. Comete crime de concorrência desleal quem:

I — publica, por qualquer meio, falsa afirmação, em detrimento de concorrente, com o fim de obter vantagem;

II — presta ou divulga, acerca de concorrente, falsa informação, com o fim de obter vantagem;

III — emprega meio fraudulento, para desviar, em proveito próprio ou alheio, clientela de outrem;

IV — usa expressão ou sinal de propaganda alheios, ou os imita, de modo a criar confusão entre os produtos ou estabelecimentos;

(...)".

123. CARNELUTTI, Francesco. *Teoria geral do direito*. São Paulo: Saraiva, 1942.

124. A Lei n. 9.609/98 traz a seguinte definição em seu art. 1º: "Programa de computador é a expressão de um conjunto organizado de instruções em linguagem natural ou codificada,

Software é produto ou serviço? Quais são as diferenças entre *Software* Proprietário e *Software* Livre? O que é licença de *Software*? Essas são algumas das questões tratadas.

O programa de computador é uma sequência lógica de instruções (algoritmos), escritas em linguagem de programação (computação), para serem executadas passo a passo com a finalidade de atingir determinado objetivo. Desse modo, se a lei, em princípio, não protege direito autoral de fórmulas matemáticas nem de linguagem geral, por que então protege o código fonte, que de certo modo é uma soma de ambos?

Esta foi uma grande discussão na época da elaboração da lei brasileira, e que já havia sido enfrentada em outros países, ou seja, seria o *software* equiparável a uma criação literária, para poder receber a guarida jurídica?

O que se observou é que de fato, apesar de haver comandos padrões, a forma de escrever as linhas do código (programa) podem se diferenciar entre si, de um programador para outro (autor). Inclusive, quem é capaz de otimizar o código (reduzir o número de linhas) acaba conseguindo que o mesmo tenha mais eficiência, pois roda mais rápido (o computador tem menos linhas para ler e então executar a rotina estabelecida).

Portanto, há uma boa dose de criação autoral. Assim, os comandos e as fórmulas estariam para o *software* como as letras estão para uma poesia. Isoladamente não são protegíveis, mas quando utilizadas em uma criação humana com elementos de ineditismo e originalidade, então, tornam-se uma obra intelectual que merece ser protegida.

E foi este o entendimento que ficou consolidado no País com a previsão do art. 2º da Lei n. 9.609/98 que diz: "o regime de proteção à propriedade intelectual de programa de computador é o conferido às obras literárias pela legislação de direitos autorais e conexos vigentes no País, observado o disposto nesta Lei".

Algoritmo é a descrição sequencial dos passos que devem ser executados, de forma lógica, clara e em português, com a finalidade de facilitar a resolução de um problema.

As linguagens de programação são divididas em dois tipos: baixo nível (linguagem de máquina, *Assembly*, Montador, *Assembler*) e de alto nível (Delphi, C++, Java, VB).

---

contida em suporte físico de qualquer natureza, de emprego necessário em máquinas automáticas de tratamento da informação, dispositivos, instrumentos ou equipamentos periféricos, baseados em técnica digital ou análoga, para fazê-los funcionar de modo e para fins determinados".

Como o computador só executa instruções em linguagem de máquina (código binário, 0 e 1), para ele executar instruções escritas em linguagens diferentes, faz-se necessário que essas instruções sejam traduzidas para linguagem de máquina.

Existem tipos básicos de tradutores: montador (traduz linguagem *Assembly* para linguagem de máquina), e interpretador (realiza tradução e execução simultaneamente, não gerando o código objeto em disco). A geração de código em disco é observada no *run-time* e compilador. A diferença entre eles é que o *run-time* trabalha com um código intermediário (pseudocompilado) e o compilador (gera executáveis .exe) cria um código objeto independente.

A expressão "*Software* Livre" é um conceito que se refere à liberdade de usar, e não à falta de pagamento, isto é, a inexistência de contraprestação pecuniária para aquisição.

Software livre é liberdade do usuário de executar, copiar, distribuir, estudar, modificar e aperfeiçoar o programa, mais especificamente alusivo a quatro tipos de liberdade para seus usuários: a de executar o programa, para qualquer propósito; a de estudar como o programa funciona, e adaptá-lo para as suas necessidades (o acesso ao código-fonte é um pré-requisito para esta liberdade); a de redistribuir cópias de modo que você possa ajudar o seu próximo; a de aperfeiçoar o programa e liberar os seus aperfeiçoamentos, de modo que toda a comunidade se beneficie (o acesso ao código-fonte é um pré-requisito para esta liberdade).

Um programa pode ser considerado *software* livre caso os usuários tenham todas essas liberdades. Portanto, você deve ser livre para redistribuir cópias, seja com ou sem modificações, seja de graça ou cobrando uma taxa pela distribuição, para qualquer um em qualquer lugar. Ser livre para fazer essas coisas significa (entre outras coisas) que você não tem de pedir ou pagar pela permissão.

Já "*Software* Proprietário", além de não conferir ao usuário acesso ao código-fonte, também não permite a cópia, distribuição e aperfeiçoamento, pois não tem acesso ao código.

Nesta modalidade há contraprestação, ou seja, existe pagamento e faz-se necessária a permissão para seu uso, Licença de Uso.

O registro do *software* não é imprescindível para a proteção do direito autoral[125]. Isso significa que a partir da exteriorização intelectual nasce o direi-

---

125. Lei n. 9.610/98, art. 18: "a proteção aos direitos de que trata esta Lei independe de registro".

to de autor sobre a criação, como em qualquer outra obra autoral. Ou seja, a proteção dos direitos autorais do *software* independe do seu registro, bastando para sua proteção que ganhem publicidade. No entanto, o registro serve para gerar prova de anterioridade quando há discussão sobre quem criou primeiro e quem copiou de quem.

O registro deve ser efetuado no INPI — Instituto Nacional da Propriedade Industrial —, instituto que possui um departamento só para registro de *software* denominado DIMAPRO (Divisão de contratos de licença de uso e registros de programas de computador).

O requerimento deve conter os dados sobre o autor do programa e do titular, se este divergir do autor, não podendo ser apenas aquele que detém a licença; se é pessoa jurídica ou física, a identificação e descrição funcional do programa de computador e trechos do código-fonte. Estes deverão ser capazes de identificá-lo e caracterizar elementos marcantes de criação[126].

Tais informações são prestadas em caráter sigiloso, não podendo ser reveladas, exceto por ordem judicial ou pelo próprio titular.

No entanto, o registro de *software* no INPI possui algumas particularidades, visto que, ao invés de se analisar a originalidade do *software* em si,

---

126. Documentos necessários para o registro de *software* no Brasil:

(i) Formulário próprio do INPI intitulado "Pedido de Registro de Programa de Computador" devidamente preenchido e assinado;

(ii) Documento próprio do INPI intitulado "Autorização para cópia da documentação técnica";

(iii) Documentos comprovando a cessão da titularidade do *software* ou autorização para seu uso;

(iv) Contrato ou Estatuto Social, caso aplicável; e

(v) Procuração, caso aplicável.

Demais dados que devem ser fornecidos sobre o *software* no ato do pedido de registro:

(i) Título;

(ii) Data de criação do *software*;

(iii) Se será guardado com ou sem sigilo;

(iv) Linguagens utilizadas;

(v) Classificação do Campo de Aplicação (*); e

(vi) Classificação do Tipo de Programa (**).

(*) http://www.inpi.gov.br/images/stories/downloads/programas/pdf/CAMPO_DE_APLICACAO.pdf

(**) http://www.inpi.gov.br/images/stories/downloads/programas/pdf/TIPOS_DE_PROGRAMA.pdf

o INPI apenas verifica se a documentação formal está correta, sem analisar o seu código-fonte e seus aspectos técnicos. Dessa forma, a concessão de registro de *software* pelo INPI não significa que o *software* seja original ou diferente de outros no mercado, mas apenas que o titular fez o pedido de registro de forma correta. Caso o registro seja concedido, o INPI manterá uma cópia lacrada do *software* em seus arquivos, que somente poderá ser aberta mediante ordem judicial.

Em eventual discussão judicial envolvendo o *software*, o INPI pode ser demandado, ocasião na qual apresentará a versão lacrada do *software* e as informações relacionadas, tais como data de registro e titular. Logo, um registro de *software* no INPI não é garantia de sua originalidade, assim como não afasta a possibilidade de eventual questionamento judicial sobre o *software*.

Destaque-se que a comprovação de titularidade se dá mediante a juntada de documentos, tais como contratos de trabalho ou contratos de cessão de titularidade. Isso porque o início da autoria é sempre de pessoa física, não há autoria de pessoa jurídica; esta só se pode tornar titular por transferência ou cessão[127].

O uso de um programa de computador, em qualquer modalidade, depende de autorização prévia e expressa do titular do direito.

No Brasil tal autorização é concedida mediante contrato de licença, o qual pode ser definido como negócio jurídico que almeja regulamentar o uso de programa de computador.

Na concessão da licença de uso, a finalidade do uso está expressa no documento. A licença é uma autorização específica para determinada modalidade de uso. Permite apenas a forma de utilização constante no documento. As modalidades estão descritas na Lei de Direito Autoral, no art. 31.

Em virtude da comercialização e distribuição maciça, seria impossível celebrar um contrato com cada usuário. O titular, então, concede ao usuário um "contrato" de licença. Na realidade o termo mais correto, nesse momento, não seria contrato, pois inexiste a bilateralidade; outros termos são utilizados, como oferta ou termo.

Apesar deste fato, a licença é dispositivo capaz de autorizar o uso do *software*, pois ela é uma manifestação de vontade dentro dos parâmetros legais exigidos. Além disso, com a aceitação do termo, aí sim surge a bila-

---

127. Lei n. 9.610/98, art. 11: "autor é a pessoa física criadora de obra literária, artística ou científica".

teralidade do negócio jurídico. Somente depois da aceitação há criação de um contrato.

A modalidade de licença mais frequente é conhecida como *Shrink Wrap License*[128], aplicada inicialmente aos *softwares* de "caixinha". Depois, com o advento da Internet e a possibilidade do *download* de *softwares*, surgiram os termos *web wrap*, *click wrap* e *browse wrap*, que possuem o mesmo significado de *shrink wrap license*, mas para *softwares* que não possuem suporte físico embalado.

Em resumo, os principais pontos que devem constar da licença de uso são:

✓ Breve descrição da empresa titular, do *software*, seu funcionamento e finalidades;

✓ Condutas esperadas dos usuários;

✓ Isenção de responsabilidade do titular pelos atos praticados por usuários no *software*;

✓ Capacidade do titular de suspender o acesso de usuários que não cumpram com os Termos de Uso;

✓ Isenção de responsabilidade do titular no caso de indisponibilidade do *software* decorrente de casos fortuitos ou de força maior, bem como danos ou prejuízos causados no equipamento dos usuários por ações de terceiros, *softwares* maliciosos ou uso indevido do *software*;

✓ Ferramentas de comunicação que o titular poderá utilizar para se comunicar com o usuário e vice-versa;

✓ Obrigações do titular, tais como manter o ambiente do *software* confiável, preservar sua funcionalidade, garantir velocidade e presteza no atendimento aos usuários, dentre outros;

✓ Aviso de que o *software* poderá sofrer manutenções preventivas ou emergenciais, acarretando eventual indisponibilidade. Tal indisponibilidade não servirá de motivo justo para indenizações ou ressarcimentos de qualquer natureza aos usuários;

---

128. *Shrink Wrap License* são licenças que só podem ser lidas e aceitas pelo usuário após o produto ser aberto (ou seja, o *software* iniciado). O nome deriva do uso de plástico protetor (*shrink film*) utilizado para embalar (*wrap*) os produtos. Esta característica, inclusive, tem o condão de afastar o direito de arrependimento do usuário, o que acaba motivando seu questionamento judicial em muitos países. Por esta razão, nos Estados Unidos ainda não há um posicionamento pacífico nos tribunais a respeito da obrigatoriedade dessas licenças, uma vez que o usuário paga e abre o produto sem saber com o que está concordando. Apesar disso, continua sendo a prática mais comum da indústria de *software*.

- ✓ Obrigações dos usuários, tais como utilizar o *software* para a finalidade que foi concebido, fornecer dados e informações com compromisso de veracidade e autenticidade, arcar com as obrigações de indenizar na incidência de danos ao titular ou a terceiros, dentre outros;

- ✓ Aviso de que a propriedade intelectual do *software* (incluindo marcas, nomes comerciais e direitos autorais) estão devidamente registrados e pertencem ao titular, não estando o usuário autorizado a utilizá-los sem o seu prévio consentimento, tampouco realizar engenharia reversa ou tentar quebrar a proteção do código-fonte;

- ✓ Aviso de que o titular poderá alterar, de forma unilateral e sem aviso prévio, os Termos de Uso e a Política de Privacidade;

- ✓ Proibição do usuário de acessar áreas restritas do *software*, tais como áreas de administrador ou de programação, ou a utilização de softwares que realizem essas ações;

- ✓ Informar que aos Termos de Uso e à Política de Privacidade aplica-se a lei brasileira, a interpretação é no idioma português, além de apontar a Comarca de escolha para dirimir eventuais conflitos;

- ✓ Informar o número de registro público do documento que é uma melhor prática para proteção do fornecedor.

Quanto à questão se *software* é produto ou serviço, a resposta é: depende. Deve-se analisar como ele é feito? Como vai ser comercializado? Há atualização ou manutenção? Conforme a resposta para estas indagações, ele pode ser produto, e no caso passa a ser cobrado como *royalty*, e não há incidência de imposto, ou passa a ser serviço e então recai o ISS. Pode ainda haver a hipótese de pagamento de ICMS quando o produto fica a tal ponto de prateleira ("*software* de caixinha") que é entendido como mercadoria.

Com relação ao *software* em si, a ISO formulou boas práticas sobre característica, avaliação, qualidade e processos do ciclo de vida. Essas são: ISO/IEC 9126 — Características da Qualidade de *Software*; ISO/IEC 14958 — Guias de Avaliação de Produto de *Software*; ISO/IEC 12119 — Requisitos de Qualidade e Testes de Pacotes de *Software*; e ISO/IEC 12207 — Processos do Ciclo de Vida do *Software*.

Quanto ao lado jurídico, apesar de não haver obrigação na formulação do registro do *software*, é bastante coerente fazê-lo. A propósito, o INPI permite o registro em nome de dois ou mais titulares. Também a licença de uso é importantíssima para o criador, pois é nesse documento que estará determinado o que o usuário pode ou não fazer com o *software*[129].

Além disso, a questão dos contratos tem uma importância muito grande, visto que a lei previu especificamente que o *software* sob encomenda é de propriedade do encomendante[130]. Inclusive nos casos de desenvolvimento em parceria. Então, faz toda diferença jurídica ter ou não a menção expressa "sob encomenda" em uma cláusula contratual.

Ainda sobre os contratos, vale destacar que a cessão do *software* é diferente do seu licenciamento. O termo "cessão de uso" é uma licença (caráter

---

129. Ressaltamos que há hoje no mercado diversos tipos de contratação de tecnologia, sendo as mais comuns:

a) licença perpétua de aquisição — modelo que existe há quase 40 anos, utilizado por grandes fornecedores como Microsoft, SAP, Oracle, IBM, que financiam o desenvolvimento de seus sistemas e os vendem para os clientes como um ativo (o contratante tem o direito ao produto para toda vida, excluindo manutenção e atualizações, que são vendidos como serviços com taxas normalmente anuais);

b) licença de uso — direito apenas de uso por máquina instalada (ou por usuário), incluindo atualizações (mas não há manutenção);

c) licença de manutenção — empresa paga pelas taxas de correções e de manutenção do *software* adquirido;

d) conjunto de licenças (aquisição, uso e manutenção) — é o formato mais usado atualmente no mercado, o cliente tem direito ao pacote completo de licença, uso e manutenção;

e) aluguel (ASP) — o *software* fica hospedado fora da empresa que paga uma taxa fixa (pode ser mensal ou anual);

f) *Software* como serviço (SaaS) — o usuário não precisa ter nada instalado internamente, não se preocupa onde fica o banco de dados, o sistema, os aplicativos. Tudo fica fora da empresa, o modelo é considerado uma ruptura de conceito, uma vez que não se paga nem pela aquisição do *software* nem aluguel. O valor é cobrado pelo número de usuários que acessa o serviço (pelo uso);

g) *open source* — o usuário não paga pela licença inicial, já que o *software* é livre. Embora não exista o mesmo custo de desenvolvimento, é comum a cobrança por manutenção;

h) autofinanciamento — quem paga pelo desenvolvimento é o cliente, não o desenvolvedor, já que nesse modelo a solução é customizada para atender ao interesse do contratante. O cliente é o dono do *software* e, no futuro, pode até vendê-lo a outras empresas como fornecedor (é o "sob encomenda");

i) *co-source* — quando duas empresas se unem e dividem o custo do desenvolvimento, é um trabalho colaborativo entre cliente e fornecedor, a remuneração ocorre por resultado e ambos podem explorar o *software* (muito comum em desenvolvimento de plataforma de *e-business*).

130. Lei n. 9.610/98, art. 4º: "salvo estipulação em contrário, pertencerão exclusivamente ao empregador, contratante de serviços ou órgão público, os direitos relativos ao programa de computador, desenvolvido e elaborado durante a vigência de contrato ou de vínculo estatutário, expressamente destinado à pesquisa e desenvolvimento, ou em que a atividade do empregado, contratado de serviço ou servidor seja prevista, ou ainda, que decorra da própria natureza dos encargos concernentes a esses vínculos".

limitado), não sendo recomendada a sua utilização quando se quiser fazer a transferência da titularidade (poder exercer todos os direitos de propriedade). Tanto nos contratos sob encomenda como nos de parceria de desenvolvimento é importante que fique clara a cessão do *software*, ou seja, sua transferência, de forma a permitir seu registro perante o INPI pelo titular final, que não necessariamente é o autor inicial.

Quanto à diferença em se enquadrar *software* como direito autoral ou como patente, importa destacar a discussão *sobre Patente de* Software, conforme consulta formulada pelo INPI em 2012.

No Brasil, assim como em outros países, o *software* é objeto de uma proteção muito semelhante à do direito de autor para obras literárias artísticas e científicas. Isso significa que o conteúdo protegido abrange o *software* em si, na sua expressão e principalmente na literalidade do código-fonte, mas não se estabelecem condições de exclusividade com relação às funcionalidades.

Atualmente, apenas nos Estados Unidos e no Japão são concedidas patentes de inventos implementados por *software*. O Parlamento Europeu descartou de forma veemente esta abordagem em 2005, ao rejeitar uma diretiva sobre "Inventos Implementados por Computador".

Existem muitos motivos para que o Brasil ainda resista em estabelecer um regime de concessão de patentes para inventos baseados em *software*. Alguns deles são:

• Uma medida deste tipo deve ser introduzida por Lei Ordinária. A proposição do INPI de incorporar estas modalidades de patente pela via do Regulamento é ilegal na medida em que extrapola os limites de sua competência.

• A redação adotada pelo INPI no texto proposto à consulta é muito ampla ao permitir que quase qualquer função ou *software* seja patenteável. Na prática quase tudo o que um computador realiza poderia ser objeto de patente.

• A Patente de *Software* poderia excluir a participação dos desenvolvedores de *software* livre. Existem licenças de *software* livre que são incompatíveis com a patenteabilidade do *software* e, nesse sentido, desenvolvedores de *software* proprietário teriam maior facilidade na obtenção de patentes, o que poderia gerar uma competição injusta entre os modelos de desenvolvimento.

• Patentes de *software* são menos efetivas. Ao contrário das invenções eminentemente industriais, as patentes de *software* são em geral muito abrangentes, pouco precisas e não raro sua validade é contestada judicialmente. Mesmo nos Estados Unidos a posse de uma patente de *software* não é garantia de êxito no confronto judicial e a maioria dos casos costuma ser resolvida por meio de acordos extrajudiciais.

• A proteção do *software* conferida pelo direito de autor é efetiva, possui reconhecimento internacional e não exige nenhum registro prévio, o que a torna mais adequada às características do mercado.

Apesar das razões citadas, acreditamos que nenhum desses argumentos de lastro jurídico sequer tangencia o verdadeiro problema de o Brasil criar um sistema que permita registro de patentes de *software*.

Qualquer política de proteção à propriedade industrial deve estar baseada no interesse público de estimular a inovação e a competitividade e as patentes só se justificam em um cenário no qual a proteção da inovação é fundamental para gerar riqueza e incremento da qualidade. A premissa é a de que, quando protege o invento, o Estado estimula as empresas a investir em pesquisa e desenvolvimento para gerar soluções tecnicamente inovadoras.

O aparato jurídico de proteção às patentes também é utilizado para regular abertura de mercados e como contraprestação em acordos alfandegários. Ocorre que, no tocante à indústria de *software*, não existe nenhum interesse público na concessão de patente para esses produtos.

O direito de autor tem sido mais que suficiente para estimular a criação de novos *software*s e proteger o direito dos desenvolvedores, mantendo a competitividade, mesmo com os altos índices de pirataria dos países em desenvolvimento. Essencial ressaltar que a concessão de patentes para *software* não tem o condão de inibir a contrafação, mas sim de diminuir o número de competidores.

Este é o verdadeiro motivo pelo qual a concessão de patentes para *software*s seria desastrosa ao país: a restrição do número de competidores e a diminuição da oferta de *software*s que possam atuar como substitutos tornariam o mercado mais concentrado e reduziriam a concorrência entre empresas de *software*.

A criação de um sistema de patentes para *software* no Brasil provavelmente seria acompanhada de uma avalanche de pedidos oriundos de grandes empresas multinacionais, o que aniquilaria a capacidade da nossa indústria nacional e, consequentemente, os empregos por ela gerados.

Ao se proteger as funcionalidades dos *software*s, cria-se uma barreira de entrada para outros desenvolvedores, que não poderiam oferecer soluções próprias para as mesmas necessidades. Assim, os desenvolvedores não disputariam mais o mercado em termos qualitativos e sim de anterioridade do pedido de patente, ou seja, independentemente da qualidade do produto.

Por último, com o crescimento do mercado de aplicativos, importa analisar que eles estão sujeitos também à Lei de *Software*, bem como se tiverem funcionalidades para captura de dados de usuários (como a geolocalização, entre outros), devem necessariamente publicar uma Política de Privacidade, em consonância com o previsto pelo CDC e pela Lei do Marco Civil da Internet[131]. Além disso, quem quiser ofertar um aplicativo deve observar as regras previstas pelas plataformas, lembrando que os termos de uso[132] têm natureza jurídica de contrato e obrigam as partes.

8.12. As ferramentas de trabalho tecnológicas — correio eletrônico e outros

O correio eletrônico, apesar de muito semelhante à correspondência, é um meio de comunicação com características próprias, como número de receptores da mensagem variável e do uso para o qual está sendo submetido, se pessoal, corporativo, comercial ou publicitário. Logo, seu conteúdo é disponibilizado na rede para que seus dados sejam enviados no sistema de pacotes aleatórios, utilizando vários caminhos. Isso significa que qualquer *e-mail* pode ser lido mediante o emprego das técnicas certas e que seu sigilo e privacidade não são absolutos[133]. Sendo assim, não é possível aplicar simplesmente a legislação sobre sigilo de correspondência[134] e sua proteção constitucional[135], tal como funciona atualmente. É preciso entender melhor todas as peculiaridades desse tipo de comunicação, que hoje é cada vez mais uma via de negócios.

---

131. Lei do Marco Civil da Internet, art. 7º, VII, IX e X.

132. As duas maiores lojas atuais são a App Store da Apple e o Google Play do Google. Os termos da Apple podem ser acessados via https://developer.apple.com/app-store/review/guidelines/. Já os termos do Google podem ser acessados via https://play.google.com/intl/ALL_br/about/developer-distribution-agreement.html.

133. A Lei n. 9.296, de 24 de julho de 1996, regulamenta o inciso XII do art. 5º da Constituição Federal. "O disposto nesta Lei aplica-se à interceptação do fluxo de comunicação em sistemas de informática e telemática" (art. 1º, parágrafo único).

134. Código Penal, Cap. VI — Dos Crimes Contra a Liberdade Individual, Seção III — Dos crimes contra a inviolabilidade de correspondência: "Art. 151. Devassar indevidamente o conteúdo de correspondência fechada dirigida a outrem: Pena — detenção, de 1 (um) a 6 (seis) meses, ou multa".

135. Constituição Federal, art. 5º, XII: "é inviolável o sigilo da correspondência e das comunicações telegráficas, de dados e das comunicações telefônicas, salvo, no último caso, por ordem judicial, nas hipóteses e na forma que a lei estabelecer para fins de investigação criminal ou instrução processual penal".

O *e-mail* ou correio eletrônico é uma aplicação de redes de computadores, muito utilizado na Internet, que possibilita a troca de mensagens e arquivos entre os usuários. A palavra tem o significado literal de *electronic mail* ou correio eletrônico.

O *e-mail* foi criado em 1971 por um engenheiro de computação americano chamado Ray Tomlinson, por este motivo, é claro, não teria como estar previsto na Lei Postal Brasileira, Lei n. 6.538, que é de 1978. Desse modo, a legislação não considera o *e-mail* como uma forma de correspondência, entretanto, não se pode negar que existe uma expectativa de privacidade em tal forma de comunicação. Na visão de Mário Lobato de Paiva, "o sentido de correio é similar aos dois, porém o modo de execução é diferente".

A questão abrange também o fato de que esse tipo de comunicação eletrônica depende de intermediadores, ou seja, receptores e transmissores que, em rede, levam a mensagem a seu destinatário final.

Portanto, uma das questões jurídicas a ser considerada envolve a corresponsabilidade dos Provedores de *e-mail*[136] sobre o que circula na rede. *E-mails* caluniosos podem expandir-se infinitamente. Se a origem deles for rastreada e apontar para um *e-mail* corporativo, a empresa pode ser responsabilizada civilmente pelo dano causado a terceiro[137]. Por isso, é importante que as empresas que disponibilizam *e-mails* corporativos deixem claro para seus funcionários qual a política deve ser adotada em relação ao seu uso: o funcionário deve saber se suas mensagens estão ou não sujeitas à monitoração[138] da empresa.

---

136. Caso interessante, reportado na revista *Consultor Jurídico*, em 14 de setembro de 2001. O juiz Luiz Menegat, da 2ª Vara Cível de Porto Alegre — RS, determinou que o *site* Yahoo Brasil apontasse quem cadastrou o *e-mail* de um engenheiro no RS para que recebesse uma enorme quantidade de mensagens não autorizadas (*spam*), contendo, entre outras, ofertas de sexo e pedofilia. Processo n. 107.746.696.

137. Código Civil Brasileiro, art. 932, III, sobre a responsabilidade do empregador por má conduta de empregado.

138. "RECURSO ORDINÁRIO. REVERSÃO DA MODALIDADE DE DISPENSA. IMPROCEDÊNCIA. JUSTA CAUSA COMPROVADA PELO EMPREGADOR. FALTA PREVISTA NO ART. 482, C, DA CLT. PROVA ILÍCITA. NÃO CONFIGURAÇÃO. MONITORAMENTO DO AMBIENTE DE TRABALHO. POSSIBILIDADE NO CASO *SUB EXAMINE*. RECURSO DESPROVIDO. 'Pode o empregador monitorar e rastrear a atividade do empregado no ambiente de trabalho, em *e-mail* corporativo, isto é, checar suas mensagens, tanto do ponto de vista formal quanto sob o ângulo material ou de conteúdo. Não é ilícita a prova assim obtida (...). Inexistência de afronta ao art. 5º, incisos X, XII e LVI, da Constituição Federal' (RR 613/2000-013-10-00, rel. Min. João Oreste Dalazen, *DJU* 10.6.2005)" (TRT-9 1642420111904 PR 16424-2011-1-9-0-4, rel. Arnor Lima Neto, 6ª Turma, publicado em 27-4-2012).

Para isso, é importante o funcionário tomar ciência formal do documento que trata do assunto, ou seja, escrito que pode ser tanto impresso em papel como pela via eletrônica no ato de sua contratação ou no ato da disponibilização do serviço de *e-mail* corporativo para ele. A caixa postal pode vir a ser mantida pela empresa, mesmo após a saída do colaborador, para fins de controle, atendimento de prazo de guarda legal das informações, auditoria ou para colaborar com as autoridades.

Um *e-mail* pessoal, portanto, tem características distintas de um *e-mail* corporativo. Um é meio de comunicação pessoal e o outro é ferramenta de trabalho. Ainda, um *e-mail* comercial é juridicamente distinto de um *e-mail* publicitário para propaganda tipo mala-direta. Isso significa que é necessário determinar as obrigações específicas do usuário da correspondência eletrônica, dependendo da modalidade do *e-mail* que estiver utilizando, assim como o termo de concordância e responsabilidade a ser estabelecido entre as partes.

Destaque-se, por oportuno, a regra em vigor sobre o uso de serviços de comunicação na Administração Pública Federal[139].

Outra questão sobre o uso do *e-mail* tem sido a redação adequada das mensagens corporativas. Cresceram os casos de assédio moral[140] e sexual por meio do *e-mail* corporativo. Motivo principal? O excesso de coloquialismo.

---

139. Decreto n. 9.637/2018, que institui a Política Nacional de Segurança da Informação, dispõe sobre a governança da segurança da informação, e altera o Decreto n. 2.295, de 4 de agosto de 1997, que regulamenta o disposto no art. 24, *caput*, IX, da Lei n. 8.666, de 21 de junho de 1993, e dispõe sobre a dispensa de licitação nos casos que possam comprometer a segurança nacional e Decreto n. 10.222, de 5 de fevereiro de 2020, que aprova a Estratégia Nacional de Segurança Cibernética.

140. "RECURSO DE REVISTA. DANO MORAL. CARACTERIZAÇÃO (ART. 1º, III E IV, E ART. 5º, V E X, DA CF). (...) No caso concreto, vale enfatizar as premissas fáticas consignadas pelo Tribunal Regional no julgamento do recurso ordinário, quais sejam: a) os Reclamados admitiram o envio da mensagem eletrônica, bem como o uso cotidiano de expressões como 'lindinha' e afirmações do tipo 'sonhei com você'; b) confirmaram, em outras palavras, os fatos declinados na exordial, negando, contudo, a conotação sexual pretendida pela Reclamante. Os dissabores decorrentes dessa conduta desaguaram na própria extinção da relação de emprego. Portanto, comprovada a conduta censurável da chefia adotada contra a Autora subordinada, acarretando a esta grave constrangimento, e tendo em vista a omissão da empregadora em garantir um meio ambiente do trabalho livre de ocorrências de tal natureza, tem direito a trabalhadora a receber indenização pelo dano sofrido. (...) Assim, levando-se em conta os valores fixados, nesta Corte, a título de dano morais, com análise caso a caso, considerando a intensidade do sofrimento da vítima, a gravidade da lesão, o grau de culpa do ofensor e a sua condição econômica, o não enriquecimento indevido do ofendido e o caráter pedagógico da medida, torna-se devida a adequação do valor da indenização para R$ 30.000,00 (trinta mil reais), com respaldo no princípio da razoabilidade" (TST, RR 96600-90.2009.5.05.0491, rel. Min. Mauricio Godinho Delgado, j. em 23-4-2014).

Ainda não lidamos com o *e-mail* como sendo uma prova escrita ou um papel timbrado digital. Pois bem, este é um novo cenário que as empresas estão tendo de enfrentar, pois é cada vez mais comum a relação entre chefes e subordinados ocorrer toda por escrito, com uso das ferramentas tecnológicas.

O grande desafio para as empresas consiste em: como orientar adequadamente os colaboradores, e principalmente, os gestores, para que eles saibam usar de forma ética e legal o *e-mail* corporativo?

Os riscos envolvendo conteúdo corporativo não estão mais relacionados apenas ao mau uso de caixas postais e de *e-mails* corporativos para finalidade ` particular, como envio de fotos, músicas, filmes; relacionam-se agora também à própria redação das mensagens, cujo teor pode configurar, dependendo do caso, até mesmo assédio moral, principalmente com o crescimento de recursos como o WhatsApp – a linguagem coloquial e demasiadamente espontânea usada no aplicativo tem gerado muitos casos judiciais.

É preciso atualizar com urgência o Código de Ética Profissional, para vislumbrar estas novas situações e cenários, e, assim, evitar incidentes e contingências legais.

A questão do assédio moral e do assédio sexual é muito nova do ponto de vista de doutrina e jurisprudência. Como definir claramente o que é "perseguição" em nível de trabalho. Até onde vai o poder disciplinar, hierárquico do empregador? Pois, com os diálogos entre chefes e subordinados cada vez mais documentados por escrito, em *e-mails*, têm aumentado os casos em que o empregado faz acusação de má conduta de seu superior. Mas será que é isso mesmo ou há um certo exagero? Afinal, as máquinas não conseguem traduzir contexto, mas ficam as palavras escritas, o que, por certo, tem um grande peso do ponto de vista de prova.

Para exemplificar, apresentamos este julgado em que o funcionário foi acusado por subordinada de enviar-lhe mensagens de cunho sensual e o tribunal determinou que o uso irregular de correio eletrônico é causa suficiente para configuração de dano moral.

O Tribunal Regional, no particular, manteve o valor arbitrado pelo MM. Juízo de origem à indenização por danos morais no importe de R\$ 6.000,00 mediante decisão assim fundamentada: "Decidiu-se nos seguintes moldes com relação ao pedido de condenação da reclamada em indenização por danos morais: 'O autor sustenta que seu coordenador o tratava de forma absolutamente inadequada e que durante o contrato de trabalho teve gravemente sua honra subjetiva e objetiva ofendida pela reclamada. Exemplifica que em uma certa ocasião recebeu um email do sr. [...], com o seguinte conteúdo: 'Porque vc não vem até aqui e faz um boquetinho?'. Requer a condenação da ré ao pagamento de indenização por dano moral, em valor a ser arbitrado pelo Juízo, em razão da violação à imagem, à moral e à honra do reclamante'" (TST-RR-237-95.2012.5.09.0015. 2013. Disponível em: <https://tst.jusbrasil.com.br/jurisprudencia/24193466/recurso-de-revista--rr-2379520125090015-237-9520125090015-tst/inteiro-teor-111910832>. Acesso em: 8 jan. 2021).

O que se vê é que faltam parâmetros que delimitem claramente até onde deve ir a conduta sem riscos. Agir com excesso de severidade tem sido questionado cada vez mais. É preciso refletir profundamente sobre o que é a divisão social do trabalho, e voltar às origens dos grandes doutrinadores sobre o tema, chegando aos gregos que bem trataram da discussão entre "bem e mal". Neste tema há um conflito natural entre a proteção dos direitos da personalidade (que envolve imagem, reputação, vida privada) e os poderes do empregador.

Nos últimos anos cresceu o uso do correio eletrônico, bem como da própria Internet. As empresas já possuem colaboradores que são de uma geração totalmente digital, nascidos após 1980, inteiramente dependentes de computador, internet, celular e, agora, das redes sociais.

Apesar de ser rotina no dia a dia de trabalho, e também na vida digital, o uso de ambientes de redes sociais, comunicadores instantâneos, SMS (torpedos), fóruns de discussão *online*, chats etc., ainda há uma grande deficiência no tocante à aplicação do comportamento seguro. Ou seja, muito dos incidentes envolvendo pessoas em redes sociais estão relacionados com a falta de postura e prevenção.

Essa nova geração de profissionais nascidos e criados com a tecnologia não foi ensinada a ter um comportamento seguro dentro das redes sociais. Por isso, é necessário conscientizar e criar um hábito de segurança digital, não apenas para não se tornarem vítimas, mas principalmente para não serem infratores, mesmo sem intenção. Por exemplo, falar mal de um chefe ou colega de trabalho pode causar problemas, pois a sociedade digital é formada por provas eletrônicas, onde documentamos muito mais nossos atos, tudo por escrito, com testemunhas-máquinas, publicado para o mundo ver em tempo real.

A melhor doutrina assevera que para configurar o assédio moral tem de haver conduta continuada e reiterada. O assédio sexual tem grande proximidade do assédio moral, visto que para ser tipificado exige que seja vertical (de superior para subordinado) e que haja contato físico. Logo, brincadeiras verbais, sem contato físico, acabam tipificando o assédio moral.

Tem sido comum o assédio moral acabar impregnando-se na cultura da empresa, cada vez mais competitiva, assim como ocorre o problema de acidente de trabalho em caráter estrutural, dentro da organização. Por isso, a documentação de prevenção é essencial para proteção da empresa, para demonstrar que não é algo intrínseco ao próprio ambiente de trabalho, que há orientação clara sobre a postura a ser tomada.

A cultura de prevenção e de postura ética no ambiente de trabalho deve vir de cima para baixo, deliberada em conjunto, pois isso evita riscos jurídicos que geram impacto financeiro. Talvez a melhor recomendação seja *"não fazer aos outros o que não gostaria que fizesse para si próprio"*. Ou seja, o Direito Digital retorna à base da moral e da ética para fazer a releitura das leis nesta nova realidade[141].

---

141. Lista de cuidados ao usar *e-mail*, Internet e celular corporativo:

O que evitar	Mais algumas dicas:
• Evite termos coloquiais, o uso de tratamento formal evita situações de subjetividade e eventuais confusões geradas por causa do uso de tratamento mais íntimo em situação de trabalho/profissional.	O tratamento mínimo deve ser Senhor (Sr.) ou Senhora (Sra.), e não "você", independentemente do cargo. Se possível deve ser feito uso da 1ª pessoa do plural (ex.: "nós gostaríamos de saber", "vamos agendar"), visto que a comunicação é em nome da empresa, e não uso da 1ª pessoa do singular (ex.: "eu gostaria").
• Evite o uso de expressões como "beijos" ao final.	O correto é enviar saudações ou abraços.
• Tente tratar de assuntos gerais de modo discreto e bem-educado.	Pode-se perguntar como foi o final de semana, desejar um bom-dia, felicidades, parabéns, manifestar condolências ou pesar, mas devem-se evitar assuntos muito íntimos, que possam gerar algum tipo de constrangimento (ex.: questões médicas ou familiares).
• Evite o uso de elogios que possam gerar algum tipo de duplo sentido.	Pode-se congratular a pessoa por motivo de êxito em tarefas, mas devem-se evitar elogios que possam estar relacionados a apresentação física ou partes do corpo como "linda(o)", "bonita(o)", "estonteante", "maravilhosa(o)" e outros similares.

8.13. Segurança da Informação e as ISOs 27002, 18044, 27001 e 27701

A questão da segurança é um dos principais temas a serem discutidos e resolvidos não apenas no Direito Digital, mas na sociedade como um todo, uma vez que é uma das barreiras para o maior aproveitamento das novas tecnologias e um limitador para a exploração de seu potencial comercial. Como já vimos, a necessidade de segurança nas expectativas da sociedade foi um dos fatores que motivaram a criação do próprio Direito como fenômeno de controle das condutas, e do Estado como ente autorizado a praticar o controle dentro de limites permitidos pela própria sociedade por meio das leis — o chamado Estado de Direito. Por isso, é lógico imaginar que toda nova tecnologia que possibilite uma nova ferramenta de relacionamento necessite de um estudo mais profundo sobre a sua capacidade em transmitir segurança e ter no Direito um mecanismo que possa garanti-la.

Mesmo que a Internet e as ferramentas tecnológicas já não sejam tão novas, ainda não está claro o que é "certo e errado" para as pessoas de um modo geral. Já que em uma empresa tais ferramentas devem ser usadas para finalidade de trabalho, cabe a ela definir com Políticas e com diretrizes de Segurança da Informação o que é mais adequado para proteção do negócio e dos empregados, evitando que se corram riscos desnecessários que possam gerar responsabilidade civil, criminal e até demissão.

Mas o que é informação como ativo? Segundo Marcos Sêmola, "a informação representa a inteligência competitiva dos negócios e é reconhecida como ativo crítico para continuidade operacional e saúde da empresa"[142].

• Evite convidar para situações "a dois" pessoas que sejam subordinados hierárquicos.	O convite para jantar, para um "encontro", para uma situação de *happy hour* (que não seja para toda equipe) pode gerar situação de constrangimento e dar a entender eventual assédio moral.
• Evite falar mal da empresa, de pessoas do trabalho, principalmente com uso de expressões pejorativas, associação com animais, gozação, piada com uso de características físicas ou emocionais.	Deve-se lembrar que o ambiente corporativo é monitorado, por isso, intrigas, uso de palavras para denegrir a imagem de um colega ou chefe podem gerar muitos problemas, e, como está por escrito, fica difícil alegar que "não era bem o que queria dizer".

142. SÊMOLA, Marcos. *Gestão da segurança da informação*: uma visão executiva. 2. ed. Rio de Janeiro: Elsevier, 2014.

Dessa forma, é importante destacar que a Informação é da Empresa e não daquele que a manipula.

Entendendo a informação como ativo intangível é possível deduzir que esteja sujeita a diversas ameaças, tais como: acesso indevido, furto de informações; fraude eletrônica e falsificação de identidade; dano aos dados e informações arquivadas; espionagem para obtenção de segredos industriais/comerciais; cópia de programa; violação do direito autoral; interceptação indevida de informação; violação de bases de dados pessoais; uso indevido de marca em *Search Engine* para gerar tráfego; exposição da marca associada a conteúdo ofensivo ou falso em *Chat, Newsgroup, Messaging, Peer-To-Peer Network, Streaming Midia, e-mail, Website, Hotsite*; "*Sucks*" *Sites* — frustração do consumidor — atualmente também em Comunidades, *Blogs, Forums*; Pirataria — de marca, texto, áudio, vídeo, música, *software*; pornografia.

Diante deste cenário surge a norma ABNT NBR ISO/IEC 27002:2013, que diz: "a segurança da informação é alcançada pela implementação de um conjunto adequado de controles, incluindo políticas, processos, procedimentos, estrutura organizacional e funções de *software* e *hardware*"[143].

A principal causa para o vazamento de informações são as próprias ações humanas. Com propriedade, o autor Antônio Everardo Nunes da Silva[144] destaca que a falha humana é o principal motivo para darmos maior atenção à Segurança da Informação. Mesmo dentro do ambiente corporativo, ou até mesmo dentro da própria residência, é necessário ter cautela com os ativos e informações que são suscetíveis de vazamento. Dessa forma, devemos estar cada vez mais atentos e conscientes de que a informação é a moeda mais preciosa na era do conhecimento.

Quanto aos seus objetivos, a Segurança da Informação visa a três pontos: a) confidencialidade — a informação só deve ser acessada por quem de direito; b) integridade — evitar que os dados sejam apagados ou alterados sem a devida autorização do proprietário; e c) disponibilidade — as informações devem sempre estar disponíveis para acesso. Alguns autores defendem o acréscimo de mais dois aspectos: a autenticidade e a legalidade[145].

---

143. ISO/IEC 27002.

144. SILVA, Antônio Everardo Nunes da. *Segurança da informação – vazamento de informações.* As informações estão realmente seguras em sua empresa? Editora Ciência Moderna.

145. Alguns autores usam o conceito de irretratabilidade em vez de legalidade; para nós, o de legalidade é mais amplo e abrangente e a Segurança da Informação deve estar em

A autenticidade é a capacidade de identificar e reconhecer formalmente a identidade dos elementos de uma comunicação eletrônica ou comércio. Já a legalidade é "característica das informações que possuem valor legal dentro de um processo de comunicação, onde todos os ativos estão de acordo com as cláusulas contratuais pactuadas ou a legislação política institucional, nacional ou internacional vigentes"[146].

De acordo com as melhores normas do mercado, para realizar um projeto de segurança da informação o primeiro passo é inventariar todos os ativos — fazer uma análise de risco (qualitativa e quantitativa), de maneira que se possa descobrir quais são suas vulnerabilidades. Em seguida devem ser classificadas as informações de acordo com sua sensibilidade e criticidade, considerando a seguinte divisão pública, privada e confidencial. Nesse mesmo período é recomendável a criação do Comitê de Segurança da Empresa, o qual deverá ser formado por membros da organização de diversas áreas.

Após esses primeiros passos, deve-se iniciar a elaboração da Política de Segurança. Tal documento deve conter todas as diretrizes sobre segurança da empresa, de acordo com sua própria cultura, ou seja, usar a regra do jogo no próprio jogo, estabelecendo controles de acesso físicos (segurança física) e lógicos (segurança rede).

Todos os controles que forem implementados devem ser testados, ou seja, deve ser auditado tudo o que tenha sido implementado ou não para se criar um plano de contingência que permita agir em situação de falha de algum processo. A criação deste plano de gestão da segurança da informação não é nada simples. É preciso harmonizar uma série de fatores, que vão de aspectos técnicos, no sentido de implementação de *softwares* e *hardwares* para segurança da informação, aos aspectos jurídicos, em especial a aplicação de monitoramento[147] que não gere riscos legais de privacidade, ou infrações civil e penal.

---

conformidade legal. Nem sempre isso vai significar uma obrigação irretratável, pois não diz respeito apenas ao repúdio ou impugnação de provas, mas às situações de fato e de direito envolvidas caso a caso.

146. SÊMOLA, Marcos. *Gestão da segurança da informação*: uma visão executiva. 2. ed. Rio de Janeiro: Elsevier, 2014 e SODRÉ, Gilberto; MONTEIRO, Pinheiro Eduardo. *Segurança da informação*. Vitória: IDB, 2013.

147. Dicas para fazer monitoramento corporativo sem riscos legais:

• evitar subjetividade e/ou generalizações;

Os principais objetivos da criação da Política da Segurança da Informação são: a) adequar o sistema de controles à crescente complexidade operacional; b) reduzir os riscos de descontinuidade, parcial ou total, da operação; c) reduzir os riscos de vazamentos de segredos do negócio; d) reduzir os riscos de fraudes; e) reduzir os riscos de não cumprimento de obrigações legais; f) atender às recomendações da auditoria externa; g) adequar o sistema de gestão de riscos em TI aos padrões de mercado; h) formalizar papéis e responsabilidades de todos os colaboradores; i) comunicar formalmente o que é permitido ou proibido em relação à manipulação de informações e uso de sistemas da empresa; j) informar que o não cumprimento da política poderá gerar punições e até mesmo a demissão por justa causa; k) servir como diretriz para que todas as áreas da organização revejam seus procedimentos, sistemas, ativos de informação e serviços prestados com o objetivo de tornarem-se conformes à nova política.

- deixar claro o conceito de identidade digital (não apenas de senhas) e alinhar com alçadas e poderes;
- deixar claro que há monitoramento (e prever as duas hipóteses tanto para fins de segurança como de produtividade);
- deixar claro que há inspeção física de equipamentos da empresa, particulares e/ou de terceiros;
- deixar claro que os recursos devem ser usados só para fins profissionais;
- prever que a mera tentativa de burlar também é uma infração às normas;
- deixar clara a proibição de infração de direitos autorais, prática de pirataria, pornografia, pedofilia, guarda, manuseio de conteúdos ilícitos ou de origem duvidosa e que a empresa vai colaborar com as autoridades;
- tratar sobre a má conduta (infração mais ética do que jurídica);
- prever a divulgação da norma;
- deixar claro papéis e responsabilidades;
- definir aplicabilidade;
- gerar assinatura física e/ou eletrônica do termo de ciência;
- deixar claro que é a empresa que detém a propriedade dos recursos, bem como direitos autorais das criações e demais proteções de ativos intangíveis;
- reforçar o dever de confidencialidade e sigilo;
- determinar a possibilidade de processo disciplinar;
- determinar requisito de inserção de cláusulas específicas em contratos (se possível, atualizar contrato de trabalho para prever monitoramento);
- prever procedimento de resposta a incidentes de SI (como coletar as provas sem cometer infração a privacidade ou crime de interceptação);
- tratar da questão da mobilidade;
- implementar vacinas legais (avisos) nas próprias interfaces gráficas.

Ressaltamos que a Política de Segurança da Informação é um documento jurídico no modelo de Diretriz que traz todas as regras e padrões para proteção dos ativos e atividades da empresa, cada vez mais dependentes da informática, da Internet, do *e-mail*.

Portanto, é essencial que a empresa esteja em conformidade com a legislação e com as normas de padronização (que ajudam a suprir eventuais lacunas técnicas), devendo, neste caso, atender a ISO/IEC 27001:2013, que trata dos procedimentos e recomendações sobre Sistemas de Gestão de Segurança da Informação; a ISO/IEC 27002:2013, que estabelece um Código de Práticas para Gestão da Segurança da Informação; a ISO/IEC 27035:2011, que dispõe sobre gestão dos incidentes de segurança da informação; a norma ABNT NBR 15999-1:2007, que versa sobre a Gestão de Continuidade de Negócios; a ISO/DIS 31000:2008, sobre a Gestão de Risco; a ABNT ISO/IEC 2009, sobre Gerenciamento de Serviços, a legislação e tratados internacionais como a Sarbanes-Oxley, a Basileia II, e, finalmente, a legislação pátria, como a Constituição Federal de 1988, os Códigos Civil e Penal, e demais leis atualmente em vigor.

Assim sendo, os principais focos jurídicos da Segurança da Informação são: a) estar em conformidade com as leis vigentes; b) proteger a empresa de riscos e contingências legais relacionados ao mau uso da informação, ao uso não autorizado, o vazamento de informação confidencial, danos a terceiros, crime e fraude eletrônica, invasão de privacidade etc.; c) atender aos preceitos da Constituição Federal, do Código Civil, do Código Penal, da Lei de Direitos Autorais, da Lei de *Software* (antipirataria), da Consolidação das Leis do Trabalho e outros dispositivos legais nacionais e internacionais; d) garantir que, na hipótese de investigação de um incidente, a empresa possa usar as provas coletadas, e que, de forma preventiva, possa praticar monitoramento, sem que isso gere riscos legais; e) garantir que os contratos estejam adequados no tocante às responsabilidades relacionadas aos níveis de serviço acordados e aos termos de confidencialidade exigidos; f) fazer com que o time de resposta a incidentes atue com segurança jurídica, ou seja, com legitimidade jurídica.

Todos os colaboradores devem ser responsáveis por cumprir a Política de Segurança da Informação da empresa, e para tanto é necessário haver ciência formal do documento, seja com assinatura física, seja com a eletrônica. Além disso, a etapa de divulgação e conscientização dessa Política é fundamental, tanto para prevenção de incidentes como para proteção da empresa no sentido de que capacitou seus profissionais no correto uso da tecnologia. Logo, estes serão responsáveis por seu mau uso.

A Política de Segurança da Informação (normalmente chamada de PSI) deve vir acompanhada de uma série de normas específicas que detalham o aspecto operacional de sua execução.

Alguns exemplos dessas normas são: Norma de Gestão de Identidade e Controle de Acesso, Norma de Proteção Física dos Ativos de Informação, Norma de Uso e Administração de Rede Interna, Norma de Uso dos Recursos Tecnológicos da Empresa, Norma de Uso de Correio Eletrônico (*E-mail*), Norma de Uso de Internet, Norma de Uso de Dispositivos Móveis, Norma de Mídias Sociais, Norma de Classificação da Informação e Gestão Documental, Norma de Assinatura e Certificação Digital, Norma de Impressão, Cópia e Digitalização de Documentos, Norma de Geração e Preservação de Evidências, Norma de Infrações e Penalidades, Norma de Acesso Remoto à Rede, Termo ou Acordo de Confidencialidade Padrão, Termo de Responsabilidade etc.

A PSI deve ser aplicada por meio de um Comitê de Segurança da Informação, formalmente constituído, como dito, e composto por profissionais de diversas áreas. Inicialmente devem ser feitas apenas advertências aos funcionários que tiverem conduta inadequada, para que possam adequar-se, dando-se um período de transição, para que as novas regras sejam compreendidas, o qual pode variar de acordo com a realidade de cada empresa (dependendo o período pode ser de pelo menos 90 dias, no qual são apenas feitos avisos de conformidade ou não à PSI e após iniciam-se as advertências e demais procedimentos de sanção previstos e/ou aplicáveis).

Casos mais graves, como o vazamento de informação confidencial, o envio de correntes e boatos com o *e-mail* da empresa, entre outros, devem ser analisados conforme o caso, pelo Comitê de Segurança da Informação. Na verdade, nenhuma empresa quer punir: o ideal é educar e evitar riscos e responsabilidades legais para os funcionários e a empresa — por isso a importância de se fazer campanha de conscientização. A prevenção protege a todos e é a melhor medida para minimizar contingências.

A falha na segurança, na grande maioria das vezes, irá ocorrer no local mais fraco e vulnerável. Geralmente essa vulnerabilidade são os próprios usuários do sistema. Então, a empresa deve empenhar muito esforço para divulgar a PSI e fazer com que seus empregados e colaboradores tenham conhecimento desse instrumento. Não adianta apenas as equipes internas estarem cientes, é fundamental dar um tratamento específico para os terceirizados.

Outra questão que merece análise e que se tem tornado bem comum nas empresas é a criação de times internos de resposta a incidentes. Tais times são constituídos por profissionais da área técnica, Informática e redes e têm por finalidade justamente conter ou eliminar qualquer incidente de segurança da informação.

Existe um time de resposta a incidentes responsável pela Internet brasileira: é o CERT — BR (Centro de Estudos, Resposta e Tratamento de Incidentes de Segurança no Brasil). Este Centro é mantido pelo Comitê Gestor da Internet no Brasil e, segundo descrito em seu próprio *site*, é de sua responsabilidade receber, analisar e responder a incidentes de segurança em computadores, envolvendo redes conectadas à Internet no território nacional.

Este conceito de time de resposta a incidentes teve origem nas instalações militares americanas; depois passou a ser adotado pelo Governo americano e espalhou-se mundo afora.

Hoje, devido à importância dos ativos informacionais para as empresas, recomenda-se, para atender a necessidade de resposta rápida e imediata no momento do incidente, que cada empresa tenha seu time interno de resposta a incidentes. Dois fatores levam a tomar tal medida: 1) o tempo para responder aos incidentes é fator essencial para minimizar ou eliminar o dano que iria ser causado; e 2) geralmente as informações manuseadas por esses profissionais são extremamente sensíveis.

Considerando o foco tecnológico da Segurança da Informação, entendemos que o Direito Digital deve interpretar de forma clara o conjunto de conceitos técnicos para que possa suportar metodologias que tenham eficiência jurídica. É por isso que devemos estudar como operam, por exemplo, os mecanismos de chaves criptográficas e criptografia assimétrica. Ou seja, é preciso que o advogado tenha um mínimo de conhecimento técnico da matéria para melhor poder aplicar soluções jurídicas adequadas.

No quesito segurança, o sistema de chaves "públicas" e "privadas", além de garantir o sigilo das transações ocorridas na rede, possibilita a identificação do remetente e do receptor, uma vez que é atribuída ao remetente uma chave privada, de conhecimento exclusivo deste, enquanto o destinatário deverá saber a chave pública, correspondente à chave privada do remetente, que é a única capaz de decodificar a mensagem enviada. Sendo assim, a chave privada funciona como uma assinatura eletrônica[148].

---

148. No Brasil a infraestrutura de chaves públicas foi instituída pela Medida Provisória n. 2.200, de 28 de junho de 2001, reeditada no dia 27 de julho e 24 de agosto de 2001. Existem também vários projetos de lei que abordam diretamente o tema, por exemplo: o Anteprojeto de Lei da Ordem dos Advogados do Brasil, o Projeto de Lei n. 1.589, de 1999, apensado ao Projeto de Lei n. 1.483, de 1999.

Há, ainda, outras tecnologias que devem ser compreendidas em sua concepção e funcionamento, como a de *Firewall*[149], uma barreira para entrada de invasores no sistema interno de empresas ou domicílios, pois com o crescimento da banda larga e da convergência, fica cada vez mais difícil e caro manter a porta fechada. A convergência aumenta o risco de exposição a *hackers*, crimes e fraudes em ambientes eletrônicos, porque possibilita um contato constante de todos com todas as portas. Por isso, vem se tentando utilizar Sistemas de Pagamento Seguro[150] (SPS) e Sistemas de Validação de cartões *online*[151] (SSL). É necessária uma padronização das chaves de criptografia e a exigência de um compromisso maior das empresas em manter a atualização de seus *softwares* de segurança com certa periodicidade, para que possamos viver em um ambiente virtual mais seguro.

Ainda, a discussão do item segurança na rede envolve a discussão de dois assuntos polêmicos: o anonimato e a privacidade. O direito à privacidade[152] constitui um limite natural ao direito à informação, assim como o direito ao anonimato[153] constitui um dificultador dos mecanismos de segurança em ambiente virtual[154].

---

149. *Firewalls* são sistemas que têm como objetivo estabelecer regras e filtros de tráfego entre duas redes. Os *firewalls* são utilizados como a primeira linha de defesa contra ameaças externas a uma rede. Por ser a primeira linha de defesa, os sistemas de *firewall* devem ser cuidadosamente instalados e gerenciados. Porém a proteção não se restringe a apenas este mecanismo; a arquitetura de um *site* seguro para aplicações bancárias e comércio eletrônico deveria incluir os componentes: segmentação de rede, os já citados *firewalls*, mecanismos de autenticação, criptografia, detecção de intrusos (IDS), além de uma rígida segurança interna nos servidores (Guia de Referência sobre Ataques Via Internet, produzido pela *Internet Security Systems*, junho de 2000).

150. O Sistema de Pagamento Seguro ou SET — *Secure Electronic Transaction* — é um protocolo de transações seguras com criptografia de 1024 *bits*, que codifica todas as transações e faz uso de certificados digitais, tornando desnecessário o tráfego do número de cartão de crédito na rede. O SET garante que todas as partes envolvidas na transação (o portador da carteira eletrônica, o estabelecimento e as instituições financeiras) sejam reconhecidas e verificadas antes de a transação se realizar.

151. Conhecida como SSL — *Secure Socket Layer* —, essa forma de transação utiliza um canal privado criptografado e seguro, mas não prevê a autenticação do comprador. O estabelecimento, por sua vez, possui um certificado, porém não está protegido contra fraudes.

152. Direito à Privacidade está protegido na Constituição Federal de 1988, art. 5º, X, e pela Convenção de Estrasburgo de 1981.

153. No Brasil a Constituição Federal veda em seu art. 5º, IV, o anonimato, sendo livre a manifestação do pensamento. O direito ao anonimato está previsto nos Ordenamentos alemão e italiano.

154. "DIREITO CIVIL. INTERNET. PUBLICAÇÃO EM BLOG. FORNECIMENTO DE ENDEREÇO IP. VEDAÇÃO AO ANONIMATO. OBRIGAÇÃO DO PROVEDOR.

A privacidade tem seus limites, no Direito, quando atinge interesses coletivos que se devem sobrepor ao direito individual dentro da sociedade. Sendo assim, em razão da primazia do princípio comunitário, no Direito Digital, é necessária a criação de diretrizes gerais que determinem o equilíbrio entre as relações paradoxais da proteção da privacidade, do comércio eletrônico, da publicidade e da segurança num mesmo ambiente jurídico-social.

Apesar de a Internet ter tido sua origem baseada em "anonimato", ou seja, não houve uma preocupação inicial a respeito da necessidade de identificação dos seus usuários, até porque muitos dos serviços ofertados para gerar adesão à Internet usavam justamente o apelo do "suposto anonimato" para atrair clientes. Foi o que ocorreu com serviços de *chat*, encontros virtuais, *sites* de sexo, entre tantos outros de entretenimento virtual. No entanto, com sua evolução para um ambiente mais transacional, e com o seu uso maciço, verificou-se que o anonimato passou a ser um verdadeiro entrave para a manutenção de uma Internet mais segura para todos.

É claro que estabelecer rotinas de segurança rígidas pode esbarrar na questão da privacidade, afugentando usuários que possam sentir-se vigiados permanentemente, durante toda sua navegação. Apesar de ser um tema delicado, alguns princípios poderiam ser adotados desde já em busca de uma solução.

Quando é solicitado o registro de domínio no Brasil, o NIC.br, responsável pelo ato, exige a apresentação de CNPJ do requerente. Entretanto, pessoas físicas podem ter seus próprios *sites* hospedados em provedores de acesso, além, é claro, de ter contas de *e-mail*, sem a necessidade de uma identificação mais precisa. Isso coloca a responsabilidade sobre a identidade do usuário, num primeiro momento de contato com a rede, nas mãos dos provedores de internet (seja fixa ou *wireless*) e também de *lan houses* e cibercafés.

Uma das medidas que poderiam ser tomadas é a exigência de identificação no cadastramento dos usuários. Para isso, seria necessário ter como norma-padrão a criação de uma identidade virtual homogênea para cada um. É

AGRAVO DE INSTRUMENTO A QUE SE NEGA PROVIMENTO. DECISÃO UNÂNIME. 1. Preliminar de inadmissibilidade do recurso rejeitada. 2. Sabe-se que o art. 5º, IV, da Constituição Federal de 1988 assegura a liberdade de manifestação de pensamento, vedado o anonimato. Por isso, o provedor, ao colocar à disposição dos usuários um serviço em que podem expressar livremente sua opinião, deve também criar meios através dos quais seja possível identificar os seus usuários, sob pena de se permitirem manifestações anônimas que venham a ferir os direitos da personalidade de terceiros, sem que se possa identificar o ofensor. 3. Precedentes do STJ. 4. Agravo de Instrumento a que se nega provimento. Decisão unânime" (TJPE, AI 3111399-PE, rel. Roberto da Silva Maia, j. 11-11-2014, 1ª Câmara Cível, publicado em 19-11-2014).

importante ressaltar que a identidade virtual é diferente da identidade do mundo real. Por exemplo, se uma pessoa registra uma conta de *e-mail* como "fulanodetal@provedor.com", passa, para efeitos de Internet, a ser identificada como esse sujeito. Todos os atos que realizar na rede, que não solicitem RG ou CPF, serão identificados como sendo tomados por Fulano de Tal, mesmo que a pessoa que opere essa conta seja outra.

Como resolver esta questão de modo a aumentar a segurança das relações entre pessoas e empresas através dos meios eletrônicos, e ao mesmo tempo não inviabilizar ou onerar em demasia os Provedores? Entende-se que se eles não coletarem os dados do seu usuário, pode haver uma discussão sobre eventual facilitação, por negligência, o que gera uma responsabilidade civil. Mas, independentemente disso, o crime terá sido cometido e a capacidade de prova de autoria, que é essencial para o exercício da Justiça, terá sido eliminada completamente.

Claro que, mesmo havendo um cadastramento mais rigoroso, podem continuar existindo falsos indivíduos, porém em uma proporção bem menor, o que já atende ao requisito de gestão de riscos nas relações em determinada comunidade que o Ordenamento Jurídico deve ter.

Devemos destacar que já há tecnologias que permitem que se identifique, por aproximação, mediante a análise do histórico de hábitos de navegação do usuário na rede, se o *e-mail* "fulanodetal@provedor.com" corresponde a Fulano de Tal pessoa física, real. Isso é um trabalho de inteligência em bancos de dados, e que deve crescer cada vez mais. Muitas empresas já traçam o perfil de seus usuários para identificar na rede comportamentos suspeitos e ativar os mecanismos de bloqueio e contenção de um eventual incidente. É este inclusive o princípio utilizado na indústria de cartões de crédito, quando verifica "desvio de padrão de conduta" de um possível "número de cartão" que indica, então, que há probabilidade de não ser o cliente (fraude ou erro de autenticação) e assim aciona as medidas de verificação de autoria para autorização da operação.

É curioso verificar que, quando há procedimentos mais automatizados para verificação de identidade, e sua confirmação, que às vezes envolve a verificação de informações, as pessoas sentem-se "invadidas em sua privacidade". Em vez de pensar que é para sua própria segurança, o cliente, na verdade, em geral, não quer ser de fato identificado. Mas a prevenção é essencial, é melhor verificar antes do que se dar conta depois, especialmente nesta era tão conectada e em tempo real.

Qual o caminho? Com certeza não se pode evoluir no sentido mais transacional da rede sem um aumento considerável de segurança, que exige um controle maior de identidade. Se isso vai significar conseguir associar um CPF a um Usuário da Internet, por meio do número de um IP (talvez no novo padrão do IPV6), ou com uso de outro tipo de padrão de identificação (assinatura digital ou biométrica), não sabemos, mas que é necessário é.

Por que, então, ainda não se propôs a criação de um banco de dados central que contivesse todas essas informações sobre as pessoas que trafegam na rede[155]? Talvez o motivo, acreditamos, seja menos técnico do que financeiro. Atualmente, graças ao Decreto n. 3.724[156] e à Lei Complementar n. 105, ambos de 10 de janeiro de 2001, as autoridades e os agentes fiscais da União, dos Estados, do Distrito Federal e dos Municípios ganharam o poder de proceder ao exame de dados e informações sigilosas de pessoas físicas e/ou jurídicas. Podemos, então, estabelecer uma relação entre o pluralismo dos bancos de dados e a dificuldade de combater a elisão fiscal, já que se houvesse uma centralização não seria possível ocultar um grande número de informações a respeito da capacidade contributiva das pessoas.

Acreditamos, por isso, que os provedores que investirem na segurança do usuário, garantindo que todas as contas de *e-mail* com determinada terminação pertençam a indivíduos identificados e cadastrados, terão um diferencial para conquistar a confiança dos consumidores.

Essa questão nos traz a importância da definição da titularidade dos dados. No nosso ordenamento, os dados pertencem à pessoa[157]. Nessa condição, ela tem o direito de saber que informações a seu respeito determinado banco de dados possui. A lei consumerista garante o direito da pessoa de retificar ou complementar esses dados e permite, também, ao titular a solicitação de que não sejam utilizados em finalidades distintas daquelas para as quais foram fornecidos.

A lei define como "dados de acesso restrito" aqueles que, por sua natureza, só podem ser usados com a anuência expressa do titular, entre eles, os que se referem a raça, opiniões políticas e religiosas, crenças e ideologia, saúde física e mental, vida sexual, registros familiares e profissão.

---

155. Existem diversas iniciativas internacionais nesse sentido, e algumas muito criticadas, principalmente do governo norte-americano (http://en.wikipedia.org/wiki/Information_Awareness_Office).

156. A redação do Decreto n. 3.724, de 2001, foi alterada pelo Decreto n. 6.104, de abril de 2007 e pelo Decreto n. 8.303, de 4 de setembro de 2014.

157. Projeto de Lei do Senado n. 268/99 (arquivado), tratava sobre a estruturação e o uso de banco de dados sobre a pessoa e disciplinava o rito processual do *habeas data*, e art. 5º, LXXII, da Constituição Federal de 1988, que trata do *habeas data*. Projeto de Lei n. 4.102/93, que regula a garantia constitucional da inviolabilidade de dados. Art. 5º, LXXII: "conceder-se-á 'habeas data': a) para assegurar o conhecimento de informações relativas à pessoa do impetrante, constantes de registros ou bancos de dados de entidades governamentais ou de caráter público; b) para a retificação de dados, quando não se prefira fazê-lo por processo sigiloso, judicial ou administrativo".

Um caminho de solução viável seria a criação de um Cadastro Nacional de Proprietários de Bancos de Dados Pessoais, onde cada banco possuísse um código de identificação que deveria estar presente e legível nos documentos de que fizessem uso. Dessa forma, a pessoa que recebe em sua casa uma mala--direta poderia saber, pelo código impresso na etiqueta, de onde vieram os dados a seu respeito. Uma medida como esta resolveria, talvez, o principal problema da correspondência eletrônica não solicitada, ou simplesmente denominada *spam*. Atualmente, devido ao envio automatizado de *e-mails*, nem é recomendável que a pessoa responda a um *spam* para pedir para ser excluído da base de envio (destinatário), pois isso pode, em muitos casos, se tornar um procedimento de confirmação de conta válida, e aí é que a pessoa começa a receber *e-mails* sem parar. Por isso, a questão de como ser feito o *opt-out* adequadamente é extremamente relevante, já que os fraudadores aproveitam-se das situações de "para deixar de receber *e-mail* clique aqui" para instalar um arquivo malicioso no equipamento do usuário.

As empresas que operam na rede, sejam elas totalmente digitais ou extensões de empresas tradicionais, também têm a obrigação de investir — e muito — em segurança[158]. Um exemplo bem simples: se alguém está numa loja do

---

158. Ver decisões judiciais nacionais que vêm adotando na íntegra a tese deste livro. Menção de alguns trechos resumidos a seguir:

"INDENIZAÇÃO. Preliminares afastadas. Nulidade da sentença. Decisão que apenas estabeleceu medida necessária à efetivação da tutela específica. Inteligência do art. 461, § 5º, do CPC. Cerceamento de defesa inocorrente. Designação de audiência apenas para a colheita de depoimento pessoal das partes. Desnecessidade. Sentença devidamente motivada. Inexistência de prejulgamento. Texto veiculado em 'blog' mantido pelo corréu com conteúdo ofensivo à honra objetiva e subjetiva do autor, diretor de unidades da Fundação Casa. Imputação de crimes e de violação de deveres funcionais. Ausência de respaldo probatório acerca da veracidade das informações. Carta divulgada que extrapolou os limites do direito de informação e da garantia à liberdade de expressão. Danos morais caracterizados. Indenização fixada com acerto em R$ 10.000,00. Plausibilidade da alegação de que o provedor de Internet não tem condições técnicas para realizar controle prévio do conteúdo disponibilizado pelos usuários, podendo configurar verdadeira censura. Reforma da sentença neste ponto para determinar que a Google somente retire do ar as páginas da carta ofensiva à honra do autor quando for cientificada da divulgação. Manutenção dos honorários advocatícios em 20% do valor atualizado da condenação. Recurso da ré Google parcialmente provido, desprovido o do réu Givanildo. (...) Acerca do tema, pertinente a lição de Patricia Peck Pinheiro: 'As novas formas de expressão e linguagem surgidas com os blogs e comunidades virtuais devem estar adequadas aos princípios gerais do Direito e às boas práticas legais, para que algo que deveria ser uma diversão, uma opinião ou uma comunicação não se transforme em um Boletim de Ocorrência ou ação judicial. As leis tratam de condutas, não importa se físicas, orais e eletrônicas. Ou seja, valem as regras para qualquer meio, inclusive para a Internet. Ao receber um *e-mail* afirmando que alguém é isso ou aquilo e repassá-lo adiante, o usuário pode também assumir a responsabilidade por possível dano moral ou material. Pode até mesmo estar cometendo um crime, sendo o mais comum o de difamação, previsto no Código Penal brasileiro. É importante ressaltar que essas ações não estão amparadas pela liberdade de expressão. São infrações' (*Direito digital*, 2. ed., São Paulo, Saraiva, 2007, p. 283-284)" (TJSP, Ap. 0001735-05.2010.358.26.0136, rel. Des. Milton Carvalho, j. 30-1-2014).

"REQUERENTE, promoveu em face de SAMSUNG ELETRÔNICA DA AMAZÔNIA LTDA. E LOGÍSTICA SISTEMAS DE DISTRIBUIÇÃO S/A., ação de INDENIZAÇÃO POR DANO MORAL cumulada com pedido de PRODUÇÃO ANTECIPADA DE PROVAS. Segundo a inicial, o autor realizou contrato de compra e venda de mercadoria com a ré Samsung, na data de 30 de julho de 2003, via internet, tendo efetuado o pagamento via cartão de crédito, recebido a mercadoria na data marcada, cumprindo todos os procedimentos exigidos pela primeira demandada, com a emissão de nota fiscal pela segunda demandada. Todavia, foi surpreendido na data de 23 de julho de 2005, quando acessou o *site* disponível de busca, e ao digitar seu nome, deparou-se com os seus dados pessoais (nome completo, endereço de *e-mail*, endereço residencial completo, número do RG e CPF, informações sobre a compra realizada na loja virtual Samsung, forma de pagamento e produto adquirido, no *site* acessível pelo endereço http:// hackerfire.fdp.com.br/dados.htm, juntamente com centenas de outros clientes da empresa Samsung, que efetuaram compras por esta via virtual. D E C I D O. Com efeito, está cabalmente demonstrado que o autor e a ré Samsung mantiveram relações comerciais em agosto de 2003, via comércio virtual, sendo o responsável pela logística utilizada a segunda ré. As demandadas também não negam que em julho de 2005 os arquivos da empresa Samsung foram invadidos por hacker, não localizado, que colocou na internet os dados pessoais de seus clientes, inclusive do autor, como número de RG, CPF, endereço residencial, número de telefone, bandeira do cartão de crédito, produto comprado no *site* da empresa Samsung, que poderia ser acessado por qualquer pessoa. No depoimento pessoal do autor este disse que seu nome foi retirado do Google em fevereiro de 2006. Deste modo, aplicável ao caso *sub judice* as lições contidas na obra *Direito Digital*, editora Saraiva, de Patricia Peck, páginas 37 e 146 em que dispõe: 'O Direito Digital tem o desafio de equilibrar a difícil relação existente entre o interesse comercial, privacidade, responsabilidade e anonimato, gerada pelos novos veículos de comunicação. Esta equação só pode ser equilibrada se socialmente aceita e cobrada por meio de procedimentos de vigilância e punibilidade que devem ser determinados pelo próprio Direito Digital. Se, por um lado, cresce a cada dia o número de empresas que disputam os consumidores da Internet e, consequentemente, a publicidade virtual, com preenchimento de formulários e cadastros, por outro lado, cresce também o nível de conscientização dos consumidores quanto à possibilidade de aplicação do atual Código do Consumidor, que trata da matéria de utilização de informações de consumidores para fins comerciais, trazendo uma série de penalidades para quem a pratica. Logo, não há lacuna jurídica no tocante à solução da privacidade na Internet. Há, sim, falta de entendimento quanto à aplicação de leis em vigor para questões relativamente novas, que exigem interpretação da norma e sua adequação ao caso concreto. Este é um princípio fundamental para a aplicação do Direito, e, consequentemente, deve ser adotado também no Direito Digital. É evidente que o direito à privacidade constitui um limite natural ao direito à informação. No entanto, não há lesão a direito se houver consentimento, mesmo implícito, na hipótese em que a pessoa demonstra de algum modo interesse em divulgar aspectos da própria vida. Assim como há limites naturais ao direito à privacidade quando atinge interesses coletivos sobre o particular requer verificação caso a caso. Na questão do anonimato, podemos ressaltar que ele é relativo, uma vez que a própria tecnologia nos permite rastrear o emissor, assim como rastreamos ligações telefônicas e sinais de rádio. Portanto, a problemática do anonimato deve-se ao comportamento de muitas empresas que não encaminham as queixas para investigação policial por medo de que a repercussão da matéria possa vir a prejudicar sua imagem no tocante à segurança. E é este comportamento que faz com que não haja punição, o que contribui para o crescimento das práticas delituosas'. 'Para o Direito Digital, a teoria do risco tem maior aplicabilidade uma vez que, nascida na era da industrialização, vem resolver o problema de reparação do dano onde a culpa não é um elemento indispensável, ou seja, onde há responsabilidade mesmo que sem culpa em determinadas situações devido ao princípio de equilíbrio de interesses e genérica equidade. Considerando apenas a Internet, que é mídia e veículo de comunicação, seu potencial de danos indiretos é muito maior que o de danos diretos, e a possibilidade de causar prejuízo a outrem, mesmo que sem culpa, é real. Por isso, a teoria do risco atende e soluciona de modo mais

mundo real, efetuando uma compra, e, nesse momento, essa loja é assaltada, a empresa proprietária terá sido a maior vítima do dano e também terá claras responsabilidades sobre o que tiver ocorrido com seus clientes naquele momento. Numa empresa virtual é bem diferente. Se o usuário tem seus dados cadastrais roubados durante o fechamento de uma transação virtual de comércio

---

adequado as questões virtuais, devendo estar muito bem associada à determinação legal de quem é o dever de prova em cada caso. No Direito Digital, a responsabilidade civil tem uma relação direta com grau de conhecimento do requerido de cada prestador de serviço e do consumidor usuário também. Nenhuma das partes pode alegar sua própria torpeza para se eximir de culpa concorrente em algumas hipóteses.' Reza o artigo 159 do nosso Código Civil, atual artigo 927 do novo Código Civil, literalmente determina que aquele que, por ação ou omissão voluntária, negligência ou imprudência, violar direito ou causar prejuízo a outrem, fica obrigado a reparar o dano. No caso dos autos, os réus garantiram na compra virtual o sigilo das informações do cliente, e portanto, inegável a ocorrência de dano moral ao autor, ante a divulgação indevida, expondo-o e facilitando a ação de pessoas inescrupulosas que poderiam usar seus dados para realizar inúmeras operações ilícitas, criando expectativa e preocupação, mesmo que tenha sido realizado por *hacker*, pois constitui o risco da atividade, sendo a responsabilidade dos demandados objetiva, por força do artigo 14 do Código de Defesa do Consumidor. É de se ponderar que 'a subtração dos valores ideais, tanto quanto o impedimento ao exercício desses mesmos valores, sempre se constitui em dano de natureza não patrimonial. Afinal, o homem, 'para viver em sociedade, necessita preservar os seus valores individuais tanto quanto precisa deles para integrar-se no convívio social. E, sem dúvida, esse fato constitui-se na mais leve lesão perpetrada ao indivíduo e à própria sociedade, já que a comunidade fica desfalcada da contribuição de um de seus componentes, na medida em que ele próprio sente-se marginalizado do processo de sociabilização' (Clayton Reis, em Dano Moral — editora Forense, pág. 82 — 4. ed.) Concluindo, a reparação dos danos morais é um imperativo individual e social, em que se busca a compensação, porém, deve ser consubstanciada em quantia econômica significativa, que represente advertência ao lesante e à sociedade de que não se aceita o comportamento assumido. Ademais, não é necessário que tenha ficado caracterizada a lesão ao patrimônio do autor, pois o direito à reparação nasce do próprio ato, ou seja, 'não se reclama, à configuração do prejuízo, o reflexo patrimonial, sendo suficiente que o fato acarrete constrangimento ao ofendido, em sede de transtornos e reações constrangedoras...' (neste sentido RT 772/257 — rel. Evaldo Veríssimo), o que está cabalmente demonstrado nos autos. No tocante à ausência de parâmetros para a fixação do *quantum* indenizatório, a jurisprudência dominante tem deixado ao arbítrio do juiz, valendo-se de seu bom senso, sentido de equidade, procurando sempre estabelecer o equilíbrio social, rompida pela ação de agentes, na prática dos atos ilícitos (neste sentido Clayton Reis, in obra citada, pág. 103). Por todo o explanado, levando-se em conta a qualificação das partes, a gravidade e conduta destas, a intensidade do dano, estando patenteado ter suportado o demandante prejuízos de ordem moral, bem como o período em que o nome do autor permaneceu indevidamente na internet estabelece-se a indenização no valor de R$ 7.000,00 (sete mil reais), a qual servirá, para o autor, como compensação pelo desconforto sofrido, e, em relação às rés, como alerta, para evitar transtornos aos seus clientes. Ante o exposto, e pelo mais que dos autos consta, hei por bem julgar PROCEDENTE a ação, com fundamento no artigo 269, inciso I, do Código de Processo Civil, para condenar as rés a pagar ao autor a importância de R$ 7.000,00 (sete mil reais), sujeito a correção monetária a partir da propositura da ação, mais juros moratórios legais desde a citação. Custas, despesas processuais e honorários advocatícios serão suportados pelas rés, arbitrados em 10% da condenação. P.R.I. São Paulo, 24 de novembro de 2006." BONILHA, Cristiane Sampaio Alves Mascari. Ação de indenização por dano moral cumulada com pedido de produção antecipada de provas. Disponível em: <https://br.groups.yahoo.com/neo/groups/oabsp_infojur/conversations/topics/748>. Acesso em: 12 jan. 2016.

eletrônico, o prejuízo jamais será da "loja". Ninguém entra numa "loja" virtual para roubar seus produtos, porque obviamente estes também são virtuais. Os ladrões da rede visam sempre o furto de informações ou de crédito, nesse caso do usuário-cliente. Então, o maior prejudicado pela falta de segurança em *sites* desse tipo será sempre o usuário[159].

Logo, isso explica por que a maioria das empresas virtuais que sofrem invasões não denuncia a ocorrência, haja vista que os dados furtados são de seus "clientes" e muitas vezes serão utilizados por terceiros sem que estes percebam, pelo menos até que algo pior ocorra, principalmente no tocante ao cartão de crédito. Alguns têm medo de tornar a ocorrência pública por temerem que haja dano à marca, que passaria a imagem de ser insegura perante o universo de consumidores. Esse comportamento impõe que se tenha uma norma-padrão sobre a exigência de identificação clara de selos de segurança nesses *sites*, supervisionados periodicamente, já que a tecnologia de segurança deve ser atualizada constantemente, na mesma velocidade em que são aprimoradas as técnicas criminosas para burlá-las.

Algumas empresas assumem que têm seus sistemas penetrados por invasores constantemente, mas que estão vigilantes e conseguem deter esses invasores na superfície, antes de qualquer dano. Tal postura, na verdade, deve gerar mais confiança dos usuários, já que não existe sistema totalmente inviolável. Um *site* que se anuncia como 100% seguro é que deve ser visto com desconfiança.

Em qualquer situação de insegurança na Internet, o maior lesado é o usuário, com danos diretos e indiretos, já que ser contaminado por um vírus em um *website* ou em uma operação eletrônica pode gerar prejuízos muito maiores e mais duradouros.

É importante ressaltar que, se forem adotados padrões de segurança adequados, o ambiente digital se torna muito mais seguro que o mundo real. A tecnologia permite que se rastreiem as ações na rede com maior precisão do que no ambiente presencial, onde é possível desaparecer sem deixar vestígios. Toda ação no mundo digital deixa um rastro, que pode ser seguido até a sua origem.

---

159. Comete um terrível erro estratégico o *site* de vendas que, pensando dessa forma, enfraquece a proteção contra ataques, primeiro porque a vantagem financeira é apenas um dos vários motivos para os ataques que podem ser também, segundo pesquisas, por vingança de funcionários descontentes e ex-funcionários, por busca de promoção e prestígio para o *cracker*, por idealismo (contra determinadas instituições) etc.; e depois, no caso de um ataque do tipo "*Denial of Service*" em que o *site* fica fora do ar, quanto a instituição deixa de ganhar? Sua imagem não fica arranhada? Será que não perderá clientes? É de fundamental importância para as empresas que a Internet seja encarada como um ambiente seguro para realização de atos de comércio. Portanto, fica claro que as empresas virtuais é que são as maiores interessadas na questão da segurança na rede.

Com a inclusão do direito ao acesso à Internet no rol de direitos essenciais do cidadão brasileiro, inovação esta trazida pela Lei do Marco Civil da Internet, a tendência é aumentar o número de pessoas conectadas. Por isso que é obrigação do ordenamento jurídico determinar, na mesma medida, quem assume a responsabilidade pela segurança e privacidade desses indivíduos.

Incentivar a clandestinidade na rede significa torná-la um mundo em que ninguém é obrigado a nada, nem responsável por nada. Ora, de quem deve ser o dever de verificação sobre a veracidade dos dados apresentados por um usuário de internet?

A sociedade digital não pode eximir-se da responsabilidade de exigir que as empresas da era digital operem dentro de padrões mínimos de segurança da informação, utilizando o poder da decisão de consumo como ferramenta para obrigar as empresas a se adequarem a essa nova realidade e a investirem no bem-estar de seus clientes.

Quanto à questão das Provas[160], assunto que será discutido em momento mais oportuno em tópico próprio, à primeira vista, atos ocorridos na Internet não têm testemunhas. Isso é verdade se considerarmos testemunhas como pessoas humanas, físicas. Mas, no mundo digital, as testemunhas são as máquinas, ou seja, todos aqueles dispositivos que armazenem dados de conexão, de acesso à aplicação, de navegação na Internet, entre outros.

Por todo o exposto, a identificação mais completa e constante dos usuários, baseada em recursos de segurança mais eficazes, é a solução ideal, de modo a garantir com mais eficácia a segurança não só de uma operação, mas de toda a Internet.

---

160. Regras vigentes no Brasil aplicáveis ao tema de apresentação de provas:

Constituição Federal/1988 — Art. 5º, LVI (Prova obtida por meio ilícito).

Consolidação das Leis do Trabalho — Arts. 818 e seguintes (Prova no processo trabalhista).

Código de Processo Civil — Art. 373 (Ônus da Prova é de quem a alega).

Código de Processo Civil — Art. 374 (Fatos que não dependem de prova são os notórios, incontestes, que tenham presunção legal de existência ou veracidade, como ocorre com o caso do uso de certificação digital pela ICP-Brasil: Medida Provisória n. 2.200-2/2001).

Código de Processo Civil — Art. 375 (Admite utilização de métodos de conhecimento comum, tais como melhores práticas de mercado, procedimento operacional padrão, regulamentos, instruções normativas, manuais e normas técnicas).

Código de Processo Penal — Art. 6º (Trata da preservação e coleta da Prova).

Código de Processo Penal — Arts. 155 a 157 (Tratam da Prova em geral).

Código de Processo Penal — Arts. 158 a 184 (Regulamentam o Exame de Corpo de Delito e a Perícia).

Lei n. 8.935, de 1994 — (uso de prova com Ata Notarial).

Visto que se o próprio princípio da livre circulação de pessoas e bens presente desde a origem da Internet envolve o deslocamento de indivíduos na rede, como se fosse uma navegação, já que seus usuários estão o tempo todo entrando e saindo de diferentes lugares e países, por que não adotar o mesmo princípio que rege este tipo de situação no mundo real? Se uma pessoa viaja no mundo real, ela terá de se identificar todas as vezes em que pegar um navio, um ônibus interestadual, um avião. Esse mesmo princípio poderia ser adotado no ambiente digital, para situações que sejam previamente definidas.

No tocante à necessidade de atender às novas regulamentações relacionadas à privacidade e proteção de dados pessoais, importante observar a norma ISO 27701, que trata especificamente das diretrizes e dos requisitos para implementar o sistema de gestão de privacidade da informação (SGPI). Essa norma, apesar de mais recente, acompanha o mesmo tipo de estrutura das demais da família das ISOs 27000, complementando o sistema de gestão de segurança da informação.

Concluindo, já existem diversos projetos nacionais com propostas de nova legislação[161] para tratar sobre Segurança da Informação, e alguns destes já foram inclusive convertidos em leis que estão em vigor.

---

161. Os projetos de lei são:

Projeto de Lei n. 7.093, de 6 de agosto de 2002: dispõe sobre a correspondência eletrônica comercial, e dá outras providências (apensado ao PL n. 4.906/2001).

Projeto de Lei n. 3.356, de 28 de junho de 2000: dispõe sobre a oferta de serviços através de redes de informação (apensado ao PL n. 1.070/95).

Projeto de Lei n. 1.589, de setembro de 1999: dispõe sobre o comércio eletrônico, a validade jurídica do documento eletrônico e a assinatura digital, e dá outras providências (apensado ao PL n. 1.483/99).

Quanto à legislação em vigor, são elas:

Lei n. 9.983, de 14 de julho de 2000: altera o Decreto-Lei n. 2.848, de 7 de dezembro de 1940 — Código Penal e dá outras providências.

Decreto n. 7.845, de 14 de novembro de 2012: regulamenta procedimentos para credenciamento de segurança e tratamento de informação classificada em qualquer grau de sigilo, e dispõe sobre o Núcleo de Segurança e Credenciamento.

Decreto n. 9.637, de 26 de dezembro de 2018: institui a Política Nacional de Segurança da Informação, dispõe sobre a governança da segurança da informação, e altera o Decreto n. 2.295, de 4 de agosto de 1997, que regulamenta o disposto no art. 24, *caput*, IX, da Lei n. 8.666, de 21 de junho de 1993, e dispõe sobre a dispensa de licitação nos casos que possam comprometer a segurança nacional.

Leis n. 12.735 e 12.737, de 30 de novembro de 2012 — Crimes Eletrônicos.

Lei n. 12.850, de 2 de agosto de 2013 — Define organização criminosa e dispõe sobre a investigação criminal, os meios de obtenção da prova, infrações penais correlatas e o procedimento criminal.

Este tema deve ser estudado sempre com reflexão sobre os demais princípios do direito e normas vigentes sobre questões de privacidade, proteção patrimonial, sigilo profissional, direito à legítima defesa, bem como os direitos do consumidor, já que cabe às empresas proteger as bases de dados de seus clientes e ao Estado, com seu poder de polícia, proteger os usuários da Internet de um modo geral[162].

Todas estas ações e soluções, adequadas ou não, servem para que possamos extrair um caminho juridicamente viável e que possa atender, de certo modo, à proteção de um cidadão do mundo, seja ele virtual, seja real, uma vez que a maior característica da sociedade digital é encurtar cada vez mais a distância entre os ambientes reais e virtuais, em uma convergência que pode, um dia, significar a não distinção entre eles.

Para onde vamos com a Segurança da Informação? Ela tende a evoluir para ser mais holística, com uma abordagem mais comportamental, na qual não será apenas o uso de ferramentas que fará diferença na proteção, mas também a criação de uma cultura de proteção de conhecimento e reputação, afinal, as informações, que são dados circulantes, representam justamente o patrimônio intangível de um indivíduo ou instituição. Por isso, a segurança deve estar nas pessoas e não apenas nos dispositivos e nos procedimentos.

8.14. Aspectos legais do monitoramento

Atualmente o monitoramento tornou-se um instrumento muito além da responsabilidade do empregador sobre o empregado[163], mais um fator de proteção de um ativo essencial para as empresas, a informação.

Lei n. 12.846, de 1º de agosto de 2013 — Dispõe sobre a responsabilização administrativa e civil de pessoas jurídicas pela prática de atos contra a administração pública, nacional ou estrangeira, e dá outras providências.

Lei n. 12.965, de 23 de abril de 2014 — Marco Civil da Internet — Estabelece princípios, garantias, direitos e deveres para o uso da Internet no Brasil.

162. Devido a isso há a Convenção de Budapeste, que trata da colaboração internacional entre os países na investigação dos crimes eletrônicos, já que não há fronteiras físicas no mundo virtual (ver item 8.40 — crimes eletrônicos).

163. Art. 932, III, do Código Civil: "São também responsáveis pela reparação civil: (...) III — o empregador ou comitente, por seus empregados, serviçais e prepostos, no exercício do trabalho que lhes competir, ou em razão dele" e Súmula 341 do Supremo Tribunal Federal: "É presumida a culpa do patrão ou comitente pelo ato culposo do empregado ou preposto".

Conforme afirma Marcos Sêmola, em sua obra *Gestão da segurança da informação*: uma visão executiva[164], "o sangue da empresa é a informação. Distribuída por todos os processos de negócio, alimentando-os e circulando por diversos ativos". De acordo com a referida citação, fica mais factível conceder à informação seu devido valor.

Dessa forma, podemos compreender melhor a afirmação feita no primeiro parágrafo, ou seja, o monitoramento não só garante ao empregador que estão sendo utilizados de forma correta os ativos disponíveis para realização do trabalho, mas atua resguardando a informação.

O assunto privacidade não é de fácil explanação e apresenta um nível de complexidade típico da sociedade atual, em que ao mesmo tempo que se valoriza o poder do indivíduo também se amplia o uso de escutas, câmeras, GPS, *softwares* de rastreamento etc.

A privacidade é um tema importantíssimo para a gestão legal da Segurança da Informação, com efeitos em diversas esferas. Em princípio, há alguns aspectos que precisam ser observados, sob pena de se cometerem infrações legais no gerenciamento e proteção dos ativos da empresa. Esses aspectos consistem em observar: a vida privada (assuntos de cunho pessoal), a interceptação (sigilo e confidencialidade tanto da pessoa física como da jurídica), a prova obtida por meio ilegal ou legal e o anonimato.

Para tratar destes temas, vamos começar analisando a letra da lei. O art. 5º, X, da Constituição Federal de 1988 resguarda a intimidade e a privacidade, afirmando que são invioláveis a intimidade, a vida privada, a honra e a imagem das pessoas, assegurado o direito a indenização pelo dano material ou moral decorrente de sua violação.

Privacidade, em tese, é a habilidade de a pessoa controlar a exposição de sua vida íntima, sua imagem, sua reputação, bem como a própria disponibilidade de informações acerca de si perante terceiros, a não ser nas hipóteses excetuadas por lei, quando prevaleça o interesse público no conhecimento público daquela informação, quando haja legitimidade e razoabilidade para tanto ou por ato de autoridade munida de ordem judicial. Relaciona-se com a capacidade de existir na sociedade. Ou seja, a proteção da privacidade é a regra, mas não é absoluta, pode ser relativizada em casos de exceção legal ou social (este último cenário possui maior ocorrência nos países de direito costumeiro). Logo, no ordenamento brasileiro, a privacidade não representa o direito de ser anônimo que, ao contrário, está vedado pela Constituição Federal, no mesmo art. 5º, IV.

---

164. SÊMOLA, Marcos. *Gestão da segurança da informação*: uma visão executiva. Rio de Janeiro: Elsevier, 2003. p. 36.

A privacidade abrange, então, uma zona de intimidade, que significa a troca de expressões emocionais entre pessoas, do exercício de atividades intrínsecas ao indivíduo. Isso vai desde uma situação de estar nu, numa eventual ida ao banheiro, um assunto de separação judicial, entre outros fatos ou atos da vida pessoal.

O que ocorre é que, se não está claro que o ambiente não é privativo, então ele se presume como tal. A não ser que se trate de espaço público e aberto, como é a Internet ou mesmo um ambiente de mídia social. Isso significa, considerando alguns cenários possíveis para exemplificar sua aplicação prática, que um indivíduo não poderia alegar violação da sua privacidade se estiver andando nu no meio da rua. Por outro lado, ao fazer uso do banheiro de dentro de uma empresa, apesar de ser propriedade dela, traz consigo o princípio da proteção de privacidade, por abranger uma zona de intimidade.

Por isso a orientação legal é que seja feito sempre o aviso prévio expresso no próprio ambiente quando este não for privativo ou estiver sujeito ao monitoramento, visto que a proteção deste direito tão fundamental irá atrair a presunção de privacidade quando não tiver sido feita previsão clara em contrário ou não se tratar de um ambiente notadamente público.

O aviso serve para validar a captação de dados, imagens e áudios das pessoas que por ali transitarem, seja em um contexto presencial e/ou digital. Para o uso do conteúdo capturado posteriormente como prova, é fundamental que haja legitimidade e legalidade da captura.

No tocante à parte legítima, quando há uma comunicação sendo transmitida, por meio telemático, ou a parte é o remetente ou um dos destinatários da mensagem, salvo se possuía uma autorização judicial para realizar a interceptação. Do contrário, será considerada prova ilícita.

No caso da empresa, se ela deixa claro que o *e-mail* corporativo é de sua propriedade, que o ambiente é monitorado, inserindo essa informação nos rodapés de *e-mails* para dar publicidade inequívoca, possui uma política clara, então o uso de dados coletados nessa caixa postal corporativa não gerará problemas legais. Mas se tais etapas não forem cumpridas, não há presunção de propriedade da empresa; a presunção é de privacidade e vai favorecer a parte desprotegida, que na maioria dos casos é o empregado.

A explicação está resumida, pois é importante realizar um estudo de cenários. Isso porque, se a mensagem é de caixa postal corporativa e está no servidor da empresa, a leitura dela neste ambiente não configura a interceptação. No entanto, se há uso de provedor de *e-mail* particular ou terceira empresa fornecedora, que passa a ser um intermediador da comunicação, então pode configurar interceptação.

Diga-se o mesmo se a mensagem já foi baixada no HD do computador da empresa, na estação de trabalho, ou se ela se encontra em um equipamento pessoal, que não se restringe ao computador, pode ser um *notebook*, um *tablet* ou outro dispositivo móvel, como um celular inteligente (*smartphone*) cada vez mais comum graças à popularização da tecnologia 3G.

E se for através de *MMS* ou *SMS*? É por isso que voltamos para a questão da definição clara de conceitos. O que é estação de trabalho? O que é de propriedade da empresa? O que é de particular? Tudo isso precisa ser bem esmiuçado para que a estratégia final gere a proteção legal adequada.

O fato de o anonimato não ser protegido no Brasil[165] garante que por meio de medidas legais se possa sempre exigir a prestação de informações a respeito dos detentores da conta de *e-mail*, do IP, o remetente e o destinatário. Para isso, ressaltamos que é sempre bom adotar uma prática de formalizar essa solicitação, bem como sua resposta, para evitar que a empresa que presta esclarecimentos venha a ser imputada como infratora, seja da Constituição Federal, seja da Lei de Interceptação. Por esse motivo a resposta vem, em geral, apenas mediante ordem judicial[166].

---

165. Art. 5º da Constituição Federal: "*Todos são iguais perante a lei, sem distinção de qualquer natureza, garantindo-se aos brasileiros e aos estrangeiros residentes no País a inviolabilidade do direito à vida, à liberdade, à igualdade, à segurança e à propriedade, nos termos seguintes: (...) IV — é livre a manifestação do pensamento, sendo vedado o anonimato*".

166. Em 2005 foi julgado no TST (Tribunal Superior do Trabalho) um recurso que envolvia monitoramento de *e-mail*, e a decisão foi a seguinte: "Solução diversa impõe-se em se tratando do chamado '*e-mail*' corporativo, instrumento de comunicação virtual mediante o qual o empregado louva-se de terminal de computador e de provedor da empresa, bem assim do próprio endereço eletrônico que lhe é disponibilizado igualmente pela empresa. Destina-se este a que nele trafeguem mensagens de cunho estritamente profissional. Em princípio, é de uso corporativo, salvo consentimento do empregador. Ostenta, pois, natureza jurídica equivalente à de uma ferramenta de trabalho proporcionada pelo empregador ao empregado para a consecução do serviço". E continua: "Se se cuida de '*e-mail*' corporativo, declaradamente destinado somente para assuntos e matérias afetas ao serviço, o que está em jogo, antes de tudo, é o exercício do direito de propriedade do empregador sobre o computador capaz de acessar a INTERNET e sobre o próprio provedor. Insta ter presente também a responsabilidade do empregador, perante terceiros, pelos atos de seus empregados em serviço (Código Civil, art. 932, inc. III), bem como que está em xeque o direito à imagem do empregador, igualmente merecedor de tutela constitucional. Sobretudo, imperativo considerar que o empregado, ao receber uma caixa de 'e-mail' de seu empregador para uso corporativo, mediante ciência prévia de que nele somente podem transitar mensagens profissionais, não tem razoável expectativa de privacidade quanto a esta, como se vem entendendo no Direito Comparado (EUA e Reino Unido). Pode o empregador monitorar e rastrear a atividade do empregado no ambiente de trabalho, em '*e-mail*' corporativo, isto é, checar suas mensagens, tanto do ponto de vista formal quanto sob o ângulo material ou de conteúdo. Não é ilícita a prova assim obtida, visando a demonstrar justa causa para a despedida decorrente do envio de material pornográfico a colega de trabalho. Inexistência de afronta ao art. 5º, incisos X, XII e LVI, da Constituição Federal".

O monitoramento de ambiente de navegação de Internet gera *logs* de histórico e eventos, fazendo com que seja possível traçar um perfil do que o usuário acessou. O que ocorre é que não está havendo interceptação de conteúdo, nem em princípio quebra de privacidade. Sendo corporativo, também não cabe a aplicação do Código de Defesa do Consumidor. Mas, dependendo de como é feito o relatório de monitoramento, e para qual finalidade ele é usado, se identifica indivíduos e *sites*, se é apenas para estatísticas gerais, pode gerar riscos civis, bem como trabalhistas.

Fora isso, aplicam-se as mesmas boas práticas para o monitoramento de *e-mail*. É importante ressaltar que, dependendo da ferramenta utilizada, se é por palavra-chave, se há uso de quarentena, se é chamado o colaborador para olhar junto ou não, se é dado o direito de explicação ou correção de conduta, se foi criada uma lista positiva (*White list*) e uma negativa (*Black list*), também há cuidados legais específicos a serem observados.

Os empregados cujo vínculo empregatício é regido pela CLT (Consolidação das Leis do Trabalho) e os empregados temporários podem ser advertidos do monitoramento pelo Contrato de Trabalho ou pela Política de Segurança. É interessante vincular a Política de Segurança da Informação ao Contrato de Trabalho, pois dessa forma o empregado não poderá alegar desconhecimento da referida Política de Segurança.

Já para os demais colaboradores, que sejam prestadores de serviços que apresentam nota fiscal, pode haver a apresentação da Política de Segurança da Informação (PSI), caso exista, e se possível, um anexo ao contrato de prestação de serviços, ou a inserção da cláusula de monitoramento no próprio NDA ou Termo de Confidencialidade.

Quando se fala de confidencialidade é comum já existir uma cláusula no contrato ou um termo assinado entre as partes. No entanto, no tocante à segurança da informação há necessidade de cláusulas específicas, por isso, não é recomendável o uso das minutas muito antigas, que não trazem este tipo de redação mais atualizada[167]. É importante fazer uma atualização dos contratos para evitar o uso de um texto que possa gerar mais riscos que prevenção.

---

167. Modelo de cláusula de segurança da informação:

Cláusula XX — A CONTRATANTE pode manter registros sobre todas as atividades relacionadas à execução do presente CONTRATO que sejam efetuadas através de acessos físicos ou lógicos às informações confidenciais, equipamentos, *softwares*, instalações, programas-fonte e quaisquer outros ativos de informação da CONTRATANTE, com o objetivo de:

a) apurar a observação da Norma de Segurança da Informação e do Código de Conduta aplicável ao terceirizado na execução dos serviços solicitados pela CONTRATANTE;

b) determinar ocorrência de algum comprometimento dos ativos de informação da CONTRATANTE, por exemplo, perda ou modificação de dados não autorizados;

Para os fornecedores e parceiros, os termos para contratação, conforme veremos mais adiante em Contratos (n. 12), estabelecerão a possibilidade ou não do monitoramento.

Quanto aos clientes, a situação é muito distinta das demais abarcadas. A melhor estratégia é o aviso formal, no rodapé do *site*, no rodapé dos *e-mails* eventualmente enviados pelo SAC, na política de privacidade *online*, na política de segurança da informação *online*, no termo de uso de serviços da Internet, ou nos próprios contratos[168].

Em alguns casos específicos, principalmente se envolver mercado financeiro, por causa do sigilo bancário, faz-se necessário o aceite formal e específico dele para realização do monitoramento, o que deve ser feito nos *disclaimers* de dispositivos ou *softwares* de Internet *Banking* que são usados para prevenir fraude eletrônica e instalados no equipamento do usuário. Negligenciar tal atitude, ou seja, não avisar e requerer a autorização além da violação da privacidade, gera indenização civil. Pode-se incorrer no crime de interceptação de dados eletrônicos, previsto na lei de Interceptação.

---

c) identificar a divulgação e reprodução não autorizada de informações confidenciais;

d) auditar, por si ou por terceiro contratado, as responsabilidades contratuais e extracontratuais.

168. Exemplos de avisos de rodapé de *e-mail* corporativo e também para o Serviço de Atendimento ao Cliente (SAC):

(...)

Esta mensagem pode conter informações confidenciais e/ou privilegiadas. Se você não for o destinatário ou a pessoa autorizada a receber esta mensagem, não deve usar, copiar, compartilhar ou divulgar as informações nela contidas ou tomar qualquer ação baseada nessas informações. Este ambiente é monitorado.

(...)

Esta mensagem e quaisquer arquivos em anexo podem conter informações confidenciais e/ou privilegiadas. Se você não for o destinatário ou a pessoa autorizada a receber esta mensagem, por favor, não leia, copie, repasse, imprima, guarde, nem tome qualquer ação baseada nessas informações. Notifique o remetente imediatamente por *e-mail* e apague a mensagem permanentemente. Este ambiente está sendo monitorado para evitar o uso indevido de nossos sistemas e/ou informações. Mais detalhes sobre nossas políticas de segurança e privacidade estão disponíveis em www.empresa.com.br.

(...)

Esta mensagem e quaisquer arquivos em anexo podem conter informações confidenciais e/ou privilegiadas. Se você não for o destinatário ou a pessoa autorizada a receber esta mensagem, por favor, não leia, copie, repasse, compartilhe, imprima, guarde, nem tome qualquer ação baseada nessas informações. Notifique o remetente imediatamente por *e-mail* e apague a mensagem permanentemente. Aviso: não enviamos mensagens sem que tenha havido solicitação por parte do recipiente, nem solicitamos dados de cartão de crédito, senhas e outras informações pessoais por *e-mail*. Para saber mais sobre nossas Políticas de Segurança e de Privacidade, visite www.empresa.com.br.

A boa prática consiste em aplicar uma estratégia de *"videogame"*, com uso de lógica indutiva, para programar a lei na interface, ou melhor, como já dissemos antes, "passar a regra do jogo, no próprio jogo".

Como recomendações sobre as questões mandatórias do monitoramento, destacamos os seguintes pontos a serem observados pelas organizações: a) constar na Política de Segurança da Informação que o *e-mail* corporativo é monitorado; b) uma Norma de Uso de *E-mail*, deixando bem claro o que deve ou não ser feito com essa ferramenta; o empregado não pode ter expectativa de privacidade, ou seja, precisa estar informado de que o ambiente é não privativo (o que não é o mesmo que abrir mão da privacidade, que seria ilegal, por ser um direito *erga omnes*); e c) todos os empregados, bem como colaboradores, fornecedores e parceiros que usarem ambientes monitorados devem ter ciência clara e inequívoca disso, se possível com aviso na própria via de comunicação (se telefone, a gravação prévia; se filmagem, o aviso na parede; se *e-mail* no rodapé; se na rede, no momento de autenticação nela, se na Internet, no momento de acesso a ela, como mensagem de sistema etc.).

Idealmente, deveria ser um fato de conhecimento geral que a caixa postal corporativa é de propriedade da empresa, bem como os computadores e demais dispositivos que esta dispõe para seus colaboradores (como exemplo: *pen drive*, CD-ROM, *notebook*, celular, acesso de internet etc.); o uso particular dessas ferramentas, sem uma regra clara regendo a relação, é o que atrai risco. Assim como o cenário inverso, devido à possibilidade crescente de os colaboradores usarem seus próprios recursos particulares no ambiente de trabalho. E é por isso que esses dois cenários precisam ser levados em consideração nas normas internas (quer seja o uso particular de dispositivo corporativo ou o uso corporativo de dispositivo particular): para que o monitoramento ocorra como medida de prevenção e não atraia um risco jurídico *per se*.

Sendo assim, o monitoramento hoje vai além de uma medida de Segurança da Informação, pois o empregador é responsável pelos atos praticados por seus empregados. É o que determina o art. 932[169], III, do Código Civil[170].

---

169. "Art. 932. São também responsáveis pela reparação civil: (...) III — o empregador ou comitente, por seus empregados, serviçais e prepostos, no exercício do trabalho que lhes competir, ou em razão dele."

170. Ainda o referido diploma legal reza em seu art. 1.016:

"Os administradores respondem solidariamente perante a sociedade e os terceiros prejudicados, por culpa no desempenho de suas funções".

De acordo com a Súmula 341 do Supremo Tribunal Federal, a responsabilidade do patrão ou comitente pelos atos culposos de seus empregados[171] ou prepostos é presumida.

Como se não bastasse a referida súmula, o Código Civil, em seu art. 933[172], determina que a responsabilidade do empregador é objetiva, isto é, independe de culpa.

Dessa forma, como já foi elucidado, a monitoração é um instrumento bastante útil para gerenciar o risco legal e ainda colabora na gestão da Segurança da Informação. Entretanto, nossa Constituição Federal, em seu art. 5º, X, assegura o Direito à Privacidade e à Intimidade, o que, em princípio, poderia gerar uma interpretação de que haveria conflito com a atividade de monitoramento.

Para evitar infração à Lei Maior, é essencial que o monitoramento corporativo ocorra com prévio aviso e ciência dos colaboradores (seja no regime de empregado celetista, prestador de serviço terceirizado, autônomo, *free-lancer)*, inclusive com publicação de norma própria e inserção desse aviso nos ambientes eletrônicos (especialmente no de *login* na rede, no acesso à VPN ou outra modalidade remota como nos serviços em "nuvem" e no rodapé de *e-mail)*.

No entanto, apesar do aviso, a "câmera" não escolhe o que está gravando. Por isso, pode ocorrer que o monitoramento acabe gerando acesso a conteúdos de ordem particular, íntima e pessoal que estejam trafegando no *e-mail* corporativo ou que tenham sido salvos ou armazenados nos computadores ou servidores da empresa.

Por esse motivo o monitoramento deve ser realizado por uma equipe treinada, e ocorrer de modo centralizado, com procedimentos-padrão, nas quais o relatório de monitoramento deve ser utilizado apenas para fins de investigação de casos específicos, em que se demonstre infração ao código de conduta, prática de ilícito ou crime, ou mediante solicitação das Autoridades Competentes.

O momento é bastante oportuno para destacar a célebre decisão do Tribunal Superior do Trabalho sobre a validade de prova obtida por meio do monitoramento de *e-mail* corporativo, mais especificamente o Processo n. 613-2000-013-10-00, onde o Ministro João Oreste Dalazen assegura que:

---

171. Importante ressaltar a distinção existente entre empregado e preposto, qual seja, empregado é a pessoa que executa um serviço, trabalho ou função, sob as ordens de outra pessoa, de sua família, ou ainda relativa aos cuidados interiores do lar; preposto é aquele que está sob a vinculação de um contrato de preposição, isto é, um contrato em virtude do qual certas pessoas exercem, sob a autoridade de outrem, determinadas funções subordinadas, no seu interesse e sob suas instruções, e que têm o dever de fiscalizá-las e vigiá-las, para que proceda com a devida segurança, de modo a não causar dano a terceiros.

172. "Art. 933. As pessoas indicadas nos incisos I a V do artigo antecedente, ainda que não haja culpa de sua parte, responderão pelos atos praticados pelos terceiros ali referidos."

"...pode o empregador monitorar e rastrear a atividade do empregado no ambiente de trabalho, em *e-mail* corporativo, isto é, checar suas mensagens, tanto do ponto de vista formal quanto sob o ângulo material ou de conteúdo. Não é ilícita a prova assim obtida, visando a demonstrar justa causa para a despedida decorrente do envio de material pornográfico a colega de trabalho".

Ainda dentro dessa seara o Ministro salienta que tal monitoração deve ser feita "de forma moderada, generalizada e impessoal...", e continua justificando porque a empresa pode rastrear e monitorar: "...porque não haveria qualquer intimidade a ser preservada, posto que o *e-mail* não poderia ser utilizado para fins particulares...".

Para finalizar sua decisão, o Ministro Dalazen enfatizou que os direitos do cidadão a privacidade e sigilo de correspondência, constitucionalmente assegurados, restringem-se à comunicação pessoal. Já o *e-mail* corporativo é cedido ao empregado pelo empregador, de forma que, sendo propriedade do empregador, é permitido a este (empregador) exercer controle tanto formal como material (conteúdo) das mensagens que trafegam pelo seu sistema de informática.

Outro fundamento utilizado foi a Lei inglesa RIPA — *Regulation of Investigatory Power Act*[173] —, na qual o empregador tem poderes para rastrear e monitorar não só *e-mail* como telefonemas de seus empregados.

É importante destacar que o monitoramento de ambientes em que não haja aviso claro, isto é, sem a devida ciência do empregado e sem esclarecimento por parte do empregador quanto à propriedade dos recursos informacionais, pode configurar crime da Lei n. 9.296/96 (interceptação), que estatui:

"Art. 10. Constitui crime realizar interceptação de comunicações telefônicas, de informática ou telemática, promover escuta ambiental ou quebrar segredo da Justiça, sem autorização judicial ou com objetivos não autorizados em lei. Pena: reclusão, de dois a quatro anos, e multa".

Deve-se frisar, também, que a atribuição da responsabilidade do empregador é presumida desde que o empregado ou preposto esteja agindo dentro dos limites da sua função. Por isso recomendamos que o empregador utilize os Termos de Responsabilidade para estabelecer quais são as funções dos profissionais das áreas de Segurança de Informação que deverão executar as atividades de análise de relatórios de monitoramento.

---

173. Regulation of Investigatory Powers Act 2000 (RIPA), disponível em: <http://www.legislation.gov.uk/ukpga/2000/23/introduction>.

Acrescenta-se, por oportuno, que o monitoramento pode ser feito de diversas maneiras. A forma mais comum é o uso de *software*, que permite separar, por meio de filtros, "palavras-chave", conteúdos de *e-mail* para análise, bem como permite verificar os endereços de Internet que sejam acessados a partir da rede da empresa. Logo, não há, inicialmente, por parte do *software*, um juízo de valor sobre o conteúdo monitorado. Tal avaliação é feita por uma pessoa encarregada para tanto, que deve apresentar o diagnóstico à Diretoria, que, por sua vez, irá tomar as medidas cabíveis, quando for o caso.

É fundamental que o acesso às informações geradas pela monitoração seja restrito, e seu uso limitado para fins de investigação ou análise de incidentes, para evitar que a divulgação interna indiscriminada, com identificação de usuários, conteúdos e condutas, venha a gerar um risco legal de dano moral por parte da empresa.

Sendo assim, o monitoramento, quando bem empregado, com uso de procedimentos adequados, permite identificar o infrator e proteger o empregador (ou qualquer outro que realize a monitoração). Já seu uso sem as devidas cautelas pode gerar risco legal superior àquele que se quer prevenir com o próprio monitoramento.

Como dito, já existem diversos casos na Justiça brasileira em que o conteúdo de *e-mail* monitorado foi utilizado como prova para demissão de um funcionário por justa causa, no caso de flagrante violação de sigilo profissional[174].

Com relação ao funcionalismo público, a tendência tem sido a mesma. No Brasil, temos a decisão do Supremo Tribunal Federal em caso similar, em que funcionário do Tribunal de Contas da União (TCU) violou a Política da referida Instituição e, dessa forma, foi punido com a retirada do acesso[175].

---

174. Em 1999 um funcionário foi demitido por justa causa de empresa desenvolvedora de *software*. O empregado repassava para outra empresa os *softwares* que estavam sendo desenvolvidos naquela (empregadora). No Acórdão, n. 19990455727, destaca-se ementa do Relator: "FALTA GRAVE — A fidúcia é o elo que liga patrão e empregado e, como uma planta frágil, há de ser regada diariamente para que cada vez mais se acentue e se fortaleça. Neste caso, a fidúcia restou em frangalhos quando a empresa constatou que o autor, na qualidade de empregado de confiança, desenvolvia 'software' para uso desta e o passava para outra empresa".

175. "EMENTA: AGRAVO REGIMENTAL EM MANDADO DE SEGURANÇA. NÃO CABIMENTO DA AÇÃO MANDAMENTAL: INEXISTÊNCIA DE LEI QUE ASSEGURE AO IMPETRANTE O DIREITO PLEITEADO NO *WRIT*. FATOS CONTROVERTIDOS. FACULDADE CONFERIDA AO RELATOR PELO ARTIGO 21, § 1º, DO RISTF. INTERVENÇÃO DO MINISTÉRIO PÚBLICO: DESNECESSIDADE. 1. Convencido o Relator do não cabimento do *writ* pela falta de prova pré-constituída, pela inexistência de lei que gere direito líquido e certo ao impetrante, e por apoiar-se a impetração em fatos contro-

A monitoração, além de instrumento hábil de exclusão da responsabilidade ou de detecção de usuário e posterior direito de regresso, é crucial para aprimoramento e garantia da Segurança da Informação da empresa. Para garantir à empresa o acesso às suas próprias informações, em suas próprias caixas de correio eletrônico, HD's de computadores, arquivos de rede, é essencial que haja aviso prévio do monitoramento, que deve constar em norma expressa da empresa.

No entanto, a execução prática do monitoramento exige a elaboração de um procedimento-padrão que evite riscos legais, com acesso restrito aos conteúdos objeto dele e muita cautela no uso destes, sempre motivado e dentro de um limite de proporcionalidade. Isso para evitar situações que não tenham qualquer natureza de monitoramento, mas sim de uma divulgação vexatória e mal intencionada de aspectos relacionados à vida pessoal, da geração de estatísticas de produtividade abusivas ou da motivação injustificada de uma demissão[176].

Ou seja, muitas vezes a informação coletada e não o monitoramento em si é que pode gerar o risco legal. Por isso, o treinamento dos colaboradores da empresa é essencial, especialmente dos que se ocupam de cargos de chefia.

8.15. Aspectos legais do BYOD e a mudança da CLT

Quais os impactos da mobilidade nas relações de trabalho? Estamos trabalhando 24 horas diárias sem desligar? Esta é uma questão delicada que

---

vertidos, aplicável é o artigo 21, § 1º, do RISTF. 2. Não é obrigatória a intervenção do Ministério Público se o mandado de segurança é indeferido de plano. Agravo regimental não provido. (...)

6. *Ademais, inexiste regra jurídica que assegure ao agravante o uso do 'e-mail' para interesses particulares ou que impeça sua exclusão do rol dos usuários por desobediência às normas estabelecidas pelo TCU*, sendo impertinentes as alegações de que os princípios constitucionais da isonomia, do devido processo legal, do contraditório e da ampla defesa teriam sido violados, *visto que cabe à Administração dispor sobre a utilização dos instrumentos oferecidos a seus servidores, ampliando ou restringindo o alcance de cada um deles, de acordo com sua conveniência*" (STF, MS-AgRg 23.541/ DF, rel. Min. Maurício Corrêa, Tribunal Pleno, j. 3-11-1999, *DJ*, 17-3-2000).

176. "*EMENTA: Dano moral. Quando se caracteriza. Indenização devida*. Divulgação da despedida através de e-mail dirigido a um grupo expressivo de quase 80 empregados ou colaboradores da reclamada, realizada por representante legal da empresa, dando notícia da demissão do autor por justa causa e que contém inequívoca divulgação do pretenso ato de improbidade que lhe foi injustamente imputado. Ainda que se entenda que o ato da demissão por justa causa, em si mesmo, não é capaz de caracterizar o dano moral, a sua publicidade, através da divulgação unilateral dos fatos à coletividade de pessoas na qual esteve integrado o reclamante por mais de 20 anos, permite concluir que tal divulgação contribuiu para afetar negativamente o conceito do reclamante, dando causa, neste caso, ao sofrimento gerador de dano moral que reclama reparação, na forma de direito. Aplicação de precedentes da jurisprudência dos tribunais em casos análogos. Recurso do autor provido neste item" (RO 00921-2001-291-04-00-8, Juiz Flávio Portinho Sirangelo, publicado em 6-3-2006).

deve ser enfrentada, e que vem ganhando força desde 2012, ano que começou com a alteração do art. 6º da Consolidação das Leis do Trabalho — CLT. O que as empresas podem fazer para minimizar os riscos?

O objetivo da alteração na CLT foi o de equiparar o empregado que está presencialmente na empresa com o empregado que trabalha remoto, no modelo de *home office* ou teletrabalho[177]. Ou seja, a Lei n. 12.551, de dezembro de 2011, apenas formalizou um entendimento que já havia no Judiciário, de ser indiferente o local em que o empregado está fisicamente para que ele tenha os mesmos direitos previstos na legislação trabalhista.

No entanto, com a redação dada a seu parágrafo único, abriu-se margem para uma interpretação de que o recebimento da mensagem já configuraria colocar o empregado em situação de trabalho, impactando o entendimento sobre hora extra e sobreaviso, isto é, quando o empregado exerce uma atividade laboral após o horário normal do seu turno ou expediente.

Isso é apenas uma interpretação retirada do texto de lei, mas que pode impactar muito o modelo de trabalho da Sociedade Digital, uma vez que o entendimento tende a ser mais favorável aos interesses do empregado. Isso ocorre porque a informação circula independentemente do horário, especialmente com o aumento da presença da geração digital, nascida após os anos 1980, na força de trabalho, fazendo com que o próprio empregado já possua recursos de mobilidade particulares e os utilize, por sua mera conveniência, a qualquer momento, ainda que a empresa não os tenha fornecido.

Em depoimento à imprensa, o então presidente do TST, João Oreste Dalazen, afirmou que "a meu juízo, é inafastável a revisão da súmula em face

---

177. O regime do teletrabalho foi regulamentado pela Lei n. 13.467, de 13 de julho de 2017, que definiu a modalidade como "a prestação de serviços preponderantemente fora das dependências do empregador, com a utilização de tecnologias de informação e de comunicação que, por sua natureza, não se constituam como trabalho externo" (CLT, art. 75-B). Conforme parágrafo único, "o comparecimento às dependências do empregador para a realização de atividades específicas que exijam a presença do empregado no estabelecimento não descaracteriza o regime de teletrabalho". Tal regulamentação alterou a Consolidação das Leis do Trabalho (CLT), aprovada pelo Decreto-Lei n. 5.452, de 1º de maio de 1943, e as Leis n. 6.019, de 3 de janeiro de 1974, 8.036, de 11 de maio de 1990, e 8.212, de 24 de julho de 1991, a fim de adequar a legislação às novas relações de trabalho. Vale destacar ainda que, devido à pandemia da Covid-19, ficou permitida a redução proporcional da jornada de trabalho e de salário, por meio da Lei n. 14.020, de 6 de julho de 2020, mas que se, "durante o período de suspensão temporária do contrato de trabalho, o empregado mantiver as atividades de trabalho, ainda que parcialmente, por meio de teletrabalho, trabalho remoto ou trabalho a distância, ficará descaracterizada a suspensão temporária do contrato de trabalho, e o empregador estará sujeito a: I — ao pagamento imediato da remuneração e dos encargos sociais e trabalhistas referentes a todo o período; II — às penalidades previstas na legislação em vigor; e III — às sanções previstas em convenção coletiva ou acordo coletivo de trabalho (art. 8º, § 4º)".

da superveniência da lei, a lei passou a dizer que o trabalho realizado a distância é tempo de serviço". Ele se refere à Súmula 428, de 24 de maio de 2011, pela qual o Tribunal assentou o entendimento de que "o uso de aparelho de intercomunicação, a exemplo de BIP, *pager* ou aparelho celular, pelo empregado, por si só, não caracteriza o regime de sobreaviso". Em 2012 ela foi revista e alterada para: "I – O uso de instrumentos telemáticos ou informatizados fornecidos pela empresa ao empregado, por si só, não caracteriza o regime de sobreaviso. II – Considera-se em sobreaviso o empregado que, à distância e submetido a controle patronal por instrumentos telemáticos ou informatizados, permanecer em regime de plantão ou equivalente, aguardando a qualquer momento o chamado para o serviço durante o período de descanso". Afinal, não é pelo fato de ter acesso a informação, de meramente portar o recurso, que significa que o empregado foi solicitado a trabalhar.

Muito pelo contrário, as empresas têm sido obrigadas a bloquear o acesso do empregado quando este sai de férias, pois todos estão cada vez mais "conectados e ligados", o tempo todo, e não querem esperar o dia seguinte ou o início do expediente para saber o que está acontecendo ou para tomar providências proativas de trabalho.

No cenário mais competitivo do mercado atual, sem fronteiras e de alcance global, a proatividade ocorre por liberalidade do próprio profissional, que busca mostrar serviço mesmo que a empresa não tenha feito requisição expressa de trabalho.

Pela interpretação da Lei, três situações podem ocorrer quando um colaborador recebe uma mensagem relacionada a trabalho após o expediente, ao acessar seu *e-mail*, utilizar um *smartphone* ou dispositivo similar:

a) entender que essa hora de serviço à disposição da empresa deve ser paga como sobreaviso (o trabalhador receberia pelo período, à equivalência de um terço do salário);

b) considerar o período como hora normal de trabalho, podendo ser caracterizada a hora extra;

c) a empresa não pagar nada pelo serviço à disposição, analisando essa questão sob a ótica do tipo de recurso (celular, *pager*, *e-mail*, telefone fixo, redes sociais, entre outros).

A Lei teve intenção de consolidar o trabalho remoto, mas acabou impactando, mesmo que não intencionalmente, o *Mobile Office*, ou seja, o comportamento do trabalho na era da mobilidade, em que o profissional quer receber seus *e-mails* corporativos no *smartphone* e estar a par do que ocorre no âmbito profissional, mesmo que isso não tenha sido solicitado.

Se o mero recebimento de um *e-mail* for entendido como ordem direta, independentemente do conteúdo ou do que foi solicitado, muitas empresas vão acabar suspendendo ou bloqueando o acesso às informações fora do horário de expediente. Isso tornará o Brasil menos competitivo. Ou seja, querer antecipar a conversa, a informação, o que é recorrente no dia a dia atual vai virar um risco de hora extra e/ou sobreaviso. Imagine isso em uma agência de publicidade, por exemplo.

Esse comando segue na contramão do que é preciso ajustar na legislação trabalhista, que precisa evoluir e permitir jornada flexível, regras definidas entre as partes, e que empregador e empregado possam combinar como será o trabalho sem receio de isso depois ser alterado no judiciário. Logo, é necessário que as partes, empregador e empregado, regulem isso. A falta de regra interna própria definida e o advento desta alteração na lei, certamente acarretaram um clima de insegurança sobre o regime de trabalho e o receio de condenação por pagamento de verbas adicionais, pois é praticamente impossível controlar a circulação da informação e o seu acesso pelos empregados.

Após as alterações introduzidas pela Lei n. 12.551/2011, são cabíveis algumas recomendações urgentes para as empresas que querem evitar interpretações desfavoráveis e riscos trabalhistas maiores, visto que a realidade atual já é de mobilidade corporativa, em qualquer segmento, de um profissional doméstico até um professor de universidade:

✓ Rever a atribuição de função e cargo e a documentação de quais são os cargos de confiança alinhados com o previsto na legislação;

✓ Rever a concessão dos recursos corporativos que permitem comunicação e informação independentemente de horário de jornada de trabalho para profissionais que não sejam de cargo de confiança (especialmente *smartphone*, *notebook*, *VPN* e *tablets*), bem como o horário em que as pessoas podem ter acesso ao correio eletrônico corporativo (eventualmente implantar uma ferramenta de gestão diferenciando o perfil e o horário conforme a função);

✓ Elaborar a Norma de Uso de Recursos de Mobilidade deixando claros os dois cenários — quando for a empresa que fornece o recurso corporativo e quando for o empregado que o possuir, além de destacar que o mero recebimento da informação não significa que ele foi solicitado a trabalhar. O fato de ter ou manusear o recurso não reflete que está automaticamente de sobreaviso ou que o pagamento de hora extra será devido *incontinenti*, implicando uma análise caso a caso;

✓ Não é porque o *e-mail* chegou ao aparelho de telefone, ou um torpedo (SMS) ou mesmo um WhatsApp, que o empregado estava esperando por isso, com restrições ao seu momento de descanso, de sua vida pessoal e de sua livre circulação. Lembramos que o sobreaviso exige inclusive que haja um dever de responder imediato (com um tempo combinado de máximo de demora no atendimento quando o empregado é acionado, o que, implica, muitas vezes, restrição do perímetro físico que o empregado pode se encontrar);

✓ Treinamento para chefes e gestores sobre como compartilhar informações, seja por *e-mail*, torpedo, comunicador instantâneo e até *post* em redes sociais sem que o texto represente solicitação de serviço, para que fique claro que é uma liberalidade do empregado querer tomar conhecimento da informação compartilhada;

✓ Mapear e levantar as situações em que de fato o empregado deve assumir providências a partir do recebimento de mensagens fora do horário de expediente e, se for o caso, rever o horário da jornada de trabalho para adequação do novo cenário (especialmente empresa que tem presença em outros países e há comunicação em fuso horário distinto);

✓ Ter conhecimento das equipes que atendem e postam conteúdo em redes sociais, que muitas vezes podem não depender de uma jornada de trabalho fixa para ocorrer, pois os reflexos são instantâneos e com demanda de resposta imediata. Dependendo da situação, pode-se decidir terceirizar a atividade para evitar maiores riscos trabalhistas, pois nessa hipótese se admite haver a incidência de ambos os adicionais, aumentando em média em 1/3 o custo com aquele empregado.

✓ Além disso, devemos considerar ainda o cenário do BYOD, cuja sigla significa em inglês *Bring Your Own Device*, no qual não é mais a empresa que fornece o recurso corporativo tecnológico, mas sim o profissional que traz e usa o seu recurso particular no ambiente de trabalho. Esta situação híbrida provoca vários impactos jurídicos e alguns riscos relacionados à privacidade e à segurança da informação, que merecem tratamento especial.

Sendo assim, como a empresa deve agir com o uso cada vez maior de dispositivos pessoais no ambiente de trabalho? Do ponto de vista jurídico, é melhor assumir o modelo, proibir ou fazer vista grossa?

Com a consumerização, aumenta a análise de viabilidade de implementação de uma Política de BYOD no ambiente corporativo, inclusive em instituições de ensino. Afinal, muitos profissionais preferem usar seu próprio equipamento, que em geral é até melhor do que o oferecido pela empresa.

O primeiro passo é estabelecer as regras claras. Deve ficar muito bem definido de quem é a propriedade do equipamento, quais os requisitos de segurança que deverá cumprir, bem como quais as obrigações e limites de seu uso. Há uma grande diferença em termos de gestão da TI, quando a empresa deixa de ser quem fornece o recurso e passa a ser beneficiária do uso do recurso particular de seu empregado ou de um terceiro. Além disso, apesar do benefício da economia de gastos com equipamentos, há sim uma perda relativa de controle de qual tipo de conteúdo ou *softwares* estarão no dispositivo.

É importante ressaltar que cabem ao proprietário do equipamento todos os deveres no tocante à manutenção e guarda do mesmo, bem como a responsabilidade por todo e qualquer conteúdo armazenado. No entanto, quando se trata de *softwares* para uso em benefício da empresa, há um grande risco de ela ser envolvida em um incidente de pirataria, caso o equipamento faça uso, por exemplo, de um editor de texto e planilhas sem a devida licença respectiva, pois, aí, o resultado do trabalho foi gerado a partir de um *software* pirata com o conhecimento da empresa, o que gera implicações legais.

No judiciário brasileiro tem sido possível verificar decisões que ajudam a compreender quais os possíveis desfechos de casos que envolvam a utilização de dispositivos do próprio empregado em proveito do empregador. Em caso recente[178], a empregadora foi condenada a pagar indenização pelo uso dos aparelhos e das tarifas dos serviços, pois os empregados eram compelidos a utilizar o equipamento particular (celular) e não havia regras estabelecidas sobre o seu uso.

Tal entendimento jurídico impõe a necessidade de acordos claros entre empregador e empregado para situações em que os equipamentos particulares são utilizados como ferramenta de trabalho, buscando evitar situações desequilibradas ou obscuras que podem resultar em dever de ressarcimento.

---

178. "A reclamada não traz qualquer regulamentação dispondo que os empregados deviam realizar ligações telefônicas para a empresa utilizando número com o prefixo 0800. As testemunhas ouvidas também nada referem a respeito. O depoimento da testemunha Claudinei dos Santos esclarece que os empregados da ré utilizam o telefone celular pessoal para efetuar ligação para a empresa, gastando mensalmente em torno de R$ 40,00/R$ 50,00: (...) A testemunha Jocelito Bonamigo também confirma que o empregado utilizava seu telefone celular pessoal para se comunicar com a empresa. Do mesmo modo, não refere ligação para número com prefixo 0800: (...) O reconhecimento da reclamada, no acordo firmado no âmbito da CCP, de que era devido ao reclamante o pagamento de valor a título de aluguel de celular de fato indica que o trabalhador utilizava seu celular em serviço. A recorrente não deduz impugnação específica contra o valor arbitrado, o qual mostra-se adequado diante das importâncias apontadas pela prova testemunhal. Por tais fundamentos, nega-se provimento ao recurso" (TRT-RS, RO 0000348-31.2012.5.04.0561, rel. Des. José Felipe Ledur, j. 2-10-2013).

Por conta disso, muitas empresas tratam do cenário de forma híbrida, em que o equipamento é do empregado, mas a camada de *softwares* é fornecida pela empresa, de modo a tentar mitigar riscos com pirataria. Outro ponto a observar envolve a questão trabalhista, devido à alteração do art. 6º da CLT. Por isso, a política deve prever que o acesso ao recurso, por si só, não configura sobreaviso nem sobrejornada.

Sendo assim, para evitar riscos, cabe à empresa deixar claro na política de Uso de Dispositivos Móveis (também chamado de Mobilidade Corporativa ou de BYOD) que:

✓ o equipamento é de completa responsabilidade do proprietário;

✓ o conteúdo armazenado é de responsabilidade do proprietário;

✓ o proprietário declara que todos os *softwares* possuem licença regular sob pena de responder isoladamente sobre qualquer incidente de pirataria;

✓ o proprietário deverá fazer uso de requisitos mínimos de segurança da informação, mas não se limitando a antivírus, *antispyware*, senha de bloqueio, criptografia;

✓ o proprietário tem o dever de realizar *backup* de todas as informações pertinentes à empresa e de salvá-las na rede corporativa;

✓ o equipamento está sujeito a monitoramento e a inspeção física por parte da empresa;

✓ o equipamento está sendo colocado à disposição da empresa como beneficiária de uso temporário e parcial, em caráter não oneroso, sem qualquer responsabilidade por parte da empresa;

✓ a empresa não se responsabiliza por perda, deterioração, furto, extravio, quebra do equipamento e, se isso vier a ocorrer, o proprietário deverá avisar à empresa imediatamente;

✓ o proprietário compromete-se a portar o equipamento de forma discreta e com o máximo de zelo possível, para evitar incidentes e vazamentos de informação da empresa;

✓ o mero acesso ou uso do equipamento ou recursos de informação pelo proprietário, por si só, não configura sobreaviso ou sobrejornada, sendo um ato de liberalidade, proatividade e iniciativa dele.

Para concluir, é fundamental não confundir os limites entre ser o proprietário do equipamento (que no caso passa a ser cada vez mais o próprio empregado) e ser o beneficiário (que pelo outro lado passa a ser a empresa). Se a empresa oferecer realizar manutenções, trocar peças, consertar o equipamento, ou seja, realizar todas as atividades intrínsecas à responsabilidade de proprietário, acabará atraindo para si todo o ônus de zelo do bem, gerando riscos legais em sua política de uso de dispositivos móveis.

8.16. Documentos eletrônicos

Uma característica própria da sociedade digital é a crescente tendência de diminuição do uso de documentos físicos na realização de contratos, propostas e mesmo para a divulgação de obras, produtos e serviços, implicando a modificação de uma característica básica que se tornou comum em nosso modelo de obrigações: o uso do papel.

Mas o papel, em última análise, nada mais é que uma tecnologia também, que passou a permitir, como um tipo de suporte físico, que a manifestação de vontade ficasse mais claramente evidenciada entre as partes de uma relação.

A problemática da substituição do papel, no entanto, é mais cultural que jurídica, uma vez que nosso Código Civil prevê contratos orais[179] e determina que a manifestação de vontade pode ser expressa por qualquer meio[180]. Quem disse que porque está no papel é o documento original? Afinal, todo fax é cópia, apesar de estar em papel. Já o *e-mail* eletrônico é o original, e sua versão impressa também é cópia.

Logo, na verdade, percebemos que o ser humano é um ser material por natureza, tendo apenas a espiritualidade como elemento imaterial. Todo o resto necessita de representação física para se poder ter o sentimento de posse, de propriedade. Esse sentimento não será resolvido nem mudado pelo Direito tradicional nem pelo Direito Digital. O que se tem de fazer é encontrar caminhos em que a tecnologia possibilite dar esta impressão de materialidade aos documentos eletrônicos.

Ocorre que, para haver esse desapego ao papel[181], é preciso criar uma nova metodologia para a certificação de documentos e de assinaturas com formato

---

179. Como exemplo podemos citar o *caput* do art. 656 do Código Civil, referente ao mandato: "Art. 656. O mandato pode ser expresso ou tácito, verbal ou escrito".

180. Art. 107 do Código Civil: "Art. 107. A validade da declaração de vontade não dependerá de forma especial, senão quando a lei expressamente a exigir".

181. A Receita Federal editou no dia 13 de março de 2006 a Portaria n. 259, que acaba com o uso do papel nos processos para os contribuintes que possuírem certificação digital. Os documentos vão passar a ser apresentados eletronicamente. A novidade foi anunciada pelo secretário-adjunto da Receita Federal, Paulo Ricardo de Souza Cardoso. Com a edição da medida, os contribuintes com certificado digital poderão entregar documentos, peticionar, apresentar pedidos, recibos, tudo de forma eletrônica.

digital, ou seja, não físico, no sentido material. Emocionalmente nos sentimos mais protegidos quando há um documento por escrito, uma prova material, palpável, de nossos direitos. Por isso, já há normas tratando da matéria, que teve início com a questão da emissão de CPF e CNPJ pela Internet por órgão da Receita Federal[182]. Devemos lembrar que países como Argentina[183] e Uruguai[184] já regulamentam o documento eletrônico, o que os coloca em vantagem competitiva para a realização de negócios.

No Brasil destacamos ainda a questão da digitalização registrada, que corresponde ao processo de transladação do documento original do suporte em papel para digital e seu registro para guarda permanente e consulta, preservados como originais, com o mesmo valor jurídico do original, não como cópia autenticada, digitalizada ou microfilmada. O registro é efetuado em Cartório de Registro de Títulos e Documentos, seguindo os ditames da Lei Federal n. 6.015/73, que dispõe sobre os registros públicos e dá outras providências[185].

A questão sobre documentos eletrônicos não é criação da Internet. É um assunto que já se discute há muito tempo[186] devido à documentação de operações

---

182. Ver Instrução Normativa RFB n. 1.995, de 24 de novembro de 2020, que dispõe sobre o Centro Virtual de Atendimento da Secretaria Especial da Receita Federal do Brasil (e-CAC). O número de usuários de eCNPJ tem crescido, segundo dados de 2013, e está por volta de 4 milhões de empresas (<http://www.valor.com.br/brasil/3057986/certificado-digital-pode--ter-inumeras-aplicacoes>).

183. Com o Decreto n. 427, de 16 de abril de 1998, a Argentina regulamentou a assinatura digital apenas no âmbito da Administração Pública. Já em 2001, foi promulgada a Lei n. 25.506, reconhecendo o emprego da assinatura digital e sua eficácia jurídica.

184. O Uruguai, através da promulgação da Lei n. 16.002, de 25 de novembro de 1988, posteriormente alterada pela Lei n. 16.736, de 5 de janeiro de 1996, universalizou a origem e o destino do documento eletrônico, para fins de reconhecimento legal. Já em 2009 houve edição da Lei n. 18.600, reconhecendo a validade e eficácia jurídica do documento eletrônico e assinatura digital.

185. A Lei Federal n. 6.015, de 31 de dezembro de 1973, traça o arcabouço normativo registral para que seja conferida a autenticidade, segurança e eficácia dos atos jurídicos, sejam eles efetivados por documentos públicos ou particulares. Já a Lei Federal n. 8.935, de 18 de novembro de 1994, seguindo a linha do diploma registral, define os serviços notariais e de registro como os de organização técnica e administrativa destinados a garantir a publicidade, autenticidade, segurança e eficácia dos atos jurídicos.

186. *Vide* a Lei de Microfilmagem — Lei n. 5.433/68 — Art. 1º "É autorizada, em todo o território nacional, a microfilmagem de documentos particulares e oficiais arquivados, estes de órgãos federais, estaduais e municipais.

§ 1º Os microfilmes de que trata esta Lei, assim como as certidões, os traslados e as cópias fotográficas obtidas diretamente dos filmes produzirão os mesmos efeitos legais dos documentos originais em juízo ou fora dele".

em redes eletrônicas de bancos, seja via intranet de computadores ligados com operadoras de cartão de crédito, seja quanto a aplicações financeiras realizadas remotamente na Bolsa de Valores[187], seja via telefone em operações conduzidas pelo cliente em uma gravação eletrônica, nos serviços de *bank phone*[188].

É ilusão acreditar que o papel é o meio mais seguro. O papel em si não confere garantia de autenticidade e integridade, tampouco amarra a assinatura das partes com o conteúdo. Para receber esta característica de prova plena[189], precisa seguir os requisitos determinados na Lei de Registros[190]. Por sua vez, os Cartórios passaram a guardar a documentação também digital.

Do exposto, verificamos que devemos tratar o tema da documentação eletrônica em três níveis: a) Cultural (quebra de usos e costumes visto que papel e originalidade não têm equivalência); b) Técnico (já que há necessidade de definição do melhor procedimento para tratar a documentação digital ou digitalizada, como já foi feito em 1968 e 1996 na questão do microfilme; e c) Jurídico (pois é preciso que a técnica permita preservar capacidade de prova de autoria e integridade, que seja auditável e periciável, que tenha segurança da informação, que tenha, quando preciso, fé pública (visto que o documento físico quando já nascido com falsidade, não é nem o fato de estar no papel, nem sua autenticação no cartório que vão lhe conferir validade jurídica).

---

187. Ver Parecer de Orientação CVM n. 32, que tem por objetivo explicitar o entendimento da Comissão de Valores Mobiliários quanto à caracterização (i) de uma oferta de distribuição de valores mobiliários como pública, quando a Internet é utilizada como meio de comunicação, com base na interpretação do art. 19, § 3º, III, da Lei n. 6.385/76, e (ii) de exercício de atividade sujeita à autorização da Comissão de Valores Mobiliários, quando a atividade é exercida por intermédio da Internet, nos termos do art. 16 da mesma lei. E o Parecer de Orientação CVM n. 33.

188. A Resolução Bacen n. 2.817 dispõe sobre a abertura e a movimentação de contas de depósitos exclusivamente por meio eletrônico, bem como acerca da utilização desse instrumento de comunicação.

189. É pela fé pública, pois, que os documentos particulares, seja em papel ou em meio digital, adquirem a eficácia da prova plena, conforme disciplina o art. 217 do Código Civil, bem como o art. 161 da Lei n. 6.015/73.

190. O art. 127, I, da Lei n. 6.015/73 dispõe que é da competência do registro de títulos e documentos o registro *"dos instrumentos particulares, para a prova das obrigações convencionais de qualquer valor"*. Por características próprias dos atos registrais e, especificamente, no caso do registro de títulos e documentos, suas certidões produzem o mesmo valor probante que o original, conforme dispõe o art. 161 da Lei n. 6.015/73, somente sofrendo impugnação que tenha como objeto de discussão a validade ou autenticidade do próprio documento original. Já os arts. 6º e 7º da Lei n. 8.935/94 disciplinam as atribuições dos notários e registradores que serão competentes para intervir nos atos e negócios jurídicos sobre os quais as partes devam ou queiram atribuir a forma legal ou autenticar fatos e cópias, e reconhecendo firmas, e ao registrador os atos pertinentes à legislação dos registros públicos.

Logo, sabemos que armazenar dados e imagens em discos rígidos ou fitas é muito mais seguro que arquivá-los em papel, desde que o processo seja feito de modo adequado[191].

---

191. Para o Superior Tribunal de Justiça, durante o julgamento do Recurso Especial n. 1.495.920/DF[4], há validade na utilização dos contratos eletrônicos como títulos executivos. Segundo o Relator, Ministro Paulo de Tarso Sanseverino, a assinatura digital do contrato eletrônico "(...) faz evidenciada a autenticidade do signo pessoal daquele que a apôs e, inclusive, a confiabilidade de que o instrumento eletrônico assinado contém os dados existentes no momento da assinatura. Veja a ementa do julgamento:

"RECURSO ESPECIAL. CIVIL E PROCESSUAL CIVIL. EXECUÇÃO DE TÍTULO EXTRAJUDICIAL. EXECUTIVIDADE DE CONTRATO ELETRÔNICO DE MÚTUO ASSINADO DIGITALMENTE (CRIPTOGRAFIA ASSIMÉTRICA) EM CONFORMIDADE COM A INFRAESTRUTURA DE CHAVES PÚBLICAS BRASILEIRA. TAXATIVIDADE DOS TÍTULOS EXECUTIVOS. POSSIBILIDADE, EM FACE DAS PECULIARIDADES DA CONSTITUIÇÃO DO CRÉDITO, DE SER EXCEPCIONADO O DISPOSTO NO ART. 585, II, DO CPC/73 (ART. 784, III, DO CPC/2015). QUANDO A EXISTÊNCIA E A HIGIDEZ DO NEGÓCIO PUDEREM SER VERIFICADAS DE OUTRAS FORMAS, QUE NÃO MEDIANTE TESTEMUNHAS, RECONHECENDO-SE EXECUTIVIDADE AO CONTRATO ELETRÔNICO. PRECEDENTES. 1. Controvérsia acerca da condição de título executivo extrajudicial de contrato eletrônico de mútuo celebrado sem a assinatura de duas testemunhas. 2. O rol de títulos executivos extrajudiciais, previsto na legislação federal em 'numerus clausus', deve ser interpretado restritivamente, em conformidade com a orientação tranquila da jurisprudência desta Corte Superior. 3. Possibilidade, no entanto, de excepcional reconhecimento da executividade de determinados títulos (contratos eletrônicos) quando atendidos especiais requisitos, em face da nova realidade comercial com o intenso intercâmbio de bens e serviços em sede virtual. 4. Nem o Código Civil, nem o Código de Processo Civil, inclusive o de 2015, mostraram-se permeáveis à realidade negocial vigente e, especialmente, à revolução tecnológica que tem sido vivida no que toca aos modernos meios de celebração de negócios, que deixaram de se servir unicamente do papel, passando a se consubstanciar em meio eletrônico. 5. A assinatura digital de contrato eletrônico tem a vocação de certificar, através de terceiro desinteressado (autoridade certificadora), que determinado usuário de certa assinatura a utilizara e, assim, está efetivamente a firmar o documento eletrônico e a garantir serem os mesmos os dados do documento assinado que estão a ser sigilosamente enviados. 6. Em face destes novos instrumentos de verificação de autenticidade e presencialidade do contratante, possível o reconhecimento da executividade dos contratos eletrônicos. 7. Caso concreto em que o executado sequer fora citado para responder a execução, oportunidade em que poderá suscitar a defesa que entenda pertinente, inclusive acerca da regularidade formal do documento eletrônico, seja em exceção de pré-executividade, seja em sede de embargos à execução. 8. RECURSO ESPECIAL PROVIDO. Vistos e relatados estes autos em que são partes as acima indicadas, decide a Egrégia TERCEIRA TURMA do Superior Tribunal de Justiça, prosseguindo no julgamento, após o voto-vista do Sr. Ministro Ricardo Villas Bôas Cueva, divergindo do voto do Sr. Ministro Relator, por maioria, dar provimento ao recurso especial, nos termos do voto do Sr. Ministro Relator. Votou vencido o Sr. Ministro Ricardo Villas Bôas Cueva. Os Srs. Ministros Marco Aurélio Bellizze (Presidente) e Moura Ribeiro votaram com o Sr. Ministro Relator. Impedida a Sra. Ministra Nancy Andrighi" (STJ - REsp 1495920 / DF 2014/0295300-9, Relator: Ministro PAULO DE TARSO SANSEVERINO (1144), Data do Julgamento: 15-5-2018, Data da Publicação: 7-6-2018, T3 — TERCEIRA TURMA).

Inclusive a falta de um procedimento de digitalização previamente estabelecido foi a principal justificativa de veto parcial na Lei n. 12.682, de 9 de julho de 2012[192], que dispõe sobre a elaboração e o arquivamento de documentos em meios eletromagnéticos.

É uma obrigação de todos os operadores digitais esclarecer, explicar e ensinar como adequadamente registrar operações eletrônicas[193] e cabe ao Estado determinar qual será o padrão de conduta para a certificação[194] dos documentos, considerando que a tecnologia permite que isso seja feito automaticamente, com o diferencial de ainda poder ser auditado. Recomendamos também a leitura do item específico sobre Gestão Eletrônica de Documentos.

---

192. Mensagem de Veto Parcial: "Ao regular a produção de efeitos jurídicos dos documentos resultantes do processo de digitalização de forma distinta, os dispositivos ensejariam insegurança jurídica. Ademais, as autorizações para destruição dos documentos originais logo após a digitalização e para eliminação dos documentos armazenados em meio eletrônico, óptico ou equivalente não observam o procedimento previsto na legislação arquivística. A proposta utiliza, ainda, os conceitos de documento digital, documento digitalizado e documento original de forma assistemática. Por fim, não estão estabelecidos os procedimentos para a reprodução dos documentos resultantes do processo de digitalização, de forma que a extensão de efeitos jurídicos para todos os fins de direito não teria contrapartida de garantia tecnológica ou procedimental que a justificasse". Disponível em: <http://www.planalto.gov.br/ccivil_03/_ato2011-2014/2012/Msg/VEP-313.htm>.

193. Isso porque, mesmo que seja atestada a autenticidade do documento eletrônico, é necessário que as partes se certifiquem de atender aos requisitos exigidos pela Legislação Processual, para que seja conferida a executividade ao documento eletrônico. Caso isso não seja realizado e assegurado, não há a possibilidade de processamento. Como pontua o julgamento do Tribunal de Justiça do Estado de São Paulo:

"EMBARGOS À EXECUÇÃO. Execução aparelhada com contrato eletrônico de empréstimo ('Credinâmico Funcef Variável'). Ausência de assinatura de duas testemunhas. Descumprimento dos requisitos do art. 784, inc. III, do NCPC. Violação aos princípios da taxatividade e da tipicidade. Assinatura digital certificada por autoridade competente que apenas tem o condão de garantir a autenticidade, a integridade e a validade jurídica do documento eletrônico, além de assegurar a identidade do signatário digital. Assinatura digital que não atribui executoriedade ao documento eletrônico. Impossibilidade de se verificar a assinatura digital no contrato eletrônico em discussão, o que reforça a ausência de executoriedade do documento. Execução nula por ausência de título. Sentença mantida. Recurso não provido" (TJSP; Apelação Cível 1011898-10.2016.8.26.0009; Relator (a): Tasso Duarte de Melo; Órgão Julgador: 12ª Câmara de Direito Privado; Foro Regional IX — Vila Prudente — 1ª Vara Cível; Data do Julgamento: 13-11-2019; Data de Registro: 3-12-2019).

194. O Poder Executivo, por meio da Medida Provisória n. 2.200, que teve sua primeira edição em 28 de junho de 2001, sendo revista em 24 de agosto do mesmo ano, instituiu a Infraestrutura de Chaves Públicas no Brasil e começou a regulamentar a assinatura digital. Em seguida veio o Decreto n. 3.872, de 18 de julho de 2001, que dispunha sobre o Comitê Gestor da Infraestrutura de Chaves Públicas Brasileira (CGICP-Brasil) e que foi revogado pelo Decreto n. 6.605, de 14 de outubro de 2008 e que também dispõe sobre o mesmo Comitê além de sua Secretaria-Executiva e sua Comissão Técnica Executiva — COTEC.

8.17. Prova eletrônica

Não há nenhuma legislação brasileira que proíba ou vete a utilização de prova eletrônica[195]. Ao contrário, o Código Civil e o Novo Codigo de Processo Civil aceitam completamente o seu uso, desde que atendidos alguns padrões técnicos de coleta e guarda, para evitar que esta tenha sua integridade questionada ou que tenha sido obtida por meio ilícito[196], e atendidos os requisitos do art. 425, que elenca de maneira não restritiva as provas que são válidas. Logo, o que realmente existe, novamente, é o preconceito quanto ao tipo de prova, pois todos nós temos medo (insegurança) daquilo que não conhecemos.

Já vimos que a documentação em papel está em fase de transição, passando a ser eletrônica, relevante para a produção de provas em Direito. Aos poucos,

---

195. Art. 225 do Código Civil: "As reproduções fotográficas, cinematográficas, os registros fonográficos e, em geral, quaisquer outras reproduções mecânicas ou eletrônicas de fatos ou de coisas fazem prova plena destes, se a parte, contra quem forem exibidos, não lhes impugnar a exatidão".

196. Nas palavras do Dr. Alexandre Guimarães Gavião Pinto, Juiz de Direito do TJRJ: "De acordo com o artigo 5º, inciso LVI da Constituição da República são inadmissíveis, no processo, as provas obtidas por meios ilícitos, o que importa no reconhecimento de que todo meio de colheita de prova que vulnere as normas do direito material deve ser combatido, o que configura, indubitavelmente, importante garantia em relação a ação persecutória do Estado. A prova ilícita nada mais é do que uma espécie da denominada prova proibida, que deve ser entendida como toda aquela que não pode ser valorada no processo. Não se pode perder de perspectiva a existência de duas espécies de provas proibidas, que são: as provas ilícitas e as provas ilegítimas. As provas ilícitas são aquelas alcançadas com a violação do direito material, enquanto as provas ilegítimas são as obtidas em desrespeito ao direito processual. A prova ilícita não pode ser considerada idônea para formar o convencimento do Magistrado, devendo ser desprezada, ainda que em prejuízo da apuração da verdade, o que se justifica diante da necessidade de se formar um processo justo, que respeite os direitos e garantias fundamentais do acusado. Insta esclarecer, contudo, que, ao longo dos anos, a doutrina e a jurisprudência passaram a mitigar a proibição das provas ilícitas, na tentativa de afastar eventuais distorções que a rigidez da exclusão poderia gerar, em hipóteses de excepcional gravidade. Tal posicionamento encontra embasamento no princípio da proporcionalidade, que autoriza a avaliação das provas ilícitas em casos de extrema gravidade, tendo em vista que nenhuma liberdade pública pode ser considerada de natureza absoluta. No que tange à incidência do princípio da proporcionalidade em favor do réu, por exemplo, não há dúvidas de sua aplicação, sendo pacífico, na jurisprudência, o entendimento de que, em tais hipóteses, a ilicitude é eliminada por causas excludentes, diante da prevalência do princípio da inocência. Já as provas ilícitas por derivação são aquelas lícitas em si mesmas, mas produzidas a partir de um fato ilícito. Em que pese o atual entendimento majoritário do Supremo Tribunal Federal, que, na esteira do raciocínio desenvolvido pela teoria dos frutos da árvore envenenada, considera que a prova ilícita originária é capaz de contaminar as demais provas dela decorrentes, posiciono-me na trincheira daqueles que defendem que o mero fato de não se admitir as provas ilícitas em juízo não possui o efeito de gerar a nulidade de todo o processo, eis que a Lei Maior não afirma serem nulos os processos, em que exista alguma prova obtida por meios ilícitos. Logo, se uma prova ilícita ou ilegítima revela-se necessária para evitar uma condenação injusta, como visto anteriormente, deverá ser agasalhada. Nesses casos, se a prova se retrata imprescindível deve ser admitida, por adoção do princípio da proporcionalidade" (http://www.amb.com.br/portal/index.asp?secao=artigo_detalhe&art_id=318).

evoluímos de um suporte limitado, com baixa tecnologia de segurança, para um ambiente independente de suporte, em que é possível replicar originais eletrônicos e de valor original e não de cópia. É de se saber que tudo em meio eletrônico deixa rastro.

Os operadores do Direito devem saber o que é um documento original eletrônico, principalmente aqueles que já são da geração mais digital. Por isso devemos ser multidisciplinares, estrategistas, inovadores com pensamento transversal e compreender a tecnologia.

A evidência digital é toda informação ou assunto de criação, intervenção humana ou não que pode ser extraído de um compilado ou depositário eletrônico. E essa evidência deve estar em um formato de entendimento humano. Dependendo do caso, poderá ser considerada um artefato (na ciência da computação, essa é a designação de qualquer objeto ou produto de trabalho mecânico ou eletrônico que tenha sido construído para um fim determinado).

Para se ter informações básicas e necessárias para coleta e guarda para os provedores de conexão, por exemplo, é necessário ter o registro de *logs* e os registros cadastrais dos usuários de IPs (fixos e dinâmicos). Os provedores de *e-mails,* por sua vez, devem verificar os registros de conexão e registros cadastrais dos usuários dos endereços eletrônicos. É de suma importância observar também os horários GMT (*Greenwich Mean Time*), de acordo com o horário oficial de Brasília ou onde a pessoa estiver geograficamente localizada.

A natureza jurídica da prova é a forma pela qual se apura a verdade em juízo (instituto do direito processual). Trata-se de um meio usado pelas partes para atingir um resultado.

Segundo Pedro Batista Martins, prova é "o conjunto de elementos de que se serve o juiz para formar a convicção sobre os fatos em que se funda a demanda"[197].

Um dos princípios do contrato eletrônico é o do não repúdio, ou seja, é inválida qualquer alegação no que cinge ao suporte do contrato. Como contrato eletrônico "é um documento eletrônico", seria ilógico não aplicarmos o mesmo princípio ao documento eletrônico e consequentemente ao seu valor probatório.

O Código Civil, em seu art. 225, *in verbis*, afirma que "as reproduções fotográficas, cinematográficas, os registros fonográficos e, em geral, quaisquer outras reproduções mecânicas ou eletrônicas de fatos ou de coisas fazem prova plena destes, se a parte, contra quem forem exibidos, lhes impugnar a exatidão".

---

197. MARTINS, Pedro Batista. *Comentários ao Código de Processo Civil.* v. 2, p. 383.

E o art. 369 do Novo Código de Processo Civil assegura que "as partes têm o direito de empregar todos os meios legais, bem como os moralmente legítimos, ainda que não especificados neste Código, para provar a verdade dos fatos em que se funda o pedido ou a defesa e influir eficazmente na convicção do juiz".

Logo a seguir, o art. 374 do mesmo diploma legal é bastante claro ao determinar que: *"Não dependem de prova os fatos: (...) IV — em cujo favor milita presunção legal de existência ou de veracidade"*[198].

Ambos os diplomas legais aceitam, portanto, o documento eletrônico como prova. O Código de Processo Penal também segue no mesmo sentido: "Salvo os casos expressos em lei, as partes poderão apresentar documentos em qualquer fase do processo" (art. 231). E continua no art. 232: "Consideram-se documentos quaisquer escritos, instrumentos ou papéis, públicos ou particulares".

Além de não existir nenhum óbice jurídico, o documento eletrônico assinado digitalmente torna factível a visualização de qualquer tentativa de modificação do documento por meio da alteração da sequência binária.

Cumpre destacar também a Medida Provisória n. 2.200/2001 que institui a Infraestrutura de Chaves Públicas Brasileira (ICP-Brasil), cuja finalidade é descrita em seu art. 1º: "para garantir a autenticidade, a integridade e a validade jurídica de documentos em forma eletrônica, das aplicações de suporte e das aplicações habilitadas que utilizem certificados digitais, bem como a realização de transações eletrônicas seguras".

Na referida Medida Provisória, mais especificamente no art. 10, § 1º, consta a presunção de veracidade e autenticidade dos documentos eletrônicos assinados com o uso do certificado ICP-Brasil, em relação aos seus signatários e perante terceiros. Os documentos assinados dessa forma têm valor probante *erga omnes*[199].

O Novo CPC não deu tratamento específico à fotografia digital, mas pelo menos não manteve o requisito de apresentar o respectivo negativo. No entanto, perdeu a oportunidade de detalhar como se apresentará o original da foto digital. Determina o *caput* do art. 424 desse Código: "A cópia de documento particular tem o mesmo valor probante que o original, cabendo ao escrivão,

---

198. Ressalte-se que este artigo é o utilizado quando se faz uso de uma assinatura digital dentro do padrão da ICP-Brasil (MP n. 2.200/2001) — ver mais detalhes no item 8.18 sobre Assinatura Digital e Certificação Digital.

199. No mesmo sentido o Código de Processo Civil: "Art. 374. Não dependem de prova os fatos: I — notórios; II — afirmados por uma parte e confessados pela parte contrária; III — admitidos no processo como incontroversos; IV — em cujo favor milita presunção legal de existência ou de veracidade".

intimadas as partes, proceder à conferência e certificar a conformidade entre a cópia e o original".

Não obstante o fato de a fotografia digital não possuir negativo, há um arquivo eletrônico que representa o original; este também passível, assim como o negativo, de se submeter a um exame pericial que comprove a sua autenticidade.

Segundo Miguel Pupo Correia[200], "a eficácia jurídica dos documentos em geral e dos documentos eletrônicos em especial está, como já dissemos, fortemente dependente da confiança, credibilidade ou fiabilidade que possam merecer como reproduções — melhor se diria revelações — factos ou objectos, o que depende essencialmente de dois fatores: genuinidade e segurança. É genuíno o documento quando não sofreu alterações. É seguro tanto mais quanto mais difícil for alterá-lo e mais fácil de descobrir as alterações que tenha sofrido e reconstituir o texto original".

Colaborando, ainda, cabe ressaltar a declaração categórica do art. 425 do Novo Código de Processo Civil, ao dispor que: "Fazem a mesma prova que os originais: (...) II — os traslados e as certidões extraídas por oficial público de instrumentos ou documentos lançados em suas notas".

É bastante oportuno destacar que a nossa Constituição Federal adotou o Princípio do Livre Convencimento Motivado, e, por consequência, o mesmo ocorre com a legislação processual. O art. 371 do Novo Código de Processo Civil[201] reza: "O juiz apreciará a prova constante dos autos, independentemente do sujeito que a tiver promovido, e indicará na decisão as razões da formação de seu convencimento".

---

200. http://www.gsd.inesc-id.pt/~mpc/— último acesso em: 18-7-2015.

201. Nos EUA, tem crescido a valorização da prova computacional como elemento de maior certeza dos fatos. Há uma lei federal específica, *The Federal Rules Of Civil Procedure* (FRCP), promulgada em 2006, que trata sobre a coleta de vestígios cibernéticos em um processo judicial, conhecido como *Eletronic Discovery (e-discovery)*. Ver SEDONA CONFERENCE. *Review of Existing Literature on E-Discovery for Judges*. Disponível em: <https://thesedonaconference.org/node/4302>. Acesso em: 15 mai. 2015. Desse modo, as provas podem ser categorizadas, no direito costumeiro, conforme descrito na obra *Criminal investigation:* law and practice. Michael F. Brown, 2. ed. 2001:

Real evidence — consiste em evidências materiais, que podem literalmente ser trazidas à corte, como, por exemplo, arma de um crime, objetos físicos em geral.

Documentary evidence — evidência documental. Divide-se em:

a) *best evidence rule* — quando um documento é levado a juízo, o original deve ser apresentado;

b) *parol rule* — quando um documento é assinado por duas partes, apenas o que está escrito é válido, ou seja, nenhum acordo verbal pode modificá-lo.

Testemonial evidence — testemunhas de fatos.

Judicial Notice — Evidências de conhecimento comum.

Em seguida, no art. 188 do mesmo códice, pode-se ler que: "Os atos e os termos processuais independem de forma determinada, salvo quando a lei expressamente a exigir, considerando-se válidos os que, realizados de outro modo, lhe preencham a finalidade essencial".

Determina o inciso I do art. 429 do Novo Código de Processo Civil que incumbe o ônus da prova, quando se tratar de falsidade de documento ou preenchimento abusivo, à parte que a arguir.

Já no âmbito do Direito Processual Penal, "a letra e firma dos documentos particulares serão submetidas a exame pericial, quando contestada a sua autenticidade" (Código de Processo Penal, art. 235)[202].

---

202. Resumo dos artigos relacionados:

Novo Código de Processo Civil

Art. 188. Os atos e os termos processuais independem de forma determinada, salvo quando a lei expressamente a exigir, considerando-se válidos os que, realizados de outro modo, lhe preencham a finalidade essencial.

Art. 369. As partes têm o direito de empregar todos os meios legais, bem como os moralmente legítimos, ainda que não especificados neste Código, para provar a verdade dos fatos em que se funda o pedido ou a defesa e influir eficazmente na convicção do juiz.

Art. 371. O juiz apreciará a prova constante dos autos, independentemente do sujeito que a tiver promovido, e indicará na decisão as razões da formação de seu convencimento.

Art. 374. Não dependem de prova os fatos:

(...)

IV — em cujo favor milita presunção legal de existência ou de veracidade.

Art. 425. Fazem a mesma prova que os originais:

(...)

II — os traslados e as certidões extraídas por oficial público de instrumentos ou documentos lançados em suas notas.

Medida Provisória n. 2.200

Art. 10. Consideram-se documentos públicos ou particulares, para todos os fins legais, os documentos eletrônicos de que trata esta Medida Provisória.

§ 1º As declarações constantes dos documentos em forma eletrônica produzidos com a utilização de processo de certificação disponibilizado pela ICP-Brasil presumem-se verdadeiras em relação aos signatários, na forma do art. 131 da Lei n. 3.071, de 1º de janeiro de 1916 — Código Civil.

Código Civil

Art. 104. A validade do negócio jurídico requer: I — agente capaz; II — objeto lícito, possível, determinado ou determinável; III — forma prescrita ou não defesa em lei.

Comentários: O contrato eletrônico como negócio jurídico bilateral é plenamente válido segundo o ordenamento vigente.

Art. 107. A validade da declaração de vontade não dependerá de forma especial, senão quando a lei expressamente a exigir.

Como foi descrito anteriormente, existe ainda a possibilidade, caso o documento eletrônico não tenha sido assinado, ou o certificado não esteja vinculado ao ICP-Brasil, de se verificar a autenticidade e integridade do documento eletrônico por meio da devida perícia nos computadores. Foram criadas normas de boas práticas para coleta dessas evidências.

Em virtude do uso massivo de computadores, a evidência eletrônica pode e deve ser utilizada, como mencionamos anteriormente, mesmo que ela não esteja assinada digitalmente, pois, na verdade, há níveis de evidência, das mais fortes e não repudiáveis às mais frágeis e questionáveis (v. os casos de apreensão de computadores, seja para qual fim for — penal, civil, tributário... —, em que as informações constantes no disco rígido, caso não sejam provas em si, são ao menos um norte).

Todavia, nunca alcançaremos a certeza inequívoca de confiabilidade, tanto no sistema eletrônico quanto no tradicional, ou em outro qualquer, mas, ainda assim, é possível imprimir uma confiabilidade necessária para a concretização de negócios jurídicos nesses meios.

Art. 141. A transmissão errônea da vontade por meios interpostos é anulável nos mesmos casos em que o é a declaração direta.

Art. 212. Salvo o negócio a que se impõe forma especial, o fato jurídico pode ser provado mediante:

(...) II — documento;

Art. 215. A escritura pública, lavrada em notas de tabelião, é documento dotado de fé pública, fazendo prova plena.

Art. 216. Farão a mesma prova que os originais as certidões textuais de qualquer peça judicial, do protocolo das audiências, ou de outro qualquer livro a cargo do escrivão, sendo extraídas por ele, ou sob a sua vigilância, e por ele subscritas, assim como os traslados de autos, quando por outro escrivão consertados.

Art. 217. Terão a mesma força probante os traslados e as certidões, extraídos por tabelião ou oficial de registro, de instrumentos ou documentos lançados em suas notas.

Art. 219. As declarações constantes de documentos assinados presumem-se verdadeiras em relação aos signatários.

Parágrafo único. Não tendo relação direta, porém, com as disposições principais ou com a legitimidade das partes, as declarações enunciativas não eximem os interessados em sua veracidade do ônus de prová-las.

Art. 225. As reproduções fotográficas, cinematográficas, os registros fonográficos e, em geral, quaisquer outras reproduções mecânicas ou eletrônicas de fatos ou de coisas fazem prova plena destes, se a parte, contra quem forem exibidos, não lhes impugnar a exatidão.

Art. 889. (...)

§ 3º O título poderá ser emitido a partir dos caracteres criados em computador ou meio técnico equivalente e que constem da escrituração do emitente, observados os requisitos mínimos previstos neste artigo.

Código de Processo Penal

Art. 157. São inadmissíveis, devendo ser desentranhadas do processo, as provas ilícitas, assim entendidas as obtidas em violação a normas constitucionais ou legais.

Por certo, para gerar maior confiança na integridade da prova obtida por meio eletrônico, há a utilização do instrumento da ata notarial, já muito conhecida pelos operadores do direito, prevista pelo art. 384 do atual CPC. Mas estamos evoluindo com o uso de novas tecnologias e o judiciário já tem aceito a captura de provas inclusive com a utilização de *blockchain*[203].

---

203. Processo n. ATOrd-1000708-05.2019.5.02.0481

DECISÃO

Vistos etc.

Primeiramente, no tocante às conversas no aplicativo WhatsApp trazidas aos autos pela reclamante, dispõe o Código de Processo Civil em vigor:

"Art. 439. A utilização de documentos eletrônicos no processo convencional dependerá de sua conversão à forma impressa e da verificação de sua autenticidade, na forma da lei.

Art. 440. O juiz apreciará o valor probante do documento eletrônico não convertido, assegurado às partes o acesso ao seu teor.

Art. 441. Serão admitidos documentos eletrônicos produzidos e conservados com a observância da legislação específica."

A transcrição da conversa estabelecida através do referido aplicativo nos autos do processo eletrônico enquadra-se à hipótese do art. 439 do NCPC e, nesse sentido, é da reclamante o ônus de trazer aos autos a prova que preencha os requisitos para que possa ser aceita. Nesse sentido, assiste razão à reclamada quando alega que a mera transcrição da conversa não permite que se avalie a autenticidade do fluxo da conversa, diante da facilidade de adulteração do arquivo.

O art. 384 do NCPC é o instrumento público pelo qual tabeliães e prepostos dão, a pedido de alguém, credibilidade jurídica e fé pública a fatos ou acontecimentos e vem sendo utilizada como forma de imprimir autenticidade a documentos eletrônicos, principalmente a conteúdos de páginas da internet e conversas registradas em aplicativos de mensagens. No entanto, além de seu custo elevado, principalmente para a parte menos favorecida na relação processual, o Juízo entende que falta ao tabelião o mesmo conhecimento técnico que falta ao Juiz para apreciar a robustez da prova apresentada diante de si, pelo meio eletrônico.

Nesse sentido, já estão disponíveis meios mais econômicos e tecnicamente mais confiáveis, como a tecnologia *blockchain*, para a aferição da integridade da conversa. Cita-se como exemplo a aferição feita através do sítio originalmy.com, que atesta a validade da conversa através da verificação dos metadados, ou seja, através de informações como dia e horário em que a mensagem foi enviada registradas no sistema do aplicativo. Para tanto, basta que a validação seja feita através do serviço "PacWeb" do referido sítio, mediante o acesso à conversa pelo "WhatsApp Web". Salienta-se, tal meio de prova enquadra-se na hipótese do inc. II do art. 411 NCPC.

Deste modo, determina-se à reclamante a apresentação da conversa após validação com uso da tecnologia *blockchain*, no prazo de dez dias. Indefere-se o pedido de perícia no celular da reclamante, pois a medida coloca em risco o direito fundamental da autora à privacidade, além de ser excessiva diante da alternativa existente. A reclamada fica ciente de que, demonstrada a autenticidade da conversa pela reclamante, poderá arcar com os custos da prova produzida se feita a comprovação do gasto pela reclamante nos autos.

Por fim, nos termos do art. 5º do Ato Conjunto CSJT.GP.VP e CGJT n. 006 de 4-5-2020, que veda a realização de audiências presenciais por prazo indeterminado como medida necessária à redução das possibilidades de contágio do Novo Coronavírus; tomando-se em conta a precariedade da realização de audiências de instrução por videoconferência para fins de obtenção de informações confiáveis aptas a embasar decisões justas; decide o Juízo realizar as audiências de instrução apenas

Podemos afirmar que a tecnologia trouxe mais ferramentas para validação jurídica das provas, algo que se busca há muito, e hoje, por certo, já há força legal muito maior numa prova composta por um *e-mail* do que apenas um testemunho oral ou um mero fax; o mesmo para uma assinatura digital ou biométrica do que apenas o número de um RG ou CPF anotados a mão sem conferência do documento, ou cuja foto, normalmente, está desatualizada. Afinal, para todos nós, o teste de DNA continua sendo considerado prova inequívoca de autoria, apesar de não ter lei e não ser 100% de certeza.

Nesse sentido, é recomendável, de forma complementar, a leitura do item 8.20 sobre Computação Forense, que é a ciência responsável pelo manuseio, coleta e análise das evidências eletrônicas.

8.18. Assinatura digital e certificação digital

Para que seja possível avançar na questão de Assinatura Digital e Certificação Digital, primeiramente se deve entender conceitualmente o que é criptografia. A origem da certificação digital está na criação de uma tecnologia de criptografia patenteada em 1983 por professores do Instituto de Tecnologia de Massachusetts (MIT), nos Estados Unidos.

A criptografia[204] não é algo novo para o nosso ordenamento jurídico, nem no dia a dia das pessoas, já que toda vez que é utilizado algum tipo de código ou cifragem de comunicação (inclusive as anotações de uma adolescente que faz uso de troca de letras para não permitir a leitura por terceiros de suas anotações).

---

presencialmente. Designa-se audiência de instrução para o dia 17-9-2020 às 13h31min, para a oitiva de testemunhas, estas na forma do art. 825 CLT, facultado o comparecimento das partes.

Se à época da audiência ora redesignada eventualmente houver a necessidade de manutenção da suspensão da realização de atos presenciais ou outra medida que implique o reagendamento, as partes serão oportunamente notificadas.

Sem prejuízo das deliberações supra, as partes podem manifestar o interesse na realização de audiência de tentativa de conciliação a qualquer tempo.

Intimem-se.

SÃO VICENTE/SP, 26 de maio de 2020.

RENATA SIMÕES LOUREIRO FERREIRA

Juiz(a) do Trabalho Substituto(a).

204. Para entender melhor o conceito, aqui estão algumas definições da Doutrina e da Jurisprudência:

"O consumidor deve ter conhecimento que existe um sistema moderno, já adotado em outros países, denominado criptografia, e só com ele é possível controlar a autenticidade e a veracidade de informações contidas nas cláusulas do documento eletrônico... Sem o uso da assinatura criptográfica, não se obtém documento eletrônico com força de prova em juízo" (Ruy Rosado de Aguiar, Ministro do Supremo Tribunal de Justiça — citado pela Ag. Estado).

Em termos técnicos, a criptografia é uma ferramenta de codificação usada para envio de mensagens seguras em redes eletrônicas. É muito utilizada no sistema bancário e financeiro. Na Internet, a tecnologia de criptografia utiliza o formato assimétrico, ou seja, codifica as informações utilizando dois códigos, chamados de chaves, sendo uma pública e outra privada para decodificação, que representam a assinatura eletrônica do documento. No Brasil, o sistema já utiliza duas chaves, pública e privada, de 128 *bits*[205].

A assinatura eletrônica é, portanto, uma chave privada, ou seja, um código pessoal e irreproduzível que evita os riscos de fraude e falsificação. Para o Direito Digital, uma chave criptográfica significa que o conteúdo transmitido só pode ser lido pelo receptor que possua a mesma chave e é reconhecida com a mesma validade da assinatura tradicional[206].

"Criptografia é a técnica utilizada para garantir o sigilo das comunicações em ambientes inseguros ou em situações conflituosas. Atualmente, sua aplicação se expandiu para além do mero sigilo, tornando-se um elemento essencial na formação de uma infraestrutura — PKI — para o comércio eletrônico e a troca de informações" (Regis Magalhães Soares de Queiroz).

"PROCESSUAL CIVIL. AGRAVO REGIMENTAL. PETIÇÃO ELETRÔNICA. DÚVIDA QUANTO À AUTENTICIDADE DOS DOCUMENTOS. PROCESSO JUDICIAL ELETRÔNICO.

ASSINATURA ELETRÔNICA.

1. Alegação de dúvida quanto à autenticidade de documentos de autos enviados eletronicamente não procede visto que, segundo o disposto no art. 11 da Lei n. 11.419/2006, tais documentos são considerados originais para todos os efeitos legais.

2. Os fundamentos contidos na petição inicial legitimam não só a documentação juntada aos autos como todo procedimento adotado perante a Corte de Justiça de Estocolmo na referida ação de divórcio.

3. A assinatura digital é uma modalidade de assinatura eletrônica, que utiliza criptografia e permite aferir, com segurança, a origem e a integridade do documento.

4. Agravo regimental desprovido (AgRg na SEC 9.438/EX, rel. Min. João Otávio de Noronha, Corte Especial, j. 3-2-2014, *DJe* 10-2-2014).

205. Legislação Brasileira sobre Autoridades Certificadoras e Criptografia: Instrução Normativa SRF n. 1.077, de 29 de outubro de 2010; Decreto n. 9.637, de 26 de dezembro de 2018, que institui a Política Nacional de Segurança da Informação, dispõe sobre a governança da segurança da informação, e altera o Decreto n. 2.295, de 4 de agosto de 1997, que regulamenta o disposto no art. 24, *caput*, IX, da Lei n. 8.666, de 21 de junho de 1993, e dispõe sobre a dispensa de licitação nos casos que possam comprometer a segurança nacional; Decreto n. 9.191, de 1º de novembro de 2017, que estabelece as normas e as diretrizes para elaboração, redação, alteração, consolidação e encaminhamento de propostas de atos normativos ao Presidente da República pelos Ministros de Estado; Decreto n. 10.543, de 13 de novembro de 2020, que dispõe sobre o uso de assinaturas eletrônicas na administração pública federal e regulamenta o art. 5º da Lei n. 14.063, de 23 de setembro de 2020, quanto ao nível mínimo exigido para a assinatura eletrônica em interações com o ente público.

206. A sentença proferida no processo n. 0025337-24.2017.4.01.3300, que transitou na 9ª vara do Juizado Especial Federal da Bahia, remetida à análise no contexto do presente Parecer, ratifica a necessidade de se estabelecer um forte vínculo de autoria, como abaixo destacamos:

A tendência é a tecnologia ser aprimorada para aumentar o nível de seguran-ça na rede (que, em tese, já é maior do que o que se tem no mundo real, em que a possibilidade de ter uma assinatura falsificada graficamente é maior). É importan-te ressaltar que a assinatura eletrônica é mais segura que a real, pois é certificada, "autenticada", ou seja, verificada em tempo real no sistema de duas chaves, en-quanto as assinaturas tradicionais não são verificadas imediatamente e muitas nem sequer são verificadas, como acontece muito com cheques e cartões de crédito.

A assinatura digital possibilita o reconhecimento da origem de um ato e também identifica um usuário aceito e permitido em determinada transação. Um exemplo cotidiano é seu uso em empresas com redes de computadores interligados: as senhas de segurança limitam ou abrem o acesso de certos fun-cionários a determinadas áreas da empresa; analogicamente, é como se só alguns funcionários tivessem as chaves de determinadas salas da sede física da empresa, só que aqui estamos falando de dados virtuais.

Apesar de o Brasil ser bastante avançado na área tecnológica de criptogra-fia, nossa legislação está em uma fase de adaptação constante da regulamentação da assinatura e da certificação virtuais[207]. A emissão não presencial de certifi-cados digitais, por exemplo, foi regulamentada[208] em meio à crise da Covid-19, diante da necessidade de encontrar soluções para as dificuldades decorren-tes do isolamento social. Outra medida que passou a valer foi a participação e

---

"Com efeito, note-se que, no contrato apresentado, **ao tempo em que consta a indicação do referido número de telefone como sendo o do contratante, exigiu-se a sua subscrição exclusi-vamente por meio eletrônico, a ser realizada justamente utilizando-se este mesmo número.**

Ora, **a inexistência de qualquer outro documento que comprove que o autor de fato par-ticipara da negociação** (como, p. ex., aposição de assinatura escrita, apresentação de documentos pessoais do contratante — inclusive que comprovassem a titularidade da referida linha telefô-nica, ou a apresentação de documentos pessoais do beneficiário), aliada ao fato de que o contrato traz um dado (número de telefone) **e utiliza-se unicamente** deste mesmo dado para validar-se, em construção, por assim dizer, em espiral, da validade contratual, **fragilizam a legitimidade da avença e toda a linha argumentativa da ré**" (Processo n. 0025337-24.2017.4.01.3300. Juiz fede-ral Tiago Borré. 9ª Vara-Jef Cível da seção judiciária do estado da Bahia. Publicação: 23-05-2018).

207. Medida Provisória n. 2.200, de 28 de junho de 2001 — Institui a Infraestrutura de Chaves Públicas Brasileira — ICP-Brasil, e dá outras providências; Decreto n. 6.605, de 14 de outubro de 2008 — Dispõe sobre o Comitê Gestor de Infraestrutura de Chaves Públicas Brasilei-ra (CG ICP-Brasil) e sua Secretaria-Executiva e sua Comissão Técnica Executiva — COTEC; Decreto n. 10.543, de 13 de novembro de 2020 — Dispõe sobre o uso de assinaturas eletrônicas na administração pública federal e regulamenta o art. 5º da Lei n. 14.063, de 23 de setembro de 2020, quanto ao nível mínimo exigido para a assinatura eletrônica em interações com o ente público.

208. Medida Provisória n. 951, de 15 de abril de 2020, que determina que a identificação seja feita presencialmente, mediante comparecimento pessoal do usuário, ou por outra forma que garanta nível de segurança equivalente, observadas as normas técnicas da ICP-Brasil. Essa MP teve sua vigência encerrada em 12 de agosto de 2020.

a votação[209] a distância em reuniões e assembleias de sociedades anônimas fechadas, limitadas e cooperativas.

Tentar definir a quem serão dadas essas atribuições — ou seja, quem serão e como funcionarão os cartórios virtuais — é o mesmo que burocratizar um meio de comunicação cujo principal propósito é a agilidade[210], por isso não é questão de definir o "local" em que será feito o reconhecimento das "firmas", as senhas ou assinaturas virtuais, uma vez que em ambiente virtual e com o *software* adequado isto pode ser feito automaticamente na rede verificando em uma conexão sua origem e seu receptor, reconhecendo ambos e gravando a operação para fins de necessidade de investigação se houver qualquer problema.

Na parte pública, o Governo já tem a solução para fazer licitações virtuais[211], compondo uma base de dados de empresas que têm suas "firmas" reconhecidas para esse tipo de operação, assim como funciona um banco de dados de registro prévio de qualquer empresa que queira prestar serviços ou vender produtos ao governo.

Hoje, os brasileiros possuem a opção de utilizar para diversas finalidades a certificação digital, uma tecnologia já disseminada em países da Europa e nos Estados Unidos, que confere segurança às informações que trafegam na rede, mitigando o risco de serem interceptadas e garantindo a autenticidade dos documentos virtuais, uma vez que já não existe a dúvida sobre quem os enviou.

Outros exemplos que demonstram a praticidade e vantagens do uso do certificado digital estão na sua aplicabilidade junto aos órgãos do governo como a Receita Federal, em que o contribuinte, por meio do e-CPF, pode receber mensagens da Receita sobre os trâmites de sua declaração do imposto de renda, bem como corrigir erros *online*. No meio burocrático, fica dispensada a visita ao cartório em diversas situações, como, por exemplo, para autenticar contratos de compra e venda de imóveis, validar documentos de concorrência

---

209. Instrução Normativa DREI n. 79, de 14 de abril de 2020.

210. A Ordem dos Advogados do Brasil (OAB) lançou o seu Certificado Digital no dia 14 de outubro de 2002, quando foi gerada a chave-raiz da Infraestrutura de Chaves Públicas da OAB (ICP-OAB). Desde então, vem sendo feita a emissão de certificados eletrônicos para advogados de todo o País. Outros passos importantes também foram dados, como a oferta gratuita do sistema de certificação gerado pela ICP-OAB ao Superior Tribunal de Justiça e a realização de convênios de cooperação para desenvolvimento tecnológico com Tribunais de Justiça estaduais. Esses convênios têm como objetivo agilizar as atividades relacionadas às rotinas processuais e criar condições para que o Judiciário avance rumo à criação do processo eletrônico. *Site*: <http://cert.oab.org.br>.

211. Essas licitações são reguladas pela Lei n. 10.520, de 17 de julho de 2002, que institui, no âmbito da União, nos termos do art. 37, XXI, da Constituição Federal, modalidade de licitação denominada pregão, para aquisição de bens e serviços comuns, e pelo Decreto n. 3.555, de 8 de agosto de 2000.

pública, entre outros. Para o comércio eletrônico, do ponto de vista do comprador, uma empresa que possui uma assinatura digital confere credibilidade ao negócio efetuado na Internet. Destacamos ainda seu papel no uso de *e-mail*, junto ao Poder Judiciário e nas instituições financeiras.

Vale notar que o Brasil é um dos únicos países do mundo a exigir o reconhecimento de firmas para documentos oficiais. Em outros locais, como nos Estados Unidos, a assinatura eletrônica é regulamentada[212], o que representa inclusive mais garantias ao consumidor. Por exemplo, no caso de alguém insinuar que o avisou do vencimento de um título, sem que isso tenha sido registrado eletronicamente.

Dentre os avanços nacionais mais recentes nessa transição está o Decreto n. 10.278/2020[213], que estabeleceu a técnica e os requisitos necessários para a digitalização de documentos públicos ou privados, a fim de que tenham os mesmos efeitos legais dos documentos originais. Com o objetivo de facilitar o arquivamento das informações, ficou permitido ainda o descarte do documento físico após sua digitalização, com exceção daqueles de valor histórico.

Ao pensar em aperfeiçoar tempo e custos, a opção é migrar procedimentos que antes eram presenciais, com uso de fluxos em suporte em papel, para um formato totalmente digital. É um caminho que ruma para o uso maciço de dispositivos com interfaces de biometria e reconhecimento facial, com tecnologias que trazem muitos benefícios, e devem ser acompanhadas de regras de proteção, privacidade e neutralidade, e, como qualquer outro recurso de identidade digital, precisam ser individuais e intransferíveis.

Mais uma vez, deve-se ter em mente que não há como ter 100% de garantia de segurança, nem no mundo real nem no mundo virtual. Vejamos o que ocorre com os golpes em caixas eletrônicos de Bancos. Mas sabemos que a tecnologia permite ampliar essa segurança para limites adequados à manutenção da paz

---

212. A primeira lei a regulamentar a assinatura digital nos Estados Unidos foi a *Utah Digital Signature Act*, promulgada em 1995 pelo Estado de Utah, e se limitava a dispor sobre assuntos relacionados a assinaturas digitais baseadas na criptografia. Como, atualmente, a maioria dos Estados americanos já possui normas para assinaturas digitais, fez-se necessária, então, a criação de uma lei federal para promover a harmonia delas e, em 19 de novembro de 1999, o *Millennium Digital Commerce Act* foi promulgado pelo Congresso. Hoje, já está em vigor o *Electronic Signatures in Global and National Commerce Act*, que aborda, além do tema das assinaturas eletrônicas no comércio entre estados e países, pontos importantes como direitos do consumidor, contratos e arquivos eletrônicos e regras para notarizar e autenticar os documentos.

213. Decreto n. 10.278, de 18 de março de 2020. Regulamenta o disposto no inciso X do *caput* do art. 3º da Lei n. 13.874, de 20 de setembro de 2019, e no art. 2º-A da Lei n. 12.682, de 9 de julho de 2012, para estabelecer a técnica e os requisitos para a digitalização de documentos públicos ou privados, a fim de que os documentos digitalizados produzam os mesmos efeitos legais dos documentos originais.

social, devendo cada um, individualmente, zelar e ser responsável pela segurança de suas senhas de modo a ajudar a coibir tais práticas, cada vez mais comuns.

8.19. Aspectos legais da biometria

A Constituição Federal de 1988 (CF), no capítulo que trata *dos Direitos e Deveres Individuais e Coletivos* (Cap. I do Título II), art. 5º, X, descreve: "são invioláveis a intimidade, a vida privada, a honra e a imagem das pessoas".

Dessa forma, temos três conceitos principais a serem tratados no presente caso: a intimidade, a privacidade e a imagem.

A intimidade, segundo Félix Ruiz Alonso, "é o âmbito interior da pessoa mais profundo, mais recôndito, secreto ou escondido dentro dela. É, assim, algo inacessível, invisível, que só ela conhece, onde ela só elabora ou constrói livremente seu próprio agir e onde se processa sua vida interior"[214].

A intimidade é um "estágio" pré-jurídico, pois esta, em razão de seu caráter originário, antecede o Direito, e o fundamento da pessoa está calcado na intimidade, ou seja, sem a intimidade não haveria de se falar em sujeito de direito. A pessoa, portanto, tem seu mundo íntimo protegido pelo Direito, da mesma forma que resguarda o nascituro antes de nascer.

Já a privacidade se encontra dentro da seara jurídica. Ato posterior à intimidade, tem relevância e estreita relação com o Direito.

A vida privada, como descrito na Constituição Federal, ou a privacidade, segundo José Afonso da Silva, é "o conjunto de modo de ser e viver, como direito de indivíduo viver sua própria vida"[215].

Ainda segundo José Afonso da Silva, "a privacidade também pode ser entendida como o conjunto de informações acerca do indivíduo que ele pode decidir manter sob seu exclusivo controle, ou comunicar, decidindo a quem, quando, onde e em que condições, sem a isso ser legalmente sujeito".

Outro termo trazido pelo art. 5º, X, é "a imagem das pessoas", sendo que, conforme também leciona José Afonso da Silva, "a inviolabilidade da pessoa consiste na tutela do aspecto físico, como é *perceptível visivelmente*"[216].

---

214. ALONSO, Félix Ruiz. *Direito à privacidade*. São Paulo: Ideias e Letras, 2005.

215. SILVA, José Afonso da. *Direito constitucional positivo*. 10. ed. São Paulo: Malheiros, 1994. p. 204.

216. SILVA, José Afonso da. Op. cit.

Em sentido contrário, temos a definição de Hermano Duval: "Direito à imagem é a projeção da personalidade física (traços fisionômicos, corpo, atitudes, gestos, sorrisos, indumentárias, etc.) ou moral (aura, fama, reputação, etc.) do indivíduo (homens, mulheres, crianças ou bebês) no mundo exterior"[217]. De maneira bastante similar também é o entendimento de Walter Moraes, que definiu imagem como "toda sorte de representação de uma pessoa"[218].

Segundo Aurélio Buarque de Holanda, imagem é "aquilo que evoca uma determinada coisa, por ter com ela relação simbólica; símbolo"[219]. Dessa forma, compreende-se imagem não apenas como o semblante da pessoa, mas também partes distintas de seu corpo.

Biometria, portanto, pode ser definida como "use of measurable physiological characteristics to authenticate a user such as fingerprints or facial characteristics", isto é, o uso de característica fisiológica mensurável para autenticar um usuário, como impressão digital ou reconhecimento facial[220].

Expostos os conceitos, surgem as seguintes questões: o dado biométrico goza de alguma privacidade? Ou ainda há a incidência de direito de imagem?

Dirimindo a hipótese de entendimento conflituoso entre os termos, sobre a privacidade como estágio posterior à intimidade, há a escolha do sujeito na renúncia parcial do sigilo de aspectos de sua vida cotidiana, ainda que haja o desejo de resguardo a determinado círculo, ou seja, de sua não publicidade. Nesse sentido aproveitamos a lição de Tercio Sampaio Ferraz:

"A vida privada pode envolver, pois, situações de opção pessoal (como a escolha do regime de bens no casamento), mas que, em certos momentos, podem requerer a comunicação a terceiros (na aquisição, por exemplo, de um imóvel). Por aí ela difere da intimidade, que não experimenta esta forma de repercussão"[221].

Tomando como certo o fato de que a coleta de dados biométricos recai sobre o direito à privacidade, não há que discutir sobre a possibilidade de invasão, haja vista que tal processo somente será realizado mediante a autorização do indivíduo proprietário da característica captada, seja ela o dedo

---

217. DUVAL, Hermano. *Direito à imagem*. São Paulo: Saraiva, 1988. p.105.

218. MORAES, Walter. *Direito à própria imagem*. São Paulo: Saraiva, 1977. p. 742.

219. FERREIRA, Aurélio Buarque de Holanda. *Imagem*. In: *Pequeno dicionário da língua portuguesa*, p. 742.

220. Tradução nossa.

221. FERRAZ, Tercio Sampaio. Sigilo de dados: direito à privacidade e os limites à função fiscalizadora do Estado. *Revista da Faculdade de Direito de São Paulo*, 1993.

polegar ou olho, por exemplo, os quais por motivos óbvios são intransferíveis a terceiros[222].

Analogicamente qualquer problemática intrínseca ao direito de imagem, previsto no mesmo excerto da Carta Magna, dada a captura do espectro visível a olho nu do corpo humano, como no reconhecimento de face, deverá ser compreendida da mesma forma, pois uma vez que há a autorização expressa do usuário, inclusive declarada e assinada em Termo, será afastada qualquer discussão sobre uma possível não conformidade legal.

Ainda, quanto ao direito de imagem, pode-se arguir que a questão não é pacífica, pois, segundo conceitua José Afonso da Silva, o referido direito está atrelado ao aspecto físico, como destacamos: *"perceptível visivelmente"*, o que não é factível de ocorrer por meio da estrutura de veias[223] da mão de um indivíduo. Ou seja, não há possibilidade nenhuma de uma pessoa, apenas mediante o dado biométrico, identificar outra pessoa.

Mas, se analisarmos por meio dos conceitos de Hermano Duval e de Walter Moraes, há incidência do direito de imagem, pois o primeiro atesta que "Direito à imagem é a projeção da personalidade física", enquanto o segundo conceitua-o como "toda sorte de representação de uma pessoa".

Alusivo à concessão de direitos, é importante fazer a analogia com o genoma de um indivíduo, que também é suscetível à concessão. Nesse diapasão, destaca Maria Helena Diniz: "Para salvaguardar a intimidade da pessoa, a análise completa do genoma somente poderá dar-se com o expresso e prévio consentimento informado de pessoa maior e capaz"[224].

Então, se o indivíduo capaz pode conceder o uso de seu genoma, que é a imagem científica de sua pessoa, não faz sentido restringir a concessão de um simples dado biométrico.

Portanto, é recomendável que as empresas que queiram fazer uso de processos de biometria implementem e colham assinatura de seus funcionários

---

222. Adiciona-se ainda que, no âmbito da Lei n. 13.709/2018 (Lei Geral de Proteção de Dados Pessoais – "LGPD"), a biometria é considerada um dado pessoal sensível, classificação das informações cujo tratamento pode ensejar a discriminação do seu titular, e, por isso, possui condições de proteção específicas e mais rígidas. Nesse sentido, destacam-se dois pontos relevantes: i) as instituições não são donas dos registros biométricos, podendo dispor de tais registros na estrita medida do permitido pelo usuário, ou seja, os registros biométricos são e continuam sendo do seu titular; ii) o usuário pode solicitar que seus dados pessoais sejam inutilizados do servidor de aplicação, conforme art. 7º, X, do Marco Civil da Internet e do § 5º do art. 8º e inciso III do art. 15 da LGPD.

223. Tecnologia já implementada pelo Banco Bradesco no Brasil.

224. DINIZ, Maria Helena. *Direito à privacidade*. São Paulo: Ideias e Letras, 2005. p. 73.

e/ou usuários em um documento específico de "Termo de Concessão" referente aos dados biométricos que serão coletados e armazenados, ressaltando o fato de que as informações de menores somente poderão ser colhidas mediante a autorização dos pais ou representantes legais, mediante a assinatura do termo de concessão[225].

Devemos destacar, por oportuno, que o tempo de guarda deve ser sempre determinado, ou seja, após o encerramento da relação entre as partes, a empresa deve eliminar os dados biométricos coletados, por se tratar de direito relacionado à personalidade (direito de imagem, privacidade), salvo disposição contrária em lei ou situação que justifique a guarda deles.

Já quanto à obrigação do tempo de guarda, há que se observar os dispositivos do Marco Civil da Internet que determinam o tempo mínimo de guarda para cada tipo de provedor. Em relação aos provedores de conexão, a obrigação de guarda é de um ano[226]; já quanto aos provedores de acesso a aplicações a guarda obrigatória se limita a seis meses[227]. No entanto, isso se aplica quando não houver outra exigência legal específica para guarda por mais tempo daquele tipo de evidência (como pode ocorrer com transações financeiras com requisito de guarda por cinco anos, de saúde, cuja guarda alcança vinte anos ou, ainda, de guarda permanente, para sempre, como ocorre com documentos de valor histórico).

Outro ponto polêmico estaria no próprio arquivamento dos "templates" biométricos, uma vez que a Lei n. 8.078, de 11 de setembro de 1990, o Código de Defesa do Consumidor (CDC), não impede a elaboração e/ou manutenção de banco de dados e do cadastro de clientes; entretanto este deverá:

---

225. O Marco Civil da Internet assegura aos usuários o direito de exclusão definitiva dos dados pessoais ao seu próprio requerimento ou no término da relação, conforme art. 7º, X:

"Art. 7º O acesso à internet é essencial ao exercício da cidadania, e ao usuário são assegurados os seguintes direitos: (...)

X — exclusão definitiva dos dados pessoais que tiver fornecido a determinada aplicação de internet, a seu requerimento, ao término da relação entre as partes, ressalvadas as hipóteses de guarda obrigatória de registros previstas nesta e na que dispõe sobre a proteção de dados pessoais; (...)".

226. "Art. 13. Na provisão de conexão à internet, cabe ao administrador de sistema autônomo respectivo o dever de manter os registros de conexão, sob sigilo, em ambiente controlado e de segurança, pelo prazo de 1 (um) ano, nos termos do regulamento."

227. "Art. 15. O provedor de aplicações de internet constituído na forma de pessoa jurídica e que exerça essa atividade de forma organizada, profissionalmente e com fins econômicos deverá manter os respectivos registros de acesso a aplicações de internet, sob sigilo, em ambiente controlado e de segurança, pelo prazo de 6 (seis) meses, nos termos do regulamento."

- Ser comunicado em sua abertura por escrito ao consumidor, quando não solicitada por ele;
- Ser acessível ao consumidor;
- Ser objetivo, claro, verdadeiro e em linguagem de fácil compreensão, não podendo conter informações negativas referentes a período superior a cinco anos; e
- Ser imediatamente corrigido, devendo o arquivista, no prazo de cinco dias úteis, comunicar a alteração aos eventuais destinatários das informações incorretas, sempre que o consumidor encontrar qualquer inexatidão nos seus dados e cadastros.

Desde que não haja abuso ou desrespeito a tais quesitos previstos no art. 43 do CDC, estará a empresa receptora dos dados plenamente autorizada a manter sob sua guarda tal base cadastral. Mas deve observar o previsto pela lei do Marco Civil da Internet[228] no tocante ao direito do consumidor solicitar a exclusão da base de dados. Se isso ocorrer, a empresa só poderá continuar guardando informações justificáveis para atender obrigações legais (imposição de guarda por lei) ou para fins de registro histórico de suas atividades (guarda de valor cultural).

O Código de Defesa do Consumidor, em seu art. 6º, III, estabelece o seguinte:

"Art. 6º São direitos básicos do consumidor:

(...)

III — *a informação adequada e clara sobre os diferentes produtos e serviços,* com especificação correta de quantidade, características, composição, qualidade, tributos incidentes e preço, bem como sobre os riscos que apresentem".

---

228. Lei do Marco Civil da Internet: "Art. 7º O acesso à internet é essencial ao exercício da cidadania, e ao usuário são assegurados os seguintes direitos: (...) VII — não fornecimento a terceiros de seus dados pessoais, inclusive registros de conexão, e de acesso a aplicações de internet, salvo mediante consentimento livre, expresso e informado ou nas hipóteses previstas em lei; VIII — informações claras e completas sobre coleta, uso, armazenamento, tratamento e proteção de seus dados pessoais, que somente poderão ser utilizados para finalidades que: *a)* justifiquem sua coleta; *b)* não sejam vedadas pela legislação; e *c)* estejam especificadas nos contratos de prestação de serviços ou em termos de uso de aplicações de internet; IX — consentimento expresso sobre coleta, uso, armazenamento e tratamento de dados pessoais, que deverá ocorrer de forma destacada das demais cláusulas contratuais; X — exclusão definitiva dos dados pessoais que tiver fornecido a determinada aplicação de internet, a seu requerimento, ao término da relação entre as partes, ressalvadas as hipóteses de guarda obrigatória de registros previstas nesta Lei e na que dispõe sobre a proteção de dados pessoais; XI — publicidade e clareza de eventuais políticas de uso dos provedores de conexão à internet e de aplicações de internet; XII — acessibilidade, consideradas as características físico-motoras, perceptivas, sensoriais, intelectuais e mentais do usuário, nos termos da lei; e XIII — aplicação das normas de proteção e defesa do consumidor nas relações de consumo realizadas na internet".

Os dados biométricos, assim como os demais, gozam da mesma proteção, como já destacamos acima. Portanto, recomendamos que as empresas, especialmente as instituições financeiras, apliquem o disposto na norma ISO/IEC 27002 (antiga 17799-2005), item 15.1.4, que trata da proteção de dados e privacidade de informações pessoais.

Do ponto de vista da regulamentação sobre biometria, há diversas normas internacionais que tratam da matéria, especialmente no tocante ao seu uso no mercado financeiro. É um reflexo da diversificação dos recursos que não se restringem a fins de autenticação. Como na aplicação do reconhecimento facial associado com métodos de inteligência artificial para alcançar um nível de análise muito maior sobre as pessoas e suas experiências nos espaços públicos e privados, na relação com a cidade, com os serviços públicos, e até com as marcas.

Mas, à medida que esses recursos evoluem e atingem diferentes setores, crescem também os movimentos antirreconhecimento facial. As críticas envolvem a necessidade de transparência no uso da tecnologia, de garantias nas liberdades individuais e no risco de aplicações com desvios discriminatórios. Mais uma vez é reivindicação de ações para alcançar o equilíbrio entre a vigilância e o direito à privacidade. Por isso, regulamentações como a Lei Geral de Proteção de Dados Pessoais (LGPD), que trata de aspectos imprescindíveis como os princípios os usos, as hipóteses permitidas, os casos de anonimização e a revisão do tratamento automatizado, são fundamentais para evitar abusos.

Como qualquer tecnologia, há benefícios e inúmeros riscos que envolvem a execução, ou melhor, a implementação de autenticações que utilizam a biometria. Por exemplo, caso um usuário sofra um acidente justamente na mão que está cadastrada, como ele deverá proceder? O ideal é que o indivíduo seja orientado, previamente, pela empresa por um meio de comunicação adequado, devendo ser previstas hipóteses de contingência e continuidade no tocante à disponibilidade do acesso.

Finalmente, é essencial destacar que, em qualquer uma das hipóteses mencionadas, a impossibilidade de realização de uma transação, de qualquer espécie, ocasionada em virtude de falhas em qualquer fase do sistema de biometria, responsabilizará a empresa por qualquer dano causado ao cliente, tendo em vista a notoriedade de que o processo de análise de dados biométricos se baseia em proximidade, não em exatidão, e de que o risco de falha é inerente à sua natureza, condicionada a padrões fisiológicos humanos razoavelmente voláteis.

Como com qualquer tecnologia, há benefícios, mas, por sua vez, também há, logicamente, inúmeros riscos que envolvem a execução, ou melhor, a implementação deste tipo de autenticação, dentre os quais podemos destacar alguns:

por exemplo, caso um usuário sofra um acidente justamente na mão que está cadastrada, como ele deverá proceder? O ideal é que o indivíduo seja orientado, previamente, pela empresa por um meio de comunicação adequado, devendo ser previstas hipóteses de contingência e continuidade no tocante à disponibilidade do acesso. Finalmente, é imprescindível destacar que, em qualquer uma das hipóteses acima mencionadas, a impossibilidade de realização de uma transação, de qualquer espécie, ocasionada em virtude de falhas em qualquer fase do sistema de biometria responsabilizará a empresa por qualquer dano causado ao cliente, tendo em vista a notoriedade de que o processo de análise de dados biométricos baseia-se em proximidade, não em exatidão, e de que o risco de falha é inerente à sua natureza, condicionada a padrões fisiológicos humanos razoavelmente voláteis.

8.20. Computação forense e a perícia digital

Segundo pesquisas atuais, crescem os crimes virtuais[229], e estes, em breve, irão ultrapassar os crimes físicos[230]. Sendo assim, podemos vislumbrar a importância que a computação forense terá para a sociedade, pois é por meio dessa ciência que será possível descortinar os fatos e punir os infratores.

Da mesma forma que as demais ciências que estudam o crime, a computação forense está inserida na ciência criminalística, que pode ser definida como uma "disciplina autônoma, integrada pelos diferentes ramos do conhecimento técnico-científico, auxiliar e informativa das atividades policiais e judiciárias de investigação criminal, tendo por objeto o estudo dos vestígios materiais extrínsecos à pessoa física, no que tiver de útil à elucidação e à prova das infrações penais e, ainda, à identificação dos autores respectivos"[231].

Já a ciência forense pode ser definida como: "A aplicação de princípios das ciências físicas ao Direito na busca da verdade em questões cíveis, criminais e de comportamento social para que não se cometam injustiças contra qualquer membro da sociedade"[232].

---

229. Somente em 2013 e 2014 a Safernet, por meio da Central Nacional de Crimes Cibernéticos, recebeu 131 mil denúncias referentes à divulgação de material pornográfico infantil no Brasil pela internet (SAFERNET. Indicadores. Disponível em: <http://indicadores.safernet. org.br/>. Acesso em: 12 jan. 2016).

230. Mais detalhes sobre a pesquisa podem ser obtidos no *link*: http://www.crime-research. org/news/02.06.2006/1804/ (acesso em 21-7-2008).

231. TOCHETTO, D.; GALANTE, H.; ZARZUELA, J. *Tratado de perícia criminalística*.

232. *Manual de patologia forense* do Colégio de Patologistas Americanos, 1990.

A computação forense, então, consiste no uso de métodos científicos na preservação, coleta, validação, identificação, análise, interpretação, documentação e apresentação de evidências digitais.

A ciência forense busca desvendar seis elementos: *Quem?*, *O quê?*, *Quando?*, *Como?*, *Onde?* e *Por quê?*.

Em outras palavras, o escopo do exame forense é a extração de informações de qualquer vestígio relacionado com o caso investigado que permitam a formulação de conclusões acerca da infração. No universo da criminalística, vestígio é qualquer marca, fato, sinal ou material, que seja detectado em local onde haja sido praticado um fato delituoso. Indício, segundo o art. 239 do Código de Processo Penal, é "a circunstância conhecida e provada, que, tendo relação com o fato, autorize, por indução, concluir-se a existência de outra ou outras circunstâncias"[233].

Logo, a evidência digital é toda a informação ou assunto criada e sujeita, ou não, a intervenção humana, que possa ser extraída de um computador ou de qualquer outro dispositivo eletrônico. Além disso, a evidência digital sempre deverá estar em formato de entendimento humano.

Já o artefato representa os restos de uma atividade de ataque ou de um incidente que pode estar ou não ligado, por exemplo, a um invasor de sistemas, podendo ser desde o *software* usado por este indivíduo, até um código malicioso, os registros, os dispositivos de busca de vulnerabilidades e até mesmo uma coleção de ferramentas.

Toda investigação tem início com base nas evidências e informações coletadas. O meio virtual não diverge do físico, isto é, as evidências e informações existem desta vez em um disco rígido, celular, ou até mesmo no código-fonte de um arquivo malicioso.

Embora não esteja prevista na legislação processual brasileira uma hierarquia de provas[234], acaba existindo uma prevalência da prova pericial no conjunto probante. Tal preferência decorre do fato de a prova pericial ser produzida a partir de fundamentação científica, não dependendo de interpretações subjetivas. Nenhuma tecnologia, desde o advento do DNA, teve um efeito potencial tão grande em tipos específicos de investigações como a computação forense.

---

233. NUCCI, Guilherme de Souza. *Código de Processo Penal comentado*. 4. ed. São Paulo: Revista dos Tribunais, 2005, p. 479.

234. Art. 155 do Código de Processo Penal: "O juiz formará sua convicção pela livre apreciação da prova produzida em contraditório judicial, não podendo fundamentar sua decisão exclusivamente nos elementos informativos colhidos na investigação, ressalvadas as provas cautelares, não repetíveis e antecipadas".

Os indícios que caracterizam a infração, ou relacionam o suspeito ao ato ilícito, são os arquivos de imagens de pornografia infantil, mensagens eletrônicas com ameaças ou chantagens, arquivos com informações incriminatórias ou dados roubados. Exemplos de locais em que podem ser encontrados tais indícios são: os sistemas de arquivos, arquivos de *log*, espaços não utilizados no dispositivo de armazenagem, arquivos temporários, área de *swap*, setor de *boot*, memória, periféricos, comportamento de processos etc.

As cinco regras para a evidência eletrônica são: a **admissibilidade**, ou seja, ter condições de ser usada no processo; **autenticidade**, ser certa e de relevância para o caso; a **completude**, pois esta não poderá causar ou levar a suspeitas alternativas; a **confiabilidade**, não devem existir dúvidas sobre sua veracidade e autenticidade; e a **credibilidade**, que é a clareza, o fácil entendimento e interpretação.

Outra ciência que auxilia a computação forense é *a network forensic*, que se utiliza de arquivos de *log* para determinar fatos, início e término do acesso, quais *urls* foram acessadas, como foi o *log* na rede, de onde foi efetuado o acesso etc. A computação forense possui seus próprios termos, que devem ser estudados com o objetivo de se realizar perícias com elaboração de laudos que tenham uma capacidade de compreensão única e uniforme. Por isso, deve-se usar o glossário padrão de nomenclaturas[235].

---

235. Alguns termos do glossário padrão de nomenclaturas da Computação Forense:

— Arquivos de *log*: representam um papel importante na análise do sistema, pois permitem a reconstituição de fatos que ocorreram no sistema computacional. Variam de acordo com o sistema operacional, os aplicativos e serviços executados no sistema e as configurações determinadas pelo administrador. Registram, por exemplo: as atividades do usuário, dos processos e do sistema, as conexões de rede, as atividades da rede e informações específicas dos aplicativos e dos serviços.

— Espaços não utilizados no dispositivo de armazenagem: tais espaços podem conter indícios que o usuário tentou apagar. Entretanto, a "deleção" de arquivos e diretórios não apaga os dados do dispositivo de armazenagem, apenas disponibiliza o espaço ocupado para ser sobrescrito por novos arquivos. São caracterizados por espaços não alocados dentro do sistema de arquivos, espaços alocados mas não totalmente utilizados e áreas do dispositivo de armazenagem que não constituem uma partição do disco ou que não contêm um sistema de arquivos.

— Arquivos temporários: alguns programas criam arquivos temporários durante sua execução, que são normalmente apagados automaticamente ao final da sessão de trabalho.

— Área de *SWAP*: é a área utilizada pelo gerenciador de memória do sistema operacional como uma grande área de armazenamento temporário, permitindo que processos sejam momentaneamente descarregados da memória principal, liberando espaço para execução de outros.

— Setor de *BOOT*: contém informações relativas aos programas que são carregados quando o computador é inicializado. Se tais informações forem modificadas, é possível carregar qualquer programa durante a inicialização do computador.

Apesar do alto nível de precisão da computação forense, há uma fragilidade: a coleta das evidências. Coletar de forma errônea pode tornar ilícita ou inválida determinada prova. Também, ainda existe a possibilidade de alguma prova ilícita contaminar as demais, como ocorre na teoria dos frutos da árvore envenenada[236], eliminando todas as chances no litígio judicial.

Outro problema enfrentado pelas evidências digitais é a falta de confiança dos magistrados nesse tipo de prova. Logo, cabe ao perito retirar esse caráter dúbio da evidência em um laudo pericial claro, e, como inexiste uma hierarquia de provas no Direito brasileiro, caberá ao juiz analisar e medir a importância das evidências.

Algumas recomendações para que o processo de computação forense seja realizado com perfeição são: não ligar o computador se a máquina já estiver desligada; tirar fotografias visíveis, de boa qualidade, dos elementos presentes no local, bem como do próprio local físico; remover todos os cabos existentes, inclusive os cabos de força; e capturar todos os dados voláteis que achar necessário.

Tem sido comum o uso da "Ata Notarial" para fins de prova legal em ambientes eletrônicos. Ela consiste em um instrumento público no qual o tabelião ou preposto autorizado, a pedido de pessoa capaz ou representante legal,

---

— Memória: armazena todo tipo de informação volátil, como, por exemplo, informações dos processos que estão em execução, dados que estão sendo manipulados e, muitas vezes, ainda não foram salvos no disco e informações do sistema operacional.

— Periféricos: dispositivos como *modems*, *pagers*, aparelhos de fax e impressoras. Contêm memórias que podem ser acessadas e salvas. Além disso, dispositivos não autorizados podem ser implantados no sistema operacional, possibilitando a execução da infração.

— Comportamento de processos: cada processo se executa em um ambiente com privilégios específicos que determinam quais recursos do sistema, programas e arquivos de dados podem ser acessados, e de que modo. Qualquer alteração nesse comportamento pode ser um indicador de interferência intencional. Um invasor pode desvirtuar a execução de um programa, causando sua falência, ou fazendo com que ele opere de maneira inesperada ao administrador ou usuário (acessando informações não autorizadas ou consumindo recursos excessivos, por exemplo).

— *Buffer overflow:* além de saber as fontes de busca o ideal é que o perito reconheça alguns elementos dos principais ataques realizados em ambientes computacionais, tais como o erro causado quando o programa tenta armazenar muitos dados na área de memória temporária e que pode ser explorado por *hackers* para executar códigos maliciosos.

— *Denial of Service:* método de ataque de negação de serviço a um computador ou rede que atenta contra o limite ou previne acesso para a Internet pela "inundação" de pedidos (para uma *webpage* ou recurso *online*) ou *e-mail* (causando sobrecarga no sistema). Uma variante desse ataque é conhecida como Negação de Serviço Distribuído, que se utiliza de múltiplos computadores, aumentando o tráfego e reduzindo as defesas da máquina vítima ou rede.

236. Basicamente essa teoria dispõe sobre a problemática da prova ilícita por derivação — aquela prova obtida de forma lícita, à qual, entretanto, chegou-se por meio da informação extraída de prova ilicitamente colhida.

materializa fielmente em forma narrativa o estado dos fatos e das coisas, de tudo aquilo que verifica com seus próprios sentidos sem emissão de opinião, juízo de valor ou conclusão, portando por fé que tudo aquilo presenciado e relatado representa a verdade[237], consignando em seu livro de notas, como previsto pela Lei federal n. 8.935/94. Alguns exemplos de situação em que ela se aplica é: a) para relatar *sites* invadidos; b) páginas para fraudes; c) *e-mails*; d) outros crimes que merecem ser relatados.

As situações mais comuns de análise forense nas empresas têm sido[238]:

• *Análise de* e-mails — consiste na análise do teor de um *e-mail*, texto, *links*, imagens e informações de cabeçalho, que permite descobrir, entre outras informações, qual a máquina responsável pelo envio da mensagem, o servidor e o domínio utilizados para armazenar as imagens e/ou códigos maliciosos que a mensagem tenta instalar. Esses dados podem ser suficientes para que a empresa possa impetrar as medidas judiciais cabíveis, a fim de que seja interrompida a fraude e até mesmo localizar o fraudador pelas vias judiciais.

• *Análise dos conteúdos* Web — o monitoramento e análise dos conteúdos dispostos na Internet para acesso irrestrito de usuários, considerado como o acesso obtido pelo usuário comum, desde que não exista a tentativa de desfigurar o *site* de forma não autorizada. Ou seja, é preciso que haja uma ordem judicial ou então um embasamento legal fundamentado no "direito de legítima defesa". O uso de ataques do tipo DOS (Negação de Serviço) aos servidores, mesmo os que operem *sites* de renomados fraudadores, não é uma alternativa recomendável em termos de riscos legais.

• *Análise de conteúdos fechados para assinantes* — a mera observação dos conteúdos para tentar identificar os possíveis casos de fraude ou comprometimento de segurança não oferece riscos (monitoramento passivo). Sabemos, contudo, que muitos conteúdos só podem ser acessados por usuários "não anônimos" e que estejam "logados" no serviço, como é o caso dos fóruns de discussão, grupos de *e-mails*, *sites* de relacionamento (Facebook, entre outros) etc. Nesses casos deverão ser evitadas duas condutas, a saber: a) utilização de um cadastro particular/pessoal do funcionário; e b) criação de um cadastro falso.

• *Interação com os sujeitos objeto de monitoramento* — podem ser tentados os usos dos próprios meios dos *hackers* para tentar identificar e, assim, punir os fraudadores, com técnicas como engenharia social ou instalação de *trojans* nos

---

237. http://www.rcj.com.br/indice_colaboracoes.php?page=1 (acesso em 21 jul. 2008).

238. Mais informações:

http://www.guiatecnico.com.br/Periciaforense/ (acesso em 21 jul. 2008).

equipamentos dos suspeitos. Tais práticas, contudo, podem ser entendidas como antiéticas e ilegais. A rigor, todo tipo de interação que se dê com os suspeitos objeto de monitoramento que não seja feita de forma institucionalizada deve ser evitada, e isso inclui todos os serviços de comunicação direta, telefone, *e-mail*, Messenger, WhatsApp, Telegram, fóruns de mensagens e *sites* de relacionamento. Esse tipo de interação prejudica a validade das provas obtidas. Para ser feita do modo adequado é essencial obter uma ordem judicial, para que não se recaia em uma situação de "flagrante preparado", "tocaia ilegal", "falsa identidade", entre outros. Há a forma certa de realizar esse tipo de atividade, que precisa ser por exceção e bem fundamentada.

Por fim, uma das principais questões que geram conflito na computação forense é a investigação *versus* o direito à privacidade. Até onde se pode ir sem violar a privacidade das pessoas envolvidas direta ou indiretamente no processo de perícia? Portanto, além de cautela, é necessário estar fundamentado nas leis que estão direta ou indiretamente relacionadas ao caso, evitando que de alguma forma a privacidade alheia seja violada, fazendo com que determinada perícia vá além dos limites de seu real objeto.

8.21. Leilão virtual

Uma das modalidades de negócios que mais crescem na rede é aquela que envolve o contato entre diferentes consumidores interessados em vender, trocar ou adquirir mercadorias e serviços. Essa prática é favorecida pela facilidade de oferecer determinado produto a um grande número de pessoas, como numa feira livre de grandes dimensões, sem ter de se deslocar fisicamente e sem ter de arcar com os custos de um anúncio nas sessões de classificados dos jornais.

Os *sites* que propõem tornar-se um ponto de encontro entre esses usuários são genericamente chamados de *sites* de leilão virtual. Juridicamente, a definição não se aplica na maioria dos casos. Há uma grande diferença entre o Leilão Virtual e o Leilão Oficial *Online*[239].

---

239. O instituto do leilão está indissociavelmente ligado à figura do leiloeiro, tanto que não existe uma lei sequer sobre o leilão especificamente: o que o ordenamento regula é a atividade do leiloeiro. A lei veda que terceiro estranho à classe dos leiloeiros realize o pregão (Dec. n. 21.981/32, art. 19), salvo nos casos nela previstos (art. 45). Além disso, existem outras características típicas de leilão, que não se encontram na maioria dos *sites* de Leilão Virtual, como a publicidade em jornal, prevista no art. 38 do referido decreto, e a proibição da realização de pregões em domingos e feriados, estipulada no parágrafo único do art. 36.

Segundo a legislação brasileira de leilões, a figura do leiloeiro é aquela que dá a referência do produto leiloado, avalizando sua origem, qualidade e autenticidade[240]. Por ser o avalista do que é vendido, o leiloeiro recebe uma comissão[241] sobre o preço final do produto. Por isso, ele também é o responsável por valorizá-lo aos olhos dos possíveis compradores — em outras palavras, por "fazer o *marketing*" do produto em questão — e deve ser uma figura confiável perante os seus interlocutores. O leiloeiro que vende um produto desqualificado, que ludibria os consumidores, que passa informações erradas sobre o produto é um leiloeiro falido[242].

Essas características não são encontradas nos chamados *sites* de leilão virtual. Assim como eles não preenchem um dos requisitos básicos para que sejam considerados um leilão oficial: a publicação de editais com prazo de antecedência mínima, em todas as praças em que o leilão for ocorrer. Considerando a Internet, a opção seria a execução através de um veículo de mídia nacional, com

---

240. O Decreto n. 21.981, de 19 de outubro de 1932, Cap. III, que trata das funções dos leiloeiros em seu art. 21, *in fine*, determina que o leiloeiro deve proceder "na hipótese do comitente haver omitido os respectivos valores (das mercadorias móveis entregues à venda) a avaliação que julgar razoável, mediante comunicação que deverá ser entregue pelo protocolo ou por meio de carta registrada".

241. Versam sobre a comissão do leiloeiro, entre outros, os arts. 22 e 24 do Decreto n. 21.981/32:

"Art. 22. Os leiloeiros, quando exercem o seu ofício dentro de suas casas e fora delas, não se achando presentes os donos dos efeitos que tiverem de ser vendidos, serão reputados verdadeiros consignatários ou mandatários, competindo-lhes nesta qualidade:

(...)

f) exigir dos comitentes uma comissão pelo seu trabalho, de conformidade com o que dispõe este Regulamento, e a indenização da importância despendida no desempenho de suas funções, acrescida de juros legais, pelo tempo que demorar o seu reembolso, e, quando os efeitos a ser vendidos ficarem em depósito litigioso, por determinação judicial, as comissões devidas e o aluguel da parte do armazém que os mesmos ocuparem, calculado na proporção da área geral e do preço de aluguel pago por este armazém.

(...)

Art. 24. A taxa de comissão dos leiloeiros será regulada por convenção escrita que, sobre todos ou alguns dos efeitos a vender, eles estabelecerem com os comitentes. Em falta de estipulação prévia, regulará a taxa de 5%, sobre móveis, mercadorias, joias e outros efeitos e a de 3%, sobre bens imóveis de qualquer natureza.

Parágrafo único. Os compradores pagarão obrigatoriamente 5% sobre quaisquer bens arrematados".

242. Os leiloeiros são agentes auxiliares do comércio oficiais e, como tais, desfrutam seus documentos de fé pública, portanto é exigida do leiloeiro a maior retidão e transparência em suas atividades; se este proceder com dolo ou má-fé, além de responder civilmente pelos prejuízos que causar, poderá sofrer processo administrativo pela respectiva Junta Comercial, podendo em virtude deste ser punido com a suspensão ou até destituição do cargo de leiloeiro.

cobertura sobre todo o território, ou por um edital *online* publicado na Internet nos locais de maior acesso de usuários, sendo que um não restringe o outro.

Feitas essas considerações, podemos apresentar o Leilão Virtual com algumas características distintas, dependendo de como é feita a oferta, a compra e de quem é a responsabilidade pela origem da mercadoria e pela entrega. Podendo ser: 1) Preço Mínimo/Maior Oferta; 2) Sem Preço Mínimo/Maior Oferta; 3) Oferta pelo Comprador; 4) B2B (*Business to Business*); 5) C2C (*Consumer to consumer*).

Um dos formatos mais populares é o de Preço Mínimo/Maior Oferta, modalidade mais próxima do conceito jurídico de leilão. O problema é que essa atividade é realizada sem a presença do leiloeiro, já que o vendedor e o potencial comprador interagem diretamente através da interface de comunicação do *site*. Alguns *sites* cobram comissão por disponibilizar essa interface; outros preferem lucrar apenas com o volume de visitas de suas páginas, tirando seu faturamento de eventuais anunciantes. Neste último caso, o *site* se assemelha mais a uma vitrina de anúncios classificados, não pesando sobre a empresa nenhuma responsabilidade quanto à qualidade dos produtos transacionados[243]. O primeiro caso é mais complicado: se o *site* cobra comissão, age como um leiloeiro — nesse caso, teria, em princípio, que avaliar todos os produtos negociados (o que, devido ao volume gerado pela Internet, é bastante complicado). Se um consumidor for lesado num *site* desse tipo, o ônus de compensá-lo deve ficar com a empresa que fez a intermediação, no caso, o *site*[244]. Isso obrigará os *sites* que

---

243. Se o *site* de fato age como uma "vitrina virtual", veiculando apenas anúncios, a responsabilidade sobre estes recai em quem os fizer veicular de acordo com o art. 30 do Código de Defesa do Consumidor.

244. "Ementa: PRESTAÇÃO DE SERVIÇOS — INDENIZAÇÃO — COMPRA E VENDA REALIZADA EM *SITE* DE INTERNET DE LEILÃO VIRTUAL — FURTO DA SENHA DO VENDEDOR — RESPONSABILIDADE POR DANOS CAUSADOS AO MESMO — CABIMENTO. Perfeitamente possível é a responsabilização dos sites da Internet de leilão virtual, pelos prejuízos causados aos seus usuários previamente cadastrados, em decorrência da aquisição e venda dos produtos que ajuda a comercializar. PRELIMINAR REJEITADA. RECURSOS IMPROVIDOS" (TJSP, CR: 1203195000-SP, rel. Emanuel Oliveira, j. 2-2-2009, 34ª Câmara de Direito Privado, publicado em 2-3-2009).

"Ementa: JUIZADOS ESPECIAIS CÍVEIS. CONSUMIDOR. COMPRA E VENDA VIA INTERNET. MERCADO LIVRE. GARANTIA DO NEGÓCIO PELO MERCADO PAGO. FRAUDE DE TERCEIRO. MERCADORIA ENVIADA E VALOR NÃO RECEBIDO. INCONTROVERSO O PREJUÍZO. TODAVIA, INEXISTENTE RESPONSABILIDADE DAS RÉS-RECORRENTES. DESATENÇÃO DO CONSUMIDOR QUANTO ÀS REGRAS DE SEGURANÇA DO *SITE*. NÃO OBSERVAÇÃO/VERIFICAÇÃO DO CONSUMIDOR-RECORRIDO QUANTO À NECESSÁRIA EXISTÊNCIA DO VALOR QUE DEVERIA ESTAR PREVIAMENTE DEPOSITADO EM SUA CONTA

quiserem cobrar comissões a conhecer as mercadorias negociadas, trazendo credibilidade para o próprio *site*, pois o consumidor se sentirá seguro quando realizar uma compra. No primeiro caso, a empresa pode até cobrar pelo serviço (como um jornal cobra pelos anúncios sem ter a obrigação de garantir a autenticidade do que é anunciado); mas é importante que a cobrança não se estenda a uma comissão sobre o valor de venda. É muito melhor que o *site* se caracterize como um *e-market*, uma feira livre virtual de troca de mercadorias, do que como um *site* de leilão, em razão do nível de responsabilidade jurídica que sobre este último recai.

É importante destacar que se o *site* de leilão deixa claro que existem os mecanismos de segurança e estes não são seguidos pelos usuários (comprador ou vendedor), em situação de eventual incidente a justiça tem entendido pela aplicação do art. 14, § 3º, do Código de Defesa do Consumidor, que exime de responsabilidade um fornecedor de um serviço se ficar provada a culpa exclusiva do cliente[245].

GRÁFICA JUNTO AO MERCADO PAGO, ANTES DO ENVIO DA MERCADORIA. CULPA EXCLUSIVA DO CONSUMIDOR. RECURSO CONHECIDO E PROVIDO. SENTENÇA REFORMADA PARA JULGAR IMPROCEDENTES OS PEDIDOS DA INICIAL. 1. Na modalidade 'mercado livre' de compra, o *site* atua como anunciante de classificados e não se responsabiliza pela conclusão das operações de compra. Já na modalidade 'mercado pago', a administradora do *site* recebe comissão pela intermediação e assume responsabilidade pelo sucesso da operação, desde que observado o protocolo de segurança. 2. Havendo o consumidor negligenciado os mecanismos de segurança oferecidos pelo *site* e amplamente divulgados e, optado, na modalidade de operação 'Mercado Pago', pelo envio da mercadoria negociada sem se cercar dos cuidados recomendados no *site*, não pode lançar à responsabilidade da administradora do *site* o insucesso na operação de venda feita, já que por sua culpa houve a violação das regras de segurança 3. Recurso conhecido e provido para reformar a sentença e julgar improcedentes os pedidos deduzidos na inicial. Sem custas processuais e honorários advocatícios, ante a ausência de recorrente vencido (inteligência do art. 55 da Lei n. 9.099/95)" (TJDF, ACJ 20140710125126-DF 0012512-37.2014.8.07.0007, rel. Flávio Fernando Almeida da Fonseca, j. 25-11-2014, 1ª Turma Recursal dos Juizados Especiais Cíveis e Criminais do DF, *DJe*, 1º-12-2014, p. 383).

245. "EMENTA: Responsabilidade Civil. Ação de reparação por danos morais e materiais (...) Obrigação de indenizar não reconhecida. Conjunto probatório dos autos que aponta ter havido culpa exclusiva da vítima, ao não observar os procedimentos de segurança oferecidos no *site* da empresa-ré, no intuito de garantir a entrega da mercadoria pelo vendedor e o pagamento do valor pelo comprador, tendo optado por transacionar diretamente com o pretenso comprador e confiar no *e-mail* fraudulento enviado por este, desconsiderando por completo o aviso remetido pela apelada (...)" (TJRJ, Ap. 2008.001.16030, rel. Des. Maria Inês da Penha Gaspar, j. 9-4-2008).

"Ação de reparação de danos. Compra e venda de bem móvel por meio da internet. Sentença devidamente fundamentada, com clara exposição das razões de decidir. Inexistência de afronta ao mandamento contido no art. 93, IX, da Constituição Federal. Elementos de prova suficientes para a formação da convicção. Julgamento antecipado que não configura cerceamento de defesa e, ao revés, consagra o princípio da razoável duração do processo. Compreensão do art. 330, I, do CPC. Empresa que se insere no mercado de prestação de serviço, disponibilizando *site* na internet para, mediante remuneração, facilitar negócios, não está imune às intercorrências advindas. Formação

Outro formato é o de Sem Preço Mínimo/Maior Oferta, modalidade que foge um pouco do conceito tradicional de leilão e tem sido comumente utilizada para a oferta de produtos diferenciados ou exclusivos, como uma coleção de discos raros, uma peça de arte ou uma mobília antiga. Se pensarmos que para que qualquer ato seja caracterizado como um ato de compra e venda, basta que haja ajuste de preço, forma de pagamento e entrega, temos aqui, por analogia, na verdade, o modelo jurídico do contrato de compra e venda[246].

---

da obrigação de suportar, solidariamente com aquele que violou direito, o prejuízo causado ao consumidor. Ausência de cautela básica, que de todo se exige, que estabelece a culpa concorrente do consumidor. Dano moral somente se forma quando há violação ao direito de outrem, sem que para tanto este concorra para o resultado. Desídia consistente que veda a imposição de indenização por danos morais. Recurso do corréu desprovido. Recurso do autor parcialmente provido" (TJSP, Ap. 9209343-73.2006.8.26.0000, rel. Des. Dimas Rubens Fonseca, j. 11-10-2011).

"Apelação cível. Responsabilidade civil. Provedor de internet. Mercado Livre. Opção pela modalidade 'Mercado Pago'. Mensagem eletrônica (*e-mail*) enviado por terceiro fraudador como se fosse o provedor prestador do serviço. Risco intrínseco à atividade que configura fortuito interno, ensejando a responsabilidade do fornecedor de serviços. Dever de informar o risco não satisfatoriamente cumprido. Ausência de dano moral. O risco de um terceiro obter as informações e enviar mensagem eletrônica como se fosse o provedor deveria ser claramente advertido, assim como a imposição de que o consumidor-vendedor verifique no *site* sua conta antes de remeter o produto. Não pode o fornecedor de serviços se utilizar de fontes grandes e claras em cores chamativas no seu *site* para alardear as qualidades de seu produto e deixar as informações sobre os riscos e medidas de segurança para serem explicitadas apenas no contrato de adesão. Se a informação não foi comprovadamente fornecida de maneira adequada ao consumidor — ônus que incumbe ao fornecedor — o risco da atuação fraudulenta de terceiro deve recair sobre o fornecedor, o qual deve responder perante o consumidor e buscar o terceiro em ação regressiva. Fato ensejador de dano patrimonial, pelo envio da mercadoria sem recebimento do preço prometido, mas não de dano moral. Recurso a que se dá parcial provimento" (TJRJ, ApC 0200216-28.2007.8.19.0001, rel. Des. Marcia Ferreira Alvarenga, j. 13-4-2011).

"Apelação. Ônus da prova. Contrato de prestação de serviços. Venda de produtos pelo *site*. Ausência de prova da contratação. Teoria do risco proveito. Dano moral. Configurado. *Quantum*. Proporcionalidade. O ônus de provar a celebração do negócio jurídico é do réu, já que é impossível ao requerente provar que não efetuou o anúncio no *site* réu. A referida prova é tida pela doutrina como prova diabólica, já que trata de uma prova negativa no qual é impossível a sua produção. O sistema de contratação dos anúncios via internet é frágil, já que possibilita a fraude de terceiros. A culpa da empresa ré está configurada pelo fato de disponibilizar um sistema frágil de contratação que coloca em risco o direito de outrem. Trata-se da teoria do risco proveito prevista no art. 927, parágrafo único, do Código Civil. Se o sistema disponibilizado falhou, a empresa ré deve arcar com os prejuízos causados a parte, principalmente considerando que a mesma lucra pela venda realizada. Os danos morais estão configurados, já que o autor foi acusado de vender um aparelho celular e não entregá-lo, fato este que denegriu a honra do requerente. O valor da reparação por danos morais visa recompor o abalo sofrido. Deve ser arbitrado com proporcionalidade, tendo em vista a extensão do dano e as condições econômicas do violador do dever de cuidado" (TJMG, ApC 1.0625.10.000297-5/001, rel. Des. Tibúrcio Marques, j. 17-2-2011).

246. Assim se depreende das normas que regulam o instituto, art. 481 do Código Civil: "Pelo contrato de compra e venda, um dos contratantes se obriga a transferir o domínio de certa coisa, e o outro, a pagar-lhe certo preço em dinheiro".

Mais uma vez, se houver cobrança de comissão pelo *site*, este assume certas responsabilidades perante o bom andamento da negociação — as mesmas responsabilidades jurídicas de um corretor[247].

Há ainda o tipo com Oferta pelo comprador, mais conhecido como Leilão Reverso. Essa modalidade foge totalmente às regras do leilão tradicional, já que os vendedores passam a disputar o preço do comprador. É muito semelhante a um pregão — o desejo de compra passa a ser negociado como uma *commodity*.

Outra modalidade, feita apenas entre empresas, é conhecida como Leilão B2B (*business to business*), usada principalmente para a venda de estoques de mercadorias entre empresas. Aqui não se aplica o Código de Defesa do Consumidor.

Finalmente, há a modalidade realizada diretamente entre consumidores nas duas pontas, que é o Leilão C2C (*consumer to consumer*), em que o *site* de leilão não se responsabiliza nem pelo produto vendido, nem pela entrega dele. É apenas um espaço para a transação entre os consumidores. Nesse caso, mais uma vez, pesam sobre o *site* as responsabilidades previstas no caso de cobrança de comissão.

É importante ressaltar que, quando o estoque é próprio, ou, como se costuma chamar normalmente, *inhouse*, o *site* de leilão passa a ser considerado, legalmente, como um revendedor, com todas as responsabilidades legais[248] que esse *status* lhe confere.

Em todos os casos, a maioria das vendas é feita fora do estabelecimento do fornecedor, o que não impede que seja aplicado o art. 49 do Código de Defesa do Consumidor, que prevê a possibilidade de o consumidor desistir do contrato no prazo de sete dias contados do recebimento do produto ou serviço, em se tratando, é claro, de consumidor final.

É importante, por último, ressaltar que os *sites* devem preocupar-se em disponibilizar contratos para os usuários em que esteja incluída a opção de cláusula de arbitragem. Nesses casos, o consumidor terá uma garantia a mais

---

247. Notamos que, da maneira como se apresentam atualmente os *sites* de leilão virtual, é difícil caracterizar seus serviços como de leilão, devido às restrições legais. Por outro lado esses serviços assemelham-se muito à mediação realizada pelo corretor. Aos corretores, desde a antiga Roma, atribui-se a função de aproximação das partes interessadas em negociar. Acreditamos que por analogia as responsabilidades de um *site* de leilão virtual são equiparáveis às do corretor livre, podendo ser ampliadas nos casos em que o *site* possui a guarda da coisa a ser vendida, respondendo então perante o consumidor pelos possíveis defeitos da coisa, bem como por seus vícios ocultos.

248. Ao se caracterizar como revendedor, o *site* acaba por assumir uma responsabilidade objetiva em face dos consumidores e se submete totalmente ao Código de Defesa do Consumidor.

da segurança da operação, já que poderá ter a alternativa de resolver o conflito amigavelmente, o que sem dúvida agrega um enorme valor ao próprio *site*.

8.22. Pregão eletrônico

O pregão, em princípio, é uma modalidade de licitação, regulada pela Lei n. 10.520/2002. O seu advento se deve ao poder do legislador federal em criar nova modalidade de licitação.

Desse modo, com o crescimento do uso da Internet e das ferramentas de comunicação, o pregão ganhou uma versão eletrônica. Sua maior diferença para a versão presencial (física) está no fato de a sessão pública e os atos pertinentes serem realizados todos por meio de sistema eletrônico, via Internet[249].

Desde então, o pregão passou a ser amplamente utilizado por ser um processo mais célere. Em termos legais, sua aplicação deve destinar-se à aquisição de bens e serviços comuns, segundo o Decreto n. 5.450/2005, ou seja, aqueles cujos padrões de desempenho e qualidade podem ser objetivamente definidos no edital, por meio de especificações usuais do mercado. É importante destacar que deve haver rigidez no cumprimento do princípio da igualdade, visto que em um processo licitatório não pode haver procedimento seletivo com discriminação entre participantes ou cláusulas que afastem eventuais proponentes qualificados ou, ainda, que favoreça uns ou prejudique outros no julgamento.

As mesmas regras básicas do pregão presencial, tais como modalidade, disputa etc., aplicam-se ao pregão eletrônico. O seu formato virtual tem como vantagens permitir o uso de novas tecnologias da informação, garantir maior acesso e participação ao pregão, atendendo ao princípio da igualdade, visto que reduz, inclusive, barreiras geográficas (uma empresa de outra cidade consegue participar facilmente da quotação), dá maior agilidade para todo o processo, transparência e, por tudo isso, economia.

O critério de julgamento é o menor preço[250], no entanto, deve-se destacar que se o bem não for comum, ou se sua contratação exigir outro critério de julgamento, como técnica e preço, não deve ser usado o pregão eletrônico.

---

249. Para saber mais sobre pregão eletrônico: *Pregão eletrônico*: a mais moderna modalidade de licitação, 2. ed., Editora Temas e Ideias, 2005, do autor Sidney Bittencourt. Ver também *websites* <www.governoeletronico.gov.br>, <http://www.siapre.com.br/conteudo/siapre_inform.html> e <www.acessa.com/informatica/arquivo/tecnologias/2002/06/07-pregao>.

250. Devemos destacar que para a contratação de bens e serviços de informática a Administração adotará obrigatoriamente o tipo de licitação "técnica e preço", permitido o emprego de outro tipo de licitação nos casos indicados em decreto do Poder Executivo (§ 4º do art. 45 da Lei n. 8.666/93).

O pregão eletrônico veio para ficar, mas ainda deve ser melhorado no sentido de garantia de autoria das propostas, para evitar manipulação de preços. Por isso, há discussão sobre a exigência de uso de algum tipo de "identidade digital", tal como uma assinatura ou certificado da ICP-Brasil, mas este requisito fere o princípio do livre acesso e participação. Outras questões envolvendo segurança da informação também têm sido levantadas, principalmente para proteção do ambiente de dados da plataforma usada para o pregão, o que cabe ao ente público administrar.

8.23. Importação paralela na Internet

Primeiramente, o termo "importação paralela"[251] foi criado para determinar a possibilidade de um bem que, comercializado fora de seu país de origem, possa retornar por meio de importação feita por outro que não o titular da propriedade intelectual, ou seja, nem através dele, nem de seu representante ou licenciado, nem com sua autorização prévia. Logo, é um assunto que está diretamente relacionado ao direito de distribuição e à disputa de mercado interno. Ou seja, refere-se ao "comércio paralelo" de um bem depois que sua primeira venda já foi realizada.

Desde o regime GATT 1947 os países têm enfrentado a discussão sobre a proteção da propriedade intelectual no comércio internacional, que ficou ainda mais complexa após OMC/TRIPs 1994. Isso se deve ao fato de que há um paradoxo natural entre o livre comércio e a proteção da propriedade intelectual, já observado desde a Convenção de Paris de 1883, visto que a mesma garante um monopólio de exclusividade na exploração, oferta e distribuição do bem por seu titular, que é tão ampla, que passou a receber dois tipos de limitação jurídica: no tempo (prazo determinado) e no espaço (territorialidade geográfica).

Por isso, a maioria dos ordenamentos jurídicos passou a assumir o princípio da exaustão de direitos, que é o esgotamento da proteção do titular quanto ao direito de distribuição exclusiva de seu bem intelectual, permitindo que este seja disponibilizado por outro em um país, sem que seja por ele ou com o seu consentimento[252].

Em economia dá-se o nome de *free goods flow*, que seria a liberdade dos bens circularem após a primeira venda (*first sale*). Onde aquele que o adquire e,

---

251. Conforme explica a Profa. Maristela Basso em seu livro *Propriedade intelectual e importação paralela*, Editora Atlas.

252. Existem três níveis de exaustão de direitos: nacional, internacional e regional.

portanto, paga pelo valor do bem garantindo então o retorno devido ao titular, passa, por sua vez, a poder revendê-lo para qualquer outro em qualquer lugar.

Em resumo, significa que o direito (ou poder) de excluir outros da venda ou distribuição de um bem protegido por propriedade intelectual, sem a prévia autorização de seu titular de direito, está limitado apenas à primeira venda, e com ela os direitos do titular se esgotam ou se exaurem.

Ressalte-se que a aplicação da regra da exaustão de forma alguma afeta as ações de proteção dos demais direitos do titular de propriedade intelectual, tais como a de combate à contrafação, à pirataria, ao mau uso de marca ou que sobre esta gere confusão ou ainda o de uso de invenção patenteada sem autorização.

Mas o problema no tocante ao tema da importação paralela é muito mais profundo, pois está fundamentado na própria discussão sobre o "valor das trocas". De um lado está o livre comércio (*trade flow*), do outro está o interesse privado da proteção de propriedade intelectual e por último há ainda que se considerar o interesse público em se dar acesso a determinada informação, conhecimento ou tecnologia (domínio público).

Mas a questão aqui é: seria possível aplicar o princípio da exaustão no ambiente de comércio eletrônico através da internet? Seria viável a "exaustão *online*"?

Para responder a esta questão devem-se analisar algumas peculiaridades técnicas trazidas pela oferta de bens intelectuais digitais, em especial, a forma como este tipo de mercadoria circula. Diferentemente da oferta física de produtos, na Internet ao invés de haver distribuição, o conteúdo é tornado acessível, o que permite que ele possa estar, após a transmissão, tanto no local de origem como de destino. É o poder da reprodutibilidade do arquivo digital. Ele passa a estar em todos os lugares por onde circular.

Ou seja, a nova oferta de um conteúdo cujo *download* já tenha sido pago não gera apenas a circulação deste, no sentido da distribuição, mas tem natureza de reprodução. Gera-se um novo arquivo original, ou mais, visto que é ilimitado.

A intenção básica da exaustão é o de salvaguardar as circulações no mercado sem transtornos, sem que isso gere um prejuízo injustificável ao titular do direito. No caso da Internet, a cultura do compartilhamento dos conteúdos tem gerado muita discussão entre os limites da proteção, o livre acesso à informação que é de interesse público e os abusos de consumidor, entre eles, a própria prática da pirataria[253].

---

253. Segundo o Jornal *O Estado de S. Paulo*, seção B2 de 27-9-2014, Editorial Econômico, o comércio ilegal de mercadorias tornou-se endêmico no Brasil. Produtos pirateados ou

Com a eliminação do suporte físico que antes não apenas armazenava a propriedade intelectual bem como a limitava no tempo e no espaço, como é possível controlar a circulação de um bem digital na Internet?

Será que caminhamos para uma exaustão imediata e global quando um conteúdo é disponibilizado pela primeira vez na Internet? E se este ato de torná-lo disponível não foi autorizado pelo titular, como resolver? Como remover o conteúdo e garantir o direito à proteção da propriedade intelectual?

No caso da *web*, tem crescido os casos de importação paralela através dos *sites* de leilão, assim como a oferta de bens dentro do princípio da exaustão da *first sale*, mais comum na venda de livros através de "estantes virtuais" e até de apostilas de instituições de ensino.

Aqueles que são favoráveis à importação paralela defendem, em geral, o livre mercado, a livre circulação que acaba por encorajar a concorrência e trazer melhores preços para o mercado, a promoção do bem-estar do consumidor que teria acesso a um produto mais barato, e as vantagens comparativas, onde de certo modo isso pode estimular mais a economia em geral. Sendo assim, a importação paralela ajudaria a diminuir ou a equilibrar eventual abuso de posição dominante.

No entanto, para muitos outros, há um problema na importação paralela diretamente relacionado à manutenção de consistência e qualidade do produto, bem como do suporte e atendimento ao consumidor, garantia e assistência

---

contrabandeados podem ser adquiridos com facilidade em barracas de camelôs e pontos espalhados pelas grandes cidades. É amplo o comércio, sem recolhimento de tributos, de óculos de sol, perfumes, cigarros, artigos de vestuário, CDs e DVDs. Mas a falsificação e o contrabando não se limitam a esses produtos. A lista inclui bens fabricados por 13 setores da economia, revela pesquisa do Instituto Brasileiro de Ética Concorrencial (Etco) e do Fórum Nacional de Combate à Pirataria (FNCP). Estima-se que, em 2013, os danos causados à indústria nacional superaram R$ 30 bilhões, sem contar a evasão fiscal e a perda de empregos. Há casos, como o de cigarros, em que o Brasil lidera o *ranking* mundial de contrabando. O produto é feito no País, levado para o Paraguai e retorna ilegalmente, sem o selo de taxação. Em perfumes, o contrabando responde por 30% do mercado. Pensando levar vantagem, o consumidor é prejudicado pela má qualidade, por falta de garantia ou por danos à saúde. As fronteiras do Brasil com a Bolívia e o Paraguai são vistas como verdadeiros territórios sem lei. A Receita Federal estima que só do Paraguai vêm R$ 20 bilhões em produtos contrabandeados, todos os anos. A Global Financial Integrity (GFI) estima em mais de US$ 30 bilhões o dinheiro ligado a crime, corrupção e evasão de impostos que sai do Brasil. É dinheiro que alimenta a economia subterrânea, que gera R$ 782 bilhões por ano. Burocracia e falta de ações coordenadas entre os diversos órgãos do governo, o Ministério Público e o Judiciário impedem a salvaguarda dos interesses das indústrias e do comércio que operam dentro da lei. Nos Estados Unidos, há 23 agências que atuam coordenadamente no combate a este tipo de crime. O Etco e o FNCP propõem a formulação de uma ampla política contra o mercado negro. Só assim será possível reverter um quadro de descontrole prejudicial ao florescimento, no País, de uma economia de mercado baseada no regime de concorrência legítima.

técnica. Ademais, haveria um efeito na eliminação da prática de discriminação de preços (oferta a preço baixo para países em desenvolvimento), assim como poderia haver também um impacto no desenvolvimento industrial dos países.

Independentemente da tese favorável ou não à importação paralela, uma coisa é certa, deve ser coibida a distribuição de cópias ilícitas (pirataria), visto que isso pode prejudicar enormemente as relações comerciais internacionais de um país, já que o novo modelo econômico possui uma grande interdependência de desenvolvimento tecnológico e garantia de proteção da propriedade intelectual.

As leis brasileiras fornecem subsídios para que o titular do direito ou o seu licenciado nacional possa barrar a importação paralela com base no art. 132, III, da Lei n. 9.279/96, bem como pelo art. 4º do Código de Defesa do Consumidor, que trata, justamente, dos atos de abuso no mercado de consumo. Logo, no Brasil o tema da importação paralela é proibido e o tipo de exaustão que se aceita é apenas a nacional (restrita ao mercado interno).

Ademais, no tocante ao direito autoral, nada impede que um autor tente bloquear a importação paralela de sua obra se ele não estiver de acordo com a reintrodução desta no mercado, bastando, para isso, alegar a regra dos 3 passos[254]. Só se os 3 passos forem cumpridos é que a importação será lícita[255].

A exaustão de direitos pode ocorrer ainda por meio de licença compulsória[256], que é uma exceção condicionada ao interesse público.

Este assunto tende a crescer, visto que cada país protege os direitos de propriedade intelectual em sua legislação interna, segundo um marco normativo estabelecido por *standards* ou padrões internacionais.

Este tema polêmico da importação paralela não ficou completamente resolvido em TRIPs, cujo art. 6º acabou sendo um "acordo sobre discordar" (*agreement to disagree*). Portanto, os países estão livres para adotar sistemas mistos[257] desde que dentro de bases consistentes, podendo ter políticas distintas

---

254. *Vide* item 8.8, A Marca na Era Digital.

255. O Mercosul adota a regra dos 3 passos (arts. 11 e 13). *Vide* obra *Propriedade intelectual*, de coautoria da Profa. Maristela Basso.

256. Licença compulsória está prevista nos arts. 30 e 31 do TRIPs e na legislação brasileira nos arts. 173 e 219 da Constituição Federal de 1988.

257. O art. 4º da Convenção de Paris já previa esta possibilidade, depois mantida pelo art. 6º do TRIPs. Por exemplo, na Suíça aplica-se a regra da exaustão nacional para patentes e da exaustão internacional para marcas. Deve-se também aplicar os princípios previstos pelo art. 4º do TRIPs a respeito do tratamento nacional e da nação mais favorecida.

sobre a exaustão e a importação paralela. Provavelmente terá que ser objeto de um novo Tratado ou Convenção Internacional este tema, para que se estabeleça um *agreement to agree*, devendo a discussão já alcançar inclusive a aplicação jurídica do princípio da exaustão de direitos de propriedade intelectual e a possibilidade ou não de importação paralela através da Internet.

8.24. Finanças virtuais e o *Internet Banking*

Como vimos, o mundo das transações eletrônicas tem sua origem nas empresas financeiras. Bancos e corretoras de valores operam eletronicamente processando informações, compensando cheques, créditos e débitos, efetuando negócios há muito tempo. Há outros princípios importantes para se pensar a partir do momento em que esse mundo é transposto para o universo da Internet, chegando a um número cada vez maior de pessoas: os princípios de segurança, solidez e credibilidade, tão velhos como as próprias instituições financeiras. Não há como falar de agência bancária sem associar com "segurança", com "proteção e guarda de dinheiro e/ou outros bens".

Para nós está claro que no mundo virtual as instituições bancárias têm de ter a mesma segurança, solidez e credibilidade perante os seus clientes que no mundo real — ou até mais, pelas características da rede. O custo de uma operação bancária feita na agência é superior ao daquela feita por telefone, e este é, por sua vez, superior ao da feita pela Internet. Por este motivo, é estratégico que os clientes da era digital "não precisem ir na agência". A credibilidade do uso dos recursos de tecnologia da informação no mercado financeiro é fator crucial para sua própria viabilidade atual.

Mas a partir do momento em que as relações entre correntistas e bancos migraram para o ambiente virtual, passou-se a ter maior dificuldade em se delimitar um perímetro de responsabilidade, que até então era definido claramente por barreiras físicas ("a porta da agência", "o cofre").

Por este motivo que cada vez mais se discute sobre quais os limites da responsabilidade do Banco e quais são as obrigações de segurança que o cliente deve tomar para evitar riscos.

É claro que o ambiente do *website* do Banco é responsabilidade deste. Um roubo virtual sofrido por um cliente quando operava no *site* de um banco é de responsabilidade desse banco[258]. Assim como também deveria ser nítida a

---

258. Ver Lei n. 7.102/83 que revogou os Decretos n. 1.031/69 e 1.103/74.

responsabilidade do cliente pelo nível de segurança de seu equipamento (computador, celular, outro tipo de *handheld*), e de sua conexão à Internet para acessar o Banco. Dessa maneira, os bancos precisam investir em medidas técnicas e administrativas de cibersegurança, começando por uma lista de objetivos em relação à segurança digital, que identifique e priorize as oportunidades de melhoria e prática dos processos. As instituições financeiras devem desenhar e aplicar essas adequações, colocar vacinas legais nos ambientes eletrônicos, planejar o armazenamento de dados dentro do ciclo de vida da informação para saber o que guardar e o que pode ser eliminado, desde *logs* e *e-mails* até documentos.

Mesmo antes da publicação da Lei Geral de Proteção de Dados Pessoais (LGPD) no país, o Banco Central do Brasil (Bacen) já vinha exigindo do setor mais controles de risco por meio de Normas e Resoluções como a n. 4.658/2018[259], que trata sobre a política de segurança cibernética e os requisitos para a contratação de serviços de processamento e armazenamento de dados e de computação em nuvem. Deve fazer parte de um plano de ação e de resposta a incidentes que pode ser dividido em três eixos: da solução de segurança de informação para proteção dos dados pessoais; da governança e gestão de riscos pelos contratos, documentos, normas, políticas; e da cultura, com a capacitação e as campanhas de conscientização, seja das equipes ou mesmo dos clientes.

Pouco mais de um ano após a medida, o Bacen apresentou a Resolução n. 4.752/2019, que alterou os requisitos para a contratação de serviços de processamento, armazenamento de dados e de computação em nuvem. O dispositivo modificou o prazo estipulado pela Resolução n. 4.658/2018 de 60 dias antes para até 10 dias depois da assinatura de um novo contrato das atividades citadas. A ação foi tomada com o objetivo de facilitar os trâmites dos bancos e outras instituições financeiras nas negociações com os prestadores de serviços.

Já em se tratando de Mercado de Risco, como a Bolsa de Valores, o Mercado Financeiro Virtual tem afinidades com o Mercado Financeiro Real e ao mesmo tempo distinções. A afinidade é que são ambos baseados em comunicação eletrônica de dados e informação. A principal diferença é a qualidade do usuário. Isso quer dizer que o participante do mercado virtual é normalmente muito mais amador do que o do mercado real, até por uma questão de acessibilidade, que possibilita a pessoas que nunca investiram na bolsa resolver tentar

---

259. Resolução n. 4.658/2018, de 26 de abril de 2018. Determina que as instituições financeiras e demais instituições autorizadas a funcionar pelo Banco Central do Brasil devem implementar e manter política de segurança cibernética formulada com base em princípios e diretrizes que busquem assegurar a confidencialidade, a integridade e a disponibilidade dos dados e dos sistemas de informação utilizados.

a sorte. Essa peculiaridade exige que os requisitos que a Comissão de Valores Mobiliários já impõe ao mercado real sejam cuidadosamente observados e até mesmo aumentados para a prática no mercado virtual.

A Instrução CVM n. 387/2003 previa, em seu art. 3º, as principais regras de conduta adotadas no Mercado Financeiro Real. Essa instrução revogou a Instrução CVM n. 382/2003, a qual regia a matéria anteriormente, e em 2011 foi revogada pela Instrução CVM n. 505. A tabela abaixo traz a correspondência dos dispositivos do referido art. 3º da instrução revogada com a instrução atualmente em vigor:

Instrução CVM n. 387/2003 (revogada), art. 3º	Instrução CVM n. 505/2011 (em vigor)
a) probidade na condução das atividades;	Art. 30. O intermediário deve exercer suas atividades com boa fé, diligência e lealdade em relação a seus clientes.
b) zelo pela integridade do mercado, inclusive quanto à seleção de clientes e à exigência de depósito de garantias;	Art. 32. O intermediário deve: I – zelar pela integridade e regular funcionamento do mercado, inclusive quanto à seleção de clientes e à exigência de garantias;
c) diligência no cumprimento de ordens e na especificação de comitentes;	Art. 30. O intermediário deve exercer suas atividades com boa fé, diligência e lealdade em relação a seus clientes.
d) diligência no controle das posições dos clientes na custódia, com a conciliação periódica entre: ordens executadas, posições constantes em extratos e demonstrativos de movimentação fornecidos pela entidade prestadora de serviços de custódia, posições fornecidas pelas câmaras de compensação e de liquidação;	Art. 32. O intermediário deve: II – manter controle das posições dos clientes, com a conciliação periódica entre: a) ordens executadas; b) posições constantes na base de dados que geram os extratos e demonstrativos de movimentação fornecidos a seus clientes; e c) posições fornecidas pelas entidades de compensação e liquidação, se for o caso.

e) capacitação para desempenho das atividades;	Art. 30. O intermediário deve exercer suas atividades com boa fé, diligência e lealdade em relação a seus clientes.
f) obrigação de obter e apresentar a seus clientes informações necessárias ao cumprimento de ordens, inclusive sobre riscos envolvidos nas operações do mercado;	Art. 32. O intermediário deve: V – suprir seus clientes com informações sobre os produtos oferecidos e seus riscos;
g) adoção de providências no sentido de evitar a realização de operações em situação de conflito de interesses e assegurar tratamento equitativo a seus clientes;	Art. 31. O intermediário deve estabelecer regras, procedimentos e controles internos que sejam aptos a prevenir que os interesses dos clientes sejam prejudicados em decorrência de conflitos de interesses. Parágrafo único. As regras, procedimentos e controles internos de que trata o *caput* devem: I – identificar quaisquer conflitos de interesses que possam surgir entre ele, ou pessoas vinculadas a ele, e seus clientes, ou entre os clientes; II – permitir que, diante de uma situação de conflito de interesses, o intermediário possa realizar a operação, em nome do cliente, com independência; e III – estabelecer mecanismos para informar ao cliente que o intermediário e as pessoas a ele vinculadas estão agindo em conflito de interesses e as fontes desse conflito, antes de efetuar uma operação.
h) suprir seus clientes, em tempo hábil, com a documentação dos negócios realizados.	Art. 32. O intermediário deve: VIII – suprir seus clientes com informações e documentos relativos aos negócios realizados na forma e prazos estabelecidos em suas regras internas.

Outros pontos também merecem destaque, conforme previsto no art. 5º da Instrução CVM n. 505/2011: "Art. 5º O intermediário deve efetuar e manter o cadastro de seus clientes com o conteúdo mínimo determinado em norma específica. § 1º O cadastro de clientes pode ser efetuado e mantido em sistema eletrônico. § 2º O sistema eletrônico de manutenção de cadastro de clientes de que trata o § 1º deve: I – possibilitar o acesso imediato do intermediário aos dados cadastrais; e II – utilizar tecnologia capaz de cumprir integralmente com o disposto na presente Instrução e nas normas específicas a respeito de cadastro de clientes. § 3º Revogado (Instrução CVM 612/2019). § 4º Os intermediários devem identificar as pessoas autorizadas a emitir ordens em nome de mais de um comitente e informar as entidades administradoras de mercado organizado nas quais operarem nos termos e padrões por elas estabelecidos".

A estes princípios devem-se somar outros para que o Mercado Financeiro Virtual seja um ambiente sadio e seguro para realização de negócios: a) obrigatoriedade de a corretora *online* dar cursos de instrução para capacitação de investidores virtuais; b) transparência na divulgação de informações; c) divulgação clara do tempo que leva para a operação virtual ser efetivamente concluída; d) notificação por escrito do cliente a respeito das regras da corretora sobre recebimento, registro, prazo de validade, prioridade de execução, distribuição e cancelamento de ordens virtuais.

É importante observar que na Internet é mais fácil não apenas disseminar informação como também lhes dar uma aparência de procedência confiável, mas que, na verdade, muitas vezes não é verificada[260]. A responsabilidade maior por tal checagem é da corretora, que tem o dever de prestar posterior informação[261] a seus clientes. Nesse sentido, os agentes têm a obrigação de verificar se as informações disponíveis na Internet sobre ações, recomendações de compra ou venda, entre outras, são verdadeiras.

Em virtude da fluidez e da velocidade da informação na Internet, o meio virtual exige uma fiscalização diferenciada[262] das corretoras que operam apenas virtualmente ou que praticam operações de *day-trade*, pois o sistema *online* permite que se disseminem rapidamente boatos, e o volume de operações simultâneas em cadeia pode colocar em risco até investidores mais experientes.

Um dos maiores desafios jurídicos dos últimos anos tem sido desenvolver tecnologias que possam viabilizar a manifestação de vontade não presencial com

---

260. Pode incorrer em pena de reclusão de 2 a 6 anos e multa aquele que divulgar informação falsa ou prejudicialmente incompleta sobre instituição financeira (art. 3º da Lei n. 7.492/86).

261. O dever de prestar informação da corretora é um dos princípios exigidos pela CVM, na relação desta com seus clientes, nos arts. 30, 31 e 32 da CVM n. 505/2011.

262. Ver Instrução CVM n. 438/2006, que revogou a Instrução CVM n. 365/2002.

menor risco possível. Sendo possível obrigar-se juridicamente independentemente de "espaço-tempo" dentro do princípio da presunção da boa-fé contratual. Desse modo, hoje vivemos em uma "Era Digital", em que tudo é documentado nas relações que ocorrem em sua maior parte pela via eletrônica, e com menos geração de papel. O meio digital permite inclusive o efeito da "simultaneidade", que favorece a celebração de acordos, votações, eleições. Melhor do que quando há necessidade de tempo diferido (modelo carta, *e-mail*, outros).

A assembleia *online* já é uma realidade[263]. Para entender seu funcionamento, inclusive sob a ótica das Sociedades Anônimas (S.A.), precisamos compreender que o ponto principal da questão está em como conseguir determinar autenticidade de emissão e uso da outorga de poderes (evidências de autoria e integridade) mais do que o formato ou o suporte que poderá receber. Para o Direito, é relevante saber que as partes tinham intenção de se fazer representar, qual a qualificação ou dados de ambos (outorgante e outorgado) e sua data (validade). Deve-se atender à exigência do art. 126 da Lei das S.A., e sempre vislumbrar a igualdade de condições entre os acionistas. Estes são os requisitos jurídicos essenciais. Outros elementos técnicos que se possa adicionar para evitar "má-fé" são desejáveis, mas não indispensáveis.

A assinatura com base no certificado digital emitido pela ICP-Brasil equipara-se à assinatura com firma reconhecida, válida no Brasil. Isso vai além do requisito legal para a Assembleia de Acionistas em vigor (nem o Código Civil nem a Lei das S.A. exigem o reconhecimento de firma ou a consularização das procurações, até para evitar qualquer tipo de discriminação entre eles). Assim, a companhia sempre poderá, a seu critério, dispensar o reconhecimento de firma e a consularização dos instrumentos de procuração outorgados pelos acionistas a seus representantes. Até porque a Assembleia é uma reunião privada, cabendo à companhia determinar o modelo de autenticação que irá aceitar e que seja válida e aplicável a todos igualmente. O que também está previsto pela própria MP n. 2.200-2/2001, em seu art. 10, § 2º, deixa claro que podem ser usados certificados digitais não emitidos pela ICP-Brasil, desde que observada a admissão de sua validade entre os acionistas e a Companhia, com critérios e regras previamente estabelecidos.

Concluímos que é possível estabelecer de forma prévia, clara, igualitária um modelo de Assembleia *Online* de Acionistas, formalizada pela Política de Participação em Assembleia, que deve ser comunicada a todos. O mecanismo de

---

263. Conforme a Instrução Normativa DREI n. 79, de 14 de abril de 2020, ficaram regulamentadas a participação e a votação a distância em reuniões e assembleias de sociedades anônimas fechadas, limitadas e cooperativas.

verificação da outorga de poderes deve ser idôneo, o que pode ser feito inclusive por meio de um sistema, como via *Internet Banking* (em que há um operador *master* e um operador subordinado, com uso de *login*, senha, *token*). Não necessariamente precisa ser feito uso de Certificado Digital ou mesmo da ICP-Brasil. Deve-se ter cuidado para usar um recurso que permita participação ampla de todos, de qualquer lugar. Exigir que seja usado certificado digital da ICP-Brasil seria na verdade um elemento impeditivo, em especial para acionistas estrangeiros ou residentes em outros países.

Qualquer forma de participação *online* sempre terá o desafio de verificar autoria, que a pessoa que está do outro lado da tela seja ela mesma. Nesse ponto, qualquer um pode estar de posse de um certificado digital da ICP-Brasil e saber a senha. Isso não vai impedir que uma pessoa se passe por outra (somente o método biométrico tem esse nível de eficácia jurídica). A TI tem que estar sempre alinhada ao negócio! Não há riscos legais novos sem migrar o modelo de Assembleia de Acionistas para o formato *online*, ao contrário, estar-se-ia viabilizando o princípio da ampla participação em igualdade de condições.

No caso das corretoras, a Internet traz uma nova dimensão ao mercado de capitais: os *home brokers*[264], sistemas pelos quais os investidores, por meio de corretoras, dão ao usuário comum a possibilidade de participar diretamente[265] do mercado de compra e venda de ações e títulos. Essas empresas aumentam bastante o potencial especulativo do mercado acionário: boatos lançados em um meio repleto de usuários despreparados para as nuanças do setor podem ter consequências drásticas para determinadas ações — e para a economia como um todo. Além disso, os *home brokers* costumam, irresponsavelmente, vender a ideia de que os investimentos em ações são uma maneira fácil de ganhar dinheiro, sem alertar suficientemente os usuários comuns sobre os grandes riscos inerentes a esse mercado. Uma maneira de solucionar o problema seria obrigar

---

264. "*Home broker* é o sistema pelo qual os investidores, através de corretoras que possuem programa de computador específico que permite a conexão ao sistema 'Mega Bolsa' da Bolsa de Valores de São Paulo, negociam valores mobiliários através do envio direto de ordens de compra e venda de seus próprios computadores, sem a participação do operador" (EDUARDO, Patrícia Fischer de Paula. Internet e Mercado de Valores Mobiliários. In: *Internet:* o direito na era virtual).

265. Isso é possível graças ao sistema de "ordens", atos pelos quais os investidores determinam à corretora a compra ou venda de valores mobiliários ou direitos a eles inerentes em seu nome e nas condições que especificar. Então, através dos vários tipos de ordens aceitos pelas Corretoras de Valores, pode o usuário determinar não só a quantidade e as características dos valores mobiliários, como também uma série de outras variantes, por exemplo, o prazo de validade das ordens de operações. No caso de a ordem não ser efetivada no mesmo dia, ela pode, se assim estipulado, ser válida para o dia seguinte nas condições que o cliente estabelecer, como a cláusula de não execução no caso de alta dos preços.

os *home brokers* a credenciar os usuários, fazendo-os inclusive passar por uma fase de testes[266], o que os faria acostumar a operar na Bolsa e aprender sobre os riscos e macetes da operação, recebendo um certificado eletrônico, ao fim de determinado período, que os habilitaria às operações. É importante que consultores especializados estejam disponíveis, durante essas operações, para atender a dúvidas e questionamentos dos usuários, não os deixando simplesmente entregues a um mundo que não conhecem bem.

8.25. Aspectos legais do *Home Broker*

Em 1999, o Conselho de Administração da Bovespa[267] criou o programa *Home Broker*, cuja finalidade era enviar recursos financeiros, técnicos e humanos para sociedades corretoras membros com a intenção de criar em suas sedes sistemas automatizados, baseados na concepção e na tecnologia existente naquela época para que tais sistemas fossem hospedados em *websites* seguros.

O uso desses *websites* seguros permitiram um relacionamento automatizado entre o cliente-investidor e as corretoras. Assim, o cliente teria acesso à sua carteira, cotações e análises sobre o mercado financeiro e de capitais e ainda poderia, sem nenhum contato com a mesa de operações, mas sob o controle desta, requerer a compra ou venda de ações para execução imediata ou programada no sistema eletrônico da Bovespa, também conhecido como Mega Bolsa.

Sendo assim, podemos entender o *Home Broker*, conforme informações da própria Bovespa, como um instrumento que permite a negociação de ações via Internet[268]. Ele permite que o investidor envie ordens de compra e venda de ações por intermédio do *site* de sua corretora na Internet, sendo requisito da operação via Internet que o investidor seja cliente de uma Corretora da Bovespa que disponha do sistema *Home Broker*.

De forma similar aos serviços dos Bancos conhecidos como *Home Banking*, os *Home Brokers* das Corretoras são interligados ao sistema de negociação da

---

266. Algumas corretoras que operam exclusivamente por meio eletrônico disponibilizam aos seus usuários simuladores de mercado em que os investidores iniciantes podem adquirir experiência e contar com a assessoria de profissionais para responder as possíveis dúvidas surgidas. O jornal *Folha de S. Paulo* disponibiliza um simulador (http://folhainvest.folha.com.br/) e incentiva com prêmios para os melhores colocados na participação e uso da ferramenta.

267. Fonte: <http://www.infomoney.com.br>, artigo de autoria de Gabriel Casonato de julho de 2008. Ver <http://pt.wikipedia.org/wiki/Home_Broker> e <http://www.empresario.com.br/bolsa/on_line/on_line.html>.

268. Fonte: <http://www.bmfbovespa.com.br/pdf/ImpressoraHomebroker.pdf>.

Bovespa[269] e oferecem vantagens como: agilidade no cadastramento e no trâmite de documentos; acompanhamento em tempo real da carteira de ações; acesso às cotações (algumas corretoras poderão oferecer também notícias e análises sobre o mercado); envio de ordens imediatas, ou programadas, de compra e venda de ações; recebimento da confirmação de ordens executadas etc.

No entanto, uma vez que o *Home Broker* cria um facilitador de entrada de investidores no mercado, muitos pela primeira vez, já que incentiva certa "autogestão", há alguns riscos que devem ser observados, tais como: riscos inerentes ao Mercado de Ações; riscos operacionais do uso da Internet; e riscos relacionados ao ciclo de liquidação.

Entre esses riscos expostos, o que mais gera impactos jurídicos, considerando esse novo modelo, vem a ser o risco operacional do uso da Internet e a responsabilidade das corretoras alusiva à segurança da informação.

O serviço de *Home Broker* possui regulamentação própria e exige prévia autorização da Bovespa, bem como o cumprimento de alguns requisitos pelas Corretoras. Cabe a cada parte na operação (Bovespa, Corretora, Cliente) cuidar da segurança do seu ambiente.

No tocante à criação do *website* que apresentará os serviços de *Home Broker* para os investidores, a Corretora deve observar as seguintes regras: a) o nome da Corretora deve sempre aparecer com destaque em todas as páginas do *website*, campanhas publicitárias, folhetos, entre outros veículos de comunicação; b) o nome da Corretora deve preceder a marca de fantasia com o mesmo peso gráfico; c) o Selo Bovespa é obrigatório em todas as páginas do *website* relacionadas com o *Home Broker*; d) a Corretora deve informar no *website* se as cotações são fornecidas em tempo real ou com atraso de quinze minutos; e) outras instituições que têm acesso ao *Home Broker* (exemplos Distribuidoras de Títulos e Valores Mobiliários) devem informar nos respectivos *websites* que não executam diretamente as ordens recebidas de seus clientes, identificando a Corretora que irá cumpri-las.

O serviço de *Home Broker* era regido pela Instrução CVM n. 376/2002, que foi revogada e substituída pela Instrução CVM n. 380/2002, art. 22, que também foi revogada pela Instrução CVM n. 612, de 21 de agosto de 2019.

Cabe à Corretora a responsabilidade pela segurança dos sistemas, bem como pelo sigilo de toda a informação de seus clientes, devendo, para tanto, utilizar elevados padrões tecnológicos de segurança de rede, sendo as corretoras

---

269. Fonte: <http://www.bmfbovespa.com.br/pt-br/img/home_broker03.swf>.

responsáveis também pela operacionalidade de seus sistemas, ainda que eles sejam mantidos por terceiros.

Tendo em vista que a operação ocorre eletronicamente, e inclusive com documentação de ordens de compra e venda por *e-mail*, deve a Corretora guardar tal documentação por pelo menos cinco anos, considerando as normas aplicáveis tanto relacionadas ao mercado financeiro como também ao Código Civil e ao Código de Defesa do Consumidor.

Para evitar riscos no uso do serviço de *Home Broker*, é recomendável que a Corretora disponibilize conteúdo orientativo e de educação dos investidores, bem como elabore um "Termo de Uso" detalhado.

Em termos jurídicos, para proteção da própria Corretora, deve ficar claro quais são as obrigações do usuário, tais como: a) fazer uso de acesso seguro à Internet; b) criar uma senha forte (alfanumérica com caracteres especiais) e fazer a guarda segura dela e sua mudança periódica (pelo menos a cada 90 dias); c) possuir antivírus instalado no equipamento de acesso ao *Home Broker* e que deve estar sempre ativo e atualizado antes do acesso; d) nunca executar arquivos anexados por *e-mail* sem antes verificar a possibilidade de estarem contaminados por vírus; e) fazer a atualização do navegador (*browser*) para melhorias de segurança; f) evitar o uso de equipamento que não seja de sua confiança (especialmente equipamento público ou de uso coletivo, tal como cibercafé) e não utilizar aplicativos desconhecidos; g) acompanhar as movimentações de sua conta constantemente por meio de extratos periódicos e informar o operador imediatamente se houver qualquer crédito ou débito irregular.

Além das recomendações no que tange à segurança, é recomendável que o usuário de *Home Broker*, antes de firmar contrato com alguma corretora, verifique se ela cumpre os seguintes requisitos de informação em seu *website*, de forma clara, precisa e em linguagem acessível:

— instruções detalhadas de uso do sistema de negociação de valores mobiliários pela Internet;

— os descontos praticados sobre suas tarifas para todos os clientes ou para classes específicas de clientes e os custos adicionais de negociação pela Internet, incluindo emolumentos cobrados por bolsa de valores ou entidade administradora de mercado de balcão organizado;

— os procedimentos detalhados seguidos pela corretora eletrônica na execução das ordens de compra e venda recebidas pela Internet, incluindo a possibilidade de as ordens não serem executadas automaticamente pelo sistema, e sua prioridade diante das ordens recebidas por outros canais de comunicação, segundo volume operado e outros parâmetros;

— as características do sistema de segurança mantido pela Corretora, incluindo uso de senhas e assinaturas eletrônicas;

— as formas eletrônicas utilizadas para comunicar ao investidor a recepção e fiel execução de suas ordens, bem como quaisquer outras informações que o investidor deva receber;

— informações sobre valores mobiliários, incluindo o melhor preço e as listas de ofertas, classificadas por valor mobiliário, vigentes nos sistemas de negociação eletrônica mantidos por bolsa de valores ou entidade administradora de mercado de balcão organizado, por meio do qual a corretora execute as ordens recebidas pela Internet, bem como o horário de divulgação dessas informações na página da Corretora na rede mundial de computadores;

— a corretora eletrônica responsável pela execução das ordens recebidas pela Internet, nos casos de repasse de ordens;

— o intervalo de tempo máximo sem realizar operações em que o investidor poderá permanecer conectado ao sistema de negociação pela Internet sem ser automaticamente desligado;

— atalho para página da CVM na Internet;

— exibir uma seção ou um atalho para a educação dos investidores com descrição da estrutura e do funcionamento das bolsas de valores, das entidades administradoras de mercado de balcão organizado e das câmaras de liquidação e custódia de valores mobiliários;

— informar sobre os riscos de oscilação de preço e eventuais perdas do valor principal inerentes ao mercado de valores mobiliários, particularmente aqueles decorrentes de posições em derivativos, os riscos operacionais do uso da Internet de sistemas eletrônicos de negociação para a compra e venda de valores mobiliários; os riscos decorrentes da falta de entrega de ativos no prazo estipulado, bem como as medidas adotadas pelas câmaras de liquidação e custódia para reduzi-los;

— os procedimentos especiais de leilão, observadas as normas da CVM e bolsas de valores ou entidades administradoras de mercado de balcão organizado, às quais as ordens dos investidores estiverem sujeitas;

— informações relativas à competência das entidades autorreguladoras, principalmente no que se refere aos poderes para cancelar negócios previamente realizados, no caso de serem constatadas infrações aos dispositivos legais;

— informações sobre negociação simultânea de valor mobiliário na sala de pregão viva-voz e no sistema de negociação eletrônica, e quais os critérios de interferência de um mercado em outro; e

— ter em destaque o seguinte informe: "*Toda comunicação através da rede mundial de computadores está sujeita a interrupções, podendo invalidar ordens ou negociações*".

Sendo tomadas as devidas precauções, tanto a Corretora como o Cliente--investidor estarão protegidos[270].

8.26. Do banco digital aos pagamentos instantâneos

O presente tópico é um estudo rápido sobre as principais questões técnicas e legais envolvendo o uso de *mobile banking* no Brasil, considerando a tendência internacional de criação do conceito de "agência móvel". Tendo em vista o avanço do uso do *mobile banking* e com o crescimento das redes sociais, vimos necessidade em tratar sobre a participação dos bancos nas redes sociais como uma nova forma de se aproximar de seus clientes.

Já há bancos nacionais que disponibilizam esse tipo de plataforma, tais como o Banco do Brasil e o Bradesco, e o *benchmarking* internacional é o do Banco da Coreia. Há ainda o padrão europeu, bem como o incentivo do Bacen na adoção de padrões para uso de redes com mobilidade. Do ponto de vista jurídico, há uma série de requisitos que precisam ser preenchidos, de modo a garantir o cumprimento da legislação nacional, especialmente no tocante à geração de prova eletrônica, não repúdio, privacidade e segurança da informação. Já nas redes sociais, por sua vez, devem ter um canal oficial que tenha a característica informacional, de relacionamento ou de atendimento com o seu cliente.

Considerando a decisão do STF de 2006[271], que determina que os bancos estão sujeitos ao Código de Defesa do Consumidor, isso significa, principalmente, duas mudanças fundamentais para o mercado financeiro: que passa a haver a inversão do ônus da prova, bem como que o serviço não pode ser ofertado sem prévia solicitação do cliente. O que já tem ocorrido no caso de oferta de cartão de crédito, entre outros.

---

270. Para saber mais sobre *Home Broker* e que corretoras prestam este tipo de serviço, ver <http://www.bmfbovespa.com.br/shared/iframe.aspx?altura=1000&idioma=pt-br&url=http://vitrinecorretoras.bvmf.com.br>.

271. "Código de Defesa do Consumidor. Art. 5º, XXXII, da CB/88. Art. 170, V, da CB/88. Instituições financeiras. Sujeição delas ao Código de Defesa do Consumidor, excluídas de sua abrangência a definição do custo das operações ativas e a remuneração das operações passivas praticadas na exploração da intermediação de dinheiro na economia [art. 3º, § 2º, do CDC]. Moeda e taxa de juros. Dever-poder do Banco Central do Brasil. Sujeição ao Código Civil" (STF, Tribunal Pleno, ADIn 2.591/DF, rel. Min. Carlos Velloso, j. 7-6-2006, *DJ*, 29-9-2006).

306

Para que se compreenda de forma adequada o assunto deve-se tomar como base o uso das Boas Práticas Internacionais, adequadas a realizar a análise e a gestão de risco para essa área de negócios, considerando as obrigações de Responsabilidade Civil e Contratual, Normas do Bacen[272], Resolução da Anatel sobre SMP, Código de Defesa do Consumidor, ABNT NBR ISO/IEC 27002:2005, ABNT NBR ISO/IEC 27002:2006, ABNT NBR ISO/IEC TR 18044-1:2004, ABNT NBR 15999-1:2007 e ABNT NBR ISO/IEC 20000:2008, Lei de Interceptação n. 9.262/96, Lei de *Software* n. 9.609/98, Basileia II e FINRA Regulatory Notice 10-06 (*Social Media Web Sites*).

É importante salientar que as medidas de blindagem legal da operação estão diretamente relacionadas ao modelo a ser adotado, uma vez que há uma dependência direta dos parceiros de telecomunicações e telefonia celular[273], tanto da operadora como do próprio fabricante do aparelho.

A questão da identidade em ambiente de mobilidade é fundamental, e impacta diretamente a necessidade jurídica de prova de autoria, bem como de garantia de Segurança da Informação.

Em síntese, os principais pontos que devem ser considerados em termos de boas práticas legais e gestão de risco para *Mobile Banking* são:

1) Identidade — a questão da senha — evitar que seja a mesma da agência comum e que não fique registrada no aparelho.

2) Modelo de Mobilidade — se GSM (em que a chave criptográfica deve estar no celular) e/ou WAP (se será a versão 2.0 ou outra mais segura), se *offline* e/ou *online*.

3) Tipos de serviços ofertados — Simples (visualização de saldo, extrato), transacional (pagamento de contas, investimentos, recarga de celular, *e-commerce*), Micropagamento por SMS (dinâmicos, estáticos e promocionais).

4) Segurança da Informação — uso de *token* no celular (baixa-se o aplicativo no aparelho para gerar o número), uso de chave criptográfica, *chip* criptografado, aplicações em VPN, HTTPS, SPOP3, RSA, senha WEP e WPA etc.

---

272. Destaque para as recentes: Resolução n. 4.781/2020 – regulamentação de concessão de linhas de redesconto às instituições financeiras participantes do Sistema de Pagamentos Instantâneos (SPI); Resolução n. 4.815/2020 e Circular n. 4.016/2020 – regulamentação da duplicata eletrônica.

273. ANEXO À RESOLUÇÃO N. 477, DE 7 DE AGOSTO DE 2007

Regulamento do Serviço Móvel pessoal — SMP

(...)

Art. 6º São direitos do Usuário do SMP, além de outros previstos pela legislação e pela regulamentação:

I a XII – Revogados pela Resolução n. 632, de 7 de março de 2014;

5) Informação — aspectos de visualização mais condensados, necessidade de ter um Portal de Mobilidade para tirar dúvidas — FAQ.

6) *Disclaimers* — textos jurídicos que exigem ciência pelo aparelho em que fica guardado o *log*.

7) Termo de uso de serviços — documento jurídico próprio para uso do serviço de Banco Móvel. É fundamental ser um termo próprio, independente do de Internet *Banking* (especialmente por questões próprias de custos do serviço, se será cobrado pelo Banco, se tem tarifa da Operadora).

8) Responsabilidade civil de terceiros — responsabilidade da Operadora, inclusive no tocante a disponibilizar as provas eletrônicas geradas. Modelo de garantias e SLA (nível de serviço) sobre entrega de mensagens transacionais (especialmente na questão do micropagamento por SMS).

9) Considerar ainda a aplicação da Constituição Federal de 1988, em especial o art. 5º, IV, V, X, XII, XIV, do Código Civil, em seus arts. 186, 187, 927 e 1.016, e do Novo Código de Processo Civil nos arts. 369, 371 e 374.

XIII — obter, gratuitamente, mediante solicitação, a não divulgação ou informação do seu Código de Acesso para a estação de telecomunicações chamada, respeitadas as restrições técnicas;

XIV — não divulgação de seu nome associado a seu Código de Acesso, salvo expressa autorização;

XV — substituição do seu Código de Acesso, desde que haja viabilidade técnica, sendo facultado à prestadora a cobrança pela alteração;

XVI — portabilidade de Código de Acesso, observadas as disposições da regulamentação;

XVII — manutenção, quando de seu interesse, do seu Código de Acesso quando a prestadora promover mudança de padrões de tecnologia ou quando da mudança entre Planos de Serviços de uma mesma prestadora;

XVIII — Revogado pela Resolução n. 632, de 7 de março de 2014;

XIX — Revogado pela Resolução n. 632, de 7 de março de 2014;

XX — bloqueio da utilização de quaisquer comodidades ou facilidades não previstas no Plano de Serviço ao qual está vinculado, bem como de serviços de valor adicionado, com a correspondente redução no valor devido pelo Usuário, independentemente de prazo de carência ou multa, ressalvados os débitos já constituídos junto à prestadora;

XXI — obter, gratuitamente, em até 24 horas da solicitação, a interceptação pela prestadora das chamadas dirigidas ao antigo Código de Acesso do SMP e a informação de seu novo código do SMP, inclusive quando este for de outra prestadora do SMP, pelo prazo de 60 (sessenta) dias, a contar da data da rescisão do contrato de prestação dos serviços;

XXII a XXV — Revogados pela Resolução n. 632, de 7 de março de 2014.

(...)

Art. 89. A prestadora é responsável pela inviolabilidade do sigilo das comunicações em toda a sua rede, bem como pela confidencialidade dos dados e informações, empregando meios e tecnologia que assegurem este direito dos Usuários" (www.anatel.gov.br).

10) Incidentes e perícia — uso de *mobile forensics*, análise do SIM (*Subscriber Identity Module*).

A mobilidade é um caminho de evolução natural para muitos negócios, especialmente o relacionado a serviços financeiros. O importante é não repetir no *Mobile Banking* os erros cometidos no Internet *Banking*[274], em que não se fez o preparo prévio e preventivo adequadamente, colocando em risco clientes e Bancos, vítimas de ataques de criminosos que exploram vulnerabilidades básicas de segurança da informação.

O *Social Banking* começou a ganhar força em 2010, principalmente no mercado financeiro no exterior. Com a ajuda das redes sociais, os bancos também querem fazer parte da vida de seus clientes, fazendo com que se tenham com eles relações mais "humanas". Como foi dito no início deste tópico, as instituições que desejam participar das redes sociais deverão criar canais oficiais e deixar de forma clara o propósito da sua participação nas redes sociais. Pode ser informacional, em que a instituição financeira fará publicações relacionadas a novidades e notícias; ou relacionamento, para interagir com seus clientes; ou atendimento, para auxílio direto aos clientes em substituição ao SAC (Serviço de Atendimento ao Consumidor) por telefone. Isso é uma vantagem tanto para a instituição quanto para o cliente, já que vivemos a transparência digital corporativa.

Com o advento da Internet, além da figura do *Social Banking*, surgiram também outras iniciativas que envolvem dinheiro, como o *crowdfunding*, que nada mais é do que uma forma de se fazer um financiamento de forma colaborativa para viabilizar determinado projeto. Há, também, a figura dos empréstimos *online* entre pessoas físicas sem a participação de instituições financeiras, todavia essa prática é considerada crime de usura (Decreto n. 22.626, de 7 de abril de 1933), além de ser contrária à Lei de Controle do Sistema Financeiro nacional, que impede que pessoas físicas exerçam atividade econômica financeira.

Uma coisa é fundamental para que as instituições gerem oportunidades com o *mobile* e *social banking* sem que isso represente um aumento do seu risco operacional: investir em conscientização de segurança digital do cliente.

---

274. "INSTITUIÇÃO FINANCEIRA — RELAÇÃO DE CONSUMO — DESVIO DE DINHEIRO VIA INTERNET — FRAUDE — FALHA DO SERVIÇO — RISCO PROFISSIONAL — INDENIZAÇÃO DEVIDA. A instituição financeira deve ressarcir o consumidor pelos danos morais e materiais causados pela falha do serviço caracterizada pelo desvio de dinheiro de conta corrente de cliente mediante fraude praticada por terceiro via internet" (TJMG, Ap. 1.0514.06.021309-7, rel. Des. José Flávio de Almeida, j. 14-8-2007).

Principalmente após o advento da Súmula 479[275] do STJ, bem como o recurso que lhe deu origem, a partir da qual passou a ser possível estabelecer um posicionamento acerca da suposta responsabilidade civil objetiva (mesmo sem culpa) das instituições bancárias frente às operações fraudulentas praticadas por terceiros mal-intencionados contra seus clientes.

A seguir passamos a analisar os efeitos dessa nova Súmula, conforme estudo feito pela brilhante advogada Dra. Gisele Arantes, em um trabalho que realizamos em conjunto.

Pois bem, conforme denota-se em inúmeros julgados passados sobre o tema, a Superior Corte de Justiça sempre inclinou-se ao raciocínio jurídico de que a instituição bancária teria o dever de indenizar, caso o ato de terceiro pudesse ser evitado, caracterizando o "fortuito interno", ou seja, dentro do seu processo operacional.

Com base nesse raciocínio, a instituição bancária somente seria responsabilizada de forma objetiva se pudesse ter *evitado* a fraude, caso em que não teria adotado as cautelas necessárias à segura disponibilização dos seus serviços ao mercado (fortuito interno).

A nosso ver, seria aplicável a interpretação de fortuito interno quando o risco está dentro do perímetro físico ou lógico da operação do Banco, de forma direta ou indireta (mediante terceirizados). Um exemplo disso seria a ocorrência da fraude no caixa eletrônico, em que há grande possibilidade de envolvimento de equipe do prestador de serviço.

Por outro lado, fortuito externo seria o que ocorre fora do ambiente do Banco e, portanto, de seu perímetro de responsabilidade. Por exemplo, o uso de um equipamento com vírus (arquivo malicioso) pelo cliente, a resposta de um cliente a um *e-mail* fraudulento com dados de sua conta e senha, o compartilhamento da senha do cliente com terceiro de sua confiança. Situações estas que já são tratadas em campanhas ostensivas de segurança da informação do Banco voltada para os clientes e que podem demonstrar facilmente que houve negligência (falta de cautela e aplicação das recomendações que o Banco fornece para o uso seguro de seus serviços).

Em que pese o risco da atividade exercida, não se pode afastar as hipóteses em que uma fraude é totalmente inevitável, até mesmo porque, hoje em dia, é impossível atuar contra a *performance* quase perfeita dos *crackers*, dedicados a explorar e forjar vulnerabilidades na grande rede.

---

275. Súmula 479: "As instituições financeiras respondem objetivamente pelos danos gerados por fortuito interno relativo a fraudes e delitos praticados por terceiros no âmbito de operações bancárias" (STJ, REsp 1.199.182-PR, rel. Min. Luis Felipe Salomão, j. 24-8-2011).

Daí a importância da análise caso a caso pelo Judiciário, já que há situações em que, mesmo com todos os mecanismos e recursos disponibilizados pelo Banco, com vistas a oferecer mais segurança aos seus clientes e usuários, não seria possível evitar (ou prever) danos ao consumidor.

De outro lado, o "fortuito externo" (ato alheio ao ambiente e perímetro de responsabilidade do Banco) torna-se a única forma de afastar a responsabilidade objetiva das instituições bancárias. Por sua vez, abre margem a uma mudança no comportamento das instituições financeiras, para, talvez, buscar novas formas de documentar as fraudes que, muitas vezes, acabam sendo facilitadas pelo próprio cliente. Além disso, passa a ser fundamental o investimento em campanhas de conscientização de segurança da informação voltadas para o cliente, com informação clara a esse respeito publicado não apenas no Internet *Banking*, mas também nos perfis oficiais do Banco nas redes sociais. Ter um canal de educação e um canal de denúncia é essencial para demonstrar para o Judiciário até onde vai a "porta" do Banco e onde inicia a responsabilidade do cliente.

Isso sem mencionar, claro, os casos de autofraude (simulada pelo próprio cliente em sua conta/cartão, visando auferir valores indevidos do Banco), não tão raros, o que cabe exclusivamente à instituição provar que foi vítima do seu cliente mal-intencionado.

O que não se pode admitir é que a Súmula 479 sirva de estímulo para que os clientes/usuarios deixem de se preocupar com a segurança para a realização de suas transações bancárias.

Tal preocupação demanda maior atenção das instituições bancárias quanto aos recursos adotados para a sua proteção, bem como quanto aos recursos disponibilizados para os seus clientes.

O fato é que, em decorrência do risco da atividade exercida, as instituições bancárias deverão adaptar-se às tendências do Judiciário, buscando apoio dos seus próprios clientes para conferir maior eficácia às ferramentas de segurança que oferece, podendo apurar, cada vez com mais eficiência e mais recursos, a fragilidade possibilitada pelo próprio cliente.

Entendemos que a classificação do caso concreto como "fortuito interno" envolve necessariamente os atos de terceiros que de alguma forma estejam envolvidos na operação do Banco (dentro de seu *supply chain* — que vai dos Correios à equipe de manutenção de caixa eletrônico). Mas, quando o ato ou a omissão for do cliente diretamente, entendemos que não está dentro de fortuito interno, mas sim do externo.

Diante da tendência do Judiciário em reconhecer a aplicabilidade da Súmula 479, na grande maioria dos casos envolvendo operações fraudulentas, entendemos que as instituições bancárias devem aumentar o foco na reeducação dos usuários dos seus serviços quanto ao uso seguro dos serviços, além de continuar investindo em mecanismos que minimizem as possibilidades de fraudes e possam gerar maiores registros (*logs*) das transações, o que permitirá maior rastreabilidade da operação e possibilitará a melhor instrução da prova a seu favor em eventual ação judicial.

O que o novo paradigma imposto pelo STJ busca, na verdade, é que as instituições se empenhem para reduzir os fortuitos internos que possam causar danos a terceiros. Com isso, será possível melhor documentar os fortuitos externos, deixando ainda mais claro quais as responsabilidades do cliente também no que tange à segurança da informação, o que excluiria a possibilidade de condenação.

Passa a ser importante também uma atuação junto aos gerentes, para que realizem uma melhor coleta dos fatos, de forma padronizada, bem como para que tentem obter autorização do cliente para eventual verificação do equipamento utilizado para fins de perícia (coleta e espelhamento do artefacto ou trojan). Cabe ao Banco também realizar mais capacitações de seu time para a coleta adequada de provas quando há incidentes. Ainda é comum haver perda ou deterioração de provas essenciais para eximir a responsabilidade do Banco. Deve-se inclusive cogitar a sua centralização para melhor gestão e governança, criando um Banco de Dados de Inteligência que reúna conhecimento e provas dos casos de fraude.

A referida súmula aumenta a necessidade da capacidade de produção de provas por parte do Banco, bem como de resposta rápida aos incidentes, para realizar o "rastro do dinheiro" e buscar ainda mais o flagrante da quadrilha na boca do caixa. Por certo, o investimento em tecnologias que permitam autenticação mais forte do usuário também deverá colaborar para reduzir os riscos.

A tendência internacional tem sido a de reavaliação dos riscos operacionais dos Bancos, em especial com Basileia III, em que o risco humano (comportamental) tem crescido como indicador para perdas. No tocante às decisões do judiciário, em geral, o ônus de provar que a responsabilidade não é da Instituição Financeira é dela, ou seja, tem sido uma tendência primeiramente responsabilizar para somente excluir a responsabilidade do Banco a partir de uma apresentação exaustiva de prova por sua parte.

Importante pontuar a movimentação que vem ocorrendo neste campo com o advento dos pagamentos instantâneos. Isso porque há decisões recentes que trazem amplos impactos ao funcionamento do mercado nacional, como a Resolução n. 4.656/2018, que regula a ação das instituições financeiras de crédito que atuam em meio ao ambiente virtual.

A partir dessa resolução, foram criadas duas novas modalidades de empresa digital dentro do setor financeiro nacional: i) a Sociedade de Empréstimo entre Pessoas (SEP) e ii) a Sociedade de Crédito Direto (SCD). Ambas trazem segurança jurídica para a atuação das *fintechs*. Ao estipular os requisitos e os procedimentos para funcionamento, a resolução garante que tais empresas operem sem tantos entraves frequentes por irregularidades[276], e proporcionem assim mais competitividade e dinamicidade para o mercado financeiro[277].

No que diz respeito às novas figuras jurídicas criadas pela Resolução n. 4.656/2018, pode-se pontuar uma diferença essencial entre ambas: a origem dos recursos nas operações das empresas. Enquanto as SCD são entendidas como *fintechs* de crédito e só podem atuar no mercado utilizando recursos próprios, as SEP são compreendidas como prestadoras de serviços financeiros e só devem operar com recursos captados externamente.

Isso traz repercussões práticas importantes acerca da atuação de tais empresas. Enquanto as SCD independem da intermediação de bancos e outras instituições financeiras, as SEP são intrinsecamente dependentes da intermediação com outras instituições como bancos, seguradoras e outras pessoas jurídicas do mercado financeiro.

Entende-se que essas novas figuras introduzem vantagens notáveis aos consumidores — pessoa física e jurídica — por disponibilizar no mercado serviços financeiros mais baratos e flexíveis. O que também pode estimular o comércio de maneira indireta, ao facilitar o acesso ao crédito por parte dos lojistas.

Outro aspecto do mercado financeiro que merece atenção sob a ótica jurídica das relações digitais é a regulamentação dos pagamentos instantâneos. De acordo com o Bacen, "pagamentos instantâneos são definidos como transferências monetárias eletrônicas nas quais a transmissão da mensagem de pagamento e a disponibilidade de fundos para o beneficiário final ocorre em tempo real e cujo serviço está disponível para os usuários finais durante 24 horas por dia, 7 dias por semana e em todos os dias no ano"[278].

Essa nova modalidade traz uma modificação evolutiva para as relações bancárias, aumentando o leque de serviços oferecidos ao introduzir a possibi-

---

276. Situações de irregularidades ocasionadas pela falta de uma gestão financeira competente e ética não são incomuns entre as *fintechs*. A maioria das vezes os desvios surgem do desconhecimento sobre quais regras devem ou não ser aplicadas ao modelo negocial. Como aconteceu com o Banco Neon no caso da liquidação extrajudicial em 2018. A instituição desrespeitou diversas normas e regulamentos nacionais, devido a falhas no entendimento legal e por ter uma gestão financeira pautada na incerteza. A Resolução n. 1.656 busca sanar tais problemas exigindo uma postura de transparência e ética, pautada em políticas de governança e aplicação de medidas de *compliance* por parte das *fintechs*.

277. Segundo a "Pesquisa Fintech Deep Dive", realizada pela Associação Brasileira de *Fintechs* (ABFintechs) em parceria com a PwC, 50% das *fintechs* brasileiras cresceram mais de 30% entre 2016 e 2017.

278. Ver: Voto n. 271/2018-BCB, de 20 de dezembro de 2018.

lidade de realização de transferências: i) entre pessoas físicas — P2P, *person to person*; ii) entre pessoas físicas e jurídicas, ou seja, consumidores e estabelecimentos comerciais — P2B, *person to business*; iii) entre pessoas jurídicas e jurídicas, ou seja, estabelecimentos entre si — B2B, *business to business*; e iv) entre cada um desses agentes e os órgãos governamentais.

A principal novidade trazida com a implementação do pagamento instantâneo no país é a desburocratização das transações financeiras e a possibilidade de realizar transações imediatas e independentes da emissão de papel-moeda.

Nesse contexto, o Bacen traz três motivos centrais para a adotar a tecnologia no Brasil:

a) A alta utilização de dinheiro/espécie para a realização de pagamentos de serviços entre particulares e transferências entre pessoas físicas: essa modalidade é custosa aos cofres públicos e burocrática para os usuários, que precisam ir até um caixa eletrônico, retirar a quantia, encontrar a pessoa face a face etc.;

b) Os preços elevados das tarifas das transações bancárias: em geral, a realização de uma transferência *online* é muito demorada e custosa para o banco, pois, além de depender da disponibilidade dos serviços na conta do usuário, ainda encontra como empecilho a dificuldade no endereçamento das contas envolvidas na transação — o que torna o serviço pouco acessível ao consumidor;

c) O alto custo das operações de débito/crédito: também por problemas de transferência e confirmação de dados, as operações realizadas com cartões implicam a cobrança de taxas elevadas por operação, o que se reflete no custo operacional das lojas e fornecedores de serviços e na precificação final dos produtos/serviços ao consumidor[279].

Na avaliação do Banco Central da Europa, outra vantagem importante na aplicação dos pagamentos instantâneos é a possibilidade de serem utilizados como uma ferramenta de inclusão social[280].

---

279. A Resolução n. 4.815/2020 e a Circular n. 4.016/20, que regulamentam a duplicata eletrônica, favorecem esse movimento de busca do barateamento e ampliação da oferta de crédito às empresas no Brasil. Disponível em: <https://agenciabrasil.ebc.com.br/economia/noticia/2020-05/banco-central-regulamenta-transicao-para-duplicata-eletronica>.

280. As leis da União Europeia preveem que todo e qualquer cidadão tem direito de criação e acesso a uma conta básica de pagamentos e os pagamentos instantâneos podem tornar tal realidade mais efetiva. Disponível em: <http://alternativasistemas.com.br/blog/bacen-x--pagamentos-instantaneos-como-isso-afeta-o-mercado/>.

314

Apesar de toda relevância dessa modalidade, a implementação dos pagamentos instantâneos exige drásticas mudanças de costumes por parte da sociedade, em adequações que tomam tempo e dependem de estudos técnicos bastante assertivos[281]. As adaptações vão desde a infraestrutura financeira, que precisa estar centralizada em uma só instituição[282], até a atualização constante das empresas para ficarem de acordo com as normas e acompanharem as demandas do mercado conforme as inovações[283] evoluem.

Em outubro de 2020, ocorreu a primeira etapa do lançamento do Pix — nome do sistema de pagamento instantâneo criado pelo Banco Central. O procedimento teve início com o cadastro das chaves, seguiu com a operação restrita até o lançamento oficial para uso de pessoas e empresas com conta corrente, conta poupança ou conta de pagamento pré-paga nas instituições aprovadas pelo Bacen.

A rapidez nas operações e a não restrição de dia ou horário para efetuar as transações são alguns dos pontos positivos da tecnologia. Já bastante difundido na Índia e no Reino Unido, o sistema chega com a promessa de impulsionar o ecossistema bancário brasileiro, de modo a agilizar e facilitar o pagamento de boletos, contas, impostos ou compras, numa nova forma inclusive de transferir dinheiro — muito além da TED e do DOC.

Novamente, é fundamental reforçar a necessidade de realizar campanhas educativas para os usuários, principalmente no tocante à segurança e ao funcionamento das operações de pagamento instantâneo. O uso de dispositivos digitais para contratação e relacionamento é fator indispensável na realidade atual. Inovar é preciso, mas desde que haja cautela e sustentabilidade, e sejam mantidos princípios de transparência e privacidade de dados, cada vez mais cobrados e exigidos pela sociedade.

Ou seja, é preciso aplicar controles de segurança e rotinas para mitigar riscos operacionais e reunir recursos para melhor defender interesses, caso haja algum incidente ou prejuízo envolvendo as atividades de seus clientes que forem

---

281. Por isso o Bacen resolveu adotar um modelo de planejamento que prevê a instituição de grupos de estudo sobre o assunto durante o período de 2 anos.

282. No Brasil tal instituição é o Banco Central do Brasil (Bacen).

283 Lembrando que essa aplicação deve seguir todas as exigências no que concerne à segurança cibernética, a partir de determinações presentes na Resolução n. 4.658/2018 e na Circular n. 3.909/2018 (que dispõem sobre a Política de Segurança Cibernética e os requisitos para contratação de serviços de processamento e armazenamento de dados e de computação em nuvem), na Resolução n. 4.752/2019, na Circular n. 3.979/2020 e na Resolução Conjunta n. 1, de 4 de maio de 2020.

praticadas por meio digital. Isso porque, conforme avançam as ferramentas tecnológicas, crescem também os ciberataques e surgem novos modelos de fraudes e golpes financeiros.

Outro grande avanço do setor é a regulamentação do *Open Banking*, um sistema de compartilhamento de dados, produtos e serviços entre as instituições financeiras por meio de abertura e integração de plataformas e infraestruturas de tecnologia. A medida é considerada crucial para que haja segurança jurídica junto às instituições e seus consumidores, e para facilitar o estímulo à criação e disponibilização de produtos financeiros que tenham a melhor relação de custo-benefício para os clientes.

O processo teve início em maio de 2020, com a publicação da Resolução Conjunta n. 1[284]. Caso todas as quatro fases sejam cumpridas no prazo, a previsão é de que o sistema esteja em pleno funcionamento no país até o segundo semestre de 2021.

Nesse processo, os principais desafios são: (i) a priorização do controle pelo cliente; (ii) a permissão do dever de notificação e transparência; (iii) a promoção da cibersegurança; e (iv) a limitação de responsabilidade no contexto jurídico brasileiro e da Súmula 479 do Superior Tribunal de Justiça ("STJ"), considerando a conectividade e o uso APIs no ecossistema aberto[285].

Todas as preocupações têm direta relação com a temática do tratamento de dados pessoais, o que faz com que a regulamentação do *Open Banking* e a de proteção de dados pessoais estejam intimamente interligadas.

Como o sistema envolve diretamente o uso e o compartilhamento de informações pessoais dos clientes, é de suma importância que as regulações sobre o tema estejam em consonância com as disposições sobre proteção de dados pessoais, bem como em estrita observância à Lei do Sigilo Bancário (Lei Complementar n. 105/2001), responsável por atribuir aos dados financeiros um alto grau de proteção, além de levar em conta aspectos como a utilização de APIs e a responsabilidade civil das instituições financeiras e de seus parceiros.

A implementação do modelo de *Open Banking* deve passar por várias etapas de amadurecimento. Por certo, é essencial investir em um ambiente robusto de segurança e deixar muito bem delimitados os limites de responsabilidade.

---

284. Resolução Conjunta n. 1, de 4 de maio de 2020. Dispõe sobre a implementação do Sistema Financeiro Aberto (*Open Banking*) por parte de instituições financeiras, instituições de pagamento e demais instituições autorizadas a funcionar pelo Banco Central do Brasil.

285. Considerações levantadas pela equipe da Dra. Patricia Peck de pesquisa jurídica de Direito Digital do escritório Pires e Gonçalves — PG Advogados realizada em 2020.

Nesta linha, foi publicada a Resolução BCB n. 32/2020, que traz à discussão a elaboração de manuais sobre requisitos técnicos e procedimentos operacionais para implementação do *Open Banking*, bem como a Resolução BCB n. 24/2020 sobre iniciador de transação de pagamento, em que há menção ao *Open Banking*, bem como a Circular BCB n. 4.032/2020, responsável por estabelecer a estrutura de governança a ser adotada pelo Bacen no âmbito do *Open Banking*. Juntamente com o sistema de Pagamento Instantâneo, as inovações no setor financeiro estão sempre em busca de mais conveniência para os usuários, de promover um ambiente inclusivo e aumentar a competitividade.

8.27. *Bitcoins* e moeda digital

O mundo está mudando e com ele também a oferta de crédito e a circulação do dinheiro, cada vez mais representado por dados e não mais pela cartularidade dos títulos de créditos, pelo plástico dos cartões ou pelo antigo lastro em papel-moeda ou em ouro.

Quem declarou IRPF[286] em 2014 já teve que declarar se possuía *bitcoins*[287]! Mas o que é isso? *Bitcoin* é uma moeda digital criada em 2009 por Satoshi Nakamoto e que permite propriedade e transferências anônimas de valores. Consiste em um programa de código aberto para uso da moeda onde a rede é ponto a ponto (*peer-to-peer*).

Devido ao seu valor financeiro, as *bitcoins* têm sido alvo não apenas do Fisco, mas também de quadrilhas especializadas[288] para furtar as tais "moedas digitais".

---

286. De acordo com a Receita Federal, o *bitcoin* equivale a ativos financeiros para fins tributários e, por isso, devem ser declarados como "outros bens" por quem possuir o equivalente a R$ 1.000,00 ou mais em 2013. Também é necessário recolher IR de 15% sobre o ganho de capital em transações superiores a R$ 35 mil. Disponível em: <http://www1.folha.uol.com.br/mercado/2014/04/1436809-brasileiro-tem-que-declarar-bitcoin-ir-pode-ser-cobrado.shtml>.

287. Apesar de ainda não serem regulamentadas pelas autoridades monetárias nacionais, as moedas digitais são consideradas ativos reconhecidos e lícitos, e a cobrança do imposto de renda sobre as e-moedas é feita pela Receita Federal desde 2014. Disponível em: <https://exame.com/seu-dinheiro/ate-bitcoin-deve-ser-declarada-no-imposto-de-renda>. Entre as medidas mais recentes está a apresentação do Projeto de Lei n. 4.207/2020, que propõe a regulamentação do mercado de criptomoedas e de outros ativos virtuais, com o Banco Central e a Comissão de Valores Mobiliários (CVM) como os órgãos responsáveis por supervisionar o mercado. Existem ainda o PL n. 2.060/2019 no Congresso e outros dois no Senado (PL n. 3.825/2019 e PL n. 3.949/2019) que também visam regular os mercados de *bitcoins* e criptomoedas no país.

288. Em fevereiro de 2014, o mercado de *bitcoins* sofreu diversos abalos causados pela crise da plataforma japonesa MtGox, que recorreu à lei nipônica de falências depois de perder o equivalente a US$ 500 milhões, que podem ter sido roubados. Assim como a plataforma canadense de intercâmbio de *bitcoins* Flexcoin se viu obrigada a fechar, alegando que alguém atacou

Mas quais são os benefícios e os riscos deste mercado. Pode qualquer um criar e emitir uma moeda?

Do ponto de vista jurídico, no Brasil, há uma grande diferença entre entre as *Bitcoins* (moeda livre da internet não regulamentada) e Moeda Digital (meio de pagamento pela via digital regulamentado no Brasil com o marco regulatório da Lei n. 12.865/2013, Resolução Bacen n. 4.282, Circular Bacen n. 3.682 e demais. Mas como fica o Sistema de Pagamentos Brasileiro (SPB) quando estes dois mundos começam a convergir?

O conceito de moeda, historicamente, está atrelado a uma convenção. E ela só funciona porque atende a alguns requisitos essenciais como: Padronização (cartular ou escritural – dado), Credibilidade (lastro e liquidez que tem direta relação com quem emite) Aceitação (facilidade de uso, penetração e universalidade), Segurança (combate a falsificação – moeda falsa, similar, velha ou danificada, combate a furtos e fraudes), outros estímulos (campanha fidelização, rendimento, paridade).

O que temos assistido é um duelo entre "mais controle" e "mais liberdade". Mas do ponto de vista dos mercados financeiros de todo o mundo, a blindagem frente a crises (como a de 2008 e outras) está sempre diretamente relacionada a mecanismos regulatórios, extretamente protetivos e com forte intervenção na economia para evitar que riscos operacionais se tornem riscos sistêmicos e gerem um colapso em toda estrutura.

Além disso, deve-se destacar que é possível o uso de *bitcoins* com a finalidade de eliminar o rastro, o que é muito utilizado nos procedimentos de lavagem

---

seus sistemas e roubou o equivalente a US$ 600 mil. Além disso, no final de fevereiro, a jovem diretora da plataforma de intercâmbio de *bitcoins* First Meta, a americana Autumn Radtke, de 28 anos, foi encontrada morta em Cingapura, onde morava. O *site* "Silk Road 2", popular na Deep Web para a compra e venda de drogas ilícitas, teve todas as *bitcoins* de sua conta caução (utilizada para intermediar as transações) hackeada, o que representou um prejuízo de US$ 2.747.000,00. Os *hackers* se utilizaram de uma falha na qual usuários podem disfarçar as transferências e solicitar a mesma quantia de *bitcoins* diversas vezes, como se as transferências nunca tivessem ocorrido. Notícia e imagem: <http://techcrunch.com/2014/02/13/silk-road-2-hacked-88000-bitcoin-allegedly-stolen/>. Assim como o "Silk Road 2", o *site* "Sheep Marketplace" veio para substituir a "Silk Road", fechado pelo FBI devido à venda de drogas ilícitas. O *site* foi fechado após a descoberta do roubo, que estima-se ter sido no valor de US$ 56,4 milhões. O método utilizado foi um *bug* no qual os *hackers* conseguiram forjar o saldo das contas das pessoas no *site*, mostrando que eles teriam *bitcoins* em suas carteiras enquanto, na verdade, eles já foram transferidos. Em uma semana quase todos os recursos do *site* foram captados. Diversas pessoas que se sentiram lesadas acompanharam as transações pela Internet na tentativa de rastrear os responsáveis, porém não houve sucesso. Disponível em: <http://www.newstatesman.com/future-proof/2013/12/theres--%C2%A360m-bitcoin-heist-going-down-right-now-and-you-can-watch-real-time>.

de dinheiro, onde não se tem informações sobre a procedência dos recursos. Assim como pode ser utilizado para fins de pagamento de propinas em casos de corrupção.

Por certo, é do interesse de todos desburocratizar e alcançar as classes não bancarizadas, seja através de arranjos de pagamentos com emissão de moeda eletrônica via celular ou mesmo através do uso de moedas virtuais como *bitcoins*[289].

Importante destacar que o modelo de negócios das criptomoedas que é realizado no Brasil ocorre essencialmente através de plataformas digitais que funcionam como *"brokers"*, que realizam a intermediação da negociação de compra e venda das criptomoedas como ativos não financeiros. Essas plataformas não necessitam de nenhuma autorização para operarem. Elas operam como verdadeiros *"marketplaces* de criptomoedas", e utilizam o código CNAE normalmente ou de empresa de tecnologia ou de corretora.

As operações de criptomoedas podem ocorrer diretamente entre as partes, mas o mercado acaba buscando a utilização das *"exchanges"* como agentes facilitadores dos negócios. Mas desde maio de 2019 foi publicada a Instrução Normativa n. 1.888 da Receita Federal do Brasil[290], que determinou a obrigação para as *exchanges* fornecerem informações detalhadas de cada transação realizada

---

289. Já há aceitação de *bitcoins* (moedas virtuais sem vínculo com algum País) no serviço do PayPal, que passou a contar também com a participação da Companhia Aérea Azul.

290. Instrução Normativa RFB n. 1888 de 3 de maio de 2019 publicada no *DOU* de 7 de maio de 2019:

"Art. 1º Esta Instrução Normativa institui e disciplina a obrigatoriedade de prestação de informações relativas às operações realizadas com criptoativos à Secretaria Especial da Receita Federal do Brasil (RFB).

Art. 2º As informações a que se refere o art. 1º deverão ser prestadas com a utilização do sistema Coleta Nacional, disponibilizado por meio do Centro Virtual de Atendimento (e-CAC) da RFB, em leiaute a ser definido em Ato Declaratório Executivo (ADE) da Coordenação--Geral de Programação e Estudos (Copes), a ser publicado no prazo de até 60 (sessenta) dias, contado a partir da data de publicação desta Instrução Normativa.

Parágrafo único. A Copes deverá também editar e divulgar o manual de orientação do sistema Coleta Nacional no prazo a que se refere o *caput*.

Art. 3º O conjunto de informações enviado de forma eletrônica deverá ser assinado digitalmente mediante o uso de certificado digital válido, emitido por entidade credenciada pela Infraestrutura de Chaves Públicas Brasileira (ICP-Brasil), sempre que for exigido no portal e-CAC da RFB.

(Redação dada pelo(a) Instrução Normativa RFB n. 1899, de 10 de julho de 2019)

Art. 4º Para os efeitos desta Instrução Normativa e para fins de conversão de valores em Reais, o valor expresso em moeda estrangeira deve ser convertido:

I — em dólar dos Estados Unidos da América; e

II — em moeda nacional.

por cada cliente, mensalmente, independente do valor do montante negociado, por motivo de prestação de contas com finalidade de taxação de impostos.

Além disso, houve também uma melhor definição dos conceitos trazidos pela redação do art. 5º da mesma instrução normativa, que passou a definir "criptoativo" a representação digital de valor denominada em sua própria unidade de conta, cujo preço pode ser expresso em moeda soberana local ou estrangeira, transacionado eletronicamente com a utilização de criptografia e de tecnologias de registros distribuídos, que pode ser utilizado como forma de investimento, instrumento de transferência de valores ou acesso a serviços, e que não constitui moeda de curso legal; e definiu como "*exchange* de criptoativo" a pessoa jurídica, ainda que não financeira, que oferece serviços referentes a operações realizadas com criptoativos, inclusive intermediação, negociação ou custódia, e que pode aceitar quaisquer meios de pagamento, inclusive outros criptoativos.

Importante destacar que a alta do *bitcoin* ocorrida em 2020 superou os R$ 70 mil[291] e bateu o seu recorde de preço, trazendo maior oferta de novos produtos e serviços que visam acelerar e assegurar transações eletrônicas, com diversas empresas permitindo que os clientes comprem, vendam e guardem criptomoedas em suas carteiras digitais, são alguns dos fatores que evidenciam a aceleração e o intenso fluxo de capital nesse mercado. Os investimentos cresceram inclusive por parte das grandes corporações, que anunciaram vastas compras de *bitcoins* e a incorporação de criptoativos em seus portfólios de longo prazo.

Mais uma vez, por causa da pandemia da Covid-19, especialistas apontam que houve a aceleração da transformação do dinheiro digital. Um exemplo é a criação das CBDCs (*Central Bank Digital Currencies*), moedas digitais emitidas por bancos centrais, que cada vez mais ganham força ao redor do mundo. Governos de países como a China e os Estados Unidos[292] já anunciaram planos para digitalizar suas moedas nacionais, em um modelo com as mesmas características de uma moeda fiduciária — meio de pagamento, unidade de medida e reserva de valor. Por serem centralizadas, a expectativa é que sejam mais estáveis do que as criptomoedas e contribuam para a inclusão financeira. Além

---

Parágrafo único. A conversão de que trata o *caput* será feita pela cotação do dólar dos Estados Unidos da América fixada, para venda, pelo Banco Central do Brasil (BCB) para a data da operação ou saldo, extraída do boletim de fechamento PTAX divulgado pelo BCB."

291. "*Bitcoin* supera R$ 70 mil e bate recorde de preço em reais após PayPal anunciar adoção". Disponível em: <https://valorinveste.globo.com/mercados/cripto/noticia/2020/10/21/bitcoin-supera-r-70-mil-e-bate-recorde-de-preco-em-reais-apos-paypal-anunciar-adocao.ghtml>.

292. "O que são as *Central Bank Digital Currencies*?" Disponível em: <https://exame.com/future-of-money/dinheiro-tendencias/o-que-sao-as-central-bank-digital-currencies>.

de facilitar as transferências fiscais em tempos de crise, a ideia é que tornem os pagamentos internacionais mais rápidos, transparentes e baratos.

No Brasil, a expectativa é que o país possua o ativo virtual já em 2022[293]. Em agosto de 2020, o Bacen lançou um grupo de estudos para propor um formato para esse tipo de moeda, seguindo a tendência da modernização do sistema financeiro brasileiro. No mesmo mês, chegou ao senado o Projeto de Lei n. 4.207/2020[294], que estabelece normas para a emissão de moedas e outros ativos virtuais, além de atribuir competências fiscalizatórias e regulatórias à Receita Federal, ao Banco Central, à Comissão de Valores Mobiliários e ao Conselho de Controle de Atividades Financeiras. Além desse, existem ainda o PL n. 2.060/2019 no Congresso e outros dois no Senado (PL n. 3.825/2019 e PL n. 3.949/2019), que também visam regular as criptomoedas no mercado nacional.

Ou seja, a expansão das transações com *bitcoins* atrai a atenção de autoridades, de empresas e de clientes interessados em facilidades e vantagens. A cidade de São Paulo já tem inclusive um caixa eletrônico (ATM)[295] que permite comprar e vender criptomoedas usando reais. Mas o mercado precisa avançar com cautela, com investimentos em segurança, sob pena de gerar uma nova bolha.

8.28. Arranjos de pagamento

Nessa era em que a Internet está mais presente do que nunca em nossas vidas, sendo inclusive discutida sua classificação como direito fundamental e indispensável, não é nada incomum a compra de produtos *online*, a qual, mesmo que você seja a exceção e nunca tenha feito uma, com certeza conhece pessoas que fizeram ou fazem com frequência.

Ao menos no Brasil a compra *online* demorou um pouco para alcançar todo o seu potencial por diversos motivos, sendo um deles a falta de confiança nos métodos de pagamento disponibilizados pelos *sites*, que, apesar de oferecerem

---

293. "Brasil pode ter moeda digital até 2022, diz presidente do BC". Disponível em: <https://epocanegocios.globo.com/Economia/noticia/2020/09/brasil-pode-ter-moeda-digital--ate-2022-diz-presidente-do-bc.html>.

294. Projeto de Lei n. 4.207, de 2020. Dispõe sobre os ativos virtuais e sobre as pessoas jurídicas que exerçam as atividades de intermediação, custódia, distribuição, liquidação, transação, emissão ou gestão desses ativos virtuais, sobre crimes relacionados ao uso fraudulento de ativos virtuais, bem como sobre o aumento de pena para o crime de "pirâmide financeira", e altera a Lei n. 9.613, de 3 de março de 1998.

295. "São Paulo terá caixa eletrônico de *bitcoins* a partir desta sexta-feira". Disponível em: <https://valorinveste.globo.com/mercados/cripto/noticia/2020/11/06/sao-paulo-tera-caixa--eletronico-de-bitcoins-a-partir-desta-sexta-feira-veja-onde.ghtml>.

meios mais tradicionais como boletos bancários, para proporcionar toda a comodidade característica das compras *online* exigem a inserção direta dos dados de cartão de crédito do comprador.

Com o crescimento do universo *online* surgiram plataformas que permitem a qualquer um disponibilizar produtos e serviços na rede, tais como *ebay* e mercado livre, o que, para algumas pessoas, representou uma complicação e impedimento ainda maior na hora da aquisição, uma vez que a negociação é feita diretamente com o comprador, sem toda a estrutura característica das grandes redes de varejo.

De forma a atender esse mercado emergente começaram a surgir os serviços de pagamento, dentre os quais podemos destacar *Paypal*, PagSeguro e *Google Wallet*, cuja função inicial buscava intermediar esse tipo de relação, cuidando da transação entre as partes e garantindo que nenhuma saiba informações confidenciais da outra, tais como dados bancários.

O modelo fez tanto sucesso que se expandiu e começou a abranger mais e mais finalidades, sendo um dos maiores *cases* de sucesso dessa expansão o M-Pesa, lançado no Quênia pela Safaricom em março de 2007. M-Pesa, que vem da junção das palavras Mobile ("móvel", em inglês) e Pesa ("dinheiro", em suaíli), é um serviço financeiro que permite transferir e sacar dinheiro, pagar serviços e comprar créditos através do celular, sem a necessidade de uma conta bancária. O serviço atendeu perfeitamente a uma necessidade dos mercados emergentes, uma vez que permitiu todas as funções que uma conta bancária oferece sem a necessidade de uma conta bancária, mas uma conta de pagamento do M-Pesa, que exige burocracia, requisitos e taxas de manutenção menores, além de permitir uma mobilidade inatingível com os serviços bancários, já que todas as transações podem ser feitas por celulares mais simples, os algumas vezes chamados de *dumphones*, sem a necessidade de aplicativos específicos, mas por meio de SMS.

Serviços de pagamento também passaram a ganhar mais notoriedade graças às notícias e valorização recebidas pelo *bitcoin*, moeda digital criada em 2009 por uma pessoa anônima que se autointitulou como Satoshi Nakamoto. O *bitcoin* permite a propriedade e transferência anônima de valores, utilizando-se de um programa de código aberto para geração, uso e transferência da moeda, onde a rede é ponto a ponto (*peer-to-peer*), ou seja, diretamente entre os computadores, sem a necessidade de entidades centralizando e gerenciando a moeda.

Com o crescimento dos serviços de pagamento e de empresas oferecendo cada vez mais meios alternativos de pagamentos e recebimentos[296], tiveram

---

296. Entre as mudanças no setor financeiro nacional, vale destacar a criação do Pix, o meio de pagamento feito pelo Banco Central para facilitar e agilizar as operações bancárias. Sem

início discussões a respeito da necessidade de uma regulamentação específica que abrangesse essas novas formas de circulação monetária e as instituições financeiras por ela responsáveis.

Neste contexto, surgiu a Lei n. 12.865, de 9 de outubro de 2013, que dispõe, dentre outras coisas, sobre os arranjos de pagamento e as instituições de pagamento que poderiam integrar o Sistema de Pagamentos Brasileiro (SPB).

Em complemento à Lei n. 12.865, o Banco Central do Brasil editou as Resoluções n. 4.282/2013 e 4.283/2013 e as Circulares n. 3.680/2013, 3.681/2013, 3.682/2013 e 3.683/2013, responsáveis pela parte técnica, contas de pagamento, requisitos para funcionamento e necessidade de cadastro das instituições financeiras no SPB.

E o que isso significa para o usuário final, aquele que realiza uma compra em um *site* e opta por pagar utilizando *Paypal*, PagSeguro ou, quem sabe, *bitcoins?*

Em um primeiro momento, nada. Os usuários finais poderão continuar usufruindo de todas as facilidades que os serviços de pagamento oferecem sem se preocupar em realizar novos cadastros, obter e-CPF, ou abrir novas contas, uma vez que a legislação foca em medidas a serem tomadas pelas instituições financeiras, que têm como objetivo, dentre outras coisas, regularizar a maneira como os serviços são prestados, aumentar as medidas de segurança, evitar fraudes – tanto por parte dos usuários como das instituições, vigiar se as instituições financeiras estão cumprindo com as determinações, bem como garantir a interoperabilidade entre os serviços de pagamento, de forma a não haver restrições entre arranjos de pagamento, viabilizando o fluxo de recursos entre eles.

Espera-se, portanto, que no longo prazo os serviços de pagamento se tornem mais seguros, viáveis e que mais opções para seu uso sejam difundidas, como o uso de cartões de pagamento, tanto pré como pós-pagos, ou até cartões de débito, como recentemente anunciado pela empresa chinesa Xapo, que disponibilizou aos seus clientes a possibilidade de utilizar um cartão magnético para pagamentos em *bitcoin*, podendo ser usado em qualquer loja que aceite a bandeira Visa ou Mastercard.

Apesar de o Banco Central do Brasil ainda precisar regular certos aspectos dos serviços de pagamento, especialmente no que diz respeito a transações com valores mais elevados, em diferentes territórios e envolvendo dispositivos diversos, nota-se uma preocupação das instituições financeiras, especialmente as especializadas em serviços de pagamento, em buscar sua regularização perante o Banco

---

restrições de dia ou horário para efetuar as transações, a tecnologia lançada no final de 2020 pode ser utilizada a partir de uma conta corrente, conta poupança ou conta de pagamento pré-paga.

Central do Brasil o quanto antes, tendo em vista o receio de terem suas atividades paralisadas em face do não cumprimento de algum requisito.

O Banco Central do Brasil está buscando esclarecer e justificar as medidas tomadas, demonstrando que o *compliance* com a nova legislação não exigirá grandes reestruturações por parte das instituições financeiras e que a obtenção de autorização para funcionamento, quando necessária, poderá ocorrer sem burocracia excessiva e por meio de procedimentos considerados rápidos.

Por conta disso os usuários finais não devem experimentar nenhum entrave, lentidão ou quaisquer alterações sensíveis com a entrada em vigor da nova legislação e das Portarias e Circulares do Banco Central do Brasil, podendo, no longo prazo, sentir uma melhora no fluxo dos serviços, sua aceitação em mais lugares, bem como estarem mais seguros de que suas informações estão mais bem protegidas.

Mas o que difere uma conta de pagamento de uma conta de débito aberta em banco? Em princípio, a principal diferença está na documentação e nas informações exigidas do cliente para abertura de uma conta em uma instituição financeira. Ou seja, é muito mais burocrático o método pela via tradicional do Banco, devido à grande regulamentação que este mercado possui.

As contas de débito abertas por banco são regulamentadas pela Resolução CMN 2.025, de 1993, do Banco Central do Brasil, que teve a sua redação alterada pela Resolução CMN 2.747, de 2000[297], e, por meio do disposto no art. 2º,

---

297. "Art. 1º Para abertura de conta de depósitos é obrigatória a completa identificação do depositante, mediante preenchimento de ficha-proposta contendo, no mínimo, as seguintes informações, que deverão ser mantidas atualizadas pela instituição financeira:

I — qualificação do depositante:

a) pessoas físicas: nome completo, filiação, nacionalidade, data e local do nascimento, sexo, estado civil, nome do cônjuge, se casado, profissão, documento de identificação (tipo, número, data de emissão e órgão expedidor) e número de inscrição no Cadastro de Pessoas Físicas — CPF; (Redação dada pela Resolução n. 2.747, de 28-6-2000.)

b) pessoas jurídicas: razão social, atividade principal, forma e data de constituição, documentos, contendo as informações referidas na alínea anterior, que qualifiquem e autorizem os representantes, mandatários ou prepostos a movimentar a conta, número de inscrição no Cadastro Nacional de Pessoa Jurídica — CNPJ e atos constitutivos, devidamente registrados, na forma da lei, na autoridade competente; (Redação dada pela Resolução n. 2.747, de 28-6-2000.)

II — endereços residencial e comercial completos; (Redação dada pela Resolução n. 2.747, de 28/6/2000.)

III — número do telefone e código DDD;

IV — fontes de referência consultadas;

V — data da abertura da conta e respectivo número;

VI — assinatura do depositante.

especifica as informações necessárias para a abertura da conta enquanto o art. 3º determina que as informações e elementos de identificação devem ser conferidos por meio da documentação competente, sendo de responsabilidade da instituição verificar a exatidão das informações prestadas.

Todavia, quando se tratar de conta de pagamento para instituições financeiras, aplica-se a Circular n. 3.680 de 2013[298] do Banco Central do Brasil, que

---

Parágrafo 1º: Se a conta de depósitos for titulada por menor ou por pessoa incapaz, além de sua qualificação, também deverá ser identificado o responsável que o assistir ou o representar."

"Art. 3º: As informações constantes da ficha-proposta, bem como os elementos de identificação e localização do proponente, devem ser conferidos à vista de documentação competente, observada a responsabilidade da instituição pela verificação acerca da exatidão das informações prestadas.

(...)

Parágrafo 4º: A instituição deve manter arquivadas, junto à ficha-proposta de abertura da conta de depósitos, cópias legíveis e em bom estado da documentação referida neste artigo."

Nesse mesmo sentido, o Banco Central do Brasil oferece, em sua sessão de perguntas e respostas (FAQ) (http://www.bcb.gov.br/pre/bc_atende/port/servicos1.asp#2) expressa previsão de que para a abertura de uma conta depósito é necessária a apresentação de diversos documentos.

"(...)

Para abertura de conta de depósito, é necessário preencher a ficha-proposta de abertura de conta, que é o contrato firmado entre banco e cliente, e apresentar os originais dos seguintes documentos:

no caso de pessoa física:

— documento de identificação (carteira de identidade ou equivalente, como, por exemplo, a carteira nacional de habilitação nos moldes previstos na Lei 9.503, de 1997);

— inscrição no Cadastro de Pessoa Física (CPF); e

— comprovante de residência.

no caso de pessoa jurídica:

— documento de constituição da empresa (contrato social e registro na junta comercial);

— documentos que qualifiquem e autorizem os representantes, mandatários ou prepostos a movimentar a conta;

— inscrição no Cadastro Nacional de Pessoa Jurídica (CNPJ)."

298. "Art. 4º: As instituições de pagamento mencionadas no art. 1º devem identificar o usuário final titular da conta de pagamento.

§ 1º No caso de conta de pagamento pré-paga cujo saldo seja limitado a R$ 5.000,00 (cinco mil reais) e na qual o somatório dos aportes efetuados em cada mês seja limitado a esse mesmo valor, deve ser realizada a identificação, inclusive com a manutenção, no mínimo, das seguintes informações:

I — pessoas naturais:

a) nome completo; e

b) número de inscrição no Cadastro de Pessoas Físicas (CPF); e

II — pessoas jurídicas:

estipula, em seu art. 4º, as informações necessárias para a abertura de uma conta de pagamento, não sendo necessários documentos comprobatórios.

Devemos acompanhar a evolução do tema. Apesar da necessidade de se estabelecerem padrões mínimos para segurança do sistema e para proteção do consumidor, não é recomendável que toda a complexidade do sistema financeiro seja trazida para dentro do novo mercado de arranjos de pagamento, que garante maior inclusão financeira do brasileiro não bancarizado, sob pena de prejudicarmos o seu desenvolvimento.

8.29. Aspectos legais da terceirização em TI (*Outsourcing*)

O *Outsourcing* hoje não é só de tecnologia, e sim a própria forma de pensar e gerir. Tal decisão, entretanto, traz grandes impactos na esfera jurídica, daí decorre a necessidade de criar uma boa estratégia legal para minimizar riscos e aumentar a competitividade por meio da gestão de terceirizados.

No Brasil, a terceirização surgiu na década de 50. As empresas multinacionais, por uma questão de otimização da atividade-fim, deixaram de exercer certas atividades ligadas à parte administrativa do negócio.

---

a) firma ou denominação social;

b) número de inscrição no Cadastro Nacional da Pessoa Jurídica (CNPJ); e

c) número de inscrição no CPF e nome completo dos representantes, mandatários, ou prepostos autorizados a executar instruções de pagamento.

§ 2º No caso de conta de pagamento pré-paga destinada à execução de transações de pagamento sem as limitações referidas no § 1º e de conta de pagamento pós-paga, deve ser realizada a identificação, inclusive com a manutenção, no mínimo, das seguintes informações:

I — pessoas naturais:

a) nome completo;

b) nome completo da mãe;

c) data de nascimento;

d) número de inscrição no CPF;

e) endereço residencial; e

f) número do telefone e código de Discagem Direta a Distância (DDD); e

II — no caso de pessoas jurídicas:

a) firma ou denominação social;

b) atividade principal;

c) forma e data de constituição;

d) informações elencadas no inciso I, relativas a administradores, mandatários ou prepostos autorizados a executar instruções de pagamento; e

e) número de inscrição no CNPJ."

Segundo o International Data Corporation (IDC), terceirização é a palavra do momento em tecnologia corporativa. As motivações são redução de custos ou maior *expertise*. Além disso, na era da Internet o espaço físico deixa de ter importância. Exemplo disso é que todos os sistemas administrativos da IBM para as Américas estão em uma só central de dados em Hortolândia. Há quem afirme que a tendência é o TI começar a ser encarado como um insumo básico (como energia, telecom, água) e passar a ser pago conforme o uso.

Outsourcing é a contratação de uma outra empresa, terceira ou externa à operação, para execução de serviços geralmente de atividade-meio e não de atividade-fim. No entanto, com o tempo, temos observado modelos de negócios, como o das Telecoms, em que chega a haver 80% de equipe terceirizada, alcançando sim a atividade-fim, que seria a mais estratégica, e que dá atendimento a clientes (como caso de SAC, manutenção de rede, instalação de linha).

A concepção teve origem na área de Tecnologia da Informação. "O *Outsourcing* de Sistemas de Informação nas organizações consiste na utilização significativa de recursos humanos e/ou físicos externos, para realizar atividades que, tradicionalmente, seriam executadas por colaboradores e por outros ativos da própria. Em sentido mais restrito, o conceito de *outsourcing* exige também que haja a transferência para o fornecedor externo da responsabilidade de gestão operacional ou diária do serviço em causa". Logo, a terceirização de TI envolve "a decisão organizacional de destinar parte ou a totalidade das funções de TI para provedores de serviço externos"[299].

Os casos mais frequentes de terceirização são: PCs; Assistência Técnica; Impressão; *Hosting* e Servidores; *Software* Corporativo; Redes; e Equipe *Freelancer* Criação, Programação.

Quais são as desvantagens ou risco desse tipo de contratação? Cumpre lembrar que existem duas espécies de *Outsourcing* com implicações jurídicas: a) De pessoa — contratação de um profissional para realização de um trabalho ou vários, visa ou reduzir custos ou serviço mais especializado. Os riscos desse tipo de contratação é menor do que o *Outsourcing* de negócios, pois aqui, além da responsabilidade civil, há também responsabilidade penal. Mas em contrapartida a empresa (contratante) pode vir a ter problemas de ordem trabalhista. b) De negócio — contratação de uma empresa para "cuidar" do negócio almejado pelo contratante. Nesse tipo, mais comum, os riscos são maiores, pois

---

299. Referência: GROVER, V.; CHEON, M. J.; TENG, J. T. C. The effect of Service Quality and Partnership on the Outsourcing of Information Systems Function. *Journal of Management Information Systems*, 12(4), Spring 199. Disponível em: <http://www.uniriotec.br/~spin-rio/arquivos/terc.PDF>.

não há que se falar em responsabilidade penal de pessoa jurídica, exceto dois casos previstos pela nossa Constituição Federal[300].

Os riscos assumidos ao aquiescer com *Outsourcing* são diversos e variam conforme a espécie de terceirização; entretanto, existe *um* risco inerente a ambos: é a má formulação do contrato ou SLAs (acordo de nível de serviços).

É simplesmente vital para a contratante ter extrema cautela quanto ao SLAs. Um instrumento mal redigido, falta de documentação de processos, cláusulas contratuais muito abrangentes etc. aumentam de forma assustadora, ou melhor, astronômica, o risco.

No instrumento contratual podem-se dirimir dúvidas como: todas as vezes em que o fornecedor realiza um novo trabalho, ele cobra novo *fee* (taxa)?; o provedor de serviço pode subcontratar outra empresa para realizar o trabalho?; o produto final do trabalho é do contratante?

E no *Outsourcing* de pessoas é o contrato que vai estabelecer se determinada pessoa é ou não empregado, fato este importante para o Direito do Trabalho.

A terceirização não é apenas gestão de contratos. Segundo o CIO (*Chief Information Officer*) Marcos Hamsi, em entrevista para a revista *Info Corporate* do mês de fevereiro de 2005, a gestão da equipe é primordial para o *outsourcing* dar certo. Ele afirma que "se os CIOs e a equipe de TI só administram contratos, que vão trabalhar no cartório. Que vão ser advogados. Não dá para abrir mão da gestão profunda da tecnologia. A empresa não pode saber que você é técnico, mas você, necessariamente, precisa ser. Se não, perde o controle do seu departamento". Auditar os serviços que estão sendo prestados também é fator relevante para o sucesso, como afirma Adriana Peixoto Ferreira, CIO da Companhia Vale do Rio Doce, na mesma revista.

A responsabilidade solidária é cada vez maior conforme a conectividade das empresas e seu grau de interdependência operacional. Em vez de o CIO liderar um time de funcionários, são administrados contratos e tecnologia. Qual a vantagem disso? Transformar custos fixos em custos variáveis, riscos em oportunidades. Mas cuidado: o que é relevante pode ser terceirizado; já o que é vital ainda é bom deixar "dentro de casa". Para tanto, seguem algumas recomendações que devem ser observadas, como: não é recomendada a terceirização dos ativos de tecnologia (servidores e demais equipamentos) e sim apenas a gestão deles, pois no caso de uma evolução tecnológica a empresa contratada pode propor alterações, mas a decisão fica a critério da contratante; fazer

---

300. Na Constituição Federal de 1988 constata-se nos arts. 173, § 5º, e 225, § 3º, a previsão de responsabilização penal da pessoa jurídica.

auditoria; definir claramente os níveis de serviço SLAs; não contratar por longo prazo; cláusula de arbitragem — evita a morosidade do Judiciário; cláusula de segurança da informação; estabelecer multa quanto ao inadimplemento de qualquer item do contrato; definir as possibilidades de resilição contratual na forma unilateral caso ocorra descumprimento de uma obrigação crítica; cláusula de seguro, que defina responsabilidade de cada uma das partes, como, por exemplo, determinada situação em que a contratante paga o prêmio.

A grande dúvida não é se a empresa deve ou não fazer terceirização e sim como vai ser administrada, de tal sorte a reduzir os riscos e aumentar o desempenho do negócio. Vale lembrar que se podem terceirizar riscos, mas não responsabilidades.

Tanto na terceirização de pessoas quanto de negócios há também implicações legais. É fundamental avaliar as questões relacionadas ao aspecto de direitos autorais, responsabilidade por ato de terceiro, geração de vínculo trabalhista, confidencialidade, sigilo profissional, exclusividade, não concorrência, retenção de conhecimento, entre outros. Ademais, devido ao grande grau de interdependência atual, tem-se estudado o que se conhece por *Multisourcing*[301], para se evitar ficar refém do fornecedor de uma atividade crítica para o negócio.

Independentemente da escolha que a empresa faça, o importante é analisar todos os cenários possíveis para fazer o adequado gerenciamento dos riscos e ter contratos muito bem escritos e documentados.

8.30. Aspectos legais do *cloud computing*

Virtualização total! Não depender mais de um HD específico para acessar seus dados, pois estão em nuvem, a tão falada *cloud computing* permite o desapego completo do "onde" para a oportunidade do "quando". Ou seja, quando precisar de uma informação, de qualquer lugar do mundo, basta se conectar e ela estará lá disponível. Como todas as demais ferramentas tecnológicas, a computação em nuvem tem seus benefícios e seus riscos, e sua aplicação deve ser analisada no caso a caso.

Víamos o serviço de *cloud computing* como moda, mas em 2011 observou-se que esse serviço ganhou muita força e deixou de ser moda para ser essencial às empresas[302].

---

301. Ver livro *Multisourcing*, de Linda Cohen e Allie Young, Gartner, Inc. Harvard Business School Press.

302. Estudo da Frost & Sullivan aponta que as organizações deverão investir cerca de US$ 1,1 bilhão em *cloud computing* até 2017, o que demonstra que a computação em nuvem já faz parte

Existem quatro modelos de implantação de *cloud computing*, quais sejam: (i) *nuvem privada* — administrada pela própria empresa ou por terceiros que ajudam na redução de custos, na qual são empregadas as políticas de acesso aos serviços, provando menor risco por ser privada; (ii) *nuvem pública* — é disponibilizada para o público em geral ou para grupos de indústrias, podendo ser acessada por qualquer usuário que saiba a sua localização, havendo o compartilhamento de recursos e limites de customização relacionados com Segurança da Informação, SLAs e Políticas de Acesso; (iii) *nuvem comunitária* — possui a característica de ser dividida em várias organizações, em que há o compartilhamento de diversas empresas em uma única nuvem, coordenada por um conselho que compartilha apenas interesses semelhantes, como requisitos de segurança, podendo existir localmente ou de forma remota e ser administrada por uma empresa da comunidade ou por terceiros; (iv) *nuvem híbrida* — este último modelo é caracterizado por envolver dois ou mais modelos para implantação do serviço de nuvem, a privada e a pública; nesse caso, serão entidades únicas, unidas por uma tecnologia padronizada ou proprietária. É possível a portabilidade de dados e aplicações que exigem uma grande classificação e rotulagem dos dados, para garantir que eles serão atribuídos ao tipo correto de nuvem.

Para a prestação do serviço de nuvem existem três modelos: (i) *Software* como Serviço — SaaS (*Software as a Service*) — são oferecidas ao consumidor aplicações que rodam em uma infraestrutura de nuvem do provedor, acessíveis por vários dispositivos, clientes por meio de uma interface leve como um navegador de Internet. O usuário não gerencia a infraestrutura, somente as configurações de usuário da aplicação; (ii) Plataforma como Serviço — PaaS (*Platform as a Service*) — são oferecidas para o usuário maneiras de publicar suas aplicações desenvolvidas ou adquiridas. A infraestrutura da nuvem do provedor é criada por meio de linguagens de programação e ferramentas suportadas. O usuário não gerencia a infraestrutura, mas tem controle sobre as aplicações e configurações do ambiente; e (iii) Infraestrutura como Serviço — IaaS (*Infrastructure as a Service*) — são oferecidas para o usuário maneiras de provisionar o processamento, o espaço em disco, redes e demais recursos essenciais em que o usuário consegue instalar *softwares*, incluindo sistemas operacionais e aplicações. O usuário não gerencia a infraestrutura de nuvem, mas tem controle dos recursos provisionados, inclusive algumas configurações de componentes de rede (como, por exemplo, *firewalls*).

Ao avaliar qual o melhor modelo de *Cloud* para a empresa e quais os riscos incidentes, é importante verificar se há algum impedimento legal para a

---

do *budget* das empresas. Fonte: <http://www.linuxmagazine.com.br/lm/noticia/desafios_que_conexaeo_e_computacaeo_em_nuvem_enfrentaraeo_em_2015>. Acesso em: 14 jan. 2015.

utilização desse serviço ou de tráfego das informações nesse ambiente. Não é permitido, por exemplo, a Administração Pública Federal direta, autárquica e fundacional utilizar serviços de hospedagem, de mensagens eletrônicas, comunicadores instantâneos, de armazenamento em nuvem de empresa privada ou estrangeira. Após as notícias de que o Brasil estaria sendo alvo de espionagem, foi publicado o Decreto n. 8.135/2013, posteriormente revogado pelo Decreto n. 9.637, de 26 de dezembro de 2018 (institui a Política Nacional de Segurança da Informação, dispõe sobre a governança da segurança da informação, e altera o Decreto n. 2.295, de 4 de agosto de 1997, que regulamenta o disposto no art. 24, *caput*, IX, da Lei n. 8.666, de 21 de junho de 1993, e dispõe sobre a dispensa de licitação nos casos que possam comprometer a segurança nacional). Além do Decreto citado, foi publicado em 5 de fevereiro de 2020 o Decreto n. 10.222 que aprova a Estratégia Nacional de Segurança Cibernética, conforme o disposto no art. 6º, I, do Decreto n. 9.637/2018. A Portaria Interministerial MPOG-MC-MD n. 141, de 2 de maio de 2014, também deve ser destacada, pois tem como intuito garantir a disponibilidade, integridade, confidencialidade e autenticidade dessas informações atreladas à referida esfera pública[303].

Para o Brasil, é essencial que haja mais investimento em políticas públicas relacionadas à cibersegurança e ao desenvolvimento tecnológico nacional para que o país possa se manter em linha com o ritmo de inovação necessária para se manter competitivo no cenário econômico internacional.

Feita esta análise preliminar de viabilidade jurídica do projeto de uso de "nuvem", o que devemos observar para elaborar contratos de *cloud computing*? Por certo deve haver cláusulas específicas de segurança da informação, de autenticação, de recuperação da informação (*backup*), de guarda de provas eletrônicas (exemplo *logs* de acesso, rastreabilidade), de elasticidade e tolerância a carga de serviço e isolamento de dados, bem como um SLA (Acordo de Nível de Serviço) muito bem elaborado.

Há um receio no tocante a, se houver um "apagão digital", como a empresa conseguirá pegar de volta os seus dados, ter acesso a eles, ainda mais se tiverem ido parar na China, por exemplo. O possível risco de alcance das informações em outro ordenamento jurídico pode sim ocorrer em um cenário de uso de *cloud computing*. Por isso, todas essas questões devem estar muito bem

---

303. Desde março de 2014, o serviço de correio eletrônico "Expresso V3", provido pelo Serviço Federal de Processamento de Dados (Serpro), está em operação na esfera federal de governo. O prazo para as Instituições Públicas ficarem conforme o Decreto para contratos já em vigor é de 60 meses (em 2018). Fonte: <http://www.brasil.gov.br/governo/2014/03/implantacao--do-expresso-v3-contempla-seis-orgaos>. Acesso em: 14 jan. 2015.

previstas e resolvidas no contrato. Essas novas minutas exigem maior atenção à redação técnico-jurídica, sendo aplicado o conceito "bula de remédio", ou seja, já prever situações de problemas, de eventuais incidentes, e como solucionar ou conduzir cada um (de quem é a responsabilidade, custo, prazo, outros).

Elaboramos uma lista (roteiro) de indicadores mínimos de análise jurídica que devem ser observados na contratação deste tipo de solução e deve ser usada para levantar um autodiagnóstico de necessidade, bem como fazer uma análise de risco deste tipo de contrato:

- Eu preciso ter acesso aos meus dados de qualquer lugar?
- Eu preciso ter acesso a todos os dados ou só a alguns, rotineiramente?
- Só eu preciso ter acesso ou várias pessoas precisam ter acesso?
- Qual o nível de sensibilidade das informações que precisam ser acessadas?
- Qual a possibilidade de publicidade da informação a ser acessada, ela é ostensiva, confidencial ou ultrassecreta?
- Qual a segurança da informação aplicada ao ambiente pelo fornecedor do serviço de computação em nuvem, considerando que não há só uma máquina ou local a proteger e sim múltiplas máquinas e locais a proteger?
- Qual a segurança da informação aplicada para autenticar quem vai ter acesso às informações pela Internet?
- Qual a segurança da informação aplicada aos dados diretamente, que os acompanha onde eles estiverem (ex.: estarão criptografados)?
- Qual a alternativa apresentada pelo fornecedor em um cenário de apagão eletrônico? Como você terá acesso aos seus dados se a Internet sair do ar? Há uma outra forma planejada (plano de contingência, redundância)?
- Qual o impacto se ocorrer um vazamento da informação acessada?
- Qual o impacto se houver indisponibilidade completa de acesso à informação?
- Quanto tempo você pode ficar sem ter acesso à informação, qual o limite (pelo menos 48h é um tempo mínimo esperado para uma recuperação da informação ou do acesso em si, calculado desde o *bug* do milênio)?
- Está prevista uma redundância do fornecedor, se ele ficar indisponível, vier a sofrer um incidente, tiver decretada falência, concordata, deixar de operar, passar por uma fusão e aquisição, o que ocorre com seus dados (quais os procedimentos previstos nestas situações)?
- E se o próximo *bug* do milênio for uma pane geral na Internet, qual seu plano B?

332

- O que está previsto no contrato para lhe proteger técnica e juridicamente no uso de computação em nuvem?
- Há um SLA para disponibilidade dos dados, recuperação inclusive em situação de caso fortuito e força maior? Qual a responsabilidade das partes específicas de segurança da informação? Qual a penalidade (o valor é proporcional à necessidade de trazer os dados de volta)?

Com base nas respostas às questões formuladas acima é possível criar um plano estratégico para uso da computação em nuvem da melhor forma possível. Dependendo da empresa, será uma alternativa extremamente econômica e viável, por isso, deve-se fazer uma análise de gestão de riscos, considerando o acesso por esta via de informações temporárias de projetos, de agenda de executivos, de ferramentas para edição de conteúdos, mas usando a mesma com cautela quando se tratar de informação confidencial restrita, secreta ou ultrassecreta.

Cabe ainda se ater às questões tributárias, ou seja, impostos e contribuições incidentes sobre *cloud*[304]. Muitas empresas pagam pelo uso da nuvem de fornecedores sediados no exterior por meio de cartão de crédito ou transferência bancária internacional. E o que ocorre é que a grande maioria acaba esquecendo de recolher o imposto devido. O Imposto sobre Serviços de Qualquer Natureza (ISS), por exemplo, incide mesmo que o serviço seja proveniente do exterior, ocasião em que o responsável pelo recolhimento passa a ser o tomador sediado ou domiciliado no Brasil. Em geral, a computação em nuvem é tratada no Brasil como "serviço", não obstante o seu enquadramento tributário ainda seja controvertido.

Outra regulamentação que também gerou implicações nas atividades de *cloud* foi a Lei n. 12.965/2014, conhecida como o Marco Civil da Internet. Se a coleta, armazenamento, guarda ou tratamento dos dados ocorrerem em território nacional, deverão ser obrigatoriamente respeitados a legislação brasileira e os direitos à privacidade, à proteção dos dados pessoais e ao sigilo das comunicações privadas e dos registros, acarretando a eleição do foro brasileiro (art. 11).

Logo, os provedores de serviço de armazenamento devem informar aos usuários sobre medidas de segurança e sigilo. Da mesma forma, se houver uma

---

304. Do ponto de vista tributário, a "nuvem" estaria sujeita à incidência tanto do Imposto sobre Serviços de Qualquer Natureza (ISS), diferenciando a alíquota no tocante à importação do serviço quando este envolve apenas *software* ou envolve também armazenagem de dados, quanto do Imposto de Renda (IR), e, além destes, do Imposto sobre Operações Financeiras, da Contribuição de Intervenção de Domínio Econômico (CIDE) e das contribuições PIS/Pasep e Cofins, com base no art. 156 da Constituição Brasileira, Código Tributário Nacional (Lei n. 5.172/66), Lei Complementar n. 116/2003, Lei n. 9.779/99, Regulamento do Imposto de Renda (Decreto 9.580/2018), Lei n. 10.168/2000, Lei n. 10.865/2004, Decreto n. 6.306/2007.

333

aplicação que coleta e armazena dados, é importante constar no Termo de Uso e na Política de Privacidade o tratamento que será dado a eles (arts. 10 e 11). As empresas que fornecem aplicações de Internet, por exemplo, devem manter os registros de acesso sob sigilo e em ambiente controlado pelo prazo de seis meses (art. 15).

No caso de instituições financeiras e demais instituições autorizadas a funcionar pelo Bacen, os requisitos para a contratação de serviços de processamento e armazenamento de dados e de computação em nuvem também devem levar em conta as Resoluções n. 4.658/2018 e n. 4.752/2019. Entre as determinações, é preciso especial atenção com o art. 17, que trata das cláusulas obrigatórias que devem constar nos contratos de prestação de serviços, sob pena de não ficar em conformidade com o regimento.

8.31. As novas regulamentações — Sarbanes-Oxley e Basileia II

Sarbanes-Oxley

A Lei Americana Sarbanes-Oxley foi concebida por dois senadores americanos, Michael Oxley e Paul Sarbanes, e foi aprovada em 2002. Desde então, é mais conhecida como simplesmente SOX, e tem impactado a operação de diversas empresas, que precisam estar em conformidade.

A lei é bastante abrangente e estabelece padrões mais rígidos para Companhias Públicas Americanas e companhias de capital aberto. A SOX contém 11 títulos, ou seções, e foca principalmente a Responsabilidade Penal da Diretoria. As regras serão propostas pela SEC — *Securities and Exchange Commission* (instituição equivalente à Comissão de Valores Mobiliários) para implementar as novas regras e assim estar em consonância com a lei.

O objetivo maior da SOX é restabelecer e aumentar a confiança do investidor e a sustentabilidade nas organizações.

Algumas das exigências são: que as empresas demonstrem boas práticas corporativas; imponham procedimentos efetivos de governança corporativa; penalidades com imposição civil e criminal internacional; ampliação da cultura de ética profissional; declaração de responsabilidade da administração em estabelecer e manter um sistema de controles internos e métricas efetivas para a avaliação da efetividade dos controles, declaração de auditoria independente certificando a avaliação da gerência, declaração identificando a metodologia/ *framework* usada para implementar e avaliar os controles internos.

334

A base para implementação está na área de TI, pois cerca de 90% dos processos de negócios são controlados por TI. Dessa forma, esse departamento não só será responsável pelo controle de acesso, dados e guarda de históricos, como também terá de autenticar cada passo em cada processo.

As seções 302 e 404 são as mais discutidas dentro da referida legislação. A 302 trata sobre a responsabilidade pessoal dos Diretores Executivos e Diretores Financeiros, enquanto a 404 determina a avaliação anual dos controles e procedimentos internos para fins de emissão do relatório financeiro.

A SOX também é conhecida como a Lei da Responsabilidade Fiscal, e segundo a seção 302, em caso de violação, os diretores, auditores e consultores dessas empresas estarão sujeitos à pena dessa lei, dez a vinte anos de prisão e multa de até US$ 5 milhões. Já a seção 404 determina, além da avaliação anual, auditoria independente e emissão do mesmo relatório apartado do relatório descrito em linhas pretéritas.

O COSO (*Commitee of Sponsoring Organizations of the Tread-way Commission*), uma organização não governamental dedicada a aumentar a qualidade dos relatórios financeiros por meio da ética nos negócios, fornece algumas recomendações para aderência à SOX. A estrutura recomendada pelo COSO é desmembrar os controles internos em cinco componentes inter-relacionados, quais sejam: ambiente de controle (a base para todos os requisitos dos controles internos inclui valores éticos dos funcionários), avaliação dos riscos (a identificação e a análise de riscos inerentes que possam impedir o alcance dos objetivos do negócio), atividades de controle (tarefas específicas para minimizar cada um dos riscos detectados anteriormente), informação e comunicação (vias de informação que partem da administração para os funcionários e vice-versa) e, por último, monitoramento (a avaliação e apreciação dos controles internos).

Segundo uma pesquisa Mckinsey divulgada pela revista *Info Corporate*, 76% dos executivos pagariam mais pelas ações de empresas que adotam práticas de governança. A expectativa de aumento dessas ações segundo a mesma pesquisa é de 24%.

As penalidades[305] impostas aos diretores, auditores e consultores, acrescidas da desvalorização das ações das empresas que não cumpriram ou provavelmente não cumprirão as determinações da Sarbanes-Oxley, são motivações mais que suficientes para demonstrar a importância e o impacto de tal regulamentação[306].

---

305. Para saber se a empresa foi autuada pela SOX basta acessar o *site* <http://www.sec.gov/> e buscar a área *litigation releases*.

306. Para entender mais sobre a Lei Sarbanes-Oxley, recomendamos a leitura dos livros *Sarbanes-Oxley and the new Internal Auditing Rules*, de Robert R. Moeller, Ed. Wiley, e *The Sarbanes-Oxley Section 404 Implementation Toolkit*, de Michael Ramos, Ed. Wiley.

Independentemente da SOX, cada vez mais o mercado exige transparência e conformidade legal. Para isso é essencial ter controle e documentar as tomadas de decisão da empresa adequadamente. Não tem como isso ser feito sem uma gestão adequada dos fluxos de informação. Logo, governança em TI alinhado com blindagem jurídica de seus processos é essencial para se atender a SOX. Mas nada disso será eficiente sem conscientização dos gestores, dos altos executivos. É por este motivo, inclusive, que a SOX exige assinatura de um Código de Ética específico.

Basileia I e II[307]

Atualmente os riscos para as instituições financeiras não são apenas os riscos de crédito ou de mercado, mas também os riscos operacionais. O que ocorreu na realidade foi o surgimento de um novo conceito de risco para as instituições financeiras, em razão justamente de uma série de quebras que ocorreram por não terem sido levadas em conta novas variáveis, que estão relacionadas ao dia a dia operacional, a como são feitas as coisas.

Afinal, um vírus que altere dados de uma transação de compra de dólares, ou ouro, ou valor de ações, pode sim levar uma operadora à falência. Não mais apenas quem é o Presidente, se há golpe militar, se há galinha louca, vaca maluca, ou o que mais aparecer por aí. Hoje, as empresas estão capilarizadas em indivíduos, cujas condutas, por mais que pequenas, podem gerar grandes consequências. Sendo assim, é necessário estabelecer novos controles, novos parâmetros de avaliação de risco, e quem não estiver *compliance* paga mais caro por isso. É por essa razão que, quando falamos em Basileia II, não estamos falando apenas para o mercado financeiro, seus resultados serão sentidos até a ponta, até o estabelecimento comercial, até o portador do cartão de crédito.

Para determinar esses controles e parâmetros foi criada a Basileia II, uma deliberação mundial dos bancos sob os cuidados do *Basel Committee on Banking Supervision* (BCBS)[308] em Basel, na Suíça. Visa a padronizar a forma como bancos e agências reguladoras dos bancos analisam risco, aplicando-se também

---

307. Para aprofundar os conhecimentos sobre Basileia II, recomendamos a leitura do livro *Basilea II — Una nueva forma de relación Banca-Empresa*, de Jorge Soley Sans e Ahmand Rahnema, Ed. McGraw-Hill.

308. O Comitê da Basileia sobre a Supervisão Bancária é um comitê de autoridades de Supervisão Bancária que foi criado pelos presidentes dos bancos centrais do Grupo dos Dez em 1975. Consiste em representantes seniores das autoridades de supervisão bancária e dos bancos centrais da Bélgica, Canadá, França, Alemanha, Itália, Japão, Luxemburgo, Holanda, Espanha, Suécia, Suíça, Reino Unido e Estados Unidos.

a outros tipos de instituição, como as emissoras de cartões, as financeiras, as corretoras. O que se busca é equacionar o gerenciamento de risco para além das fronteiras físicas, ou seja, para dentro das fronteiras informacionais, conectadas, e em tempo real.

A Basileia I, que foi adotada no ano de 1988, atualmente "caiu" em desuso. Isso porque sua eficácia já não reflete a realidade de risco das instituições. As deliberações sobre a sua sucessora, ou melhor, Basileia II, tiveram início em janeiro de 2001, motivadas principalmente no que cinge aos problemas de arbitragem, tendo em vista a divergência entre requerimentos do capital e os cálculos da economia capital.

O Acordo recomenda "três pilares" — análise do risco e controle (determinação dos requisitos mínimos de fundos próprios para a cobertura dos riscos de crédito, de mercado e operacional), supervisão dos recursos (convergência das políticas e práticas de supervisão que podem originar, nomeadamente, a fixação de requisitos mínimos diferenciados, em função dos perfis de risco ou da solidez dos sistemas de gestão e controle interno das instituições) e monitoramento do mercado financeiro (prestação de informação ao mercado e ao público em geral, de modo a assegurar maior transparência sobre a situação financeira e a solvabilidade das instituições). Dentro deste trinômio, dois são merecedores de maior destaque: a supervisão e a prestação das informações.

Quanto à supervisão, os supervisores devem dispor de meios para coletar, examinar e analisar informações bancárias, em bases individuais e consolidadas. No tocante aos supervisores, ainda, estes devem possuir meios para validar, independentemente das informações com relação à supervisão, seja mediante inspeções diretas, seja pelo uso de auditorias externas.

Já quanto à prestação de informações, as instituições financeiras (principalmente os bancos) devem manter registros adequados e preestabelecidos com as políticas e práticas contábeis consistentes. Tais informações deverão possibilitar uma avaliação precisa da real condição financeira do banco e de sua lucratividade.

Implementar essas "boas práticas" engloba identificar risco do crédito, risco de mercado, risco operacional etc.; a partir daí, alocar o capital, maneira mais apropriada para cobrir as perdas em potencial. Entre os termos técnicos estão inclusos *perda prevista* (*expected loss*), probabilidade do defeito (*probability of default*), defeito dado como perda (*loss given default*), exposição no defeito (*exposure at default*). Os cálculos desses componentes requerem vasta coleta de dados.

Já estamos no Acordo da Basileia III e as instituições brasileiras devem se preparar para um contexto internacional cada vez mais interdependente e intersistêmico, por isso o gerenciamento dos riscos operacionais exige uma boa parcela de conhecimento sobre os novos riscos digitais e suas implicações legais[309].

8.32. Tributos

Como tributar a Internet? Será que ela deve ser tributada? O mundo virtual, em princípio, deve ter as mesmas leis que o mundo real? Se a compra de um produto em uma loja física exige o recolhimento de determinado imposto, em uma loja virtual deve-se aplicar o mesmo? O uso de nota fiscal eletrônica pode ser um caminho? Mas como controlar o pagamento de impostos em *downloads*?

A questão dos tributos é uma das mais polêmicas no mundo virtual. Em qualquer lugar do mundo, o Direito Tributário é totalmente codificado[310], porque se aplica a uma área pública em que uma das pontas da relação é o Estado. Este último recolhe dos contribuintes porque tem um motivo, uma destinação para esses recursos que deve visar ao bem comum. Se o Direito Tributário não for amplamente codificado, a população tende a ficar à mercê de um Estado que tributaria em causa própria. A própria origem dos Estados modernos foi motivada, entre outras coisas, pela luta contra os abusos tributários de Estados Absolutistas.

A maior discussão sobre tributos na área digital surge por causa da expansão do *e-commerce*, que trouxe a migração de grande volume de negócios para o mundo virtual. É uma distorção considerar que negócios realizados via Internet necessitam de novos tributos[311]: se o fato gerador permanece o mesmo, os tributos existentes são perfeitamente aplicáveis aqui. Então, o que motiva a discussão? O foco é a competência de tributar e de receber o tributo.

---

309. Já estamos no Acordo da Basileia 3. O prazo para adequação é 2019 e 2022 (http://www.valor.com.br/financas/3488080/bancos-brasileiros-passam-em-testes-e-estao-preparados--para-basileia-3).

310. A estrita legalidade é um dos princípios constitucionais que orientam a instituição e cobrança de impostos: de forma genérica, está contida no inciso II do art. 5º da Constituição Federal que diz: "ninguém será obrigado a fazer ou deixar de fazer alguma coisa senão em virtude de lei". Apesar de ser suficiente para sujeitar a matéria tributária, quis o constituinte reforçar este princípio especificamente para a tributação, e o fez no art. 150, I: "Sem prejuízo de outras garantias asseguradas ao contribuinte, é vedado à União, aos Estados, ao Distrito Federal e aos Municípios: I — exigir ou aumentar tributo sem lei que o estabeleça".

311. Veja-se, nesse sentido, que a opinião abalizada da doutrina internacional tende à aplicação do sistema tributário vigente às novas condutas. Nesse sentido, concluiu o *Committee on Fiscal Affairs*, da Organização para a Cooperação e Desenvolvimento Econômico — OCDE: "The key conclusion: the taxation principies that guide governments in relation to conventional commerce should also guide them in relation to electronic commerce".

Entendemos que, por respeito ao Princípio Constitucional que incentiva a Iniciativa Privada, para alguns setores da sociedade deveria ser aplicada uma alíquota diferenciada para as transações virtuais. Nesse sentido, até mesmo para estimular o meio de negócios digitais, seria recomendável que ela fosse inferior à dos negócios tradicionais.

No entanto, há pessoas que defendem uma alíquota superior em razão do maior risco de sonegação e dos menores custos de infraestrutura e pessoal de empresas virtuais. Ora, ambas as motivações dadas são falaciosas, uma vez que sabemos historicamente que maiores tributos nunca solucionaram a questão de sonegação.

Uma tributação diferenciada com alíquotas reduzidas contribuiria não apenas para o estímulo ao comércio eletrônico, mas também para tornar mais competitivo nosso mercado dentro de um cenário de economia globalizada, em que os consumidores virtuais têm muitas alternativas e a concorrência não é apenas local, é global. A esta tendência tem-se chamado de internet sem impostos (*freetax web*).

É de responsabilidade governamental definir uma estratégia de política pública que estimule a iniciativa privada digital[312], permitindo a regularização das empresas da nova economia digital e provocando sua expansão, para atrair pequenas e médias empresas que buscam a Internet como meio de baixar seus custos e aumentar suas possibilidades de negócios. Estimular o comércio eletrônico significa incentivar o surgimento de mais empresas virtuais regularizadas, com imposto mais baixo, exigência de produtos mais baratos e de qualidade.

O principal desafio que surge para os tributaristas é a questão da territorialidade, de estabelecer a competência não só para a cobrança, como para o recebimento dos impostos. E este é um problema complexo, inclusive de ordem

---

312. Acreditamos que a aplicação de alíquotas diferenciadas e efetivamente menores surtiriam ótimos resultados na economia como um todo, apesar da aparente diminuição na arrecadação. O primeiro efeito seria a diminuição dos custos de um "negócio virtual", a qual poderia tornar os produtos e serviços prestados pela *web* mais competitivos no mercado e promoveria a criação de mais empresas virtuais, além do aumento da participação de empresas tradicionais nas transações eletrônicas. Num segundo momento, teríamos grande fluxo de empresas virtuais se regularizando, pois não é interessante para nenhum comerciante exercer suas atividades à margem da legalidade, pois com a redução da carga de tributos muitos negócios tornam-se viáveis. Os *sites* de vendas quando devidamente registrados transmitem sensação de segurança para o mercado, o que sem dúvida estimula as vendas. Outro efeito benéfico seria que as empresas deixariam de se registrar em locais diferentes daqueles em que de fato atuam, para recolherem menos impostos, como acontece hoje, já que empresas do Município de São Paulo registram suas sedes em cidades como Barueri, por ser menor a alíquota do ISS. Portanto, tratamento tributário diferenciado para as relações comerciais eletrônicas tornaria nossos produtos mais competitivos, promoveria a regularização da maior parte das empresas, trazendo por conseguinte maior proteção e segurança ao consumidor.

internacional, visto que, com a diminuição das barreiras geográficas, há uma livre circulação de bens e serviços digitais que tampouco passam por uma fronteira física (vide o efeito *download* ou ainda da importação de serviços de "nuvem" ou *cloud computing*).

Um exemplo simples deste tipo de conflito é a venda de carros via Internet, introduzida no Brasil pelas montadoras e que, de certa forma, reduz a participação dos intermediários, no caso as concessionárias, baixando os custos do produto.

Uma das soluções então apresentadas era o compartilhamento dos tributos: parte do ICMS[313] era recolhida pela unidade da Federação em que se situa a montadora, e outra parte pela unidade de onde se origina a compra. Dessa forma, os dois Estados continuariam a recolher ICMS, como ocorre quando o comprador adquire, na concessionária da esquina, um carro fabricado em outro Estado.

Tal divisão passou a ser adotada em decorrência da então vigência do chamado Protocolo 21, editado pelo Conselho Nacional de Política Fazendária (Confaz), que fixava regras para o comércio eletrônico interestadual. A referida norma permitia que os Estados sem empresas de distribuição, em sua maioria do Norte e Nordeste, recebessem parte do ICMS, dando origem à "guerra fiscal" com os Estados de localização dos fornecedores, em sua maioria concentrados no Sudeste e Sul do País.

No caso do setor de serviços, a questão é mais complicada. Normalmente, o ISS é cobrado no local em que o serviço é prestado; quando não se pode determinar o local da prestação de serviços, o ISS é cobrado no município em que se situa a sede da empresa[314]. No caso de empresas totalmente digitais,

---

313. A Emenda Constitucional n. 87, publicada em abril de 2015, criou uma nova forma de cobrança do Imposto sobre Circulação de Mercadoria e Serviços, o ICMS, para vendas interestaduais feitas a não contribuintes, ou seja, pessoas físicas e prestadores de serviços. O objetivo da nova regra foi o de fazer uma partilha mais justa do ICMS entre os Estados. Antes, todo o recolhimento do ICMS de uma compra ficava com o Estado de origem da venda do produto (conforme entendimento até então pacificado nos tribunais superiores). Mas, como o ICMS é considerado um tributo de consumo, a Emenda Constitucional determinou o recolhimento do imposto para o Estado de destino da mercadoria. Além disso, o Convênio ICMS n. 93, publicado em setembro de 2015 pelo Conselho Nacional de Política Fazendária (Confaz), trouxe as novas regras para a cobrança desse novo ICMS e na cláusula nona ampliou o alcance para as micro e pequenas empresas optantes pelo Simples Nacional, gerando bastante polêmica devido ao alto impacto sobre os pequenos negócios de comércio eletrônico.

314. No nosso ordenamento, o problema do local da prestação do serviço é resolvido pelo Decreto-Lei n. 406, de 1968, que possui caráter de lei complementar em matéria tributária, estabelecendo normas gerais de direito financeiro, aplicáveis aos impostos sobre operações relativas à circulação de mercadorias e sobre serviços de qualquer natureza.

como se pode determinar a sede da empresa? A única solução possível é que esta tenha algum registro no mundo; no Brasil, a empresa tem de ter CNPJ, mesmo que não tenha uma sede física. Mas muitos países têm resolvido essa questão determinando que possa ser definido a partir do local onde está o consumidor (ou seja, o município de consumo possa estabelecer para onde deve ser recolhido o imposto). Outra regra tradicional aplicável aqui: se o prestador de serviços é pessoa física, a empresa contratante recolhe o imposto; se é pessoa jurídica, o próprio prestador de serviço o recolhe.

Mas uma das principais questões que geram discussão em matéria contábil e tributária é a de dar ciência da operação. Nos negócios tradicionais, essa ciência é dada por notas fiscais e livros-caixa, ainda, mas com a própria implementação da Nota Fiscal Eletrônica isso já está mudando[315]. Na Internet, grande parte das transações ocorre sem nota fiscal ou sem outra forma de registro. No entanto, novamente, como estamos falando de uma sociedade digital que tem como principal característica a tecnologia, sabemos que tudo o que ocorre na rede tem como ser identificado e rastreado. Seria, portanto, uma questão de implantação de *software* específico para que os tributos passassem a ser recolhidos automaticamente em operações eletrônicas, com um risco de sonegação muito menor do que o do mundo real.

De qualquer modo, o fator cultural é importante, já que, de certa forma, sempre a maior prova será dada pela consciência do consumidor de exigir nota fiscal das transações realizadas via Internet. Por isso, é fundamental que haja uma mudança de postura não apenas do Fisco como, principalmente, do consumidor.

Aliando-se um *software* específico a uma maior consciência de cidadania e à necessidade de garantir a segurança nas transações pela via digital (que podem estar associadas a um seguro específico), poderemos ter o ambiente da Internet como o local mais eficiente para a realização de negócios, podendo-se tornar muito mais eficiente do que no mundo real.

A Internet é um ambiente que estimula as relações em vários níveis, jamais se configurando como um veículo restritivo. Toda a questão das liberdades hoje pode ser lida por um viés tecnológico, em que a Internet assume o papel de um princípio de liberdade puro. Para que isso não signifique anarquia fiscal, é importante que se protejam as partes envolvidas colocando-lhes obrigações, não agindo como uma terceira parte que restrinja a relação.

---

315. Mais informações sobre a nota fiscal eletrônica podem ser encontradas na legislação aplicável: Portaria CAT 104/2007 e Lei Estadual (SP) n. 14.097/2005 e também nos *sites* da Fazenda Federal, Fazenda Estadual e da Prefeitura de São Paulo (ex.: http://www.nfp.fazenda.sp.gov.br/).

É importante ressaltar que a sociedade digital se caracteriza por ser uma sociedade de bens de serviço, na qual um livro[316] que é acessado, assim como uma música e muitos outros produtos, perde sua característica de bem de consumo tangível e passa a ter uma característica de serviço. Sendo assim, podemos avaliar que há no Direito Digital uma mudança quanto aos critérios de distinção entre o que seriam serviços e o que seria a circulação de mercadorias virtuais[317]. Isso tem total impacto na forma como se entende e distingue a incidência do ICMS e ISS.

Esta questão faz com que existam peculiaridades no tocante ao aspecto tributário digital, já que devem ser definidas as modalidades de obrigações virtuais relacionadas ao fato gerador dos dois impostos. No ISS estamos diante de uma obrigação de prestar um serviço pessoal; já no ICMS, a obrigação é de entregar alguma coisa. Alguns representantes do Fisco confundem essas

---

316. Em relação ao livro eletrônico, surge uma questão de ordem tributária específica. A Constituição Federal, em seu art. 150, VI, *d*, concedeu imunidade tributária aos livros, jornais, periódicos, bem como ao papel destinado à sua impressão, protegidos como instrumentos de transmissão do pensamento, da liberdade de expressão, da informação e disseminação cultural. A questão é: poder-se-ia pensar em imunidade tributária do livro eletrônico? A princípio, como se trata de um bem virtual, imaterial, não poderia ser tratado como mercadoria, termo que pressupõe a materialidade do bem, portanto não se haveria de falar em incidência do ICMS. Porém, a 1ª Turma do Supremo Tribunal Federal, ao julgar o Recurso Extraordinário n. 176.626-3-SP, fixou o entendimento de que o "*software* de prateleira", na qualidade de cópia ou exemplar dos programas de computador produzidos em série, pode sofrer a incidência do ICMS. Na verdade, o dito imposto não incide sobre o *software* em si (pois que é bem imaterial), mas no seu suporte físico; refazemos, então, a pergunta original: incidiria o ICMS sobre o livro eletrônico quando este se apresentasse sob a forma de "*software* de prateleira"? Acreditamos que, independentemente da forma pela qual se apresenta, o importante será que o conteúdo é de um livro, o instrumento pelo qual se expressa este conteúdo, seja papel, fita magnética ou CD-ROM, está (segundo a melhor interpretação da norma constitucional) isento de impostos, servindo assim às intenções do constituinte, de incentivar a liberdade de expressão e a disseminação cultural. Nessa linha de raciocínio, o STF, por unanimidade, acolheu a proposta de súmula vinculante com a seguinte redação: "A imunidade tributária constante do art. 150, VI, *d*, da CF/88 aplica-se à importação e comercialização, no mercado interno, do livro eletrônico (e-book) e dos suportes exclusivamente utilizados para fixá-los, como leitores de livros eletrônicos (e-readers), ainda que possuam funcionalidades acessórias". Por ser uma súmula vinculante, todas as futuras decisões judiciais terão que seguir esse entendimento (ver <http://portal.stf.jus.br/processos/detalhe.asp?incidente=5534306>).

317. Toda a doutrina é enfática ao dizer que, para fins de tributação, mercadoria é bem corpóreo (constituído por átomos) móvel e destinado ao comércio. Bens imateriais não podem a princípio ser objeto de tributação pelo ICMS (por exemplo, quem compra legalmente um *software*, na verdade não está adquirindo a propriedade deste, mas está recebendo uma licença do autor para usar o programa). Algumas mercadorias virtuais são de fato verdadeiras prestações de serviços; outras constituem-se em direitos como o de autor. Independentemente da classificação, só podem ser tais bens objeto de incidência tributária se o legislador os prever e sobre eles dispuser, visto que até o momento estão imunes à tributação.

definições, e ainda confundem os provedores de conexão à Internet com os provedores de aplicação.

Os provedores de conexão são os que viabilizam que o usuário navegue na rede e, utilizando seus equipamentos, tenha um endereço para recebimento de *e-mails* e arquivos. Já os provedores de aplicação[318] desenvolvem e fornecem informações pela rede[319]. Em alguns casos, os dois tipos de provedores podem ser reunidos numa só empresa. Nos dois casos, estão prestando serviços — portanto, deve ser arrecadado o ISS.

Uma possível solução que enxergamos e que tem muito que ver com a tão falada reforma tributária é a aplicação de um Imposto Único para Transação *Online*, quer comércio de bens, quer prestação de serviços, em que seriam consideradas as recomendações já dadas no tocante à competência de cobrar e receber o imposto.

---

318. Uma questão que merece atenção é a dos provedores de aplicação. A Constituição Federal, em seu art. 150, VI, *d*, concede isenção de impostos a livros, jornais, periódicos e papel destinado à sua impressão. Atualmente existem várias edições *online* de periódicos e jornais, bem como há outros provedores de aplicação veiculando informações as mais diversas, cujos objetivos são os mesmos dos jornais e periódicos impressos em papel. Haveria então de se considerarem imunes de tributação os provedores de aplicação e os insumos consumidos no processo de produção de suas publicações virtuais, visto que não há motivo para tratamento diferenciado das publicações reais e das feitas por meios virtuais.

319. Vigoram os conceitos atuais tratados pela pelo Marco Civil da Internet, art. 5º: para os efeitos desta Lei, considera-se:

I — internet: o sistema constituído do conjunto de protocolos lógicos, estruturado em escala mundial para uso público e irrestrito, com a finalidade de possibilitar a comunicação de dados entre terminais por meio de diferentes redes;

II — terminal: o computador ou qualquer dispositivo que se conecte à internet;

III — endereço de protocolo de internet (endereço IP): o código atribuído a um terminal de uma rede para permitir sua identificação, definido segundo parâmetros internacionais;

IV — administrador de sistema autônomo: a pessoa física ou jurídica que administra blocos de endereço IP específicos e o respectivo sistema autônomo de roteamento, devidamente cadastrada no ente nacional responsável pelo registro e distribuição de endereços IP geograficamente referentes ao País;

V — conexão à internet: a habilitação de um terminal para envio e recebimento de pacotes de dados pela internet, mediante a atribuição ou autenticação de um endereço IP;

VI — registro de conexão: o conjunto de informações referentes à data e hora de início e término de uma conexão à internet, sua duração e o endereço IP utilizado pelo terminal para o envio e recebimento de pacotes de dados;

VII — aplicações de internet: o conjunto de funcionalidades que podem ser acessadas por meio de um terminal conectado à internet; e

VIII — registros de acesso a aplicações de internet: o conjunto de informações referentes à data e hora de uso de uma determinada aplicação de internet a partir de um determinado endereço IP.

Como vimos, há vários conceitos que devemos repensar em função do comércio eletrônico, tais como a determinação do estabelecimento permanente e do estabelecimento principal; os conflitos de jurisdição; o *borderline* entre serviços e produtos; o anonimato dos contribuintes, entre outros. Entendemos que essas adaptações de conceitos às mudanças da sociedade são um princípio do Direito, que é o de ser capaz de se adaptar aos novos casos concretos sob pena de se tornar obsoleto.

Tomemos como exemplo um *site* de vendas *online*. O *site*, por si só, não é nenhuma propriedade tangível, não podendo, portanto, constituir um "local de negócios". Por outro lado, o servidor por meio do qual o *website* é operado é parte de um equipamento que necessita de um espaço físico e poderia, portanto, constituir um "local de negócios fixo" da empresa que o opera. No entanto, até mesmo isso está em transformação, com o crescimento do uso de hospedagem virtual. Isso tem criado um instituto de empresa totalmente virtual, inclusive sem qualquer equipamento. Surge, então, a questão jurídica: onde está situado o estabelecimento principal da empresa[320]?

O regulamento do Imposto de Renda, no Brasil, prevê que o domicílio fiscal da empresa é o lugar da situação dos bens ou da ocorrência dos atos ou fatos que deram origem à obrigação tributária. No âmbito digital, devemos adaptar essa regra para que possa atender ao comércio eletrônico, seja via computador, celular ou televisão.

Se a operação é realizada em diferentes territórios, simultaneamente, há uma necessidade de acordos bilaterais internacionais para que se possa aplicar uma legislação mais uniforme e não se prejudique o livre comércio nem se onere demasiadamente o consumidor.

Quanto à aplicação de um imposto sobre o consumo, reunindo tanto o ICMS como o ISS, a questão sobre de quem é a obrigação de tributar e qual o contribuinte também se coloca; para um bem corpóreo, mesmo que transacionado em meio eletrônico, a solução é mais fácil do que para um bem incorpóreo,

---

320. A Lei Complementar n. 87, de 1996, em seu art. 11, § 3º, considera, para fins de tributação pelo ICMS, estabelecimento como "o local, privado ou público, edificado ou não, próprio ou de terceiro, onde pessoas físicas ou jurídicas exerçam suas atividades em caráter temporário ou permanente, bem como onde se encontrem armazenadas mercadorias, observado, ainda, o seguinte: I — na impossibilidade de determinação do estabelecimento, considera-se como tal o local em que tenha sido efetuada a operação ou prestação, encontrada a mercadoria ou constatada a prestação; II — é autônomo cada estabelecimento do mesmo titular; III — considera-se também estabelecimento autônomo o veículo usado no comércio ambulante e na captura de pescado; IV — respondem pelo crédito tributário todos os estabelecimentos do mesmo titular".

acessível em ambiente virtual, ou com existência apenas na Internet, como é o caso da aquisição por *download*.

Como estabelecer um mecanismo eficiente de tributação desses "novos bens"[321] é uma questão que está sendo resolvida no Direito Digital e que necessita da reavaliação dos institutos jurídicos tradicionalmente conhecidos. É claro que podemos aplicar a legislação atual vigente a muitas das transações efetuadas na *web*, pois, se o consumidor compra um bem físico de uma empresa com domicílio fiscal certo e determinado, não há nenhum problema.

Acreditamos que uma boa alternativa para ter maior controle é na ponta do pagamento. Nessa situação, não importa muito o que está sendo tributado, o que é uma problemática para que não se tribute a renda em vez do consumo, visto que já existe tributo específico para renda; mas essa alternativa pelo menos impede que uma transação de compra de bens intangíveis passe totalmente despercebida.

Já a tributação do comércio eletrônico no aspecto do lucro auferido por determinado estabelecimento permanente de uma empresa deve observar os tratados e acordos de bitributação[322] entre o país-sede da empresa e o país onde está localizado aquele estabelecimento. Para países importadores de capital e bens e serviços virtuais, como o Brasil, o assunto repercute na competência tributária e na arrecadação.

Os acordos tributários consagram o conceito de "estabelecimento permanente" para permitir a identificação da presença de uma empresa de um país no território de outro e, assim, justificar a tributação de seus lucros. O conceito envolve essencialmente a presença física no país pela existência de "um lugar fixo de negócios" por meio do qual a empresa atua.

---

321. A *Implementation Option* n. 181 do Relatório de Discussão de Matérias Fiscais sobre Comércio Eletrônico, que norteou a conclusão do Comitê de Assuntos Fiscais da Organização de Cooperação e Desenvolvimento Econômico — OCDE na Conferência Ministerial realizada em outubro de 1998, em Otawa, para discutir a tributação do *e-commerce*, concluiu que o fornecimento de produtos digitais não deveria ser tratado como fornecimento de mercadorias, esclarecendo que "autoridades alfandegárias vêm concluindo que para o propósito de tributação sobre o consumo, o fornecimento de produtos digitais não deve ser tratado como um fornecimento de mercadorias, porque: a) serviços e propriedade intangível podem ser recebidos *online* em forma digitalizada. Eles são recebidos pelos consumidores diretamente do fornecedor. Eles não estão sujeitos a controle alfandegário nem são transportados na acepção tradicional por um intermediário. Eles não são produtos tangíveis quando recebidos inicialmente pelos consumidores. O consumidor pode criar um produto tangível depois, mas isso depende de sua escolha. b) o Comitê de Assuntos Fiscais, dessa forma, concluiu que, no objetivo de dar certeza sobre o tratamento dos produtos digitais enviados *online* para propósitos tributários, através de fronteiras internacionais, estes produtos não devem ser tratados como mercadorias".

322. A Convenção Modelo para a Bitributação da Organização para a Cooperação e Desenvolvimento Econômico — OCDE define estabelecimento como "a fixed place of business through wich the business of a enterprise is wholly or partly carried on".

Com isso, alcançou-se razoável equilíbrio entre as competências tributárias do país de residência da empresa (ou seja, do beneficiário final dos rendimentos) e do país fonte dos rendimentos (país no qual atua a empresa por meio do estabelecimento permanente). A Internet coloca em xeque a própria ideia de um lugar fixo de negócios e a necessidade da presença humana direta para o funcionamento de qualquer equipamento, tornando difícil identificar um estabelecimento permanente conforme definido nos acordos tributários internacionais tradicionais.

A OCDE recomenda que o *e-commerce* não seja discriminado relativamente ao comércio tradicional, no sentido de maior oneração. Ou seja, se não houver encargo ou tributo em uma operação física, não deve haver em uma virtual. Assim como não se pode elevar alíquota só por ser na Internet. É lícito supor que deve haver equilíbrio entre os interesses dos Estados de residência e de fonte como acima definidos, quando se acordarem regras tributárias para o comércio eletrônico.

Algumas discussões têm enfatizado aspectos particulares, como a caracterização dos provedores e servidores de Internet e *websites* como estabelecimentos permanentes, negligenciando um ponto fundamental: a ameaça de que a competência para tributar os lucros do comércio eletrônico venha a se transferir dos países que se tornarão principalmente importadores de bens intangíveis e serviços, que são a maioria e hoje ainda abrigam estabelecimentos permanentes, para aqueles poucos países que já sediam as empresas produtoras de tais bens e serviços.

Segundo, se, no caso de produtos tangíveis comercializados via Internet, o país que perde o antigo estabelecimento permanente perde também o imposto que teria incidido sobre os lucros daquele estabelecimento, mas ainda arrecada algo na importação. No caso de bens intangíveis e serviços, o país perde receita duplamente, pois não há lucros nem produtos a tributar.

A tributação na fonte pagadora tem sido a regra na legislação brasileira, significando, por exemplo, que a prestação de serviços em geral a um residente no Brasil é alcançada pela tributação, independentemente de onde seja prestada. Nesse contexto, é razoável afirmar que, como regra, a fonte pagadora dos serviços e *royalties* não se deslocaria para um paraíso fiscal, já que isso impediria a dedução dos respectivos custos quando da apuração dos resultados da empresa beneficiária dos serviços.

Um exemplo de caminho de solução tributária que tem sido praticado é o caso da indústria automotiva, que estabeleceu alguns critérios próprios para a cobrança do ICMS no faturamento direto de veículos pela Internet. No caso do faturamento direto, o ICMS é totalmente recolhido no Estado em que o bem é produzido. O que se tem proposto é que o Estado produtor fique com uma parcela e o Estado em que a mercadoria é adquirida, com outra parcela, como acontece no sistema tradicional de venda com a intermediação da concessionária. Nas compras pela Internet, o faturamento será feito diretamente da fábrica para o consumidor, com a eliminação de uma etapa de cobrança do PIS-Cofins, e incide toda vez que uma mercadoria é comercializada. A etapa eliminada é a do varejo.

É importante ressaltar que o aspecto tributário aplicado aos novos serviços e modelos de negócios da era digital precisa ser reavaliado. Isso porque há muitas situações em que, dependendo da forma de execução do uso, ou da materialização do objeto (muitas vezes intangível), enquadra-se como serviço, por exemplo, o *download* de um *software*, enquanto a venda do mesmo *software* em um CD-ROM em uma caixa na prateleira de uma loja já deve recolher o ICMS. Isso sem falar nas discussões sobre tributação de VoIP, que difere do padrão de telefonia, e assim por diante.

No caso específico de *software*, que tem sido objeto de discussão recorrente, devemos observar, em linhas gerais, o seguinte:

Como visto, as conflitantes manifestações jurisprudenciais motivaram a repartição da arrecadação tributária sobre o mesmo fato gerador, além de gerar conflito de competência entre os entes federativos.

De um lado, a distribuição em larga escala do *software* e sua exposição em "prateleiras", segundo manifestações de nossos tribunais, ensejaria tributação pelo ICMS, por caracterizar operação de compra e venda.

Por outro lado, o desenvolvimento personalizado de *software*, de acordo com as necessidades do contratante, gera a incidência do ISS, arrecadado pelos Municípios e pelo Distrito Federal.

Assim, observando o art. 146, I, da Constituição Federal e para afastar o conflito de competência, o legislador editou a Lei Complementar n. 116/2003[323], que trata do Imposto sobre Serviços de Qualquer Natureza e estabelece o seguinte:

"Art. 1º O Imposto sobre Serviços de Qualquer Natureza, de competência dos Municípios e do Distrito Federal, tem como fato gerador a prestação de serviços constantes da lista anexa (...)

---

323. <https://www.planalto.gov.br/ccivil_03/Leis/LCP/Lcp116.htm>.

(...)

1 — Serviços de informática e congêneres.

1.01 — Análise e desenvolvimento de sistemas.

1.02 — Programação.

1.03 — Processamento, armazenamento ou hospedagem de dados, textos, imagens, vídeos, páginas eletrônicas, aplicativos e sistemas de informação, entre outros formatos, e congêneres.

1.04 — Elaboração de programas de computadores, inclusive de jogos eletrônicos, independentemente da arquitetura construtiva da máquina em que o programa será executado, incluindo tablets, smartphones e congêneres.

1.05 — Licenciamento ou cessão de direito de uso de programas de computação.

(...)".

No mesmo sentido, a Lei municipal n. 13.701/2003, editada em São Paulo, traz as mesmas disposições do mencionado diploma acima indicado, corroborando a incidência do ISS sobre a operação em análise.

Da legislação aplicável ao tema, outra não poderia ser a solução senão a incidência do Imposto sobre Serviços de Qualquer Natureza, já que, com exceção do direito de uso do *software*, não há transferência de titularidade de direitos, nem sequer o preenchimento dos requisitos da compra e venda.

Considerando a manutenção da titularidade do *software* pelo seu desenvolvedor, não há espaço para a incidência do Imposto sobre Circulação de Mercadorias, por força da combinação da disposição trazida pela Lei Complementar n. 116/2003 com o art. 9º da Lei federal n. 9.609/98[324], que determina a celebração de contrato de licença ou cessão de uso nas relações entre usuário e desenvolvedor.

Outra solução implicaria grave ofensa à ordem tributária nacional, não podendo persistir a validade da jurisprudência que emana do período precedente à edição daquela Lei Complementar, assim como deve ser combatida a atividade fiscal que contrarie tal entendimento.

Dependendo do modelo de contratação, pode ser caso de ISS, de ICMS, ou pode não incidir imposto algum. Por esses motivos acima expostos, é essencial fazer um planejamento fiscal desde o início da operação ou da empresa, para ver qual o modelo mais eficiente e adequado, e assim evitar erros de interpretação que podem aumentar a carga tributária sem necessidade.

---

324. "Art. 9º O uso de programa de computador no País será objeto de contrato de licença."

Portanto, novamente, não há que falar em lacuna jurídica. O que é preciso, sim, é estabelecer novos padrões e procedimentos de conduta mais adequados à nova realidade da sociedade digital, entre eles pensar em uma tributação diferenciada que estimule mais a geração dos negócios digitais em vez de onerá-los e terminar por incentivar a sonegação como artifício de sobrevivência e competição num mercado globalizado em que a carga tributária dos outros países é muito menor do que a enfrentada pelos empresários brasileiros.

8.33. Fisco digital — do SPED à Nota Fiscal eletrônica

Há alguns anos, a vida dos brasileiros contribuintes de imposto de renda mudou quando a Receita Federal passou a aceitar declaração pela Internet[325]. O que isso muda na realidade das empresas com o Judiciário e o Fisco brasileiros mais digitais? O que as empresas devem fazer para atender a esta nova realidade, cada vez mais eletrônica e de menos papel e burocracia? Será que todas as empresas estão preparadas para esta comunicação em tempo real com as autoridades? Será que o apego ao papel é tamanho que nos sentimos inseguros sem ele? Qual o investimento necessário para atender às normas já em vigor que exigem a gestão eletrônica contábil e financeira, bem como do próprio jurídico? Será que pode ser um fator impeditivo para pequenas empresas?

---

325. Dicas para fazer a declaração do IR pela Internet:
- fazer uso de computador seguro e conexão segura (é fundamental que tenha antivírus, *firewall* e *patches* de segurança do navegador atualizados);
- evitar fazer a declaração em *cybercafé* ou *lanhouse* (se não houver certeza da segurança do equipamento). Se fizer uso de um computador que seja multiusuário ou coletivo, lembrar de apagar as informações que são geradas pelo *site* da Receita na máquina e de salvar o arquivo digital (comprovante da declaração) em um *pen drive* (para não esquecer no equipamento);
- não deixar para o último dia (pois é comum haver problema de excesso de solicitações ao *site* da Receita e até de indisponibilidade);
- guardar o seu arquivo digital gerado ao final pelo prazo mínimo de 5 anos;
- se possível, fazer uso de um e-CPF (que é uma garantia maior de autoria e identidade e evita alguns riscos na declaração);
- não responder nem clicar em *e-mails* que digam que houve um problema com sua declaração. Em caso de dúvida, entrar em contato direto com a Receita pelo *site* ou pelo telefone de atendimento ao público. Acesse o *site* da Receita pois lá há informações sobre os novos golpes, para que você não se torne um laranja digital.

Um dos primeiros requisitos que observamos é a exigência de uso de um certificado digital com base na ICP-Brasil[326], que, em princípio, por toda sua característica de aumento de blindagem jurídica, não repúdio, inversão de ônus da prova, já deveria há tempo ter sido adotado maciçamente pelas empresas, mas ainda não ocorreu. Por quê? Talvez por não ser obrigatório para tudo. É uma opção para obter mais informações pelo *site* da Receita Federal, evitando ter de ir presencialmente a uma Secretaria, facilita a retirada de certidões, motivos estes que já provocaram a adesão grande de contadores e financeiros, mas a falta de cultura de uso ainda provoca a sua pouca aceitação em geral.

Imaginem então o desafio em se exigir que um pequeno comércio ou varejo tenha um certificado digital? Ou mesmo um correspondente bancário? Quando muito, os bancos conseguem exigir o uso de um *token*. Mas, se se tornar mandatário, por lei, então todos passam a usar. E talvez isso venha a ocorrer nos próximos anos, com toda esta grande virtualização das relações com autoridades, com o e-Gov em geral, que abrange, inclusive, o incentivo ao uso do pregão eletrônico, entre outros.

Uma outra questão relevante em termos de requisitos técnicos para uma empresa operar *online* com as instituições públicas é o uso de um sistema de solução fiscal integrado com um ERP. A exceção de grandes empresas, muitas ainda não possuem este tipo de estrutura bem implementada, o que pode determinar a ocorrência de uma série de incidentes, inclusive de exteriorização de dados equivocados ao Fisco, por conta das exigências do SPED, bem como da nota fiscal eletrônica.

Em 22 de janeiro de 2007 iniciou o Sistema Público de Escrituração Digital (SPED) que foi implementado pelo Programa de Aceleração de Crescimento (PAC 2007-2010) do Governo Federal, como parte das medidas de aperfeiçoamento do sistema tributário e remoção de obstáculos burocráticos ao crescimento econômico (Decreto n. 6.022/2007). Ele é constituído de três elementos: Escrituração Contábil Digital (ECD), Escrituração Fiscal Digital (EFD) e Nota Fiscal Eletrônica (NF-e).

A ECD foi instituída pela IN RFB 787/2007, revogada e que agora é instituída pela IN RFB 1.774/2017 e é o envio de informações contábeis (razão, balancetes diários, balanços, fichas de lançamento e auxiliares e outros) em forma digital, visando à substituição dos livros físicos e sua eventual extinção. Já a EFD é um arquivo digital com informações referentes às operações, prestações de serviços e apuração de impostos do contribuinte. Contém os seguintes Livros

---

326. A IN 969 da Receita Federal determina que, a partir de 2010, as empresas de lucro presumido devem enviar declarações e demonstrativos com certificado digital.

Fiscais: livro Diário e seus auxiliares, se houver; livro Razão e seus auxiliares, se houver; e livro Balancetes Diários, Balanços e fichas de lançamento comprobatórias dos assentamentos neles transcritos. E, no tocante à NF-e, ela já é uma realidade no Brasil desde o Ajuste SINIEF n. 07/2005. Atualmente é regulada pelo ATO COTEPE n. 22/2008 e pelo Protocolo ICMS n. 10/2007.

A tendência, por certo, é cada vez mais o Fisco ser digital, mas passamos a enfrentar uma nova questão quando isso começa a acontecer: qual o limite para este poder fiscalizador eletrônico do Fisco que agora está dentro da TI das empresas, com dados sendo exteriorizados em tempo real? Pode haver autuações também simultâneas? Passamos também a alinhar questões de segurança da informação aplicadas a estes ambientes dentro do perímetro da autoridade fiscal e do Poder Público, bem como a questionar os limites de uso e interpretação deles, que não podem ser arbitrários nem ilimitados.

8.34. *E-Government* e a Administração Pública na Era das Redes Sociais

Não apenas a economia está se tornando cada vez mais digital. Os governos também. No âmbito de Direito Administrativo, os princípios de publicidade dos atos públicos e probidade administrativa fazem com que a Internet seja um meio extremamente adequado para não apenas publicar o que está sendo feito[327], mas também para funcionar como um canal direto de comunicação com cidadãos e contribuintes. Da mesma forma que é aplicado para as operações bancárias o uso de meios eletrônicos reduz muito o custo das transações, para o governo o meio eletrônico possibilita realizar a um baixo custo os procedimentos licitatórios[328], além de dar maior transparência a eles.

No Brasil a declaração de imposto de renda já é feita em sua quase totalidade pela Internet, assim como a Câmara dos Deputados e a Assembleia Legislativa se tornaram, de certo modo, mais transparentes, com a existência na rede, permitindo o acompanhamento de Projetos de Lei, votações *online* no sistema de "e-Vote", entre outros.

---

327. O governo brasileiro já tem 100% de suas compras divulgadas na Internet e oferece mais de 800 serviços *online*.

328. Atualmente as licitações pela Internet são regulamentadas pelo Decreto n. 3.555, de 8 de agosto de 2000, que aprova o Regulamento para a modalidade de licitação denominada pregão, para aquisição de bens e serviços comuns; e pela Lei n. 10.520, de 17 de julho de 2002, que institui, no âmbito da União, nos termos do art. 37, XXI, da Constituição Federal, modalidade de licitação denominada pregão, para aquisição de bens e serviços comuns.

É inegável que o formato digital promove maior visibilidade, o que possibilita, indiretamente, maior transparência e controle da sociedade sobre aquilo que está sendo feito pelo ente público. No entanto, as mesmas preocupações quanto à segurança e a documentação eletrônica adequada das operações do setor privado devem ser tomadas também pelo setor público.

Na América Latina já existem algumas experiências de *e-Government*, sobretudo no Chile, que criou o portal Trámite Fácil (www.tramitefacil.gov.cl), no qual o cidadão pode obter informações sobre diversos órgãos públicos, e serviços que vão desde a declaração do Imposto de Renda até a emissão de certidão de nascimento. Já nas relações G2B[329], o México foi o pioneiro quando, em 1996, criou o *site* Compranet (www.compranet.gob.mx), no início meramente informativo, mas atualmente já intermediou centenas de licitações. Inspirado na experiência mexicana, o Chile também criou seu portal, o Chile-compra. Ambos os projetos foram selecionados como boas práticas de governo eletrônico pelo programa de cooperação técnica da Organização dos Estados Americanos (OEA).

O setor de compras pela Internet é um dos que mais crescem atualmente, sobretudo por dois motivos: o primeiro é que o processo de compra chega a reduzir em até 95% os custos[330], e o segundo está relacionado com a transparência das licitações. Este é um ponto muito importante quando levamos em conta que os países da América Latina perdem anualmente somas consideráveis com esquemas de corrupção e fraudes nos processos licitatórios.

É, porém, nas relações G2C[331] que os países estão encontrando mais dificuldades. Se por um lado, ao oferecerem uma gama de serviços *online*, os governos fortalecem a democracia, por outro lado esbarram na falta de penetração que a Internet tem nos países da América Latina, em um cenário de "exclusão digital". Por isso, os projetos de inclusão digital são fundamentais, para evitar que se marginalize o cidadão que não consegue ter acesso aos serviços públicos pela Internet, o que provoca ainda um reflexo mais profundo no tecido social, que é o analfabetismo digital[332].

---

329. *Government to Business* — Governo e Empresas.

330. Paulo Sérgio Dutra, diretor do setor de *e-government* da consultoria brasileira Stefanini. Publicado na revista *América Economia*, de 16 de agosto de 2001, p. 42.

331. *Government to Citizen* — Governo e Cidadão.

332. Ao mesmo tempo, é necessário pontuar a ampla e crescente preocupação com a disseminação de *fake news*, principalmente no âmbito político. Vale destacar a discussão acerca do PL n. 2.630/2020, que institui a Lei Brasileira de Liberdade, Responsabilidade e Transparência na Internet. A ideia central do projeto é coibir a ação de pessoas que financiam redes de robôs ou contas falsas, e que cometem crimes como difamação em redes sociais, ao serem enquadradas nas leis de organização criminosa (n. 12.850/2013) e de lavagem de dinheiro (n. 9.613/98), e ficarem

O Brasil vem tentando enfrentar essa exclusão digital[333] atuando em duas frentes: uma trabalha a questão da educação; a outra, o acesso às máquinas, por meio da produção de equipamentos a um custo acessível e a instalação de terminais de computadores nas repartições públicas. Um projeto interessante foi posto em prática pela prefeitura de Santo André, no Estado de São Paulo — o Projeto Rede Fácil —, considerado uma das 100 melhores experiências mundiais pelo Habitat, Centro das Nações Unidas para Assentamentos Humanos. Sem custar muito, o projeto oferece diferentes serviços, como solicitação de consertos ou segunda via do IPTU (Imposto Predial Territorial Urbano), tudo sem excluir a parcela da população que não tem acesso à Internet, porque, além do serviço *online*, a prefeitura criou postos de atendimento e disponibilizou o serviço também pelo telefone.

Conforme Florência Ferrer, o Governo Eletrônico[334] pode ser entendido como o conjunto de serviços e o acesso a informações que o Governo oferece aos diferentes atores da sociedade civil por meios eletrônicos. É uma das iniciativas de transformação de uma sociedade industrial em sociedade da informação[335].

Se, para todos os países, o governo eletrônico é uma indiscutível ferramenta de cidadania e de aumento de eficiência da máquina pública, para os países emergentes sua função é ainda mais importante: é uma indiscutível ferramenta de desenvolvimento.

Entrar na economia digital não é uma opção, é uma tarefa indiscutível dos governos. O Brasil é líder dos países emergentes em relação ao tema governo

---

sujeitas a penas entre 3 e 10 anos de prisão. Todavia, é preciso ter muito cuidado com a regulação desse tipo de conteúdo. Por um lado, corre-se o risco das empresas coletarem mais dados do que o necessário e resultar em uma ampla burocratização ao acesso às redes. Por outro lado, é evidente que a disseminação de notícias falsas tem trazido bastante desinformação, causado alardes e desavenças no meio social, sendo amplamente utilizada até mesmo por políticos – inclusive gestores da situação – para compartilhar entendimento e causar empatia junto à população, ainda que com base em informações cientificamente ou estatisticamente incorretas. Os danos trazidos com tais atitudes têm sido tão graves que a regulamentação se mostra uma ferramenta necessária para coibir o mau uso das informações. Mas como desvincular a regulação do cerceamento de liberdades? Este é o desafio central da regulamentação de *fake news*.

333. Nesse sentido, ver: Marco Maciel, *Avanço digital e hiato social*, que trata do problema da exclusão digital, das formas de combate e da atuação do Governo.

334. Importante destacar que não há Governo Eletrônico sem segurança cibernética. Neste sentido, o Decreto n. 10.222/2020, que aprova a Estratégia Nacional de Segurança Cibernética, mostra-se de pontual relevância já que "instituiu a Política Nacional de Segurança da Informação e dispõe sobre princípios, objetivos, instrumentos, atribuições e competências de segurança da informação para os órgãos e entidades da Administração Pública federal, sob o prisma da governança".

335. *E-Government*, organizadoras Florência Ferrer e Paula Santos, São Paulo: Saraiva, 2004, Introdução, XVII.

eletrônico e tem um papel orientador para os países da América Latina e para os outros países emergentes.

Todavia, têm crescido os ataques a *sites* de Governo, principalmente porque os mesmos são extremamente vulneráveis, não foram criados dentro de uma estratégia de plano de contingência e continuidade, visto que no início eram meramente institucionais. Mas evoluíram para se tornar verdadeiros ambientes de governo eletrônico, prestando serviço essencial ao cidadão, e não pode ficar indisponível, não pode sofrer interrupção, muito menos vazamento de dados. Motivo este que justificou a atualização da lei penal[336].

Apesar de estar em vigor o Decreto n. 3.505/2000, uma pesquisa feita pelo Tribunal de Contas da União em 2010 mostrou que a maioria das instituições públicas ainda não possui política de segurança da informação implementada, com campanha de conscientização realizada. Há a nítida impressão de que isso ainda não ocorreu, passados mais de dez anos, visto que aumentar o nível de monitoramento nos ambientes da administração pública pode vir a revelar condutas indevidas do próprio gestor público, e que ficariam então mais expostas, além da dificuldade de dar continuidade nesse tipo de tema, que exige um trabalho permanente e não se encerra com um mandato.

O Brasil é o único país no mundo que tem votação eletrônica em todo o território nacional. E já se iniciou a discussão para implementação da urna biométrica. Existem cinco níveis de classificação do governo eletrônico, a saber: 1) *institucional:* nesse nível, o Governo deve prover informações ou serviços à comunidade; 2) *transacional:* serviços oferecidos pelo governo que geram uma transação financeira ou um processo transacional, como a declaração do imposto de renda e seu pagamento eletrônico, assim como os pregões eletrônicos, pelos quais o governo faz suas aquisições de materiais e serviços; 3) *colaborativo:* em um portal do Governo, podem ser fornecidos quase todos os serviços por ele prestados; 4) *integração entre todos os níveis:* permite que os dados necessários para uma transação ou o andamento de um processo administrativo sejam provenientes de todas as bases de dados do governo e sistemas

---

336. Lei n. 12.737/2012 (Lei Carolina Dieckmann), que alterou o art. 266 do Código Penal, acrescentando-lhe a seguinte redação: "Interrupção ou perturbação de serviço telegráfico, telefônico, informático, telemático ou de informação de utilidade pública

Art. 266. (...)

§ 1º Incorre na mesma pena quem interrompe serviço telemático ou de informação de utilidade pública, ou impede ou dificulta-lhe o restabelecimento.

§ 2º Aplicam-se as penas em dobro se o crime é cometido por ocasião de calamidade pública".

estruturados sejam compartilhados; e 5) *personalização total:* o cidadão interage com o Governo de forma customizada e personalizada.

A tecnologia da informação é uma importante aliada dos governos na luta por uma sociedade mais justa em direitos e oportunidades[337]. E o Brasil é rico em exemplos de como melhorar a qualidade de vida dos cidadãos e tornar o Estado mais eficiente com a ajuda dos avanços da computação e da Internet.

Mas a tecnologia não é neutra: altera e muda a forma dos processos que a recebem, torna-se um paradigma organizacional que cada organização deve conjugar em seu contexto peculiar.

Sobre as necessidades de inovações e do uso correto de ferramentas na gestão de negócios no setor público[338], diz David Osborne, teórico em gestão pública: "O desperdício no Governo é extraordinário, mas não podemos evitá-lo examinando orçamentos e eliminando alguns de seus itens. Como notou um observador, nossos governos são pessoas obesas que precisam perder peso: elas devem comer menos e fazer mais exercício. Mas quando falta dinheiro, o que se faz é cortar alguns de seus dedos. Para derreter a gordura, precisamos mudar os incentivos básicos que orientam nossos governos. Precisamos transformar instituições burocráticas em instituições inovadoras, dispostas a eliminar iniciativas obsoletas, prontas a fazer mais com menos recursos, interessadas em absorver novas ideias".

O maior desafio do governo brasileiro é assegurar a atualização tecnológica da própria Administração Pública, num contexto de mudança e inovação aceleradas, sobretudo por meio da identificação e da gestão das competências essenciais ao governo eletrônico[339].

O que pode ser feito, em caráter emergencial, para melhorar o nível de proteção do ente público e também dos dados dos cidadãos brasileiros, que devem ser cuidados por essa instituição, são: a) revisar nível de segurança da informação dos *sites* de governo, melhorando programação dos códigos-fonte e criptografando bases de dados; b) implementar plano de contingência e continuidade e demais medidas para evitar interrupção; c) realizar monitoramento permanente do ambiente, podendo usar estratégia *honey pot* para pegar um ataque logo no

---

337. Para que a atuação seja realizada de maneira aplicável e guiada por boas práticas, destaca-se a produção realizada pelo *Guia do IBGC sobre Risco Cibernético.* Disponível em: <https://conhecimento.ibgc.org.br/Paginas/Publicacao.aspx?PubId=24137>.

338. Isso insere o uso inteligente e ético dos dados pessoais em mãos do governo. Para acessar boas práticas sobre o tema, é interessante entrar em contato com o *Guia de Boas Práticas – Lei Geral de Proteção de Dados (LGPD).* Disponível em: <https://www.gov.br/governodigital/pt-br/governanca-de-dados/guia-de-boas-praticas-lei-geral-de-protecao-de-dados-lgpd>.

339. Ver relatório do Governo brasileiro em <www.governoeletronico.gov.br/anexos/E15_90balanco_2anos_egov.pdf>.

início e identificar seu autor; criar policiamento *online* (não apenas a delegacia de crimes eletrônicos); d) aprovar leis que melhorem tipificação e guarda de provas, devendo trazer os novos tipos de crime eletrônico, ciberterrorismo e guerra cibernética; e) definir modelo de identidade digital obrigatório e prazo mínimo de guarda de dados de conexão e tráfego por provedores de internet, *e-mail*, páginas de conteúdo, redes sociais; f) implementar campanha de conscientização de segurança da informação pública, voltada aos servidores e ao cidadão, orientando sobre proteção de senha, bloqueio de estação de trabalho, necessidade de desligar o equipamento quando não estiver sendo usado e de manter atualizados os *softwares* de antivírus.

Com isso, as principais diretrizes do Governo Eletrônico Brasileiro, conforme relatório consolidado de maio de 2004, do CEGE — Comitê Executivo do Governo Eletrônico — presidido pelo Chefe da Casa Civil da Presidência da República, são: a) promover a cidadania e o desenvolvimento; b) funcionar como instrumento de melhoria de atendimento ao cidadão; c) promover a disseminação da tecnologia da informação como uma forma de apoiar o próprio desenvolvimento do País; d) promover o uso e disseminação de práticas de Gestão do Conhecimento na Administração Pública.

Essa inovadora visão de trabalho no setor público, no âmbito do governo eletrônico, constitui nova capacidade de articulação do processo decisório, de gestão das suas políticas estratégicas e de inclusão de um novo produtor de conhecimento geralmente esquecido: a sociedade e suas organizações. Além disso, os modelos e práticas da gestão do conhecimento são iniciativas essenciais para integração das três esferas de governo.

São, portanto, fatores críticos de sucesso para o governo eletrônico segundo a Unidade de Missão Inovação e Conhecimento — UMIC (www.umic.gov.pt): a) definir uma estratégia focalizada no cidadão; atuar no ponto de atendimento (*front Office*) e nos processos de retaguarda (*back Office*); b) obter forte apoio político e organizacional; efetuar investimentos estratégicos; c) adotar uma postura colaborativa; d) garantir o envolvimento da sociedade civil e o desenvolvimento da democracia eletrônica; e) definir objetivos claros a sua implementação; f) definir padrões técnicos comuns de interoperacionalidade; g) celebrar parcerias com o setor privado; h) implementar técnicas de CRM nos portais de administração pública; i) garantir a proteção da informação — sigilo, segurança e privacidade[340].

---

340. A garantia da segurança cibernética traz repercussões diretas no desenvolvimento econômico do país. Um claro exemplo disso é o mercado de seguros, que se mostra altamente impactado pela estabilidade e segurança do ambiente digital de um país. Para se aprofundar no

A legislação brasileira inovou com a Lei de Acesso à Informação (Lei n. 12.527, de 18 de novembro de 2011), que entrou em vigor em maio de 2012. Marco muito importante para a Administração Pública brasileira, essa lei regulamentou as informações que são manuseadas pelo poder público. Vale lembrar que o acesso às informações públicas é uma garantia constitucional à coletividade (prevista no art. 5º, XXXIII, no art. 37, § 3º, II, e no art. 216, § 2º, todos da Constituição Federal). Ainda é importante lembrar que, para que haja o acesso a tais informações, é preciso que exista uma lei específica que regulamente essa garantia.

As instituições públicas que devem cumprir norma vão desde os órgãos e entidades do Poder Executivo, Poder Legislativo, Judiciário, até os Tribunais de Contas e o Ministério Público, entre outras entidades, como autarquias, fundações públicas, empresas públicas, sociedades de economia mista e outras controladas direta ou indiretamente pela União, Estados, Distrito Federal e Municípios. Não só entidades públicas que estão sujeitas à norma, mas também as entidades privadas sem fins lucrativos que recebam recursos públicos para a realização de ações de interesse público diretamente no orçamento ou por meio de subvenções sociais, termo de parceria, convênios, contrato de gestão, acordo, ajustes etc.

Esta lei deseja mostrar transparência do governo quanto ao manuseio de informações pelo governo, também para combater a corrupção, mostrar o funcionamento e demais atos que são omissos por diversos órgãos do governo, além de disponibilizar dados pessoais de quem os solicitar.

Como regra geral, a maioria dos dados e informações é pública. Podemos observar, portanto, que há exceções à norma, verificando-se que haverá casos em que informações terão caráter sigiloso, que possam pôr em risco a segurança pública, como, por exemplo, pesquisas que tenham relevância à saúde pública, mas, ainda em estudo, não podem ser publicadas por estar em fase experimental.

Para ter acesso a tais informações, qualquer pessoa poderá requerer ao órgão que tem interesse. A própria Lei n. 12.527/2011 traz o procedimento administrativo que os órgãos terão de adotar, como criar um canal em que seja possível realizar consultas, devendo estar em um local de fácil localização no *site*, bem como criar uma seção perguntas mais frequentes com respostas sobre o órgão. As solicitações devem estar prontas de imediato, caso contrário, o

---

tema, consultar: <https://www.clamapiseguros.com/category/duvidas-sobre-seguro-de-riscos--ciberneticos/>; <https://www.zurich.com.br/pt-br/seguros-empresariais/para-seu-negocio/protecao-digital> e <https://www.tokiomarine.com.br/produto/seguro-riscos-digitais/>.

órgão deverá cumprir no prazo de vinte dias as solicitações feitas, sob pena de levar alguma sanção administrativa.

A lei traz o prazo de segredo de informações, nomeando-as como ultrassecretas, secretas e reservadas, pelos prazos de vinte e cinco, quinze e cinco anos, respectivamente. Importante ressaltar que as informações ultrassecretas geralmente tratarão de assuntos estratégicos do Governo que são atinentes à presidência da república e aos militares, não sendo possível a sua solicitação por serem informações sensíveis.

A lei também trata da responsabilidade dos servidores que não fornecerem as informações no caso: (a) de recusar-se a fornecer informação requerida de acordo com a Lei de Acesso a Informações, demorar por vontade própria no fornecimento ou fornecê-la intencionalmente de forma incorreta, incompleta ou imprecisa; (b) utilizar as informações de forma indevida, bem como subtrair, destruir, inutilizar, desfigurar, alterar ou ocultar, total ou parcialmente, informação que se encontre sob sua guarda ou a que tenha acesso ou conhecimento em razão do exercício das atribuições de cargo, emprego ou função pública; (c) agir com dolo ou má-fé na análise das solicitações de acesso à informação; (d) divulgar ou permitir a divulgação de informações ou acessar ou permitir acesso indevido às informações que forem sigilosas ou pessoais, tendo em vista que é um dever do servidor mantê-las em sigilo; (e) impor sigilo à informação para obter proveito pessoal ou de terceiro, ou para fins de ocultação de ato ilegal cometido por si ou por outrem; (f) ocultar, quando houver a revisão de autoridade superior competente, informação que seja sigilosa para beneficiar a si ou a outrem, ou em prejuízo de terceiros; e (g) destruir ou subtrair, por qualquer meio, documentos concernentes a possíveis violações de direitos humanos por parte de agentes do Estado.

No entanto, a própria Lei n. 12.527/2011 traz exceções em suas penalidades: os servidores não poderão ser responsabilizados civil, penal ou administrativamente por dar ciência, a quem de direito, de informação concernente à prática de crimes ou improbidade. Isso quer dizer que, embora o servidor cometa algum dos ilícitos listados acima — poderá fornecer informações para quem solicitar por ser alguma pessoa autorizada, como um juiz, para solucionar um caso de improbidade administrativa —, o servidor não será responsabilizado.

A Administração Pública não quis ficar de fora das redes sociais. Viu-se que nos últimos anos esse assunto passou a ser item prioritário na pauta do planejamento estratégico das instituições da Administração Pública. O tratamento desse tema exige cada vez mais equipes treinadas e uso de ferramentas especializadas. Afinal, quando se trata de proteção de marca e reputação, não dá para se ter um "puxadinho digital".

Logo, estar ou não nas redes sociais deixou de ser uma escolha, marcar presença passou a ser essencial, até para evitar a existência de perfis falsos que pudessem confundir o cidadão e gerar até fraudes. O trabalho de blindagem técnica e legal da marca nesse novo ambiente é importantíssimo. Motivo este que virou tema da recente Portaria n. 38 do Conselho de Defesa Nacional, de 11 de junho de 2012, que homologou a Norma Complementar n. 15/IN01/DSIC/GSIPR que estabelece as Diretrizes para o uso seguro das redes sociais nos órgãos e entidades da Administração Pública Federal, direta e indiretamente. Por meio dela passou-se a exigir um acompanhamento técnico-profissional e próximo do próprio gestor público.

Nessa Norma elencou-se justamente a necessidade não só de se assumir as redes sociais como novo meio de comunicação entre os cidadãos, mas também a dar o devido tratamento jurídico e de segurança nesses ambientes para as Instituições Públicas da esfera federal. Isso significa ter que atualizar a Política de Segurança da Informação e Comunicações de cada órgão federal e entidades para ter um capítulo específico sobre o comportamento dos servidores e empregados públicos nas redes sociais.

Além disso, passou a ser obrigatória a criação de duas funções específicas: a de "administrador de perfil institucional" e a de "agente responsável", que têm como responsabilidade administrar os perfis institucionais do órgão ou entidade nas redes sociais e realizar a gestão desses perfis de forma ética e segura. Proibiu, além disso, a terceirização completa da administração desses perfis, e estabeleceu que os canais fiquem sob os cuidados de pessoas da administração pública federal. Contudo, permitiu a formação de equipes mistas, até pela necessidade de criação de conhecimento, no entanto, sempre com a presença de servidores ou empregados públicos federais ocupantes de cargo efetivo ou militar de carreira do respectivo órgão ou entidade.

Ainda conforme a Norma, todos os usuários passam a ter que assinar um termo de responsabilidade concordando em contribuir com a disponibilidade, a integridade, a confidencialidade e a autenticidade das informações que acessar, bem como assumir as responsabilidades decorrentes de tal acesso.

Como a experiência na esfera privada nos mostra, a questão das redes sociais é extremamente importante e a segurança se passa por educação. Ou seja, há necessidade de investir-se maciçamente na capacitação do Administrador de Perfil e do Agente Responsável, em campanhas de conscientização dos servidores em geral, e em ferramentas que permitam o monitoramento das condutas para uma ação rápida de resposta a incidentes. De nada adianta ter alguém que publique informações nos perfis oficiais e não ter um responsável que monitore o conteúdo publicado, tanto no perfil oficial quanto para as interações com outros perfis.

Por isso o termo de responsabilidade deve tratar desse cenário mais híbrido, de postura ética não apenas no acesso corporativo e no perfil oficial, mas também no acesso particular e nos perfis pessoais, quando envolver assunto da Instituição, reforçando o dever de sigilo profissional, bem como todos os preceitos do código de conduta do servidor público.

Considerando a entrada em vigor da Lei n. 12.527/2011, já mencionada, e a Portaria n. 25, de 15 de maio de 2012, que trata dos documentos que devem ser mantidos sob sigilo da Casa Civil, devido ao cumprimento do princípio da publicidade e transparência da Administração Pública, pode haver confusão junto aos servidores públicos do que pode ser publicado ou não nas redes sociais, por isso é fundamental criar um guia a fim de orientar os usuários com exemplos para melhor conscientização das equipes.

Ademais, é fundamental esclarecer qual é o canal de resposta oficial, para reportar os incidentes à área responsável por estes canais de comunicação.

Assim como a iniciativa privada, o Governo só tem como evoluir junto com a própria sociedade digital, por meio da virtualização de seus serviços, permitindo mais acesso e mais transparência.

Como o cidadão brasileiro está cada vez mais nas redes sociais, nos últimos dois anos esse assunto passou a ser item prioritário na pauta do planejamento estratégico das instituições da Administração Pública.

Com o fenômeno da consumerização e da mobilidade, a segurança da informação precisa evoluir para ser uma segurança mais holística, mais integrada, em nível de perímetro físico, lógico e social. Isso significa que não importa mais quem fornece o recurso, mas sim de quem é a informação e, acima de tudo, a reputação (marca) envolvida. Independentemente de se ter agora uma previsão formal para a gestão oficial dos perfis púbicos, é sabido que todos os servidores podem estar publicando informações durante o expediente, pelos seus celulares e *tablets* pessoais, sem importar a rede ou a conexão de *web* da repartição.

Por isso o termo de responsabilidade deve tratar deste cenário mais híbrido, de postura ética não apenas no acesso corporativo e no perfil oficial, mas também no acesso particular e nos perfis pessoais, quando envolver assunto da Instituição, reforçando o dever de sigilo profissional bem como todos os preceitos do código de conduta do servidor público[341].

---

341. **Legislação Aplicável — Aspectos de Responsabilidade:**
Art. 37, § 6º, da CF:

"As pessoas jurídicas de direito público e as de direito privado, prestadoras de serviços públicos responderão pelos danos que seus agentes, nessa qualidade, causarem a terceiros, assegurado o direito de regresso contra o responsável nos casos de dolo ou culpa".

Lei n. 8.112/90:

"Art. 116. São deveres do servidor:

I — exercer com zelo e dedicação as atribuições do cargo;

II — ser leal às instituições a que servir;

III — observar as normas legais e regulamentares;

IV — cumprir as ordens superiores, exceto quando manifestamente ilegais;

V — atender com presteza:

a) ao público em geral, prestando as informações requeridas, ressalvadas as protegidas por sigilo;

b) à expedição de certidões requeridas para defesa de direito ou esclarecimento de situações de interesse pessoal;

c) às requisições para a defesa da Fazenda Pública;

VI — levar as irregularidades de que tiver ciência em razão do cargo ao conhecimento da autoridade superior ou, quando houver suspeita de envolvimento desta, ao conhecimento de outra autoridade competente para apuração;

VII — zelar pela economia do material e a conservação do patrimônio público;

(...)

Capítulo IV — Das Responsabilidades

Art. 121. O servidor responde civil, penal e administrativamente pelo exercício irregular de suas atribuições.

Art. 122. A responsabilidade civil decorre de ato omissivo ou comissivo, doloso ou culposo, que resulte em prejuízo ao erário ou a terceiros.

§ 1º A indenização de prejuízo dolosamente causado ao erário somente será liquidada na forma prevista no art. 46, na falta de outros bens que assegurem a execução do débito pela via judicial.

§ 2º Tratando-se de dano causado a terceiros, responderá o servidor perante a Fazenda Pública, em ação regressiva.

§ 3º A obrigação de reparar o dano estende-se aos sucessores e contra eles será executada, até o limite do valor da herança recebida.

Art. 123. A responsabilidade penal abrange os crimes e contravenções imputadas ao servidor, nessa qualidade.

Art. 124. A responsabilidade civil-administrativa resulta de ato omissivo ou comissivo praticado no desempenho do cargo ou função.

Art. 125. As sanções civis, penais e administrativas poderão cumular-se, sendo independentes entre si.

Art. 126. A responsabilidade administrativa do servidor será afastada no caso de absolvição criminal que negue a existência do fato ou sua autoria".

Decreto n. 1.171/94:

"XIV — São deveres fundamentais do servidor público:

(...)

q) manter-se atualizado com as instruções, as normas de serviço e a legislação pertinentes ao órgão onde exerce suas funções;

r) cumprir, de acordo com as normas do serviço e as instruções superiores, as tarefas de seu cargo ou função, tanto quanto possível, com critério, segurança e rapidez, mantendo tudo sempre em boa ordem".

O maior desafio é cultural! Vivemos em um país de povo mais comunicativo e com espírito mais jocoso, onde é comum comentar-se rotinas de trabalho, seja no elevador, na mesa de bar ou no *Facebook*. Mas a Sociedade Digital trouxe um agravante para este tipo de atitude: ela documenta muito mais e se perpetua com alcance global e em tempo real. Além disso, devido à maior capacidade de prova, aumenta a responsabilidade do gestor por negligência ou conivência, pois, ocorrido o fato, não fazer nada gera comprovação de omissão intencional.

Vivemos a era da transparência corporativa, profissional e pessoal, bem como um excesso de exposição de vida íntima! As redes sociais são mais que um canal de comunicação, como já foi dito, são um canal de documentação, em que o conteúdo pode, sim, gerar responsabilidades para as partes envolvidas. Não há como ficar isento das opiniões que publicamos atualmente. Logo, é importante tomar alguns cuidados para mitigar eventuais riscos.

Deste modo, resumimos o que deve ser endereçado pelos Órgãos e Entidades da Administração Pública Federal, direta e indireta, para atender ao disposto na Portaria e também a um cenário e e-cidadão versão 3.0 que está em mobilidade e nas redes sociais:

PLANO DE AÇÃO — PORTARIA N. 38 — SEGURANÇA NAS REDES SOCIAIS

1. Definir quem será o Administrador de Perfil e o Agente Responsável;

2. Fazer o registro dos perfis oficiais nas Redes Sociais (em especial no *Facebook*, no *Twitter* e no *Linkedin*);

3. Implementar ferramenta de Monitoramento específico das Redes Sociais (que possa identificar as interações dos perfis oficiais e também o que ocorre fora deles);

Lei n. 8.027/90:

"Dispõe sobre normas e condutas dos servidores públicos civis da União, Autarquias e das Fundações Públicas e dá outras providências:

(...)

Art. 2º São deveres dos servidores públicos civis:

(...)

III — observar as normas legais e regulamentares;

(...)

VII — guardar sigilo sobre assuntos da repartição, desde que envolvam questões relativas à segurança pública e da sociedade;

VIII — manter conduta compatível com a moralidade pública;

(...)".

4. Elaborar o plano de resposta a incidentes e à crise de imagem digital (já prevendo ações, SLAs, registro e coleta de provas legais, modelo de instauração de processo administrativo ou judicial se necessário, respostas rápidas);

5. Capacitar a equipe interna ou a equipe mista que fará a gestão dos perfis oficiais e a análise dos relatórios de monitoramento;

6. Elaborar e implementar o Termo de Responsabilidade para assinatura dos usuários;

7. Elaborar o Manual de Postura Ética e Segura do Servidor na Rede Social;

8. Realizar a Campanha de Conscientização para os usuários específica sobre o tema das Redes Sociais;

9. Realizar reunião periódica do Comitê de Segurança da Informação e Comunicações para análise de riscos em Redes Sociais, planejamento de ações e implementação de medidas (é recomendável que se reúna no máximo em intervalos de até três meses);

10. Fazer uso de empresas e consultores especialistas em Redes Sociais, Direito Digital, Segurança da Informação para gerar conhecimento e treinar os times internos, bem como apoiar na geração e revisão de toda a documentação.

DICAS PARA AS INSTITUIÇÕES NAS REDES SOCIAIS

- Realizar um planejamento estratégico para fazer o registro e gestão de perfis oficiais da Instituição;

- Defina claramente o propósito: se será meramente institucional, para gerar relacionamento com o cidadão ou realizar atendimento (resposta a dúvidas e recebimento de sugestões e reclamações), pois, no último caso, precisa ficar claramente definido o horário do expediente;

- Elabore um Manual de Postura Ética e Segura nas Redes Sociais e implemente uma campanha de conscientização com foco específico nesse tema;

- Tenha um plano de resposta a incidentes definido. Você deve estar preparado para resposta a uma crise de imagem digital, e tem que ser imediato;

- Transparência. Sempre apresente as informações da maneira mais clara possível e em atendimento à Lei de Acesso a Informação (LAI);

- Cuidado com a publicação de informações confidenciais que possam representar risco à segurança nacional, bem como à soberania, além do que for considerado segredo industrial e segredo de justiça;

- Realizar treinamentos de capacitação com a equipe responsável pela administração dos perfis institucionais;

- Não deixe de responder às mensagens enviadas para o perfil oficial;

- Monitoramento. Ter ferramenta e gerar relatórios de monitoramento das redes sociais;

- Utilizar as redes sociais de acordo com os Termos da Portaria n. 38.

DICAS PARA OS SERVIDORES (USUÁRIOS) NAS REDES SOCIAIS:

1. Crie seu perfil para proteger sua identidade digital nesse ambiente e não compartilhe sua senha com outras pessoas;

2. Deixe claro no seu perfil que o propósito é pessoal (particular), para evitar que se confunda uma opinião postada no mesmo com uma opinião da instituição na qual trabalha;

3. Evite associar conteúdo pessoal com o nome ou marca da instituição em que trabalha (ex.: sou fulano de tal da instituição tal e acho isso);

4. Não divulgue informações da sua rotina de trabalho em hipótese alguma (isso abrange atividades, horários, trajetos, nomes de pessoas e nomes de projetos);

5. Não publique informações classificadas como internas ou confidenciais;

6. Não ofenda outros servidores, cidadãos ou fornecedores;

7. Não chame colegas por apelido, pratique uma comunicação mais objetiva e direta;

8. Tenha uma postura ética, segura e dentro das leis nas redes sociais. Dependendo do cargo que ocupar, qualquer manifestação, mesmo que pessoal, pode gerar impacto na sua instituição;

9. Evite o excesso de exposição de vida íntima, em especial fotos;

10. Em hipótese alguma, gere contato ou publique informações que possam configurar manifestação política, campanha de candidato;

11. Respeite os direitos autorais. Sempre cite a fonte ou a referência do conteúdo publicado;

12. Utilize apenas fotos ou imagens previamente autorizadas pelas pessoas nelas retratadas;

13. Na dúvida sobre o que pode ser publicado em rede social, peça autorização antes.

8.35. Justiça digital — Processo eletrônico

Nos últimos anos, as decisões judiciais foram aprimorando-se no tocante aos temas de direito digital, especialmente no uso de provas eletrônicas na Justiça.

Não há como se obter uma decisão favorável do Judiciário sem que haja o devido preparo por parte da empresa, unindo medidas jurídicas, técnicas e de recursos humanos, visto que o uso de *e-mail* corporativo, rede, Internet, *smartphone*, *notebook*, *tablets*, aplicativos de comunicação e as mídias sociais, tudo isso exige a criação de uma cultura interna nova e um bom senso geral que ainda está sendo estabelecido no dia a dia. E tudo deve ser documentado. A guarda das provas eletrônicas[342] com a devida cadeia de custódia é essencial. Porque,

---

342.

	EVOLUÇÃO DO JUDICIÁRIO BRASILEIRO E DA SOCIEDADE EM RELAÇÃO ÀS PRINCIPAIS QUESTÕES DO DIREITO DIGITAL	
ANO	**PODER JUDICIÁRIO**	**SOCIEDADE CIVIL**
2000 a 2003	**Monitoramento de *e-mail*:** O monitoramento de *e-mail* é invasão de privacidade.	**Monitoramento de *e-mail*:** O monitoramento não era feito ou era feito de forma manual e esporádica, o empregador se responsabilizava pelos atos do empregado e pelo mau uso da informação, não podendo exercer a vigilância por causa das questões de definição dos limites de intimidade.
	***E-mail* como prova:** A utilização do *e-mail* como prova era restrita. Não serve como prova única, mas pode servir para ajudar as demais provas.	***E-mail* como prova:** Empresa e colaborador possuem dúvidas quanto à admissibilidade do *e-mail* como prova, e não as utilizam com frequência.
2004 a 2006	**Monitoramento de *e-mail*:** O monitoramento de *e-mail* passa a ser admitido, nos casos em que a empresa comprova que havia ciência prévia do empregado.	**Monitoramento de *e-mail*:** As empresas passam a adotar procedimentos mais rígidos para proteção de seus ativos, realizando o monitoramento e adquirindo ferramentas para tal, mesmo que sem a ciência prévia do empregado, ainda sem a existência de política de segurança da informação, ou a previsão tímida em normas esparsas de *e-mail* e Internet (que não deixavam claro se podia usar para fim pessoal a ferramenta de trabalho).
	***E-mail* como prova:** Passou-se a admitir o *e-mail* como prova única.	***E-mail* como prova:** Os colaboradores questionam a privacidade no uso, pela empresa, dos *e-mails* para prova de demissão por justa causa.
2007 a 2009	**Monitoramento de *e-mail*:** O monitoramento de *e-mail* é aceito, já que a ferramenta de trabalho é do empregador e o mesmo é responsável por seu uso indevido por parte de seus empregados.	**Monitoramento de *e-mail*:** A empresa possui política de uso dos recursos e política de segurança da informação, aplicando a seus funcionários sempre que necessário. No entanto, ainda há uma zona cinzenta em ambientes de mobilidade, *home office* e terceirizados, que também precisa estar previsto em normas, códigos de conduta e contratos.
	***E-mail* como prova:** Admissão de novas tecnologias (*e-mail*, Orkut, Youtube, fotografia digital, mensagens sms etc.) como prova, desde que não haja comprovação de alteração dos dados do *e-mail*. Ou seja, deve ser preservado de forma íntegra e pode haver perícia no original eletrônico.	***E-mail* como prova:** Tanto as empresas como os colaboradores se valem de provas eletrônicas para fundamentar suas alegações. Não apenas o *e-mail*, mas também outras evidências eletrônicas.

em geral, se houver demissão, há grandes chances de uma das partes ajuizar ação judicial[343].

Por tudo isso, a Lei n. 11.419/2006 é o marco regulatório da informatização judicial, pois abrange todas as fases/atividades para implantação do

| 2010 a 2015 | **Monitoramento de *e-mail*:** O monitoramento de *e-mail* já esta pacificado, assim como as regras e restrições estabelecidas para o seu uso pela empresa. | **Monitoramento de *e-mail*:** A empresa possui política de uso dos recursos e política de segurança da informação, aplicando a seus funcionários sempre que necessário. Sendo que as regras para dispositivos móveis, acesso remoto, mídias sociais e aplicativos de comunicação já estão sendo formalizadas em normas, códigos de conduta e contratos. |
| | ***E-mail* como prova:** Admissão de novas tecnologias, como aplicativos de comunicação e mídias sociais como prova. | ***E-mail* como prova:** Tanto as empresas como os colaboradores se valem de provas eletrônicas para fundamentar suas alegações, como mídias sociais e aplicativos de comunicação, além do próprio *e-mail*. |

OUTRAS QUESTÕES ATUAIS EM FRANCO DESENVOLVIMENTO DO DIREITO DIGITAL		
	PODER JUDICIÁRIO	SOCIEDADE CIVIL
Criação de comunidades para falar mal da empresa pelo colaborador.	Os tribunais ainda se furtam a admitir a demissão por justa causa do colaborador quando da criação de comunidades/*blogs* etc. para falar mal da empresa, fundados na liberdade de expressão e na conduta fora do local de trabalho.	São inúmeras as comunidades/*blogs* etc. criados por colaboradores para falar mal da empresa. Por isso a necessidade de manter-se políticas rígidas e o monitoramento constante do nome/marca da empresa na Internet.
Ponto eletrônico.	O ponto eletrônico é em regra admitido, mas desconsiderado facilmente ante a presença de prova que o contradiga (inclusive testemunhal).	As sociedades utilizam largamente o ponto eletrônico. Entretanto, costumam não guardar adequadamente as provas eletrônicas (*logs* de acesso, registros de *login* que expiram temporariamente etc.) que comprovam o trabalho efetivo do colaborador.
Vazamento de dados sigilosos da empresa.	Os tribunais têm compreendido o vazamento de dados sensíveis como má conduta do colaborador, desde que comprovada pela empresa. Volta-se à necessidade, ainda, de comprovar que o colaborador possui ciência de que aquela informação é sensível.	A sociedade está voltando-se para a necessidade de políticas, normas de classificação da informação, monitoramento da rede e controles físicos de entrada e saída de pessoas, vez que uma pessoa portando um simples *pen drive* pode roubar dados valiosos da empresa.
Uso da imagem do colaborador.	Os tribunais têm entendido que o uso comercial e não autorizado da imagem do empregado deve ser indenizado, já que o uso da imagem não se insere nas atividades ordinárias do empregado (art. 456 da CLT).	As empresas só devem fazer uso da imagem do colaborador quando devidamente autorizadas. O termo de autorização deve ser armazenado pela empresa.

343. "RECONVENÇÃO. DANO MORAL À PESSOA JURÍDICA. APROPRIAÇÃO INDEVIDA DE CORRESPONDÊNCIA ELETRÔNICA E FURTO DE INFORMAÇÕES SIGILOSAS DE PROPRIEDADE DO EMPREGADOR. INDENIZAÇÃO DEVIDA PELO EMPREGADO. Autor ingressou irregularmente no prédio da empresa e, ao encaminhar mensagens eletrônicas com informações confidenciais ao seu *e-mail* particular, violou o código de ética e de conduta da empresa, nos termos do disposto no art. 195, XI, da Lei de Propriedade Industrial — Lei 9.279/96 —, em razão do que defende evidenciado que sofreu prejuízo de ordem moral. Demonstrada a ocorrência de apropriação de informação confidencial pelo empregado, sem a devida autorização do empregador, está configurado o crime de furto eletrônico ou cibernético, sendo devida a indenização por dano moral à empresa em face da violação de seu direito de manter em sigilo dados estratégicos restritos à corporação" (TRT-4, rel. João Paulo Lucena, j. 13-3-2014, 27ª Vara do Trabalho de Porto Alegre).

processo judicial informatizado em todo o país, em todos os graus e órgãos do Poder Judiciário no Brasil[344], adotando como princípio a validade de todo e qualquer ato processual realizado por meio eletrônico: "Art. 11. Os documentos produzidos eletronicamente e juntados aos processos eletrônicos com garantia da origem e de seu signatário, na forma estabelecida nesta Lei, serão considerados originais para todos os efeitos legais".

Mesmo no âmbito da Administração Pública, temos já a digitalização do processo do Tribunal de Contas da União, iniciado pela PORTARIA-TCU n. 189/2007 que aprova a realização do Projeto Processo Eletrônico Administrativo — Segedam Sem Papel e designa seu gestor.

Destacamos que há dois modelos para determinar autenticidade dos atos processuais eletrônicos — o uso de um certificado digital da ICP-Brasil[345] ou o uso de uma senha de usuário previamente cadastrada junto ao Tribunal (o que

---

344. Resolução n. 693, de 17 de julho de 2020, que regulamenta o processo judicial eletrônico no âmbito do Supremo Tribunal Federal e dá outras providências.

345. Decisões judiciais sobre questão da autenticidade pela via eletrônica:

"PROCESSUAL CIVIL. RECURSO ESPECIAL. ASSINATURA DIGITALIZADA. IMPOSSIBILIDADE DE AFERIÇÃO DE AUTENTICIDADE. AUSÊNCIA DE REGULAMENTAÇÃO. INADIMISSIBILIDADE. RECURSO ESPECIAL NÃO CONHECIDO. ARTIGOS ANALISADOS: ART. 1º, § 2º, III, *A* E *B*, DA LEI N. 11.419/2006 E ART. 365 DO CPC. 1. Ação de reparação por danos materiais e compensação por danos morais, ajuizada em 21-10-2011. Recurso especial concluso ao Gabinete em 7-5-2013. 2. Discussão relativa à admissibilidade de recurso especial interposto mediante aposição de assinatura digitalizada dos advogados. 3. A comunicação digital transformou o mundo. Redimensionou o fenômeno da globalização, lançando nova dinâmica sobre as relações negociais, que passaram a ocorrer em volume, formato e tempo jamais imaginados. 4. Também o Poder Judiciário vem se adequando a essa nova realidade. Com a edição da Lei n. 11.419/06, dispondo sobre a informatização do processo judicial, passou a ser admitido o uso de meio eletrônico na tramitação de ações, comunicação de atos e transmissão de peças processuais. 5. No âmbito do STJ, houve a virtualização de praticamente todo o seu acervo e a implantação de sistema que admite o peticionamento eletrônico, inicialmente regulado pela Resolução n. 10/2011 e, atualmente, pela Resolução n. 14/2013. 6. Na hipótese da assinatura digitalizada, normalmente feita mediante o processo de escaneamento, conforme já consignado pelo Supremo Tribunal Federal, há 'mera chancela eletrônica sem qualquer regulamentação e cuja originalidade não é possível afirmar sem o auxílio de perícia técnica'. 7. A reprodução de uma assinatura, por meio do escaneamento, sem qualquer regulamentação, é arriscada na medida em que pode ser feita por qualquer pessoa que tenha acesso ao documento original e inserida em outros documentos. Não há garantia alguma de autenticidade, portanto. 8. A aplicação do princípio da instrumentalidade das formas, invocado pelas recorrentes, deve encontrar limites exatamente no princípio da segurança jurídica. Não se trata de privilegiar a forma pela forma, mas de conferir aos jurisdicionados, usuários das modernas ferramentas eletrônicas, o mínimo de critérios para garantir a autenticidade e integridade de sua identificação no momento da interposição de um recurso ou de apresentação de outra peça processual. 9. O disposto art. 365 do CPC não legitima a utilização da assinatura digitalizada para interposição de recursos no âmbito desta Corte. 6. Recurso especial não conhecido" (STJ, REsp: 1442887-BA 2013/0080078-8, rel. Min. Nancy Andrighi, j. 6-5-2014, 3ª Turma, *DJe*, 14-5-2014)

tem sido exigido que ocorra presencialmente em um primeiro momento para verificação de identidade e documentos).

Estamos preparados para isso? Ou vamos insistir em imprimir *e-mails* para guardar em arquivos de papel e depois ter de digitalizar para juntar em um processo judicial eletrônico? Não seria melhor já guardar tudo diretamente de forma eletrônica? Mas para isso precisamos de uma boa solução de Gestão Eletrônica de Documentos (GED) e de Arquivos de *e-mails*, para não apenas guardar, mas conseguir encontrar.

São muitos os desafios da Justiça Digital, assim como muitos são os benefícios. Por certo, conseguiremos ter ações judiciais mais céleres, visto que a eliminação do papel[346] também diminui a burocracia. No entanto, devemos preocupar-nos com a capacidade do ambiente de processo eletrônico do Judiciário:

"AGRAVO REGIMENTAL EM AGRAVO EM RECURSO ESPECIAL. ASSINATURA DIGITALIZADA — OU ESCANEADA — DO ADVOGADO SUBSCRITOR DA PETIÇÃO DO RECURSO ESPECIAL. RECURSO MANIFESTAMENTE INADMISSÍVEL. APLICAÇÃO DE MULTA. ART. 557, § 2º, DO CPC. DECISÃO MANTIDA. 1. A assinatura digitalizada — ou escaneada —, por se tratar de mera inserção de imagem em documento, não se confunde com a assinatura digital baseada em certificado digital emitido por Autoridade Certificadora credenciada, prevista no art. 1º, § 2º, III, a, da Lei n. 11.419/2006. 2. 'A reprodução de uma assinatura, por meio do escaneamento, sem qualquer regulamentação, é arriscada na medida em que pode ser feita por qualquer pessoa que tenha acesso ao documento original e inserida em outros documentos. Não há garantia alguma de autenticidade, portanto. A aplicação do princípio da instrumentalidade das formas, invocado pelas recorrentes, deve encontrar limites exatamente no princípio da segurança jurídica. Não se trata de privilegiar a forma pela forma, mas de conferir aos jurisdicionados, usuários das modernas ferramentas eletrônicas, o mínimo de critérios para garantir a autenticidade e integridade de sua identificação no momento da interposição de um recurso ou de apresentação de outra peça processual'. (REsp 1.442.887/BA, Rel. Ministra Nancy Andrighi, Terceira Turma, julgado em 6-5-2014, *DJe* de 14-5-2014) 3. A assinatura digital certificada digitalmente, por seu turno, permite a identificação inequívoca do signatário do documento, o qual passa a ostentar o nome do detentor do certificado digital utilizado, o número de série do certificado, bem como a data e a hora do lançamento da firma digital, presumindo-se verdadeiro o seu conteúdo em relação ao signatário, na forma do art. 10º da Medida Provisória n. 2.200-2, de 2001. 4. Na espécie, observa-se que na petição do recurso especial está inserida tão somente a assinatura digitalizada — ou escaneada — do patrono substabelecente, não sendo possível, assim, aferir a autenticidade. Ademais, é possível visualizar sem maiores dificuldades que o campo onde está inserida a assinatura apresenta borrão característico de digitalização. Tais circunstâncias demonstram, de forma inequívoca, que a petição é apócrifa. 5. A jurisprudência desta Corte é assente no sentido de que a fixação de prazo para sanar a irregularidade na representação das partes, disposto no artigo 13 do Código de Processo Civil, não se aplica nesta instância especial. Precedentes. 6. Recurso manifestamente inadmissível a ensejar a aplicação da multa prevista no art. 557, § 2º do Código de Processo Civil. 7. Agravo regimental não provido, com aplicação de multa" (STJ, AgRg no AREsp 518587-SC 2014/0119046-1, rel. Min. Luis Felipe Salomão, j. 24-6-2014,4ª Turma, *DJe*, 1º-8-2014).

346. O Decreto n. 10.278, de 18 de março de 2020, regulamenta o disposto no inciso X do *caput* do art. 3º da Lei n. 13.874, de 20 de setembro de 2019, e no art. 2º-A da Lei n. 12.682,

- garantir a disponibilidade do sistema para trazer maior confiabilidade;
- garantir a proteção da identidade digital (cultura de segurança de informação no uso do certificado digital);
- garantir o segredo de justiça (quando aplicável — acesso restrito mesmo pela via eletrônica);
- garantir integridade por meio de segurança da informação (para evitar adulteração de dados nos sistemas, mudança de sentença, voto, outros);
- criar cultura digital nos operadores do direito.

Estamos a caminho de uma sociedade sem papel, mas não sem documentos. Como já previsto pelo próprio Código de Processo Civil brasileiro e mantido na sua nova versão, que entrou em vigor em 2016, documento é um escrito capaz de ter compreensão humana, independentemente do suporte (pode ser papel, tecido, parede, *hard disk*, outros). A sociedade digital está muito mais bem documentada, com mais controles, com mais transparência; só precisamos agora quebrar o paradigma cultural e atualizar nossos usos e costumes para atender a toda esta nova realidade empresarial e governamental. Estas normas já estão em vigor. Sua empresa está preparada? Já está em conformidade? Os prazos já estão correndo.

O Poder Judiciário brasileiro, em matéria de Direito Processual Civil, já se preparou para a mudança com o advento do novo Código de Processo Civil (Lei n. 13.105/2015)[347], e adotou o processo eletrônico (para a comunicação de seus atos, realização de audiências, recebimento de documentos, provas eletrônicas etc.), todavia, não em sua plenitude, pois ainda continuarão a existir processos físicos. Uma das formas de garantir o princípio da celeridade processual é a adoção do processo eletrônico, e o novo Código dá ênfase para que este seja utilizado.

Apesar da evolução já ocorrida com o processo eletrônico do Judiciário, ainda há um grande problema relacionado a sua diversidade de sistemas. Para o operador do direito, lidar com tantos métodos distintos para a tramitação das causas é uma tarefa árdua[348].

---

de 9 de julho de 2012, para estabelecer a técnica e os requisitos para a digitalização de documentos públicos ou privados, a fim de que os documentos digitalizados produzam os mesmos efeitos legais dos documentos originais.

347. Apesar da discussão sobre a data de início de sua vigência, o Novo Código de Processo Civil entrou em vigor em 18 de março de 2016 (fonte: http://www.cnj.jus.br/noticias/cnj/81698-cnj-responde-a-oab-e-decide-que-vigencia-do-novo-cpc-comeca-em-18-de-marco).

348. O mapa da implantação do Processo Judicial Eletrônico pode ser acessado no site do Conselho Nacional de Justiça <http://www.cnj.jus.br/programas-de-a-a-z/sistemas/processo--judicial-eletronico-pje/mapas-de-implantacao>.

Ademais, nem todos os Tribunais possuem sistema de verificação de indisponibilidade, o que dificulta a ação do advogado caso encontre um erro ou falha para transmissão do seu arquivo e precise cumprir com seu prazo processual.

Ao considerar o crescente emprego de modelos computacionais estruturados para o acesso e o processamento de dados disponibilizados pelos órgãos do Poder Judiciário, o Conselho Nacional de Justiça (CNJ) vem atuando para favorecer a efetividade das ações que visam proteger a personalidade e a autodeterminação informativa do indivíduo contra os riscos que podem decorrer do acesso massificado a informações contidas em processos. Por meio da Resolução n. 334[349], de 21 de setembro de 2020, o órgão instituiu o Comitê Consultivo de Dados Abertos e Proteção de Dados Pessoais para, por meio de estudos técnicos e apresentação de propostas, auxiliar o desenvolvimento e a implementação de política de dados abertos compatível com a proteção de dados pessoais no âmbito do Poder Judiciário.

Nesse sentido, foram publicadas ainda a Portaria n. 334[350], de 21 de setembro de 2019, que institui o Comitê Consultivo de Dados Abertos e Proteção de Dados no âmbito do Poder Judiciário, e a Portaria n. 212[351], de 15 de outubro de 2020, que estipulou a criação do Grupo de Trabalho destinado à elaboração de estudos e de propostas voltadas à adequação dos tribunais à Lei Geral de Proteção de Dados.

Por certo, a Justiça Digital envolve a quebra de diversos paradigmas, dentre eles o maior que é o cultural!

8.36. Saúde digital — Prontuário eletrônico à telemedicina

Se o Fisco e o Judiciário estão ficando cada vez mais digitais, agora é a vez da saúde[352]. A discussão sobre questões que envolvem Prontuário

---

349. Ver em: <https://atos.cnj.jus.br/atos/detalhar/3489>.

350. Ver em: <https://atos.cnj.jus.br/atos/detalhar/2890>.

351. Ver em: <https://atos.cnj.jus.br/atos/detalhar/3520>.

352. A telemedicina foi regulamentada em 2020, por meio da Portaria n. 467 do Ministério da Saúde, e surgiu como medida para tentar reduzir as contaminações durante a pandemia da Covid-19. Desde então, a iniciativa tem trazido ótimos resultados, pois permite aos profissionais da saúde realizar atendimentos médicos à distância. De forma pontual, a telemedicina permite (art. 2º): fazer atendimento pré-clínico; realizar suporte assistencial, consultas, monitoramento e diagnóstico; e emitir atestados e receitas, desde que assinados eletronicamente. Ainda de acordo com a Portaria, a telemedicina pode ser realizada tanto por instituições públicas — como Sistema

Eletrônico[353] (migrar do PPS — Prontuário Pessoal da Saúde para o PEP — Prontuário Eletrônico do Paciente no Brasil e *PHR — Personal Health Records* nos EUA), diagnóstico por imagem, uso de biometria para identificação de pacientes junto a operadores da saúde (em substituição a carteirinha do plano), criação de um banco de dados único da Saúde, digitalização de documentos e eliminação do papel para liberar leitos em hospitais. Quais os aspectos legais a serem observados em meio a toda essa transformação e será que os profissionais da saúde estão preparados?

A saúde no Brasil é tradicionalmente descentralizada, com múltiplos agentes, e baseada em documentação em papel. No entanto, cada vez mais, percebemos o quanto o uso de Tecnologia da Informação na saúde, bem como informações eletrônicas, aumenta o nível de segurança, diminui as fraudes, assim como permite acessibilidade ao próprio sistema, reduzindo burocracia, e, o tempo de atendimento, e, em última análise, aumentando receita e padrão de qualidade, o que beneficia a todos. O Conselho Regional de Medicina de Santa Catarina (CREMESC) manifestou-se a respeito desde 1997, sobre o uso de tecnologia para que o médico possa cumprir as exigências legais (Consulta n. 450/97 sobre o Parecer CFM n. 14/93).

Desde sempre o direito aos dados do prontuário médico é do paciente, e só cabe a ele, inclusive. No entanto, a geração do prontuário é de obrigação do médico e a guarda acaba sendo dos agentes de saúde, especialmente clínicas e hospitais, onde estes médicos atuam e consultam. Mas é só um paciente ou um familiar necessitar de suas informações para iniciar uma disputa muitas vezes jurídica, visto que há toda uma questão de sigilo médico envolvido.

Outro aspecto diz respeito à privacidade. Os dados de saúde de um indivíduo são extremamente sigilosos e sensíveis, visto o grau de impacto que podem gerar. Como as informações em um banco de dados único serão utilizadas? Afinal, há interesses divergentes.

Enquanto um paciente quer que saibam o que ele possui de histórico para ser melhor atendido em uma emergência, do outro lado, uma área de Recursos Humanos de uma empresa pode querer saber se há doença preexistente e/ou não

---

Único de Saúde (SUS) —, como em organizações privadas. Ver em: <https://www.in.gov.br/en/web/dou/-/portaria-n-467-de-20-de-marco-de-2020-249312996>.

353. A Portaria n. 467/2020, do Ministério da Saúde, pontua que todos os atendimentos realizados por meio da telemedicina devem ser obrigatoriamente registrados em prontuário clínico, com indicação das seguintes informações (arts. 4º e 6º): data do atendimento; horário do atendimento; tecnologia da informação e meio de comunicação utilizados; registro do número do Conselho Regional do médico atendente e sua unidade da federação.

declarada pelo colaborador para decidir por sua contratação ou não, promoção ou não. Já para um plano de saúde pode representar a verificação da veracidade da declaração de saúde de um novo solicitante do plano, determinando se o contratante será aceito ou recusado, enquanto para o sistema de saúde pode representar prevenção e campanhas dirigidas para melhoria da saúde em geral.

Estas questões são reguladas por leis (Constituição Federal de 1988, art. 5º, no tocante à intimidade, Código Penal, art. 154, sobre sigilo profissional) e por autorregulamentação de mercado, especialmente Resoluções do Conselho Federal de Medicina (Res. n. 1.605/2000, 1.638/2002, 1.821/2007), Resoluções do CREMESP (Res. n. 097/2001), Código de Ética Médica (Capítulo IX, arts. 73 a 79[354]), ISO IEC n. 27.799/2008, entre outros. Especialmente a Resolução n. 1.821/2007 aprova as normas técnicas sobre digitalização e uso de sistemas informatizados para uso, guarda e manuseio dos documentos dos prontuários dos pacientes. Há duas situações a serem trabalhadas: o legado (tudo o que já foi gerado no papel e que tem de ser guardado por prazos longos de trinta anos, e em muitos casos chega próximo a todo o sempre) e a partir de agora para o futuro, que já seria o documento nascer eletrônico, evitando os riscos e custos de seu uso e tramitação no papel. Afinal, papel é só um tipo de suporte de documento escrito, conforme prevê o Novo Código de Processo Civil brasileiro nos arts. 188, 369, 373, 374, 375 e outros.

Não há dúvida dos benefícios da saúde digital, mas sim sobre a capacidade de se garantir segurança e privacidade das informações, onde cada um dos envolvidos teria de ter um nível de acesso controlado e restrito a apenas aquilo que tivesse sido autorizado. Mas caberá a quem fazer a gestão dessas identidades, bem como o monitoramento do sistema, evitando riscos de segurança da informação, e também "usuários fantasmas".

No tocante ao prontuário eletrônico do paciente, seria uma grande evolução, principalmente para não termos mais de tentar decifrar inclusive o que é escrito à mão pelos médicos. Mas isso é também um desafio para o setor de saúde, visto a necessidade de treinamento, de capacitação dos profissionais para uso do computador de modo obrigatório. Lembrando ainda que não está adstrita ao ordenamento jurídico brasileiro, visto casos de internações ou tratamentos de pacientes com plano de saúde brasileiro em outros países.

A saúde digital é inevitável, mas é essencial haver padronização, que haja homologação do sistema pelas instituições que regulam a saúde, bem como que se invista em capacitação. Deve-se poder ter "confiabilidade", ou seja, que os

---

354. Código de Ética Médica aprovado pela Resolução CFM n. 1.931, de 17 de setembro de 2009, que começou a valer em 13 de abril de 2010.

dados inseridos no sistema sejam autênticos e íntegros, e que isso seja preservado de modo adequado. Logo, por certo, um modelo de assinatura digital, com uso de certificado ou mesmo biometria, para garantir que foi o médico que inseriu aqueles dados no sistema, é essencial[355].

Isso foi tratado na Resolução CFM n. 1.821, de 11 de julho de 2007, que aprovou as normas técnicas concernentes à digitalização e uso dos sistemas informatizados para a guarda e manuseio dos documentos dos prontuários dos pacientes, autorizando a eliminação do papel e a troca de informação identificada em saúde.

Do outro lado, o paciente também deve receber uma senha e ter o ônus de sua guarda segura, bem como poder inserir dados mas sem alterá-los. Ou seja, o sistema deve ser preparado para não sobrescrever informações, já que o histórico em si, a evolução, a mudança das informações, fazem parte do próprio diagnóstico e são essenciais para compreensão de cada caso. A rastreabilidade da informação é uma garantia necessária ao próprio sistema, que deve ser feito de modo a permitir ser auditável.

Acompanhávamos o Projeto de Lei do Senado n. 474/2008, entretanto, ele foi arquivado com a aprovação do PL n. 10.107/2018, apensado ao PL n. 4.212/2001. O PL foi convertido na Lei n. 13.787/2018, que dispõe sobre a digitalização e a utilização de sistemas informatizados para a guarda, o armazenamento e o manuseio de prontuário de paciente.

Além disso, a Lei n. 13.787[356], de 27 de dezembro de 2018, autoriza os profissionais de saúde e hospitais a armazenarem os documentos constantes dos prontuários dos pacientes em meio eletrônico, desde que digitalizados e assinados com certificado digital, nos termos da Lei n. 12.682/2012 (Lei da Digitalização), de forma a assegurar a integridade, a autenticidade e a confidencialidade das informações.

---

355. A necessidade de confiabilidade dos dados é essencial na emissão de receitas e atestados. De acordo com a Portaria n. 467/2020, do Ministério da Saúde, é possível aos médicos realizarem a emissão de atestados e receitas, desde que assinados eletronicamente (arts. 5º e 6º).

356. Lei n. 13.787, de 27 de dezembro de 2018:

"Art. 1º A digitalização e a utilização de sistemas informatizados para a guarda, o armazenamento e o manuseio de prontuário de paciente são regidas por esta Lei e pela Lei n. 13.709, de 14 de agosto de 2018.

Art. 2º O processo de digitalização de prontuário de paciente será realizado de forma a assegurar a integridade, a autenticidade e a confidencialidade do documento digital.

(...)

Art. 6º Decorrido o prazo mínimo de 20 (vinte) anos a partir do último registro, os prontuários em suporte de papel e os digitalizados poderão ser eliminados".

Do ponto de vista do Direito Digital Comparado, nos EUA já existe a digitalização de prontuário médico[357]. Tanto que em 2009 foi promulgado o *American Recovery and Reinvestment Act* (ARRA), o qual traz em seu *Title XIII* o *Health Information Technology for Economic and Clinical Health Act* (HITECH) que tem o objetivo de promover e expandir a adoção da tecnologia da informação na saúde. Este programa inclui a previsão de incentivo pelo governo americano para promover a adoção do *Electronic Health Record* — EHR pelas instituições médicas.

O objetivo do EHR (*Eletronic Health Record*) não é apenas digitalizar os prontuários físicos, mas fazer com que esta digitalização tenha utilização com significado (*meaningful use*), o que constitui a utilização de sistema de registro eletrônico certificado com informações organizadas de forma que evidenciem o histórico médico do paciente e que torne possível a troca de informações entre instituições médicas, em busca da máxima qualidade no tratamento do paciente.

O *Center for Medicare & Medicaid Services* (CMS) é o responsável pelo programa de incentivo de implantação do EHR, estabelecendo critérios e parâmetros por fases para a certificação. Inclusive oferece o *Chart Migration and Scanning Checklist* com orientações para auxiliar a implantação do EHR, ajudando a determinar o que é necessário importar dos registros em papel para o arquivo digital, incluindo uma lista de itens a serem seguidos para digitalização.

---

357. Referências:

http://library.ahima.org/xpedio/groups/public/documents/ahima/bok1_048372.hcsp?dDocName=bok1_048372

http://library.ahima.org/xpedio/groups/public/documents/ahima/bok1_048418.hcsp?dDocName=bok1_048418

http://healthit.gov/policy-researchers-implementers/health-it-legislation

http://healthit.gov/sites/default/files/hitech_act_excerpt_from_arra_with_index.pdf

http://www.healthit.gov/providers-professionals/faqs/what-chart-migration-how-do-i--plan-chart-migration

http://wyatthitechlaw.com/2013/09/30/retention-of-paper-medical-records-after-converting-to-electronic-health-records/

http://www.cms.gov/Regulations-and-Guidance/Legislation/EHRIncentivePrograms/index.html

http://www.cms.gov/Regulations-and-Guidance/Guidance/Manuals/Internet-Only--Manuals-IOMs-Items/CMS050111.html

http://www.hhs.gov/ocr/privacy/hipaa/understanding/special/healthit/eaccess.pdf

http://www.hhs.gov/ocr/privacy/hipaa/understanding/summary/index.html

O Manual 100-1[358] do CMS dá orientações sobre registros médicos digitalizados no capítulo 7, principalmente com relação ao descarte dos registros físicos.

Considerando a América Latina, observa-se que na Argentina[359] também existe a digitalização do prontuário médico para complementação da "história clínica digital do paciente".

A Lei n. 14.494 sancionada em 13 de dezembro de 2012 estabelece o sistema único de prontuário eletrônico para a província de Buenos Aires. Ela prevê em seu art. 16[360] que as instituições que adotem o prontuário eletrônico poderão se desfazer dos registros em papel de acordo com as disposições de descarte dos prontuários passivos. O que enseja a possibilidade de digitalizar os registros médicos físicos.

Mas, voltando ao cenário brasileiro, a grande questão se passa no tocante à metodologia que deve ser aplicada ao processo de digitalização, para que não apenas seja padronizada (uniforme), mas que atenda os requisitos de segurança da informação[361], visto que os dados de saúde são considerados pessoais, sensíveis e sigilosos.

Neste aspecto, há ainda muita discussão em torno do padrão estabelecido pelo Conselho Federal de Medicina (CFM) e as alternativas de soluções disponíveis no mercado[362].

---

358. Medicare General Information, Eligibility and Entitlement Manual (Manual 100-1).

359. Referências:

http://www.revistapersona.com.ar/Persona43/43Zotto.htm

http://www.lanacion.com.ar/1539373-la-historia-clinica-se-muda-a-internet

http://www.gob.gba.gov.ar/legislacion/legislacion/l-14494.html

http://www.infoleg.gov.ar/infolegInternet/anexos/160000-164999/160432/norma.htm

http://emergencias.blogs.hospitalelcruce.org/historia-clinica-digital/

https://ministerios.sanluis.gov.ar/res/media/pdf/19622.doc

360. Lei n. 14.494 da Argentina, art. 16: "las instituciones que adopten la historia clínica electrónica, podrán proceder a la destrucción de los registros en soporte papel en las condiciones previstas para hacerlo con las historias clínicas pasivas".

361. Ler PINHEIRO, Patricia Peck. Segurança da informação e ataques cibernéticos na área da Saúde. *Revista Healthcare Management*, São Paulo, n. 34, p. 26 a 28, jan./fev. 2015.

362. Merece ressaltar a Nota Técnica sobre a Certificação de *Software* SBIS-CFM e Assinatura Eletrônica: "o processo de Certificação de *Software* SBIS-CFM (auditoria e selo de qualidade) não constitui requisito obrigatório para a eliminação do papel, desde que a instituição e o fabricante do sistema garantam que o sistema atende a todos os requisitos obrigatórios do Nível de Garantia de Segurança 2 do Manual de Certificação para Sistemas de Registro

Em resumo, o debate envolve a certificação de bases de dados diretas no sistema, que precisa ser auditável *versus* a certificação do documento final criado de prontuário digital, que poderia ser exteriorizado em qualquer formato, inclusive um PDF.

E o problema não está apenas no fluxo da informação e na confirmação de autenticidade e integridade durante o processo de inserção ou alteração de dados, mas alcança a sua guarda (histórica) e a sua localização (conseguir depois localizar a informação quando necessária para apresentação às autoridades).

Mister se faz rever os processos baseados em "usos e costumes" que não possuem qualquer respaldo ou exigência legal. E que a saúde acompanhe a evolução digital da sociedade da informação, tomando o máximo proveito disso[363].

É inquestionável que a versão digital permitirá muitos avanços na saúde preventiva, bem como no acesso dos dados pelo paciente, na integração desta informação em todo o Sistema de Saúde e principalmente na sua guarda segura e legível, o que não necessariamente acontece no modelo tradicional em papel, só estamos mais acostumados a ele. É uma questão de mudança de cultura. E ela deverá ser acompanhada com uma preocupação crescente por proteção de dados pessoais sensíveis no âmbito da saúde, que deverá harmonizar, de um lado, todo o interesse público no tratamento desses dados, inclusive para pesquisas clínicas, e, do outro, a garantia e proteção da privacidade dos pacientes, com as novas regras trazidas pela Lei n. 13.709/2018[364].

Eletrônico em Saúde (S-RES). A auditoria da SBIS agrega maior segurança e respaldo técnico à decisão da Comissão de Revisão de Prontuários ao esclarecer e certificar que o sistema realmente atende a esses requisitos" (Fonte: http://www.sbis.org.br/).

363. Como no caso da aplicação prática da telemedicina, modalidade efetuada de maneira remota, na qual o profissional de saúde realiza atendimento pré-clínico, consulta, suporte assistencial, monitoramento ou diagnóstico a distância. Costuma ser feito diretamente entre médicos e pacientes, por meio de tecnologia da informação e comunicação que garanta a integridade, segurança e o sigilo de informações. No Brasil, o serviço de telemedicina foi regulamentado em caráter excepcional e temporário por meio da Portaria n. 467, de 20 de março de 2020, do Ministério da Saúde. De acordo com o Conselho Federal de Medicina (CFM) — órgão responsável por detalhar o funcionamento da telemedicina no Brasil —, é possível realizar a telemedicina em três formatos: teleorientação (na qual os médicos orientam e encaminham os pacientes em situação de isolamento); telemonitoramento (quando o médico monitora os parâmetros de saúde do paciente) e teleinterconsulta (há troca de informações e opiniões entre médicos e entre médicos e pacientes, para a determinação de diagnóstico ou tratamento terapêutico). Importante destacar que a telemedicina era regulamentada para ser aplicada apenas em situações emergenciais e específicas, como a emissão de laudos a distância e a prestação de suporte diagnóstico ou terapêutico remoto, segundo a Resolução da CFM n. 1.643/2002. Com a criação da regulamentação temporária devido à pandemia da Covid-19, a Portaria n. 467/2020 permite a realização dos três novos moldes de aplicação já citados.

364. Sobre este tema consulte o *Manual de Melhores Práticas da ANAHP* acessível em: <https://www.anahp.com.br/pdf/manual-melhores-praticas-lgpd.pdf>.

8.37. *E-Learning*

O Ensino pela Internet, ou *e-Learning*, como é mais conhecido, é um grande desafio atual. Desafio por ter de incorporar as novas tecnologias, o *e-mail*, os "*Chat rooms*", a videoconferência, a multimídia, junto com as características intrínsecas da Internet, como acessibilidade, instantaneidade, alcance mundial e convergência para formar o mais eficiente, abrangente e ousado projeto de ensino a distância já posto em prática, sem comprometer o padrão de qualidade e sem infringir os princípios éticos e educacionais que regem a relação professor-aluno, quer seja virtual, quer real.

São muitos os aspectos que devem ser levados em conta nessa transição, tanto técnicos quanto multidisciplinares, para que a comunidade escolar tenha condições adequadas de se adaptar e tirar o melhor proveito das possibilidades diante dos novos recursos. Mas mesmo sem esse preparo, a modalidade de ensino a distância foi a solução emergencial encontrada por muitas instituições para não interromper os conteúdos didáticos durante a suspensão das aulas por causa da pandemia da Covid-19.

Profissionais de redes públicas e privadas reuniram esforços para encontrar meios de migrar e adaptar sua didática para o digital, com o uso de aplicativos e recursos *online* — por vezes novidades para muitos deles —, na intenção de evitar prejuízos pedagógicos ainda maiores durante a pandemia. *Chats* via plataformas ou redes sociais, videoaulas gravadas, aulas *online* ao vivo ou via TV foram algumas das alternativas disponíveis aos educadores como estratégia para manter o ensino e a comunicação com os alunos.

Apesar de não ter havido o planejamento desejado para estruturar a aplicação da aprendizagem a distância, a conjuntura excepcional acabou acelerando um processo que vinha crescendo no país, especialmente no ensino superior. Já em 2018, havia mais vagas ofertadas na educação a distância (EaD) do que em cursos presenciais, de acordo com pesquisa anual realizada pelo Instituto Nacional de Estudos e Pesquisas Educacionais Anísio Teixeira (Inep)[365].

Os cursos de ensino a distância não constituem nenhuma novidade. Em 1969, a universidade britânica Open University (www.open.ac.uk) iniciou seus trabalhos e hoje, sem ter nenhuma sala de aula, possui aproximadamente 150.000

---

365. O Censo da Educação Superior 2018 registrou 7,1 milhões de vagas na EaD, enquanto os cursos presenciais contabilizam 6,3 milhões. Mais detalhes em: <http://portal.inep.gov.br/artigo/-/asset_publisher/B4AQV9zFY7Bv/content/dia-nacional-da-educacao-a--distancia-marca-a-expansao-de-ofertas-de-cursos-e-aumento-do-numero-de-alunos-matriculados/21206>.

graduados e 30.000 pós-graduados. No Brasil, em 1971[366], o supletivo, destinado a suprir o rendimento escolar do ensino fundamental e médio aos jovens e adultos que não o tinham adquirido na idade apropriada, já podia, legalmente, ser ministrado através de todos os meios de comunicação disponíveis, de maneira a atingir o maior número possível de alunos. A partir da Lei de Diretrizes e Bases da Educação — LDB, o ensino a distância passou a abranger todos os níveis e modalidades de ensino no Brasil.

Os cursos ministrados a distância, basicamente, podem ser divididos em cursos supletivos, de educação profissional, cursos de graduação, de pós-graduação e cursos livres. Os três primeiros estão regulamentados pelo art. 80 da Lei n. 9.394, de 1996, pelo Decreto n. 9.057/2017[367] e pela Portaria do Ministério da Educação n. 4.361, de 29 de dezembro de 2004. Além disso, os cursos de pós-graduação a distância já foram regulamentados[368].

A instituição que se interessar em ministrar cursos a distância deve estar ciente de que para tal é preciso estar adequadamente credenciada. O credenciamento de instituições do sistema federal de ensino, a autorização e o reconhecimento de programas a distância de educação profissional e de graduação de qualquer sistema de ensino são de competência do Ministério da Educação[369].

Lembramos ainda que a falta de padrões de qualidade e a ocorrência de irregularidades de qualquer ordem podem ser objeto de diligência, sindicância e, se for o caso, de processo administrativo para apurá-los podendo até acarretar o descredenciamento da instituição.

A legislação brasileira prevê que os cursos, nas modalidades presencial ou a distância[370], são intercambiáveis. Isso significa que podem ocorrer transferências, nas quais os créditos e as certificações totais ou parciais obtidos em uma

---

366. Lei n. 5.692, de 11 de agosto de 1971, antiga Lei de Diretrizes e Bases da Educação, revogada pela Lei n. 9.394, de 20 de dezembro de 1996.

367. De acordo com o art. 1º do Decreto n. 9.057/2017, "Art. 1º Para os fins deste Decreto, considera-se educação a distância a modalidade educacional na qual a mediação didático-pedagógica nos processos de ensino e aprendizagem ocorra com a utilização de meios e tecnologias de informação e comunicação, com pessoal qualificado, com políticas de acesso, com acompanhamento e avaliação compatíveis, entre outros, e desenvolva atividades educativas por estudantes e profissionais da educação que estejam em lugares e tempos diversos".

368. A possibilidade de cursos de mestrado, doutorado e especialização a distância foi disciplinada pela Resolução n. 1, da Câmara de Ensino Superior-CES, do Conselho Nacional de Educação--CNE, em 3 de abril de 2001. Fonte: <http://portal.mec.gov.br/cne/arquivos/pdf/CES0199.pdf>.

369. Arts. 11 e 12 do Decreto-Lei n. 200, de 25 de fevereiro de 1967.

370. A Portaria MEC n. 4.059, de 10 de dezembro de 2004, autorizou até 20% da carga horária dos cursos ministrados de forma não presencial. Sendo assim, o ensino a distância e o *e-learning* tendem a superar o crescimento que vêm tendo. Mais informações podem ser obtidas no portal www.elearningbrasil.com.br.

modalidade podem ser aproveitados em outra, o que é muito importante para proteger o consumidor-aluno de abusos e arbitrariedades que possam ser cometidas pela instituição de ensino, como cancelamento do curso, mudança de conteúdo e professores sem prévio aviso, não devolução de taxas de matrícula, entre outros.

Apesar de todas as facilidades e soluções trazidas pelas novas tecnologias, ainda existe um grande entrave à expansão dos cursos a distância, um problema para o qual ainda não se vislumbra uma saída adequada. A legislação em vigor exige (à exceção dos cursos livres) a realização de exames presenciais, isso porque ainda não existe mecanismo eletrônico que permita um nível tal de segurança contra fraudes; mesmo as chamadas chaves criptográficas assimétricas não funcionam quando o detentor da chave privada tem interesse em que outra pessoa se passe por ele. Essa situação implica que a instituição deve estar preparada para atender em local físico todos os seus alunos, o que acaba restringindo o raio de atuação dos cursos fornecidos pela Internet.

A validade dos diplomas e certificados conferidos por instituições autorizadas é nacional; certificados conferidos por instituições estrangeiras terão de ser revalidados. Da mesma forma, terão de ser revalidados em outros países (se assim a legislação local o dispuser) os certificados conferidos por instituições brasileiras a alunos residentes fora do País.

O *e-learning* vem se desenvolvendo muito, sobretudo no ensino superior e cursos livres de atualização. No Brasil, o pioneiro na graduação a distância foi o Cederj — Centro Universitário de Educação a Distância do Estado do Rio de Janeiro (www.cederj.edu.br).

Apesar de atualmente todos os níveis de ensino já serem passíveis de ser lecionados a distância, o grande filão do mercado é, sem dúvida, o dos cursos de graduação, pós-graduação e os cursos livres. Quanto aos cursos de ensino fundamental e médio, não se demonstrou ainda interesse em ministrá-los, e talvez a explicação esteja nas palavras de Robin Mason, uma das maiores especialistas mundiais em ensino a distância. Segundo ela, os estudantes na faixa etária dos 18 aos 22 anos, por exemplo, precisam do curso *face to face*, porque, nessa fase, os alunos são empurrados ao estudo pelos pais e precisam ser monitorados.

Um dos negócios mais promissores atualmente é o *e-learning* corporativo[371]. As empresas e os profissionais começaram a entender que na sociedade

---

371. Neste sentido há o artigo publicado na *Gazeta Mercantil* de 24 de janeiro de 2002, intitulado "Conquistas do e-Learning", de autoria de Fernando Boldrini e Reinhard Ziegler, também disponível em <http://ncbn.com.br/blog/>, acessado em 19-1-2015, às 10:04.

digital as técnicas de produção estão em constante processo evolutivo, e o ensino através da Internet tem demonstrado ser uma maneira muito eficiente de manter os funcionários constantemente atualizados por meio de cursos oferecidos pelas empresas. Aliado à vantagem da flexibilidade do ensino a distância, funcionários e empresas têm ganhado muito com as parcerias com instituições de ensino a distância.

No entanto, qualquer empresa que disponibilizar cursos a distância para seus colaboradores deve estar atenta às possíveis questões trabalhistas envolvidas no tocante à contabilização como hora extra do empregado. Se não houver uma predeterminação quanto ao horário que o mesmo deva ser realizado ou se ele não for de natureza opcional (não obrigatório), será devida a sobrejornada[372].

Logo, o ideal é ter uma política clara de recursos humanos sobre a realização de cursos nesta modalidade e as hipóteses em que não irá configurar, por si só, um adicional de jornada, visto que há casos em que a sua execução não é obrigatória e a liberdade quanto ao horário para participar do curso é uma questão de mera conveniência do funcionário.

Mesmo com eventual risco trabalhista, que é gerenciável se devidamente tratado em normas e procedimentos internos[373], acreditamos que o *e-learning* veio para ficar e será uma ferramenta poderosa para o fortalecimento da cultura e do nível educacional de profissionais e alunos brasileiros diante do mercado globalizado, internacional e competitivo característico da sociedade digital.

---

372. Curso pela Internet vale como hora efetiva de trabalho: em acórdão da 8ª Turma do Tribunal Regional do Trabalho da 2ª Região, o desembargador Adalberto Martins entendeu que, nos casos em que o empregador exigir a realização de cursos, ainda que por intermédio da Internet, o tempo despendido deve ser considerado como efetivo horário extraordinário. Fontes: <www.internetlegal.com.br> e <http://convergenciadigital.uol.com.br/cgi/cgilua.exe/sys/start.htm?infoid=30521&sid=16>.

373. Nesse sentido, é recomendável que os contratos de trabalho passem a ter a seguinte cláusula:

O (A) EMPREGADO(A) está ciente que a mera possibilidade de acesso aos ambientes lógicos do(a) EMPREGADOR(A), às suas informações, o porte ou uso de qualquer dispositivo móvel para finalidade profissional e/ou educacional, como no caso de realização de cursos de ensino à distância (e-learning *ou EAD), bem como as interações com alunos e/ou responsáveis legais através de mídias sociais ou outros meios digitais, fora do horário do expediente normal da instituição, para sua própria conveniência ou por sua liberalidade, por si só, não implicará requisição de trabalho, sobrejornada, sobreaviso ou plantão, nem ensejará prejuízo à vida social, ao lazer ou seu descanso, pois os dados e recursos permanecem ativos ou disponíveis independentemente de sua vontade ou comando do(a) EMPREGADOR(A).*

8.38. Aspectos legais do EAD

Cresce de importância nas instituições de ensino no Brasil o uso de métodos de educação a distância (EAD). Com isso, o modelo de sala de aula foi substituído por um professor cada vez mais digital, por uma jornada educacional com horário mais flexível. A EAD nasceu do antigo modelo de cursos por correspondência e, por certo, é um salto evolutivo no modelo de ensino, permitindo até maior acesso a sala de aula quando refletimos o seu alcance em todas as localidades do Brasil. Se um aluno ficar doente, a escola pode ir até ele[374].

Mas em 2020 foi o mundo que ficou doente, e a população teve que se isolar ao máximo para tentar frear o contágio em decorrência da pandemia da Covid-19. Com a suspensão da maioria das atividades, inclusive as educativas, a comunidade escolar teve que encontrar meios de seguir com o cronograma didático. E a tecnologia foi a saída mais utilizada.

O ensino a distância, por meio de *chats*, videoaulas, chamadas, entre outros recursos, foi a alternativa adotada por diversas instituições do país para evitar uma defasagem muito grande no conteúdo programático. Tanto que o Conselho Nacional de Educação (CNE) aprovou a validade e a continuidade do ensino remoto até dezembro de 2021, por meio do parecer n. 15/2020[375]. A permissão de atividades é válida para todas as redes do país, desde a educação básica até o ensino superior, sejam públicas, privadas ou comunitárias, com a previsão de reorganização flexível dos sistemas para o reordenamento curricular.

Em vez de ter o professor em sala de aula como principal forma de apresentar a aula, o novo modelo passou a fazer uso de três figuras: o professor (quando há aula presencial), o conteudista (pessoa que desenvolve conteúdo educacional e pedagógico) e o tutor (aquele que apoia a orientação em sala de aula virtual, prestando toda assistência para os alunos por meio da Internet).

A EAD é o *e-Business* educacional. Principalmente em uma sociedade do conhecimento que demanda atualização permanente dos profissionais. Isso

---

374. Em decorrência do surto causado pelo vírus da Covid-19, o Ministério da Educação autorizou o ensino a distância em cursos presenciais por meio da Portaria n. 343/2020, que dispõe sobre a substituição das aulas presenciais por aulas em meios digitais enquanto durar a situação de pandemia. Disponível em: <http://portal.mec.gov.br/component/content/article?id=86441> e <http://www.in.gov.br/en/web/dou/-/portaria-n-343-de-17-de-marco-de-2020-248564376>.

375. Diretrizes Nacionais para a implementação dos dispositivos da Lei n. 14.040, de 18 de agosto de 2020, que estabelece normas educacionais excepcionais a serem adotadas durante o estado de calamidade pública reconhecido pelo Decreto Legislativo n. 6, de 20 de março de 2020. Disponível em: <http://portal.mec.gov.br/index.php?option=com_docman&view=download&alias=160391-pcp015-20&category_slug=outubro-2020-pdf&Itemid=30192>.

provocou a necessidade de elaboração de novas minutas de contratos, tanto para abranger a questão da "matrícula *online*", dos direitos e deveres do aluno de EAD, bem como para determinar o modelo de trabalho de conteudistas e tutores, proteger direitos autorais e de imagem.

Alguns dos desafios jurídicos da EAD envolvem:

1. interação professor — aluno — limites e responsabilidades pela via digital;
2. uso de redes sociais e colaboração em massa e a questão da proteção dos direitos autorais e de imagem;
3. segurança da informação dos dados dos alunos que se cadastram em portais de escolas e universidades;
4. disponibilidade do serviço e a necessidade de SLA — Acordo de Nível de Serviço;
5. portabilidade dos conteúdos — pode ou não copiar, colar, transmitir conteúdos de EAD?

O desafio em termos de novos modelos para governança no ambiente educacional está em como proteger adequadamente as relações jurídicas da instituição de ensino neste novo cenário, em que há uma exposição muito maior ao mesmo tempo que precisamos compartilhar conhecimento, dentro de uma conformidade legal, atendendo aos preceitos do Novo Código Civil (arts. 186, 187, 927, 932 e 1.016), já que a Diretoria da Instituição de Ensino pode sim responder por uma gestão que não esteja aderente às boas práticas legais.

Apesar da finalidade educacional, o compartilhamento de obras, na íntegra, ou sua reprodução/distribuição através de meios digitais, sem a autorização prévia de seu autor e/ou titular (no caso de obra protegida, que não esteja em domínio público nem tenha sido licenciada legitimamente), gera um elevado risco financeiro e reputacional para a Instituição de Ensino. Principalmente, se no ato de tornar público o conteúdo deixar de ser feito o crédito correto da autoria[376].

---

376. O Judiciário Brasileiro vem decidindo inúmeros casos em que houve infração de direito autoral de terceiro na disponibilização de conteúdo em ambiente digital de entidade de ensino. Como o caso do Recurso Especial que reconheceu a responsabilidade objetiva de instituição de ensino por ter disponibilizado em seu *site* material protegido por direitos de autor, o qual se deu sem a devida autorização ou menção de autoria, condenando-a ao pagamento de indenização por danos morais no valor de R$ 20 mil. "Ementa: DIREITO AUTORAL. INDENIZAÇÃO. OBRA. DIVULGAÇÃO. Trata-se, na origem, de ação de indenização por danos materiais e morais em que se busca o ressarcimento pela reprodução eletrônica de obra intelectual sem autorização do autor. Segundo consta dos autos, o recorrente cedeu material didático de sua autoria a professor, preposto da recorrida, apenas para que fosse utilizado para

382

Mesmo o modelo de contratação por hora-aula não é mais suficiente para retratar estas novas relações advindas com a EAD.

Ao contratar um conteudista, por exemplo, ou até mesmo um *designer* para a criação gráfica de seu curso deve o contrato abordar cláusula específica de responsabilidade sobre as imagens e qualquer conteúdo utilizado, devendo ainda constar expressamente os meios de utilização, vez que a lei é clara quando determina que os contratos de cessão de direitos autorais serão interpretados restritivamente. O tempo de cessão também é importante, mesmo que seja para constar que será perpétuo, ou do tempo específico quando for o caso.

Portanto, a instituição de ensino deve ficar atenta a tudo que acontece nos ambientes que disponibiliza, seja ele físico ou digital. É essencial atualizar os contratos[377] e ter regras mais claras para este novo ambiente.

8.39. A Era dos Aplicativos

Para Adam Smith, um dos pais da economia, a principal fonte de riqueza, do crescimento e do desenvolvimento de um país provém da divisão e da especialização do trabalho e da invenção de máquinas que facilitem a mão de obra. Nesta busca, desenvolvemos tecnologias que possam permitir inclusive aprimorar o ganho de conhecimento.

O conhecimento sempre teve grande preponderância no desenvolvimento econômico. Daniel Bell introduziu em 1973 o conceito de "sociedade do conhecimento"[378], a era da informação, da educação e do capital humano. A capacidade tecnológica para armazenar grandes quantidades de informação,

---

consulta, mas não para a divulgação por meio da Internet. (...) Assim, ressaltou a configuração da responsabilidade objetiva da instituição de ensino pela conduta lesiva de seu professor. (...) Dessarte, com essas, entre outras considerações, a Turma deu parcial provimento ao recurso para reconhecer a responsabilidade objetiva da instituição de ensino pela conduta de seu preposto, condenando-a ao pagamento de indenização por danos morais no valor de R$ 20 mil, com correção e juros de mora a partir da data do julgamento do especial" (REsp 1.201.340-DF, rel. Min. Maria Isabel Gallotti, j. 3-11-2011).

377. Exemplo de cláusula de cessão de direitos autorais para inserir no contrato de educador e/ou conteúdista:

O CEDENTE cede e transfere à CESSIONÁRIA de forma exclusiva, integral, definitiva, irrestrita, irrevogável e irretratável todos os direitos autorais patrimoniais concernentes à OBRA, sem qualquer ressalva, podendo a CESSIONÁRIA explorar a OBRA economicamente de forma livre, sem qualquer restrição ou impedimento, inclusive editar e traduzir, mesmo que lhe altere o sentido original, em qualquer lugar, em âmbito global, tanto em meios tradicionais como digitais. O compromisso aqui firmado obriga também os herdeiros do CEDENTE, na hipótese de haver cessão mortis causa durante a vigência do presente termo.

378. Daniell Bell cunhou o conceito "sociedade do conhecimento" em seu livro *O advento da sociedade pós-industrial*, de 1973.

combinada com o aumento da velocidade de circulação e difusão, é a melhor ferramenta para educar e formar novos talentos. Em 2014 alcançamos 40% da população mundial com conexão de internet.

Ou seja, se o conhecimento está ao alcance através de dispositivos tão pequenos como telefones celulares que têm o poder de nos conectar em escala global, por que alguns países conseguem desenvolver muito mais a indústria tecnológica, com a oferta de *softwares* e aplicativos, que outros?

Hoje, através de cada *download* de um novo aplicativo somos capazes de desenvolver novas ferramentas de aprendizagem. O poder da transmissão do conhecimento não tem mais limites, como tinha há poucas décadas atrás, nem mais requer um espaço físico específico, como uma sala de aula ou um escritório. Tampouco se prende a horários ou a jornadas porque está ao alcance a qualquer momento.

Para John Howkins, hoje, as pessoas que detêm ideias são mais poderosas do que aquelas que operam máquinas e, em muitos casos, até mais do que aquelas que possuem essas máquinas. O mundo está mudando em direção a uma economia que depende mais da criatividade e do conhecimento do que de qualquer outra matéria-prima, incluindo o petróleo[379].

Desse modo, atualmente, a maior riqueza gerada por estes novos insumos produtivos é o capital intelectual. As dez descobertas mais impactantes da humanidade que permitiu chegarmos até aqui foram: o fogo, a roda, a imprensa, a lâmpada incandescente, a refrigeração, o telefone, a televisão, o automóvel, a penicilina e a Internet. Qual será a próxima?

Se até pouco tempo atrás o sinônimo de sucesso era conseguir um bom emprego e ficar nele por pelo menos 30 anos ou até se aposentar, depois passou a ser patentear alguma invenção tecnológica associada à indústria de *hardware* e *software*, para após ser ter de criar uma empresa de internet, dentro do fenômeno da nova economia digital, e mais recentemente passou a ser inventar um aplicativo de sucesso que possa gerar receita sem que seu titular tenha sequer de sair de casa para trabalhar em algum lugar.

Para a Unesco, o conceito pluralista de "sociedade do conhecimento" vai além da sociedade da informação, uma vez que visa às transformações sociais, culturais e econômicas em prol do desenvolvimento sustentável. Para tanto, os pilares fundamentais de uma sociedade do conhecimento são o acesso por todos à informação, a liberdade de expressão e a tolerância à diversidade.

---

379. O jornalista John Howkins é considerado o pai da *Economia Criativa* (Editora MBooks, 2012).

A recente indústria de aplicativos possui um modelo econômico diferenciado, baseado no efeito da "cauda longa"[380], no qual, ao contrário da indústria de *software* que se desenvolveu cobrando um valor de licença considerável do cliente para uso do produto, oferta a gratuidade inicial para ter o retorno em pequenas doses durante a experiência do usuário que então adquire "elementos acessórios" para enriquecer o uso do produto.

Mas qualquer avanço maior desta nova indústria de "apps"[381] depende diretamente da capacidade jurídica de proteção da propriedade intelectual. Mas será que vamos continuar remunerando o criador no formato de licença (exploração patrimonial de um bem intelectual) ou estamos migrando tudo para um modelo de serviço, em que uma assinatura a preço baixo garante a relação com os consumidores sem provocar o mercado paralelo da pirataria?

Muitos estudiosos dizem que a primeira onda da propriedade intelectual foi o seu tratamento como produto comerciável e que a segunda onda é a sua transformação em prestação de serviço. É o que identificamos quando o mercado passa a fazer uso de serviços de acesso a filmes (como ex.: Netflix) mais do que a compra dos DVDs (seria o filme empacotado como produto).

Isso porque com a ampliação do acesso e do volume de informações o efeito do tempo torna o conteúdo muito mais efêmero e descartável. Nesta lógica entende-se que não haveria um motivo que justificasse o investimento na aquisição da propriedade de algo se puder ser contratado o direito de acesso a um acervo ilimitado, muito maior do que seria possível formar como patrimônio em uma vida.

Desse modo, se uma parte da equação está resolvida, junto ao mercado consumidor, como fica a proteção de um aplicativo diante da eventual concorrência desleal que possa imitar um produto para ganhar vantagem em cima da oferta de similar mais barato?

A proteção de *software* sempre foi mais difícil dentro do direito autoral do que a proteção de outras invenções patenteáveis, protegíveis por propriedade intelectual, visto que é possível chegar a um mesmo resultado final de programação bastando utilizar outra linguagem.

Grande parte da computação está baseada no uso de fórmulas matemáticas e combinações de símbolos que geram o programa que é nada mais que o idioma das máquinas, então, como proteger o todo se ele é composto de

---

380. Chris Anderson trata do efeito da "cauda longa" da Internet em que para se ter sucesso, ao invés de se cobrar alto por um item vendido a uma pessoa, pode-se cobrar bem pouco ou quase nada para alcançar milhões de pessoas através da Internet, que tem um baixo custo de distribuição e um alcance de mercado consumidor mundial.

381. O termo "apps" é usado como diminutivo de aplicativos.

elementos que individualmente não conseguem ser protegidos? Há ainda os que defendem que em computação tudo é obra derivada desde Ada Lovelace[382].

Será que haveria um novo conceito de *trade dress*[383] para aplicativos, considerando a somatória dos elementos digitais que o compõem, que poderia abranger todo o conjunto de *layout, design* gráfico, cores, roteiro, textos, personagens.

De todo modo, o primeiro enfrentamento jurídico está sendo junto aos órgãos de registro, tendo em vista que nem sempre é uma tarefa simples explicar o que é o aplicativo. Em seguida, a batalha ocorre na elaboração de novos tipos de minutas de contratos que possam melhor estabelecer as regras para todos os integrantes da cadeia produtiva dos aplicativos. Afinal, alguém de fato adquire um aplicativo? É possível transferir sua propriedade? Ou ele apenas dá direito de acesso a um serviço no tempo, remunerado ou não?

A Biblioteca Nacional já permite há anos o registro de um *website* como uma obra intelectual. Será que deveria ser criada uma nova categoria de aplicativo? Ou o enquadramento tem que ser de *software* com registro no INPI?

Ademais, um aplicativo ofertado para ser baixado pelas lojas da Apple e da Google, com alcance mundial em tempo real, seguiria qual princípio de exaustão de direitos[384] dentro da teoria *"first sale"* adotada atualmente no comércio internacional? Em uma primeira análise, a conclusão mais lógica seria a aplicação do esgotamento internacional, mas como isso pode afetar os países em desenvolvimento? Ou nem seria o caso de aplicar a exaustão?

Estas e outras questões demonstram que de fato estamos caminhando no sentido de ter que rever e atualizar as leis sobre propriedade intelectual não apenas em um nível nacional, mas especialmente no âmbito internacional, por meio de um novo TRIPs que possa aprimorar de forma evolutiva e complementar a

---

382. ISAACSON, Walter. *Os inovadores*. São Paulo: Companhia das Letras, 2014.

383. O termo *trade dress* significa a proteção de um conjunto de informações (forma, cor, desenho), sendo uma figura híbrida de propriedade intelectual e direito autoral que vem sendo aplicada, em nível jurisprudencial no Brasil e em outros países, quando há infração a direito de concorrente em que se "copiam ou imitam" as características de um estabelecimento comercial (ex.: caso Casa do Pão de Queijo).

384. Pelo princípio da exaustão de direitos (de proteção de marca, patente, direitos autorais) em um contexto nacional, os direitos de propriedade intelectual sobre um bem exaurem-se assim que o produto é disponibilizado no mercado e vendido pelo titular ou com o seu consentimento ou de seu licenciado. Ou seja, seus direitos são esgotados, não podendo impedir a circulação deste bem. A exaustão pode ser nacional, regional ou internacional. Na internet é mais difícil a aplicação deste princípio pela discussão que há entre a diferença técnica de distribuição e transmissão. Pode-se encontrar sua previsão no sistema OMC/GATT analisando os arts. 4º, 6º, 13, 27, 28, 30, 31 TRIPs, art. 4 bis (1) da Convenção de Paris (CUP), 9.2 da Convenção de Berna (CUB) e parágrafo 5 (d) Doha. No Brasil está tratado na Lei de Direitos Autorais n. 9.610/98, art. 46, VIII, e na Lei de Propriedade Industrial n. 9.279/96, art. 68, §§ 3º e 4º. *Vide* também o item sobre Importação Paralela do livro.

atual fórmula de "*checks and balances*" para equacionar os novos interesses públicos e privados sobre a propriedade intelectual da era digital.

8.40. Crimes eletrônicos

Legislar sobre a matéria de crimes na era digital é extremamente difícil e delicado. Isso porque sem a devida redação do novo tipo penal corre-se o risco de se acabar punindo o inocente. Além disso, sabemos que em computação forense as "testemunhas máquinas" não conseguem diferenciar "culpa" de "dolo". Ou seja, um computador não traz informações de contexto da situação, tampouco consegue dizer se foi "sem querer", sem intenção. Um exemplo disso é a tentativa de se tipificar o crime de envio de arquivo malicioso em *e-mail*. Muitas pessoas, até por excesso de inocência, enviam *e-mail* com vírus para outras.

Além disso, o computador pode ter se tornado uma máquina "zumbi", sendo usada remotamente por terceiros para gerar este tipo de ação. Por isso, devemos acompanhar esta discussão toda no Legislativo, visto que é necessária. Nós temos atualmente novas condutas, bem como condutas antigas que merecem um novo tipo de punição. Desse modo, precisamos, para a matéria de crimes eletrônicos, de uma boa atualização do Código Penal brasileiro, do Código de Processo Penal brasileiro e da Lei de Execuções Penais. Mas nada disso será útil sem um modelo forte de prova de autoria, de uma identidade digital obrigatória[385].

---

385. Ver leis sancionadas pela Presidenta Dilma Rousseff, em 30 de novembro de 2012, sobre Crimes Digitais. Seguem abaixo duas tabelas resumidas com o que foi aprovado como novas condutas criminais no ordenamento jurídico brasileiro:

Tabela 1: Lei n. 12.735, de 30 de novembro de 2012. Tipifica condutas realizadas mediante uso de sistema eletrônico, digital ou similares, que sejam praticadas contra sistemas informatizados e similares; e dá outras providências (**Lei Azeredo**)

TIPO PENAL	ARTIGO
Equiparação de Cartão de Crédito a documento particular — idêntico ao artigo da Lei 12.737.	Art. 2º (VETADO)
Traição e favorecimento ao inimigo — Não há delimitação de dado eletrônico, ficando prejudicada a interpretação.	Art. 3º (VETADO)
Norma programática para instalação de órgãos investigativos especializados.	Art. 4º Os órgãos da polícia judiciária estruturarão, nos termos de regulamento, setores e equipes especializadas no combate à ação delituosa em rede de computadores, dispositivo de comunicação ou sistema informatizado.
Complemento à lei que tipifica os crimes de discriminação, elencando que os meios em que conteúdos não permitidos pela lei podem ser removidos.	Lei n. 7.716, de 5 de janeiro de 1989 (Redação dada pela Lei n. 12.735/2012) Art. 20. § 3º: II — a cessação das respectivas transmissões radiofônicas, televisivas, eletrônicas ou da publicação por qualquer meio;

Enquanto esses avanços não se concretizam, crescem os prejuízos causados pela ação de cibercriminosos, que vão da extorsão ao *phishing*. Conforme dados[386] da Polícia Federal nos Estados Unidos (FBI), os crimes cibernéticos denunciados somaram US$ 3,5 bilhões de prejuízo (cerca de R$ 15 bilhões)

Tabela 2: Lei 12.737, de 30 de novembro de 2012. Dispõe sobre a tipificação criminal de delitos informáticos (**Lei Carolina Dieckmann**)

TIPO PENAL	ARTIGO
Invasão de dispositivo informático.	Código Penal Art. 154-A. Invadir dispositivo informático alheio, conectado ou não à rede de computadores, mediante violação indevida de mecanismo de segurança e com o fim de obter, adulterar ou destruir dados ou informações sem autorização expressa ou tácita do titular do dispositivo ou instalar vulnerabilidades para obter vantagem ilícita: Pena — detenção, de 3 (três) meses a 1 (um) ano, e multa.
Produção de recursos que possibilitam a invasão.	§ 1º Na mesma pena incorre quem produz, oferece, distribui, vende ou difunde dispositivo ou programa de computador com o intuito de permitir a prática da conduta definida no *caput*.
Causa de aumento de pena.	§ 2º Aumenta-se a pena de um sexto a um terço se da invasão resulta prejuízo econômico.
Crime qualificado.	§ 3º Se da invasão resultar a obtenção de conteúdo de comunicações eletrônicas privadas, segredos comerciais ou industriais, informações sigilosas, assim definidas em lei, ou o controle remoto não autorizado do dispositivo invadido: Pena — reclusão, de 6 (seis) meses a 2 (dois) anos, e multa, se a conduta não constitui crime mais grave.
Causa de aumento de pena.	§ 4º Na hipótese do § 3º, aumenta-se a pena de um a dois terços se houver divulgação, comercialização ou transmissão a terceiro, a qualquer título, dos dados ou informações obtidos.
	§ 5º Aumenta-se a pena de um terço à metade se o crime for praticado contra: I — Presidente da República, governadores e prefeitos; II — Presidente do Supremo Tribunal Federal; III — Presidente da Câmara dos Deputados, do Senado Federal, de Assembleia Legislativa de Estado, da Câmara Legislativa do Distrito Federal ou de Câmara Municipal; ou IV — dirigente máximo da administração direta e indireta federal, estadual, municipal ou do Distrito Federal.
Condição de propositura da ação.	Art. 154-B. Nos crimes definidos no art. 154-A, somente se procede mediante representação, salvo se o crime é cometido contra a administração pública direta ou indireta de qualquer dos Poderes da União, Estados, Distrito Federal ou Municípios ou contra empresas concessionárias de serviços públicos.
Interrupção ou perturbação de serviço telegráfico, telefônico, informático, telemático ou de informação de utilidade pública — Nova redação.	Art. 266. § 1º Incorre na mesma pena quem interrompe serviço telemático ou de informação de utilidade pública, ou impede ou dificulta-lhe o restabelecimento.
Causa de aumento de pena.	§ 2º Aplicam-se as penas em dobro se o crime é cometido por ocasião de calamidade pública.
Falsificação de documento particular — Complemento.	Art. 298. Falsificação de cartão Parágrafo único. Para fins do disposto no *caput*, equipara-se a documento particular o cartão de crédito ou débito.

386. *2019 Internet Crime Report*. Disponível em: <https://www.fbi.gov/news/stories/2019--internet-crime-report-released-021120>.

somente em 2019. O órgão dispõe de um departamento unicamente dedicado para contatar as instituições financeiras[387] e tentar reaver o dinheiro das vítimas dessas violações. No relatório, especialistas alertam que os criminosos estão ficando tão sofisticados que está cada vez mais difícil para as vítimas identificarem os sinais de alerta de fraude e diferenciarem o real de falso.

Somente em 2018, o crime cibernético custava ao mundo quase US$ 600 bilhões, o equivalente a 0,8% do PIB global, segundo relatório[388] do Centro de Estudos Estratégicos e Internacionais (CSIS) e da empresa McAfee. O *ransomware*, o roubo de contas de propriedade intelectual, a fraude *online* e os crimes financeiros ficaram entre as ocorrências que mais aumentavam. O estudo apontava ainda que o Brasil era a segunda fonte de ataques cibernéticos e o terceiro alvo mais atingido.

O crime eletrônico é, em princípio, um crime de meio[389], isto é, utiliza-se de um meio virtual. Não é um crime de fim, por natureza, ou seja, o crime cuja modalidade só ocorra em ambiente virtual, à exceção dos crimes cometidos por *hackers*[390], que de algum modo podem ser enquadrados na categoria de estelionato, extorsão, falsidade ideológica, fraude, entre outros. Isso quer dizer que o

---

387. No Brasil, por meio da Circular n. 3.978, de 23 de janeiro de 2020, o Banco Central estabeleceu diretrizes em relação à política, procedimentos e controles internos a serem adotados pelas instituições visando à prevenção da utilização do sistema financeiro para a prática dos crimes de "lavagem" ou ocultação de bens, direitos e valores, de que trata a Lei n. 9.613, de 3 de março de 1998, e de financiamento do terrorismo, previsto na Lei n. 13.260, de 16 de março de 2016.

388. Relatório *The Economic Impact of Cybercrime: No Slowing Down* (O impacto econômico do crime cibernético: sem indícios de desaceleração). Disponível em: <https://www.mcafee.com/enterprise/pt-br/assets/executive-summaries/es-economic-impact-cybercrime.pdf>.

389. Segundo proposto por Robson Ferreira em sua tese de crimes eletrônicos, podemos estudar uma classificação dos crimes por computador levando em conta o papel do computador no ilícito: 1) quando o computador é o alvo — p. ex.: crime de invasão, contaminação por vírus, sabotagem do sistema, destruição ou modificação do conteúdo do banco de dados, furto de informação, furto de propriedade intelectual, vandalismo cibernético, acesso abusivo por funcionário, acesso abusivo por terceirizados, acesso abusivo de fora da empresa; 2) quando o computador é o instrumento para o crime — p. ex.: crime de fraude em conta corrente e/ou cartões de crédito, transferência de valores ou alterações de saldos e fraudes de telecomunicações, divulgação ou exploração de pornografia; 3) quando o computador é incidental para outro crime — ex.: crimes contra a honra, jogo ilegal, lavagem de dinheiro, fraudes contábeis, registro de atividades do crime organizado; 4) quando o crime está associado com o computador — p. ex.: pirataria de *software*, falsificações de programas, divulgação, utilização ou reprodução ilícita de dados e programas, comércio ilegal de equipamentos e programas.

390. No Brasil, a tendência de que sejam tipificadas algumas condutas criminosas próprias da Internet se confirmou com a aprovação de duas leis de crimes digitais em 2012.

meio de materialização da conduta criminosa pode ser virtual; contudo, em certos casos, o crime não[391].

A maioria dos crimes cometidos na rede ocorre também no mundo real. A Internet surge apenas como um facilitador, principalmente pelo anonimato que proporciona. Portanto, as questões quanto ao conceito de crime, delito, ato e efeito são as mesmas, quer sejam aplicadas para o Direito Penal ou para o Direito Penal Digital. As principais inovações jurídicas trazidas no âmbito digital se referem à territorialidade e à investigação probatória, bem como à necessidade de tipificação penal de algumas modalidades que, em razão de suas peculiaridades, merecem ter um tipo penal próprio.

Os crimes eletrônicos ou cibernéticos têm modalidades distintas, dependendo do bem jurídico tutelado. Nesse sentido, podemos dar como exemplo o crime de interceptação telefônica e de dados, que tem como bem jurídico tutelado os dados, ou seja, o que se quer é proteger a transmissão de dados e coibir o uso dessas informações para fins delituosos, como, por exemplo, captura de informações para envio de "*e-mail bombing*"[392], "*e-mail* com vírus"[393], "*spam*". Esse tipo penal protege também a questão da inviolabilidade das correspondências eletrônicas[394].

Para o Direito Digital, IP constitui uma forma de identificação virtual. Isso significa que o anonimato na rede é relativo, assim como muitas identidades virtuais podem não ter um correspondente de identidade real. Como analogia, é o mesmo que ocorre quanto a contas e empresas fantasmas, cuja

---

391. Fortalecendo esta corrente de pensamento, temos o julgamento pelo Ministro Sepúlveda Pertence, do STF, de um *habeas corpus* (76689/PB 22-9-1998) sobre crime de computador: "Não se trata no caso, pois, de colmatar lacuna da lei incriminadora por analogia: uma vez que se compreenda na decisão típica da conduta criminosa, o meio técnico empregado para realizá-la pode até ser de invenção posterior à edição da lei penal: a invenção da pólvora não reclamou redefinição do homicídio para tornar explícito que nela se compreendia a morte dada a outrem mediante arma de fogo".

392. "*E-mail bombing*" — envio de *e-mails* imensos ou vários *e-mails*. Causa atraso na recepção e gasto adicional com conta telefônica. Aplicável o art. 163 do Código Penal (crime de dano).

393. "*E-mail* com vírus" — envio de vírus anexado ao *e-mail*. São aplicáveis os arts. 151, § 1º, II e III, 154-A, § 1º (conforme a funcionalidade do vírus) e 163 do Código Penal, com aplicação do art. 65 da LCP, com pena de prisão simples de quinze dias a dois meses, ou multa por perturbação da tranquilidade.

394. Constituição Federal, art. 5º, XII: "é inviolável o sigilo da correspondência e das comunicações telegráficas, de dados e das comunicações telefônicas, salvo, no último caso, por ordem judicial, nas hipóteses e na forma que a lei estabelecer para fins de investigação criminal ou instrução processual penal". A Lei n. 9.296, de 24 de julho de 1996, regula o inciso XII, parte final, do art. 5º da Constituição Federal em seu art. 1º, parágrafo único: "O disposto nesta Lei aplica-se à interceptação do fluxo de comunicações em sistemas de informação e telemática".

identidade física pode ser falsa. Isto na rede, devido a sua dimensão e caráter globalizado, faz com que a facilidade para "criar laranjas" seja ainda maior.

Especificamente no Brasil, os crimes[395] mais comuns na rede são o estelionato[396] e a pornografia infantil[397]. Os *e-mails* gratuitos são outro agente de expansão, pois seus dados não são necessariamente comprovados. Uma prática recomendável seria obrigar os provedores a identificar suas contas ativas e inativas, utilizando uma tecnologia de fotografia do usuário, ou seja, ter a comprovação de seus dados e, se possível, sua imagem digital. Isso, associado a uma prática de recadastramento dos usuários, no mesmo procedimento adotado pelos bancos, permite que realmente existam meios de prova confiáveis, rompendo-se a maior barreira à segurança na rede.

Devemos observar que, nos provedores pagos, é mais fácil identificar os usuários e restringir práticas delituosas, porque há emissão de fatura mensal ou débito em cartão de crédito, cujos bancos de dados são normalmente mais detalhados e seguros[398]. No entanto, as contas gratuitas não possibilitam um controle tão constante.

É responsabilidade do usuário, por sua vez, operar com senhas de difícil decifração, assim como cabe ao provedor conferir-lhe um *software* de criptografia adequado e atualizado. Usar datas de nascimentos ou nomes comuns, por exemplo, torna muitas operações bancárias do mundo real inseguras — em

---

395. Os ataques pela Internet saíram definitivamente da fase de vandalismo e se tornaram uma atividade ilícita lucrativa. Hoje, o chamado cibercrime visa a resultados financeiros e se mostra como mais uma ramificação do crime organizado.

396. Código Penal brasileiro, art. 171.

397. O escopo exato do problema da pornografia infantil é difícil de determinar, embora fique claro que o problema explodiu com o advento da Internet. Um estudo a respeito de leis sobre pornografia infantil em 186 países membros da Interpol ao redor do mundo produziu resultados alarmantes: mais da metade desses países (95) não possui leis adequadas relacionadas à pornografia infantil. De maneira surpreendente, apenas cinco dos países estudados possuem leis consideradas abrangentes o suficiente para ter um impacto significativo sobre o crime. Eles são: Austrália, Bélgica, França, África do Sul e Estados Unidos (http://www.icmec.org).

398. Por exemplo, se não afastar a suspeita de que a linha telefônica foi fraudada por terceiros, a operadora não pode cobrar as contas questionadas pelo usuário. O entendimento é da 1ª Vara Cível de São Paulo ao julgar uma ação da empresa Arcor do Brasil contra a Telesp, atual Telefonica. O juiz entendeu que, como a operadora não descartou a possibilidade de fraude eletrônica e não demonstrou que vem desenvolvendo algum sistema de segurança de combate a *hackers*, não há como cobrar as faturas reclamadas. Para o juiz "somente é possível concluir pela verossimilhança das alegações do consumidor e hipossuficiência — esta aferida em função da dificuldade na realização da prova, decorrente da desigualdade quanto à detenção de conhecimentos técnicos específicos da atividade do fornecedor". Por isso, como a empresa de telefonia não conseguiu provar a inexistência de fraude, ela não poderá exigir o pagamento das faturas questionadas (TJSP, Proc. 583.00.1996.637886-5/000000-000, 1ª Vara Cível).

ambiente virtual, a insegurança gerada por procedimentos desse tipo é ainda maior. Como as senhas são a assinatura eletrônica dos Indivíduos na rede, decifrá-las significa aprender a falsificar uma assinatura.

Ressalte-se que, com a Internet móvel, a individualização do usuário cresce, fazendo com que o celular se torne um prolongamento de sua existência no mundo digital, a partir do qual ele pode realizar uma série de negócios eletronicamente. O roubo e o furto de celulares tornam-se comuns não apenas pelos recursos conseguidos com a venda do aparelho no mercado paralelo e pelo uso da linha para ligações ilegais — torna-se quase um sequestro, em que a identidade da pessoa proprietária do aparelho é assumida pelo praticante do roubo por determinado período de tempo. A falta de zelo gerada pela falta de tempo é um estímulo aos crimes virtuais. Por isso, grande parte da responsabilidade pelo crescimento dos crimes virtuais se deve à conduta displicente de muitos usuários.

O maior problema jurídico dos crimes virtuais ainda é o fato de que os criminosos estão sempre um passo à frente. Há necessidade de investir mais no preparo da polícia para que tenham mais ferramentas para realizar perícia forense, bem como também em campanhas educativas da população, para que o cidadão saiba se defender melhor dos novos tipos de golpes e ameaças digitais. Além disso, a ação rápida, para pegar o "bandido com a mão na máquina" é essencial. Ainda há bastante dificuldade de gerar prova de autoria quando o crime ocorre pela Internet. Outro desafio é o de rever a legislação penal, para que alguns tipos penais passem por atualização e aumento de pena[399-400].

É importante lembrar que os criminosos da Internet já não são criminosos incomuns — a imagem de um sujeito extremamente inteligente e com vasto conhecimento técnico já não corresponde à realidade, pois atualmente é muito fácil encontrar na Internet o código-fonte aberto de um vírus ou trojan. Alguns criminosos praticam até mesmo a clonagem de *sites*, que, nesse caso, exige *expertise* tecnológica acima da média, utilizando-os para roubar

---

399. Portaria DGP n. 1, de 4 de fevereiro de 2000: Disciplina a recepção e o registro de ocorrências policiais e denúncias por meio eletrônico. Também vale a análise do Decreto Estadual/ SP n. 50.386, de 22 de dezembro de 2005, o qual afirma que o atestado de antecedentes a que se refere o Decreto n. 47.574, de 8 de janeiro de 2003, poderá ser obtido por meio de acesso ao endereço eletrônico: <http://www.ssp.sp.gov.br/nbo/>.

400. Tramita atualmente o PL n. 4.554/2020 que visa alterar os arts. 154-A, 155 e 171 do Código Penal, "para tornar mais graves os crimes de violação de dispositivo informático, furto e estelionato cometidos de forma eletrônica ou pela Internet; e os arts. 69 e 70 do Código de Processo Penal, para prever a competência dos crimes cometidos pela Internet ou de forma eletrônica pelo lugar de domicílio da vítima".

informações dos usuários, tais como RG, CPF, residência, telefone, *e-mail*, dados bancários — informações utilizadas posteriormente para que o criminoso assuma outras identidades em operações comerciais com uso de cartão de crédito clonado. O combate a esses crimes torna-se extremamente difícil por dois motivos: a) a falta de conhecimento do usuário, que, dessa forma, não passa às autoridades informações relevantes e precisas; e b) a falta de recursos em geral das autoridades policiais.

A maioria das investigações sobre crimes digitais exige ordem judicial para quebra de sigilo[401]. Isso porque, como vimos no capítulo sobre segurança, uma das testemunhas principais da ocorrência do crime é aquela que detém os protocolos IP, aquela que armazena os dados sobre as transações ocorridas em meio digital. Da mesma forma, as provas eletrônicas já são largamente aceitas pelo Judiciário Brasileiro, visto que podem não apenas atestar fatos, como também permitem perícia e são auditáveis. Como já afirmamos, é possível ter provas digitais muito mais confiáveis que as do mundo presencial (analógico).

O Direito Digital traz a obrigação de atualização tecnológica não só para advogados e juízes, como para delegados, procuradores, investigadores, peritos e todos os demais participantes do processo. Tal mudança de postura é necessária para que possamos ter uma sociedade digital segura; caso contrário, coloca-se em risco o próprio ordenamento jurídico.

O maior estímulo aos crimes virtuais é dado pela crença de que o meio digital é um ambiente marginal, um submundo em que a ilegalidade impera. Essa postura existe porque a sociedade não sente que o meio é suficientemente

---

401. De acordo com a Lei n. 12.965, de 23 de abril de 2014, o Marco Civil da Internet, a disponibilização dos registros e demais informações somente poderá ser disponibilizada mediante ordem judicial:

"Art. 10. A guarda e a disponibilização dos registros de conexão e de acesso a aplicações de internet de que trata esta Lei, bem como de dados pessoais e do conteúdo de comunicações privadas, devem atender à preservação da intimidade, da vida privada, da honra e da imagem das partes direta ou indiretamente envolvidas.

§ 1º O provedor responsável pela guarda somente será obrigado a disponibilizar os registros mencionados no *caput*, de forma autônoma ou associados a dados pessoais ou a outras informações que possam contribuir para a identificação do usuário ou do terminal, mediante ordem judicial, na forma do disposto na Seção IV deste Capítulo, respeitado o disposto no art. 7º.

§ 2º O conteúdo das comunicações privadas somente poderá ser disponibilizado mediante ordem judicial, nas hipóteses e na forma que a lei estabelecer, respeitado o disposto nos incisos II e III do art. 7º.

§ 3º O disposto no *caput* não impede o acesso aos dados cadastrais que informem qualificação pessoal, filiação e endereço, na forma da lei, pelas autoridades administrativas que detenham competência legal para a sua requisição".

vigiado e que seus crimes são adequadamente punidos. O conjunto norma-sanção é tão necessário no mundo digital quanto no real. Se houver essa falta de crédito na capacidade punitiva da sociedade digital, os crimes aumentarão e os negócios virtuais serão desestimulados.

Muitas pessoas que não cometem crimes no mundo real por medo de serem pegas, acabam, de algum modo, interessando-se pela prática delituosa virtual. É o caso, por exemplo, do grande número de adolescentes de classe média, que praticam atos ilegais na rede e sentem-se bastante seguros em fazê-lo. Esse tipo de crime tem um traço cultural que se aproxima do vandalismo.

Os *hackers*, pessoas que conseguem invadir sistemas de empresas e outros sistemas conectados à rede — uma modalidade criminosa criada com o surgimento de redes eletrônicas e não da Internet, visto que já existiam invasões a sistemas antes mesmo da Internet —, podem ser divididos em duas categorias: a dos "*Heróis*" e a dos "*Mercenários*".

Os "Heróis" são os *hackers* que cometem o crime buscando tornarem-se ídolos em sua coletividade, como os pichadores de muros, admirados por grupos adolescentes da região. Essa postura cultural é difícil de combater, mas pode ser desestimulada pela ideia de que será descoberta e punida — com punições como a prestação de serviços comunitários em locais públicos[402], de modo a envergonhá-los diante de seus pares.

Já os "Mercenários" são os *hackers* profissionais, cuja origem remonta às grandes corporações privadas e aos órgãos de espionagem governamental. Seu aprimoramento é financiado pela espionagem entre países e pela espionagem industrial, como um meio para o roubo de informações secretas. São responsáveis também pelos grandes investimentos feitos pelas corporações em sua própria segurança, o item mais caro dentro da categoria de tecnologia nas empresas, e pelos custos gerados por sua constante necessidade de atualização.

Como num velho filme de faroeste, em que os pistoleiros mais rápidos daquelas terras onde inicialmente não existia a lei acabavam sendo contratados pelas comunidades que ali queriam estabelecer-se para se tornarem seus xerifes,

---

402. Para exemplificar, temos o caso do *hacker* canadense que usava o *nick name* de Jon o j0n, considerado culpado de haver ingressado ilegalmente nos sistemas de computação de várias instituições estrangeiras, entre as quais se encontram a NASA, a Universidade de Harvard, entre outras. A sentença aplicada a este jovem surpreendeu muita gente: 240 horas de trabalho comunitário, liberdade condicional por um ano, uso restrito de computadores e a obrigação de dar aulas em um colégio local sobre os malefícios causados pelos *hackers*. (Fonte: LEGALES 20-6-2000). Em 24 de junho de 2011, *hackers* tiraram do ar diversos *sites* do governo brasileiro, preocupando a área de Segurança da Informação quanto a vazamento de informações relacionadas ao governo, e se os supostos invasores tiveram acesso a tais informações (Fonte: TV Cultura, 25-6-2011).

grandes *hackers* são contratados por corporações e governos para prestarem serviços. Mas é importante ressaltar que a prestação de serviço, desde que não ilegal, não é crime. O crime se configura na invasão não autorizada, no furto de informações confidenciais, no acesso não permitido, independentemente do uso de senha autorizada[403]. A punição mais adequada para esse tipo de criminoso é a pecuniária, associada a prestação de serviços comunitários em áreas de inteligência governamental ou na ajuda para investigação e descoberta de outros *hackers*, em colaboração com a polícia. Colocá-lo simplesmente na cadeia junto a criminosos comuns é uma irresponsabilidade pública, já que pode provocar a criação de uma geração de supercriminosos, o que é muito pior — mais ou menos o que ocorreu quando a ditadura brasileira colocou prisioneiros políticos junto com criminosos comuns (muitas pessoas consideram que essa prática gerou o crescimento do crime organizado no País — traficantes de droga, por exemplo, aprenderam a estrutura política dos grupos clandestinos, aplicando-a às suas próprias organizações).

Questão curiosa é a que surge com o uso dos meios eletrônicos pelas corporações criminosas[404], já que é um meio efetivo para baixar custos, otimizar decisões e dar logística não apenas para as empresas do mundo legal, mas também para as empresas do mundo ilegal. A máfia, por exemplo, foi uma das

---

403. Conforme a Lei n. 9.983/2000, que altera o Código Penal, em especial o art. 313-A: "Inserir ou facilitar, o funcionário autorizado, a inserção de dados falsos, alterar ou excluir indevidamente dados corretos nos sistemas informatizados ou bancos de dados da Administração Pública com o fim de obter vantagem indevida para si ou para outrem ou para causar dano: Pena — reclusão, de 2 (dois) a 12 (doze) anos, e multa".

404. Um dos maiores problemas trazidos pelo anonimato na rede, talvez, é a capacidade que ela oferece de servir como suporte de organizações criminosas: A Internet, assim como outras redes informatizadas, traria vantagens de acessibilidade remota, logística e instantaneidade (características tão atraentes para o comércio eletrônico) a serviço de grupos terroristas, mafiosos, redes de prostituição e pedofilia e tráfico de drogas e de armas. O desafio dos governos é conciliar a proteção à privacidade (que conta com grande número de grupos não governamentais, principalmente na Europa) com a necessidade de, efetivamente, ter uma vigilância dentro da Internet capaz de coibir a prática da atos ilícitos. Em nome da segurança e da guerra ao terror, o governo dos EUA investe contra os direitos individuais. Criado em outubro de 2001 pelo Presidente George W. Bush, o *USA Patriotic Act* visa a facilitar a captura de terroristas e, para tanto, permite aos órgãos de segurança e de inteligência vascular a privacidade dos cidadãos. Literalmente, *Patriotic Act* significa "lei patriótica", mas é também a abreviação de "*Provide Appropriate Tools Required to Intercept and Obstruct Terrorism*" (prover ferramentas necessárias para interceptar e obstruir atos de terrorismo). Livre de ordenação judicial, essa nova lei assegura aos agentes poder para rastrear *e-mails*, vigiar o uso da Internet e grampear ligações telefônicas. Obriga bibliotecas e livrarias a informar que livros buscaram determinados cidadãos e permite a detenção de "suspeitos" por períodos prolongados (Fonte: *Folha de S. Paulo*, 2-10-2003). Outros regramentos, como o *Foreign Intelligence Surveil-lance Act*, de 1978, também são aplicados na luta contra o terrorismo.

primeiras organizações a perceber o imenso potencial das transações eletrônicas para a lavagem de dinheiro. Cartéis de tráfico de drogas usam as facilidades da rede para fechar negócios bilionários, assim como grupos terroristas já praticam o que se chama "Ciberterrorismo".

Em meados de 2011, presenciamos vários ataques de negação de serviço a *sites* do governo brasileiro que ficaram instáveis até sair do ar. Com isso, voltou à tona no Congresso Nacional o trâmite do Projeto de Lei n. 84/99, que foi aprovado com alguns artigos vetados em 30 de novembro de 2012, convertendo-se na Lei n. 12.735. Assim, o Poder Público precisa estar mais atento às questões de segurança da informação nacional. Os ataques foram possíveis porque encontraram vulnerabilidades e também pela falta ou precariedade na estratégia de um plano de contingência e continuidade, tendo em vista que, no início, estes *sites* eram apenas institucionais. O Poder Legislativo brasileiro está se movendo para ter alguma punição no futuro?

Os Projetos de Lei n. 2.793/2011 e n. 84/99 foram sancionados e promulgados pela Presidência da República em 30 de novembro de 2012. O PL n. 2.793/2011 foi apresentado como proposta alternativa ao n. 84/99. Os tipos penais da principal característica do crime foram aprovados nesse projeto com a inclusão do art. 154-A no Código Penal Brasileiro.

Isso por certo foi um avanço, visto que já se discutia por tantos anos uma lei mais específica para crimes digitais; no entanto, do ponto de vista de amadurecimento do Ordenamento Jurídico, há três estágios evolutivos para que um país dê tratamento adequado às novas questões criminais, em especial no tocante à segurança pública digital:

• 1º Estágio — ter lei penal que trate os novos delitos e condutas ilícitas que ocorrem no ambiente da *web* — alcançado pelo Brasil em 2012 mesmo que de modo inicial (poucos artigos foram aprovados).

• 2º Estágio — garantir a capacidade de guarda de prova de autoria para a penalização do infrator — o Brasil conseguiu um pequeno avanço com a promulgação da Lei Marco Civil da Internet, mas ainda falta muito por fazer, principalmente para afastar a oportunidade de anonimato em meios digitais, que acaba, por sua vez, alimentando ainda mais a impunidade e a insegurança.

• 3º Estágio — criar um modelo próprio de cárcere digital para colocar o criminoso versão 2.0, evitando que haja apenas cárcere físico e ele continue, mesmo que preso, a agir por meio da *web*, bem como investir em sua reintegração na sociedade no combate ao próprio crime digital — isso o Brasil nem iniciou, pois exigiria a revisão de todo o modelo de execuções penais e penitenciário, como outros países já estão fazendo, em especial EUA e Comunidade Europeia.

Logo, o Brasil conseguiu evoluir nesta questão com dois marcos legais, a Lei n. 12.737, de 30 de novembro de 2012, conhecida como projeto Carolina Dieckmann e o já mencionado Marco Civil da Internet.

Na Lei n. 12.737, conhecida por cuidar dos crimes eletrônicos, foi tipificado o crime de uso de dados de cartões de crédito ou débito obtidos de forma indevida ou sem autorização do seu legítimo titular. A lei equiparou essa prática ao crime de falsificação de documento particular, sujeito à reclusão de um a cinco anos e multa.

Além disso, a mesma lei criminalizou a invasão de dispositivos eletrônicos alheios que estejam ou não conectados à Internet — como celulares, *notebooks*, *desktops*, *tablets* ou caixas eletrônicos — para obter ou adulterar dados no sistema e conseguir uma vantagem ilícita. A pena prevista para o crime ficou sendo de três meses a um ano de prisão, além de multa.

Ademais, ficou previsto que receberá a mesma pena do crime de invasão quem produzir, oferecer ou vender programas de computadores que permitam a invasão, como os vírus de internet. Já quem obtiver informações sigilosas ou violar comunicações eletrônicas privadas ou segredos comerciais, como senhas ou conteúdos de *e-mails*, está sujeito a uma pena maior, de seis meses a dois anos de prisão. Sendo que a pena aumenta de 1/3 a 2/3 se houver divulgação ou comercialização dos dados obtidos, visto que aumentam o dano causado a vítima.

Outra mudança ocorrida foi a criminalização da interrupção intencional do serviço de internet de utilidade pública, que seria a ação de tirar do ar sites de serviços públicos ou afins, normalmente cometida por *hackers*. A pena prevista ficou sendo de um a três anos de detenção, além de multa. Apesar de parecer uma pena adequada, ela está bem abaixo da prevista em outros países, onde este tipo de conduta pode ser enquadrado até como um crime de ciberterrorismo.

Infelizmente, apesar do grande passo que foi dado, muitos tipos penais novos, puramente digitais, não foram aprovados, pois estavam no Projeto de Lei Azeredo.

Portanto, a adequada vigilância da Internet pela polícia e pelo Poder Judiciário, bem como de todas as tecnologias digitais e convergentes existentes ou a serem inventadas, permite uma ferramenta poderosa para a descoberta de redes criminosas que atuam no mundo real, mas se comunicam virtualmente.

É importante ressaltar que não há somente grandes crimes na Internet. Há outros crimes mais corriqueiros que todos os usuários correm o risco de cometer sem se dar conta. Informações caluniosas distribuídas por *e-mail* são exemplos claros. Um usuário pode recebê-las em sua caixa postal e, ao reenviá-las, acabar corroborando a calúnia. Claro que se pode recorrer ao excludente de responsabilidade, mas é importante saber que, ao enviar um *e-mail*, o usuário está procedendo de modo muito mais responsável do que quando apenas envia uma carta, já que o *e-mail*, mais que carta, é um veículo de publicidade *online*, ou seja, dependendo do número de receptores, é como se fosse uma mídia.

Conforme o novo art. 241-A, § 1º, I e II, e § 2º, do ECA, se a empresa ou órgão público disponibiliza acesso à Internet ou dispositivos móveis de armazenamento aos seus colaboradores/funcionários, e, por conta disso, é encontrado material relacionado a pornografia infantil em seus computadores e a instituição se omite perante tal situação, ela poderá ser responsabilizada criminalmente, o que se dará na pessoa do responsável legal pela prestação do serviço.

Logo, se o departamento de TI é responsável pela liberação de acessos e monitoramento de conteúdo na rede da empresa ou órgão público, está ciente dessa ocorrência e não comunica o departamento responsável (Jurídico, Comitê de Segurança da Informação), consequentemente o gerente de TI (ou outro superior da área) poderá ser responsabilizado criminalmente por tais condutas (art. 241-A, § 2º, do ECA).

Obviamente que, até a efetiva prisão, ocorrerá o seu indiciamento, e se restar provado pela perícia durante o Inquérito Policial ou Processo Penal que a responsabilidade pelo conteúdo é única e exclusivamente de outro colaborador, e que o gerente de TI não foi omisso para denunciar o fato a autoridade, ele poderá sair ileso, sendo então punido o legítimo proprietário do conteúdo.

A inovação jurídica está em se responsabilizar quem armazena, o que de certo modo se aproxima muito com o ilícito relacionado ao tráfico de entorpecentes. Desse modo, se a empresa ou instituição pública, ao tomar ciência da existência desse tipo de material em seus computadores, comunicar às autoridades competentes condutas relacionadas à pornografia infantil e outras condutas relacionadas à pedofilia, não será responsabilizada pela armazenagem do material (exclusão de ilicitude), conforme dispõe o art. 241-B, § 2º, do ECA[405].

---

405. A Lei n. 11.829/2008 alterou a redação dos arts. 240 e 241 do Estatuto da Criança e do Adolescente (Lei n. 8.069/90), o que mostra um grande avanço no combate ao crime de Pedofilia no Brasil, visto que a "armazenagem" do conteúdo também passa a configurar o crime, conforme nova redação abaixo:

"Art. 241-A. Oferecer, trocar, disponibilizar, transmitir, distribuir, publicar ou divulgar por qualquer meio, inclusive através de sistema de informática ou telemático, fotografia, vídeo ou outro registro que contenha cena de sexo explícito ou pornográfica envolvendo criança ou adolescente:

Pena — reclusão, de 3 (três) a 6 (seis) anos, e multa.

§ 1º Nas mesmas penas incorre quem:

I — assegura os meios ou serviços para o armazenamento das fotografias, cenas ou imagens de que trata o *caput* deste artigo;

Também são corriqueiros os *sites* de protesto, que surgem para expor indignação contra determinada pessoa, empresa ou governo. É importante ficar atento aos limites desse tipo de *site*: apesar da liberdade de expressão permitir a manifestação de opinião, há sempre responsabilidade sobre o teor do conteúdo manifestado ou das informações publicadas ou compartilhadas, sob pena de estar cometendo o crime de difamação, calúnia, denunciação caluniosa, entre outros.

Além da questão da prova, como vimos, a questão da territorialidade no âmbito de crimes digitais é a que mais gera controvérsias. O Direito Criminal está, sempre, submetido a determinado território nacional[406] — o que extrapola esse território está sujeito à existência ou não de acordos entre os países envolvidos. Uma investigação benfeita pode não chegar à punição do crime e execução da pena, se for detectado que o criminoso opera de outro país e não for conseguida a extradição dele ou seu julgamento no país de origem. Já ocorrem movimentos entre as diversas diplomacias para que se estabeleçam regras internacionais[407] de punição a crimes pela Internet. A procedência do

---

II — assegura, por qualquer meio, o acesso por rede de computadores às fotografias, cenas ou imagens de que trata o *caput* deste artigo.

§ 2º As condutas tipificadas nos incisos I e II do § 1º são puníveis quando o responsável legal pela prestação do serviço, regularmente comunicado, deixa de desabilitar o acesso ao conteúdo ilícito de que trata o *caput* deste artigo.

Art. 241-B. Adquirir, possuir ou armazenar, por qualquer meio, fotografia, vídeo ou outra forma de registro que contenha cena de sexo explícito ou pornográfica envolvendo criança ou adolescente:

(...)

§ 2º *Não há crime se a posse ou o armazenamento tem a finalidade de comunicar às autoridades competentes a ocorrência das condutas descritas nos arts. 240, 241, 241-A e 241-C desta Lei, quando a comunicação for feita por:*

I — agente público no exercício de suas funções;

II — membro de entidade, legalmente constituída, que inclua, entre suas finalidades institucionais, o recebimento, o processamento e o encaminhamento de notícia dos crimes referidos neste parágrafo;

III — *representante legal e funcionários responsáveis de provedor de acesso ou serviço prestado por meio de rede de computadores*, até o recebimento do material relativo à notícia feita à autoridade policial, ao Ministério Público ou ao Poder Judiciário".

Para acompanhar os demais projetos de lei de crimes eletrônicos acessar o *site* <http://www.senado.gov.br/sf/atividade/materia/push/> ou se cadastrar em nossa *newsletter* mensal que traz o monitoramento legislativo em <www.pppadvogados.com.br>.

406. O art. 6º do Código Penal, que determina o lugar do crime, reza o seguinte: "Considera-se praticado o crime no lugar em que ocorreu a ação ou a omissão, no todo ou em parte, bem como onde se produziu ou deveria produzir-se o resultado".

407. Para o estudo deste tema é importante a leitura sobre a Convenção de Budapeste, disponível em: <http://www.coe.int/t/dgl/legalcooperation/economiccrime/cybercrime/Documents/Convention%20and%20protocol/ETS_185_Portugese-ExpRep.pdf>.

ato criminoso será mais bem resolvida quando se aprimorarem os mecanismos de identificação dos usuários. Mas este tema é extremamente polêmico. A tendência mundial é a definição de um padrão de identidade digital obrigatória, mas isso gera um conflito direto com a "cultura do anonimato" que a Internet trouxe, de certa forma.

Tendo em vista que as pessoas, as empresas e a própria riqueza da sociedade está migrando para o ambiente virtual, é natural que o crime também. Neste sentido, o estudo desta disciplina é essencial para o profissional do Direito, visto que cada vez mais será demandado a ele compreender as questões relacionadas à prática de ilícitos em ambientes eletrônicos.

Os incidentes mais comuns no ambiente digital envolvem contaminação por vírus, uso indevido ou não autorizado de senha (qualquer tipo, do *e-mail* pessoal a do *Internet banking*), uso indevido de número de cartão de crédito, furto de dados, fraude, falsa identidade ou falsidade ideológica (alguém se passar por outra pessoa), ofensas digitais (em geral tipificadas como crimes contra a honra — difamação, calúnia e injúria, mas tem também a ameaça e a contravenção penal de perturbação da paz do indivíduo que ocorre com *cyberbullying* em geral). Ele também pode ser envolvido em uso não autorizado de imagem (seja a dele ou ele fazendo uso da de outra pessoa), infração de direitos autorais (pirataria e plágio), dano em geral, espionagem eletrônica e todo tipo de vingança digital que pode envolver até apagamento dos seus dados, alteração do seu perfil, sequestro de domínio (em especial no caso das empresas).

A informação postada em uma comunidade virtual, inclusive uma foto, torna-se uma informação de acesso mais fácil, pois está publicada. A Constituição Federal de 1988, em seu art. 5º, X, bem como o Código Civil, nos arts. 20 e 23, protegem a imagem da pessoa. Logo, não é porque uma pessoa publicou sua foto em uma comunidade que dá o direito a alguém pegá-la e colocá-la em outro lugar. Há necessidade de autorização prévia e expressa para uso de imagem. Mas há sim o risco de alguém vir a fazer isso, bem como adulterar a foto, mudá-la, editá-la, mudar o contexto (colocar inserida em outra temática que possa denegrir a imagem do fotografado), além de ela poder ser usada para identificação da pessoa e até mesmo atrair eventual situação de sequestro. Logo, deve-se evitar exposição demasiada de imagem na *web*. Ainda mais de fotos que a pessoa possa se arrepender ou que possam dar uma conotação distinta da que ela gostaria. Ex.: um executivo ter uma foto particular publicada por ele ou seus familiares e o que está retratado na imagem não ser condizente com o cargo dele e isso poder vir a prejudicá-lo.

Pela nossa experiência, grandes empresas estão mais expostas, portanto, são alvos mais fáceis. Quanto mais famosa e conhecida uma marca, mais incidentes ela está sujeita a passar na Internet no tocante a uso não autorizado de marca, abuso de liberdade de expressão por terceiros, registro indevido de domínio ou similar a domínio existente para fins de *cybersquatting*, uso da marca em *e-mails* falsos para ludibriar pessoas a passarem dados e a se contaminarem por arquivos maliciosos.

No Brasil, como em outros países, o ordenamento jurídico passa por permanente atualização, provocada pela própria mudança e evolução da sociedade. Surgem novos casos, novas condutas, novos valores e isso provoca um dinamismo natural do direito para que ele se mantenha aderente à realidade socioeconômica de cada época. Nós vimos atualizando as leis no tocante à Internet. Foram alterados o Código Penal (crimes digitais contra a Administração Pública), o Código de Processo Civil[408] (uso de assinatura com certificado digital), o Estatuto da Criança e do Adolescente (crime de pedofilia), foram criadas leis para cibercafés e *lan houses* (veja item 7.5).

O Brasil, em alguns aspectos, tem leis mais rígidas (ex.: nossa Constituição Federal proíbe o anonimato no art. 5º, IV, ao mesmo tempo que garante a liberdade de expressão, então não há direito de ser anônimo na Internet no Brasil), mas é mais carente (deficiente) no sentido de capacitar investigação pelas autoridades (ferramentas técnicas, treinamento, agilidade, pois se deve agir rápido para não se perderem as provas eletrônicas).

Entendemos que há três razões para o aumento de crimes digitais: 1ª) Crescimento dos usuários de Internet e demais meios eletrônicos (celular, atm etc.) principalmente junto à baixa renda (classes C e D) e que se tornam vítimas fáceis, pois ainda não possuem cultura de uso mais seguro. 2ª) Quanto mais pessoas no meio digital, os bandidos profissionais (quadrilhas) também migram, e então há maior ocorrência de incidentes. 3ª) Falta de conscientização em segurança da informação, a maior parte das pessoas acha que nunca vai ocorrer com ela, empresta a senha, deixa o computador aberto e ligado, não se preocupa

---

408. Os arts. 38, 164 e 169, § 2º, do CPC/73 permitiam a assinatura digital, após a modificação implementada pela Lei n. 11.419/2006.

No CPC/2015, o artigo correspondente é o 209: "Os atos e os termos do processo serão assinados pelas pessoas que neles intervierem, todavia, quando essas não puderem ou não quiserem firmá-los, o escrivão ou o chefe de secretaria certificará a ocorrência.

§ 1º Quando se tratar de processo total ou parcialmente documentado em autos eletrônicos, os atos processuais praticados na presença do juiz poderão ser produzidos e armazenados de modo integralmente digital em arquivo eletrônico inviolável, na forma da lei, mediante registro em termo, que será assinado digitalmente pelo juiz e pelo escrivão ou chefe de secretaria, bem como pelos advogados das partes".

em usar as ferramentas de modo mais diligente, isso somado com uma dose de inocência potencializa as ocorrências.

Um incidente eletrônico causa maior dano, pois ocorre em geral de forma covarde, sem chance de defesa, além de criar consequências que se perpetuam, pois a Internet é global e é difícil limpar totalmente uma informação dela. Por mais que haja retratação, uma publicação roda o mundo em poucos minutos, ou seja, merece punição exemplar, e tem sido comum o juiz determinar aumento de pena quando ocorreu no meio digital.

Devemos acompanhar atentamente todos os projetos de lei para Internet[409]. Inclusive o de crimes eletrônicos, agora a discussão de uma lei civil mais

---

409. Lista dos projetos de lei que impactam a vida dos usuários de Internet e merecem ser acompanhados:

PL 5.344/2013 — Projeto de lei dispõe sobre diretrizes gerais e normas para a promoção, desenvolvimento e exploração da atividade de computação em nuvem no País. Disponível em: <http://www.camara.gov.br/proposicoesWeb/fichadetramitacao?idProposicao=570970>.

PL 523/2011 — Projeto de lei visa especificar vinte e quatro condutas que serão consideradas como lesivas à moral, tais como: inscrição indevida em cadastro de inadimplentes, assédio moral no trabalho e demonstração pública de discriminação racial, política, religiosa e de gênero. Disponível em: <http://www.camara.gov.br/proposicoesWeb/fichadetramitacao?idProposicao=493145>.

PL 1.429/2011 — Projeto dispõe sobre a impossibilidade e proibição do monitoramento do *e-mail* pessoal do empregado durante o horário de labor, assim como a necessidade de aviso prévio no monitoramento do *e-mail* corporativo. O texto prevê que o empregador que não respeitar os preceitos legais poderá ser condenado ao pagamento por danos morais e materiais. Disponível em: <http://www.camara.gov.br/proposicoesWeb/fichadetramitacao?idProposicao=503592>.

PL 7.655/2010 — Projeto visa acrescentar um parágrafo único ao art. 121, alterar o art. 126 e acrescentar um parágrafo único ao art. 127 da Lei n. 6.404, de 15 de dezembro de 1976, para permitir a participação em assembleia geral por meio de assinatura eletrônica e certificação digital, e para instituir o requisito de depósito prévio do instrumento de mandato para a representação do acionista em assembleia geral. Disponível em: http://www.camara.gov.br/proposicoesWeb/fichadetramitacao?idProposicao=483704.

PLC 23/2010 (CD PL 5.951/2009) — Projeto visa dispor sobre o uso do meio eletrônico nos Registros Públicos, além da adoção de providências adicionais para a segurança jurídica e celeridade das transações imobiliárias, mediante a alteração das Leis ns. 6.015, de 31 de dezembro de 1973, e 6.766, de 19 de dezembro de 1979. Disponível em: <http://www.senado.gov.br/atividade/materia/detalhes.asp?p_cod_mate=96372>.

PL 4.805/2009 — Projeto tem como intenção acrescentar o art. 13-A e alterar o art. 14 da Lei n. 9.709, de 18 de novembro de 1998 (que regulamenta o exercício da soberania popular mediante o sufrágio universal), para permitir a subscrição de projetos de lei de iniciativa popular por meio de assinaturas eletrônicas. Disponível em: <http://www.camara.gov.br/sileg/Prop_Detalhe.asp?id=425809>.

PLS 461/2009 — Projeto é alterar o art. 195 da Lei n. 5.172, de 25 de outubro de 1966 (Código Tributário Nacional), para permitir a certificação eletrônica notarial dos livros obrigatórios comerciais e fiscais, que farão a mesma prova que os originais para todos os efeitos jurídicos. Disponível em: <http://www.senado.gov.br/atividade/materia/detalhes.asp?p_cod_mate=93576>.

voltada para a privacidade de dados. Precisamos quebrar paradigmas. Legislar sobre estes novos temas não é fácil. Há ainda desafios conceituais, como o crime de furto (art. 155), em que configura o tipo penal tornar indisponível coisa alheia móvel. Logo, na era dos dados, copiar e colar não tipifica furto? Só se der "ctrl X". Devemos reescrever isso, mas sem também tipificar como furto toda situação. Não há lei perfeita, mas lei necessária. Temos de pegar a quadrilha que envia *e-mail* falso e não o inocente que passa para frente um *e-mail* falso sem saber que está mandando vírus para outra pessoa. Vivemos um momento desafiador, instigante e é uma oportunidade para pensarmos, criarmos as bases legais das próximas gerações. Temos de inovar, isso significa que nem tudo vai ser resolvido no Judiciário, há tendência para autorregulamentação, para uso de arbitragem. Mas o maior esforço envolve a proteção das fronteiras de informação, a discussão do novo modelo de soberania dos Estados em um mundo cada vez mais plano. Como proteger os ativos, os recursos, e isso chega até a discussão de ciberguerra, biotecnologia, nanotecnologia, bioética e ciberética. Como não dá para puxar da tomada, temos sim muito trabalho a fazer.

8.41. A fraude eletrônica e os perfis falsos

O tema fraude eletrônica está inserido dentro do estudo de crimes eletrônicos. O motivo pelo qual ele é tratado em item próprio é devido à necessidade de detalhamento maior, já que esta prática tem crescido muito, especialmente no tocante à modalidade de furto mediante fraude (art. 155 do Código Penal)

PL 4.505/2008 — Projeto tem como intenção regulamentar o trabalho à distância, conceituando e disciplinando as relações de teletrabalho, inclusive prevendo a utilização, para a realização das atividades laborativas, de tecnologias informáticas e de telecomunicações. Disponível em: <http://www.camara.gov.br/proposicoesWeb/fichadetramitacao?idProposicao=420890>.

PL 1.704/2007 — Projeto visa tipificar como crime de violação de correspondência a violação de correspondências e comunicações eletrônicas. Disponível em: <http://www.camara. gov.br/proposicoesWeb/fichadetramitacao?idProposicao=361525>.

PL 2.729/2003 — Projeto tem como objetivo aumentar as penas para a reprodução (pirataria) de obra intelectual, fonograma, videofonograma, programa de computador e aplicativos, violação do direito de marca e patente, dente outros, mediante a alteração dos dispositivos do Decreto-Lei n. 2.848, de 7 de dezembro de 1940 — Código Penal; do Decreto-Lei n. 3.689, de 3 de outubro de 1941 — Código de Processo Penal; da Lei n. 9.279, de 1996 — Código de Propriedade Industrial; da Lei n. 9.610, de 1998 — Lei de Direitos Autorais e Lei n. 9.609, de 1998 — Lei de Proteção da Propriedade Intelectual de Programa de Computador. Disponível em: <http://www.camara.gov.br/proposicoesWeb/fichadetramitacao?idProposicao=148171>.

PL 2.644/96 — Projeto que dispõe sobre a elaboração, o arquivamento e o uso de documentos eletrônicos. Disponível em: <http://www.camara.gov.br/proposicoesWeb/fichadetramitacao?idProposicao=18428>.

no qual há envio de um *e-mail* falso (*phishing*) para um usuário e são capturados dados de sua conta bancária mediante a instalação de um arquivo malicioso em seu equipamento.

Toda fraude, independentemente da sua natureza, tem como pressuposto a utilização de um subterfúgio para ludibriar a vítima, seja por meio da ação ou da omissão do agente, isto é, o fraudador fornece informação errônea à vítima ou ainda omite.

Segundo Antônio de Loureiro Gil, estas correspondem a uma "ação intencional e prejudicial a um ativo intangível causada por procedimentos e informações (*software* e bancos de dados), de propriedade de pessoa física, ou jurídica, com o objetivo de alcançar benefício, ou satisfação psicológica, financeira e material"[410].

As fraudes possuem duas origens: interna — quando praticadas por empregado ou terceiro que se encontram dentro do local a ser fraudado; e externa — o fraudador não possui vínculo com o local que será fraudado, mas isso não significa que o agente da fraude não possa um dia ter tido relação com a vítima.

Em termos de panorama da situação das fraudes eletrônicas em nosso país, o Brasil é tido como o maior exportador de crimes eletrônicos do mundo e, obviamente, as fraudes estão inclusas nessas estatísticas.

Cabe ainda destacar que, para combater o crime eletrônico, foi realizada a Convenção de Budapeste[411], sobre cibercriminalidade do Conselho da Europa, documento de Direito Internacional Público, elaborado por um comitê de peritos, que se pretende venha a ser adotado por todos os países.

Desse modo, segundo o CERT-BR (Centro de Estudos, Resposta e Tratamento de Incidentes de Segurança no Brasil), "a fraude eletrônica consiste em uma mensagem não solicitada que se passa por comunicação de uma instituição conhecida, como um banco, empresa ou *site* popular, e procura induzir usuários ao fornecimento de dados pessoais e financeiros. Inicialmente, esse tipo de mensagem induzia o usuário ao acesso a páginas fraudulentas na Internet. Atualmente, o termo também se refere à mensagem que induz o usuário à instalação de códigos maliciosos, além da mensagem que, no próprio conteúdo, apresenta formulários para o preenchimento e envio de dados pessoais e financeiros"[412].

---

410. GIL, Antônio Loureiro. *Fraudes informatizadas*. 2 ed. São Paulo: Atlas, 1999, p. 15.

411. Ver Convenção de Budapeste, disponível em: <http://www.coe.int/t/dg1/legalcooperation/economiccrime/cybercrime/Documents/Convention%20and%20protocol/ETS_175_Portugese-ExpRep.pdf>.

412. Conforme Cartilha em: <http://cartilha.cert.br/glossario/>.

Normalmente a fraude por *Phishing Scan* ocorre da seguinte forma: (1) um código malicioso é enviado por *e-mail* para as vítimas, (2) as quais, não analisando a veracidade do conteúdo nem o remetente da mensagem, acessam a informação, executam o arquivo e, consequentemente, (3) o computador do usuário é infectado, (4) comprometendo suas informações confidenciais, tais como senhas, dados pessoais etc., (5) essas informações são transmitidas para o fraudador, (6) que as utiliza para acessar, por exemplo, (7) o *Internet Banking* da vítima e desviar dinheiro para outra conta[413].

Conforme já foi exposto anteriormente, o delito virtual é, em princípio, um crime de meio, ou seja, utiliza-se de um meio virtual. Não é um crime de fim, por natureza, caracterizando, assim, uma modalidade que só ocorre no ambiente virtual, à exceção de alguns tipos cometidos por *hackers*, que, de algum modo, podem ser enquadrados na categoria de estelionato, extorsão, falsidade ideológica, fraude, sendo, dessa forma, aplicável o Código Penal brasileiro. Nota-se que, em certos casos, o meio de materialização da conduta criminosa pode ser virtual; contudo, o crime não, como, por exemplo, ocorre na modificação ou alteração não autorizada de sistemas de informações, previsto no art. 313-B.

Há quem entenda que no caso do *Phishing Scan*, aplica-se o art. 171 do Código Penal (e não o art. 155 de furto mediante fraude), isto é, crime de estelionato, que é descrito como "obter, para si ou para outrem, vantagem ilícita, em prejuízo alheio, induzindo ou mantendo alguém em erro, mediante artifício, ardil, ou qualquer outro meio fraudulento".

No Brasil, a tendência é de que sejam tipificadas algumas condutas criminosas próprias da Internet.

Um exemplo de crime que gera polêmica é o de furto de dados, admitindo que o art. 155 do Código Penal define furto como "subtrair, para si ou para outrem, coisa alheia móvel". Tradicionalmente, a melhor doutrina considera que a subtração de um bem exige que o mesmo se torne indisponível para seu proprietário, saindo de sua esfera de guarda e controle, logo, a questão que se coloca é se seria possível tipificar como furto a conduta de subtrair dados da empresa, reproduzindo os mesmos (replicando a base de dados), mas deixando-os ainda disponíveis para acesso da empresa, ou seja, sem eliminá-los ou apagá-los.

Desse modo, não haveria tecnicamente a tal indisponibilidade do bem para o enquadramento legal em furto, apesar de haver uma reprodução não autorizada do seu teor. Seria então uma infração de direito autoral ao invés do

---

413. Para saber mais dados sobre fraude eletrônica, acessar: <http://www.cartilha.cert.br/>.

crime de furto? Mas isso conseguiria ser aplicado nos casos mais comuns? Ou seria o crime de dano ou mesmo o de quebra de sigilo?

Por isso que muitos países estão ajustando a lei penal para evitar situações de dúvida que podem ou afastar a tipificação (*in dubio pro reo*) ou provocar a opção por outro enquadramento, cuja pena pode ser até mais branda para o infrator. Dependendo do caso, isso também pode impactar a aceitação do pedido de ordem judicial para interceptação de dados.

Esse número crescente de fraudes eletrônicas decorre de dois fatores principais: a falta de conhecimento do usuário sobre segurança da informação, tornando-se vítima fácil dos golpes digitais, e a falta de recursos humanos e tecnológicos das autoridades policiais e judiciais, que precisam de maior treinamento e preparo para prevenção desses crimes e também para condução de investigações apropriadas que possam ter maior resultado na punição dos criminosos.

Diante do exposto, a melhor maneira de combater o crescimento das fraudes eletrônicas ainda é por meio da conscientização dos usuários, que representam a linha de frente da defesa. Para tanto seguem algumas recomendações:

1) não abrir arquivos anexados, pois geralmente são programas executáveis que podem causar danos ao computador ou capturar informações confidenciais;

2) não clicar em *links* para endereços da Internet, mesmo que conste o nome da empresa ou instituição, ou, ainda, mensagens como "clique aqui";

3) em caso de dúvidas sobre a origem e veracidade de determinada mensagem, procurar excluir o *e-mail* evitando executar seus anexos ou acessar os *links* presentes em seu conteúdo;

4) em casos de contaminação por vírus ou outro código malicioso, reformatar a máquina, reinstalar totalmente o sistema operacional e os aplicativos, evitando restaurar *backups* antigos;

5) evitar baixar aplicativos gratuitos só porque são de graça, buscar referências e recomendações de quem já os utiliza, visto que muitos golpistas têm utilizado aplicativos falsos para contaminar o equipamento do usuário e capturar dados do mesmo;

6) utilizar *softwares* de proteção (antivírus, *antispam*, *antispyware* e *firewall* pessoal) nos computadores de uso doméstico e corporativo, mantendo-os com as versões, assinaturas e configurações atualizadas;

7) não emprestar sua senha de *e-mail*, de Internet, de rede da empresa, de cartão de crédito, de conta bancária em hipótese alguma;

8) duvidar do perfil de pessoas que se comunicam em ambientes não seguros e anônimos, como mídias sociais, evitando clicar e abrir imagens, e

fazendo a verificação ou confirmação de identidade sempre que possível (se a pessoa é quem diz ser);

9) registrar a ocorrência na delegacia mais próxima ou na especializada em crimes eletrônicos.

É preciso, portanto, ter total cautela ao verificar o conteúdo de uma mensagem eletrônica, além de procurar meios seguros e eficientes de proteção contra os riscos presentes na utilização dos benefícios trazidos pela Internet.

Mister se faz distinguirmos o criminoso digital profissional, que em geral tem operado em quadrilhas, daquele que é oportunista, ou seja, uma brecha de segurança, uma situação de momento, uma motivação de fama, dinheiro rápido ou mesmo vingança é o que pode provocar alguém a passar dos limites da ética e da legalidade e se arriscar em uma aventura de ilícito digital que pode lhe trazer prejuízos bem reais.

Definitivamente, a medida mais efetiva de combate ao crime digital tem a ver com aumentar a capacidade de prova de autoria (ex.: identidade digital obrigatória) bem como a definição de uma regra clara para guarda dos dados e *logs* de acesso à Internet ou à caixa postal de *e-mail* para toda empresa que prouver este tipo de serviço, pago ou gratuito.

Já há leis em vigor relacionadas ao uso de cibercafé e *lanhouse*, no entanto, as mesmas deveriam alcançar inclusive *campus* universitário já que muitos dos incidentes têm envolvido acessos feitos nessas localidades, bem como em tele-centros (locais de inclusão digital), hotéis e mesmo redes corporativas de empresas que permitem uso particular ou carecem de controle de autenticação (fomentando a prática do anonimato).

Se a Constituição Federal de 1988 veda o anonimato em seu art. 5º, IV, justamente pois isso favorece e estimula a prática delituosa, a não ser em caso de exceção (ex.: denúncia anônima), e se a lei Marco Civil da Internet passou a exigir um prazo de guarda mínimo de *logs* de conexão e de aplicação, devido a necessidade de guarda de evidências de autoria, uma prefeitura que forneça conexão sem fio via acesso *wi-fi* sem qualquer controle de autenticação de usuários está assumindo um grande risco de vir a ser responsabilizada objetivamente por danos causados a terceiros no uso do seu recurso e com o ônus de eventualmente ter que ressarcir a vítima.

Nesse sentido, deveria ser tratada com a máxima gravidade a prática de conduta envolvendo a criação de perfis falsos ou mesmo a prática de falsa identidade digital, conhecida como "furto de identidade" ou *identity thief*, como é chamada nos EUA e na Europa. Esta ação tem contribuído muito para aumentar a insegurança na *web*. Mas como combater esse tipo de crime?

A primeira estratégia de prevenção envolve o registro prévio da identidade, ou seja, para evitar que alguém se passe facilmente por outra pessoa ou pela marca, o ideal é criar rapidamente o seu perfil nas principais redes sociais. Em seguida, com isso, deve-se divulgar que aquele é o perfil oficial. Parece simples, mas muitas empresas ainda negligenciam essa atitude preventiva. Acabam fazendo o registro só depois que já foram vítimas de um perfil falso.

No entanto, deve-se guardar com muito zelo a senha dos perfis, evitando salvá-la para acesso automático nos serviços, visto que uma outra possibilidade do "furto de identidade" decorre do acesso ou compartilhamento da senha. Aquele que a obtém passa a conseguir se fazer passar pelo titular perante terceiros, sem que estes suspeitem.

No âmbito corporativo, é importante destacar que faz parte da estratégia de prevenção não apenas o registro do perfil oficial, mas principalmente o registro da Marca no INPI. Apesar de ser uma recomendação básica e simples, ainda há muitas empresas que somente se preocupam com o registro do domínio para disponibilizarem seu *site* na Internet, mas esquecem de formalizar a proteção de sua marca no Brasil e em outros países. A empresa que possui marca registrada pode se valer da proteção legal conferida pela Lei n. 9.279/96, art. 130, III, e art. 189, I, em caso de incidentes.

Mesmo não tendo a marca registrada, a empresa pode ainda pleitear a proteção com base no art. 1.166 do Código Civil: "A inscrição do empresário, ou dos atos constitutivos das pessoas jurídicas, ou as respectivas averbações, no registro próprio, asseguram o uso exclusivo do nome nos limites do respectivo Estado". Ademais, o registro da marca confere mais força e legitimidade ao ofendido caso a ocorrência tenha de ser levada ao Judiciário.

Destaque-se que a proteção ao nome empresarial decorre do direito fundamental garantido pela Constituição Federal, no art. 5º, XXIX: "Todos são iguais perante a lei, sem distinção de qualquer natureza, garantindo-se aos brasileiros e aos estrangeiros residentes no País a inviolabilidade do direito à vida, à liberdade, à igualdade, à segurança e à propriedade, nos termos seguintes: (...) XXIX — a lei assegurará aos autores de inventos industriais privilégio temporário para sua utilização, bem como proteção às criações industriais, à propriedade das marcas, aos nomes de empresas e a outros signos distintivos, tendo em vista o interesse social e o desenvolvimento tecnológico e econômico do País".

A segunda estratégia é a monitoração. Qualquer pessoa hoje deve ficar vigilante com o que aparece sobre si mesma e que possa afetar sua reputação digital. Deve fazer buscas periódicas para ver se encontra algo que possa ser ilegítimo, equivocado ou mesmo ilícito. Esse exercício contínuo de monitorar o que aparece associado ao seu nome ou à sua marca, incluindo buscas por imagens e pesquisas dentro das redes sociais, ajuda a evitar riscos e possibilita a adoção de rápidas providências em caso de haver algum tipo de incidente, minimizando os danos e prejuízos.

A terceira estratégia é a do diálogo e transparência. Se a pessoa ou marca identificar que há um perfil criado em seu nome, por outra pessoa, deve fazer uma primeira abordagem amigável no perfil para entender a intenção do titular e comunicar que o perfil oficial está criado, propondo a migração daquela comunidade para o perfil oficial. Nesse ponto, no tocante às empresas, devem-se diferenciar alguns tipos de casos que merecem atenção específica: a) perfil criado por consumidor; b) perfil criado por colaborador; c) perfil criado por fornecedor ou parceiro; e d) perfil criado por terceiro (qualquer outra pessoa sem vínculo algum com a empresa).

Dependendo de quem criou o perfil e do contexto do conteúdo associado, pode ser necessário realizar uma abordagem mais voltada ao atendimento ao cliente e comunicação (SAC), ou mais direcionada ao relacionamento com equipes (RH), ou ainda optar pelo envio de notificação extrajudicial ou pela adoção de medidas judiciais (jurídico), conforme a gravidade do incidente. Nesse último caso, recomenda-se o registro de Ata Notarial, junto a um Cartório de Notas, para preservação da prova.

Conforme a resposta, ou na ausência dela, passa-se a tratar a permanência do perfil falso como um incidente que deve ser reportado ao provedor do serviço de rede social. Cada um deles possui um canal próprio de denúncia, que deve ser a primeira alternativa, caso não haja solução amigável entre as partes. Ali, a partir da denúncia, normalmente o perfil que infringe os termos de uso é removido rapidamente.

Os Termos de Uso do Facebook[414], por exemplo, dizem o seguinte:

"(…) Proteção dos direitos de outras pessoas: Nós respeitamos os direitos de terceiros, e esperamos que você faça o mesmo.

1. Você não publicará conteúdo ou praticará qualquer ato no Facebook que infrinja ou viole os direitos de terceiros ou a lei.

2. Nós podemos remover qualquer conteúdo ou informação publicada por você no Facebook se julgarmos que isso viola esta declaração ou nossas políticas.

---

414. Disponível em: <https://pt-br.facebook.com/legal/terms> (último acesso em 15-2-2015).

3. Nós fornecemos a você ferramentas para ajudá-lo a proteger seus direitos de propriedade intelectual. Para saber mais, acesse a nossa página 'Como denunciar reclamações de infrações de propriedade intelectual'.

4. Se removermos seu conteúdo por infringir os direitos autorais de alguém, e você acreditar que o removemos por engano, forneceremos a você a oportunidade de recorrer.

5. Se você violar repetidamente os direitos de propriedade intelectual de terceiros, nós desativaremos sua conta quando apropriado.

6. Você não deve usar nossos direitos autorais ou marcas comerciais (incluindo Facebook, os logotipos Facebook e F, FB, Face, Cutucar, Livro e Mural), ou qualquer marca semelhante que possa causar confusão, exceto quando expressamente autorizado por nossas Diretrizes de Uso de Marcas ou com nossa permissão prévia por escrito.

7. Se for coletar informações de usuários, você deverá: obter seu consentimento, deixar claro que é você (e não o Facebook) quem está coletando as informações e publicar uma política de privacidade explicando quais informações serão coletadas e como elas serão usadas.

8. Você não deve publicar documentos de identificação ou informações financeiras confidenciais de terceiros no Facebook.

9. Você não marcará usuários nem enviará convites por *e-mail* para não usuários sem o consentimento deles. O Facebook oferece ferramentas de denúncia social para permitir que os usuários façam comentários sobre a marcação. (...)".

No entanto, caso a remoção não ocorra, cabe então o envio de notificação extrajudicial e ajuizamento de ação de obrigação de fazer com pedido de tutela antecipada liminar, para que o juiz determine a retirada do perfil do ar ou remoção de conteúdo, sob pena de multa diária em caso de descumprimento e até mesmo sob pena de apuração do crime de desobediência, caso o provedor se mantenha inerte. Essa ação ainda pode ser cumulada com pedido de ressarcimento pelos danos eventualmente causados pela não remoção do ilícito desde a ciência formal do provedor do serviço.

Ocorre que com a entrada em vigor da Lei n. 12.965/2014 houve, de certo modo, limitação da responsabilidade civil associada ao tráfego ou à publicação de conteúdos de terceiros, conforme se extrai de seus arts. 18 a 21[415].

---

415. Lei n. 12.965/2014 (Marco Civil da Internet):

"Art. 18. O provedor de conexão à internet não será responsabilizado civilmente por danos decorrentes de conteúdo gerado por terceiros.

Sendo assim, caberá ressarcimento de dano apenas por parte do provedor da aplicação, mas somente a partir da negligência ou da recusa em atender ordem judicial emanada, dentro das limitações técnicas do seu serviço, ou, excepcionalmente, responderá, de forma subsidiária, a partir da data de ciência e não atendimento de solicitação específica da vítima, que pode ser feita pela via extrajudicial, de remoção de conteúdo não autorizado, exposto ou publicado, contendo cenas de nudez ou de atos sexuais de caráter privado.

Art. 19. Com o intuito de assegurar a liberdade de expressão e impedir a censura, o provedor de aplicações de internet somente poderá ser responsabilizado civilmente por danos decorrentes de conteúdo gerado por terceiros se, após ordem judicial específica, não tomar as providências para, no âmbito e nos limites técnicos do seu serviço e dentro do prazo assinalado, tornar indisponível o conteúdo apontado como infringente, ressalvadas as disposições legais em contrário.

§ 1º A ordem judicial de que trata o *caput* deverá conter, sob pena de nulidade, identificação clara e específica do conteúdo apontado como infringente, que permita a localização inequívoca do material.

§ 2º A aplicação do disposto neste artigo para infrações a direitos de autor ou a direitos conexos depende de previsão legal específica, que deverá respeitar a liberdade de expressão e demais garantias previstas no art. 5º da Constituição Federal.

§ 3º As causas que versem sobre ressarcimento por danos decorrentes de conteúdos disponibilizados na internet relacionados à honra, à reputação ou a direitos de personalidade, bem como sobre a indisponibilização desses conteúdos por provedores de aplicações de internet, poderão ser apresentadas perante os juizados especiais.

§ 4º O juiz, inclusive no procedimento previsto no § 3º, poderá antecipar, total ou parcialmente, os efeitos da tutela pretendida no pedido inicial, existindo prova inequívoca do fato e considerado o interesse da coletividade na disponibilização do conteúdo na internet, desde que presentes os requisitos de verossimilhança da alegação do autor e de fundado receio de dano irreparável ou de difícil reparação.

Art. 20. Sempre que tiver informações de contato do usuário diretamente responsável pelo conteúdo a que se refere o art. 19, caberá ao provedor de aplicações de internet comunicar-lhe os motivos e informações relativos à indisponibilização de conteúdo, com informações que permitam o contraditório e a ampla defesa em juízo, salvo expressa previsão legal ou expressa determinação judicial fundamentada em contrário.

Parágrafo único. Quando solicitado pelo usuário que disponibilizou o conteúdo tornado indisponível, o provedor de aplicações de internet que exerce essa atividade de forma organizada, profissionalmente e com fins econômicos substituirá o conteúdo tornado indisponível pela motivação ou pela ordem judicial que deu fundamento à indisponibilização.

Art. 21. O provedor de aplicações de internet que disponibilize conteúdo gerado por terceiros será responsabilizado subsidiariamente pela violação da intimidade decorrente da divulgação, sem autorização de seus participantes, de imagens, de vídeos ou de outros materiais contendo cenas de nudez ou de atos sexuais de caráter privado quando, após o recebimento de notificação pelo participante ou seu representante legal, deixar de promover, de forma diligente, no âmbito e nos limites técnicos do seu serviço, a indisponibilização desse conteúdo.

Parágrafo único. A notificação prevista no *caput* deverá conter, sob pena de nulidade, elementos que permitam a identificação específica do material apontado como violador da intimidade do participante e a verificação da legitimidade para apresentação do pedido".

Aliás, a inércia dos provedores quanto à adoção de medidas imediatas e que minimizem a exposição (e, consequentemente, os danos) das vítimas no meio digital já tem sido tema de diversas decisões pelo Judiciário, mas que agora passa a ser analisado sob a égide deste novo marco legal.

Até meados de 2014, as decisões já estavam consolidadas com o entendimento da responsabilidade, conforme demonstra o seguinte julgado do Superior Tribunal de Justiça:

"RESPONSABILIDADE CIVIL. INTERNET. REDES SOCIAIS. MENSAGEM OFENSIVA. CIÊNCIA PELO PROVEDOR. REMOÇÃO. PRAZO. A velocidade com que as informações circulam no meio virtual torna indispensável que medidas tendentes a coibir a divulgação de conteúdos depreciativos e aviltantes sejam adotadas célere e enfaticamente, de sorte a potencialmente reduzir a disseminação do insulto, minimizando os nefastos efeitos inerentes a dados dessa natureza. Uma vez notificado de que determinado texto ou imagem possui conteúdo ilícito, o provedor deve retirar o material do ar no prazo de 24 (vinte e quatro) horas, sob pena de responder solidariamente com o autor direto do dano, em virtude da omissão praticada. Nesse prazo de 24 horas, não está o provedor obrigado a analisar o teor da denúncia recebida, devendo apenas promover a suspensão preventiva das respectivas páginas, até que tenha tempo hábil para apreciar a veracidade das alegações, de modo a que, confirmando-as, exclua definitivamente o perfil ou, tendo-as por infundadas, restabeleça o seu livre acesso. O diferimento da análise do teor das denúncias não significa que o provedor poderá postergá-la por tempo indeterminado, deixando sem satisfação o usuário cujo perfil venha a ser provisoriamente suspenso. Cabe ao provedor, o mais breve possível, dar uma solução final para o conflito, confirmando a remoção definitiva da página de conteúdo ofensivo ou, ausente indício de ilegalidade, recolocando-a no ar, adotando, nessa última hipótese, as providências legais cabíveis contra os que abusarem da prerrogativa de denunciar. Recurso especial a que se nega provimento" (STJ, REsp 1.323.754/RJ (2012/0005748-4), rel. Min. Nancy Andrighi, *DJ* 19-6-2012).

Convém acrescentar, ainda, que a identificação da autoria do responsável pela criação do perfil também é possível, caso seja do interesse do ofendido, com grandes chances de êxito quanto mais rápido a vítima agir, visto que as evidências digitais têm guarda limitada no tempo, são mais voláteis e podem se perder facilmente.

Os canais oficiais para denunciar incidentes são:

• *Youtube*: para denunciar um vídeo impróprio ou que atente contra o direito de alguém, basta acessar https://www.youtube.com/yt/policyandsafety/pt-BR/reporting.html e preencher o formulário específico disponível.

- *Twitter*: acessar o *link* https://support.twitter.com/forms/abusiveuser e preencher o formulário disponível.

- *Facebook*: para denunciar conteúdo abusivo ou *spam* deve-se usar o botão "Denunciar", que aparece ao lado do próprio conteúdo, e acessar https://www.facebook.com/help/181495968648557/.

- *WhatsApp*: quando se recebe uma mensagem inicial de um contato desconhecido, há a opção "Denunciar" como *spam* e bloquear. Isto fará com que esse usuário seja reportado e o mesmo será adicionado à lista de contatos bloqueados.

- *Instagram*: para denunciar o conteúdo diretamente pelo aplicativo basta clicar no botão ou funcionalidade que aparece junto com o mesmo. Se não possuir uma conta, deve-se acessar https://help.instagram.com/contact/383679321740945.

- *Snapchat*: deve-se acessar https://support.snapchat.com/ca/abuse.

- *Google+*: ver https://support.google.com/plus/answer/1253377?hl=pt-BR.

- *Secret*: deve-se denunciar o conteúdo diretamente pelo aplicativo ou enviar *e-mail* para o endereço legal@secret.ly.

- *Kiwi*: deve-se denunciar o conteúdo diretamente pelo aplicativo ou enviar *e-mail* para o endereço team@Kiwi.qa.

- *Tinder*: deve-se denunciar conteúdo diretamente pelo aplicativo.

- *Flickr*: tem que seguir os passos descritos no *link* https://br.ajuda.yahoo.com/kb/SLN7389.html.

- *Vimeo*: deve-se acessar o *link* https://vimeo.com/help/contact e seguir os procedimentos indicados.

- *Vine*: a única maneira de denunciar o conteúdo é diretamente pelo próprio aplicativo.

A maioria dos serviços disponíveis na Internet que permitem interações entre usuários ou publicação de conteúdo acaba precisando criar alguma funcionalidade para denúncia de comportamentos contrários aos Termos de Uso (no modelo de autogestão) ou mesmo um canal próprio específico para isso. Do ponto de vista jurídico, esta estratégia contribuiu para afastar a responsabilidade solidária, ficando apenas a responsabilidade subsidiária pendente de ser verificada ou atribuída se houver evidências de ato de omissão por parte do serviço, após ciência formal (cujo momento pode variar conforme o ordenamento jurídico originário do usuário).

Na Califórnia, já há lei específica[416] para penalizar quem cria perfil falso ou usa identidade falsa na *web*. Essa conduta tem sido tratada como "grave" em

---

416. O Estado da Califórnia, nos Estados Unidos, criou em 2011 uma lei, SB 1411, de autoria do senador Joe Simitian, que transforma em crime a criação de perfis falsos na Internet,

muitos países, pois gera quebra de confiança na rede e aumenta a insegurança digital, partindo do pressuposto de que, quando as relações são não presenciais, é fundamental acreditar que a pessoa do outro lado da interface gráfica é quem ela diz ser.

Por isso, deve-se ter uma estratégia de proteção de Nome, Marca e Reputação Digital bem implementada, que envolva uma atuação conjunta das áreas de Comunicação, Jurídico, SAC e RH. Afinal, a exposição digital indevida gera danos bem reais!

Essas medidas exigem amparo legislativo para que tenham eficácia e sejam mandatórias para todos, a que custo for. Se para passar por fronteiras físicas é requisito a identificação legal com documento válido, por que não para atravessar fronteiras virtuais?

Em seguida, deve-se investir na educação dos usuários e dos operadores do Direito. No primeiro caso, para que eles saibam se proteger (o que aumenta a prevenção dificultando a vida dos bandidos), bem como saibam reagir em uma situação de incidente no sentido de saber preservar as evidências (provas eletrônicas), saber dar andamento em uma denúncia (ex.: a vítima leva ou não seu computador até a delegacia, pode-se registrar um Boletim de Ocorrência em qualquer uma ou só na especializada) e até mesmo exercer, quando aplicável e excepcionalmente, a legítima defesa digital (arts. 23 e 25 do Código Penal) para sua própria salvaguarda, visto as exigências de respostas imediatas em situação de perigos iminentes e em tempo real da Internet. No segundo caso, investindo em treinamento e ferramentas tecnológicas que permitam de fato realizar as investigações necessárias na solução dos crimes digitais e na punição dos culpados.

Somente com campanhas maciças da população em geral, com treinamento, com adoção de aulas de "cidadania e ética digital" como disciplina obrigatória na grade de ensino médio e fundamental de escolas públicas e particulares, poderemos criar um "usuário mais protegido e também mais ético", combatendo consideravelmente o crime eletrônico em sua raiz, visto que em muitos casos

---

com a aplicação de uma multa de mil dólares e um ano de prisão para quem infringi-la. Segundo a lei, é crime um internauta se passar por outra pessoa — sem o seu consentimento — em um *site* ou qualquer outro meio eletrônico com a intenção de prejudicar, intimidar, ameaçar ou fraudar essa pessoa. O texto da lei, no entanto, não cita questões de liberdade de expressão, como perfis que fazem paródias e sátiras a personalidades. O Estado do Texas também possui desde 2009 uma lei própria para punir esses casos. De acordo com ela, é crime "uma pessoa usar o nome ou a personalidade de outra para criar uma página *web* ou postar mensagens em um *site* de relacionamento" (Fonte: http://tecnologia.uol.com.br/ultimas-noticias/redacao/2011/01/03/criacao-de-perfis-falsos-na-internet-vira-crime-na-california.jhtm).

há certo desconhecimento, desatenção e negligência do usuário como agente facilitador da conduta, ou há uma despreocupação com as leis, uma "falta de noção" das consequências, estimulando o criminoso eletrônico oportunista.

Por último, deve-se redigir os novos artigos relacionados à tipificação dos crimes digitais, bem como o aumento de pena daqueles em que o ambiente computacional é apenas meio de execução do crime (ex.: crimes contra a honra), mas em conjunto com uma alteração (atualização) da Lei de Execuções Penais, para que seja repensado o modelo de cumprimento da pena e de reintegração deste tipo de criminoso na sociedade. Não podemos correr o risco de deixar preso na mesma cela o criminoso tradicional, analógico (versão 1.0) com o criminoso digital (versão 2.0) e de lá sair o criminoso ainda mais evoluído e sofisticado (versão 3.0).

Por certo, um crime em ambiente digital é muito mais maléfico, tem um poder de alcance e devastação maior, sua conduta é possível de ser replicada com intermédio de máquinas (*softwares* e/ou robôs), ocorre em geral sem chance de defesa e de forma covarde. Por isso, se ocorrido em ambiente de Internet deveria sempre caracterizar a aplicação do aumento de pena, de forma a gerar punição exemplar e evitar a solução com o pagamento de apenas uma cesta básica.

Devemos rever a forma como tratamos o direito penal e processo penal na era digital sob pena de que sua obsolecência estimule que os usuários passem a preferir "fazer justiça com o próprio *mouse*" a se socorrerem das autoridades e do Judiciário.

8.42. A *Deep Web*

A *Deep Web* é a internet não indexada pelos buscadores tradicionais, reunindo uma grande massa de dados muitas vezes só localizável com uso de algum recurso específico, como o navegador "TOR", que tem como símbolo uma cebola, fazendo analogia à sua forma em camadas.

Devido a esta caracterítisca, a *Deep Web* passou a ser mais utilizada para a divulgação de conteúdos de forma anônima, pois não é possível rastrear facilmente seus usuários, tampouco identificar o IP do computador conectado às suas páginas, ou seja, isso significa que lá podem ser encontrados desde manifestações políticas até *sites* de pedofilia (que usam o termo *hard candy* para serem identificados por seus usuários).

A *Deep Web* reúne mais de dois terços de todo conteúdo que está na Internet. Para achar algum endereço neste grande oceano de dados, foi criada a *Hidden Wiki* (que seria o equivalente a uma Wikipédia mas apenas de *links* que levam a *sites* de conteúdos ilícitos). A versão original já foi tirada do ar, mas vem sendo substituída por outras, que surgem a todo momento.

No Brasil, a Polícia Federal já começou a investigação de crimes na *Deep Web*[417]. Através de metodologia de investigação inédita no Brasil e uso de ferramentas especialmente desenvolvidas, os policias federais conseguiram quebrar esse paradigma e identificar mais de 90 usuários que compartilham pornografia infantil. Segundo a Polícia Federal, apenas as polícias norte-americana e inglesa, FBI e Scotland Yard, haviam realizado este tipo de trabalho.

Durante a investigação, que começou em 2013, foram resgatadas pelo menos seis crianças em situação de abuso por todo o país. Em um dos casos, um pai relatava que iria abusar da filha assim que ela nascesse. Os agentes ainda prenderam quatro investigados.

Desse modo, a *Deep Web* passou a ser "vigiada" por autoridades de vários países, como uma fonte para captura de criminosos. Tem sido um ambiente onde se pode investigar da criação de um novo vírus de computador até uma situação de corrupção.

O Brasil foi alvo no início de 2014 do mais novo programa espião para infiltrar e vazar informações confidenciais governamentais, batizado de Careto[418] (ou "The Mask"). Mas por que fomos o segundo mais atacado, depois do Marrocos? Estamos tão vulneráveis assim na nossa "segurança digital"?

---

417. Polícia Federal invade *Deep Web* e cumpre 105 mandados de busca, apreensão e prisões. É a primeira vez que a Polícia Federal investiga crimes na *Deep Web*. Mais de 500 agentes da Polícia Federal cumpriram 93 mandados de busca e prisão na manhã desta quarta-feira (15) em uma investigação inédita contra a pornografia infantil em 18 Estados e no Distrito Federal. A operação, chamada Darknet, pretende confirmar a identidade de suspeitos e buscar provas dos crimes de armazenamento e divulgação de imagens envolvendo menores. Um seminarista está entre os 51 presos. A informação é do delegado Sandro Caron, superintendente da Polícia Federal no Rio Grande do Sul, que coordenou a ação deflagrada simultaneamente por 44 unidades da Polícia Federal. "Tivemos presos efetivamente no dia de hoje um seminarista, um agente penitenciário. Servidores públicos e militares estão sendo investigados, além de empresários", disse Caron em entrevista coletiva realizada em Porto Alegre. "Um deles, aqui no Rio Grande do Sul, foi flagrado dormindo com uma criança em Viamão", completou o delegado Rafael França, chefe da Delegacia de Repressão a Crimes Institucionais da Polícia Federal. A Operação Darknet foi realizada nos Estados do Amazonas, Amapá, Bahia, Ceará, Espírito Santo, Goiás, Minas Gerais, Pará, Pernambuco, Piauí, Paraná, Rio de Janeiro, Rio Grande do Norte, Rio Grande do Sul, Rondônia, Santa Catarina, São Paulo, Mato Grosso do Sul e no Distrito Federal. A investigação ainda obteve informações sobre suspeitos de outros países que foram repassadas para autoridades de Portugal, Itália, Colômbia, México, Venezuela (Fonte: Zero Hora http://www.cbsi.net.br/2014/10/policia-federal-invade-deep-web-e.html).

418. *Link* original da matéria da *Reuteurs*: http://www.reuters.com/article/2014/02/10/us-cybersecurity-espionage-mask-idUSBREA191KU20140210.

Descoberto pela Kaspersky Lab (empresa de *softwares* russa com sede em Moscou), o Careto vem realizando um ataque silencioso, sem ser detectado, desde 2007 até ser descoberto em fevereiro de 2014, infectando mais de 380 alvos em 31 países. Por isso, foi considerado mais eficiente que o "Duqu", programa que burlou a segurança de usinas nucleares do Irã.

Há suspeitas de que o mesmo foi desenvolvido por "um país de língua espanhola", o que seria algo novo, já que em geral as operações mais sofisticadas de espionagem digital têm sido associadas aos Estados Unidos, China, Rússia e Israel. Este tipo de ataque, que tem se tornado mais comum desde 2010, com o surgimento do Stuxnet, expõe dados de cidadãos e segredos de segurança nacional, em especial os relacionados aos órgãos públicos, embaixadas e setores estratégicos da economia, como Energia, Telecomunicações, Infraestrutura e Financeiro.

O Careto representa uma ameaça ainda maior por mirar não apenas computadores com sistemas operacionais padrão Windows da Microsoft, mas também MacOS da Apple e dispositivos móveis com iOS e Android e por aproveitar uma falha presente no *software* Flash da Adobe, que permite que os atacantes entrem na máquina através do navegador *web* do Google Chrome. Então, após a invasão, ele busca documentos, senhas, chaves criptográficas e assume controle do equipamento infectado, transformando o mesmo em um agente de contaminação.

Existe todo um mercado paralelo na *web* de venda e compartilhamento de falhas não reveladas de *softwares* chamado mercado *zero-day* ou "do dia zero", que é quando um vírus se espalha na Internet sem ter ainda vacina de antivírus. Isso traz à tona novamente a discussão sobre o padrão atual da indústria de *software*, que é uma das únicas indústrias em que liberar produto ainda na versão Beta (com falhas) não gera responsabilização do fabricante. Na indústria automobilística, uma falha gera pelo menos *recall*.

Na indústria de *software* uma falha descoberta gera a famosa "atualização", ou pior, um *upgrade* para uma nova versão (que nem sempre é gratuita), ou seja, os usuários de *software* não possuem proteções e garantias que são comuns a outras indústrias, como ocorre, por exemplo, com os que estão sujeitos aos controles da Anvisa, como o segmento farmacêutico.

A indústria de *software* descobriu como alcançar o pote de ouro do outro lado do "arco-íris", que são os dados dentro dos dispositivos ou acessíveis de forma mais aberta através dos diversos serviços ofertados sem qualquer obrigação de segurança da informação.

A indústria de *software* representa hoje uma nova geração de "Tycoons", os intocáveis da era digital, como foram na época chamados os gigantes do início da indústria americana Rockefeller e Carnegie, até se depararem com o "Sherman Act" — Lei Antitruste Norte-Americana de 1890 e outras leis que passaram a normatizar questões trabalhistas e de consumidor.

Por enquanto, no que diz respeito à segurança digital, estamos à mercê e muito mais expostos. E a *Deep Web* está ficando cada vez mais profunda e entranhada em nossa vida digital. E como regulamentar? Será que isso seria viável? Por certo, este é o grande desafio deste século digital. Mas até que seja encontrada uma solução técnica-legal à altura, é preciso ter cuidado.

8.43. A legítima defesa na Internet

Dentro da nova realidade da sociedade digital, é fundamental repensar alguns princípios jurídicos, bem como resgatar os valores aos quais tais princípios estão atrelados e que motivaram a existência das leis que se encontram em vigor. É preciso interpretar as normas legais de acordo com as novas situações, que merecem novas respostas.

Com a Internet, passaram a ser comuns situações de ataques, agressões, vandalismo e até mesmo crimes que ocorrem com pessoas físicas e jurídicas em ambientes totalmente eletrônicos, não presenciais, em que as únicas testemunhas são as máquinas. É inteiramente normal que em qualquer desses casos, em que há uma situação de infração ou conflito de direito em âmbito real ou virtual, a vítima queira proteger-se.

Sendo assim, como fica a questão do exercício do direito de legítima defesa na Internet? Até onde a defesa pode virar infração? Até onde podemos atacar quem nos está atacando, mesmo para conseguir saber qual sua identidade e, então, entrar com uma medida judicial?

Por necessidade de aumentar a segurança da informação, muitas empresas no Brasil já possuem profissionais especializados em combater delitos virtuais, especialmente os cometidos por *hackers*. Em muitos casos, é formado um time de "resposta a incidente", ou há um time de monitoramento para que se possa pegar o infrator literalmente com a "mão na máquina", quer ele seja de dentro, algum funcionário ou colaborador, quer seja de fora (um próprio cliente que pode estar cometendo autofraude, parceiro, fornecedor ou terceiro).

Para isso, toma-se uma série de medidas, são compradas tecnologias específicas e muitas vezes também são contratadas empresas que praticam o que se chama *Ethical Hacking*. Mas, para o direito brasileiro, apesar da boa-fé de quem está trabalhando nessa área, pode ocorrer que a pessoa venha a ser considerada criminosa no exercício dessas atividades. A imputação mais comum é a de crime de falsa identidade (CP, art. 307), podendo chegar a possível "flagrante preparado", crime de dano (CP, art. 163), crime de interceptação (Lei n. 9.296/96), entre outros.

Quando há um incidente, busca-se principalmente atender aos seguintes objetivos: 1) bloquear ou minimizar o ataque ou a vulnerabilidade; 2) descobrir quem é o causador, ou seja, a identidade do infrator; 3) coletar provas que possam ser utilizadas para responsabilização dele; 4) tomar as medidas para normalizar a situação, para que volte a ser como era no momento anterior ao incidente.

Mas se, para alcançar esses objetivos, não são aplicadas as boas práticas de Direito Digital e computação forense, o que pode ocorrer é que as provas coletadas sejam consideradas obtidas por meio ilícito (CC, art. 213; Novo CPC, art. 369; CPP, art. 386 etc.); bem como a empresa pode ser responsabilizada civilmente, e o profissional, criminalmente.

No entanto, se for situação de legítima defesa, isso não ocorre. É o que está previsto no art. 23, II, do Código Penal, que assim reza: "Não há crime quando o agente pratica o fato: (...) II — em legítima defesa (...)".

Para exemplificar, um analista muitas vezes consegue descobrir a conta de *e-mail* (ou de um acesso ftp) utilizada pelo fraudador para armazenar os dados obtidos ilegalmente, bem como a senha que dá acesso a essa conta. Entretanto, em termos jurídicos, a empresa poderia tentar obter de volta os dados que foram pegos pelo fraudador e minimizar os danos? A empresa poderia acessar a conta de *e-mail* desse terceiro, sem infringir a lei? Como validar as provas obtidas dessa maneira?

A prerrogativa da autodefesa é uma causa de justificação que se baseia no princípio de que o Direito não precisa retroceder diante do injusto e, ainda, de que a defesa vale, pois, não só para o bem jurídico ameaçado, mas também, simultaneamente, para a afirmação da ordem jurídica. Sendo assim, o art. 25 do Código Penal define: "Entende-se em legítima defesa quem, usando moderadamente dos meios necessários, repele injusta agressão, atual e iminente, a direito seu ou de outrem".

Assim, verificamos que a defesa da vítima ou a ação de outro que venha a responder ao ataque não será passível de punição se sua atitude se enquadrar em legítima defesa. Para a Internet deve-se definir claramente o que significa o "emprego moderado dos meios necessários". Nesse sentido, aplica-se o brocardo jurídico: *Nemo expectare tenetur donec percutietur* (ninguém — para defender-se — está obrigado a esperar até que seja atingido por um golpe).

Isso porque nem todo ato de defesa ou de autodefesa é legítimo, ou seja, autorizado pela ordem jurídica. O Direito impõe restrições relativamente precisas para que o indivíduo, por seus próprios meios, possa fazer prevalecer seus interesses ou bens diante do agressor, sem o concurso dos órgãos do Estado. Do contrário, é necessário estar munido de ordem judicial, ou então do poder de polícia, o que muitas vezes não ocorre no dia a dia das empresas.

A defesa está limitada ao uso restrito dos meios reputados eficazes e suficientes para repelir a agressão. Nem menos, nem mais do que isso, ou seja, há um princípio de proporcionalidade que exige certa moderação. Nesse sentido, o parágrafo único do art. 23 dispõe que o excesso no exercício da legítima defesa implicará a responsabilização, por dolo ou culpa[419]. Logo, é fundamental que se verifiquem caso a caso, ou em um padrão de cenário específico, quais as medidas mínimas de defesa e em que momento as ações passam a configurar infrações.

Haverá casos em que o mero acesso à caixa postal usada pelo *trojan* para armazenar os dados dos clientes será medida suficiente. Por outro lado, poderá encontrar-se armazenada grande quantidade de informações que não podem permanecer em poder do *hacker* e deverão ser apagadas do seu sistema. O

---

419. "O agente, em qualquer das hipóteses deste artigo, responderá pelo excesso doloso ou culposo". Seguem algumas decisões relacionadas ao tema:

"Ação de indenização por danos materiais e morais. Autora que fundamenta a pretensão em operações realizadas indevidamente em sua conta corrente. Instituição financeira que não produziu provas aptas a demonstrar que as movimentações foram efetuadas pela correntista. Inteligência dos arts. 6º, inciso V, e 14, § 3º, do Código de Defesa do Consumidor. Ato que acarreta a presunção dos prejuízos sofridos pela autora. Dever de indenizar é de rigor. Dano moral caracterizado. Manutenção da decisão. Negado provimento ao recurso" (TJSP, Ap. 0123424-98.2008.8.26.0002, rel. Desa. Ligia Araújo Bisogni, j. em 23-11-2011).

"Responsabilidade civil. Indenização. Danos morais. Empréstimo contraído por terceiros, por meio eletrônico, com débito das parcelas em conta corrente da autora. Negativação indevida da requerente. Responsabilidade objetiva do banco requerido pelos serviços prestados. Verba indenizatória devida. *Quantum* indenizatório bem mensurado. Recursos desprovidos. Sentença mantida" (TJSP, Ap. 0000676-15.2010.8.26.0125, rel. Des. Ademir Benedito, j. em 26-10-2011).

"Administradora de cartão e sistemas de pagamento. Fraude. Recurso. Apelação. Alegação de que a ré tinha o ônus da prova da recusa de pagamento dos titulares de cartão de crédito pelo não reconhecimento da validade da compras devidamente autorizadas por ela não conhecida. Julgamento de recurso com alteração de pedido ou a causa de pedir deduzido na inicial afronta ao princípio do duplo grau de jurisdição e caracteriza julgamento *extra petita*, com violação do disposto nos arts. 128, 264, 460, 514, II, e 515, § 1º, do CPC. Cartão de crédito. Contrato de afiliação. Administradora do Sistema Visanet deve arcar com os valores relativos aos negócios jurídicos por ela autorizados, mesmo que não reconhecidos pelos titulares de cartão, na hipótese de cartões clonados, quando não demonstrado descumprimento pelo empresário vendedor de obrigações contratuais, visto que a responsabilidade pela segurança do sistema Visanet é da administradora que presta esse serviço, com incumbência de prover meios que impeçam a concessão de autorização para vendas realizadas com cartões de crédito clonados. Ausente prova do descumprimento pela autora fornecedora de obrigações contratuais relativamente às vendas devidamente autorizadoras pela ré administradora, com base em cartões de crédito clonados. Reforma para julgar procedente a ação. Recurso provido" (TJSP, Ap. 0154088-12.2008.8.26.0100, rel. Des. Rebello Pinho, j. em 15-8-2011).

cancelamento das contas de *e-mail* também pode ser considerado uma medida eficaz e necessária, dentro do direito de legítima defesa, mas não se podem generalizar as condutas. Se alguém lhe enviar um *spam*, você não pode responder com um vírus!

Concluindo, é fundamental o treinamento das equipes, a elaboração de termos e códigos de conduta, bem como que os contratos com empresas que praticam *Ethical Hacking* já prevejam situações de limites de ações e de responsabilidades, para que se evite gerar riscos e contingências legais, quando se imaginava que se estava protegendo. Defender-se é uma coisa, atacar é outra!

8.44. Publicidade *online*

A publicidade na Internet é um ensaio para um mundo de convergência entre a rede mundial de computadores e a *TV broadcasting*, que já existe com a TV Interativa em vários países. A publicidade virtual é bem diferente da tradicional veiculada na TV ou nas demais mídias. A particularidade da mídia virtual é que, tecnologicamente, é possível finalizar operações comerciais a partir de um simples anúncio. Assim, o objetivo da publicidade — e seu limite — não é apenas a sedução do comprador: uma vez e imediatamente após o momento em que for seduzido, pode ele adquirir o produto com simples toques no *mouse*. A publicidade *online*, portanto, permite chegar até o final da operação, que é a realização da venda efetiva, principalmente nas novas mídias convergentes como a TV Interativa.

Esse tênue limite entre o momento em que termina o anúncio e aquele em que começa a transação comercial tira o sono dos publicitários[420] e traz uma questão jurídica: de quem serão as responsabilidades no caso de propaganda enganosa[421]? O publicitário não é mais aquele sujeito que opera num mundo

---

420. Outra questão relevante que está causando grande receio entre os publicitários são as novas implicações trazidas pela nova indústria de comunicação. Nos contratos para mídias tradicionais como a TV, a responsabilidade se limitava à elaboração de um roteiro a partir do qual seria produzido o filme publicitário. Criavam apenas o roteiro e não a peça audiovisual. Nos contratos para as mídias digitais, o domínio da tecnologia é pré-requisito, os profissionais são responsáveis pela funcionalidade da peça publicitária quando acessada; para se manterem no mercado, têm de se preocupar com aspectos técnicos e jurídicos, com os quais ainda não estão acostumados a lidar.

421. No Código de Defesa do Consumidor, a responsabilidade pela publicidade enganosa é, via de regra, do fornecedor do bem ou serviço (art. 30), já que estes anúncios são veiculados às expensas daquele (art. 10, § 2º). Quando, porém, a forma da propaganda permite que em um clique consumidor e fornecedor possam realizar uma operação de compra e venda, o veículo passa a realizar uma verdadeira relação de intermediação, adquirindo responsabilidades semelhantes às de um corretor, integrando, portanto, a cadeia de consumo.

em que todas as pessoas são absolutamente lindas e saudáveis e os produtos anunciados funcionam perfeitamente bem. Paradoxalmente, passa a ser quase que como o velho e tradicional vendedor de uma loja do mundo real, tendo de manter o convencimento do consumidor até o momento em que este desembolsa o dinheiro, assina o cheque, ou emite-se o comprovante do cartão de crédito/débito — no caso da Internet, até o momento em que o usuário dá o clique definitivo que finaliza a compra. No mundo real, o vendedor, ou a loja, juntamente com o fornecedor ou fabricante, são responsáveis por um produto que não cumpra as atribuições anunciadas; no mundo virtual, chega-se mais uma vez à questão: onde termina a publicidade e onde começa a transação comercial? Quem é responsável pelo quê[422]?

Tudo isso faz com que haja uma mudança não só do aspecto comportamental de mercado como dos próprios contratos de mídia, criando-se contratos de Mídia Responsável e Mídia de Resultado, já que a mídia não apenas dá a veiculação do anúncio, medido no aspecto de audiência e retorno com a visibilidade da marca, mas vai ser medida no aspecto de participação e venda, visto que alcança o consumidor capacitado para efetuar uma compra real, mediante um clique. Essa nova mídia, em termos de tecnologia de banco de dados relacional, tem capacidade de gerar um banco de dados de consumo como nunca houve, o que nos leva à questão da privacidade das informações. Para isso é bom distinguir dados cadastrais de dados comportamentais e relacionais.

Os dados comportamentais são aqueles produzidos por *softwares* que acompanham o comportamento individual de consumo na Internet, associam ações e resultados como uma pesquisa *online*, sendo de propriedade das empresas que os prospectam, portanto, negociáveis[423].

---

422. Esta discussão ainda pode ser estendida ao campo da proteção dos dados pessoais: quem é responsável pelos dados e informações acerca do consumidor? O *General Data Protection Regulation* (GDPR – Regulação de Proteção de Dados Pessoais da Europa) surge no contexto de enfrentamento de tais questões. E o que ficou de lição não só para a Europa, mas para todo o mundo, é que deve sim haver responsabilidade das instituições – privadas ou públicas – acerca do manuseio de dados pessoais. Principalmente se os dados contiverem em si informações de cunho sensível – como informações sobre saúde, etnia, orientação sexual, posicionamento político, filosófico e opinativo. A LGPD origina-se neste contexto de preocupação com a responsabilidade das organizações acerca do tratamento dos dados pessoais e espelha – de forma abrangente – os entendimentos trazidos pela lei europeia.

423. Os dados pessoais dos consumidores são protegidos constitucionalmente pelo art. 5º, X, e os cadastros com esses dados elaborados são regulamentados pelo Código de Defesa do Consumidor nos arts. 43 e 44. No entanto, bases de dados coletados durante a navegação, pelos provedores, constituem propriedade intelectual, protegida pela Lei n. 9.610/98, art. 7º, XIII — Lei de Direitos Autorais —, garantindo ao seu autor os direitos morais e patrimoniais sobre as obras que criou, elencados no art. 87 da referida lei.

422

Existem vários meios de publicidade na Internet. Os *banners* são os mais comuns e também os mais problemáticos para quem anuncia. Sua eficiência é cada vez mais contestada, porque um clique num *banner* normalmente significa um desvio de rota, o que é pouco desejável pelo usuário. Começam a surgir mecanismos, como os *hotsites* e *websites* de destino, que permitem encaminhar o consumidor para o local desejado pelo usuário, sem desviá-lo de sua rota, mas induzindo-o a traçar uma rota desejada pelo anunciante. Isso faz com que a estratégia de comunicação alcance um resultado que pode ser mensurável, muito mais que no formato tradicional.

O caráter da publicidade virtual é de abordagem direta, durante o processo de comunicação[424]. Essa tendência será acelerada pela convergência com a TV: não serão mais necessários intervalos comerciais (o que vamos chamar de comunicação de interrupção: o programa para momentaneamente para que anúncios sejam veiculados), mas os anúncios serão veiculados na tela durante a exibição do conteúdo, possibilitando o acesso imediato a outros ambientes virtuais (como ocorre nos *sites* hoje, com a proliferação de *links* comerciais no *display* do usuário).

Aparentemente, esse é um mundo mais invasivo e traz riscos que não podem ser menosprezados. Em algumas situações, a publicidade virtual pode vir a, em seu conjunto, causar prejuízo ao receptor. O envio excessivo de publicidade no *e-mail* pode provocar a perda de mensagens da caixa postal do usuário — o que não ocorre nas televendas convencionais, quando somos maciçamente abordados por ligações de *call centers* para venda de algum produto ou para pesquisas de *marketing*. Por isso, a abordagem de interrupção deve ser substituída por um *marketing* de permissão. Não apenas como uma estratégia de comunicação, mas principalmente por uma consequente responsabilidade civil pelos danos eventualmente causados aos usuários receptores.

A tecnologia oferece ferramentas para proteger o usuário dos excessos da publicidade virtual[425]. Ele pode optar por receber ou não anúncios publicitários

---

424. A situação de isolamento social ocasionada pela pandemia do novo coronavírus em 2020 levou a aplicação da publicidade virtual a patamares nunca antes alcançados pela Sociedade Digital. Os veículos de comunicação e as empresas rapidamente se movimentaram para se adaptar às necessidades de consumo das pessoas em situação de quarentena e a disseminação de *lives* patrocinadas por empresas e realizadas por artistas populares tornou-se um estudo de caso, devido à grande popularização e abrangência alcançada no Brasil.

425. Apesar disso, observa-se que, cada vez mais, as empresas têm adotado a postura de "trocar" publicidade pelo acesso a serviços. Se observarmos o funcionamento de plataformas de *streaming*, por exemplo, nota-se que a maior parte delas oferece duas categorias de serviço: i) serviço gratuito, no qual o consumidor acessa um número reduzido de serviços e precisa lidar

sucessivos enquanto assiste a um programa — gerando o que podemos chamar de uma comunicação de permissão. A liberdade de escolher se quer ou não ter acesso à publicidade será, mais do que nunca, do consumidor. Essa questão tem que ver com a privacidade. Como cada indivíduo tem uma visão diferente do que seria invasão de privacidade, é desejável que a legislação brasileira esteja preparada para exigir que os operadores do mundo da convergência cumpram determinadas obrigações e limites para não lesar o direito de seus consumidores.

Acontece que os publicitários e demais empresários da comunicação não estão acostumados ao livre-arbítrio do consumidor (atualmente um ser passivo, obrigado a assistir ao intervalo comercial — com, no máximo, a possibilidade de mudar para um canal onde não esteja ocorrendo tal intervalo). O consumidor digital passa a ser ativo, decidindo se quer ou não ver qualquer comercial e quando quer assisti-lo.

A lei não deve criar restrições sobre o que poderá ser veiculado[426], mas deve obrigar os veículos a informar e dotar o consumidor de capacidade para escolher o que ele quer ou não receber. Alguns princípios são básicos, portanto, para que a privacidade seja preservada: por exemplo, a utilização de banco de dados sem a autorização daqueles que estão cadastrados configura invasão de privacidade, mas a solicitação de conferência de dados para efetuar uma transação, não. Outro exemplo: malas diretas, publicidade virtual e outros itens podem ser enviados ao usuário desde que haja possibilidade de este solicitar a exclusão do seu contato da base de dados. O mero envio, por si só, não tem sido entendido pelo Judiciário brasileiro como ilícito[427]. É muito simples e pode ser

---

com propagandas durante o consumo do serviço; ii) serviço *premium* pago, no qual o consumidor acessa todos os serviços oferecidos pela plataforma e fica isento da publicidade.

426. Apesar disso, há discussões no cenário legislativo nacional acerca da regulação da publicidade e propaganda no "mundo dos *youtubers* e blogueiros", de modo que o PL n. 10.919/2018 propõe que a identificação publicitária se torne mais clara e evidente ao consumidor. Ou seja, o PL busca tornar mais transparente a relação entre os influenciadores digitais e as empresas que os patrocinam. De acordo com a advogada Ellen Gonçalves, sócia-fundadora do escritório Pires e Gonçalves e especialista em Direito do Consumidor, "esse tipo de publicidade tem sido intensificada ao longo dos anos, então é importante sinalizar um regulamento específico. É claro que do ponto de vista normativo o art. 36 do CDC é amplo e abraça esse tipo de situação, tendo em vista a natureza principiológica do código, porém a inclusão do PL n. 10.919/2018 traz especificamente a situação da publicidade patrocinada, tornando as regras mais claras e transparentes" – Informações retiradas da matéria "PL quer tornar evidente a divulgação patrocinada nas redes sociais", disponível em: <http://alternativasistemas.com.br/blog/pl-quer--tornar-evidente-a-divulgacao-patrocinada-nas-redes-sociais/>.

427. "CIVIL. AÇÃO DE INDENIZAÇÃO POR DANOS MORAIS. MENSAGENS ELETRÔNICAS INDESEJADAS OU NÃO SOLICITADAS. SPAM, ILÍCITO NÃO CONFIGURADO. INCIDÊNCIA DO CDC AOS NEGÓCIOS ELETRÔNICOS (*ECOMMERCE*). APRECIAÇÃO. PROPAGANDA ABUSIVA OU ENGANOSA. INEXISTÊNCIA.

entendido no contexto de uma tecnologia amplamente utilizada hoje: o envio de publicidade por *e-mail*.

A empresa pode enviar um *e-mail* para um usuário permitindo que este solicite a exclusão do seu contato da base de dados. O retorno com essa solicitação significaria, então, que o usuário não quer receber *e-mails* dessa empresa. Poderia haver uma lei determinando que o rompimento desse trato é uma violação (esse raciocínio se aplica às malas diretas enviadas por *e-mail* e não às do mundo real, porque o primeiro caso representa uma despesa muito pequena para as empresas, o que incentivaria o abuso).

Resolver essa questão o quanto antes significa preservar a privacidade dos futuros consumidores digitais sem gerar uma carga excessiva e detalhada de proibições legais, que poderiam restringir demasiadamente a livre-iniciativa. Como dissemos, é um raciocínio baseado em direitos e deveres, em permissões e obrigações, mas não em proibições *a priori*. A tecnologia está do lado dessa nova visão, para preservar o bem comum no momento em que a virtualidade chegar à comunicação em massa.

RESPONSABILIDADE OBJETIVA. INAPLICABILIDADE. DEMONSTRAÇÃO DE CULPA OU DOLO. EXIGÊNCIA. INTANGIBILIDADE DA VIDA PRIVADA, DA INTIMIDADE, DA HONRA E DA IMAGEM. VIOLAÇÃO NÃO DEMONSTRADA.

1. O simples envio de *e-mails* não solicitados, ainda que dotados de conotação comercial, não configura propaganda enganosa ou abusiva, a fazer incidir as regras próprias do CDC.

2. A eventual responsabilidade pelo envio das mensagens indesejadas rege-se pela teoria da responsabilidade subjetiva.

3. Não há falar em dano moral quando não demonstrada a violação à intimidade, à vida privada, à honra e à imagem.

4. Apelo provido. Sentença reformada" (TJ/DFT – Apelação Cível 2004011115154-2 – Des. Cruz Macedo – j. 22-8-2005).

"EMENTA – APELAÇÃO CÍVEL – AÇÃO DE REPARAÇÃO DE DANOS MATERIAIS E MORAIS – CERCEAMENTO DE DEFESA – INEXISTÊNCIA – RECEBIMENTO DE *E-MAILS* INDESEJÁVEIS (*SPAM*) DE PROPAGANDA DE EMPRESA DESCONHECIDA DO AUTOR CONTENDO VÍRUS – DANOS MATERIAIS INDEVIDOS – AUSÊNCIA DE QUANTIFICAÇÃO DO PREJUÍZO – ABALO MORAL – NÃO OCORRÊNCIA – MERO DISSABOR – RECURSO IMPROVIDO.

Presentes as condições e sendo desnecessárias as provas requeridas, o julgamento antecipado da lide é autorizado, sem que incorra o magistrado em cerceamento de defesa.

Não há falar em indenização por danos materiais se o requerente deixar de delimitar, em sua inicial, a extensão do suposto prejuízo alegado, bem como não produziu nenhum elemento probatório neste sentido.

O envio de correspondência eletrônica indesejável (*spam*) de propaganda de produtos de empresa desconhecida do proprietário da conta não caracteriza dano moral, mas sim mero aborrecimento, não ensejando direito à indenização, visto a ausência de violação à sua intimidade, vida privada, honra e imagem" (TJMS, Apelação 2005.009863-9/0000-00, rel. Des. Paschoal Carmello Leandro, j. 14-8-2007).

O uso de bancos de dados e seus limites éticos sempre gerarão muita discussão, ainda mais na era do *Big Data*[428], mas aqui o principal aspecto refere-se à coibição do abuso da emissão de *e-mails* não solicitados pelos destinatários[429].

Portanto, para o Direito Digital, deve haver a prática de uma publicidade responsável, com o compromisso de permitir que o consumidor solicite a exclusão do seu nome da lista de destinatários e ajuíze reparação de danos se, após essa solicitação, não cessar a prática do envio de mensagens indesejadas. Isso é uma mudança comportamental, e cabe ao Direito contribuir para que ela ocorra mediante sanções pecuniárias, como as já determinadas pelo Código Civil e pelo Código de Defesa do Consumidor.

No julgamento do Recurso Especial n. 844.736-DF (2006/0094695-7), de 27 de outubro de 2009, decidiu-se que o envio de mensagens eletrônicas não solicitadas (*spam*) não configura dano moral pelo fato de existir a possibilidade de recusa por simples deletação[430].

No entanto, quando existe manifestação do usuário para que deixe de receber material publicitário por determinado canal e o fornecedor não cessa o envio, há violação do direito à privacidade.

---

428. Ver: AGNER, Luiz; HOFSTETTER, Juliana. *O marketing digital como instrumento de controle nas redes sociais*. XI Simpósio Nacional da ABCiber, 2018.

429. Ver: AKAMINE, Alicia Yukari Lima. *Regulação responsiva da prática de e-mail marketing no Brasil*. Brasília: UnB, 2018.

430. "INTERNET – ENVIO DE MENSAGENS ELETRÔNICAS – *SPAM* – POSSIBILIDADE DE RECUSA POR SIMPLES DELETAÇÃO – DANO MORAL NÃO CONFIGURADO – RECURSO ESPECIAL NÃO CONHECIDO.

1 – segundo a doutrina pátria 'só deve ser reputado como dano moral a dor, vexame, sofrimento ou humilhação que, fugindo à normalidade, interfira intensamente no comportamento psicológico do indivíduo, causando-lhe aflições, angústia e desequilíbrio em seu bem-estar. Mero dissabor, aborrecimento, mágoa, irritação ou sensibilidade exacerbada estão fora da órbita do dano moral, porquanto tais situações não são intensas e duradouras, a ponto de romper o equilíbrio psicológico do indivíduo'.

2 – Não obstante o inegável incômodo, o envio de mensagens eletrônicas em massa – *SPAM* – por si só não consubstancia fundamento para justificar a ação de dano moral, notadamente em face da evolução tecnológica que permite o bloqueio, a deletação ou simplesmente a recusada de tais mensagens.

3 – Inexistindo ataques a honra ou a dignidade de quem o recebe as mensagens eletrônicas, não há que se falar em nexo de causalidade a justificar uma condenação por danos morais.

4 – Recurso Especial não conhecido" (STJ, 4ª Turma, Recurso Especial 844.736/DF, 2006/0094695-7, rel. Des. Luis Felipe Salomão, j. em 27-10-2009).

Nesse sentido o conceito de privacidade do titular dos dados pessoais sob o aspecto do respeito a seu sossego e asilo, consoante a interpretação da ideia de *the right to be let alone*, formulada por Samuel Warren e Louis Brandeis[431], que pode ser traduzida como *o direito de não ser perturbado*.

Logo, a jurisprudência nacional entende pela imposição de condenação por danos morais nos casos de envio de publicidade apenas quando esta ocorre após solicitação formal do consumidor por sua interrupção[432].

Então, sobre o envio por *e-mail* de publicidade não previamente solicitada, temos que, embora a doutrina se posicione majoritariamente contra tal prática, a jurisprudência tem entendido que não há dano pela execução da atividade nem classificação como abusiva, sobretudo por não haver vedação legal.

Como já descrito anteriormente, pode existir a primeira abordagem com o envio de material publicitário sem solicitação ou autorização expressa, desde que possível ao destinatário solicitar a interrupção de tal prática – e desde que sua solicitação seja respeitada.

---

431. Apud SOLOVE, Daniel J. *Understanding privacy*. Cambridge: Harvard University Press, 2009, p. 13, tradução dos autores.

432. "RESPONSABILIDADE CIVIL. COMINATÓRIA C.C. INDENIZAÇÃO POR DANO MORAL. ENVIO DE MENSAGEM ELETRÔNICA COMERCIAL PELA REQUERIDA PARA O *E-MAIL* DA AUTORA, QUE NÃO CONSEGUIU A RETIRADA DE SEU *E-MAIL* DO CADASTRO DA REQUERIDA ATRAVÉS DE MERA SOLICITAÇÃO. RELUTÂNCIA DA RÉ EM CESSAR O ENVIO DE *SPAM*. RETIRADA DO *E-MAIL* DA AUTORA DO CADASTRO DA RÉ DETERMINADA, ASSIM COMO A CESSAÇÃO IMEDIATA DE ENVIO DE *SPAM*, SOB PENA DE MULTA DIÁRIA. DANO MORAL NÃO CONFIGURADO. HIPÓTESE DE MERO ABORRECIMENTO. INDENIZAÇÃO INDEVIDA. RECURSO PROVIDO EM PARTE. (...)

Embora, as mensagens eletrônicas comerciais enviadas tenham caráter meramente comercial, e, portanto, não importem em qualquer risco, é certo que a autora solicitou diversas vezes sua exclusão do cadastro da requerida, a fim de não mais recebê-los, mas não obteve êxito em seu intento.

Com efeito, as mensagens enviadas pela autora à requerida (fls. 13 e 15), tiveram como resposta o seguinte texto:

'Não é possível retirar seu *e-mail* de nossa página de cadastro. Para que não receba mais informações e promoções do Wal-Mart, será necessário que altere o seu *e-mail* para um *e-mail* alternativo, que não seja utilizado'.

A sugestão da ré de que a autora deveria mudar seu *e-mail* para não mais receber *spam*, demonstra seu descaso com os consumidores. A apelante tem direito a não ser incomodada por mensagens indesejadas e inúteis para ela.

Em face dessa relutância da ré em cessar o envio de mensagens eletrônicas comerciais para o *e-mail* da autora, o caso é de lhe impor a obrigação de retirar o e-*mail* da autora de seu cadastro e cessar imediatamente o envio de novas propagandas eletrônicas, sob pena de pagamento de multa diária no valor de R$ 500,00 (quinhentos reais)" (TJSP, Apelação 0187645-53.2009.8.26.0100, rel. Des. Elliot Akel, j. em 20-8-2013).

Ademais, há outras formas de envio de publicidade por meio da internet e redes de informação – a exemplo de *banners* e partes de páginas da internet com disponibilização de anúncios conforme as preferências dos usuários, em razão da chamada *web semântica*, em que, por meio de palavras-chave, são dirigidos conteúdos de natureza comercial aos usuários – que tampouco são reguladas expressamente pelos textos de lei brasileiros. Ou, ainda, o envio de mensagens via SMS, que tem regulação no Anexo I da Resolução n. 632/2014 da Anatel[433].

Assim, considerando as leis em vigor no Brasil, não é obrigatória a autorização prévia do consumidor para o envio de publicidade e oferta de produtos (independentemente do formato e da mídia, se TV, rádio, jornal, revista, internet, *e-mail*, mídias sociais), embora sensível parte da doutrina milite de forma contrária, de modo a preservar a privacidade dos consumidores.

8.45. A questão do *spam* e do *e-mail marketing*[434]

O *e-mail* já se tornou uma das principais ferramentas de comunicação, competindo talvez mais com comunicadores instantâneos em alguns públicos ou segmentos, mas, por certo, já é da rotina da grande maioria das pessoas. Em muitos casos, é o único veículo de contato e de estabelecimento de direitos e obrigações entre as partes, já havendo "*e-mail*-vale oferta", "*e-mail*-contrato", "*e-mail*-de acordo", "*e-mail*-notificação", "*e-mail*-reclamação", entre outros.

Com isso, cresce a importância de saber usar esta ferramenta de forma ética e legal. Como uma empresa que faz comunicação por *e-mail marketing* deve proceder para evitar ser tachada como *spammer* e ao mesmo tempo também conseguir gerar maiores resultados de vendas e de fidelização[435]?

---

433. "Art. 3º O consumidor dos serviços abrangidos por este Regulamento tem direito, sem prejuízo do disposto na legislação aplicável e nos regulamentos específicos de cada serviço: (...)

XVIII – ao não recebimento de mensagem de cunho publicitário em sua estação móvel, salvo consentimento prévio, livre e expresso."

434. Contribuiu para este item a Dra. Alice Andrade Frerichs.

435. "O setor público também utiliza o *e-mail marketing*, como se verifica nos pregões da Administração Pública para contratação de empresas que realizam esse serviço, a exemplo do listados a seguir: Pregão Eletrônico n. 19 de 2014, realizado pelo Conselho Federal de Medicina; Pregão Eletrônico n. 4 de 2014, promovido pelo Conselho Regional de Administração do Rio de Janeiro (CRA-RJ); Pregão Eletrônico n. 30 de 2016, efetuado pelo Conselho Regional de Engenharia e Agronomia do Rio de Janeiro (CREA-RJ); e Pregão Eletrônico n. 18 de 2017, realizado pelo Conselho Regional de Enfermagem de Santa Catarina (Coren/SC)". Disponível em: <https://bdm.unb.br/bitstream/10483/22306/1/2018_AliciaYukariLimaAkamine_tcc.pdf>.

Ao mesmo tempo que cresce o uso de *e-mail*, mensagens de texto, uso de comunicadores instantâneos, mensagens de celular, o *spam* vem se tornando um mal da era digital tendo em vista o direcionamento que ele vem tendo, porque, além de ser uma mensagem não solicitada, na maioria das vezes possui conteúdo falso, remetente falso, não tem a possibilidade de o destinatário solicitar que a mensagem não seja mais enviada e ainda é usado para a transmissão de vírus, códigos maliciosos (programas que executam ações maliciosas em seu computador, como, por exemplo, destruir arquivos, retirar informações etc.), *phising scam* (mensagens enviadas a um grande número de usuários com a finalidade de induzir a pessoa a clicar em um *link*, que instalará códigos maliciosos na máquina, objetivando monitorar a navegação na Internet, furtar dados, tais como senha de banco, número de cartão de crédito, informações armazenadas no HD do computador etc., entre outros).

São vários os projetos de lei propostos sobre a matéria[436]. Na Câmara dos Deputados destaca-se o PL n. 2.186/2003, que dispõe sobre o envio de mensagem não solicitada por meio de redes de computadores destinadas ao uso do público.

Ao PL n. 2.186/2003 estão apensados os PLS n. 2.423/2003, 3.731/2004, 3.872/2004, 1.227/2007 e 4.187/2008.

O PL n. 2.186/2003 obteve voto favorável na forma do substitutivo oferecido pelo Deputado Nelson Proença e desde dezembro de 2008 encontra-se na Comissão de Constituição e Justiça e de Cidadania para apreciação do Deputado Leonardo Picciani (PMDB-RJ).

Os PLS n. 2.186/2003 e 1.227/2007 permitem o "primeiro envio", ou seja, a possibilidade de enviar uma única vez uma mensagem não solicitada, a fim de obter o consentimento do destinatário para continuar o envio.

Já o PL n. 4.187/2008 permite o envio de mensagens eletrônicas não solicitadas desde que a mensagem traga em seu corpo, entre outros requisitos, o procedimento para que o destinatário opte por não recebê-la mais, ou seja, enquanto o usuário não informar que não tem interesse em receber mensagens deste remetente o envio é permitido.

---

436. Em 2002, a União Europeia (Diretiva Europeia 95/46/CE – Data Protection Directive) adotou o sistema *opt-out*, e no ano de 2003, os Estados Unidos (Controlling the Assault of Non-Solicited Pornography and Marketing Act – CAN-SPAM) optaram pelo sistema *opt-in*, ambos na intenção de garantir a privacidade e proteção de dados dos cidadãos em relação à prática de *e-mail marketing*, de maneira que o exercício da publicidade na Internet fosse permitido e possível. O Brasil apresentou uma regulamentação finalizada em 2010, que segue as diretrizes europeias e diz respeito ao Código de Autorregulamentação para a Prática de Email Marketing (CAPEM).

Permitir o primeiro envio é uma questão polêmica, pois há meios de alteração do remetente, por exemplo, mensagens com o mesmo conteúdo podem ser enviadas várias vezes por meio de *e-mails* rotativos, além de contribuir para o envio de *e-mails* fraudulentos.

O substitutivo do PL n. 2.186/2003 permite o envio de mensagens eletrônicas com conteúdo comercial desde que os destinatários tenham optado por recebê-las ou haja relação comercial preexistente entre o remetente e o destinatário. Porém, não prevê que o remetente deve obrigatoriamente inserir no corpo da mensagem mecanismo ou procedimento para o destinatário manifestar a sua vontade de não mais receber tais mensagens.

Cabe também comentar o art. 5º do substitutivo do PL n. 1.227/2007, que acrescenta ao art. 307 do Código Penal o seguinte parágrafo:

> Parágrafo único. Incorre na mesma pena quem utilizar o endereço eletrônico de terceiro para o envio de mensagem eletrônica, ou reproduzir, em qualquer campo do cabeçalho ou do corpo de mensagem eletrônica, o nome, endereço eletrônico, marca ou logomarca de terceiro com a intenção de atribuir-lhe a autoria.

A nosso ver, é desnecessário tal acréscimo, pois o art. 307 do Código Penal que trata sobre falsa identidade é suficiente, cabendo ao juiz analisar o caso concreto e aplicá-lo.

Os projetos de lei que tramitavam foram na sua maioria arquivados desde 2011, entre eles o PL n. 367/2003, que coibia a utilização de mensagens eletrônicas comerciais não solicitadas por meio de rede eletrônica, e os projetos de lei a ele apensados, quais sejam, PLS n. 21/2004, que disciplinava o envio de mensagens eletrônicas comerciais, e o PLS n. 36/2004, que dispunha sobre mensagens não solicitadas no âmbito da rede mundial de computadores.

Apesar de já ter sido arquivado, é importante examinar o teor do substitutivo do PLS n. 21/2004 para se entender a discussão em torno da questão do *spam* no Brasil e o quanto, até hoje, não se conseguiu dar uma solução jurídica eficiente para esta questão, pois o máximo a que chegamos foi na aplicação de soluções técnicas (uso de *software antispam*), mas que muitas vezes acabam barrando a mensagem que deveria chegar ao destinatário e deixando passar o *spam*:

> Art. 3º É proibido o envio de mensagens eletrônicas não solicitadas.

Mensagem eletrônica não solicitada, segundo o inciso II do art. 2º do referido Projeto de Lei, é "toda mensagem enviada para destinatário não consenciente, e que, independentemente de sua finalidade, seja enviada de forma massificada, com conteúdo uniforme ou praticamente uniforme".

Assim, para o envio do *e-mail* ser legal, entre outros aspectos que o Projeto de Lei n. 21/2004 determinava que fossem observados[437], envolvia a necessidade de o destinatário ser consenciente, isto significava:

a) solicitar ao remetente ou consentir, de forma expressa, que este lhe envie mensagens eletrônicas;

b) tendo mantido contato social ou relação comercial prévia com o remetente, não manifestar oposição ao recebimento de mensagens eletrônicas, desde que, no momento do contato social ou da relação comercial, e em todas as mensagens subsequentes, tivesse à disposição mecanismo eficaz, simples e gratuito, pelo qual pudesse exercer a opção pelo não recebimento de mensagens eletrônicas desse remetente (inciso III, do art. 2º do PL n. 21/2004).

Contudo, enquanto não é sancionada uma lei específica, é oportuno ressaltar que já temos dispositivos legais aplicáveis aos danos provocados por *spam*, como, por exemplo, o art. 307 do Código Penal, o art. 187 do Código Civil (inserido entre o rol dos atos ilícitos), alguns artigos do Código de Defesa do Consumidor, tais como os arts. 36 e 37 (segundo os quais a comunicação deve ser clara, de fácil identificação, não podendo ser enganosa e nem abusiva), os arts. 43 e 72 (que tratam sobre banco de dados) etc.

Nossos tribunais pátrios, embora timidamente, em sua maioria têm se manifestado em favor do internauta:

AGRAVO DE INSTRUMENTO. AÇÃO CAUTELAR INOMINADA. RESTABELECIMENTO DA PRESTAÇÃO DE SERVIÇO. ENVIO DE *SPAMS*. NECESSIDADE DE DILAÇÃO PROBATÓRIA. A partir das alegações das partes, uma sustentando tratar-se de envio de *spams*, atividade reconhecidamente ilícita, outra, que se trata de envio de *e-mails marketing*, atividade lícita, revela-se imperiosa a dilação probatória, o que será realizado nos autos da ação principal, com o intuito de se apurar, de forma efetiva, qual argumentação deve prevalecer.

---

437. "Art. 4º O remetente de mensagem eletrônica é obrigado a apresentar, de forma clara e compreensível, em cada mensagem que enviar, os seguintes elementos:

I — endereço físico ou endereço eletrônico do remetente;

II — mecanismo eletrônico eficaz pelo qual o destinatário possa facilmente exercer o direito de não mais receber mensagens daquele remetente.

Parágrafo único. No caso de coleta de dados do destinatário, deverá ser exibida declaração, de forma proeminente e compreensível, antes e durante o momento de coleta de informações, explicando quais dados pessoais serão coletados, quem os coletará, a maneira como serão coletados e utilizados, explicitado o uso de arquivos de armazenamento ou de outros mecanismos de rastreamento".

Manutenção da decisão agravada. Negaram provimento ao agravo de instrumento. Unânime (TJRS, AgI 70025172263, 18ª Câmara Cível, rel. Nelson José Gonzaga, j. 2-10-2008).

OBRIGAÇÃO DE NÃO FAZER. ENVIO DE *E-MAILS*. *SPAM*. A sentença recorrida é clara e se atém aos limites do pedido, ou seja, que a parte demandada se abstenha de remeter ao autor os chamados *spam*, que são mensagens eletrônicas não solicitadas, quase sempre com o cunho publicitário. Sentença mantida. Recurso desprovido (TJRS, Recurso Cível 71001280536, 3ª Turma Recursal Cível, rel. Carlos Eduardo Richinitti, j. 7-8-2007).

Se o internauta sentir-se ofendido moralmente em razão do envio dos *spams*, poderá pedir a reparação dos danos causados. Contudo, a admissibilidade deste pedido tem sido encarada com parcimônia por nossos tribunais:

INDENIZATÓRIA. PROVEDOR DE INTERNET. ATAQUE DE *SPAM*. ORIGEM DAS MENSAGENS. COMPROVAÇÃO. DANO MATERIAL. CONFIGURAÇÃO. PESSOA JURÍDICA. HONRA OBJETIVA. OFENSA AUSENTE. DANO MORAL. NÃO CONFIGURAÇÃO. Comprovada a origem das mensagens que configuraram ataque de *spam*, que obrigou o provedor de internet a adotar medidas para recuperação do normal funcionamento do acesso à rede mundial de computadores para seus clientes, são indenizáveis os danos materiais daí decorrentes. Inexiste direito à indenização por dano moral para a pessoa jurídica quando não comprovada ofensa à sua honra objetiva, caracterizada pela fama, conceito e credibilidade que passa ao mercado consumidor (TJRO, Recurso 100.007.2001.004353-1, rel. Des. Marcos A. Grangeia, j. 29-3-2006).

A questão é que, atualmente, independentemente de qual projeto de lei seja aprovado, qualquer lei sobre *spam* terá dificuldade de aplicação e eficácia, principalmente se buscar tipificar a conduta criminal, dada a dificuldade em provar a autoria. A determinação de guarda das provas eletrônicas, tal como manter o registro das transações de envio, que já é objeto do substitutivo do PL 2.186, em seu art. 4º, é fundamental para tentar viabilizar a identificação de quem enviou o *spam*. Contudo, peca o referido substitutivo ao determinar que os provedores de serviço de acesso "mantenham o registro de transações de envio de grandes volumes de mensagem eletrônica". Afinal, o que seria um grande volume?

Ante o exposto, percebe-se que, apesar de ser relevante discutir no âmbito legislativo medidas para combater o *spam*, é difícil afirmar se uma lei acabará de fato com ele. O *spam* é uma praga mundial, que não se restringe apenas ao Brasil. O melhor meio para combatê-lo atualmente é: a) por meio da própria tecnologia, ou seja, por meio de programas que identifiquem e repilam o *spam*; b) pela adoção de boas práticas entre as empresas que enviam mensagem com conteúdo comercial a fim de conseguir a confiança do consumidor; c) pela denúncia, o usuário deve informar o provedor os remetentes de tais mensagens, para que tal conduta não se repita (os provedores devem disponibilizar um canal de denúncia).

Desse modo, já que no âmbito legislativo há maiores barreiras a se enfrentar no sentido de legislar sobre o tema, no tocante à autorregulamentação do mercado, o caminho é mais fácil, mais prático e mais eficaz. Para facilitar a compreensão e a implementação das melhores práticas de *e-mail marketing*, foi criado o Código de Autorregulamentação para Prática de *E-mail Marketing* (C@PEM)[438], de iniciativa de diversas Associações (dentre elas ABEMD, ABRADI, ABRANET, ABRAREC, AGADI, APADI, CGI.br, FECOMERCIO-RS, FECOMERCIO-SP, FEDERASUL, IAB, INTERNETSUL, PRO TEST, SEPRORGS). O Código reúne recomendações de conduta no uso de bases de dados e na forma de envio, compartilhamento e/ou exclusão de cadastros de *e-mails* para fins de *e-mail marketing*, tanto do ponto de vista técnico como jurídico e de comunicação em geral.

O Código adotou como premissa que o contato para envio de *e-mail* deve ter *Opt-in* ou *Soft-Opt-in*. No primeiro há uma autorização prévia e expressa para comunicação por *e-mail* concedida pelo destinatário ao remetente. Na segunda, apesar de não haver autorização prévia há possibilidade de comprovação de uma relação comercial ou social entre o remetente e o destinatário,

---

438. Abaixo recomendações para se fazer *E-mail Marketing* Digitalmente Correto:

- ter Política de Privacidade clara, objetiva, detalhada e publicada no *site* com barreira de navegação no cadastro;
- fazer uma gestão adequada da base de dados identificando a origem do contato e que ele tenha autorizado o envio ou se possa comprovar uma relação comercial ou social prévia (*opt-in* e *soft-opt-in*);
- não usar domínios de terceiros para envio das mensagens;
- campo assunto de fácil identificação com descritivo relacionado ao conteúdo do *e-mail*;
- ter a opção de *opt-out* nos *e-mails*;
- realizar a exclusão do contato da base de dados em 2 a 5 dias úteis a partir da data de solicitação formal pelo destinatário;
- manter endereço de denúncia do tipo abuse@xxx.com.br;
- informar no *site* situações de *e-mail* falso para evitar ser confundido com *phishing* (não conter *link* que remeta a código malicioso);
- evitar uso de palavras que gerem dupla interpretação ou tenham cunho ofensivo ou discriminatório.

inclusive motivada a partir de parcerias. Além disso, sempre deve ser assegurado o uso do recurso de *opt-out*, ou seja, a qualquer tempo o cliente pode pedir para ser excluído da base de dados, exercendo seu direito a "não informação".

Uma inovação trazida pelo Código e que contribui para combater o *spam* é o requisito de que o remetente só possa enviar mensagens vinculadas ao seu próprio nome de domínio, e não fazer uso de nomes de domínio de terceiros não pertecentes ao mesmo grupo econômico do remetente ou seus parceiros. Isso faz com que o remetente precise se preocupar em manter seu "domínio limpo" nas listas *antispam*. Há inclusive em seu art. 7º o detalhamento do que seria requisito para quando se faz uso de empresa parceira.

Uma polêmica resolvida também pelo Código envolve a proibição de se enviar a primeira mensagem para que solicite a autorização dos destinatários para enviar as seguintes. Este mecanismo é comumente utilizado por *spammers*, em que, de modo automatizado, envia várias mensagens, alterando o nome do remetente e fazendo com que seja "sempre" uma situação de "primeira mensagem" e sem qualquer possibilidade de *opt-out*, já que a resposta a um *e-mail spam*, em vez de diminuir o seu envio, acaba por gerar a confirmação de que o *e-mail* está ativo e aí então a pessoa recebe mais *spam* ainda.

O Código vem distinguir as empresas preocupadas com a comunicação ética com seus clientes pela via digital daquelas que não estão em conformidade com as leis, as melhores práticas de mercado e a própria ética, por isso faz a exigência de que o remetente tenha uma política de privacidade formal publicada em seu *site*. Desse modo, o Código traz também uma orientação ao consumidor, com algumas diretrizes que podem ajudá-lo a escolher melhor para qual empresa fornecerá seus dados em seus próximos cadastros.

Independentemente do Código, devemos atender as leis vigentes. São aplicáveis os artigos do Código de Defesa do Consumidor (especialmente os arts. 43 e 44), bem como artigos do Código Civil (arts. 21, 186, 187, 927) e da Constituição Federal (art. 5º, X). Além disso, tem crescido a demanda pelo *e--mail marketing* político desde a alteração da Lei Eleitoral promovida em 2009.

8.46. Acessibilidade

Construir e manter um *site* na Internet significa maior alcance dos negócios da empresa. Milhões de pessoas no mundo todo podem ter acesso imediato a informações que irão auxiliar o desenvolvimento de transações, parcerias, compras e demais negócios. Um diferencial para o *site* é a utilização de recursos gráficos, como sons e animações que tornam a página mais atraente

434

para o visitante. Apesar de esses efeitos parecerem fascinantes para grande parte da população, um *site* pode estar passando despercebido para várias pessoas que não possuem condições físicas para enxergar, ouvir ou desfrutar de todos os recursos disponíveis. Além do aspecto lúdico, podem deixar de ser transmitidas informações úteis, induzindo o usuário ao erro ou simplesmente fazendo com que ele saia do seu *site* e visite o da concorrência.

A acessibilidade digital é o conceito que orienta desenvolvedores de *sites* a produzir conteúdos compreensíveis por pessoas portadoras de diversas necessidades especiais. Esses conteúdos são compatíveis com *softwares* específicos, que fazem a leitura de maneira compatível com a compreensão do usuário. Para Tim Berners-Lee, diretor do W3C e inventor da World Wide Web, "o poder da *web* está em sua universalidade. Ser acessada por todos, independente de deficiência, é um aspecto essencial".

Segundo informações do Serviço Federal de Processamento de Dados — Serpro[439] (www.serpro.gov.br), entre as opções mais comuns para determinados tipos de deficiência estão as seguintes:

"a) Cegueira: para acessar a *web*, muitas pessoas cegas utilizam o leitor de tela[440]. Alguns usuários usam navegadores textuais[441] como o Lynx ou navegadores com voz[442], em vez de utilizar um navegador comum (navegador com

---

439. É a maior empresa pública de prestação de serviços em tecnologia da informação do Brasil. Foi criada pela Lei n. 4.516, de 1º de dezembro de 1964, para modernizar e dar agilidade a setores estratégicos da Administração Pública. O Serpro, como Empresa cidadã de tecnologia da informação e comunicação, tem o compromisso de promover e divulgar a iniciativa da acessibilidade na Internet e desenvolver soluções com critérios de acessibilidade. Movido por esta compreensão e em sintonia com a política social e de informática do Governo Federal, o Serpro está mobilizado para encontrar soluções tecnológicas que abram caminhos para a inclusão social de milhões de cidadãos com necessidades especiais (Fonte: https://www.serpro.gov.br/responsabilidade-social-e-cidadania/acessibilidade). Essa Lei foi revogada posteriormente pela Lei n. 5.615/70, entretanto, a empresa Serpro permanece ativa.

440. "LEITOR DE TELA: *software* que lê o texto que está na tela do microcomputador e a saída desta informação é através de um sintetizador de voz ou um *display braille* — o leitor de tela "fala" o texto para o usuário ou dispõe o texto em *braille* por meio de um dispositivo no qual os pontos são salientados ou rebaixados para permitir a leitura" (Fonte: https://www.serpro.gov.br/responsabilidade-social-e-cidadania/acessibilidade).

441. "NAVEGADOR TEXTUAL: navegador baseado em texto, diferente dos navegadores com interface gráfica, no qual as imagens são carregadas. O navegador textual pode ser usado com o leitor de tela por pessoas cegas e também por aquelas que acessam a Internet com conexão lenta" (Fonte: https://www.serpro.gov.br/responsabilidade-social-e-cidadania/acessibilidade).

442. "NAVEGADOR COM VOZ: sistema que permite a navegação orientada pela voz. Alguns possibilitam o reconhecimento da voz e a apresentação do conteúdo com sons; outros permitem acesso baseado em telefone (mediante comando de voz pelo telefone e/ou por teclas do telefone)" (Fonte: https://www.serpro.gov.br/responsabilidade-social-e-cidadania/acessibilidade).

interface gráfica). É muito comum a pessoa cega utilizar tecla 'tab' para navegar somente em *links*, em vez de ler todas as palavras que estão na página. Desse modo, é possível ter uma rápida noção do conteúdo da página, acessando o *link* desejado mais rapidamente. Exemplos de barreiras ao acessar o conteúdo de uma página: imagens que não possuem texto alternativo; imagens complexas. Exemplo: gráfico ou imagem com importante significado e que não possuem descrição adequada; vídeos que não possuem descrição textual ou sonora; tabelas que não fazem sentido quando lidas célula por célula ou em modo linearizado; *frames* que não possuem a alternativa *noframe*, ou que não possuem nomes significativos; formulários que não podem ser navegados em uma sequência lógica ou que não estão rotulados; navegadores e ferramentas que não possuem suporte de teclado para todos os comandos; navegadores e ferramentas que não utilizam programas de interfaces padronizadas para o sistema operacional em que foram baseados; documentos formatados sem seguir os padrões *web*, que podem dificultar a interpretação por leitores de tela.

b) Baixa visão: para acessar a *web*, algumas pessoas com deficiência visual parcial usam monitores grandes e aumentam o tamanho das fontes e imagens. Outros usuários utilizam os ampliadores de tela[443]. Alguns usam combinações específicas de cores para texto e fundo (*background*) da página, por exemplo, amarelo para a fonte e preto para o fundo, ou escolhem certos tipos de fontes. Exemplos de barreiras ao acessar o conteúdo de uma página: páginas com tamanhos de fonte absoluta, que não podem ser aumentadas ou reduzidas facilmente; páginas que, devido ao *layout* inconsistente, são difíceis de navegar quando ampliadas em razão da perda do conteúdo adjacente; páginas ou imagens que possuem pouco contraste; textos apresentados como imagens, porque não quebram as linhas quando ampliadas; demais barreiras, como as apresentadas para pessoas cegas, dependendo do tipo e extensão da limitação da visão.

c) Daltonismo: o daltonismo refere-se à falta de percepção a certas cores. Uma das formas mais comuns do daltonismo inclui a dificuldade de distinguir entre as cores vermelha e verde, ou amarelo e azul. Algumas vezes o daltonismo resulta em não perceber as cores. Para acessar a *web*, algumas pessoas personalizam as cores da página, escolhendo as cores das fontes e do fundo. Exemplos de barreiras ao acessar o conteúdo de uma página: quando a cor é usada como único recurso para enfatizar o texto; contrastes inadequados entre as cores da fonte e do fundo; navegadores que não suportam a opção para o usuário utilizar sua própria folha de estilo.

---

443. "AMPLIADOR DE TELA: *software* que amplia o conteúdo da página para facilitar a leitura" (Fonte: https://www.serpro.gov.br/responsabilidade-social-e-cidadania/acessibilidade).

d) Deficiência auditiva: algumas pessoas surdas têm como primeira língua a de sinais e podem ou não ler e falar fluentemente uma língua. Para acessar a *web*, muitas pessoas dependem de legendas para entender o conteúdo do áudio. Pode ser necessário ativar a legenda de um arquivo de áudio, concentrar-se muito para ler o que está na página ou depender de imagens suplementares para entender o contexto do conteúdo. Os usuários também podem necessitar de ajuste no volume do áudio. Exemplos de barreiras ao acessar o conteúdo de uma página: ausência de legendas ou transcrições de áudio; ausência de imagens suplementares relacionadas, como o conteúdo do texto, que pode ter lenta compreensão por pessoas que têm como primeira língua a de sinais e não a que está escrita ou falada na página; ausência de linguagem simples e clara; requisitos para entrada de voz.

e) Deficiência física: a deficiência física ou motora pode envolver fraqueza, limitação no controle muscular (como movimentos involuntários, ausência de coordenação ou paralisia), limitações de sensação, problemas nas juntas ou perda de membros. Alguns podem sentir dor, impossibilitando o movimento. Para acessar a *web*, pessoas com problemas nas mãos ou braços podem utilizar um *mouse* especial; um teclado alternativo[444] cuja disposição das teclas esteja de acordo com o movimento da mão; um dispositivo tipo ponteiro fixado na cabeça ou na boca; *software* de reconhecimento de voz ou outras tecnologias assistivas para acesso e interação. Exemplos de barreiras ao acessar o conteúdo de uma página: atividades nas quais o tempo de utilização é limitado; navegadores e ferramentas que não possuem suporte para teclado alternativo ou botões para todos os comandos efetuados por *mouse*; formulários que não podem ser navegados com a tecla 'tab' em uma sequência lógica.

f) Deficiência mental: as pessoas com deficiência mental podem apresentar dificuldades em processar a linguagem escrita ou oral, focar uma informação ou entender informações complexas. Para acessar a *web*, pessoas com deficiência na aprendizagem podem necessitar de diferentes modalidades ao mesmo tempo para acessar a informação desejada. Por exemplo, alguém que possui dificuldade na leitura pode usar um leitor de tela com sintetizador de voz para facilitar a compreensão do conteúdo da página, enquanto uma pessoa com dificuldade em processar a audição pode ser auxiliada por legendas

---

444. "TECLADO ALTERNATIVO: é um dispositivo de *hardware* ou *software* que pode ser usado por pessoas com deficiência física. Fornece um modo alternativo de dispor as teclas, como, por exemplo, teclado com espaçamentos maiores ou menores entre as teclas. Podem também possuir travas que permitem a pressão de uma tecla por vez, teclado na tela ou outras modalidades" (Fonte: https://www.serpro.gov.br/responsabilidade-social-e-cidadania/acessibilidade).

para entender um áudio. Outras pessoas precisam desativar animações ou sons a fim de focar o conteúdo da página, necessitar de mais tempo ou depender de imagens para entender o que lhe está sendo informado. Exemplos de barreiras ao acessar o conteúdo de uma página: ausência de alternativas para permitir o recebimento das informações, como ausência de texto alternativo que pode ser convertido em áudio, de imagens suplementares ou de legendas para áudio; elementos visuais ou de áudio que não podem ser facilmente desligados; falta de clareza e consistência na organização das páginas; uso de linguagem complexa sem necessidade; páginas com tamanhos de fontes absolutas, que não podem ser aumentadas ou reduzidas facilmente; uso de imagens trêmulas ou sinais com certa frequência de áudio que podem causar desconforto".

De acordo com as regras de acessibilidade, o *site* pode solicitar um selo que torna pública essa adequação. Tal certificação pode ser concedida pelo *Web Accessibility Initiative* — WAI (www.w3.org) ou pela Organização Acessibilidade Brasil (www.acessobrasil.org.br). A Acessibilidade Brasil também disponibiliza o "Da Silva"[445], um avaliador em português de *sites* que indica as falhas existentes em determinado código-fonte, impossibilitando sua compreensão por pessoas especiais.

Frise-se, ainda, que o governo federal tem incentivado a acessibilidade mediante a edição do Decreto-Lei n. 5.296, de 2 de dezembro de 2004, e das Leis n. 10.048/2000 (que trata do atendimento prioritário) e n. 10.098/2000 (que dispõe, em termos gerais, sobre a promoção da acessibilidade das pessoas portadoras de deficiência ou com mobilidade reduzida). O referido decreto-lei estabelece prazo de um ano para que os *sites* da Administração Pública se ajustem às necessidades de portadores de deficiência visual.

Um exemplo de acessibilidade é o Portal da Justiça Federal (www.jf.jus. br). Nele são possíveis ajustes como contraste e tamanho de fonte. Outro exemplo é o Projeto Habilitar, do Núcleo de Computação Eletrônica (NCE)[446] da Universidade Federal do Rio de Janeiro (UFRJ), cuja principal mentora é uma médica radióloga tetraplégica, a Dra. Lenira Luna, que comanda seu computador apenas com a voz. Também, desde 2006, os deficientes brasileiros contam com o Portal Nacional de Tecnologia Assistiva (http://www.assistiva. org.br), uma parceria entre a Secretaria de Ciência e Tecnologia para a Inclusão

---

445. Ver ainda: http://acessodigital.net/art_horacio_como_testar_acessibilidade_parte_1.html.

446. *Site*: <http://www.nce.ufrj.br/>. Ver também: <http://intervox.nce.ufrj.br/dosvox/> (*site* do programa DOSVOX para deficientes visuais) e <http://intervox.nce.ufrj.br/motrix> (programa MOTRIX para deficientes motores).

438

Social do MCT — Ministério de Ciência e Tecnologia —, em parceria com o ITS — Instituto de Tecnologia Social. O objetivo do *site* é aumentar a troca de informações e disseminar conhecimentos sobre as iniciativas que existem no Brasil para a pesquisa, o desenvolvimento e a aplicação de Tecnologia Assistiva. O portal foi construído de acordo com as normas de acessibilidade do governo federal. A longo prazo, o portal permitirá acesso via dispositivos móveis (computadores de mão e celulares) e terá conteúdo em inglês e espanhol, também em áudio. Citemos, ainda, o serviço oferecido pelo portal Rybená[447], que apresenta a solução Player Rybená, por meio da qual é possível converter páginas da Internet para a Língua Brasileira de Sinais — LIBRAS.

É preciso que empreendedores vejam a acessibilidade como uma aliada na divulgação de seus negócios, captando novos clientes e divulgando ampla-mente os serviços de sua empresa, bem como o respeito por pessoas diferentes.

Hoje em dia é muito comum ouvir sobre projetos de capacitação pessoal e profissional mediante o uso da informática. Escolas e centros especiais são equipados e esforços são reunidos para que o cidadão faça do computador uma ferramenta de crescimento. Porém, muitas vezes os deficientes físicos são dei-xados de lado, pois ainda persiste a ideia de que o mundo digital seria inviável para as pessoas com necessidades especiais.

O que não é levado em conta é que a tecnologia tem melhorado — e muito — a qualidade de vida das pessoas que têm acesso a ela. Cegos que desejassem ler uma publicação estrangeira tinham de encomendar pelo correio uma cópia em Braille e aguardar sua chegada. Atualmente já é possível fazer *download* de qualquer material e imprimi-lo na hora em uma linguagem inte-ligível! A comunicação a distância de surdos também melhorou incrivelmente, possibilitando conversas em *chats*, *e-mails*, SMS, fóruns etc. Essa foi uma me-lhora significativa para quem praticamente só podia conversar de modo pre-sencial e com quem entendesse a linguagem de sinais.

Exemplos de melhorias na qualidade de vida dos deficientes físicos e mentais não faltam. É por essa grande evolução que pessoas especiais não podem ser esquecidas por projetos de capacitação. Na visão de Marcos Kinsky, coordenador do Programa Estratégico de Acessibilidade Digital do Serpro, "o respeito à diversidade deve nortear os trabalhos de inclusão digital". É evidente que o ensino pode ser mais caro e exigir profissionais especialmente habilitados para essa função, mas não será possível uma inclusão digital[448] plena

---

447. Portal Rybená (página da *web* <http://www.rybena.org.br/> — acessado em 19-1-2015).

448. Uma referência é a Rede SACI <www.saci.org.br>, que atua como facilitadora da

se questões como a acessibilidade não forem postas em prática com a importância que devem merecer.

8.47. Comunidades *online*, *blogs* e *YouTube*

O avanço tecnológico na comunicação sempre perseguiu o objetivo de criar uma "aldeia global"[449]. Na era da Internet, cada vez mais temos ampliado o poder do indivíduo, que está capacitado por meio da tecnologia a ser e estar em qualquer lugar a qualquer tempo.

Como meio de integração social, a Internet trouxe algumas inovações, fazendo com que as antigas formas de relacionamento ficassem mais dinâmicas e acessíveis em uma amplitude mundial, possibilitando um elo ainda maior entre as pessoas. Como exemplo podemos citar as comunidades *online* ou comunidades virtuais[450], plataformas como os *blogs* e o *YouTube*.

Comunidades virtuais acabam por ser um ponto de encontro entre pessoas com interesse em comum, sendo que algumas dessas comunidades *online* estão inseridas nas redes sociais. Para abordar a questão conceitual e dinâmica de funcionamento, nada melhor do que exemplificar com uma das comunidades mais conhecidas do momento que foi o Orkut[451]. No próprio *site* podemos encontrar sua definição como sendo uma comunidade *online* de amigos, cujo principal objetivo é oferecer um ambiente que enriqueça a vida social de seus usuários.

Os recursos disponibilizados pelo até então *site* de relacionamento vão desde formas de contato *online* por mensagens chamadas de *scraps* ou ainda testemunhos, *e-mail* interno, álbum de fotos compartilhado com amigos, possibilidade de rastrear os amigos que estão ligados a outros amigos de seu círculo

---

comunicação e da difusão de informações sobre deficiência, visando a estimular a inclusão social e digital, a melhoria da qualidade de vida e o exercício da cidadania das pessoas com deficiência.

449. "O conceito de 'aldeia global', criado pelo sociólogo canadense Marshall McLuhan, quer dizer que o progresso tecnológico estava reduzindo todo o planeta à mesma situação que ocorre em uma aldeia. Marshall McLuhan foi o primeiro filósofo das transformações sociais provocadas pela revolução tecnológica do computador e das telecomunicações" (disponibilizado na Wikipédia — página da *web* <http://pt.wikipedia.org/wiki/Aldeia_global> — acessado em 19-1-2015).

450. A expressão "comunidade virtual" ganhou força nos últimos tempos, principalmente por conta do sucesso do Orkut em todo o mundo e especialmente no Brasil. Mas o que pouca gente sabe é que esse conceito é mais antigo do que a própria Internet e muito mais amplo do que Orkut e coisas semelhantes. O pesquisador Howard Rheingold, que em 1993 previu que a Internet e o universo virtual provocariam grandes mudanças para o homem do século XXI, escreveu diversos livros sobre Internet, novas tecnologias e, é claro, comunidades virtuais (Fonte: Wnews).

451. *Site*: <http://www.orkut.com>.

440

de conhecidos, e até mesmo participar de comunidades internas, que seriam subcomunidades dos mais diversos interesses.

Criado pelo turco Orkut Buyukkokten, o Orkut se tornou um espaço para grupos promoverem apologia a crimes[452], ofensas, *bullying*, entre outros. Não podemos esquecer que muitas das criações e inventos do ser humano foram idealizados para o melhor, mas tudo que se cria para o bem, acaba muitas vezes sendo utilizado também para o mal.

Com o passar do tempo, outras redes sociais ganharam mais destaque, principalmente o Facebook, por possuir muito mais recursos de interação do que o Orkut[453]. Além disso, é a maior rede social do mundo. O Twitter também é outra rede social que possui vários adeptos; na forma de *microblog* cada *tweet* é caracterizado pela sua instantaneidade e pelo limite de cento e quarenta caracteres. Ambos possuem políticas de uso e privacidade específicas que devem ser observadas pelos usuários, sob pena de terem suas "vidas *online*" excluídas.

É comum os usuários terem a falsa impressão de que somos completamente livres quando estamos *online*, e que a nossa conduta neste ambiente não é alcançada pela lei[454], ou seja, acham que o virtual não pode se tornar real. Pensam ainda que estão totalmente anônimos. Assim, falsidade ideológica, calúnia, difamação, injúria, racismo, ameaça, violação de direito autoral, divulgação de segredo, violação de segredo profissional, tráfico de drogas, apologia

---

452. Ver mais em <http://www.safernet.org.br/site/noticias/orkut-tem-feito-aumentar-crimes>.

453. O *site* do Orkut disponibiliza até hoje as comunidades brasileiras para consulta, mesmo após o cancelamento: http://www.orkut.com. Demais redes sociais surgidas após têm tido bastante problema com as autoridades devido ao comportamento de seus usuários, em especial o Facebook, como nos casos acessíveis pelos *links*: http://tj-pr.jusbrasil.com.br/jurisprudencia/25315952/excecao-de-incompetencia-ei-12860109-pr-1286010-9-acordao-tjpr e http://tj-rj.jusbrasil.com.br/jurisprudencia/116655147/apelacao-apl-22157120128190050--rj-0002215-7120128190050/inteiro-teor-143665889.

454. O Ministério Público Federal em São Paulo entrou com uma ação junto à Justiça Federal no dia 16 de março de 2006, pedindo a quebra de sigilo do Orkut, serviço de comunidades virtuais do Google. A quebra de sigilo envolve tanto criadores como usuários brasileiros de comunidades virtuais usadas para práticas criminosas. O mesmo acordo foi firmado com alguns provedores de acesso à Internet em novembro do ano passado. No dia 10 de abril de 2006, o diretor-geral do Google Brasil compareceu a uma audiência no MPF para esclarecer o envolvimento de mais de 5 mil brasileiros em comunidades no Orkut que praticam crimes como racismo, tráfico de drogas, ditribuição de materiais de pornografia infantil, distribuição de receitas médicas em branco, de medicamentos controlados sem receita médica, entre outros. As informações foram coletadas em um dossiê de 150 páginas elaborado entre a segunda quinzena de dezembro de 2005 e janeiro de 2006 pela SaferNet (http://www.denunciar.org.br), organização sem fins lucrativos que combate crimes contra os direitos humanos na grande rede. Ver em: <http://www.safernet.org.br/site/noticias/mpf-pede-quebra-sigilo-orkut>. Autora: Daniela Braun (publicado no Jornal *IDGNOW*).

de crime ou criminoso e formação de quadrilha ou bando são apenas alguns exemplos de crimes livremente praticados no *website*[455].

Segundo a Dra. Cristina Sleiman, "a palavra *blog* surgiu da abreviação de *weblog*, sendo que *web* refere-se à Internet e *log* significa diário de bordo. Originalmente é um documento oficial utilizado em navios e aviões, para relato de informações importantes. Por um aspecto virtual, o *blog* foi definido como um diário *online*, publicado na internet e atualizado com frequência. Nele pode se expor opiniões de qualquer assunto e postar textos provenientes de qualquer conteúdo"[456].

Atualmente, o *blog* é mais do que um diário. Muito utilizado por jornalistas e empresas, acabou por tornar-se uma poderosa forma de comunicação. Tal ambiente permite ainda a coautoria, pois várias pessoas podem ter permissão de edição e publicação.

As publicações são feitas de forma cronológica, facilitando o acesso a determinadas publicações seja qual for o período.

---

455. Em janeiro de 2006, o governo americano moveu uma ação na Corte para impelir o Google, responsável pelo Orkut, a cumprir com a intimação emitida no ano de 2005 de entregar os dados de sua base, por meio de uma "amostra randômica", de 1 milhão de endereços disponíveis no mecanismo. Os dados deveriam contribuir para a defesa de uma legislação chamada Ato de Proteção *Online* das Crianças (Child Online Protection Act — COPA), que vem sendo questionada nos tribunais pela União das Liberdades Civis da América (American Civil Liberties Union — ACLU). Ver <http://www2.metodista.br/unesco/jbcc/jbcc_mensal/jbcc280/jbcc_estado_eua_buscadores.htm>. Em uma decisão já antecipada, um juiz federal dos Estados Unidos determinou, dia 17 de março de 2006, que o Google deve entregar ao governo dados sobre o índice da sua ferramenta de busca, mas não precisa enviar a amostra das buscas realizadas por usuários na sua base. Ver <http://idgnow.com.br/internet/2006/03/20/idgnoticia.2006-03-20.6559309097>.

Casos de danos à imagem de marcas acontecem no Brasil cada vez mais nas redes sociais, como ocorreu com uma marca de calçados que utilizou pele animal na fabricação de seus sapatos e bolsas, e gerou grande repúdio nas grandes redes sociais e isso fez com que a linha fosse retirada de comercialização. Disponível em: <http://www.opovo.com.br/app/maisnoticias/brasil/2011/04/18/noticia-brasil,2129353/apos-protestos-nas-redes-sociais-arezzo-decide-recolher-colecao-pelemania.shtml>.

A Secretaria de Cultura do Estado de São Paulo "postou" no seu perfil oficial no Twitter que lamentava a morte do ex-Vice Presidente da República José de Alencar, perguntando por que, em vez de Alencar, não poderia ter falecido o Sarney: "Por que foi o José Alencar e não o #Sarney?". Em seguida à gafe, a Secretaria da Cultura apagou a mensagem e pediu desculpas pelo ocorrido. Disponível em: <http://noticias.uol.com.br/politica/ultimas-noticias/2011/03/29/por-que-foi-o--jose-alencar-e-nao-o-sarney-diz-secretaria-de-cultura-de-sao-paulo-no-twitter.htm>.

Há problemas não só relacionados a marcas, mas também à reputação da própria pessoa. Houve o caso de uma estudante de Direito, na época das eleições presidenciais, que utilizou o Twitter para xingar os nordestinos. O caso gerou grande repercussão e a garota teve que deixar a faculdade onde estudava e o trabalho, além de estar sendo processada pelo crime de racismo. Disponível em: <http://idgnow.com.br/internet/2011/12/12/ministerio-publico-aceita-denuncia-e-mayara-petruso-respondera-por-racismo/>.

456. SLEIMAN, Cristina M. Utilização das Novas Tecnologias de Informação e Comunicação no Senac São Paulo. *4ª Conferência Ibero-Americana em Sistemas, Cibernéticas e Informática*, 2005, Orlando, FL.

442

O *blog* permite ainda a interação com seus leitores, ou seja, é possível uma terceira pessoa deixar uma mensagem para o "dono", autor do *blog,* e este, por sua vez, tem obrigação de promover sua gestão de forma lícita, ou seja, ao tomar conhecimento de mensagens ofensivas, deve eliminá-las imediatamente, sob pena de ser responsabilizado. Exemplo prático foi o caso do *blog* Imprensa Marrom, que, segundo notícia publicada por diversas empresas de comunicação, foi condenado a pagar R$ 3.500,00 (três mil e quinhentos reais) ao ofendido, após se recusar a retirar um comentário em nome da liberdade de expressão. Cabe mencionar que a Internet possui hoje mais de 20 milhões de *blog*s.

Já o *YouTube* é a plataforma de vídeo de maior audiência e um dos *sites* de busca mais utilizados no mundo. São mais de dois bilhões de usuários[457], o que equivale a quase um terço de toda a Internet. Ganhou grande impulso pelo crescimento de canais que entregam conteúdos (sobre ciência, política, história, música, *games*, beleza, DIY etc.) e pela preferência do consumo de informações nesse formato, em vez do escrito. Como é uma mídia que possui maior apelo emocional, tem influência direta na decisão e na formação de opinião do público.

O ambiente também se destaca por possibilitar muitas interações, já que a audiência se manifesta por meio de curtidas e comentários, além do compartilhamento e da própria produção de vídeos que repercutem os conteúdos ali postados. Considerada uma poderosa ferramenta de divulgação e comunicação, gerou ainda o fenômeno dos *youtubers*, os influenciadores que reúnem milhares de seguidores e provocam reações inclusive fora das redes sociais.

Não demorou para essa poderosa ferramenta de distribuição de conteúdo próprio começar a ser utilizada pela geração que nasceu e cresceu consumindo mídia de uma forma diferente. Ou seja, crianças entre 8 e 14 anos, inspiradas por *youtubers* famosos e estimuladas pela vontade de maior participação no ambiente digital. Com milhões de inscritos e *views* em seus canais, os *youtubers* mirins passaram a atrair a atenção e o investimento de anunciantes, numa lógica bastante questionável que já provocou ação civil pública do Ministério Público de São Paulo e do Rio de Janeiro, por questões envolvendo publicidade abusiva e possíveis violações de direitos de crianças e adolescentes na eventual caracterização de trabalho infantil artístico[458].

---

457. *YouTube* em números. Disponível em: <https://www.youtube.com/intl/pt-BR/about/press/>. O crescimento da importância dessas plataformas inclusive como forma de remuneração para muitas pessoas as colocou na lista para discussão de herança digital, tema do PL n. 3.050/2020.

458. Em dezembro de 2019, o MP-SP e o Google do Brasil assinaram termo para adequar a propaganda infantil digital, em acordo que determinava a criação de *Manual de Boas Práticas.* Disponível em: <http://www.mpsp.mp.br/portal/page/portal/noticias/noticia?id_noticia=21914651

Podemos perceber que todos os ambientes virtuais citados acima são passíveis de condutas indevidas. Portanto é preciso uma análise sob quatro aspectos de gestão de risco: segurança da informação/criminalidade; consumidor/relacionamento; uso não autorizado de marca e produtividade. Para cada um dos aspectos há uma medida mais adequada para minimizar os riscos e gerenciar o uso dessa nova ferramenta de comunicação.

É preciso atenção ao utilizar tais mídias, uma vez que as novas formas de expressão e linguagem surgidas com o *YouTube*, os *blogs* e comunidades virtuais devem estar adequadas não apenas aos princípios gerais do Direito, mas também às boas práticas legais, para que algo que deveria ser uma diversão, uma opinião ou uma comunicação não se transforme num Boletim de Ocorrência ou ação judicial.

As leis tratam de condutas, não importa se físicas, orais ou eletrônicas, ou seja, valem as regras para qualquer meio, inclusive para a Internet. Ao receber um *e-mail* afirmando que alguém é isso ou aquilo e repassá-lo adiante, o usuário pode também assumir a responsabilidade por possível dano moral ou material. Pode até mesmo estar cometendo um crime, sendo o mais comum o de difamação, previsto no art. 139 do Código Penal. É importante ressaltar que essas ações não estão amparadas pela liberdade de expressão. São infrações!

Ademais, deve-se ter especial atenção com o uso de imagens, questão relacionada ao direito à privacidade, protegido pela Constituição Federal de 1988, conforme está regulamentado em seu texto, no art. 5º, X, o qual afirma que "são invioláveis a intimidade, a vida privada, a honra e a imagem das pessoas, assegurado o direito a indenização pelo dano material ou moral decorrente de sua violação".

Idêntico cuidado merece ser observado em relação à inserção de textos ou conteúdos por terceiros, uma vez que o proprietário do *blog* ou comunidade é responsável por aquilo que é publicado em sua página, assim como no exemplo utilizado acima sobre o *blog* Imprensa Marrom. A informação deve ser retirada do ar ao menor indício ou notificação de que possa gerar lesão a alguém[459],

---

&id_grupo=118>. Já o MP-RJ instaurou o Inquérito Civil n. 2020.00341471, em 23 de maio de 2020, para apurar a exploração de imagens e do trabalho artístico de adolescente via plataformas de aplicativos de internet. Disponível em: <http://www.mprj.mp.br/documents/20184/540394/final_portaria_conjunta_ic_youtubers_infanto_juvenis_1_docxdocx_1.pdf>.

459. Fundamentos nos seguintes artigos do Código Civil: "Art. 186. Aquele que, por ação ou omissão voluntária, negligência ou imprudência, violar direito e causar dano a outrem, ainda que exclusivamente moral, comete ato ilícito", "Art. 187. Também comete ato ilícito o titular de um direito que, ao exercê-lo, excede manifestamente os limites impostos pelo seu fim econômico ou social, pela boa-fé ou pelos bons costumes" e "Art. 927. Aquele que, por ato ilícito (arts. 186 e 187), causar dano a outrem, fica obrigado a repará-lo".

ser falsa, ou ser contra os bons costumes, sob pena de ser considerada responsabilidade por omissão[460].

Conforme consta no texto da Declaração dos Direitos do Homem e do Cidadão, aprovada pela França em 26 de agosto de 1979, "a liberdade consiste em poder fazer tudo o que não prejudica o outro, de modo que os únicos limites do exercício dos direitos naturais de cada homem são aqueles que garantem aos outros membros da sociedade o gozo desses mesmos direitos; esses limites só podem ser determinados pela lei".

No âmbito digital, tudo o que está *online* é uma evidência, uma possível prova que pode ser usada contra a pessoa. Há coisas na vida que devemos apenas pensar; existem outras que podem ser faladas, escritas, ou publicadas.

No tocante a recomendações e boas práticas para uso de *blogs* e comunidades, é fundamental ressaltar que na era da Internet também vale o princípio do "diga-me com quem andas que eu te direi quem és", ou seja, quando um internauta se cadastra para integrar uma comunidade *online*, como a do Orkut, ele passa a assumir que concorda, mesmo que tacitamente, com o conteúdo dela, quer seja o que ele mesmo tenha dito ou o que seja dito por outros integrantes. Há algumas hipóteses que podem ocorrer:

1ª) O internauta é o dono da comunidade, *blog* ou fórum que foi criado já com um tema ilegal, como venda de drogas, conteúdo difamatório, racial, com nome de marcas de empresas, com nome de pessoas e imagens sem autorização. Nessa situação, o dono, no caso gestor do ambiente, é o infrator principal.

2ª) O internauta é mero integrante da comunidade, fórum ou leitor participante de *blog*, ou seja, aquele que publica seus comentários em ambiente que trata de tema considerado ilegal ou um ilícito civil, autoral ou criminal. Nesse caso, ele pode ser envolvido em uma investigação para averiguar se ele é coautor, partícipe, facilitador etc., ou seja, ele pode ser responsabilizado.

---

460. "O governo tomou providências para retirar da Internet a página no *orkut* do ministro chefe da Secretaria de Comunicação de Governo e Gestão Estratégica, Luiz Gushiken. Também saiu do ar a página da mulher do presidente, 'Marisa Letícia Lulinha da Silva'. A ordem foi executada pela ABIN — Agência Brasileira de Inteligência. O governo alega que as páginas eram falsas. Além das comunidades em torno do secretário de comunicação e da primeira-dama, navegam pela rede de computadores outros *orkuts* em nome do ministro da Fazenda, Antônio Palocci, do ministro da Integração, Ciro Gomes, e outras autoridades do primeiro escalão da República. O que é verdadeiro e o que é falso fica difícil de saber. No caso do *orkut* de Gushiken, uma leitura atenta de sua biografia revela uma incongruência logo na primeira linha: 'Sou o ministro chefe da presidência de Luís Inácio Lula da Silva'. Não só o nome do presidente se escreve com 'z' como não existe o cargo de ministro chefe da presidência" (Fonte: Revista Consultor Jurídico. Notícia publicada em 1º-5-2008 — disponível na web página <http://www.conjur.com.br/2005 abr-01/governo-tira-internet-falsa-orkut-luiz-gushiken> — acessado em 19-1-2015).

3ª) O internauta é integrante da comunidade, fórum ou participa de algum *blog* que é correto, é legal, mas ele escreveu textos ilegais, ofendeu terceiros ou cometeu outros ilícitos dentro da comunidade. Ele será o responsável e será considerado o infrator. Mas, se houver uma notificação ao dono da comunidade sobre o conteúdo lesivo, e ele não tirar do ar, passa a ser coautor também, assim como os demais integrantes poderão vir a ser envolvidos, dependendo da análise do contexto, dos conteúdos, das participações de cada um, caso a caso.

O uso de imagens envolve questão relacionada ao direito à privacidade, protegido pela Constituição Federal de 1988. É necessário ter especial atenção com o uso delas, uma infração nos meios eletrônicos deixa vários vestígios.

Como dito, tudo o que está *online* é uma evidência, uma possível prova que pode ser usada contra a pessoa. Seguem, portanto, algumas dicas para quem quer navegar sem riscos:

• Dê sempre o crédito de fotos e textos, áudios e vídeos, mesmo que os autores sejam "anônimos" ou "desconhecidos". É fundamental fazer a citação da fonte ou do autor para evitar infringir a lei.

• Se não for possível obter a autorização prévia do autor para publicação na Internet do conteúdo, então se deve limitar a disponibilizar até um quarto da obra, segundo melhores práticas internacionais (observando que isso ainda não está previsto na legislação brasileira, é uma prática de costumes).

• Nunca publicar na comunidade *online* textos ou imagens que possam ser ofensivos, pois pode configurar crime de difamação ou calúnia, além de responsabilidade civil. É importante apurar a veracidade dos fatos antes de divulgá-los, pois a pessoa passa a assumir o conteúdo que publica, mesmo que seja de terceiros. Consulte *sites* especializados, como o E-farsas[461], que desvenda as histórias que circulam pela rede.

• Nunca divulgar informações confidenciais da empresa em que o dono da comunidade ou do comentário trabalha. Pedir sempre autorização para falar em nome de seus empregadores.

• Nunca divulgar *banner*s para *sites* pornográficos, pois pode ser enquadrado como um meio de favorecimento à prostituição.

• Não criar comunidades com temas ilegais ou que atentem aos bons costumes, tais como drogas, pornografia, pedofilia, ensinando a fazer ligações clandestinas de serviços, cópias ilegais de produtos ou *softwares*, ou qualquer outro ato ilícito.

---

461. Disponível na *web* em: <http://www.e-farsas.com/>.

• Não publicar imagens que possam configurar atos obscenos, pois pode ser configurado crime, a teor do art. 234 do Código Penal. Nem "aquele dedo", nem mesmo sendo o seu.

• Somente publicar fotografias com uma condição: com autorização do fotógrafo e das pessoas que aparecem na imagem. As imagens não podem ser obscenas e ofensivas.

• Não utilizar termos que possam ser considerados racistas, criticando alguém por causa de sua cor, pois é um crime muito grave.

• Usar somente logomarca e nome de empresas mediante autorização do titular.

• Não montar comunidades com nome de outras pessoas, nem com conteúdos prejudiciais a ela, pois pode gerar um processo de indenização por danos morais e materiais, bem como processo criminal.

• Não se passar por outra pessoa, divulgando seus dados e informações (verdadeiras ou não) sobre sua vida. Isso configura crime de falsa identidade ou de inserção de dados falsos em sistema de informação.

• Comunicar a empresa que hospeda a comunidade quando algum usuário postar comentários ilegais ou que vão de encontro aos termos de uso do serviço.

• Se você é o responsável e titular da comunidade, e ao receber uma notificação de que algum conteúdo publicado é ofensivo, ou fere direitos de terceiros, retire-o imediatamente do ar, para não ser considerado coautor.

• Não passar para a frente boatos eletrônicos.

A questão da educação das novas gerações é essencial. Muito tem sido estudado sobre como orientar os jovens no uso ético, seguro e legal da Internet e das novas mídias[462].

Para onde estamos indo? Apesar de toda a experiência gerada dos conflitos interpessoais nos ambientes de mídias sociais, que nos fariam crer que as pessoas aprenderam a lição e estão sabendo usar os recursos tecnológicos de forma mais ética e legal, infelizmente, agora o novo ambiente que vem documentando essas condutas humanas nada desejáveis tem sido o do WhatsApp[463].

---

462. Para saber mais, veja: www.istart.org.br e www.familiamaissegura.com.br.

463. Uma adolescente de 14 anos recebeu mensagens pornográficas através do seu WhatsApp depois de levar o celular para arrumar em uma assistência técnica localizada na Rua 13 de Maio, no Centro de Campo Grande. O caso foi registrado na Depca (Delegacia Especializada de Proteção à Criança e ao Adolescente). A mãe relatou que a filha ligou e falou que o homem enviou uma foto do pênis e um vídeo dele se masturbando. Fonte: Ivi Notícias. Disponível em: http://www.ivinoticias.com.br/noticia/policial/jovem-recebe-mensagens-pornograficas-depois-de-levar-celular-em-assistencia. Acessado em 16-1-2015.

Aumentou sobremaneira o número de casos no país em que as provas da ofensa, do racismo, da pornografia infantil, da ameaça, do tráfico de entorpecentes ou mesmo da traição estão nesta ferramenta que caiu no gosto dos brasileiros de todas as idades (apesar dos termos de uso exigirem idade mínima de 16 anos[464]).

Isso nos faz refletir, do ponto de vista jurídico e social: será que alguns dos novos recursos tecnológicos deveriam ter uma imposição mais rígida no tocante à idade mínima? Será que estes brinquedos digitais devem ser classificados assim como já o são os brinquedos tradicionais e mesmo os conteúdos de TV, cinema e jogos de computador? Estas são questões que teremos que enfrentar se quisermos evoluir na proteção do indivíduo nos meios digitais.

8.48. Internet móvel

A Internet móvel vem atender às necessidades do surgimento de uma sociedade com iguais características, em que os indivíduos se deslocam o tempo todo e carregam a possibilidade de ser identificados e localizados eletronicamente a qualquer momento. Para melhor elucidar a complexidade desse modelo móvel de relacionamento, vamos tomar o exemplo prático da Finlândia, hoje um dos países em que a telefonia móvel está mais evoluída no mundo — as próprias dificuldades geográficas de montar conexões por cabo terrestre naquele país forçaram esse desenvolvimento. Há uma média altíssima de dois telefones celulares por habitante finlandês; na prática, isso significa que muitos dos finlandeses carregam até três aparelhos simultaneamente. Por quê? Porque a Finlândia é hoje um espelho do que será a sociedade móvel em outros países do mundo dentro de algum tempo — uma sociedade móvel em que o celular é um instrumento básico que possibilita desde comprar um refrigerante em uma máquina (digita-se determinado código usando o celular e a operação é efetuada, tendo seu custo debitado na conta telefônica) até fazer as mais intrincadas operações bancárias. Muitas pessoas terão mesmo mais de um aparelho, pois desejarão ter mais de uma identidade eletrônica, separando aquela identidade

---

464. "Protecting the privacy of young children is especially important. For that reason, WhatsApp does not knowingly collect or maintain Personally Identifiable Information or non-personally-identifiable information on the WhatsApp Site or WhatsApp Service from persons under 16 years of age, and no part of the WhatsApp Service is directed to or intended to be used by persons under 16. (…) If WhatsApp learns that Personally Identifiable Information of persons under 16 years of age has been collected on the WhatsApp Site or WhatsApp Service, then WhatsApp may deactivate the account and/or make the status submissions inaccessible. And always, think of the children!" (acessado em 16-1-2015).

usada para o cotidiano do trabalho da utilizada para o cotidiano familiar e desta para o pessoal (como muitos de nós optamos por ter várias identidades financeiras — por exemplo, uma conta corrente individual, outra ligada à empresa em que trabalhamos, outra em conjunto com nosso cônjuge etc.).

A Sociedade Digital Móvel traz acessibilidade vinte e quatro horas por dia aos seus membros, mesmo quando em deslocamento. Essa funcionalidade pode ser vantajosa, mas ao mesmo tempo é um pouco aflitivo pensar que "alguém" pode saber por onde você andou durante todo o tempo e o que fez. Mais uma vez, estamos diante de uma situação de confronto entre segurança e privacidade.

Todas as questões analisadas no âmbito de privacidade, publicidade e comércio eletrônico tomam um caráter muito mais delicado, já que a mobilidade através de dispositivos traz uma capacidade de individualização muito maior que os outros mecanismos de comunicação, como TV, rádio, telefone e computador. Seja por celular, por *palm top*, pelo *videogame*, pela geladeira ou por qualquer outra interface de contato, o consumidor tem a capacidade de ser identificado com uma precisão muito maior, assim como de estabelecer uma relação comercial imediata.

O comércio eletrônico móvel, ou *m-commerce* (abreviação para *mobile commerce*), cria um novo aspecto jurídico de responsabilidade e obrigações, já que a empresa de telecomunicação passa a ser responsável pelo repasse do valor pago pela compra de produtos via telefone celular — seja ele comprado na navegação pela Internet ou por uma transação eletrônica remota (como no exemplo da máquina de refrigerante).

As possibilidades de serviços de valor agregado são muitas. Um celular, por exemplo, pode servir como localizador GPS, para o caso de prevenção a sequestros, para acionar um socorro médico emergencial, podendo estar em sintonia, por exemplo, com um marca-passo e acusar para o médico qualquer disfunção interna do organismo que possa estar ocorrendo sem que o paciente nem sequer saiba.

Quanto à publicidade, a questão da Mídia Responsável e da Mídia de Resultado fica ainda maior, já que os cuidados quanto à permissão do usuário para receber publicidade devem ser muito grandes, para não lesar seu direito à privacidade.

Com a convergência da TV com o telefone, temos o primeiro veículo audiovisual *broadcast* interativo de comunicação individual, não mais de massa. E isso, por certo, já faz com que os direitos autorais de imagem, de artistas, de conteúdos e programas interativos para *broadcast* móvel tenham de ser repensados em termos contratuais, assim como os contratos de anunciantes, da mídia e da própria compra e venda móvel, entre outros.

Há muito que estudar sobre essa nova evolução trazida pela mobilidade, mas, certamente, muitas das soluções aplicáveis serão as mesmas que as já encontradas para as operações na *web*.

8.49. TV Interativa e TV Digital

A "caixa mágica". Este foi o termo usado no lançamento da televisão no mercado[465]. O termo definia a possibilidade de ter o mundo em sua casa, dentro de uma caixinha preta. A revolução causada pela TV levou mais de trinta anos até que conseguisse estabilidade como um veículo de mídia. A Internet levou bem menos tempo. Como no caso da Internet, o Brasil foi um dos primeiros países a adotar aquele veículo. Em 1950, Assis Chateaubriand inaugurava a primeira emissora do País, embora nossa estrutura de transmissão e a própria realidade social estivessem muito aquém do progresso representado pela TV. De qualquer forma, o pioneirismo de Chateaubriand fez com que o Brasil se tornasse um dos países em que as tecnologias de comunicações encontrariam grande espaço para expandir-se. Com a chamada TV Interativa, não será diferente: em pouco tempo, estaremos convivendo, como a maioria dos países de ponta, com um novo e revolucionário veículo.

Junto com a revolução da TV, criou-se uma avalanche de normas sobre telecomunicações e radiodifusão, com suas concessões, licenças específicas, contratos *broadcast*, de transmissão, de programação, de conteúdo, entre outros. Naqueles primórdios, muitos achavam que os jornais e revistas iriam acabar. A história, entretanto, mostra que as novas tecnologias de comunicação não fazem desaparecer as anteriores, ao contrário, contribuem para reforçá-las, como o que ocorreu com o crescimento e amadurecimento de toda a indústria impressa.

A Televisão Interativa, ou "ITV", por sua vez, traz uma tecnologia revolucionária, em que o telespectador pode realmente interagir com sua televisão, tendo direito a uma programação personalizada, com aquilo que ele quer assistir, quando quer e como quer. E mais, o telespectador pode estar não apenas em contato com o mundo, mas colocar o mundo em contato com ele, tornando-se acessível, conhecido como indivíduo e não mais como massa.

O principal aspecto jurídico a ser examinado no tocante à ITV está relacionado aos direitos autorais, uma vez que os contratos com artistas, autores, escritores, roteiristas, produtoras de vídeo, produtoras de conteúdo devem

---

465. Segundo o Censo 2010, quase 76% das casas possuem televisão e rádio no Brasil. Disponível em: <http://7a12.ibge.gov.br/voce-sabia/curiosidades/televisao-radio-e-geladeira>.

prever não apenas determinada quantidade de exibições *broadcast* ou entradas na programação, como também a quantidade de *downloads* específicos da programação personalizada do telespectador, que não necessariamente acompanham o estabelecido na programação tradicional[466].

Uma solução adequada dentro dos critérios já analisados de Direito Digital consiste na adoção de sistemas de pagamento pelo telespectador em que determinada porcentagem pode já estar previamente estabelecida em contrato para ser destinada aos sindicatos, artistas, autores, diretores, produtoras etc. Estamos falando da adaptação da tecnologia *pay-per-view* para ser aplicada no *pay-per-use*, *pay-per-download*, *pay-per-play*. Isso atende não só aos conteúdos *broadcast*, como também aos conteúdos interativos, jogos, *softwares* que podem ser baixados através da ITV, o *video-on-demand*, entre outros.

Com a transmissão digital, o aparelho de TV deixa de ser um terminal passivo e passa a oferecer ao seu usuário (antigo telespectador; hoje, praticamente um internauta) a possibilidade de interagir com o conteúdo. Os aparelhos receptores — sejam televisores digitais ou conversores — possuem capacidade de processamento local, transformando-se em variações do computador. Como benefícios diretos proporcionados pelo uso da TV Digital, podemos destacar a disponibilidade do uso de aplicativos, a interatividade, a prática de comércio eletrônico, a mobilidade, a qualidade da transmissão/recepção de áudio e vídeo.

No mundo, existem três padrões de distribuição digital de sinais: Advanced Television Standard Committee (ATSC), o padrão norte-americano, adotado pelos Estados Unidos, Canadá, México, Coreia do Sul e Taiwan; Digital Video Broadcasting — Terrestrial (DVB-T), que é o padrão chamado europeu, escolhido por Reino Unido, Itália, Suécia, França, Portugal, Espanha e Alemanha, além da Austrália e de Cingapura; e, finalmente, o padrão Integrated Services Digital Broadcasting — Terrestrial (ISDB-T), em uso no Japão.

---

466. De acordo com a Lei n. 9.610, de 19 de fevereiro de 1998, que consolida a legislação sobre direitos autorais, depende de autorização prévia e expressa do autor a utilização da obra, por quaisquer modalidades, como a radiodifusão sonora ou televisiva (art. 29). O mesmo diploma ainda garante que, em qualquer modalidade de reprodução, a quantidade de exemplares será informada e controlada, cabendo a quem reproduzir a obra a responsabilidade de manter os registros que permitam ao autor a fiscalização do aproveitamento econômico da exploração (art. 30, § 2º). Sobre obras audiovisuais o legislador, protegendo os interesses dos outros coautores, além do produtor, prevê que, para os casos em que a remuneração destes esteja vinculada à utilização econômica da obra, o produtor deverá prestar contas semestralmente aos coautores (art. 84). Além dos já citados artigos, existe outro na referida lei (art. 61) que traduz perfeitamente a intenção do legislador, de que é devida aos autores e coautores uma participação nos rendimentos advindos de cada exibição, transmissão ou reprodução da obra.

No Brasil foi adotado o modelo denominado ISDB-TB, uma adaptação do ISDB-T (padrão japonês) acrescido de tecnologias desenvolvidas em pesquisas feitas nas universidades brasileiras[467], com o objetivo de escolher o padrão mais adequado à nossa realidade, uma vez que somos um país menos desenvolvido[468].

Mas, enquanto o Brasil implementa seu padrão de TV Digital, a Europa já debate o padrão para a TV Digital móvel. São dois os candidatos: o T-DMB, baseado na tecnologia Digital Audio Broadcasting (DAB), já bastante utilizada no continente, e o Digital Video Broadcasting-Handeheld (DVB-H), com o apoio da Nokia, Motorola, NEC e Sony Ericsson. Outra preocupação jurídica está relacionada ao potencial comercial, ou seja, da capacidade de venda de produtos e serviços pela televisão, por meio de comércio eletrônico, conhecido por *t-commerce* (abreviação de *television commerce*). Esta modalidade é uma fusão do contrato de mídia com um contrato de "cliques", ou seja, a Mídia de Resultado. Nesse aspecto, ressaltamos novamente o cuidado com a Publicidade Invasiva, uma vez que a proteção à privacidade está acima dos interesses comerciais dos anunciantes.

Para aumentar a complexidade, há o fornecimento de serviços como o de *home banking* pela TV, de seguro, de compra de passagens. Isso, associado ao uso de cartão de crédito e ao fato de que uma TV pode muitas vezes atender a vários integrantes de uma mesma família ou moradores de uma mesma casa,

---

467. Disponível em: <http://www.mc.gov.br/005/00502001.asp?ttCD_CHAVE=8880>, do Ministério das Comunicações (2006).

468. "Todo o debate em torno da definição do padrão que servirá de modelo para o Sistema Brasileiro de TV Digital (SBTD) não é em vão. A transição para o padrão digital deverá movimentar aproximadamente 7 bilhões de reais, segundo estimativa do Centro de Pesquisa e Desenvolvimento em Telecomunicações (CpQD). Desse montante, 5 bilhões de dólares correspondem ao valor que será investido pela população na aquisição de aparelhos conversores — os chamados *set-top boxes* — e de TVs digitais. Além disso, será investido 1,5 bilhão de reais na substituição dos sistemas de transmissão e outros 500 milhões de reais na digitalização dos estúdios das emissoras de TV. Mundialmente, o mercado de televisões digitais deve movimentar 23 bilhões de dólares em 2006, totalizando 18 milhões de receptores digitais vendidos no ano, segundo a Associação de Eletrônicos de Consumo dos Estados Unidos. Em 2005, as vendas de aparelhos cresceram 60%, atingindo 17 bilhões de dólares. Segundo projeções do Instituto de Pesquisas Informa, até o ano de 2010 o número de residências com televisão de alta-definição — aptas a receber o sinal digital sem necessidade de conversor — no mundo aumentará para 106,2 milhões, dos atuais 28,6 milhões. Os Estados Unidos terão o maior número de domicílios equipados — 48,3 milhões —, seguidos pelo Japão (19,9 milhões), China (10 milhões), Alemanha (5,3 milhões) e Canadá (4,3 milhões). Até o ano de 2009, os Estados Unidos pretendem ter encerrado as transmissões analógicas, o que significa que qualquer pessoa que queira assistir à televisão terá de possuir um equipamento de recepção de sinal digital. 'Em 2007, praticamente não serão mais vendidas TVs analógicas nos Estados Unidos', projeta Robert Graves, presidente do conselho do Fórum ATSC. No Brasil, o prazo estimado para a transição para o modelo digital é de até 15 anos, segundo o ministro das Comunicações Hélio Costa, o que significa que até 2021 ainda teremos transmissões analógicas coexistindo com as digitais" (Fonte: reportagem de autoria da repórter Daniela Moreira, disponível na *web* <http://idgnow.uol.com.br/telecom/ 2006/02/13/idgnoticia.2006-02-13.9898766813/>).

faz com que as preocupações com segurança e quanto ao uso de informações, cadastros e bancos de dados tenham de ser ainda maiores.

Há um aspecto relevante particular dessas tecnologias: o cuidado do veículo com a corresponsabilidade por publicidade enganosa, prevista no art. 37 do Código de Defesa do Consumidor. Veja que ele já não é mero intermediário de imagens e sons — é intermediário de operações comerciais, ou seja, leva o telespectador do desejo à compra efetiva, por meio de alguns "cliques". Tem de estar muito claro nos contratos de mídia, assim como para o telespectador, até onde o veículo está comprometido com as informações dos produtos e com o estímulo à compra efetiva de determinado produto causada pela estratégia de *marketing* e comercial do *software* interativo da TV.

É importante ressaltar que, no *broadcast* tradicional, o veículo televisivo não é responsabilizado pelo conteúdo dos comerciais inseridos em sua grade de programação. No entanto, novas tecnologias trazem novas complexidades jurídicas. Uma vez possibilitada a interatividade e estimulado o *t-commerce*, o veículo passa a ter uma característica jurídica diferenciada, para fins de responsabilidade. Assim, o veículo passa a ser quase que um corretor, comissionado em virtude do grau de participação e fechamento de negócios por meio de sua mídia, ou seja, audiência tradicional não é o mesmo que audiência participativa e interativa.

Quanto aos serviços de valor agregado, como o de *t-banking*, ou seja, o banco na televisão, há que estar muito bem definido para o consumidor[469], cliente do banco e assinante da TV, de quem é a responsabilidade, principalmente no tocante à segurança da operação[470], e qual o seguro que dá cobertura contra fraudes, furtos etc.

Assim como para os provedores[471], para garantir a conexão à Internet, passou a ser obrigatório o registro de conexões, para fins de investigação quanto

---

469. É importante que os bancos disponibilizem para clientes que usam de seus serviços através da TV Interativa canais de comunicação entre estes e as instituições. Os Serviços de Atendimento ao Consumidor (SACs) têm esse escopo e a capacidade de resolver conflitos sem a necessidade da via judicial; a criação deles é fundamental, então, para que o consumidor se sinta mais seguro e para harmonizar as relações cliente-banco.

470. Junto com as novas tecnologias surgem aqueles capazes de identificar suas deficiências e explorá-las para fins ilegais. Será que não devemos esperar uma nova safra de *hackers* que consigam realizar transações bancárias como se outras pessoas fossem? Lembramos, como já dissemos anteriormente, que os desenvolvedores de sistemas digitais têm de investir, e muito, no quesito segurança, porque este é ainda um dos maiores entraves (para não dizer o maior) a uma adesão mais significativa da população à utilização das novas soluções em serviços da nova era digital.

471. Conforme dispõe o art. 13 da Lei n. 12.965, de 23 de abril de 2014, "na provisão de conexão à internet, cabe ao administrador de sistema autônomo respectivo o dever de manter os registros de conexão, sob sigilo, em ambiente controlado e de segurança, pelo prazo de 1 (um) ano, nos termos do regulamento".

a determinada ocorrência na rede, algo similar deve ser feito com a TV Interativa, uma vez que passa a ser um veículo bidirecional com fluxos de informações e dados que permitem saber quem fez, o que fez, quando fez.

Estas são apenas algumas das situações que juridicamente já estão sendo observadas. Há muitas outras cujo nível de complexidade não nos permite descrever aqui, devido ao grau de seu detalhamento técnico que não vem ao caso, mas sabemos que nossa responsabilidade como pensadores do Direito é estar sempre trazendo soluções para a crescente complexidade das relações humanas em uma sociedade digital. Quanto mais claras todas essas questões jurídicas e de responsabilidade, mais facilmente a tecnologia será aceita pelo consumidor.

8.50. VoIP

Primeiramente, o VoIP (sigla para *voice over IP*) é o sistema de comunicação por voz baseado em IP. Para entender VoIP é preciso compreender que o funcionamento básico da comunicação na Internet se dá por meio de protocolo. Ou seja, no âmbito da tecnologia da informação, a partir de um protocolo é possível descrever um conjunto de regras que viabilizam a troca de informações e dados entre diferentes pontos interconectados, as chamadas redes de comunicações.

Os protocolos recebem padronização internacional de acordo com o seu uso industrial. O conjunto de padrões que permite a entrega de dados entre dois sistemas conectados à Internet recebe o nome de *Internet Protocol* — IP, que juntamente com outro protocolo, o *Transmission Control Protocol* — TCP/IP possibilita a "conversa" entre estes mesmos sistemas.

Tecnicamente, VoIP vem a ser a entrega da voz digitalmente em pequenos pacotes de comunicação em vez dos tradicionais protocolos de circuitos comutados presentes em sistemas de *Public Switched Telephone Network* — PSTN, redes públicas das operadoras de telefonia outorgadas por órgão competente.

Os tipos de comunicação de Voz sobre IP mais tradicionais são: PC a PC, telefone a telefone e PC a telefone (seja fixo ou celular). De maneira que tanto os PC's quanto os telefones devem estar preparados para esse tipo de comunicação, seja através de programações, seja pelo fornecimento de interfaces específicas que devem ser instaladas previamente. Nesse contexto, o usuário individual – ou residencial – pode utilizar esse tipo de serviço para realizar uma conversa PC a PC via Internet sem haver necessidade de obter uma licença de uso, sendo que é usual a adoção de programas. que podem ou não ser gratuitos, disponíveis no mercado.

Há tanto o VoIP puro como o híbrido, que mescla com saídas e entradas de outros sistemas. O VoIP puro é nada mais que a comunicação que se estabelece entre dois sistemas informáticos conectados à Internet, sem intermédio do PSTN. Há ainda o POTS, que é a comunicação que se estabelece entre um sistema PSTN e outro sistema de VoIP. E há um terceiro modelo de VoIP para POTS onde o VoIP é utilizado para transportar "segmentos" da chamada telefônica com uso de PSTN, porém este não finaliza a ligação (Interconexão).

A convergência entre comunicação e computadores influencia sistemas regulatórios de maneira única, pois há diferenças intrínsecas no conjunto de regras de telecomunicações e sistemas de informação. Muitas dúvidas e controvérsias têm surgido a partir deste panorama vislumbrado com o surgimento de prestadores de VoIP. Principalmente pela discussão se VoIP é serviço ou tecnologia[472].

No aspecto legal, dependendo de como vai disponibilizar, se só para uso privado, ou entre matriz e filial, não precisa de autorização da Anatel. Se for oferecer para terceiros, há a licença de SCM (Serviço de Comunicação Multimídia), que é para assinantes, privado, mas com interesse coletivo. Já o STFC (Serviço de Telefonia Fixa Comutada) é para todas as pessoas (ideia de universalidade). Ainda pode ser considerado Serviço de Valor Adicionado (caso de VoIP de computador para computador, por não ser considerado serviço de telecomunicação).

Logo, podem prestar serviços de VoIP as empresas que possuem licença do tipo SCM ou STFC. Entretanto, o serviço a ser prestado deve limitar-se às condições previstas em cada licença, ou seja, o STFC destina-se ao público em geral e o SCM deve ser prestado em regime privado. São licenças distintas para públicos diferentes. No entanto, este tema não é pacífico, pois há quem discuta até a necessidade de qualquer licença.

A Anatel define o SCM como "um serviço fixo de telecomunicações de interesse coletivo, prestado em âmbito nacional e internacional, no regime privado, que possibilita a oferta de capacidade de transmissão, emissão e recepção de informações multimídia, utilizando quaisquer meios, a assinantes dentro de uma área de prestação de serviço"[473]. Desse modo, uma empresa que possui essa licença pode prestar serviço privativo e não exclusivamente de voz. Esse serviço pode ser prestado, por exemplo, no âmbito de um *campus* universitário, ou dos órgãos de uma prefeitura ou ainda para Assinantes Corporativos.

---

472. Fontes de pesquisa para este item: <http://www.anatel.gov.br/>, <http://blog.ihcenter.com.br/?p=22>, <http://www.voipcenter.com.br>.

473. Disponível em: <http://www.anatel.gov.br/setorregulado/comunicacao-multimidia--outorga>.

A exploração de VoIP ou Telefonia IP, como serviço de interesse coletivo, é permitida via licença SCM. Entretanto, não é STFC, não é público, não obedece às regras de Numeração, Interconexão do STFC e não tem, em consequência, direito às outorgas do STFC. Mas será que deve ficar sem regras?

Para o usuário residencial ter acesso à Telefonia IP ele deve ser assinante desse serviço junto aos prestadores de serviço habilitados de sua área. No Brasil esse serviço ainda não é oferecido aos usuários residenciais em regime local ou de longa distância nacional. Na longa distância internacional algumas operadoras já utilizam essa tecnologia, embora o usuário não tenha ciência desse fato quando faz esse tipo de chamada telefônica usando seu aparelho convencional.

No caso de uma empresa ter uma rede corporativa privada (virtual ou não) e pretender utilizar VoIP para a comunicação interna dentro da sua rede, em princípio, só é necessária uma licença no caso de a empresa ser um prestador de serviço de voz para terceiros. Para uso próprio não é necessário ter a licença.

Para uma empresa terminar tráfego internacional (STFC) de operadoras de Telefonia IP no Brasil é necessária a licença de STFC, na modalidade Longa Distância Internacional, considerando apenas o transporte do tráfego internacional. De outra forma, para terminar tráfego internacional de Voz de operadoras de Telefonia IP no Brasil, nenhuma licença é necessária, considerando apenas o transporte do tráfego de Telefonia IP via Operadora Internacional ou via PASI (Provedor de Acesso a Serviços Internet).

No entanto, se o VoIP é tão inevitável quanto eminente, devido ao seu baixo custo, vamos ponderar a respeito da capacidade atual de criptografia destes ambientes e suas principais vulnerabilidades, em especial no tocante à contaminação por vírus, *trojans*, furto de dados, interceptação e acesso indevido a sistemas, com possível repercussão em fraude eletrônica.

Logo, a estrutura do mercado de VoIP exige a implementação de uma estratégia técnico-legal de arquitetura da informação ainda mais complexa, para garantir nível de serviço, qualidade, rentabilidade, privacidade e segurança da informação.

Afinal, é possível "grampo no VoIP"? Para muitos especialistas, sim[474], bem como tudo o que está sendo transformado de voz em dados pode ser objeto de monitoramento e armazenamento. Por isso, o usuário desse tipo de serviço

---

474. Lei n. 9.296/96: "Art. 1º A interceptação de comunicações telefônicas de qualquer natureza, para prova em investigação criminal e em instrução processual penal, observará o disposto nesta Lei e dependerá de ordem do juiz competente da ação principal, sob segredo de justiça. Parágrafo único. O disposto nesta Lei aplica-se à interceptação do fluxo de comunicação em sistemas de informática e telemática".

456

deve verificar se ele possui algum tipo de criptografia. Há modalidades gratuitas que não oferecem qualquer proteção[475].

Para uso de VoIP a segurança depende do *software* de comunicação, pois o processo é voz, vira dados no computador e trafega na rede VoIP. Se não houver o padrão de *encryption* pelo fornecedor, a empresa e o usuário dificilmente poderão criptografar a mensagem previamente.

Outra questão a ser estudada envolve o limite que a tecnologia VoIP impõe para a Justiça, pois como fica um pedido de interceptação de comunicação telefônica no ambiente VoIP? E como atender ao direito já estabelecido para serviços de telefonia para o usuário acessar serviços emergenciais via telefone? Estas questões não estão respondidas nem regulamentadas. É um tema que deve permanecer sob o nosso estudo e acompanhamento.

8.51. Mídias sociais e seus impactos

Estamos vivendo a cultura das interfaces gráficas, conforme muitos autores já descreveram[476], em que o computador, de fato, transforma nossa maneira de criar e comunicar na era digital. Não apenas apelidos e avatás, mas verdadeiras redes sociais estão sendo construídas, onde pessoas se relacionam completamente de modo eletrônico, trabalham juntas, namoram, sem nunca se terem encontrado pessoalmente.

Chama-se isto de *wikinomics,* ou seja, o poder da colaboração em massa, como um novo modelo de infraestrutura típico de geração de conhecimento de baixo custo, em que pessoas e empresas colaboram de forma "aberta" para impulsionar a inovação.

---

475. Ex.: o Skype faz criptografia da voz transmitida, com o algoritmo AES — *Advanced Encryption Standard,* usando uma chave de 256 *bits.* A troca das chaves feitas no início da transmissão usa padrão de criptografia RSA. É compatível com o *Firewall* da empresa para uso da Porta TCP/IP 80, mas não funciona no caso da empresa barrar qualquer tráfego na porta 80 que não seja protocolo HTTP.

476. Recomendações bibliográficas: WEINBERGER, D. *The hyperlinked metaphysics of the Web,* disponível em: <http://www.hyperorg.com/misc/metaphysics/index.html>. LÉVY, Pierre. *O que é o virtual?* São Paulo: Ed. 34, 2001. RAYMOND, E. *Catedral e o bazar,* 1998. Trad. Erik Kohler, disponível em: <http://pt.wikisource.org/wiki/A_Catedral_e_o_Bazar>. COSTA, Rogério da. *Por um novo conceito de comunidade*: redes sociais, comunidades pessoais, inteligência coletiva, disponível em: <http://www.scielo.br/scielo.php?script=sci_arttext&pid=S1414--32832005000200003&lng=pt&nrm=iso&tlng=pt>. RHEINGOLD, H. *Smart Mobs*: The Next Social Revolution. Perseus Books, 2003. MUSSO, Pierre. A filosofia da rede. In: *Tramas da rede.* Porto Alegre: Sulina, 2004. Org. André Parente. BARBROOK, R. *Cibercomunismo*: como os americanos estão superando o capitalismo no ciberespaço. Trad. Barbara Nickel, disponível em: <http://members.fortunecity.com/cibercultura/vol4/cibercom.html>.

Aquilo que nos diferenciava nos primórdios da civilização, em que os acidentes geográficos determinavam o isolamento de povos e cidades e provocavam inclusive o surgimento de variáveis do idioma, agora cede lugar para a acessibilidade total, sem fronteiras espaciais, em que se fala uma única linguagem, a das *Wikis*[477].

A maioria das pessoas estava confinada a papéis econômicos limitados, seja como consumidoras passivas de produtos produzidos em massa, seja como funcionárias presas em burocracias organizacionais nas quais o chefe diz o que fazer. No entanto, o cenário atual vem romper com tudo isso, onde a tecnologia da informação permite que milhões de pessoas unam forças em colaborações auto-organizadas, que produzem novos bens e serviços dinâmicos e que rivalizam com os das maiores empresas. A isso hoje se define como *peer production*.

De certo modo, é como se o modelo de cooperativas tradicional tivesse ganho um irmão da era virtual. Mas o desafio é a capacidade de gestão desse modelo, em que se deve conseguir aplicar metodologias que preservem o padrão de qualidade. Esta é a maior crítica atual. Temos como exemplo a *Wikipedia*, cujo conteúdo carece de qualidade e, muitas vezes, inclusive, está equivocado ou é falso. Muitas empresas já monitoram o que está dito sobre elas mesmas nestes ambientes, especialmente as abertas em bolsa, de modo a evitar que a informação inverídica venha a impactar o valor de suas ações.

Já faz parte da rotina de diversos profissionais usar sua rede de contatos eletrônica (do inglês *network*) para buscar respostas e soluções a seus problemas, participando de *sites* que reúnem pessoas, ou que fazem uso de conteúdos de terceiros (que não foi produzido pelo próprio *site*), sejam estes seus usuários ou localizados a partir de ferramentas dentro da Internet[478].

Também já há diversas iniciativas em que a empresa cria um ambiente de colaboração interno, para funcionários, ou até mesmo externo, envolvendo fornecedores, parceiros e até clientes, para receber novas ideias e sugestões.

---

477. Ver também a tese "As Zonas de Colaboração", de Hermani Dimantas. Universidade de São Paulo, Escola de Comunicação e Artes, 2010. Disponível em:<http://www.teses.usp.br/teses/disponiveis/27/27154/tde-17022011-122400/.../679860.pdf>.

478. Ex.: *mashup* é um *website* ou uma aplicação *web* que usa conteúdo de mais de uma fonte para criar um novo serviço completo. O conteúdo usado em *mashups* é tipicamente código de terceiros por meio de uma interface pública ou de uma API. Outros métodos de codificação de conteúdo para *mashups* incluem *Web feeds* (exemplo: RSS ou Atom), *Javascript* e *widgets* que podem ser entendidas como miniaplicações *web*, disponíveis para serem incorporadas a outros *sites*, como: Google, Slide, Orkut, YouTube, Flickr e outros.

No entanto, apesar de atraente, o uso de colaboração em massa e demais formatos de *Web 2.0*[479] exigem alguns cuidados jurídicos específicos.

Todos querem fazer parte da *Web 2.0*. As redes sociais se multiplicam. As marcas estudam formas de entrar nesta corrida pela interação com o internauta. Mas como participar de modo a agregar valor para a empresa e evitar riscos legais e institucionais, principalmente considerando que o controle está nas mãos do usuário?

Conteúdo, esta é a palavra-chave da Internet. Pelo menos da parte que experimentamos até aqui, a Internet neste primeiro momento apenas foi o receptáculo de toda a nossa produção cultural, todo o nosso conteúdo, por assim dizer.

A *Web 2.0* é um movimento que indica uma tendência pela quebra de alguns paradigmas, derivado da observação de características comuns aos serviços que estão se consolidando como os mais importantes da Internet.

No entanto, alguns aspectos jurídicos fundamentais devem ser observados: a questão autoral[480] e a questão trabalhista, ou seja, se uma empresa convida para participar de suas atividades um funcionário terceirizado, ele pode depois alegar vínculo empregatício? Ou se envolver um cliente e a ideia deste for usada, o mesmo querer uma remuneração? Como a empresa pode se proteger desses riscos jurídicos? Mesmo a decisão de que o que for feito será de domínio público necessita da ciência e concordância de todos os envolvidos que participaram, e é formal, não tácita, senão corre-se o risco de eventualmente alguém ajuizar ação pleiteando direitos morais e patrimoniais sobre a obra.

A Internet deixou de ser apenas uma rede de computadores e se consolidou como uma rede de pessoas; pessoas que participam cada vez mais, que querem se expor, seja por meio da divulgação de textos, comentários em *blogs*, compartilhamento de *links* ou apenas pela publicação das fotos de seu último aniversário.

A interatividade que movimenta o formato atual da *web* apresenta um panorama completamente novo, pois os produtores são, ao mesmo tempo, o público e este também é composto por pessoas que estão apresentando ideias, divulgando materiais que outras pessoas fizeram ou colaborando com o aprimoramento de conteúdo já publicado.

---

479. Segundo Hernani Dimantas, em seu artigo "As redes sociais — potência, subjetividade e o impacto Flaboração", dentro da análise da construção (ou reconstrução) do conceito de redes sociais, a Internet não está necessariamente ligada a computadores e sim às pessoas que o utilizam como ferramenta para a comunicação. Para ele, virtual é uma palavra mal compreendida. Virtual é tão real como o presencial.

480. Em princípio, em obras coletivas os direitos patrimoniais serão exercidos pelo organizador (inteligência do § 2º do art.17 da Lei n. 9.610/98).

Não podemos esquecer, entretanto, que na Internet as leis também são aplicadas. Por isso, é fundamental que quem participa dela, seja por meio de um *blog* muito visitado ou apenas por meio das redes sociais, conheça seus direitos e deveres, de forma a produzir com comprometimento.

A principal questão que tem chegado até nós diz respeito ao equilíbrio entre liberdade de expressão e os direitos de terceiros, tais como o direito à privacidade e à intimidade e também os direitos autorais. É indubitável que os direitos à expressão e à livre manifestação de pensamento são pilares democráticos que devem ser defendidos e preservados.

Após mais de dez anos de intenso uso das redes sociais, com o crescimento de usuários e de recursos disponíveis, já é possível mensurar as consequências desses novos meios de interagir e de disseminar informações. Como o alcance e direcionamento das publicações seguem regras e algoritmos específicos, que variam conforme as preferências pessoais de cada perfil, houve uma intensa polarização nesses ambientes. Isso porque é estratégico que haja nichos de consumo dentro desses espaços, o que facilita o alcance de conteúdos de acordo com interesses comerciais, publicitários, políticos, entre outros.

Nessa disputa pelo clique e pela atenção dos usuários em meio à enxurrada de informações diárias, uma antiga fórmula começou a ganhar destaque e cada vez mais adeptos: a mentira. Em 2016, o *Dicionário Oxford* elegeu a "pós-verdade" como palavra do ano[481], já que o termo foi intensamente utilizado no "contexto do referendo britânico sobre a União Europeia e nas eleições presidenciais dos Estados Unidos". A análise diante desses acontecimentos é que a verdade se desvalorizou tanto que passou de ideal ao debate político a moeda sem valor. O importante não era a veracidade dos fatos, mas sim ganhar a discussão.

Durante a pandemia ocasionada pelo surto da Covid-19, em 2020, a desinformação e as chamadas *fake news* (notícias falsas) passaram a representar riscos à saúde pública. A Organização Mundial de Saúde (OMS) classificou a situação de *infodemia*[482]: "excesso de informações, algumas precisas e outras não, que tornam difícil encontrar fontes idôneas e orientações confiáveis quando se precisa". O órgão também alertou para o perigo dos dados falsos ou imprecisos,

---

481. "Dicionário Oxford dedica sua palavra do ano, 'pós-verdade', a Trump e Brexit. No debate político, o importante não é a verdade, mas ganhar a discussão", *El País*, 17 nov. 2016. Disponível em: <https://brasil.elpais.com/brasil/2016/11/16/internacional/1479308638_931299.html>.

482. Organização Pan-Americana da Saúde, 2020. Folheto informativo *Entenda a infodemia e a desinformação na luta contra a COVID-19*. Disponível em: <https://iris.paho.org/bitstream/handle/10665.2/52054/Factsheet-Infodemic_por.pdf?sequence=14>.

cuja intenção deliberada é enganar, e que podem afetar profundamente a saúde mental das pessoas.

No mesmo ano, foi lançado o documentário *Dilema das Redes*[483], produzido pela empresa de *streaming* Netflix. Com a proposta de apresentar como as mídias sociais podem ter um impacto devastador sobre a democracia e a humanidade, a produção traz depoimentos de especialistas de diversas áreas e de ex-funcionários de gigantes da tecnologia que explicam como a lógica desses serviços é baseada em um sistema de lucro e manipulação, e que são necessárias mudanças nessa relação estabelecida com as empresas privadas que detêm o controle das plataformas.

Regulação e transparência estão sendo as palavras de ordem no movimento que cobra das companhias mais ações e iniciativas para evitar a disseminação de desinformação em suas redes. A ideia é aumentar a responsabilização dessas corporações pelos conteúdos publicados, pois é uma dinâmica que provoca consequências econômicas, culturais e sociais, influenciando fortemente a opinião pública.

Quando o próprio internauta gera, manuseia, edita o conteúdo, tem que se ter todo o cuidado para que isso não promova a prática de ofensas digitais, em que os crimes contra a honra são os mais comuns (difamação, calúnia e injúria), bem como o uso não autorizado de imagem de pessoas, além da própria infração de direito autoral, com plágio de conteúdos sem menção de autoria.

A principal recomendação é: deixar a informação clara antes da participação do usuário.

Para tanto, é preciso ter um termo de uso do ambiente colaborativo cujo texto deve tratar desses dois pontos detalhadamente. Esse documento tem relevância como prova legal do que ficou combinado entre as partes. Se for via *web*, tem de ser apresentado como barreira de navegação e devem ser guardados os *logs* referentes ao *click-ok* (ciência), associado a um cadastro. É muito importante que o ambiente não seja anônimo. Além disso, deve fazer menção da lei aplicável, especialmente quando envolve participantes de várias localidades e/ou países.

O cadastro é essencial para se saber a autoria, especialmente em caso de infração de direitos autorais de terceiros, que pode ocorrer em hipótese de alguém escrever um conteúdo (ideia, texto, foto, imagem, música, outros) que não é legitimamente seu e a empresa usar. Logo, o que perguntar no cadastro faz toda diferença para blindagem jurídica do ambiente.

---

483. Disponível em: <https://www.netflix.com/br/title/81254224>.

Deve-se ainda incluir algumas vacinas legais, tais como a declaração "a sua participação é voluntária, não onerosa, de modo algum há geração de qualquer vínculo empregatício ou remuneração", assim como é importante ter canal de denúncia.

Além disso, é recomendável trabalhar o ambiente de modo diferenciado se nele houver a participação de menores de 16 anos. É claro que tudo o que é preenchido em cadastros na Internet tem característica declaratória, logo, se o usuário mentir, incorre nos crimes de falsidade ideológica, falsificação de documento, falsa identidade, entre outros. Mas para evitar responsabilidade solidária do prestador do serviço, ou das marcas associadas ao ambiente interativo, é essencial que o texto deixe isso claro.

Não há como dar a devida proteção jurídica sem definir o que se quer com o ambiente colaborativo, ou seja, o que será feito com o conteúdo por ele produzido e inclusive de quem será a responsabilidade. Se o ambiente ficar em uma intranet, sem exposição pública na Internet, há menos riscos, mas se for para ficar com o máximo de visibilidade, pode ser importante ter um responsável editorial para retirar comentários ofensivos ou declarações não condizentes com os objetivos institucionais do ambiente ou da empresa que o promove. A forma de fazer faz toda a diferença para não ter risco legal.

Sempre que um conteúdo for postado, a fonte deve ser citada e um conteúdo alheio não deve ser apresentado como próprio. A lei brasileira protege o autor, e a reprodução de uma obra deve ser devidamente autorizada; se quiser, o usuário pode postar pequenos trechos e direcionar seu leitor, por meio de *links*, por exemplo, ao conteúdo completo e original, mas nunca publicar o texto integral que foi feito e divulgado por outrem.

Logo, em termos legais, o modelo de negócios da geração de conhecimento colaborativo deve levar em consideração alguns pontos fundamentais. A responsabilidade pelo conteúdo publicado é uma delas. Talvez a mais relevante. Afinal, se há uma pessoa ou empresa como entidade centralizadora ou organizadora, ela será responsável ou corresponsável, como se fosse um condomínio de conhecimento.

Sendo assim, quando uma empresa implementa um modelo de *wiki*, envolvendo funcionários, parceiros, clientes, é essencial que haja um Termo de Participação Colaborativa que deixe claras estas questões, tanto de quem é a responsabilidade, quais os limites da participação, como de quem é a propriedade do que for gerado e como será feita ou não a distribuição da riqueza e os créditos de autoria.

Se o modelo permitir anonimato, o seu risco legal será aumentado. Desta forma, em âmbito corporativo, deve-se ter um processo de autenticação da entrada do colaborador, com guarda dos *logs* de ciência ao termo, bem como exigência de apresentação de dados válidos de identidade.

Estamos passando por uma profunda transformação do modelo socioeconômico produtivo, das próprias relações de trabalho, e a Justiça ainda tem como visão e leis o modelo anterior. Por isso, são os contratos, os termos de uso, os *disclaimers*, avisos legais nas interfaces que determinam as regras que as partes convencionaram que evitam riscos legais. Se não se falar nada, corre-se o risco de que a produção colaborativa dê uma boa dor de cabeça e prejuízo ao final.

Alguns podem alegar que ideal é a liberdade total, a falta justamente de regras. Bem, pode até funcionar, mas se em algum momento alguém se indispuser com outro e a situação parar na justiça, vai fazer falta não ter criado a regra do jogo e não ter passado ela no próprio jogo, de forma clara, objetiva, entre os participantes. Na era da informação, é a própria informação que garante a proteção legal.

O modelo do YouTube é reflexo de nossa sociedade atual. O mundo virtual deve ser regido por regras de conduta ética. Há liberdade de expressão, mas há limites também[484]. E estes estão baseados nas leis vigentes. As marcas que querem associar-se a esta nova Internet, que acreditamos que não é um modismo ou uma tendência, veio para ficar, e, para evoluir para ambientes de mobilidade, precisam estar atentas para promover o uso ético e legal destes espaços e não serem coniventes, nem correrem o risco de ser responsabilizadas pela prática de ilícitos e crimes.

A melhor estratégia jurídica se passa por usar a linguagem do meio, em se colocar as vacinas legais nas próprias interfaces gráficas, assim como se fosse um grande jogo *online*. Não se deve reprimir, mas sim orientar. Não se pode omitir, é essencial informar. E assim vamos evoluir para uma dinâmica social real-virtual saudável e construtiva, geradora desta nova riqueza, de ativos intangíveis, de conhecimento.

---

484. Em 2020, com a situação de pandemia ocasionada pelo surto da Covid-19, e a necessidade de reunir indicadores para avaliar e melhor planejar as ações em relação à nova doença, houve muitos questionamentos acerca do controle das informações pelas empresas, assim como sobre a maneira que essas informações eram divulgadas. Nesse sentido, destaca-se a tramitação da Medida Provisória n. 954/2020 que fala sobre "o compartilhamento de dados por empresas de telecomunicações prestadoras de Serviço Telefônico Fixo Comutado e de Serviço Móvel Pessoal com a Fundação Instituto Brasileiro de Geografia e Estatística, para fins de suporte à produção estatística oficial durante a situação de emergência de saúde pública de importância internacional decorrente do coronavírus (Covid-19), de que trata a Lei n. 13.979, de 6 de fevereiro de 2020", que teve sua vigência encerrada em 14 de agosto de 2020. Disponível em: <https://www.congressonacional.leg.br/materias/medidas-provisorias/-/mpv/141619>.

Houve também o fenômeno do Twitter. Um dos seus grandes diferenciais foi abrir para participação corporativa, em que empresas podem passar a ter um perfil. Virou verbo — *twittar*. Mas que tipo de informação as pessoas e as empresas brasileiras publicam no Twitter? Há dois tipos de abordagem: há empresas que possuem presença direta, assumida, como um canal oficial, postando as mesmas informações que poderiam ser encontradas no *site* e há uma segunda estratégia, que é agir por meio de um interlocutor, por exemplo, o diretor de RI, de Comunicação, de SAC, em que publica comentários e opiniões sobre a empresa, o tom é mais de ordem pessoal, colocando-se à disposição para interagir com os demais, tirar dúvidas e indicar o acesso do *site* da empresa para complemento das informações. Há intenção de ir até o potencial investidor onde ele está, mas deve-se ter muito cuidado para não ficar forçado, pedante, e assim a comunicação gerar uma reação negativa.

Interessante lembrar que, embora o uso das redes sociais seja majoritariamente focado no compartilhamento de informações pessoais, os consumidores estão no mundo digital e suas vozes têm ganhado força junto às empresas, que não querem acumular máculas em sua reputação digital.

Mas, assim como pessoas físicas, as marcas também têm direito à preservação de sua reputação, de acordo com entendimento de juristas e tribunais brasileiros. Sendo assim, recomendamos que o direito à reclamação seja exercido sem abusos, sem promoção, por exemplo, de alterações em nomes e logomarcas de marcas registradas.

Há de se falar, hoje em dia, na herança digital; e o que isso significa? Por mais que as pessoas participem das redes sociais, documentam tudo o que fazem com publicações, fotografias, vídeos etc., elas algum dia virão a falecer e deixar todo o conteúdo publicado na *web*. Existem serviços que gerenciam a rede social da pessoa, armazenando a senha do usuário ou, até mesmo, redes sociais que podem excluir o perfil ou transformá-lo em um memorial, sendo administrado pela família. Para que este último aconteça, será necessário que a família comprove (com a certidão de óbito) que a pessoa faleceu.

Ainda estamos aprendendo, concomitantemente às mudanças constantes do cotidiano *online*, a lidar com as questões jurídicas que surgem diariamente com a *web* interativa. A própria lei brasileira de direitos autorais está em questionamento e já conta com anteprojeto para que seja alterada.

As empresas devem estar atentas quando fizerem uso de ambientes de redes sociais para não gerarem confusão junto ao público-alvo da empresa, sejam investidores, colaboradores, clientes, isto é, a informação deve ser consistente, quer seja com uma abordagem corporativa, quer com uma mais pessoal. Afinal, é uma informação por escrito que compromete sempre a empresa. Deve-se evitar "achismos", deve-se evitar "informações desencontradas" e "informações não oficiais". Dicas e recomendações mais direcionadas a determinados públicos é um bom complemento, pois em um ambiente de rede social pode-se assumir um "tom" mais relacionado com determinado público-alvo. Por exemplo, a empresa quer atrair um estudante universitário ou quer atrair um investidor estrangeiro. Ela poderá utilizar linguagens distintas para cada um, até mesmo imagens, cores, mas o conteúdo tem de ser o mesmo no sentido mais financeiro (não pode haver previsões distintas de crescimento, mas pode-se enfocar temáticas diferentes para gerar mais interatividade).

Até mesmo a Administração Pública observou a necessidade em participar mais de redes sociais para interagir com os cidadãos, mesmo que seus perfis em redes sociais sejam apenas informativos. Temos como exemplo a Secretaria de Gestão Pública do Estado de São Paulo, que publicou a Resolução SGP n. 15, de 25 de junho de 2009, que prevê a revisão de critérios e a criação de regras de acessibilidade para possibilitar o acesso dos servidores públicos à Internet, bem como às ferramentas sociais e Web 2.0.

Toda mídia tem seus riscos, no caso destes ambientes, o principal risco está relacionado à exposição em si, à própria interatividade. Se a empresa atua com consumidor final, em um mercado que é comum ter bastante contencioso judicial, ela deve estar preparada para encontrar reações negativas a sua presença em redes sociais, bem como para saber lidar com os ambientes mais ofensivos, que extrapolam os limites da liberdade de expressão e do direito de reclamação do consumidor (entra no abuso de direito previsto no art. 187 do Código Civil).

Deve-se preparar bem os cenários e os discursos, pois havendo uma situação assim, de incidente de imagem e risco reputacional, deve-se agir rapidamente, não há tempo para ficar fazendo reuniões de alta direção, pois a coisa se espalha rápido, inclusive os boatos eletrônicos. Logo, é indispensável ter um plano de ação que preveja não só o que a empresa quer falar, mas o que ela não quer falar, e o que ela terá de falar se alguém falar algo contrário a ela.

Além disso, a empresa deve estar preparada para o fato de que é possível alguém criar um perfil falso no nome da empresa ou de algum executivo da mesma. Já tivemos casos no escritório que resolvemos rapidamente no início do Twitter, mas assim como outros ambientes de redes sociais, já não estão mais atendendo a solicitação de exclusão do perfil falso via notificação extrajudicial rapidamente.

E o Twitter atualmente tem representação legal no Brasil[485], o que faz com que uma medida legal já possa ser ajuizada aqui no país evitando os problemas de ter que distribuir uma carta rogatória. Mas há outros serviços que vão surgindo, como o Kiwi[486], que já vem dando problema jurídico, e que ainda exigem um procedimento que os alcance em outro ordenamento jurídico. Este por certo é o maior desafio da *web*, ser global.

A empresa deve refletir sobre o quanto a Internet pode impactar a opinião de seus *stakeholders*. Nesse sentido é melhor estar nela do que estar fora dela. É melhor estar presente e combater informação com informação. Pois é muito comum quem está em uma rede social não ir até o *site* da empresa, inclusive, pode-se usar a presença em um Twitter para ensinar este hábito, de se encontrar a informação no *site* da empresa.

A empresa deve selecionar bem quem cuidará deste ambiente e monitorá--lo permanentemente. Deve ser alguém com legitimidade para falar em nome da empresa como seu porta-voz, até porque será sempre bem difícil afastar a responsabilidade da empresa sobre o conteúdo (algo como foi o fulano, não foi a empresa), a não ser na hipótese de perfil falso. Não importa o cargo, deve ser alguém bem preparado para lidar com situações que ocorram de momento com os demais participantes.

Destacamos que é importante a empresa gerar uma norma interna e divulgar a todos os seus colaboradores sobre a postura dos mesmos na Internet e em redes sociais, lembrá-los do compromisso com sigilo profissional, da proteção de fato relevante etc. Pois acontece muito de os funcionários acabarem tendo também presença nestes ambientes e publicarem conteúdos contraditórios ao que a empresa está dizendo. Tivemos um caso em que a empresa discursava sobre governança verde (meio ambiente) e havia uma comunidade de um colaborador que publicou uma pesquisa feita pela área dele que apontava não conformidades com itens ambientais. Outro caso envolveu um Vice--Presidente com uma postura oposta (no perfil do Orkut que ele tinha) ao que a empresa prega no mercado. É comum a empresa decidir sobre a sua participação oficial nestes canais e esquecer de orientar todos os seus colaboradores, terceiros e parceiros sobre a participação deles que possa impactar a imagem da empresa.

---

485. Twitter vem para o Brasil. Disponível em: <http://g1.globo.com/tecnologia/fotos/2014/11/fotos-twitter-inaugura-nova-sede-da-empresa.html>.

486. Sobre o Kiwi, ver: http://www.techtudo.com.br/noticias/noticia/2015/03/novo-secret-app-kiwi-faz-perguntas-anonimas-aos-seus-amigos-da-rede.html.

A construção de uma cultura de companhia aberta é um dever de casa permanente, até pelo *turn over* de pessoas. E muitos entendem que devem consultar a área de RP ou *Marketing* para falar com a imprensa oficial, mas não para falar ele mesmo em seu *blog*, comunidade, fórum da Internet. E isso pode significar que a empresa é aberta em bolsa, que um comentário em uma rede social, publicado por um colaborador, terceirizado ou mesmo por alguém da alta direção, não percebendo que risco ou consequência possa ser gerado, vir a infringir a Instrução n. 505/2011 da CVM, por ser declaração de fato relevante.

Atualmente, em muitas empresas, não fica clara a diretriz, qual a postura esperada, institucionalizada em uma política interna, em um Código de Conduta que deve por certo ser atualizado com todas essas novas ferramentas de comunicação que surgiram. A reputação digital de uma empresa, de uma marca, atualmente, também se passa pela reputação digital de seus dirigentes, por certo, e os riscos de segurança da informação se passam pela prática digital de todos os seus colaboradores.

Estando ou não a empresa nas redes sociais, ela deve preparar-se para as manifestações digitais, que ocorrem independentemente de sua vontade. Logo, monitorar a Internet é essencial, é dever de casa de RI, como do *Marketing*, do RH, do SAC, da área de Segurança da Informação, cada um com seu objetivo de monitoração. Tanto é que hoje prestamos um serviço de monitoração legal do ambiente para vários clientes, onde fazemos varreduras periódicas, identificamos os incidentes, diagnosticamos e orientamos a empresa, é um serviço de inteligência jurídica, pois muitas vezes a solução se passa por uma estratégia de comunicação e não uma medida judicial. Mas deve-se medir sempre os riscos jurídicos envolvidos.

É um ônus da empresa monitorar o que se passa na *web*, pois como não há censura prévia (não há como evitar tudo isso), o importante é ser o primeiro a saber e agir rápido. Novamente, às vezes, a demora (fator tempo) é mais prejudicial do que o conteúdo em si. A empresa deve criar normas internas claras, treinar (orientar e educar na cultura de companhia aberta na era do conhecimento, das informações geradas por todos e não mais só pela empresa) e monitorar permanentemente.

Portanto, seguem as principais recomendações para blindagem legal das empresas nas redes sociais:

• Realizar um planejamento estratégico antes de ingressar nas redes sociais é fundamental. Identifique para qual propósito a sua empresa pretende utilizar este novo canal. Por exemplo: atendimento ao cliente, promoções, notícias, sugestões, entre outras.

• Elabore um guia de conduta para seus colaboradores apoiarem de forma segura, ética e legal a presença da sua empresa nesse canal e um Manual de Uso da marca nos canais eletrônicos.

• Tenha um plano de resposta a incidentes definido. Você deve estar preparado para situações do gênero.

• Transparência. Sempre apresente as informações da maneira mais clara possível.

• Cuidado com a publicação de informações confidenciais, divulgação de boatos ou assuntos pessoais nestes canais corporativos. As informações são disseminadas de modo muito rápido e estão relacionadas à sua empresa.

• Realizar treinamentos de capacitação com a equipe responsável pela administração das contas.

• Não deixe de responder as mensagens enviadas. O perfil deste usuário/ consumidor é imediatista.

• Varie o conteúdo publicado. Esteja aberto a elogios e críticas. Desenvolva e mantenha sempre atualizado um procedimento para atuar em cada uma destas situações, principalmente em crises.

• Monitoramento. Acompanhe sempre o que os usuários estão falando de você.

• Utilize as redes sociais de acordo com os Termos e Condições estabelecidos por elas. Cada canal possui regras próprias para utilização e constantemente são atualizadas.

O passo mais importante para a proteção da empresa no tocante às redes sociais é a conscientização de suas equipes, não apenas colaboradores, mas inclusive os terceirizados e parceiros, pois basta um comentário para gerar um grande risco reputacional, financeiro e jurídico.

Logo, seguem algumas das dicas que têm sido utilizadas em campanhas educativas internas. Mesmo que a empresa não libere o acesso às mídias sociais a partir de uma conexão à internet corporativa, a maioria dos colaboradores participa das mesmas, a partir de seus dispositivos particulares, em especial *smartphones* ou *tablets*, durante o horário de expediente, então, precisa-se orientar:

• Não associe conteúdo pessoal ou de opinião particular com a marca da empresa em que trabalha.

• Não divulgue informações da sua rotina de trabalho.

• Não publique informações classificadas como internas ou confidenciais.

• Não ofenda outros colaboradores, clientes, parceiros ou fornecedores, nem tampouco manifeste sua opinião nestes perfis corporativos.

• Tenha uma postura ética, segura e dentro das leis nas redes sociais. Dependendo do cargo que ocupar, qualquer manifestação, mesmo que pessoal, pode gerar impacto na sua empresa.

• Evite o excesso de exposição.

• Em hipótese alguma, gere contato ou publique informações que possam configurar concorrência desleal (p. ex.: contatar equipe de concorrente pedindo informações ou oferecendo vaga de trabalho).

• Respeite os Direitos Autorais. Sempre cite a fonte ou a referência do conteúdo publicado.

• Utilize fotos ou imagens previamente autorizadas pelas pessoas nelas retratadas.

• Na dúvida sobre o que pode ser publicado em rede social, peça autorização antes.

Que venham os *twitters, flickrs, wikis*, os *youtubes*, os *second lifes*, os *third lifes*, e tantos outros. Quem quer ganhar com a *Web 2.0* deve estar preparado para entregar mais do que mero conteúdo aos seus clientes. Assim como deve verificar sempre o que estará associado a sua marca, e, sempre que possível, participar na orientação de valores para formação de usuários digitalmente corretos, como sendo um requisito inclusive de responsabilidade social digital.

8.52. Monitoramento da Marca na Internet

Uma coisa é a discussão de monitoramento de pessoas, mas como fica o monitoramento de marcas? É interessante pensar que uma pessoa jurídica é um fenômeno de ficção do Direito, já que, na verdade, de forma simplificada, o conceito de empresa consiste na reunião de pessoas com um objetivo social em comum (objeto social). Logo, pode uma empresa receber a proteção jurídica de sua "imagem e reputação"? Existe dano moral à empresa? Em nosso entendimento, sim.

Desse modo, o que vem a ser a Marca Digital? Seria o resultado da experiência que se dá em qualquer momento de contato com a marca nos ambientes eletrônicos, com todos os seus diversos públicos (*stakeholders*). Consiste no conjunto das Relações da Marca, por meio de tudo o que permita manifestação de vontade, expressão, informação e comunicação!

Logo, a Sociedade Digital trouxe várias vantagens para a consolidação das marcas. Mas toda essa facilidade também ajuda para que nomes respeitados ou que ainda estão disputando uma posição no mercado sejam facilmente copiados e atacados.

Quanto melhor a reputação da marca, mais suscetível ela se torna a golpes virtuais. É muito comum seu uso indevido, incluindo o *marketing* paralelo, falsificação da marca e seus produtos, enfraquecendo seriamente a confiança dos clientes, danificam o valor da sua marca, podendo até mesmo colocar em risco os seus consumidores.

Diante deste novo cenário de oportunidades, mas também de riscos, faz--se essencial o monitoramento permanente da Marca na Internet, para identificação rápida e quase imediata de situações de incidentes em andamento ou na eminência de ocorrer.

Ambientes como Facebook, Wikipédia, Youtube, *blog*s, entre outros, são ricos em manifestações positivas e negativas em nome da Marca. Além disso, aproveitando a grande procura e necessidade por nomes de domínio, fraudadores criaram o *CyberSquatting* e *TypoSquatting*, técnica que consiste em registrar domínios com termos e marcas famosas ou com uma grafia semelhante. Essa tática desvia usuários distraídos para páginas com conteúdo adulto, ilegal, *sites* de concorrentes, gerando um *marketing* negativo, bem como podendo gerar riscos legais. Mas a lei pune este tipo de conduta, tanto no Brasil como internacionalmente[487].

Logo, também ocorre concorrência desleal na Internet, especialmente na forma de uso indevido de sinal distintivo alheio. A solução jurídica para este tipo de problema envolve primeiramente o envio de uma notificação extrajudicial, para dar ciência ao fato, contando um prazo "a partir de". Uma vez que não há procedimento administrativo para impugnar o registro junto ao "www. registro.br", nem previsão específica na legislação brasileira, só existem duas formas possíveis de procedimento, autocomposição ou processo junto à Justiça Estadual.

---

487. Legislação para proteção de marcas e domínios contra ação de fraudadores e oportunistas:
- Internet Corporation for Assigned Names and Numbers — ICANN;
- Constituição Federal, art. 5º, XXIX;
- Lei n. 9.279/96 — Propriedade Industrial;
- PL n. 256, de 2003 — Requisitos para o registro de nomes de domínio no Brasil;
- Resolução n. 8/2008, da CGI.br;
- Federal Trademark Ailution Act (FTDA);
- Anticybersquatting Consumer Protection Act (ACPA).

Quando identificado este tipo de incidente, deve-se rapidamente coletar a Ata Notarial, após enviar a notificação extrajudicial, e se as tratativas amigáveis falharem, ajuizar ação no Judiciário ou dar entrada em um pedido de arbitragem internacional.

Considerando a relevância do fator "tempo" para o exercício do próprio Direito Digital, é sempre bom tentar evitar o processo judicial clássico, não pela discussão de mérito, já que se a Marca é legítima e registrada com prova de anterioridade, é muito difícil perder a causa, mas sim pela demora. Para tentar contornar isso, é possível pedir a tutela antecipada, uma vez que é normal nestes casos o magistrado deferir o congelamento do *site* até a conclusão da lide, no entanto, são raros os casos em que a Justiça tenha deferido a transferência antecipada.

Uma outra situação que é comumente identificada pelo monitoramento é o uso de "marca registrada" como palavra-chave em *link* patrocinado[488]. Neste caso, há prática de concorrência desleal por "uso de artifício fraudulento para desvio de clientela"[489].

Outro caso também recorrente é a identificação de texto incorreto ou inapropriado inserido na *Wikipedia* no nome da Marca. A *Wikipedia* é considerada a maior enciclopédia *online*, grande fonte de pesquisa, não apenas para estudantes, jovens, mas inclusive para a imprensa. A enciclopédia é baseada na produção colaborativa de conteúdo, de maneira simples e rápida, promovendo a democratização da informação e do conhecimento; contudo, é necessário observar a veracidade das informações constantes nos textos do *site*, e, dependendo do caso, fazer uma solicitação de retificação.

Finalmente, um ponto que merece destaque diz respeito à criação de comunidades, seja de clientes ou funcionários; a lei é clara no tocante à proteção de marcas e patentes. Há comunidades de consumidores, funcionários, ex-funcionários, parceiros, entre outras. Para verificar os riscos jurídicos envolvidos

---

488. Nomenclatura de modelo de publicidade *online* ofertada em alguns serviços de busca na Internet, como o Google.

489. Práticas fraudulentas contra ativos intelectuais em geral configuram crime de concorrência desleal, previstos em lei. Para ocorrer concorrência desleal, além da atividade fraudulenta, é necessário que:

- agentes econômicos produzam ao mesmo tempo;
- no mesmo espaço geográfico;
- no mesmo segmento mercadológico;
- ou seja, que eles concorram de fato.

na exposição da Marca Digital, as comunidades precisam ser analisadas sob quatro aspectos de gestão de risco: a) Segurança da Informação; b) Consumidor/Relacionamento; c) uso de Marca não autorizado; e d) Quebra de Sigilo Profissional[490].

Não quer dizer que sempre há o que ser feito juridicamente. Muitas soluções são muito mais institucionais do que jurídicas. Mas é requisito para um gestor olhar o que está se passando com a Marca na Internet e, a partir do monitoramento e do diagnóstico, decidir qual a melhor medida a tomar. Isso pode fazer toda a diferença, inclusive para avaliação do valor de marca, em situações de Fusões e Aquisições e outros tipos de *valuation*.

8.53. E-Política — aspectos legais das eleições na Internet

Não se pode mais ignorar o fenômeno das eleições *online*. Primeiro, porque este ambiente já se provou como excelente plataforma de informações positivas ou negativas sobre candidatos, partidos e governos. Quer seja o seu uso para construção de imagem, ou para guerrilha eleitoral, a Internet tem se consolidado, não apenas no Brasil, mas também em outros países, como canal influenciador em tempo real, com toda a possibilidade da multimídia e sem tempo de duração. Isso quer dizer que não se esgota no tempo do programa partidário obrigatório. Há quem diga que é uma ferramenta essencial para o próprio exercício transparente e democrático das eleições.

Um grande fator motivador do uso da Internet também é o seu custo baixo, isto é, sai mais barato o *e-mail marketing* do que o "santinho". É possível gerar métricas, saber quantas pessoas estão clicando em uma palavra-chave de um buscador para saber mais sobre um candidato, um partido, ou sobre temas, como trabalho, saúde, educação, segurança pública. Todavia, qual o limite de uso desta mídia? Deve ser regida como as demais?

O uso de *sites, blog*s, comunidades, *chats, messenger, e-mail marketing*, entre outros, permite que haja eleições não apenas a cada dois anos, mas a todo o tempo e de modo interativo. Isso pode ser muito bom por um lado; mas, se não houver um certo controle, pode acabar se tornando invasiva.

---

490. Tratam desta matéria ainda os arts. 186 e 927 do Código Civil, art. 325 do Código Penal, art. 482, alíneas *b, g, h* e *j*, da Consolidação das Leis do Trabalho, Lei n. 9.279/96, Lei n. 8.112/90, art. 116, inciso VIII, e Lei n. 7.170/83, em seu art. 13.

Claro que em ano de eleição, especialmente presidencial, a disputa fica acirrada e não se pode estar fora da Internet. Não ter informação *online* é uma desvantagem para o candidato. Até porque se combate a informação com mais informação e não com omissão. Mas há regras que precisam ser seguidas. É neste sentido que o Tribunal Superior Eleitoral (TSE) tem regulamentado as eleições e tratado do tema de Internet nos últimos anos. A propaganda política no Brasil é disciplinada em lei e, a cada pleito, o TSE baixa uma Resolução específica[491] que regulamenta a disputa eleitoral, além, é claro, da aplicação das regras já estabelecidas no Código Eleitoral, na Lei n. 4.737/65 e na Lei n. 9.504/97. O ano de 2010 é um marco neste tema por causa da mudança da Lei Eleitoral, que passou a admitir amplamente o uso da Internet.

A primeira das normas que regulamentou o uso da Internet em campanhas eleitorais no Brasil foi a Lei n. 9.504, de 30 de setembro de 1997. À época não existia ainda sequer um entendimento de que poderia existir de alguma maneira a propaganda política na Internet, de forma tal que os dispositivos do texto legal tratam apenas de estender as vedações impostas às emissoras de rádio e televisão aos sítios que as mesmas porventura viessem a manter na Internet.

Diante da inexistência de legislação específica para a propaganda eleitoral na Internet, o TSE, desde as eleições municipais do ano de 2000, regulamentou, para *sites* de candidatos, o uso do domínio "www.nome_do_candidato_número_do_candidato.can.br", como forma de organizar a propaganda na Internet. Nesse sentido, o TSE elaborou uma *home page* orientando sobre o registro desse domínio especial[492].

Nas eleições de 2002 ficou definido que o candidato que quisesse publicar sua *home page* na Internet deveria providenciar seu registro com a nomenclatura http://www.nomedocandidatonumerodocandidatouf.can.br, sendo proibida

---

491. Para as eleições de 2014 foi a Resolução n. 23.404; de 2008 foi a Resolução n. 22.718; já para as eleições de 2006 aplicou-se a Resolução n. 22.158; nas eleições de 2004 foi a Resolução n. 21.610; nas eleições de 2002 aplicou-se a Resolução n. 20.988, de 21-2-2002, do Tribunal Superior Eleitoral, e assim por diante.

492. "Tanto é que, para propiciar o equilíbrio entre candidatos, abriu-se a possibilidade da página de propaganda registrada no órgão gestor da Internet Brasil, com a terminação 'can. br', nos termos do art. 78 da Res. TSE n. 21.610/2004, com despesas a cargo do candidato, cujo domínio será cancelado após o primeiro turno, ressalvado aos candidatos concorrentes em segundo turno. 2. Seria indubitavelmente inócua a solução encontrada pela Justiça Eleitoral, relativamente ao domínio 'can.br' — o qual, evidentemente, não poderia ser obrigatório —, se fosse ele desprezado, para que o candidato viesse a se utilizar de tantos outros *sites* que pudesse custear, para veiculação de sua campanha, em prejuízo dos menos aquinhoados financeiramente. 3. Recurso desprovido" (Ac. 24.608, de 10-2-2005, rel. Min. Caputo Bastos).

qualquer propaganda eleitoral por meio de páginas de provedores de serviços de acesso à Internet, em qualquer período.

No entanto, muito se questionou sobre a obrigatoriedade do uso do domínio específico para o candidato, principalmente com o crescimento de redes sociais e a necessidade de ir até onde está o eleitor e não ter que ele fazer vir até onde está o candidato. Há que se considerar que existem vários tipos de *home pages* — página do candidato, página da campanha, página do partido, página institucional de Ente Público, *Blog* de Campanha, Orkut de Campanha, perfil em outras redes sociais, como o Twitter e o Facebook.

Se um usuário clica em uma palavra-chave e chega ao *site* com informações do candidato, isso não deveria ser propaganda, a não ser que o candidato esteja pedindo votos, que esteja comentando já sobre as eleições ou fazendo qualquer referência a ela ou colocando o número da legenda[493].

Além disso, deve ser observado o prazo de proibição de campanha eleitoral nas 48 horas que antecedem as eleições e até 24 horas após, sob pena de configurar boca de urna eletrônica[494]. Este tipo de situação é muito difícil de se evitar que ocorra.

No tocante à jurisprudência do TSE, cabe ressaltar que as questões que envolvem a propaganda eleitoral na Internet já são objeto de disputa desde as eleições do ano de 2000. Contudo, o posicionamento do Tribunal Superior variou bastante desde a análise dos primeiros casos até a data presente, e deve ainda mudar mais nas próximas, conforme o amadurecimento do próprio tema[495].

---

493. Acordo Gabeira *x* TRE/RJ — Pré-candidato não retira *site* do ar e levanta discussão sobre liberdade de acesso à Internet. Um dos argumentos de Gabeira a favor da liberdade na Internet é o de que ninguém é obrigado a acessar nenhum *site*. Segundo ele, as pessoas procuram na Internet aquilo que lhes interessa, assim como um leitor compra na banca o jornal de sua preferência. "*Se entram na minha página é porque querem saber de mim. Eu não tenho como controlar também o que falam de mim no Orkut, é humanamente impossível. (...) Vou lutar dentro dos limites legais. Não podemos ter no Brasil a mesma visão que os chineses têm da Internet. Vou estudar como posso entrar na Justiça para poder pedir a anulação desse item na legislação eleitoral.* Cumprindo um acordo verbal com o TRE do Rio, não mencionado na matéria do *Jornal do Brasil*, a entrevista publicada no *Le Monde Diplomatique* será retirada, até que tenhamos uma reunião sobre o tema. Depois disto, vou começar a batalha legal pela liberdade na internet. Batalha que, na verdade, envolve a todos, inclusive a liberdade dos adversários" (Fonte: <http://www.gabeira.com.br/blog/#>).

494. Código Eleitoral, art. 240, parágrafo único.

495. "REPRESENTAÇÃO. PROPAGANDA ELEITORAL IRREGULAR. INTERNET. 1. Segundo a jurisprudência desta Corte, as limitações impostas à veiculação de propaganda eleitoral não afetam os direitos constitucionais de livre manifestação do pensamento e de liberdade de informação. Precedentes: AgR-REsp 35.719, rel. Min. Aldir Passarinho

Sendo assim, no assunto de eleições, a Internet é inevitável. Esta é a grande certeza para as eleições no Brasil. Ela aumenta o acesso à informação

---

Junior, *DJe* de 26-4-2011; AgR-AI 4.806, rel. Min. Carlos Velloso, *DJe* de 11-3-2005. 2. É irrelevante a discussão acerca da suspensão pelo STF, na ADI n. 4.451, da eficácia dos incisos II e III do art. 45 da Lei n. 9.504/97, porquanto não houve, no caso concreto, aplicação de multa fundada na citada disposição legal. 3. É cabível a imposição da sanção pecuniária por eventual descumprimento de decisão liminar proferida no âmbito da representação eleitoral.Agravo regimental a que se nega provimento" (TSE, AgR-AI 37.008-MG, rel. Min. Henrique Neves da Silva, j. 29-10-2013, *DJe* 223, de 22-11-2013, p. 69. Disponível em: <http://tse.jusbrasil.com.br/jurisprudencia/24815669/agravo-regimental-em-agravo-de--instrumento-agr-ai-37008-mg-tse>).

"ELEIÇÕES 2012. PROPAGANDA ELEITORAL ANTECIPADA. INTERNET. FACEBOOK. CONTA PESSOAL. LIBERDADE. MANIFESTAÇÃO DO PENSAMENTO. PROVIMENTO. 1. A utilização dos meios de divulgação de informação disponíveis na internet é passível de ser analisada pela Justiça Eleitoral para efeito da apuração de irregularidades eleitorais, seja por intermédio dos sítios de relacionamento interligados em que o conteúdo é multiplicado automaticamente em diversas páginas pessoais, seja por meio dos sítios tradicionais de divulgação de informações. 2. A atuação da Justiça Eleitoral deve ser realizada com a menor interferência possível no debate democrático. 3. As manifestações identificadas dos eleitores na internet, verdadeiros detentores do poder democrático, somente são passíveis de limitação quando ocorrer ofensa à honra de terceiros ou divulgação de fatos sabidamente inverídicos. 4. A propaganda eleitoral antecipada por meio de manifestações dos partidos políticos ou de possíveis futuros candidatos na internet somente resta caracterizada quando há propaganda ostensiva, com pedido de voto e referência expressa à futura candidatura, ao contrário do que ocorre em relação aos outros meios de comunicação social nos quais o contexto é considerado. 5. Não tendo sido identificada nenhuma ofensa à honra de terceiros, falsidade, utilização de recursos financeiros, públicos ou privados, interferência de órgãos estatais ou de pessoas jurídicas e, sobretudo, não estando caracterizado ato ostensivo de propaganda eleitoral, a livre manifestação do pensamento não pode ser limitada. 6. Hipótese em que o Prefeito utilizava sua página pessoal para divulgação de atos do seu governo, sem menção à futura candidatura ou pedido expresso de voto. Recurso provido para julgar improcedente a representação" (TSE, REsp 2.949-RJ, rel. Min. Henrique Neves da Silva, j. 5-8-2014, *DJe*, n. 157, de 25-8-2014, p. 164-165. Disponível em: <http://tse.jusbrasil.com.br/jurisprudencia/135605049/recurso-especial-eleitoral-respe-2949-r>).

"ELEIÇÕES 2010. PROPAGANDA ELEITORAL. INTERNET. PROIBIÇÃO. VEICULAÇÃO. SÍTIO. PESSOA JURÍDICA. EMPRESA JORNALÍSTICA. LIBERDADE DE IMPRENSA. 1. Não há irregularidade quando sítios da internet, ainda que de pessoas jurídicas, divulgam — com propósito informativo e jornalístico — peças de propaganda eleitoral dos candidatos. 2. A regra do art. 57-C, § 1º, I, da Lei n. 9.504/97 deve ser interpretada de acordo com a Constituição Federal que assegura, no art. 220, a liberdade de imprensa e garante, no inciso XIV do art. 5º, o acesso à informação. 3. A referência expressa às peças de propaganda eleitoral dos candidatos ou mesmo sua reprodução, quando realizadas pelos órgãos de imprensa e jornalistas que possuem sítios, páginas ou *blogs* na internet, não se enquadram na hipótese do art. 57-C, I, da Lei n. 9.504/97. 4. Eventuais abusos que sejam cometidos no exercício da atividade jornalística devem ser apurados pelos meios próprios. 5. Recurso a que se nega provimento" (TSE, Recurso em Representação 347.776-DF, rel. Min. Henrique Neves da Silva, j. 16-11-2010, PSESS — Publicado em Sessão, de 16-11-2010. Disponível em: <http://tse.jusbrasil.com.br/jurisprudencia/23372974/recurso-em-representacao-r--rp-347776-df-tse>).

para um público de eleitores que está cada vez mais conectado, como os jovens eleitores na faixa dos 16 anos. Isso será feito por meio das redes sociais, por *e-mail*, por meio de um *site*, um *blog*, debates em *chats* ou vídeos postados no YouTube, fotos e textos espalhados por toda a *web*.

A grande questão, agora, não é mais se deve haver eleições na Internet, mas como deve ser feito. Regulamentar a forma de uso é o melhor meio de evitar abusos e deixar claras as regras para quem participar da disputa. A Internet vai acontecer, movida inclusive pelos próprios eleitores, que falarão de seus candidatos nos ambientes virtuais.

Mas como está a legislação do Brasil para o uso da Internet? Com o que ocorreu nas eleições dos EUA, e o grande *case* apresentado por Sam Graham-Felsen, o "garoto" de 28 anos, responsável por eleger Barack Obama, todos querem saber como fica o assunto para as próximas eleições presidenciais no Brasil. Por que é tão polêmica a discussão sobre este tema, que divide opiniões, inclusive no próprio Tribunal Superior Eleitoral? No Brasil existem dois grupos de regras para a propaganda eleitoral: *a)* um conjunto fixo, composto pelo Código Eleitoral e pela Lei n. 9.504/97, que é válido para todas as eleições realizadas em solo nacional; e *b)* um conjunto variável, composto pelas Instruções do Tribunal Superior Eleitoral, que mudam bastante e geralmente são válidas apenas para uma eleição específica.

Como o conjunto fixo não tem disposições sobre a Internet de modo mais detalhado, a regulamentação no Brasil das questões *online* em eleições costuma variar a cada pleito. Nas eleições municipais de 2008, o TSE emitiu a Instrução n. 121, dispondo que "a propaganda eleitoral na Internet somente será permitida na página do candidato destinada exclusivamente à campanha eleitoral" e que "os candidatos poderão manter página na Internet com a terminação *.can.br*, ou com outras terminações, como mecanismo de propaganda eleitoral até a antevéspera da eleição" (arts. 18 e 19), ou seja, os candidatos e partidos só podiam fazer propaganda em *site* próprio e específico para isso. Propaganda em Orkut ou YouTube, por exemplo, seria analisada caso a caso (o que levou, por exemplo, a Justiça paulista a intimar a organização da campanha de Geraldo Alckmim a retirar todos os vídeos de publicidade do candidato do YouTube).

Isso nos leva a compreender o sentido da propaganda eleitoral antecipada, que é a venda da imagem de determinado candidato como o mais apto ao exercício da função pública antes do período eleitoral. Dessa forma, é possível manter *sites* (institucional, *blog* etc.) e perfis em redes sociais (Twitter, Facebook, YouTube etc.) fora do período eleitoral, mas é preciso estar atento que a imagem do possível candidato não esteja sendo vendida, como já foi visto em diversos julgados[496].

Durante as eleições de 2008, diversos candidatos se insurgiram contra o TSE por não concordarem com essa instrução. Mas o Tribunal não acatou seus pedidos, alegando que o período eleitoral já havia começado e seria impossível mudar as regras da publicidade para a eleição em curso.

Este foi o motivo do alvoroço em torno do Projeto de Lei n. 5.498/2009, sancionado pelo Presidente Luiz Inácio Lula da Silva, em 30 de setembro de 2009, sob a Lei n. 12.034/2009, que libera o uso da Internet para eleições, mas sem as restrições já em vigor para debates realizados em TV e rádio. No entanto, não poderá haver propaganda política paga na *web*, pela redação que ficou

---

496. "REPRESENTAÇÃO. PROPAGANDA ANTECIPADA. DIVULGAÇÃO. TEXTO. INTERNET. *BLOG* CONOTAÇÃO ELEITORAL. PRESENTE. RECURSO. DESPROVIMENTO. (...) 2. O fato de o acesso a eventual mensagem contida em sítio da internet depender de ato de vontade do internauta não elide a possibilidade de caracterização da propaganda eleitoral extemporânea, caso nela conste 'pedido de votos, menção ao número do candidato ou ao de seu partido ou qualquer outra referência à eleição'. (...) 4. Divulgada, por meio de página na internet, a candidatura e os motivos pelos quais a candidata seria a mais apta para o exercício do cargo público, é de se reconhecer a prática de propaganda antecipada" (TSE, Recurso em Representação 203.745, rel. Min. Marcelo Henriques Oliveira, publ. em 12-4-2011).

"RECURSO ELEITORAL. PROPAGANDA ELEITORAL ANTECIPADA. ELEIÇÕES 2010. COMUNIDADE NO ORKUT. MENSAGENS. PRÉ-CANDIDATURA. DIVULGAÇÃO. CONTEÚDO ELEITORAL. CARACTERIZAÇÃO. DIREITO À LIVRE MANIFESTAÇÃO DO PENSAMENTO. VIOLAÇÃO. INEXISTÊNCIA. APLICAÇÃO DO § 3º, ART. 36, DA LEI 9.504/97 (...) 3. A criação de comunidade no ambiente virtual do Orkut, contendo mensagem com nítida alusão a cargo eletivo pretendido, ao momento das eleições, bem como à conduta de pré-candidata, caracteriza propaganda eleitoral antecipada, ainda que não haja pedido expresso de voto ou divulgação do número da legenda partidária. Recurso improvido" (TSE, Recurso Especial Eleitoral 96.326, rel. Min. Arnaldo Versiani Leite Soares, publ. em 2-3-2011).

"ELEIÇÕES 2010. PROPAGANDA ELEITORAL. TWITTER. DIREITO DE RESPOSTA. SÍTIOS DE MENSAGENS INSTANTÂNEAS E ASSEMELHADOS. POSSIBILIDADE JURÍDICA. 1. O Twitter se insere no conceito de 'sítios de mensagens instantâneas e assemelhados', previsto no art. 57-B da Lei 9.504/97, e é alcançado pela referência a 'qualquer veículo de comunicação social' contida no art. 58 da Lei das Eleições. 2. O direito de resposta em razão de mensagem postada no Twitter é cabível. Relevância de o detentor da página ser coordenador de comunicação de campanha eleitoral. 3. Deferido o direito de resposta, o próprio usuário, exercendo o controle de conteúdo que detém sobre a sua página no Twitter, deve postar o texto da resposta. 4. Direito de resposta concedido" (TSE, Representação 361.895, rel. Min. Henrique Neves da Silva, publ. em 29-10-2010).

"Responsabilidade civil. Candidato a vice-prefeito que é ofendido em fórum de discussão de *site* de relacionamentos Orkut. Manifestações que ultrapassam o regular exercício da liberdade de expressão. Ultraje à honra e imagem atributo do autor, que há anos foi vereador da cidade. Sentença parcialmente reformada, apenas para reduzir a indenização para R$ 7.500,00. Recurso provido em parte" (TJSP, Ap. 994.09.299693-0, rel. Des. Enio Zuliani, j. 12-8-2010).

aprovada. É fundamental, também, manter a distinção do que é "ato de vontade" daquilo que é "propaganda eleitoral". Um candidato ter sua informação na *web* disponível para o eleitor por meio de uma ferramenta de busca e navegação é perfeitamente válido, legítimo e legal.

Com a mudança da Lei Eleitoral[497], chega ao fim a exigência de uso exclusivo do domínio *.can.br*, mas os candidatos têm de registrar seus *sites* oficiais no TSE. Ficou definido que a propaganda eleitoral gratuita será permitida em

---

497. Alterações na Lei Eleitoral feitas pela Lei n. 12.034/2009.

Situação	Como era até 2010	Como é a partir de 2010
DOAÇÃO A CANDIDATO E PARTIDO	Pessoa física ou jurídica (exceto as que tenham função pública — art. 31 da Lei n. 9.504/97) — pode fazer doações de valores a candidatos (art. 39 da Lei n. 9.504/97). MEIOS DE DOAÇÃO: cheque cruzado e depósito bancário em conta do partido (art. 39 da Lei n. 9.096/95).	Pessoas físicas passam a fazer doações via *web*, por meio dos *sites* dos partidos e candidatos além da doação de valores por meio de cartão de crédito (inciso III inserido no art. 23).
DEBATES NA WEB	Atualmente, emissoras de rádio ou televisão podem promover debates, desde que respeitadas as seguintes regras: I — nas eleições majoritárias (candidato é eleito pelo maior número de votos. Ex.: eleição para Presidente da República), a apresentação dos debates poderá ser feita: (i) em conjunto, estando presentes todos os candidatos a um mesmo cargo eletivo; e (ii) em grupos, estando presentes, no mínimo, três candidatos; II — nas eleições proporcionais (candidato é eleito por um percentual de votos. Ex.: eleição para deputados). Os debates deverão ser organizados de modo que assegurem a presença de número equivalente de candidatos de todos os partidos e coligações a um mesmo cargo eletivo, podendo desdobrar-se em mais de um dia.	Os debates poderão ser realizados na Internet sem aplicação das regras impostas ao rádio e TV. As regras impostas aos debates a ser veiculados em rádios e TV foram alteradas: (i) deverão ser acertadas entre a pessoa jurídica que irá veiculá-los e os partidos políticos, dando-se ciência à Justiça Eleitoral. As regras aplicáveis aos debates feitos no 1º turno das eleições devem ser estipuladas com a concordância de 2/3 de candidatos de partidos com representação na Câmara dos Deputados — no caso de eleição majoritária — e de 2/3 dos partidos ou coligações com candidatos aptos — em caso de eleição proporcional (§§ 4º e 5 inseridos no art. 46).
CENSURA PRÉVIA	A Justiça Eleitoral, a requerimento do candidato, pode censurar previamente propaganda quando concernente à reapresentação de propaganda ofensiva à honra de candidato, moral ou bons costumes (art. 53, § 2º, da Lei n. 9.504/97).	Dispõe que o poder de polícia se restringe às providências necessárias para inibir as práticas ilegais, vedada a censura prévia sobre o teor dos programas a ser exibidos na televisão, no rádio ou na Internet (altera o § 2º do art. 41 da Lei n. 9.504/97).
DIREITO DE RESPOSTA	Prevê o exercício do direito de resposta em veículos de comunicação social, regulamentando o seu exercício em órgãos da imprensa escrita, programação normal de rádio e TV e em horário eleitoral gratuito (art. 58, § 1º, da Lei n. 9.504/97).	Inclui a possibilidade de exercício do direito de resposta na *web*, regulamentando-o. Acrescenta que tramitarão com prioridade na Justiça Eleitoral as representações para exercício do direito de resposta pretendidas em qualquer meio de comunicação (inclui o inciso IV no art. 58).

blogs, *sites*, comunidades e outros veículos de comunicação do próprio candidato, além de portais de notícias. Eleitores que quiserem fazer *sites* de apoio a políticos estão livres.

PROPAGANDA ELEITORAL ANTE-CIPADA	Não enumera nenhuma situação, tanto de propaganda eleitoral antecipada ou que não a configure. Decisão caso a caso pela Justiça Eleitoral.	Enumera situações que não poderão ser considradas como propaganda eleitoral antecipada, tais como: participação de filiados a partidos políticos ou pré-candidatos em entrevistas, programas, encontros ou debates no rádio, TV e na Internet; realização de encontros e seminários a expensas do partido político em ambiente fechado etc., desde que não haja pedido de votos, observado pelas emissoras de rádio e TV o dever de conferir tratamento isonômico (inclui o art. 36-A).
PROPAGANDA ELEITORAL NA INTERNET	É possível a propaganda eleitoral na Internet desde que feita no *site* do candidato ou do partido político (art. 18 da Resolução n. 22.718/2008).	Mantém a redação do *caput* da emenda do Senado: assegura a liberdade de manifestação de pensamento na Internet e em outros meios eletrônicos de comunicação interpessoal, garantindo o direito de resposta em casos de ofensa e vedado o anonimato. *Sites* de veículos jornalísticos também poderão publicar textos opinativos sobre os candidatos (acrescenta o art. 57-D).
MENSAGENS ELETRÔNICAS	Proibidas (Resolução n. 22.832/2008, que regulamentou as eleições de 2008).	Permitidas (inclui o art. 57-B, III na Lei n. 9.504/97). As mensagens devem ter *opt-out*, e canceladas em 48h, sob pena de multa de R$ 100,00 por mensagem indevidamente enviada (art. 57-G e parágrafo único).
PROPAGANDA PAGA NA INTERNET	Proibidas (Resolução n. 22.832/2008, que regulamentou as eleições de 2008).	Rejeita a emenda do Senado e veda a veiculação de propaganda paga na Internet. É proibida a propaganda paga na Internet (inclui o art. 57-C).
VEICULAÇÃO, NO ANÚNCIO, DO VALOR PAGO PELA PROPAGANDA	Nada dispõe sobre a obrigatoriedade de veiculação do valor do anúncio, no próprio veículo de propaganda.	Dispõe que deverá constar do anúncio, de forma visível, o valor pago pela sua inserção, nas propagandas feitas em jornal impresso e reproduzidas na Internet (inclui o § 1º no art. 43).
VEDAÇÃO DE PROPAGANDA NA INTERNET	Proibida a propaganda eleitoral na *web* (Resolução n. 22.832/2008, que regulamentou as eleições de 2008).	É vedada apenas em *sites*: oficiais ou de órgãos ou entidades da administração pública direta ou indireta; de pessoas jurídicas com ou sem fins lucrativos e com destinação profissional (inclui o art. 57-C, § 1º, I e II).
CADASTROS ELETRÔNICOS	Nada dispõe sobre o tema.	Veda a venda de cadastros de endereços eletrônicos a partidos, candidatos ou coligações (insere o art. 57-E na Lei n. 9.504/97).
PENALIDADES AOS PROVEDORES QUE DESCUMPRIREM A LEI ELEITORAL	Nada dispõe sobre o tema.	As penalidades da Lei Eleitoral somente serão aplicadas aos provedores quando houver comprovação de prévio conhecimento da veiculação de propaganda irregular ou envolvimento na divulgação do conteúdo, bem como se o provedor intimado a retirar propaganda irregular não tomar as providências no prazo determinado para tal (altera a redação do art. 57-F, proposto pela Câmara no PL n. 5.498/2009, e acolhe parcialmente a emenda do Senado).

Para os que quiserem utilizar a Internet ou outros espaços de publicação de opiniões próprios, é fundamental evitar situações de dano a imagem e reputação. A melhor prática é gerar a oportunidade do direito de resposta, também previsto na lei aprovada, como forma de se manter isento. Devem-se monitorar comentários, retirar do ar os que forem abusivos (após ciência, não previamente, pois seria censura) e conferir o direito de resposta à parte vítima.

Ainda não podemos usar a Internet para propaganda política paga, mas já houve alguns avanços, inclusive na possibilidade de doação *online*, bem como fazer *e-mail marketing* com a inclusão da opção *opt-out*. O que se tem de grande aprendizado é que não se pode regulamentar a Internet usando analogias.

DOCUMENTO COM FOTOGRAFIA PARA VOTAÇÃO	Nada dispõe sobre o tema, sendo permitida a votação sem apresentação de documento com fotografia.	Impõe ao eleitor que apresente seu título de eleitor na hora da votação e um documento com foto (inclui o art. 91-A).
VOTO IMPRESSO NAS ELEIÇÕES DE 2014	Nada dispõe sobre o tema.	Determina que, a partir das eleições de 2014, 2% das urnas eletrônicas deverão imprimir o comprovante de votação. Essa determinação no modelo inicial, com identificação do usuário, foi considerada inconstitucional pelo STF na ADI 4.543. Todavia, o referido debate foi retomado em 2015, com a derrubada do veto presidencial à impressão e com a publicação da Lei n. 13.165/2015, que altera o art. 59-A da Lei n. 9.504/97 e determina: "Art. 59-A. No processo de votação eletrônica, a urna imprimirá o registro de cada voto, que será depositado, de forma automática e sem contato manual do eleitor, em local previamente lacrado. Parágrafo único. O processo de votação não será concluído até que o eleitor confirme a correspondência entre o teor de seu voto e o registro impresso e exibido pela urna eletrônica". (STF. Ação Direta de Inconstitucionalidade [Med. Liminar] 4.543. Disponível em: <http://www.stf.jus.br/portal/peticaoInicial/verPeticaoInicial.asp?base=ADIN&s1=4543&processo=4543>. Acesso em: 12 jan. 2016; STF. Norma que institui voto impresso a partir de 2014 é inconstitucional, decide STF. Disponível em: <http://www.stf.jus.br/portal/cms/verNoticiaDetalhe.asp?idConteudo=252858>. Acesso em: 16 jan. 2016; SENADO. Congresso derruba veto de Dilma e votos deverão ser impressos. Disponível em: <http://www12.senado.leg.br/noticias/materias/2015/11/18/congresso-derruba-veto-de-dilma-e-votos-deverao-ser-impressos>. Acesso em: 16 jan. 2016.)
PERMANÊNCIA DA PROPAGANDA NA *WEB*	Nada dispõe sobre o tema, mas com relação às outras modalidades de propaganda veda, desde 48h antes até 24h depois da eleição, propaganda política mediante radiodifusão, televisão, comícios ou reuniões públicas (parágrafo único do art. 240 da Lei n. 4.737/65).	Não há limite temporal para a veiculação de propaganda eleitoral gratuita na Internet, considerando-se que, aos demais veículos de comunicação, a propaganda eleitoral deve ser suspensa 48h antes do dia da votação e 24h depois. Assim, a propaganda eleitoral pode permanecer na *web* inclusive no dia da votação, sem qualquer suspensão.

Não há motivo para restrição da *web* como ocorre com TV e rádio, até porque não há 30 milhões de eleitores *online* na mesma página, e a comunicação não é interruptiva da navegação do usuário. Isso compromete a natureza deste meio, vocacionado pela liberdade de expressão. No entanto, deve-se coibir o anonimato, o que também foi previsto e aprovado na Lei n. 12.034/2009 ("Art. 57-D. É livre a manifestação do pensamento, vedado o anonimato durante a campanha eleitoral, por meio da rede mundial de computadores – internet, assegurado o direito de resposta, nos termos das alíneas *a*, *b* e *c* do inciso IV do § 3º do art. 58 e do 58-A, e por outros meios de comunicação interpessoal mediante mensagem eletrônica."). Mas será difícil evitar a boca de urna digital.

Devemos destacar que o uso das redes sociais amplia a capacidade de mobilização na campanha eleitoral. A Internet como mídia gera um diferencial de aproximar o candidato dos eleitores, diretamente, além de alcançar um público eleitor mais jovem, o que pode fazer toda diferença nas próximas eleições presidenciais, que é o que ocorreu na campanha do Barack Obama.

Para o Brasil, o uso da Internet nas eleições vai permitir maior informação e diálogo sobre os candidatos, os partidos, as propostas e, inclusive, vai atrair o público que já não acompanha mais este tipo de discussão em outras mídias tradicionais, com propaganda obrigatória como TV e rádio. A Internet é inevitável para uma realidade de sociedade do conhecimento, e pode trazer também mais transparência. O desafio é o controle dos abusos. Há necessidade de se coibirem as ofensas, que podem ocorrer em razão do grande anonimato que a rede permite e que é vedado pela Constituição Federal, como já dissemos, para que possa haver o uso saudável da Internet nas eleições. É preciso educação e não censura.

Acreditamos que a maturidade se conquista com a experiência, com o uso da rede. Quanto mais for usada, melhor ficaremos no tocante ao seu uso responsável, já que o mau uso será denunciado e devidamente punido pelo Tribunal Superior Eleitoral. Como já vem acontecendo desde 2004, em situações que já envolvem diversos candidatos e a Internet.

A grande diferença é que agora as redes sociais tornaram-se um espaço de grande disputa, de maior atenção e interesse devido ao seu poder de mobilização, e não mais apenas ter um *site* do candidato ou participar de algum debate em *chat*. A tendência é que seja criada uma espécie de "Código de Conduta do Candidato na *web*", respeitando a privacidade dos eleitores e os demais candidatos. Será um grande desafio conseguir controlar "o *spam* eleitoral", com toda certeza.

Muitas agências já têm experiência em *marketing* digital, em ações virais, no uso de ambientes de redes sociais, mas em uso estratégico da Internet nas eleições, de forma séria e relevante na campanha, não.

Nas eleições de 2010, tornou-se possível a arrecadação de valores para campanhas eleitorais via Internet, já que a alteração da Lei n. 9.504/97 inseriu o inciso III do § 4º do art. 23, permitindo que somente as pessoas físicas fizessem doações por meio da Internet pelo *site* do partido ou do candidato, inclusive por cartão de crédito, durante a data das eleições. A arrecadação *online* também exige melhores práticas, durante a prestação de contas da campanha eleitoral de candidatos, comitês financeiros e partidos. Dentro das prestações de contas é preciso descrever de forma bem clara as doações que foram feitas durante o período eleitoral; todas as doações recebidas mediante o uso de cartão de crédito serão lançadas individualmente. Importante ressaltar que cada doação possui um limite de valor (art. 23, § 1º) e que, caso ultrapasse, há possibiidade de multa no valor de até 100% (cem por cento) da quantia em excesso. Por óbvio, isso foi feito para evitar possíveis fraudes e enriquecimento ilícito por campanhas eleitorais.

Estamos gerando um momento propício para que isso ocorra, e é muito importante que tais agências estejam bem assessoradas no tocante aos limites jurídicos, ao uso ético, seguro e legal, para evitar riscos para o candidato e o partido, bem como punições.

A melhor forma de fazer uso de redes sociais nas eleições é tomar proveito da espontaneidade, ou seja, o responsável pela campanha do Obama, Sam Graham-Felsen, disse que eles criaram um ambiente, que se multiplicou, espontaneamente, inclusive gerou mais de 13 milhões de *e-mails* cadastrados na base de dados. Deve-se evitar condutas muito agressivas e ofensivas, inclusive no sentido de ridicularizar os outros que estão na disputa. O uso da produção mais multimídia, de fazer filmes para circularem nestes ambientes, também dá bom resultado, mas precisa usar a linguagem da rede, o que é um grande erro é pegar o que se fez padrão da campanha para as mídias tradicionais e jogar na *web*, não dá certo. Tem de ser feito sob medida para *web*, já que a Internet não permite analogias.

A Internet oferece muito mais transparência às eleições.

No entanto, quando mal utilizada, pode acabar por permitir a prática da "guerrilha digital de candidatos". Isso ocorre quando se passa a utilizar as Mídias Sociais em especial para atacar o candidato concorrente. Infelizmente, as eleições de 2014 foram marcadas por este tipo de prática[498].

---

498. Que na política vale tudo, isso todos sabem. Que o diga o seriado norte-americano "House of Cards". Mas será que a criação de perfis falsos para dinamitar a reputação alheia faz parte ou é jogo sujo? De acordo com reportagem publicada no jornal *Brasil Econômico*, o filho do ex-Presidente Lula, Fábio Luís Lula da Silva, pediu a abertura de um inquérito no 78º DP, da cidade de São Paulo, para que sejam identificados os responsáveis pela circulação de boatos contra ele divulgados nas redes sociais. De acordo com internautas, Fábio da Silva deveria "estar

Devido a entrada em vigor da nova lei do Marco Civil da Internet, haverá uma discussão natural na remoção de conteúdos atendendo legislação eleitoral (Lei n. 9.504/97) *versus* a permanência do conteúdo em atendimento a liberdade de expressão prevista pela Lei n. 12.965/2014 (Marco Civil da Internet). Devido a especialidade da matéria, entendemos que este tipo de discussão ocorrerá em face dos Tribunais Eleitorais.

Algumas das discussões que envolveram remoção de conteúdo na Internet nas eleições de 2014 envolveram a questão sobre a compra de *links* patrocinados e a consequente violação à vedação de propaganda paga na Internet[499].

Neste sentido, faz-se imperioso conceituar e diferenciar alguns tipos de comunicação que podem ou não ser enquadrados como propaganda eleitoral:

a) Propaganda — vem do termo *propagar et fidis* (propagar a fé) criado pela Igreja Católica (depois usado pelos nazistas), palavra de origem latina — diferente da publicidade, a propaganda objetiva disseminar uma cultura, uma crença. Por isso até hoje há ministros da Propaganda em muitos países.

b) Propaganda eleitoral — tem a ver com propagar uma proposta política. A propaganda eleitoral está diretamente relacionada ao pleito. Logo, se no conteúdo propagado houver pedido de votos ou houver menção da legenda de partido ou candidato, já é considerado propaganda.

c) Campanha Política — é a publicidade — é o ato de adquirir mídia dentro do período autorizado do pleito ou usar a parcela de mídia gratuita obrigatória (que gera mais equidade entre os candidatos) para propagar a imagem do candidato e a sua proposta e muitas vezes para apontar defeitos nos outros candidatos.

---

cuidando de suas fazendas ou administrando os negócios da Friboi" em vez de acompanhar o pai durante a entrevista. Seis internautas já foram convocados para depor, e deles, apenas um ainda não compareceu: trata-se de Daniel Graziano, gerente administrativo e financeiro do Instituto Fernando Henrique Cardoso (iFHC). Roger Lapan, Adrito Dutra Maciel, Silvio Neves, Paulo Cesar Andrade Prado e Sueli Vicente Ortega já foram interrogados, e declararam que acreditavam serem verdadeiras as histórias a respeito das posses do filho de Lula e que "não pensaram" na hora de fazer as postagens. O advogado de Fábio Luís Lula da Silva declarou que vai aguardar o resultado das investigações para então decidir se vai propor uma ação contra as pessoas que difamaram o seu cliente (Fonte: <http://www.revistaforum.com.br/blog/2014/04/filho-de-lula-abre-inquerito-contra-difamadores-da-rede/>).

499. Em São Paulo, foi negada uma liminar em face do candidato Geraldo Alckmin e, nacionalmente, foi concedida uma liminar em favor da candidata Dilma Roussef (Fontes: <http://mudamais.com/sites/default/files/decisao_1.pdf> e <http://www.migalhas.com.br/Quentes/17, MI204778,91041-Facebook+deve+identificar+quem+contratou+links+patrocinados+a+favor>).

d) Debate — é considerado uma modalidade de comunicação institucional (desde que o candidato no debate não solicite votos nem cante música da campanha, nem coloque *banner* com o *slogan* da campanha nem fique falando o número da legenda; só falar o nome e o partido não é propaganda, mas mais que isso é). É comum o debate via digital. É comum inserir debates no YouTube etc. Se o debate for em TV têm que ser convidados obrigatoriamente os demais candidatos (mas isso tudo é tratado em resolução do TSE no ano de eleição, em geral ela é publicada em maio e temos que ler).

e) Comunicação Institucional — tem a ver com informações sobre a pessoa do candidato, sobre o partido, sobre os temas que a legenda aborda (exs.: meio ambiente, saúde, educação etc.). Exige que haja colocação de informação em um local onde as pessoas vão buscá-la (o famoso "ato de vontade"). Logo, se um candidato está em um *chat* falando de sua vida e as pessoas vão até lá participar, não é propaganda eleitoral (muito menos extemporânea). No entanto, se ele no *chat* começar a falar para votarem nele, escrever o *slogan* da campanha, colocar legenda (o número que ele vai concorrer), aí já vira propaganda eleitoral (e então está sujeita a ser extemporânea). O *chat* é o formato mais antigo, hoje já se usa esta analogia para rede social (perfil do candidato), para comunicadores instantâneos, para WhatsApp etc. Importante a pessoa ter se conectado previamente e não o ato de enviar mensagem (por isso, se o candidato fizer *e-mail marketing* é propaganda eleitoral, pois a mensagem vai até a pessoa e é considerado um tipo de mala direta digital).

f) Direito de Resposta – quando há publicação de algo por um candidato em um ambiente – meio de comunicação (seja mídia paga ou não) e o outro entende que aquilo não condiz com a verdade, a ele é dado o direito de resposta no mesmo meio pelo mesmo tempo (nas últimas eleições isso ocorreu, inclusive em redes sociais).

Em 2018, a tendência no uso de desinformação como ferramenta política se intensificou no Brasil e tomou proporções que influenciaram significativamente o pleito daquele ano. Foram utilizadas redes de robôs que disseminavam *fake news* e disparo em massa de conteúdos pelo aplicativo WhatsApp, a partir de contas que chegavam a enviar 14 mensagens diferentes em um período de apenas 30 segundos[500].

---

500. "Rede de fake news com robôs pró-Bolsonaro mantém 80% das contas ativas", *UOL*, 19 set. 2019. Disponível em: <https://noticias.uol.com.br/politica/ultimas-noticias/2019/09/19/fake-news-pro-bolsonaro-whatsapp-eleicoes-robos-disparo-em-massa.htm?cmpid=copiaecola>.

Para a eleição de 2020, o TSE publicou a Resolução n. 23.610/2019 (que sofreu ajustes normativos por meio da Resolução n. 23.624/2020 em razão do cenário excepcional da pandemia da Covid-19) e teve como novidade a criação de uma seção específica para tratar do poder de polícia do juiz eleitoral quanto à remoção de propaganda irregular na Internet[501]. O documento ainda trata da desinformação na propaganda eleitoral e determina que "qualquer modalidade de conteúdo, inclusive veiculado por terceiros, pressupõe que o candidato, o partido ou a coligação tenha verificado a presença de elementos que permitam concluir, com razoável segurança, pela fidedignidade da informação, sujeitando-se os responsáveis ao disposto no art. 58 da Lei n. 9.504/97, sem prejuízo de eventual responsabilidade penal" (art. 9º).

Vale destacar também a aprovação no Senado Federal do Projeto de Lei n. 2.630/2020[502], que criou a Lei Brasileira de Liberdade, Responsabilidade e Transparência na Internet. Houve críticas em relação à proposta, por conta da rapidez com que foi analisada, pela falta de um amplo debate da sociedade em relação ao conteúdo, e os possíveis riscos em relação à privacidade e liberdade de expressão. Mas, em meio à crise, é preciso agir para evitar ou minimizar os prejuízos.

Devemos lembrar que a busca do combate ao discurso do ódio na Internet não é de hoje, remonta pelo menos desde a época do lançamento do já extinto serviço Orkut. Desde então, infelizmente o problema só se agravou e se sofisticou, com o aumento e a utilização de novas ferramentas que agora contam com o apoio de robôs para aumentar o risco e dificultar o combate dessa prática pelas autoridades.

Essa legislação se faz urgente e essencial, para tratar um problema que é complexo, e por isso, deve enfrentá-lo com uma abordagem buscando a simplificação, ou seja, resolver, mesmo que parcialmente e em camadas evolutivas. Não vamos conseguir ter uma lei perfeita, mas precisamos buscar ter uma lei que possa ser eficiente e sujeita a melhorias futuras.

Outro tema bastante polêmico das eleições tem sido sobre o período de boca de urna digital, ou seja, que tipo de conteúdo tem que ser removido da Internet e qual o período em que não se pode fazer comentários digitais sobre as eleições e o candidato?

---

501. Resolução n. 23.610/2019 (art. 6º § 1º): "O poder de polícia sobre a propaganda eleitoral será exercido por juízes eleitorais e juízes designados pelos tribunais regionais eleitorais, nos termos do art. 41, § 1º, da Lei n. 9.504/97, observado ainda, quanto à Internet, o disposto no art. 8º desta Resolução".

502. Projeto de Lei n. 2630, de 2020. Disponível em: <https://www25.senado.leg.br/web/atividade/materias/-/materia/141944>.

A Lei n. 9.504/97 determina que é crime a divulgação de qualquer espécie de propaganda de partidos políticos e de seus candidatos. Porém, a Resolução TSE n. 23.404, que dispõe sobre propaganda eleitoral e condutas ilícitas em campanha eleitoral nas eleições de 2014, estabeleceu que a propaganda realizada por meio da Internet no *site* do candidato ou em redes sociais não está sujeita a essa vedação.

O TSE já vinha demonstrando essa tendência de flexibilizar a utilização da Internet pelos candidatos, entendendo inclusive que redes sociais como o Twitter eram mais restritas e a posição adotada na resolução reflete esse entendimento. É certo que a lei se sobrepõe à resolução, mas há de ser considerado que o TSE é a última instância da Justiça Eleitoral e provavelmente fará uma interpretação da lei de acordo com o seu próprio entendimento.

Dessa forma, considerando o entendimento advindo com a resolução das eleições de 2014, pode ser possível recuperar conteúdos com propostas tanto no Facebook, como no Twitter, assim como postar nessas redes sociais simulações de como votar e cobrir o último ato público do candidato. É possível, inclusive, no dia da eleição, cobrir o voto do candidato, não sendo necessário deixar de fazer publicações no *site* do candidato ou nas redes sociais.

Todavia, comportamentos mais ativos, como envio de mensagens eletrônicas de qualquer espécie, inclusive WhatsApp[503], desde 48 horas antes até 24 horas depois da eleição, podem ser entendidos como boca de urna ou propaganda eleitoral irregular.

Pela Lei Eleitoral, há uma diferença entre os perfis de candidatos, coligações e partidos e os perfis institucionais (de instituições públicas ou de cargos a que estejam relacionados ou que tenham tido exercício).

Qualquer um dos perfis pode estar sujeito a penalidades por propaganda extemporânea, ou seja, propaganda efetuada em período anterior ao dia 5 de julho, mas os perfis institucionais não devem fazer qualquer tipo de propaganda para candidato, coligação e partido em período algum, pois pode ficar caracterizada como abuso do poder político. Além disso, os perfis institucionais durante o período eleitoral não podem fazer qualquer tipo de propaganda própria institucional, conforme determina art. 73 da Lei n. 9.504/97.

Por isso, faz toda a diferença qual é o conteúdo postado, publicado, compartilhado, quando a assunto é eleições digitais. Se ele tiver um caráter de apresentar

---

503. Como o serviço de whatsapp diverge dos serviços de redes sociais, *sites* do candidato e *blogs*, ele pode ser caracterizado como boca de urna, uma vez que a mensagem nesse período será enviada ao eleitor. Diferente dos casos de *sites, blogs* e redes sociais em que é o eleitor que busca ter acesso à informação por ato de vontade sua nas plataformas.

informações necessárias à população com caractere contemporâneo e bastante objetivo, que não tem intenção de promover a administração em curso, não teria natureza de propaganda institucional nem feriria a Lei Eleitoral.

Na nossa visão, o eleitor está cada vez mais digital e conforme esta nova geração chega às urnas ela só pode conhecer, ter informação de candidatos, partidos, propostas via Internet (site, redes sociais etc.). Logo, há como trabalhar este meio de forma institucional e não ser considerado propaganda extemporânea, mas tem que validar muito bem o conteúdo a ser compartilhado. Veja os casos do ativista conhecido no Twitter como @egghead, o caso Obama e Henrique Caprilles.

Sendo assim, o que se espera é que nos próximos anos fique ainda mais acirrada a disputa nos *mouses,* celulares, *tablets* e perfis de mídias sociais de toda uma nova geração de cidadãos digitais. Os estrategistas políticos precisarão criar peças específicas para Internet, como foi feito na campanha do Obama; não se pode usar esta mídia como se fosse comunicação de massa. Este será um grande desafio. Ao final, esperamos que nas próximas eleições os candidatos também possam mostrar mais ética na disputa do pleito, para servir de exemplo de cidadãos digitalmente corretos que sabem extrair o melhor que este meio pode proporcionar.

8.54. Espionagem eletrônica

Para iniciar o estudo sobre espionagem eletrônica, é essencial analisar o cenário no qual a Sociedade Digital está inserida. Com o crescente uso de tecnologia por pessoas e empresas, o que faz com que fiquemos cada vez mais conectados, a possibilidade de ocorrência de espionagem pela via eletrônica também cresce[504], facilitada ainda pela falta de prevenção e proteção, já que não há um hábito de segurança da informação estabelecido em nível cultural.

Logo, a cada dia que passa, aumenta o número de empresas vítimas de espionagem eletrônica no mundo[505] e também no Brasil. De certo modo, vivemos uma realidade mais monitorada, e mais espionada. Além disso, há uma sutil

---

504. Relatório do FBI denominado *Internet Crime Report* 2013. Disponível em: <http://www.ic3.gov/media/annualreport/2013_IC3Report.pdf>.

505. Isso ocorreu com a consultoria Booz Allen Hamilton, em que um executivo recebeu um *e-mail* cujo conteúdo tratava da descrição de aviões, motores e equipamentos para radar, mas o mesmo continha um código conhecido como "Poison Ivy" (espécie de cavalo de troia) destinado a capturar os dados. Logo, no momento que o executivo selecionasse as imagens para ver, o mesmo seria baixado e instalado no computador, e a partir de então passaria a espionar tudo o que ele fizesse no computador (Fonte: <http://www.businessweek.com/magazine/content/08_16/b4080032218430.htm>).

diferença entre o limite do que é considerado "inteligência competitiva" e onde começa a prática de espionagem[506] nas empresas.

Há vários tipos de espionagem eletrônica, entre elas, a mais comum é chamada de *Sigint*[507] (*signals intelligence*) que se originou na interceptação, decodificação, tradução e análise de mensagens por uma terceira parte além do emissor e do destinatário pretendido.

Normalmente, a vulnerabilidade é interna[508], ou seja, no início, nos anos 70 e 80, quando se falava de espionagem eletrônica sempre se estava referindo a um "ataque *hacker*", a uma invasão. Mas isso mudou.

---

506. Notícia: IT WEB datada de 15-7-2008 — Atul Malhotra, que foi vice-presidente de serviços de imagem e impressão da HP, foi condenado por roubo de segredos comerciais da IBM. Seu julgamento ocorrerá em outubro, e ele pode pegar dez anos de prisão, multa de US$ 250 mil e três anos de liberdade assistida. Entre 1997 e 2006, Malhotra, de 42 anos, trabalhou na IBM como diretor de desenvolvimento de negócios e vendas em Santa Barbara (EUA). Um mês antes de sair da companhia, ele pediu e recebeu um documento chamado CC (*Calibration Metrics*), um arquivo de preços marcado como confidencial. E foi advertido por um coordenador da área de preços a não redistribuir a informação. Em maio de 2006, Malhotra começou a trabalhar na HP, como vice-presidente de serviços de imagem e impressão. Em julho, ele enviou o documento confidencial da IBM, por *e-mail*, a colegas da HP. Os documentos que tramitam na justiça norte-americana não especificam como os *e-mails* de Malhorta foram detectados. O que se sabe é que ele usou o assunto "Apenas para você ver — confidencial" no campo assunto das mensagens.

507. Formas de Coleta de Informações, segundo Marco A. C. Cepik, autor de *Espionagem e democracia*:

- *Humint* (human intelligence) — "... o acrônimo em inglês que designa essa disciplina é um eufemismo tipicamente norte-americano, incorporado ao jargão internacional porque evita o uso do termo espião...".
- *Sigint* (signals intelligence) — "... originou-se de interceptação, decodificação, tradução e análise de mensagens por uma terceira parte além do emissor e do destinatário pretendido...".
- *Imint* (imagery intelligence) — "... posterior ao uso da aviação militar para reconhecimento e vigilância, durante e após as duas guerras mundiais do século XX. (...) Desenvolvimento de 'imint' como uma disciplina especializada de coleta de informações deu-se fundamentalmente a partir da associação entre o uso de câmeras fotográficas e plataformas aeroespaciais".
- *Masint* (measurement and signature intelligence) — "No contexto norte-americano, fazem parte da área de 'masint' desde a coleta e o processamento técnico de imagens hiperspectrais e multiespectrais até a interceptação de sinais de telemetria de mísseis estrangeiros... Passando pelo monitoramento de fenômenos geofísicos, pela medição dos níveis de radiação nuclear ...".
- *Osint* (open sources intelligence) — "... consiste na obtenção legal de documentos oficiais sem restrições de segurança, da observação direta e não clandestina dos aspectos políticos, militares e econômicos da vida interna de outros países...".

508. Conhecida como "risco *insider*". O "espião interno" é considerado um "agente infiltrado". Na história, há vários casos famosos:

A fragilidade está nas pessoas, principalmente no colaborador, seja ele próprio ou de empresa fornecedora (terceirizado), por diversos tipos de motivação[509], é envolvido para permitir o acesso ao ambiente (deixar a porta aberta), ou ele mesmo agir em nome de quem o contratou (pode ser coletando e enviando informações, pode ser apagando as mesmas na rede, entre outras situações). Há ainda o "laranja", que seria aquela pessoa envolvida na espionagem por ingenuidade, inocência, ou até mesmo negligência.

Não há um crime específico de "espionagem eletrônica"; na verdade, a conduta está tipificada em alguns artigos do Código Penal[510] e da Lei de Propriedade Industrial n. 9.279/96 (Marcas e Patentes)[511] e pode envolver

---

— *Juan Pujol Garbo*: forneceu informações erradas ao Exército alemão, o que possibilitou o desembarque na Normandia (dia D). Foi até condecorado pelos nazistas pelos seus "feitos". Sua identidade ficou desconhecida por mais de 40 anos.

— *Dussan Dusko Popov*: iugoslavo trabalhou para os ingleses na 2ª Guerra Mundial. Descobriu com detalhes o plano de ataque aos americanos. Repassou diversas informações falsas aos alemães (prática de desinformação).O personagem James Bond é inspirado nele.

— *Eli Cohen*: forneceu informações fundamentais para a vitória de Israel na Guerra dos 6 dias. Conseguiu se infiltrar no mais alto escalão do governo da Síria. Quase foi convidado para ser ministro da Defesa e foi o 3º na lista de sucessão para a presidência da própria Síria.

— *Robert Hanssen*: agente do FBI, Hanssen invadiu o computador de Ray Mislock, oficial sênior de contrainteligência. Vendeu para a KGB (atual FSB) a identidade de agentes secretos alocados no leste europeu e comprometeu diversas operações.

— *Aldrich Hazen Ames*: foi preso pelo FBI em Arlington, Virginia, sobre acusações de espionagem em 24 de fevereiro de 1994. No momento da sua detenção, Ames era um veterano de 31 anos de Agência Central de Inteligência (CIA), espionava para os russos desde 1985. Ele foi preso com sua esposa, Rosario Ames, cúmplice de suas atividades de espionagem.

509. Motivação (motivo para ação), segundo Ira Winkler em *Spies Among Us:*

• Dinheiro — motivo mais óbvio;

• Ideologia — algumas pessoas se sentem compelidas a se colocar em risco por uma causa (*vide* fanáticos religiosos);

• Chantagem (extorsão) — uso de informações do passado pessoais ou não que possam constranger ou coagir indivíduo a realizar ação indesejada;

• Ego — o simples fato de se achar mais esperto, merece mais que os demais colegas ou ainda por vingança. Fator puramente psicológico.

510. *Violação segredo profissional* "Art. 154. Revelar alguém, sem justa causa, segredo, de que tem ciência em razão de função, ministério, ofício ou profissão, e cuja revelação possa produzir dano a outrem: Pena — detenção, de três meses a um ano, ou multa. (...)".

Violação direito autoral "Art. 184. Violar direitos de autor e os que lhe são conexos: Pena — detenção, de três meses a um ano, ou multa".

511. "Art. 195 (crime de concorrência desleal) Comete crime de concorrência desleal quem: (...) III — emprega meio fraudulento, para desviar, em proveito próprio ou alheio, clientela de outrem; (...) IX — dá ou promete dinheiro ou outra utilidade a empregado de concorrente, para que o empregado, faltando ao dever do emprego, lhe proporcione vantagem; (...) XI

também as ações (forma de execução) que foram utilizadas para atingir o êxito[512]. Devido a isso, inclusive, é muito difícil punir a tentativa de espionagem. No entanto, quando a empresa toma conhecimento, pode no mínimo rescindir o contrato de trabalho, quer seja por previsão do art. 482 da Consolidação das Leis do Trabalho[513], seja por cláusula de contrato de prestação de serviços regida pelo Código Civil.

Mas como se proteger da espionagem? Com a facilidade de uso das ferramentas de trabalho tecnológicas, as informações da empresa vazam por todos os lados, desde o uso do *e-mail* até o uso da porta USB do computador (com dispositivos como *pen drive*, aparelho MP3, Câmeras fotográficas, entre outros). De colaboradores mal-treinados a mal-intencionados que fornecem informações, bem como fornecedores e terceirizados que possuem livre acesso e não estão nem orientados nem comprometidos contratualmente com segurança da informação são os ingredientes necessários para o incidente.

No dia a dia corporativo é comum altos executivos necessitarem de equipes de apoio, de secretárias a assistentes, e, muitas vezes, compartilhar sua senha com eles. Logo, quanto mais se sobe no nível hierárquico, maior o cuidado que se deve ter com segurança da informação, mas, ao mesmo tempo, maior probabilidade de as regras não serem cumpridas por quem está no topo da pirâmide.

— divulga, explora ou utiliza-se, sem autorização, de conhecimentos, informações ou dados confidenciais, utilizáveis na indústria, comércio ou prestação de serviços, excluídos aqueles que sejam de conhecimento público ou que sejam evidentes para um técnico no assunto, a que teve acesso mediante relação contratual ou empregatícia, mesmo após o término do contrato; XII — divulga, explora ou utiliza-se, sem autorização, de conhecimentos ou informações a que se refere o inciso anterior, obtidos por meios ilícitos ou a que teve acesso mediante fraude; (...) Pena — detenção, de 3 (três) meses a 1 (um) ano, ou multa."

512. Dependendo do caso, deve-se analisar completamente o *modus operandi* para o correto enquadramento da conduta, que pode configurar o crime de concorrência desleal, o crime de violação de direito autoral, o crime de violação de segredo profissional, o crime de falsa identidade, o crime de dano, o crime de furto, o crime contra o sistema financeiro, entre outros.

513. "Art. 482. Constituem justa causa para rescisão do contrato de trabalho pelo empregador: *a*) ato de improbidade; *b*) incontinência de conduta ou mau procedimento; *c*) negociação habitual por conta própria ou alheia sem permissão do empregador, e quando constituir ato de concorrência à empresa para a qual trabalha o empregado, ou for prejudicial ao serviço; *d*) condenação criminal do empregado, passada em julgado, caso não tenha havido suspensão da execução da pena; *e*) desídia no desempenho das respectivas funções; *f*) embriaguez habitual ou em serviço; *g*) violação de segredo da empresa; *h*) ato de indisciplina ou de insubordinação; *i*) abandono de emprego; *j*) ato lesivo da honra ou da boa fama praticado no serviço contra qualquer pessoa, ou ofensas físicas nas mesmas condições, salvo em caso de legítima defesa, própria ou de outrem; *k*) ato lesivo da honra ou da boa fama ou ofensas físicas praticadas contra o empregador e superiores hierárquicos, salvo em caso de legítima defesa, própria ou de outrem; *l*) prática constante de jogos de azar; m) perda da habilitação ou dos requisitos estabelecidos em lei para o exercício da profissão, em decorrência de conduta dolosa do empregado".

Por que a secretária tem que ter a senha do chefe? Como garantir governança corporativa em uma empresa em que haja segregação de funções, ou seja, mais de uma pessoa é necessária para executar uma atividade de alto risco e impacto crítico no negócio, de modo que sozinho não deveria conseguir fazer um grande estrago na empresa. Mas o que normalmente acontece é um saber a senha do outro colega, dentro de um combinado para fazer o trabalho fluir mais rápido. Isso é completamente indevido, inadequado e quebra regras de conduta exigidas inclusive na assinatura de Códigos de Ética de conformidade com a Sarbanes-Oxley[514].

Além disso, é preciso vigiar os terceirizados, já que eles possuem livre acesso a vários tipos de informação, além de na área de TI serem responsáveis, em muitos casos, em dar suporte aos usuários (tipo *Help Desk*), ou seja, é boa prática ter um Código de Conduta do Terceirizado com assinatura de termo de responsabilidade do funcionário terceirizado e a empresa contratada com a entrega de uma via para a empresa contratante.

Mas por que as ameaças internas são piores que as externas? Primeiramente, devido a maior chance de sucesso associado a menor chance de ser apanhado. Além disso, é muito mais fácil desenvolver uma ferramenta e mecanismos de vigilância para identificar uma invasão do que conseguir perceber uma conduta suspeita de um usuário legítimo, ou seja, sem o devido preparo do terreno, praticamente os casos de espionagem só são pegos por denúncia e, mesmo assim, muitas vezes, nada se pode fazer devido à falta de provas ou sua origem ilícita.

Destaque-se, por oportuno, que a prova em um caso de espionagem é fundamental. Sem prova não há nada a fazer; logo, a questão da perícia digital, do uso de computação forense, torna-se crítica para o deslinde da situação. Em muitos casos, apesar de se saber quem foi, não se pode punir a pessoa, pois as provas não foram coletadas da forma adequada, ou seja, não houve preservação do ambiente, ou não houve registro dos *logs*, ou estes foram registrados mas logo em seguida apagados, não houve solicitação de evidências para as testemunhas-máquinas de terceiros (provedores, outros) rapidamente, não houve perícia técnico-jurídica com uso de computação forense no computador, caixa postal de *e-mail*, entre outros.

Logo, os principais atributos de vantagem de um *insider* consistem no fato de normalmente seu acesso ser legítimo (tem a senha da rede); ele consegue

---

514. *Sarbanes–Oxley Act of 2002* é uma lei estadunidense, assinada em 30 de julho de 2002. Disponível em: <http://www.gpo.gov/fdsys/pkg/PLAW-107publ204/html/PLAW -107publ204.htm>.

praticar melhor engenharia social normalmente persuadindo outros colegas, manipulando a ingenuidade, inocência ou até mesmo a negligência das pessoas ao seu redor.

Para se proteger é essencial alinhar uma estratégia que amarra aspectos técnicos e jurídicos, com uso de alguns *softwares* de monitoramento[515], com a devida adequação legal para que ele possa ser feito sem riscos para a empresa. Além disso, é essencial a definição de alguns processos e sua documentação em norma própria, alinhando com as melhores práticas de mercado[516] e, acima de tudo, conscientização dos usuários de maior acesso a informações privilegiadas, dos gestores ao conselho.

Logo, para combater espionagem é essencial aplicar medidas em três níveis: físico, lógico e comportamental[517], considerando:

---

515. De acordo com Celso Hummel, especialista em Segurança da Informação no Brasil, "avanços tecnológicos sem os devidos cuidados facilitam a ação dos fraudadores. Uma empresa bem protegida e capaz de reagir adequadamente aos crimes digitais pode diminuir perdas e recuperar receita em números expressivos caso seja vítima de espionagem industrial".

516. ABNT NBR ISO/IEC 27001:2013, norma que cobre todos os tipos de organizações (por exemplo, empreendimentos comerciais, agências governamentais, organizações sem fins lucrativos). Esta Norma especifica os requisitos para estabelecer, implementar, operar, monitorar, analisar criticamente, manter e melhorar um SGSI documentado dentro do contexto dos riscos de negócio globais da organização. Ela especifica requisitos para a implementação de controles de segurança personalizados para as necessidades individuais de organizações ou suas partes; ABNT NBR ISO/IEC 27002:2013, que estabelece diretrizes e princípios gerais para iniciar, implementar, manter e melhorar a gestão de segurança da informação em uma organização. Os objetivos definidos nesta Norma provêm diretrizes gerais sobre as metas geralmente aceitas para a gestão de segurança da informação.

517. É um equívoco acreditar que a segurança está garantida mediante um único controle. Conforme a "Teoria das Barreiras", a segurança é garantida pelo conjunto de medidas, e não apenas uma isolada:

— Barreira 1 — Desencorajar — é a barreira mais comum e consiste em fazer uso de câmeras de vídeo, avisos de segurança e alarme. Esta é a primeira das barreiras de segurança e cumpre papel importante de desencorajar as ameaças.

— Barreira 2 — Dificultar — dispositivos de autenticação de acesso físico com roletas, detectores, *firewall*. O objetivo desta barreira é complementar a anterior através da adoção efetiva dos controles que irá dificultar o acesso indevido.

— Barreira 3 — Discriminar — definir perfis e permissões. Aqui, o importante é se cercar de recursos que permitam identificar e gerir acessos, definindo perfis e autorizando permissões.

— Barreira 4 — Detectar — monitoramento e auditoria, detecção de intrusão. Mais uma vez agindo de forma complementar às suas antecessoras, esta barreira deve munir a solução de segurança de dispositivos que sinalizem, alertem e instrumentem os gestores de segurança na detecção de situações de risco.

— Barreira 5 — Deter — bloqueio de acesso lógico ou físico. Esta quinta barreira representa o objetivo de impedir que a ameaça atinja os ativos que suportam o negócio.

a) criação de controles mais rígidos na área de Recursos Humanos, pois a maioria dos *insiders* possui um histórico de violação a políticas corporativas e/ou prática de crimes, mas há também informações sobre atividades extratrabalho, como família e mesmo em Orkut e *blog* da pessoa que revelam muitas vezes o que está acontecendo;

b) fazer segregação de função, mas rever com frequência os acessos e, se possível, amarrar não apenas o *login* do usuário com uma senha, mas também a uma identidade de máquina;

c) criação de equipes com atividades específicas, a fim de que determinada tarefa que envolva confidencialidade ou risco não fique atrelada a somente um indivíduo, e sim a um grupo, a fim de cada um exerça uma fiscalização sobre o outro;

d) uso de *softwares* de monitoramento eletrônico, pois vigiar é essencial;

e) desenvolvimento e aplicação de Políticas de Segurança da Informação;

f) regulamentação do uso de dispositivos móveis, com bloqueio de portas USB, por exemplo, restrições de uso de determinadas mídias;

g) execução de ações de conscientização que englobem todos os funcionários, terceirizados e gestores (de nada adianta os chefes não serem conscientizados, pois cabe a eles dar o exemplo);

h) criação de um canal de denúncia anônimo;

i) preparar o terreno para a adequada coleta das provas. Nesse sentido, é fundamental guardar os *logs* da rede, guardar os *e-mails* originais (eletrônicos), dados de acesso, entre outros;

j) seguir o "princípio do menor privilégio", ou seja, garantir acesso ao que é estritamente necessário;

k) ter classificação da informação bem definida e aplicada;

l) realizar testes de vulnerabilidade e simulações de *black bag*[518].

Com a aplicação desses controles, certamente não eliminaremos a atividade do *insider*, mas reduziremos a probabilidade de ocorrência dessa situação e permitiremos pegar o infrator com a mão na máquina, literalmente.

— Barreira 6 — Diagnosticar — aprendizado e fortalecimento do ciclo de segurança. É essencial aprender com o incidente para aumentar o grau de segurança e evitar nova ocorrência.

518. *Black bag* — operações militares de infiltração com objetivo de sabotagem ou furto e/ou extração de pessoas. Simulação de *black bag* é a alocação de um indivíduo, terceiro ou não, para testar tanto a segurança lógica como física e diagnosticar os pontos falhos.

Por último, não podemos esquecer que na Sociedade Digital ainda há muitos conflitos em andamento e que estão por vir devido à queda das barreiras físicas, tornando os países cada vez mais expostos e sujeitos a espionagem por outros. No entanto, tendo em vista a dificuldade que os atacantes encontram para atacar alvos militares e de inteligência, é bastante comum o iniciar em terceiro — normalmente prestador de serviço — e daí fazer o ataque à instituição alvo[519]. De que adianta tomar todas as precauções, mas não ter qualquer recomendação e/ou controle sobre nível de segurança dos terceiros prestadores de serviço para empresa?

Com a baixa cultura de segurança da informação nas empresas, associada à característica solícita do brasileiro, o espião não precisa mais invadir ou interceptar, ele entra pela porta da frente. Precisamos estar mais atentos, sob pena de responsabilidade por negligência e omissão, conforme reza o art. 1.016 do Código Civil.

8.55. Proteção de dados pessoais

A segurança da informação sempre encontrou uma barreira natural na privacidade. Afinal, se a monitoração e a vigilância são essenciais para prevenção de incidentes na Sociedade Digital, como fica a questão da privacidade neste mundo tão vigiado?

Há quem justifique o aumento da vigilância na Internet, que muitas vezes ultrapassa os limites da ética e da legitimidade e esbarra na espionagem digital, na tese do "Utilitarismo"[520].

O Utilitarismo é uma doutrina originada na Inglaterra e que tem como autores centrais Jeremy Bentham (1748-1832) e John Stuart Mill (1806-1873). É curioso o fato de que Bentham foi o mestre de Stuart Mill, pensador responsável pela criação das bases da democracia liberal. O pensamento utilitarista é importante na história, de modo que influenciou o pensamento ético-filosófico, econômico e jurídico em todo o mundo durante pelo menos dois séculos. Essa escola do pensamento também recebe o nome de moralismo britânico, pensamento radical, liberalismo clássico e positivismo inglês.

---

519. Para mais informações sobre guerra cibernética, acesse: http://www.senado.gov.br/noticias/Jornal/emdiscussao/defesa-nacional/razoes-para-a-implementacao-da-estrategia-nacional-de-defesa/inimigos-invisiveis-a-guerra-cibernetica.aspx.

520. Disponível em: <http://jus.com.br/artigos/20642/etica-e-direito-no-utilitarismo--de-jeremy-bentham#ixzz3FYzYGHu4>.

Luis Alberto Peluso[521] destaca que essa foi a primeira escola filosófica originária do mundo de fala inglesa, sendo essa doutrina bastante atual, já que seus argumentos e formas de raciocínio são muito utilizados nos processos decisórios de âmbito particular, militar ou político, haja vista que esse modelo é focado nas consequências das ações.

Portanto, trata-se de uma teoria ética consequencialista, na qual se definem anteriormente os bens a serem atingidos ou protegidos. E o direito seria o meio de consegui-los. Uma curiosidade. Essa doutrina também inspirou, quiçá, programas contemporâneos de entretenimento, na linha dos *reality shows*, como o famigerado *Big Brother*. Qualquer semelhança com o pan-óptico de Bentham[522] poderá não ser mera coincidência.

Mas o aumento do vigilantismo leva a esse perigoso senso de que não importam mortos, feridos, ou direitos revogados, tudo é colateral para se alcançar o resultado, a Justiça está apenas nos olhos que observam fixos o monitor.

Desde o episódio do 11 de setembro de 2001, os EUA vêm sendo acusados por "vigiar" tudo e a todos através das comunicações digitais[523]. De certo modo, esse tema foi um dos que alavancaram a própria aprovação do Marco Civil da Internet brasileira em 2014.

Dentre os diversos problemas relacionados à rede virtual global, a espionagem internacional digital e a consequente violação do direito à privacidade dos usuários são os problemas mais conhecidos e que preocupam a todos. Nesse contexto, importante destacar que ainda não existem instituições que pontuem até onde os governos ou empresas — assim como os serviços de segurança — podem ir no que diz respeito à privacidade. Mas há dois Organismos Internacionais que têm tomado certo destaque no tocante a apresentar recomendações relacionadas a privacidade e proteção de dados, e têm sido a OCDE e a Unesco.

---

521. *Ética & utilitarismo*. Campinas: Átomo & Alínea, 1998, p. 202.

522. Bentham escreveu vários livros, como *Fragmento sobre o governo* e *Introdução aos princípios da moral e da legislação*. Ele criou a palavra "deontologia", ou seja, o conjunto de princípios morais e legais aplicados às atividades profissionais. A expressão Direito Internacional também é uma criação atribuída a Bentham; antes utilizava-se o termo "Direito das Gentes". Tornou-se uma pessoa influente e seu grupo ajudou a fundar a Universidade de Londres. Morreu aos 84 anos, em 1832. Seu cadáver foi embalsamado e disposto na Universidade de Londres. Toda vez que o colegiado se agrega, o cadáver de Bentham participa da reunião.

523. "The US government may hack into servers outside the country without a warrant, the Justice Department said in a new legal filling in the ongoing prosecution of Ross Ulbricht. The government believes that Ulbricht is the operator of the Silk Road illicit drug website." Disponível em: <http://arstechnica.com/tech-policy/2014/10/us-says-it-can-hack-into-foreign--based-servers-without-warrants/>.

Já em 2014, durante o Fórum Global da Governança na Internet em Istambul, na Turquia, iniciou-se uma discussão acerca da melhoria do uso da *web* com enfoque na proteção dos direitos fundamentais — como o da privacidade e segurança. De todas as discussões que o assunto tem gerado, conclui-se que a garantia do apoio real de diversos países na busca da construção de uma Internet factualmente global e democrática é um dos principais desafios para a melhoria do uso do espaço virtual, tendo em vista que ainda é possível observar a presença de governos autoritários ou países pontualmente preocupados com problemas como o terrorismo e a segurança.

O Brasil assumiu um papel de protagonista nessas discussões desde que a presidente Dilma Rousseff questionou em 2013 a espionagem internacional realizada pelos EUA e pediu um novo modelo de governança global da Internet, no plenário da ONU.

Logo, o direito de proteger suas informações privadas é um direito que o Brasil reivindica e quer ver ocorrer na Internet. A governança multissetorial é basicamente a garantia da liberdade de expressão, da privacidade dos indivíduos, do respeito aos direitos humanos, uma governança democrática e multissetorial da Internet.

Embora não tenha poder de decisões ou de acordos, o Fórum Global da Governança na Internet tem a vantagem de amplificar as demandas por práticas mais respeitosas na *web*.

Atualmente, há uma comparação entre a discussão sobre a governança global da Internet e as complexas negociações sobre as mudanças climáticas, que já duram décadas e resultaram em avanços tímidos. Da mesma maneira, cada tema relativo à rede é tratado em um fórum específico e não cabe à ONU dizer o que pode ou não um país fazer do ponto de vista de espionagem de cidadãos.

A natureza público-privada, de interesse coletivo da Internet, exige que sua estrutura seja tratada em um âmbito global[524]. Por exemplo, poderia haver um maior esforço legal para dizer que o fato de um cabo ótico no oceano passar por uma determinada cidade ou país não quer dizer que ele possa ser monitorado, da mesma maneira que eu imagino que, quando envio uma carta, as cidades e países por onde a carta passou não abriram a correspondência.

Por certo, a regulamentação sobre a proteção de dados pessoais é um tema extremamente importante no momento atual da sociedade digital, visto que se

---

524. Um nítido exemplo disso foi dado com o início da vigência do GDPR (General Data Protection Regulation) em 2018, uma legislação que trouxe impactos globais na compreensão econômica e jurídica de como deve ser realizado o tratamento de dados pessoais.

presta justamente a regular a atividade de tratamento de dados pessoais, que acabaram se tornando verdadeira "moeda" na Internet, além de compor a avaliação dos ativos de empresas digitais.

O Regulamento Europeu de Proteção de Dados, também conhecido pela sigla GDPR (General Data Protection Regulation), que substituiu a Diretiva Europeia 95/46/CE, tem sido, então, a principal fonte de inspiração para leis sobre o tema em diversos países, inclusive no Brasil.

No caso da experiência brasileira, a legislação de proteção de dados nacional foi originária do PLC n. 53/2018, e foi promulgada pelo Presidente Michel Temer em agosto do mesmo ano.

Com a Lei n. 13.709/2018 inaugurou-se um novo marco legal brasileiro para as instituições privadas e públicas. Isso porque a Lei Geral de Proteção de Dados Pessoais, ou LGPD, discorre acerca da proteção dos dados pessoais dos indivíduos em qualquer relação que envolva o tratamento de informações que possam ser enquadradas como dados pessoais, ou seja, que estejam relacionadas a uma pessoa natural identificada ou identificável e que sejam tratadas em qualquer meio ou suporte, seja por pessoa jurídica ou por pessoa física.

É uma regulamentação considerada bastante técnica e que traz mais do que regras e diretrizes: traz princípios, direitos e obrigações relacionados ao uso das bases de dados pessoais, um importante e relevante ativo na sociedade atual.

Importante destacar que o objetivo da LGPD é proteger os direitos fundamentais de liberdade e de privacidade e o livre desenvolvimento da personalidade da pessoa natural, por meio da premissa da boa-fé para todo o tipo de tratamento de dados pessoais.

O texto legal traz uma série de princípios e itens de controles técnicos para alcançar a adequada governança da segurança das informações, de modo a assegurar o cumprimento das garantias previstas, sendo o cerne do desenvolvimento de seu conteúdo a proteção dos direitos humanos. A norma é notavelmente inspirada pelo Regulamento Europeu de Proteção de Dados Pessoais (GDPR)[525].

---

525. Este regulamento "ocasionou um 'efeito dominó', visto que passou a exigir que os demais países e as empresas que buscassem manter relações comerciais com a UE também deveriam ter uma legislação de mesmo nível que o GDPR. Isso porque o Estado que não possuísse lei de mesmo nível passaria a poder sofrer algum tipo de barreira econômica ou dificuldade de fazer negócios com os países da UE. Considerando o contexto econômico atual, esse é um luxo que a maioria das nações, especialmente as da América Latina, não poderia se dar" (PINHEIRO, Patricia Garrido Peck. *Proteção de Dados Pessoais: comentários à Lei n. 13.709/2018 (LGPD)*. 2. ed. São Paulo: SaraivaJur, 2020).

A Lei n. 13.709/2018 está dividida em 10 capítulos, com 65 artigos. Comparativamente, ela é menor que a sua referência europeia (GDPR), que possui 11 capítulos, com 99 artigos. Em resumo, temos o seguinte:

- Capítulo I — Disposições Preliminares (arts. 1º ao 6º).
- Capítulo II — Do Tratamento de Dados Pessoais (arts. 7º ao 16): possui Seção I (Dos Requisitos para o Tratamento dos Dados), Seção II (Do Tratamento de Dados Pessoais Sensíveis), Seção III (Do Tratamento de Dados Pessoais de Crianças e Adolescentes) e Seção IV (Do Término do Tratamento de Dados).
- Capítulo III — Dos Direitos do Titular (arts. 17 ao 22).
- Capítulo IV — Do Tratamento de Dados Pessoais pelo Poder Público (arts. 23 ao 32): possui Seção I (Das Regras) e Seção II (Da Responsabilidade).
- Capítulo V — Da Transferência Internacional de Dados (arts. 33 ao 36).
- Capítulo VI — Dos Agentes de Tratamento de Dados Pessoais (arts. 37 ao 45): possui Seção I (Do Controlador e do Operador), Seção II (Do Encarregado pelo Tratamento de Dados Pessoais) e Seção III (Da Responsabilidade e do Ressarcimento de Danos).
- Capítulo VII — Da Segurança e das Boas Práticas (arts. 46 ao 51): possui Seção I (Da Segurança e do Sigilo de Dados) e Seção II (Das Boas Práticas e da Governança).
- Capítulo VIII — Da Fiscalização (arts. 52 ao 54): possui Seção I (Das Sanções Administrativas).
- Capítulo IX — Autoridade Nacional de Proteção de Dados (ANPD) e do Conselho Nacional de Proteção de Dados Pessoais e da Privacidade (arts. 55 ao 59): possui Seção I (Da Autoridade Nacional de Proteção de Dados Pessoais (ANPD) e Seção II (Do Conselho Nacional de Proteção de Dados Pessoais e da Privacidade) — veto presidencial.
- Capítulo X — Disposições Finais e Transitórias (arts. 60 ao 65).

Portanto, a versão nacional é mais enxuta e em alguns aspectos deixou margem para interpretação mais ampla, trazendo alguns pontos de insegurança jurídica por permitir espaço para subjetividade onde deveria ter sido mais assertiva. Um exemplo disso ocorre em relação à determinação de prazos: enquanto o GDPR prevê prazos exatos, como de 72 horas, a LGPD prevê "prazo razoável".

Importante notar que a regulamentação foi posteriormente modificada pela MP n. 869/2018, a qual foi convertida na Lei n. 13.853/2019, que trazia a criação da Autoridade Nacional de Proteção de Dados (ANPD), peça-chave nesse processo de aderência, padronização e cumprimento das normas. Por definição, trata-se de um órgão da administração pública responsável por zelar e implementar a lei em todo o território nacional. Ou seja, tem o objetivo de proteger os direitos fundamentais de liberdade e privacidade, orientar, promover e fiscalizar o cumprimento da LGPD, além de aplicar sanções em casos de violação no tratamento de dados.

Sua estrutura foi determinada por meio do Decreto n. 10.474, de 26 de agosto de 2020[526]. Conforme estabelecido, o órgão fica subordinado à Presidência da República (vinculada à Casa Civil), e quase todas as nomeações são feitas pelo presidente — não apenas do Conselho Diretor, como também a decisão final sobre as indicações para o Conselho Consultivo.

Vale lembrar que a ANPD[527] foi elaborada para ajudar a proteger o mercado e a implementar a proteção de dados, numa atuação de garantir o cumprimento e o melhor proveito da regulamentação, seja por meio de normas complementares e pareceres técnicos, seja por procedimentos de inspeção. Por isso, o mundo ideal seria ter uma autoridade nacional independente, com meios de alcançar eficiência e sustentabilidade, para inclusive estarmos de acordo com o General Data Protection Regulation (GDPR), conforme previsto na lei.

Além disso, toda a LGPD foi pensada para dar mais autonomia e fortalecer a proteção da privacidade do titular dos dados. O respeito, a garantia da segurança e transparência ao usuário foram os pontos-chave que nortearam as normas da regulamentação. Atribuir funções de monitoramento e fiscalização a profissionais que não levem em conta a perspectiva do indivíduo, pode acarretar decisões conflituosas e distantes do propósito da legislação.

Ainda houve alteração pela Lei n. 14.010/2020, que prorrogou a aplicação das multas previstas pelo art. 52. Por isso, pontua-se que, apesar de ser uma legislação bem recente, a LGPD já passou por algumas atualizações relevantes[528]. Com sua entrada em vigor desde setembro de 2020, tanto organizações públicas quanto privadas tiveram que rever práticas e processos para ficarem em conformidade na coleta e no tratamento de dados pessoais.

---

526. Decreto n. 10.474, de 26 de agosto de 2020. Disponível em: <https://pesquisa.in.gov.br/imprensa/jsp/visualiza/index.jsp?data=27/08/2020&jornal=515&pagina=6>.

527. No dia 28 de janeiro de 2021, a ANPD lançou suas diretrizes e calendário de atividades a ser seguido, através da Portaria n. 11, de 27 de janeiro de 2021.

As diretrizes são divididas em três fases centrais, que vão desde a publicação do regimento interno da organização, publicação de regulamentos até o estabelecimento de normas complementares, quando julgar necessário. As três fases serão desenvolvidas ao longo de dois anos.

528. Ver: RIELLI, Mariana Marques. "O processo de construção e aprovação da Lei Geral de Proteção de Dados Pessoais: bases legais para o tratamento de dados em um debate multisetorial", *AASP*, ano XXXIX, n. 144, nov. 2019, p. 7-14.

Em termos gerais, a LGPD introduz direitos ao titulares de dados (acesso à informação, adequação/alteração de dados, apagamento de dados, revogação do consentimento), especifica a ação e a responsabilidade dos agentes de tratamento (realizar o tratamento dentro da finalidade e adequação necessária, com a ciência de que o descumprimento provoca sanções que abrangem advertências, multas simples de até 2% do faturamento — com limite de R$ 50 milhões por infração —, multas diárias, bloqueio dos dados, eliminação dos dados até proibição total das atividades relacionadas ao tratamento de dados pessoais) e condições básicas para a realização do tratamento de dados de forma legítima (consentimento informado do titular de dados, finalidade adequada e indicada, acesso à informação, minimização dos dados e transparência das ações, além de garantias de segurança e privacidade dos dados).

Para implementar o que está previsto na lei, de modo a estabelecer uma governança de privacidade e proteção de dados sustentável, faz-se necessário atuar em três níveis: a) tecnológicos (aplicação de soluções); b) de governança (revisão de contratos e políticas); e c) educacionais (conscientização e treinamento de equipes). Nessa jornada de adequações, de acordo com a visão de Danilo Doneda, devemos considerar que:

> A LGPD, apesar de, como verificado, procurar sistematizar a problemática relacionada ao tratamento de dados pessoais e proporcionar um eixo em torno do qual a disciplina passa a se estruturar, não cumpre essa tarefa meramente com a absorção de elementos já presentes na nossa ordem jurídica. Na verdade, a lei apresenta diversos elementos novos que, por si sós, causaram certo impacto, o fato de consolidarem em uma normativa toda a matéria foi somente o primeiro deles: com a LGPD, passa a integrar o ordenamento toda uma nova série de institutos próprios da disciplina da proteção de dados, de direitos do titular, um enfoque novo de tutela dos titulares é proporcionado pelas regras de demonstração e prestação de contas (*accountability*), são considerados elementos que levam em conta o risco em atividades de tratamento de dados pessoais e muitas outras[529].

Dessa maneira, a LGPD é considerada uma lei complexa de alto impacto, no mesmo nível que ocorreu quando do advento do Código de Defesa do Consumidor, por estabelecer uma série de procedimentos específicos, além de reafirmar princípios que já estavam presentes em outras leis, como a Constituição Federal de 1988 e o próprio Marco Civil da Internet. Além disso, há a necessidade de realizar uma profunda harmonização com legislações em vigor,

---

529. DONEDA, Danilo; MENDES, Laura Schertel; CUEVA, Ricardo V. B. *Lei Geral de Proteção de Dados*. São Paulo: Revista dos Tribunais, 2020, p. 254-255.

como a Lei de Acesso à Informação, que demanda um trabalho cuidadoso de adequação, especialmente no setor público.

Além disso, no caso específico do poder público, é essencial que haja atenção com o capítulo IV, principalmente a partir do art. 23, quando fica delimitado que o tratamento de dados pessoais é regido pelo princípio da transparência e a base legal que legitima a utilização das informações pelas instituições públicas é a persecução do interesse público, sempre limitado à finalidade pública e dentro das competências legais daquela instituição.

Outro ponto importante da legislação são os novos conceitos e atribuições previstas no art. 5º: Controlador (pessoa natural ou jurídica, de direito público ou privado, a quem competem as decisões referentes ao tratamento de dados pessoais), Operador (pessoa natural ou jurídica, de direito público ou privado, que realiza o tratamento de dados pessoais em nome do controlador) e do Encarregado (pessoa indicada pelo controlador e operador para atuar como canal de comunicação entre o controlador, os titulares dos dados e a Autoridade Nacional de Proteção de Dados)[530].

O DPO (ou encarregado de dados) deve, em primeiro lugar, ser alguém com autonomia para exercer uma função fiscalizatória interna. Mas também possui prerrogativas de interlocutor com a ANPD. Sendo assim, o recomendável é que seja um profissional com uma formação mais interdisciplinar, com conhecimentos da nova legislação, conhecimentos sobre governança de bases de dados pessoais, de segurança da informação, mas que tenha habilidade para se relacionar como porta-voz da instituição perante as autoridades e também perante os titulares dos dados, principalmente no caso de ter que cumprir com o dever de reportar situações de incidentes de violações de dados pessoais.

---

530. A compreensão sobre os papéis e atividades destinadas ao controlador e ao operador é muito importante para que se evitem equívocos, já que o entendimento da LGPD é, em grande parte, espelhado pela experiência europeia do GDPR.

Um caso interessante a se analisar é o da publicação feita em 2 de setembro de 2020, pelo Tribunal de Justiça do Distrito Federal e dos Territórios, a "Resolução 9" que institui a Política de Privacidade de Dados do TJDFT. A resolução fez apontamentos equivocados sobre a figura do controlador e do operador de dados: "No TJDFT são operadores (Art. 5º da Res. 9 de 2-9-2020) os servidores e colaboradores que exerçam atividade de tratamento de dados pessoais na instituição ou terceiros, em contratos e instrumentos congêneres firmados com o Tribunal".

De acordo com o entendimento do TJDFT, os funcionários do controlador seriam seus operadores, mas tal entendimento é equivocado, pois a responsabilização por possíveis incidentes do tratamento de dados não pode ser compartilhada com o servidor, é a instituição que responde por tais problemas e não o trabalhador. Age como operador de dados a empresa que for contratada pelo TJDFT para realizar alguma atividade envolvendo o tratamento de dados e não seus servidores.

Com o aumento do número de países adotando leis de privacidade de dados, o DPO é um dos profissionais mais cobiçados e valorizados no momento. Ainda é um perfil em formação, que preferencialmente deve reunir competências técnicas, jurídicas e interpessoais. Não há ninguém hoje totalmente preparado para esta função, que é de grande responsabilidade e exige múltiplas habilidades. Por isso, cresceu a oferta de cursos preparatórios e certificações para DPOs, o que é indicado para quem quer seguir nessa carreira.

O recomendável é que tenha conhecimentos sobre a regulamentação e experiência na realização das atividades que a lei descreve como sendo características da função de DPO, tais como: a) receber reclamações e comunicações dos clientes; b) prestar esclarecimentos e adotar providências; c) receber comunicações da Autoridade Nacional (ANPD); d) ser o porta-voz e interlocutor da instituição para resposta à crise de imagem e incidentes relacionados à privacidade de dados; e) mapear em relatórios onde e de que maneira são utilizados os dados desses clientes nas empresas; f) realizar auditorias para assegurar que os usos dos dados estão em conformidade com a lei; g) orientar funcionários e os contratados da entidade a respeito das práticas de proteção de dados pessoais, sendo um disseminador do tema; e h) executar demais atribuições determinadas pelo controlador ou estabelecidas em normas complementares.

A figura de um DPO é realmente necessária como um profissional que centraliza a discussão sobre conformidade à nova lei e coordena a implementação das melhorias, além de acompanhar a evolução do tema junto da instituição, do mercado e da sociedade. Trata-se de uma atuação relevante na fase de adaptação e nas futuras atualizações, pois a regulamentação precisará amadurecer e sofrerá contextualizações conforme as realidades de cada setor. Um novo momento exige um novo posicionamento e uma mudança grande de cultura, com impactos sociais e econômicos que demandam o apoio e a mediação de um DPO nas instituições.

As organizações também devem se preparar para a aplicação dos papéis de Controlador e Operador, duas funções que trazem responsabilidades específicas dentro da gestão. Classificados como agentes de tratamento, o Controlador é o designado para tomar as decisões relativas ao tratamento de dados pessoais, e o Operador pela realização do tratamento de dados pessoais em nome do Controlador.

Quando há o enquadramento de Controlador, todos que atuam naquela entidade estão sujeitos a essa vinculação. O mesmo vale para um profissional liberal que, no exercício de suas funções (como pessoa física), trata de dados pessoais e precisa atender à legislação. Todos aqueles que possuem controle sobre os dados pessoais durante seu ciclo de vida, que tratam dos dados pessoais com autonomia, com relacionamento direto com o titular, são considerados Controladores.

Em casos de incidentes, por exemplo, é dever da instituição reportar as ocorrências que envolvam violação dos dados pessoais dos usuários. O ônus de apresentação das evidências é da instituição que realiza o tratamento dos dados pessoais, recaindo primeiramente sobre o Controlador dos dados, inclusive quanto a sua temporalidade (por quanto tempo ficou guardado e quando foi descartado).

Já o Operador pressupõe uma nova relação, que é estabelecida com o Controlador e não com o Titular, normalmente por meio de subcontratação, terceirização ou transferência de atividade. Sua atuação é dependente do Controlador e traz responsabilidades específicas que irão recair sobre ele diretamente, inclusive por solidariedade (conforme o art. 42).

Consiste em uma verdadeira jornada de adaptações em prol de se garantir uma maior proteção dos dados pessoais. Assim, instituições públicas e privadas têm o desafio de informar para o usuário, de maneira simples e acessível, quando o dado pessoal é capturado, qual a finalidade e por quanto tempo será usado. Parte de um programa de conformidade para realizar os ajustes necessários que tenham como base quatro pilares: transparência, controle, gestão de consentimento (ou a sua exceção) e segurança de dados pessoais.

Mais que nunca, é pensar a gestão dos dados de modo a criar um ambiente favorável ao entendimento do cidadão, para que não tenha dificuldades se quiser saber quais informações são coletadas, para quais finalidades são utilizadas e quais os meios para exercer seus direitos previstos nos arts. 18 e 19 da lei. Ou seja, é essencial proceder de tal maneira que o usuário entenda quais dados a organização detém, como os utiliza e age para protegê-los.

No dia a dia dos indivíduos, essas regras, aplicações e desvios envolvendo bases de dados pessoais vão desde situações de perfis falsos nas mídias sociais até o uso não autorizado dos dados na oferta ou comunicação de uma empresa. Por isso, no próximo item vamos analisar o que seria o "direito ao esquecimento", que se contrapõe, justamente, ao direito de informação, tão presente na sociedade do conhecimento.

8.56. Direito ao esquecimento

O direito ao esquecimento é o direito que qualquer ser humano possui de ter qualquer fato vexaminoso ligado a sua vida que afete diretamente sua reputação ser esquecido depois de um determinado lapso de tempo pela população através da não veiculação das informações sobre o fato pelas mídias[531].

---

531. Disponível em: <http://blogs.law.harvard.edu/futureoftheinternet/2014/07/14/righting-the-right-to-be-forgotten/>.

Tendo em vista as novas formas de mídias, principalmente a Internet, a propagação rápida da informação cria também outra adversidade: a armazenagem de forma duradoura, dificultando qualquer tipo de esquecimento da informação.

No Brasil, o direito ao esquecimento foi tratado pelo Enunciado 531 da VI Jornada de Direito Civil do Conselho da Justiça Federal, e coloca que "a tutela da dignidade da pessoa humana na sociedade da informação inclui o direito ao esquecimento". O objetivo central do Enunciado 531 é remediar qualquer dano provocado pelas novas tecnologias que propagam a informação, a fim de garantir à pessoa o direito de ressocialização sem qualquer estigma com os fatos passados.

O debate em torno do direito ao esquecimento traz uma problemática antiga do Direito, que é o confronto entre os princípios constitucionais da liberdade de expressão contra o da dignidade da pessoa humana em sua honra e intimidade. Por isso, tem sido um tema de estudo dentro dos Novos Direitos Humanos.

A discussão que envolve o direito ao esquecimento[532] voltou a estar em voga pelo fato de que atualmente a Internet torna a informação quase perpétua. Qualquer acesso a informações antigas pode ser realizado de forma rápida em qualquer lugar do globo. Sendo que a retirada dessas informações da Internet é uma tarefa árdua, já que envolve o armazenamento de informações em servidores espalhados por todos os lugares do mundo, inclusive países que possuem entendimentos sobre política de privacidade diferentes do Brasil.

Analisando casos atuais[533] de pessoas que já sofreram com a repercussão de vídeos íntimos de forma incontrolada pela Internet, verifica-se que o uso

---

532. O ministro Gilson Dipp, do Superior Tribunal de Justiça, tratou recentemente do direito ao esquecimento quando não admitiu recurso extraordinário interposto contra acórdão da 4ª Turma, que manteve sentença da Justiça fluminense que condenou a empresa Globo Comunicações e Participações S/A ao pagamento de indenização por dano moral a um homem inocentado da acusação de envolvimento na chacina da Candelária que foi retratado de forma pejorativa por um programa da emissora depois de anos de sua absolvição. Na sua decisão o ministro coloca que "o julgamento restringe-se a analisar a adequação do direito ao esquecimento ao ordenamento jurídico brasileiro, especificamente para o caso de publicações na mídia televisiva, porquanto o mesmo debate ganha contornos bem diferenciados quanto o transposto para a internet, que desafia soluções de índole técnica, com atenção, por exemplo, para a possibilidade de compartilhamento de informações e circulação internacional do conteúdo" (REsp 1.334.097-RJ, rel. Min. Luís Felipe Salomão, j. 28-5-2013).

533. *STJ decide que direito à informação prevalece sobre direito ao esquecimento* — 8 de setembro de 2014. Em decisão monocrática, o ministro Ricardo Villas Bôas Cueva, do STJ, afastou a obrigação do Google de retirar de seus registros de busca a URL de matéria jornalística de um veículo do ES, que divulgava informações a respeito de investigação conduzida contra um juiz capixaba. A ação foi ajuizada pelo titular da 2ª Vara Criminal de Cachoeira de Itapemirim/ES. O magistrado pediu que o Google retirasse de sua página de buscas o *link* para reportagem de 2009 do *site* Gazeta Online, que relatava investigação do TJ do Estado, envolvendo acusações de fraude para relaxamento de prisão de condenados por tráfico de drogas. O juiz afirmou nos autos que foi absolvido em julgamento do PAD,

da Internet na veiculação das informações transforma um simples fato em um acontecimento de grandes proporções em um curto espaço de tempo.

Deve-se deixar claro que a análise da indagação de que se daqui a alguns anos, quando os fatos tiverem sido esquecidos, poderá alguém resgatar a história e ocasionar novamente o sofrimento para a vítima? Não só nos casos de cunho criminal, mas também os que envolvem situações pessoais e de intimidade, como fica o direito da pessoa de esquecer o fato e seguir adiante? É nítido que o fato dos dados ficarem armazenados por um lapso temporal indefinido, os mesmos poderão ser resgatados a qualquer momento sem qualquer tipo de esforço.

Portanto, o direito ao esquecimento, ainda que reconhecido pela jurisprudência brasileira, ainda irá se tornar um tópico que será estudado e analisado perante os novos conceitos e problemáticas que envolvem a sociedade da informação.

Episódios como o da torcedora do Grêmio chamando um jogador de futebol de "macaco", que poderiam ficar no passado rapidamente, na era digital ficam eternizados, pois o conteúdo se perpetua na Internet.

Vivemos em uma era supervigiada, onde tudo está sendo testemunhado por uma câmera, sempre há alguma máquina sabendo o que um ser humano está fazendo.

Por isso, aumentaram os casos que chegam ao Judiciário devido a incidentes envolvendo práticas de racismo ou de discriminação com base na Lei n. 9.459/97, além de casos de crimes contra a honra, como calúnia, difamação e injúria (arts. 138, 139 e 140 do Código Penal) e até de ameaça (art. 147 do Código Penal).

Será que faz parte da liberdade atual tolerar mais estas práticas ou elas deveriam ser mais severamente punidas? A nosso ver, a liberdade exige responsabilidade e seus excessos merecem sanções rígidas. Mas o que fazer com o

---

mas que a reportagem ainda estava vinculada a seu nome no *site* de busca. O juízo de primeiro grau, então, determinou ao Google que retirasse o *link* do ar, sob pena de multa diária. Na decisão, destacou-se que a pretensão do autor não seria "de censurar a matéria disponibilizada, mas a indexação do conteúdo da matéria com a referência de seu nome junto ao buscador desenvolvido pelo Google". Ao decidir monocraticamente, Villas Bôas Cueva citou julgado de relatoria da ministra Nancy Andrighi, no qual se firmou o entendimento de que "preenchidos os requisitos indispensáveis à exclusão, da *web*, de uma determinada página virtual, sob a alegação de veicular conteúdo ilícito ou ofensivo – notadamente a identificação do URL dessa página – a vítima carecerá de interesse de agir contra o provedor de pesquisa, por absoluta falta de utilidade da jurisdição. (...) Na hipótese, portanto, está patente a divergência apontada em relação à legitimidade da reclamante para figurar no polo passivo da ação de obrigação de fazer, na qualidade de mero provedor de pesquisa, dada a natureza do serviço prestado de pesquisa virtual que não inclui a prévia filtragem do conteúdo obtido de acordo com o critério fornecido pelo usuário" (Rcl 18.685. Disponível em: <http://www.migalhas.com.br/Quentes/17,MI207237,31047-STJ+decide+que+direito+a+informacao+prevalece+sobre+direito+ao>.

infrator? E como evitar que esses excessos praticados por pessoas físicas acabem prejudicando as pessoas jurídicas, no caso específico o próprio time de futebol?

Ficamos sabendo mais do que acontece, como este comentário infeliz de uma torcedora, pois agora está tudo muito mais documentado. E para o Direito tudo é uma questão de ter a prova.

Mas o maior problema é que o dano moral para a vítima é eterno, pois o conteúdo fica ecoando na Internet. Até para quem exagera na liberdade de expressão a consequência é muito maior, pois não tem como se arrepender, como fazer para que seja esquecido o que foi dito.

No Brasil e em vários países, já há decisões favoráveis ao "direito ao esquecimento", ou seja, em plena era da informação, um dos direitos do indivíduo seria o de justamente deixar com que um determinado fato ficasse no passado! Isso porque, em casos excepcionais, este "apagamento" é benéfico para os envolvidos e para toda a sociedade.

No entanto, não é simples fazer jus a este direito; exige-se que haja uma decisão judicial que entenda que determinada pessoa deve ter todas as informações relacionadas a ela apagadas da Internet, o que, tecnicamente, significa "desindexar" o conteúdo dos buscadores. No entanto, independente desta exigência legal, já há buscadores[534] que têm disponibilizado um serviço para que se permita o exercício do direito ao esquecimento pelos internautas, ou seja, a informação permanece na *web*, mas não é mais facilmente "localizável" por qualquer um, nem fica aparecendo em destaque quando alguém procura algo sobre aquela pessoa. Neste grande *big data* de seres humanos digitais que vivemos, é bem doloroso não conseguir que algo que lhe ocorreu, seja verdadeiro ou não, fique para trás.

Nos casos de discriminação, em que o conteúdo continua afetando a vida da vítima, de certo modo, a remoção acaba protegendo não apenas o ofendido, mas o próprio ofensor.

---

534. De acordo com uma notícia publicada em 30-5-2014 pelo *Jornal de Notícias*, o Google já recebeu mais de 40 mil pedidos, desde 30 de maio até agora, de internautas a requerer o direito ao esquecimento por parte do portal. O Google colocou no ar um fomulário para que internautas europeus possam pedir a remoção de conteúdo que não os agrade, em resposta à recente decisão da União Europeia de forçar buscadores a assegurar direito ao esquecimento na Internet. O Tribunal de Justiça da União Europeia determinou que internautas tenham mecanismos para requerer que os *sites* parem de listar conteúdo "inadequado, irrelevante ou não mais relevante, ou excessivo em relação aos fins para os quais foram processados". Como essa avaliação seria subjetiva demais para os algoritmos do Google, a empresa decidiu olhar cada caso separadamente, por isso colocou o formulário no ar. "Por favor, note que este é um esforço inicial", adianta a companhia. Antes de deletar um *link,* serão levados em conta se ele leva a informações desatualizadas sobre a pessoa e se há interesse público, contendo, por exemplo, dados sobre fraudes financeiras, negligência profissional, condenações penais ou sobre a conduta de funcionários de governo.

Apesar de todo o debate em torno do tema, acredito que há uma diferença entre o clássico direito ao esquecimento, de origem notadamente no direito europeu, do que seria o direito ao apagamento, previsto pela Lei n. 13.709/2018, em seu art. 18, IV, ou mesmo a solicitação da remoção de um determinado conteúdo que venha a ser ilícito, que viole direitos, venha a ferir a honra, a reputação ou a privacidade de um indivíduo. Isso porque o direito ao esquecimento parte da premissa de que os fatos são verídicos e o que se busca puramente é a possibilidade de deixar aquela informação "enterrada no passado", para que não haja mais um acesso facilitado a eles que possa permitir o resgate ou a manutenção da memória social coletiva sobre a sua ocorrência. Nesta mesma linha de pensamento manifestou entendimento o Exmo. Min. Dias Toffoli do Supremo Tribunal Federal, relator do recurso extraordinário (RE) 1.010.606, em voto proferido em julgamento realizado em 4 de fevereiro de 2021.

Por certo, temos que evoluir para um modelo de educação muito maior, e pela delimitação mais clara dos limites. Infelizmente a tecnologia não nos torna melhores como humanos, às vezes pode até ajudar a piorar.

8.57. *Paperless* e Gestão Eletrônica de Documentos — GED

Vivemos o desafio da sociedade que pretende eliminar o papel como principal suporte de documentação de suas relações. Vivemos em um período de transição para a *paperless society*. Isso implica uma problemática para o Direito no sentido do legado já gerado em papel, pois a migração de suporte pode ocasionar quebra de integridade, por certo, seja do suporte físico para o digital ou vice-versa. Motivo pelo qual o ideal é tudo já nascer, ser gerado em mídia eletrônica e não haver esta necessidade de materialização e desmaterialização. O processo de digitalização simples pode gerar algum tipo de arguição de quebra de integridade e na necessidade de se fazer prova pericial sempre precisamos do original da manifestação de vontade, conforme observamos na leitura do art. 425 do Novo Código de Processo Civil. Um documento digitalizado não é periciável. Assim como um *e-mail* impresso também não o é. Mas isso pode ser resolvido com a digitalização registrada ou com a digitalização autenticada, feitas por Oficial de Registro de Títulos e Documentos ou por um Notário. Assim, busca-se trazer a fé pública para os casos em que isso seja necessário, em que possa haver algum tipo de impugnação referente a repúdio de autoria ou quebra de integridade.

Além disso, há o lado do documento que já nasce diretamente na via eletrônica e que exige, cada vez mais, que as empresas façam a sua guarda adequada até mesmo para fins de *e-discovery* (termo que define a apresentação de prova eletrônica perante a Justiça).

Por isso, atualmente, tem sido motivo de grande preocupação das empresas a gestão da documentação eletrônica[535], com objetivos de proteção de conhecimento, segurança da informação, bem como para garantir a guarda da prova legal necessária em situações de auditoria ou contencioso.

Apesar de a rotina dos negócios já envolver uma série de relações não presenciais, que geram obrigações e responsabilidades mediante o uso de tecnologia e meios eletrônicos de comunicação, que inclui a troca de mensagens entre executivos, revisão de minutas de contrato com validação e aprovação do documento final, tudo por *e-mail*, são poucas as empresas que possuem uma política claramente definida, ficando muitas vezes a critério dos usuários, ou seja, funcionários de todos os perfis e níveis hierárquicos, a decisão individual sobre o que guardar, como e por quanto tempo, de *e-mail* a documentos digitais confidenciais.

O que fazer se houver uma ordem judicial que exija a apresentação de determinada evidência que estaria em uma caixa postal de *e-mail* e a empresa não tiver mais os dados?

No Direito brasileiro, a definição de documento pode ser compreendida como um instrumento de registro de um fato, seja em suporte físico ou eletrônico (onde a sequência de *bits* pode ser traduzida por um programa de computador e representar um fato).

É importante destacar que em todos os ordenamentos jurídicos o conceito de documento está associado ao termo "escrito", ou seja, independentemente de que suporte ele esteja fixado, o elemento fundamental é a compreensão inequívoca da manifestação e vontade nele expressa.

Nesse sentido, o uso da "tecnologia papel" demonstrou-se uma grande evolução com relação à prova oral, já que facilitou a circulação das obrigações de modo mais autônomo e independente da presença das partes e suas testemunhas. E com a evolução da tecnologia da informação, passou-se a não mais precisar de qualquer suporte físico e tangível[536].

---

535. Conceito de Documento Eletrônico — segundo o Decreto italiano n. 513/97, documento eletrônico é "a representação eletrônica (ou digital) de atos, fatos ou dados juridicamente relevantes". Na mesma direção, a Portaria do Ministério da Fazenda n. 528, de 2 de setembro de 1996, publicada no *DOU* em 10-10-1996, que regulamentou o Sistema Setorial de Gestão de Documentação e Informações — SGDI, do Ministério da Fazenda, dispõe que "compreende-se por documento, qualquer que seja o suporte utilizado, o conjunto de informações que registre o conhecimento humano, de forma que possa ser utilizado como elemento de consulta, estudo e prova" (art. 1º, § 2º).

536. A Organização das Nações Unidas, por meio da UNCITRAL, comissão que tem por atribuição o tratamento de questões relativas ao comércio internacional, propôs a edição de Lei Modelo baseada no princípio de equivalência entre suporte físico e digital, da qual destacamos os dispositivos indicados abaixo:

Logo, pelo Direito Civil[537] e Processual Civil brasileiro[538], temos que o conceito jurídico de Documento é: a) escrito oficial que identifica uma pessoa; b) instrumento escrito que, juridicamente, faz fé daquilo que atesta, tal como contrato, escritura pública, certificado, atestado, recibo, título etc.; e c) qualquer escrito oferecido em juízo que forneça prova de alegação do litigante.

Ressalte-se que quando falamos de prova eletrônica, a gestão documental deve envolver a guarda de *e-mails*, mas também a guarda de *logs* e metadados que demonstrem a autoria do documento bem como a preservação de sua integridade, ou seja, como vincular o autor ao conteúdo? No que tange à definição de "originalidade" de um documento, estes dois elementos — autoria e integridade — são fundamentais para que a prova seja forte, ou seja, dificilmente repudiável. A este processo de análise e elaboração da arquitetura legal da informação gerada, manuseada e eliminada pela empresa, chama-se *Legal Storage Plan* ou "Gestão Documental".

Em termos de gestão, de nada adianta guardar a prova se não for possível encontrá-la quando precisar. Por este motivo, tem crescido o uso de tecnologias para gestão eletrônica de documentos, que devem não apenas observar o armazenamento, mas principalmente a segurança do ambiente para proteção da integridade ao longo do tempo e a taxonomia e demais indicadores de localização e identificação da base de dados.

Ressalte-se, por oportuno, que o ordenamento jurídico brasileiro prevê a atribuição de maior força probante aos documentos eletrônicos em razão da Medida Provisória n. 2.200-2, de 24 de agosto de 2001, que institui a Infraestrutura de Chaves Públicas Brasileira (ICP-Brasil), viabilizando a utilização de ferramentas derivadas da certificação digital. Referido instrumento tem

---

"Art. 6 — Quando a lei requeira que certa informação conste por escrito, este requisito considerar-se-á preenchido por uma mensagem eletrônica se a informação nela contida seja acessível para consulta posterior.

Art. 7 — Quando a lei requeira assinatura de uma pessoa, este requisito considerar-se-á preenchido por uma mensagem eletrônica quando: a) for utilizado algum método para identificar a pessoa e indicar sua aprovação para a informação contida na mensagem eletrônica; (...).

Art. 8 — Existir garantia fidedigna de que se preservou a integridade da informação desde o momento de sua geração em sua forma final e for acessível à pessoa à qual ela deva ser apresentada".

537. Art. 225 do Código Civil: "As reproduções fotográficas, cinematográficas, os registros fonográficos e, em geral, quaisquer outras reproduções mecânicas ou eletrônicas de fatos ou de coisas fazem prova plena destes, se a parte, contra quem forem exibidos, não lhes impugnar a exatidão". Ver também arts. 333, 334 e 335.

538. *Caput* do art. 408 do Novo Código de Processo Civil: "As declarações constantes do documento particular escrito e assinado ou somente assinado presumem-se verdadeiras em relação ao signatário".

força de lei, conforme disposição contida na Emenda Constitucional n. 32, de 11 de setembro de 2001, já explicitado em outro capítulo do livro.

Independentemente da solução a ser adotada, o importante é que as empresas não podem mais negligenciar a gestão da documentação eletrônica de seus negócios, em uma realidade mais complexa que exige planejamento e guarda adequada das provas jurídicas digitais.

Para tanto, a padronização por meio de uma norma é o mais recomendável, e a partir dessa padronização a implementação de algumas medidas, processos e tecnologias que permitam garantir a sua eficácia, devendo estar alinhada com a legislação nacional e melhores práticas de mercado[539].

Em termos de necessidade de elaboração de leis específicas, há alguns projetos de lei[540] discutindo o tema não apenas da documentação eletrônica,

---

539. Abaixo o resumo de Legislação e Melhores Práticas de Mercado aplicáveis:
• Constituição Federal, em especial o art. 5º, IV, V, X, XII, XIV;
• Código Civil, arts. 186, 187, 217, 219, 225 e livro "Das Obrigações";
• Novo Código de Processo Civil, arts. 369, 371, 373, 374, 408, 429;
• Código Penal, em especial em seus arts. 153, 155, 163, 184, 299, 307;
• Código de Processo Penal, arts. 231 e 232;
• Código de Proteção e Defesa do Consumidor, arts. 12 e 14;
• Consolidação das Leis do Trabalho (CLT), arts. 2º, 3º, 482 e outros;
• Lei federal n. 9.296/96 (Lei de Interceptação);
• Lei federal n. 12.865/2013 (Arranjos de Pagamento);
• Lei federal n. 12.682/2012 (elaboração e arquivamento de documentos em meios eletromagnéticos);
• Lei federal n. 5.433/68 (microfilmagem) e Decreto n. 1.799/96;
• Lei federal n. 6.015/73 (registros públicos), arts. 127, 142 e 161;
• Lei federal n. 8.935/94 (serviços notariais e de registro), arts. 1º, 3º, 6º, 7º, 41;
• Medida Provisória n. 2.200-2/2001 (infraestrutura de chaves públicas);
• Resolução n. 1.002/2002 do CONFEA (Código de Ética Profissional);
• Lei Modelo da UNCITRAL nos arts. 6º, 7º, 8º;
• Lei federal n. 973/1903 (registro de títulos e documentos);
• ISO/IEC 18044 — Gestão de Incidente de Segurança da Informação;
• ISO/IEC 27001 — Sistema de Gestão de Segurança da Informação;
• ISO/IEC 27002 — Código de Prática para a Gestão da Segurança da Informação (antiga ISO/IEC 17799);
• ISO/IEC 31000 — Gestão de Riscos;
• Demais normas relacionadas, com destaque para o cumprimento de normas técnicas, regulamento profissional e outras de ordem administrativa.

540. Os projetos de lei com maior destaque são PLS n. 146/2007, do Senador Magno Malta, e o PL n. 1.532/99, da deputada Ângela Guadagnin. Além disso, devemos destacar o PLC n. 11/2007 (que nada mais é que o citado PL n. 1.532), que foi desenvolvido com base em um

mas também da documentação digitalizada, ou seja, que nasceu, originariamente, no suporte físico e depois migrou para o ambiente eletrônico. Este debate legislativo visa trazer maior segurança jurídica para a equiparação do valor probatório do documento digital e seu original físico, permitindo, inclusive, a destruição deles após o processo de digitalização, na mesma linha do que foi feito em 1968 com a Lei de Microfilmagem, que era extremamente visionária para a época em que foi concebida, muito mais do que o são os projetos de lei atuais.

Já vigora no País a Lei n. 12.682/2012 (antigo PLC — Projeto de Lei da Câmara — n. 11/2007). Esta norma trata da digitalização de documentos. Aparentemente, parece um avanço, no entanto, os artigos que tratavam sobre o descarte do documento original e que davam ao documento digitalizado o mesmo efeito jurídico conferido ao documento microfilmado foram vetados pela Presidência da República (arts. 2º, 5º e 7º).

A lei não tratou sobre a padronização do procedimento técnico de digitalização, considerando-a uma evolução da Lei n. 5.433/68 e do Decreto n. 1.799/96, que padronizou a microfilmagem. Ao contrário, acabou por gerar um cenário novo, e de certo modo prejudicial, por ser mais custoso, visto que passou a exigir o uso de certificado digital de forma obrigatória no processo de digitalização, mas sem permitir que seja eliminado o original automaticamente.

Partindo do âmbito privado, surgiram diversas iniciativas de autorregulamentação sobre o processo padronizado de digitalização, como pode ser visto no Mercado Financeiro (com o "Compe por Imagem" — compensação de cheque por imagem) e na Saúde, com a Resolução do Conselho Federal de Medicina n. 1.821/2007, que inclusive já aborda procedimento de digitalização.

Quando se fala em migração de suporte, seja do físico para o eletrônico ou o contrário, o que importa é como estabelecer um procedimento. É importante que, durante o procedimento, seja possível comprovar que não houve alteração do conteúdo do documento durante a mudança de suporte (ou seja,

---

anteprojeto que tem como escopo "disciplinar a digitalização e o armazenamento em meio eletrônico, óptico ou equivalente, e a reprodução de documentos públicos e privados". Cumpre salientar que o PL n. 1.532/99 foi convertido na Lei n. 12.682/2012. Existe ainda um Projeto muito interessante, o PL n. 3.070/2008, apensado ao PL n. 2.269/99, do Deputado Paulo Teixeira, que incentiva o uso de formatos abertos para armazenamento e disponibilização digital de todos os documentos de entidades da Administração Pública Direta e Indireta, Autárquica e dos órgãos autônomos e empresas estatais. Fora estes, há ainda: PL n. 3.173/97, PL n. 1.483/99 (apensado ao PL n. 4.906/2001), PL n. 1.589/99 (apensado ao PL n. 1.483/99), PL n. 4.906/2001, PL n. 6.965/2002 (apensado ao PL n. 7.920/2017), PL n. 7.093/2002 (apensado ao PL n. 4.906/2001), PL n. 7.316/2002, PLS n. 229/2005 (PL n. 6.381/2005 na Câmara dos Deputados), PL n. 299/2005, PL n. 288/2007 (apensado ao PL n. 2.675/2000), PL n. 7.709/2007 e PLS n. 231/2007 (PL n. 7.506/2010 na Câmara dos Deputados e apensado ao PL n. 6.025/2005).

quebra de integridade). Com isso dá-se segurança jurídica ao documento, além de permitir a ele auditoria posteriormente.

Mesmo com esse histórico, durante o trâmite do PLC n. 11/2007 (atual Lei n. 12.682/2012), o Congresso Nacional entendeu que o texto da lei deveria ser objetivo e que o procedimento fosse regulamentado em norma à parte, como foi com a microfilmagem.

Logo, entre as justificativas do veto parcial — que dizia sobre poder digitalizar e eliminar o original em papel (ou seja, tornar equivalente a imagem digitalizada ao original) — consta justamente a falta de procedimento para a reprodução dos documentos resultantes do processo de digitalização, que era o único elemento que precisava ser discutido em lei, mas não foi.

Lembrando que o Judiciário já aceitava documentos digitalizados sem uso do certificado ICP-Brasil, assim como cópia simples de documentos, conforme previsto no Código de Processo Civil de 1973, alterado pela Lei n. 11.419/2006, que regula o processo eletrônico e alterou o texto do Código, e conforme previsto também no Código de Processo Civil de 2015, que trouxe grande atualização para a aceitação de provas digitais em seu Capítulo XII (Das Provas), arts. 369 e s.

No Judiciário há a questão da perícia de autoria (exame grafotécnico na assinatura de documentos e contratos), em que o documento não é descartado e, havendo qualquer questionamento sobre ele, pode-se apresentar o original. Caso tenham decidido pelo descarte, será necessária prova por outros meios (o que ocorre, por exemplo, quando se comprova a obrigação contratada com o comprovante de pagamento-quitação). É importante lembrar que, se o documento original já tinha algum vício, seja em relação à autoria ou em relação ao conteúdo, ele permanece, mesmo após a digitalização, ainda que ela seja com certificado ICP-Brasil.

Diante do exposto, no cenário atual, qual o efeito prático da Lei n. 12.682/2012? Ela não permite de forma expressa o descarte de documentos em papel após a digitalização e apenas favorece as empresas que ofertam certificados digitais da ICP-Brasil, gerando ainda dúvidas sobre a aceitação do documento digitalizado sem uso do mesmo.

A lei de digitalização aprovada gera um grande retrocesso para o Brasil. Podemos dizer que o legislador de 2012 ficou mais retrógrado do que o legislador de 1968, que, na sua época sim, quebrou o paradigma do papel, essencial para diminuir o Custo-Brasil. Só há um caminho: continuar digitalizando utilizando uma matriz de risco de guarda de originais em papel (contra os originais eletrônicos), associada a uma tabela de temporalidade atualizada, criando procedimentos padrão por autorregulamentação e esperar que haja um Decreto Presidencial para regulamentar a matéria da forma adequada, permitindo a eliminação do papel.

Ainda não foi inventada uma tecnologia à prova de má-fé, mas, por certo, na era em que vivemos, o pior é precisar da prova eletrônica e não ter feito a guarda da mesma. Lembrando que *e-mail* impresso é cópia, o original é o digital e quando envolver coleta de prova publicada na Internet, a feitura de Ata Notarial[541] é essencial. Logo, podemos concluir que

• precisamos pensar em gerar documentos originais puramente digitais (ou seja, já nascidos diretamente em suporte eletrônico);

• a migração deve ser um paliativo para diminuir o legado em papel;

• a Lei n. 12.682/2012 não resolveu a questão do descarte dos documentos antes de encerrar o prazo prescricional;

• é possível fazer a digitalização simples ainda, com base no art. 425, VI, do Novo Código de Processo Civil;

• o uso de um certificado digital tem o condão de garantir que não houve quebra de integridade no processo de digitalização;

• dependendo do original em papel, após a digitalização o mesmo terá que ser mantido (caso possa haver necessidade de perícia de assinatura, por exemplo), mas se não for esta a hipótese, em muitos casos, poderá ser descartado;

• é essencial elaborar uma Política de Gestão Documental atualizada, prevendo já este contexto eclético de arquivo em papel, digitalizado e com originais eletrônicos;

• também é fundamental investir em ferramentas de GED para adequada gestão e localização dos documentos guardados de forma eletrônica;

• é necessário criar uma tabela de temporalidade híbrida e treinar os gestores sobre o que guardar, como e por quanto tempo;

• em geral, quase 60% do que está sendo guardado em papel pode ser descartado, e quase 80% do que está sendo eliminado no eletrônico deveria ser guardado (de *e-mails* originais a notas fiscais eletrônicas a *logs* de acesso da rede). É necessário fazer planejamento técnico-jurídico;

• indispensável haver padronização do processo de digitalização (como ocorreu com a microfilmagem) e isso pode ser feito por autorregulamentação de mercado e eventualmente ser consolidado através de um Decreto Presidencial que possa regulamentar isso (como foi feito em 1996 no Governo FHC), permitindo a eliminação do papel após a digitalização. Ou, então, precisaremos de uma nova lei, já que a atual mais regrediu do que avançou no tema.

---

541. Ata Notarial — Lei n. 8.935/94.

Recentemente, foi aprovada a Lei n. 12.865/2013, sobre Arranjos de Pagamentos, mas que passou a permitir em seu art. 23, § 2º[542] o descarte do documento original do sistema financeiro nacional que, após digitalizado, passa a ter a versão digital o mesmo valor legal do documento que lhe deu origem.

Desse modo, conforme estudos sobre tendências nos próximos anos[543], a Sociedade Digital será cada vez mais *paperless*.

8.58. Seguro de risco cibernético

A introdução das Tecnologias da Informação (TI) nos negócios é uma tendência já consolidada no sentido de trazer agilidade nas decisões e nas comunicações, muitas vezes em tempo real, com ganhos de custo. Em verdade, poucas empresas podem se dar ao luxo de prescindir de manter uma página atualizada na Internet ou de utilizar o *e-mail* nas comunicações mais corriqueiras. Muitas já precisam operar no regime 24/7 (24 horas por dia e 7 dias por semana). Mas como fazer se a empresa sair do ar?

Devido ao crescimento de incidentes relacionados com a segurança da informação, muitas Seguradoras têm começado a excluir riscos associados a estas questões de Segurança e TI, criando lacunas em apólices tradicionais, o que acaba por gerar dentro do ambiente empresarial a incerteza da proteção do seguro.

Por causa desta "incerteza", muitas empresas têm optado pela "aceitação implícita" desses tipos de riscos como sendo do próprio negócio. Ocorre que estes riscos constituem um passivo difícil de calcular e que pode inviabilizar uma série de operações que deveriam ser vantajosas para as empresas. No entanto, como já aconteceu anteriormente, há quem comece a propor um "seguro para riscos eletrônicos". Mas isso é viável?

---

542. Lei n. 12.865, de 9 de outubro de 2013 (conversão da Medida Provisória n. 615, de 2013):

"Art. 23. Sem prejuízo do disposto na Lei n. 12.682, de 9 de julho de 2012, nas operações e transações realizadas no sistema financeiro nacional, inclusive por meio de instrumentos regulados por lei específica, o documento digitalizado terá o mesmo valor legal que o documento que lhe deu origem, respeitadas as normas do Conselho Monetário Nacional.

(...)

§ 2º O documento que, observadas as normas do Conselho Monetário Nacional, tenha originado o documento digitalizado e armazenado eletronicamente poderá ser descartado, ressalvados os documentos para os quais lei específica exija a guarda do documento original para o exercício de direito".

543. Segundo pesquisa encomendada pela CISCO e realizada pela *The Economist* em 2014, há uma grande tendência de até 2020 vivenciarmos uma sociedade completamente sem papel, em mobilidade, com uso de nuvens computacionais sem fronteiras, máxima acessibilidade digital e desmaterialização completa da moeda como a conhecemos.

514

Em princípio, um seguro desta natureza deveria tratar especificamente dos riscos associados à Tecnologia da Informação, separando em duas categorias — empresas que usam a tecnologia para conseguir executar suas atividades, e empresas já de tecnologia ou nascidas na nova economia (como provedores, desenvolvedores, lojas virtuais, entre outros).

Este tipo de seguro deve ter uma apólice bem detalhada para inclusive abranger situação de cobertura em hipótese de indenização de danos a terceiros causados por mau uso das novas tecnologias, como *e-mail* e Internet, conforme passamos a analisar em detalhes.

Mas por que este tipo de seguro ainda não recebeu ampla aceitação? Talvez pelo fato de, em muitas apólices que existem no mercado, a cobertura depender de que haja ação judicial entre as partes. Mas que empresa vai querer ter este tipo de exposição para conseguir acionar o seguro? Ainda mais se tiver sido por um motivo de "invasão de *hacker*", "infração de privacidade ou sigilo de dados"?

Normalmente as coberturas tratam de: a) indenização a terceiros, que seria a responsabilidade civil relacionada a comunicações por meio eletrônico; b) responsabilidade civil profissional, devido a ato danoso cometido no curso das atividades comerciais da empresa, envolvendo uso de sistemas, ataque de *hacker* e vírus; c) reclamações apresentadas por qualquer empregado da empresa segurada, inclusive sobre discriminação, invasão de privacidade, quebra de confidencialidade dos registros mantidos sobre o mesmo; d) prejuízos sofridos pelo segurado no tocante a danos ocorridos nos sistemas do segurado, interrupção de atividades por ataque de *hacker* ou vírus, uso do sistema de informática para subtrair recursos (furto, fraude), modificação, destruição ou entrada fraudulenta de dados eletrônicos, situação de ameaça ou extorsão considerando introdução de um ataque de *hacker*, vírus, disseminação, divulgação ou utilização de informações contidas nos sistemas do segurado, ou em seus equipamentos (*notebook*, *pen drive*, *smartphone*); e) custos judiciais relacionados ao ataque a direitos de propriedade intelectual do *website*; f) proteção de marca na Internet.

Há uma complexidade adicional para se contratar um seguro de riscos eletrônicos devido à necessidade de a empresa ter uma análise de vulnerabilidades do seu ambiente para definir adequadamente o valor do prêmio e das coberturas.

Logo, é um produto de difícil venda, pois exige customização e o mercado ainda não compreende muito bem quais são os riscos eletrônicos e que situações a cobertura vai atender e quais não. Como se sabe, o custo de um seguro (prêmio) está diretamente relacionado com a extensão dos danos cobertos, bem como com a frequência histórica ou presumida dos eventos de sinistro.

Assim, quanto mais uma empresa conhece os seus processos internos maior será a possibilidade de atuar no sentido de sua otimização e eficaz implantação das medidas de segurança e com isso o custo de um seguro para proteger a continuidade das suas operações é sensivelmente reduzido.

Além do seguro de riscos eletrônicos, há duas outras modalidades de seguro que têm crescido muito nos últimos anos: o *E&O* (do inglês *Errors & Omissions*) e o *D&O* (do inglês *Directors & Officers*)[544].

O *E&O* tem como objetivo garantir o Patrimônio da Firma, Sócios e Praticantes, ameaçado com a reparação danos de grande monta, caso cometam falhas no exercício da profissão. A contratação de uma apólice como esta também serve como uma garantia financeira para os clientes, afinal o risco assumido pelo advogado pode ser superior à sua capacidade financeira. Tem o objetivo de indenizar as perdas financeiras sofridas pelos clientes do escritório em decorrência de erros e omissões profissionais dos advogados e paralegais. Os segurados

---

544. Segundo informações coletadas junto ao especialista André Lellis Werneck, da AON (www.aon.com.br), as principais garantias desses seguros envolvem cobertura para:

- Reclamações nas quais o Segurado seja demandado por débitos tributários, trabalhistas, previdenciários, da empresa onde atua.
- Reclamações de quaisquer credores da empresa Tomadora do Seguro contra o Segurado (administradores).
- Reclamações que a própria empresa Tomadora do seguro possa mover contra os Segurados (diretores, membros de conselho, executivos em geral).
- Reclamações que os sócios ou acionistas da empresa Tomadora possam mover contra os Segurados, independentemente do percentual de ações ou cotas de cada um.
- Garantia expressa de cobertura de despesas de defesa para processos nos quais se discuta um possível Ato Doloso do Segurado (Civil e Criminal).
- Reclamações contra os Segurados decorrentes da desconsideração da personalidade jurídica da empresa Tomadora do Seguro.
- Reclamações contra os Segurados decorrentes de danos corporais sofridos por empregados e terceiros, relacionados às atividades da empresa.
- Limite especial de cobertura para processos de natureza ambiental movidos contra os Segurados.
- Processos de natureza administrativa contra os Segurados (inclusive órgãos governamentais reguladores e fiscalizadores, Tribunais de Contas, Inquéritos Policiais etc.).
- Reclamações contra os Segurados em virtude de erros e omissões na prestação de serviços profissionais da empresa.
- Penalidade de multa administrativa ou contratual contra os Segurados (somente Custos de Defesa, incluindo depósitos judiciais ou administrativos, reembolsável em caso de condenação).
- Demais situações onde o Segurado possa ser pessoalmente responsabilizado em virtude da posição que ocupa na empresa Tomadora, exceto os riscos excluídos.

são as pessoas dos advogados e a pessoa jurídica do escritório. Para que haja cobertura, o advogado deve estar agindo de acordo com a regulamentação da OAB, excluindo-se, portanto, as atividades não inerentes à categoria.

Já o *D&O* tem o objetivo de garantir o Patrimônio dos Sócios e Administradores da Sociedade, ameaçado com reparação de danos de grande monta, caso cometam falhas na gestão do próprio escritório e das empresas nas quais são procuradores. A apólice visa proteger o patrimônio pessoal das pessoas físicas que exercem cargos de gestão em pessoas jurídicas. Todos os administradores, tais como conselheiros, diretores, gerentes, supervisores e equivalentes que detenham poderes que impliquem o exercício de tomada de decisões e autoridade diretiva na Empresa, estão garantidos, em apólice aberta (não nominal). A cobertura é extensiva a cônjuges, herdeiros, representantes legais e espólio. Este tipo de seguro tem sido muito contratado para empresas que fazem abertura de capital na Bolsa de Valores, bem como para executivos de linha de frente como CEO (*Chief Executive Officer*), CFO (*Chief Financial Officer*), CIO (*Chief Information Officer*).

Independentemente de se ter um seguro ou não, o gerenciamento de riscos digitais passa necessariamente pelas seguintes etapas: a) adequação à legislação vigente aplicável em toda a cadeia do negócio; b) revisão de contratos com fornecedores, parceiros, colaboradores e clientes; c) elaboração de novas minutas de contratos que tratem adequadamente das responsabilidades das partes quanto aos riscos digitais envolvidos, incluindo aplicação de cláusulas ou acordos de nível de serviço (SLA) e Plano de Continuidade (PCN); d) implantação de políticas de segurança para o uso das ferramentas tecnológicas no trabalho; e) conscientização para construção de cultura interna na empresa de segurança da informação e proteção dos ativos intangíveis.

São métodos para atingir as melhores práticas de prevenção e proteção contra cibercrimes. Não basta investir em pessoas, processos e tecnologia, é necessário que haja um planejamento estratégico, que envolva todas as áreas das organizações, visando uma mudança de comportamento e de atitude em relação ao tema de segurança, governança e *compliance.*

Precisa ser entendido como uma prática dinâmica, inclusive pelos gestores, que devem manter-se constantemente atualizados acerca dos riscos cibernéticos e das alternativas mais eficazes de acordo com a realidade do negócio. Faz parte de uma gestão de risco[545], que, na definição do Instituto Brasileiro de Governança Corporativa (IBGC), abrange "decisões que envolvem a aceitação,

---

545. *Papéis e Responsabilidades do Conselho na Gestão de Riscos Cibernéticos.* Disponível em: <https://conhecimento.ibgc.org.br/Paginas/Publicacao.aspx?PubId=24137>.

redução e transferência, orientando a escolha dos melhores controles e seus respectivos níveis de maturidade".

Consiste em um trabalho contínuo e abrangente de blindagem digital que visa disseminar o uso consciente e responsável das tecnologias, que vai desde programa preventivo até plano de ação na área de Segurança da Informação. Além de ser uma forma de mitigar riscos e prejuízos financeiros, o seguro é uma medida fundamental para auxiliar nos momentos de crise. A invasão de sistemas pode provocar consequências irreversíveis, que vão desde a paralisação dos negócios por um período de tempo até gastos milionários com indenização a terceiros, reparação de danos e perda de valor da marca.

Pelo aumento no índice de casos de violação da privacidade e da segurança de dados, inclusive com a ocorrência de grandes ataques mundiais, como do *WannaCry* (*ransomware* que afetou mais de 200 mil computadores em 2017), cresceu a consciência acerca da necessidade de ter um programa de *compliance* para garantir a disponibilidade, a confiabilidade e a integridade no tratamento dos dados. São ameaças que permeiam toda a cadeia produtiva da empresa.

Não por acaso o interesse por seguro cibernético vem aumentando nos últimos anos. Entre janeiro e julho de 2020, a arrecadação de seguros cibernéticos cresceu 72% em relação ao mesmo período de 2019, alcançando R$ 20,8 milhões[546], de acordo com a Fenseg (Federação Nacional de Seguros Gerais). O sinistro foi de R$ 267 mil nos sete primeiros meses de 2019 para R$ 13 milhões no mesmo período de 2020.

Uma vez que o patrimônio e a riqueza da Sociedade Digital estão em dados, é preciso protegê-los, e para o que não se pode evitar, deve-se ter um seguro.

8.59. Segurança Pública Digital

A Segurança Pública Digital visa a prevenção e o combate dos novos tipos de ameaças e crimes resultantes de um cenário de integração de mundo real e cibernético. Dentro dessa linha evolutiva do pensamento da segurança em uma realidade mais digital houve a criação do *North Atlantic Treaty Organization Cooperative Cyber Defense Centre of Excellence* — NATO CCD COE[547], que

---

546. "Interesse por seguro cibernético é crescente", *Valor Econômico*, 28 set. 2020. Disponível em: <https://valor.globo.com/publicacoes/suplementos/noticia/2020/09/28/interesse-por-seguro-cibernetico-e-crescente.ghtml>.

547. A OTAN (NATO) é a aliança militar intergovernamental baseada no Tratado do Atlântico Norte de 1949, com sede em Bruxelas, Bélgica, formada por 28 Estados-membros. Maiores informações podem ser acessadas em: <http://www.nato.int>.

surgiu após o ataque cibernético ocorrido na Estônia, quando instituições públicas e privadas solicitaram à OTAN para realizar uma pesquisa para abordar a ciberdefesa.

Em princípio, a Segurança Pública Digital apoia no planejamento estratégico do combate às seguintes ameaças: ciberterrorismo, ataques a *sites* públicos, espionagem eletrônica entre países e instituições, fraude eletrônica (ataques a bancos e clientes do mercado financeiro), *identity thief* e estelionato digital (falsa identidade digital, uso de dados de terceiros, clonagem de cartão de crédito), tráfico de entorpecentes e pedofilia na Internet e nas mídias sociais.

Alguns dos países que já regulam e atuam mediante uma estrutura de Segurança Pública Digital são a Austrália, a União Europeia, a Nova Zelândia, a Rússia, o Canadá, a França, a Alemanha, o Reino Unido, a República Tcheca, a Estônia, a Polônia, o Japão, os EUA e a África do Sul.

No caso do Brasil, vale destacar o lançamento do Centro de Defesa Cibernética (CDCiber — órgão do Exército brasileiro), em 2012, e da Estratégia Nacional de Segurança Cibernética[548], em 2020. Chamada de E-Ciber, a Estratégia surge em cumprimento ao estabelecido na Política Nacional de Segurança da Informação (Decreto n. 9.637/2018), e busca ser um documento orientativo do governo federal à sociedade brasileira sobre as principais ações pretendidas na área da segurança cibernética, com validade no quadriênio 2020-2023. A ideia é ser um instrumento de apoio que estabelece ações com vistas a modificar, de forma cooperativa, características que refletem o posicionamento de instituições e de indivíduos, para tentar sanar a falta de um alinhamento normativo, estratégico e operacional.

Ainda sobre essa adequação e padronização das normas, vale destacar a recente articulação promovida por uma comissão de juristas para ampliar a abrangência e incluir o tratamento de dados pessoais para segurança pública, defesa nacional e investigação de infrações penais na Lei Geral de Proteção de Dados Pessoais (LGPD)[549]. A ideia é alterar as restrições estabelecidas no art. 4º da nova regulamentação, por conta da necessidade da proteção de dados nas investigações criminais e medidas de segurança pública, como o uso do reconhecimento

---

548. Decreto de n. 10.222, de 5 de fevereiro de 2020. Fica aprovada a Estratégia Nacional de Segurança Cibernética - E-Ciber, conforme o disposto no inciso I do art. 6º do Decreto n. 9.637, de 26 de dezembro de 2018. Disponível em: < https://www.in.gov.br/en/web/dou/-/decreto-n-10.222-de-5-de-fevereiro-de-2020-241828419>.

549. Valor Econômico. Comissão de juristas elabora proposta para a LGPD penal. Disponível em: <https://valor.globo.com/legislacao/noticia/2020/09/15/comissao-de-juristas-elabora--proposta-para-a-lgpd-penal.ghtml>.

facial e a utilização de técnicas de investigação de acesso a dados por órgãos de inteligência.

Segundo divulgado pela Secretaria de Assuntos Estratégicos, no tocante ao acordo de Cooperação em Defesa estabelecido com a Rússia, as principais ameaças cibernéticas no campo da Segurança das Informações são:

• bloqueio e desinformação em recursos de informação e telecomunicação;

• ação de guerra ou terrorista contra fluxo de informação em estruturas vitais;

• desestabilização da sociedade por meio da manipulação da consciência da população;

• adoção de doutrinas e políticas, individualmente, pelas nações com respeito à segurança das informações, provocando uma corrida armamentista;

• uso de recursos de TI em detrimento dos direitos humanos e da liberdade de acesso à informação;

• a disseminação generalizada de informação, violando os princípios e as normas da legislação internacional;

• o desenvolvimento de conceitos e meios por países-membros, visando à guerra cibernética.

Com isso, foi estabelecido um plano de defesa cibernética, que soma também as iniciativas de segurança pública, ou seja, não adianta apenas gerar a proteção de fronteiras da informação para fora, visto que muitas ameaças podem ocorrer provocadas por indivíduos de dentro do próprio país.

O plano visa melhorar a interoperabilidade de defesa cibernética dentro da capacidade do ambiente da rede da *NATO Network Enabled Capability* (NNEC)[550], projetar o desenvolvimento da doutrina e do conceito de defesa cibernética e sua validação. Além disso, reforça a Segurança da Informação e a defesa cibernética com educação, conscientização e treinamento, fornecendo apoio à defesa cibernética para a experimentação (incluindo *on-site*) e analisando os aspectos jurídicos da defesa cibernética.

Logo, deve existir uma convergência (união) entre Defesa Cibernética (âmbito mais militar e de agências especiais — fronteiras físicas e fronteiras

---

550. Conforme definido no *site* da OTAN (http://www.act.nato.int/nnec), "in more simple terms, NNEC can be considered as the ability to effectively federate capabilities in coalition operations, by addressing not only the networks and systems, but also the information to be shared, the process employed to handle it, and the policy and doctrine that allows sharing information and services".

digitais) e a Segurança Pública Digital (que acaba abrangendo uma parcela do Poder de Polícia — comportamento dos indivíduos no ambiente digital). Devemos destacar que muitas das ameaças digitais ainda não são consideradas crimes tipificados na legislação brasileira. Por isso, precisa-se receber tratamento diferenciado, como já visto no item específico sobre crimes digitais. Seja para fazer um vírus de computador ou tirar do ar um *site*, ainda há muitas lacunas a serem tratadas do ponto de vista legislativo que podem dificultar a punição mais severa dos infratores.

Por isso, um dos trabalhos mais importantes da Segurança Pública Digital (também chamada de *Cyber Security Strategy*), envolve a prevenção das ameaças, com campanhas maciças para a população e com canais de denúncia anônima para obter maior celeridade no tratamento, resposta e contenção das mesmas.

A nosso ver, deveria haver um interlocutor específico para interagir com a Sociedade Civil, habilitado para esta missão, como, por exemplo, a figura de um "Secretário de Segurança Pública Digital", que poderia ter o papel de manter esse diálogo permanente e gerar uma base de conhecimento que permita avançar no tocante à proteção digital dos cidadãos.

Pontua-se que a Segurança Pública, cuja responsabilidade cabe aos órgãos estatais e à comunidade como um todo, tem como função a prestação de serviços com enfoque na proteção da cidadania, prevenção e controle de manifestações ou ações criminosas com fins violentos – que podem ser efetivas ou potenciais –, de maneira a garantir o exercício pleno da cidadania dentro dos parâmetros e limites legais.

Já o Poder de Polícia, segundo Alexandre Jorge Carneiro da Cunha Filho[551], abrange atividade da Administração Pública, expressa em atos normativos ou concretos, que condicionam a liberdade e a propriedade dos indivíduos, ou seja, é uma ação fiscalizadora, preventiva ou repressiva, com imposição coercitiva aos particulares de um dever de abstenção (não fazer), para conformar os particulares os comportamentos aos interesses sociais consagrados no sistema normativo.

Os principais valores que estão inseridos no Poder de Polícia de um Estado e que têm relação direta com a Segurança Pública Digital são: proteção da ordem pública, da tranquilidade pública, da moralidade pública e da economia popular, tendo como objetivos garantir o bem-estar social, evitar um dano — como regra, o poder de polícia não pretende uma atuação no particular, mas

---

551. CUNHA FILHO, Alexandre Jorge Carneiro da. *Poder de polícia*. São Paulo: Ed. IELD, 2015.

uma abstenção exigindo uma obrigação de *não fazer*, prestando um serviço público —, oferecer comodidade ou utilidade aos cidadãos (utilidade coletiva), vedar um comportamento e evitar uma consequência antissocial.

Para que o Poder de Polícia cumpra com sua missão respeitando os direitos civis, deve sempre utilizar meios coativos atendendo ao princípio da proporcionalidade, atuando com cautela. Em hipótese alguma deve se servir de meios mais energéticos que os necessários à obtenção do resultado pretendido pela lei (risco de abuso e responsabilidade administrativa), devendo utilizar o meio coativo somente quando não houver outro meio eficaz para o cumprimento da pretensão jurídica.

Por certo há um paradoxo natural entre segurança e privacidade. Por isso, quanto maior a necessidade de proteção de um povo na era digital, maior a necessidade de se poder ter acesso a provas eletrônicas geradas em dispositivos tecnológicos particulares ou de terceiros. Um criminoso não carrega mais a prova anotada em um papel no bolso, mas sim em seu celular, *pen drive*, *notebook*, perfil na rede social, caixa postal de *e-mail* gratuita, entre outros. Por isso, na Segurança Pública Digital faz-se essencial ter procedimentos específicos para a realização de revista digital, como já ocorreu em Londres, nas Olimpíadas de 2012, em que policiais podiam coletar dados do celular de posse ou propriedade do suspeito no momento da averiguação. Segundo Celso Antônio Bandeira de Mello[552], há duas polícias:

a) administrativa — preventiva e repressiva: atua para impedir ou paralisar atividades antissociais quando o interesse público já tiver sido violado;

b) judiciária — repressiva: atua para preordenar a responsabilização dos violadores da ordem jurídica.

É importante ressaltar que a Administração Pública, no exercício da polícia administrativa, age repressivamente. Sempre que obsta a atividade particular já em curso, é porque esta se revelou contrastante com o interesse público, isto é, lesou, causando dano para a coletividade. Exemplo: a dissolução de um comício, de uma passeata, atos típicos da polícia administrativa, tem lugar apenas quando se revelam perturbadores da tranquilidade pública, ou seja, assim que o interesse protegido pelo poder de polícia é afetado – causando dano, perturbação –, a coletividade também o é, devendo então ser protegida pelo uso da força se necessário.

---

552. BANDEIRA DE MELLO, Celso Antônio. *Curso de direito administrativo*. 29. ed. São Paulo: Malheiros, 2012.

Deste modo, a atuação do poder administrativo é notavelmente marcada pela repressão a ações antissociais, podendo ainda ser considerada preventiva quando é realizada com objetivo de proteger os danos futuros que determinada ação pode vir a causar.

As hipóteses de executoriedade das medidas de polícia administrativa se dão: "a) quando a lei expressamente autorizar; b) quando a adoção da medida for urgente para a defesa do interesse público e não comportar as delongas naturais do pronunciamento judicial sem sacrifício ou risco para a coletividade; c) quando inexistir outra via de direito capaz de assegurar a satisfação do interesse público que a Administração Pública está obrigada a defender em cumprimento à medida de polícia"[553].

Por certo, não se exclui a possibilidade de recorrer ao Poder Judiciário para que medidas administrativas realizadas com fundamento na incerteza ou desconformidade com a lei ou ainda para que se obtenham as reparações devidas no caso de atuação ilegal da administração pública no cumprimento do exercício do poder de polícia. Mas é essencial poder agir rápido nos incidentes digitais, e isso exige ter muito mais autonomia. Não dá para esperar a ordem judicial para obtenção dos dados do número do IP junto ao Facebook naquele exemplo que demos da bomba no estádio. Tem que ser possível verificar de imediato e se possível pegar o criminoso literalmente com a mão na máquina.

As bases legais que permitem a criação de uma Agência de Segurança Pública Cibernética ou Digital, com foco em *Cyber Security*, já existem no Brasil:

• Constituição Federal de 1988, art. 91;

• Lei n. 8.153, de 11 de abril de 1991 — regulamenta o art. 91 da Constituição Federal;

• Lei n. 10.683, de 28 de maio de 2003 — dispõe sobre o funcionamento da Presidência da República e dos Ministérios; art. 6º, inciso IV — responsabilidade do GSI em Segurança da Informação, art. 27 — exceção ao artigo acima, pois o seguimento militar é específico;

• Diretriz Ministerial do Ministério da Defesa n. 14 — designou uma força responsável para cada setor estratégico, com o propósito de coordenar as ações em cada um dos setores. Espaço cibernético — cuida do setor cibernético;

---

553. Disponível em: <https://jus.com.br/artigos/11814/da-in-constitucionalidade-da-lei-seca-em-dias-de-eleicao/3>.

• Lei n. 13.844, de 18 de junho de 2019 – que estabelece a organização básica dos órgãos da Presidência da República e dos Ministérios[554] (GSI/PR);

• Competências do SENASP — Secretaria Nacional de Segurança Pública:

I — assessorar o Ministro de Estado na definição, implementação e acompanhamento da Política Nacional de Segurança Pública e dos Programas Federais de Prevenção Social e Controle da Violência e Criminalidade;

II — planejar, acompanhar e avaliar a implementação de programas do Governo Federal para a área de segurança pública;

III — elaborar propostas de legislação e regulamentação em assuntos de segurança pública, referentes ao setor público e ao setor privado;

IV — promover a integração dos órgãos de segurança pública;

V — estimular a modernização e o reaparelhamento dos órgãos de segurança pública;

VI — promover a interface de ações com organismos governamentais e não governamentais, de âmbito nacional e internacional;

VII — realizar e fomentar estudos e pesquisas voltados para a redução da criminalidade e da violência;

VIII — estimular e propor aos órgãos estaduais e municipais a elaboração de planos e programas integrados de segurança pública, objetivando controlar ações de organizações criminosas ou fatores específicos geradores de criminalidade e violência, bem como estimular ações sociais de prevenção da violência e da criminalidade.

Por não estarmos em estado de guerra nem em estado de sítio, a autoridade púbica deve garantir a segurança, mas ela não deve reprimir as liberdades constitucionais já estabelecidas.

É essencial a formação de líderes em *cyber security*, tanto no segmento público como no privado. Conforme entendimento do especialista no tema, William Beer, idealizador do Cibermanifesto[555], existem quatro áreas-chave a serem desenvolvidas, são elas: formar líderes com foco em cibersegurança; aprimorar a privacidade e colaborar com o setor público; investir na formação profissional e no compartilhamento de conhecimento sobre o tema; e capacitar o cidadão como primeira linha de defesa.

---

554. "Art. 2º Integram a Presidência da República: (...) V – o Gabinete de Segurança Institucional; VI – a Autoridade Nacional de Proteção de Dados Pessoais".

555. Disponível em: <http://www.cyber-manifesto.org/>.

Segundo o professor britânico Pete Fussey, Ph.D. em Criminologia e professor da Universidade de Essex, na Inglaterra, desde o ataque terrorista em Munique (1976), a defesa é um dos principais pontos do planejamento de grandes eventos esportivos.

Segundo Fussey, para Londres, que recebeu os jogos olímpicos em 2010, a ameaça deu sinais um dia após seu anúncio como cidade-sede, em julho de 2005, quando o ataque de 4 homens-bombas matou 52 pessoas. Atualmente, para garantir maior segurança é essencial implementar alguns procedimentos tecnológicos mais condizentes com a realidade digital em que vivemos, tais como a de "revista digital" em suspeitos.

Este procedimento consiste na verificação de informações que possam estar em equipamentos ou dispositivos de posse do indivíduo (tais como *smartphones*, *tablets*, *pendrives*, aparelhos MP3, câmeras, entre outros). Sendo assim, a autoridade procede à análise através do uso de *software* específico, que realiza uma varredura inicial para identificar palavras, imagens, áudios ou outros elementos suspeitos que possam ser indícios de uma eventual ameaça. Isso configurado, dá-se seguimento à averiguação completa. Caso contrário, a pessoa é liberada com seu equipamento.

Mas para Fussey, apesar de todo o avanço atual das ferramentas de vigilância e monitoração, tais como uso de bilhete identificado por radiofrequência, câmeras com reconhecimento de face e/ou de placas e uso de veículo aéreo não tripulado, os *drones*, não se pode confiar apenas na tecnologia, o trabalho em segurança exige muito treinamento e experiência, pois existem coisas que só a intuição humana consegue captar.

Apesar de controverso, o mesmo vem sendo cada vez mais adotado na Europa e nos EUA, especialmente para combater a ameaça terrorista. Até o diálogo com uso de *eMojis*[556] através do WhatsApp é verificado. Afinal, o uso das imagens de uma bomba ou uma arma associada à imagem de um policial quer dizer o quê?

É justamente isso que é solicitado para o suspeito esclarecer. Afinal, o que significam os dados que suas testemunhas-máquinas estão relatando quando inquiridas pelas autoridades[557]?

---

556. *EMoji*: teve sua origem no Japão, e significa a soma de uma imagem (*e*) + uma letra (*moji*). Segundo definição da UNICODE Inc., é um pictograma (símbolo que representa objeto ou conceito através de imagens). Disponível em: <http://unicode.org/faq/emoji_dingbats.html>.

557. Casos como o julgamento do californiano Ross Ulbricht na Corte de Nova York em que um eMoji se tornou uma informação fundamental levada ao júri como parte da prova do documento de acusação. Também em Nova York, o jovem Osiris Aristy, de 17 anos, foi preso por ser considerado uma "ameaça terrorista" ao escrever mensagens de repúdio a policiais

No Brasil, nesse sentido, têm surgido muitos casos em que a evidência está documentada no dispositivo celular, principalmente nos diálogos por torpedos ou mesmo por WhatsApp, principalmente envolvendo investigação de tráfico de entorpecentes, como o julgado pela 3ª Câmara Criminal do Tribunal de Justiça do Paraná, que, por unanimidade de votos, conheceu e denegou a ordem de *habeas corpus* nos termos da fundamentação, conforme ementa abaixo:

> *Habeas corpus*. Tráfico ilícito de drogas e associação para fins de tráfico (arts. 33 e 35 da Lei 11.343/2006) e corrupção de menores (art. 244-B do ECA). Garantia da ordem pública. Apreensão de 44 gramas de maconha em poder do paciente acondicionada para mercancia. Encomenda de entorpecentes via WhatsApp. *Fumus comissi delict* e *periculum libertatis* demonstrados. Condições pessoais favoráveis que não obstam a custódia cautelar. Fundamentos hábeis à manutenção da segregação provisória (art. 312 do CPP). Ordem denegada (TJPR, HC 130.7163-7-PR rel. Desa. Ângela Regina Ramina de Lucca, j. 12-2-2015, *DJ* de 25-2-2015).

Os papéis da Segurança Pública Digital devem ser justamente os de assumir o compromisso de não ultrapassar os limites do Poder de Polícia, evitar arbitrariedade, ser o interlocutor com a Sociedade Civil e garantir esse equilíbrio, tendo em vista o respeito às leis, em especial para proteger a liberdade de expressão, o direito à privacidade e a vedação ao anonimato. Mas, ao final, a própria liberdade estará ameaçada se não houver mais investimentos em cibersegurança.

---

acompanhadas de *eMojis*. (Fonte: <http://revistagalileu.globo.com/Revista/noticia/2015/04/os-emojis-sao-linguagem-universal.html>).

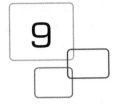

9. Responsabilidade Civil e Dano Moral no Direito Digital

Em primeiro lugar, a responsabilidade civil é um fenômeno social. Para o Direito, um dos principais pressupostos da responsabilidade civil é a existência de nexo causal entre o ato e o dano por ele produzido. Muito mais importante que o ato ilícito que causou o dano é o fato de que esse dano deve ser ressarcido[1].

A responsabilidade civil é um instituto em transformação no contexto da sociedade digital. Isso porque estão sendo redefinidos os valores que devem prevalecer e ser protegidos em um contexto de relações cada vez mais não presenciais, independente do local de origem das partes, já que a Internet é um território global e atemporal.

Desse modo, o Direito Digital já estuda esta mudança evolutiva da responsabilidade civil desde a 1ª edição desta obra, em 2002, quando na época já se sentia a influência da sensação de anonimato e de impunidade sobre o crescimento dos atos ilícitos em meios eletrônicos.

Por isso, por sua necessidade de dinamismo, o Direito Digital veio introduzindo algumas modificações dos conceitos tradicionais de responsabilidade civil no âmbito jurídico.

---

1. Arts. 186 e 927 do Código Civil.

No Direito tradicional, o conceito de Responsabilidade Civil[2] adota duas teorias: a teoria da culpa[3] e a teoria do risco[4]. A principal diferença entre elas está na obrigatoriedade ou não da presença da culpa, mesmo que levíssima, para caracterizar a responsabilidade e o dever de indenizar.

Para o Direito Digital, a teoria do risco tem maior aplicabilidade, uma vez que, nascida na era da industrialização, vem resolver os problemas de reparação do dano em que a culpa é um elemento dispensável, ou seja, onde há responsabilidade mesmo que sem culpa em determinadas situações, em virtude do princípio de equilíbrio de interesses e genérica equidade.

Considerando apenas a Internet, que é mídia e veículo de comunicação, seu potencial de danos indiretos é muito maior que de danos diretos, e a possibilidade de causar prejuízo a outrem, mesmo que sem culpa, é real. Por isso, a teoria do risco atende às questões virtuais e a soluciona de modo mais adequado, devendo estar muito bem associada à determinação legal de quem é o ônus da prova em cada caso.

No Direito Digital, a responsabilidade civil tem relação direta com o grau de conhecimento requerido de cada prestador de serviço e do consumidor--usuário também. Nenhuma das partes pode alegar sua própria torpeza para se eximir de culpa[5] concorrente.

Um dos pontos mais importantes é o da responsabilidade pelo conteúdo. Considerando que é o conteúdo o principal fator que atrai as pessoas para a Internet e que ele deve estar submetido aos valores morais da sociedade e atender aos critérios de veracidade, é importante determinar os limites de responsabilidade

---

2. Código Civil, arts. 186, 188, 389 e 927.

3. Trata-se da responsabilidade extracontratual ou aquiliana (derivada da *lex Aquilia*), na qual, para que exista a obrigação de reparar o dano, deve-se poder imputar a quem arcar com o pagamento da indenização, culpa, ainda que levíssima. Este é o princípio que norteia o art. 186 do Código Civil.

4. Álvaro Villaça Azevedo, na sua obra *Teoria geral das obrigações*, subdivide a responsabilidade extracontratual objetiva, na qual àquele que fica obrigado a indenizar não pode ser imputada a culpa pelo dano, em dois tipos: a responsabilidade extracontratual objetiva pura e a impura. A primeira só poderia ser estipulada por lei, nunca por interpretação judicial, e obrigaria o responsável, segundo a lei, a indenizar meramente pela ocorrência do fato, sem cogitar a culpa do agente. A segunda poderia ser objeto de interpretação jurisprudencial, e se refere à responsabilização por atos culposos de terceiro que está vinculado à atividade do indenizador. Dessa maneira não se discutirá, também, a culpa de quem deve indenizar, porém contará este com um direito de regresso para demandar do terceiro que agiu culposamente a composição dos danos que sofreu.

5. Código Civil, art. 150: "Se ambas as partes procederem com dolo, nenhuma pode alegá-lo para anular o negócio, ou reclamar indenização".

dos provedores, dos donos de *websites*, das produtoras de conteúdo, dos usuários de *e-mail* e de todos os que tenham de algum modo participação, seja em sua produção, seja em sua publicação ou compartilhamento.

Deveriam os provedores de conexão responder pelo conteúdo que trafega em suas redes? Ou, por outro lado, os provedores de aplicação deveriam responder por conteúdo do qual não tinham prévio conhecimento?

São justamente estas questões que foram tratadas pela Lei do Marco Civil da Internet, que determinou, em sua redação final, a exclusão completa da responsabilidade dos provedores de conexão e o afastamento da responsabilidade solidária dos provedores de aplicação, incorrendo apenas em responsabilidade subsidiária na hipótese de, após ciência por ordem judicial, manter-se omisso ou inerte.

De fato, a Lei do Marco Civil da Internet acabou por elevar como direito mais importante, acima de todos os outros, o da liberdade de expressão, na medida em que passou a proibir a remoção de conteúdo da Internet sem ordem judicial, trazendo com isso uma nova fórmula jurídica no tocante ao custo social e judicial a ser pago para gerenciar os excessos e abusos que são cometidos na *web*.

Até então, a tendência do Judiciário pátrio estava orientada no sentido de que todo dano deva ser ressarcido e que, querendo ou não, os provedores de aplicação, assim como os de conexão, são beneficiados em termos de geração de negócios, pelo volume de conteúdos que circula ou é publicado na Internet. Sem isso, não haveria nem razão para a sua existência.

O Marco Civil da Internet afastou o entendimento de risco do próprio negócio relacionado a estes tipos de empresas, pelo qual poderia recair até a responsabilidade objetiva, mesmo sem culpa sobre provedores, principalmente os de aplicação.

Independente da boa intenção do legislador, a meu ver, houve a criação de um desequilíbrio no tratamento que foi dado à questão da responsabilidade civil de provedores em geral, deixando o usuário muito mais desprotegido em termos de sua imagem, honra e reputação nos meios digitais.

Como responsabilizar aquele que publica o conteúdo sem saber quem é esta pessoa? Sem a evidência de autoria? E, novamente, a lógica trazida por este marco legal impôs um grande custo à sociedade, visto que também na investigação da autoria há necessidade de se socorrer do Judiciário, pois toda e qualquer informação relacionada aos *logs* de conexão e aos *logs* de navegação só pode ser apresentada mediante ordem judicial.

A redação da lei acabou por cercear a atuação da própria autoridade policial e do Ministério Público, sujeitos a apenas poderem solicitar a preservação da prova digital, mas sem autonomia para requisitar a sua apresentação.

Isso mostra um completo desconhecimento da dinâmica da Internet, em que aqueles que detêm a chave da porta de conexão, assim como os que possuem as máquinas que testemunham os fatos ocorridos, são peças-chave para solução dos casos.

Vamos trazer à luz um exemplo prático para que fique mais claro o efeito que esta nova logística legal terá sobre os indivíduos que forem vítimas de algum tipo de ato ilícito na Internet já sob a égide do Marco Civil: quando alguém sofre a situação de uma pessoa publicar um vídeo a seu respeito, com conteúdo desrespeitoso e repleto de inverdades, que é algo que pode ocorrer com qualquer um de nós, a qualquer momento, como a pessoa vitimada por esta exposição pode se ver protegida pelo Direito, pode minimizar o dano causado e se ver ressarcida do mesmo, com a punição do infrator que possa servir como exemplo para que outros não repitam a mesma conduta?

Antes da Lei do Marco Civil, era possível a vítima notificar via o próprio serviço (provedor de aplicação) a ocorrência do incidente, solicitando a remoção imediata do conteúdo, dentro do princípio do menor dano, ou como medida mais célere e direta para a contenção de danos irreversíveis. Juntamente, era solicitada a preservação das provas que pudessem contribuir para a identificação do infrator para sua posterior apresentação via ordem judicial, ou seja, era possível agir de forma rápida, com baixo custo social e judicial, pelo menos em uma ação de "pronto socorrro digital".

Agora, após a nova lei, a remoção do conteúdo só irá ocorrer após ordem judicial específica e fundamentada, o que traz, além de um ônus financeiro para a vítima (custo judicial), também o efeito do tempo sobre a disseminação do conteúdo (quanto maior a demora na remoção, maior o impacto do conteúdo para a vítima).

A única exceção trazida foi a de exposição de conteúdo nu (entendendo-se aí completamente sem roupa, visto que o indecente ou o pornográfico que envolvem um sem-nu, ou parcialmente nu, não se enquadrariam), tampouco o conteúdo meramente ridicularizante.

Por certo, o outro extremo, que seria o de ter a possibilidade de remover todo e qualquer conteúdo por mera denúncia que poderia ser de algum modo manipulada para cercear a liberdade de expressão, ou ter manifesta intenção política por trás, também seria prejudicial. Mas dentro do Direito, quando qualquer medida pode ter um efeito colateral indesejado, devemos considerar qual dos dois cenários possui efeitos irreversíveis?

No segundo cenário, da remoção imediata mediante denúncia direta (extrajudicial), havendo a garantia do direito de resposta, um conteúdo removido pode ser republicado. No entanto, a recíproca não é verdadeira. Um conteúdo já compartilhado na Internet não tem devolução, não tem volta, não se restabelece a condição anterior da honra e reputação do indivíduo exposto, não há como garantir o seu apagamento (direito ao esquecimento), tampouco a sua republicação de tempos em tempos, mesmo após ter conseguido remover o mesmo. Ele pode voltar, como uma verdadeira assombração digital para a vítima, em um modelo de dano recorrente e perpétuo.

Pior, quando ocorre a solicitação de remoção pela via judicial e mesmo assim há demora excessiva no cumprimento da ordem por parte do provedor de aplicação. E isso vem ocorrendo reiteradamente no Brasil, pois ainda não há uma compreensão adequada dos efeitos do tempo no próprio exercício do Direito, conforme já tratado no início deste livro.

Caberá ao Judiciário a árdua missão de aplicar esta nova referência legal do ordenamento jurídico brasileiro nos casos concretos[6], buscando restabelecer

---

6. Julgado sobre a matéria da responsabilidade civil de provedor de aplicação (mas ainda sobre fato ocorrido antes da entrada em vigor da Lei do Marco Civil da Internet):

"No caso dos autos, restou reconhecido pelo acórdão recorrido que terceira pessoa utilizou-se de uma página do *site* Orkut, criando vários perfls falsos e comunidades injuriosas, para fornecer informações ofensivas à dignidade do autor, além de ter o demandante lesado remetido comunicação formal à ré (e-STJ, fls. 72/74) que, em sua resposta, afirmou que o pedido fora encaminhado à Google norte-americana, sobre a qual não teria qualquer ingerência ou controle. Acrescentou, ainda, que 'se for verificado que os perfis em questão estão violando os termos de uso do *site*, eles poderão ser removidos do Orkut' (e-STJ, fls. 76/77). Dessa forma, notificado de que determinado texto ou imagem possuía conteúdo ilícito, o provedor deveria ter retirado o material do ar no prazo de 24 (vinte e quatro) horas, sob pena de responder solidariamente com o autor direto do dano, em virtude da omissão praticada. Não o fazendo, passou o provedor de internet a praticar com a sua omissão um ato ilícito, cujos efeitos patrimoniais e extrapatrimoniais devem ser reparados. Portanto, embora o provedor não tenha poder de censura, responde por omissão ao colaborar com a perpetuação do ato ilícito praticado por terceiro causador de danos ao consumidor, justamente o que ocorreu no caso em tela. Desse modo, restou plenamente caracterizada a responsabilidade civil por omissão decorrente da recusa na retirada dos perfis falsos e das comunidades injuriosas, transcorrido o prazo de 24 horas após a notificação. (...) Ante todo o exposto, voto no sentido de negar provimento ao recurso especial do autor e de dar parcial provimento ao recurso especial da empresa requerida para afastar da sua condenação a obrigação de bloquear a criação de perfis falsos ou comunidades injuriosas em nome do autor, remanescendo as demais condenações, nos termos do acórdão recorrido" (STJ, REsp 1.337.990-SP, rel. Min. Paulo de Tarso Sanseverino, j. 21-8-2014).

"As pessoas têm o dever de evitar a ocorrência de danos a direito alheio. A vida em sociedade exige a presença de um dever jurídico de não lesar a outrem (*neminem laedere*), norma que está inserida nas regras dos arts. 186 e 187 do CC. Essa norma geral de conduta é exigida de todas as pessoas, físicas ou jurídicas, que atuam na sociedade. A violação do padrão normal de comportamento induz à responsabilidade civil do agente, se provocou dano à esfera jurídica

o equilíbrio para valorizar a liberdade responsável e punir aquele que comete abusos, pois mesmo uma lei pode ser movida por interesses, ser parcial. Mas a Justiça deve ser imparcial.

Até que a discussão sobre a constitucionalidade do art. 19 do MCI chegou ao Superior Tribunal Federal (STF)[7], por meio dos Recursos Extraordinários (REs) n. 1.037.396 e 1.057.258. O tema estava na agenda do plenário no final de 2019, mas foi retirado da pauta pela necessidade de maior aprofundamento do caso. Com isso, foi marcada para o ano seguinte uma audiência pública para subsidiar a Corte com informações técnico-científicas sobre a responsabilização de provedores de aplicativos ou de ferramentas de Internet, mas foi cancelada devido à pandemia da Covid-19.

Entende-se que o art. 19 foi desenvolvido com o intuito de garantir a liberdade de expressão e evitar a censura de provedores de aplicação — leia-se do conteúdo ali publicado. Seu fundamento decorre do preceito constitucional que garante a liberdade de expressão. Com a evolução das relações estabelecidas no ambiente digital, que passou a figurar também como uma plataforma de anúncios, compra e venda, o debate passou a incluir a possibilidade de mitigação quando a liberdade de comercialização de produtos conflita com outros preceitos constitucionais, como o direito à saúde ou direito marcário ou ainda de direitos da personalidade (em casos explícitos de violação).

Finalmente, a título de exemplo, tem-se a própria publicação de produtos contrafeitos que podem lesar consumidores ante a falta de critérios mínimos

---

alheia. O fato ocorrido em fevereiro de 2012, sendo a ofensa perpetrada mediante a postagem de comentário em *blog* da internet. O responsável direto pelo dano é o agente, que postou conteúdo ofensivo na internet à pessoa da autora. O criador do *blog* e o Google podem ser responsabilizados, caso não retirem a mensagem danosa. A situação é de responsabilidade indireta, mas que não afasta a obrigação de indenizar e a solidariedade. No caso, houve solicitação ao Google, que não excluiu a postagem na fase extrajudicial. Somente com a determinação judicial existiu a retirada da mensagem. Portanto, reafirma-se a legitimidade passiva do réu e sua responsabilidade à indenização, considerando a omissão em excluir o conteúdo claramente ofensivo ao direito de personalidade da autora, fl. 24. Está presente a responsabilidade do demandado, devendo ser afastada a alegação de ato de terceiro. A mensagem foi de autoria de terceiro, o agente causador direto. Contudo, o réu poderia ter removido a mensagem a partir dos requerimentos enviados pela autora. Na espécie, a mensagem é claramente abusiva e ofensiva, o que permitiria a sua exclusão desde logo. Não é viável conceder o efeito retroativo à Lei n. 12.965/2014, considerando a posição afirmada na Corte Superior. (...) Na hipótese, penso que o valor de oito mil reais está adequado ao litígio analisado. Mantida a sentença no restante, incluindo a rejeição da preliminar de ilegitimidade passiva. Ante o exposto, dou parcial provimento ao recurso" (TJRS, Ap. 70060888575, rel. Des. Marcelo Cezar Müller, j. 28-8-2014).

7. STF. Toffoli e Fux divulgam participantes das audiências públicas sobre o Marco Civil da Internet. Disponível em: <http://www.stf.jus.br/portal/cms/verNoticiaDetalhe.asp?idConteudo=438967>.

de qualidade. No mesmo sentido, tem-se que a difamação expressa com conteúdo racista deve ser excluída de prontidão.

Desse modo, verifica-se a importância de se harmonizar, de um lado, a proteção da liberdade de expressão, mas de outro garantir que esta não seja abusiva, que não venha a ferir direitos tão importantes como da privacidade, da reputação, da propriedade intelectual. Principalmente se restar demonstrado que houve ganho econômico da plataforma nas ofertas de produtos contrafeitos e/ou ilícitos. Ou seja, não é meramente a discussão em torno da manutenção ou remoção de um conteúdo na Internet que deveria ter guarda da liberdade de expressão, mas passa a se estar diante de uma situação na qual o ambiente digital está promovendo a prática deliberada de atos ilícitos e de crimes que devem ser combatidos com rigor. E qualquer um que colaborar e/ou contribuir, direta ou indiretamente, de forma ativa ou passiva, também deve ser responsabilizado, na medida de sua ação e/ou por omissão.

Quanto ao dano moral[8], há muitas controvérsias da matéria, visto que não se pode dizer que ele não ocorra, mas também deve-se ter muito cuidado

---

8. Constituição Federal de 1988, art. 5º, V e X, Código de Defesa do Consumidor, art. 12, e Código Civil, arts. 186 e 927. Jurisprudência relacionada aos temas:

"Relação de consumo. Responsabilidade civil. Ação de obrigação de fazer. Danos morais. Internet. Provedor de acesso. Legitimidade. Google. Sítio de relacionamento (Orkut). Criação de perfil falso. Terceiro. Mensagens ofensivas a integrantes da comunidade a que pertence o autor. Antecipação de tutela. Retirada do sítio falso. Indenização. Descabimento. Preliminar de ilegitimidade passiva *ad causam* que se acolhe apenas em relação ao corréu, M.P.M.L. Ltda., o qual se limita a somente prestar serviços de proteção à marca 'Google' como agente de propriedade industrial. O Google Brasil Internet Ltda., que faz parte do mesmo grupo empresarial da Google, Inc., é parte legítima para figurar no polo passivo da ação indenizatória que tem como fundamento ato ilícito praticado nos domínios do sítio eletrônico denominado Orkut, de que é proprietário. Através desse serviço, os usuários criam páginas pessoais ('perfis') a partir das quais se comunicam com os demais e participam de diversas comunidades. Ainda que o serviço, que é objeto da ação, seja prestado envolvendo provedores de acesso à Internet ou responsáveis por *sites* de relacionamento e os respectivos usuários, não sendo direta ou indiretamente remunerado, aplica-se a legislação consumerista. Aquele que é prejudicado por defeito ou falha na prestação de serviços, tendo ou não relação jurídica direta com o fornecedor, qualifica-se como consumidor (art. 17 da Lei n. 8.078/90). Fato de terceiro. As páginas de relacionamento são marcadas pelo dinamismo, pelo amplo e irrestrito acesso a qualquer indivíduo em qualquer parte do mundo e, consequentemente, pela ausência de qualquer formalidade prévia. Página fraudada por terceiro de molde a conter informações ofensivas ao usuário ou a integrantes da mesma comunidade no Orkut, como se as mesmas tivessem sido criadas e/ou remetidas por este. Circunstância *sui generis* a envolver nova tecnologia e novas relações interpessoais. A possibilidade de identificar o usuário que enviou as mensagens falsas em nome do autor, através do IP (*Internet Protocol*), nem sempre é suficiente para identificar quem seria o real ofensor. Lado outro, inexistindo dever legal ou contratual de monitoramento prévio ou fiscalização antecipada do conteúdo das páginas pessoais, de modo a controlar esse conteúdo e impedir a prática de atos ilícitos (como a adulteração de dados), ou inquinados (como a irrogação de injúrias, calúnias e difamações), por outros usuários para que não se torne uma via de enriquecimento ilícito. No entanto, quando de fato o mesmo está configurado na Internet, a conta pode se tornar incalculável, tamanho o alcance que este ambiente permite.

---

ou terceiros, afasta o dever de indenizar. Sem a comprovação do defeito do serviço perde-se um dos requisitos imprescindíveis para a caracterização da responsabilidade civil objetiva (art. 14 da citada Lei n. 8.078/90), sendo certo que a responsabilidade do provedor de acesso e responsável pelo *site* de relacionamento se circunscreve à disponibilização da tecnologia que permite o acesso à *web*. Harmonização do direito à imagem com o preceito que assegura a livre manifestação do pensamento e da informação vedando, entretanto, o anonimato nas livres manifestações de pensamento (art. 5º, inc. X, e art. 5º, incs. IV, IX e XIV, da CRFB/88). Provedor de hospedagem que não está obrigado a fiscalizar, nem realizar qualquer censura prévia ou genérica (o que avilta, ademais, os princípios democráticos insculpidos na Constituição vigente), sobre o conteúdo inserido pelos usuários. Diante da impossibilidade de fiscalizar todas as páginas criadas, e ainda, observando a garantia fundamental do livre pensamento, se torna impossível a exclusão do nome da agravada, sem que esta identifique as respectivas URL (Localizador de Recursos Universal). Ausência de conduta culposa pelo réu, pois não restou evidenciada a negligência, a imprudência ou imperícia. Sentença mantida. Recurso a que se nega provimento" (TJRJ, AgI 0374854-06.2008.8.19.0001 (2009.001.69800), rel. Mario Assis Gonçalves, j. 22-6-2010).

"Ação de indenização. Dano moral. Orkut. Rede social. Sítio de relacionamento. Internet. Provedor de serviços de informações. Responsabilidade por fato do serviço. Direito do consumidor. Responsabilidade objetiva. Usuário vítima do evento. Ofensas de cunho moral. Expressão 'fazendo a fila andar'. *Quantum*. (...) A relação entre os provedores e usuários da internet é regida pelas normas do Código de Defesa do Consumidor. Os provedores se enquadram como fornecedores de serviços (...). A expressão 'fazendo a fila andar' aposta por usuário inidôneo na denominação do perfil pessoal da usuária atinge a sua honra subjetiva. A expressão 'fazer a fila andar', no jargão popular, significa sucessão de parceiros amorosos, denotando promiscuidade por meio de relacionamento sexual não monogâmico, ou seja, com muitos parceiros diferentes" (TJMG, Recurso 1.0145.08.471404-0/001(1), rel. Cabral da Silva, j. 3-8-2010).

"Mãe é condenada por *cyberbullying* praticado por filho menor. Apelação. Responsabilidade civil. Internet. Uso de imagem para fim depreciativo. Criação de *flog* — página pessoal para fotos na rede mundial de computadores. Responsabilidade dos genitores. Pátrio poder. *Bullying*. Ato ilícito. Dano moral *in re ipsa*. Ofensas aos chamados direitos de personalidade. Manutenção da indenização. Provedor de internet. Serviço disponibilizado. Comprovação de zelo. Ausência de responsabilidade pelo conteúdo. Ação. Retirada da página em tempo hábil. Preliminar afastada. Denunciação da lide. Ausência de elementos. O dano deve representar ofensa aos chamados direitos de personalidade, como à imagem e à honra, de modo a desestabilizar psicologicamente o ofendido. V. A prática de *bullying* é ato ilícito, haja vista compreender a intenção de desestabilizar psicologicamente o ofendido, o qual resulta em abalo acima do razoável, respondendo o ofensor pela prática ilegal. VI. Aos pais incumbe o dever de guarda, orientação e zelo pelos filhos menores de idade, respondendo civilmente pelos ilícitos praticados, uma vez ser inerente ao pátrio poder, conforme inteligência do art. 932 do Código Civil. Hipótese em que o filho menor criou página na internet com a finalidade de ofender colega de classe, atrelando fatos e imagens de caráter exclusivamente pejorativo. VII. Incontroversa ofensa aos chamados direitos de personalidade do autor, como à imagem e à honra, restando, ao responsável, o dever de indenizar o ofendido pelo dano moral causado, o qual, no caso, tem natureza *in re ipsa*. VIII. *Quantum* reparatório serve de meio coercitivo/educativo ao ofensor, de modo a desestimular práticas reiteradas de ilícitos civis. Manutenção do valor reparatório é medida que se impõe, porquanto harmônico com caráter punitivo/pedagógico comumente adotado pela Câmara em situações análogas. Apelos desprovidos" (TJRS, ApC 70031750094, 6ª Câmara Cível, rel. Liege Puricelli Pires, j. 30-6-2010).

A nosso ver, o dano causado por aquele que, ciente legalmente do fato, nada o faz para minimizar os efeitos do conteúdo na vida de uma pessoa exposta na Internet é maior do que o diretamente relacionado ao ato ilícito praticado pelo autor do conteúdo ou de sua publicação inicial. A inércia causa a multiplicação do dano à vítima à máxima potência.

Logo, uma forma de o Judiciário restabelecer o equilíbrio social que foi quebrado com a visão unilateral praticada na Lei do Marco Civil da Internet seria penalizar de maneira exemplar o provedor de aplicação que descumpre ordem judicial solicitada com urgência, seja como pedido liminar ou tutela antecipada, e que não age imediatamente na defesa do direito de terceiro reconhecido pelo Judiciário. Do contrário, haverá a desmoralização da própria justiça, visto que, para a vítima, nem através dos meios legais nem após ordem judicial, ela conseguiu ser socorrida na velocidade exigida para ainda tentar salvar o que lhe resta de dignidade humana após ter sofrido um trauma digital por ato covarde de terceiro.

Esta análise está relacionada ao fato de que deve ser aplicada a legislação que determina ação imediata de intermediários objetivando a interrupção de ato lesivo perpetrado por terceiros, buscando o resultado prático equivalente. Isso está descrito no art. 536, § 1º, do Novo Código de Processo Civil, no art. 84 do Código de Defesa do Consumidor e nos arts. 12, 19, 20 e 21 do Código Civil.

A Lei do Marco Civil da Internet deve ser interpretada junto das demais leis em vigor, especialmente a Constituição Federal, que ainda garante como direito máximo a proteção da privacidade do indivíduo, no que diz respeito a sua imagem, honra e reputação.

Se o provedor de aplicação não pode ser responsabilizado pela publicação do conteúdo em si, pois não pode haver censura prévia, e também não pode ser responsabilizado pela permanência do conteúdo enquanto não houver uma ordem judicial solicitando a sua remoção, por certo deve ser totalmente responsabilizado, de forma severa, por sua omissão se não atender ao pedido judicial de forma imediata e com o uso de todos os seus recursos técnicos, inclusive podendo ser atribuída a ele a corresponsabilidade por sua conivência e cumplicidade passiva com a lesão proferida contra a vítima.

"Ação de indenização. Dano moral. Ofensas e acusações em *site* de relacionamentos. Orkut. Prova nos autos que demonstra que a ré se utilizou do *site* de relacionamentos Orkut para ofender, proferir acusações e denegrir a imagem da autora, perante todas as pessoas que têm acesso ao conteúdo das mensagens de cunho manifestamente ofensivo. Violação a direito de personalidade, de molde a atingir a honra e imagem da parte autora. Danos morais configurados. Redução do *quantum* indenizatório. Sentença parcialmente reformada. Recurso parcialmente provido" (TJRS, Recurso Cível 71002312858, rel. Eduardo Kraemer, j. 26-3-2010).

Então, nesta hipótese, o valor a ser ressarcido deve ter caráter punitivo, não apenas reparativo. Algo que possa impactar o próprio negócio do provedor de aplicação, para que a Justiça lhe ensine duramente que não pode valer a pena descumprir a lei.

Por certo, este tipo de penalização deve ser muito superior aos baixos valores praticados pelo Judiciário, que têm sido de 2 mil a 30 mil reais. E não se está tratando de multa por descumprimento de ordem judicial, mas sim de condenação pelo dano causado a vítima, que deve ser valorado adequadamente.

Não se pode mudar completamente a posição do Judiciário brasileiro, que até a entrada em vigor da nova Lei do Marco Civil da Internet[9], vinha aplicando a tese do princípio do menor dano, na qual é melhor remover um conteúdo prejudicial e/ou ilícito, de forma imediata, do que mantê-lo no ar, mas, sendo infundada a denúncia, deve-se garantir a volta ao ar do conteúdo e também a punição daquele que tenha sido leviano, visto que aí a lesão será à liberdade, em vez de à privacidade (como vem ocorrendo mais comumente, em geral, ferindo a honra e a reputação).

Esta remoção vinha então ocorrendo pela via judicial, com efeito de responsabilidade civil solidária do provedor da página em que o conteúdo estava publicado, contado de forma retroativa desde a data da ciência extrajudicial (por denúncia direta ao provedor de aplicação), para fins de ressarcimento do dano causado.

A jurisprudência pátria sempre adotou três linhas de entendimento no tocante a responsabilidade civil de provedores, segundo afirma Carlos Affonso[10]: (i) a sua não responsabilização pelas condutas de seus usuários; (ii) a aplicação da responsabilidade civil objetiva, ora fundada no conceito de risco da atividade desenvolvida, ora no defeito da prestação de serviço; e (iii) a responsabilidade de natureza subjetiva, aqui também encontrando distinções entre aqueles que consideram a responsabilização decorrente da não retirada de conteúdo reputado como ato lesivo após o provedor tomar ciência do mesmo (usualmente por meio de notificação da vítima, inclusive via ferramenta disponibilizada pelo próprio serviço) e os que entendem ser o provedor responsável apenas em caso de não cumprimento de decisão judicial ordenando a retirada do material ofensivo[11].

---

9. O Marco Civil da Internet, Lei n. 12.965, entrou em vigor em 24 de junho de 2014.

10. Na obra em coautoria *Marco Civil da Internet*.

11. "Justiça condena internautas ao curtir e compartilhar *post*. Ao curtir ou compartilhar algo no Facebook o usuário mostra que concorda com aquilo que está ajudando a divulgar.

Se a Lei do Marco Civil da Internet, que é recente, trouxe uma nova orientação sobre a matéria, determinando que não há responsabilidade civil de provedor de conexão de internet sobre o conteúdo do tráfego de dados que passe em sua rede, estando inclusive o mesmo vetado a monitorar sob pena de quebra de privacidade, tampouco há responsabilidade civil de provedor de aplicação pelo conteúdo postado por terceiro em seu ambiente, e mesmo que haja uma ordem judicial, ele só será responsabilizado se não remover o conteúdo no prazo determinado, mas tem a possibilidade de isso não ser feito por limitação técnica do serviço[12], caberá ao Judiciário medir o quanto isso foi acertado ou não, por meio de sua própria interpretação da lei nos casos concretos.

Neste sentido, um dos pontos a ser judicialmente analisado é sobre o excludente trazido com o uso do termo "limitação técnica do serviço", visto que a presença desta hipótese como uma ressalva — a responsabilidade civil de provedor de aplicação — na nova lei pode significar um grande "cheque em branco", valendo inclusive sobre uma ordem judicial, o que pode ensejar num aumento do grau de dificuldade de remoção de um conteúdo indevido, inapropriado ou mesmo ilícito da Internet.

Levando esse fato em consideração, o Tribunal de Justiça de São Paulo incluiu os replicadores de conteúdo em uma sentença, fazendo com que cada um seja condenado junto com quem criou a postagem" (Fonte: http://olhardigital.uol.com.br/noticia/justica-condena-usuarias-por-cutir--e-compartilhar-post-no-facebook/39175>. Acesso em: 18 fev. 2014).

Decisão contra o consumidor que abusou do direito de reclamar em Redes Sociais: "CIVIL E PROCESSUAL CIVIL. AÇÃO DE INDENIZAÇÃO. PRESTAÇÃO DE SERVIÇOS. CURSO PROFISSIONALIZANTE. INSATISFAÇÃO POR PARTE DO ALUNO. RECLAMAÇÃO PÚBLICA NA INTERNET. ABUSO DE DIREITO. EXCESSO DO RECLAMANTE. DANOS MORAIS. CONFIGURAÇÃO. PEDIDO RECONVENCIONAL. IMPROCEDÊNCIA. 1. O direito do consumidor quanto à manifestação de sua insatisfação quanto aos serviços prestados deve ser exercido com moderação e urbanidade, de modo a não atingir a honra, a dignidade e a imagem do prestador de serviços ou de seus prepostos. 2. Evidenciado nos autos que o réu, ao manifestar a sua insatisfação com os serviços prestados, excedeu em seus comentários, ofendendo a honra e a imagem dos autores, tem-se por configurado o ato ilícito passível de justificar a sua condenação ao pagamento de indenização por danos morais" (TJDFT, de 27-8-2013. Disponível em: <http://tjdf19.tjdft.jus.br/cgibin/tjcgi1?NXTPGM=plhtml06&ORIGEM=INTER&CDNUPROC=20090110667444APC>. Acesso em: 4-11-2013).

12. Marco Civil da Internet (MCI):

"Art. 18. O provedor de conexão à internet não será responsabilizado civilmente por danos decorrentes de conteúdo gerado por terceiros.

Art. 19. Com o intuito de assegurar a liberdade de expressão e impedir a censura, o provedor de aplicações de internet somente poderá ser responsabilizado civilmente por danos decorrentes de conteúdo gerado por terceiros se, após ordem judicial específica, não tomar as providências para, no âmbito e nos limites técnicos do seu serviço e dentro do prazo assinalado, tornar indisponível o conteúdo apontado como infringente, ressalvadas as disposições legais em contrário".

Esta previsão legal contraria e modifica o entendimento que o Judiciário vinha tendo até então. Como já foi dito, o Marco Civil deu um peso maior à proteção da liberdade de expressão em detrimento da proteção da imagem e reputação, que são direitos da privacidade.

Como o Judiciário vai assegurar o direito da vítima, em pelo menos ver o conteúdo removido? Ou estamos fadados a ter que conviver com o aumento da impunidade sobre as ofensas, ameaças, discriminações, *ciberbullying*?

A única exceção trazida pela nova lei que determina a remoção imediata do conteúdo é a que envolve materiais que contenham imagem, vídeo ou cenas de nudez ou de atos sexuais de caráter privado. Estes deverão ser retirados após notificação extrajudicial do participante ou representante legal, sob pena de responsabilização do provedor de aplicações de internet[13]. Mas, mesmo assim, também permite a exceção do limite técnico do serviço.

Sendo assim, como vimos, a legislação vigente no tocante à responsabilidade civil está em transformação e devemos acompanhar os próximos entendimentos do Judiciário sobre a matéria, ao enfrentar o conflito entre Constituição Federal de 1988, Marco Civil da Internet, Código Civil, Estatuto da Criança e do Adolescente e Código Penal.

O problema maior envolve o fato de que podemos estar, mesmo que sem intenção, estimulando que se "faça justiça com o próprio *mouse*", pois a vítima pode querer praticar vingança digital se vier a sentir-se desamparada pela Autoridade e pelo Judiciário.

De ofensas às pessoas até as marcas, infelizmente, a Internet está repleta de conteúdos ilícitos que geram um grande dano social. Somados aos conteúdos que infringem direitos autorais, temos aí um grande impacto na economia digital. O Marco Civil, infelizmente, no tocante à responsabilidade civil, acabou por contribuir com o aumento da "irresponsabilidade civil na internet", e isso pode estimular o crescimento dos ilícitos.

Ainda veremos os efeitos da nova Lei n. 13.709/2018 de Proteção de Dados Pessoais sobre a responsabilidade civil. Pelo que tudo indica, haverá um incremento, ainda mais nas relações que envolvam tratamento de dados

---

13. Marco Civil da Internet (MCI):

"Art. 21. O provedor de aplicações de internet que disponibilize conteúdo gerado por terceiros será responsabilizado subsidiariamente pela violação da intimidade decorrente da divulgação, sem autorização de seus participantes, de imagens, vídeos ou de outros materiais contendo cenas de nudez ou de atos sexuais de caráter privado quando, após o recebimento da notificação pelo participante ou seu representante legal, deixar de promover, de forma diligente, no âmbito e nos limites técnicos do seu serviço, a indisponibilização desse conteúdo".

com mais de um Controlador, ou seja, o modelo de Co-Controladores ou Controladores Independentes, ou ainda, quando há uma relação de Controlador com Operador[14] e a atração da responsabilidade solidária, conforme previsto pelo art. 42[15].

Pelo que tudo indica, a sociedade digital tem trazido uma abordagem de ampliação da responsabilização, buscando exigir uma conduta mais preventiva e proativa, em que os riscos devem ser gerenciados e mitigados e os danos devem ser ressarcidos.

Pensando que vamos para um cenário com maior uso de Inteligência Artificial, as regulamentações têm também previsto que deve haver sempre alguém responsável pela tomada de decisão automatizada, ou seja, o agente de IA, ou o supervisor humano a quem caberá a responsabilidade. Se ela está sendo ampliada pelas leis, caberá aos juristas limitá-la nos pactos entre partes, através de cláusulas nos contratos e na aplicação de seguros.

---

14. Lei n. 13.709/2018 art. 5º, VI e VII: "VI — controlador: pessoa natural ou jurídica, de direito público ou privado, a quem competem as decisões referentes ao tratamento de dados pessoais;

VII — operador: pessoa natural ou jurídica, de direito público ou privado, que realiza o tratamento de dados pessoais em nome do controlador".

15. Lei n. 13.709/2018, art. 42: "Art. 42. O controlador ou o operador que, em razão do exercício de atividade de tratamento de dados pessoais, causar a outrem dano patrimonial, moral, individual ou coletivo, em violação à legislação de proteção de dados pessoais, é obrigado a repará-lo.

§ 1º A fim de assegurar a efetiva indenização ao titular dos dados:

I — o operador responde solidariamente pelos danos causados pelo tratamento quando descumprir as obrigações da legislação de proteção de dados ou quando não tiver seguido as instruções lícitas do controlador, hipótese em que o operador equipara-se ao controlador, salvo nos casos de exclusão previstos no art. 43 desta Lei;

II — os controladores que estiverem diretamente envolvidos no tratamento do qual decorreram danos ao titular dos dados respondem solidariamente, salvo nos casos de exclusão previstos no art. 43 desta Lei.

§ 2º O juiz, no processo civil, poderá inverter o ônus da prova a favor do titular dos dados quando, a seu juízo, for verossímil a alegação, houver hipossuficiência para fins de produção de prova ou quando a produção de prova pelo titular resultar-lhe excessivamente onerosa.

§ 3º As ações de reparação por danos coletivos que tenham por objeto a responsabilização nos termos do *caput* deste artigo podem ser exercidas em juízo, observado o disposto na legislação pertinente.

§ 4º Aquele que reparar o dano ao titular tem direito de regresso contra os demais responsáveis, na medida de sua participação no evento danoso".

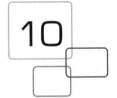

10 Ética e Educação Digital

Educar em uma sociedade da informação significa muito mais que treinar as pessoas para o uso das tecnologias de informação e comunicação: trata-se de investir na criação de competências suficientemente amplas que lhes permitam ter uma atuação efetiva na produção de bens e serviços, tomar decisões fundamentadas no conhecimento, operar com fluência os novos meios e ferramentas em seu trabalho, bem como aplicar criativamente as novas mídias, seja em uso simples e rotineiros, seja em aplicações mais sofisticadas. Trata-se também de formar os indivíduos para 'aprender a aprender', de modo a serem capazes de lidar positivamente com a contínua e acelerada transformação da base tecnológica.

(...)

A atração que as novas tecnologias exercem sobre todos — de formuladores de políticas e implementadores de infraestrutura e aplicações de tecnologias de informação e comunicação até usuários de todas as classes e idades — pode levar a uma visão perigosamente reducionista acerca do papel da educação na sociedade da informação, enfatizando a capacitação tecnológica em detrimento de aspectos mais relevantes.

(TAKAHASHI, Tadao (org.). *Sociedade da informação no Brasil*: livro verde. Brasília: Ministério da Ciência e Tecnologia, 2000, p. 45.)

Com o atual cenário de uma sociedade cada vez mais digital não há como se esquivar da necessidade de educar e orientar os jovens quanto às condutas também no ambiente virtual. Não basta apenas entregar, disponibilizar uma máquina para o aluno e ensiná-lo a utilizar suas diversas funções se não aprenderem também que devemos zelar pela segurança digital bem como agir de forma ética e legal a fim de sermos bons cidadãos digitais.

Acreditamos, portanto, que a educação digital deve ser promovida simultaneamente à inclusão digital dos usuários, seja dos indivíduos que estão tendo o primeiro contato com as máquinas somente no ambiente de trabalho, seja da nova geração que já nasceu dentro de uma sociedade totalmente informatizada. Este último grupo necessita de orientação especial, já que crianças e adolescentes estão passando pelo amadurecimento de seus conceitos éticos, morais e de cidadania.

É extremamente necessário que pais e escolas invistam na educação digital de seus filhos. Já não basta apenas orientá-los a não abrir a porta de casa para estranhos. Eles precisam saber também que não é seguro abrir *e-mails* de estranhos. Esse tipo de ensinamento deve ser aplicado em atividades lúdicas e escolares para, no futuro, ser adotado também no ambiente profissional.

Da mesma forma que escolas utilizam cartilhas com o bê-á-bá, também devem ser adotados materiais que prendam a atenção do aluno e transmitam mensagens de segurança da informação, boas práticas digitais e de ética, sendo, portanto, de grande valor a existência de aulas sobre Cidadania e Ética Digital[1] nos cursos que envolvem uso de computador para os alunos.

A formação precoce do cidadão digital é de vital importância para a segurança e o bom uso dos meios eletrônicos disponíveis. Começar desde cedo é fazer um investimento seguro e altamente rentável no futuro de nossos profissionais.

Para que seja desenvolvida uma consistente base de conhecimento digital nos jovens, cartilhas, vídeos, palestras e *games* podem ser desenvolvidos como forma de alcançar tal objetivo[2]. Como é característico dessa faixa etária, os projetos são dinâmicos, interativos, didáticos e com alto grau de retenção de

---

1. Atualmente, vários procedimentos de conduta estão sendo divulgados pela mídia como forma de educar o cidadão no correto uso dos benefícios trazidos pela informática. Como exemplo, podemos destacar o Código de Ética Antispam, apresentado pelo Comitê Brasileiro Antispam (http://www.brasilantispam.com.br/), o qual tem por objetivo reger e orientar a comunicação institucional, comercial e publicitária enviada sob a forma de mensagens eletrônicas, sem prejuízo da concomitante aplicação, quando for o caso, da legislação vigente, especialmente em matéria de publicidade, privacidade e proteção ao consumidor.

2. Como referência pioneira no assunto, destacamos o *Manual do motorista virtual*, que corresponde a uma ferramenta de educação digital, no qual o usuário "dirige" por um cenário que explica conceitos de Certo e Errado no uso da tecnologia, comparando o uso do computador com o carro. O material é ideal para campanhas de conscientização de segurança da informação na empresa e também pode ser adaptado para escolas e centros de capacitação profissional. Para saber mais, acesse os *links* <http://www.brochura.com.br/elearning/> ou <http://www.brochura.com.br/manual>, bem como o *site* <http://www.patriciapeck.com.br>.

conhecimento. Dado que existe alto interesse pelo assunto, há uma interação muito rica entre o grupo, resultando em diversas perguntas, até mesmo dias após os treinamentos. É estabelecido um canal permanente de contato para que nenhum aluno fique com dúvida sobre o assunto.

Educar na sociedade digital não é apenas ensinar como usar os aparatos tecnológicos ou fazer efetivo uso da tecnologia no ambiente escolar. Educar é preparar indivíduos adaptáveis e criativos com habilidades que lhes permitam lidar facilmente com a rapidez na fluência de informações e transformações. É preparar cidadãos digitais éticos para um novo mercado de trabalho cujas exigências tendem a ser maiores que as atuais.

Para aplicar este princípio de educação, o professor deve antes de qualquer coisa entender que os jovens de hoje em dia são diferentes do que fomos quando na idade deles. Nascemos em uma era analógica bem diferente da era digital atual, em que a lógica de raciocínio e atenção múltipla é uma constante. Os professores devem esforçar-se em conhecer o mundo no qual os jovens vivem hoje e passar a enxergar a realidade da perspectiva deles, ou acabarão assumindo a posição de alienígenas em sala de aula. Essa divisão de realidades e isolamento do professor dificultará a cumplicidade entre ambos e, consequentemente, a eficácia do ensino.

O educador deve sempre atualizar-se e ficar atento ao mundo deste novo aluno. Deve procurar conhecer os programas digitais que mais o interessa e descobrir o que motiva esse interesse no aluno, bem como buscar formas que possibilitem sua utilização em benefício do aprendizado. Não adianta passar um monte de tarefas para serem feitas após a aula, quando a realidade do estudante é diferente. Hoje, o estudante sai da escola, vai para casa e faz tudo ao mesmo tempo: assiste à televisão, navega na Internet e faz a tarefa. O professor deve tornar as atividades interessantes para conquistar o interesse e a atenção do aluno. É um desafio, mas o contato com o mundo em que o jovem vive atualmente facilitará ao professor aplicar sua criatividade em atividades que incentivem o aluno. Já não há como voltar no tempo; a tecnologia veio para ficar e o educador tem o dever de se adaptar e criar novas formas de ensino.

A Internet não será extinta e novas tecnologias ainda estão a surgir. Com o passar do tempo, muito mais pessoas estarão conectadas à rede mundial, e negar tal fato é como negar a própria evolução da sociedade. Nesse sentido:

No meio dos anos 90 do século XX, quando pensadores de áreas distintas haviam percebido que a sociedade entrara em um novo padrão de poder e referência, um escritor brasileiro, a pretexto de fazer uma crítica à pós--modernidade — o delírio a favor estava se esgotando e os novos profetas pareciam dizer: eu te disse, eu te disse, eu te disse —, pregava que qualquer mudança só seria possível quando partíssemos da possibilidade de extinção da televisão. Isso mesmo: extinção da televisão.

(...)

Ninguém desligará a televisão. Ao contrário. Ela cresce de importância e se diversifica. Mais e mais gente acessará a Internet — é um fato. A ciência e a tecnologia continuarão a gerar, aqui e ali, experimentos e resultados dirigidos às expectativas investidas. E ambas — ciência e tecnologia — talvez sejam geridas por regras internacionais, como, aliás, já existem atualmente. Assim, deste ponto no tempo onde estamos, é difícil dizer o que virá. Mas sempre, até o momento, os acontecimentos vieram para melhor"[3].

É crescente o incentivo e a utilização das ferramentas tecnológicas como apoio pedagógico, cada vez mais professores buscam apoio nos *blogs* e comunidades. Projetos de inclusão digital surgem a cada dia.

Deparamo-nos, portanto, com situações inéditas e inesperadas. Prova disso é o surgimento de uma nova linguagem usada na comunicação *online*, em que abreviações são constantes em diálogos digitais, de forma a acompanhar a velocidade da sociedade da informação. Não adianta lutar contra um costume digital que tem sido mundialmente adotado. Não defendemos a adoção de uma nova linguagem, mas também não podemos negá-la. O papel da escola está em orientar o aluno sobre as ocasiões em que esta linguagem informal pode ser usada e as que exigem formalidade. Diante dessas mudanças, devemos nos adaptar!

Nesta nova sociedade digital, o advento da Internet traz maravilhas que o professor deve tomar como vantagens. Educadores devem compreender que o maior risco que as crianças e adolescentes correm é não terem acesso à Internet. A rede é essencial na educação dos jovens, bem como na preparação de suas futuras carreiras profissionais.

A lista de benesses que a rede nos proporciona é infinita! Com ela os alunos têm a oportunidade de atravessar fronteiras, derrubar barreiras e dividir ideias de forma única. E um de nossos objetivos é trazer situações que contribuam para sua construção do conhecimento, preparando-os para a cidadania digital e para uma realidade diária mais segura.

O jovem também precisa aprender que cada um é responsável pelo que escreve e que deve pensar várias vezes antes de publicar algo *online* porque

---

3. RESENDE, André. *Mundo enquadrado*: o lugar dos símbolos nas coisas reais. São Paulo: Altana, 2005, p. 12 e 15.

544

os resultados de um conteúdo malcolocado podem ser avassaladores. O usuário pode ser punido tanto no âmbito administrativo/escolar quanto no Judiciário, nos casos mais graves. O problema está na falta de conhecimento e habilidades nas crianças e na maioria dos jovens para reconhecer os perigos *online*. É preciso orientá-los nesse sentido para que possam desenvolvê-las e aplicá-las por si.

Devem eles ter em mente que os seus atos no ambiente virtual geram consequências na vida real. A Internet, como muitos acham, não é território de ninguém.

É inevitável, sem dúvida, que os jovens no ambiente de Internet se deparem com pornografia, com *sites* que promovem a delinquência (destruir, construir armas, falsificar documentos, piratear programas e documentos etc.), *sites* que promovem o suicídio, a bulimia e a anorexia, *sites* de jogos, entre outros. Entretanto, suas atitudes diante de situações como essas é que farão toda a diferença!

Conforme exposto anteriormente, a tecnologia veio para ficar: celulares são computadores, televisores são interativos, Internet também é telefone e celulares transmitem programação televisiva, só para citar alguns. Acompanhemos os números, pesquisas e estatísticas, segundo o *IDGNow*[4].

Assim, concluímos o fim de uma era analógica sob a qual fomos criados e educados, para agora termos o desafio de adaptação, inclusão e educação na era digital. Para preparar os trabalhadores de amanhã para esta era, precisamos modificar nosso ponto de referência e visão por meio de nossa própria educação.

---

4. Disponível em: <www.idgnow.com.br/indices>.

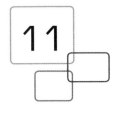

11 Os Principais Tipos de Usuários de Tecnologia e seus Impactos no Direito

A grande maioria dos incidentes relacionados ao uso de ferramentas tecnológicas e informações nas empresas é provocada pelo usuário "sem noção", e apenas 2% envolvem usuários de "má-fé", ou seja, a negligência no uso seguro das ferramentas, a falta de conhecimento das regras, melhores práticas e leis vigentes no Brasil provocam consequências desastrosas e em tempo real para muitos profissionais. Por isso, vamos aprender a ser um usuário mais consciente, digitalmente correto e dar o exemplo não apenas no trabalho, mas em casa e na família, já que muitos têm a missão de ensinar também seus filhos, que são a próxima geração da força de trabalho, para construir um Brasil sustentável!

Perfil 1.0 — *"homo analogicus"*: este perfil tem fobia a tecnologia. Aprendeu tudo na era do papel, do mundo mais físico e presencial. É da era do "cata milho" e da máquina de escrever. Em geral, tem dificuldade em usar ferramentas tecnológicas, não gosta de ter senha, não confia nas máquinas. Por isso, costuma passar a senha para outra pessoa realizar a tarefa, seja secretária, filho, colega. É um alvo fácil para engenharia social.

Perfil 2.0 — *"homo semidigitalis"*: este perfil está em transição. Cresceu na era mais analógica, com pais analógicos, avós analógicos e foi forçado a se digitalizar por causa da necessidade de trabalho (usar computador, ter senha, ter *e-mail*, ter celular, navegar na Internet). Para ele, tecnologia é uma obrigação, um mal necessário. Já ousa pesquisar preço na Internet, mas prefere imprimir a oferta e ir até a loja física para levar o produto debaixo do braço por garantia. Não costuma baixar conteúdos, mas aprendeu a colocar a foto dos filhos no fundo de tela do computador e do celular. É comum já ter computador em casa e assinar banda larga, mas para uso da família, ele mesmo não usa. Este perfil ainda é sem malícia, sujeito a ser usado como um "laranja digital".

Perfil 3.0 — *"homo digitalis"*: este perfil ocorre em geral com aqueles que ganharam um *videogame* quando eram pequenos ou tiveram acesso à tecnologia ainda na escola ou na faculdade. Sua principal característica é ter aprendido a usar computador primeiro por motivo de lazer. É bem mais multimídia. Prefere imagens e áudio a textos. Este usuário participa de redes sociais em geral, gosta de ouvir MP3, baixar várias coisas na Internet (principalmente se for de graça) e tem uma leve tendência a fazer "cópia e cola" do conteúdo alheio, sem achar que está fazendo nada errado. Assim que recebe sua máquina na empresa, já tenta mudar o fundo de tela, personalizar. Este perfil costuma achar ruim qualquer proibição. Já sabe usar bastante os recursos, mas não tem o hábito de segurança, costuma deixar a máquina aberta, usar maciçamente cibercafé ou *lanhouse*. É conhecido como "sem noção", faz tudo sem saber que risco corre, qual a consequência dos seus atos e que danos pode sofrer ou gerar para os outros.

Perfil 4.0 — *"homo digitalis-mobilis"*: este perfil é a versão 3.0 evoluído com mobilidade, já com uma necessidade de usar tecnologia independente de onde estiver, ou seja, sua relação de tempo-espaço já foi transformada. Para ele, *desktop* é pré-histórico. É pela mobilidade total. Tudo tem de ser pequeno, portátil, para exercer ao máximo seu direito de ir e vir. Se pudesse não ia para o trabalho, fazia tudo sem sair de casa, afinal, na era da VPN, do *notebook*, do *smartphone*, do VOIP, da educação a distância e da *webconference* para quê sair de casa? Sofre com o excesso de exposição que passou a ter na *web*. Já vive plenamente a era dos dados, é tudo por escrito. Não foi educado nas leis, acha que as mesmas não se aplicam para a Internet, para ele "os fins justificam os *e-mails*". É um "sem noção" que costuma "fazer justiça com o próprio *mouse*".

Perfil 5.0 — *"homo tecnologis seguro"*: este é o usuário evoluído, digitalmente correto, com comportamento ético, seguro e legal no uso das tecnologias. Não importa sua idade, ele foi ensinado e criou o hábito da segurança da informação. Sempre se preocupa em fazer do jeito certo, em estar seguro. Faz sempre *back-up*, tem plano de contingência pessoal para não ficar sem seus dados. Já aplica o Manual de Sobrevivência Digital[1]. Não acredita em tudo que

---

1.

Manual de Sobrevivência Digital	
• Evite passar senhas para terceiros (mesmo que da família ou conhecidos). Se o fizer, mude em seguida. Sempre ao sinal de suspeita que alguém saiba a sua senha, a altere.	• Busque sempre estar com antivírus e *antispyware* atualizado, bem como faça uso de *firewall* e demais *softwares* de segurança, inclusive para criptografia das informações, para *backup*, há muitas opções boas e baratas e algumas também gratuitas. O importante é não ficar sem.

vê na Internet. É mais preocupado em preservar sua reputação digital, por isso mede muito bem as palavras escritas que vai publicar ou enviar por *e-mail* ou SMS. Está sempre buscando novas formas de se proteger. Sabe guardar as provas eletrônicas, sabe fazer denúncia na Delegacia de Crimes Eletrônicos e está preparado para os novos desafios da sociedade digital.

Por este motivo, educação é fundamental. Formar o usuário digitalmente correto! Motivo este que originou o movimento "Família Mais Segura na Internet"[2], que é uma iniciativa de responsabilidade social digital, na área educacional, com diversas grandes empresas copatrocinadoras, que busca conscientizar pais e filhos sobre o uso ético, seguro e legal das tecnologias, bem como formar e capacitar professores e voluntários para ministrar palestras e aulas do tema. Foram produzidos diversos materiais didáticos que estão disponíveis de modo gratuito no *site*, as escolas podem solicitar uma palestra gratuita do

• Evite deixar o computador ligado e logado quando estiver ausente. Sempre faça bloqueio de tela ou se for se ausentar por longo período é recomendável desligar o equipamento e tirar da tomada.	• Busque usar apenas equipamentos que estejam com *softwares* de segurança atualizados, especialmente se for em local público, cibercafé, *lanhouse*, rede de hotel. Na dúvida, pergunte para o responsável do serviço. Se possível, evite colocar sua senha de transações (bancária e cartão de crédito) nestes equipamentos. Ao encerrar a sessão, certifique-se que apagou tudo da máquina e fez *logout* de todos os ambientes.
• Insira senha em celular, para bloqueio automático por inatividade. Também deve-se fazer *backup* da agenda, apagar periodicamente mensagens e *e-mails* do dispositivo (se possível uma vez por semana) para evitar as suas informações pessoais e sigilosas caiam em mãos erradas.	• Evite fazer uso de fotos (imagens) de pessoas (especialmente crianças) que você não tenha autorização prévia, escrita para tanto. Na dúvida, se a pessoa vai gostar ou achar ruim, é melhor não usar. Principalmente se você tiver encontrado em um *site* de fotos/imagens cuja origem das fotos é desconhecida.
• Evite carregar equipamentos tecnológicos que chamem a atenção quando estiver caminhando, andando de carro ou de táxi, especialmente *notebook*, celular, MP3. Seja discreto e cuidadoso, se possível coloque na mala do carro e em uma mochila.	• Sempre leia tudo que lhe for apresentado para dar *click-ok* na Internet. Mesmo que você não possa mudar nada, deve-se sempre saber com o que se está concordando. Termos de uso, políticas de privacidade, avisos legais de direitos autorais, licenças, garantias, comprovante compra-e-venda *online*, tudo isso é documento, é prova legal. "*Não assine sem ler, especialmente na* web."
• Evite deixar seus pertences tecnológicos soltos, em cima da mesa de estudo, de trabalho, em uma cadeira no restaurante para se servir (especialmente quando é *buffet* ou quilo, ou restaurante de hotel no horário de café da manhã que tem maior incidência de furtos). Fique de olho sempre.	• Seja cauteloso para quem você passará seus dados na Internet. Selecione bem, certifique-se. Lembre-se de que na era da informação não existe almoço grátis. Todo serviço gratuito tem como preço a sua informação. Assim como ofertas mirabolantes podem significar um golpe de loja fantasma digital, tenha cuidado com *e-mails* que possam ser falsos, não clique em tudo que recebe por *e-mail* ou vê na Internet. Na dúvida, acesse direto o *site* ou entre em contato pelo SAC *online*.
• Evite ofender pessoas ou empresas na Internet. Use uma linguagem apropriada, que não seja agressiva, pois se deve exercer a liberdade de expressão com responsabilidade. Aquele que abusa do direito, também comete ilícito e está sujeito a indenizar o outro lesado.	• Não faça justiça com o próprio *mouse*. Se algo de ruim lhe acontecer no uso de tecnologias, na Internet, denuncie, busque ajuda de um especialista, comunique a autoridade. Preserve as provas digitais, evite mexer novamente na máquina. Se não for sua, peça ao proprietário que a reserve para coleta das provas.

2. Disponível em: <www.istart.org.br> e <www.familiamaisseguranainternet.com.br>.

Movimento, tem cartilha e filmes que ilustram esta vida digital, o dia a dia dos jovens que cada vez mais cedo passam a fazer o uso de Internet.

O Movimento tem como objetivo formar usuários digitalmente corretos para construir um Brasil sustentável na sociedade digital, o que só será possível com forte base em ética e legalidade. Por isso, há um abaixo-assinado digital com a proposta de apresentar um projeto ao MEC para incluir a disciplina de Cidadania e Ética Digital na grade dos ensinos fundamental e médio das escolas públicas e privadas. Quando isso ocorrer, já teremos professores capacitados, material didático e muito apoio da família. É o Direito Digital entrando na vida do indivíduo.

11.1 É preciso falar sobre *fake news*

Nesse conglomerado de uso ético e responsável das ferramentas digitais, há um elemento bem importante e indispensável para o equilíbrio das relações: a responsabilidade dos usuários ao compartilhar um conteúdo. Isso porque o meio digital permite ampla e ágil disseminação das publicações, podendo provocar situações de *desinformação* caso o *link* ou a fofoca virtual compartilhada sejam inverossímeis.

Deve-se destacar ainda que o compartilhamento de informações falsas — as famosas *fake news* — pode ainda trazer repercussões graves tanto no âmbito individual como no coletivo. Além dos prejuízos financeiros e danos que vão muito além da reputação, as produções falsas, equivocadas ou manipuladas com a intenção de desinformar têm ganhado espaço e interferido nas nossas crenças e opiniões. São informações inverídicas que costumam ter como intuito a manipulação direta da opinião pública ou objetivos meramente financeiros, a partir de publicações que quanto maior o número de cliques, maior o retorno. É problema bastante grave, que nos deixa vulneráveis e suscetíveis a consequências desastrosas.

O uso incorreto de tais possibilidades traz consigo repercussões em território jurídico[3], como a responsabilização por calúnia, difamação, crime de

---

3. "Segundo dados compilados pelo Instituto Poynter no final de 2019, 16 países do mundo tinham alguma forma de regulação contra fake news. A maioria dos países que criaram regras sobre o assunto recentemente, porém, não tinha leis anteriores contra fake news. [...] A lista vai dos autoritários Emirados Árabes Unidos à democrática África do Sul e tem integrantes nas Américas, na Europa, na África e na Ásia. No Brasil, há projetos para punir quem espalhar *fake news* sobre o coronavírus na Câmara dos Deputados e nas Assembleias Legislativas de três estados (Minas Gerais, Paraíba e Mato Grosso)". Disponível em: <https://www1.folha.uol.com.br/mundo/2020/04/numero-de-paises-com-regulacao-contra-fake-news-dispara-durante-a-pandemia.shtml>.

alarme e produção de pânico ou tumulto à população[4]. Também envolve o combate ao discurso do ódio, problema que só se agravou e sofisticou com a utilização de novas ferramentas, como perfis falsos e robôs com tarefas *online* automatizadas, que dificultam ainda mais a atuação das autoridades.

Isso é uma grande ameaça às liberdades, pois coloca em risco os próprios usuários, que não conseguem discernir nem diferenciar quando estão interagindo com um perfil humano de uma máquina, tampouco identificar facilmente o que é uma informação manipulada.

Tais atitudes são mais comuns do que imaginamos. No simples clicar do botão de compartilhamento nas redes sociais, há responsabilidade envolvida, pois, uma vez disseminada no ambiente virtual, uma notícia ou informação rapidamente se espalha e pode trazer danos irreparáveis à imagem de uma pessoa ou ao bem-estar coletivo.

E o mesmo vale para a sua omissão perante a atitude incorreta de outra pessoa[5]. Por isso, é necessário que haja muita ética e responsabilidade social — individual e coletiva — no compartilhamento de informações no espaço virtual também.

Um exemplo das graves consequências que essa situação pode gerar ocorreu durante a pandemia do Covid-19, ao longo do ano de 2020. A enxurrada de dados falsos e mentirosos sobre sintomas, estatísticas, diagnósticos, tratamentos,

---

4. Durante a pandemia da Covid-19, houve a responsabilização de um indivíduo por ter espalhado uma falsa notícia sobre casos da doença na Paraíba. Disponível em: https://g1.globo.com/pb/paraiba/noticia/2020/03/24/suspeito-de-espalhar-noticia-falsa-sobre-coronavirus-vai--responder-por-provocar-panico-na-paraiba.ghtml.

5. De acordo com informações do portal Migalhas: "34ª câmara de Direito Privado do TJ/SP reformou sentença e condenou uma jovem, administradora de um grupo de WhatsApp, a indenizar em R$ 3 mil por danos morais um garoto vítima de *bullying* no grupo. De acordo com a decisão, a condenação se deve ao fato dela não ter feito nada para impedir as ofensas. 'Ré que, na qualidade de criadora do grupo, no qual ocorreram as ofensas, poderia ter removido os autores das ofensas, mas não o fez, mostrando ainda ter-se divertido com a situação por meio de emojis de sorrisos com os fatos.' Relator do recurso no TJ/SP, o desembargador Soares Levada reconheceu que efetivamente não há demonstração alguma de que a jovem tenha, ela própria, ofendido diretamente o integrante do grupo. Afirmou também ser 'inegável' que no WhatsApp o criador de um grupo em princípio não tem a função de moderador nem pode saber, com antecedência, o que será dito pelos demais integrantes que o compõem. No entanto, ele entendeu que o criador do grupo é sempre denominado seu administrador por uma razão simples: pode adicionar e remover termos utilizados na rede que bem quiser e à hora em que quiser. 'Ou seja, no caso dos autos, quando as ofensas, que são incontroversas, provadas via notarial, e são graves, começaram, a ré poderia simplesmente ter removido quem ofendia e/ou ter encerrado o grupo. Quando o encerrou, ao criar outro grupo o teor das conversas permaneceu o mesmo, como as transcrições juntadas aos autos, cuja autenticidade não é questionada, demonstram à saciedade'." Disponível em: <https://www.migalhas.com.br/quentes/282394/administradora-de--grupo-de-whatsapp-deve-indenizar-por-nao-coibir-ofensas>.

origem e transmissão do vírus foi classificada pela Organização Mundial da Saúde (OMS) como "infodemia", em que mensagens imprecisas e até perigosas proliferaram descontroladamente e deixaram as pessoas confusas, enganadas e imprudentes, sendo um risco à saúde pública.

Para tentar evitar pioras nesse contexto, a OMS lançou a campanha "Verificado"[6], que tem como proposta estimular a reflexão dos usuários de redes sociais antes de compartilhar postagens e assim frear a disseminação de notícias falsas. "Pause #TakeCarebeforeyouShare" (Pare para Pensar antes de Compartilhar) foi um dos *slogans* utilizados na iniciativa, que teve a parceria de empresas privadas e o apoio inclusive de clubes de futebol, como Corinthians e Vasco da Gama.

No mesmo ano, o Tribunal Superior Eleitoral (TSE) promoveu uma ação parecida de combate à desinformação com a mensagem "Se for *fake news*, não transmita", que teve a participação do biólogo Atila Iamarino[7]. O pesquisador e divulgador científico foi chamado para ser o porta-voz da campanha justamente pela sua atuação e notoriedade durante a pandemia, pois, ao fornecer explicações simplificadas e levar adiante seu conhecimento técnico sobre o assunto, ele contribuiu bastante no combate à desinformação sobre a nova doença.

Nesse sentido, é necessário que todos façam a sua parte e sigam as seguintes dicas para não compartilhar *fake news*:

- ✓ **Faça sua parte!** Não compartilhe informação duvidosa. Consulte sempre autor e fonte.
- ✓ Cuidado com o **sensacionalismo** e não leia apenas o título.
- ✓ Colabore! **Oriente e conscientize** amigos, familiares e colegas. Seja o chato (só neste aspecto).
- ✓ **Consulte fontes oficiais** para se informar e cheque a data da publicação. Não **dependa apenas da rede social** para se informar.
- ✓ Compartilhar *fake news* **é uma conduta anticidadã**, especialmente em tempos difíceis como o atual.
- ✓ O **dano reputacional** de uma *fake news* por vezes é maior que o financeiro.
- ✓ Conte com apoio de **profissionais especializados** no caso de ser vítima de uma informação falsa ou dano reputacional.

---

6. Pare e pense antes de postar, pede campanha da ONU a usuários de internet. *ONU News*, 30 jun. 2020. Disponível em: <https://news.un.org/pt/story/2020/06/1718572>.

7. TSE faz campanha contra a desinformação: "Se for fake news, não transmita". Disponível em: <https://www.tse.jus.br/imprensa/noticias-tse/2020/Julho/tse-faz-campanha-contra--a-desinformacao-201cse-for-fake-news-nao-transmita201d>.

12

Contratos na Era Digital e os Contratos Específicos de TI

12.1. Contratos no Direito Digital

Primeiramente, em sua definição clássica, contrato é o acordo de vontades entre duas ou mais pessoas com a finalidade de adquirir, resguardar, modificar ou extinguir direito. Para o Direito Digital, os contratos têm algumas características peculiares que determinam a necessidade de aprofundar questões normalmente não aplicadas em contratos tradicionais.

Não há que se discutir mais a validade do contrato eletrônico, visto que este entendimento já está pacificado[1] e vem sendo tratado em âmbito internacional

---

1. "Não se deve olvidar que o contrato eletrônico é o instrumento para a realização de um negócio jurídico, que não usa o papel, mas é inegável que é um ato jurídico. Como se sabe, o contrato pode ser definido como um negócio jurídico bilateral ou plurilateral, que depende, para sua formação, do encontro de vontades das partes interessadas, gerando para estas uma norma jurídica individual, reguladora de interesses privados (...). Os contratos eletrônicos não devem ser considerados um novo tipo ou uma nova categoria autônoma de contrato, mas tão somente uma nova tecnologia de formação contratual. Sob tal perspectiva, não haveria qualquer inovação substancial pertinente aos requisitos de validade dos contratos eletrônicos e à sua aceitação jurídica como meio de prova. (...) Sob este prisma, podemos ter contratos eletrônicos de compra e venda, contratos eletrônicos de mútuo, contratos eletrônicos de comodato, contratos eletrônicos de prestação de serviço, dentre outros, desde que sejam celebrados por meio de uma rede de computadores. Na espécie, o banco apelante insiste na impossibilidade material do cumprimento da obrigação, ante a inexistência de contrato físico assinado pela mutuante. (...) Embora a relação contratual tenha sido estabelecida eletronicamente, o contrato físico não é o único instrumento capaz de comprovar a existência de uma relação jurídica e a validade negocial existente entre as partes. Cumpre lembrar que os contratos eletrônicos realizados por meio da internet

desde 1996, com as discussões da Lei Modelo da UNCITRAL[2], que em seu art. 5º disse o seguinte: "Não se negarão efeitos jurídicos, validade ou eficácia à informação apenas porque esteja na forma de mensagem eletrônica".

A mesma lei tratou ainda em seu art. 11 sobre a formação e validade dos contratos, onde "salvo disposição em contrário das partes, na formação de um contrato, a oferta e sua aceitação podem ser expressas por mensagens eletrônicas. Não se negará validade ou eficácia a um contrato pela simples razão de que se utilizaram mensagens eletrônicas para a sua formação".

Na visão de Maria Eugênia Filkenstein, "o contrato eletrônico é caracterizado por empregar meio eletrônico para sua celebração", ou, ainda, "o contrato eletrônico, por sua vez, é o negócio jurídico bilateral que resulta do encontro de duas declarações de vontade e é celebrado por meio da transmissão eletrônica de dados"[3].

Para Lorenzetti[4], o contrato eletrônico traduz uma transação eletrônica em que as declarações de vontade se manifestam por meios eletrônicos, por computador, podendo ser, inclusive, manifestadas automaticamente por um computador (sistema informático automatizado), ou mediante a oferta pública em um *site* e a aceitação pelo consumidor através de um *click*.

Tendo em vista a classificação contemporânea dos Contratos Atípicos, os contratos eletrônicos seriam uma modalidade de contratos atípicos, que são aqueles em que não há haver regulamentação legal específica, onde o fator preponderante é a liberdade de contratar e o princípio da autonomia da vontade,

---

devem possuir preferencialmente certos requisitos para serem válidos ou para que eles possam ser usados como prova, esses são: a certificação eletrônica, assinatura digital, autenticação eletrônica, para manter a autenticidade e integridade do documento, conforme o meio que foi utilizado para realização do mesmo. Considerando-se a inexistência de normas específicas que particularmente disciplinem os documentos gerados e armazenados em meio eletrônico, e diante dos princípios da livre persuasão racional do juiz e da liberdade de forma, é certo que os documentos eletrônicos, num primeiro momento, têm amparo legal e doutrinário para serem admitidos como meios de prova lícitos, consubstanciando-se, tão somente, numa forma probatória não especificamente elencada no Código de Processo Civil, mas amparada por seu art. 332. Assim, o banco apelante, para comprovar a validade do contrato eletrônico firmado, poderá se utilizar de todos os meios de provas admitidos em direito, em eventual litígio, pois esses meios são lícitos, moralmente legítimos, respeitando os requisitos legais necessários, podendo a parte se valer do disposto nos arts. 212, 219, 222 e 225 do Código Civil e nos arts. 363, 374, 375 e 383 do Código de Processo Civil para corroborar a existência do contrato firmado eletronicamente" (TJSP, Ap. 0027833-36.2013.8.26.0196, rel. Des. Spencer Almeida Ferreira, j. em 28-5-2014).

2. Disponível em: <http://www.lawinter.com/1uncitrallawinter.htm>.

3. FINKELSTEIN, Maria Eugênia Reis. *Aspectos jurídicos do comércio eletrônico.* Porto Alegre: Síntese, 2004, p. 187-188.

4. LORENZETTI, Ricardo Luis. *Comércio eletrônico.* São Paulo: Revista dos Tribunais, 2006.

onde as partes devem acautelar-se na fixação das normas contratuais (cláusulas), desde que estas não contrariem os princípios gerais do direito (a ninguém lesar, dar a cada um o que é seu, viver honestamente etc.), os bons costumes e as normas de ordem pública.

Portanto, como contratos atípicos, o primeiro diferencial dos contratos digitais, especialmente os que tratam de serviços de tecnologia da informação, é a terminologia[5]. É recomendável o emprego de um glossário inicial que estabeleça o significado dos termos técnicos empregados no contrato realizado pelas partes. Isso possibilita um menor grau de interpretação, diminuindo o risco de duplo sentido ou de má compreensão do que está sendo contratado. Esse quesito é fundamental nos contratos da era digital, não só porque nascem novos termos quase diariamente, mas também em razão do sentido peculiar dado a palavras que normalmente têm outro significado no mundo real.

O segundo ponto importante do Direito Comercial e Societário Digital é determinar objetivamente as responsabilidades das partes quanto à tecnologia, à segurança, ao conteúdo, ao produto, à entrega, ao banco de dados, às informações publicadas ou tornadas públicas, à atualização e ao *upgrade*. Devem existir cláusulas específicas, delimitando e definindo o grau de responsabilidade por todas essas questões e, principalmente, sobre a proteção da relação com o consumidor final, uma vez que o Código de Defesa do Consumidor é totalmente aplicável dentro do Direito Digital e das relações de consumo virtual.

O terceiro ponto implica o cuidado que as partes devem tomar quanto ao tipo de informação veiculada *online*[6] e na definição da responsabilidade por sua veracidade e atualização, já que a Internet é uma mídia que praticamente torna eternas muitas mensagens na rede, sem que seus autores as apaguem. No entanto, em uma relação comercial, pode haver danos causados em virtude dessas informações perdidas e mensagens fantasmas.

O quarto ponto é a necessidade de incluir no contrato uma cláusula arbitral[7], já que celeridade, *expertise*, especialidade e sigilo são essenciais na solução das questões de Direito Digital.

---

5. Esta também foi uma tendência iniciada pela UNCITRAL, órgão da ONU, que, em sua lei-modelo para o comércio eletrônico, arrola um pequeno vocabulário de termos técnicos, explicando como deveriam ser entendidos dentro do projeto.

6. Como já tivemos oportunidade de expor, são, por analogia, aplicáveis à mídia eletrônica as leis que regulam as outras mídias tradicionais.

7. Os juízos arbitrais possuem inúmeras vantagens diante do nosso "processualismo". Os árbitros têm maiores conhecimentos técnicos, mas muitas vezes é a rapidez com que se resolvem as questões o ponto mais atrativo desta via alternativa. Porém, é necessário estar atento a uma questão na hora de inserir a cláusula arbitral: se o contrato for de adesão para consumidor final,

Atualmente os contratos eletrônicos apresentam-se sob duas formas distintas[8], como contratos-tipo, em que todas as cláusulas são impostas por uma parte à outra sem que se possam discutir cláusulas isoladamente; e como contratos específicos, nos quais a elaboração é feita caso a caso; dependendo do *status* dos contraentes ou do objeto do contrato, prevalece uma modalidade ou outra.

Contratos-tipo são aqueles elaborados por uma das partes e oferecido à outra, a quem cabe apenas aderir incondicionalmente, sem que haja possibilidade de discussão; assim são, por exemplo, os contratos de agências bancárias e a maioria dos contratos de revendedores para com seus consumidores, visto que está implícito nessa modalidade uma desigualdade quanto ao poder de barganha. Por isso mesmo deve-se ter cuidado redobrado na elaboração de cada uma de suas cláusulas, pois o Código de Defesa do Consumidor não admite a estipulação de cláusulas que podem revelar-se abusivas[9].

Os contratos que regulam relações de serviços de tecnologia, tais como segurança, *hosting*, conexão, entre outros, devem ser elaborados caso a caso entre as partes, porém com certeza em todos os contratos devem constar: atribuição de responsabilidades, garantia de atualização da tecnologia e a cláusula de equilíbrio econômico-financeiro.

No caso de imagens e fotos de produtos, é muito importante que elas tragam informações sobre a data em que foram registradas, evitando problemas

---

a mera inclusão desta no contrato não gera nenhum efeito, isso porque o Código de Defesa do Consumidor, em seu art. 51, VII, a considera uma cláusula abusiva, portanto, nula de pleno direito. A solução nesses casos é oferecer sempre a cláusula apartada do contrato e não vincular a aceitação de um a outro.

8. Além da classificação proposta existe uma outra, segundo Robson Ferreira, que leva em consideração a interatividade entre os contraentes, podendo assim dividir os contratos eletrônicos em:

"Contratos Eletrônicos Intersistêmicos: aqueles em que a contratação é feita entre sistemas aplicativos pré-programados, sem qualquer ação humana. Frequente entre pessoas jurídicas, para relações comerciais de atacado.

Contratos Eletrônicos Interpessoais: o computador oferece meio de comunicação para o acordo de vontades das duas partes, necessariamente ocorre interação humana nos dois polos da relação. Podem ser simultâneos (celebrados *online*), ou seja, quando as partes estão ao mesmo tempo conectadas na rede. Têm analogia com os contratos firmados por telefone, aplicando-se o art. 428, I. E podem ser não simultâneos, em que existe lapso temporal entre a declaração de vontade de uma parte e a recepção desta pela outra parte, em geral, via *e-mail*; nesse caso, equivalem à correspondência, aplicando-se os arts. 1.086 e 434, *caput*, do Código Civil.

Contratos Eletrônicos Interativos: resulta de uma relação de comunicação entre uma pessoa e um sistema previamente programado, é a forma mais usual de contratação utilizada pelo *e-commerce*, em que a manifestação de vontade se dá com o clique do *mouse*, aplicando-se o art. 112 do Código Civil".

9. Código de Defesa do Consumidor, arts. 51, 52 e 53.

de potencial publicidade enganosa, caso o tempo entre a imagem ou foto e o tempo de compra sejam muito distantes entre si.

Independentemente de ser ou não um contrato de alguma forma vinculado à *web*, a própria sociedade digital, que vem delineando seus aspectos mais importantes como seus próprios mecanismos de mudanças dinâmicas, exige que hoje se insiram nos contratos cláusulas de equilíbrio econômico-financeiro. Na sociedade digital, acima de qualquer outra, as relações entre economias e mercados estabelecem interdependência em nível global, e crises locais nacionais muitas vezes podem gerar crises sistêmicas.

Daí a importância da cláusula que afasta a responsabilidade do devedor por prejuízos advindos de um desequilíbrio econômico-financeiro, notadamente porque é uma causa de força maior[10], totalmente alheia às partes, que são impotentes ante as aludidas crises.

O profissional, ao elaborar o contrato, deve ter em mente que cláusulas como essas, que tratam minuciosamente das responsabilidades dos contraentes, ajudam a dirimir conflitos e até a evitar demandas judiciais, porque trazem para dentro da responsabilidade contratual questões que de outra forma teriam obrigatoriamente de ser objeto de decisão judicial, com a lentidão e demais problemas do Poder Judiciário, que são incompatíveis com as necessidades da nova sociedade digital.

É aconselhável que seja observada também a necessidade ou não de ter uma cláusula de seguro, determinando o valor do prêmio e de quem é a obrigação de pagamento — se das partes ou se será embutido no preço final da mercadoria. Isso porque é uma das soluções mais eficientes para que todo o prejuízo ou dano causado devido à instabilidade do mercado digital quanto à segurança e aos padrões seja ressarcido, evitando que se tenha uma falta de credibilidade no meio enquanto via comercial e de realização de negócios.

Contratos que regem operações dentro do meio digital têm algumas peculiaridades que devem ser especialmente observadas: a) indicação clara das responsabilidades de todos os participantes da cadeia de relações envolvida, principalmente porque a Internet privilegia as relações em rede, com vários coparticipantes e especial atenção nos direitos do consumidor final; b) estabelecer uma política de informação clara; c) política de segurança e privacidade; d) cláusula de arbitragem; e) territorialidade[11], estabelecendo os limites geográficos de ação

---

10. Código Civil, art. 393: "O devedor não responde pelos prejuízos resultantes de caso fortuito ou força maior, se expressamente não se houver por eles responsabilizado" (casos de mora).

11. As partes na maioria das vezes podem dispor sobre o foro competente para julgar lides

de cada envolvido; f) relação dos parceiros envolvidos no negócio; g) no caso de os produtos transacionados envolverem tecnologia, estabelecer as responsabilidades por *upgrades* e obsolescência.

Uma das questões que mais se discutem em matéria de contratos digitais é a da força probante no tocante à autoria (autenticidade)[12]. No Brasil, ainda inexistem regras jurídicas específicas a respeito dessa questão, mas também não há nada que impeça a admissibilidade do documento eletrônico como meio de prova[13]. Sendo assim, os requisitos básicos para os contratos eletrônicos terem força probante são: autenticidade[14] e integridade[15].

---

com origem em determinado contrato, fixando assim o juízo competente. Ainda restaria a dúvida: qual juízo seria mais conveniente? Muitas vezes elege-se o foro mais próximo dos escritórios de advogados contratados, porém essa medida pode não ajudar o bom andamento do processo, provocando demoras; o mais correto, principalmente quando os contratos podem gerar demandas em vários países, é eleger o foro que seja capaz de julgar e coagir as partes no caso concreto, porque pode ser muito difícil e demorado fazer-se cumprir uma sentença em local diferente do que a proferiu, ou seja, é melhor eleger o Foro com capacidade de execução da sentença.

12. "Termo de adesão ao sistema 'sem parar', acompanhado dos extratos de passagens dos veículos cadastrados. Ônus da prova. Prova de fato impeditivo, extintivo ou modificativo do direito do autor titular do cheque que instrui a demanda. Alegada falta de prova quanto à efetiva utilização dos serviços. Impugnação aos extratos que não se verificou oportunamente e nem é feita satisfatoriamente neste processo. Inteligência do art. 333, inciso II, do Código de Processo Civil (...). A apelada ajuizou a ação monitória de origem, que veio instruída no Termo de Adesão ao Sistema 'Sem Parar' e nos extratos indicativos dos dias, horas exatas e locais em que os veículos autorizados pela recorrente teriam passado pelas barreiras de pedágio contendo o sistema contratado (cf. fls. 08/20). De fato, pelo que se depreende da avença, haveria a instalação do dispositivo denominado 'TAG' nos veículos de propriedade da apelante, os quais foram expressamente autorizados por ela quando da assinatura da avença. Após tal providência competeria à recorrida 'emitir e enviar ao usuário, via correio ou correio eletrônico (*e-mail*), mensalmente, extratos com a discriminação das passagens realizadas e os valores das transações devidas' (cláusula 5, item III, fls. 09). Deste modo, o procedimento adotado na avença estava expresso no contrato, de forma inequívoca e sem obscuridade. Tal proceder viabiliza à apelante que, ao tempo oportuno, ofereça impugnação aos extratos informados apresentando eventual divergência e questionando os valores indicados, o que, em relação aos extratos que embasam a monitória, não se verificou" (TJSP, Ap. 9135012-18.2009.8.26.0000, rel. Des. Nelson Jorge Júnior, j. 27-5-2014).

13. Nesse sentido, ver o posicionamento doutrinário de José Rogério Cruz e Tucci em Eficácia probatória dos contratos celebrados pela Internet, in *Direito & Internet*, Edipro, 2001, e Arnoldo Wald, Um novo direito para a nova economia: os contratos eletrônicos e o Código Civil, in *Direito e Internet*, São Paulo: Revista dos Tribunais, 2001. No direito comparado, merece destaque a Lei-Modelo da Uncitral, art. 9º; Decreto-Lei n. 290-D/99, art. 3º, da legislação portuguesa; Utah Digital Act, California Government Code, Section 16.5, Florida Electronic Signature Act of 1996, Georgia Electronic Records and Signatures Act, da legislação americana; Lei n. 59/97, Decreto n. 513/97 e Decreto do Presidente do Conselho de Ministros, de 8 de fevereiro de 1999, da legislação italiana; Real Decreto-Lei n. 14/99, da legislação espanhola.

14. Autenticidade significa pressuposto da autoria, ou seja, que tenha autoria identificável. Nesse sentido, aplicam-se os arts. 408, 410, I, e 412 do Novo Código de Processo Civil.

15. Integridade significa veracidade, ou seja, que não possa ser alterado depois de pactuado e assinado.

Importante destacar que, no tocante à executividade dos contratos, como títulos extrajudiciais, já encontra precedentes de aceitação pelo Poder Judiciário o entendimento pela validade jurídica da assinatura de duas testemunhas por via digital, confirmado em primeira e segunda instâncias, conforme se denota abaixo. Há o requisito de que as mencionadas testemunhas adotem o mesmo método de assinatura digital utilizado pelas demais partes, a fim de garantir a integridade documental:

"PROCESSUAL CIVIL. AGRAVO DE INSTRUMENTO. EXECUÇÃO DE TÍTULO EXTRAJUDICIAL. EXCEÇÃO DE PRÉ-EXECUTIVIDADE. CONTRATO ELETRÔNICO. ASSINATURA DIGITAL. VALIDADE. INCLUSÃO DO FIADOR APÓS A CITAÇÃO DO EXECUTADO. POSSIBILIDADE. ART. 264 DO CPC. INAPLICABILIDADE.

Devidamente citado, FELINTO PAULO DE OLIVEIRA ofertou exceção de pré-executividade (fls. 220/227) alegando, em síntese, (i) ausência de título executivo em razão da inexistência de duas assinaturas (art. 585, II, do CPC); e (ii) inclusão indevida do fiador no polo passivo após a citação da ré. A objeção de pré-executividade foi rejeitada pelo magistrado *a quo*, nos seguintes termos: '*In casu*, não merecem prosperar as alegações do excipiente de ausência de assinatura de duas testemunhas no contrato objeto da presente execução, bem como a indevida inclusão de seu nome no polo passivo, após a citação da principal devedora. A uma, porque conforme se infere do documento de fls. 34, o contrato foi assinado por testemunhas, ainda que se trate de assinatura digital; convém ressaltar que em razão das inovações eletrônicas, a forma do contrato pode ser diferente, mas não descaracteriza sua essência; a duas, porque não sendo localizados bens do executado passíveis de penhora, caberá ao fiador responder pela dívida, nos termos do contrato pactuado entre as partes.'

No que concerne à assinatura por duas testemunhas, a decisão agravada merece prosperar por seus próprios fundamentos. Consoante previsão do item 5.1 do instrumento contratual, 'a contratação de financiamento no âmbito do Programa Juro Zero será formalizada eletronicamente, com a utilização de assinatura digital da empresa, da FINEP e de testemunhas, no Formulário de Solicitação de Financiamento, o qual será também assinado digitalmente pelo Parceiro, na qualidade de Interveniente Anuente' (fl. 43).

O documento de fl. 48 representa o próprio formulário de solicitação referido na cláusula contratual, não havendo que se falar na apresentação de um segundo contrato, como alegado pelo recorrente, com a assinatura de duas testemunhas, nos termos do art. 585, II, do Código de Processo Civil" (TRF-2, Agravo de Instrumento 0012986-37.2013.4.02.0000, rel. Des. José Antônio Lisbôa Neiva, j. 18-12-2013).

Muitos dos contratos em Direito Digital devem ser elaborados caso a caso, de acordo com as necessidades específicas e os direitos e obrigações que devem estar garantidos[16].

12.2. Contratos de TI

A cada dia que passa estamos mais atrelados à tecnologia. Nos negócios, então, é simplesmente vital; mais vital ainda é a sinergia entre o departamento de TI e o jurídico. Será que o diretor jurídico sabe quem é o diretor de TI e vice-versa? Caso a resposta seja negativa, deveriam saber. Algumas questões interessam e muito para ambos, como: por quanto tempo ficam guardados *e-mails*? E os *logs* de acesso?

A parceria dessas áreas na formulação de contratos relacionados ao desenvolvimento de *softwares* e demais usos de TI é o que pode definir uma pendência jurídica no futuro, pois o melhor contencioso é o preventivo.

Pelo conceito clássico, contrato é o acordo de vontades entre duas ou mais pessoas com a finalidade de adquirir, resguardar, modificar ou extinguir direito.

Os contratos "realmente atuais" devem trazer em seu bojo cláusulas de confidencialidade, direitos autorais e propriedade intelectual (em especial, para tratar dos fontes), segurança da informação, prova eletrônica, entre outras. Essa "desatualização" pode implicar o risco de fazer com que o contrato se torne inútil, caso haja um conflito entre as partes.

Como já observamos, é aconselhável o uso de um glossário inicial que determine o significado dos termos técnicos empregados no contrato. Isso possibilita uma interpretação mais restrita, em decorrência diminui-se o risco de duplo sentido ou de má compreensão do objeto do contrato. Os contratos, para o Direito Digital, têm características peculiares que determinam a necessidade de aprofundar questões normalmente não aplicadas em contratos tradicionais[17].

As espécies mais comuns de contratação são: 1ª) Contrato de desenvolvimento de *software* — *software* é produto ou serviço? Como vai ser comercializado? Há manutenção e atualizações? Quem será o proprietário do código-fonte?

---

16. No caso dos contratos de seguro, a validade jurídica do documento de apólice digital é garantida pela Circular SUSEP n. 277 e pela Medida Provisória n. 2.200-02. Também deve ser observada a Resolução CNSP n. 294/2013, que permite o uso de meios remotos e digitais para sua celebração e formalização.

17. Ver comentários no item 8.29.

2ª) Contrato *hosting* — por quanto tempo as informações serão armazenadas? As informações estarão disponíveis sempre? Existe cláusula de *Backup* dessas informações? Existe uma cláusula de segurança da informação? Caso haja migração, como vai ser feita? 3ª) Contrato-manutenção — é serviço de manutenção ou de atualização? A manutenção é feita por quem vendeu o *hardware* ou o *software*? 4ª) Contrato de segurança da informação — caso ocorra um vazamento de informação, quem é responsável? Há cláusula de seguro? A responsabilidade da empresa que faz a segurança é objetiva, ou seja, independe de culpa?

As questões acima são motivo de muita reflexão para aqueles que desejam contratar e preocupação para os que contrataram e colocaram de lado tais questões.

É bastante oportuno relembrar as peculiaridades deste tipo de contratação: cláusula de limitação de responsabilidade, glossário, cuidado no uso de imagens ou fotos e cláusula de arbitragem, visto que esses elementos são o sustentáculo de um Contrato de TI bem estruturado e moderno.

• Glossário Preliminar — informação clara, objetiva e definida da terminologia no próprio escopo do documento para evitar subjetividade.

• Cláusula de Prova Digital — acordo entre as partes de que aquela obrigação será provada mediante documentação eletrônica trocada entre elas (*e-mail* etc.).

• Cláusula de obsolescência e atualização da tecnologia.

• Cláusula de segurança de informação (com definição dos padrões).

• Cláusula de privacidade das informações com determinação clara de propósito da coleta, finalidade de uso e prazo de expiração.

• Cláusula de Direitos Autorais, principalmente no caso da propriedade dos códigos-fonte em desenvolvimentos de *softwares* ou sistemas.

• Cláusula de repasse de informação técnica e documentação — importante caso haja troca de fornecedor no meio ou ao final do projeto.

• Cláusula de mudança, atualização, melhoria ou ajuste — deve prever procedimentos de atualização e controle de versão (no caso de *software*).

• Cláusula sobre acordo de Nível de Serviço — SLA (p. ex.: quando é caso de atendimento de usuário em situação de terceirização de *hosting*, provedor de acesso etc.).

• Cláusula de Identidade Digital — sobre aceitação de uso de processos de reconhecimento de identidade e autenticação (como certificação digital).

• Cláusula de conformidade às leis brasileiras, notadamente ao Marco Civil da Internet (visto que é uma lei recente que gera vários efeitos sobre a gestão de TI, especialmente junto aos terceirizados).

• Cláusula de Mediação e Arbitragem, quando for o caso.

• Uso do carimbo do tempo — O carimbo do tempo ASA (Autêntico, Seguro e Auditável) garante que determinado documento existe na data constante do carimbo. Se um *e-mail*, ao ser enviado, foi carimbado, podemos garantir que foi enviado na data do carimbo, nem antes nem depois. O texto que constitui o *e-mail* até poderia existir antes do envio deste, mas quando esse texto passou a fazer parte do *e-mail* que foi enviado, passou a ser passível de comprovação temporal[18].

Quanto mais digital fica a operação, quanto menos fronteiras físicas, não apenas as questões contratuais são afetadas, mas também a questão da arrecadação de impostos. Por exemplo, no uso da tal *cloud computing*[19] ou, como ficou conhecida no Brasil, "da nuvem", será que estamos pagando o custo certo por tal serviço?

Um dos motivos para uso da nuvem tem sido a justificativa de barateamento dos custos. Dependendo do que constar do contrato (solução técnica contratada), pode fazer toda a diferença o uso de uma "nuvem nacional" (de fornecedor no Brasil) ou de uma "nuvem estrangeira" (de fornecedor de fora, como é o caso do uso da plataforma da Amazon Web Services, Inc.) para fins de recolhimento de impostos.

De uma forma bem sucinta, dependendo do caso, os impostos sobre serviços na nuvem podem ser IOF (Imposto sobre Operação Financeira), o ISSQN (Imposto sobre Serviço de Qualquer Natureza), e PIS/Cofins (Programa de Integração Social/Contribuição para o Financiamento da Seguridade Social).

Desde 2016, a LC n. 157 incluiu à Lista de Serviços da LC n. 116/2003 o item 1.03 — Processamento, armazenamento ou hospedagem de dados, textos, imagens, vídeos, páginas eletrônicas, aplicativos e sistemas de informação, entre outros formatos, e congêneres. Além disso, manteve o item 1.05 (licenciamento de uso de *software*). Foi incluído à Lista o item 1.09 — Disponibilização, sem cessão definitiva, de conteúdos de áudio, vídeo, imagem e texto por meio da Internet, respeitada a imunidade de livros, jornais e periódicos (exceto a distribuição de conteúdos pelas prestadoras de Serviço de Acesso Condicionado, de que trata a Lei n. 12.485, de 12 de setembro de 2011, sujeita ao ICMS).

---

18. Para ver carimbo do tempo, acessar *website* do Observatório Nacional: <www.on.br> e <www.comprova.com.br>.

19. Em geral, a computação em nuvem é tratada no Brasil como "serviço", não obstante o seu enquadramento tributário ainda seja controvertido. Em linhas gerais, o *cloud computing* (a nuvem) consiste, basicamente, em uma série de recursos físicos (computadores, servidores, *softwares*) que podem ser utilizados remotamente pelo contratante conforme a sua necessidade. Vê-se, portanto, que envolve o uso remunerado de equipamentos e *softwares*.

As duas classificações mais comuns para o uso de serviços na nuvem têm sido então o enquadramento ou como processamento de dados, ou como licença de *software*. A seguir, tabela comparativa dos impostos que recaem sobre esta nova modalidade de serviço, cujos contratos em geral deixam a cargo do contratante o recolhimento dos impostos no seu local de origem (ou seja, o imposto não está embutido no preço, deve ser somado a ele para se ter o custo final da operação):

Tributo	1.03. Processamento de dados		1.05. Licença de *Software*	
ISS	05,00%		02,00%	
IR	15,00%		15,00%	
CIDE/Importação	10,00%		10,00%	
PIS/Importação	01,65%		01,65%	
COFINS/Importação	07,60%		07,60%	
IOF	Via Banco	Via Cartão	Via Banco	Via Cartão
	00,38%	06,38%	00,38%	06,38%
Carga Total	39,63%	45,63%	36,63%	42,63%

Logo, muitas empresas pagam pelo uso da nuvem por fornecedores sediados no exterior por meio de cartão de crédito ou transferência bancária internacional. E o que ocorre é que a grande maioria acaba esquecendo de recolher o imposto devido, pois o fato de a retenção destes impostos não vir descrita na fatura do fornecedor não significa que o sujeito passivo ou o responsável tributário não seja obrigado ao seu recolhimento (que no caso é o contratante no Brasil).

Conforme apresentado, do ponto de vista tributário, a "nuvem" estaria sujeita à incidência tanto do Imposto sobre Serviços de Qualquer Natureza (ISS) quanto do Imposto de Renda (IR), e, além destes, do Imposto sobre Operações Financeiras, da Contribuição de Intervenção de Domínio Econômico (CIDE) e das contribuições PIS/Pasep e Cofins.

Mas do ponto de vista jurídico, o que é a nuvem afinal? Bem, juridicamente, a tecnologia de computação em nuvem (*cloud computing*) disponibiliza aos usuários (pessoas físicas ou jurídicas) o acesso a uma série de recursos tecnológicos (equipamentos, servidores, redes, *softwares*) para uso remoto e sob demanda. Permite, assim, o armazenamento de dados fora do ambiente físico de uma empresa ou organização.

Sendo assim, temos três principais modelos de operação de *cloud*: SaaS (*Software as a Service*), IaaS (*Infrastructure* ou *Hardware as a Service*) e PaaS (*Plataform as a Service*). Contudo, a identificação das funcionalidades oferecidas por cada um deles deve ser feita com cuidado, uma vez que nem todos os recursos tecnológicos podem ser efetivamente classificados como "produto" nem como "serviço", o que excluiria a incidência de impostos.

Como exemplo, o portfólio de serviços da AWS, um dos principais fornecedores no mercado brasileiro, inclui diversos tipos de recursos: computação sob demanda (Amazon EC2), que é seu principal produto, armazenamento sob demanda (Amazon S3), distribuição geográfica de conteúdo e *streaming* (Amazon Cloud-Front), banco de dados (Amazon RDS), serviços de pagamento e faturamento (Amazon Flexible Payments Service – FPS), redes privadas (Amazon Route 53), *softwares* (AWS Marketplace) e até mesmo a contratação de profissionais sob demanda (Amazon Mechanical Turk, já disponível para uso no *site* da Amazon).

Vê-se, portanto, que os fornecedores oferecem, além de recursos computacionais e de armazenamento (hardware), *também* o uso de licenças de *softwares*, atrelados à ativação das máquinas.

Pela lei, o ISS incide mesmo que o serviço seja proveniente do exterior, ocasião em que o responsável pelo recolhimento passa a ser o tomador sediado ou domiciliado no Brasil. Pela lista anexa à Lei Complementar n. 116/2003, o enquadramento seria em um dos dois itens previstos: 1.03 (processamento de dados e congêneres) ou 1.05 (licenciamento ou cessão de direito de uso de programas de computador).

Apesar da lista, criada há mais de dez anos, não prever o serviço de computação em nuvem, deve-se considerar, contudo, que a lei determina que o imposto deve ser recolhido independentemente da denominação conferida ao serviço (art. 1º, § 4º).

Caso o enquadramento seja feito sob o subitem 1.03, a alíquota, no Município de São Paulo, será de 5% sobre o preço final do serviço. Caso o enquadramento seja feito no subitem 1.05, a alíquota será de 2% (Lei n. 13.701/2003).

O enquadramento em um ou outro item trará implicações também sobre a alíquota do Imposto de Renda incidente sobre os valores remetidos ao exterior, bem como sobre a incidência ou não da Contribuição de Intervenção de Domínio Econômico prevista na Lei n. 10.168/2000.

Nesta situação, o responsável está obrigado ao recolhimento integral do imposto, multa e acréscimos legais, independentemente de ter realizado a retenção deste tributo sobre o pagamento enviado ao prestador. Excluem-se dessa hipótese de incidência apenas os serviços de comunicações (art. 155, II, da Constituição Federal).

Assim, ainda que a pessoa obrigada ao pagamento do imposto seja o próprio prestador, quando o serviço é iniciado ou prestado no exterior a obrigação de recolhimento é atribuída ao contratante do serviço.

No tocante ao Imposto de Renda, se a atividade for enquadrada no subitem 1.05 da Lei Complementar n. 116/2003 (Licenciamento de *software*), a retenção deverá ser feita conforme a alíquota prevista para rendimentos de prestação de serviços, que é de 25% sobre o valor bruto dos valores remetidos ao fornecedor.

Contudo, se a atividade for enquadrada no subitem 1.03 da Lei Complementar n. 116/2003 (Processamento de dados), o serviço atrai a incidência da Lei n. 10.168/2003, a qual institui a contribuição de intervenção de domínio econômico (CIDE) destinada a financiar o Programa de Estímulo à Interação Universidade-Empresa para o Apoio à Inovação, e aí o imposto cai para 10% sobre os rendimentos remetidos para o exterior em decorrência de contratos de transferência de tecnologia e prestação de assistência técnica.

A referida lei prevê também a redução da alíquota do Imposto de Renda na fonte incidente sobre as importâncias pagas, creditadas, entregues, empregadas ou remetidas ao exterior a título de remuneração de serviços de assistência administrativa, que será de 15% (art. 2º da Lei n. 10.168/2003).

Assim, se o enquadramento do serviço for feito no subitem 1.03 da Lei Complementar n. 116/2003 (Processamento de dados), o Imposto de Renda será reduzido para 15%, porém, haverá a incidência da CIDE no valor de 10% dos valores remetidos ao exterior.

No entanto, as empresas podem ficar livres de ter que recolher o IR na fonte quando pagam pelo serviço de empresa contratada no exterior, devido ao entendimento do Parecer n. 2.363 da PGFN, de 19 de dezembro de 2013 e a Nota Cosit n. 23 da Receita Federal, que reconhecem a necessidade de revisão da aplicação do imposto após várias decisões judiciais a favor dos contribuinte devido a bitributação (como é o caso analisado pelo STJ que envolveu a Copesul e demais casos julgados pelos TRFs favorecendo Nestlé, Fibria, Veracel, Philips e Sodexo, entre outras).

Portanto, ainda, os pagamentos efetuados por meio de cartão de crédito sem a retenção dos tributos acima descritos poderão ser questionados e cobrados futuramente pela Receita Federal, gerando um passivo tributário pra a empresa e um risco de isso vir a prejudicar inclusive futuras licitações, trabalhos para a Administração Pública e obtenção de certidões negativas.

Em caso de autuação ou lançamento de ofício, as penalidades incidentes sobre os valores não recolhidos serão as seguintes: ISS de 50% (art. 13 da Lei n. 13.476/2002, de São Paulo); IR de 75% (art. 998 do RIR); IOF de 75% (art. 49 do Decreto n. 6.306/2007) e PIS/Cofins de 75% (art. 19 da Lei n. 10.850/2004 combinado com o art. 44 da Lei n. 9.430/96).

As empresas que estão pagando com cartão (e não estão recolhendo tributos referidos neste parecer) têm a opção da denúncia espontânea (138 do Código Tributário Nacional), para se eximir do pagamento da multa (incidem apenas juros de mora sobre o valor não recolhido).

Muitas das publicidades de serviços de *cloud* acabam induzindo em erro, pois não veem com qualquer ressalva sobre os impostos a recolher que impactam diretamente o preço. Esta prática pode ser entendida como um ato de concorrência desleal, pois gera a impressão equivocada de que um determinado serviço é mais barato do que o dos demais concorrentes.

Em caso de dúvida, devido à complexidade da matéria, é importante que o CIO solicite formalmente uma manifestação do próprio fornecedor sobre a incidência de impostos e se proteja no tocante ao recolhimento dos mesmos, fazendo um estudo jurídico especializado para análise do conjunto da oferta técnica, contrato e enquadramento de impostos.

Lembramos que a nuvem está sujeita a ter que atender também às regras do Marco Civil da Internet[20]. Então será importante obter uma declaração de conformidade legal, caso a empresa faça uso corporativo de serviços na nuvem. De todo modo, a questão da ausência da territorialidade[21] gera uma série de novos desafios jurídicos.

Concluindo, hoje para um CIO, dentro de uma visão de GRC (Governança, Riscos e *Compliance*), o importante é que ele, ao contratar *cloud,* realize a conta certa, com o devido enquadramento, e que seja feito o respectivo recolhimento do imposto em conformidade com as leis brasileiras (mesmo que o serviço seja ofertado fora do país), em especial atendendo ao art. 156 da Constituição Federal, Código Tributário Nacional (Lei n. 5.172/96), Lei Complementar n. 116/2003, Lei n. 9.779/99, Lei n. 10.168/2000, Lei n. 10.865/2004, Decreto n. 6.306/2007, Regulamento do Imposto de Renda Decreto n. 9.580/2018.

---

20. O Marco Civil da Internet também se aplica a empresas cujos servidores estejam fora do Brasil, conforme arts. 8º e 11. Ademais, os serviços ofertados devem atender aos arts. 7º, III e VIII, 8º, II, 11, 12 e 13.

21. O Professor Doutor Diogo Leite de Campos, Catedrático da Faculdade de Direito de Coimbra, em texto publicado em 1998 intitulado "A Internet e o princípio da territorialidade dos impostos", apontou dois movimentos que ganharam força nos últimos anos, que são: o abandono progressivo do princípio da territorialidade dos impostos, em benefício de uma repartição do poder de tributar entre os Estados, e a total liberdade de circulação de capitais e mercadorias. Quanto ao primeiro movimento, o professor aponta que os Estados consideravam-se competentes para tributar toda a matéria que tivesse qualquer elemento de conexão com seu território, tais como domicílio ou sede do titular, situação do bem, fonte do rendimento, dentre outros. Com a intensificação das relações econômicas internacionais teve de ocorrer a diminuição da multitributação internacional, através da repartição do poder de tributar entre os Estados interessados.

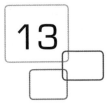

13
Boas Práticas para SLA — *Service Level Agreement*

Apesar dos estudos específicos sobre contratos, é crescente a necessidade de uma visão mais técnica sobre a capacidade de garantia de níveis de qualidade quando se trata da contratação de serviços de Tecnologia da Informação (TI), Telecomunicações e Energia, já que estes são os três insumos essenciais para a realização da maior parte das atividades e dos negócios na Sociedade Digital.

Logo, este tema exige um estudo mais aprofundado pelo profissional do Direito, bem como pelo gestor da área contratante dos serviços que exigem este tipo de planejamento e preparo prévio, sob pena de, apesar de se ter o contrato, este não responder aos problemas mais comuns envolvidos nestas relações.

A elaboração deste tipo de documento está diretamente relacionada à gestão de riscos contratuais, que exige, por sua vez, estudo de cenários[1]. Para tanto, deve-se medir o impacto da contratação no negócio, considerando que determinados tipos de serviços geram impactos distintos para diferentes tipos de empresa. Mesmo contratos de baixo valor podem ter grande impacto nos

---

1. Recomendação de leituras:
 — *Planejamento de cenários*, Kees Van Der Heijden — Editora Bookman;
 — *Gerenciamento de riscos* — Paulo Baraldi — Editora Campus;
 — *Multisourcing*, Linda Cohen e Allide Young, Gartner, INC, Harvard Business School Press.

negócios. O serviço de hospedagem é essencial para uma loja virtual, assim como o de telecomunicações para uma operadora de cartão de crédito, ou segurança da informação para uma empresa financeira.

Logo, TI designa o conjunto de recursos tecnológicos e computacionais para gestão da informação. A TI é fundamentada nos seguintes componentes: *hardware*, *software*, telecomunicações e gestão de dados e informações.

Por sua vez, como o contrato é um instrumento de circulação de riquezas, e os contratos de TI têm por objeto da contratação um bem/serviço, e já que a TI é um suporte essencial do negócio de pelo menos uma das partes envolvidas, a falha de um contrato pode comprometer o negócio em si[2] (e em cascata — se fechar um fornecedor quantas outras empresas podem ser impactadas?).

O SLA é, portanto, um documento que declara às partes envolvidas, necessariamente: a) as condições do acordo; b) que serviços de suporte e aplicações estão incluídos; c) quais as penalidades para não cumprimento do acordo; d) como fica o pagamento de honorários; e) qual a política a ser adotada; f) quais os temos de modificações; g) como serão gerados os relatórios, qual frequência, nível de detalhe, e quem deve ler os mesmos; h) quais as responsabilidades de ambas as partes; i) se há previsão de contingência, quando é acionada e que empresa irá atender; j) o que se define por nível de qualidade mínimo daquele serviço entre as partes (podendo ter referência em padrões dispostos em leis, autorregulamentação por Agência Reguladora, ISOs e melhores práticas internacionais); k) cronograma; l) outras questões dependendo do objeto contratual.

O objetivo do SLA é ser uma ferramenta de monitoração e controle do cumprimento do padrão estabelecido no acordo de serviço contratado entre as partes, permitindo deixar de modo claro e inequívoco as expectativas do cliente e as obrigações e limites de responsabilidade do fornecedor. Desse modo, é um instrumento legal e formal para negociação de padrão de fornecimento *versus* condições de fornecimento, e em alguns serviços, especialmente telefonia,

---

2. Notícia, *Folha de S. Paulo*: "O Estado de São Paulo enfrenta problemas de acesso à internet nesta quinta-feira, com lentidão ou indisponibilidade completa na conexão. A *Folha Online* apurou que a rede da Telefonica apresenta problemas, gerando reflexos na banda larga, conexões dedicadas (de alta velocidade, utilizadas principalmente por empresas) e outros tipos de acesso. A falha começou a ser sentida na quarta-feira e se intensificou durante a madrugada de hoje. Com isso, a conexão de grande parte dos internautas e das empresas que usam a rede da Telefonica no Estado está instável. Especialistas ouvidos pela reportagem classificaram a pane como 'grave' e sem previsão de retorno" (Fonte: <http://www1.folha.uol.com.br/folha/informatica/ult124u418802.shtml>, acessado em 3-7-2008).

isso é essencial, já que muitos dos contratos não podem ser alterados, mas há regras de SLA que podem ser customizadas caso a caso[3].

Para um bom SLA é fundamental a definição de alguns conceitos, não apenas de termos técnicos, mas também sobre risco e probabilidade[4].

Os riscos mais comuns na contratação de TI e Telecom são:

- Riscos de desempenho — O bem/serviço não atinge os níveis contratados.

- Riscos de interrupção — Perdas envolvidas na interrupção/restabelecimento do bem/serviço.

- Risco de dependência — Alta especificidade do fornecedor (mercado reduzido).

- Riscos de migração — Decorrentes da troca de fornecedor.

- Risco de má distribuição de estímulos — O contrato tem que sempre estimular a qualidade, não pode ser mais barato entregar bem/serviço de menor qualidade.

---

3. Fonte: Professor Júlio César C. Ribas em: <http://www.nersd.cefetsc.edu.br/arquivos/seminario01/apresentacoes/sla-slm.ppt>.

4. A ISO 31000 (*General guidelines for principles and implementation of risk management*) visa à padronização de processos que permitam o gerenciamento dos riscos de modo mais holístico. Consiste em um conjunto de diretrizes para padronizar modelo de processo de tomada de decisão em gerenciamento de riscos (conceitos, terminologias, procedimentos). É uma norma de alto nível — não concorre com as demais normas já existentes. O texto original da ISO 31000 foi baseado na norma AS/NZS 4360:2004. Traz uma visão integrada de ERM — *Enterprise Risk Management*. No Brasil, a ABNT — Associação Brasileira de Normas Técnicas — criou a Comissão de Estudo Especial Temporária para a Gestão de Riscos, sob coordenação de Alberto Bastos. Traz um rol de conceitos:

- Risco é a possibilidade de ocorrência de um evento ou de suas consequências.
- Probabilidade conceitualmente é o mesmo que chances ou possibilidades.
- Um evento pode ocorrer ou pode ser um conjunto de circunstâncias a ocorrer.
- Consequências são definidas em termos dos objetivos da empresa. Elas podem ser incertas.
- O nível de risco pode ser qualquer combinação entre possibilidade e consequência definida conforme os objetivos da empresa. Ela precisa ser (ou deveria ser) calculada com base em valores estimados.
- O critério de risco especifica como combinar possibilidade e consequência para estimar o nível de risco.
- O tipo de risco é definido pela noção de causa e efeito, e se o risco for negativo, a base de definição é o dano.
- Risco residual é o risco remanescente após a empresa ter tratado o risco.

- Riscos trabalhistas — Decorrentes da equipe alocada (mão de obra do fornecedor).

- Riscos de comprometimento de ativos — que inclui perdas de dados, inclusive quebra de confidencialidade e SI.

Uma questão fundamental quando da feitura de um SLA é: a gestão de risco vai afetar a economia do contrato? Vale a pena? Estamos acrescentando custos ou minimizando os "custos invisíveis"? Além disso, o gerenciamento dos riscos deve ser feito ao longo de todo o projeto (pré, durante e pós), desde a especificação até a leitura das métricas apresentadas nos relatórios. Se o contrato não for de prestação de serviço continuado, tiver prazo para encerrar, é essencial a entrega da documentação técnica completa ao final.

Muitos dos riscos não identificados que geram "custos invisíveis" e aumentam ao longo do tempo do projeto afetando profundamente a empresa são causados por falta de informação (falhas na especificação preliminar do projeto), falta de gestão adequada do contrato/projeto ou falta de decisão ou demora da decisão quando há um incidente devido aos riscos de mudança ou não existência de Plano de Continuidade (famoso plano B).

Na definição das cláusulas de responsabilidade, deve-se ter em mente que o melhor é sempre o mais barato e eficiente. Então a pergunta a ser feita no momento da redação das cláusulas é: quem pode gerenciar os riscos da atividade de forma mais eficiente e com o menor dispêndio de recursos? O estudo de cenários a ser feito deve considerar: a) de quem é o risco do negócio; b) o que é melhor — assumir os riscos, repassar todos os riscos ao fornecedor, compartilhar os riscos, delimitar um teto de valor; c) qual o impacto financeiro do "fazer ou não fazer".

Para gerar controle dos riscos, é comum o uso de cláusulas no SLA que tratem de: multas por desempenho insuficiente, monitoramento ostensivo, redundância e contingenciamento, *co-sourcing* (ter mais de um fornecedor) para evitar concentração, acordos de *fase-in* e *fase-out* (para entrada e saída), ganho por desempenho (SLA compensatório), garantias e seguro (quando aplicável).

Mas todo contrato de TI precisa desses controles? Normalmente, exceder os controles significa despender mais recursos que os necessários. Logo, o gerenciamento adequado dos riscos, que é justamente a espinha dorsal de um SLA, significa, no mínimo, entender quais os riscos envolvidos, dimensionar o impacto dos mesmos no negócio, definir sua origem e de quem é a responsabilidade originária (incluindo aqui a análise de "risco do próprio negócio[5]"), para então poder mitigá-los de modo eficiente.

---

5. Situação de eventual responsabilidade objetiva, conforme reza o art. 14 do Código de

É muito comum não haver uma avaliação jurídica da parte técnica, e vice-versa, no momento certo, para feitura do SLA. Como escrever a cláusula faz toda a diferença[6]. Por isso, os erros mais comuns são: a) determinar um SLA

Defesa do Consumidor: "O fornecedor de serviços responde, independentemente da existência de culpa, pela reparação dos danos causados aos consumidores por defeitos relativos à prestação dos serviços, bem como por informações insuficientes ou inadequadas sobre sua fruição e riscos".

6. Exemplo de cláusulas que devem constar em SLA:

Assistência na Transferência:

Cláusula XX — A CONTRATANTE irá obter assistência da CONTRATADA na transferência dos Serviços para a própria CONTRATANTE, suas Afiliadas ou um Terceiro quando da rescisão ou expiração deste Contrato (Assistência na Transferência), mediante solicitação por escrito da CONTRATANTE à CONTRATADA, que prestará essa Assistência na Transferência à CONTRATANTE, na medida em que a CONTRATADA:

a) possa prestar essa Assistência na Transferência solicitada empregando seus recursos então existentes, destinados exclusivamente à prestação dos Serviços sob este Contrato, até a expiração ou rescisão deste Contrato; e

b) concorde em prestar Assistência na Transferência, pelo período de tempo solicitado pela CONTRATANTE, período esse não será superior a seis meses após a Data de Expiração ou rescisão deste Contrato (o Período de Assistência na Transferência).

Cláusula XX — Durante o Período de Assistência na Transferência, a CONTRATADA concederá à CONTRATANTE, a suas Afiliadas e a Terceiros, conforme necessário, razoável acesso às Máquinas e ao Software, desde que:

a) esse acesso não interfira na capacidade da CONTRATADA de prestar os Serviços ou a Assistência na Transferência; e

b) esses Terceiros e as Afiliadas da CONTRATANTE cumpram as exigências de segurança e confidencialidade da CONTRATADA.

Rescisão Contratual:

Cláusula XX — O presente Contrato poderá ser rescindido a qualquer tempo, pela CONTRATANTE, mediante comunicação formal à outra parte, com antecedência mínima de 60 (sessenta) dias.

A CONTRATADA não poderá rescindir unilateralmente o presente Contrato, salvo mediante comunicação formal à outra parte, com antecedência mínima de 6 (seis) meses, obrigando-se ainda a prestar os serviços necessários para transição de prestador(es) dos serviços deste Contrato.

Plano de Contingência:

Cláusula XX — A CONTRATADA, para cumprimento deste contrato, obriga-se a criar mecanismos de contingência, observando os mesmos parâmetros utilizados pela CONTRATANTE, cabendo-lhe apresentar por escrito esse Plano de Contingência, devendo testá-lo e mantê-lo atualizado semestralmente. O Plano de Contingência deverá conter a título meramente exemplificativo:

* *Plano de ação para impossibilidade de acesso ao local onde os serviços objeto deste contrato estiverem sendo prestados.*

* *Plano de ação para impossibilidade de locomoção (exemplo: greves de transportes, inundações).*

* *Plano de ação para greve geral de trabalhadores ou da categoria funcional dos profissionais alocados na prestação dos serviços, inclusive da CONTRATADA, quando isto possa afetar o bom andamento dos trabalhos.*

restritivo e não implementar relatórios de monitoramento/desempenho, pois sem o acompanhamento preciso o SLA perde toda utilidade; b) pensar o preço de modo equivocado, logo o preço do serviço prestado é igual ao do serviço não prestado; c) não pensar o impacto da data em si da ocorrência no negócio (será que ter o serviço interrompido de madrugada gera o mesmo impacto que às vésperas do Natal, no fim de semana, para uma loja?); d) a contratante de grande porte querer transferir todos os riscos para a contratada de pequeno porte; e) não documentar as infrações ao longo do contrato; f) negligenciar a resolução amigável que é mais fácil de ocorrer quanto melhor tiver sido a gestão do contrato e a documentação da prestação do serviço; g) para serviços críticos ter apenas uma cláusula de rescisão pelo fornecedor sem levar em consideração o tempo real de substituição do mesmo e o período de migração necessário, fazendo o contratante, indiretamente, ficar refém do contratado.

No tocante à jurisprudência de nossos tribunais pátrios que aponta a interrupção dos serviços como causa para a reparação de danos incluindo os de ordem moral[7], não há como celebrar contratos com cláusulas que excluem

---

- *Os procedimentos e as prioridades para ativação do plano e a especificação das atividades a serem realizadas.*
- *Os nomes, endereços e telefones das pessoas responsáveis pela CONTRATADA autorizadas a efetuar a ativação do Plano de Contingência.*
- *Os procedimentos sobre backups diário, semanal e mensal dos sistemas, indicando inclusive o sistema utilizado, quando aplicável.*
- *Os critérios e sistemas utilizados para segurança das informações dos sistemas e dados que estiverem a seu cargo.*
- *Forma e periodicidade dos testes de contingência e comprovantes de sua realização, inclusive de recuperação de dados e segurança de informações.*

7. "PRESTAÇÃO DE SERVIÇOS. INDENIZAÇÃO. TELEFONE. INTERRUPÇÃO SEM JUSTA CAUSA. DANO MORAL. CARACTERIZAÇÃO. RECURSO NÃO PROVIDO. A privação do direito de uso de terminal telefônico, sem justa causa, traz não só dissabores ao consumidor, mas sim sensação de angústia, menos valia, sofrimento moral, em suma, dor na alma, caracterizadora de dano moral, a merecer compensação, de sorte não só a aplacar o sofrimento da vítima, como servir de punição ao agente causador e fator de educação, para que não reincida no erro" (TJSP, Ap. 1114984-0, rel. Des. Paulo Ayrosa, j. 29-1-2008).

"OBRIGAÇÃO DE FAZER. INDENIZAÇÃO. TELEFONIA. PESSOA JURÍDICA. DANO MORAL. Civil. Consumidor. Administrativo. Processual Civil. Demanda de obrigação de fazer, com preceito cominatório, de declaração negativa de débito, e indenizatória na esfera moral. Grande empresa mercantil sediada na Capital de São Paulo, em seu nome e no de filiais naquele Estado, Goiás e Rio Grande do Sul, insurgindo-se contra falha na prestação de serviços de telefonia fixa em grande distância (DDD e DDI), de que decorreram inscrições cadastrais negativas em órgão protetivo do crédito. Tutela antecipada parcial. Sentença de procedência. Apelação. Sendo a Ré, Embratel, prestadora maior dos serviços referidos, acoplado seu sistema

completamente a responsabilidade do prestador, sobre qualquer coisa provocada pelo mau fornecimento do serviço[8]. A questão que se coloca é, o que é

---

ao de empresas operadoras regionais, sendo também delegatária de tais serviços, que são públicos, da União, sua responsabilidade é objetiva, à luz do art. 37, § 6º, da Carta da República, como do Código de Defesa do Consumidor (Lei n. 8.078/90). Assim se fulcra no risco administrativo o negocial, esse por sua maior força econômica. Invertido o ônus probatório para o favorecer da pretensão, não da resistência. (...) Dano moral de ser reparado às pessoas jurídicas, não só às físicas, consoante cediço entender pretoriano, máxime do egrégio STJ. Ocorrência *in re ipsa*, também notada por experiência. Lesão manifesta à imagem social e comercial da Autora. Sentença que deve ser mantida na maior parte, reformada na menor" (TJSP, ApC 2004.001.09132, 3ª Câmara Cível, rel. Des. Paulo Ayrosa, j. 22-6-2004).

"CONSUMIDOR. TELEFONE. CONDOMÍNIO. PABX SERVIÇO NÃO FORNECIDO. CONTA NÃO PAGA. FATURAMENTO ANTIGO. DANO MORAL. O prestador do serviço responde pela prestação contratada, mas quando há falha e esta não lhe compete, ocorrendo segundo alega por culpa de terceiro é sua incumbência fazer tal demonstração. Ao se omitir responde como lhe foi imputado pelo consumidor. Hipótese de administrador de rede de PABX telefônico de condomínio que alega que o não funcionamento do serviço se deveu a problemas da rede externa administrada pela cia. telefônica (Telemar). Indenização por dano moral nessa parte procedente, mas não pode na sentença o Juiz isentar o assinante do pagamento das ligações pendentes, sob a alegação de faturamento depois de 90 dias, já que decidiu sem suporte algum quer no contrato, quer na lei" (TJRJ, ApC 2005.001.22772, 14ª Câmara Cível, rel. Des. Rudi Loewenkron, j. 18-10-2005).

"TELEMAR. CONTRATO DE TELEFONIA. CORTE INDEVIDO DO SERVIÇO. FALHA NO SERVIÇO CONFESSADA PELA RÉ. DANO MORAL CONFIGURADO. DANO MATERIAL CARECEDOR DE COMPROVAÇÃO. Não se faz necessária a comprovação do desequilíbrio funcional de ente coletivo que se afirma lesado, pois o desajuste de tal índole constitui corolário da própria funcionalidade empresarial. Quanto aos alegados danos materiais, estes sim necessitam de comprovação, não bastando a mera alegação. Parcial provimento ao recurso" (TJRJ, ApC 2006.001.09731, 17ª Câmara Cível, rel. Des. Edson Vasconcelos, j. 26-4-2006).

"Indenização por Danos Morais. Empresa operadora de telefonia de longa distância (EMBRATEL), que usa o cadastro de usuários da empresa de telefonia local (BRASIL TELECOM) para emitir suas próprias faturas. Fraude praticada por desconhecido que, por telefone, usando o nome e dados pessoais do autor da ação, contrata com a segunda o serviço de telefonia fixa, deixando de pagar as faturas emitidas pela primeira, vindo esta a inscrever o nome do autor no Serviço de Proteção ao Crédito. Dano moral configurado. Responsabilidade objetiva e solidária das apelantes. Indenização devida. 1. As empresas de telefonia, local e de longa distância, que atuam conjuntamente no mercado, respondem solidária e objetivamente perante o consumidor, por danos causados a este em razão das falhas do serviço. 2. Se a empresa de telefonia local, para diminuir os custos e maximizar os lucros, elimina postos de atendimento pessoal, passando a contratar o fornecimento de serviços por telefone, pelo sistema apelidado *call center*, sem conferir a veracidade dos dados pessoais fornecidos pelo solicitante do serviço, assume todos os riscos daí decorrentes, inclusive o de ser responsabilizada por eventuais danos causados aos consumidores, pela falha do serviço. (...)" (ACJ 2004.071.0198433-DF, 1ª Turma Recursal dos Juizados Especiais Cíveis e Criminais, j. 10-5-2005).

8. Ainda que não se entenda estarmos diante de relação de consumo, incidem, no caso, as normas do Código Civil que regem os contratos e o direito obrigacional:

"Art 186. Aquele que, por ação ou omissão voluntária, negligência ou imprudência, violar direito e causar dano a outrem, ainda que exclusivamente moral, comete ato ilícito".

o "mau fornecimento", o que pode ser entendido como "caso fortuito ou de força maior", sob pena de a minuta ser derrubada quando submetida aos Tribunais. Afinal, o papel aceita tudo.

Este assunto é extremamente relevante e deve ser bem compreendido para que se possa de fato fazer uma adequada blindagem legal na contratação de serviços de TI e Telecomunicações em geral. Sem isso, o contrato não tem qualquer serventia.

"Art. 421. A liberdade de contratar será exercida em razão e nos limites da função social do contrato".

"Art. 422. Os contratantes são obrigados a guardar, assim na conclusão do contrato, como em sua execução, os princípios de probidade e boa-fé".

"Art. 423. Quando houver no contrato de adesão cláusulas ambíguas ou contraditórias, dever-se-á adotar a interpretação mais favorável ao aderente".

"Art. 427. A proposta de contrato obriga o proponente, se o contrário não resultar dos termos dela, da natureza do negócio, ou das circunstâncias do caso".

"Art. 439. Aquele que tiver prometido fato de terceiro responderá por perdas e danos, quando este o não executar".

"Art. 927. Aquele que, por ato ilícito (arts. 186 e 187), causar dano a outrem, fica obrigado a repará-lo".

14 Arbitragem

Primeiramente, vamos analisar o conceito tradicional do instituto da arbitragem, que sabemos ser muito antigo dentro do mundo jurídico. Assim, resumidamente, a arbitragem consiste num acordo de vontades para a criação de um juízo privado não pertencente à jurisdição estatal, escolhido pelas partes para dirimirem questões presentes ou futuras sobre direitos disponíveis, entre elas, sobretudo relativos a contratos.

Como afirmamos, o instituto jurídico da arbitragem não é recente. Sua origem remonta aos primórdios da jurisdição, na Grécia antiga, existindo referências a ela em escritos de Platão, Aristóteles e Demóstenes. Também entre os romanos a arbitragem foi mantida como jurisdição privada, funcionando paralelamente à jurisdição estatal. Isso porque o *jus civilis* era aplicado somente aos cidadãos romanos; as outras pessoas tinham de remunerar o árbitro, visto que o império não dava este direito de cidadania aos plebeus: um juiz remunerado.

Esta característica da arbitragem e a escolha do árbitro pelas partes, assim como a escolha do direito a ser aplicado no caso concreto, são os fundamentos do instituto e permaneceram praticamente inalterados até a atualidade.

Em nosso ordenamento jurídico, a arbitragem está disciplinada desde a Constituição do Império de 1824, passando pelo Código Civil de 1916, de 2002 e pelos Códigos de Processo Civil de 1939, 1973 e 2015, que também trata da matéria. No entanto, a prática da arbitragem no Brasil nunca teve a mesma importância que assume em outros países, sobretudo nos mais desenvolvidos, por uma série de fatores, podendo-se destacar como o mais importante a própria dificuldade gerada pela incapacidade de execução da cláusula e/ou compromisso arbitral, bem como pela obrigatoriedade de homologação judicial do laudo nacional e da dupla homologação do laudo estrangeiro, que eram vigentes em período anterior.

Os métodos de mediação ou arbitragem para resolução de conflitos vêm sendo cada vez mais adotados no Brasil, devido a alterações de leis desde 1996. É o que se observa com o advento da Lei n. 9.307/96 (atualizada pela Lei n. 13.129/2015), que revogou dispositivos do antigo Código Civil, bem como do Novo Código de Processo Civil, trazido pela Lei n. 13.105/2015, que atualizou o tema nos arts. 165, 166, 174, 319, VII, 334, 485, VII, e 694. O Novo CPC dispõe amplamente sobre o uso da Câmara de Mediação e Conciliação, o que já era uma tendência desde a Resolução n. 125/2010 do CNJ. Todas essas mudanças de leis trouxeram alterações benéficas e um novo ânimo à questão da arbitragem, possibilitando em nosso país o mesmo desenvolvimento da justiça privada e as vantagens a ela inerentes.

Uma das características mais importantes do juízo arbitral é a possibilidade de escolha das regras, da base legal para o julgamento da lide, em que as partes podem dispor sobre qual a legislação aplicável na resolução de determinada controvérsia, de acordo com os usos e práticas comerciais, ou até mesmo pela equidade, pelo livre convencimento do árbitro sobre o que é justo. De fato, as partes podem escolher livremente o critério para o arbitramento, limitadas apenas pelo respeito à ordem pública e aos bons costumes. Convém lembrar que, uma vez escolhidas as regras, a decisão arbitral e o árbitro estão vinculados à observação delas.

Existem dois mecanismos pelos quais as partes acordam em resolver suas questões mediante um árbitro: (i) a cláusula arbitral e (ii) o compromisso arbitral (judicial ou extrajudicial). A cláusula arbitral é um pacto firmado em um contrato no qual as partes decidem que as possíveis futuras questões oriundas de determinada relação contratual serão dirimidas mediante arbitragem. A cláusula pode ainda estar em documento separado do contrato original, desde que a ele se refira, e por considerar-se esta autônoma em relação ao restante do contrato principal, consequentemente, a nulidade de um não implica, necessariamente, a do outro. Por sua vez, o compromisso arbitral é o acordo firmado para a resolução de controvérsia já existente sobre determinado contrato. Se a questão ainda não foi levada ao Poder Judiciário, o compromisso é extrajudicial; se firmado no decorrer do processo em andamento, o compromisso arbitral é judicial e encerra o processo sem resolução de mérito (inciso VII do art. 485 do Novo Código de Processo Civil).

Para nós, uma das alterações mais importantes trazidas pela Lei n. 9.307/96 (atualizada pela Lei n. 13.129/2015) refere-se à execututividade[1] da cláusula arbitral, de tal sorte que, uma vez acordados, os litígios deverão ser resolvidos por juízo arbitral, podendo uma das partes compelir a outra a submeter-se à arbitragem, por meio do Poder Judiciário. Neste sentido, o art. 7º da Lei n. 9.307/96, alterada pela Lei n. 13.129/2015, estabelece o procedimento próprio para que a parte interessada requeira o comparecimento da outra parte para lavrar-se o compromisso arbitral.

Outra principal inovação é o arrolamento da sentença arbitral como título executivo judicial (inciso VII do art. 515 do Código de Processo Civil), podendo ser promovida a execução forçada de plano, dispensando-se o burocrático procedimento de homologação.

De acordo com a Lei n. 9.307/96, alterada pela Lei n. 13.129/2015, a sentença arbitral não é passível de recurso nem de homologação pelo Poder Judiciário; entretanto, poderá ocorrer nulidade da decisão arbitral, se constatada qualquer das hipóteses do art. 32 da referida lei[2], devendo ser observado

---

1. Muito se questionou a respeito deste mecanismo da nova lei (arts. 6º e 7º) e da sua incompatibilidade com o princípio constitucional contido no art. 5º, XXXV, que diz: "A lei não excluirá da apreciação do Poder Judiciário lesão ou ameaça a direito". Contudo, o STF decidiu pela constitucionalidade do referido diploma legal.

2. "Art. 32. É nula a sentença arbitral se: I – for nula a convenção de arbitragem; II – emanou de quem não podia ser árbitro; III – não contiver os requisitos do art. 26 desta Lei; IV – for proferida fora dos limites da convenção de arbitragem; V – (Revogado pela Lei n. 13.129/2015) VI – comprovado que foi proferida por prevaricação, concussão ou corrupção passiva; VII – proferida fora do prazo, respeitado o disposto no art. 12, inciso III, desta Lei; e VIII – forem desrespeitados os princípios de que trata o art. 21, § 2º, desta Lei."

também o disposto no art. 33, já com a redação dada pelo Novo CPC, conforme a tabela abaixo:

Redação original da Lei n. 9.307/96	Alteração feita na Lei n. 9.307/96 pela Lei n. 13.129/2015	Alteração feita na Lei n. 9.307/96 pelo CPC/2015
Art. 33. (...) § 3º A decretação da nulidade da sentença arbitral também poderá ser arguida mediante ação de embargos do devedor, conforme o art. 741 e seguintes do Código de Processo Civil, se houver execução judicial.	Art. 33. (...) § 3º A declaração de nulidade da sentença arbitral também poderá ser arguida mediante **impugnação**, conforme o art. 475-L e seguintes da Lei n. 5.869, de 11 de janeiro de 1973 (Código de Processo Civil), se houver execução judicial.	Art. 33. (...) § 3º A decretação da nulidade da sentença arbitral também poderá ser requerida na **impugnação ao cumprimento da sentença**, nos termos dos arts. 525 e seguintes do Código de Processo Civil, se houver execução judicial.

Para o Direito Digital não existe melhor forma de resolução de conflitos que o uso dos mecanismos legais de arbitragem e mediação. As vantagens do juízo arbitral vêm ao encontro das necessidades geradas pelas novas formas de relacionamento na sociedade digital, principalmente no tocante à celeridade dos processos e ao conhecimento específico envolvido em cada caso.

Em primeiro lugar, a própria lógica do juízo arbitral é de dar a menor sanção possível e a máxima recomposição dos prejuízos, de modo que a sentença arbitral não costuma trazer surpresa às partes com indenizações desproporcionais. Acrescente-se o fator tempo, já que as decisões arbitrais podem sair em poucos dias ou no máximo em seis meses, salvo se outro prazo for convencionado pelas partes (art. 23 da Lei n. 9.307/96), na sociedade digital o custo de um longo tempo em litígio pode superar, muitas vezes, o valor da própria causa, tornando cada vez mais verdadeiro o brocardo *justiça tarda é justiça falha*.

Lembramos ainda que a escolha do árbitro pode ser fundamental para o resultado justo da arbitragem, pois viabiliza a seleção de pessoas com notório conhecimento na área, que muitas vezes requer saber técnico alheio aos que se podem, razoavelmente, esperar de um juiz togado.

Observamos que, quanto à aplicabilidade, a área que mais necessita de arbitragem nas questões de Direito Digital é, talvez, a das transações comerciais, ou seja, os contratos de *e-commerce* (ressaltamos também a importância da arbitragem para as questões de disputa de domínio). Ora, como a arbitragem permite que as partes não só definam a jurisdição, uma vez que a arbitragem pode ser também internacional, mas também a legislação aplicável ao caso, a inclusão de uma cláusula arbitral nos contratos eletrônicos seria a melhor maneira de resolver eventuais litígios.

Acreditamos que o instituto ainda irá evoluir muito e ser cada vez mais utilizado. É o processo contínuo de aprendizado que constrói uma sociedade sólida e um Direito eficaz. É nisso que estamos trabalhando.

15 O Novo Profissional do Direito

Na sociedade digital, o advogado tem de ser um estrategista. A complexidade da sociedade traz maior complexidade jurídica. Já não é suficiente conhecer apenas o Direito e as leis; devem-se conhecer os modelos que conduzem o mundo das relações entre pessoas, empresas, mercados, Estados. A postura profissional de estrategista significa assumir um papel determinante para a adequada condução dos negócios no mundo digital. Cabe ao profissional do Direito dar os caminhos e as soluções viáveis, pensadas no contexto competitivo e globalizado de um possível cliente virtual-real, convergente e multicultural.

Saber estabelecer estratégias jurídicas eficientes no mundo cada vez mais digital e virtual é condição de sobrevivência do profissional do Direito, dado que cada vez mais o tempo e a tecnologia atuam de modo a exigir celeridade e flexibilidade nas soluções jurídicas. A questão que se coloca é de eficácia. Para isso, devemos antever os acontecimentos, preparar os contratos de modo flexível para que sobrevivam às mudanças rápidas que a sociedade atravessa, para não se tornarem obsoletos logo após sua assinatura.

Nesse contexto, cada vez mais, o advogado deve ter visão e conduta de negociador. Já não cabe uma visão contenciosa ou legalista. Em sua formação, passa a ser importante saber dominar as novas ferramentas e novas tecnologias à disposição, estudar as inter-relações comerciais e pessoais que ocorrem na Internet e nas novas mídias interativas como celular, TV digital e outras, além de ser essencial que tenha o conhecimento global de todas as disciplinas do Direito Digital, com suas novas linguagens, terminologias e códigos. Além disso, precisa ter ainda uma visão ampla do universo jurídico e entender o movimento de autorregulamentação e sua legitimidade, a substituição de leis por *softwares* que regulam condutas e comportamentos na rede, as mudanças do conceito de soberania em um mundo globalizado e virtual, a necessidade de incentivos à livre-iniciativa virtual (*e-commerce*), as questões de importação de bens não materiais via Internet e seu impacto macroeconômico, as situações de consumidores virtuais, entre outros.

Portanto, verificamos que a informatização tem trazido aos profissionais do Direito mudanças não só na maneira de pensar o direito, mas também de trabalhar com ele. Com a informatização dos escritórios e do próprio Poder Judiciário, assim como as profundas alterações em sede processual, não podemos admitir que os juristas não estejam preparados para compreender e discutir essas novas questões. Talvez este seja o momento de pensar em como as Faculdades de Direito devem formar operadores jurídicos, exigindo que eles tenham um mínimo de conhecimento técnico a respeito das mudanças dos paradigmas e forte base teórica sobre os princípios que regem a nova era digital e suas implicações.

Ser um jurista nesta nova era pode significar ter de mediar uma situação tal como a seguinte: os Estados Unidos rejeitaram, recentemente, um compromisso internacional sobre repartição de custos entre provedores do tráfego global de Internet. Que implicação isto tem, para nós e para o Direito Digital? Pelo sistema em vigor, os provedores estrangeiros pagam o custo total da conexão para os Estados Unidos, embora o tráfego seja bidirecional. Estamos falando de um custo anual de bilhões de dólares para pagar o tráfego da Internet gerado por usuários nos Estados Unidos, conta esta que deve ser paga pelos outros países. Não seria uma nova forma de imperialismo? Qual o preço que os países em desenvolvimento devem pagar por esta modernidade? A que custo social? Como equilibrar a balança de pagamento com a crescente saída e entrada de produtos e serviços virtuais? Como equilibrar os juros quando importamos tecnologia e mão de obra qualificada e ainda temos de pagar pelo fluxo de informação que sai do País em direção aos Estados Unidos via Internet? Quando temos de pagar a conta da implantação de *backbones* submarinos? Se não é o Estado que paga, é a sociedade, são as empresas, o que, de qualquer modo, acaba por refletir nos preços, nos custos operacionais, na capacidade competitiva, na diminuição da margem de lucro, no desemprego, na recessão.

Como lembra Peter Drucker, se o conhecimento já não tem fronteiras, como garantir o direito de propriedade, que é o que autoriza ao Estado o Poder de Polícia, que é o que justifica a força pela defesa da Soberania, que é o que nos faz civilizados? Seria obrigação dos governos resolverem essas questões no âmbito internacional? Seria uma obrigação do Itamaraty defender os interesses dos brasileiros ao livre acesso a baixo custo do tráfego mundial de informação? Teriam todos os cidadãos do mundo o direito a participar desta cadeia de globalização? Como equilibrar o analfabetismo digital?

Situações como esta, em caráter supranacional, e muitas outras, principalmente no tocante a relações comerciais e relações com o consumidor, serão cada vez mais comuns e mais complexas. Nós, operadores do Direito, temos a obrigação de participar ativamente do processo de adaptação jurídico-social a estas e muitas outras questões. Não podemos estar à margem dessa transformação, sob pena de estarmos endossando o fim do Estado de Direito.

No contexto do novo profissional do Direito, estrategista, informatizado, com visão de negociador, devemos abordar mais um aspecto que tem gerado controvérsias, o referente aos serviços jurídicos prestados *online*. Atualmente, existem mais domínios de profissionais liberais registrados para advogados do que qualquer outro ramo, ultrapassando até mesmo os profissionais de tecnologia de informação.

A Ordem dos Advogados do Brasil reconheceu a importância das páginas pessoais[1], para divulgação do escritório, dos serviços e até para que se disponibilizem informações aos clientes, mediante senha, sobre os processos, mas o Tribunal de Ética da OAB não permite a consulta a advogados por meio eletrônico, pois acredita que a relação com o cliente deve ser sempre pessoal. Agora, é importante saber o que significa exatamente uma "relação pessoal". Ou corremos o risco de não podermos tratar com advogados por telefone, por exemplo.

Outro entendimento teve a American Bar Association, órgão equivalente à OAB nos Estados Unidos, que já autorizou a operação do *site* Lexuniversal (www.lexuniversal.com), que é uma rede que reúne 50.000 profissionais de renomados escritórios localizados em diferentes países. Criado pelo advogado brasileiro Ordélio Azevedo Sette, o *site* disponibiliza praticamente todos os serviços que podem ser prestados num escritório convencional, como uma consulta com advogados, e ainda desfruta das vantagens operacionais típicas dos negócios na rede, como a redução de custos e a celeridade.

Devemos ter uma visão crítica sobre a formação do operador do direito atual. Na verdade, quem se forma em uma Faculdade de Direito, da forma como é

---

1. Provimento OAB n. 94/2000, que dispõe sobre a publicidade, a propaganda e a informação da advocacia.

ainda ensinado, já ingressa no mercado de trabalho desatualizado. O conteúdo programático das disciplinas de graduação precisa ser revisto para poder estar mais aderente com as novas exigências da Sociedade Digital.

Como aprender Direito Constitucional sem ter horas-aula para explicar como fica a privacidade e o monitoramento? Ou mesmo a questão da liberdade de expressão e a vedação ao anonimato em uma época em que é comum haver tantas ofensas digitais e crimes contra honra em *blogs* e comunidades? Ou até mesmo o princípio da identidade digital ou a necessidade de proteção das fronteiras informacionais?

Como compreender a demanda atual do Direito do Trabalho sem ser orientado sobre qual a possibilidade jurídica de uso de um *e-mail* como prova, ou como fazer os quesitos para uma perícia em ponto eletrônico? Ou o estudo aprofundado das novas relações jurídicas oriundas do teletrabalho e do trabalho remoto[2]? O assunto relacionado ao teletrabalho virou lei no final do ano de 2011, levando à alteração do art. 6º da Consolidação das Leis do Trabalho. A nova redação equipara o empregado que está presencialmente na empresa àquele que trabalha de forma remota, no modelo *home office*. Essa mudança na norma apenas formalizou o entendimento jurisprudencial, de ser indiferente onde fisicamente está o funcionário para que ele tenha os mesmos direitos previstos na legislação trabalhista.

A redação dada no artigo[3] levou a uma interpretação de que o recebimento da mensagem já configuraria colocar o funcionário em trabalho, impactando o entendimento sobre hora extra e sobreaviso quando o funcionário recebesse a informação após o horário normal do seu turno ou expediente. A interpretação é retirada do texto de lei, mas pode impactar muito o modelo de trabalho da sociedade digital, uma vez que a interpretação tende a ser mais favorável aos interesses do empregado.

---

2. A Súmula 428 do TST tratou do sobreaviso de empregados: "o uso de instrumentos telemáticos ou informatizados fornecidos pela empresa ao empregado, por si só, não caracteriza regime de sobreaviso".

3. A redação do art. 6º da Consolidação das Leis do Trabalho foi dada pela Lei n. 12.551/2011, que diz:

"Art. 6º Não se distingue entre o trabalho realizado no estabelecimento do empregador, o executado no domicílio do empregado e o realizado a distância, desde que estejam caracterizados os pressupostos da relação de emprego.

Parágrafo único. Os meios telemáticos e informatizados de comando, controle e supervisão se equiparam, para fins de subordinação jurídica, aos meios pessoais e diretos de comando, controle e supervisão do trabalho alheio".

A informação circula independente de horário, especialmente com o aumento da força de trabalho da chamada geração Y, em que o próprio empregado possui recursos de mobilidade, mesmo que a empresa não tenha oferecido como ferramenta de trabalho. As empresas têm sido obrigadas a bloquear o acesso do colaborador quando ele sai de férias, pois as pessoas estão cada vez mais conectadas e ligadas, o tempo todo, e não querem esperar o dia seguinte ou o início do expediente para saber o que está acontecendo ou para tomar providências proativas de trabalho. Mesmo que seja por liberalidade do próprio profissional que, em um mercado mais competitivo, sem fronteiras e de alcance global, queria mostrar serviço, mesmo que a empresa não tenha solicitado.

Pela interpretação da norma, três situações podem ocorrer quando um colaborador recebe uma mensagem relacionada a trabalho após o expediente, pelo fato de conseguir acessar seu *e-mail* corporativo, por seu *smartphone* ou dispositivo similar: a) entender que essa hora de serviço à disposição da empresa deve ser paga como sobreaviso (o trabalhador receberia pelo período, à equivalência de um terço do salário); b) considerar como hora normal de trabalho; c) não pagar nada pelo serviço à disposição e analisar essa questão sob a ótica do tipo de recurso (celular, *e-mail*, telefone fixo, redes sociais etc.).

A suspensão dos recursos tecnológicos significa um retrocesso, podendo gerar perda de talentos, frustração na dinâmica de relacionamento entre as equipes e as chefias, empobrecimento do modelo de trabalho e diminuição da competitividade do Brasil e da oferta de empregos, além de poder impactar na indústria de TI e Telecom, com a possível queda dos recursos intrínsecos à mobilidade.

Essa alteração na Consolidação das Leis do Trabalho quis consolidar o trabalho remoto, mas acabou impactando o *mobile office*, ou seja, o comportamento do trabalho na era da mobilidade, em que o profissional quer receber seus *e-mails* corporativos no *smartphone* e estar a par do que ocorre no âmbito profissional, mesmo que não tenha sido solicitado para tanto. Se o mero recebimento de um *e-mail* for igual a uma ordem direta, independentemente do conteúdo, do que foi solicitado, muitas empresas poderão suspender ou bloquear o acesso fora do horário de expediente. Esse reflexo torna o Brasil menos competitivo, isto é, querer antecipar a conversa, a informação, o que é recorrente no dia a dia torna-se um risco de se caracterizar hora extra e sobreaviso.

A regra não se aplica a cargos de confiança, claro, mas pense que um novo profissional, que é da geração Y e possui seu próprio celular, troca mensagens de texto com outros integrantes da equipe e até mesmo com seu chefe, e que essa troca de informação só possa ocorrer no horário definido da jornada de trabalho ou que tenha de ser pago adicional por hora extra ou sobreaviso. As pessoas já trabalham a qualquer hora e de qualquer lugar, muitas vezes por conveniência própria.

Esse comando vai na contramão do que é preciso ajustar na legislação trabalhista, que precisa evoluir e permitir jornada flexível, regras definidas entre as partes, e que empregador e empregado possam combinar como será o trabalho sem receio de que isso seja alterado no Judiciário posteriormente.

Logo, é necessário que o empregador e o empregado regulem essa atividade. A falta de regra interna própria definida com o advento da nova lei acarretará um clima de insegurança sobre o regime de trabalho e o receio de condenação para o pagamento de verbas adicionais, pois é praticamente impossível controlar a circulação da informação.

É estranho aprender Direito Comercial sem que seja feita qualquer menção ao comércio eletrônico, às tendências de serviços pelo celular, tais como *mobile banking*, entre outros, ou o próprio Direito do Consumidor sem análise de leis e jurisprudência que envolvem o consumidor *online*. Ou deixar de ver no Direito Concorrencial a espionagem eletrônica e o furto de tráfego com desvio de clientela em buscadores utilizando indevidamente a marca de concorrente direto de mercado.

Há lacunas de ensino que determinam um prejuízo ainda maior à formação do aluno, tais como a área de Direito Penal e de Direito Civil, neste último, especialmente a parte de Direito Autoral. Desse modo, formam-se profissionais que não sabem definir autoria em ambientes eletrônicos em que as testemunhas são máquinas, ou mesmo solicitar evidências relacionadas a IPs e *logs* para as empresas provedoras de serviços de acesso a Internet.

Em uma contratação entre uma empresa e um programador, de quem é o direito sobre os códigos fontes de um *software*? Qual a relevância na definição jurídica clara dos conceitos de atualização, melhoria, customização em um contrato relacionado a TI? O que é um SLA em um contrato de Telecomunicações? O que significa o princípio do *fair use* na cópia de uma mídia original para uma de manuseio?

Na análise dos temas de Direito Tributário, como não debater sobre a tributação ou não de *download*, já que o mesmo conteúdo, quando entra fisicamente pela fronteira, deve recolher o imposto de importação? Ou ainda, saber quais os incentivos para a indústria de tecnologia, já que o país precisa crescer na produção e exportação de *software* se quiser competir no mundo globalizado.

Além disso, como está a capacitação para a Lei Geral de Proteção de Dados Pessoais (LGPD)? A regulamentação trouxe a exigência de uma nova figura, o Data Protection Officer (DPO), que atua como porta-voz da organização junto aos clientes e à autoridade fiscalizadora. Pode ser uma pessoa física ou jurídica, interna ou terceirizada, mas, por centralizar as informações, precisa reunir conhecimentos híbridos sobre gestão de dados, cibersegurança e Direito Digital.

Vale destacar que o GDPR (General Data Protection Regulation) também exige a atuação de um encarregado de dados, tido como elemento fundamental na otimização dos procedimentos e na resolução de problemas. Com um ano da regulamentação estrangeira em vigor, em março de 2019, ao menos 500 mil organizações haviam registrado a presença de oficiais de proteção de dados, conforme levantamento[4] realizado pela IAPP (Associação Internacional de Profissionais de Privacidade).

Com o aumento do número de países adotando leis de privacidade de dados, a necessidade de profissionais preparados para ocupar esse posto tende a crescer bastante, em mais oportunidades que se desdobram para advogados atuarem na realidade digital.

Em uma avaliação ainda mais profunda, verificamos que as Faculdades de Direito não ensinam empreendedorismo, não capacitam os alunos a montar seus próprios escritórios jurídicos, já que este país precisa de empregos gerados pela iniciativa privada e não só candidatos a cargos públicos.

Há quem diga que tudo isso deveria ser ensinado apenas na pós-graduação. Será? O Direito Digital é a evolução do próprio Direito e permeia todas as suas disciplinas de modo transversal. Mas, mesmo em uma especialização, por que estes temas são mais bem tratados nas faculdades de tecnologia e administração do que nas jurídicas?

Quando a sociedade muda, o Direito também deve mudar, evoluir. Estamos vivendo a terceira grande revolução da humanidade, em que há uma completa transformação no modelo de riqueza, agora baseado nos ativos intangíveis, e nos valores e regras estabelecidas para reger as relações socioeconômicas, onde fazer um vírus ou mesmo praticar um furto de dados com uso do recurso de "CTRL C CTRL V" tornam-se condutas que precisam ser tratadas.

---

4. "Study: An estimated 500K organizations have registered DPOs across Europe", *IAPP*, 16 maio 2019. Disponível em: <https://iapp.org/news/a/study-an-estimated-500k-organizations--have-registered-dpos-across-europe/>.

Esse descompasso na formação mais completa de profissionais que sejam estrategistas jurídicos faz com que não seja plantada a semente nesta nova geração de que cabe a eles escrever as novas leis, as novas sentenças, os novos contratos e acordos entre as partes, mantendo o equilíbrio e harmonia do Estado de Direito, fazendo com que haja segurança jurídica das relações e evitando-se que as pessoas, desesperadas por não serem atendidas por um Ordenamento mais bem preparado, acabem por buscar "fazer justiça com o próprio *mouse*".

Finalmente, a sociedade digital exige que os profissionais do Direito deixem de lado algumas rivalidades acadêmicas para discutirem conjuntamente paradigmas como ordenamento, legitimidade e segurança no âmbito de uma sociedade globalizada, convergente, digital e em constante mudança. É essa postura que o mercado vai cobrar. É esta a nova postura que os profissionais devem adotar para poder atuar no âmbito de uma sociedade digital.

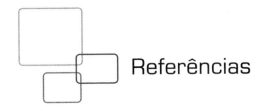

Referências

ABAR — Associação Brasileira de Arbitragem. *Regulamento*, 1999.

ABREU, Fabíola Carolina Lisboa Cammarota de. *ISS X ICMS*. Disponível em: <http://www.cbeji.com.br/artigos/icmsXiss.htm>. Acesso em: 7 jan. 2001 e 8 mar. 2006.

ACQUAVIVA, Marcus Cláudio. *Dicionário jurídico brasileiro*. São Paulo: Jurídica Brasileira, 2000.

AGÊNCIA NACIONAL DE TELECOMUNICAÇÕES. *Comunicação multimedia*. Disponível em: <http://www.anatel.gov.br/setorregulado/comunicacao-multimidia-outorga>. Acesso em: 17 out. 2018.

AGNER, Luiz; HOFSTETTER, Juliana. O marketing digital como instrumento de controle nas redes sociais, XI Simpósio Nacional da ABCiber, 2018. Disponível em: <https://www.researchgate.net/profile/Luiz_Agner/publication/332233734_O_MARKETING_DIGITAL_COMO_INSTRUMENTO_DE_CONTROLE_NAS_REDES_SOCIAIS/links/5ca7cbfc92851c64bd530e24/O-MARKETING-DIGITAL-COMO-INSTRUMENTO-DE-CONTROLE-NAS-REDES-SOCIAIS.pdf>.

AITH, Marcio. Invasão de privacidade. *Folha de S.Paulo*, 7 out. 2001, p. A-17.

AKAMINE, Alicia Yukari Lima. *Regulação responsiva da prática de e-mail marketing no Brasil*. Brasília: UnB, 2018. Disponível em: <https://bdm.unb.br/handle/10483/22306>.

ALBERTANI, Luciane Jardim; Laber, Eduardo; Pereira, Pedro. *Internet e proteção legal à privacidade*. Disponível em: <http://www.redebrasil.inf.br/0artigos/internet.html>. Acesso em: 8 mar. 2006.

ALMEIDA, José Carlos de Araújo. *Manual de informática jurídica e direito da informática*. Rio de Janeiro: Forense, 2005.

AMORIM, Divino Marcos de Melo. *Internet Brasil — Regulamentação estatal e órgãos reguladores — provedores de acesso ou informações e sua responsabilidade legal — Aplicabilidade do Código de Defesa do Consumidor*. Disponível em: <http://www.cbeji.com.br/artigos/artdivino06082001.htm>. Acesso em: 8 mar. 2006 e 6 ago. 2001.

ANDRADE, Paulo Gustavo Sampaio. *A importância da informática para o profissional do Direito*. Disponível em: <http://jus2.uol.com.br/doutrina/texto.asp?id=1758>. Acesso em: 8 mar. 2006.

ANDREATO, Danilo. *Direitos de personalidade e Internet*. Disponível em: <http://jus2.uol.com.br/doutrina/texto.asp?id=1983>. Acesso em: 8 mar. 2006.

ANUÁRIO Brasileiro de 2009. *Meios eletrônicos de pagamento*. São Paulo: ELAP, 2009.

APRILE, Jurema. Sistema facilita a pesquisa no Código de Processo Civil. *Gazeta Mercantil*, 27-28 out. 2001, p. 2.

ARAS, Vladimir. *Crimes de informática. Uma nova criminalidade*. Disponível em: <http://jus2.uol.com.br/doutrina/texto.asp?id=2250>. Acesso em: 8 mar. 2006.

ARDEN, Paul. *Tudo o que você pensa, pense ao contrário*. Rio de Janeiro: Intrínseca, 2008.

ARRUDA, Hélio Mário de. *Ação e interação. Os debates e as pesquisas jurídicas na Internet*. Disponível em: <http://www.ambito-juridico.com.br/aj/int0010b.htm>. Acesso em: 8 mar. 2006.

ARRUDA Júnior, Itamar. *O Código do Consumidor e a Internet. Quando aplicar?*. Disponível em: <http://www.ambito-juridico.com.br/aj/dconsu0037.htm>. Acesso em: 8 mar. 2006.

_____. *Documentos eletrônicos, autoridades certificadoras e legislação aplicável*. Disponível em: <http://www.ambito-juridico.com.br/aj/int0010c.htm>. Acesso em: 8 mar. 2006.

_____. *Injúria e difamação em meio virtual. Da teoria à prática*. Disponível em: <http://www.cbeji.com.br/br/novidades/artigos/main.asp?id=286>. Acesso em: 8 mar. 2006.

_____. *Considerações ao PL n. 1.589/99*. Disponível em: <http://www.ambito-juridico.com.br/aj/int0010d.htm>. Acesso em: 8 mar. 2006.

ASCENSÃO, José de Oliveira. *Direito da Internet e da sociedade da informação*. Rio de Janeiro: Forense, 2002.

ASFORA, Carla Romeiro. *Processo civil como sistema autopoiético e aplicação do direito cibernético*. Disponível em: <http://www.infojus.com.br/area4/carlaasfora.htm>. Acesso em: 8 mar. 2006.

ASSIS, Luiz Carlos. Virtual também tem que ser legal. *B2B Magazine*, p. 56.

ATHENIENSE, Alexandre. *Autoaplicação do Código do Consumidor nas transações de bens corpóreos pelo comércio eletrônico na Internet*. Disponível em: <http://www.cbeji.com.br/br/novidades/artigos/main.asp?id=173>. Acesso em: 8 mar. 2006.

_____. *Subsídios para o Judiciário enfrentar os litígios de direito de informática: licenciamento de "softwares"*. Disponível em: <http://jus2.uol.com.br/doutrina/texto.asp?id=1791>. Acesso em: 8 mar. 2006.

_____. *Advocacia e informática*. Disponível em: <http://jus2.uol.com.br/doutrina/texto.asp?id=1754>. Acesso em: 8 mar. 2006.

AUGUSTO, Regina. O "grande irmão" e a privacidade. *Revista Meio&Mensagem*, p. 6, 28 out. 2001,.

AZEVEDO, Álvaro Villaça. *Teoria geral das obrigações*. 9. ed. São Paulo: Revista dos Tribunais, 2001.

BANDEIRA DE MELLO, Celso Antônio. *Curso de direito administrativo*. 29. ed. São Paulo: Malheiros, 2012.

BAPTISTA, Luiz Olavo. *Novas fronteiras do direito na informática e telemática*. São Paulo: Saraiva, 2001.

_____. Comércio eletrônico: uma visão do direito. *Revista da Faculdade de Direito da Universidade de São Paulo*, v. 94, p. 83-100, 1999.

BARALDI, Paulo. *Gerenciamento de riscos*. Rio de Janeiro: Campus, 2004.

BARBAGALO, Érica Brandini. *Contratos eletrônicos: contratos formados por meio de redes de computadores: peculiaridades jurídicas da formação do vínculo*. São Paulo: Saraiva, 2000.

BARBOSA, Leonardo Figueiredo. *Tributação virtual*. Disponível em: <http://www.cbeji.com.br/br/novidades/artigos/main.asp?id=209>. Acesso em: 8 mar. 2006.

BARBOSA, Lúcio de Oliveira. *Duplicata virtual — aspectos controvertidos*. São Paulo: Memória Jurídica, 2004.

BARRA, Marcello Cavalcanti. *O Leviatã eletrônico*. Florianópolis: Edusc, 2009.

BARROS, Felipe Luiz Machado. *Dos contratos eletrônicos no direito brasileiro*. Disponível em: <http://www.suigeneris.pro.br/direito_dci_contratos.htm>. Acesso em: 8 mar. 2006.

BASSO, Maristela. *Prudência no comércio eletrônico*. Disponível em: <http://jus2.uol.com.br/doutrina/texto.asp?id=1803>. Acesso em: 8 mar. 2006.

BATISTA, Daniel. *Advogados virtuais*. Disponível em: <http://jus2.uol.com.br/doutrina/texto.asp?id=1798>. Acesso em: 8 mar. 2006.

BEAL, Andy; STAUSS, Judy. *Radically transparent — monitoring and managing reputation online*. Indianapolis: Sybex, 2008.

BENZATTI, Eduardo. *A educação e os educadores do futuro*. Disponível em: <http://www.dominiopublico.gov.br/pesquisa/DetalheobraForm.do?select_action=&co_obra=105128>.

BERTOZZI, Rodrigo D. *Como ter uma boa página jurídica na Internet*. Disponível em: <http://www.jurua.com.br/outros_artigos/internet_pag.asp>. Acesso em: 8 mar. 2006.

_____. *Internet e direito: processos em torno do direito virtual*. Disponível em: <http://www.jurua.com.br/outros_artigos/internet_dir.asp>. Acesso em: 8 mar. 2006.

_____. *Direito virtual: aplicações para o direito do futuro*. Disponível em: <http://www.jurua.com.br/outros_artigos/dir_virtual.asp>. Acesso em: 8 mar. 2006.

BIRCHAL, Fabiano F. S.; ZAMBALDE, André L.; BERMEJO, Paulo H. de S. Planejamento estratégico situacional aplicado à segurança pública em Lavras (MG). *Revista de Administração Pública*, v. 46, n. 2, mar./abr. 2012.

BONILHA, Cristiane Sampaio Alves Mascari. *Ação de indenização por dano moral cumulada com pedido de produção antecipada de provas.* Disponível em: <https://br.groups.yahoo.com/neo/groups/oabsp_infojur/conversations/topics/748>. Acesso em: 12 jan. 2016.

BRANCHER, Paulo Marcos Rodrigues. *Contrato de "software".* Florianópolis: Visual Books, 2003.

BRANCO, Fábio Gonçalves Castelo. *A incidência do ICMS sobre os serviços de comunicação prestados pelos provedores de acesso à Internet.* Disponível em: <http://150.162.138.14/arquivos/a_incidencia_do_ICMS_sobreSCPPAI.htm>. Acesso em: 8 mar. 2006.

BRASIL, Angela Bittencourt. *Assinatura digital.* Disponível em: <http://jus2.uol.com.br/doutrina/texto.asp?id=1782>. Acesso em: 8 mar. 2006.

_____. *Difamação e injúria na web.* Disponível em: <http://jus2.uol.com.br/doutrina/texto.asp?id=2153>. Acesso em: 8 mar. 2006.

_____. *Assinatura digital não é assinatura formal.* Disponível em: <http://www.ambito-juridico.com.br/aj/int0008.htm>. Acesso em: 8 mar. 2006.

_____. *Petição através de "e-mail". Disponível em:* <http://www.cbeji.com.br/br/novidades/artigos/main.asp?id=177>. Acesso em: 8 mar. 2006.

_____. *Contratos virtuais.* Disponível em: <http://www.advogado.com/internet/zip/contrato.htm>. Acesso em: 8 mar. 2006.

_____. *Incoerência: lei "antispam" americana o torna legal.* Disponível em: <http://www.cbeji.com.br/artigos/artang05%20-%2004062001.htm>. Acesso em: 8 mar. 2006.

_____. *Pedofilia ou arte — a difícil fronteira.* Disponível em: <http://www.widebiz.com.br/gente/angela/pedofiliarte.html>. Acesso em: 8 mar. 2006.

_____. *Aplicação do Código do Consumidor na Internet.* Disponível em: <http://www.ambito-juridico.com.br/aj/dconsu0024.htm>. Acesso em: 8 mar. 2006.

_____. *Contrato virtual de empreitada.* Disponível em: <http://jus2.uol.com.br/doutrina/texto.asp?id=1797>. Acesso em: 8 mar. 2006.

_____. *Congresso sobre spams.* Disponível em: <http://www.cbeji.com.br/br/novidades/artigos/main.asp?id=191>. Acesso em: 8 mar. 2006.

_____. *Empresas pontocom e seus advogados.* Disponível em: <http://www.cbeji.com.br/br/novidades/artigos/main.asp?id=224>. Acesso em: 8 mar. 2006.

_____. *O documento físico e o documento eletrônico.* Disponível em: <http://jus2.uol.com.br/doutrina/texto.asp?id=1781>. Acesso em: 8 mar. 2006.

_____. *O sonho utópico de uma rede sem fronteiras.* Disponível em: <http://jus2.uol.com.br/doutrina/texto.asp?id=2326>. Acesso em: 8 mar. 2006.

_____. *Crimes de computador*. Disponível em: <http://www.advogado.com/internet/zip/crimesdecomputador.htm>. Acesso em: 8 mar. 2006.

_____. Lei n. 13.709, de 14 de agosto de 2018. *Diário Oficial da União*, 2018. Disponível em: <http://www.planalto.gov.br/ccivil_03/_Ato2015-2018/2018/Lei/L13709.htm>. Acesso em: dez. 2018.

_____. Medida Provisória n. 869, de 27 de dezembro de 2018. *Diário Oficial da União*, 2018. Disponível em: <http://www.in.gov.br/materia/-/asset_publisher/Kujrw0TZC2Mb/content/id/57220361>. Acesso em: dez. 2018.

_____. MP em dia: Medida Provisória n. 869, de 27 de dezembro de 2018. Câmara Legislativa, 2018. Disponível em: <http://www.camara.leg.br/mpemdia/mp?ano=2018&id=869>. Acesso em: dez. 2018.

_____. Lei n. 13.853, de 08 de julho de 2019. *Diário Oficial da União*, 2019. Disponível em: <http://www.planalto.gov.br/ccivil_03/_ato2019-2022/2019/lei/l13853.htm>. Acesso em: dez. 2019.

_____. Resolução 4.656, de 26 de abril de 2018. Banco Central do Brasil, 2018. Disponível em: <https://www.bcb.gov.br/pre/normativos/busca/downloadNormativo.asp?arquivo=/Lists/Normativos/Attachments/50579/Res_4656_v1_O.pdf>. Acesso em: dez. 2019.

_____. Resolução 4.781, de 20 de fevereiro de 2020. Banco Central do Brasil, 2020. Disponível em: <http://www.ancord.org.br/wp-content/uploads/2020/02/Resolucao_n-4.781_de_20_2_2020.pdf>.

_____. Voto 271/2018-BCB, de 20 de dezembro de 2018. Banco Central do Brasil, 2018. Disponível em: <https://www.bcb.gov.br/pre/normativos/busca/download-Voto.asp?arquivo=/Votos/BCB/2018271/Voto_2712018_BCB.pdf>.

BRASILIANO, Antonio Celso Ribeiro. *A insegurança nas redes empresariais*. São Paulo: Sicurezza, 2002.

BRUNO, Fabio de Barros. *"E-commerce" e o direito de arrependimento*. Disponível em: <http://www.publicadireito.com.br/conpedi/manaus/arquivos/Anais/sao_paulo/2335.pdf>. Acesso em: 3 out. 2011.

BRUNO, Gilberto Marques. *A disputa da fatia da arrecadação tributária na Internet*. Disponível em: <http://jus2.uol.com.br/doutrina/texto.asp?id=1968>. Acesso em: 8 mar. 2006.

_____. *A rede mundial de computadores e a guerra fiscal brasileira na disputa pela arrecadação tributária*. Disponível em: <http://jus2.uol.com.br/doutrina/texto.asp?id=2336>. Acesso em: 8 mar. 2006.

_____. *Considerações sobre a criação da infraestrutura de chaves públicas brasileira e seu comitê gestor*. Disponível em: <http://jus2.uol.com.br/doutrina/texto.asp?id=2310>. Acesso em: 8 mar. 2006.

_____. *Considerações sobre os direitos autorais no "www". A proteção das criações do espírito e a necessidade de registro como meio de prova em casos de publicação*. Disponível em: <http://jus2.uol.com.br/doutrina/texto.asp?id=2173>. Acesso em: 8 mar. 2006.

_____. *Algumas considerações sobre a questão da validade, eficácia e valor probatório dos documentos eletrônicos e da assinatura digital*. Disponível em: <http://jus2.uol. com.br/doutrina/texto.asp?id=2174>. Acesso em: 8 mar. 2006.

_____. *O sigilo de dados e a privacidade "online" — Anteprojeto de Lei do Comércio Eletrônico*. Disponível em: <http://www.cbeji.com.br/br/novidades/artigos/main. asp?id=256>. Acesso em: 8 mar. 2006.

_____. *A Justiça Federal de São Paulo no ciberespaço — nasce a figura do processo virtual*. Disponível em: <http://jus2.uol.com.br/doutrina/texto.asp?id=2175],17.09.2001. Acesso em: 8 mar. 2006.

_____. *As relações do "business to consumer" (B2C) no âmbito do "e-commerce"*. Disponível em: <http://jus2.uol.com.br/DOUTRINA/texto.asp?id=2319>. Acesso em: 8 mar. 2006.

BRUNO, Marcos Gomes da Silva. *Aspectos jurídicos dos contratos eletrônicos*. Disponível em: <http://jus2.uol.com.br/doutrina/texto.asp?id=2196>. Acesso em: 8 mar. 2006.

BRUZOS, Odair. *O Pontocom é mais embaixo*. Disponível em: <http://www.cbeji.com. br/br/novidades/artigos/main.asp?id=197>. Acesso em: 8 mar. 2006.

CABRAL, Antônio Carlos. *O contrato eletrônico*. Disponível em: <http://www.cbeji. com.br/br/novidades/artigos/main.asp?id=248>. Acesso em: 8 mar. 2006.

CALVERT, Gene. *Gerência de alta tensão e de altos riscos*. São Paulo: Makron Books, 1999.

CAMMAROTA, Fabíola. *ISS x ICMS*. Disponível em: <http://www.cbeji.com.br/br/ novidades/artigos/main.asp?id=192>. Acesso em: 8 mar. 2006.

CAMPOS, André L. N. *Sistema de segurança da informação*. Florianópolis: Visual Books, 2006.

CAMPOS, Eduardo Faria de Oliveira. Direito e Internet: direitos autorais e a tecnologia peer-2-peer. *Jus*, 2005. Disponível em: <https://jus.com.br/artigos/6363/ direito-e-internet>. Acesso em: 13 ago. 2020.

CANÇADO, Patricia. Um fórum virtual. *Revista Forbes Brasil*, 10 out. 2001.

CARNEIRO, Guilherme de Carvalho. *Direitos autorais na era digital*. Disponível em: <http:// buscalegis.ccj.ufsc.br/arquivos/m10-DireitosAED.pdf>. Acesso em: 8 mar. 2006.

CARVALHO, Ivan Lira de. *Crimes na Internet. Há como puni-los*. Disponível em: <http://jus2.uol.com.br/doutrina/texto.asp?id=2081>. Acesso em: 8 mar. 2006.

CARVALHO RIBEIRO, Mário F. Do poder de polícia no direito brasileiro. Breves apontamentos. *Âmbito Jurídico*, n. 59, nov. 2008. Disponível em: <http://www. ambito-juridico.com.br/site/index.php?n_link=revista_artigos_leitura&artigo_ id=4637>. Acesso em: 17 out. 2018.

CASSEB, Rodney. Defesa do consumidor depois da Internet. *Gazeta Mercantil*, 27-28 out. 2001, p. A-2.

CASTELLS, Manuel. *A galáxia da Internet*. Rio de Janeiro: Jorge Zahar, 2003.

CASTRO, Aldemario Araujo. *Os meios eletrônicos e a tributação*. Disponível em: <http://www.ambito-juridico.com.br/aj/dtrib0013.htm>. Acesso em: 8 mar. 2006.

_____. *O documento eletrônico e a assinatura digital (uma visão geral)*. Disponível em: <http://jus2.uol.com.br/DOUTRINA/texto.asp?id=2632>. Acesso em: 8 mar. 2006.

_____. *A PGFN e a Internet*. Disponível em: <http://jus2.uol.com.br/doutrina/texto.asp?id=1814>. Acesso em: 8 mar. 2006.

_____. *O sistema de pagamento "online" de débitos inscritos em dívida ativa da União: um marco na prestação de serviços ao contribuinte*. Disponível em: <http://jus2.uol.com.br/doutrina/texto.asp?id=1815>. Acesso em: 8 mar. 2006.

_____. *Validade jurídica de documentos eletrônicos. Considerações sobre o projeto de lei apresentado pelo Governo Federal*. Disponível em: <http://www.ambito-juridico.com.br/aj/int0010.htm>. Acesso em: 8 mar. 2006.

CASTRO, Carla Rodrigues Araújo de. *Impunidade na Internet*. Disponível em: <http://jus2.uol.com.br/doutrina/texto.asp?id=2327>. Acesso em: 8 mar. 2006.

CASTRO, Clarice Marinho Martins de. *Nome de domínio na Internet e legislação de marcas*. Disponível em: <http://jus2.uol.com.br/doutrina/texto.asp?id=1778>. Acesso em: 8 mar. 2006.

CAVALCANTI, Sérgio. *A segurança no mundo virtual*. Disponível em: <http://www.infojus.com.br/area1/sergiocavalcanti.htm>. Acesso em: 8 mar. 2006.

CERQUEIRA, Tarcisio Queiroz. *O direito do ciberespaço*. Disponível em: <http://jus2.uol.com.br/doutrina/texto.asp?id=1774>. Acesso em: 8 mar. 2006.

_____. *Bug do ano 2000: limites da responsabilidade do fornecedor de "software"*. Disponível em: <http://jus2.uol.com.br/doutrina/texto.asp?id=1823>. Acesso em: 8 mar. 2006.

_____. *A regulamentação da Internet no Brasil*. Disponível em: <http://jus2.uol.com.br/doutrina/texto.asp?id=1769>. Acesso em: 8 mar. 2006.

CHRISTOVÃO, Daniela. AOL obtém reconhecimento de marca notória pelo INPI. *Valor*, 25 set. 2001.

COIMBRA, Márcio Chalegre. *Direito de resposta e Internet*. Disponível em: <http://jus2.uol.com.br/doutrina/texto.asp?id=1775>. Acesso em: 8 mar. 2006.

_____. *A inviolabilidade dos "e-mails"*. Disponível em: <http://jus2.uol.com.br/doutrina/texto.asp?id=1787>. Acesso em: 8 mar. 2006.

COLOMBO, Daniel Gama; KUNG, Angela Fan Chi; NUNES, Esther Donio Bellegarde. *"Spam" e a legislação brasileira*. Disponível em: <http://cbeji.com.br/br/novidades/artigos/main.asp?id=261>. Acesso em: 8 mar. 2006.

CONELL, Andy. *Digital convergence. Algis*, 1995.

CORRÊA, Gustavo Testa. *Responsabilidade na Internet: quem responde por crimes cometidos na rede?*. Disponível em: <http://conjur.estadao.com.br/static/text/21474,1>. Acesso em: 8 mar. 2006.

_____. *A lei e o comércio eletrônico.* Disponível em: <http://jus2.uol.com.br/doutrina/texto.asp?id=1802>. Acesso em: 8 mar. 2006.

_____. *Aspectos jurídicos da Internet.* São Paulo: Saraiva, 2000.

CORRÊA, Lucia Helena. Brasil, um sonho intenso e eletrônico. *B2B Magazine,* maio 2001, p. 46.

CORRÊA, Tatiana Machado. *Popularização da Internet, relações de consumo e sua proteção pelo direito.* Disponível em: <http://jus2.uol.com.br/DOUTRINA/texto.asp?id=1800],07.2000. Acesso em: 8 mar. 2006.

CORREIA, Miguel Pupo. *Sociedade de informação e o direito: a assinatura digital.* Disponível em: <http://www.advogado.com/internet/zip/assinatu.htm>. Acesso em: 8 mar. 2006.

COSTA, Angelo Augusto. Uso da arbitragem chega a novos mercados. *Gazeta Mercantil,* 17 jul. 2000.

COSTA, Luciana Borges da. *Comércio eletrônico — a validade jurídica dos contratos.* Disponível em: <http://www.cbeji.com.br/br/novidades/artigos/main.asp?id=179>. Acesso em: 8 mar. 2006.

COSTA, Marco Aurélio Rodrigues da. *Crimes de informática.* Disponível em: <http://jus2.uol.com.br/doutrina/texto.asp?id=1826>. Acesso em: 8 mar. 2006.

COSTA, Marcos da; MARCACINI, Augusto Tavares Rosa. *A urgência e relevância em violentar a Internet Brasileira.* Disponível em: <http://jus2.uol.com.br/doutrina/texto.asp?id=2291>. Acesso em: 8 mar. 2006.

_____. *O apagão do comércio eletrônico no Brasil.* Disponível em: <http://jus2.uol.com.br/doutrina/texto.asp?id=2284>. Acesso em: 8 mar. 2006.

CREMADES, Javier. *Micropoder — a força do cidadão na era digital.* São Paulo: Editora do Senac, 2009.

CRONKHITE, Cathy; MCCULLOUGH, Jack. *"Hackers": acesso negado.* Rio de Janeiro: Campus, 2001.

CUNHA, Cecília Almada. Qual o impacto da LGPD no marketing digital? *Jota,* 2019. Disponível em: <https://www.jota.info/paywall?redirect_to=//www.jota.info/opiniao-e-analise/artigos/qual-o-impacto-da-lgpd-no-marketing-digital-27122019>.

CUNHA FILHO, Alexandre Jorge Carneiro da. *Poder de polícia.* São Paulo: IELD, 2015.

DAOUN, Alexandre Jean. *Os novos crimes de informática.* Disponível em: <http://jus2.uol.com.br/doutrina/texto.asp?id=1827>. Acesso em: 8 mar. 2006.

_____. *Adultério virtual.* Disponível em: <http://jus2.uol.com.br/doutrina/texto.asp?id=2564>. Acesso em: 8 mar. 2006.

DARRIGRANDI, Isabel; VASCONCELOS, Carlos. Despachante público. *América Economia,* 16 ago. 2001.

DAUD, Pedro Victório. *Incidência tributária nas operações realizadas pela Internet.* Disponível em: <http://jus2.uol.com.br/doutrina/texto.asp?id=1812>. Acesso em: 8 mar. 2006.

DAWEL, George. *A segurança da informação nas empresas.* Rio de Janeiro: Ciência Moderna, 2005.

DEITEL, H. M. *"E-business" e "e-commerce" para administradores.* São Paulo: Pearson Education, 2004.

DE LUCCA, Newton. Contratos pela internet e via computador — requisitos de celebração, validade e eficácia: legislação aplicável. *Revista do Tribunal Regional Federal da 3ª Região*, São Paulo, n. 33, p. 20-37, jan./mar.1998.

_____. *Aspectos jurídicos da contratação informática e telemática.* São Paulo: Saraiva, 2003.

_____. *Direito & Internet.* São Paulo: Quartier Latin, 2008. v. II.

DELPUPO, Poliana Moreira. *O direito do consumidor na era do comércio eletrônico.* Disponível em: <http://www.cbeji.com.br/br/novidades/artigos/main.asp?id=236>. Acesso em: 8 mar. 2006.

DIAS, Cláudio. *Segurança e auditoria da tecnologia da informação.* Rio de Janeiro: Axcel Books, 2000.

DIMANTAS, Hermani. *As Zonas de Colaboração.* Tese. São Paulo: Escola de Comunicação e Artes da Universidade de São Paulo, 2010. Disponível em: <http://www.teses.usp.br/teses/disponiveis/27/27154/tde-17022011-122400/.../679860.pdf>.

DLA PIPER. *Data Protection Laws of the World.* Disponível em: <https://www.dlapiperdataprotection.com/>. Acesso em: 10 jan. 2020.

DOMENEGHETTI, Daniel; MEIR, Roberto. *Ativos intangíveis — o real valor das empresas.* Rio de Janeiro: Campus, 2009.

DONEDA, Danilo; MENDES, Laura Schertel; CUEVA, Ricardo V. B. *Lei Geral de Proteção de Dados.* São Paulo: Revista dos Tribunais, 2020.

DUARTE, Fernanda et al. (coords.). *Os direitos à honra e à imagem pelo Supremo Tribunal Federal.* Rio de Janeiro: Renovar, 2006.

ELIAS, Paulo Sá. *Vínculo contratual e a Internet.* Disponível em: <http://www.cbeji.com.br/br/novidades/artigos/main.asp?id=183>. Acesso em: 8 mar. 2006.

_____. *A questão da reserva legal no direito penal e as condutas lesivas na área da informática e da tecnologia.* Disponível em: <http://jus2.uol.com.br/doutrina/texto.asp?id=2038>. Acesso em: 8 mar. 2006.

_____. *O documento eletrônico, a criptografia e o direito.* Disponível em: <http://jus2.uol.com.br/doutrina/texto.asp?id=2073>. Acesso em: 8 mar. 2006.

_____. *Triangulação no acesso à Internet. Aspectos positivos e negativos.* Disponível em: <http://jus2.uol.com.br/DOUTRINA/texto.asp?id=2549>. Acesso em: 8 mar. 2006.

_____. *Contratos eletrônicos bancários.* Disponível em: <http://jus2.uol.com.br/doutrina/texto.asp?id=2674>. Acesso em: 8 mar. 2006.

_____. *Alguns aspectos da informática e suas consequências no direito.* Disponível em: <http://jus2.uol.com.br/doutrina/texto.asp?id=1762>. Acesso em: 8 mar. 2006.

_____. *Ética na advocacia.* Disponível em: <http://www.cbeji.com.br/br/novidades/artigos/main.asp?id=193>. Acesso em: 8 mar. 2006.

_____. *A tecnologia e o direito — Juristas não devem temer situações trazidas pela Web.* Disponível em: <http://conjur.estadao.com.br/static/text/28465,1>. Acesso em: 8 mar. 2006.

_____. *A Lei pode ser mais sábia que o legislador.* Disponível em: <http://www.info-jus.com.br/*web*news/noticia.php?id_noticia=1268&>. Acesso em: 8 mar. 2006.

_____. *A tecnologia e o direito no século XXI.* Disponível em: <http://jus2.uol.com.br/doutrina/texto.asp?id=2099>. Acesso em: 8 mar. 2006.

_____. *A tecnologia e o direito no século XXI: nova abordagem.* Disponível em: <http://jus2.uol.com.br/doutrina/texto.asp?id=2547>. Acesso em: 8 mar. 2006.

_____. *Contratos eletrônicos — e a formação do vínculo.* São Paulo: Lex Editora, 2008.

_____. *Breves considerações sobre a formação do vínculo contratual e a Internet.* Disponível em: <http://www.cbeji.com.br/br/novidades/artigos/main.asp?id=183>. Acesso em: 8 mar. 2006.

ERICKSON, Jon. *Hacking.* São Paulo: Digerati Books, 2009.

ETCHEVERRY, Carlos Alberto. *O bug do milênio e o Direito.* Disponível em: <http://jus2.uol.com.br/doutrina/texto.asp?id=1824>. Acesso em: 7 mar. 2006.

FERRER, Florência. *E-Government: o governo eletrônico no Brasil.* São Paulo: Saraiva, 2004.

FERREIRA, Ana Amelia Menna Barreto de Castro. *Inform@ção e priv@cidade.* Disponível em: <http://cbeji.com.br/br/novidades/artigos/main.asp?id=282>. Acesso em: 7 mar. 2006.

_____. *Tributação ponto com.* Disponível em: <http://www.ambito-juridico.com.br/aj/int0010g.htm>. Acesso em: 7 mar. 2006.

_____. *Tributação do livro eletrônico.* Disponível em: <http://www.cbeji.com.br/br/novidades/artigos/main.asp?id=188>. Acesso em: 7 mar. 2006.

_____. *e-Cartórios.* Disponível em: <http://www.ambito-juridico.com.br/aj/int0010e.htm>. Acesso em: 7 mar. 2006.

_____. *Tributação do comércio eletrônico.* Disponível em: <http://cbeji.com.br/br/novidades/artigos/main.asp?id=233>. Acesso em: 7 mar. 2006.

_____. *Efeito dominó na tributação dos provedores de acesso.* Disponível em: <http://www.ambito-juridico.com.br/aj/dtrib0027.htm>. Acesso em: 7 mar. 2006.

_____. *Colcha de retalhos da MP 2.200.* Disponível em: <http://www.cbeji.com.br/artigos/artanaamelia17092001.htm>. Acesso em: 7 mar. 2006.

FERREIRA, Fernando Nicolau Freitas; ARAÚJO, Márcio Tadeu de. *Política de segurança da informação*. Rio de Janeiro: Ciência Moderna, 2008.

FERREIRA, Marcelo Ferraz. *A lei, o consumidor e o "cyberspace"*. Disponível em: <http://jus2.uol.com.br/doutrina/texto.asp?id=1799>. Acesso em: 7 mar. 2006.

FERREIRA, Paulo Roberto G. *A assinatura digital é assinatura formal*. Disponível em: <http://www.cbeji.com.br/artigos/artcartorio_assformal.htm>. Acesso em: 7 mar. 2006.

_____. *Cartórios na nova economia*. Disponível em: <http://www.direitoemdebate.net/art_novaeco.html>. Acesso em: 7 mar. 2006.

FERREIRA, Robson. *Textos acadêmicos*, dez. 2001.

FERREIRA, Solon Angelim de Alencar. *A aplicação do Código de Defesa do Consumidor às mensagens publicitárias não solicitadas recebidas através da Internet*. Disponível em: <http://jus2.uol.com.br/doutrina/texto.asp?id=2575>. Acesso em: 7 mar. 2006.

FIDELIS, Lucia Sirleni Crivelaro. *Direito Internacional* [Notas de aula]. Disponível em: <https://www.passeidireto.com/arquivo/40630557/direito-internacional--privado>. Acesso em: 17. out. 2018.

FIGUEIREDO, Odail. Formato digital deve promover transparência. *Gazeta Mercantil*, 17 out. 2000.

FINATI, Claudio Roberto. *Relações de trabalho na era da informática*. Disponível em: <http://www.cbeji.com.br/br/novidades/artigos/main.asp?id=187>. Acesso em: 7 mar. 2006.

FINKLSTEIN, Maria Eugênia Reis. *Aspectos jurídicos do comércio eletrônico*. Porto Alegre: Síntese, 2004.

FLEMING, Gil Messias. *Pirataria: uma abordagem social*. Disponível em: <http://jus2.uol.com.br/doutrina/texto.asp?id=1042>. Acesso em: 7 mar. 2006.

FONTANARI FILHO, Pedro. *Particular*. Disponível em: <http://www.advogado.com/internet/zip/privado.htm>. Acesso em: 7 mar. 2006.

FONTES, Edson. *Praticando a segurança da informação*. Rio de Janeiro: Brasport, 2008.

FRANCO, Antonio Celso Pinheiro. *Prática de contratos e instrumentos particulares*. São Paulo: Revista dos Tribunais, 2005.

FREITAS, Andrey Rodrigues de. *Perícia forense aplicada à informática*. Rio de Janeiro: Brasport, 2006.

FRIGERI, Marcia Regina. *Responsabilidade civil dos estabelecimentos bancários*. Rio de Janeiro: Forense, 1997.

GANDELMAN, Henrique. *De Gutemberg à Internet: direitos autorais na era digital*. 4. ed. Rio de Janeiro: Record, 2001.

GANDELMAN, Silvia Regina Dain. *A proteção do consumidor na Internet*. Disponível em: <http://www.cbeji.com.br/br/novidades/artigos/main.asp?id=195>. Acesso em: 7 mar. 2006.

GIL, Antônio Loureiro. *Fraudes informatizadas*. 2. ed. São Paulo: Atlas, 1999.

GLATER, Jonathan D. *Ideas & trends*. Disponível em: <http://cbeji.com.br/br/novidades/artigos/main.asp?id=194>. Acesso em: 7 mar. 2006.

GOLDEN, Thomas W.; SKALAK, Steven L.; CLAYTON, Mona M. *A guide to forensic accounting investigation*. New Jersey: John Wiley & Sons, 2005.

GONÇALVES, Sérgio Ricardo M. *E-mail x empregados: é legal o monitoramento pela empresa?*. Disponível em: <http://cbeji.com.br/br/novidades/artigos/main.asp?id=280>. Acesso em: 7 mar. 2006.

_____. *O "recall" e a verdadeira proteção do consumidor*. Disponível em: <http://cbeji.com.br/br/novidades/artigos/main.asp?id=264>. Acesso em: 7 mar. 2006.

_____. *O direito de arrependimento nas compras pela Internet*. Disponível em: <http://www.cbeji.com.br/artigos/artsergiogolcalves/artsergiogoncalves26112001.htm>. Acesso em: 7 mar. 2006.

_____. *O Windows XP, a pirataria e os direitos dos consumidores*. Disponível em: <http://jus2.uol.com.br/doutrina/texto.asp?id=2422>. Acesso em: 7 mar. 2006.

GOUVÊA, Sandra. *O direito na era digital: crimes praticados por meio da informática*. Rio de Janeiro: Mauad, 1997.

GRECO, Marco Aurélio. *Internet e direito*. 2. ed., rev. e aum. São Paulo: Dialética, 2000.

GRECO, Marco Aurélio et al. *Direito e Internet — relações jurídicas na sociedade informatizada*. São Paulo: Revista dos Tribunais, 2001.

GUBERT, Pablo Andrez Pinheiro. *O registro de domínio e o alcance da marca registrada*. Disponível em: <http://jus2.uol.com.br/doutrina/texto.asp?id=1779>. Acesso em: 7 mar. 2006.

GUEIROS JÚNIOR, Nehemias. *A revolução do MP3*. Disponível em: <http://150.162.138.14/arquivos/A_revolu%C3%A7ao_do_MP3.htm>. Acesso em: 10 mar. 2006.

_____. *Os sons ameaçadores da grande rede*. Disponível em: <http://www.jurista-online.com.br/artigos/arquivos/informatica_juridica/os_sons.htm>. Acesso em: 10 mar. 2006.

GUSMÃO, Cláudia Regina. *Incidência do ICMS sobre o serviço de comunicação por provedor de Internet. Parecer PGFN*. Disponível em: <http://www.geocities.com/Athens/Olympus/7393/icmsinternet.htm>. Acesso em: 10 mar. 2006.

HEIJDEN, Kees Van Der. *Planejamentos de cenários — a arte da conversação estratégica*. Porto Alegre: Bookman, 2004.

HUNTINGTON, Samuel P. *The Clash of Civilization*. Touchstone: Simon & Schuster, 1999.

JENKINS, Henry. *Cultura da convergência*. São Paulo: Aleph, 2008.

JESUS, Damásio E. de. *Eu e o computador*. Disponível em: <http://jus2.uol.com.br/doutrina/texto.asp?id=1755>. Acesso em: 10 mar. 2006.

JOHNSON, Steven. *Computação forense*. Rio de Janeiro: Jorge Zahar, 2003.

JOLIBERT, Josette. *Além dos muros da escola*. Porto Alegre: Artmed, 2006.

KAMINSKI, Omar. *A Internet e o ciberespaço*. Disponível em: <http://jus2.uol.com.br/doutrina/texto.asp?id=1770>. Acesso em: 10 mar. 2006.

_____. *A regulamentação da Internet*. Disponível em: <http://jus2.uol.com.br/doutrina/texto.asp?id=1768>. Acesso em: 10 mar. 2006.

_____. *A Internet e os bancos de dados*. Disponível em: <http://www.cbeji.com.br/br/novidades/artigos/main.asp?id=278>. Acesso em: 10 mar. 2006.

_____. *Jurisdição na Internet*. Disponível em: <http://jus2.uol.com.br/doutrina/texto.asp?id=1834>. Acesso em: 10 mar. 2006.

_____. *Um "screenshot" dos nomes de domínio no Brasil*. Disponível em: <http://jus2.uol.com.br/doutrina/texto.asp?id=2259>. Acesso em: 10 mar. 2006.

KLAVA, Luis Fernando. Menos papel com os documentos digitais. *Gazeta Mercantil*, 25 out. 2000.

KOEPSELL, David R. *A filosofia, a lei e o futuro da propriedade intelectual*. São Paulo: Madras, 2005.

LANDY, Gene K. *The software developer's and marketers legal companies*. Massachusetts: Addison Wesley, 1993.

LIMA, Arnaldo Siqueira de. *A pirataria e a atribuição para investigar*. Disponível em: <http://www.neofito.com.br/artigos/art01/juridi74.htm>. Acesso em: 10 mar. 2006.

LIMA, George Marmelstein. *A reprodução não autorizada de obras literárias na Internet*. Disponível em: <http://jus2.uol.com.br/doutrina/texto.asp?id=1792>. Acesso em: 10 mar. 2006.

LIMA JR., Carlos Daniel Vaz de. *O sigilo do cadastro de clientes dos provedores de acesso à Internet*. Disponível em: <http://idgb.com.br/modules.php?name=News&file=article&sid=44>. Acesso em: 10 mar. 2006.

LIMA NETO, José Henrique Barbosa Moreira. *Alguns aspectos jurídicos da Internet no Brasil*. Disponível em: <http://jus2.uol.com.br/doutrina/texto.asp?id=1772>. Acesso em: 10 mar. 2006.

_____. *Alguns comentários sobre o registro de "domain" no Brasil*. Disponível em: <http://jus2.uol.com.br/doutrina/texto.asp?id=1777>. Acesso em: 10 mar. 2006.

_____. *Aspectos jurídicos do documento eletrônico*. Disponível em: <http://jus2.uol.com.br/doutrina/texto.asp?id=1780>. Acesso em: 10 mar. 2006.

_____. *Violação de direitos autorais na Internet*. Disponível em: <http://www.juridica.com.br/fra_textos_atuali.asp?CodArtigo=36>. Acesso em: 10 mar. 2006.

LIMEIRA, Tania M. Vidigal. *"E-marketing" — o "marketing" na Internet com casos brasileiros*. São Paulo: Saraiva, 2003.

LÓPEZ, Valentino Cornejo; PAIVA, Mário Antônio Lobato de. *O documento, a firma e o notário eletrônico*. Disponível em: <http://www.ambito-juridico.com.br/aj/int0010k.htm>. Acesso em: 10 mar. 2006.

LOTUFO, Larissa. Bacen x *fintechs*: como a Resolução 4.656 pode ajudar o comércio? *Blog da Alternativa Sistemas*, 2019. Disponível em: <http://alternativasistemas.com. br/blog/bacen-x-fintechs-como-a-resolucao-4-656-pode-ajudar-o-comercio/>.

_____. PL quer tornar evidente a divulgação patrocinada nas redes sociais. *Blog da Alternativa Sistemas*, 2019. Disponível em: <http://alternativasistemas.com.br/ blog/pl-quer-tornar-evidente-a-divulgacao-patrocinada-nas-redes-sociais/>.

LUCENA NETO, Cláudio de. *A formação do profissional de direito na tecnologia da Informação*. Disponível em: <http://jus2.uol.com.br/doutrina/texto.asp?id=1759>. Acesso em: 10 mar. 2006.

LUNA FILHO, Eury Pereira. *Internet no Brasil e o Direito no ciberespaço*. Disponível em: <http://jus2.uol.com.br/doutrina/texto.asp?id=1773>. Acesso em: 10 mar. 2006.

_____. *Notas sobre a Lei de Proteção a Programas de Computador*. Disponível em: <http://www.infojus.com.br/area1/euryluna4.html>. Acesso em: 10 mar. 2006.

_____. *Limites constitucionais à tributação na Internet*. Disponível em: <http://www. infojus.com.br/area1/euryluna10.htm>. Acesso em: 10 mar. 2006.

MACEDO, Néstor Adolfo Mamani. *O comércio eletrônico na Internet é uma realidade no Brasil*. Disponível em: <http://www.dcc.ufba.br/~frieda/mat159/comrcio.htm>. Acesso em: 10 mar. 2006.

_____. *O contrato eletrônico de "e-mail"*. Disponível em: <http://cbeji.com.br/br/ novidades/artigos/main.asp?id=284>. Acesso em: 10 mar. 2006.

MACHADO, Hugo de Brito; MACHADO SEGUNDO, Hugo de Brito. *Imunidade tributária do livro eletrônico*. Disponível em: <http://jus2.uol.com.br/doutrina/ texto.asp?id=1809>. Acesso em: 10 mar. 2006.

MACIEL, Marco. Avanço digital e hiato social, *O Estado de S. Paulo*, 16 jul. 2001, p. 17-2.

_____. A arbitragem na solução das controvérsias, *Jornal de Brasília*, 13 abr. 1999, p. 6-A.

MADALENA, Pedro; OLIVEIRA, Álvaro Borges de. *O Judiciário dispondo dos avanços da informática*. Disponível em: <http://jus2.uol.com.br/doutrina/texto. asp?id=2553>. Acesso em: 10 mar. 2006.

MAGNAVITA, Mônica. Múltis adotam o juízo arbitral em seus contratos, *Gazeta Mercantil*, 19 out. 2000.

MANUCCI, Daniel Diniz. *Código de Defesa do Consumidor x Internet*. Disponível em: <https://jus.com.br/artigos/1801/codigo-de-defesa-do-consumidor-x-internet>. Acesso em: 10 mar. 2006.

MARANO, Lina. *O "spam" e o Direito*. Disponível em: <http://www.neofito.com.br/ artigos/art01/inform17.htm>. Acesso em: 10 mar. 2006.

MARCACINI, Augusto Tavares Rosa. *O documento eletrônico como meio de prova*. Disponível em: <http://www.advogado.com/internet/zip/tavares.htm>. Acesso em: 10 mar. 2006.

MARQUES, Renata Ribeiro. *Aspectos do comércio eletrônico aplicados ao direito brasileiro.* Disponível em: <http://jus2.uol.com.br/doutrina/texto.asp?id=2467>. Acesso em: 10 mar. 2006.

MARTINELLI, João Paulo Orsini. *Aspectos relevantes da criminalidade na Internet.* Disponível em: <http://jus2.uol.com.br/doutrina/texto.asp?id=1829>. Acesso em: 10 mar. 2006.

MARTINS, Henrique de Faria. *Assinaturas eletrônicas — o primeiro passo para o desenvolvimento do comércio eletrônico?.* Disponível em: <http://cbeji.com.br/br/novidades/artigos/main.asp?id=171>. Acesso em: 10 mar. 2006.

_____. *"E-mail" de funcionários pode ser violado?.* Disponível em: <http://www.cbeji.com.br/artigos/artviolacaodeemails.htm>. Acesso em: 10 mar. 2006.

MARTINS, Ives Gandra da Silva. *A Internet e as questões tributárias: ISS ou ICMS?.* Disponível em: <http://jus2.uol.com.br/doutrina/texto.asp?id=2562>. Acesso em: 10 mar. 2006.

_____. *A imunidade do livro eletrônico.* Disponível em: <http://150.162.138.14/arquivos/A_imunidade_do_livro_eletronico.html>. Acesso em: 14 mar. 2006.

MARZOCHI, Marcelo de Luca. *Direito.br — aspectos jurídicos da Internet no Brasil.* São Paulo: LTr, 2001.

_____. *Pornografia na Internet.* Disponível em: <http://www.direitonet.com.br/textos/x/51/11/51/>. Acesso em: 14 mar. 2006.

MATA, Brenno Guimarães Alves da. *Análise e tendências do cenário jurídico atual na Internet.* Disponível em: <http://jus2.uol.com.br/doutrina/texto.asp?id=1771>. Acesso em: 14 mar. 2006.

MATEUCCI, Carlos Roberto Fornes. *Privacidade e "e-mail".* Disponível em: <http://cbeji.com.br/br/novidades/artigos/main.asp?id=276>. Acesso em: 14 mar. 2006.

MATTE, Maurício. *Internet e comércio eletrônico — aplicabilidade do Código de Defesa do Consumidor nos Contratos de "e-Commerce".* São Paulo: LTr, 2001.

MELLO, Eduardo Piza Gomes de. *A Receita Federal e seus cartórios cibernéticos.* Disponível em: <http://www.advogado.com/internet/zip/recfederal.htm>. Acesso em: 14 mar. 2006.

MENDES, Murillo; ATTUCH, Leonardo. *Quebra de contrato — o pesadelo dos brasileiros.* Belo Horizonte: Folium, 2008.

MENSAGEM indesejada — empresa indeniza internauta por envio de *spam, Revista Consultor Jurídico,* 28 jun. 2001.

MENSAGENS indesejadas — Yahoo do Brasil é processado por engenheiro no RS. *Revista Consultor Jurídico,* 14 set. 2001.

Milleo, Maritza Fabiane; SALDAN, Eliane. *O monitoramento e interceptação de "e-mail".* Disponível em: <http://cbeji.com.br/br/novidades/artigos/main.asp?id=285>. Acesso em: 14 mar. 2006.

MIRANDA, Marcelo Baeta. *Abordagem dinâmica aos crimes via Internet.* Disponível em: <http://jus2.uol.com.br/doutrina/texto.asp?id=1828>. Acesso em: 14 mar. 2006.

MONTEIRO, Fernanda. *Informática para advogados*. Disponível em: <http://www. datavenia.net/opiniao/2001/Informatica-para-Advogados.htm>. Acesso em: 14 mar. 2006.

MORON, Fernanda de A. Pernambuco. *A Internet e o direito*. Disponível em: <http:// www.juridica.com.br/fra_textos_atuali.asp?CodArtigo=23>. Acesso em: 14 mar. 2006.

MOTTA, Carlos. *Internet — um novo caminho ou um caminho novo?*. Disponível em: <http://www.advogado.com/internet/zip/internet.htm>. Acesso em: 14 mar. 2006.

_____. *A responsabilidade do "Web Designer" em casos de invasão de "web sites"*. Disponível em: <http://www.cbeji.com.br/br/novidades/artigos/main.asp?id=277>. Acesso em: 14 mar. 2006.

MURRAY, Brian H. *Defending the brand*. Nova York: Amacom, 2004.

MÜZEL, Lúcia. Especialistas reconhecem dificuldades em governança global na internet. *As Vozes do Mundo*, 1º set. 2014. Disponível em: <http://br.rfi.fr/geral/20140901-especialistas-reconhecem-dificuldades-em-governanca-global-da--internet>. Acesso em: 17 out. 2018.

NEVES, Carvalho. *Direitos autorais e citação de documentos eletrônicos da Internet*. Disponível em: <http://jus2.uol.com.br/doutrina/texto.asp?id=1793>. Acesso em: 14 mar. 2006.

NG, Reynaldo. *Forense computacional corporativa*. Rio de Janeiro: Brasport, 2007.

NINA, Alexandre de Mendes. *A Internet e a liberdade de expressão*. Disponível em: <http://150.162.138.14/arquivos/A_Internet_e_a_liberdade_de_expressao.html>. Acesso em: 14 mar. 2006.

NOGUEIRA, Fernando Célio de Brito. *Violação de "e-mail" é crime?*. Disponível em: <http://jus2.uol.com.br/doutrina/texto.asp?id=1789>. Acesso em: 14 mar. 2006.

NUBANK. *Home. Finalidade comercial*. Disponível em: <https://www.nubank.com.br/>. Acesso em: 13 nov. 2015.

O'CONNOR, John; FELT, Mark. *A vida do garganta profunda*. Rio de Janeiro: Record, 2009.

OLIVEIRA, Alirio Araújo de. *Os crimes na informática, deficiências na legislação*. Disponível em: <http://www.infojus.com.br/webnews/noticia.php?id_noticia=497&>. Acesso em: 14 mar. 2006.

OLIVEIRA, Celso. *Parecer a não incidência do ICMS e o ISS sobre a atividade de provedor de serviços Internet*. Disponível em: <http://www.cbeji.com.br/br/novidades/artigos/main.asp?id=214>. Acesso em: 14 mar. 2006.

_____. *Informativo especial para as empresas provedoras de serviços Internet*. Disponível em: <http://cbeji.com.br/br/novidades/artigos/main.asp?id=225>. Acesso em: 14 mar. 2006.

OLIVEIRA, Marcelo Ribeiro de. *A atividade notarial digital em face do Projeto de Lei 1.589/99*. Disponível em: <http://jus2.uol.com.br/doutrina/texto.asp?id=1805>. Acesso em: 14 mar. 2006.

OLIVEIRA, Yonne Dolacio de. A imunidade do art. 150, VI, alínea *d*, da Constituição Federal abrange ou não o denominado livro eletrônico. In: MACHADO, Hugo de Brito (coord.). *Imunidade tributária do livro eletrônico*. São Paulo: IOB, 1998.

OLIVEIRA JÚNIOR, João Batista Caldeira de. *A Internet e os "novos" crimes virtuais. A fronteira cibernética*. Disponível em: <http://jus2.uol.com.br/doutrina/texto. asp?id=2097],05.2001. Acesso em: 14 mar. 2006.

PAESANI, Liliane Minardi. *Direito e Internet*. São Paulo: Atlas, 2000 (Col. Temas Jurídicos).

PAIVA, Mário Antônio Lobato de. *O impacto da informática no direito do trabalho*. Disponível em: <http://www.ambito-juridico.com.br/aj/dtrab0052.htm>. Acesso em: 14 mar. 2006.

_____. *A informatização da demissão*. Disponível em: <http://www.ambito-juridico. com.br/aj/dtrab0035.htm>. Acesso em: 14 mar. 2006.

_____. *A ciência do direito informático*. Disponível em: <http://www.advogado.adv. br/artigos/2001/mlobatopaiva/direitoinformatica.htm>. Acesso em: 14 mar. 2006.

_____. *O "e-mail" como instrumento de divulgação sindical*. Disponível em: <http:// www.ambito-juridico.com.br/aj/dtrab0050.htm>. Acesso em: 14 mar. 2006.

PAIVA, Mário Antônio Lobato de; LÓPEZ, Valentino Cornejo. *O documento, a firma e o notário eletrônico*. Disponível em: <http://www.ambito-juridico.com.br/aj/ int0010k.htm>. Acesso em: 14 mar. 2006.

PATERSON, Michael. *Decifradores de códigos*. São Paulo: Larousse do Brasil, 2009.

PEIXOTO, Marco Aurélio Ventura. *Documentos eletrônicos: a desmaterialização dos títulos de crédito*. Disponível em: <http://jus2.uol.com.br/doutrina/texto. asp?id=2361>. Acesso em: 14 mar. 2006.

PEIXOTO, Rodney de Castro. *VoIP, regulação e operação de telefonia*. 2005. Disponível em: <http://www.wirelessbrasil.org/wirelessbr/colaboradores/rodney_peixoto/ voip_2005.html>. Acesso em: 17 out. 2018.

PELUSO, Luis Alberto. *Ética & utilitarismo*. Campinas: Átomo & Alínea, 1998.

PEREIRA, Alexandre Libório Dias. *Comércio eletrônico na sociedade da informação: da segurança técnica à confiança jurídica*. Coimbra: Almedina, 1999.

PEREIRA, Elisabeth d. k. Direito de informática e os reflexos no direito contratual, *UNOPAR Cient., Ciênc. Juríd. Empres.*, Londrina, v. 2, n. 1, p. 77-86, mar. 2001.

PEREIRA, Marcelo Cardoso. *O sistema de proteção de dados pessoais frente ao uso da informática e o papel do direito de autodeterminação informativa. Especial referência ao ordenamento jurídico espanhol*. Disponível em: <http://jus2.uol.com.br/doutrina/texto.asp?id=2266>. Acesso em: 14 mar. 2006.

_____. *Breves considerações sobre direito informático e informática jurídica*. Disponível em: <http://www.ambito-juridico.com.br/aj/int0009c.htm>. Acesso em: 14 mar. 2006.

PEREIRA JÚNIOR, Álvaro. Lei reforça vigilância na Internet. *Folha de S.Paulo*, 7 out. 2001.

PERENTY, Thomas J. *Digital defense*. Harvard: Harvard Business School Press, 2003.

PERES, Tatiana. Margem de manobra. *Revista Forbes Brasil*, 10 out. 2001.

PETERSEN FILHO, Antonio Oscar de Carvalho. *A nova Lei de Software*. Disponível em: <http://www.infojus.com.br/area1/antonio.htm>. Acesso em: 14 mar. 2006.

PIMENTA, Luiz Edgard Montaury. *O conflito de nomes de domínio e marcas à luz das decisões judiciais no Brasil*. Disponível em: <http://www.cbeji.com.br/artigos/nomes%20de%20dominio.htm>. Acesso em: 14 mar. 2006.

PIMENTEL, Alexandre Freire. *Do direito natural ao direito artificial*. Disponível em: <http://www.infojus.com.br/area1/alex1.html>. Acesso em: 14 mar. 2006.

PINHEIRO, Patricia Garrido Peck. *Proteção de Dados Pessoais: comentários à Lei n. 13.709/2018 (LGPD)*. 2. ed. São Paulo: SaraivaJur, 2020.

PINHEIRO, Patricia Peck; BISSOLI, Leandro. *Eleições digitais* (audiolivro). São Paulo: Saraiva, 2010.

PINHEIRO, Patricia Peck; SLEIMAN, Cristina Moraes. *Tudo o que precisa ouvir sobre direito digital no dia a dia*. São Paulo: Saraiva, 2008.

PINHEIRO, Reginaldo César. *Os "cybercrimes" na esfera jurídica brasileira*. Disponível em: <http://jus2.uol.com.br/doutrina/texto.asp?id=1830>. Acesso em: 14 mar. 2006.

PINTO, Marcio Morena. *As relações jurídicas de consumo na era da economia digital*. Disponível em: <http://www.alfa-redi.org/rdi-articulo.shtml?x=825>. Acesso em: 14 mar. 2006.

_____. *O direito da Internet: o nascimento de um novo ramo jurídico*. Disponível em: <http://jus2.uol.com.br/doutrina/texto.asp?id=2245>. Acesso em: 14 mar. 2006.

PIRES, Leonardo Gurgel Carlos. *O "e-mail" e os aspectos probatórios no direito brasileiro*. Disponível em: <http://jus2.uol.com.br/doutrina/texto.asp?id=1786>. Acesso em: 14 mar. 2006.

PONTES, Marcelo. *E-Learning*: educação na velocidade da Internet. *B2B Magazine*, maio 2001, p. 26.

PRADO, Cláudio de Abreu; PASSARELLI, Marcos Vinícius. *An Overview of the relevant Brazilian tax issues in the Internet*. Disponível em: <http://www.cbeji.com.br/br/us/novidades/artigos/main.asp?id=205>. Acesso em: 15 mar. 2006.

PROMOTOR critica envio de mensagens indesejadas — lixo cibernético, *Revista Consultor Jurídico*, 11 set. 2001.

RECTOR, Marcus. *Comércio eletrônico no Brasil*. Disponível em: <http://150.162.138.14/arquivos/comercio_eletronico_no_brasil.htm>. Acesso em: 15 mar. 2006.

RÊGO, Cláudio Andrade. *Cartórios eletrônicos e o exercício ilegal de profissão*. Disponível em: <http://jus2.uol.com.br/doutrina/texto.asp?id=2420>. Acesso em: 15 mar. 2006.

REINALDO FILHO, Demócrito. *O futuro da proteção intelectual na Internet*. Disponível em: <http://www.infojus.com.br/webnews/noticia.php?id_noticia=215&>. Acesso em: 15 mar. 2006.

_____. *A questão da validade jurídica dos atos negociais por meios eletrônicos*. Disponível em: <http://www.infojus.com.br/area1/democritofilho13.htm>. Acesso em: 15 mar. 2006.

_____. *A pedofilia na Internet e a atuação do FBI*. Disponível em: <http://www.infojus.com.br/area1/democritofilho12.htm>. Acesso em: 15 mar. 2006.

_____. *O "homeschooling" na era da Internet*. Disponível em: <http://www.infojus.com.br/area1/democritofilho7.htm>. Acesso em: 15 mar. 2006.

_____. *As comunidades virtuais*. Disponível em: <http://www.infojus.com.br/area1/democritofilho6.html>. Acesso em: 15 mar. 2006.

_____. *Tecnologias da informação: novas linguagens do conhecimento*. Disponível em: <http://www.infojus.com.br/area1/democritofilho5.html>. Acesso em: 15 mar. 2006.

_____. *Responsabilidade do provedor por mensagens difamatórias*. Disponível em: <http://www.infojus.com.br/webnews/noticia.php?id_noticia=213&>. Acesso em: 15 mar. 2006.

REYNOLDS, George. *Ethics in information tecnology*. Thomson Learning, 2007.

REZENDE, Ana Paula de. *Utilizando a internet em pesquisas jurídicas*. Disponível em: <http://www.cbeji.com.br/br/novidades/artigos/main.asp?id=186>. Acesso em: 15 mar. 2006.

REZENDE, Pedro Antonio Dourado de. *2350 anos de retrocesso, na informática*. Disponível em: <http://www.cic.unb.br/docentes/pedro/trabs/fust3.htm>. Acesso em: 15 mar. 2006.

_____. *O silêncio que produz ruídos*. Disponível cm: <http://www.cbcji.com.br/br/novidades/artigos/main.asp?id=279>. Acesso em: 15 mar. 2006.

_____. *A ALCA e o cenário de Princeton*. Disponível em: <http://www.cic.unb.br/docentes/pedro/trabs/Princeton.htm>. Acesso em: 15 mar. 2006.

_____. *Totalitarismo digital*. Disponível em: <http://www.cic.unb.br/docentes/pedro/trabs/ditadura.htm>. Acesso em: 15 mar. 2006.

_____. *O Brasil fustigado*. Disponível em: <http://www.cic.unb.br/docentes/pedro/trabs/fust2.htm>. Acesso em: 15 mar. 2006.

_____. *Um pacote Xurpresa!*. Disponível em: <http://www.cic.unb.br/docentes/pedro/trabs/XurPresa.htm>. Acesso em: 15 mar. 2006.

_____. *Palavras mágicas sobre entidades certificadoras, assinaturas eletrônicas e projetos de lei. Palestra Proferida no 1º Congresso Mineiro de Direito na Informática*. Disponível em: <http://www.cic.unb.br/docentes/pedro/trabs/oab.htm>. Acesso em: 15 mar. 2006.

_____. *Onde estão os verdadeiros crimes de informática?*. Disponível em: <http://www.cic.unb.br/docentes/pedro/trabs/crimes.htm>. Acesso em: 15 mar. 2006.

RIBAS, Sílvio. Livre informação para ganhar competitividade, *Gazeta Mercantil*, 25 out. 2000, p. A-5.

RIELLI, Mariana Marques. O processo de construção e aprovação da Lei Geral de Proteção de Dados Pessoais: bases legais para o tratamento de dados em um debate multisetorial, *AASP*, ano XXXIX, n. 144, p. 7-14, nov. 2019.

RISO, Douglas Leme de. *Certificação eletrônica privada — uma nova atividade aos profissionais liberais?*. Disponível em: <http://www.cbeji.com.br/br/novidades/artigos/main.asp?id=180>. Acesso em: 15 mar. 2006.

_____. *assinatur@ eletrônic@: certeza ou insegurança?*. Disponível em: <http://www.cbeji.com.br/br/novidades/artigos/main.asp?id=181>. Acesso em: 15 mar. 2006.

_____. *Regulamentação da certificação eletrônica*. Disponível em: <http://www.cbeji.com.br/br/novidades/artigos/main.asp?id=242>. Acesso em: 15 mar. 2006.

ROQUE, Sebastião José. *Arbitragem, a solução viável*. São Paulo: Ícone, 1997.

ROSA, Antonio. Você já entendeu o *t-Commerce?*, *B2B Magazine*, maio 2001, p. 28.

_____. A revolução da interatividade, *B2B Magazine*, jun. 2001, p. 34.

ROSSI, Anamaria; SOMENZARI, Luciano. Nova Lei de Informática — volta ao formato original, *Gazeta Mercantil*, 25 out. 2000, p. A-10.

ROSSI, Fernando Fonseca. *Ética na publicidade "on line" da advocacia*. Disponível em: <http://jus2.uol.com.br/doutrina/texto.asp?id=1807>. Acesso em: 15 mar. 2006.

SAFERNET. *Indicadores*. Disponível em: <http://indicadores.safernet.org.br/>. Acesso em: 12 jan. 2016.

SALDAN, Eliane; CUNHA, Ellen Cristina. *Evasão fiscal através do "e-commerce"*. Disponível em: <http://www.cbeji.com.br/br/novidades/artigos/main.asp?id=245>. Acesso em: 15 mar. 2006.

SANT'ANNA, Paulo Afonso de Souza. *Atenção, analfabits!*. Disponível em: <http://jus2.uol.com.br/doutrina/texto.asp?id=1757>. Acesso em: 15 mar. 2006.

SANT'ANNA, Paulo José. Privacidade em pauta, *Revista Meio & Mensagem*, 28 ago. 2000.

SANTOLIM, Cesar Viterbo Matos. *Formação e eficácia probatória dos contratos por computador*. São Paulo: Saraiva, 1995.

SANTOS, Cleber Mesquita dos. *Interceptação da comunicação em sistemas informáticos e telemáticos*. Disponível em: <http://www.cbeji.com.br/br/novidades/artigos/main.asp?id=176>. Acesso em: 15 mar. 2006.

SANTOS, Fabiano Pereira dos. *Incidência tributária sobre operações comerciais envolvendo "software"*. Disponível em: <http://jus2.uol.com.br/doutrina/texto.asp?id=2233>. Acesso em: 15 mar. 2006.

SARAGIOTTO, Thiago Pédico. *Apontamentos acerca da tormentosa relação entre marca e domínio no Brasil*. Disponível em: <http://jus2.uol.com.br/doutrina/texto.asp?id=2171>. Acesso em: 15 mar. 2006.

SCHOUERI, Luís Eduardo. *Internet — o direito na era virtual*. São Paulo: Melhoramentos, 2000.

SÊMOLA, Marcos. *Gestão da segurança da informação — uma visão executiva.* Rio de Janeiro: Campus, 2003.

SIEBEL, Thomas M.; HOUSE, Pat. *Cyber Rules.* Nova York: Currency/Doubleday, 1999.

SILVA, Antônio Everardo Nunes da. *Segurança da informação, vazamento de informações. As informações estão realmente seguras em sua empresa?* Rio de Janeiro: Ciência Moderna, 2011.

SILVA, Daisy Rafaela da; PEREIRA, Elizabeth Novaes. Meio ambiente digital: plano nacional de banda larga e o direito à informação com qualidade. *Portal e-gov*, 8 maio 2012. Disponível em: <http://www.egov.ufsc.br/portal/conteudo/meio--ambiente-digital-plano-nacional-de-banda-larga-e-o-direto-%C3%A0--informa%C3%A7%C3%A3o-com-qualidade>. Acesso em: 10 jan. 2020.

SILVA, Mauro Marcelo de Lima e. *Ética na informática.* Disponível em: <http://www.cbeji.com.br/artigos/artmauromarcelo10042001.htm>. Acesso em: 15 mar. 2006.

SILVA, Rosana Ribeiro da. *Contratos eletrônicos.* Disponível em: <http://jus2.uol.com.br/doutrina/texto.asp?id=1794>. Acesso em: 15 mar. 2006.

_____. *A viabilidade da prática de atos processuais via meios eletrônicos. Parágrafo único do art. 154 do 13º Anteprojeto de Reforma da Legislação Processual.* Disponível em: <http://jus2.uol.com.br/doutrina/texto.asp?id=1806>. Acesso em: 15 mar. 2006.

SILVA, Tamirys Gomes da. *Poder de polícia administrativa.* Faculdades do Vale do Juerena, 2011. Disponível em: <http://site.ajes.edu.br/direito/arquivos/20131030204943.pdf>. Acesso em: 17 out. 2018.

SILVA JÚNIOR, Ronaldo Lemos et al. *Comércio eletrônico.* São Paulo: Revista dos Tribunais, 2001.

SILVA Neto, Amaro Moraes e. *O "e-mail" como prova no direito brasileiro.* Disponível em: <http://www.advogado.com/internet/zip/prova.htm>. Acesso em: 15 mar. 2006.

_____. *O "e-mail" como prova no direito alienígena.* Disponível em: <http://www.advogado.com/internet/zip/prova2.htm>. Acesso em: 15 mar. 2006.

_____. *O "spam" e a legislação brasileira.* Disponível em: <http://www.advogado.com/spam.htm>. Acesso em: 15 mar. 2006.

_____. *O anonimato na "Web".* Disponível em: <http://www.advogado.com/internet/zip/anonimo.htm>. Acesso em: 15 mar. 2006.

_____. *O direito e o espaço cibernético.* Disponível em: <http://www.juridica.com.br/fra_textos_atuali.asp?CodArtigo=14>. Acesso em: 15 mar. 2006.

_____. *A responsabilidade do "webmaster" decorrente da introdução de "cookies".* Disponível em: <http://www.cbeji.com.br/artigos/artam01.htm>. Acesso em: 15 mar. 2006.

_____. *Provocação ao Ministério Público de São Paulo no sentido de serem apuradas as responsabilidades dos "spammers" brasileiros.* Disponível em: <http://www.cbeji.com.br/jurisprudencia/spam1.htm>. Acesso em: 15 mar. 2006.

_____. *Resgatemos os "hackers".* Disponível em: <http://jus2.uol.com.br/DOUTRI-NA/texto.asp?id=1831>. Acesso em: 15 mar. 2006.

_____. *A transnacionalidade do ciberespaço.* Disponível em: <http://www.advogado.com/zip/ciber-01.htm>. Acesso em: 15 mar. 2006.

_____. *O "domain name" e a marca.* Disponível em: <http://www.advogado.com/zip/ciber-02.htm>. Acesso em: 15 mar. 2006.

_____. *Cookies, estes indigestos biscoitos....* Disponível em: <http://www.advogado.com/internet/zip/cookies.htm>. Acesso em: 15 mar. 2006.

_____. *O Código do Consumidor e os "softwares" que nos são impostos.* Disponível em: <http://www.advogado.com/internet/zip/con-ms.htm>. Acesso em: 15 mar. 2006.

SILVERSTEIN, Barry. *Business-to-business Internet marketing.* 2. ed. Flórida: Maximum Press, 2000.

SINGH, Simon. *The Code Book. The science of secrecy from Ancient Egypt to Quantum Qriptography.* Londres: Anchor Books, 1999.

SMITH, Richard E. *Internet cryptography.* Massachusetts: Addison Wesley, 1997.

SOIBELMAN, Félix. *O direito e a informática.* Disponível em: <http://www.advogado.com/analis01.htm>. Acesso em: 15 mar. 2006.

SOLOVE, Daniel J. *Understanding privacy.* Cambridge: Harvard University Press, 2009.

SOUZA, Carmen de Carvalho e. *Do Estado: uma análise de sua evolução e o papel inevitável da informática em seu processo de adequação aos tempos atuais.* Disponível em: <http://jus2.uol.com.br/doutrina/texto.asp?id=1763>. Acesso em: 15 mar. 2006.

SOUZA, Marcos Antonio Cardoso de. *Sigilo das mensagens eletrônicas dos funcionários de empresas e órgãos públicos.* Disponível em: <http://jus2.uol.com.br/doutrina/texto.asp?id=1788>. Acesso em: 15 mar. 2006.

_____. *A legislação e a Internet.* Disponível em: <http://jus2.uol.com.br/doutrina/texto.asp?id=1767>. Acesso em: 15 mar. 2006.

SOUZA, Vinicius. Governo eletrônico atrai fornecedores, *Gazeta Mercantil*, 17 out. 2000.

STACCHINI, Adriana d'Essen. Arbitragem e a resolução de conflitos, *Gazeta Mercantil*, 8 out. 2001.

STREIT, Renata. *Às vezes, é melhor não fazer.* Disponível em: <http://www.cbeji.com.br/artigos/artgilbertobruno08102001-3.htm>. Acesso em: 15 mar. 2006.

STRINGHER, Ademar. *Aspectos legais da documentação em meios micrográficos digitais e eletrônicos.* São Paulo: Cenadem, 2003.

STUBER, Walter D.; FRANCO, Ana Cristina. *Internet sob a óptica jurídica.* Disponível em: <http://www.infojus.com.br/area1/waltereanafranco1.htm>. Acesso em: 15 mar. 2006.

SZKLAROWSKY, Leon Frejda. *A informática e o mundo moderno.* Disponível em: <http://jus2.uol.com.br/doutrina/texto.asp?id=1756>. Acesso em: 15 mar. 2006.

TEIXEIRA, Rômulo José de Medeiros. *ICMS na operação mercantil com "software"*. Disponível em: <http://jus2.uol.com.br/doutrina/texto.asp?id=1810>. Acesso em: 15 mar. 2006.

TELECO. *FAQ sobre aspectos regulatórios da Telefonia IP*. Disponível em: <http://www.teleco.com.br/comentario/com04.asp>. Acesso em: 17 out. 2018.

TORRES FILHO, Pedro. *Implicações ético-jurídicas das novas tecnologias da informação*. Disponível em: <http://www.infojus.com.br/area1/Pedro%20Torres.htm>. Acesso em: 15 mar. 2006.

TRIPADALLI, Elídia. *Disciplina; tópicos de direito internacional privado para gestão empresarial*. Disponível em: <http://cbeji.com.br/br/novidades/artigos/main.asp?id=239],06.08.2001. Acesso em: 15 mar. 2006.

TRUJILLO, Elcio. *O Mercosul e a documentação eletrônica*. Disponível em: <http://www.advogado.com/zip/mercosul.htm>. Acesso em: 15 mar. 2006.

TUCCI, José Rogério Cruz e. Eficácia probatória dos contratos celebrados pela Internet. In: LUCCA, Newton de; SIMÃO FILHO, Adalberto (coords.). *Direito e Internet — aspectos jurídicos relevantes*. Bauru: EDIPRO, 2000.

TURBAN, Efrain; RAINER JR., R. Kelly; POTTER, Richard E. *Administração de tecnologia da informação*. Rio de Janeiro: Campus, 2005.

VENCIGUERRA, Márcio; BOHONE, Flávia. Opção pela arbitragem deve ser lenta e mais atrativa aos estrangeiros, *Gazeta Mercantil*, 7 maio 2001.

VERDIn, Thiago Aurelio Lomas. Da (in)constitucionalidade da "lei seca" em dias de eleição, *Jus*, out. 2008. Disponível em: <https://jus.com.br/artigos/11814/da-in--constitucionalidade-da-lei-seca-em-dias-de-eleicao/3>. Acesso em: 17 out. 2018.

VIANNA, Túlio Lima. *Dos crimes por computador*. Disponível em: <www.mundojuridico.adv.br/cgi-bin/upload/texto259.rtf>. Acesso em: 15 mar. 2006.

VIDIGAL, Geraldo Facó. *Assinaturas digitais e certificação*. Disponível em: <http://jus2.uol.com.br/doutrina/texto.asp?id=1784>. Acesso em: 15 mar. 2006.

VOLPI NETO, Angelo. *Os "cartórios" do mundo*. Disponível em: <http://www.cbeji.com.br/br/novidades/artigos/main.asp?id=231>. Acesso em: 15 mar. 2006.

WACHOWICZ, Marcos. *O programa de computador e sua proteção no Brasil*. Disponível em: <http://jus2.uol.com.br/doutrina/texto.asp?id=2530>. Acesso em: 15 mar. 2006.

WESTERMAN, George; HUNTER, Richard. *O risco de TI — convertendo ameaças aos negócios em vantagens competitivas*. São Paulo: Makron Books, 2008.

WOLF, Karen Emilia Antoniazzi. *A possibilidade de incidência do ICMS nas operações da Internet*. Disponível em: <http://jus2.uol.com.br/doutrina/texto.asp?id=1811>. Acesso em: 15 mar. 2006.

YABIKU, Roger Moko. *Ética e Direito no utilitarismo de Jeremy Bentham, Revista Jus*, dez. 2011. Disponível em: <https://jus.com.br/artigos/20642/etica-e-direito-no--utilitarismo-de-jeremy-bentham>. Acesso em: 17 out. 2018.

ZAITZ, Daniela. *Direito & "know-how" — uso, transmissão e proteção dos conhecimentos técnico ou comercial.* Curitiba: Juruá, 2005.

ZANCHI, Marta B.T. *A honra na imprensa.* Disponível em: <http://150.162.138.14/arquivos/A_honra_na_imprensa_.html>. Acesso em: 15 mar. 2006.

ZANETTI, Robson. *Internet em benefício do acesso a informação jurídica.* Disponível em: <http://www.cbeji.com.br/br/novidades/artigos/main.asp?id=178>. Acesso em: 15 mar. 2006.

ZEFF, Robbin; ARONSON, Brad. *Advertising on the Internet.* 2. ed. New Jersey: Wiley, 1999.

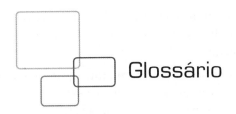

Glossário

Accounting rate systems • Acerto de contas entre as telefônicas para completar ligações de Internet internacionais.

Acesso em • Conexão com a rede mediante uma porta de entrada e um protocolo IP.

ActiveX • Metodologia desenvolvida pela Microsoft em meados da década de 1990, usada principalmente com o objetivo de desenvolver conteúdos interativos para a *web*. Linguagem de programação que faz *downloads* e corre programas no disco rígido do computador. A tecnologia do ActiveX é usada pelo Microsoft Internet Explorer para criar páginas da *web*, que se pareçam e se comportem mais como programas de computador do que como páginas estáticas. Com o ActiveX, os utilizadores podem perguntar ou responder por meio de botões de pressão e interagir de muitas outras formas com a página *web*.

Add-on • Termo utilizado em relação aos programas que vêm acrescentar mais recursos a um programa maior. Também pode referir-se a qualquer *hardware* ou *software* que venham acrescentar maiores recursos ao computador.

ADSL • Do inglês *Asymmetric Digital Subscriber Line*. Sistema que permite a utilização das linhas telefônicas para transmissão de dados em velocidades maiores que as permitidas por um *modem* convencional.

Adware • Do inglês *Advertising Software*. *Software* especificamente projetado para apresentar propagandas. Constitui uma forma de retorno financeiro para aqueles que desenvolvem *software* livre ou prestam serviços gratuitos. Pode ser considerado um tipo de *spyware*, caso monitore os hábitos do usuário, por exemplo, durante a navegação na Internet para direcionar as propagandas que serão apresentadas.

613

Ambiente • Nome utilizado para especificar o *software* de base do gerenciador do sistema no qual se está trabalhando. É o ambiente de trabalho que define a comunicação entre o usuário e o computador.

Anel/Ring • Rede local na qual os dispositivos (nós) ficam interligados em um círculo fechado, ou anel. Nas redes em anel, as mensagens circulam em uma única direção, de nó a nó. Conforme as mensagens percorrem o anel, cada nó examina o endereço de destino associado à mensagem. Se o endereço for igual ao endereço do nó, ele aceitará a mensagem; se não, a mensagem será regerada e passada adiante, para o próximo nó do círculo. O fato de que as mensagens são regeradas permite que as redes em anel cubram distâncias maiores que as redes em estrela e as redes de barramento. Além disso, o seu projeto pode incluir meios de evitar nós defeituosos ou inoperantes. Entretanto, em razão do círculo fechado, a inclusão de novos nós é difícil.

Antivírus • Programa ou *software* especificamente desenvolvido para detectar, anular e eliminar de um computador vírus e outros tipos de códigos maliciosos.

AP • Do inglês *Access Point*. Dispositivo que atua como ponte entre uma rede sem fio e uma rede tradicional.

Aplicações Internet • Também conhecidas como aplicações TCP/IP, são os programas de aplicações que utilizam os protocolos da rede conhecidos como: FTP para transmissão de arquivos, SMTP e POP para correio eletrônico, HTTP e HTML em *browsers*, IRC para bate-papo e outros.

Applet • Tipo de "miniprograma" que executa algumas tarefas bastante específicas e depois é descarregado da memória. Essa prática é bastante utilizada na Internet. Quando você carrega páginas sofisticadas, são disparados diversos *applets* (normalmente em linguagem Java) para, por exemplo, tocar sons, emitir mensagens, animar imagens etc. Após cumprido o seu papel, o *applet* é simplesmente descartado da memória.

Arquitetura cliente/servidor • É toda arquitetura de rede onde estações (microcomputadores) executam aplicações de clientes que se utilizam de programas servidores para transferência de dados do próprio servidor ou comunicação com outras estações e suas aplicações clientes.

Arquivo • É um agrupamento de *bits* que formam uma unidade lógica que possa ser interpretada pelo processador do PC. Na verdade, os arquivos são tudo o que compõe o *software* do computador. O sistema operacional, os aplicativos e os documentos que são manipulados pela máquina compõem-se de milhares de arquivos. Cada arquivo é definido por um nome e uma extensão. A extensão é um código universal que determina o tipo de arquivo em questão. Combinado com o nome, identifica exclusivamente o arquivo dentro de um mesmo diretório.

Artefato • De forma geral, artefato é qualquer informação deixada por um invasor em um sistema comprometido. Pode ser um programa ou *script* utilizado pelo invasor em atividades maliciosas, um conjunto de ferramentas usadas pelo invasor, *logs* ou arquivos deixados em um sistema comprometido, a saída gerada pelas ferramentas do invasor etc.

ASCII • *American Standard Code for Information Interchange*. É o Código Americano Padrão para Troca de Informações. Criada nos EUA, a codificação, que serve para padronizar todo o alfabeto e símbolos gráficos usados em computadores, foi aceita posteriormente como padrão em todo o mundo. Com este código, as letras do alfabeto, números de 0 a 9, símbolos gráficos e até mesmo códigos de controle básicos para impressora ou tela recebem números que os representam. Originalmente, o ASCII foi projetado para gastar meio *byte* e os valores foram mantidos entre 0 e 127, sendo que os números de 128 a 255, que completariam o *byte* inteiro, foram reservados para exceções. Quando usados, são normalmente chamados de ASCII *Extended* (estendido) exatamente onde ficam, por exemplo, os nossos acentos. Apesar de o ASCII ser aceito no mundo todo, o ASCII *Extended* sofreu tantas variações que é muito difícil encontrar dois iguais. No Brasil há pelo menos duas versões oficiais, uma dos fabricantes de impressoras e a outra da ABNT; de modo informal sempre valeu o *extended* dos micros IBM. Antigamente, para usar um micro era preciso ter ao lado uma tabela de ASCII, para poder programar, mas hoje o ASCII é incorporado aos códigos de teclado, que fazem as devidas conversões. O problema dos acentos, porém, nunca foi solucionado de forma satisfatória, até porque a língua inglesa não os usa. Com o tempo, ASCII passou a ser também sinônimo de textos que não levam códigos de controle específicos, como negrito, itálico ou códigos de programas tipo DTP ou editores de texto sofisticados.

Assinatura digital • Código utilizado para verificar a integridade de um texto ou mensagem. Também pode ser utilizado para verificar se o remetente de uma mensagem é mesmo quem diz ser.

Atacante • Pessoa responsável pela realização de um ataque. Veja também *Ataque*.

Atalho • *Shortcut*. Ícone que pode ser colocado na tela inicial do micro para facilitar o acesso a um programa ou arquivo.

Ataque • Tentativa, bem-sucedida ou não, de acesso ou uso não autorizado a um programa ou computador. Também são considerados ataques as tentativas de negação de serviço.

Ativos de informação • Patrimônio composto de todas as informações, base de dados e arquivos, documentação de sistemas, manuais de usuário, material de treinamento, procedimentos de suporte ou operação.

Ativos de TI • Patrimônio composto de todos os ativos de informação, *hardware*s, *software*s, licenças e demais componentes de TI.

615

Autoridade certificadora • Entidade responsável por emitir certificados digitais, que podem ser emitidos para diversos tipos de entidades, tais como: pessoa, computador, departamento de uma instituição, instituição etc.

Backdoor • Programa que permite a um invasor retornar a um computador comprometido. Normalmente esse programa é colocado de forma a não ser notado.

Backup • Cópia exata de um programa, disco ou arquivo de dados, feita para fins de arquivamento ou para salvaguardar arquivos importantes na eventualidade de que a cópia ativa (original) seja danificada ou destruída. Por esse motivo, o *backup* também é chamado de cópia de segurança. Alguns programas aplicativos fazem automaticamente cópias de *backup* dos arquivos de dados, mantendo em disco tanto a versão atual quanto a versão anterior.

Banco de dados • Arquivo composto de registros, contendo cada um deles campos, com um conjunto de operações para pesquisa, classificação, recombinação e outras funções.

Banner • O termo *banner* remete usualmente para os estandartes, as bandeiras e as insígnias. Historicamente, tem sido aplicado para definir os cargos de poder, as marcas de negócio, as imagens políticas, os territórios tribais, e nas páginas *web* os *banners* têm um estatuto idêntico, com a novidade acrescida de funcionar como os reclamos dos néons.

BISDN • *Broadband Integrated Services Digital Network*, rede digital de serviços integrados em banda larga. Utiliza fibra óptica e permite uma taxa de transferência de 155 *megabits* por segundo.

Bluetooth • Termo que se refere a uma tecnologia de radiofrequência (RF) de baixo alcance, utilizada para a transmissão de voz e dados.

Boato • *E-mail* que possui conteúdo alarmante ou falso e, geralmente, tem como remetente — ou aponta como autora da mensagem — alguma instituição, empresa importante ou órgão governamental. Mediante uma leitura minuciosa desse tipo de *e-mail*, normalmente é possível identificar em seu conteúdo mensagens absurdas e muitas vezes sem sentido.

Bot • Programa que, além de incluir funcionalidades de *worms*, sendo capaz de se propagar automaticamente por meio da exploração de vulnerabilidades existentes ou falhas na configuração de *software*s instalados em um computador, dispõe de mecanismos de comunicação com o invasor, permitindo que o programa seja controlado remotamente. O invasor, ao se comunicar com o *bot*, pode orientá-lo a desferir ataques contra outros computadores, furtar dados, enviar *spam* etc.

Broadband • Banda larga, rede de alta capacidade que pode transmitir simultaneamente dados, áudio e vídeo.

616

Browser • Significa pesquisar, e podemos traduzi-lo como navegador. Na Internet, o termo deve ser interpretado como uma ferramenta que permite a paginação ou folheamento. O termo acabou virando sinônimo para os programas que permitem acessar e mostrar as *home pages* encontradas na *web*. O primeiro *browser* a permitir o acesso gráfico, o MOSAIC, criado numa universidade americana, serviu de padrão para a criação do conceito de *web*. Atualmente, várias empresas estão disputando o mercado para impor seus produtos e modificar os padrões atuais. Os programas, que anteriormente serviam apenas para permitir a visualização de páginas escritas em HTML, estão evoluindo e incorporando outras atividades, tais como leitura de *e-mail*. Um *browser* é ferramenta indispensável para poder acessar a Internet graficamente, e com o surgimento de novas linguagens de criação das *home pages* os *browsers* têm se sofisticado cada vez mais, para poder suportar tais avanços.

Cable modem • *Modem* especial que utiliza a rede de televisão a cabo para transmitir e receber dados, em vez da tradicional linha telefônica, alcançando maior velocidade.

Cavalo de troia • Programa, normalmente recebido como um "presente" (por exemplo, cartão virtual, álbum de fotos, protetor de tela, jogo etc.), que executa não só as funções para as quais foi aparentemente projetado, mas também outras funções normalmente maliciosas e sem o conhecimento do usuário.

Certificado digital • Identidade digital ou ID digital, permite a codificação e a assinatura de mensagens para assegurar sua autenticidade, integridade e inviolabilidade. É muito utilizado em páginas comerciais na Internet. Ou arquivo eletrônico, assinado digitalmente, que contém dados de uma pessoa ou instituição utilizados para comprovar sua identidade. Veja também *Assinatura digital*.

Chat/Internet relay chat • Conversa em tempo real pelo computador. Quando um participante digita uma linha de texto e, em seguida, pressiona a tecla *enter*, suas palavras aparecem nas telas dos outros participantes, que podem responder da mesma forma. A maioria dos serviços *online* suporta o bate-papo na Internet.

Classificação da informação • Categorização da informação quanto à confidencialidade, integridade, disponibilidade e idade documental para o negócio da organização à qual pertence.

Client • Cliente. No contexto cliente/servidor, cliente é um programa que pede determinado serviço (por exemplo, a transferência de um arquivo) a um servidor, outro programa ou computador. O cliente e o servidor podem estar em duas máquinas diferentes, sendo esta a realidade para a maior parte das aplicações que usa esse tipo de interação. É um processo ou programa que requisita serviços a um servidor.

Código malicioso • Termo genérico que se refere a todos os tipos de programa que executam ações maliciosas em um computador. Exemplos de códigos maliciosos são os vírus, *worms*, *bots*, cavalos de troia, *rootkits* etc.

Colaborador • É todo empregado, empregado de terceiros, parceiro, estagiário ou pessoa que venha a ter acesso a informações da empresa.

Comércio eletrônico • Também chamado de *e-commerce*, é qualquer forma de transação comercial em que as partes interagem eletronicamente. Conjunto de técnicas e tecnologias computacionais utilizada para facilitar e executar transações comerciais de bens e serviços pela Internet.

Compartilhamento • Disponibilização de arquivos ou recurso fisicamente ligados a um terminal de uma rede para outros terminais. Compartilham-se *winchesters*, arquivos, diretórios, impressoras, *scanners* e outros periféricos.

Compatibilidade • Característica de sistemas informatizados (*hardware* e *software*) que funcionam conforme padrão comum. Podem-se determinar diferentes graus de compatibilidade. Quanto mais compatíveis, menos diferentes serão dois ou mais sistemas.

Compra coletiva • É uma modalidade de *e-commerce* que vende produtos ou prestação de serviços para um número mínimo determinado de consumidores por oferta.

Compressão de dados • É a técnica utilizada pelos *modems* para transmitir dados em taxas mais elevadas. O *modem* que recebe esses dados fará a descompressão pela mesma técnica.

Comunicação particular • Comunicação cujo conteúdo é endereçado com exclusividade a um ou mais destinatários determinados pelo remetente.

Comunicação pública • Comunicação cujo conteúdo é endereçado a destinatários não determinados individualmente pelo remetente ou fornecedor de conteúdo.

Conexão segura • Conexão que utiliza um protocolo de criptografia para a transmissão de dados, por exemplo, HTTPS ou SSH.

Confidencialidade • Garantia de que o acesso à informação seja obtido somente por pessoas autorizadas.

Consumidor digital • Todo aquele que consome produtos e/ou serviços disponíveis na rede Internet.

Conteúdo • Qualquer informação multimídia (em formato texto, imagem, som, programa de computador, gráficos) publicada por meio da rede aberta ou fechada (acesso restrito).

Cookies • Absorventes de textos com informações sobre o comportamento dos usuários na rede. Permitem que servidores gravem informações de seu interesse em outro microcomputador remoto. Podem ou não ser configurados no *browser*.

Coopetição • Sistema de negócios que reúne competição e colaboração entre empresas.

Correção de segurança • Correção especificamente desenvolvida para eliminar falhas de segurança em um *software* ou sistema operacional.

Cracker • Uma espécie de pirata virtual, que penetra remotamente em computadores integrados à rede com o objetivo de causar algum dano ou obter informações ilegalmente.

Criptografia • Método de codificação de dados que permite o acesso apenas de pessoas autorizadas, possuidoras de chave de acesso. Ciência e arte de escrever mensagens em forma cifrada ou em código. É parte de um campo de estudos que trata das comunicações secretas. É usada, entre outras finalidades, para autenticar a identidade de usuários e autenticar transações bancárias; proteger a integridade de transferências eletrônicas de fundos e proteger o sigilo de comunicações pessoais e comerciais.

Criptografia assimétrica • Sistema de segurança para transmissões eletrônicas que trabalha com tecnologia de chaves assimétricas.

Cyberspace • Ciberespaço. Assim se designa habitualmente o conjunto das redes de computadores e serviços existente na Internet. É uma espécie de planeta virtual, no qual as pessoas se relacionam virtualmente, por meios eletrônicos. Termo inventado por William Gibson no seu romance *Neuromancer* e idealizado em analogia com o espaço sideral explorado pelos astronautas.

Day-trade • Operação financeira em que a tomada, a execução e a liquidação ocorrem no mesmo dia.

Device • Termo em inglês que define dispositivo, muito utilizado para se referir a tecnologias de uso individual, como celular, *palm* e computador.

Dial-up • A rede ou conexão *dial-up* é a porta de comunicação entre o computador e a Internet via linha discada. É composto de uma série de funções e protocolos (principalmente o TCP/IP) que permite ao computador entrar em rede e conversar com a *Net* por meio de um *modem*, informando um número de linha discada de um provedor pago e um endereço da *web*.

Disclaimer • Declaração aberta disponível em *website* de Internet que traz termos com responsabilidades e obrigações cuja leitura e continuação da operação pressupõem aceitação das condições declaradas.

Disclosure • Termo em inglês para definir transparência, mais comumente utilizado no mercado financeiro.

Display • Termo utilizado para definir dispositivo de tela.

Disponibilidade • Garantia de que os usuários autorizados obtenham acesso à informação e aos ativos correspondentes sempre que necessário.

DNS • *Domain Name Server*. Na Internet, é o sistema por meio do qual *hosts* têm endereços de nome de domínio e endereços IP. O endereço de nome de domínio é utilizado pelos usuários e automaticamente traduzido no endereço IP, que é utilizado pelo *software* de roteamento de pacotes.

Domain name ou Domínio • Nome que descreve a organização com a qual um endereço na Internet está vinculado. Faz parte da hierarquia de nomes de grupos ou *hosts* da Internet, identificando as instituições na rede. Exemplo: http://www.embratur.gov.br, em que embratur indica a localização do servidor.

DoS • *Denial of Service*, ataque *hacker* que consiste em fazer com que o seu computador ou um servidor *web* pare de responder ou até mesmo trave por um excesso de processos solicitados, o que resulta numa negação de serviço.

Download • Ato de transferir o arquivo de um computador remoto para o seu próprio computador, usando qualquer protocolo de comunicações. Processo de transferência de cópia de um arquivo em um computador remoto para outro computador pela rede. O arquivo recebido é gravado em disco no computador local. Veja também *FTP*.

Dynamic HTML • É um termo abrangente para uma combinação das novas etiquetas e opções, *style sheets* e programação de *HyperText Markup Language* (HTML), que permitem criar páginas *web* mais animadas e com mais interatividade com o utilizador do que as versões anteriores de HTML. Há mais especificações do *Dynamic HTML* no HTML 4.0. O *Dynamic HTML* permite que os documentos da *web* funcionem como aplicações de computador ou produções multimídia e pareçam com essas aplicações.

E-book • Livro em formato eletrônico que pode ser baixado pela Internet.

E-business • Palavra que identifica transações e comércios pela Internet que estão baseados em algum sistema de *e-commerce*. Qualquer tipo de negócio efetuado por meio da rede mundial é tratado como um *e-business*.

E-commerce • Comércio eletrônico baseado na atividade de compra e venda de bens e/ou serviços feita totalmente ou em parte por meio da rede Internet.

Electronic Data Exchange • Troca eletrônica de dados mediante sistemas aplicativos previamente programados.

E-mail bombing • É o envio de *e-mails* imensos ou vários *e-mails*, que causa atraso na recepção.

E-mail com vírus • É o envio de vírus anexado ao *e-mail*.

Endereço IP • É o endereço real de uma máquina na Internet. Consiste em uma série de números separados por pontos. Cada máquina conectada à rede tem um endereço IP. Os *Domain Name Servers* servem então para relacionar os "endereços com letras" com o endereço IP.

Engenharia social • Método de ataque em que uma pessoa faz uso da persuasão, muitas vezes abusando da ingenuidade ou confiança do usuário, para obter informações que podem ser utilizadas para ter acesso não autorizado a computadores.

Ethernet • Arquitetura de redes local, baseada na norma IEEE 802.3, que define o método de disputa para redes. Utiliza uma topologia em estrela ou de barramento e baseia-se na forma de acesso conhecida como CSMA/CD (*Carrier Sense Multiple Access with Collision Detection*) para controlar o tráfego nas linhas de comunicação. Os nós da rede são ligados por cabos coaxiais, por cabos de fibra óptica ou por fios de pares trançados.

Exploit • Programa ou parte de um programa malicioso projetado para explorar uma vulnerabilidade existente em um *software* de computador.

Fair use • Termo que define "uso justo" em matéria de direito autoral.

Falsa identidade • Ato em que o falsificador se atribui identidade ilegítima, podendo se passar por outra pessoa, com o objetivo de conseguir vantagens indevidas, por exemplo, obter crédito, furtar dinheiro de contas bancárias das vítimas, utilizar cartões de crédito de terceiros, entre outras.

FAQ • *Frequently Asked Questions*. É um texto que pretende responder, dentro de uma determinada matéria, a questões colocadas frequentemente pelos usuários. É o documento com perguntas e respostas, em geral voltado para leigos.

Firewall • Uma *firewall* consiste em um *hardware* e/ou *software* que se interpõe entre duas redes, por exemplo, uma rede interna e um fornecedor de serviço Internet. A *firewall* protege sua rede impedindo o acesso de utilizadores indesejáveis e a passagem de mensagens para receptores específicos externos à rede, tais como os concorrentes.

Fornecedor de acesso • Todo aquele que fornece o serviço de acesso à Internet.

Fornecedor de conteúdo • Todo aquele que produz, emite, edita e/ou publica conteúdo na Internet.

Fornecedor de hosting • Todo aquele que fornece o serviço de *hosting* ou servidor conectado à Internet.

Forum/News Group • Espaço virtual de debate com caráter temático, comunicação deferida e constituída por mensagens propagadas por meio da rede em todos os servidores que hospedam o debate eletronicamente.

Frame • *Frames* são subdivisões da janela principal do navegador (ou *browser*). Cada subdivisão funciona como uma pequena janela, exibindo conteúdos independentes. Os criadores de *sites* da *web* utilizam esse recurso quando é necessário exibir muitas informações de uma só vez. Normalmente eles montam um *frame* à esquerda da página, o qual funciona como um índice, enquanto o *frame* da direita exibe o conteúdo relacionado ao *link* do índice que o usuário selecionou.

Freeware • Programa disponível publicamente, segundo condições estabelecidas pelos autores, sem custo de licenciamento para uso. Em geral, o *software* é utilizável sem custos para fins estritamente educacionais, e não tem garantia de manutenção ou atualização. Um dos grandes trunfos da Internet é a quantidade praticamente inesgotável de domínio público, com excelente qualidade, que circula pela rede.

FTP • *File Transfer Protocol*. Designa o principal protocolo de transferência de arquivos usado na Internet, ou então um programa que usa esse protocolo. Um protocolo-padrão da Internet que é usado para transferência de arquivos entre computadores.

Gerenciador de Banco de Dados • Interface de *software* entre o banco de dados e o usuário. Um sistema de gerenciamento de bancos de dados que trata de solicitações do usuário para ações de bancos de dados e permite o controle centralizado da segurança e da integridade dos dados.

Gerenciamento de risco • Processo de identificação, controle e minimização ou eliminação dos riscos de segurança que podem afetar os sistemas de informação, a um custo aceitável.

GnuPG • Conjunto de programas gratuito e de código aberto, que implementa criptografia de chave única, de chaves pública e privada e assinatura digital.

GPG • Veja *GnuPG*.

GPS • *Global Positioning System*. Consiste numa "constelação" de 24 satélites que estão na órbita da Terra a uma altura de 10.900 milhas, tornando possível às pessoas que utilizem receptores no solo determinar sua posição geográfica entre 10 e 100 metros.

Hackers • Indivíduo que faz todo o possível e o impossível para entrar num sistema de informática alheio, quebrando sistemas de segurança, para assim poder causar danos.

Harvesting • Técnica utilizada por *spammers* que consiste em varrer páginas *web*, arquivos de listas de discussão, entre outros, em busca de endereços de *e-mail*.

HDTV • *High Definition Television*. Termo em inglês que define a tecnologia de televisão de alta definição.

Hipermídia • Documento que contém imagens, sons, textos e vídeos, utilizando ligações de hipertextos para permitir o acesso a outro documento.

Hipertexto • São palavras marcadas no texto que permitem acesso a outros documentos relacionados com o assunto em questão, criando uma linha de pesquisa. Normalmente estão sublinhadas.

Hipertextos • Formato das informações dispostas na Internet.

Hoax • Veja *Boato*.

Home brocker • Corretora de valores que pode ser acessada de casa por telefone ou pela Internet e que efetua operações remotas. O termo começou a ser usado para definir os serviços de corretagem, assim como se usa o termo *home banking* para o serviço de acesso ao banco em casa por sistema de discagem ou eletrônico.

Homepage • Assim é chamada a página de abertura de um serviço ou de uma página pessoal. Da *homepage* você pode acessar outras páginas por meio dos *hiperlinks*.

Host • Computador principal de um sistema de computadores ou terminais conectados por enlaces de comunicação.

Hosting • Hospedagem eletrônica locando parte do servidor para distribuição de conteúdos e serviços pela rede.

HTM (HTML) • Extensão para arquivos gerados e salvos no formato *Hiper Text Marked Language* (Linguagem de Hipertexto Marcado), para construção de *homepages*. As versões oficiais da HTML são definidas pelo *W3 Consortium*, em http://w3.org.

HTTP • *HyperText Transfer Protocol*. Este é o protocolo usado para transportar tráfego entre o computador do *browser* da *web* e o *site* da *web*.

HTTPS • Quando utilizado como parte de uma URL, especifica a utilização de HTTP com algum mecanismo de segurança, normalmente o SSL.

Identidade virtual • Identidade de usuário que entra na rede de computadores Internet formada pela junção de códigos IP — e-mail — RG ou CPF.

IDS • Do inglês *Intrusion Detection System*. Programa, ou um conjunto de programas, cuja função é detectar atividades maliciosas ou anômalas.

IEEE • Acrônimo para *Institute of Electrical and Electronics Engineers*, organização composta por engenheiros, cientistas e estudantes que desenvolvem padrões para a indústria de computadores e eletroeletrônicos.

Incidente de segurança • É qualquer evento ou ocorrência que promova uma ou mais ações que comprometam ou que sejam uma ameaça à integridade, autenticidade, ou disponibilidade de qualquer ativo tratado pela política de segurança.

Incubadoras • Empresas que têm como finalidade alavancar ideias e transformá--las em negócios.

Informação • É um ativo composto por um conjunto de dados ou elementos que, como qualquer outro ativo importante para os negócios, tem valor para a organização e, consequentemente, necessita ser adequadamente protegido.

Infraestrutura • Linhas e aparelhos de telecomunicação necessários ao funcionamento da rede.

Integridade • Garantia de salvaguarda da exatidão e completeza da informação e dos métodos de processamento.

Internet • Rede mundial de computadores e outros dispositivos interligados que possibilitam acesso à informação nela disponibilizada.

Intranet • São redes corporativas que se utilizam da tecnologia e infraestrutura de comunicação de dados da Internet. São utilizadas na comunicação interna da própria empresa e/ou na comunicação com outras empresas.

Invasão • Ataque bem-sucedido que resulte em acesso, manipulação ou destruição de informações em um computador.

Invasor • Pessoa responsável pela realização de uma invasão (comprometimento). Veja também *Invasão*.

IP • *Internet Protocol*, protocolo responsável pelo percurso de pacotes entre dois sistemas que utilizam a família de protocolos TCP/IP desenvolvida e usada na Internet.

ISP • *Internet Service Provider*. Uma empresa que vende ligações à *Net*.

Keylogger • Programa capaz de capturar e armazenar as teclas digitadas pelo usuário no teclado de um computador. Normalmente, a ativação do *keylogger* é condicionada a uma ação prévia do usuário, por exemplo, após o acesso a um *site* de comércio eletrônico ou *Internet Banking*, para a captura de senhas bancárias ou números de cartões de crédito.

Largura de banda • Quantidade de dados que podem ser transmitidos em um canal de comunicação, em determinado intervalo de tempo.

Link • Elo ou ligação. Conexão entre um elemento de um documento de hipertexto, como uma palavra, expressão, símbolo ou imagem, e outro elemento do documento, outro documento de hipertexto, um arquivo ou um *script*. O usuário ativa o vínculo dando um clique sobre o elemento vinculado, que é geralmente sublinhado ou apresentado em cor diferente do restante do documento para indicar que o elemento está vinculado. Os *links* são indicados em um documento de hipertexto por meio de *tags* de linguagens de marcação, como a SGML e a HTML. Em geral, essas *tags* não são visíveis ao usuário.

Log • Registro de atividades gerado por programas de computador. No caso de *logs* relativos a incidentes de segurança, eles normalmente são gerados por *firewalls* ou por IDSs.

Lojas virtuais • São páginas que oferecem um canal direto de compra na forma de catálogos eletrônicos. O consumidor encomenda mercadorias por meio de formulários eletrônicos.

Mail box • Caixa postal eletrônica.

Mailling list • Lista de assinantes que se correspondem por correio eletrônico. Quando um dos assinantes escreve uma carta para determinado endereço eletrônico (de gestão da lista), todos os outros a recebem, o que permite que se constituam grupos (privados) de discussão pelo correio eletrônico.

Malware • Do inglês *Malicious software* (*software* malicioso). Veja *Código malicioso*.

M-commerce • É o *e-commerce* realizado em plataforma móvel como telefones celulares, PDAs etc.

MMS • Do inglês *Multimedia Message Service*. Tecnologia amplamente utilizada em telefonia celular para a transmissão de dados, como texto, imagem, áudio e vídeo.

Modem • Modulador DEModulador. Conversor de sinais analógicos (linha telefônica) em sinais digitais (microcomputador) e vice-versa. É usado para ligações entre computadores por meio da linha telefônica. Ao adicionar-se uma placa FAX/MODEM, ampliam-se os recursos de microcomputador.

MP3 • Significa *Motion Picture Experts Group-Layer 3*. É um formato de compressão de áudio que cria ficheiros com uma qualidade próxima dos CDs, os quais são 10 ou 20 vezes menores que os ficheiros de música ou os CDs normais. O MP3 torna possível mover ficheiros de som de alta qualidade através de um *modem* e pode armazenar 150 canções num CD.

Napster • Tecnologia de compartilhamento de arquivos na Internet que possibilita acesso e compartilhamento de música.

Negação de serviço • Atividade maliciosa em que o atacante utiliza um computador para tirar de operação um serviço ou computador conectado à Internet.

Opt-in • Regra de envio de mensagens que define ser proibido mandar *e-mails* comerciais/*spam*, a menos que exista uma concordância prévia por parte do destinatário. Veja também *Soft opt-in*.

Opt-out • Regra de envio de mensagens que define ser permitido mandar *e-mails* comerciais/*spam*, mas deve-se prover um mecanismo para que o destinatário possa parar de receber as mensagens.

P2P • Acrônimo para *peer-to-peer*. Arquitetura de rede em que cada computador tem funcionalidades e responsabilidades equivalentes. Difere da arquitetura cliente/servidor, em que alguns dispositivos são dedicados a servir outros. Esse tipo de rede é normalmente implementada via *software*s P2P, que permitem conectar o computador de um usuário ao de outro para compartilhar ou transferir dados, como MP3, jogos, vídeos, imagens etc.

Page-views • Termo que define "páginas vistas" e é usado como sistema de métrica e medição de resultado de comunicação na Internet.

Password • Veja *Senha*.

Patch • Veja *Correção de segurança*.

Pay-per-download • Serviço de acesso a conteúdo em que se paga no ato de baixar o arquivo por *download*.

Pay-per-play • Serviço de acesso a conteúdo em que se paga no ato de jogar o conteúdo.

Pay-per-use • Serviço de acesso a conteúdo em que se paga para usar o conteúdo.

Pay-per-view • Serviço de acesso a conteúdo em que se paga no ato de ver o conteúdo.

PDV • Termo que define Ponto de Venda.

Peering points — Locações em que o tráfego nacional e regional da Internet podem ser trocados.

PGP • Do inglês *Pretty Good Privacy*. Programa que implementa criptografia de chave única, de chaves pública e privada e assinatura digital. Possui versões comerciais e gratuitas.

Phishing • Também conhecido como *phishing scam*. Mensagem não solicitada que se passa por comunicação de uma instituição conhecida, como um banco, empresa ou *site* popular, e que procura induzir usuários ao fornecimento de dados pessoais e financeiros. Inicialmente, esse tipo de mensagem induzia o usuário ao acesso a páginas fraudulentas na Internet. Atualmente, o termo também se refere à mensagem que induz o usuário à instalação de códigos maliciosos, além da mensagem que, no próprio conteúdo, apresenta formulários para o preenchimento e envio de dados pessoais e financeiros.

Piratas de computador • Definição usada para referir-se aos *hackers*.

Players • Termo usado para definir as partes envolvidas em uma operação ou mercado específico.

Ponto de presença • 1. Ponto de uma rede remota ao qual um usuário pode conectar-se mediante uma chamada telefônica local. 2. Ponto em que uma concessionária telefônica de longa distância se conecta a uma central telefônica local ou a um usuário específico.

Pop-up • Formato de comunicação usado na Internet que tem como principal característica aparecer na tela sem ter sido solicitado, por isso, o termo *pop-up*.

Portais horizontais • Portais que têm uma estratégia de oferta de conteúdo e serviços horizontais, ou seja, em que um não está diretamente relacionado ao outro. É multidisciplinar.

Portais verticais • Portais que têm uma estratégia de oferta de conteúdo e serviços verticais, ou seja, em que um é complementar ao outro dentro de uma cadeia específica de negócio.

PPP • *Point to Point Protocol*. O PPP implementa o protocolo TCP/IP numa linha telefônica, sendo por meio desta que um computador pessoal se liga à Internet e pode usufruir de todos os serviços e aplicações existentes. É posterior ao SLIP e mais completo.

Protocolo • Código que permite a leitura universal da informação.

Provedor de acesso • Instituição que se liga à Internet, via um ponto de presença ou outro provedor, para obter conectividade IP e repassá-la a outros indivíduos e instituições, em caráter comercial ou não. O provedor de acesso torna possível ao usuário final a conexão à Internet por meio de uma ligação telefônica local.

Proxy • Servidor que atua como intermediário entre um cliente e outro servidor. Normalmente é utilizado em empresas para aumentar a performance de acesso a determinados serviços ou permitir que mais de uma máquina se conecte à Internet. *Proxies* mal configurados podem sofrer abusos por atacantes e serem utilizados como forma de tornar anônimas algumas ações na Internet, como atacar outras redes ou enviar *spam*.

Realidade virtual • É qualquer uma das várias combinações de recursos de interface de usuário que permite a ele interagir com o computador ou sistema, de maneira tal que tenta imitar da forma mais perfeita possível o ser humano. Pode incluir vários tipos de recursos.

Rede sem fio • Rede que permite a conexão entre computadores e outros dispositivos por meio da transmissão e recepção de sinais de rádio.

Redes sociais • São plataformas *online* que reúnem pessoas em torno de um mesmo interesse. Exemplos: *Facebook*, *Twitter*, *LinkedIn*, *Orkut* etc. (Fonte: <http:/?imasters.com.br/artigo/21183redes-sociais/o-que-sao-redes-sociais-corporativas-e-quais-sao-suas-vantagens>).

Rootkit • Conjunto de programas que tem como finalidade esconder e assegurar a presença de um invasor em um computador comprometido. É importante ressaltar que o nome *rootkit* não indica que as ferramentas que o compõem são usadas para obter acesso privilegiado (*root* ou *administrator*) em um computador, mas sim para manter o acesso privilegiado em um computador previamente comprometido.

Roteador • *Router*. Dispositivo responsável pelo encaminhamento de pacotes de comunicação em uma rede ou entre redes. Uma instituição, ao se conectar à Internet, deverá adquirir um roteador para conectar sua rede local ao ponto de presença mais próximo. Roteadores vivem se falando aos pares, como *modems*.

Scam • Esquemas ou ações enganosas e/ou fraudulentas. Normalmente, têm como finalidade obter vantagens financeiras.

Scan • Técnica normalmente implementada por um tipo de programa, projetado para efetuar varreduras em redes de computadores. Veja *Scanner*.

Scanner • Programa utilizado para efetuar varreduras em redes de computadores, com o intuito de identificar quais computadores estão ativos e quais serviços estão sendo disponibilizados por eles. Amplamente utilizado por atacantes para identificar potenciais alvos, pois permite associar possíveis vulnerabilidades aos serviços habilitados em um computador. Ou dispositivo óptico de entrada que usa sensores de luz para capturar uma imagem no papel ou algum outro meio. A imagem é traduzida em sinais digitais que podem ser processados por *software*s de reconhecimento de caracteres ópticos (OCR) ou *software*s gráficos. Há diversos tipos de *scanners*, entre eles: de mão (o usuário passa o dispositivo sobre um documento estático), de mesa (o cabeçote de varredura é movimentado sobre um documento fixo), com alimentação de papel (o documento é passado sobre um cabecote de varredura estático), tambor (o documento é girado ao redor de um cabeçote de varredura estática).

Screenlogger • Forma avançada de *keylogger*, capaz de armazenar a posição do cursor e a tela apresentada no monitor, nos momentos em que o *mouse* é clicado, ou armazenar a região que circunda a posição em que o *mouse* é clicado. Veja também *Keylogger*.

Segurança da informação • Protege a informação de uma gama extensiva de ameaças para assegurar a continuidade dos negócios, minimizar os danos empresariais e maximizar o retorno em investimentos e oportunidades. É caracterizada pela preservação da confidencialidade, integridade e disponibilidade.

Senha • Conjunto de caracteres, de conhecimento único do usuário, utilizado no processo de verificação de sua identidade, assegurando que ele é realmente quem diz ser.

Server • Servidor. É o computador que administra e fornece programas e informações para os outros computadores conectados. No modelo cliente-servidor, é o programa responsável pelo atendimento a determinado serviço solicitado por um cliente. Serviços como *archie*, *gopher*, WAIS e *web* são providos por servidores. Referindo-se a equipamento, o servidor é um sistema que provê recursos tais como armazenamento de dados, impressão e acesso *dial-up* para usuários de uma rede de computadores.

Shareware • *Software* que é distribuído livremente, desde que seja mantido o seu formato original, sem modificações, e seja dado o devido crédito a seu autor. Normalmente é feito para ser testado durante um curto período de tempo. Terminado o período, o usuário tem a opção de enviar o pagamento a seu autor para ser registrado. Por ocasião do registro, recebe-se um manual impresso do programa, assim como uma versão melhorada. Há ainda a possibilidade de assistência técnica e informações acerca de novas versões.

Sistema de Pagamento Seguro (SPS) • Sistema de pagamento eletrônico que possui *software* de segurança e *firewall*, utilizado, principalmente, em Bancos.

Sistema de proteção • Módulo do sistema operacional que controla o acesso aos recursos por parte de programas e usuários, possibilitando a criação de controles, dá suporte à sua execução, autentica operação e mantém registro de operações feitas para auditoria e análises de performance.

Site • Local na Internet identificado por um nome de domínio, constituído por uma ou mais páginas de hipertexto, que podem conter textos, gráficos e informações multimídia.

SMS • Do inglês *Short Message Service*. Tecnologia amplamente utilizada em telefonia celular para a transmissão de mensagens de texto curtas. Diferentemente do MMS, permite apenas dados do tipo texto e cada mensagem é limitada em 160 caracteres alfanuméricos.

SMTP • *Simple Mail Transfer Protocol*. Protocolo Internet usado para correio eletrônico.

Sniffer • Dispositivo ou programa de computador utilizado para capturar e armazenar dados trafegando em uma rede de computadores. Pode ser usado por um invasor para capturar informações sensíveis (como senhas de usuários), nos casos em que estejam sendo utilizadas conexões inseguras, ou seja, sem criptografia.

Sockets • O nome da interface que implementa os protocolos TCP/IP. Interface é um conjunto de chamadas possíveis a bibliotecas que contém rotinas que implementam determinados objetivos.

Soft opt-in • Regra semelhante ao *opt-in*, mas esse caso prevê uma exceção quando já existe uma relação comercial entre remetente e destinatário. Dessa forma, não é necessária a permissão explícita por parte do destinatário para receber *e-mails* do remetente. Veja *Opt-in*.

Software • Programas de computador; instruções que o computador é capaz de entender e executar.

Spam • Termo usado para se referir a *e-mails* não solicitados, que geralmente são enviados para um grande número de pessoas. Quando o conteúdo é exclusivamente comercial, esse tipo de mensagem também é referenciada como UCE (do inglês *Unsolicited Commercial E-mail*).

Spammer • Pessoa que envia *spam*.

Spyware • Termo utilizado para se referir a uma grande categoria de *software* que tem o objetivo de monitorar atividades de um sistema e enviar as informações coletadas para terceiros. Pode ser utilizado de forma legítima, mas, na maioria das vezes, é usado de forma dissimulada, não autorizada e maliciosa.

SSH • Do inglês *Secure Shell*. Protocolo que utiliza criptografia para acesso a um computador remoto, permitindo a execução de comandos, transferência de arquivos etc.

SSID • Do inglês *Service Set Identifier*. Conjunto único de caracteres que identifica uma rede sem fio. O SSID diferencia uma rede sem fio de outra, e um cliente normalmente só pode conectar em uma rede sem fio se puder fornecer o SSID correto.

SSL • Sistema de Validação de Cartões *Online*. O *Secure Sockets Layer* (SSL) é um protocolo que protege os dados enviados entre *web browsers* e servidores *web*. SSL também garante que os dados vieram do *website* de que é suposto terem vindo e que ninguém interferiu com os dados enquanto estavam a ser enviados. Qualquer morada de um *website* que começa com "https" está habilitada para SSL. Fornece confidencialidade e integridade na comunicação entre um cliente e um servidor, por meio do uso de criptografia.

Sujeitos da Internet • Toda pessoa física ou jurídica conectada à rede direta ou indiretamente.

T-banking • É a oferta de serviços de Bancos por meio da televisão interativa.

T-commerce • É o comércio eletrônico por meio da televisão interativa.

TCP/IP — Protocolo para a comunicação entre computadores. O TCP/IP tornou-se o padrão de fato para transmissão de dados por meio de redes, incluindo a Internet.

TCP • *Transmission Control Protocol*. O protocolo dentro do TCP/IP que controla a subdivisão das mensagens de dados em pacotes a serem enviados por meio do protocolo IP e a remontagem e verificação das mensagens completas dos pacotes recebidos pelo IP.

Tecnologia Streaming • Tecnologia *streaming*, também conhecida por *streaming media*, permite ao utilizador ver e ouvir conteúdos digitalizados — vídeo, som e animação — apenas fazendo um *download*. As imagens e os sons *streamed* estão normalmente disponíveis por meio de um simples *plug-in* e a distância de um clique. Mas o preço dessa conveniência é a qualidade. As tecnologias de compressão usadas para transportar os conteúdos que exigem imensa amplitude de banda na Internet podem produzir imagens menos que satisfatórias, particularmente a velocidades de transmissão de 28,8 Kbps.

Time zone • Fuso horário.

TLDs • *Top Level Domain* (com, gov, net, org, tv).

Trojan horse • Veja *Cavalo de troia*.

UCE • Do inglês *Unsolicited Commercial E-mail*. Termo usado para se referir aos *e-mails* comerciais não solicitados.

UIT • União Internacional de Telecomunicações.

Upgrade • O mesmo que atualização. Passar para uma versão mais nova, geralmente mais poderosa ou mais sofisticada de um programa.

Upload • Em português, carregar. Operação de transferência de um arquivo ou de uma página da Internet do computador para um provedor de acesso.

URL • *Universal Resource Location*. É um identificador na Internet que mostra qual tipo de servidor deve ser acessado, o equipamento em que a informação reside e sua localização nesse equipamento, por exemplo: http://www.patriciapeck.com.br.

Usuário • Todo aquele que acessa a rede Internet.

Venture capital • O *venture capital* (capital de risco) já foi uma área dominada por empresários de grande estatuto. Hoje, porém, as empresas entraram no negócio de maneira muito forte. Os empresários voltam-se para as empresas de capital de risco com o objetivo de conseguir fundos monetários para aplicar a ideias de negócio pensadas numa lógica de rentabilidade e já analisadas à luz do mercado para ver se eventuamente funcionarão.

Vírus • Programa ou parte de um programa de computador, normalmente malicioso, que se propaga infectando, isto é, inserindo cópias de si mesmo e se tornando parte de outros programas e arquivos de um computador. O vírus depende da execução do programa ou arquivo hospedeiro para que possa tornar-se ativo e dar continuidade ao processo de infecção.

Voice-IP • Tecnologia utilizada para transmitir voz por meio de uma rede IP, ou seja, por meio de *Internet Protocol*.

VPN • Do inglês *Virtual Private Network*. Termo usado para se referir à construção de uma rede privada utilizando redes públicas (por exemplo, a Internet) como infraestrutura. Esses sistemas utilizam criptografia e outros mecanismos de segurança para garantir que somente usuários autorizados possam ter acesso à rede privada e que nenhum dado será interceptado enquanto estiver passando pela rede pública.

VRML • *Virtual Reality Markup Language*. Formato padrão para representar a 3ª dimensão — seria o 3D, em vetor gráfico. Foi superado pelo X3D.

Vulnerabilidade • Falha no projeto, na implementação ou na configuração de um *software* ou sistema operacional que, quando explorada por um atacante, resulta na violação da segurança de um computador.

WAP • *Wireless Aplication Protocol*. É um conjunto de especificações, desenvolvida pelo WAP *Forum*, que permite aos programadores usar a linguagem *Wireless Markup Language* (WML) para montar aplicações em rede destinadas a dispositivos de mão sem fios. O WAP foi concebido para funcionar dentro dos limites de tais dipositivos: uma memória e potência de *Central Processing Unit* (CPU) limitadas; visores pequenos e monocromáticos; baixa largura de banda; e conexões algo instáveis.

Web bug • Imagem, normalmente muito pequena e invisível, que faz parte de uma página *web* ou de uma mensagem de *e-mail*, e que é projetada para monitorar quem está acessando essa página *web* ou mensagem de *e-mail*.

WEP • Do ingles *Wired Equivalent Privacy*. Protocolo de segurança para redes sem fio que implementa criptografia para a transmissão dos dados. Esse protocolo apresenta algumas falhas de segurança.

Wi-Fi • Do inglês *Wireless Fidelity*. Termo usado para se referir genericamente a redes sem fio que utilizam qualquer um dos padrões 802.11.

Wireless • Do inglês, "sem fio".

WLAN • Do inglês *Wireless Local-Area Network*. Refere-se a um tipo de rede que utiliza ondas de rádio de alta frequência, em vez de cabos, para a comunicação entre os computadores.

Worm • Programa capaz de se propagar automaticamente por meio de redes, enviando cópias de si mesmo de computador para computador. Diferentemente do vírus, o *worm* não embute cópias de si mesmo em outros programas ou arquivos e não necessita ser explicitamente executado para se propagar. Sua propagação se dá mediante a exploração de vulnerabilidades existentes ou falhas na configuração de *software*s instalados em computadores.

WPA • Do inglês *Wi-Fi Protected Access*. Protocolo de segurança para redes sem fio desenvolvido para substituir o protocolo WEP, devido a suas falhas de segurança. Essa tecnologia foi projetada para, por meio de atualizações de *software*, operar com produtos *Wi-Fi* que disponibilizavam apenas a tecnologia WEP. Inclui duas melhorias em relação ao protocolo WEP que envolvem melhor criptografia para transmissão de dados e autenticação de usuário.

WWW • Sistema de acesso e utilização de informações da Internet por meio de hipertextos com capacidade de ler e transmitir várias tecnologias e tipos de documentos, identificados todos os conteúdos por um só endereço URL.

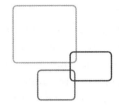

FAQ — Perguntas e respostas sobre Direito Digital

O que é Direito Digital?
Direito Digital é o conjunto de regras e códigos de conduta que rege o comportamento e as novas relações dos indivíduos cujo meio de ocorrência ou prova da manifestação de vontade seja o digital, gerando dados eletrônicos que consubstanciam e representam as obrigações assumidas e sua respectiva autoria. Deve, portanto, reunir princípios, leis e normas de autorregulamentação que atendam ao novo cenário de interação social não presencial, interativo e em tempo real. O Direito Digital é, portanto, a evolução do próprio Direito, para atender às mudanças de comportamento e às necessidades de novos controles de conduta gerados pelo uso da Tecnologia.

Há leis no Direito Digital?
As leis do Direito Digital são as mesmas já existentes, totalmente válidas e aplicáveis: a Constituição Federal de 1988, o Código Civil, o Código de Defesa do Consumidor, o Código Penal etc. Há uma série de novas leis e projetos de lei que visam a atender a questões novas específicas do uso da tecnologia, referentes a pirataria de *software*, comércio eletrônico, direitos autorais, crimes eletrônicos, além de Regulamentações e Tratados Internacionais. Tudo isso compõe o quadro normativo do Direito Digital atual.

O que fazer para reduzir os riscos da tecnologia no negócio?
O primeiro passo é realizar uma auditoria legal de risco, de modo a identificar as vulnerabilidades e, então, elaborar um plano corretivo e preventivo. Essa análise deve abordar três interfaces estratégicas de usuários da empresa, que são: 1) Funcionários e Colaboradores; 2) Clientes; e 3) Parceiros e Fornecedores.

O que fazer se a minha empresa sofrer uma denúncia de Spam?

O primeiro passo é analisar a origem da denúncia e verificar se a empresa foi colocada em alguma *Black List* Internacional, o que poderá prejudicar os envios de *e-mail* da operação. Depois, é importante envolver a área de comunicação e a diretoria para decidir se será feito algum esclarecimento formal ao público da empresa e revisar os processos atuais de disparo de *e-mail marketing* e *newsletters* para identificar se não há práticas atuais que ferem a ética *online* e as boas práticas de Direito Digital.

O que fazer se a minha empresa sofrer uma denúncia de Scam?

O primeiro passo é mobilizar a área de TI ou de Segurança da Informação para rastrear a origem do *Scam*. É importante de imediato já colocar um aviso no *site* da empresa e um texto no FAQ, no tire-dúvidas do *Call Center* e no Fale Conosco, esclarecendo e avisando aos usuários e clientes que o *e-mail* falso que está circulando não é da empresa. A agilidade é crucial para minimizar as contingências neste cenário.

Sou responsável pelo mau uso da tecnologia por meus funcionários?

Em princípio, sim, a empresa é responsável solidariamente pelo mau uso das ferramentas de trabalho por seus empregados, sejam elas tecnológicas ou não, dentro da modalidade de *culpa "in vigillando"*.

O que é necessário para poder fazer monitoramento na empresa?

É necessário ter uma Política Digital de uso de *e-mail* e tecnologia pelos funcionários e colaboradores, que deve ser redigida de modo adequado, objetivo, proporcional, com regras claras sobre o que é certo e errado no uso da ferramenta dentro da empresa, separando o que é corporativo do que é pessoal. Essa política deve ser assinada por todos, por meio de um Termo de Ciência, ou anexada ao contrato de trabalho, sendo recomendável também a execução de um treinamento específico para instrução das novas regras. Se a empresa compartilhar dados e acessos com terceiros, que sejam colaboradores, *free lancers*, fornecedores frequentes, recomendamos a criação de uma política que preveja esses casos também.

O que é prova digital?

É o conjunto de evidências e arquivos eletrônicos que representam a relação e/ou obrigação gerada, acordada ou contratada por uma via digital. O mais importante é que, nessa hipótese, o arquivo original é o digital, sendo qualquer versão impressa cópia, uma vez que não permite perícia.

Por quanto tempo tenho de guardar os e-mails *da empresa?*

No mínimo pelo prazo legal da relação originária que ele representa (se é comercial, contratual, consumidor final, trabalhista, financeiro etc.). Recomendamos um mínimo de 1 ano (consumidor), 3 anos (civil), 5 a 7 anos (fiscal), 10 anos (penal), podendo chegar a 20 anos (alguns casos de trabalhista — RH e direito autoral), mas, dependendo do perfil de negócios da empresa, isso pode variar, para que se possa ter acessibilidade da prova jurídica necessária para a defesa da questão.

Existe seguro para riscos eletrônicos?

Sim, existe. É possível de ser contratado já na Europa, em especial na Inglaterra, na categoria de Seguro direto ou resseguro. Também já existe no Brasil, com o nome de ESURANCE, por meio do ISC, do IRB e da corretora MAPFRE.

Sou responsável pelo uso dos dados compartilhados com parceiros?

Sim, por isso a importância de deixar claro por contrato quais são os limites de uso dos dados compartilhados, qual a finalidade e principalmente o prazo de duração da cessão, para que não seja um cheque em branco sem data para expirar.

O que é informação?

Segundo o *Dicionário Aurélio*, informação é um dado acerca de alguém ou algo; o conhecimento; segundo a teoria da informação, a medida da redução da incerteza.

O que é gerenciamento do ciclo de vida da informação?

É o gerenciamento da informação ao longo de todo o seu processo de geração e armazenagem, desde a sua captação, transmissão, manipulação, gravação, conservação, comunicação, compartilhamento, até seu uso para fins de prova legal.

Como proteger a propriedade intelectual do site?

Há várias formas de protegê-la. Nenhuma evitará que haja mau uso ou infração a direito autoral, mas essas opções poderão contribuir em caso de discussão judicial ou de se vir a pleitear algum tipo de indenização. Entre elas está o registro na Biblioteca Nacional (www.bn.br), que tem categoria específica para registro de *website* como obra, ou no Cartório de Títulos e Documentos.

Como proteger a propriedade intelectual de softwares?

Os *software*s gozam do mesmo regime de proteção das demais obras intelectuais e a sua proteção prescinde de qualquer formalidade; contudo, pela própria natureza da obra, recomendamos fortemente o seu registro junto ao INPI (www.inpi.gov.br), órgão nacional responsável pelo registro de *softwares*.

O que é um contrato de Outsourcing?

É um contrato de terceirização muito utilizado na área de TI e que possui cláusulas e características específicas, podendo assumir formatos internacionais, como o de "SLA" (*Service Level Agreement*) e "BPO" (*Business Process Outsourcing*).

Quem é o proprietário do desenvolvimento feito por terceirizado?

Depende da forma como for contratado o desenvolvimento de *software*, sendo importante distinguir o que é direito moral de autor do que são os direitos de exploração patrimonial. Para fins de registro no INPI é fundamental ter o contrato de terceirização e o contrato do funcionário/desenvolvedor.

Que fazer se alguém usar meus conteúdos e/ou marcas na Rede?

A primeira medida é a notificação, que pode ser feita pela própria via eletrônica. Se possível, verifique a origem do infrator para que seja feita uma notificação extrajudicial com pedido para que cesse o uso indevido de referido conteúdo. Pode ser ainda impetrada medida para tirar do ar a página em que o conteúdo estiver inserido. Em qualquer das hipóteses, como prevenção, é sempre importante realizar os registros adequados nos Órgãos, além de destacar a frase "Direitos Autorais Reservados", seja no rodapé do *site*, seja no interior do conteúdo de uma palestra, ou ao clicar com o botão direito do *mouse* na imagem no campo propriedades.

O que é segurança da informação?

Segundo a norma ISO/IEC 17799:2000, segurança da informação pode ser definida como a proteção contra um grande número de ameaças às informações, de forma a assegurar a continuidade do negócio, minimizando danos comerciais e maximizando o retorno de possibilidades e investimentos. Ainda segundo a ISO/IEC 17799:2000, a segurança da informação é caracterizada pela preservação dos três atributos básicos da informação: confidencialidade, integridade e disponibilidade.

O que é BS 7799?

O Brithish Standart 7799 é uma norma de segurança da informação destinada a empresas. Criada na Inglaterra, teve seu desenvolvimento iniciado em 1995, dividindo-se em duas partes: A BS 7799-1 e a BS 7799-2. A BS 7799-1 é a primeira parte da norma, que contém introdução, definição de extensão e condições principais de uso da norma. Disponibiliza 148 controles divididos em dez partes distintas. É planejada como um documento de referência para implementar "boas práticas" de segurança na empresa. A BS 7799-2 é a segunda parte da norma e tem por objetivo proporcionar uma base para gerenciar a segurança da informação dos sistemas das empresas.

O que é ISO/IEC 17799?

A ISO/IEC 17799 é a versão internacional da BS 7799, homologada pela *International Standartization Organization* (ISO) em dezembro de 2000. A NBR ISO/IEC 17799 é a versão brasileira da norma ISO, homologada pela ABNT em setembro de 2001. ISO é uma organização internacional formada por um conselho e comitês com membros oriundos de vários países. Seu objetivo é criar normas e padrões universalmente aceitos sobre como realizar as mais diversas atividades comerciais, industriais, científicas e tecnológicas. IEC significa *International Engineering Consortium*. É uma organização voltada para o aprimoramento da indústria da informação. Uma associação entre as duas instituições produz normas e padronizações internacionais.

Por que as empresas passaram a se preocupar com Segurança da Informação?

Porque na sociedade digital tudo são dados. A identidade do indivíduo, as informações de clientes, a declaração de imposto de renda, até o perfil de consumo. Logo, o negócio da empresa se passa por proteger essas informações, que exigem privacidade, sigilo, confidencialidade. Está tudo conectado e em tempo real, e a conduta de uma única pessoa, um simples *e-mail* com vírus, pode colocar a perder todo o patrimônio de uma empresa, todos os bancos de dados. Como a Internet e as ferramentas tecnológicas são novas, não está claro para as pessoas de modo geral o que é certo e errado. Já que na empresa isso é ferramenta de trabalho, cabe a ela definir com Políticas e com Segurança da Informação o que é mais adequado para a proteção do negócio e dos empregados, evitando correr riscos desnecessários que possam gerar responsabilidade civil, criminal e até demissão.

O que é um incidente de segurança?

Um incidente de segurança pode ser definido como qualquer evento adverso, confirmado ou sob suspeita, relacionado à segurança de sistemas de computação ou de redes de computadores. São exemplos de incidentes de segurança: tentativas de ganhar acesso não autorizado a sistemas ou dados; ataques de negação de serviço; uso ou acesso não autorizado a um sistema; modificações em um sistema, sem o conhecimento, as instruções ou o consentimento prévio do dono do sistema; desrespeito à política de segurança ou à política de uso aceitável de uma empresa ou provedor de acesso.

O que pode ser considerado uso abusivo da rede?

Não há uma definição exata do que possa ser considerado uso abusivo da rede. Internamente às empresas e instituições, situações que caracterizam o uso abusivo da rede estão definidas na política de uso aceitável. Na Internet como um todo, os comportamentos listados a seguir são geralmente considerados como uso abusivo: envio de *spam*; envio de "correntes" da felicidade e de "correntes" para ganhar dinheiro rápido; cópia e distribuição não autorizada de material protegido por direitos autorais; utilização da Internet para fazer difamação, calúnia, ameaças e fraudes; tentativas de ataques a outros computadores; comprometimento de computadores ou redes.

Por que devo notificar incidentes?

Quando um ataque é lançado contra uma máquina, ele normalmente tem uma destas duas origens: um programa malicioso que está fazendo um ataque de modo automático, como, por exemplo, um *worm* ou um *bot*; uma pessoa que pode estar ou não utilizando ferramentas que automatizam ataques. Quando o ataque parte de uma máquina que foi vítima de um *worm* ou de um *bot*, reportar este incidente para os responsáveis pela máquina que originou o ataque vai ajudá-los a identificar o problema e resolvê-lo. Se este não for o caso, a pessoa que está atacando o seu computador pode estar violando a política de uso aceitável da rede que utiliza ou, pior ainda, pode ter invadido uma máquina e a estar utilizando para atacar outros computadores. Nesse caso, avisar os responsáveis pela máquina de onde parte o ataque pode alertá-los para o mau comportamento de um usuário ou para uma invasão que ainda não havia sido detectada.

Para quem devo notificar os incidentes?

Os incidentes ocorridos devem ser notificados aos responsáveis pela máquina que originou a atividade e também aos grupos de resposta a incidentes e abusos das redes envolvidas. De modo geral, a lista de pessoas/entidades a serem notificadas inclui: os responsáveis pela rede que originou o incidente, incluindo o grupo de segurança e abusos, se existir um para aquela rede; o grupo de segurança e abusos da rede em que você está conectado (seja um provedor, empresa, universidade ou outro tipo de instituição). Caso algum dos *sites* envolvidos seja brasileiro, mantenha o CERT.br (cert@cert.br) na cópia da mensagem.

Por que devo manter o CERT.br na cópia das notificações?

O CERT.br é responsável por facilitar/coordenar as ações entre *sites*, no caso de incidentes de segurança em computadores envolvendo redes conectadas à Internet brasileira. O CERT.br também mantém estatísticas sobre os incidentes a ele reportados e desenvolve documentação de apoio para usuários e administradores de redes Internet. Manter o CERT.br nas cópias das notificações de incidentes de segurança é importante para permitir que: as estatísticas geradas reflitam os incidentes ocorridos na Internet brasileira; o CERT.br escreva documentos direcionados para as necessidades dos usuários da Internet no Brasil; o CERT.br possa correlacionar dados relativos a vários incidentes, identificar ataques coordenados, novos tipos de ataques etc.

Que informações devo incluir em uma notificação de incidente?

Para que os responsáveis pela rede de onde partiu o incidente possam identificar a origem da atividade é necessário que a notificação contenha dados que permitam essa identificação. São dados essenciais a serem incluídos em uma notificação: *logs* completos; data, horário e *timezone* dos *logs* ou da ocorrência da atividade sendo notificada; dados completos do incidente ou qualquer outra informação que tenha sido utilizada para identificar a atividade.

Onde posso encontrar outras informações a respeito de notificações de incidentes?

O CERT.br mantém uma FAQ com respostas para as dúvidas mais comuns relativas ao processo de notificação de incidentes. A FAQ está disponível em: <http://www.cert.br/docs/faq1.html>.

O que é Segurança Legal da Informação?

É a elaboração de um plano de resposta a incidentes de segurança da informação baseado nas questões de contingências legais relacionadas à crise de imagem digital, com foco no preventivo e no bom contencioso. Para isso, é elaborada uma matriz de risco legal, na qual são determinados os indicadores que irão orientar a medição dos riscos com base em situação tecnológica, situação de cultura interna, situação de contratos, situação de exposição de imagem e de mercado, situação de uso dos canais eletrônicos, entre outras.

O que é Arquitetura Legal da Informação?

É a construção da arquitetura da informação baseada em uma visão de geração de provas legais digitais capazes de garantir a validade jurídica do documento eletrônico, para fins de uso, seja em processos, seja para comprovação das relações ou obrigações realizadas, contratadas ou acordadas via eletrônica (que vai desde um *e-mail* de aprovação ou "de acordo" até um *log* de "comprar" em uma loja virtual).

O que são Políticas Digitais?

São o conjunto de políticas, textos legais e *disclaimers* necessários para a proteção do negócio no uso de TI e Canais Eletrônicos, tais como Termo Geral de Uso do *site* ou do Serviço *Online*, Política de Privacidade, Política de Segurança da Informação, Política de uso de *e-mail* por Funcionário; Política de Compartilhamento de Dados com Terceiros, Política de *e-mail Marketing*.

Como entender o conceito de privacidade no ambiente de trabalho?

O conceito de privacidade no Brasil gera uma presunção absoluta. Isso quer dizer que, se não estiver claro que o ambiente não é privativo, a interpretação da Lei Genérica é de que, portanto, é. Precisa estar delimitado expressamente. Nos ambientes corporativos, em que o monitoramento é crescente devido a questões de prevenção de segurança da informação, é fundamental estar colocado claramente na empresa que o ambiente de *e-mail* é não privativo, de modo documental e também na interface gráfica de acesso e uso da ferramenta.

O que é certificação digital?

Certificação Digital é a atividade de reconhecimento em meio eletrônico que se caracteriza pelo estabelecimento de uma relação única, exclusiva e intransferível entre uma chave de criptografia, inserida em um Certificado Digital, o *cliente* e a Autoridade Certificadora. Pode ser usada qualquer certificação, mas a que tem presunção de fé pública é a que está instituída pela MP n. 2.200/2001, que é a estrutura de chaves públicas do ICP-Brasil e tem a função de "garantir a autenticidade, a integridade e a validade jurídica de documentos em forma eletrônica, das aplicações de suporte e das aplicações habilitadas que utilizem certificados digitais, bem como a realização de transações eletrônicas seguras".

639

Quem emite o Certificado Digital?

O Certificado Digital é emitido por uma terceira parte de confiança denomina-da CA (Autoridade Certificadora). A CA age de forma semelhante a um setor de emissão de passaportes. As CAs devem tomar providências para estabelecer a identidade das pessoas ou organizações para as quais emitem certificados digi-tais. Depois de estabelecerem a identidade de uma organização, elas emitem um certificado que contém a chave pública da organização, por sua vez assinado com a chave privativa da CA. Com a criptografia assimétrica, a troca de chaves não é problema. As chaves públicas de um indivíduo ou corporação, como o próprio nome sugere, ficam disponíveis a qualquer pessoa que queira enviar uma mensa-gem criptografada, endereçada a eles, mas apenas o destinatário será capaz de decifrá-la, com sua chave privada. Surge, porém, outra questão: onde e como manter tais chaves públicas? É aí que entram as entidades certificadoras ou *Cer-tificate Authority* (CA), em inglês, que podem, numa comparação livre, ser equi-paradas aos cartórios do mundo real. São elas as responsáveis por administrar as chaves públicas e, consequentemente, capazes de emitir certificados digitais, ou seja, um atestado de identidade de indivíduos ou corporações.

Como funciona um Certificado Digital?

Os certificados digitais possuem uma forma de assinatura eletrônica de uma instituição reconhecida por todos como confiável, que, graças à sua idoneidade, faz o papel de "Cartório Eletrônico". Os métodos criptográficos empregados impedem que a assinatura eletrônica seja falsificada, ou que os dados do docu-mento sejam adulterados ou copiados, tornando-o absolutamente inviolável. Garante-se, assim, por quem assina, que os dados de identificação do certifi-cado são verdadeiros. A Certificação Digital garante os três princípios básicos da comunicação segura em ambiente de rede de computador: autenticidade, privacidade e inviolabilidade. Então, uma vez instalada em seu computador, a Certificação Digital o reconhecerá como habilitado. Da mesma forma, seu equipamento estará apto a reconhecer um *site* certificado como verdadeiro. Em outras palavras, o documento eletrônico gerado por quem possui um Certifi-cado Digital não pode ser posteriormente refutado, sendo estabelecido um vínculo tão forte quanto o que é gerado por uma assinatura de punho em um documento em papel.

O que é proteção digital da Marca?

É a proteção jurídica de todas as manifestações da marca em formato digital, que vai desde a assinatura do *e-mail* (a marca que vai depois do "@"), o *site*, a loja virtual, a presença em *sites* parceiros ou de terceiros, os *links*, a presença em ferra-mentas e *sites* de busca, em mídia *online* e imprensa *online*, o bloqueio de imagens e fotos de produtos, conteúdos e tudo o mais que tiver relação com a marca.

640

O que é "Marketing" Eletrônico Legal?

É o uso das boas práticas de Direito Digital na comunicação eletrônica da empresa, de maneira que possam ser usados os bancos de dados coletados *online* de clientes e usuários de modo ético e legal, sem riscos de imagem para a marca ou contingências relacionadas à questão de privacidade. Isso se aplica desde um *e-mail marketing* até um formulário de cadastro no *site*, compartilhamento de conteúdos e bancos de dados com terceiros, promoções *online*, utilização de imagens na Internet, entre outros.

O que são Contratos Digitais Estruturados?

São contratos elaborados com cláusulas específicas para atender a questões de terceirização tecnológica, uso de certificação digital, *hosting*, *storage*, ou seja, tudo o que tenha relação com o uso de tecnologia no negócio.

O que é Home Office?

É o trabalho em casa em que a empresa capacita o profissional com equipamentos e acesso remoto à Internet e à rede da empresa.

Preciso de um contrato específico para oferecer o Home Office?

Sim. Esse contrato deve prever uma série de situações, abordando a segurança física do próprio equipamento, a responsabilidade do profissional no uso dele, os requisitos necessários para segurança da informação, o limite de uso para não gerar contingências trabalhistas, entre outros.

O gestor de TI é responsável por situações trabalhistas?

Sim. A documentação legal adequada é essencial para minimizar os riscos do gestor de TI relacionados a questões trabalhistas da empresa e também a responsabilidade civil junto a terceiros por danos que venham a ocorrer com o uso da tecnologia.

Quais as boas práticas para evitar problemas com o consumidor?

A principal delas é o dever de informar. A falta de informação pode ser interpretada como omissão ou negligência e é o maior fator de contingências. Essa falta de informação vai desde a ausência de data em uma imagem de produto colocada *online* até a questão da privacidade. Portanto, é imprescindível ter uma Política de Privacidade *Online* que já trate das questões de uso dos dados coletados, seu compartilhamento, retificação ou cancelamento de cadastro, além de segurança da informação. Portanto, mesmo que a empresa não seja uma loja virtual, é importante dar dicas de segurança, diferenciar a comunicação digital para fins de evitar riscos com a fraude eletrônica e o envio de falso *e-mail*, conhecido como *scam*.

O que é spam?

Spam não é conteúdo. *Spam* não é *e-mail marketing*. *Spam* é o envio de mensagem para uma base indeterminada de usuários. *Spam* não é invasão de privacidade (conceito legal), mas sim da expectativa de privacidade (conceito moral). O problema do *spam* é econômico (gratuito), tecnológico (acessibilidade), ético (mau uso dos dados), cultural (comunicação de massa *x trust marketing*) e legal (principalmente no tocante à abordagem fraudulenta e venda de listas).

O que é scam*?*

É um tipo de *spam* que utiliza abordagem enganosa, com falsa identidade e clonagem da imagem de uma marca que tenha elevada reputação, para ludibriar o destinatário e fazê-lo realizar alguma operação, seja de envio de dados cadastrais, seja de dados de conta corrente, até mesmo a abertura de anexos que possam conter vírus ou arquivo malicioso.

O que é phising scam*?*

É uma modalidade especial de *scam* que utiliza técnica de engenharia social para ludibriar o destinatário, que passa seus dados por via do próprio *e-mail* ou acessando um *link*. Tem como característica fundamental a oferta de brinde, prêmio, vantagem, dinheiro, cadastro junto a órgão público, limpeza do nome do consumidor, crédito, entre outros. É de caráter fraudulento e falsifica normalmente a comunicação digital de uma marca de grande reputação para gerar confiança do usuário.

O que é boato eletrônico?

É um *e-mail* que é enviado trazendo algum tipo de notícia ou declaração que não pode ser provada e cuja origem não é da fonte em que o texto faz menção. É importante ter cuidado com esse tipo de mensagem; não é recomendável passá-la para frente, para terceiros, mesmo que amigos, tendo em vista que gera responsabilidade civil por eventuais danos que ela venha a causar, para quem a transmite e para a empresa que assinar o *e-mail*.

O que é computer forensics*?*

Segundo a definição usada pelo FBI, é "a ciência para adquirir, preservar, obter e apresentar dados que foram processados eletronicamente e armazenados em um dispositivo de computador".

O que é CRM Legal?

É a capacidade de construir bancos de dados que possam realmente ser utilizados sem riscos de imagem, financeiros ou legais para a marca. O uso adequado dos canais eletrônicos e dos dados permite maior fidelização (é importante ter padrão de comportamento e evitar desvio de conduta).

O que é uma Auditoria Legal-Digital?

É a realização de uma revisão completa dos ambientes eletrônicos da empresa para fins de identificar e sanar vulnerabilidades e contingências com o foco na gestão legal do risco digital.

Como uma pessoa pode ser punida pelo mau uso da Internet?

Nossas leis atuais cobrem os problemas da Internet, porque tratam de condutas e não de meios. Se a pessoa falar de outra de modo ofensivo, pode estar cometendo o crime de injúria ou o de difamação, que são crimes contra a honra, e não importa se é oral, por escrito em um papel, em um *e-mail* ou em uma comunidade na Internet. Os usuários devem ter o cuidado de evitar situações ilícitas, como encaminhar boato eletrônico (difamação), participar de cassino virtual (jogo de azar), divulgar mensagens racistas, não exibir imagens obscenas, não criar comunidades que utilizam imagem e nome de marcas etc. Esses atos podem ser punidos com prisão, multa ou indenização à pessoa agredida.

Como exibir conteúdos no site *sem infringir direitos autorais?*

O primeiro passo é solicitar ao titular do conteúdo uma autorização para a publicação em sua página. Esclareça os motivos da solicitação e respeite a decisão do autor. Caso não seja possível entrar em contato com o responsável, verifique se o material possui alguma observação expondo as condições de publicação (como a necessidade de citar a fonte ou o *link* para o *site* do titular ou, até mesmo, pagamento de alguma taxa). Novamente, siga todas as condições impostas. Pelo princípio legal do Uso Justo, também é autorizada a reprodução de pequenos trechos da obra quando esta for utilizada para fins não comerciais.

Posso montar um blog/comunidade contra uma marca?

Existem vários meios de expressar sua insatisfação com determinado produto. Você pode entrar em contato com o SAC da empresa, procurar as entidades de defesa do consumidor ou até mesmo *sites* especializados, como o www.ivox.com.br, o www.reclameaqui.com.br, o www.ebit.com.br. O que não pode ser feito é utilizar indevidamente as marcas para denegri-las. Uso de marca não autorizado é infração legal. O direito de um vai até onde começa o direito do outro. Isso vale para tudo no ordenamento jurídico. Há uma harmonia, um equilíbrio, no qual os limites são dados entre o direito à privacidade, que limita o direito de liberdade de expressão, que por sua vez é limitado ao direito de proteção da imagem e da honra, e o direito do consumidor, que por sua vez é limitado pelo direito autoral, e assim por diante.

O que fazer quando um site *agride minha marca?*

O primeiro passo é a notificação extrajudicial do detentor do *site* e dos participantes que colaboram para a agressão da marca. A notificação deve conceder um prazo razoável para que todo o conteúdo seja indisponibilizado. Se a solicitação não for atendida, é necessária intervenção judicial, obrigando a retirada da página e o pagamento de multas, bem como indenização por danos morais e materiais.

Minha empresa pode tomar decisões sobre a minha carreira, baseada no que eu posto nas redes sociais?

Sim, pois o que está na rede social é público. As empresas podem checar informações nas redes sociais que você participa. Então observe se a sua conduta contribui ou prejudica sua reputação digital. Seu comportamento *online* pode ser determinante na hora da contratação ou promoção.

Como usar as redes sociais a favor da minha carreira? E o que pode depor contra ela?

O pressuposto da rede social é a transparência. Por isso, é importante passar informações pertinentes no perfil pessoal. O excesso de exposição íntima gera problemas. Já a exposição de pensamentos, textos e ideias sempre traz retorno positivo. Também é de suma importância evitar palavras de baixo calão ou comentários sobre a rotina de trabalho.

Qual a importância do Facebook, Twitter, Youtube, *entre outros canais para os consumidores?*

Na sociedade da informação, isso demonstra preocupação da empresa em se aproximar e ouvir seu público. É uma forma de se mostrar acessível e disposta a dialogar, o que é essencial para as marcas. O canal aberto para o diálogo é de extrema importância na era da comunicação digital. Nas redes sociais, tudo é rápido. Nem sempre dá tempo de aprovar tudo com a área jurídica da empresa.

Como equilibrar essa agilidade com a verificação de questões legais, que pode ser demorada?

A rede social amplia o raio de alcance de um incidente, que pode tomar proporções inimagináveis. Dessa forma, o ideal é criar um canal de emergências com o jurídico da empresa. Com isso, os casos relacionados às redes podem ser tratados com urgência máxima ou em até 48 horas após o primeiro contato do consumidor.

O que as empresas devem evitar nas redes sociais?

Não é recomendável utilizar um perfil de pessoa física para representar a empresa, mesmo que seja o do presidente. O tratamento e o atendimento ao público devem ser realizados por um canal oficial da empresa. Também é importante ressaltar que haja interação e resposta ao público sempre que solicitado se o seu propósito na rede social for de relacionamento ou atendimento.

O que é a "blindagem legal" que o Social Media Legal *propõe às empresas?*

A blindagem legal compreende o trabalho de proteção jurídica da presença da marca nas redes sociais, seja no âmbito dos perfis oficiais, seja na verificação e no monitoramento do que aparece da marca em outros perfis (funcionários, clientes, parceiros, terceiros). O trabalho tem foco preventivo, apoia a criação e o planejamento desde a montagem da estratégia de redes sociais até a própria implementação, com validação do conteúdo que irá ao ar. É essencial participar das redes sociais de forma sustentável e em conformidade legal, e é necessário que haja cuidado com o uso da marca, devendo-se observar os termos de uso das próprias redes sociais.

A empresa, quando participar de redes sociais, deve dar muita atenção ao conteúdo (próprio, de terceiros e em colaboração), bem como estabelecer regras claras por meio de políticas para tratar questões de privacidade, segurança da informação, direitos autorais, direitos de imagem.

O *Social Media Legal* se encarrega da elaboração da documentação e da orientação sobre a guarda de provas eletrônicas.

Se a intenção da empresa é ter um "Social SAC", ou seja, atender aos consumidores nesse ambiente, ainda, o *Social Media Legal* elabora o estudo de cenários para geração das respostas, com apoio na redação dos *scripts* (textos) já juridicamente corretos. Bem como está previsto o apoio para a realização de ações promocionais em redes sociais e para orientação para equipes internas das corporações sobre postura em redes sociais, bem como gestão de informações e uso dos conteúdos nesses ambientes. É um trabalho completo para preparar a empresa para fazer uso das redes sociais sem riscos legais.

Quais são os erros mais comuns que as empresas cometem nas redes sociais e na Internet em geral, que podem lhes trazer problemas legais no futuro?

Há situações em que as empresas utilizam perfis pessoais, de colaboradores, ou mesmo de integrantes da presidência, conselho ou diretoria para atender às solicitações de consumidores e isso é errado. O ideal tratamento e atendimento ao público deve acontecer sempre por meio de um canal oficial da corporação.

Este canal oficial pode adotar um *avatar*, personificado na pessoa de um porta-voz (que pode ser o presidente), mas o registro do perfil tem que estar em nome da pessoa jurídica e não de pessoa física.

Outro erro comum é deixar de responder às solicitações dos internautas. Para as redes sociais, demorar para responder ou, pior, deixar as pessoas sem resposta pode gerar um incidente com proporções desastrosas.

Outro erro é monitorar apenas aquilo que é postado pelo público no perfil da empresa. É interessante que a empresa monitore o ambiente social de maneira geral, uma vez que muitas reclamações são postadas pelos consumidores nos seus próprios perfis.

Também é importante inserir referências de tempo para o horário de atendimento, principalmente no caso de empresas que utilizam o "Social SAC", que é o atendimento via redes sociais. A não informação sempre traz problemas em redes sociais, uma vez que o público busca e entende que, por intermédio desse canal, receberá respostas imediatas.

O uso de imagens e músicas também deve ser tratado com bastante cautela pela empresa.

O Direito Digital ainda é pouco conhecido das empresas?

Atualmente já é mais conhecido, em especial pelas grandes empresas. O crescimento do acesso à Internet e ferramentas digitais como um todo, como o crescimento do uso de dispositivos móveis e o uso das redes sociais, fizeram com que as empresas passassem a considerar o Direito Digital como fundamental, bem como o apoio de um advogado com mais conhecimento tecnológico. Podemos dizer que a necessidade de inovação, a maior produção de conteúdo e a preocupação com segurança da informação fizeram com que o Direito Digital se tornasse uma disciplina obrigatória para gestores.

Como funciona a auditoria de marcas nas redes sociais?

Essa auditoria envolve uma varredura completa pela Internet para ver o que aparece sobre a marca que, então, é mapeada e separada em presença positiva, presença neutra, presença negativa e presença com riscos jurídicos. Com base nesse relatório, recomendam-se as ações. Também podemos medir o valor da marca digital: isso tem sido solicitado em processos de avaliação de ativos intangíveis para fusões e aquisições.

Existe hoje uma legislação para o uso das redes sociais?

Não há legislação específica para uso das redes sociais. No entanto, já há jurisprudência relacionada a ações e comportamentos na *web* que englobam inclusive redes sociais. A lei do mundo real se aplica para o mundo digital, então temos que considerar o que já está previsto em especial no Código Civil, no Código Penal, no Código de Defesa do Consumidor, na Lei de Direitos Autorais, entre outras. O ideal é que as empresas criem manuais de conduta em redes sociais, inclusive para uso de seus colaboradores, a fim de evitar incidentes.

Que precauções uma empresa deve ter ao lançar, por exemplo, um concurso cultural na web?

Os concursos culturais, artísticos e recreativos não precisam ser previamente autorizados. Porém, as mecânicas desse tipo de ação devem ser guiadas pelos limites legais, tais como:

• insubordinação a qualquer modalidade de sorte ou pagamento por parte dos participantes;

• desvinculação dos participantes à aquisição ou uso de qualquer bem, direito ou serviço;

• o critério de aferição do vencedor deve ser a apuração do mérito dos participantes;

• os dados cadastrais dos participantes apenas podem ser coletados com o objetivo de identificá-los e localizá-los e não para formação de bancos de dados;

• vedação à divulgação ostensiva da imagem da empresa promotora, como ocorre nas modalidades sorteio, concurso e vale-brinde e respectivas assemelhadas.

Além desses tópicos, é essencial que a empresa faça uma ação em redes sociais e conheça as políticas e termos de uso de cada uma da qual for participar, porém não apenas aquelas relacionadas ao que pode ou não fazer, mas também como fazer. No Facebook, por exemplo, uma ação deve ser realizada por meio de um aplicativo de terceiros e não dentro da própria plataforma do Facebook. A equipe que for desenvolver os sistemas do aplicativo deve prever os riscos de uma quantidade muito grande de acesso, que, se for o caso, pode causar ou a queda do aplicativo ou mesmo a sua retirada, sem aviso prévio, do ar pelo próprio Facebook, que pode considerá-lo *spam*.

O que pode configurar o cyberbullying*?*

O uso de imagem não autorizada de colega (foto ou vídeo) na *web* associada a conteúdo ofensivo ou vexatório, que exponha parte do corpo do mesmo com o objetivo de ridicularizar (ex.: nariz e chamar de narigudo, orelha e chamar de orelha de abano, entre outros), bem como associar o nome de pessoa (colega, professor, terceiro) com bichos (por uso de imagem, som, outros efeitos), com o objetivo de expor a pessoa publicamente a constrangimento; ou redigir conteúdo relacionado a alguma pessoa (seja colega, professor, um terceiro) em tom agressivo, de ódio, de ameaça, discriminação, perseguição, falar mal ou denegrir a família da pessoa e do seu contexto social; ou incitar a prática de violência de uma ou mais pessoas contra uma pessoa especificamente (basta a menção de detalhes que possam gerar a identificação da mesma, mesmo que não haja citação do nome, que já configura).

Quais os principais cuidados ao usar a rede?

Alguns cuidados simples já ajudam a evitar grandes problemas. Por exemplo:

• Nunca revele senhas, elas são pessoais e intransferíveis.

• Evite o excesso de exposição na rede. Tome muito cuidado e avalie se realmente é necessário publicar suas informações pessoais, como data de nascimento, telefone, endereço, bem como outras relacionadas à sua rotina diária. Pessoas mal-intencionadas ou até criminosas podem se valer dessas informações para colocar a sua segurança em risco.

• Procure checar a fonte da informação divulgada e sempre respeite os direitos autorais, caso resolva utilizá-la (cite a fonte).

• Evite abrir arquivos de estranhos. Procure sempre passar antivírus antes de abrir qualquer arquivo. Assim evita danos ao seu computador e até mesmo mitiga o risco de seu equipamento se tornar uma máquina zumbi.

• Escolha bem as comunidades de que irá participar e evite aquelas que possam prejudicar sua imagem e reputação.

Como qualificar um crime digital?

De forma resumida, podemos dizer que os Crimes Digitais podem alcançar tanto aqueles que servem como meio, difamação em redes sociais, estelionato com uso de *e-mails* falsos, ou como fim, com os exemplos recentes de invasão a sistemas ou acesso não autorizado a dados.

Quais são os principais cuidados que os profissionais devem ter ao postar comentários pessoais nas redes sociais?

Basicamente, manifeste seu pensamento de forma responsável, respeitosa e educada. Procure não misturar sua vida pessoal com a profissional, logo, não divulgue informações do seu trabalho, de cliente, ou até mesmo da rotina de sua empresa. Isso evita que você quebre qualquer compromisso de confidencialidade, seja ele contratual ou decorrente da sua profissão.

No caso de opiniões expressas em um blog *e uso indevido de material sem citação de fonte, ferindo direitos autorais, quais são as punições cabíveis?*

O desrespeito aos direitos autorais é capitulado pelo art. 184 do Código Penal, com pena de detenção de 3 meses a 1 ano, ou multa.

As opiniões expressadas, caso constituírem ato ilícito, poderão ser punidas na forma de responsabilização civil por danos morais, por exemplo, ficando a cargo do juiz do caso a quantificação da multa, levando em consideração, dentre outros quesitos, a extensão do dano, a gravidade das ofensas, a capacidade de pagar do agressor e a necessidade de recebimento pela vítima.

Como a legislação brasileira e os profissionais de Direito estão se preparando para esses casos?

A legislação possui uma defasagem de velocidade, pois não se aprimora à medida que os meios tecnológicos evoluem, por isso existe dificuldade para a legislação acerca desse tema.

No entanto, já estão em discussão diplomas importantes, como o Marco Civil Regulatório da Internet, a Lei de Crimes Eletrônicos e a Lei de Proteção de Dados Pessoais.

Para alcançar a atualização, muitos profissionais buscam conhecimento com especialistas em Tecnologia da Informação e Comunicação, Segurança da Informação e daqueles que combinam o conhecimento técnico e jurídico.

O que pode ser usado de prova em um caso digital, e como saber se a prova não é forjada, já que existem várias ferramentas tecnológicas de manipulação de dados e imagens?

É permitida a ampla utilização de recursos como provas, tais como *e-mail*s, arquivos de vídeo, áudio, imagem e texto.

Não existe prova infalível, tanto no meio físico quanto no digital. Para confirmar a autenticidade, integralidade e veracidade de uma prova digital é necessária uma perícia, por meio de procedimentos próprios, que pode ser convocada em um processo caso haja dúvida ou desconfiança sobre a idoneidade da prova apresentada para o julgamento do caso.

Qual o principal desafio na hora de defender um caso de Direito Digital?

O principal desafio é a identificação do autor da conduta criminosa ou que gerou o dano. Hoje, no Brasil, por exemplo, não há uma obrigação legal para os provedores armazenarem os dados de endereçamento eletrônico da origem, hora, data e a referência GMT da conexão efetuada por meio de rede de computadores, o que dificulta um processo de identificação de autoria. Outro desafio é a preservação da prova eletrônica. Temos que ser rápidos na produção das provas, haja vista a perceptível volatilidade dos dados na rede. É importante também guardar-se os *logs* dos sistemas, porém nem todas as empresas se preocupam com esse arquivo.

Qual é o caminho para quem quer fazer uma denúncia ligada à exposição não autorizada de imagem ou material divulgado na Internet? Qual é a dificuldade de rastreamento nesses casos?

A vítima pode buscar a autoridade policial de sua localidade diretamente, ou, se preferir, pode buscar auxílio de um advogado especialista, que utilizará as vias legais para cessar o ato ilícito cometido que a expôs indevidamente.

A dificuldade para o rastreamento é detectada quando não há a devida identificação dos usuários de determinados serviços ou plataformas sem os chamados *logs* (registros computacionais) de atividade, não sendo possível determinar de onde partiu o acesso que causou danos à vítima.

Lembramos sempre da importância de registro correto das evidências e preservação adequada, para constituir de forma eficiente a prova para o caso.

Qual a importância da conscientização em massa e da conscientização pessoal na hora de acessar e publicar informações na Internet?

De maneira geral, podemos dizer que é essencial a conscientização das pessoas com relação ao uso da rede e das ferramentas tecnológicas para mitigar riscos. Isso porque a maioria dos usuários nasceu em uma era analógica e não está familiarizada com os riscos que o uso inadequado dessas ferramentas pode causar, como, por exemplo, deixar o computador do trabalho desbloqueado, com a senha de *e-mail* gravada, e alguém mandar um *e-mail* como se fosse você. Por isso acreditamos que educar é essencial.

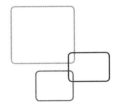

Modelos de Documentos

Os modelos abaixo apresentados são apenas exemplificativos; dependendo da realidade e da complexidade de seu negócio, eles terão de ser adaptados.

Rodapé de *e-mail* corporativo e *e-mail* de SAC

Exemplo de avisos:

Aviso Legal

Esta mensagem pode conter informações confidenciais e/ou privilegiadas. Se você não for o destinatário ou a pessoa autorizada a receber esta mensagem, não deve usar, copiar ou divulgar as informações nela contida ou tomar qualquer ação baseada nessas informações. Este ambiente é monitorado.

Confidencialidade e Monitoramento

Esta mensagem e quaisquer arquivos anexos podem conter informações confidenciais e/ou privilegiadas. Se você não for o destinatário ou a pessoa autorizada a receber esta mensagem, por favor, não leia, copie, repasse, imprima, guarde nem tome qualquer ação baseada nessas informações. Notifique o remetente imediatamente por *e-mail* e apague a mensagem permanentemente. Este ambiente está sendo monitorado para evitar o uso indevido de nossos sistemas. Outras informações sobre segurança e privacidade estão disponíveis em www.empresa.com.br.

Privacidade (especialmente para *e-mail* de *marketing* e SAC)

Esta mensagem e quaisquer arquivos anexos podem conter informações confidenciais e/ou privilegiadas. Se você não for o destinatário ou a pessoa autorizada a receber esta mensagem, por favor, não leia, copie, repasse, imprima, guarde nem tome qualquer ação baseada nessas informações. Notifique o remetente imediatamente por *e-mail* e apague a mensagem permanentemente. Aviso: não enviamos mensagens sem que tenha havido solicitação por parte do recipiente nem solicitamos dados de cartão de crédito, senhas e outras informações pessoais por *e-mail*. Para saber mais sobre nossa Política de Privacidade, visite www.empresa.com.br.

> Indicadores para contrato de tecnologia

Item	*Indicador*
1.	*Risco de Fraude (Interna e Externa)*
1.1.	Vincular a observação da Política de Segurança da Informação.
1.2.	Monitoramento e registro de todas as atividades nos ambientes físicos e lógicos do Banco.
1.3.	Previsão de auditorias para verificar o cumprimento do contrato e observação das Políticas Internas da Empresa pela Contratada.
1.4.	Segregação de funções para evitar que a Contratada tenha capacidade de alterar os registros de monitoramento.
1.5.	Previsão de testes de conformidade e vulnerabilidade para Serviços de TI e *software*.
1.6.	Obrigação de implementação das medidas corretivas apontadas pela Empresa.
1.7.	Estabelecer critérios para troca e guarda segura de informações (VPN, Criptografia etc.).
1.8.	Obrigar a alterar senhas padrão de equipamentos, bem como a adotar os padrões de segurança sugeridos por fabricantes e melhores práticas do mercado.
2.	*Riscos Trabalhistas e da Segurança de Trabalho*
2.1.	A Contratada deve fornecer uniformes, EPIs básicos, transporte e alimentação aos seus empregados alocados aos serviços.

2.2.	A Contratada deve providenciar para que todos os seus empregados alocados para os serviços sejam registrados conforme a CLT.
2.3.	A Contratada deve a fornecer à Empresa, semestralmente e quando aplicável: (i) cópia do Certificado de Regularidade do FGTS; (ii) cópia da Certidão Negativa de INSS e, mediante solicitação do Banco, (a) cópia da folha de pagamento e (b) cópia da guia GFIP — Guia de Recolhimento do FGTS e Informações a Previdência, com o correspondente comprovante de recolhimento de FGTS e INSS; (iii) cópia dos termos de rescisão de contrato ocorridos no mês, com comprovante de pagamento das verbas rescisórias.
2.4.	Deve ser requerida da Contratada a consolidação de seus atos societários, com suas respectivas atualizações e os comprovantes de regularidade junto aos órgãos fiscalizadores.
2.5.	A Contratada deve acatar as Normas de Segurança do Trabalho da Empresa, se houver, bem como as Normas de Segurança, Higiene e Medicina do Trabalho previstas na legislação pertinente. Incluindo a norma técnica OSHAS 18.001.
2.6.	A Contratada deve pagar, como única empregadora, todas as remunerações, encargos sociais e trabalhistas incidentes ou que venham a incidir sobre o custo de mão de obra, seguro de acidentes de trabalho, tributos e contribuições que gravem os custos dos serviços objeto do Contrato, inclusive devendo compor o preço dos mesmos com os encargos relativos às retenções de natureza fiscal previdenciária previstas em lei, antecipatórias dos recolhimentos das exações acima, comprovando-os perante a Empresa, da mesma forma que a regularidade de situação perante o INSS e o Fundo de Garantia do Tempo de Serviço.
2.7.	A Contratada deverá providenciar a retirada imediata de qualquer empregado seu, cuja permanência na área de execução dos serviços seja considerada indesejável pela Empresa.
2.8.	A Contratada deverá assumir o polo passivo de qualquer reclamação trabalhista interposta por seus empregados e requerer a exclusão da Empresa do processo.
2.9.	A Contratada deve assumir todas as responsabilidades por quaisquer processos, procedimentos ou autuações originadas por seus empregados em função do Contrato.

2.10.	A Contratada deverá ressarcir todos os prejuízos assumidos pela Empresa em razão de seus empregados sem limitação de qualquer espécie.
3.	*Risco de Práticas Inadequadas*
3.1.	Identificar se o Contrato é típico, ou se a matéria é regulada em lei especial, ou normas técnicas observáveis pela Empresa (por exemplo, Bancos) e garantir que o tratamento do Contrato é compatível com as exigências legais.
3.2.	Deve ser identificado se as partes estão adequadamente representadas na forma de seus contratos sociais.
3.3.	Deve ser identificado se a parte Contratada tem idoneidade técnica para cumprir o objeto do Contrato.
3.4.	Deve ser identificado se o Contrato pode ser considerado como de consumo ou de adesão, adotando-se as cautelas pertinentes a cada tipo contratual.
3.5.	Os Contratos não devem ter natureza emulativa ou simulativa.
3.6.	A redação do Contrato deve ser clara, precisa e sempre que possível unívoca. É recomendável a utilização de glossários de termos específicos no Contrato.
3.7.	Devem ser identificadas cláusulas abusivas qualquer que seja a parte atingida.
3.8.	Os prazos de vigência, notificação de resilição e pagamento devem ser compatíveis com a natureza da contratação.
3.9.	As obrigações principais e acessórias das partes devem estar bem delimitadas no Contrato.
3.10.	As obrigações de sigilo e de confidencialidade recíproca e as condições de divulgação devem ser adequadamente estabelecidas.
3.11.	As partes devem dispor sobre a titularidade dos direitos de propriedade intelectual das criações decorrentes do Contrato e sua utilização após o encerramento do mesmo.
3.12.	A Contratada deverá proteger e indenizar a Empresa de qualquer reclamação relativamente à violação de Propriedade Intelectual.
3.13.	A responsabilidade pelo pagamento de todos os tributos, seguros e contribuições relativas ao objeto do Contrato devem ser clarificadas, devendo inclusive compor os preços do contrato.

3.14.	Não devem ser permitidas isenções de responsabilidade civil ou limitações que não promovam uma alocação eficiente dos riscos contratuais.
3.15.	Estabelecer a obrigação de guarda e prestação de informações para auditorias e/ou processos administrativos e judiciais.
4.	*Risco de Danos aos Ativos Físicos Próprios*
4.1.	Obrigação da Contratada de zelar pelos ativos disponibilizados para a prestação dos serviços objeto do Contrato, respondendo por danos causados por culpa ou dolo aos mesmos.
5.	*Risco de Interrupção do Contrato*
5.1.	Exigir da Contratada a adoção de planos de contingência compatíveis com as necessidades da Empresa, podendo testá-los a qualquer tempo.
5.2.	Prever uma política consistente de *backup* e *disaster recovery*.
5.3.	Propor um modelo de gerenciamento de conflitos entre as partes que evite a proposição de medidas judiciais quando as partes puderem entrar em acordo.
5.4.	Permitir a alteração do valor do contrato por motivo superveniente previamente estabelecido.
5.5.	Obrigação de colaborar com terceiros para migração do contrato para outro fornecedor/prestador.
5.6.	Prever *escrow* de código-fonte para *software*s específicos ou sem equivalente no mercado.
5.7.	Deve haver uma garantia de acesso aos bancos de dados e todas as demais informações da Empresa serão administradas e/ou armazenadas pela Contratada.
6.	*Falhas em Sistemas de TI*
6.1.	Prever obrigação de manutenção preventiva e corretiva dos sistemas de TI com tempo de resposta compatível com a criticidade da aplicação.
6.2.	Exigir procedimentos seguros de desenvolvimento de *software* e padrões de instalação de equipamentos.
6.3.	Exigir a substituição preventiva e programada de equipamentos e sistemas para evitar obsolescência.

6.4.	Efetuar testes de conformidade e procedimentos de homologação de sistemas antes de serem colocados em produção.
6.5.	Estabelecer prazos e condições de garantia de qualidade dos sistemas.
6.6.	O desempenho dos sistemas deve ser sempre monitorado para identificação precoce de deficiências.
6.7.	Constante avaliação do dimensionamento das necessidades permitindo o crescimento da utilização dos sistemas sem sobrecargas.
6.8.	Os prejuízos causados pelas interrupções devem ser compartilhados entre as partes.
6.9.	Períodos de manutenção e manutenção programada devem ser realizados em horários de menor atividade dos sistemas.
7.	*Falhas na Execução, Cumprimento de Prazos e Gerenciamento das Atividades*
7.1.	Os contratos devem possuir gestores dentro das organizações responsáveis pela medição dos serviços e acompanhamento das atividades, incluindo análise de relatórios de desempenho e SLA.
7.2.	Todos os serviços mensuráveis devem estar cobertos por acordos de níveis de serviço, a partir de indicadores objetivos e voltados aos objetivos empresariais.
7.3.	Devem ser emitidos relatórios periódicos do acompanhamento de todos os serviços cobertos por SLA.
7.4.	As penalidades do SLA não devem ter caráter de mero abatimento pelo serviço não prestado e devem ser capazes de realmente incentivar a adequada prestação do serviço. A multa deve ser mais onerosa que a prestação regular do serviço.
7.5.	Os pagamentos devem ser atrelados ao estrito cumprimento dos serviços e/ou cronograma de entrega.

Modelos de cláusulas

Segurança da Informação

Cláusula X.1 — A CONTRATANTE poderá manter registros sobre todas as atividades relacionadas à execução do presente CONTRATO que sejam efetuadas por meio de acessos físicos ou lógicos às informações confidenciais, equipamentos, *softwares*, instalações, programas-fonte e quaisquer outros ativos de informação da CONTRATANTE, com o objetivo de:

a) apurar a observação da Norma de Segurança da Informação e do Código de Conduta aplicável ao terceirizado na execução dos serviços solicitados pela CONTRATANTE;

b) prevenir e detectar quaisquer violações à política, às normas e aos procedimentos de segurança da informação da CONTRATANTE;

c) determinar ocorrência de algum comprometimento dos ativos de informação da CONTRATANTE, por exemplo, perda ou modificação de dados não autorizados;

d) identificar a divulgação e reprodução não autorizada de informações confidenciais;

e) auditar, por si ou por terceiro contratado, as responsabilidades contratuais e extracontratuais.

Direitos Autorais e Propriedade Intelectual
(Contrato de Prestação de Serviços de Tecnologia)

Cláusula X.1 — Todos os direitos de propriedade dos resultados dos trabalhos realizados de acordo com o presente contrato serão de propriedade exclusiva da CONTRATANTE, bem como assim todo e qualquer conhecimento gerado. Portanto, os documentos, *know-how*, projetos, esquemas, *softwares*, código-fonte, entre outros itens produzidos durante o projeto, pertencerão única e exclusivamente à CONTRATANTE, podendo ser livremente transmitidos às demais empresas do grupo econômico desta, sendo os trabalhos tidos como obra sob encomenda.

Cláusula X.2 — A propriedade da CONTRATANTE sobre os produtos dos serviços a serem desenvolvidos por força deste contrato será plena e não se sujeitará a qualquer limitação de tempo, número de cópias ou localidade. A CONTRATANTE poderá usar os referidos produtos de todas as formas, inclusive para cópia, alteração, cessão, licenciamento ou venda, independentemente de qualquer autorização da CONTRATADA.

Cláusula X.3 — Em decorrência do disposto nesta Cláusula, fica vedada à CONTRATADA qualquer possibilidade de reprodução, cessão a qualquer título e comercialização dos referidos produtos, pois tais prerrogativas são exclusivas da CONTRATANTE, não cabendo à CONTRATADA qualquer participação em negócios realizados entre a CONTRATANTE e terceiros.

Direitos Autorais e Propriedade Intelectual
(Contrato de Desenvolvimento de "Software")

Cláusula X.1 — A CONTRATADA, por força do presente contrato, irá desenvolver *softwares* para a CONTRATANTE, sob encomenda. Deste modo, a CONTRATANTE será a titular de todos os direitos autorais, intelectuais e patrimoniais sobre referido *software*, o qual, inclusive, será registrado pela CONTRATANTE junto ao Instituto Nacional da Propriedade Industrial (INPI), órgão do Ministério da Indústria e do Comércio Exterior, na Divisão de Contratos de Uso de Marca e Registro de programa de Computador (DIMAPRO), o que conferirá à CONTRATANTE exclusividade na produção, uso e comercialização do *software*.

Cláusula X.2 — A CONTRATADA, na pessoa de seu representante legal, declara expressamente estar alienando à CONTRATANTE todos os direitos autorais, intelectuais e patrimoniais, sobre o *software*, comprometendo-se a fornecer à CONTRATANTE todos os documentos necessários ao registro do mesmo no INPI, bem como autoriza previamente por este ato, de maneira irrevogável, a CONTRATANTE a promover quaisquer reparos, atualizações e derivações no *software* criado em decorrência deste contrato.

Cláusula X.3 — A CONTRATADA garante que os conteúdos a serem desenvolvidos no âmbito deste contrato não infringem qualquer marca, patente, direito autoral, segredo comercial ou quaisquer outros direitos proprietários.

Atualização Tecnológica (Contratos de Licença de "Software")

Cláusula X.1 — A CONTRATADA deverá, durante toda a vigência do presente contrato, disponibilizar à CONTRATANTE, mediante prévio aviso, novas versões (*releases*) do *software* licenciado, sem ônus para a CONTRATANTE.

Cláusula X.2 — As substituições de versões antigas por novas versões liberadas pela CONTRATADA, independentemente do motivo, serão de inteira responsabilidade da CONTRATADA.

Cláusula X.3 — Sempre que uma nova versão do *software* licenciado for disponibilizada, a CONTRATADA iniciará o processo de testes, com o acompanhamento de usuários nas validações, treinando-os nas novas funcionalidades, e finalizará com a transferência da versão de testes para a versão final de produção.

Cláusula X.4 — A CONTRATADA deverá, durante toda a vigência do presente contrato, disponibilizar à CONTRATANTE as atualizações legais ou compulsórias do *software* licenciado, ou seja, aquelas necessárias para manter atualizadas as funções existentes no *software* com relação às variáveis alteradas por legislação ou quaisquer outras causas externas de caráter e por determinação governamental.

Assistência na Transferência ou Transição

Cláusula X.1 — A CONTRATANTE obterá assistência da CONTRATA-DA na transferência ou transição dos Serviços para a própria CONTRATANTE, suas Afiliadas ou um Terceiro quando da rescisão ou expiração deste Contrato (Assistência na Transferência ou Transição), mediante solicitação por escrito da CONTRATANTE à CONTRATADA, que prestará essa Assistência na Transferência ou Transição à CONTRATANTE, na medida em que a CONTRATADA:

a) possa prestar essa Assistência na Transferência ou Transição solicitada empregando seus recursos então existentes, destinados exclusivamente à prestação dos Serviços sob este Contrato, até a expiração ou rescisão deste Contrato; e

b) concorde em prestar a Assistência na Transferência ou Transição, pelo período de tempo solicitado pela CONTRATANTE, período este que não será superior a seis meses após a Data de Expiração ou rescisão deste Contrato (o Período de Assistência na Transferência ou Transição).

Cláusula X.2 — Durante o Período de Assistência na Transferência ou Transição, a CONTRATADA concederá à CONTRATANTE, a suas Afiliadas e a seus Terceiros, conforme necessário, razoável acesso às Máquinas e ao *Software*, desde que:

a) esse acesso não interfira na capacidade da CONTRATADA de prestar os Serviços ou a Assistência na Transferência ou Transição; e

b) esses Terceiros e as Afiliadas da CONTRATANTE cumpram as exigências de segurança e confidencialidade da CONTRATADA.

Cláusula X.3 — A CONTRATADA arcará com todos os custos e despesas da referida Assistência na Transferência ou Transição, na hipótese de resilição ou rescisão contratual por sua culpa.

Resilição e Rescisão Contratual

Cláusula X.1 — O presente Contrato poderá ser resilido a qualquer tempo, pela CONTRATANTE, mediante comunicação formal à outra parte, com antecedência mínima de 60 (sessenta) dias.

Cláusula X.2 — A CONTRATADA não poderá resilir unilateralmente o presente Contrato, salvo mediante comunicação formal à outra parte, com antecedência mínima de 6 (seis) meses, obrigando-se ainda a prestar os serviços necessários para transição de prestador(es) dos serviços deste Contrato.

Cláusula X.3 — Constituirá motivo para rescisão imediata do Contrato pela parte inocente, independentemente de aviso prévio, a ocorrência de qualquer das seguintes situações:

I — inobservância, descumprimento ou cumprimento irregular das obrigações deste contrato;

II — pedido ou instauração de processo de recuperação judicial ou extrajudicial, pedido ou decretação de falência, insolvência de qualquer uma das partes.

Cláusula de Escrow

Cláusula X.1 — Para segurança da CONTRATANTE, todas as documentações técnicas e códigos relativos ao *software*, incluindo quaisquer atualizações, deverão ser armazenados em envelopes lacrados e guardados em um local escolhido de comum acordo entre as partes, especializado em armazenamento de documentos. Os envelopes somente poderão ser abertos na ocorrência de qualquer dos eventos estipulados nesta cláusula.

Cláusula X.2 — A lacração dos envelopes deverá ser feita pela CONTRATADA, com a supervisão do CONTRATANTE.

Cláusula X.3 — Cada parte ficará com uma cópia da chave de acesso ao ambiente na qual se encontram os envelopes. Tais envelopes somente poderão ser abertos na presença de representantes de ambas as partes, em conjunto, ou pelo CONTRATANTE, caso a CONTRATADA comprovadamente:

I — fique impossibilitada de dar continuidade ao fornecimento dos serviços necessários ao seu correto funcionamento;

II — iniciar processo de recuperação judicial;

III — promover concurso de credores;

III — se sujeitar a qualquer procedimento sob a lei de falência e insolvência;

IV — iniciar ações para liquidar seus negócios voluntariamente.

Cláusula X.4 — Na ocorrência de um dos casos previstos na cláusula anterior, a CONTRATADA concederá automaticamente à CONTRATANTE uma licença por prazo indeterminado, concedendo direitos para o uso, modificação e complementação do *software* para que a CONTRATANTE possa:

I — integrar o *software* com sistemas e programas;

II — adequar o *software* a mudanças legais, regulamentares, de padrões industriais ou de práticas de mercado;

III — possibilitar que o *software* permaneça atualizado;

IV — melhorar as funcionalidades existentes no *software*; e

V — possibilitar que o *software* cumpra os propósitos de negócio da CONTRATANTE.

Plano de Contingência

Cláusula X.1 — A CONTRATADA, para cumprimento deste contrato, obriga-se a criar mecanismos de contingência, observando os mesmos parâmetros utilizados pela CONTRATANTE, cabendo-lhe apresentar por escrito esse Plano de Contingência, devendo testá-lo e mantê-lo atualizado semestralmente. O Plano de Contingência deverá conter a título meramente exemplificativo:

• Plano de ação para impossibilidade de acesso ao local onde os serviços objeto deste contrato estiverem sendo prestados.

• Plano de ação para impossibilidade de locomoção (exemplo: greves de transportes, inundações).

• Plano de ação para greve geral de trabalhadores ou da categoria funcional dos profissionais alocados na prestação dos serviços, inclusive da CONTRATADA, quando isso possa afetar o bom andamento dos trabalhos.

• Os procedimentos e as prioridades para ativação do plano e a especificação das atividades a serem realizadas.

• Os nomes, endereços e telefones das pessoas responsáveis pela CONTRATADA autorizadas a efetuar a ativação do Plano de Contingência.

• Os procedimentos sobre *backups* diários, semanais e mensais dos sistemas, indicando inclusive o sistema utilizado, quando aplicável.

• Os critérios e sistemas utilizados para segurança das informações dos sistemas e dados que estiverem a seu cargo.

• Forma e periodicidade dos testes de contingência e comprovantes de sua realização, inclusive de recuperação de dados e segurança de informações.

> Termo de Confidencialidade

Modelo de Análise de Termo de Confidencialidade

ITEM	CLÁUSULA	CONFORMIDADE	
1	Definição do que são consideradas informações confidenciais	( ) Sim	( ) Não
2	Suportes em que se encontram as informações confidenciais	( ) Sim	( ) Não
3	Meios de transmissão das informações confidenciais	( ) Sim	( ) Não
4	Registros sobre os acessos às informações confidenciais	( ) Sim	( ) Não

5	Utilização de criptografia e marcações de informação confidencial, além de outras restrições de acesso a estas informações	( ) Sim	( ) Não
6	Obrigação da parte receptora de não divulgar as informações confidenciais para terceiros, exceto mediante autorização por escrito da parte divulgadora ou em decorrência de ordem de natureza judicial ou administrativa	( ) Sim	( ) Não
7	Exceções às obrigações de confidencialidade	( ) Sim	( ) Não
8	Indenização por perdas e danos decorrentes da violação do termo de confidencialidade	( ) Sim	( ) Não
9	Direito de propriedade das informações confidenciais	( ) Sim	( ) Não
10	Prazo de vigência do acordo	( ) Sim	( ) Não
11	Foro de eleição	( ) Sim	( ) Não

Modelo de Termos de Acordo de Nível de Serviço

Acordo de Níveis de Serviço (SLA)

DA DEFINIÇÃO

Cláusula X.1 — Para efeito do presente contrato, denomina-se acordo de nível de serviço ou SLA (*Service Level Agreement*) o nível de desempenho técnico do serviço prestado pela CONTRATADA como indicador de excelência técnica, cujos critérios estão a seguir estabelecidos.

DOS CRITÉRIOS

Cláusula X.1 — O nível de desempenho no atendimento de ocorrências terá como referência os seguintes critérios de severidade:

I — Urgente — Problemas em funcionalidades essenciais, problemas no processamento de dados, problemas na comunicação entre a CONTRATANTE e os seus fornecedores.

II — Alta — Diminuição da performance de qualquer dos *softwares* em decorrência de sua atualização; problema na visualização das informações transmitidas etc.

III — Baixa — Falha de componente que não impacta no ambiente da CONTRATANTE; problemas em rotinas de integração não essenciais.

IV — Não crítica — Pequenos erros/problemas que não tenham impacto aos negócios. Exemplo: problemas de documentação, pesquisa sobre a existência de funcionalidades etc.

SEVERIDADE	Tempo Máximo de REAÇÃO à abertura do chamado	Tempo Máximo de RESOLUÇÃO do chamado	Tempo Máximo de ATENDIMENTO do chamado (REAÇÃO + RESOLUÇÃO)
URGENTE	0,5 horas	1,5 horas	2 horas
ALTA	2 horas	4 horas	6 horas
BAIXA	4 horas	8 horas	12 horas
NÃO CRÍTICA	8 horas	12 horas	20 horas

Cláusula X.2 — Nos casos de chamados classificados com as severidades "urgente" ou "alta", o atendimento será contínuo até a sua resolução em regime 24x7x365. Os prazos para as demais severidades determinados em horas referem-se às horas úteis, ou seja, das 09:00 às 12:00 horas e das 13:00 às 18:00 horas, devendo a contagem de tempo ser interrompida ao final de cada dia útil e reiniciada no primeiro dia útil subsequente.

Cláusula X.3 — Nos casos de chamados classificados com as severidades "urgente" ou "alta", o atendimento será contínuo até a sua resolução.

Cláusula X.4 — Caso a solução definitiva requeira um tempo maior do que o especificado na coluna "Tempo Máximo de Atendimento do Chamado", seja devido à sua complexidade, ou por necessidade de ajustes nas configurações ou modificação de qualquer dos *softwares*, uma solução de contorno deve ser sugerida e a severidade adequada à realidade da solução definitiva.

Cláusula X.5 — Os serviços relacionados com o Sistema deverão estar disponíveis 24 (vinte e quatro) horas por dia em todos os dias da semana, admitindo-se um acordo de nível de serviço (SLA) de até 99,5% (noventa e nove e meio por cento) do tempo dentro do mês civil.

Cláusula X.6 — A CONTRATADA deverá informar à CONTRATANTE, com pelo menos 3 (três) dias de antecedência, sobre as interrupções necessárias para ajustes técnicos ou manutenção que possam causar prejuízo à operacionalidade do servidor hospedado. As referidas manutenções e interrupções deverão ocorrer, obrigatoriamente, em horários e dias de baixa atividade da CONTRATANTE, preferencialmente, entre as 24:00 e as 6:00 horas, em período não superior a 6 (seis) horas, ficando deste já acordado que nunca poderão ocorrer em datas comemorativas e nem nas suas vésperas.

Cláusula X.7 — Não são computados para o cálculo do SLA da cláusula X.5 acima:

I — Interrupção causada por falha na conexão (*link*) fornecida por operadora ou por empresa que a substitua na prestação do serviço, sem culpa da CONTRATADA.

II — As interrupções necessárias para ajustes técnicos ou manutenção que serão informadas com antecedência e se realizarão, preferencialmente, em horários noturnos, de baixo movimento.

CLÁUSULA TERCEIRA — DO DESCUMPRIMENTO DO SLA

Cláusula X.1 — A CONTRATADA ratifica o entendimento da aplicação de penalidade progressiva prevista na cláusula das penalidades disposta a seguir, nos casos de não atendimento às obrigações relativas ao SLA.

Cláusula X.2 — A medição deverá levar em consideração os itens abaixo:

INDICADOR	SLA
Disponibilidade do Sistema	99,5%
Eficácia no atendimento dos chamados de severidade URGENTE	98,0%
Eficácia no atendimento dos chamados de severidade ALTA	96,0%
Eficácia no atendimento dos chamados de severidade BAIXA	94,0%
Eficácia no atendimento dos chamados de severidade NÃO CRÍTICA	92,0%

DAS PENALIDADES

Cláusula X.1 — Caso seja identificado e comprovado que o SLA não tenha sido cumprido, a CONTRATADA ficará sujeita a uma multa de acordo com a tabela abaixo, incidente sobre o último valor mensal pago pela CONTRATANTE, sem prejuízo desta de pleitear perdas e danos decorrentes do descumprimento do SLA:

Taxa de Disponibilidade mensal	Penalidade (%)
Maior ou igual a 99,5%	00
Maior ou igual a 99,4% e inferior a 99,5%	02
Maior ou igual a 99,2% e inferior a 99,4%	04
Maior ou igual a 99,0% e inferior a 99,2%	06
Inferior a 99,0%	08

Cláusula X.2 — Para aferição do período de interrupção será considerado o intervalo de tempo entre a abertura do chamado até o completo restabelecimento do serviço comunicado pela CONTRATADA e ratificado pela CONTRATANTE.

Cláusula X.3 — Os valores devidos a título de multa de SLA serão compensados no próximo pagamento devido pela CONTRATANTE ou, se ao final do contrato for verificada a ocorrência do descumprimento, os valores deverão ser pagos em até 15 (quinze) dias, contados a partir da comprovação do descumprimento do SLA pela CONTRATADA.

Cláusula X.4 — Fica estabelecido que apenas dará ensejo à rescisão contratual motivada o eventual descumprimento do presente SLA em taxa de indisponibilidade inferior a 95% (noventa e cinco por cento) durante um determinado mês.

DO REGISTRO DE INCIDENTES

Cláusula X.1 — A CONTRATADA deverá disponibilizar à CONTRATANTE um sistema em que seja possível registrar os chamados relativos a incidentes e que permita à CONTRATANTE registrar data, hora, categoria (tipo) de incidente, sua descrição e sua severidade. A CONTRATADA deverá registrar no sistema as ações tomadas para a solução do incidente e, mediante relatórios do sistema, deverá ser possível consultar o atendimento dos níveis de serviço estipulados neste contrato.

Cláusula X.2 — A CONTRATADA apresentará um relatório mensal à CONTRATANTE para averiguação da qualidade do serviço e seu desempenho no cumprimento do SLA. Ambas as partes devem definir previamente qual será o profissional ou equipe responsável, pela geração e análise dos relatórios gerados, de modo a garantir a boa gestão e governança do contrato.

> Modelo de Política de Privacidade e Proteção de Dados Pessoais (no padrão LGPD)

Olá, seja bem-vindo(a)! Agradecemos a sua inscrição no curso. A empresa (XXX) registrada no Brasil sob o n. XXXXX e com sede social em XXXXX, (doravante "XXXX") exerce uma atividade através do seu (temos que pensar qual será o canal de contato) *site* www.xxxx.com ("o Site").

Quando você utiliza nossos serviços (descrever), está fornecendo algumas informações para que possamos atingir as suas expectativas também com relação à qualidade de nosso atendimento, bem como para que possamos realizar comunicações necessárias para conduzir nosso relacionamento atual e futuro.

Assim, entendemos que também nos está confiando a proteção de suas informações e isso é uma grande responsabilidade para nós.

Você está aqui para saber quais dados coletamos, para que utilizamos e como estamos fazendo isso; para isso detalhamos abaixo nossa Política de Privacidade e Proteção de Dados (Política). Por favor, leia esse documento atentamente, pois ele te ajudará a gerenciar melhor todos os seus direitos.

1 — Dados que coletamos

Na tabela abaixo trazemos uma lista dos dados que coletamos e as finalidades de tratamento.

PODEMOS COLETAR OU VOCÊ PODERÁ NOS FORNECER

seu nome completo, seu CPF, RG, endereço, *e-mail*, telefone (de preferência o celular), número de cartão de crédito ou outro meio de pagamento, para fins de sua identificação e de execução do contrato. Além disso, podemos coletar ou você poderá nos fornecer os seus dados de contato, tais como telefones e *e-mail* para prestarmos nossos serviços e realizar o seu atendimento. Também coletamos, caso necessário, algumas informações técnicas do seu dispositivo, tais como endereço IP e Porta Lógica de Origem, registros de data e horário de cada ação que você realizar, telas acessadas, ID da sessão e Cookies, visando confirmar acesso aos cursos, ampliar o nosso relacionamento, enviar ofertas e comunicados de novos cursos, lembretes de calendários, divulgar promoções e descontos de parceiros, cumprir com obrigações legais e alertas de segurança.

Usamos esses dados, também, para informar sobre novidades, funcionalidades, conteúdos, notícias e eventos relacionados aos nossos serviços. Além disso, os dados também são utilizados para a sua proteção, seja para cumprir obrigações legais e assim assegurar seus direitos ou até mesmo para prevenir alguma fraude.

Além disso, esclarecemos as finalidades específicas para que precisaremos tratar os seus dados (cumprir obrigações legais, atender suas expectativas e otimizar nossa relação). Para realizar nosso serviço nós também precisamos compartilhar seus dados com nossos parceiros como o Sendinblue, que é uma plataforma específica para comunicação de *marketing* digital, e pode haver a internacionalização dos dados devido ao uso de recurso de computação em nuvem!

2 — Prazo e local de armazenamento dos dados

Nós armazenamos seus dados por períodos diferentes, utilizando diversas tecnologias, de acordo com a natureza do dado e de acordo com determinações legais. Seus dados serão armazenados pelo prazo em que durar a nossa relação, ou que você requisite o apagamento ou ainda que decorram todos os prazos legais de guarda, findos os quais serão definitivamente eliminados.

3 — Acessibilidade dos dados pessoais

Você pode exportar uma cópia das suas informações ou excluí-las a qualquer momento, desde que não envolvam informações relacionadas a segredo comercial ou não haja impeditivos legais para tanto.

4 — Seus direitos

Em atenção às leis vigentes no Brasil, em especial à Lei n. 13.709/2018, você poderá exercitar seus direitos de titular de dados pessoais, tais como requisitar informações, confirmar tratamento, solicitar atualizações, bem como apagamento e portabilidade, entrando em contato através do nosso canal específico informado abaixo.

5 — Canal de contato

Em caso de qualquer dúvida com relação às disposições da Política, você poderá entrar em contato por meio do endereço eletrônico https://XXXXXX/contato/ ou falar com nosso DPO (encarregado de dados): XXXXX (*e-mail*).

(podem ser inseridos ainda data e número de registro)

Modelo de Termos de Uso e Condições de Navegação para Portal na Internet

Termos de Uso e Condições de Navegação:
Portal da Empresa

A Empresa apresenta aqui os Termos de Uso e Condições de Navegação de seu Portal, que deve ser respeitado pelos seus visitantes e usuários, sob pena de todas as implicações da legislação em vigor.

Para os fins destes Termos de Uso, devem-se considerar as seguintes definições e descrições para seu melhor entendimento:

Antispam: Sistema que evita correspondências não desejadas, como publicidade em massa, pelo bloqueio de mensagens ou movendo-as para pasta específica.

Aplicativo *spider*: Programa desenvolvido para obter informações de modo automatizado na Internet, navegando pela *web* (teia) como se fosse uma *spider* (aranha).

Conta de Acesso: Credencial de um visitante cadastrado que permite o acesso à área restrita e às funcionalidades exclusivas, que é definida por nome de usuário e senha.

Dados Cadastrais: Conjunto de informações pessoais de um internauta de modo que o identifique, diferenciando-o dos demais, a exemplo do número do documento de identidade (RG ou RNE), cadastro de pessoa física (CPF) ou jurídica (CNPJ), endereço residencial ou comercial, sede, nome completo, entre outros.

Empresa: Denominação utilizada nestes Termos de Uso para identificar a detentora e proprietária do Portal [*razão social da empresa*], pessoa jurídica de direito privado com sede na Rua ...., n. ...., na cidade de ...., Estado de ...., sob o CEP n. .... e inscrita no CNPJ sob o n. ......

Layout: Conjunto compreendido entre aparência, *design* e fluxos do *site*.

Link: Terminologia para endereço de Internet.

Login: Nome de Usuário escolhido pelo visitante quando preenche o cadastro para acesso a funcionalidades exclusivas do Portal.

Logon: Ato de o visitante cadastrado ingressar na área restrita do Portal utilizando seu *login* e senha.

Logs: Registros de atividades do visitante efetuadas no Portal.

Portal: Designa o endereço eletrônico .... [*especificar*] e seus subdomínios.

Senha: Conjunto de caracteres que serve como prova de identidade digital do usuário, cujo conhecimento deve ser exclusivo e único.

Site: Denominação para página de Internet.

Usuário: Visitante que acessa a área restrita do Portal.

Visitante: Qualquer pessoa que navegar pelo Portal.

Webmastering: Compreende criação, programação, desenvolvimento, controle e disponibilidade de páginas de Internet.

1 — Acesso e restrições de funcionalidade

1.1. Este Portal é dedicado à atividade de compra e venda ou serviço que a Empresa desempenhe. Para efetuar uma compra ou utilizar de funcionalidades exclusivas, o visitante deverá obter uma conta de acesso, por meio do procedimento de cadastro, mais detalhado em seção própria.

1.2. Não é permitido aos visitantes e usuários acessar as áreas de programação do Portal, seu banco de dados ou qualquer outro conjunto de informações que faça parte da atividade de *webmastering*, ficando sujeito quem o fizer à legislação penal brasileira e obrigado a reparar os danos que causar.

1.3. Também não é autorizado realizar ou permitir engenharia reversa, nem traduzir, decompilar, copiar, modificar, reproduzir, alugar, sublicenciar, publicar, divulgar, transmitir, emprestar, distribuir ou, de outra maneira, dispor das ferramentas de consulta deste Portal e de suas funcionalidades.

1.4. Neste Portal é proibida a utilização, de aplicativos *spider*, ou de mineração de dados, de qualquer tipo ou espécie, além de outro aqui não tipificado, mas que atue como um robô, tanto para realizar operações massificadas ou para quaisquer outras finalidades, sob aplicação da legislação penal brasileira e de reparar os danos que decorrerem desta utilização.

1.5. É ônus dos visitantes e usuários arcar com os meios necessários para navegar neste Portal, incluindo o acesso à Internet.

2 — Informações gerais sobre o *site* e seu funcionamento

2.1. Este Portal é apresentado ao público da *web* na maneira como está disponível, podendo passar por constantes aprimoramentos e atualizações, não ficando obrigada a Empresa a manter uma estrutura ou *layout*, se não por sua própria conveniência.

2.2. A Empresa envida seus esforços para a disponibilidade contínua e permanente do Portal, ficando sujeita, todavia, a eventos extraordinários, como desastres naturais, falhas ou colapsos nos sistemas centrais de comunicação e acesso à Internet ou fatos de terceiro, que fogem de sua esfera de vigilância e responsabilidade.

2.3. A Empresa não se responsabiliza por qualquer dano, prejuízo ou perda no equipamento dos visitantes e usuários causados por falhas no sistema, no servidor ou na conexão à Internet, ainda que decorrentes de condutas de terceiros, inclusive por ações de *software*s maliciosos como vírus, cavalos de troia, e outros que possam, de algum modo, danificar o equipamento ou a conexão destes em decorrência do acesso, utilização ou navegação neste Portal, bem como a transferência de dados, arquivos, imagens, textos, áudios ou vídeos contidos no mesmo.

2.4. Os visitantes e usuários não possuem qualquer direito para exigir a disponibilidade do Portal conforme melhor lhes convém, tampouco poderão pleitear indenização ou reparação de danos no caso de este Portal permanecer fora do ar, independentemente do motivo.

2.5. A Empresa não detém qualquer responsabilidade pela navegação dos visitantes e usuários nos *links* externos contidos no Portal, sendo dever deles a leitura dos Termos de Uso e Política de Privacidade do *site* acessado e agir conforme o determinado. Caso sobrevier algum dano ou prejuízo, os visitantes e usuários serão os principais responsáveis, uma vez que a eles cabe a navegação segura, já que a Empresa apenas apontou o *link*, cabendo ao interessado a visita, ou não, ao *site*.

2.6. A Empresa não se responsabiliza pelos atos praticados por seus visitantes e usuários no ambiente oferecido pelo Portal, devendo cada um ser imputado de acordo com a qualidade do uso da plataforma.

2.7. A Empresa poderá, a seu exclusivo critério e conveniência, excluir ou suspender a conta de acesso de determinado usuário de seu Portal, em virtude de suspeita de inexatidão de informações ou prática criminosa de algum ato. Essa faculdade não exime os visitantes e usuários de fornecer sempre os dados verdadeiros e praticar condutas que coadunem com o propósito de existência do Portal e de seu cadastro nele.

3 — Cadastro dos internautas no *website*

3.1. Se desejar utilizar suas funcionalidades exclusivas ou realizar uma compra, o visitante deverá efetuar cadastro no presente Portal, fornecendo seus dados pessoais conforme requisitado e adotando uma senha forte para sua identificação e autenticação, sendo criada, ao fim do procedimento, uma conta de acesso.

3.1.1. Quando o internauta realiza o cadastro neste Portal, deve fornecer somente informações fiéis e verdadeiras, comprometendo-se, a partir de então, a manter seus dados sempre atualizados, sob pena de responder civil e criminalmente, além de arcar com os danos ocasionados pela utilização de dados incorretos, ou de terceiros, independentemente da existência de culpa.

3.2. O cadastro no Portal é gratuito e pode ser realizado por pessoas físicas maiores de 18 anos, ou em gozo de plena capacidade civil.

3.3. Ao efetuar o cadastro, o visitante declara ter pleno conhecimento deste documento e, de igual forma, da Política de Privacidade, disponíveis em todos os *links* do Portal, pois a alegação de desconhecimento não o eximirá de eventuais responsabilidades ou despistes durante a utilização do Portal.

3.4. Sempre que entender conveniente, o usuário poderá alterar sua senha e alguns dos dados de seu cadastro por meio de recurso próprio do Portal.

4 — Comunicação da Empresa com seus visitantes e usuários

4.1. A Empresa utilizará como principais canais de comunicação com seus visitantes e usuários o *e-mail* informado durante a interação com o *site*, nas suas mais diversas modalidades, e o sistema de envio de mensagens nativo do próprio Portal.

4.1.1. A responsabilidade pelo recebimento dos comunicados é exclusiva dos visitantes e usuários, por isso é indispensável que sempre forneçam os dados corretos e precisos à Empresa, e os mantenha atualizados.

4.1.2. É igualmente de sua alçada deixar seus sistemas de *antispam* configurados de modo que não interfiram no recebimento dos comunicados e materiais da Empresa, não sendo aceitável nenhuma escusa caso não tenha tido acesso a algum *e-mail* em virtude desse bloqueio ou filtro similar.

5 — Privacidade dos visitantes e usuários no Portal da Empresa

5.1. A Empresa possui documento próprio, denominado Política de Privacidade e Proteção de Dados Pessoais, que regula o tratamento dado às informações de cadastro e demais informações e dados coletados neste Portal.

5.2. A Política de Privacidade e Proteção de Dados Pessoais é parte integrante e inseparável dos Termos de Uso e Condições de Navegação deste Portal, e pode ser acessada no *link* ..... [*endereço para a Política de Privacidade*], encontrado em seu rodapé.

5.3. Caso alguma disposição da Política de Privacidade conflitar com qualquer outra do presente documento, deverá prevalecer o descrito na norma mais específica.

6 — Obrigações do Portal

6.1. A Empresa se obriga com os visitantes e seus usuários a:

6.1.1. Manter o ambiente virtual seguro, salvo por ato destrutivo de terceiro que vá além dos esforços empenhados, hipótese que não se responsabilizará por danos oriundos dessa prática danosa.

6.1.2. Preservar a funcionalidade do *site*, com *links* não quebrados, utilizando *layout* que respeita a usabilidade e navegabilidade, facilitando a navegação sempre que possível.

6.1.3. Exibir as funcionalidades de maneira clara, completa, precisa e suficiente de modo que exista a exata percepção das operações realizadas.

7 — Obrigações dos visitantes e usuários

7.1. Os visitantes e usuários se obrigam a realizar uma navegação com retidão ética, sempre respeitando as condições que regem a utilização do Portal.

7.2. Os usuários deverão cuidar do sigilo e segurança de seu *login* e *senha*, pois estas informações da conta de acesso determinam a sua identidade digital, imputando-lhes a autoria de todos os atos praticados em seus nomes, ainda que seja por terceiro que tenha conhecimento desses dados.

671

7.3. Caso ocorra algum incidente com os dados de *login* e *senha*, como furto, extravio, perda ou ainda de suspeita de quebra de sigilo empregado aos mesmos, o usuário cadastrado deve alterar sua senha e comunicar de imediato a Empresa, para evitar a ocorrência de danos que podem ser de difícil reparação.

7.4. Todo usuário que possuir conta de acesso neste Portal se obriga a manter seus dados cadastrais sempre atualizados, sob pena de responder civil e criminalmente pelos danos decorrentes da imprecisão e inexatidão das informações armazenadas.

7.5. Ao fornecer dados e informações à Empresa, os visitantes e usuários se obrigam a fazê-lo sempre com compromisso de veracidade e autenticidade, sob pena da aplicação das penas da lei, de indenizar a quem causar dano e de ter a conta de acesso do presente Portal excluída ou suspensa.

7.6. Na incidência de danos ao Portal ou a terceiros, o responsável se compromete a arcar com todas as obrigações de indenizar o sujeito lesado, não devendo a Empresa responder por tais prejuízos.

7.7. Os visitantes e usuários devem utilizar os recursos do presente Portal para as finalidades às quais foram constituídos, sob pena da aplicação das penas da lei, de indenizar a quem causar dano e de ter a conta de acesso do presente Portal excluída.

8 — Direitos autorais e propriedade intelectual do Portal

8.1. O uso comercial das expressões Empresa, como marca, nome empresarial ou nome de domínio, além dos conteúdos das telas do Portal, assim como os programas, bancos de dados, redes, arquivos que permitem que o usuário acesse sua conta são de propriedade da Empresa e estão protegidos pelas leis e tratados internacionais de direito autoral, marcas, patentes, modelos e desenhos industriais.

8.2. Ao acessar este Portal, os visitantes e usuários declaram que irão respeitar todos os direitos de propriedade intelectual e os decorrentes da proteção de marcas, patentes e/ou desenhos industriais, depositados ou registrados em nome da Empresa, bem como de todos os direitos referentes a terceiros que porventura estejam, ou estiveram, de alguma forma, disponíveis no Portal. O simples acesso ao Portal não confere a estes qualquer direito ao uso dos nomes, títulos, palavras, frases, marcas, patentes, obras literárias, artísticas, literomusicais, imagens, dados e informações, dentre outras, que nele estejam ou estiveram disponíveis.

8.3. A reprodução dos conteúdos descritos anteriormente está proibida, salvo com prévia autorização por escrito da Empresa ou caso se destinem ao uso exclusivamente pessoal e sem que em nenhuma circunstância os visitantes e usuários adquiram qualquer direito sobre os mesmos.

8.4. É permitido fazer somente o arquivo temporário deste Portal, sendo vedada sua utilização para finalidades comerciais, publicitárias ou qualquer outra que contrarie a realidade para o qual foi concebido, conforme definido neste documento. Restam igualmente proibidas a reprodução, a distribuição e a divulgação, total ou parcial, dos textos, figuras, gráficos que compõem o presente Portal, sem prévia e expressa autorização da Empresa, sendo permitida somente a impressão de cópias para uso e arquivo pessoal, sem que sejam separadas as partes que permitam dar o fiel e real entendimento de seu conteúdo e objetivo.

8.5. Os visitantes e usuários assumem toda e qualquer responsabilidade, de caráter civil e/ou criminal, pela utilização indevida das informações, textos, gráficos, marcas, obras, imagens, enfim, de todo e qualquer direito de propriedade intelectual ou industrial deste Portal.

8.6. Qualquer outro tipo de utilização de material autorizado, inclusive para fins editoriais, comerciais ou publicitários, só poderá ser feito mediante prévio e expresso consentimento da Empresa. Os visitantes e usuários estão cientes, por meio deste item, que o uso comercial não autorizado poderá incorrer em infrações cíveis e criminais, por estar infringindo a Lei dos Direitos Autorais.

8.7. Qualquer reutilização do material autorizado deverá ser objeto de uma nova autorização da Empresa.

8.8. A autorização para utilização do material solicitado não poderá ser transferida a terceiros, mesmo que vinculados ao sujeito autorizado por alguma razão.

8.9. A utilização do material não autoriza os visitantes e usuários a expor terceiros ao ridículo, criar uma obra de caráter ilegal, difamatória, obscena ou imoral, que possa violar a moral e os bons costumes, sob pena de arcar com as penalidades aplicáveis pela legislação vigente.

8.10. Qualquer utilização não contemplada na mencionada autorização será considerada como uma violação dos direitos de autor e sujeita às sanções cabíveis na Lei n. 9.610, de 19 de fevereiro de 1998, que protege os direitos autorais no Brasil.

8.11. A eventual retirada deste Portal, em decorrência de alguma reclamação, de qualquer anúncio, artigo, vídeo, produto, serviço, notícia ou fotografia aqui reproduzidos, deverá ser sempre compreendida como uma demonstração de nossa intenção de evitar dissabores com relação a este assunto e, jamais, como reconhecimento de qualquer infração pela Empresa a direito de terceiro.

8.12. As fotos e imagens utilizadas neste Portal podem não refletir seu tamanho original ou situação atual do cenário reproduzido, sendo meramente ilustrativas.

8.13. Salvo disposição específica em contrato existente entre visitantes e usuários e a Empresa, os usuários retêm os direitos autorais dos conteúdos que criarem ou que já possuírem; contudo, quando os enviam ao Portal, concedem uma licença irrevogável, perpétua, mundial, irrestrita, isenta de *royalties* e não exclusiva de reprodução, adaptação, modificação, tradução, publicação, distribuição ou exibição no próprio Portal, possibilitando a melhor utilização da ferramenta ou ilustração de algum produto ou serviço por ele oferecido.

9 — Da loja virtual da Empresa

9.1. A Empresa disponibiliza em seu Portal um ambiente que permite a aquisição de produtos e interação de seus usuários e visitantes, com possível envio de conteúdos e realizando comentários de forma geral.

9.2. A Empresa disponibiliza em seu *site* sua Política de Troca, Entrega e Devolução de Produtos, que estabelece as regras, hipóteses e condições para que essas operações sejam realizadas com sucesso e suas instruções.

9.2.1. Ao efetuar alguma aquisição no Portal da Empresa, o usuário declara ter pleno conhecimento da referida Política e manifesta sua concordância com seus termos, comprometendo-se a cumprir com os ditames lá estabelecidos para a conclusão do negócio e a requisição de algum procedimento lá estabelecido.

9.3. No ambiente do Portal, será considerado abuso e está proibido o envio de conteúdos que configurem:

- ofensa à honra, imagem, reputação e dignidade de terceiros;
- pornografia, pedofilia e outras modalidades de satisfação sexual;
- ódio, racismo ou discriminação de qualquer natureza;
- *bullying*, *stalking* ou qualquer outra espécie de constrangimento ilegal;
- manifesta violação a direito autoral ou direito de imagem;
- utilização de marcas, símbolos, logomarcas ou emblemas de terceiros;
- instigação ou apologia à prática de crimes, como tráfico ou uso de entorpecentes, estupro, homicídio, estelionato, dentre outros;
- atividade comercial, promocional ou que sugira o exercício atividade econômica;
- atos ilícitos em geral;
- condutas contrárias à Ordem Pública e aos Bons Costumes.

9.3.1. Se detectadas quaisquer dessas práticas, a Empresa pode, a seu exclusivo critério, excluir os conteúdos, não publicá-los ou modificá-los de forma a cessar a exibição do conteúdo vedado, a qualquer tempo, sem a necessidade de aviso prévio e sem o dever de indenização pela conduta eleita como mais adequada.

10 — Atendimento do Portal Empresa

10.1. A Empresa disponibiliza os canais para comunicação direta com seus visitantes e usuários em seu Portal, pelos *links* de contato, além dos seguintes meios:

— pelo telefone .... [*número de atendimento da empresa*], que atende de segunda a sexta, das .... às .... horas [*horário de atendimento*];

— por endereço do *e-mail* .... [*"e-mail" de atendimento da empresa*].

11 — Modificações destes Termos e Condições

11.1. Os presentes Termos de Uso e Condições de Navegação estão sujeitos a constante melhoria e aprimoramento. Assim, a Empresa se reserva o direito de modificar a qualquer momento, de forma unilateral, o presente documento e sua Política de Privacidade.

11.2. Ao navegar por este Portal, o usuário aceita guiar-se pelos Termos e Condições de Uso do Portal da Empresa, e pela Política de Privacidade que se encontram vigentes na data e, portanto, deve verificar os mesmos cada vez que visitar este Portal.

12 — Disposições gerais

12.1. A tolerância do eventual descumprimento de quaisquer das cláusulas e condições do presente instrumento não constituirá novação das obrigações aqui estipuladas e tampouco impedirá ou inibirá a exigibilidade das mesmas a qualquer tempo.

12.2. Este Portal tem como base o horário oficial de Brasília.

12.3. A Empresa poderá cancelar a qualquer tempo e sem prévio aviso a conta de acesso de algum usuário, não sendo devida indenização, caso tenha sido detectada e identificada alguma prática contrária ao previsto nestes Termos de Uso ou que cause dano à Empresa ou a terceiros.

13 — Lei aplicável e jurisdição

13.1. Os Termos e Condições de Uso aqui descritos são interpretados segundo a legislação brasileira, no idioma português, sendo eleito o Foro da Comarca da Cidade de ....., Estado de ....., para dirimir qualquer litígio, questão ou dúvida superveniente, com expressa renúncia de qualquer outro, por mais privilegiado que seja.

14 — Registro

14.1. Este documento encontra-se registrado no ..... Cartório de Títulos e Documentos da Comarca de ....

Atualização: .... de .... de .... [*data*].

.... [*razão social da empresa*].

> Modelo de Política de Privacidade para o Portal na Internet

POLÍTICA DE PRIVACIDADE:
PORTAL DA EMPRESA

Como parte integrante dos Termos de Uso e Condições de Navegação do Portal da Empresa, este documento, denominado Política de Privacidade, tem por finalidade estabelecer as regras sobre obtenção, uso e armazenamento dos dados e informações coletadas dos visitantes e usuários, além do registro de suas atividades.

1 — Definições
1.1. Para fins desta Política de Privacidade, aplicam-se as seguintes definições:

Cookies: Arquivos enviados pelo servidor do Portal para o computador dos visitantes e usuários, com a finalidade de identificar o computador e obter dados de acesso, como páginas navegadas ou *links* clicados, permitindo, desta forma, personalizar a navegação dos visitantes e usuários no Portal, de acordo com o seu perfil.

Empresa: Denominação utilizada nesta Política de Privacidade para identificar a detentora e proprietária deste Portal ..... [*razão social da empresa*], pessoa jurídica de direito privado com sede na Rua ....., n. ....., na cidade de ....., Estado de ....., sob o CEP n. ..... e inscrita no CNPJ sob o n. ....

IP: Abreviatura de *Internet Protocol*. É um conjunto de números que identifica o computador dos visitantes e usuários na Internet.

Logs: Registros de atividades dos visitantes e usuários efetuadas no Portal.

Portal: Designa o endereço eletrônico ..... [*especificar*] e seus subdomínios.

Usuário: Visitantes que acessam a área restrita do Portal.

Visitante: Qualquer pessoa que navegar pelo Portal.

2 — Obtenção dos dados e informações
2.1. Os dados e informações serão obtidos quando os visitantes e usuários:

— realizarem seus cadastros com o preenchimento das informações necessárias;

— interagirem com as diversas funcionalidades existentes no Portal, fornecendo as informações voluntariamente, como na Seção de Fale Conosco, por exemplo; ou

— adquirirem alguns dos produtos ou serviços oferecidos.

3 — Armazenamento dos dados e informações

3.1. Todos os dados e informações coletados dos visitantes e usuários serão incorporados ao banco de dados do Portal, sendo seu responsável ..... [*razão social da empresa*], pessoa jurídica de direito privado com sede na Rua ....., na Cidade de ....., Estado de ....., sob o CEP n. ..... e inscrita no CNPJ sob o n. ....

3.2. Os dados e informações coletados estarão armazenados em ambiente seguro, observado o estado da técnica disponível, e somente poderão ser acessadas por pessoas qualificadas e autorizadas pela Empresa.

3.3. Considerando que nenhum sistema de segurança é absolutamente seguro, a Empresa se exime de quaisquer responsabilidades por eventuais danos e/ou prejuízos decorrentes de falhas, vírus ou invasões do banco de dados do Portal, salvo nos casos de dolo ou culpa pela mesma.

4 — Uso dos dados e informações

4.1. Os dados coletados do usuário, por seu livre e expresso consentimento, poderão ser utilizados para as seguintes finalidades:

— responder a eventuais dúvidas e solicitações dos visitantes e usuários;

— cumprimento de ordem legal ou judicial;

— constituir, defender ou exercer regularmente direitos em âmbito judicial ou administrativo;

— elaborar estatísticas gerais, para identificação do perfil dos visitantes e usuários no desenvolvimento de campanhas da Empresa;

— garantir a segurança dos visitantes e usuários;

— manter atualizados os cadastros dos visitantes e usuários para fins de contato por telefone, correio eletrônico, SMS, mala-direta ou por outros meios de comunicação.

4.2. A base de dados formada pela Empresa mediante a coleta dos dados do Portal não será compartilhada, vendida, cedida, transferida, informada ou alugada a terceiros.

4.3. Os dados adquiridos somente poderão ser acessados por profissionais devidamente autorizados pela Empresa, respeitando a necessidade a que serão submetidos, a relevância para os objetivos do Portal e aos interesses dos visitantes e usuários, além de preservar a privacidade destes.

4.4. Caso o usuário deixar de utilizar os serviços oferecidos pelo Portal, a Empresa poderá, para fins de auditoria e preservação de direitos, permanecer com o registro de dados e informações do usuário, pelo período máximo de 5 (cinco) anos, com a faculdade de excluí-los definitivamente segundo sua conveniência.

5 — Do registro de atividades

5.1. A Empresa registrará todas as atividades efetuadas pelos visitantes e usuários no Portal, por meio de *logs*, incluindo:

— endereço de IP;

— ações efetuadas;

— páginas acessadas;

— datas e horários de cada ação ou acesso;

— *session ID*.

5.2. Os registros mencionados no item 5.1 poderão ser utilizados pela Empresa em casos de investigação de fraudes ou de alterações indevidas em seus sistemas e cadastros.

6 — *Cookies*

6.1. O Portal poderá fazer o uso de *cookies*, cabendo aos visitantes e usuários configurar os seus navegadores de Internet, caso deseje bloqueá-los. Nesta hipótese, algumas funcionalidades do Portal poderão ser limitadas.

7 — Disposições gerais

7.1. As disposições constantes desta Política de Privacidade poderão ser atualizadas ou modificadas a qualquer momento, cabendo aos visitantes e usuários verificarem-nas sempre que efetuar o acesso ao Portal.

7.2. O visitante deverá entrar em contato em caso de qualquer dúvida com relação às disposições constantes desta Política de Privacidade pela Seção de Fale Conosco do Portal.

8 — Lei aplicável e jurisdição

8.1. A presente Política de Privacidade será interpretada segundo a legislação brasileira, no idioma português, sendo eleito o Foro da Comarca de ..... no Estado de ..... para dirimir qualquer litígio, questão ou dúvida superveniente, com expressa renúncia de qualquer outro, por mais privilegiado que seja.

9 — Registro

9.1. Este documento encontra-se registrado no ..... Cartório de Títulos e Documentos da Comarca de ..... .

Atualização: ..... de ..... de ..... [*data*].

.... [*razão social da empresa*].

> Modelo de autorização de uso de imagem e voz

TERMO DE AUTORIZAÇÃO DE USO DE IMAGEM E SOM DA VOZ

Pelo presente instrumento,

.... [*nome completo*], ... [*nacionalidade*], portador do RG n. ......, residente em ..... [*endereço completo*], doravante denominado(a) autorizante,

.... [*razão social da empresa*], pessoa jurídica de direito privado, inscrita no CNPJ sob o n. ..... e com sede na Rua ....., n. ....., doravante denominada simplesmente autorizada, têm entre si, justo e acordado, celebrar o presente Termo de Autorização de Uso de Imagem e Voz que será regido pelas seguintes condições:

1. O(A) autorizante permite que a autorizada registre sua imagem e/ou som da voz doravante denominada gravação.

2. O(A) autorizante permite ainda que a autorizada utilize livremente a gravação, para divulgação dentro do *site* ..... [*especificar*], promovido pela empresa ....., inscrita no CNPJ sob n. ..... e suas agências parceiras. Esta autorização inclui a utilização da gravação para fins de publicidade direta de produtos ou serviços.

3. Ambas as autorizações acima englobam o emprego de qualquer tecnologia e suporte físico e/ou digital.

4. O(A) autorizante consente com a utilização que será feita da gravação, dentro do *site* e que a mesma poderá ser editada e sobreposta de outros elementos gráficos, com a finalidade de demonstrar as funcionalidades das ferramentas dispostas no *site*. O(A) autorizante consente, ainda, que a gravação poderá ser também disponibilizada em outros *sites* da Internet, sobretudo em redes sociais.

5. A agência não será responsável por qualquer utilização que os usuários do *site* façam da gravação disponibilizada no *site* ....., incluindo, mas não se limitando ao *download*, distribuição por *e-mail*, disponibilização em outros ambientes da Internet, ou a fixação e transmissão em qualquer meio ou suporte.

6. No mesmo sentido, edições ou usos de partes da gravação são autorizados somente na forma proposta no *site*.

7. A presente autorização é gratuita, global e definitiva, sem limite territorial ou temporal.

E, por estarem assim acordadas, o(a) autorizante e a autorizada firmam este termo em 2 (duas) vias de igual teor e forma, na presença das 2 (duas) testemunhas abaixo assinadas, elegendo o Foro Central da Comarca de ...., Estado de ...., para dirimir quaisquer questões relacionadas a este termo.

[Local e data.]

_____   _____
Autorizante   Autorizada

Testemunhas:

_____   _____
[Nome Completo]   [Nome Completo]
[CPF/MF] / [RG]   [CPF/MF] / [RG]

Jurisprudência relacionada ao Direito Digital*

1 — INCIDENTE ELETRÔNICO — GUARDA DE PROVAS

Comentários:

Há 10 anos, havia julgados dizendo que o meio magnético ou eletrônico não era capaz de gerar prova válida, mas este entendimento mudou e evoluiu, e o Judiciário brasileiro já entende que a prova eletrônica é hábil a comprovar a ocorrência de um fato e, se colhida corretamente, faz prova mais eficaz do que aquela colhida por outro meio.

Para o correto uso e admissibilidade da prova eletrônica em Juízo, devem ser observados os padrões técnicos de manuseio, coleta e guarda. A preservação da cadeia de custódia é essencial. As provas eletrônicas somente estarão a salvo de ser declaradas inválidas caso sejam mantidas sua integridade e autenticidade no procedimento de captura de evidências. Por isso, deve-se agir rápido para coletar a prova eletrônica, até por conta do princípio matemático chamado "ordem de volatilidade", em que há uma tendência em um ambiente computacional de se apagar o mais antigo sobrescrevendo pelo dado mais recente. Isso justifica o pedido de liminar e a diligência urgente para busca e apreensão, quando necessário.

---

* Este trabalho é de origem do escritório *Patricia Peck Pinheiro Advogados*, e sua versão eletrônica está disponível em: <http://www.pppadvogados.com.br>.

GUARDA DE PROVAS — RESPONSABILIDADE DA EMPRESA

"RECURSO INOMINADO CONSUMIDOR. PEDIDO DE BAL-CÃO. OBRIGAÇÃO DE FAZER. CUMPRIMENTO DE OFERTA. COMPRA PELA INTERNET CANCELADA PELO VENDEDOR. OFERTA VEICULADA NO *SITE* DA DEMANDADA. VALOR ANUNCIADO EXPRESSIVAMENTE INFERIOR AO VALOR DE MERCADO. VALOR RESTITUÍDO À CONSUMIDORA. AUSÊNCIA DE MÁ-FÉ DO FORNECEDOR. RELATIVIZAÇÃO DO PRINCÍPIO DA VINCULAÇÃO DA OFERTA DO ART. 30 DO CDC. SENTENÇA MANTIDA. A demandante pugna pelo cumprimento de oferta veiculada online, posteriormente cancelada pelo fornecedor, na qual o preço do produto era expressivamente inferior ao preço de mercado do bem. Verifica-se no caso a incongruência entre o valor de oferta (R$ 51,61) e o de mercado (cerca de R$ 900,00). Igualmente, constata-se a ausência de má-fé da requerida, que cancelou no dia seguinte a oferta, bem como ressarciu o valor pago pela consumidora. Diante disso, deve ser relativizado o princípio da vinculação da oferta. Danos morais não configurados. A situação se limitou ao mero descumprimento contratual, que, por si só, não gera lesão aos direitos da personalidade. Assim, vai mantida a sentença por seus próprios fundamentos, na forma do art. 46 da Lei n. 9.099/95. RECURSO DESPROVIDO" (TJRS, Recurso Cível 71.008.802.522, 2ª Turma Recursal Cível, rel. Ana Cláudia Cachapuz Silva Raabe, j. 28-8-2019).

"DIREITO DO CONSUMIDOR. TRANSPORTE AÉREO DE PASSAGEIROS. EMIRATES. OFERTA PROMOCIONAL. CONCLUSÃO DO CONTRATO. VÍNCULO OBRIGACIONAL APERFEIÇOADO. DANO MORAL. 1 — Na forma do art. 46 da Lei n. 9.099/95, a ementa serve de acórdão. Recurso próprio, regular e tempestivo. 2 — Contrato. Formação. Os contratos formalizados por internet se aperfeiçoam quando o consumidor adere à vontade predisposta do fornecedor, independentemente de processamento e pagamento. 3 — Oferta ao público. Erro de fácil constatação não demonstrado. Toda informação ou publicidade suficientemente precisa obriga o fornecedor e integra o contrato que vier a ser celebrado (art. 30 do CDC). Não restou demonstrada a ocorrência de erro de fácil constatação (ACJ 20131.010.104.408, 2ª Turma). No transporte internacional de passageiros há alta elasticidade tarifária, especialmente em relação a passagens adquiridas para período de baixa temporada, como demonstram as peças publicitárias apresentadas no processo. O erro integra o risco da atividade e atrai a responsabilidade objetiva do fornecedor. Assim, é de se reconhecer a validade e eficácia do contrato. Sentença que se mantém pelos próprios fundamentos. 5 — Recurso conhecido, mas não provido. Custas processuais e honorários advocatícios, no percentual de 10% do valor da causa, na forma do art. 55 da Lei n. 9.099/95, inaplicáveis as disposições do CPC em face de regras especiais na lei de regência" (TJDF, Acórdão 995.956, rel. Aiston Henrique de Sousa, 1ª Turma Recursal, j. 16-2-2017).

PROVA LÍCITA — POSSIBILIDADE DE GRAVAÇÃO DA CONVERSA PELO INTERLOCUTOR

"APELAÇÃO CÍVEL — AÇÃO DE INDENIZAÇÃO — GRAVAÇÃO DE CONVERSA — INTERCEPTAÇÃO OBTIDA POR UM DOS INTER-LOCUTORES — AUSÊNCIA DE ILICITUDE — CORRETAGEM DE SEGURO — NEGATIVA DE RENOVAÇÃO — POSTERIOR RENOVA-ÇÃO DA APÓLICE, POR INTERMÉDIO DE OUTRA CORRETORA — AUSÊNCIA DE AFRONTA À BOA-FÉ CONTRATUAL — DANOS EMERGENTES — CONTRATAÇÃO DE ADVOGADO — EQUÍVOCO DO CONSUMIDOR. A jurisprudência consolidada do col. Supremo Tribunal Federal, em precedente submetido à repercussão geral, é no sentido de que a gravação ambiental, feita por um dos interlocutores, pode ser utilizada licitamente em processo judicial, mormente quando ausente qualquer causa de reserva de sigilo na conversação, ou fala, que foi objeto da gravação" (RE 583.937 QO-RG, Relator(a): Min. Cézar Peluso, julgado em 19-11-2009, REPERCUSSÃO GERAL — MÉ-RITO *DJe*-237 DIVULG 17-12-2009 PUBLIC 18-12-2009). "Ausente contrato entre as partes, e não se verificando a extensão das relações anteriores a autorizar a aplicação da *supressio*, não há como se exigir da seguradora a renovação de seguro por intermédio de determinada corretora. Se a ação é extinta por ilegitimidade da parte, não pode esta cobrar da seguradora as despesas com advogado, porquanto o equívoco é do consumidor" (TJMG, Apelação Cível 1.0000.19.011199-7/001, rel. José Augusto Lourenço dos Santos, j. 19-6-2019).

"APELAÇÃO CRIMINAL — APROPRIAÇÃO DE RENDIMENTOS DE IDOSO — PRELIMINARES — AUSÊNCIA DO ADVOGADO CONS-TITUÍDO NA AUDIÊNCIA DE INSTRUÇÃO E JULGAMENTO — NO-MEAÇÃO DE ADVOGADO *AD HOC* — INEXISTÊNCIA DE OFENSA AO CONTRADITÓRIO E À AMPLA DEFESA — PREJUÍZO INEXISTEN-TE — REJEIÇÃO. Impossibilitado o advogado constituído de comparecer à audiên-cia de instrução e nomeado advogado para o ato, improcede a alegação de cercea-mento de defesa. PRELIMINAR DE NULIDADE DE PROVA — GRAVAÇÃO AMBIENTAL — POSSIBILIDADE DE COMPOSIÇÃO DO ACERVO PRO-BATÓRIO — REJEIÇÃO. A chamada 'gravação ambiental', consistente no registro de conversa entre dois interlocutores, feita por um deles, sem o conhecimento do outro, quando protagonizada no contexto de ato investigatório, possui natureza constitucional, sendo possível a sua utilização em processos judiciais. MÉRITO — ABSOLVIÇÃO — IMPOSSIBILIDADE — AUTORIA E MATERIALIDADE COMPROVADAS — FARTO CONJUNTO PROBATÓRIO — CONDENAÇÕES MANTIDAS — REPRIMENDA — ANÁLISE EQUIVOCADA DAS CIRCUNSTÂNCIAS JUDICIAIS — REDUÇÃO — NECESSIDADE. PRELIMINARES REJEITADAS. RECURSOS NÃO PROVIDOS. DE OFÍCIO, REDUZIDAS AS PENAS IMPOSTAS AOS APELANTES. 01. Evidenciado que os réus apropriaram-se dos rendimentos de idoso para seu próprio uso, configurado está o delito previsto no art. 102 da Lei n. 10.741/2003, sendo de rigor a manutenção do decreto condenatório. 02. Se algumas das circunstâncias judiciais do art. 59 do Código Penal foram analisadas equivocadamente pelo Sentenciante, mister a redução da pena-base" (TJMG, Apelação Criminal 1.0625.08.086778-5/001, rel. Rubens Gabriel Soares, j. 27-11-2018).

PROVAS ELETRÔNICAS

"CÓDIGO DE TRÂNSITO BRASILEIRO. Imposição de multa. Discussão sobre existência e/ou validade da notificação de que trata o art. 281, parágrafo único, II, da Lei n. 9.503/97 — Suficiência da prova eletrônica da remessa da correspondência em nome do proprietário e ao endereço declarados no registro do veículo — Exegese das Súmulas 127 e 312 do STJ — Ato administrativo com presunção de legitimidade e veracidade — Suporte doutrinário — Apelação não provida" (TJSP Apelação Cível 1008580-76.2019.8.26.0344; rel. Fermino Magnani Filho, j. 31-7-2020).

"APELAÇÃO CÍVEL — AÇÃO DECLARATÓRIA DE INEXISTÊNCIA DE DÉBITO — SEGURO DE VIDA — CONTRATAÇÃO POR MEIO ELETRÔNICO — UTILIZAÇÃO DE SENHA E CARTÃO PESSOAIS — INEXISTÊNCIA DE VÍCIO — HIGIDEZ DO CONTRATO — PROVA DA CONTRATAÇÃO — A contratação por meio eletrônico é realizada com a utilização de senha pessoal e, por vezes, também cartão pessoal, não existindo assim contrato físico em que conste a assinatura do devedor. — A utilização de senha eletrônica pessoal e intransferível substitui a assinatura, sendo meio válido de manifestação de vontade já que somente seu titular dela tem conhecimento. — Se inexiste vício que macule tal operação, o contrato firmado é valido e deve ser cumprido. — Restando comprovado nos autos todos os pressupostos de existência e validade do negócio jurídico entabulado entre as partes, outra conclusão não há senão pela própria improcedência dos pedidos iniciais" (TJMG, Apelação Cível 1.0000.20.031761-8/001, rel. Pedro Aleixo, j. 15-7-2020).

2 — DESAFIOS DA MOBILIDADE — DO E-MAIL AO CELULAR CORPORATIVO

FERRAMENTAS DE TRABALHO TECNOLÓGICAS

Comentários:

As novas ferramentas tecnológicas facilitaram a comunicação entre as pessoas, mas também trouxeram inúmeras implicações, como o uso indevido do *e-mail* corporativo pelo empregado, a possibilidade de caracterização de sobreaviso e hora extra pela utilização de celulares, programas de comunicação em tempo real, dentre outros. Por isso, a importância de se ter uma norma clara sobre "mobilidade no trabalho", regrando o uso dos dispositivos móveis, caracterizando as situações de cargo de confiança e destacando que o fato de o colaborador portar o recurso não significa que está de sobreaviso (à disposição da empresa todas as horas do dia). Há, além do aspecto trabalhista, também o risco de segurança da informação no uso de mobilidade e cláusulas sobre isso devem estar presentes.

A empresa deve estar atenta ao uso do correio eletrônico que disponibiliza aos seus colaboradores, já que é responsável pelos atos deles e pela identificação de qual colaborador utilizou-se indevidamente da ferramenta para a prática de qualquer ilícito. Nesse entendimento, os Tribunais pátrios passaram a se posicionar favoráveis ao monitoramento do *e-mail* corporativo, não apenas como um direito, mas como uma obrigação legal do empregador. Inclusive, a empresa deve orientar sobre "redação corporativa de *e-mail*", visto que é o papel timbrado digital e o excesso de coloquialismo tem gerado diversos casos de assédio moral e sexual.

Sempre que a regra não está clara, a empresa acaba respondendo. Deve-se formalizar em políticas, normas, contratos, termos de uso, inserir avisos legais eletrônicos no ambiente de uso da tecnologia. Principalmente o aviso de monitoramento.

"RECURSO DE REVISTA INTERPOSTO NA VIGÊNCIA DA LEI N. 13.015/2014. HORAS EXTRAS. TRABALHO EXTERNO. MECÂNICO E MOTORISTA. SISTEMA DE RASTREAMENTO VIA SATÉLITE E UTILIZAÇÃO DE APARELHO CELULAR. POSSIBILIDADE DE CONTROLE DA JORNADA DE TRABALHO. Nos termos do art. 62, I, da CLT, os empregados que desenvolvem atividade externa incompatível com a fixação de horário de trabalho não fazem jus às horas extras. Dessa forma, o fato de o trabalhador prestar serviços de forma externa, por si só, não enseja o seu enquadramento na exceção contida no inciso I do art. 62 da CLT, visto que é relevante a comprovação de que exista incompatibilidade entre a natureza da atividade exercida pelo empregado e a fiscalização do seu horário de trabalho. *In casu*, o Regional de origem concluiu que o reclamante foi contratado pela reclamada para exercer a função de mecânico de manutenção de máquinas pesadas, tendo que também dirigir o veículo da empresa para os seus deslocamentos para a prestação de serviços, veículo este que possuía rastreamento por satélite, além de comunicação por celular. Apesar disso, a Corte *a quo* entendeu ausente o controle de jornada de trabalho do autor, motivo pelo qual o inseriu na exceção prevista no art. 62, I, da CLT. Entretanto, o TRT de origem não deu a exata subsunção da descrição dos fatos narrados ao conceito contido no art. 62, I, da CLT. Isso porque se verifica, do acórdão regional, que, além da comunicação por celular, existia o rastreamento via satélite do caminhão utilizado pelo autor. A reunião desses elementos fáticos demonstra que havia a possibilidade de que a reclamada tivesse conhecimento das horas trabalhadas pelo empregado, sendo suficiente para demonstrar que vigorava uma condição indireta de controle da jornada de trabalho do autor, que possibilitava a apuração da existência de labor além do horário de trabalho ajustado. O entendimento no âmbito deste Tribunal é de que o rastreamento via satélite viabiliza o controle da jornada de trabalho do empregado motorista, porquanto se realiza por meio de aparelho que capta sinais de GPS e permite a transmissão de dados como a localização exata do veículo, tempo no qual ficou parado, bem como a velocidade em que trafega. Conclui-se, portanto, que o Tribunal Regional, ao inserir o autor na exceção do art. 62, I, da CLT, aplicou mal esse dispositivo de lei ao caso concreto. Precedentes. Recurso de revista conhecido e provido" (TST, RR-16888-10.2016.5.16.0003, 2ª Turma, rel. Jose Roberto Freire Pimenta, j. 25-10-2019).

"EMBARGOS DE DECLARAÇÃO. OMISSÃO. VÍCIO NÃO CONFIGURADO. ACOLHIDOS APENAS PARA PRESTAR ESCLARECIMENTOS. Para que não se cogite de omissão — em que pese os termos da decisão parecerem suficientemente claros — cabe registrar que o acórdão revisando manteve os termos da decisão *a quo* nos pontos trazidos pela embargante, no caso, a indenização por danos morais e existenciais, não havendo fundamento as alegações trazidas nos presentes declaratórios, que restaram acolhidos apenas para prestar esclarecimentos" (TRT-6, RO 0002221-17.2017.5.06.0341, rel. Ruy Salathiel de Albuquerque e Mello Ventura, j. 30-7-2019).

USO INDEVIDO DO CORREIO ELETRÔNICO POR EMPREGADO

"AGRAVO DE INSTRUMENTO. RECURSO DE REVISTA. JUSTA CAUSA. UTILIZAÇÃO INDEVIDA DE *EMAIL* CORPORATIVO. FALTA GRAVE NÃO CONFIGURADA. HORAS EXTRAS. INVALIDADE DO

BANCO DE HORAS. INDENIZAÇÃO POR DANOS MORAIS EM DE-CORRÊNCIA DA REVERSÃO DA JUSTA CAUSA. Não merece provimento o agravo de instrumento que não logra desconstituir os fundamentos do despacho denegatório de prosseguimento do recurso de revista, ainda mais quando a matéria tratada nos autos exige reexame do contexto fático-probatório da causa, o que atrai a aplicação da Súmula n. 126 desta Corte. Agravo de Instrumento conhecido e desprovido" (TST, AIRR 51-85.2012.5.02.0203, 3ª Turma, rel. Vania Maria da Rocha Abensur, j. 22-8-2014).

"AGRAVO DE INSTRUMENTO — Execução — Embargos — Decisão que indefere pedido formulado pelo embargante de expedição de ofício ao prove-dor uolhost tendo por objeto prova — Não haverá violação ao sigilo constitucional legalmente protegido, já que o *e-mail* corporativo não é de terceiro e sim da própria empresa do agravante — Decisão modificada. Recurso provido" (TJSP; Agravo de Instrumento 2188061-78.2018.8.26.0000; rel. José Wagner de Oliveira Melatto Peixoto; j. 25-10-2018).

MONITORAMENTO DE *E-MAIL* CORPORATIVO — LEGALIDADE

"ADMINISTRATIVO. AÇÃO INDENIZATÓRIA. PROCESSO AD-MINISTRATIVO DISCIPLINAR. VIOLAÇÃO DA INTIMIDADE PES-SOAL E DO SIGILO DE CORRESPONDÊNCIA. O *e-mail* corporativo ostenta a natureza jurídica de ferramenta de trabalho, fornecida pelo empregador ao seu empregado, motivo pelo qual deve o obreiro utilizá-lo de maneira adequa-da, visando à obtenção da maior eficiência nos serviços que desempenha. Dessa forma, não viola os arts. 5º, X e XII, da Carta Magna a utilização, pelo empregador, do conteúdo do mencionado instrumento de trabalho, uma vez que cabe àquele que suporta os riscos da atividade produtiva zelar pelo correto uso dos meios que proporciona aos seus subordinados para o desempenho de suas funções. Não se há de cogitar, pois, em ofensa ao direito de intimidade" (TRF4, AC 5003783-11.2011.4.04.7200, 4ª Turma, rel. Vivian Josete Pantaleão Caminha, j. 28-2-2014).

"RECURSO DE REVISTA. ACÓRDÃO REGIONAL PUBLICADO NA VIGÊNCIA DA LEI N. 13.015/2014 E ANTERIORMENTE À LEI N. 13.467/2017. 1. PROVA ILÍCITA. 'E-MAIL' CORPORATIVO. ACESSO E UTILIZAÇÃO DO CONTEÚDO DAS MENSAGENS DOS EMPREGA-DOS PELO EMPREGADOR. POSSIBILIDADE. NÃO CONHECIMEN-TO. I. Consoante entendimento consolidado neste Tribunal, o *e-mail* corporativo ostenta a natureza jurídica de ferramenta de trabalho. Daí porque é permitido ao empregador monitorar e rastrear a atividade do empregado em *e-mail* corporativo, isto é, checar as mensagens, tanto do ponto de vista formal (quantidade, horários de expedição, destinatários etc.) quanto sob o ângulo material ou de conteúdo, não se constituindo em prova ilícita a prova assim obtida. II. Não viola os arts. 5º, X e XII, da Constituição Federal, portanto, o acesso e a utilização, pelo empregador, do conteúdo do 'e-mail' corporativo. III. Acórdão regional proferido em consonância ao entendimento desta Corte Superior. IV. Recurso de revista de que não se conhece. 2. RELAÇÃO DE EMPREGO. RECONHECIMENTO. MATÉRIA FÁTICO-PROBATÓRIA. SÚMULA 126 DO TST. NÃO CONHECIMEN-TO. I. Recurso de natureza extraordinária, submetido também a pressupostos intrínsecos ou específicos de admissibilidade, o recurso de revista não se compadece com o reexame de fatos e provas, aspecto em torno do qual os Tribunais Regionais são soberanos. II. O acórdão regional, após examinar o conjunto fático--probatório, concluiu que o Reclamante, 'antes da contratação como coordenador de curso em 2012, atuou para a recorrida de forma autônoma, eventual e não onerosa, segundo concluiu o Juízo de origem'. III. Em tal contexto, somente mediante o revolvimento de fatos e provas poder-se-ia chegar à conclusão diversa, de forma a comprovar a presença dos elementos caracterizadores da relação de emprego. Incidência da Súmula n. 126 do TST. IV. Recurso de revista de que não se conhece. 3. INDENIZAÇÃO. USO INDEVIDO DA IMAGEM. NÃO CONHECIMENTO. I. Consoante se depreende do art. 20 do Código Civil, o uso da imagem de uma pessoa, sem autorização, para fins comerciais, ainda que não haja ofensa, constitui ato ilícito. II. Extrai-se do acórdão regional que houve autorização expressa do Reclamante para uso da sua imagem, mediante a formalização de contrato específico. Registra o TRT, ainda, que não há notícias de que o uso da imagem fora utilizada pelo Reclamado após o período de vigência contratual. Em tal contexto, não há ofensa ao art. 20 do Código Civil. III. Recurso de revista de que não se conhece" (TST, RR-1347-42.2014.5.12.0059, 4ª Turma, rel. Alexandre Luiz Ramos, j. 26-6-2020).

3 — OFENSAS POR MEIOS ELETRÔNICOS

DIREITO À PRIVACIDADE *x* DEVER DE INFORMAÇÃO

Comentários:

Em razão da falsa aparência de anonimato e de ser a Internet uma "terra sem lei", as ofensas propagadas por meios eletrônicos tornaram-se muito comuns no dia a dia. Lembramos que a Constituição Federal garante a liberdade de expressão, mas proíbe o anonimato, o que legitima a identificação do agente para posterior responsabilização.

Aos meios eletrônicos se aplicam as mesmas regras já aplicáveis aos delitos cometidos por outros meios, como, por exemplo, nos crimes contra a honra. Por isso, cresce a responsabilidade de quem publica manifestações de pensamento na Internet e também daqueles que viabilizam os meios para tanto.

"APELAÇÃO CÍVEL. RESPONSABILIDADE CIVIL. AÇÃO INDENIZATÓRIA POR DANOS MATERIAIS E MORAIS. VEICULAÇÃO DE REPORTAGENS EM NOTICIÁRIOS TELEVISIVOS A RESPEITO DE SERVIÇO DE MOTORISTAS DISPONIBILIZADO POR CASAS NOTURNAS DA SERRA DE SANTA MARIA. ALEGAÇÃO DE MATÉRIA OFENSIVA À HONRA E À IMAGEM. CASO CONCRETO NO QUAL NÃO CONFIGURADO EXCESSO AO DIREITO DE INFORMAR. PRERROGATIVAS NÃO EXTRAPOLADAS. ILICITUDE NÃO CONFIGURADA. 1. Não existem direitos ou garantias fundamentais que se revistam de caráter absoluto no ordenamento brasileiro. O princípio da unidade da Constituição impõe a coexistência harmônica das liberdades e dos direitos assegurados na Lei Fundamental, não se legitimando o exercício de direito ou garantia com ofensa a bens jurídicos outros de mesma dignidade constitucional. Sopesamento entre os direitos de expressão e de informar *versus* o direito à privacidade e à imagem. 2. Caso concreto em que as reportagens não extrapolaram as prerrogativas do "animus narrandi", limitando-se a informar o ocorrido atendendo ao interesse público. Matérias jornalísticas que noticiam e criticam o serviço de motoristas que era disponibilizado por casas noturnas localizadas na serra de Santa Maria e que acabava, ainda que indiretamente, burlando a fiscalização de trânsito e colocando seus usuários e os demais cidadãos em risco, pois o volante voltava a ser assumido por clientes que haviam feito uso de álcool em sua maioria. 3. Ausência de ato ilícito ou excesso das rés, afastando a hipótese de sua responsabilização. Mantida a sentença de improcedência. APELAÇÃO DESPROVIDA" (TJRS, AC 70.081.486.326, Nona Câmara Cível, rel. Carlos Eduardo Richinitti, j. 25-9-2019).

"APELAÇÃO. RESPONSABILIDADE CIVIL. AÇÃO DE INDENIZA-ÇÃO POR DANOS MORAIS. USO EQUIVOCADO DE FOTOGRAFIA EM MATÉRIA JORNALÍSTICA A RESPEITO DA OPERAÇÃO LAVA JATO. VINCULAÇÃO À NOTÍCIA DE CORRUPÇÃO. ATO ILÍCITO CA-RACTERIZADO. DANOS MORAIS CONFIGURADOS. *QUANTUM* REA-DEQUADO. 1. As liberdades de expressão e de imprensa são direitos fundamentais constitucionalmente previstos (arts. 5º, IV e XI, e 220, *caput* e § 1º) e não são abso-lutas, passíveis de serem restringidas por outros direitos de mesma importância igualmente constantes na Constituição Federal/88. A privacidade, que engloba a intimidade, a vida privada, a honra e a imagem das pessoas, é também protegida pelo art. 5º, X, da Carta Política. Neste contexto, a imprensa, ao expor fatos e publicar opiniões ou fotos, deve ter o cuidado de não cometer abusos, tais como emitir afir-mações de caráter injurioso ou inverídicas que venham a ofender a honra ou macu-lar a imagem das pessoas. 2. Caso concreto em que resta incontroverso o equívoco cometido pela editora ré, consistente em inserir imagem da autora atrelado ao nome de terceira pessoa que vinha sendo investigada pela Operação Lava Jato, em razão de suspeitas de envolvimento com corrupção. O erro injustificado caracteriza a ilici-tude no agir, porquanto inobservados deveres mínimos jungidos à liberdade de im-prensa, sobretudo em razão da gravidade dos fatos noticiados na reportagem. 3. Retratação publicada na edição impressa seguinte, uma semana após, que desserve a ilidir o ato ilícito, cingindo-se a atuar como fator determinante do *quantum* da in-denização, observada a proporção do efeito gerado pela errata. Aplicação do princí-pio da reparação integral (art. 944 do Código Civil). Precedentes do STJ e desta Corte. 4. Fixação do montante da indenização em que não se podem olvidar as condições sociais da ofendida, a capacidade econômica do ofensor e como estes in-teragem a fim de avolumar a repercussão que o evento teve para a vítima. Por outro lado, há que se atentar aos princípios da proporcionalidade e da razoabilidade, de modo que a indenização cumpra com seus caracteres pedagógico e compensatório sem, contudo, representar enriquecimento sem causa ao ofendido. *Quantum* reade-quado para R$ 40.000,00 (quarenta mil reais), em atenção, ainda, a parâmetros adotados pela Câmara. RECURSO PARCIALMENTE PROVIDO. UNÂNIME" (TJRS, AC 70.081.891.335, Nona Câmara Cível, rel. Eduardo Kraemer, j. 10-9-2019).

RESPONSABILIDADE DAS *LAN-HOUSES* PELO CADASTRO DE SEUS USUÁRIOS

"APELAÇÃO CÍVEL — PROCEDIMENTO PARA IMPOSIÇÃO DE PENALIDADE ADMINISTRATIVA POR INFRAÇÃO ÀS NORMAS DE PROTEÇÃO À CRIANÇA E AO ADOLESCENTE — *LAN-HOUSE*

— PRESENÇA DE MENOR SEM IDENTIFICAÇÃO. O fato de o proprietário de estabelecimento comercial, que explora diversão eletrônica, permitir a entrada de dois menores, sem documento de identificação, bem como não ter comprovado a alegação de que tinha conhecimento prévio que a idade dos adolescentes lhes permitia ali estar, em razão de que realiza cadastro de todos os usuários de seus serviços, tem-se por acertada a sentença que julgou subsistente o auto de infração e impôs ao comerciante a pena de multa no valor correspondente a 3 (três) salários mínimos" (TJMG, Apelação Cível 1.0313.10.028471-7/001, rel. Edgard Penna Amorim, j. 7-2-2018).

"EMENTA PROCESSO PENAL. *HABEAS CORPUS*. CRIME MILITAR. MENSAGENS CRIMINOSAS ENVIADAS PELA INTERNET. ACESSO AO CONTEÚDO DAS COMUNICAÇÕES DISPONIBILIZADO PELOS DESTINATÁRIOS. ACESSO AOS DADOS DE COMPUTADOR EM *LAN--HOUSE* COM AUTORIZAÇÃO DO PROPRIETÁRIO JUDICIAL. INTERROGATÓRIO POR PRECATÓRIA. INVALIDADES NÃO RECONHECIDAS. Envio de comunicações criminosas, contendo injúria, desacato e incitação à prática de crimes, por meio de computador mantido em *lan-house*. Só há intromissão na esfera privada de comunicações, a depender de prévia autorização judicial, na hipótese de interferência alheia à vontade de todos os participantes do ato comunicativo. Caso no qual o acesso ao conteúdo das comunicações ilícitas foi disponibilizado à investigação pelos destinatários das mensagens criminosas. Autoria de crimes praticados pela internet desvelada mediante acesso pela investigação a dados mantidos em computador de *lan-house* utilizado pelo agente. Acesso ao computador que não desvelou o próprio conteúdo da comunicação criminosa, mas somente dados que permitiram identificar o seu autor. Desnecessidade de prévia ordem judicial e do assentimento do usuário temporário do computador quando, cumulativamente, o acesso pela investigação não envolve o próprio conteúdo da comunicação e é autorizado pelo proprietário do estabelecimento e do aparelho, uma vez que é este quem possui a disponibilidade dos dados neles contidos. Não é inválida a realização de interrogatório por precatória quando necessária pela distância entre a sede do Juízo e a residência do acusado. Não se prestigia a forma pela forma e, portanto, não se declara nulidade sem prejuízo, conforme princípio maior que rege a matéria (art. 499 do Código de Processo Penal Militar). Ordem denegada" (STF, HC 103.425, rel. Rosa Weber, Primeira Turma, j. 26-6-2012).

DELITOS CONTRA A HONRA NA INTERNET

"CONFLITO DE COMPETÊNCIA. CRIMES CONTRA HONRA PRATICADOS PELA INTERNET. COMPETÊNCIA. VEICULAÇÃO DO

CONTEÚDO OFENSIVO. FIXAÇÃO NO LOCAL DO TITULAR DO PRÓPRIO DOMÍNIO E QUE CRIOU A *HOME PAGE* ONDE É ABASTECIDO SEU CONTEÚDO. 1. Tratando-se de crimes contra a honra praticados pela internet, a competência deve ser firmar de acordo com a regra do art. 70 do Código de Processo Penal, segundo o qual 'A competência será, de regra, determinada pelo lugar em que se consumar a infração, ou, no caso de tentativa, pelo lugar em que for praticado o último ato de execução'. Isso porque constituem-se crimes formais e, portanto, consumam-se no momento de sua prática, independentemente da ocorrência de resultado naturalístico. Assim, a simples divulgação do conteúdo supostamente ofensivo na internet já é suficiente para delimitação da competência. 2. Esse local deve ser aquele de onde efetivamente partiu a publicação do conteúdo, o que ocorre no próprio local do domínio em que se encontra a *home page*, porquanto é ali que o titular do domínio alimenta o seu conteúdo, independentemente do local onde se hospeda o sítio eletrônico (provedor). 3. No caso, a veiculação da reportagem que deu ensejo ao inquérito policial partiu de sítio eletrônico cujo domínio era de empresa situada no Mato Grosso, razão pela qual a competência é do Juízo Federal da 5ª Vara da Seção Judiciária do Estado do Mato Grosso" (STJ, CC 136.700/SP, rel. Rogerio Schietti Cruz, j. 23-9-2015).

"RECURSO EM SENTIDO ESTRITO. CRIMES CONTRA A HONRA PRATICADOS PELA INTERNET (FACEBOOK). QUEIXA-CRIME RECEBIDA APENAS PELO CRIME DE INJÚRIA. PLEITO DE RECEBIMENTO PELOS CRIMES DE CALÚNIA E DIFAMAÇÃO. CALÚNIA NÃO CARACTERIZADA. FATOS QUE SE REFEREM A TERCEIRA PESSOA E NÃO AO QUERELANTE. AFASTAMENTO. DIFAMAÇÃO. OFENSA À HONRA OBJETIVA (REPUTAÇÃO) DO QUERELANTE. CONDUTA QUE NÃO CONFIGURA *BIS IN IDEM* COM O CRIME DE INJÚRIA. BENS JURÍDICOS DISTINTOS. RECURSO PARCIALMENTE PROVIDO. Ainda que diversas ofensas tenham sido assacadas por meio de uma única carta, a simples imputação à acusada dos crimes de calúnia, injúria e difamação não caracteriza ofensa ao princípio que proíbe o *bis in idem*, já que os crimes previstos nos arts. 138, 139 e 140 do Código Penal tutelam bens jurídicos distintos, não se podendo asseverar de antemão que o primeiro absorveria os demais" (TJPR, RHC 41.527/RJ, rel. Jorge Mussi, Quinta Turma, j. 3-3-2015).

RESPONSABILIDADE DOS *SITES* DE BUSCA

"CIVIL E CONSUMIDOR. INTERNET. RELAÇÃO DE CONSUMO. INCIDÊNCIA DO CDC. GRATUIDADE DO SERVIÇO. INDIFERENÇA.

PROVEDOR DE PESQUISA VOLTADA AO COMÉRCIO ELETRÔNICO. INTERMEDIAÇÃO. AUSÊNCIA. FORNECEDOR. NÃO CONFIGURA-DO. 1. Ação ajuizada em 17-9-2007. Recurso especial interposto em 28-10-2013 e distribuído a este Gabinete em 26-8-2016. 2. A exploração comercial da Internet sujeita as relações de consumo daí advindas à Lei n. 8.078/90. 3. O fato de o serviço prestado pelo provedor de serviço de Internet ser gratuito não desvirtua a relação de consumo. 4. Existência de múltiplas formas de atuação no comércio eletrônico. 5. O provedor de buscas de produtos que não realiza qualquer intermediação entre consumidor e vendedor não pode ser responsabilizado por qualquer vício da mercadoria ou inadimplemento contratual. 6. Recurso especial provido" (STJ, REsp 1.444.008/RS, rel. Nancy Andrighi, Terceira Turma, j. 25-10-2016).

"CIVIL E CONSUMIDOR. INTERNET. RELAÇÃO DE CONSUMO. INCIDÊNCIA DO CDC. GRATUIDADE DO SERVIÇO. INDIFERENÇA. PROVEDOR DE PESQUISA. FILTRAGEM PRÉVIA DAS BUSCAS. DES-NECESSIDADE. RESTRIÇÃO DOS RESULTADOS. NÃO-CABIMENTO. CONTEÚDO PÚBLICO. DIREITO À INFORMAÇÃO. 1. A exploração comercial da Internet sujeita as relações de consumo daí advindas à Lei n. 8.078/90. 2. O fato de o serviço prestado pelo provedor de serviço de Internet ser gratuito não desvirtua a relação de consumo, pois o termo 'mediante remuneração', contido no art. 3º, § 2º, do CDC, deve ser interpretado de forma ampla, de modo a incluir o ganho indireto do fornecedor. 3. O provedor de pesquisa é uma espécie do gênero provedor de conteúdo, pois não inclui, hospeda, organiza ou de qualquer outra forma gerencia as páginas virtuais indicadas nos resultados disponibilizados, se limitando a indicar *links* onde podem ser encontrados os termos ou expressões de busca fornecidos pelo próprio usuário. 4. A filtragem do conteúdo das pesquisas feitas por cada usuário não constitui atividade intrínseca ao serviço prestado pelos provedores de pesquisa, de modo que não se pode reputar defeituoso, nos termos do art. 14 do CDC, o *site* que não exerce esse controle sobre os resultados das buscas. 5. Os provedores de pesquisa realizam suas buscas dentro de um universo virtual, cujo acesso é público e irrestrito, ou seja, seu papel se restringe à identificação de páginas na web onde determinado dado ou informação, ainda que ilícito, estão sendo livremente veiculados. Dessa forma, ainda que seus mecanismos de busca facilitem o acesso e a consequente divulgação de páginas cujo conteúdo seja potencialmente ilegal, fato é que essas páginas são públicas e compõem a rede mundial de computadores e, por isso, aparecem no resultado dos *sites* de pesquisa. 6. Os provedores de pesquisa não podem ser obrigados a eliminar do seu sistema os resultados derivados da busca de determinado termo ou expressão, tampouco os resultados que apontem para uma foto ou texto específico, independentemente da indicação do URL da página onde este estiver inserido. 7. Não se pode, sob o pretexto de dificultar a propagação de conteúdo ilícito ou ofensivo na web, reprimir o direito da coletividade à informação. Sopesados os direitos envolvidos e o risco potencial de violação de cada um deles, o fiel da balança deve pender para a garantia da liberdade de informação assegurada pelo art. 220, § 1º, da CF/88, sobretudo considerando que a Internet representa, hoje, importante veículo de comunicação social de massa. 8. Preenchidos os requisitos indispensáveis à exclusão, da web, de uma determinada página virtual, sob a alegação de veicular conteúdo ilícito ou ofensivo — notadamente a identificação do URL dessa página — a vítima carecerá de interesse de agir contra o provedor de pesquisa, por absoluta falta de utilidade da jurisdição. Se a vítima identificou, via URL, o autor do ato ilícito, não tem motivo para demandar contra aquele que apenas facilita o acesso a esse ato que, até então, se encontra publicamente disponível na rede para divulgação. 9. Recurso especial provido" (STJ, REsp 1.316.921/RJ, rel. Nancy Andrighi, Terceira Turma, j. 26-6-2012).

4 — VAZAMENTO DE INFORMAÇÕES

SIGILO DE DADOS

Comentários:

A informação e o conhecimento formam parte do patrimônio intangível da empresa. Na sociedade atual, essas são a maior riqueza corporativa.

Assim, o empregador deve conscientizar os colaboradores sobre segurança da informação e monitorar a manipulação dos dados pelos mesmos, devendo ter cuidado, controle, classificar e restringir o acesso às informações sensíveis.

Na era digital, o vazamento de informações é cada vez mais comum, dada a facilidade de transmissão dos dados sigilosos pelos meios eletrônicos. Um simples *pen-drive* ou mesmo um MP3 pode representar uma enorme ameaça, caso utilizado de forma inadequada. Mas o monitoramento, para não ter risco legal, precisa ser avisado previamente, bem como sua aplicação tem que ser uniforme para todos, evitando, assim, qualquer alegação de arbitrariedade ou perseguição.

"Recurso Inominado. Ação de indenização por danos materiais e morais. Fraude perpetrada. Vazamento de informações cadastrais e negociais do autor. Danos morais não configurados. Ausência de previsão legal para impor danos morais com caráter meramente punitivo (...) 1. Narra o autor que em razão do vazamento de seus dados sigilosos, foi levado a cair em uma fraude. 2. Sentença que julgou parcialmente procedente a ação, a fim de condenar o réu ao pagamento da quantia de R$ 814,02 a título de indenização por danos materiais. 3. Analisando o conjunto probatório, verifica-se que o autor não demonstrou de forma cabal o abalo moral sofrido, a fim de comprovar fato constitutivo de seu direito, ônus que lhe incumbia, nos termos do art. 373, I, do CPC. 4. Com efeito, o autor tinha um acordo com a ré, recuperadora de créditos, sendo que foi contatado por fraudadores, que dispunham dos dados do acordo e, mediante fraude, fizeram-no pagar uma parcela indevida. 5. O presente recurso cinge-se a postular danos morais por conta do manejo de dados fraudulentos. 6. *In casu*, não se trata de situação excepcional capaz de determinar a incidência de danos morais, porque tal se daria apenas em caráter punitivo. 7. Desta forma, entende-se que não restaram caracterizados os danos morais, já que a parte autora não comprovou que tivesse tido abalo em algum dos atributos da sua personalidade, em função da situação vivenciada, tratando-se de mero aborrecimento, o que não é capaz de gerar dano moral indenizável, salvo em situações excepcionais"(TJRS, RI 0.047.026-37.2019.8.21.9000, rel. Des. Fábio Vieira Heerdt, 3ª Turma Recursal Cível, j. 26-9-2019).

"DIREITO ADMINISTRATIVO E OUTRAS MATÉRIAS DE DIREITO PÚBLICO. Garantias Constitucionais. Proteção da Intimidade e Sigilo de Dados. O Tribunal, por maioria, julgou procedente o pedido formulado na ação direta para declarar a inconstitucionalidade formal da Lei n. 6.336/2013 do Estado do Piauí, nos termos do voto da Relatora, vencidos os Ministros Alexandre de Moraes e Marco Aurélio. Os Ministros Edson Fachin e Roberto Barroso acompanharam a Relatora com ressalvas. Falou, pela requerente, o Dr. Guilherme Pupe da Nóbrega. Plenário, Sessão Virtual de 23-10-2020 a 3-11-2020". Voto relatora Ministra Rosa Weber: "(...) 7. Por mais necessária e importante que seja a devida instrumentação dos órgãos de segurança pública, a fim de atuarem na repressão de atos ilícitos, a definição de obrigações e procedimentos, no âmbito da prestação de serviços públicos, não se pode dar de forma não integrada, desvinculada do sistema como um todo, sob pena de mesmo medidas bem-intencionadas, por desconsiderarem o funcionamento do sistema no nível mais amplo, se revelarem não apenas ineficazes, mas verdadeiramente contraproducentes na consecução dos fins a que se propõem. 8. Nesse sentido, o Tribunal não tem atribuído validade constitucional a normas estaduais que, embora animadas pelo desiderato de contribuir com as atividades dos órgãos de segurança pública, têm a consequência prática de interferir indevidamente em direitos individuais e na estrutura de prestação do serviço público (...) 9. Nessa linha, julgo **procedente** o pedido para declarar a **inconstitucionalidade formal da Lei n. 6.336/2013 do Estado do Piauí**, por ofensa aos **arts. 21, XI, e 22, I e IV, da Constituição da República**" (STF, ADI 5.040/PI, rel. Min. Rosa Weber, Tribunal Pleno, Sessão Virtual de 23-10-2020 a 3-11-2020).

"APELAÇÃO CÍVEL — AÇÃO ANULATÓRIA DE CONTRATO E INDENIZAÇÃO POR DANOS MORAIS — CONTRATAÇÃO DE EMPRÉSTIMOS — CAIXA ELETRÔNICO — CULPA EXCLUSIVA DA VÍTIMA — NÃO CONFIGURADA — DEFEITO NA PRESTAÇÃO DO SERVIÇO BANCÁRIO — VAZAMENTO DE DADOS PESSOAIS — DANOS MORAIS CARACTERIZADOS — *QUANTUM* INDENIZATÓRIO — ADEQUAÇÃO DEVIDA — SENTENÇA REFORMADA EM PARTE. (...) Reveste-se de ilicitude a hipótese em que a instituição financeira permite ou não cuida para impedir o vazamento dos dados pessoais de seus clientes oportunizando, assim, a atuação ilícita de terceiros fraudadores" (TJMG, AC 1.0471.16.012594-7/001, rel. Juliana Campos Hora, 12ª Câmara Cível, j. 8-8-2019).

VAZAMENTO DE DADOS SIGILOSOS DA EMPRESA

"APELAÇÃO CÍVEL. RESPONSABILIDADE CIVIL. AÇÃO INDENIZATÓRIA POR DANOS MORAIS. VAZAMENTO DE DADOS

CADASTRAIS DE ALUNOS POR UNIVERSIDADE. AUSÊNCIA DE PROVA ACERCA DA OFENSA AOS DIREITOS DA PERSONALIDADE DO AUTOR. DANOS MORAIS NÃO CONFIGURADOS. 1. Trata-se de pretensão indenizatória por danos extrapatrimoniais em decorrência de vazamento de dados/informações pessoais constantes em cadastro da instituição de ensino demandada. Alega o autor que a ré não adotou mecanismos seguros para o armazenamento dos aludidos dados, o que teria causado o infortúnio. 2. Embora inequívoco o vazamento de informações decorrente de falha pela Universidade demandada, a prova dos autos demonstra exaustivamente que a parte ré, ao ter ciência do ocorrido, tomou todas as providências que estavam ao seu alcance para estancar eventuais danos daí decorrentes. Em contraposição, as alegações do autor não passaram do campo da retórica, ou seja, não trouxe nenhum elemento concreto para demonstrar efetivamente algum dano/prejuízo aos seus direitos da personalidade, advindo do vazamento de informações. 3. Assim, inocorrente o dano extrapatrimonial, eis que a falha de serviço, por si só, não dá ensejo à indenização por danos morais, não restando comprovada excepcionalidade no sentido de que os direitos da personalidade da parte autora tenham sido afrontados. Não se desincumbiu, pois, a parte demandante, consoante previsão do art. 373, I, do CPC, do seu ônus probatório. 4. Majoração dos honorários sucumbenciais, à luz do que preconiza o art. 85, § 11, do CPC. APELAÇÃO DESPROVIDA" (TJRS, Apelação Cível 70.082.756.115, 5ª Câmara Cível, rel. Lusmary Fatima Turelly da Silva, j. 30-10-2019).

"RECURSO INOMINADO. VAZAMENTO DE DADOS BANCÁRIOS DO CORRENTISTA. QUEBRA DO SIGILO BANCÁRIO. FALHA NA PRESTAÇÃO DE SERVIÇO. RESPONSABILIDADE OBJETIVA DA INSTITUIÇÃO FINANCEIRA. DANO MORAL CONFIGURADO. SENTENÇA MANTIDA. RECURSOS CONHECIDOS E DESPROVIDOS" (TJPR RI 0037154-14.2018.8.16.0030, 1ª Turma Recursal, rel. Vanessa Bassani, j. 18-5-2020).

VAZAMENTO DE INFORMAÇÕES EM CONCURSO PÚBLICO

"APELAÇÕES CÍVEIS. AÇÃO CIVIL PÚBLICA POR ATOS DE IMPROBIDADE ADMINISTRATIVA. FRAUDE EM CONCURSO PÚBLICO PARA A PREFEITURA DE CÂNDIDO DE ABREU. FAVORECIMENTO DE ALGUNS CANDIDATOS COM O 'VAZAMENTO' PRÉVIO DAS PROVAS/GABARITOS. SENTENÇA DE PARCIAL PROCEDÊNCIA. RECURSO DE ROGÉRIO GALLO E OUTROS. ERRO NA CAPITULAÇÃO JURÍDICA DAS CONDUTAS DOS RÉUS. INOCORRÊNCIA. ART. 10, XI, DA LEI N. 8.429/92. AO ACORDAREM COM A EMPRESA

ORGANIZADORA DO CONCURSO O 'VAZAMENTO' DAS PROVAS, OS RÉUS, CANDIDATOS NO CONCURSO PÚBLICO E SERVIDORES COMISSIONADOS DA PREFEITURA, CONCORRERAM PARA A APLICAÇÃO IRREGULAR DE RECURSOS PÚBLICOS, NA MEDIDA EM QUE O MONTANTE DESPENDIDO COM A EMPRESA ACABOU POR NÃO ATINGIR A FINALIDADE PÚBLICA DE SELEÇÃO DOS MELHORES CANDIDATOS PARA OCUPAREM OS CARGOS PÚBLICOS POSTOS À DISPOSIÇÃO. ALEGAÇÃO DE AUSÊNCIA DE DANO AO ERÁRIO. NÃO ACOLHIMENTO. DESPROPORCIONALIDADE DAS SANÇÕES. INOCORRÊNCIA. A SANÇÃO DE PERDA DA FUNÇÃO PÚBLICA SE APLICA AO CARGO QUE ESTIVER SENDO OCUPADO PELO AGENTE À ÉPOCA DO TRÂNSITO EM JULGADO DA SENTENÇA, MESMO QUE NELE TENHA INGRESSADO POSTERIORMENTE À PRÁTICA DE ATO DE IMPROBIDADE ADMINISTRATIVA. RECURSO CONHECIDO E DESPROVIDO. RECURSO DE EDUARDO KUTIANSKI FRANCO. ASSESSOR JURÍDICO DA PREFEITURA E MEMBRO DA COMISSÃO DO CONCURSO. PARECER JURÍDICO PELA LEGALIDADE DA CONTRATAÇÃO DA EMPRESA MEDIANTE DISPENSA DE LICITAÇÃO. CONDUTA INSUFICIENTE PARA A CONFIGURAÇÃO DE ATO DE IMPROBIDADE ADMINISTRATIVA. A RESPONSABILIZAÇÃO DO ADVOGADO PÚBLICO POR ATO DE IMPROBIDADE ADMINISTRATIVA É POSSÍVEL QUANDO SEU PARECER APRESENTAR ERRO GROSSEIRO OU APRESENTAR TESE INSUSTENTÁVEL. NO CASO CONCRETO, EMBORA FOSSE MAIS DESEJÁVEL A ADOÇÃO DO TIPO DE LICITAÇÃO 'MELHOR TÉCNICA', NÃO CONSTITUIU ERRO GRAVE A CONCLUSÃO PELA LEGALIDADE DA CONTRATAÇÃO POR DISPENSA DE LICITAÇÃO SEGUNDO O CRITÉRIO 'MENOR PREÇO'. A CIRCUNSTÂNCIA DE O RÉU NÃO TER COMPARECIDO AO LOCAL DE APLICAÇÃO DAS PROVAS, EMBORA IRREGULAR, TAMBÉM NÃO CONSTITUI ILEGALIDADE QUALIFICADA, A PONTO DE ENSEJAR A CONDENAÇÃO POR ATO DE IMPROBIDADE ADMINISTRATIVA. RECURSO CONHECIDO E PROVIDO. PRETENSÃO JULGADA IMPROCEDENTE EM RELAÇÃO AO APELANTE. RECURSO DE RICHARD GOLBA. ALEGAÇÃO DE AUSÊNCIA DE PARTICIPAÇÃO NO ESQUEMA DE FRAUDE DO CONCURSO PÚBLICO. NÃO ACOLHIMENTO. RÉU QUE, NA QUALIDADE DE PREFEITO MUNICIPAL, CONCORREU DECISIVAMENTE PARA A OCORRÊNCIA DOS ATOS ILÍCITOS. NOMEAÇÃO DE MEMBROS DA COMISSÃO DE CONCURSO QUE FORAM INSTRUÍDOS A NÃO DESEMPENHAR SUAS FUNÇÕES, POSSIBILITANDO, ASSIM, A NEGOCIAÇÃO DE FAVORECIMENTO

ENTRE OS RÉUS CANDIDATOS DO CONCURSO E A EMPRESA CONTRATADA. A NOMEAÇÃO DE MEMBROS DA COMISSÃO NÃO SE TRATA DE MERO ATO DE ROTINA DA ADMINISTRAÇÃO, COMO DEFENDIDO, ESPECIALMENTE NO CASO CONCRETO, POIS O CONCURSO PÚBLICO ANTERIOR JÁ HAVIA SIDO INVALIDADO POR CONTA DE RECOMENDAÇÃO ADMINISTRATIVA DO MINIS-TÉRIO PÚBLICO. CONFIGURAÇÃO DE, NO MÍNIMO, DOLO EVEN-TUAL, POIS O RÉU NOMEOU MEMBROS DA COMISSÃO QUE NÃO PARTICIPARIAM DA ORGANIZAÇÃO DO CERTAME E PERMITIU QUE SERVIDORES COMISSIONADOS CANDIDATOS DO CONCUR-SO PRATICASSEM ATOS DE ORGANIZAÇÃO DESTE, ASSUMINDO SERIAMENTE O RISCO DA OCORRÊNCIA DE FRAUDES. PAGA-MENTO EM DESCONFORMIDADE COM A LEI N. 4.320/64. DANO AO ERÁRIO. PROPORCIONALIDADE DAS SANÇÕES APLICADAS. ALEGAÇÃO DE IMPOSSIBILIDADE DE PAGAR HONORÁRIOS AD-VOCATÍCIOS EM FAVOR DO MUNICÍPIO DE CÂNDIDO DE ABREU. ACOLHIMENTO. MUNICÍPIO QUE NÃO FAZ PARTE DA RELAÇÃO PROCESSUAL, NÃO FAZENDO JUS À VERBA DE SUCUMBÊNCIA. IMPOSSIBILIDADE DE PAGAMENTO DE HONORÁRIOS ADVOCA-TÍCIOS EM FAVOR DO MINISTÉRIO PÚBLICO. ENUNCIADO N. 02 DA 4ª E 5ª CÂMARAS CÍVEIS. RECURSO CONHECIDO E PARCIAL-MENTE PROVIDO, APENAS PARA EXCLUIR A CONDENAÇÃO AO PAGAMENTO DE HONORÁRIOS ADVOCATÍCIOS. RECURSO DE VALQUÍRIA IENE. ALEGAÇÃO DE QUE FOI CONDENADA APENAS POR SER FILHA DE UM DOS RÉUS. NÃO ACOLHIMENTO. ENVOL-VIMENTO NO ESQUEMA DE 'VAZAMENTO' DE PROVAS DEMONS-TRADO PELAS PROVAS DOS AUTOS. PRETENSÃO DE REDUÇÃO DAS SANÇÕES. NÃO ACOLHIMENTO. CONDENAÇÃO AO PAGA-MENTO DE HONORÁRIOS ADVOCATÍCIOS EM FAVOR DO MUNI-CÍPIO DE CÂNDIDO DE ABREU. IMPOSSIBILIDADE. RECURSO CONHECIDO E PARCIALMENTE PROVIDO, APENAS PARA EX-CLUIR A CONDENAÇÃO AO PAGAMENTO DE HONORÁRIOS AD-VOCATÍCIOS. RECURSO DE JASINSKI & PAVIANI LTDA. ALEGAÇÃO DE IMPOSSIBILIDADE DE ATUAÇÃO CONCOMITANTE DO MA-GISTRADO NA AÇÃO CIVIL PÚBLICA POR ATO DE IMPROBIDADE ADMINISTRATIVA E NA AÇÃO PENAL. NÃO ACOLHIMENTO. JUÍ-ZO ÚNICO. COMPETÊNCIA LEGAL. AUSÊNCIA DE HIPÓTESE DE IMPEDIMENTO OU SUSPEIÇÃO NESSE SENTIDO. POSSIBILIDADE DE UTILIZAÇÃO DE PROVA EMPRESTADA DO PROCESSO PENAL. PRECEDENTES DO STJ. VINCULAÇÃO DA ESFERA CÍVEL À ESFE-RA PENAL NOS CASOS DE SENTENÇA ABSOLUTÓRIA FUNDA-

MENTADA NA INEXISTÊNCIA MATERIAL DO FATO E DE SEN-TENÇA CONDENATÓRIA. LEITURA CONJUNTA DOS ARTIGOS 66 DO CÓDIGO DE PROCESSO PENAL E 935 DO CÓDIGO CIVIL. VAZAMENTO ILÍCITO DAS PROVAS PELOS RÉUS RECONHECIDO NA ESFERA CRIMINAL. PROPORCIONALIDADE DAS SANÇÕES APLICADAS. RECURSO CONHECIDO E DESPROVIDO. RECURSO DE ROGÉRIO GALLO E OUTROS CONHECIDO E DESPROVIDO. RECURSO DE JASINSKI & PAVIANI LTDA. E MATEUS JASINSKI CO-NHECIDO E DESPROVIDO. RECURSO DE EDUARDO KUTIANSKI FRANCO CONHECIDO E PROVIDO. RECURSOS DE RICHARD GOLBA E VALQUÍRIA IENE CONHECIDOS E PARCIALMENTE PROVIDOS" (TJPR, Ap. 1500471-0, rel. Maria Aparecida Blanco de Lima, j. 8-7-2016).

"APELAÇÃO. DEFESA CONSTITUÍDA. VIOLAÇÃO DE SIGILO FUNCIONAL. ART. 326 DO CPM. CONDENAÇÃO EM PRIMEIRA INSTÂNCIA. CONCURSO PÚBLICO. DIVULGAÇÃO DE QUESTÃO CONSTANTE DO EDITAL DO CONCURSO NÃO INSERIDA NO CA-DERNO DE PROVAS. POTENCIAL LESIVIDADE À ADMINISTRAÇÃO MILITAR. MANUTENÇÃO DA CONDENAÇÃO. EXASPERAÇÃO DA PENA-BASE. DESPROPORCIONALIDADE. APELO PROVIDO PAR-CIALMENTE. UNANIMIDADE. O crime de violação de sigilo funcional, descrito no art. 326 do CPM, protege do conhecimento de terceiro fato que, por sua natureza, não deva ser de conhecimento geral, exigindo, para sua consumação, que o autor, na condição de agente da Administração, revele o segredo a ele confiado, sob pena de causar dano ou perigo de dano à Administração Militar. Embora não tenha ocorrido prejuízo concreto para a Administração Militar, haja vista que a questão divulgada pelo agente da Administração a terceiro não foi incluída no caderno de provas do concurso público, a conduta perpetrada pelo agente evidenciou a potencialidade lesiva. Além disso, o teor da questão divulgada, por constar do Edital do certame, encontrava-se albergado por cláusula de sigilo. O Princípio da Individualização da Pena permite que o Julgador, dentro dos limites abstratamente cominados pelo legislador, fixe a reprimenda objetivando a prevenção e a repressão do crime perpetrado, conferindo-lhe, pois, certo grau de discricionariedade em todas as fases da dosimetria da pena. Sendo majoritariamente favoráveis ao Réu as circunstâncias judiciais descritas no art. 69 do CPM, a exasperação da pena-base operada pelo Conselho Julgador de primeiro grau revelou-se desproporcional, na medida em que os autos demonstram que não houve vantagem para a candidata, em detrimento dos outros concorrentes. Apelo defensivo provido parcialmente. Unanimidade" (STM, Ap. 0000059-08.2014.7.03.0103, rel. Cleonilson Nicácio Silva, j. 25-10-2016).

5 — DIREITOS AUTORAIS E IMAGEM NA INTERNET

VIOLAÇÃO DE DIREITOS AUTORAIS E DE IMAGEM

Comentários:

A Internet facilita o acesso e a disponibilização de conteúdos e, ao contrário do que possa parecer, o que está na rede mundial de computadores não é necessariamente de domínio público, motivo pelo qual deve-se ter atenção redobrada quando da utilização de conteúdo de terceiro, sob pena de violação de direitos autorais. O mesmo se aplica ao uso de imagem sem a devida autorização de seu titular e/ou retratado.

A evolução tecnológica desafia não apenas o Direito, mas a ética dos usuários. Assim como aprendemos o valor "não pegue o que não é seu", agora aplicamos "não copie e cole o conteúdo do próximo".

No caso de direito de imagem ainda é mais restritivo. Por isso, deve-se ter muito cuidado ao coletar e usar imagem de pessoas obtidas na Internet. Às vezes, a foto tem a cessão de direitos autorais (*creative commons*), mas isso não quer dizer que há a cessão do direito de imagem da pessoa fotografada. E quem faz uso do conteúdo responde. Por isso, devemos buscar fontes seguras, legítimas e sempre citar a fonte e a autoria, com data e endereço do *link* de onde foi retirado.

"RECURSO ESPECIAL. DIREITO CIVIL. DIREITOS AUTORAIS E DIREITOS DA PERSONALIDADE. GRAVAÇÃO DE VOZ. COMERCIALIZAÇÃO E UTILIZAÇÃO PELA RÉ. VIOLAÇÃO DO ART. 535 DO CPC/73. NÃO OCORRÊNCIA. DIREITOS AUTORAIS. GRAVAÇÃO DE MENSAGEM TELEFÔNICA QUE NÃO CONFIGURA DIREITO CONEXO AO DE AUTOR, NÃO ESTANDO PROTEGIDA PELA LEI DE DIREITOS AUTORAIS. PROTEÇÃO À VOZ COMO DIREITO DA PERSONALIDADE. POSSIBILIDADE DE DISPOSIÇÃO VOLUNTÁRIA, DESDE QUE NÃO PERMANENTE NEM GERAL. AUTORIZAÇÃO PARA A UTILIZAÇÃO DA GRAVAÇÃO DA VOZ QUE PODE SER PRESUMIDA NO PRESENTE CASO. GRAVAÇÃO REALIZADA ESPECIFICAMENTE PARA AS NECESSIDADES DE QUEM A UTILIZA. UTILIZAÇÃO CORRESPONDENTE AO FIM COM QUE REALIZADA A GRAVAÇÃO. INDENIZAÇÃO NÃO DEVIDA. 1. Pretensão da autora de condenação da empresa requerida ao pagamento de indenização pela utilização de gravação de sua voz sem sua autorização, com fins alegadamente comerciais, por ser ela objeto de proteção tanto da legislação relativa aos direitos autorais, como aos direitos da personalidade. 2. Ausência de violação do art. 535 do CPC/73, tendo o Tribunal de origem apresentado fundamentação suficiente para o desprovimento do recurso de apelação da autora. 3. Os direitos do artista executante ou intérprete são conexos aos direitos de autor e, apesar de sua autonomia, estão intrinsecamente ligados, em sua origem, a uma obra autoral, e a ela devem sua existência. 4. Nos termos da Lei de Direitos Autorais (Lei n. 9.610/98), apenas há direitos conexos quando há execução de obra artística ou literária, ou de expressão do folclore. 5. Gravação de mensagem de voz para central telefônica que não pode ser enquadrada como direito conexo ao de autor, por não representar execução de obra literária ou artística ou de expressão do folclore. Inaplicabilidade da Lei n. 9.610/98 ao caso em comento. 6. A voz humana encontra proteção nos direitos da personalidade, seja como direito autônomo ou como parte integrante do direito à imagem ou do direito à identidade pessoal. 7. Os direitos da personalidade podem ser objeto de disposição voluntária, desde que não permanente nem geral, estando seu exercício condicionado à prévia autorização do titular e devendo sua utilização estar de acordo com o contrato. Enunciado n. 4 da I Jornada de Direito Civil. 8. Caso concreto em que a autorização da autora deve ser presumida, pois realizou gravação de voz a ser precisamente veiculada na central telefônica da ré, atendendo especificamente às suas necessidades. 9. Gravação que vem sendo utilizada pela ré exatamente para esses fins, em sua central telefônica, não havendo exploração comercial da voz da autora. 10. Eventual inadimplemento contratual decorrente do contrato firmado pela autora com a terceira intermediária que deve ser pleiteado em relação a ela, e não perante a empresa requerida. 11. RECURSO ESPECIAL DESPROVIDO" (STJ, REsp 1.630.851/SP, rel. Paulo de Tarso Sanseverino, Terceira Turma, j. 27-4-2017).

"RECURSO INOMINADO. 2ª TURMA RECURSAL DA FAZENDA PÚBLICA. MUNICÍPIO DE SANTIAGO. MATERIAL PUBLICITÁRIO. USO INDEVIDO DE IMAGEM. AFRONTA AOS DIREITOS AUTORAIS. Com efeito, restou comprovado de forma robusta que a publicidade utilizada pelo município demandado foi reproduzida, sem autorização e mesmo sem qualquer ressalva de autoria, a partir da campanha publicitária de coleta seletiva de lixo feita pelo Município de Garibaldi. Ocorre que o autor criou tal publicidade, mediante contrato de prestação de serviços com o município de Garibaldi, no qual restou ajustada a criação, divulgação e confecção de material para campanha de coleta seletiva de lixo daquele município. Em tempos de tecnologia, é óbvio que a divulgação dessa campanha veio a público pela Internet e não poderia ter sido simplesmente 'copiada' e divulgada no *site* da Prefeitura de Santiago, ora recorrente, sem a autorização do autor da campanha. Sobretudo, há que se entender que a web não é um território sem dono, no qual tudo possa ser copiado e reproduzido, sem observância da legislação que resguarda os direitos autorais e a publicidade.

Os resultados disponíveis nos *sites* de busca não dão o direito de utilização sem a menção da autoria. Por outro lado, o uso de ilustrações tem por objetivo garantir ao seu autor participação financeira e moral em troca da utilização da obra que criou. Conforme dispõe o art. 7º, VIII, da Lei n. 9.610/98, a obra em questão está protegida pelos direitos autorais, tendo a cópia e divulgação não autorizada afrontado aos arts. 24, II e 29, I, II e III. Tenho assim que a reparação por danos morais no valor arbitrado se mostra razoável e segue as diretrizes de arbitramento adotadas por esta Turma Recursal, tendo em conta o parâmetro da proporcionalidade, tanto na perspectiva da proibição do excesso como da proibição da insuficiência. Ademais, incumbia ao recorrente a prova do fato extintivo, modificativo ou impeditivo do direito da demandante, sendo do ente público a maior aptidão para comprovar o ato positivo que afastaria a pretensão autoral, ônus do qual não se desincumbiu. Destarte, com o escopo de evitar desnecessária tautologia, adoto como razões de decidir os argumentos da sentença, a qual mantenho por seus próprios e jurídicos fundamentos, consoante faculta o art. 46 da Lei n. 9.099/95. SENTENÇA MANTIDA. RECURSO DESPROVIDO" (TJRS, Recurso Cível 71.009.026.436, Segunda Turma Recursal da Fazenda Pública, rel. Rosane Ramos de Oliveira Michels, j. 29-5-2020).

6 — A MARCA NA INTERNET

REGISTRO DE DOMÍNIOS NA INTERNET

Comentários:

Os domínios são os endereços eletrônicos da *web*. Tem-se entendido que o domínio é a extensão e a representatividade da marca na Internet. Em casos de disputa de domínios, os Tribunais têm dado preferência às marcas que detêm registro no Instituto Nacional da Propriedade Industrial — INPI. Claro que há exceções, visto que, diferentemente do registro de marca pelo qual é possível classificar por ramo de atividade, o domínio é um só. Então, dependendo do caso, é preciso analisar quem teria maior necessidade de ter o domínio, e a solução se passa pelo direito consumerista, de não gerar "confusão na cabeça do consumidor". Uma pequena empresa precisa sempre pesquisar se a marca está protegida ou não, antes de fazer o registro do domínio. Ainda é comum registrar o domínio e esquecer de registrar a marca.

"AÇÃO COMINATÓRIA — ABSTENÇÃO DE USO DE MARCAS CUMULADA COM INDENIZAÇÃO POR DANOS MATERIAIS — MARCAS 'GS1' e 'EAN' — PRESTAÇÃO DE SERVIÇOS RELACIONADOS A 'CODIGO DE BARRAS' — AUSÊNCIA DE CONCORRÊNCIA DESLEAL — As atividades exercidas pelas rés são diversas das da autora, não havendo que se falar em concorrência desleal, especialmente considerando que todos os clientes das empresas rés são direcionados necessariamente à autora para obtenção do respectivo prefixo numérico do código de barras, sendo certo que, após tal procedimento, é que as rés geram o código gráfico por meio de seu próprio *software* — Os serviços prestados pelas empresas, que se relacionam com a geração do código de barras no padrão 'EAN'/'GS1', ao aludirem às marcas da autora, não constituem prática de concorrência desleal, uma vez que tal conduta vem autorizada pelo art. 132, I, LPI — Todavia, embora possam fazer menção às marcas como meio de comercialização e divulgação de seus serviços, é vedado o aproveitamento parasitário, consistente no registro de domínio com as marcas da autora, gerando confusão e indução do consumidor a erro — Sentença que deu solução adequada à pretensão da autora, no sentido de determinar o cancelamento do registro de domínio das rés — Danos materiais não comprovados — Sentença de parcial procedência mantida — RECURSO DA AUTORA DESPROVIDO. AÇÃO COMINATÓRIA — RECONVENÇÃO — INDENIZAÇÃO POR DANOS MORAIS E MATERIAIS — Pretensão dos réus reconvintes à indenização por danos morais e materiais fundada na ação lesiva e difamatória da autora reconvinda, levando as empresas rés a experimentarem grandes perdas financeiras até a completa inatividade — Não acolhimento — Inexistência de prova do nexo causal entre os problemas relatados na reconvenção com a conduta da empresa autora — Provas produzidas nos autos que não evidenciam dano indenizável — Honorários advocatícios sucumbenciais que devem ser fixados com base no valor da reconvenção — Inteligência do art. 85, § 2º, do CPC — Sentença mantida — RECURSO DOS RÉUS DESPROVIDO" (TJSP Apelação Cível 1000591-87.2015.8.26.0011; Relator(a): Sérgio Shimura; Órgão Julgador: 2ª Câmara Reservada de Direito Empresarial; Foro Regional XI — Pinheiros — 1ª Vara Cível; Data do Julgamento: 11-8-2020; Data de Registro: 12-8-2020).

"EMENTA: APELAÇÃO CÍVEL — AÇÃO COMINATÓRIA DE OBRIGAÇÃO DE NÃO FAZER C/C INDENIZAÇÃO POR DANOS MORAIS — REGISTRO DE DOMÍNIO DE 'INTERNET' — REGISTRO DA MARCA NO INPI — CRUZEIRO MANIA — DIREITO DE USO QUE ABRANGE O COMÉRCIO ELETRÔNICO E O DOMÍNIO — TIME DE FUTEBOL DE RECONHECIMENTO NACIONAL E INTERNACIONAL OFENSA AO DIREITO DE PROPRIEDADE CONFIGURADA — Comprovada a anterioridade do registro da marca no INPI, e sendo esta notoriamente conhecida no mercado por estar relacionada ao um time de futebol reconhecido nacional e internacionalmente, a empresa detentora do domínio de endereço eletrônico que utiliza o nome da marca registrada deverá ser compelida a suspender o seu uso, diante da inequívoca confusão causada entre os consumidores que são levados a erro ao acreditarem que a loja virtual onde se vendem camisas e materiais esportivos pertence ao time celeste" (TJMG — Apelação Cível 1.0024.10.180944-0/004, Relator(a): Des.(a) Domingos Coelho, 12ª CÂMARA CÍVEL, julgamento em 19-9-2019, publicação da súmula em 26-9-2019).

"Embargos de declaração em apelação cível. Propriedade industrial. Ação de abstenção de uso de marca, expressão e domínio de internet. Concorrência desleal. Utilização indevida de domínio de internet. Registro de domínio similar. Precedência do registro do domínio da demandada/reconvinte. Aplicação do princípio *First Come, First Served*. Direcionamento a endereço diverso. Prática de ato de concorrência desleal devidamente comprovada. Abstenção de uso dos domínios. Indenização por danos patrimoniais e extrapatrimoniais. Inexistência de omissão, contradição, obscuridade ou erro material, a teor do expresso no art. 1.022, CPC. À unanimidade, desacolheram os embargos de declaração" (TJRS Embargos de Declaração Cível, n. 70.083.498.543, Sexta Câmara Cível, Tribunal de Justiça do RS, Relator: Luís Augusto Coelho Braga, Julgado em: 5-3-2020).

SITES DE BUSCA — ADESÃO PATROCINADA COM NOME DO CONCORRENTE

Comentários:

Os chamados "*links* patrocinados" surgiram com a sofisticação dos mecanismos de busca e estão intimamente ligados ao conceito de concorrência desleal. Trata-se da associação de nomes a marcas de terceiros, fazendo com que, todas as vezes que houver a busca por aquele termo, apareça automaticamente uma oferta do contratante dos *links* ao lado do resultado da busca. Assim, sempre haverá a "lembrança" de outro endereço eletrônico quando quisermos fazer a busca de determinado assunto.

"Ação de obrigação de fazer e não fazer — Decisão que indeferiu tutela provisória — Inconformismo — Acolhimento em parte — Nesse exame prefacial, os requisitos do art. 300, do CPC, estão presentes — A contratação de anúncios Adwords vinculados às marcas das agravantes implica aproveitamento parasitário do poder atrativo dessas marcas — Perigo de dano presumido, em caso de preservação dos contratos de *links* patrocinados por quem atua no mesmo ramo empresarial e busca se associar e se sobrepor, nas ferramentas de buscas do mundo virtual — Decisão reformada — Recurso provido" (TJSP Agravo de Instrumento 2192250-65.2019.8.26.0000; Relator(a): Grava Brazil; Órgão Julgador: 2ª Câmara Reservada de Direito Empresarial; Foro Central Cível — 1ª VARA EMPRESARIAL E CONFLITOS DE ARBITRAGEM; Data do Julgamento: 24-9-2019; Data de Registro: 24-9-2019).

"AGRAVO EM RECURSO ESPECIAL. MARCA. USO INDEVIDO. CONFUSÃO. CONCORRÊNCIA DESLEAL. DANO MORAL CONSTATADO. REVISÃO. REVOLVIMENTO DE FATOS E PROVAS. SÚMULA 7/STJ. DIVERGÊNCIA JURISPRUDENCIAL PREJUDICADA. AGRAVO CONHECIDO PARA NÃO CONHECER DO RECURSO ESPECIAL. DECISÃO. Cuida-se de agravo interposto por EDESTINOS.COM.BR AGÊNCIA DE VIAGENS E TURISMO LTDA. contra decisão que inadmitiu recurso especial (e-STJ, fls. 820-821) proposto para impugnar acórdão proferido pelo Tribunal de Justiça do Estado de São Paulo, assim ementado (e-STJ, fl. 695): Ação de obrigação de não fazer c.c. indenização por danos morais. Procedência Inconformismo. Não acolhimento. Ré que usa a expressão da marca registrada pela autora como elemento de direcionamento em *site* de busca (Google Adwords). Ato que importa em concorrência desleal. Dever de abstenção da utilização do termo. Devida a indenização por danos morais. Precedentes. Sentença mantida. Recurso desprovido. Opostos embargos de declaração, o acórdão recorrido foi integralizado pela seguinte ementa (e-STJ, fl. 720): Recurso — Embargos de Declaração — Oposição buscando rediscussão da causa com nítido caráter infringente-Inadmissibilidade — Omissão não caracterizada — Ausência de violação aos dispositivos prequestionados — Embargos rejeitados. Nas razões do recurso especial, a recorrente, com fulcro nas alíneas *a* e *c* do permissivo constitucional, alegou divergência jurisprudencial e violação aos arts. 129 e 209 da Lei n. 9.279/96. Defendeu que o uso de *links* patrocinados em *sites* de busca não constitui uso indevido de marca, pois são apenas meios legítimos para a realização de propaganda de empresas do mesmo setor econômico. Sustentou que não se apropriou da marca da recorrida, nem a utilizou em seu domínico, mas tão somente adquiriu palavras-chaves para a divulgação de anúncios em plataformas de busca pela internet. Afirmou inexistir ato de concorrência desleal ou confusão entre consumidores apta a gerar dano moral indenizável. Apreciada a admissibilidade do recurso especial, o Tribunal de origem negou seguimento à insurgência (e-STJ, fls. 820-821). Diante de tal fato, foi interposto agravo em recurso especial (e-STJ, fls. 824-840). Brevemente relatado, decido. De início, é importante ressaltar que o recurso foi interposto contra decisão publicada já na vigência do Novo Código de Processo Civil, sendo, desse modo, aplicável ao caso o Enunciado Administrativo n. 3 do Plenário do STJ, segundo o qual: 'aos recursos interpostos com fundamento no CPC/2015 (relativos a decisões publicadas a partir de 18 de março de 2016) serão exigidos os requisitos de admissibilidade recursal na forma do novo CPC'. Nas razões do presente recurso, a agravante alega ter cumprido com todos os requisitos exigidos para conhecimento e julgamento do recurso especial. Constatados os pressupostos de admissibilidade do agravo, passo à análise do recurso especial. No recurso excepcional, a recorrente defendeu não ter se apropriado indevidamente da marca da recorrida, pois não há ilegalidade na utilização de *links* patrocinados em *site* de busca. O Tribunal de origem, ao se manifestar sobre o tema, expôs os seguintes argumentos (e-STJ, fls. 697-700). A propósito, a fundamentação da r. sentença apelada não merece qualquer reparo, havendo de ser acolhida como razão de decidir, consoante precedente do Colendo Superior Tribunal de Justiça, de lavra do Ministro João Otávio de Noronha, e nos termos do art. 252, do Regimento Interno desta C. Corte, justificando sua reprodução: 'O registro da marca pelo INPI confere proteção ao seu titular que poderá impedir que terceiros dela se utilizem. Segundo o art. 129 da Lei n. 9.279/96: A propriedade de marca adquire-se pelo registro validamente expedido, conforme as disposições desta Lei, sendo assegurado ao titular seu uso exclusivo em todo o território nacional, observado quanto às marcas coletivas e de certificação o disposto nos arts. 147 e 148' (grifo nosso). No caso, conferida a proteção pelo registro, há impedimento para a utilização da expressão VIAJANET por parte da ré, ainda que através de *sites* de busca, sobretudo em razão da confusão que o fato pode vir a criar em razão da semelhança da área de atuação das empresas. A ré, como agência de turismo, exerce atividade no mesmo ramo que a autora, razão pela qual não pode utilizar a expressão 'VIAJANET'para divulgar os seus produtos, ainda que através de palavras-chave para a realização através da internet. O procedimento é suficiente para causar confusão aos consumidores que, através da pesquisa, podem considerar a venda de um produto fornecido pela autora através da ré. Ainda que a ré procure diferenciar os produtos, não há como deixar de considerar que os ramos de atuação são os mesmos e que o fato pode causar confusão aos consumidores. Existe o nítido risco de confusão e da associação indevida com a marca da autora na medida em que a ré oferece aos consumidores não apenas a possibilidade de aquisição de passagens e reserva dos hotéis, como também pacotes turísticos, ou seja, exatamente o tipo de produto fornecido pela autora. O procedimento adotado pela ré é realmente irregular e apto a gerar confusão, o que autoriza a procedência do pedido formulado pela autora e a confirmação da tutela antecipada concedida nos autos. A ré deverá se abster de utilizar o nome, a marca ou outros elementos que sejam semelhantes aos sinais que identificam a marca registrada pela autora. Deverá se abster de utilizar a expressão 'VIAJANET' nos anúncios veiculados, sob pena de multa diária já fixada na decisão que concedeu a tutela e posteriormente majorada. (...) O direito ao ressarcimento dos danos morais também se faz presente em razão da utilização indevida da expressão que, na realidade, integra a marca da autora. Ainda que a expressão seja utilizada através de pesquisa realizada pela internet, não há como deixar de considerar que o fato apenas ocorreu em razão dos critérios utilizados pela ré ao cadastrar seu anúncio junto ao Google e outros. O procedimento é suficiente para gerar a confusão envolvendo a marca da autora, colocando em risco o seu conceito junto ao mercado. A autora não pode garantir produtos fornecidos por terceiros, tampouco garantir a qualidade pelo serviço prestado. O risco à imagem da autora é evidente em razão da possibilidade de confusão por parte dos consumidores que podem não perceber a indevida associação realizada com os produtos que, na realidade, não são comercializados pela autora. A imagem a e honra objetiva da autora foram atingidas, o que justifica a condenação da ré ao ressarcimento dos danos morais. Do excerto acima transcrito, depreende-se que o Tribunal estadual constatou que a recorrente utilizava a marca pertencente à recorrida de forma indevida, concluindo que tal comportamento estava causando confusão aos consumidores, visto que ambas as partes atuam no mesmo ramo comercial, ficando atestado pela instância ordinária a existência de dano moral indenizável por violação à imagem e à honra da agravada. Diante de tal fato, examinando as razões de decidir supracitadas, verifica-se que toda a matéria foi apreciada e solvida à luz dos elementos de fato e de prova coligido aos autos, de modo que a revisão das premissas alcançadas acerca do uso indevido da marca e da existência de dano moral encontra óbice na Súmula n. 7 do STJ. Nesse sentido: EMBARGOS DE DECLARAÇÃO NO AGRAVO REGIMENTAL. PROCURAÇÃO EM NOME DO ADVOGADO

TITULAR DO CERTIFICADO DIGITAL. ERRO MATERIAL PASSÍVEL DE CORREÇÃO. OCORRÊNCIA. AÇÃO INDENIZATÓRIA. DANOS MATERIAL E MORAL. SÚMULA 7. ACOLHIMENTO. IMPROVIMEN-TO. 1. Constatada a presença de procuração em nome do advogado titular do certificado digital utilizado para assinar a transmissão eletrônica da petição do Agravo Regimental é possível a correção do erro a permitir o exame do recurso interposto. 2. A convicção a que chegou o Tribunal *a quo* quanto à inexistência de danos material e moral pelo uso indevido de marca decorreu da análise do conjunto probatório. O acolhimento da pretensão recursal demandaria o reexame do mencionado suporte. Incide nesse ponto a Súmula STJ/7. 3. Embargos acolhidos. Agravo Regimental improvido" (EDcl no AgRg no AREsp n. 207.365/SP, Relator o Ministro SIDNEI BENETI, Terceira Turma, julgado em 16-4-2013, *DJe* 3-5-2013). "AGRAVO REGIMENTAL NO AGRAVO EM RECURSO ESPECIAL. MARCA. USO INDEVIDO. INDENIZAÇÃO POR PERDAS E DANOS. LUCROS CES-SANTES. PREJUÍZO. NECESSIDADE DE COMPROVAÇÃO. EXISTÊN-CIA AFASTADA PELO TRIBUNAL LOCAL. REEXAME DE PROVAS. SÚMULA 7/STJ. 1. A jurisprudência do Superior Tribunal de Justiça firmou-se no sentido de que, para a concessão de indenização por perdas e danos com base em lucros cessantes, faz-se necessária a comprovação dos prejuízos sofridos pela parte. 2. Rever as conclusões do acórdão impugnado, acerca da ausência de comprovação do prejuízo advindo do uso indevido da marca da autora, demandaria o reexame de matéria fático-probatória, o que é inviável em sede de recurso especial, nos termos da Súmula n. 7 do Superior Tribunal de Justiça. 3. Agravo regimental não provido" (AgRg no AREsp n. 111.842/SP, Relator o Ministro Ricardo Villas Bôas Cueva, Terceira Turma, julgado em 21-3-2013, *DJe* 26-3-2013). "Em relação ao dissídio jurisprudencial apontado, em virtude da incidência da Súmula 7/STJ, fica prejudicada a análise da divergência, pois inexistente similitude fático-jurídica entre os julgados confrontados. Ante o exposto, conheço do agravo para não conhecer do recurso especial. Publique-se. Brasília, 15 de maio de 2020" (STJ — MINISTRO MARCO AURÉLIO BELLIZZE, Relator Ministro MARCO AURÉLIO BELLIZZE, 1º-6-2020).

USO INDEVIDO DE MARCA

Comentários:

É muito fácil copiar uma imagem da Internet, inclusive as marcas. Dessa forma, também é muito fácil reproduzir essa marca copiada em outros locais, sobretudo de forma indevida. A marca é o ativo intangível mais valioso de uma empresa. Por isso, ela deve monitorar periodicamente a Internet, para ver como está a "Reputação da Marca Digital", quais conteúdos estão associados a ela, se há alguém parasitando a marca, especialmente nas redes sociais.

Mas, dependendo da situação, caso envolva funcionário, consumidor, parceiro, deve-se ter cuidado com as medidas legais a tomar, para não piorar o caso. É recomendável sempre tentar primeiro uma solução amigável, entrando em contato direto com quem está fazendo o uso indevido, especialmente se envolver consumidor.

"AGRAVO INTERNO NOS EMBARGOS DE DECLARAÇÃO NO AGRAVO EM RECURSO ESPECIAL. USO INDEVIDO DA MARCA. DANO MORAL *IN RE IPSA*. *QUANTUM* INDENIZATÓRIO. AGRAVO NÃO PROVIDO. 1. Nos termos da jurisprudência do Superior Tribunal de Justiça, o dano moral por uso indevido de marca deriva diretamente da prova que revele a existência de contrafação, dispensando a prova de efetivo prejuízo (dano moral *in re ipsa*). 2. O valor arbitrado pelas instâncias ordinárias a título de danos morais somente pode ser revisado em sede de recurso especial quando irrisório ou exorbitante. 3. No caso, a indenização por danos morais, fixada na sentença em R$ 10.000,00 (dez mil reais), não se mostra irrisória nem desproporcional, não se justificando, por isso, a sua revisão. 4. Agravo interno improvido" (STJ — AgInt nos EDcl no AREsp 1.172.916/PR, Rel. Ministro RAUL ARAÚJO, QUARTA TURMA, julgado em 18-2-2020, *DJe* 12-3-2020).

"AGRAVO INTERNO NO RECURSO ESPECIAL — AÇÃO CONDENATÓRIA — DECISÃO MONOCRÁTICA QUE DEU PARCIAL PROVIMENTO AO APELO NOBRE. INSURGÊNCIA DA DEMANDADA. 1. Nos termos da jurisprudência desta Corte Superior, comprovado o uso indevido de marca, por empresa que atua no mesmo ramo da titular do registro, é devida indenização por danos morais e materiais, independentemente da demonstração do prejuízo específico. Precedentes. 2. Agravo interno desprovido" (STJ — AgInt no REsp 1.742.635/RJ, Rel. Ministro MARCO BUZZI, QUARTA TURMA, julgado em 4-5-2020, *DJe* 7-5-2020).

"PROPRIEDADE INDUSTRIAL — MARCA MISTA 'CONCEIÇÃO BEM CASADOS' — AÇÃO DE ABSTENÇÃO DE USO DE MARCA CUMULADA COM REPARAÇÃO DE DANOS — MARCA QUE SE ENCONTRA REGISTRADA NO INPI — CONCORRÊNCIA DESLEAL — Utilização indevida da marca da autora, para venda de produtos do mesmo segmento, que viola os direitos de propriedade industrial — Direitos de utilização exclusiva, ante o deferimento do registro no INPI — Provas dos autos que demonstram, de maneira incontroversa, a utilização indevida pela ré apelante da marca de propriedade da autora — Ré apelante que utilizava em seu 'site' o nome 'BEM CASADOS

CONCEIÇÃO', com nítida alusão à renomada marca da autora, para vender 'bem casados' de outro fornecedor — Dano moral caracterizado, diante da violação ao direito de uso exclusivo da marca por seu titular, da confusão no mercado consumidor e desvio de clientela — Indenização fixada em R$ 20.000,00, que se mostra adequada ao caso concreto — Indenização pelos danos materiais decorrentes da violação da marca e da concorrência desleal, que será apurada em fase de liquidação de sentença, na forma dos arts. 209 e 210 da Lei de Propriedade Industrial (Lei n. 9.279/96) — RECURSO DESPROVIDO NESTE TÓPICO. DANOS MATERIAIS — TERMO 'A QUO' E GASTOS COM ATA NOTARIAL E BEM CASADOS — Os gastos com produção de provas não se incluem entre os danos materiais a serem indenizados pela violação da marca da autora — Termo 'a quo', que deve ser a data da violação da marca da autora, que se deu com o fim da parceria entre as partes, em abril/2018, e não a partir de 3 anos antes do ajuizamento da ação — RECURSO PROVIDO NESTE TÓPICO" (TJSP Apelação Cível 1000008-84.2019.8.26.0004; Relato(a): Sérgio Shimura; Órgão Julgador: 2ª Câmara Reservada de Direito Empresarial; Foro Central Cível — 1ª VARA EMPRESARIAL E CONFLITOS DE ARBITRAGEM; Data do Julgamento: 25-8-2020; Data de Registro: 27-8-2020).

"EMENTA: APELAÇÃO. RECONHECIMENTO DA VIOLAÇÃO DO DIREITO DE PROPRIEDADE INDUSTRIAL. DANOS MORAIS E MATERIAIS. ALTERAÇÃO DA MARCA E DO NOME FANTASIA NO CURSO DO FEITO. NOVA DENOMINAÇÃO QUE ATENDE AOS REQUISITOS LEGAIS. EXPRESSÃO DE USO COMUM E COM VINCULAÇÃO AO RAMO DE NEGÓCIO. AUSÊNCIA DE EXCLUSIVIDADE. O STJ firmou entendimento no sentido de que: 'Marcas fracas ou evocativas, que constituem expressão de uso comum, de pouca originalidade e sem suficiente forma distintiva atraem a mitigação da regra de exclusividade do registro e podem conviver com outras semelhantes. Precedentes do STJ' (AgInt no REsp 1.338.834/SP, Rel. Ministro LUIS FELIPE SALOMÃO, QUARTA TURMA, *DJe* de 23-2-2017). "As expressões 'aero' e o sufixo 'press' são vocábulos genéricos, de uso comum, que designam produtos ou serviços inseridos no segmento de atuação das partes — serviço de transporte de carga e encomendas por via aérea —, não são registráveis, portanto, nos termos do art. 124, da Lei de propriedade industrial. O STJ firmou a tese de que a utilização indevida de marca registrada por terceiros enseja a indenização a título de reparação de danos materiais e morais, os quais podem ser presumidos, postergando-se para a fase de liquidação a demonstração efetiva do *quantum* correspondente aos danos materiais. Danos morais fixados em R$ 20.000,00 em atenção aos princípios da razoabilidade e proporcionalidade. Recurso parcialmente provido" (TJBA Apelação Número do Processo: 0565866-89.2014.8.05.0001, Relator(a): ROSITA FALCAO DE ALMEIDA MAIA, Publicado em: 19-8-2020).

7 — *INTERNET BANKING*

FRAUDES ELETRÔNICAS — RESPONSABILIDADE CIVIL

Comentários:

As fraudes praticadas pela rede mundial de computadores estão crescendo vertiginosamente e, por incrível que pareça, a dificuldade da imputação de sua autoria permanece. Daí a importância da prevenção e da guarda adequada de *logs*, quer pelos provedores de acesso, quer pelas instituições financeiras, considerando o crescente aumento do uso da Internet para operações financeiras.

Nos últimos anos o Judiciário brasileiro passou a entender que há responsabilidade do usuário de *Internet Banking* no sentido de dever de cumprir com as recomendações de segurança fornecidas pelo Banco. E, quando não as segue, não há que se falar em hipossuficiência, nem tampouco ressarcimento. Por isso os Bancos passaram a fazer campanha maciça de comportamento seguro com foco nos clientes, até para conseguir provar juridicamente que houve culpa destes no uso do recurso, facilitando a ocorrência da fraude.

Há dever de segurança de ambas as partes. A Sociedade Digital não tem mais fronteira física, mas o Banco responde pelo que está no Servidor, e o Usuário responde pelo uso de um equipamento seguro, por se conectar e navegar de forma protegida.

"PRELIMINAR. Inocorrência de nulidade da sentença quando devidamente motivada e fundamentada. Preliminar afastada. APELAÇÃO CÍVEL. Ação de indenização por danos materiais. Sentença de procedência. Insurgência do réu. Inadmissibilidade. Fraude no sistema do banco. Culpa exclusiva do autor não configurada. À instituição financeira, que exerce a atividade de risco, incumbia impedir exploração de página falsa, implementando mecanismos de segurança para evitar que terceiros fraudadores consigam realizar operações como se titulares da conta e clientes da instituição fossem. Fraudador que detinha os dados bancários e sigilosos do autor e conhecia a falha de atualização do aplicativo do banco réu. Risco que não pode ser transferido ao consumidor. Responsabilidade objetiva da instituição financeira. Fortuito interno. Aplicação da Súmula n. 479 do STJ. Sentença mantida. Aplicação do art. 252 do Regimento Interno do Tribunal de Justiça do Estado de São Paulo. Recurso não provido" (TJSP Apelação Cível 1063839-80. 2017.8.26.0100; Relator(a): Helio Faria; Órgão Julgador: 18ª Câmara de Direito Privado; Foro Central Cível — 41ª Vara Cível; Data do Julgamento: 10-8-2020; Data de Registro: 14-8-2020).

"Ação de reparação de danos materiais e danos morais. Subtração de valores da conta corrente da autora, mediante lançamentos realizados via 'Internet Banking' feitos através do uso do aplicativo de celular. Fraude eletrônica. Ausência de provas da eficiência dos mecanismos *online*. Ônus da prova da ré. Falha no sistema de segurança da instituição financeira. Má prestação de serviço. Responsabilidade objetiva. Inteligência do Recurso Repetitivo n. 1.199.782/PR e Súmula n. 479, ambos do E. STJ. Dever de indenizar. Danos materiais demonstrados quanto às transferências indevidas e encargos incidentes sobre a conta. Dano moral configurado. 'Quantum' indenizatório. Critérios de prudência e razoabilidade. Sentença de improcedência reformada. Recurso parcialmente provido" (TJSP Apelação Cível 1008288-07.2019.8.26.0566; Relator(a): Cauduro Padin; Órgão Julgador: 13ª Câmara de Direito Privado; Foro de São Carlos — 2ª Vara Cível; Data do Julgamento: 29-5-2020; Data de Registro: 29-5-2020).

"EMENTA: APELAÇÃO CÍVEL — INDENIZAÇÃO — DANO MORAL — MOVIMENTAÇÕES ELETRÔNICAS REALIZADAS EM CONTA BANCÁRIA — 'HACKERS' — FALHA NO SISTEMA DE SEGURANÇA — RESPONSABILIDADE DO BANCO. Comprovada a falha na prestação de serviços, pois o banco réu possibilitou a invasão de 'hackers' em seu sistema, deve ser o mesmo responsabilizado pela indenização por danos morais, haja vista a negativação injusta consignada em nome do correntista, por ausência de saldo em sua conta, vítima que foi da ação de invasores, não contidos pelo sistema eletrônico da instituição financeira, exposta ao risco do empreendimento" (TJMG Apelação Cível 1.0105.09.324823-2/001, Relator(a): Des.(a) Pereira da Silva, 10ª CÂMARA CÍVEL, julgamento em 28-2-2012, publicação da súmula em 9-3-2012).

"APELAÇÃO CÍVEL — Ação de indenização — Fraude — Lançamentos indevidos em conta corrente — Sentença de procedência — Insurgência — Alegação do banco de confiabilidade de seu sistema e de culpa exclusiva da autora, que não restaram demonstradas — Responsabilidade objetiva da instituição financeira — Dever de restituir os valores indevidamente sacados que cabem ser mantidos — Risco profissional — A responsabilidade do prestador, pela falha do serviço, nas relações de consumo, é de natureza objetiva, nos termos do art. 14 do Código de Defesa do Consumidor — A instituição financeira não se exime da responsabilidade alegando que a fraude se deu por culpa exclusiva do autor, eis que cabe a ela, que optou por disponibilizar movimentações eletrônicas via internet, adotar sistemas eletrônicos seguros e capazes de impedir a ação de fraudadores — Evidência de que parte das transferências foi recuperada pela área de fraudes do banco e de que as operações extrapolaram limites diários para operação de TEDs — Cliente que deve receber a segurança que se espera do sistema bancário — Dano material devido — Sentença mantida — Sucumbência majorada — Apelo desprovido" (TJSP Apelação Cível 1015007-45.2019.8.26.0100; Relator(a): Jacob Valente;

Órgão Julgador: 12ª Câmara de Direito Privado; Foro Central Cível — 37ª Vara Cível; Data do Julgamento: 25-4-2020; Data de Registro: 25-4-2020).

"APELAÇÃO CIVIL. AÇÃO DE INDENIZAÇÃO POR DANO MORAL E MATERIAL. USO DE SENHA PESSOAL. MOVIMENTAÇÕES BANCÁRIAS NÃO RECONHECIDAS. IMPOSSIBILIDADE DE PRESUNÇÃO DE FRAUDE. FALHA NA PRESTAÇÃO DE SERVIÇO NÃO CONFIGURADA. RESPONSABILIDADE DO BANCO AFASTADA. SENTENÇA MANTIDA 1. O correntista é responsável pela guarda do seu cartão pessoal e sigilo da sua respectiva senha. 2. No caso em tela, o próprio autor confessa que a sua esposa e filhos tinham conhecimento da sua senha. 3. As transações ocorreram por 6 meses, sem que o autor contestasse qualquer transação ocorrida neste período e sem comunicar ao banco qualquer suspeita de fraude. 4. Houve negligência no dever de guarda do cartão e da senha e da pronta ciência ao Réu da eventual movimentação indevida. 5. O banco junta documento de fl. 60, consistente em declaração firmada que as transações efetuadas são legítimas e fruto de negociação com o autor para a compra e venda de confecções. 6. A alegação que a conta poupança foi utilizada indevidamente, quando imprescindível a inserção de senhas para autorização das transações, impossibilita a presunção da ocorrência de fraude e impõe o ônus da prova ao consumidor. 7. Recurso não provido. Sentença mantida" (TJBA Apelação, Número do Processo: 0502868-70.2014.8.05.0103, Relator(a): IVANILTON SANTOS DA SILVA, Publicado em: 23-1-2019).

"TRIBUNAL DE JUSTIÇA DO ESTADO DA BAHIA PODER JUDICIÁRIO TERCEIRA TURMA RECURSAL — PROJUDI RECURSO N. 0114465-77.2018.8.05.0001 RECORRENTE: ASSOCIACAO DE POUPANCA E EMPRÉSTIMO — POUPEX E BANCO DO BRASIL SA RECORRIDO(A): SOLANGE SENA DOS SANTOS¿ ME SOL MODAS EMENTA RECURSOS INOMINADOS. CONTRATO BANCÁRIO. IMPOSSIBILIDADE DE TER ACESSO AOS DADOS BANCÁRIOS ATRAVÉS DO SERVIÇO DE INTERNET BANKING. DIVERSAS RECLAMAÇÕES EFETUADAS JUNTO AO BANCO SEM ÊXITO. DEFEITO NA PRESTAÇÃO DE SERVIÇOS. SEM DANO MORAL. PESSOA JURÍDICA. HONRA OBJETIVA. SENTENÇA REFORMADA EM PARTE. RECURSOS PROVIDOS EM PARTE. R E L A T Ó R I O Vistos etc. Tratam-se de recursos inominados (ev. 30 e 35) interpostos por ASSOCIAÇÃO DE POUPANÇA E EMPRÉSTIMO — POUPEX E BANCO DO BRASIL SA em face da sentença *a quo* proferida nos seguintes termos: 'JULGO PARCIALMENTE PROCEDENTE os pedidos formulados, ordenando as rés solidariamente, que providenciem o regular acesso da parte autora ao *internet banking* vinculado a sua conta, tudo no prazo de dez dias, sob pena de conversão em perdas e danos. Condeno ainda as acionadas solidariamente a indenizarem moralmente a Autora na quantia de R$ 4.000,00 (quatro mil reais) a ser devidamente acrescido de juros de mora e correção monetária a partir desta data' (ev. 23). Os recursos foram recebidos no regular efeito, sendo tempestivos e devidamente preparados (ev. 31, 32, 36 e 37). A parte Recorrida, regularmente intimada, apresentou contrarrazões (ev. 47). Preparados e sorteados, coube-me a função de Relatora. VOTO Presentes as condições de admissibilidade do recurso, dele conheço. Acolho a preliminar suscitada pela primeira ré, tendo em vista que não restou comprovada reclamação administrativa dirigida a Poupex mas apenas ao *internet banking* do Banco do Brasil. O acesso ao Juizado Especial independerá, em primeiro grau de jurisdição, do pagamento de custas, taxas ou despesas, bem como a sentença de primeiro grau não condenará o vencido nas custas processuais e honorários de advogado, ressalvados os casos de litigância de má-fé; com esteio nos arts. 54 e 55, da Lei n. 9.099/95. Assim, rejeito a preliminar de impugnação a justiça gratuita suscitada pelo segundo réu, tendo em vista a interposição de recurso tão somente pelas demandadas. No mérito, a sentença demanda parcial reforma. Compulsando os autos, verifica-se que a parte autora se insurge contra a impossibilidade de acesso aos seus dados bancários, limite de crédito através do serviço de *internet banking*. Demonstra que efetuou diversas reclamações e tentativas de resolução administrativa, sem obter êxito (ev. 1.1 a 1.3). Com efeito, prevalece a narrativa autoral e sua pretensão de boa-fé não desconstituída pela acionada (art. 4º, I e III, e 6º, VIII, da Lei n. 8.078/90), pois verossímil o trazido pelo demandante. Contudo, não vislumbra-se razões para condenação do réu em danos morais. Apesar da possibilidade de a pessoa jurídica sofrer dano moral, como decidiu o STJ através de sua Súmula 227, para que haja o seu reconhecimento e em consequência indenização há necessidade de que tenha ocorrido abalo na reputação e credibilidade da empresa, ou seja, em sua honra objetiva. Sílvio de Salvo Venosa na obra *Direito Civil: Responsabilidade Civil*, 3. ed, editora Atlas, p. 203 sobre o assunto dispõe que: Em se tratando de pessoa jurídica, o dano moral de que é vítima atinge seu nome e tradição de mercado e terá sempre repercussão econômica, ainda que indireta. De qualquer forma, a reparabilidade do dano moral causado à pessoa jurídica ainda sofre certas restrições na doutrina e na jurisprudência, principalmente por parte dos que defendem que a personalidade é bem personalíssimo, exclusivo da pessoa natural. Para essa posição, seus defensores levam em consideração que dano moral denota dor e sofrimento, que são exclusivos do Homem. Não são, entretanto, somente dor e sofrimento que traduzem o dano moral, mas, de forma ampla, um desconforto extraordinário na conduta do ofendido e, sob esse aspecto, a vítima pode ser tanto a pessoa natural como a pessoa jurídica. Contudo, não há nos autos nenhuma prova do abalo na credibilidade sofrido pela empresa promovente em virtude dos fatos narrados na inicial. Com essas considerações, e por tudo mais constante dos autos, voto no sentido de acolher a ilegitimidade passiva da Poupex e julgar extinto o processo sem apreciação do mérito nos termos do art. 485 inciso VI do CPC e com relação ao Banco do Brasil, DAR PROVIMENTO PARCIAL ao recurso interposto, para afastar a condenação do réu ao pagamento de indenização por danos morais, mantendo a sentença vergastada em seus demais termos. Sem condenação em custas e honorários, nos termos do art. 55 da Lei n. 9.099/95. PRI Salvador, Sala das Sessões, em 25 de setembro de 2019. KARLA KRISTIANY MORENO DE OLIVEIRA JUÍZA RELATORA TURMAS RECURSAIS CÍVEIS E CRIMINAIS TRIBUNAL DE JUSTIÇA DO ESTADO DA BAHIA 3ª TURMA RECURSAL — SISTEMA DE JUIZADOS ESPECIAIS RECURSO N. 0114465-77.2018.8.05.0001 RECORRENTE: ASSOCIAÇÃO DE POUPANÇA E EMPRÉSTIMO — POUPEX E BANCO DO BRASIL SA RECORRIDO(A): SOLANGE SENA DOS SANTOS ¿ ME SOL MODAS EMENTA RECURSOS INOMINADOS. CONTRATO BANCÁRIO. IMPOSSIBILIDADE DE TER ACESSO AOS DADOS BANCÁRIOS ATRAVÉS DO SERVIÇO DE INTERNET BANKING. DIVERSAS RECLAMAÇÕES EFETUADAS JUNTO AO BANCO SEM ÊXITO. DEFEITO NA PRESTAÇÃO DE SERVIÇOS. SEM DANO MORAL. PESSOA JURÍDICA. HONRA OBJETIVA. SENTENÇA REFORMADA EM PARTE. RECURSOS PROVIDOS EM PARTE. ACÓRDÃO Realizado Julgamento dos Recursos do processo acima epigrafado. A TERCEIRA TURMA, composta dos Juízes de Direito, MARCELO SILVA BRITTO, KARLA KRISTIANY MORENO DE OLIVEIRA e CRISTIANE MENEZES SANTOS BARRETO decidiu, à unanimidade de votos, DAR PROVIMENTO PARCIAL AOS RECURSOS interpostos, nos termos do voto da Relatora. Sem condenação em custas e honorários, nos termos do art. 55 da Lei n. 9.099/95. PRI Salvador, Sala das Sessões, em 25 de setembro de 2019. CRISTIANE MENEZES SANTOS BARRETO PRESIDENTE KARLA KRISTIANY MORENO DE OLIVEIRA JUÍZA RELATORA" (TJBA Recurso Inominado, Número do Processo: 0114465-77.2018.8.05.0001, Relator(a): KARLA KRISTIANY MORENO DE OLIVEIRA, Publicado em: 25-9-2019).

"RECURSO INOMINADO. CONSUMIDOR. RESPONSABILIDADE CIVIL. FRAUDE BANCÁRIA. CONTRATAÇÃO DE EMPRÉSTIMO E TRANSAÇÕES VIA INTERNET BANKING. DESNECESSIDADE DE PERÍCIA TÉCNICA. FORTUITO INTERNO. RISCO DA ATIVIDADE. RESPONSABILIDADE OBJETIVA DA INSTITUIÇÃO FINANCEIRA. APLICAÇÃO DA SÚMULA 479 DO STJ. AUSENTE QUALQUER EXCLUDENTE DE RESPONSABILIDADE. FALHA NA PRESTAÇÃO DE SERVIÇO. SENTENÇA MANTIDA. RECURSO IMPROVIDO" (TJRS Recurso Cível, N. 71.009.469.883, Terceira Turma Recursal Cível, Turmas Recursais, Relator: Fabio Vieira Heerdt, Julgado em: 30-7-2020).

8 — CONTRATOS ELETRÔNICOS

DOCUMENTOS E CONTRATOS ELETRÔNICOS. VALIDADE

Comentários:

O documento eletrônico nada mais é do que suporte digital da comprovação de um fato, que em regra se traduz em uma manifestação de vontade que produzirá seus efeitos jurídicos no mundo real. Para o Direito, tem valor de documento todo escrito capaz de gerar compreensão humana. Independe de suporte (pode ser a pedra, o pano, o papel, o HD).

Assim sendo, nada mais natural do que a aceitação gradual e contínua de nossos Tribunais, assim como da sociedade civil, de documentos eletrônicos como prova e instrumento de materialização dos negócios e atos que se procura formalizar.

Ocorre que o contrato eletrônico deve ter os mesmos requisitos de validade do contrato em papel, como o agente capaz. É essencial adequar o modelo de autenticação para gerar prova de autoria e também garantir a integridade do conteúdo do contrato após assinado eletronicamente — que pode ir de um *click- -ok* em um termo de uso *online* até o uso de certificado digital e biometria.

"RECURSO ESPECIAL. CIVIL E PROCESSUAL CIVIL. EXECUÇÃO DE TÍTULO EXTRAJUDICIAL. EXECUTIVIDADE DE CONTRATO ELETRÔNICO DE MÚTUO ASSINADO DIGITALMENTE (CRIPTOGRAFIA ASSIMÉTRICA) EM CONFORMIDADE COM A INFRAESTRUTURA DE CHAVES PÚBLICAS BRASILEIRA. TAXATIVIDADE DOS TÍTULOS EXECUTIVOS. POSSIBILIDADE, EM FACE DAS PECULIARIDADES DA CONSTITUIÇÃO DO CRÉDITO, DE SER EXCEPCIONADO O DISPOSTO NO ART. 585, II, DO CPC/73 (ART. 784, III, DO CPC/2015). QUANDO A EXISTÊNCIA E A HIGIDEZ DO NEGÓCIO PUDEREM SER VERIFICADAS DE OUTRAS FORMAS, QUE NÃO MEDIANTE TESTEMUNHAS, RECONHECENDO-SE EXECUTIVIDADE AO CONTRATO ELETRÔNICO. PRECEDENTES. 1. Controvérsia acerca da condição de título executivo extrajudicial de contrato eletrônico de mútuo celebrado sem a assinatura de duas testemunhas. 2. O rol de títulos executivos extrajudiciais, previsto na legislação federal em 'numerus clausus', deve ser interpretado restritivamente, em conformidade com a orientação tranquila da jurisprudência desta Corte Superior. 3. Possibilidade, no entanto, de excepcional reconhecimento da executividade de determinados títulos (contratos eletrônicos) quando atendidos especiais requisitos, em face da nova realidade comercial com o intenso intercâmbio de bens e serviços em sede virtual. 4. Nem o Código Civil, nem o Código de Processo Civil, inclusive o de 2015, mostraram-se permeáveis à realidade negocial vigente e, especialmente, à revolução tecnológica que tem sido vivida no que toca aos modernos meios de celebração de negócios, que deixaram de se servir unicamente do papel, passando a se consubstanciar em meio eletrônico. 5. A assinatura digital de contrato eletrônico tem a vocação de certificar, através de terceiro desinteressado (autoridade certificadora), que determinado usuário de certa assinatura a utilizara e, assim, está efetivamente a firmar o documento eletrônico e a garantir serem os mesmos os dados do documento assinado que estão a ser sigilosamente enviados. 6. Em face destes novos instrumentos de verificação de autenticidade e presencialidade do contratante, possível o reconhecimento da executividade dos contratos eletrônicos. 7. Caso concreto em que o executado sequer fora citado para responder a execução, oportunidade em que poderá suscitar a defesa que entenda pertinente, inclusive acerca da regularidade formal do documento eletrônico, seja em exceção de pré-executividade, seja em sede de embargos à execução. 8. RECURSO ESPECIAL PROVIDO" (STJ — REsp 1.495.920/DF, Rel. Ministro PAULO DE TARSO SANSEVERINO, TERCEIRA TURMA, julgado em 15-5-2018, *DJe* 7-6-2018).

"SERVIÇOS PROFISSIONAIS. AÇÃO DE OBRIGAÇÃO DE FAZER COM PEDIDO DE ANTECIPAÇÃO DE TUTELA CUMULADA COM REPARAÇÃO DE DANOS. PRETENSÃO INICIAL DE EXIBIÇÃO DE DOCUMENTOS INERENTES AO CONTRATO FIRMADO PELAS PARTES. CÓPIA DO PACTO ASSINADA PELOS CONTRATANTES. DESNECESSIDADE. CONTRATO ELETRÔNICO. INEXISTÊNCIA DE DIVERGÊNCIA QUANTO AOS TERMOS. RENOVAÇÃO DA RELAÇÃO CONTRATUAL NÃO EVIDENCIADA. DESCABIMENTO DE EXIGIR DA RÉ A EXIBIÇÃO DOS DEMAIS DOCUMENTOS RELACIONADOS AO PACTO. AUTORA QUE ASSUMIU NO CONTRATO A OBRIGAÇÃO DE GUARDAR OS DOCUMENTOS EXIGIDOS. DESCUMPRIMENTO DE PRECEITO CONSTITUCIONAL NÃO EVIDENCIADO. SENTENÇA DE IMPROCEDÊNCIA MANTIDA. MAJORAÇÃO DA VERBA HONORÁRIA. CABIMENTO (ART. 85, § 11, DO CPC). Apelação improvida" (TJSP Apelação Cível 1074619-11.2019.8.26.0100; Relator(a): Cristina Zucchi; Órgão Julgador: 34ª Câmara de Direito Privado; Foro Central Cível — 28ª Vara Cível; Data do Julgamento: 29-7-2020; Data de Registro: 29-7-2020).

"RECURSO INOMINADO. CONSUMIDOR. OBRIGACIONAL E RESPONSABILIDADE CIVIL. AÇÃO DE DESCONSTITUIÇÃO DE DÉBITO CUMULADA COM DANOS MORAIS. CONTRATO DE

EMPRÉSTIMO. CONTRATO ELETRÔNICO. COMPROVAÇÃO DA CONTRATAÇÃO PELA RÉ, QUE SE DESINCUMBIU DO SEU ÔNUS PROBATÓRIO, NOS TERMOS DO ART. 373, II, DO CPC. COBRANÇA QUE CONFIGURA EXERCÍCIO REGULAR DE DIREITO, COM FULCRO NO ART. 188, I, DO CC. DANOS MORAIS INOCORRENTES. RECURSO IMPROVIDO" (TJRS — Recurso Cível, N. 71.009.019.167, Terceira Turma Recursal Cível, Turmas Recursais, Relator: Fabio Vieira Heerdt, Julgado em: 21-11-2019).

9 — NEGÓCIOS VIRTUAIS E QUESTÕES TRIBUTÁRIAS

SITES DE LEILÃO NA INTERNET

Comentários:

Os *sites* de leilão na Internet são uma das modalidades de negócio que mais crescem atualmente. A dificuldade de assemelhar essa modalidade de negócio ao leilão tradicional é que origina a grande maioria dos litígios.

Importante dizer que o leilão tradicional implica a responsabilidade do leiloeiro com relação ao produto que está sendo vendido, avalizando a mercadoria. Todavia, assim não ocorre com o leilão virtual, que se apresenta como um mero espaço/ponto de encontro de terceiros interessados em vender ou trocar suas mercadorias.

Como é sabido, há nítido caráter de leilão, com comissão e várias outras características próprias do negócio leiloeiro, o que não tem afastado as tentativas de total exclusão da responsabilidade pelos espaços que conhecemos como leilões virtuais.

Há agora os *sites* de compra coletiva, que também estão sujeitos às regras do Código de Defesa do Consumidor.

"AÇÃO DE INDENIZAÇÃO POR DANOS MATERIAIS. COMPRA E VENDA DE VEÍCULO EM *SITE* DE LEILÕES. PAGAMENTO DE QUANTIA A TERCEIRO. FRAUDE. ALEGAÇÃO DE FALHA DE SEGURANÇA NOS SERVIÇOS PRESTADOS PELA INSTITUIÇÃO FINANCEIRA. INOCORRÊNCIA. AUTOR QUE DEPOSITOU VOLUNTARIAMENTE O PREÇO EM CONTA BANCÁRIA REGULARMENTE MANTIDA PELO CORRÉU. LEGITIMIDADE PASSIVA DA INSTITUIÇÃO FINANCEIRA. IMPROCEDÊNCIA, PORÉM, DO PEDIDO DE REPARAÇÃO DE DANOS EM RELAÇÃO A ELA. RECURSO DO AUTOR IMPROVIDO. 1. O autor arrematou veículo em *site* fraudulento de leilões, efetuando a transferência do valor necessário à conta bancária do corréu junto à instituição financeira demandada. A instituição financeira é legitimada para a causa, pois pode eventualmente responder pelas consequências, na hipótese de má-fé. Entretanto, nenhuma prova possibilita essa conclusão, de onde advém a impossibilidade de cogitar de responsabilidade. 2. Ausente falha de segurança na atividade desenvolvida pelo banco, não há que se falar em responsabilidade solidária pela reparação dos prejuízos sofridos pelo demandante. AÇÃO DE INDENIZAÇÃO POR DANOS MATERIAIS. COMPRA E VENDA DE VEÍCULO EM *SITE* DE LEILÕES. PAGAMENTO DE QUANTIA A TERCEIRO. FRAUDE. PARTICIPAÇÃO

DO CORRÉU, QUE ADMITIU TER EMPRESTADO SUA CONTA BAN-
CÁRIA AO GOLPISTA E RECEBIDO PARTE DO VALOR COMO PA-
GAMENTO. RESPONSABILIDADE SOLIDÁRIA INEQUÍVOCA. RE-
CURSO DO CORRÉU WELLINGTON DE ALMEIDA IMPROVIDO. O
autor arrematou veículo em *site* fraudulento de leilões, efetuando a transferência do
valor necessário à conta bancária do corréu, o qual admitiu ter 'emprestado' sua
conta ao golpista, recebendo parte do valor como pagamento. Sendo inverossímil a
alegação de que acreditou estar ajudando pessoa idônea, é inegável que contribuiu
para o efeito danoso e deve responder pelo dano sofrido pelo demandante. SU-
CUMBÊNCIA. RECURSOS DE APELAÇÃO. HONORÁRIOS ADVOCA-
TÍCIOS. ELEVAÇÃO DO MONTANTE EM RAZÃO DO IMPROVIMEN-
TO. OBSERVAÇÃO EFETUADA. Por força do que estabelece o art. 85, § 11, do
CPC, uma vez improvidos os recursos de apelação, eleva-se a verba honorária su-
cumbencial de responsabilidade do autor a 15% sobre o valor atualizado da causa e
a de responsabilidade do réu Wellington a 15% sobre o valor atualizado da condenação, ressalvada a inexigibilidade decorrente da gratuidade judicial" (TJSP Apelação Cível 1027806-06.2018.8.26.0602; Relator(a): Antonio Rigolin; Órgão Julgador: 31ª Câmara de Direito Privado; Foro de Sorocaba — 7ª Vara Cível; Data do
Julgamento: 3-7-2020; Data de Registro: 3-7-2020).

"RECURSO INOMINADO. VENDA DE VEÍCULO ATRAVÉS DE
SITE DE LEILÃO. PRODUTO ANUNCIADO DE FORMA EQUIVOCA-
DA, POIS INFORMOU SER O AUTOMÓVEL A GASOLINA, QUANDO,
EM VERDADE, ERA A ÁLCOOL. DANOS MATERIAIS DEVIDOS, ANTE
A DIFERENÇA DE VALOR DE MERCADO DE UM E DE OUTRO.
ILEGITIMIDADE PASSIVA AFASTADA, OPERANDO A CASA DE
LEILÕES COMO PREPOSTA DOS ANUNCIANTES, SENDO DE SUA
RESPONSABILIDADE A DIVULGAÇÃO DAS INFORMAÇÕES AO
CONSUMIDOR. DANOS MORAIS INOCORRENTES. RECURSO PAR-
CIALMENTE PROVIDO" (TJRS Recurso Cível, N. 71.005.016.985, Terceira
Turma Recursal Cível, Turmas Recursais, Relator: Silvia Muradas Fiori, Julgado
em: 11-9-2014).

O CONSUMIDOR NA INTERNET

Comentários:

O consumidor na Internet tem os mesmos direitos que o consumidor que
se dirige a uma loja física. Assim, independentemente do local em que se consu-
ma qualquer negócio jurídico entre consumidor e empresa, ter-se-á a aplicação

do Código de Defesa do Consumidor. Mas cabe a ele se informar antes de comprar, ler as políticas do *site* antes de confirmar a compra, principalmente no que diz respeito à troca ou à devolução.

"Apelação — Ação indenizatória — Contrato de credenciamento — Sentença de acolhimento do pedido — Irresignação procedente — Venda de mercadorias no comércio eletrônico — Comerciante autora que não se cercou dos cuidados necessários à verificação da regularidade do pedido por meio dos inúmeros sistemas antifraude disponíveis no mercado, com vistas à minimização dos riscos da atividade no 'e-commerce' — Papel desempenhado pela credenciadora ré, ademais, se limitando a repassar à administradora do cartão os dados do dispositivo e da compra, para que esta autorize ou não a feitura da operação — Ré que não pode ser responsabilizada pela desídia do comerciante na verificação da identidade daquele que se apresenta como o autor do pedido de compra, sobretudo em se tratando de pedido não presencial — Válida a cláusula contratual que exime a ré de responsabilidade nessas circunstâncias — Consequente reforma da sentença, com a proclamação da improcedência da demanda e inversão da responsabilidade pelas verbas da sucumbência. Deram provimento à apelação" (TJSP Apelação Cível 1067017-66.2019.8.26.0100; Relator(a): Ricardo Pessoa de Mello Belli; Órgão Julgador: 19ª Câmara de Direito Privado; Foro Central Cível — 36ª Vara Cível; Data do Julgamento: 20-8-2020; Data de Registro: 20-8-2020).

"AÇÃO DE OBRIGAÇÃO DE FAZER CUMULADA COM INDENIZAÇÃO. COMPRA E VENDA DE PRODUTIVO VIA *E-COMMERCE*. CASO CONCRETO. DIREITO À DEVOLUÇÃO DOS VALORES DE FORMA SIMPLES. INOCORRÊNCIA DE DANOS MORAIS A SEREM INDENIZADOS. APELO DESPROVIDO" (TJRS Apelação Cível, N. 70.083.075.119, Décima Quinta Câmara Cível, Tribunal de Justiça do RS, Relator: Vicente Barrôco de Vasconcellos, Julgado em: 18-12-2019).

"COMPRA E VENDA — Televisão — Negócio celebrado pela internet — Pagamento mediante boleto bancário — Mercadoria não entregue — Ação de indenização por danos materiais e morais proposta contra a empresa responsável pelo gerenciamento do pagamento — Sentença de procedência — Apelo da ré — Preliminar de ilegitimidade passiva — Rejeição — Responsabilidade solidária decorrente da participação na cadeia de consumo — Inexistência de controvérsia em relação à não entrega da mercadoria — Prova documental suficiente a revelar que o autor efetuou o pagamento do boleto — Exigibilidade da restituição da quantia paga — Danos morais não caracterizados — Mero dissabor — Indenização inexigível — Ação parcialmente procedente — Apelação provida em parte"

(TJSP Apelação Cível 0014600-95.2014.8.26.0176; Relator(a): Carlos Henrique Miguel Trevisan; Órgão Julgador: 29ª Câmara de Direito Privado; Foro de Embu das Artes — 1ª Vara Judicial; Data do Julgamento: 22-7-2019; Data de Registro: 22-7-2019).

"Ação de indenização por danos materiais e morais. Fraude perpetrada por terceiro envolvendo a negociação de um aparelho celular anunciado pelo autor na plataforma de *e-commerce* do Mercado Livre. Teoria do risco da atividade que, no caso, não é integral, mas admite excludente do nexo causal, conforme previsão do art. 14, § 3º, do Código de Defesa do Consumidor. Hipótese em que o autor negociou o produto diretamente com o suposto comprador, sem a utilização das ferramentas da plataforma digital da ré e apartando-se dos procedimentos de segurança oferecidos pelo *site* para garantir o recebimento do preço. Culpa exclusiva da vítima caracterizada. Ação julgada improcedente. Sentença mantida. Recurso improvido" (TJSP Apelação Cível 1030537-92.2019.8.26.0002; Relator(a): Ruy Coppola; Órgão Julgador: 32ª Câmara de Direito Privado; Foro Regional II — Santo Amaro — 5ª Vara Cível; Data do Julgamento: 13-8-2020; Data de Registro: 13-8-2020).

COMPRAS COLETIVAS

"AÇÃO INDENIZATÓRIA. Contrato de solução de pagamento de transações comerciais, com disponibilização de sistema antifraude, para evitar os *chargebacks*, e contratação de empresa para análise do risco. Alegação de falha na prestação dos serviços, tendo em vista de que houve aumento de *chargebacks*, implicando em prejuízos da empresa autora. Sentença que julgou improcedente a ação em relação à corré, ClearSale, e parcialmente procedente, em relação à corré, Pagar.me. Apelo da autora. Sentença mantida. Não verificação de responsabilidade solidária entre as rés. Contratação de sistema antifraude. Corré, Pagar.me, que não pode ser responsabilizada por eventuais *chargebacks*, por não se tratar de modalidade de contrato de seguro. Condenação de a ré arcar com os prejuízos das operações aprovadas sob índice de risco igual ou superior a 95. HONORÁRIOS DE ADVOGADO. Verba honorária fixada, em prol do advogado da corré, ClearSale, por equidade. Descabimento. Fixação que deve observar os parâmetros do art. 85 do CPC. Arbitramento em 10% sobre o valor atribuído à causa. Sentença, outrossim, que, julgando parcialmente procedente a ação, determinou a compensação da verba honorária, em relação à autora e a corré, Pagar.me. Reforma que se impõe. É vedada a compensação de honorários advocatícios. Base de cálculo para a fixação dos honorários advocatícios que deve ser o valor atribuído à causa. APELO DA AUTORA DESPROVIDO, COM O PROVIMENTO DO APELO

INTERPOSTO PELO PATRONO DA CORRÉ, CLEARSALE, E PARCIAL PROVIMENTO AO INCONFORMISMO INTERPOSTO PELO PATRONO DO CORRÉU, PAGAR.ME" (TJSP; Apelação Cível 1044196-39.2017.8.26.0100; Relator(a): Ramon Mateo Júnior; Órgão Julgador: 15ª Câmara de Direito Privado; Foro Central Cível — 7ª Vara Cível; Data do Julgamento: 23-6-2020; Data de Registro: 24-6-2020).

"APELAÇÕES CÍVEIS. AÇÃO DE INDENIZAÇÃO POR DANOS MATERIAL E MORAL. PRELIMINAR. LEGITIMIDADE PASSIVA. DECOLAR.COM. EMPRESA DE *E-COMMERCE* INTERMEDIÁRIA. As condições da ação, nos termos da teoria da asserção, devem ser analisadas em abstrato, ou seja, *in status assertionis*, levando-se em consideração unicamente os fatos narrados na inicial pela parte autora. A requerida, na condição de intermediária do pacote de turismo, deve figurar no polo passivo da demanda em razão da imputação de responsabilidade pelo fato danoso. MÉRITO. PACOTE DE TURISMO. HOTEL 5 ESTRELAS. *OVERBOOKING*. REALOCAÇÃO EM HOTEL 4 ESTRELAS EM LOCALIZAÇÃO MENOS PRIVILEGIADA. ART. 14, DO CDC. Materializada a falha na prestação de serviços da ré decorrente da realocação dos autores do hotel 5 estrelas contratado para outro, 4 estrelas, e com localização menos privilegiada em razão de *overbooking*. DANO MORAL CARATERIZADO. Induvidoso que os autores ficaram extremamente consternados com a situação apresentada, ante a frustração com o pacote de turismo contratado, o que acabou por gerar dano que extrapola o mero dissabor. RESPONSABILIDADE SOLIDÁRIA NA CADEIA DE FORNECEDORES DE SERVIÇOS. Não há como eximir a culpa da empresa de *e-commerce* que intermediou a aquisição do pacote de viagem, ainda que incontroverso que a rede de hotéis tenha operado em *overbooking*. A requerida não tomou as cautelas necessárias de acompanhar e fiscalizar a correta execução do serviço contratado pelo hotel eleito pelo consumidor em sua página na internet. APELO DOS DEMANDANTES. MAJORAÇÃO DA VERBA INDENIZATÓRIA. POSSIBILIDADE. A indenização deve atender a dupla finalidade, ou seja, a de punir o ofensor e minimizar a ofensa à honra, recompondo os danos causados. As circunstâncias de fato, bem como os parâmetros adotados por este Órgão Julgador, justificam a majoração do *quantum* indenizatório. Por consequência, restam majorados os honorários advocatícios. JUROS DE MORA. TERMO INICIAL. RESPONSABILIDADE CIVIL CONTRATUAL. CITAÇÃO. Tratando-se de responsabilidade contratual, os juros moratórios incidem da citação. Precedentes do e. STJ. Inaplicabilidade da Súmula 54, do STJ. APELAÇÃO DA RÉ DESPROVIDA. APELO DOS AUTORES PROVIDO EM PARTE" (TJRS Apelação Cível, N. 70.067.054.528, Décima Quinta Câmara Cível, Tribunal de Justiça do RS, Relator: Ana Beatriz Iser, Julgado em: 13-4-2016).

CONTRAFAÇÃO — VENDA DE CDS "PIRATAS" NA INTERNET

"Apelação. Direito Empresarial. Propriedade industrial. Marca. Ação cominatória de obrigação de não-fazer c/c indenizatória por dano material e moral. Venda em plataforma digital de produtos de outra fabricação que constituem contrafação daqueles produzidos pela autora, titular das marcas 'MA on PC fader wing' e 'MA on PC command wing'. Indenização por danos materiais devida. Valores a serem apurados em liquidação de sentença nos termos dos arts. 208 e 210 da LPI. Condenação do réu, ora apelante, a pagar indenização por danos morais, por ofensa à imagem e ao conceito da empresa e à atividade criadora. Possibilidade. Inteligência da Súmula 227, do C. STJ. Dano moral 'in re ipsa'. Teoria do ilícito lucrativo. Fixação em R$ 10.000,00. Razoabilidade. Sentença mantida por seus próprios fundamentos, ora reproduzidos (art. 252 do RITJSP). Precedentes do STJ e STF. Honorários recursais. Art. 85, § 11, CPC. Apelo desprovido"(TJSP; Apelação Cível 1000547-87.2018.8.26.0100; Relator(a): Pereira Calças; Órgão Julgador: 1ª Câmara Reservada de Direito Empresarial; Foro Central Cível — 1ª VARA EMPRESARIAL E CONFLITOS DE ARBITRAGEM; Data do Julgamento: 3-8-2020; Data de Registro: 3-8-2020).

"APELAÇÕES CÍVEIS. PROPRIEDADE INDUSTRIAL E INTELECTUAL. CÓPIA DE AULAS SEM AUTORIZAÇÃO E POSTERIOR VENDA NA INTERNET. CONTRAFAÇÃO. DANOS MATERIAIS EVIDENCIADOS. DANOS MORAIS DEMONSTRADOS. CASO CONCRETO. 1. Inicialmente cabe destacar que a parte ré Ebazar é parte legítima para figurar no polo passivo da ação, uma vez que conforme se extrai dos autos esta recebe percentual em cada venda realizada no *site*, ou seja, a parte ré obteve benefícios com a venda das cópias não autorizadas, devendo por esse motivo ressarcir, junto às rés, os danos experimentados pelo autor. Assim, deve ser mantida a sentença no ponto e mantido a parte Ebazar no polo passivo. 2. Diante do conjunto probatório, os lucros cessantes restaram suficientemente demonstrados no caso em apreço, ou seja, que a parte deixou de ganhar com a venda dos 12 (doze) cursos extensivos e 01 (um) curso intensivo em razão do ilícito. Ressalta-se que o valor dos lucros cessantes deverá ser arbitrado em fase de liquidação de sentença. 3. Quanto ao dano moral este restou evidenciado, visto que a parte autora teve sua imagem afetada diante da exposição de seu curso a venda por aproximadamente 90% do valor original do curso. Percebe-se, inclusive, que na página a qual anunciou a venda dos cursos copiados, constou justificado o valor inferior, a ocorrência de uma promoção de 90% de desconto realizada pela demandante, induzindo o consumidor a erro, como se fosse do autor de fato as aulas gravadas, podendo também possuir qualidade inferior nos vídeos, denegrindo a imagem do demandante.

PRELIMINAR CONTRARRECURSAL ACOLHIDA. APELOS DOS RÉUS DESPROVIDOS E APELO DA PARTE AUTORA PARCIALMENTE PROVIDO" (TJRS Apelação Cível, N. 70.071.165.179, Quinta Câmara Cível, Tribunal de Justiça do RS, Relator: Léo Romi Pilau Júnior, Julgado em: 31-5-2017).

ICMS E *SOFTWARE*

Comentários:

O Imposto sobre Circulação de Mercadorias e Serviços (ICMS) não incide nos serviços de comercialização de *software*, a não ser que estes sejam vendidos por prateleira, ou seja, disponibilizados em meio físico. Diferente seria, e o é, quando o programa é repassado apenas pela licença de sua utilização, vez que não se pode esquecer que se trata de uma criação intelectual. Tem crescido a discussão sobre o ICMS na venda pela Internet, bem como sobre a incapacidade de se tributar um bem que não circule fisicamente (ex.: *download*).

"APELAÇÃO — AÇÃO DE CONSIGNAÇÃO EM PAGAMENTO — ISS — MUNICÍPIO DE SÃO PAULO. Sentença que julgou procedente a ação para reconhecer a incidência do ISS e afastar a incidência do ICMS. Apelo da Fazenda Pública Estadual. LICENCIAMENTO OU CESSÃO DE DIREITO DO USO DE PROGRAMAS DE COMPUTADORES — Incidência do ISS — Serviço previsto no subitem 1.05 da lista de serviços anexa à Lei Complementar Federal n. 116 de 2003 — Cobrança de ICMS que deve ser afastada — Entendimento do C. Superior Tribunal de Justiça e deste E. Tribunal de Justiça — No caso dos autos, o objeto dos contratos celebrados pela autora com terceiros é o licenciamento e a cessão de uso de programa de computador e a prestação de serviço no sentido da implementação e da manutenção dos referidos programas — Incidência do ISS sobre os serviços prestados que deve subsistir. Honorários advocatícios fixados em dez por cento sobre o valor do proveito econômico, a ser fixado quando da liquidação da sentença — HONORÁRIOS RECURSAIS — Majoração nos termos do art. 85, § 11 do Código de Processo Civil de 2015 — Possibilidade — Observância ao disposto nos §§ 2º a 6º do art. 85, bem como aos limites estabelecidos nos §§ 2º e 3º do respectivo artigo — Majoração da verba honorária em 2% (dois por cento) — Valor ilíquido. Sentença mantida — Recurso desprovido" (TJSP Apelação Cível 1023147-49.2018.8.26.0053; Relator(a): Eurípedes Faim; Órgão Julgador: 15ª Câmara de Direito Público; Foro Central — Fazenda Pública/Acidentes — 12ª Vara de Fazenda Pública; Data do Julgamento: 6-8-2020; Data de Registro: 6-8-2020).

"APELAÇÃO — MANDADO DE SEGURANÇA — VENDA DE *SOFTWARE* DE PRATELEIRA' — INCIDÊNCIA DE ICMS — Pretensão mandamental voltada à declaração de inexigibilidade do ICMS sobre os contratos de licença de uso de *software* disponibilizados através de *download* — Descabimento — Os Tribunais Superiores já firmaram entendimento de que a comercialização de *software* será caracterizada como prestação de serviço na hipótese em que o programa de computador tenha sido desenvolvido de forma personalizada ao consumidor, tributada pelo ISSQN, ao passo que o programa de computador padrão, produzido de forma uniforme e vendido em larga escala para os consumidores será caracterizado como mercadoria, tributado pelo ICMS — Irrelevância do meio em que comercializado o *software*, seja físico ou eletrônico/virtual — Legalidade do Decreto Estadual n. 63.099/2017 — Sentença de concessão da ordem de segurança reformada — Recursos, oficial e voluntário da Fazenda Estadual, providos" (TJSP Apelação Cível 1013316-93.2018.8.26.0564; Relator(a): Paulo Barcellos Gatti; Órgão Julgador: 4ª Câmara de Direito Público; Foro de São Bernardo do Campo — 1ª Vara da Fazenda Pública; Data do Julgamento: 9-7-2020; Data de Registro: 9-7-2020).

PROVEDORES DE ACESSO. NÃO INCIDÊNCIA DE ICMS

Comentários:

É pacífico nos Tribunais Superiores que o Imposto sobre Circulação de Mercadorias e Serviços (ICMS) não incide nos serviços dos provedores de acesso à Internet, uma vez que não se trata de serviço de comunicação, nem tampouco serviço de valor adicionado, além de faltar previsão e sua incidência à Lei Complementar n. 87, de 13 de setembro de 1996.

Súmula 334 do STJ: O ICMS não incide no serviço dos provedores de acesso à Internet.

"MANDADO DE SEGURANÇA — Impetrante que é provedora de acesso à internet — Prestação de serviço de valor adicionado (SVA), nos termos do art. 61 da Lei n. 9.472/97 — Contrato de Adesão firmado com os usuários que demonstra a prestação do serviço de valor adicionado — Aplicação da Súmula 334 do STJ, que reconhece a não incidência de ICMS no serviço dos provedores de acesso à internet — Precedentes desta Corte — Sentença mantida — Apelo não provido" (TJSP Apelação / Remessa Necessária 1040746-12.2018.8.26.0114; Relator(a): Percival Nogueira; Órgão Julgador: 8ª Câmara de Direito Público; Foro de Campinas — 2ª Vara da Fazenda Pública; Data do Julgamento: 31-7-2020; Data de Registro: 31-7-2020)

"PROCESSUAL CIVIL. EMBARGOS DE DECLARAÇÃO. MANDADO DE SEGURANÇA COLETIVO. ENTIDADE ASSOCIATIVA. SUBSTITUIÇÃO PROCESSUAL. LEGITIMIDADE ATIVA. PRELIMINAR REJEITADA. INCLUSÃO DE PROVEDORES DE ACESSO À INTERNET AO SIMPLES NACIONAL. POSSIBILIDADE. NÃO INCIDÊNCIA DE ICMS. EXTENSÃO DOS EFEITOS SUBJETIVOS DA ORDEM CONCEDIDA. OMISSÃO. EMBARGOS DE DECLARAÇÃO DA IMPETRANTE ACOLHIDOS, COM EFEITOS INFRINGENTES. EMBARGOS DE DECLARAÇÃO DA UNIÃO REJEITADOS. 1. A jurisprudência do STF é no sentido de que: 'a impetração de mandado de segurança coletivo por associação em favor dos associados independe da autorização destes. Súmula 629/STF' (MS 31336, Rel. Min. Edson Fachin, Segunda Turma, julgado em 28-3-2017, Processo Eletrônico *DJe* 097, Pub. 10-5-2017). Preliminar de ilegitimidade ativa *ad causam* rejeitada. 2. Ao explicitar, entre outros fundamentos, que 'as empresas que exercem a atividade de provimento de acesso à internet não prestam serviço de telecomunicação ou de comunicação, mas de serviço de valor adicionado' e que 'o ICMS não incide no serviço dos provedores de acesso à internet' (Súmula 334 do STJ), demonstrando a possibilidade de inclusão dos associados da impetrante no SIMPLES NACIONAL, o v. acórdão foi claro e preciso, inexistindo os vícios alegados pela União (FN). 3. No que tange aos embargos de declaração da impetrante, considerando que em sua apelação foram formulados 2 (dois) pedidos distintos, um principal e outro subsidiário, não poderia o v. acórdão impugnado ter provido o pedido subsidiário sem antes haver examinado o pedido principal. Assim, forçoso o acolhimento destes aclaratórios para eliminar tal omissão. 4. O STJ, ao analisar questão referente à extensão subjetiva dos efeitos das decisões proferidas em sede de mandado de segurança coletivo impetrado por associação — em substituição aos seus filiados —, consignou que: '1. Conforme orientação consolidada nesta Corte Superior, o sindicato ou associação, como substitutos processuais, têm legitimidade para defender judicialmente interesses coletivos de toda a categoria, e não apenas de seus filiados, sendo dispensável a juntada da relação nominal dos filiados e de autorização expressa. 2. Assim, a formação da coisa julgada nos autos de ação coletiva deve beneficiar todos os servidores da categoria, e não apenas aqueles que na ação de conhecimento demonstrem a condição de filiado do autor (Ag 1.153.516/ GO, Rel. Ministra MARIA THEREZA DE ASSIS MOURA, *DJe* 26-4-2010). No mesmo sentido: RESP 936.229-RS, Rel. Ministro ARNALDO ESTEVES LIMA, *DJe* 16-3-2009' (AgRg no AREsp 454.098/SC, Rel. Min. Napoleão Nunes Maia Filho, Primeira Turma, julgado em 16-9-2014, *DJe* 9-10-2014). Este posicionamento lastreia a expansão dos efeitos da segurança concedida em primeira instância, e confirmada por este Regional, a todas as sociedades empresárias provedoras de acesso à internet existentes no País, independentemente da data de sua filiação, nos moldes do pedido principal formulado pela associação impetrante.

5. Embargos de declaração da impetrante acolhidos, com efeitos infringentes e embargos de declaração da União (FN) rejeitados" (TRF 1ª Região EDAC 0030689-03.2007.4.01.3400, DESEMBARGADOR FEDERAL MARCOS AUGUSTO DE SOUSA, TRF1 — OITAVA TURMA, e-DJF1 16-3-2018 PAG.).

PROVA DA DECLARAÇÃO DE IR VIA INTERNET

"Agravo de instrumento. Prestação de serviços educacionais. Ação declaratória de nulidade de cláusulas contratuais c. c. perdas e danos e pedido de antecipação de tutela. Indeferimento parcial do pedido de concessão da Justiça Gratuita. Agravante, isenta da declaração do imposto de renda e junta cópia de documentos comprobatórios. Ademais, reside em lugar considerado simples, como visto no Google Maps. Gratuidade processual que deve ser concedida para todos os atos processuais, presentes os requisitos legais. Decisão parcialmente reformada. Recurso provido. Para a concessão da gratuidade de justiça deve a parte declarar não ter condições de suportar as custas do processo sem prejuízo próprio ou de sua família, comprovando, no caso, a insuficiência de recursos" (TJSP Agravo de Instrumento 2195820-25.2020.8.26.0000; Relator(a): Francisco Occhiuto Júnior; Órgão Julgador: 32ª Câmara de Direito Privado; Foro Central Cível — 31ª Vara Cível; Data do Julgamento: 24-8-2020; Data de Registro: 24-8-2020).

"RECURSO EM SENTIDO ESTRITO. DELITO CONTRA A VIDA. HOMICÍDIO QUALIFICADO. Trata-se de Recurso em Sentido Estrito interposto pela defesa, contra a decisão que julgou procedente a pretensão ministerial, pronunciando o acusado como incurso nas sanções do art. 121, § 2º, II, do Código Penal. PRELIMINAR. CONVERSÃO DO JULGAMENTO EM DILIGÊNCIA. REALIZAÇÃO DE LEVANTAMENTO DO LOCAL DO FATO. IMPOSSIBILIDADE. Conforme se extrai do Inquérito Policial n. 60/2015/151401/A, o boletim de ocorrência de n. 1.958/2015, os termos de declaração, as fotos das lesões, o auto de necrópsia, a imagem do local do fato via Google Maps, bem como o relatório de indiciamento, consubstanciada está, suficientemente, a dinâmica dos fatos, não havendo falar em cerceamento de defesa, diante do conjunto probatório apto a descrever o local do fato. Ademais, seria precipitado afirmar a imprescindibilidade do levantamento do local do fato, tendo em vista que já transcorreram mais de cinco anos da data do fato, qual seja, 06 de março de 2015, até o presente momento. INDÍCIOS SUFICIENTES DE AUTORIA E MATERIALIDADE. TRIBUNAL DO JÚRI. PRONÚNCIA. A materialidade delitiva restou comprovada por intermédio dos documentos juntados aos autos. Ao que tange à autoria, por meio da prova colhida em juízo, sobretudo pelo depoimento das testemunhas oculares.

EXCLUDENTE DE ILICITUDE. LEGÍTIMA DEFESA. ABSOLVIÇÃO SUMÁRIA. DESCLASSIFICAÇÃO PARA O DELITO DE LESÕES CORPORAIS. DESCABIMENTO. Registra-se que não há demonstração inconteste de que se trata de agressão atual ou iminente como narrado pelo acusado, durante seu depoimento em sede policial, a ponto de autorizar a absolvição sumária pretendida. Ainda, é sabido que a matéria em questão é de competência exclusiva do Tribunal do Júri, sendo descabida a absolvição ou a desclassificação neste momento processual. Jurisprudência desta Câmara. RECURSO DEFENSIVO DESPROVIDO. MANTIDA A DECISÃO DE PRONÚNCIA" (TJRS Recurso em Sentido Estrito, n. 70.083.638.379, Terceira Câmara Criminal, Tribunal de Justiça do RS, Relator: Rinez da Trindade, Julgado em: 24-7-2020).

"APELAÇÃO CÍVEL. AÇÃO DE COBRANÇA. CITAÇÃO POSTAL. AR ENVIADO AO ESCRITÓRIO DO RÉU. 1 — Cinge-se a questão sobre a regularidade da citação realizada por correio, quando o Aviso de Recebimento (AR) foi assinado por terceiro; 2 — O endereço constante no AR é o mesmo cadastrado na OAB/RJ, evidenciando que se trata realmente do escritório do Réu; 3 — O Código de Processo Civil 2015, em seu art. 248, § 4º, trouxe uma mudança significativa na citação postal, permitindo que a correspondência e, consequentemente, o AR seja assinado por porteiro; 4 — Com mais razão ainda, deve-se presumir válida a citação entregue no endereço do escritório do Réu, cujo nome está estampado na entrada do imóvel, como demonstra a foto retirada do Google Maps DESPROVIMENTO DO RECURSO" (TJRJ — Apelação n. 0007858-50. 2018.8.19.0001, Des(a). TERESA DE ANDRADE CASTRO NEVES. Data de Julgamento: 17-4-2020 — Data de Publicação: 27-4-2020).

VALIDADE DE NOTIFICAÇÃO VIA INTERNET. TRIBUTÁRIO

"TRIBUTÁRIO — MANDADO DE SEGURANÇA — REINCLUSÃO EM PARCELAMENTO — PERT — LEI FEDERAL N. 11.941/2009 — FALECIMENTO DO TITULAR — INADIMPLEMENTO DE PARCELAS — EXCLUSÃO COMUNICADA POR *E-MAIL* — PERDA DO PRAZO RECURSAL. 1. 'O parcelamento será concedido na forma e condição estabelecidas em lei específica' (art. 155-A, do Código Tributário Nacional). A Lei Federal n. 11.941/2009: 'Art. 1º (...) § 9º A manutenção em aberto de 3 (três) parcelas, consecutivas ou não, ou de uma parcela, estando pagas todas as demais, implicará, após comunicação ao sujeito passivo, a imediata rescisão do parcelamento e, conforme o caso, o prosseguimento da cobrança'. 3. No caso concreto, o apelante foi excluído do parcelamento após o inadimplemento de 5 (cinco) parcelas consecutivas.

A notificação de exclusão foi enviada ao endereço eletrônico do apelante, informado no momento da adesão. 4. A mensagem foi lida em 05 de novembro de 2017. O recurso administrativo, apresentado em 2 de outubro de 2018, foi declarado intempestivo. A atuação administrativa é regular. 5. O apelante não respeitou as condições e os prazos, para a manutenção no parcelamento. Trata-se de responsabilidade exclusiva do contribuinte. 4. Apelação improvida. Pedido de tutela de urgência prejudicado" (TRF 3ª Região, 6ª Turma, ApCiv — APELAÇÃO CÍVEL — 5028509-34.2018.4.03.6100, Rel. Desembargador Federal FABIO PRIETO DE SOUZA, julgado em 10-8-2020, Intimação via sistema DATA: 12-8-2020).

"TRIBUTÁRIO. PROCESSUAL CIVIL. EXCLUSÃO DO REFIS. NOTIFICAÇÃO PELA REDE MUNDIAL DE COMPUTADORES OU DIÁRIO OFICIAL. POSSIBILIDADE. 1. Hipótese em que a Corte de origem entendeu que 'a ciência dos procedimentos administrativos que levaram à exclusão da impetrante do Programa Refis não pode ser presumida, deve ser certa, nos exatos termos do parágrafo 3º do art. 26 da Lei n. 9.784/99'. Assim, concluiu que é nula a intimação da pessoa jurídica realizada exclusivamente por meio de ato publicado no DOU. 2. A Primeira Seção do STJ, em julgamento de recurso representativo da controvérsia, asseverou que a Lei n. 9.784/99 tem aplicação apenas subsidiária aos processos disciplinados por lei específica. 3. Além disso, afastou a necessidade de notificação pessoal do contribuinte para a exclusão do Refis, firmando o entendimento de que é possível a notificação do contribuinte do ato de exclusão do Refis pelo Diário Oficial ou pela Internet, nos termos da Lei n. 9.964/2000 (REsp 1.046.376/DF, Rel. Ministro Luiz Fux, Primeira Seção, *DJe* 23.3.2009). 4. Recurso Especial provido" (REsp 1.648.877/DF, Rel. Ministro HERMAN BENJAMIN, SEGUNDA TURMA, julgado em 14-3-2017, *DJe* 20-4-2017).

"EMENTA: EMBARGOS À EXECUÇÃO FISCAL. REFIS. EXCLUSÃO. LEI N. 9.964/2000. PAGAMENTO A MENOR. PIS/COFINS. ICMS. NÃO INCIDÊNCIA NA BASE DE CÁLCULO. PRESCRIÇÃO. INOCORRÊNCIA. 1. O STJ possui entendimento de que o art. 5º, II, da Lei n. 9.964/2000 autoriza a rescisão do Refis, com a consequente exclusão do sujeito passivo da obrigação tributária, na hipótese de inadimplência por três meses consecutivos ou seis alternados, entendendo, para esse efeito, que a lei não faz distinção quanto à inadimplência total ou parcial das prestações mensais (recolhimentos a menor) e igualmente não autoriza a reinclusão em caso de pagamento posterior. 2. É válida a notificação do ato de exclusão do programa de recuperação fiscal do REFIS pelo Diário Oficial ou pela Internet, conforme dispõe a Súmula 355 do STJ. 3. Declarados os débitos mediante DCTF, o prazo é de prescrição para a Fazenda cobrá-los, nos termos do art. 174, 'caput', do CTN, sendo contado da data de entrega da declaração pelo contribuinte, ou da data do vencimento, quando posterior, nos termos do decidido pelo STJ no AgRg no REsp 1.076.611-MG. 4. Hipótese em que não transcorreram mais de cinco anos entre a data da entrega da declaração e o ajuizamento da demanda executiva. 5. O STF, no julgamento do RE 574.706, fixou tese no sentido de que 'o ICMS não compõe a base de cálculo para fins de incidência do PIS e da Cofins', aplicando-se o julgado para os débitos executados anteriores à Lei n. 12.973/2014. 6. Apelação parcialmente provida, apenas para excluir o ICMS da base de cálculo do PIS/COFINS" (TRF 4ª Região, AC 5016220-54.2015.4.04.7100, PRIMEIRA TURMA, Relator ALEXANDRE ROSSATO DA SILVA ÁVILA, juntado aos autos em 24-5-2018).

10 — RESPONSABILIDADE EM REDES SOCIAIS E *CYBER-BULLYING*

RESPONSABILIDADE EXCLUSIVA DO USUÁRIO POR ATO ILÍCITO PRATICADO POR MEIO DO *SITE* DE RELACIONAMENTO "ORKUT"

Comentários:

Por tratar-se de provedor de conteúdo, é difícil afirmarmos que não há responsabilidade das redes sociais pelo conteúdo que disponibiliza em seu espaço virtual. E é justamente para afastar sua responsabilidade perante terceiros que provedores de conteúdo devem se resguardar para poder identificar o responsável pelo ato ilícito perpetrado por meio de seu sistema, sob pena de ser responsabilizado por aquele ato. Certamente não pode haver censura prévia, *vide* a garantia da liberdade de expressão. Mas, a partir da ciência do fato ilícito ou antiético, deve o provedor da página em que o conteúdo está diligenciar de forma célere para não caracterizar negligência nem conivência (coautoria).

De fato, a única forma de se manter isento nessa relação é por meio da guarda dos registros de acesso do usuário de seus serviços. Isso, em regra, tem isentado os provedores de conteúdo da responsabilidade por ato ilícito.

No tocante aos incidentes de *cyberbullying*, por envolver em sua maioria menores de idade, é fundamental agir rápido para retirada do conteúdo ofensivo e vexatório do ar. E os responsáveis legais respondem pela má conduta e pela indenização da vítima.>

"DIREITO DIGITAL. REMOÇÃO DE CONTEÚDO PUBLICADO POR PERFIS CRIADOS NOS APLICATIVOS DE INTERNET INSTAGRAM E FACEBOOK, FALSAMENTE ATRIBUÍDOS À PARTE AUTORA, COM FORNECIMENTO DO NÚMERO DE INTERNET PROTOCOL — IP ALUSIVO À CRIAÇÃO E ACESSO DE USUÁRIO NOS REFERIDOS PERFIS COMBATIDOS. DEVER DE FORNECIMENTO DE DADOS PESSOAIS DOS USUÁRIOS QUE EXTRAPOLA A OBRIGAÇÃO LEGAL IMPOSTA AOS PROVEDORES DE APLICATIVOS DE INTERNET. Pretensão autoral acolhida em sede de deferimento da tutela de urgência no sentido de remoção dos conteúdos indicados nas URL's elencadas na peça exordial e fornecimento do número de internet protocol referente à criação e acesso do usuário dos perfis combatidos. Exigência de disponibilização dos dados pessoais do usuário — Impossibilidade. Aplicativos de internet, legalmente dispensados à coleta de informações de cunho pessoal de seus usuários. Fornecimento do número de IP que se revela suficiente medida apta à identificação pessoal do usuário, mediante ofício aos provedores de acesso à internet, estes sim, detentores de dados pessoais dos usuários, possibilitando a identificação pela criação e disseminação do conteúdo combatido. Cumprimento integral da ordem judicial, na extensão daquilo que cabe à parte requerida, em menos de 24 horas após a intimação da ordem judicial. Inexistente a resistência ao pedido autoral. Legislador pátrio que, ao disciplinar a matéria por meio da Lei n. 12.965/2015, instituindo o Marco Civil de Internet, determinou que o juízo sobre a liberdade de expressão e a livre manifestação do pensamento em ambientes públicos virtuais deve ser precedida de prévio escrutínio, por meio de provocação, do Poder Judiciário. Tratando-se de demanda análoga aos procedimentos de jurisdição voluntária que decorre de expressa previsão legal e ausente a litigiosidade, o princípio do interesse se sobrepõe ao princípio da causalidade. Nestas circunstâncias, não há como impor à parte instada pelo Poder Judiciário, gize-se, que não ofereceu resistência à pretensão do demandante, o dever de arcar com as despesas de ônus sucumbenciais, tampouco valor de honorários advocatícios. Parte autora que, a despeito de ter seu pleito acolhido integralmente, interpôs recurso de apelação em face da fundamentação da r. sentença — Inadmissibilidade. Não se mostra passível de irresignação recursal inconformismo ante a construção retórica trazida em decisão judicial, notadamente, por não se revelar como razão de decidir e sim a mera concatenação de raciocínio com o propósito de demonstrar às partes a lógica argumentativa que defluiu no resultado da demanda. As decisões judiciais, notadamente no âmbito civil, se mostram impugnáveis diante de sua *ratio decidendi*, que não deve ser confundido com o *obiter dictum*, institutos distintos; ao passo que o primeiro integra os elementos de convicção fundamentada do julgador e o segundo consiste em proposições retóricas que não têm o condão de modificar o teor substancial da decisão judicial. Sentença parcialmente reformada para afastar o dever de o aplicativo de internet fornecer dados pessoais do usuário, e ainda, excluída a condenação da parte requerida ao pagamento de ônus sucumbenciais e honorários advocatícios à parte demandante. RECURSO DA PARTE REQUERIDA PROVIDO. RECURSO DA PARTE AUTORA NÃO CONHECIDO" (TJSP — Apelação Cível 1060107-57.2018.8.26.0100; Relator(a): Rodolfo Pellizari; Órgão Julgador: 6ª Câmara de Direito Privado; Foro Central Cível — 17ª Vara Cível; Data do Julgamento: 19-9-2019; Data de Registro: 3-8-2020).

"APELAÇÃO. Ação de obrigação de fazer c/c indenização por danos morais. Pleito de exclusão de postagem no ambiente virtual. Sentença que julgou procedentes os pedidos iniciais. Determinação de abstenção de veiculação da publicação. Condenação das rés ao pagamento de indenização por danos morais. Condenação da ré Facebook ao pagamento de multa diária. Confirmação da tutela antecipada. RECURSO DA RÉ GOOGLE. Provido. Ré que não responde por danos morais.

Entendimento fixado pelo STJ de que o mecanismo de busca 'Google Search' não pode desindexar *link* até que o responsável pelo *site* e seu conteúdo o retire. Provedor de informação que não se responsabiliza pelo conteúdo veiculado. Precedentes do C. STJ e deste Tribunal. Sucumbência do autor em face da Google, arbitrando-se verba honorária por equidade, em R$ 800,00, além do dever de restituir custas e despesas processuais eventualmente gastas pela parte. RECURSO DA RÉ FACEBOOK. Provido em parte. Lei n. 12.965/2014 que não é considerada 'fato novo' e não se aplica retroativamente. Ré que foi notificada sobre o conteúdo ofensivo da matéria e não promoveu a exclusão do conteúdo. Danos morais devidos. Descumprimento da tutela injustificado. Ordem que continha dados suficientes à localização do conteúdo a ser retirado do *site*. Multa cominatória que deve ser reduzida para R$ 8.000,00. RECURSO ADESIVO DO AUTOR. Desprovido. Danos morais arbitrados de acordo com o princípio da razoabilidade. Valor de R$ 8.000,00 mantido. RECURSO DA RÉ GOOGLE PROVIDO, RECURSO DA RÉ FACEBOOK PARCIALMENTE PROVIDO, DESPROVIDO O DO AUTOR" (TJSP — Apelação Cível 0033791-48.2012.8.26.0451; Relator(a): Cristina Medina Mogioni; Órgão Julgador: 6ª Câmara de Direito Privado; Foro de Piracicaba — 3ª Vara Cível; Data do Julgamento: 17-10-2019; Data de Registro: 23-10-2019).

PROVA. DOCUMENTO EXTRAÍDO DA INTERNET. VALIDADE

"Prestação de serviços de publicidade — Monitória — Os documentos apresentados com a inicial constituem prova escrita hábil para instruir ação monitória — Contrato de serviços de publicidade por dois meios, impresso e pela internet, com duas edições, cada uma com duração de 12 meses — Alegação de que o funcionário não teria poderes para contratação dos serviços — Identificação como gerente comercial, para assinar o contrato, com aposição do carimbo da loja — Teoria da aparência aplicável ao caso — Apelo não provido" (TJSP Apelação Cível 0023613-26.2012.8.26.0003; Relator(a): Silvia Rocha; Órgão Julgador: 29ª Câmara de Direito Privado; Foro Regional III — Jabaquara — 3ª Vara Cível; Data do Julgamento: 25-5-2016; Data de Registro: 30-5-2016).

"CONCURSO PÚBLICO. Mogi das Cruzes. Fisioterapeuta. Edital n. 11/2015. Alteração na ordem de classificação em razão de irregularidades na fase de títulos. Necessidade de nova convocação dos candidatos aprovados, para avaliação dos títulos nos termos do edital publicado. Autora classificada em 2º lugar na prova objetiva e reclassificada em 8º lugar após a pontuação dos títulos. — 1. Concurso público. Irregularidades. Prova documental. Segundo o edital, apenas pós-graduação na área de Educação poderia ser aceita na fase de apresentação de títulos; afirma a autora que o município teria aceitado títulos de pós-graduação em outras áreas, majorando indevidamente a pontuação de outras candidatas, alterando a ordem de aprovação; como prova do alegado, juntou currículos extraídos da internet de candidatas favorecidas. Se por um lado havia autorização para incineração dos documentos contados 120 dias do encerramento do certame, também é certo que a autora não teria como ir muito além do que foi para provar a irregularidade acusada. Assim, se a prova produzida pela autora é fraca, na medida em que não comprova cabalmente o direito alegado, a contraprova do município inexiste. — 2. Concurso Público. Nova convocação. A solução dada pela sentença é a mais adequada, considerando o contexto do caso. Há ao menos fortes indícios de irregularidade no certame e até a presente data não foi nomeado nenhum candidato para o cargo de fisioterapeuta. A determinação de nova convocação dos candidatos aprovados na fase objetiva para nova verificação dos títulos é medida que resguarda o interesse público e não prejudica a Administração; ao mesmo tempo, protege o direito dos candidatos de serem avaliados igualmente e nos exatos termos do edital que regulamenta o concurso. — 3. Honorários. A ação foi julgada parcialmente procedente, rejeitado um dos dois pedidos da autora. É caso de condenar a autora no pagamento das custas e despesas processuais a que deu causa, bem como de honorários em favor do município. Considerado o trabalho desenvolvido pelos advogados da parte contrária e a complexidade da ação, o valor dos honorários devidos pelo município à autora é razoável e fica mantido tal qual lançado na sentença. — Parcial procedência. Recurso do município desprovido. Reexame necessário provido em parte" (TJSP Apelação / Remessa Necessária 1015211-87.2016.8.26.0361; Relator(a): Torres de Carvalho; Órgão Julgador: 10ª Câmara de Direito Público; Foro de Mogi das Cruzes — Vara da Fazenda Pública; Data do Julgamento: 30-7-2018; Data de Registro: 2-8-2018).

INTERNET. *SITE* DE RELACIONAMENTO COMO MEIO DE PROVA

"Apelação. Arbitramento de honorários advocatícios. Autor que não se desincumbiu do ônus de provar que a prestação de serviços decorreu de contrato verbal oneroso. Partes que se conheceram por meio de *site* de relacionamento pela internet. Prova documental que demonstra, por intermédio de conversas por aplicativo, que o autor aceita pedido da mulher com quem estava se relacionando para analisar um contrato de locação a título gratuito, o que se deu durante o relacionamento. Demonstração, ademais, de pagamento de contas dela pelo autor a reforçar a relação por eles mantida. Inexistência de qualquer indício de contratação onerosa verbal para aquela finalidade. Recurso de apelação do autor improvido, provido o adesivo da ré, para julgar improcedente a ação" (TJSP Apelação Cível

1036197-38.2017.8.26.0002; Relator(a): Walter Exner; Órgão Julgador: 36ª Câmara de Direito Privado; Foro Regional II — Santo Amaro — 8ª Vara Cível; Data do Julgamento: 13-5-2020; Data de Registro: 13-5-2020).

"Responsabilidade civil. Uso não autorizado de nome e imagem. *Site* de relacionamento. Suficiente prova da autoria do ilícito. Extinção da punibilidade na esfera penal. Irrelevância, na espécie. Independência da jurisdição civil. Violação da intimidade. Dano moral reconhecido. Indenização devida. *Quantum* fixado além do adequado. Redução determinada. Recurso provido em parte" (TJSP Apelação Cível 0003865-46.2014.8.26.0291; Relator(a): Augusto Rezende; Órgão Julgador: 1ª Câmara de Direito Privado; Foro de Jaboticabal — 2ª Vara Cível; Data do Julgamento: 4-3-2020; Data de Registro: 4-3-2020).

PROPAGANDA ELEITORAL ANTECIPADA EM REDES SOCIAIS

"EMENTA — MANDADO DE SEGURANÇA — REPRESENTAÇÃO — ELEIÇÕES 2016 — PROPAGANDA POLÍTICA. PROPAGANDA ELEITORAL ANTECIPADA. INTERNET. REDE SOCIAL. FACEBOOK. ALEGAÇÃO DE PROPAGANDA ANTECIPADA COM PEDIDO EXPLÍCITO DE VOTO — IMPETRAÇÃO CONTRA ATO JUDICIAL. AUSÊNCIA DE TERATOLOGIA NA DECISÃO LIMINAR ATACADA NO QUE SE REFERE À PROPAGANDA DO ARTIGO 36-A DA LEI N. 9.504/97. FALTA DE PEDIDO EXPLÍCITO DE VOTO. DECISÃO LEGAL. NÃO TERATOLÓGICA. DECISÃO ILEGAL QUE NÃO RETIRA PROPAGANDA PAGA DA INTERNET E QUE NÃO QUEBRA OS DADOS DO IP'S. PROIBIÇÃO DA PROPAGANDA. VEDAÇÃO. ART. 57-C DA LEI DAS ELEIÇÕES. FALTA DE RECURSO PRÓPRIO. MEDIDA URGENTE. DECISÃO TERATOLÓGICA. MANDADO DE SEGURANÇA CONCEDIDO PARCIALMENTE. 1. O cabimento de mandado de segurança em face de decisão judicial é medida excepcional e está atrelado ao cumprimento de outros certos requisitos: não cabimento de outro recurso para salvaguardar o direito líquido e certo do impetrante; a inexistência de trânsito em julgado e de teratologia na decisão atacada (TSE, AgRg em MS n. 8612, Acórdão de 11-6-2015, Relator(a) Min. LUIZ FUX, *DJE* de 24-9-2015). 2. Propaganda antecipada paga internet é vedada e decisão que não aprecia pedido de retirada dela e também a quebra dos Ip's é ilegal e, portanto, teratológica, passível de ser corrigida por meio de mandado de segurança, pela falta de recurso próprio para tutelar direito e da urgência da medida" (TRE-PR — MS: 27.197 CURITIBA — PR, Relator: LOURIVAL PEDRO CHEMIM, Data de Julgamento: 6-9-2016, Data de Publicação: PSESS — Publicado em Sessão, Data 6-9-2016).

"Recurso. Representação. Propaganda eleitoral antecipada. Procedência. Evento de pré-campanha assemelhado a comício. Divulgação em rede social e em carro de som. Oferecimento de transporte gratuito à população. Caráter eleitoreiro. Pedido explícito de voto. Configuração. 1. Configura propaganda eleitoral antecipada a realização de evento assemelhado a comício, previamente divulgado em rede social e por meio de carro de som, diante do nítido caráter eleitoreiro da conduta e da constatação de que houve pedido explícito de votos; 2. Recurso a que se nega provimento" (TRE-BA — RE: 641 PINDAÍ — BA, Relator: PAULO ROBERTO LYRIO PIMENTA, Data de Julgamento: 16-3-2017, Data de Publicação: *DJE* — Diário da Justiça Eletrônico, Data 23-3-2017).

11 — OUTRAS QUESTÕES INTERESSANTES

PRÁTICA DE ATO ILÍCITO POR MENOR. RESPONSABILIDADE SOLIDÁRIA DOS PAIS NA REPARAÇÃO DE DANOS

Comentários:

A responsabilidade civil dos pais pelo ato ilícito praticado pelos filhos por meio da rede mundial de computadores é prevista no art. 932, I, do Código Civil. Dessa forma, qualquer que seja o efeito na esfera cível, do ato ilícito praticado pelo menor na rede mundial de computadores, aquele será suportado pelo seu responsável legal.

Por isso é tão importante a supervisão dos pais com relação à utilização das novas tecnologias pelos filhos, sob pena de responsabilização legal pelos seus efeitos. Seguem abaixo decisões acerca da responsabilidade dos pais pelos efeitos civis dos atos ilicitamente praticados pelos filhos menores por meio da rede mundial de computadores.

"APELAÇÃO CÍVEL — AÇÃO DE INDENIZAÇÃO — PRELIMINAR DE NÃO CONHECIMENTO DO APELO REPELIDA — VIOLAÇÃO AO PRINCÍPIO DA DIALETICIDADE NÃO VERIFICADO — PRELIMINAR DE NULIDADE DA SENTENÇA REPELIDA — MÉRITO — ALUNOS QUE CRIAM 'COMUNIDADES' NO *SITE* DE RELACIONAMENTOS ORKUT, OFENSIVAS À PROFESSORA — RESPONSABILIDADE DO PRIMEIRO RÉU PELA CRIAÇÃO DA COMUNIDADE ODIOSA DENOMINADA 'EU ODEIO AULA COM A DEUSUÍTA' — PÁGINA QUE PROPICIOU E INSTIGOU A PUBLICAÇÃO DE OFENSAS CONTRA A DOCENTE — PARTICIPAÇÃO DO REQUERIDO, ADEMAIS, NAS DISCUSSÕES — ATO ILÍCITO CONFIGURADO — RESPONSABILIDADE OBJETIVA DOS PAIS PELOS DANOS CAUSADOS PELO FILHO MENOR — INTELIGÊNCIA DOS ARTIGOS 932, I, C/C 933, AMBOS DO CÓDIGO CIVIL — DEVER DE INDENIZAR — RESPONSABILIDADE DO QUARTO REQUERIDO NÃO VERIFICADA — ALUNO QUE APENAS CRIOU COMUNIDADE DESTINADA A AGRUPAR ALUNOS E EX-ALUNOS DO COLÉGIO — RESPONSABILIDADE DO PROVEDOR DE HOSPEDAGEM NÃO VERIFICADA NO CASO CONCRETO — AUSÊNCIA DE NOTIFICAÇÃO PRÉVIA PARA QUE EXCLUÍSSE O CONTEÚDO NOCIVO — DANOS MATERIAIS NÃO DEMONSTRADOS — DANOS MORAIS CONFIGURADOS — *QUANTUM* INDENIZATÓRIO. RECURSOS DE APELAÇÃO PARCIALMENTE PROVIDO. 1 — Se as razões da apelação demonstram, de forma suficiente e clara, a inconformidade contra a sentença recorrida, deve ser repelida a alegada ofensa ao princípio da dialeticidade. 2 — Considerando que o Juiz Singular, ao apreciar os embargos de declaração opostos pela demandante, discorreu acerca dos motivos pelos quais estava rejeitando os declaratórios, não há que se falar em negativa de jurisdição. 3 — Pratica ato ilícito o aluno que cria comunidade odiosa, com o intuito de ofender professora, tendo propiciado e instigado a perpetração de insultos contra a docente, exsurgindo, pois, o dever de indenizar. Os genitores respondem de forma objetiva, na seara cível, pelo ato ilícito praticado pelo filho menor. Responsabilidade que deriva da conjugação da menoridade do filho e da circunstância fática desse se achar sob o pátrio poder dos pais, a quem incumbe zelar pela boa educação da prole. 4 — Não pratica ato ilícito o aluno que cria comunidade com o objetivo de agrupar alunos e ex-alunos do colégio. 5 — A responsabilidade do provedor de hospedagem pelo conteúdo repassado em suas páginas na internet por seus usuários é subjetiva. Somente no caso de notificação para exclusão do conteúdo nocivo e omissão do provedor é que restará caracterizada a sua conduta culposa e consequente responsabilidade, hipótese não verificada na presente. 6 — Não restando demonstrado que a autora tenha se submetido, ou que necessita se submeter a tratamento médicos, não há que se falar em indenização por danos materiais. 7 — O dano moral é eminentemente subjetivo e independe do prejuízo patrimonial, caracterizando-se, no caso em apreço, no constrangimento a que foi submetida a suplicante em razão da comunidade odiosa criada na rede social Orkut, de propriedade do requerido, e das ofensas ali publicadas, que tiveram ampla repercussão no seu ambiente de trabalho, e que segundo a prova oral culminou inclusive no afastamento de suas atividades por orientação médica, situações que extrapolaram a esfera do mero dissabor. 8 — A fixação do montante devido a título de danos morais e estéticos fica ao prudente arbítrio do Julgador, devendo pesar nestas circunstâncias, a gravidade e duração da lesão, a possibilidade de quem deve reparar o dano, e as condições do ofendido, cumprindo levar em conta que a reparação não deve gerar o enriquecimento ilícito, constituindo, ainda, sanção apta a coibir atos da mesma espécie" (TJ-PR. Relator: Desembargador Luiz Lopes. Processo: 1370099-5 Acórdão: 65.825 Fonte: DJ: 1865 Data Publicação: 17-8-2016. Órgão Julgador: 10ª Câmara Cível. Data Julgamento: 28-7-2016).

"APELAÇÃO CÍVEL. RESPONSABILIDADE CIVIL. AÇÃO DE INDENIZAÇÃO POR DANOS MORAIS. A interposição de recurso sem preparo não importa em deserção QUANDO o PLEITO de concessão do BENEFÍCIO DA AJG FORMULADO NA RESPOSTA não foi apreciado pelo juízo singular. A falta de recolhimento do preparo não autoriza o decreto de deserção do apelo, sem que antes o Tribunal aprecie o requerimento de concessão da gratuidade judiciária, sobretudo quando a questão é suscitada no próprio apelo, como no caso. Aplicação da regra inscrita no § 1º do art. 515 do CPC. BENEFÍCIO DA ASSISTÊNCIA JUDICIÁRIA GRATUITA. Lei N. 1.060/50. PRESUNÇÃO DE NECESSIDADE. Legítimo a parte requerer o benefício da gratuidade na contestação, com esteio no art. 4º da Lei n. 1.060/50, que se harmoniza com o art. 5º, LXXIV, da Constituição Federal. Condição social e financeira dos réus, ora apelantes, compatível com o benefício da AJG. RESPONSABILIDADE OBJETIVA DOS PAIS PELOS DANOS CAUSADOS PELOS FILHOS MENORES. ART. 932, INC. I, C/C 933, AMBOS DO CÓDIGO CIVIL. *CYBERBULLYING.* CRIAÇÃO DE COMUNIDADE NO 'ORKUT'. Conteúdo ofensivo à honra e à imagem da autora. Violação a direitos da personalidade. ILÍCITO CONFIGURADO. Dever de indenizar caracterizado. DANOS MORAIS *IN RE IPSA.* Criação de comunidade no 'Orkut' pela ré, menor impúbere, na qual passou a veicular comentários depreciativos e ofensivos a colega de turma de colégio. Conteúdo ofensivo à honra e imagem da autora. Situação concreta em que verificados o ato ilícito praticado pela menor corré (divulgação de conteúdo ofensivo à imagem-atributo da autora na internet), o dano (violação a direitos da personalidade) e o nexo causal entre a conduta e o dano (pois admitida pela ré a confecção e propagação na internet do material depreciativo), presentes estão os elementos que tornam certo o dever de indenizar (art. 927, CC). Os genitores respondem de forma objetiva, na seara cível, pelos atos ilícitos praticados pelos filhos menores. Responsabilidade que deriva da conjugação da menoridade do filho e da circunstância fática desse se achar sob o pátrio poder dos pais, a quem incumbe zelar pela boa educação da prole. Dano 'in re ipsa', dispensando a prova do efetivo prejuízo. ARBITRAMENTO DO 'QUANTUM' INDENIZATÓRIO. Valor reduzido. Montante da indenização pelo dano moral reduzido em atenção aos critérios de proporcionalidade e razoabilidade, bem assim às peculiaridades do caso concreto e parâmetro adotado por Órgãos Fracionários deste Tribunal em situações similares. Apelo provido EM PARTE" (TJ-RS. Apelação Cível. N. 70.042.636.613. Relator: Miguel Ângelo da Silva, Data de Julgamento: 27-5-2015, Nona Câmara Cível, Data de Publicação: *Diário da Justiça* do dia 1º-6-2015).

CARTA ROGATÓRIA. PROVA ELETRÔNICA PRODUZIDA NO BRASIL

Comentários:

A carta rogatória é o instrumento responsável pelo cumprimento de diligências requeridas por particulares através do Poder competente para tanto. Assim, nesse caso, houve o repasse de informações referentes à correspondência ameaçadora enviada a cidadão português, por meio de endereço de conexão brasileiro.

Dessa forma, foram repassados os dados cadastrais do responsável pelo envio de *e-mail* com conteúdo ameaçador. E, pelo cumprimento de seus objetivos, a carta foi devolvida ao país rogante para próximas diligências.

"Vistos etc. 1. O Tribunal de Instrução Criminal de Lisboa, República Portuguesa, solicita, mediante esta carta rogatória, que o representante legal da 'Brasilvision Cine Vídeo Ltda.' e MRAS informem a identidade completa do usuário do IP 200.222.76.21, no dia 9-10-2005, pelas 5:57:15 PM GMT. Narra o pedido rogatório que o referido usuário, utilizando-se do *e-mail* m(...)@hotmail.com, teria praticado crimes de ameaça e contra a honra de JMJM. Intimados previamente, via postal, os interessados informaram os dados do usuário (fls. 33-34). Determinada a intimação prévia da usuária indicada pela empresa interessada, JCM compareceu aos autos (fls. 89-97) para esclarecer que desconhece os fatos e as pessoas relacionadas ao caso, que nunca esteve em Portugal, bem como não criou o endereço de *e-mail* mencionado na comissão. Sustentou, assim, ter sido vítima da ação de um *hacker* responsável por invadir seu computador e usurpar seus dados. O Ministério Público Federal opinou pela devolução dos autos à origem (fl. 101). 2. O objeto desta rogatória não atenta contra a soberania nacional ou a ordem pública. Os interessados, devidamente representados nos autos, prestaram todas as informações solicitadas pela Justiça rogante. 3. Ante o exposto, concedo o *exequatur* (art. 2º da Resolução n. 9/2005 deste Tribunal) e, tendo em vista o devido cumprimento da comissão rogatória, determino a devolução dos autos à Justiça rogante, por intermédio do Ministério Público Federal, autoridade central para o caso (art. 14, § 4º, Decreto n. 1.320/94). Publique-se. Intimem-se" (STJ, Carta Rogatória n. 2.331 — Portugal, rel. Min. Barros Monteiro, publ. 4-12-2007).

"Da Concessão de *Exequatur* a Cartas Rogatórias

Art. 216-O. É atribuição do Presidente conceder *exequatur* a cartas rogatórias, ressalvado o disposto no art. 216-T. § 1º Será concedido *exequatur* à carta rogatória que tiver por objeto atos decisórios ou não decisórios. § 2º Os pedidos de cooperação jurídica internacional que tiverem por objeto atos que não ensejem juízo deliberatório do Superior Tribunal de Justiça, ainda que denominados de carta rogatória, serão encaminhados ou devolvidos ao Ministério da Justiça para as providências necessárias ao cumprimento por auxílio direto.

Art. 216-P. Não será concedido *exequatur* à carta rogatória que ofender a soberania nacional, a dignidade da pessoa humana e/ou a ordem pública" (Fonte: SUPERIOR TRIBUNAL DE JUSTIÇA. Emenda regimental n. 18, de 17 de dezembro de 2014. Disponível em: <https://bdjur.stj.jus.br/jspui/bitstream/2011/83924/Emr_18_2014_pre.pdf>. Acesso em: 1º fev. 2021.

PEDOFILIA

Comentários:

A Lei n. 11.829/2008 alterou a redação do Estatuto da Criança e do Adolescente para considerar a armazenagem de conteúdo envolvendo menores também como crime, com pena de três a seis anos de reclusão e multa.

Dessa forma, o sujeito que armazena ou cria cenas de sexo explícito ou pornográficas envolvendo crianças comete crime de pedofilia e poderá ser punido por tal.

"Apelação. Pedofilia. Art. 241-A do ECA. Alegada ausência de dolo. Não ocorrência. Apelante que afirma ter feito *download* dos arquivos ilícitos de forma involuntária, recebendo-os ao descarregar outros arquivos da internet. Versão desmentida pelas provas coligidas. Laudo pericial que atesta ter o réu realizado busca pelas expressões 'pthc', 'boy', 'gay boy' e 'kid dad', todas relacionadas à pedofilia. Ademais, informalmente, admitiu aos policiais que assistia aos vídeos por curiosidade. Condenação mantida. Penas fixadas no mínimo legal, em 3 anos de reclusão. Regime aberto e penas alternativas mantidos. Apelo improvido" (TJSP; Apelação Criminal 0005561-93.2018.8.26.0577; Relator(a): Guilherme de Souza Nucci; Órgão Julgador: 16ª Câmara de Direito Criminal; Foro de São José dos Campos — 5ª Vara Criminal; Data do Julgamento: 13-5-2020; Data de Registro: 13-5-2020).

Ementa: "APELAÇÕES CRIMINAIS. PEDOFILIA. ESTUPROS DE VULNERÁVEL. REGISTRO FOTOGRÁFICO DE CENAS PORNOGRÁFICAS ENVOLVENDO CRIANÇAS E ADOLESCENTES. INDUÇÃO DE CRIANÇAS A ACESSAR MATERIAL PORNOGRÁFICO COM A FINALIDADE DE COM ELAS PRATICAR ATOS LIBIDINOSOS. DISPONIBILIZAÇÃO INFORMÁTICA DE PORNOGRAFIA ENVOLVENDO CRIANÇAS E ADOLESCENTES. PRELIMINARES. Tendo a denúncia especificado, modo expresso, o período de tempo em que os fatos libelados ocorreram, não é inepta a peça acusatória, especialmente porque satisfaz os requisitos do art. 41 do C.P.P., de resto não tendo a sua estrutura narrativa causado qualquer prejuízo concreto aos réus e à defesa deles no processo. A defesa técnica do réu G.A.V. assistiu o réu durante toda a instrução da causa e fundamentou as suas alegações defensivas em estrita consonância com a versão apresentada por ele no interrogatório. Assim sendo, nem ao de longe é possível cogitar de configuração de deficiência material na defesa. A degravação dos depoimentos colhidos em sede judicial é dispensada por lei, sendo uma faculdade do Juiz a sua determinação, âmbito em que, viabilizado o acesso processual das partes à mídia audiovisual (CD/DVD) em que gravados os atos instrutórios, não há falar em nulidade a degravação não ocorre. A defesa do réu G.A.G. não demonstrou qualquer prejuízo advindo do indeferimento, pelo magistrado, dos seus pedidos de produção de prova ao longo do feito, não estando caracterizada nulidade alguma neste âmbito. A perícia nos computadores apreendidos na casa dos réus não era necessária, pois não tem ligação com as acusações formuladas, não havendo prejuízo a qualquer dos réus em razão do Juiz ter encerrado a instrução sem a produção de laudo pericial a respeito. Os fatos denunciados vieram à tona por meio de um amigo dos réus, que, diante do flagrante delito praticado por um deles — que lhe enviou, por meio de rede social na internet, uma fotografia pornográfica de uma criança —, ingressou no perfil do remetente, ao qual tinha livre acesso, e descobriu um dos crimes, levando o caso ao conhecimento da autoridade policial, daí decorrendo a abertura de primorosa investigação que, sob a égide constante da lei, desvendou a malha de criminalidade pedófila, os crimes praticados e os seus respectivos autores. Nesta toada, o direito à intimidade dos réus fica relativizado pela obrigação do Estado perseguir, investigar, processar e punir as condutas que o ordenamento penal em vigor tipifica como criminosos, na forma da lei. Não se verifica, no caso, a nulidade da sentença recorrida, decorrente da alegação de que a condenação dos réus proveio apenas na prova policial produzida. Uma simples leitura da sentença permite a conclusão de que todas as provas contidas nos autos foram minuciosamente analisadas, tendo o magistrado baseado as suas conclusões na prova judicial conjunturada com a prova policial, na qual consta toda a extraordinária investigação produzida pela autoridade policial. MÉRITO. O caso vertente trata de abusos sexuais praticados por uma rede de pedófilos que se utilizava de uma rede social na rede mundial de computadores para trocar fotografias pornográficas de crianças e adolescentes do sexo masculino, além de registrar os momentos de abuso sexual dos ofendidos por meio fotográfico, induzindo as crianças a com eles praticar os atos sexuais, inclusive mediante a exposição dos meninos a filmes pornográficos. Neste sentido, impende destacar que os fatos vieram a conhecimento da autoridade policial por meio de um amigo dos réus, que, deparando-se com uma fotografia pornográfica de uma menina, que lhe fora enviada por um deles, acessou a conta do remetente na referida rede social e descobriu uma conversa entretida entre ele e outro dos réus, na qual trocavam fotografias de meninos nus e teciam comentários de cunho sexual obsceno. A partir daí, a autoridade policial passou a investigar os dois réus e descobriu, mediante interceptações telefônicas judicialmente autorizadas, o envolvimento do terceiro. Realizadas buscas e apreensões nas residências dos três, foi localizado vasto material pornográfico, inclusive fotografias pornográficas e de sexo explícito envolvendo crianças da região. Identificados os meninos abusados, eles foram inquiridos na Polícia e em Juízo, âmbito em que diversos deles confirmaram os abusos sexuais que sofreram por parte dos réus — práticas de masturbação e sexo oral —, além de se reconhecerem nas fotografias contidas nos autos e explicitar onde e como eram feitas as imagens. Nesta moldura, os réus aproveitavam-se

744

da proximidade que tinham com as vítimas, por serem tios, vizinhos e/ou dindos dos meninos, levando-os seguidamente para passear, comer lanches e dormir nas suas residências, ocasiões em que praticavam os fatos abusivos denunciados. Nesta toada, a prova contida nos autos é contundente e chocante até para calejados profissionais no combate e punição da criminalidade, consistindo em dezenas de tomadas fotográficas nas quais aparecem crianças com os pênis expostos — muitas delas retratando manipulação peniana por mãos de adultos —, em depoimentos confirmativos de meninos sobre as práticas criminosas, além das espantosas conversas telefônicas entretidas entre os réus, bem assim pela rede social, nas quais tecem os mais repugnantes comentários de cunho sexual sobre os meninos vitimados. Neste contexto, as versões que negam a autoria de cada réu desvelam-se disléxicas e teratológicas quando confrontadas com o sólido, seguro e substancial acervo probatório produzido no caderno processual na forma da lei, autorizando a manutenção dos veredictos de inculpação sufragados na douta sentença condenatória recorrida. Portanto, daí ressai a manutenção dos veredictos de inculpação perfilados na sentença recorrida, muito embora os recursos de apelação interpostos ensejem provimentos modificativos pontuais de classificação tipificatória penal e os seus respectivos reflexos no dimensionamento das apenações impostas aos réus pelo arguto Juiz Natural da Causa. Neste passo, então, vai reconhecida a forma continuada entre os fatos criminosos da mesma espécie levados a efeito por cada um dos réus, com a manutenção do concurso material entre os fatos criminosos de espécie diversa' (Voto Condutor). 'Em divergência, por maioria, no respeitante à série do mesmo crime praticada contra vítimas diferentes, segue mantida a sentença que reconheceu a ocorrência de concurso material (art. 69 do CP), restando recalculada nestes termos a pena de cada crime, vencido o eminente Relator, que, no ponto, reconhecia a continuidade delitiva também entre estas séries (continuidade delitiva conjuntural). Observada, ainda, nos termos do voto condutor, a ressignificação e análise das circunstâncias judiciais do art. 59 do diploma material' (Divergência). 'Prevalece, para todos eles (os réus), o regime inicial de cumprimento da apenação carcerária, também sendo mantida a segregação cautelar dos três, agora também como meio assecuratório da aplicação da lei penal concretizada nos lindes do duplo grau de jurisdição, além de reconhecido o direito de todos à detração do seu tempo de prisão cautelar no processo e determinada a retificação dos PEC's provisórios individuais' (Voto Condutor). PRELIMINARES REJEITADAS. APELO MINISTERIAL IMPROVIDO. APELOS DEFENSIVOS PARCIALMENTE PROVIDOS, VENCIDO O RELATOR, QUE OS PROVIA EM MAIOR EXTENSÃO, AFASTANDO O CONCURSO MATERIAL ENTRE A SÉRIE DO MESMO CRIME PRATICADOS CONTRA VÍTIMAS DIVERSAS" (Apelação-Crime, n. 70.062.168.695, Sexta Câmara Criminal, Tribunal de Justiça do RS, Relator: Aymoré Roque Pottes de Mello, Redator: Bernadete Coutinho Friedrich, Julgado em: 26-3-2015. Data de Julgamento: 26-3-2015. Publicação: 15-5-2015).

NOTIFICAÇÃO POR *E-MAIL*

Comentários:

A tendência é o uso cada vez mais intenso dos meios eletrônicos para a comunicação em geral. Por excelência, o meio mais comum é o *e-mail*. Todavia, para que tal meio tenha maior força probatória, é necessária a utilização de assinatura digital, principalmente quando se tratar de comunicação com efeitos jurídicos.

A assinatura digital, de maneira simplista e resumida, serve para atestar a autenticidade do emitente da declaração, tornando válida a autoria da mensagem.

"APELAÇÃO. PRODUÇÃO ANTECIPADA DE PROVA. Pretensão de obtenção de documentos comprobatórios da dívida e da relação contratual proposta contra órgão de proteção ao crédito. Sentença que indeferiu a petição inicial por carência da ação, nos termos do art. 485, IV e VI, do CPC. Inconformismo da autora. Notificação realizada por *e-mail* que se mostra meio idôneo e em consonância com o CPC. Documentos que devem ser buscados junto ao credor. Ilegitimidade passiva evidente. Litigância de má-fé. Ocorrência. Ajuizamento de diversas demandas com objeto semelhante. Inteligência do art. 80, III, do CPC. Sentença de extinção mantida por outro fundamento, de ilegitimidade passiva. RECURSO DESPROVIDO" (TJSP Apelação Cível 1034674-41.2019.8.26.0577; Relator(a): Clara Maria Araújo Xavier; Órgão Julgador: 8ª Câmara de Direito Privado; Foro de São José dos Campos — 7ª Vara Cível; Data do Julgamento: 17-8-2020; Data de Registro: 17-8-2020).

"APELAÇÃO — AÇÃO MONITÓRIA — SENTENÇA DE PROCEDÊNCIA — DUPLICATA MERCANTIL CEDIDA À AUTORA — COMUNICAÇÃO DA CESSÃO POR *E-MAIL* — CONVERSAS COM REPRESENTANTE DA REQUERIDA QUE DÃO CONTA DO CONHECIMENTO DO NEGÓCIO — FATOS NÃO IMPUGNADOS ESPECIFICAMENTE — EVENTUAL PAGAMENTO À CREDORA ORIGINAL QUE NÃO DESOBRIGA A DEVEDORA PERANTE A CESSIONÁRIA — SENTENÇA MANTIDA — RECURSO DESPROVIDO" (TJSP Apelação Cível 1033749-71.2018.8.26.0224; Relator(a): Carlos Abrão; Órgão Julgador: 14ª Câmara de Direito Privado; Foro de Guarulhos — 1ª Vara Cível; Data do Julgamento: 5-8-2020; Data de Registro: 5-8-2020).

PRINCÍPIO DA PUBLICIDADE E INTERNET

Comentários:

A Internet pode ser considerada um dos meios de se efetivar a transparência na Administração Pública. Por outro lado, a Internet ainda não pode ser considerada um meio que vá atingir toda população, já que no Brasil nem todos possuem acesso à rede mundial de computadores.

Dada essa dicotomia, selecionamos algumas decisões judiciais que tratam do tema.

"APELAÇÃO CÍVEL — Concurso Público — Professora — Candidata aprovada em concurso público, que perdeu o prazo para realização da perícia médica — Alegação de direito líquido e certo ao reagendamento de exame médico — Inadmissibilidade — Necessidade de se atentar aos prazos e publicações no *Diário Oficial* e no sítio eletrônico da fundação responsável pelo certame, em fiel cumprimento às instruções constantes no edital (Instruções Especiais SE n. 02/2014) e na legislação e normas correlatas (Resolução SGP-20, de 30-5-2014) — Candidata convocada para realização de perícia médica pela imprensa oficial — Validade — Previsão expressa do edital — Ausência de demonstração da existência do direito líquido e certo alegado — Sentença de denegação da segurança mantida — Precedentes desta EG. Câmara e Corte — Recurso não provido" (TJSP Apelação Cível 1036917-75.2019.8.26.0053; Relator(a): Rebouças de Carvalho; Órgão Julgador: 9ª Câmara de Direito Público; Foro Central — Fazenda Pública/Acidentes — 13ª Vara de Fazenda Pública; Data do Julgamento: 8-6-2020; Data de Registro: 8-6-2020).

"AGRAVO DE INSTRUMENTO. CUMPRIMENTO DE SENTENÇA ARBITRAL. RECURSO DAS EXEQUENTES. DECISÃO QUE HOMOLOGOU A ARREMATAÇÃO, POR UMA DAS EXEQUENTES, DOS BENS QUE NÃO TIVERAM LANCE NO LEILÃO JUDICIAL, POR 60% DA AVALIAÇÃO; NÃO AFASTOU A COMISSÃO DO LEILOEIRO; RECONHECEU A CESSÃO DE CRÉDITO ENTRE AS EXEQUENTES EM 60% PARA A CEDENTE E 40% PARA A CESSIONÁRIA; E RECONHECEU A INEFICÁCIA PROCESSUAL DO PACTO DE PREFERÊNCIA NO LEVANTAMENTO DE HONORÁRIOS ADVOCATÍCIOS. RECURSO PARCIALMENTE PROVIDO NA PARTE CONHECIDA. 1. Invalidade do leilão que deve ser reconhecida. Análise conjunta com o agravo da executada (AI n. 2130553-43.2019.8.26.0000). 2. Proposta de arrematação global feita por mera petição, protocolada em juízo, no último dia do leilão (2ª praça), e encaminhada por *e-mail* pelo leiloeiro. Impossibilidade. Leilão exclusivamente eletrônico. Ato que prejudicou a livre disputa entre os interessados, e violou os princípios da ampla publicidade, autenticidade e segurança do leilão. Art. 1º, *caput*, da Resolução n. 236/2016, do CNJ. 3. Afronta, também, às regras do art. 22, da Resolução n. 236/2016, do CNJ, e art. 15, *caput* e parágrafo único, do Provimento n. 1.625/2009, do CSM. Proibição de lances realizados por *e-mail* e de qualquer outra forma de intervenção humana na coleta e registro dos lances. 4. Além disso, só é possível a arrematação global pelo preço igual ao da avaliação para os bens que não receberam lances, e, para os demais, pelo preço igual ao do maior lance na tentativa de alienação individualizada. Art. 893, do NCPC. 5. Não se pode admitir, assim, a arrematação global pelo preço mínimo da 2ª praça (60% da avaliação), para os bens que não tiveram lance. Entendimento corroborado pelo art. 878, do NCPC, sem correspondente no CPC/73, que permite a reabertura de oportunidade para adjudicação dos bens, pelo exequente, pelo preço da avaliação, caso frustradas as tentativas de alienação. 6. Necessidade de observância aos princípios da boa-fé processual, da menor onerosidade ao devedor e do exato adimplemento na execução. Portanto, se o imóvel não recebeu qualquer proposta de arrematação por terceiro no leilão, resta ao credor, se assim desejar, adjudicar o bem pelo valor da avaliação. 7. Impossibilidade de convalidação do leilão, restando prejudicadas as discussões acerca da validade das propostas feitas por terceiros. 8. Recurso da executada (AI n. 2130553-43.2019.8.26.0000) que inclusive está sendo parcialmente provido para afastar a possibilidade de arrematação, pela 'Vanorry', dos bens que não tiveram qualquer lance no leilão, por 60% do valor da avaliação, e para anular o leilão, autorizado o levantamento de eventuais valores depositados pelos arrematantes. 9. Em virtude da anulação do leilão, resta prejudicado o agravo das exequentes quanto ao pedido de afastamento da comissão do leiloeiro. Comissão que não é devida no caso de anulação do leilão. Art. 7º, § 1º, da Resolução n. 236/2016, do CNJ. 10. Cessão do crédito entre as exequentes. Manutenção do litisconsórcio ativo. Eventual simulação, fraude à execução ou fraude contra credores que devem ser especificamente analisadas nas vias próprias, já que as contratantes são credoras nesta execução. Questão já ressaltada por esta Câmara Julgadora em anterior recurso. Impossibilidade de reclamar direito alheio em nome próprio. 11. Manutenção da r. decisão agravada na parte em que reconheceu a cessão de apenas 40% dos créditos para a 'Vanorry' (cessionária), permanecendo os outros 60% com a 'Sppatrim' (cedente). Contrato de cessão com várias condições suspensivas, não implementadas. 12. Comportamento das exequentes (que atuam conjuntamente ao longo de todo o processo, inclusive na interposição de vários recursos), e assinatura de aditivo ao contrato de prestação de serviços advocatícios que corroboram o entendimento quanto à cessão parcial. 13. Recurso parcialmente provido, porém, para reformar a decisão na parte em que reconheceu a ausência de eficácia processual do pacto de preferência no levantamento de honorários advocatícios (previstos no art. 523, § 1º, do NCPC). Contrato que, em princípio, não está em desacordo com a lei. Verba de caráter alimentar, com preferência legal. Art. 85, § 14, do NCPC. Eventual fraude contra terceiros que deve ser objeto de análise pontual. 14. Prejudicado o pedido de gestão dos imóveis arrematados por lance global, eis que anulado o leilão.

Os demais pedidos de caução, e de que sejam autorizadas a promover a locação dos imóveis penhorados, não foram objeto das decisões agravadas, de maneira que não podem ser analisados no presente recurso, sob pena de supressão de instância. Recurso não conhecido nessa parte. 15. Litigância de má-fé ou ato atentatório à dignidade da justiça não verificados. 16. Agravo de instrumento das exequentes parcialmente provido na parte conhecida" (TJSP Agravo de Instrumento 2135084-75.2019.8.26.0000; Relator(a): Alexandre Lazzarini; Órgão Julgador: 1ª Câmara Reservada de Direito Empresarial; Foro Central Cível — 39ª Vara Cível; Data do Julgamento: 17-6-2020; Data de Registro: 18-6-2020).

PROCESSO DIGITAL. OFENSAS NA INTERNET. COMPETÊNCIA

"CONFLITO NEGATIVO DE COMPETÊNCIA. Ação de obrigação de fazer. Repartição de competência entre os Foros Regionais e o Foro Central da Comarca de São Paulo define-se pelo critério funcional, de natureza absoluta. Demanda proposta no Foro Central, e enviada ao Foro Regional da Lapa, foro do domicílio do autor. Ação de indenização por dano moral em decorrência de ofensas através de página eletrônica da ré. Aplicação do art. 53, IV, *a*, do Código de Processo Civil. Competência do local de ocorrência do dano. Dano que ocorreu em todo o território nacional, mas, para fins de fixação de competência, deve se considerar o local do dano como domicílio da vítima, ora autor, local de maior repercussão, nos casos de danos decorrentes de ofensas na internet. Conflito procedente. Competência do Juízo Suscitante (4ª Vara Cível do Foro Regional IV — Lapa)" (TJSP; Conflito de competência cível 0039557-67.2018.8.26.0000; Relator(a): Ana Lucia Romanhole Martucci; Órgão Julgador: Câmara Especial; Foro Regional IV — Lapa — 4ª Vara Cível; Data do Julgamento: 29-10-2018; Data de Registro: 30-10-2018).

"PROCESSUAL PENAL. QUEIXA-CRIME. DESEMBARGADOR. TRIBUNAL DE JUSTIÇA FORO POR PRERROGATIVA DE FUNÇÃO. COMPETÊNCIA. STJ. ART. 105, I, *A*, DA CF/88. CRIMES CONTRA A HONRA. INJÚRIA. CAUSA DE AUMENTO. MEIO QUE FACILITE A DIVULGAÇÃO. ARTS. 140 E 141, III, DO CP. INTERNET. COMPETÊNCIA TERRITORIAL. LOCAL DA INSERÇÃO DA OFENSA EM REDE SOCIAL. OFENSAS AUTÔNOMAS. DIVERSOS AUTORES. DIREITO DE QUEIXA. RENÚNCIA TÁCITA. INOCORRÊNCIA. DECADÊNCIA. TERMO INICIAL. CONHECIMENTO DA AUTORIA. PROVA EM CONTRÁRIO. ÔNUS DO OFENSOR. ELEMENTO ESPECIAL DO INJUSTO. ESPECIAL FIM DE AGIR. ATIPICIDADE MANIFESTA. NÃO COMPROVAÇÃO. ABSOLVIÇÃO SUMÁRIA. ART. 397, III, DO CPP. IMPOSSIBILIDADE.

1. O propósito da presente fase procedimental é determinar se a queixa-crime na qual é imputada a Desembargadora do TJ/RJ a suposta prática do crime de injúria (art. 140 do CP) com causa de aumento do meio que facilite sua divulgação (art. 141, III, do CP) pode ser recebida ou se é possível o julgamento imediato de improcedência da acusação. 2. De acordo com a interpretação mais recente desta Corte sobre sua competência penal originária, a supervisão do inquérito e o processamento e julgamento da ação penal devem permanecer no STJ na hipótese em que o crime imputado a Desembargador for de competência material da Justiça Estadual e abrangido pela competência territorial do Tribunal de Justiça ao qual vinculado e no qual exerce suas funções. Precedente. 3. A determinação da competência territorial para a apuração de crimes contra a honra praticados na internet relaciona-se ao local no qual as redes sociais são alimentadas, no qual ocorre a divulgação do conteúdo supostamente ofensivo. Precedentes. 4. Ao rito especial da Lei n. 8.038/90 aplicam-se, subsidiariamente, as regras do procedimento ordinário (art. 394, § 5º, CPP), razão pela qual eventual rejeição da denúncia é balizada pelo art. 395 do CPP, ao passo que a improcedência da acusação (absolvição sumária) é pautada pelo disposto no art. 397 do CPP. 5. Quando várias pessoas denigrem a imagem de alguém, via internet, cada uma se utilizando de um comentário, não há coautoria ou participação, mas vários delitos autônomos, unidos no máximo por conexão probatória. Precedente. 6. A falta de inclusão de autor de comentário autônomo na queixa-crime não configura, pois, renúncia tácita ao direito de queixa. 7. Nos termos dos arts. 38 do CPP e 103 do CP, o termo inicial do prazo decadencial para oferecimento da queixa-crime apenas se inicia no dia em que a vítima vem a saber quem é o autor do crime, sendo ônus do ofensor, especialmente nos crimes cometidos por meio da internet, comprovar o decaimento do direito. Precedente. 8. A absolvição sumária é hipótese de julgamento antecipado do mérito da pretensão punitiva que exige a demonstração inequívoca e manifesta da ocorrência das hipóteses do art. 397 do CPP, inclusive quanto à atipicidade da conduta pela ausência de especial fim de agir nos tipos penais que o exigem. 9. Na presente hipótese, a conduta atribuída à querelada é aparentemente típica, pois houve demonstração, no campo hipotético e indiciário, da intenção deliberada de injuriar, denegrir, macular ou de atingir a honra do querelante, devendo ser apreciada a efetiva existência do especial fim de agir exigido pelo art. 140 do CP no curso da instrução criminal. 10. Queixa-crime recebida" (STJ — APn: 895 DF 2018/0065246-0, Relator: Ministra NANCY ANDRIGHI, Data de Julgamento: 15-5-2019, CE — CORTE ESPECIAL, Data de Publicação: *DJe* 7-6-2019).

PECULATO ELETRÔNICO

"RECURSO ESPECIAL. PECULATO ELETRÔNICO. INSTITUIÇÃO FINANCEIRA. CRIME IMPOSSÍVEL. ALEGAÇÃO DE CONSUMAÇÃO DO DELITO PELO PARQUET. DEFICIÊNCIA DE FUNDAMENTAÇÃO

DO RECURSO. INCIDÊNCIA DA SÚMULA N. 284 DO STF. AUSÊNCIA DE INDICAÇÃO DO DISPOSITIVO LEGAL ADEQUADO E FORMULAÇÃO DE PEDIDO IMPRATICÁVEL. RECURSO NÃO CONHECIDO. 1. A indicação do dispositivo legal apontado como contrariado deve se relacionar com os fundamentos externados pelo Tribunal de origem, os quais o recorrente pretende ver modificados. A absolvição operada em virtude da absoluta ineficácia dos meios que foram empregados contra a instituição financeira, a qual não se relaciona com a aferição acerca do momento consumativo do crime, mas com a própria tipicidade como causa excludente, exige a indicação do dispositivo legal pertinente, em tese, equivocadamente interpretado, o que não foi feito. 2. Ainda que com algum esforço se pudesse suplantar a omissão na indicação do dispositivo infraconstitucional contrariado, na medida em que a absolvição dos acusados pode ser compreendida, em uma visão geral, como negativa de vigência ao art. 313-A do Código Penal, o recurso não suplantaria o juízo de admissibilidade por outro motivo. O requerimento final feito pelo Parquet é impraticável, porque destituído de mínima indicação da sua finalidade prática. Em virtude da complexidade do caso, qualquer solução que se credite ser a melhor para o feito, acaba por exigir alguma delimitação do pedido do Ministério Público, o que não ocorreu na hipótese. 3. Recurso especial não conhecido" (STJ — REsp: 1.405.158 RS 2013/0314608-1, Relator: Ministro ROGERIO SCHIETTI CRUZ, Data de Julgamento: 21-3-2019, T6 — SEXTA TURMA, Data de Publicação: *DJe* 2-4-2019).

"EMENTA: APELAÇÃO CRIMINAL — PECULATO ELETRÔNICO — INSERÇÃO DE DADOS FALSOS EM SISTEMA DE INFORMAÇÕES — DOLO NÃO DEMONSTRADO — ABSOLVIÇÃO. Comete o delito de peculato eletrônico aquele que insere ou facilita a inserção de dados falsos, alteração ou exclusão indevida de dados corretos nos sistemas informatizados ou bancos de dados da Administração Pública com o fim de obter vantagem indevida para si ou para outrem ou para causar dano. Não demonstrada a real intenção do agente na alteração de dados lançados no prontuário do veículo junto ao Detran, impõe-se a absolvição. Não comprovado o fim de obtenção de vantagem indevida ou de causar dano, correta a sentença que absolveu o Réu" (TJ-MG — APR: 10313120094864001 MG, Relator: Anacleto Rodrigues, Data de Julgamento: 20-2-2020, Data de Publicação: 27-2-2020).

ESTELIONATO

"Apelação da Defesa — Estelionato — Absolvição — Possibilidade — Aquisição de bem pela internet que jamais fora entregue — Falta de provas a respeito do dolo preordenado — Mero ilícito civil — Elementar do 'erro' que sequer foi descrita na denúncia — Absolvição que se impõe — Recurso provido" (TJSP Apelação

Criminal 0001890-44.2017.8.26.0077; Relator(a): Cesar Augusto Andrade de Castro; Órgão Julgador: 3ª Câmara de Direito Criminal; Foro de Birigui — 1ª Vara Criminal; Data do Julgamento: 18-8-2020; Data de Registro: 18-8-2020).

"Apelação. Indenização. Compra e venda de veículo anunciado na plataforma digital da ré. Autora vítima de estelionato. Negócio efetivado diretamente com vendedor. Atuação da ré que se limita à disponibilização de espaço virtual para veiculação de anúncios. Responsabilidade afastada. Ausência de cautela básica por parte da compradora na negociação do automóvel. Sentença reformada. Recurso provido" (TJSP Apelação Cível 1008691-84.2018.8.26.0606; Relator(a): Walter Exner; Órgão Julgador: 36ª Câmara de Direito Privado; Foro de Suzano — 3ª Vara Cível; Data do Julgamento: 13-8-2020; Data de Registro: 13-8-2020).

PRONTUÁRIO MÉDICO ELETRÔNICO

"Apelação cível. Ação de obrigação de fazer e não fazer, cumulada com indenizatória por danos morais. Contrato de parceria empresarial para desenvolvimento, manutenção, suporte e comercialização de *software* a ser utilizado em clínicas, consultórios e hospitais. Parcial procedência. Apelação da ré. Impugnação parcial da sentença. As informações do conteúdo do sistema CardioCloud a respeito dos prontuários dos pacientes foram gravadas em HD e entregues ou transferidas à Cardiopriori, o que foi reconhecido em réplica. Quanto à transferência da própria tecnologia que constitui esse sistema, a prova dos autos é no sentido de que o sistema e as informações necessárias para a continuação de seu uso estavam disponibilizadas no servidor da empresa terceirizada de datacenter, as quais se tornaram indisponíveis em razão da descontinuidade do contrato com essa empresa. Com exceção do domínio www.cardiocloud.com.br, deve ser afastada a condenação da ré na obrigação de providenciar a transferência dos dados informados no item 26 da inicial. O valor sobre o faturamento do *software* que a ré deve pagar não será calculado sobre as notas fiscais por ela emitidas. O contrato de parceria previu que o valor a ser pago será calculado sobre o resultado bruto das mensalidades do sistema, descontados os impostos recolhidos na fonte, auferido mensalmente a partir da aprovação do primeiro módulo do sistema. Parcial reforma da sentença para constar que o cálculo será realizado em liquidação de sentença, por perícia contábil nos livros e documentos fiscais da empresa ré. Indenização por danos morais pela indevida utilização do nome do coautor na propaganda de sistema concorrente. Valor fixado na sentença que comporta redução para R$ 15.000,00. Apelação parcialmente provida" (TJSP; Apelação Cível 1050941-72.2016.8.26.0002; Relator(a): Morais Pucci; Órgão Julgador: 35ª Câmara de Direito Privado; Foro Regional II — Santo Amaro — 6ª Vara Cível; Data do Julgamento: 27-7-2020; Data de Registro: 19-8-2020)

"APELAÇÃO CÍVEL. DIREITO DO CONSUMIDOR. AÇÃO DE COBRANÇA DE IMPORTÂNCIA SEGURADA. SEGURO POR ACIDENTE PESSOAL. AFERIÇÃO DE INVALIDEZ PERMANENTE. LAUDOS MÉDICOS. PERÍCIA JUDICIAL. INEXISTÊNCIA DE QUADRO DE INVALIDEZ PERMANENTE. Nas condições gerais da apólice de seguro de acidentes pessoais há previsão de que a invalidez somente será considerada permanente quando, após a conclusão do tratamento, e, desde que esgotados os recursos terapêuticos disponíveis para recuperação, for verificada a existência de invalidez permanente quando da alta médica definitiva. Realizado o cotejo entre o laudo pericial e os demais elementos fático-probatórios produzidos nos autos, constata-se que a conclusão apontada pelo expert encontra respaldo nos exames, laudos e prontuário médico eletrônico do paciente. Comprovada a inexistência de incapacidade permanente parcial do segurado, a negativa do recebimento de indenização securitária é medida que se impõe" (TJ-DF 07093965820188070001 DF 0709396-58.2018.8.07.0001, Relator: CARMELITA BRASIL, Data de Julgamento: 19-6-2019, 2ª Turma Cível, Data de Publicação: Publicado no *DJE*: 4-7-2019. Pág.: Sem Página Cadastrada).

PUBLICAÇÃO NA INTERNET COMO MEIO DE CIÊNCIA

"CONTRATO — Prestação de serviços de mediação na 'internet' — Retenção de pagamento por suspeita de fraude — Duplicidade de cadastros com mesmo CPF — Inadmissibilidade, uma vez que se trata de simples sequência numérica que a ninguém identifica — Caso, ademais, em que não disponibilizados meios para apresentação de defesa pelo contratante — Pagamento devido. DANO MORAL — Inocorrência — Simples inadimplemento, sem demonstração de repercussão na esfera extrapatrimonial — Indenização afastada — Sentença reformada em parte — Apelação parcialmente provida"(TJSP Apelação Cível 1000198-65.2017.8.26.0635; Relator(a): José Tarciso Beraldo; Órgão Julgador: 37ª Câmara de Direito Privado; Foro Regional I — Santana — 7ª Vara Cível; Data do Julgamento: 11-8-2020; Data de Registro: 14-8-2020).

"AÇÃO DECLARATÓRIA DE INEXIGIBILIDADE DE DÉBITO CC INDENIZAÇÃO POR DESVIO PRODUTIVO DO AUTOR — ANOTAÇÃO DO NOME DO AUTOR EM ÓRGÃO DE PROTEÇÃO AO CRÉDITO — SENTENÇA DE IMPROCEDÊNCIA. Insurgência do autor insistindo na irregularidade da restrição — Todavia, o requerido, com a contestação, apresentou as faturas do cartão de crédito utilizado pelo autor, inclusive com realização de diversos pagamentos — Autor que sequer nega a utilização do cartão de crédito — Requerida que se desincumbiu do ônus que lhe competia nos termos do art. 373, II, CPC — Restrição que se mostra legítima. Indenização aos danos causados pelo desvio produtivo do autor — Inviabilidade — Autor que deu causa à anotação de seu nome — Ainda, não houve comprovação de perda expressiva de tempo na tentativa de obter informações sobre o ocorrido. As notificações extrajudiciais efetuadas por correio e internet constituem formas práticas e rápidas de se obter informações. Sentença mantida. RECURSO NÃO PROVIDO" (TJSP Apelação Cível 1003082-46.2019.8.26.0005; Relator(a): Benedito Antonio Okuno; Órgão Julgador: 23ª Câmara de Direito Privado; Foro Regional V — São Miguel Paulista — 4ª Vara Cível; Data do Julgamento: 10-8-2020; Data de Registro: 10-8-2020).

COMPETÊNCIA PARA JULGAMENTO DE OFENSAS NA INTERNET

"Agravo de instrumento. Competência Territorial. Ação de reparação de danos. Decisão que acolheu exceção de incompetência e determinou a redistribuição dos autos à Comarca de domicílio da ré. Inadmissibilidade. Ilícito cometido via Internet. Competência que deve ser definida com fulcro no art. 53, V, *a*, do CPC. Precedentes do STJ e desta Corte. Decisão reformada. Recurso provido" (TJSP Agravo de Instrumento 2044058-59.2020.8.26.0000; Relator(a): Coelho Mendes; Órgão Julgador: 10ª Câmara de Direito Privado; Foro Central Cível — 28ª Vara Cível; Data do Julgamento: 29-7-2020; Data de Registro: 29-7-2020).

"CONFLITO NEGATIVO DE JURISDIÇÃO. Inquérito policial instaurado para apuração do crime de difamação perpetrado pela rede social Facebook. Necessidade de diligências complexas. Inteligência do art. 77, § 2º, da Lei n. 9.099/95. Conflito julgado procedente. Competência do Juízo da 6ª Vara Criminal de Santos, ora suscitado" (TJSP Conflito de Jurisdição 0017835-40.2019.8.26.0000; Relator(a): Issa Ahmed; Órgão Julgador: Câmara Especial; Foro de Santos — Vara do Juizado Especial Criminal; Data do Julgamento: 25-9-2019; Data de Registro: 25-9-2019).

COMPETÊNCIA PARA APURAÇÃO DE CRIMES NA INTERNET

"PENAL. PROCESSUAL PENAL. MANDADO DE SEGURANÇA. QUEBRA DE SIGILO DE DADOS TELEMÁTICOS. Pretendida concessão de segurança, visando privar as pacientes de fornecimento dos dados telemáticos ligados a IMEIS e aplicativos de tecnologia vinculados a serviços custodiados em braço do grupo empresarial sediado na Europa, o que o sujeitaria exclusivamente ao corpo normativo regrado pela União Europeia. Descabimento. Utilização de mensagens via 'WhatsApp' e número de telefone, para a prática de extorsão contra brasileiro, com produção do resultado consumativo no território brasileiro, a partir de servidor situado em país europeu, logo, custodiado exclusivamente pela Google Ireland, uma das pacientes do presente 'mandamus'. Inviabilidade quanto à tese jurídica que visa opor a formal constituição societária da Google, reconhecidamente grupo econômico transnacional, como fator idôneo à exclusão das empresas 'coligadas', que compartilham interesses no plano comercial e, por isso, acessam e disponibilizam, entre si, os dados telemáticos de seus usuários. Decisão pautada em critérios fundamentados adequadamente, privilegiando-se a soberania brasileira como diretriz ao cumprimento de decisões judiciais relativas a crime, em tese praticado, que, pelo resultado, produzido no Brasil, conclama a competência plena da Autoridade Judicial brasileira, nos termos do art. 6º, parte final, do CP, independentemente do respectivo meio de execução ('quomodo'), com dispensa da via diplomática, da concessão de 'exequatur' ou, mais ainda, de chancela de pessoa jurídica de Direito Internacional Público diversa do próprio Estado brasileiro, ente soberano pleno, seja aquela outro Estado soberano, seja o bloco comunitário da União Europeia, cujos regramentos não se aplicam ao Brasil e a este não devem ser opostos. Prevalência da lei brasileira. Art. 11, § 2º, da Lei n. 12.965/2014. Exigência de respeito à legislação brasileira na proteção a direitos de privacidade, dos dados pessoais e ao sigilo das comunicações privadas e de seus registros, nenhum dos quais de caráter absoluto, conforme escólio da própria doutrina de Robert Alexy. Aplicação da compulsoriedade legal, mesmo que as atividades sejam realizadas por pessoa jurídica sediada no exterior, desde que oferte serviço ao público brasileiro ou pelo menos uma integrante do mesmo grupo econômico possua estabelecimento no Brasil. Ulterior norma do art. 4º, III, da Lei Geral de Proteção de Dados, ainda em 'vacatio legis' (Lei n. 13.709/2018), viria justamente excepcionar qualquer oposição de sigilo para atividades de investigação e repressão a infrações penais, de forma que indiferente não estar ainda em vigor o bloco normativo citado, por sinal coerente com o art. 45 do Regulamento Geral de Proteção de Dados da União Europeia neste ponto. Precedentes. Denegada a segurança" (TJSP; Mandado de Segurança Criminal 2098076-30.2020.8.26.0000; Relator(a): Alcides Malossi Junior; Órgão Julgador: 9ª Câmara de Direito Criminal; Foro Central Criminal Barra Funda — DIPO 4 — Seção 4.2.1; Data do Julgamento: 23-7-2020; Data de Registro: 24-7-2020).

"CONFLITO NEGATIVO DE COMPETÊNCIA. JUÍZES ESTADUAIS DE COMARCAS DE ESTADOS DIFERENTES. INQUÉRITO POLICIAL.

ASSOCIAÇÃO CRIMINOSA. CRIAÇÃO DE *SITE* NA INTERNET PARA COMERCIALIZAR MERCADORIAS QUE JAMAIS SERIAM ENTREGUES: CONDUTA QUE SE AMOLDA MAIS AO CRIME CONTRA A ECONOMIA POPULAR DO QUE AO ESTELIONATO. CONEXÃO TELEOLÓGICA E INSTRUMENTAL ENTRE OS DELITOS. COMPETÊNCIA DEFINIDA PELO LOCAL DA INFRAÇÃO QUE TEM A PENA MAIS GRAVE (ART. 78, II, A, CPP). 1. A criação de *site* na internet por quadrilha, sob o falso pretexto de vender mercadorias, mas sem a intenção de entregá-las, amolda-se mais ao crime contra a economia popular, previsto no art. 2º, IX, da Lei n. 1.521/51, do que ao estelionato (art. 171, *caput*, CP), dado que a conduta não tem por objetivo enganar vítima(s) determinada(s), mas, sim, um número indeterminado de pessoas, vendendo para qualquer um que acesse o *site*. 2. Nos termos do art. 2º, IX, da Lei n. 1.521/51, constitui crime contra a economia popular 'obter ou tentar obter ganhos ilícitos em detrimento do povo ou de número indeterminado de pessoas mediante especulações ou processos fraudulentos ('bola de neve', 'cadeias', 'pichardismo' e quaisquer outros equivalentes)'. 3. Verificada estreita conexão teleológica (art. 76, II, CPP) e probatória (art. 76, III, CPP) entre a associação criminosa e o crime contra a economia popular, no caso concreto, a definição da competência segue a regra posta no art. 78, II, *a*, do CPP (local da infração à qual foi cominada a pena mais grave). 4. Dado que o crime de associação criminosa possui pena mais grave (reclusão de 1 a 3 anos) do que a atribuída ao crime contra a economia popular (detenção de 6 meses a 2 anos e multa) e a associação criminosa consumou-se em Goiânia, pois seis dos sete investigados residiam naquela cidade, é forçoso reconhecer a competência do Juízo estadual de Goiânia para conduzir o inquérito policial. 5. Conflito conhecido, para declarar a competência do Juízo de Direito da 8ª Vara Criminal de Goiânia/GO, o suscitado" (STJ — CC: 133.534 SP 2014/0094026-9, Relator: Ministro REYNALDO SOARES DA FONSECA, Data de Julgamento: 28-10-2015, S3 — TERCEIRA SEÇÃO, Data de Publicação: *DJe* 6-11-2015).